gine Toscan
e fasi della s   ıe.

spondenza ai dettami previsti dal Disciplinare. Così da ottenere un extravergine di oliva dal gusto deciso ma gentile e dal profumo ricco di essenze della campagna toscana che lo contraddistinguono e lo rendono protagonista della grande cucina.

)lio Extravergine di Oliva Toscano Igp

tori, trecento frantoi. Per un paesaggio unico al mondo.

verona
7 | 11
aprile 2011

Salone internazionale dell'olio d'oliva extravergine di qualità

International exhibition of quality extra-virgin olive oil

SOL

organized by

www.sol-verona.it

FLOS OLEI 2011

guida ai migliori extravergine del mondo
a guide to the world best extra virgin olive oils

marco oreggia

A **Cristina Tiliacos**,
giornalista di grande professionalità
e carissima amica, che ha lavorato
insieme a noi fin dall'inizio del progetto
con competenza e creatività insostituibili
e che è sempre presente tra le pagine
della nostra Guida.

To **Cristina Tiliacos**,
a highly professional journalist
and dear friend, who worked with us
on this project showing a precious
competence and creativity
and who is still present
in our Guide.

FLOS OLEI 2011
guida ai migliori extravergine del mondo
a guide to the world best extra virgin olive oils

Direttore Responsabile
Chief Director
Marco Oreggia

Curatori
Editors
Laura Marinelli, Marco Oreggia

Coordinatore delle degustazioni
Tasting Coordinator
Marco Oreggia

Organizzazione delle degustazioni
Tasting Organization
Riccardo Monteleoni, Marco Oreggia

Per le degustazioni degli oli italiani
e internazionali:
For the Italian and international olive oil tasting:
**Chiara Barcherini, Ettore Barcherini,
Barbara Bartolacci, Gaetano Bettini,
Maurizio Borgna, Francesca Bosi, Rosa Carozza,
Bruno Cirica, Giovanni Di Iorio,
Renato Di Lorenzo, Laura Marinelli,
Riccardo Monteleoni, Marco Oreggia,
Piero Palanti, Giovanni Papa, Leandro Pesca,
Bruno Pistoni, Giuseppe Quattrone,
Pasquale Raimondi, Maurizio Valeriani**

Per le degustazioni degli oli internazionali:
For the international olive oil tasting:
**Maximiliano Artega Blanco, Makiko Chiba,
Robert Harris, Stefano Gaudenzi,
Duccio Morozzo Della Rocca,
Domenico Tagliente**

Editing
Laura Marinelli, Marco Oreggia

Traduzione
Translation
Barbara Evangelista

Progetto informatico e grafico, cartografia
e impaginazione
IT and Graphic Project, Map-making and Make-up
Blu Omelette - www.bluomelette.net

Ufficio Stampa
Press Office
Mg Logos, Laura Marinelli, Marco Oreggia

Consulente Commerciale
Trade Consultant
Paolo Andreani

Per informazioni
For information
Web:
www.flosolei.com
shop.marco-oreggia.com
E-mail:
marco.oreggia@gmail.com
shop@marco-oreggia.com

FLOS OLEI®
Pubblicazione annuale
Autorizzazione del Tribunale di Roma n. 301/2009
del 18/09/2009
Yearly Publication
Authorization of the Court of Rome n. 301/2009
of 18/09/2009
© 2009 - 2010 - 2011 - 2012 - 2013 - 2014

E.V.O. s.r.l.
Via Positano, 100 - 00134 Roma - Italia
Tutti i diritti sono riservati a norma di legge
e a norma delle convenzioni internazionali
All rights are reserved by law
and by international conventions
ISBN: 9788890429019

Stampato su carta FSC - Forest Stewardship Council
Il marchio FSC identifica i prodotti contenenti legno
proveniente da foreste gestite in maniera corretta
e responsabile secondo rigorosi standard ambientali,
sociali ed economici

Printed on paper FSC - Forest Stewardship Council
The trademark FSC identifies the products containing
wood from forests managed in a correct and responsible
way according to strict environmental,
social and economic standards

COLLABORATORI INTERNAZIONALI • INTERNATIONAL CONTRIBUTORS

Portogallo/Portugal: José Manuel do Nascimento Baptista de Gouveia *(Professore Istituto Superiore Agronomia Università Tecnica Lisbona / Professor Institute of Agronomy Technical University Lisbon)*

Spagna/Spain: Laura Marinelli - Marco Oreggia *(Giornalisti - Esperti Assaggiatori di Oli Vergine ed Extravergine di Oliva / Journalists - Experts Virgin and Extra Virgin Olive Oil Tasters)*

Francia/France: Christian Pinatel *(Direttore Tecnico, Centro Tecnico dell'Olivo - Maison des Agriculteurs - Aix en Provence / Technical Manager, Olive Technical Centre - Maison des Agriculteurs - Aix en Provence)*

Italia/Italy: Laura Marinelli - Marco Oreggia *(Giornalisti - Esperti Assaggiatori di Oli Vergine ed Extravergine di Oliva / Journalists - Experts Virgin and Extra Virgin Olive Oil Tasters)*

Slovenia/Slovenia: Milena Bučar-Miklavčič *(Ricercatore Centro Ricerche Capodistria - Capo Panel / Researcher Institute Research Capodistria - Panel Chief)*

Croazia/Croatia: Olivera Koprivnjak *(Facoltà di Medicina Dip. Tecnologie e Controllo degli Alimenti - Università Rijeka / Faculty of Medicine Department of Food Technology and Control - University Rijeka)*

Bosnia-Erzegovina/Bosnia Herzegovina: Pakeza Drkenda *(Docente, Facoltà di Agraria e Scienze Alimentari - Sarajevo / Professor, Faculty of Agriculture and Nutritional Science - Sarajevo)*

Montenegro/Montenegro: Biljana Lazovic *(Dirigente del Dipartimento per la Ricerca sull'Olivicoltura Università del Montenegro / Manager of the Department for Olive Growing Research University of Montenegro)*

Albania/Albania: Enver Isufi *(Dir. Esecutivo Associazione BioAdria / Executive Dir. Association BioAdria)*

Grecia/Greece: Maria Lazaraki - Efi Christopoulou *(Chimici Ministero dello Sviluppo / Chemists Ministry for Development)*

Malta/Malta: Natasha Farrugia *(Ufficio Agricoltura - Ministero per gli Affari Rurali e l'Ambiente / Department Agriculture - Ministry of Rural Affairs and Environment)*

Cipro/Cyprus: Costas Gregoriou *(Vicedirettore e Responsabile del Settore Produttivo dell'Istituto di Ricerche Agricole / Vice Director and Manager of the Productive Sector of the Institute for Agricultural Research)*

Marocco/Morocco: Noureddine Ouazzani *(Dottore in Agronomia, Responsabile Agro-pôle Olivier Meknés / Doctor in Agronomy, Manager Agro-pôle Olivier Meknés)*

Algeria/Algeria: Laura Marinelli - Marco Oreggia *(Giornalisti - Esperti Assaggiatori di Oli Vergine ed Extravergine di Oliva / Journalists - Experts Virgin and Extra Virgin Olive Oil Tasters)*

Tunisia/Tunisia: Naziha Grati Kamoun *(Ricercatore e Direttore dell'Unità di Ricerca per la Tecnologia e la Qualità Olivicola / Researcher and Manager Research Unity of Olive Technology and Quality)*

Libia/Libya: Khalifa H. Dabaj *(Professore del Dipartimento Protezione Piante - Università di Al-Fateh - Tripoli / Professor of the Department for Plant Protection - University of Al-Fateh - Tripoli)*

Egitto/Egypt: Adel A. Khairat *(Presidente Consiglio Olivicolo / President Olive Oil Council)*

Sudafrica/South Africa: Carlo Costa *(Ricercatore in Orticoltura Istituto ARC - Dipartimento Infruitec Stellenbosch / Researcher in Horticulture Institut ARC - Department Infruitec Stellenbosch)*

Turchia/Turkey: Mücahit Taha Özkaya *(Professore Dipartimento di Orticoltura Facoltà di Agricoltura Università Ankara / Professor Department of Horticulture Faculty of Agriculture University Ankara)*

Siria/Syria: Anwar Al Ibrahem *(Direttore Dipartimento Ricerca Commissione Generale Ricerca Scientifica in Agricoltura Idleb / Manager Department Research General Committee Scientific Agricultural Research Idleb)*

Libano/Lebanon: Sabina Llewellyn-Davies Mahfoud *(Giornalista / Journalist)*

Israele/Israel: Shimon Lavee *(Professore Emerito di Orticoltura Facoltà di Scienze Agricole dell'Alimentazione e della Qualità Ambientale - Università Ebraica Gerusalemme / Professor Emeritus of Horticulture Faculty of Agricultural Sciences of Nutrition and Environmental Quality - Jewish University Jerusalem)*

Palestina/Palestina: Osama Abu Ali *(Responsabile Settore Olivicolo - Progetto Paltrade per lo Sviluppo e la Promozione del Commercio Ramallah / Manager Olive Sector - Project Paltrade for Trade Development and Promotion Ramallah)*

Giordania/Jordan: Saleh Shdiefat *(Direttore Programma di Ricerca Olivicolo NCARTT / Manager Olive Research Program NCARTT)*

Arabia Saudita/Saudi Arabia: Laura Marinelli - Marco Oreggia *(Giornalisti - Esperti Assaggiatori di Oli Vergine ed Extravergine di Oliva / Journalists - Experts Virgin and Extra Virgin Olive Oil Tasters)*

Azerbaigian/Azerbaijan: Bagirov Elman Kadiroglu *(Dottore in Scienze Biologiche / Doctor in Biology)*

Iran/Iran: Seyed Esmaeil Hosseini *(Professore in Lingue / Language Professor)*

Afghanistan/Afghanistan: Abdul Ahmad Loqmani *(Vice-Presidente Nangrahar Valley Development Authority / Vice-President Nangrahar Valley Development Authority)*

Pakistan/Pakistan: Raffaele Del Cima *(Dottore Agronomo / Doctor in Agronomy)*

India/India: Laura Marinelli - Marco Oreggia *(Giornalisti - Esperti Assaggiatori di Oli Vergine ed Extravergine di Oliva / Journalists - Experts Virgin and Extra Virgin Olive Oil Tasters)*

Nepal/Nepal: Pietro Bartolucci *(Perito Agrario, Specializzato in Agricoltura Tropicale e Sub-Tropicale / Agronomist specialized in Tropical and Sub-Tropical Agriculture)*

Cina/China: Xu Wei Ying - Robert Woo *(Professore e Ricercatore ed Esperto Internazionale nel Settore Forestale / Professor, Researcher and International Expert in the Forest Sector)*, *(Assaggiatore di Olio e Vicedirettore Generale della Beijing Regalland Convention & Exhibition / Oil Taster and Vice General Manager of Beijing Regalland Convention & Exhibition)*

Giappone/Japan: Naoe Wakita *(Scrittrice, Fondatore e Amministratore Delegato della W.N. Communications / Writer, Founder and Chief Executive of W.N. Communications)*

Australia/Australia: Margaret Chidgey *(Direttore di The Olive Press / Director of The Olive Press)*

Nuova Zelanda/New Zealand: Laura Marinelli - Marco Oreggia *(Giornalisti - Esperti Assaggiatori di Oli Vergine ed Extravergine di Oliva / Journalists - Experts Virgin and Extra Virgin Olive Oil Tasters)*

Stati Uniti/United States: Paul Vossen *(Università di California / University of California)*

Messico/Mexico: José Antonio Cristóbal Navarro Ainza *(Istituto Nazionale di Investigazione Forestale, Agricoltura e Allevamento - Campo Sperimentale di Costa de Hermosillo / National Institute for Forest Investigation, Agriculture and Cultivation - Experimental Area of Costa de Hermosillo)*

Perú/Peru: Lyris Monasterio Muñoz *(Ingegnere dell'Industria Alimentare / Engineer Food Industry)*

Brasile/Brazil: Maria Lisomar Silva *(Giornalista del mensile Gula / Journalist monthly periodical Gula)*

Cile/Chile: Álvaro Rodriguez Vial *(Giornalista del Diario El Mercurio - Economia e Mercato / Journalist of Diario El Mercurio - Economics and Market)*

Uruguay/Uruguay: Isabel Mazzucchelli *(Ingegnere Chimico / Chemical Engineer)*

Argentina/Argentina: Massimo Lucioni *(Giornalista Enogastronomo / Wine-and-Food Journalist)*

Sommario
Table of contents

Introduzione	8	Introduction	9
The Best 20	10	The Best 20	11
Punteggio e Tendenza Aziendali	12	Farm Ranking and Trend	13
Come leggere la Guida	12	How to read the guide	13
Tecnica della Degustazione	14	Tasting Technique	16
Alfabeto del Degustatore	18	Tasting Alphabet	20
Ringraziamenti	22	Acknowledgements	22
Abbreviazioni	22	Abbreviations	22

Europa		**Europe**	23
Portogallo		Portugal	25
Spagna		Spain	45
Castilla y León		Castilla y León	49
País Vasco		País Vasco	55
La Rioja		La Rioja	59
Comunidad Foral de Navarra		Comunidad Foral de Navarra	67
Aragón		Aragón	73
Cataluña		Cataluña	77
Extremadura		Extremadura	85
Comunidad de Madrid		Comunidad de Madrid	91
Castilla-La Mancha		Castilla-La Mancha	95
Comunidad Valenciana		Comunidad Valenciana	105
Andalucía		Andalucía	109
Región de Murcia		Región de Murcia	129
Islas Baleares		Islas Baleares	135
Francia		France	139
Italia		Italy	155
Piemonte		Piemonte	159
Liguria		Liguria	163
Lombardia		Lombardia	179
Trentino Alto Adige		Trentino Alto Adige	189
Veneto		Veneto	195
Friuli Venezia Giulia		Friuli Venezia Giulia	205
Emilia Romagna		Emilia Romagna	209
Toscana		Toscana	217
Marche		Marche	291
Umbria		Umbria	309
Lazio		Lazio	329
Abruzzo		Abruzzo	359
Molise		Molise	373
Campania		Campania	381
Puglia		Puglia	397
Basilicata		Basilicata	423
Calabria		Calabria	433
Sicilia		Sicilia	447
Sardegna		Sardegna	483

Sommario
Table of contents

Slovenia	Slovenia	493
Croazia	Croatia	503
Bosnia-Erzegovina	Bosnia Herzegovina	551
Montenegro	Montenegro	555
Albania	Albania	559
Grecia	Greece	563
Malta	Malta	571
Cipro	Cyprus	575
Africa	**Africa**	**579**
Marocco	Morocco	581
Algeria	Algeria	589
Tunisia	Tunisia	593
Libia	Libya	597
Egitto	Egypt	601
Sudafrica	South Africa	605
Asia	**Asia**	**613**
Turchia	Turkey	615
Siria	Syria	621
Libano	Lebanon	625
Israele	Israel	629
Palestina	Palestine	635
Giordania	Jordan	639
Arabia Saudita	Saudi Arabia	643
Azerbaigian	Azerbaijan	647
Iran	Iran	651
Afghanistan	Afghanistan	655
Pakistan	Pakistan	659
India	India	663
Nepal	Nepal	667
Cina	China	671
Giappone	Japan	675
Oceania	**Oceania**	**679**
Australia	Australia	681
Nuova Zelanda	New Zealand	691
America del Nord	**North America**	**697**
Stati Uniti	United States	699
America Centrale	**Central America**	**703**
Messico	Mexico	705
America del Sud	**South America**	**709**
Perù	Peru	711
Brasile	Brazil	715
Cile	Chile	719
Uruguay	Uruguay	735
Argentina	Argentina	741
Indice dei Produttori	**Producer Index**	**751**

Introduzione

Marco Oreggia e Laura Marinelli

*F*los Olei - guida ai migliori extravergine del mondo ha un obiettivo ambizioso: portare freschezza ed energia all'interno del panorama editoriale del settore olivicolo. Unica Guida dal carattere così marcatamente universale, è realizzata in doppia lingua (italiano-inglese). È uno strumento di conoscenza e divulgazione dell'eccellenza delle realtà produttive italiane e internazionali che vuole entrare nelle case dei consumatori, sia nei paesi tradizionalmente produttori, sia in quelli dove non c'è produzione, ma l'extravergine è consumato e apprezzato per le sue molteplici virtù organolettiche nonché salutistiche. La Guida si propone come mezzo di informazione, completa e trasparente, utile tanto per gli appassionati e neofiti di tutte le età, quanto per gli esperti: produttori, importatori, distributori, tecnici. Attraverso l'assaggio e la selezione di migliaia di campionature, i curatori portano a conoscenza del lettore le migliori realtà produttive a livello mondiale, guidandolo nella scelta orientata all'eccellenza e nella scoperta che sono ormai decisamente abbattute le frontiere della qualità e che si ottengono ottimi risultati produttivi in tutti e cinque i continenti. Anzi, si contano, tra le realtà olivicole, anche colossi inaspettati come Cina, Giappone, Brasile, India. Sono in tutto 42 le nazioni del mondo presenti in Guida, ognuna con il proprio spazio introduttivo che offre un panorama storico, culturale e di produzione. Due di queste - Italia e Spagna - sono approfondite attraverso una suddivisione regionale. Le aziende sono raccontate in 455 schede in cui viene descritto il loro prodotto migliore, dopo essere stato selezionato da un *panel* ufficiale di Esperti Assaggiatori. Altri 169 extravergine provenienti dalle stesse strutture che, pur non prescelti, sono comunque segnalati, completano la rassegna, per un totale di 624 oli presenti. Il cuore della produzione olearia è il Mediterraneo ma, accanto ai paesi di quest'area, la produzione qualificata si estende oggi anche a luoghi più lontani, che si stanno affermando ogni anno di più sul mercato internazionale. Pensiamo a realtà come Argentina, Cile, Uruguay, Sudafrica, Australia e Nuova Zelanda. Oppure a paesi mediterranei, ma emergenti nel mercato olivicolo di alto livello, come Croazia, Portogallo, Slovenia e Marocco. Insomma, lo sguardo sul mondo è decisamente ampio, muovendo peraltro da una valutazione attenta della delicata situazione attuale, in un contesto di estensione dei confini produttivi e di orientamento al libero mercato. Non mancano a questo proposito i segnali positivi: la normativa sull'origine, sull'etichettatura e la maggiore riconoscibilità dei marchi Dop, Igp e da Agricoltura Biologica. Permangono tuttavia numerose problematiche, in Europa e nel mondo: la mancanza di legislazione trasparente in sede comunitaria e l'ambigua e non abbastanza rigorosa classificazione merceologica dell'olio da olive. Cosa ci aspettiamo per il futuro? Il rilancio delle nazioni che hanno investito in nuovi impianti olivicoli, in vista di un superamento della crisi economica puntando su una pianta che costituisce una risorsa e un bene così speciali.

Introduction

Marco Oreggia and Laura Marinelli

F *los Olei - a guide to the world best extra virgin olive oils* has the ambitious aim of adding a new and stimulating product to the existing array of publications on this sector. It is the only Guide with a universal scope and is realized in the double version, Italian and English, to make it an effective means of information about the best Italian and international producers. In fact our target readers are not only consumers of traditional olive growing countries, but also people from those countries where extra virgin olive oil is not produced, but it is increasingly consumed and appreciated for its numerous organoleptic and health giving properties. In this way the Guide will be a complete and clear point of reference both for oil lovers and novices alike of all ages, and for those working in the sector: producers, importers, distributors, technicians. By tasting and selecting thousands of samples, the editors want to inform the consumer about the world best producers, helping him recognize excellence and showing him the new frontiers of quality, by now including all five continents. New olive countries are in fact unexpectedly China, Japan, Brazil, India. The Guide consists of a presentation of the olive growing sector in 42 countries, supplying historical and cultural information and production data. Italy and Spain are also analyzed in detail, sub-divided into regions. 455 cards describe the most interesting farms and their best product selected by an official *panel* of Expert Tasters. Finally 169 extra virgin olive oils produced by the same farms are mentioned and recommended, although they were not selected, for a total number of 624 oils. The heart of olive oil production is certainly the Mediterranean, the birthplace of olive growing. However quality production can also be found in other more distant countries, which are constantly gaining ground on the international market, for example Argentina, Chile, Uruguay, South Africa, Australia and New Zealand. Also some Mediterranean countries, like Croatia, Portugal, Slovenia and Morocco, are improving the quality of their production. In short, the olive growing sector should be considered from a broad point of view and should take into account the present delicate situation, characterized by the extension of the production borders and a tendency towards free trade. In this regard some positive signs are the norms about the origin, labeling and identifiability of the trademarks Pdo, Pgi and Organic Farming. However, a number of problems remain unsolved: the lack of a transparent legislation within the European Community and an ambiguous product classification. What we expect from the future is the relaunch of the countries that have invested in new olive groves, in order to weather the economic crisis and enhance the cultivation of this tree, a special and precious resource for the whole world.

The Best 20

Senza una classifica di merito e senza premiati una Guida non sarebbe tale. Ma il nostro prodotto editoriale si distingue in tal senso. Infatti l'assegnazione dei premi che compongono la "The Best 20" non è tanto subordinata ai valori organolettici degli oli, ma tiene conto piuttosto della costanza qualitativa di ogni realtà produttrice nel corso degli anni e del valore aggiunto che questa apporta al territorio in cui si colloca. Infatti l'extravergine risente, già dopo qualche mese di vita, di una graduale caduta dei suoi pregi organolettici: per questo non vogliamo legare strettamente il premio all'exploit del singolo olio. Attraverso la "The Best 20" attribuiamo dunque dei "premi qualità" a una rosa di aziende che, nelle venti categorie descritte, hanno brillato per un'ottimizzazione della filiera produttiva. Partiamo dalle aziende premiate come miglior frantoio, ovvero struttura produttrice, eleggendo quello dell'Anno ma anche dando rilievo a realtà giovani, o collocate in territori marginali (il Frantoio Emergente e quello di Frontiera), o che si differenziano per la passione e la cura delle persone che ne fanno parte (il Frantoio del Cuore). Segue la carrellata dei migliori oli, da quello dell'Anno a quelli all'interno delle categorie (da Agricoltura Biologica, Monovarietale, Blended e Dop/Igp). Senza dimenticare l'azienda con la migliore tecnologia di estrazione e quelle che emergono per aver saputo unire alla qualità i grossi volumi, un prezzo conveniente o un packaging accattivante. Alla "The Best 20" si aggiunge un premio speciale intitolato a Cristina Tiliacos, giornalista, collaboratrice della Guida e carissima amica che ha lavorato al nostro fianco con competenza e professionalità insostituibili e che purtroppo è improvvisamente mancata. Questo premio lo dedichiamo a persone, enti o associazioni di categoria che hanno lavorato con impegno nella promozione e diffusione della cultura del settore olivicolo.

Premio	Azienda	Paese	Pag.
Il Frantoio dell'Anno	Azienda Agricola Pasquale Librandi	IT	441
Il Frantoio Emergente	Talbot Grove	AU	686
Il Frantoio di Frontiera	Apollo Olive Oil	US	702
Il Frantoio del Cuore	Frantoio Figoli	IT	438
Migliore Olio Extravergine di Oliva dell'Anno	Azienda Agricola Biologica Americo Quattrociocchi	IT	333
Migliore Olio Extravergine di Oliva da Agricoltura Biologica	Risca Grande	PT	41
Migliore Olio Extravergine di Oliva da Agricoltura Biologica e Dop/Igp	Almazaras de la Subbética	ES	117
Migliore Olio Extravergine di Oliva - Metodo di Estrazione	Azienda Agricola Comincioli	IT	184
Migliore Olio Extravergine di Oliva - Qualità/Quantità	Aroden	ES	113
Migliore Olio Extravergine di Oliva - Qualità/Packaging	LA Organic	ES	127
Migliore Olio Extravergine di Oliva - Qualità/Prezzo	Les Délices du Saiss	MA	586
Migliore Olio Extravergine di Oliva Monovarietale - Fruttato Leggero	Azienda Agricola Decimi	IT	316
Migliore Olio Extravergine di Oliva Monovarietale - Fruttato Medio	Obitelj Ipša	HR	521
Migliore Olio Extravergine di Oliva Monovarietale - Fruttato Intenso	Meloni	HR	547
Migliore Olio Extravergine di Oliva Blended - Fruttato Leggero	Frantoio Oleario Gabrielloni	IT	305
Migliore Olio Extravergine di Oliva Blended - Fruttato Medio	Azienda Agricola Ravidà	IT	453
Migliore Olio Extravergine di Oliva Blended - Fruttato Intenso	Frantoio Franci	IT	251
Migliore Olio Extravergine di Oliva Dop/Igp - Fruttato Leggero	Frantoio Bonamini	IT	198
Migliore Olio Extravergine di Oliva Dop/Igp - Fruttato Medio	Società Agricola Disisa	IT	460
Migliore Olio Extravergine di Oliva Dop/Igp - Fruttato Intenso	Castello di Ama	IT	275
Premio Cristina Tiliacos	On. Paolo De Castro - Presidente della Commissione Agricoltura e Sviluppo Rurale del Parlamento Europeo	IT	

The Best 20

Useful and meaningful guide needs rankings and awards and ours goes one step further. The prizes that make up "The Best 20" are not only awarded for the high organoleptic qualities of the oils proposed to the panel of expert tasters, but are mainly based on the quality each farm has shown over the years and the added value this represents for its area of production. The fact that, after only a few months, extra virgin olive oil gradually loses its organoleptic properties, means we do not find it appropriate to give the prize to the single oil. Instead, with our "The Best 20" list, we award a "Quality Prize" to the farms which have succeeded in optimizing the whole productive sector in the twenty categories described. Therefore we choose the best olive oil mill, that is the best producer, indicating the best of the year, but we also encourage young or minor farms (the Emerging Olive Oil Mill, the Frontier Olive Oil Mill) or reward the passion and care of the people involved in this activity (the "Made with Love" Olive Oil Mill). Then we find the best oils, the best of the year and the ones belonging to the different categories (from Organic Farming, Monovarietal, Blended, Pdo/Pgi). Moreover, we mention the farm with the best extraction system and those that have combined quality with big volumes, a convenient price or an attractive packaging. A special prize is finally dedicated to our friend Cristina Tiliacos, journalist and contributor to the Guide, who worked with us professionally and competently and has sadly passed away. This award is generally given to people, bodies or associations that have committed themselves to the promotion and diffusion of olive cultivation.

Award	Farm	Country	Page
The Olive Oil Mill of the Year	Azienda Agricola Pasquale Librandi	IT	441
The Emerging Olive Oil Mill	Talbot Grove	AU	686
The Frontier Olive Oil Mill	Apollo Olive Oil	US	702
The "Made with Love" Olive Oil Mill	Frantoio Figoli	IT	438
The Best Extra Virgin Olive Oil of the Year	Azienda Agricola Biologica Americo Quattrociocchi	IT	333
The Best Extra Virgin Olive Oil from Organic Farming	Risca Grande	PT	41
The Best Extra Virgin Olive Oil from Organic Farming and Pdo/Pgi	Almazaras de la Subbética	ES	117
The Best Extra Virgin Olive Oil - Extraction System	Azienda Agricola Comincioli	IT	184
The Best Extra Virgin Olive Oil - Quality/Quantity	Aroden	ES	113
The Best Extra Virgin Olive Oil - Quality/Packaging	LA Organic	ES	127
The Best Extra Virgin Olive Oil - Quality/Price	Les Délices du Saiss	MA	586
The Best Extra Virgin Olive Oil Monovarietal - Light Fruity	Azienda Agricola Decimi	IT	316
The Best Extra Virgin Olive Oil Monovarietal - Medium Fruity	Obitelj Ipša	HR	521
The Best Extra Virgin Olive Oil Monovarietal - Intense Fruity	Meloto	HR	547
The Best Extra Virgin Olive Oil Blended - Light Fruity	Frantoio Oleario Gabrielloni	IT	305
The Best Extra Virgin Olive Oil Blended - Medium Fruity	Azienda Agricola Ravidà	IT	453
The Best Extra Virgin Olive Oil Blended - Intense Fruity	Frantoio Franci	IT	251
The Best Extra Virgin Olive Oil Pdo/Pgi - Light Fruity	Frantoio Bonamini	IT	198
The Best Extra Virgin Olive Oil Pdo/Pgi - Medium Fruity	Società Agricola Disisa	IT	460
The Best Extra Virgin Olive Oil Pdo/Pgi - Intense Fruity	Castello di Ama	IT	275
Award Cristina Tiliacos	On. Paolo De Castro - Presidente della Commissione Agricoltura e Sviluppo Rurale del Parlamento Europeo	IT	

PUNTEGGIO E TENDENZA AZIENDALI

A ogni azienda presente in Guida i curatori riconoscono un punteggio numerico, denominato Punteggio Aziendale. Il criterio di attribuzione non si basa tanto sulla valutazione del singolo olio selezionato, quanto su una considerazione complessiva della realtà produttiva. Ci sembrava più coerente con l'impostazione del nostro prodotto editoriale tenere conto del valore della singola azienda nel territorio dove nasce e produce, premiando l'impegno profuso in un progetto il più possibile esteso a tutta la filiera. L'obiettivo è quello di esaltare il rischio d'impresa delle aziende, offrendo al consumatore uno strumento in più di valutazione: quest'ultimo potrà infatti rendersi conto in modo trasparente delle differenti realtà segnalate. I parametri che compongono, secondo diverse percentuali, il Punteggio Aziendale sono: la presenza delle piante di olivo e del frantoio di proprietà, la qualità di tutti gli oli segnalati dal panel e un "bonus" derivante dalla valutazione della continuità qualitativa dell'azienda e dal rapporto qualità-prezzo dei prodotti. Accanto al Punteggio Aziendale si inserisce la Tendenza Aziendale espressa con un simbolo ("in salita", "in discesa", "stabile") che completa l'informazione sull'azienda in questo momento.

COME LEGGERE LA GUIDA

Nelle pagine dei produttori di olio extravergine di oliva vengono utilizzati i seguenti simboli:

100 Punteggio Aziendale
80-84 Molto Buono
85-89 Ottimo
90-94 Eccellente
95-100 Veramente Eccellente

Tendenza Aziendale
⬆ In crescita   ⬇ In discesa   ⊙ Stabile

Premio The Best
Premio Qualità assegnato dai curatori per le migliori produzioni di olio extravergine di oliva

Azienda Top
Azienda che ha ottenuto un punteggio aziendale pari o superiore a 95/100

Azienda del Cuore
Azienda di alta qualità che mostra particolare cura e passione per la propria attività

Altitudine delle proprietà olivicole espressa in metri (m.)

Tipo di impianto degli oliveti

Sistema di allevamento delle piante di olivo

Metodo di raccolta delle olive

Frantoio aziendale di proprietà e Metodo di estrazione

Varietà di olive presenti nell'extravergine in percentuale

Categoria degustativa dell'olio extravergine di oliva

Fascia di prezzo in rapporto al formato della bottiglia. I prezzi si riferiscono alle quotazioni medie di distribuzione nel paese di produzione. In caso di esportazione, l'extravergine potrebbe rientrare in una fascia di prezzo superiore

FARM RANKING AND TENDENCY

Each farm present in the Guide is given a numeric score, called Farm Ranking. The assessment is not so much based on the single product proposed as on the production overall. We want to point up the contribution a single farm makes, and reward all aspects of the production process. Our aim is, therefore, to single out risk-taking enterprises and, at the same time, provide the consumer with a further tool for understanding the world of olive oil production. The criteria which make up the Farm Ranking with different percentages are: the possession of olive trees and an oil mill; the quality of all oils recommended by the panel; a "bonus", based on the quality of the production over the years; and value for money in terms of the relationship between the quality and price. Alongside the Farm Ranking there is a symbol ("rising", "falling", "steady") denoting the current situation of the farm.

HOW TO READ THE GUIDE

In the pages about the extra virgin olive oil producers the following symbols are used:

100 **Farm Ranking**
80-84 Good
85-89 Very Good
90-94 Excellent
95-100 Really Excellent

Farm Trend
⬆ Rising   ⬇ Falling   ⟳ Steady

Award The Best
Quality Prize awarded by the editors to the best extra virgin olive oil productions

Top Farm
Farm obtaining a score equal to or higher than 95/100

The "Made with Love" Olive Oil Mill
High quality farm showing special care and passion for its activity

Height of olive groves expressed in metres (m.)

Orchard layout

Training system of olive trees

Harvesting method

Farm olive oil mill and extraction system

Percentage of olive varieties present in the extra virgin olive oil

Tasting category of the extra virgin olive oil

Price range in relation to bottle size. The prices refer to the average quotations of distribution in the producing countries. In case of export, the mentioned extra virgin olive oil may be in a higher price range

Tecnica della Degustazione

Marco Oreggia e Laura Marinelli

È ormai accertato che gli organi sensoriali umani, sottoposti a sollecitazioni e stimoli esterni, si comportano come veri e propri strumenti di misura. Nel settore gastronomico, e in particolare nel mondo dell'olio da olive, l'analisi sensoriale è stata introdotta abbastanza di recente. Le esperienze che fino a oggi sono state acquisite ci portano a pensare che le aspettative siano ampie e soprattutto rispondenti a quelle leggi matematiche che basano la loro applicabilità sulla ripetitività dei metodi analitici. Nel mondo dei degustatori professionisti il giudizio sensoriale è stato codificato dal Consiglio Oleicolo Internazionale attraverso apposite commissioni di esperti chiamate panel. Ma, in pratica, è possibile per tutti gli individui riconoscere la qualità e la provenienza di un olio semplicemente degustandolo? La risposta non può che essere affermativa, a patto che colui che si avvicini al mondo della degustazione ottemperi a una serie di regole di comportamento: la conoscenza dei sensi, la sequenza delle operazioni da effettuare e un bagaglio di esperienze a supporto. Per i neofiti, ecco in dettaglio le operazioni fondamentali da eseguire per arrivare a una buona conoscenza dei caratteri principali di un olio da olive. Prima di iniziare una seduta di assaggio è bene munirsi di mele verdi, possibilmente di varietà "Granny Smith", per pulire la bocca, durante la degustazione, mangiandone un pezzetto tra un campione di olio e l'altro.

L'ANALISI OLFATTIVA

Riveste una notevole importanza ai fini del giudizio finale. Molte le variabili che, in questa indagine, complicano la vita al degustatore. Innanzitutto bisogna dire, per chiarezza, che la capacità olfattiva umana è uno dei più complessi laboratori di percezione. Mai nessuna tecnologia, o metodo di analisi, potrà soppiantare questa naturale attitudine dell'uomo; e l'avvento del panel test ne è un'ulteriore conferma. Fino a qualche anno fa, infatti, l'olio veniva sottoposto esclusivamente all'analisi chimica che, pur evidenziando la regolarità dei parametri analitici, non riusciva però a valutare la corretta e armonica percezione delle sensazioni. In poche parole un olio, pur rientrando nei valori di acidità, perossidi e altro, poteva (molto spesso) risultare totalmente sgradevole all'indagine sensoriale. Da qui la necessità, da parte del legislatore, di anteporre al giudizio chimico quello degustativo. Ma torniamo all'analisi olfattiva. Dopo aver versato il nostro olio in un bicchiere (circa 20 ml.), abbiamo l'obbligo di portarlo alla temperatura ottimale per la degustazione (circa 28 °C). Il metodo ufficiale prevede l'utilizzazione di appositi strumenti per riscaldare l'olio, i termostati; il metodo più comune invece consiste nel tenere tra le mani il bicchiere in cui è contenuto il nostro olio, tenendolo coperto per qualche minuto e agitandolo delicatamente, in modo da accelerare il processo di riscaldamento. A questo punto si avvicina il bicchiere al naso e si inspira profondamente da entrambe le narici. Poco dopo, pena l'assuefazione, questa operazione si ripete una seconda volta, per conferma. L'aroma percepito è subito valutabile, siano odori gradevoli dovuti alle caratteristiche positive, o sensazioni sgradevoli che indicano la presenza di difetti; attributi positivi o negativi che la successiva analisi gustativa dovrà confermare.

L'ANALISI GUSTATIVA

L'olio viene portato al nostro cavo orale. Il metodo consigliato consiste nell'assumerlo (senza deglutirlo) con una suzione prima lenta e delicata e poi sempre più vigorosa. In questa fase lasciate riscaldare per qualche istante l'olio in bocca, in modo da favorire l'evaporazione delle componenti volatili; contemporaneamente inspirate aria in modo da ossigenare l'olio (strippaggio) e roteatelo per diverso tempo, così da farlo venire a contatto con tutte le papille gustative. Questa fase è la più critica: infatti, grazie al contemporaneo riscaldamento, ossigenazione e roteazione, i pregi e i difetti di un olio si percepiscono maggiormente. L'olio dovrà essere quindi distribuito su tutto il cavo orale e in particolare su tutta la lingua: dalla punta, al dorso, ai margini e nella parte terminale. Fondamentali, in questa fase, sono l'ordine di percezione degli stimoli, man mano che l'olio avanza verso la parte terminale della lingua, e la loro memorizzazione: da quelli tattili, che ci descrivono la fluidità, la consistenza e l'untuosità dell'olio, fino a quelli gustativi che si traducono in sensazioni di dolce, amaro, piccante ecc.. Fatto ciò, si può espellere l'olio. L'insieme delle percezioni tattili e gustative, unito all'indagine olfattiva e poi visiva, permette di formulare il giudizio finale che dovrà tenere conto anche dell'armonia complessiva delle sensazioni provate.

L'ANALISI VISIVA

Strano a dirsi, non riveste una particolare importanza durante l'indagine sulla qualità di un olio. Lo dimostra il fatto che, nelle commissioni di assaggio ufficiali (panel), i bicchieri da degustazione sono volutamente colorati, con cromatismi che vanno dal marrone ruggine al blu cobalto. Il motivo di questa scelta è legato alla necessità di mascherare le caratteristiche visive che inevitabilmente potrebbero influenzare il giudizio dell'assaggiatore. Solo in un secondo momento, quindi, dopo aver valutato le caratteristiche olfattive e gustative, il degustatore ritornerà sugli aspetti visivi. Tre sono le caratteristiche da valutare: la limpidezza, la densità e il colore. La limpidezza è un parametro che varia in funzione dell'età e dei processi di filtrazione a cui l'olio è stato più o meno sottoposto, nonché degli obiettivi di produzione aziendali. Si fa notare tuttavia che gli oli non filtrati tendono maggiormente a innescare nel tempo lo sviluppo di difetti olfatto-gustativi, dovuti alla presenza di residui di lavorazione. La densità dipende dall'origine territoriale dell'olio. Il colore, nelle diverse sfumature che vanno dal giallo dorato scarico al verde intenso, varia in funzione della varietà dell'oliva, dell'epoca di raccolta (e quindi del grado di maturazione della stessa) e delle tecniche di trasformazione utilizzate. Inoltre va tenuto presente che il colore subisce un naturale decadimento di intensità delle colorazioni verdi nel corso dei mesi che costituiscono l'arco temporale di vita di un olio.

Tasting Technique

Marco Oreggia e Laura Marinelli

The human sensory organs, subject to external stimulations, behave like real measuring instruments. In the gastronomic sector and particularly in the olive oil world, sensory analysis has been introduced quite recently. The experience acquired up to now induces us to think that expectations are great and above all correspond to those mathematical rules that base their applicability on the repetitiveness of the analytical methods. In the field of professional tasters sensory analysis was codified by the International Olive Oil Council by appropriate committees of experts called panel. But is it really possible for everyone to assess the quality and the origin of a virgin olive oil only by tasting it? The answer is positive, provided that he who approaches the tasting world follows a series of rules of conduct: the knowledge of senses, the sequence of operations to be carried out and a supporting background of experience. For neophytes we are going to describe in detail the fundamental operations to reach a good knowledge of the main features of an olive oil. Before you start tasting, it is advisable to supply yourself with green apples preferably of the "Granny Smith" variety in order to clean your mouth with a morsel before each sample.

OLFACTORY ANALYSIS

This has a notable importance for the final assessment. There are in fact many variables that make the operation difficult for the taster. First of all the human olfactory ability is one of the most complex perception laboratories. This natural aptitude of man will never be replaced by any technology or method of analysis and the panel test is a further confirmation of this statement. In fact, until some years ago olive oil was only submitted to chemical analysis, which evidenced the regularity of the analytical parameters, but it could not assess the correct and harmonic perception of sensations. In short, although an olive oil fell into the values of acidity, peroxides and so on, it could (very often) be distasteful to sensory analysis. For this reason the legislator thought it necessary to put tasting before the chemical assessment. As to olfactive analysis, after pouring the olive oil in a glass (about 20 ml.), it should be brought to the ideal temperature for tasting (about 28 °C). The official method includes the use of appropriate instruments to heat olive oil, called thermostats; the most common method instead consists in heating the glass containing the olive oil with the hands, covering it for some minutes and shaking it delicately in order to make this process faster. Afterwards the glass is brought near the nose and you breathe in deeply through both nostrils. After a short time, the operation is repeated a second time for confirmation. The perceived aroma can immediately be assessed, both in case of pleasant scents due to positive characteristics, and in case of unpleasant sensations indicating the presence of defects. These positive and negative properties should be confirmed by the subsequent taste analysis.

TASTE ANALYSIS

The olive oil is brought to your oral cavity. The advisable method consists in taking it (without swallowing) by a slow and delicate suction at first, which subsequently becomes increasingly stronger. In this phase, the olive oil must be heated for a few moments to favour the evaporation of the volatile components.

At the same time, you breathe in air to oxygenate the olive oil (stripping) and move it around in your mouth for some time so it can come into contact with all the taste buds. This phase is the most critical. In fact, thanks to the contemporary heating, oxygenation and rotation you can perceive qualities and defects of an olive oil in the best way. The olive oil should be spread over the whole oral cavity and especially on all the tongue, from the tip to the back, the sides and the end part. In this phase memorization and the order of perception of the sensations is fundamental. The sensations can be tactile, when they describe fluidity, consistency and viscosity or taste, which means sweet, bitter, pungent, etc., as the olive oil reaches the end part of the tongue. After that, the olive oil can be expelled. All the tactile and taste sensations, together with the olfactory and visual analysis, allow you to give a final assessment, which will have to also consider the global harmony of the sensations.

VISUAL ANALYSIS

It seems strange, but it does not have a particular importance during the assessment of the olive oil quality. This is shown by the fact that in official tasting committees (panels), the tasting glasses are purposely coloured in rusty brown or cobalt blue. The reason for this choice is due to the necessity to hide the visual characteristics, which could influence the taster's assessment. Only later, after the taster has assessed the olfactive and taste characteristics, he will examine the visual aspects. Three different characteristics are to be assessed: limpidity, density and colour. The limpidity is a parameter which varies according to the age and the filtering processes the olive oil is submitted to, as well as to the production objectives of the factories. In fact over time non filtered oils tend to develop olfactory and taste defects, due to the presence of processing residues. The density depends instead on the territorial origin of the olive oil, whereas the colour, which varies from light golden yellow to intense green, depends on the olive variety, the harvesting period (that is the olive ripening degree) and the transformation techniques. Moreover it should be taken into account that the green colour grows less intense over the months that constitute the lifetime of an oil.

Alfabeto del Degustatore

ATTRIBUTI POSITIVI
Amaro - Indica una sensazione gustativa caratteristica dell'olio extravergine ottenuto da olive verdi o leggermente invaiate.
Fruttato - Indica l'intensità aromatica di un olio extravergine sia a livello olfattivo che gustativo: può essere leggero, medio o intenso a seconda della forza con cui i sentori vengono percepiti. È l'oliva a determinare la categoria del fruttato, ovvero la sua varietà (cultivar). Ma anche altri fattori sono decisivi: il clima e il terreno in cui la pianta si sviluppa; i tempi di raccolta e di conferimento al frantoio delle olive; il metodo di estrazione dell'olio e la sua conservazione.
Piccante - Indica una sensazione tattile pungente caratteristica di oli extravergine prodotti all'inizio della campagna, principalmente da olive verdi.

ATTRIBUTI NEGATIVI
Acqua di vegetazione - Descrive un olio da olive che è stato sottoposto a un contatto prolungato con le acque di vegetazione.
Avvinato - Descrive un olio da olive che produce una sensazione olfatto-gustativa che ricorda quella del vino o dell'aceto. È un difetto dovuto a un processo fermentativo delle olive che porta alla formazione di acido acetico, acetato di etile ed etanolo.
Cetriolo - Indica una sensazione che si produce nell'olio da olive durante un imbottigliamento ermetico eccessivamente prolungato, particolarmente in lattine, che è attribuito alla formazione di 2-6 nonadienale.
Cotto - Descrive un olio da olive che produce una sensazione olfattiva dovuta a eccessivo e/o prolungato riscaldamento durante l'ottenimento, specialmente durante la fase di gramolazione, se questa avviene in condizioni termiche non idonee (oltre i 30 °C).
Fieno - Descrive un olio da olive che produce una sensazione olfatto-gustativa che ricorda quella del fieno. È un difetto dovuto alla provenienza dell'olio da olive secche o molto mature.
Fiscolo - Definisce una sensazione olfattiva caratteristica di oli da olive ottenuti per pressione con setti filtranti sporchi di residui fermentati.
Grossolano - Descrive la sensazione orale-tattile densa e pastosa prodotta da alcuni oli da olive.
Metallico - Descrive un olio da olive che produce una sensazione olfatto-gustativa che ricorda il metallo. È un difetto dell'olio mantenuto a lungo in contatto con superfici metalliche, durante i procedimenti di frangitura, gramolazione, estrazione e stoccaggio.
Morchia - Descrive una sensazione olfatto-gustativa caratteristica dell'olio da olive rimasto in contatto con fanghi di decantazione in depositi sotterranei o aerei.
Muffa - Descrive una sensazione olfatto-gustativa caratteristica dell'olio ottenuto da olive nelle quali si sono sviluppati abbondanti funghi e lieviti per essere rimaste stoccate per molti giorni in ambienti umidi.
Rancido - Descrive una sensazione olfatto-gustativa caratteristica degli oli da olive che hanno subito un processo ossidativo.
Riscaldo - Descrive una sensazione olfatto-gustativa caratteristica dell'olio ottenuto da olive ammassate che si trovavano in uno stadio avanzato di fermentazione anaerobica.
Salamoia - Descrive una sensazione olfatto-gustativa caratteristica dell'olio da olive che è rimasto a lungo in contatto con l'acqua di vegetazione.
Terra - Descrive una sensazione olfatto-gustativa caratteristica dell'olio ottenuto da olive raccolte da terra o infangate e non lavate.
Verme - Descrive una sensazione olfatto-gustativa caratteristica dell'olio ottenuto da olive fortemente colpite da larve di mosca dell'olivo (Bactrocera Oleae).

SENSAZIONI AROMATICHE OLFATTIVE DIRETTE O RETRONASALI

Acerbo - Sensazione olfattiva che richiama l'odore tipico dei frutti raccolti prima della maturità fisiologica.
Agrumi - Attributo positivo che indica una sensazione olfattiva che richiama quella degli agrumi (limone, arancia, bergamotto, mandarino e pompelmo).
Erbe aromatiche - Attributo positivo che indica una sensazione olfattiva che richiama quella delle erbe aromatiche (alloro, basilico, maggiorana, menta, mentuccia, mirto, muschio, origano, prezzemolo, rosmarino, salvia, timo, ecc.).
Fiori - Attributo positivo che indica una sensazione olfattiva che richiama quella dei fiori (camomilla, ginestra, glicine, lavanda, mimosa, rosa, ecc.). Detto anche floreale.
Frutta bianca - Attributo positivo che indica una sensazione olfattiva che richiama quella della frutta bianca di diverse maturità (albicocca, mela, pera, pesca, ecc.).
Frutta esotica - Attributo positivo che indica una sensazione olfattiva che richiama quella della frutta esotica di diverse maturità (ananas, banana, frutto della passione, mango, papaia ecc.).
Frutta secca - Attributo positivo che indica una sensazione olfattiva che richiama quella della frutta secca di diverse maturità (mandorla, noce, nocciola, pinolo, pistacchio, ecc.).
Fruttato maturo - Attributo che descrive la sensazione olfattiva degli oli extravergine ottenuti da olive mature.
Fruttato verde - Attributo che descrive la sensazione olfattiva tipica di oli extravergine ottenuti da olive raccolte prima o all'inizio dell'invaiatura.
Frutti rossi - Attributo positivo che indica una sensazione olfattiva che richiama quella tipica dei frutti del sottobosco (fragola, lampone, mirtillo, mora, ribes, ecc.).
Spezie - Attributo positivo che indica una sensazione olfattiva che richiama quella delle spezie (cannella, pepe bianco, pepe nero, pepe verde, vaniglia, zenzero, ecc.).
Vegetale - Attributo positivo che indica una sensazione olfattiva che richiama il sentore vegetale di erba fresca, erba fienosa, eucalipto, foglia di fico, foglia di olivo, foglia di pomodoro, ecc..
Verdure - Attributo positivo che indica una sensazione olfattiva che richiama il sentore delle verdure (asparago, carciofo, cardo, cicoria, fave, finocchio, lattuga, peperone, pomodoro acerbo, pomodoro di media maturità, pomodoro maturo, radicchio, ravanello, rucola, sedano, ecc.).

SENSAZIONI GUSTATIVE

Amaro - Attributo positivo che indica una sensazione gustativa caratteristica dell'olio extravergine ottenuto da olive verdi o leggermente invaiate.
Dolce - Attributo positivo che indica una sensazione gustativa caratteristica dell'olio extravergine ottenuto da olive che hanno raggiunto la completa maturità.

SENSAZIONI RETROLFATTIVA QUALITATIVA

Persistenza retrolfattiva - Durata delle sensazioni retrolfattive residue, dopo aver espulso dalla cavità orale il sorso di olio da olive.

SENSAZIONI TATTILI CINESTETICHE

Fluidità - Caratteristiche cinestetiche dello stato reologico dell'olio, il cui complesso è capace di stimolare i recettori meccanici della cavità orale durante l'assaggio.
Piccante - Attributo positivo che indica una sensazione tattile pungente caratteristica di oli extravergine prodotti all'inizio della campagna, principalmente da olive verdi.

Tasting Alphabet

POSITIVE CHARACTERISTICS
Bitter - Term indicating a taste sensation typical of extra virgin olive oil made from green or not fully ripe olives.
Fruity - Term indicating both the olfactory and the taste aromatic intensity of extra virgin olive oil: it can be light, medium or intense according to the degree to which sensations are perceived. The olive determines the fruity category, that is its variety (cultivar). Moreover other factors are important: the climate and the soil where the plant grows; harvesting and transportation times; extraction method and storage.
Pungent - Term indicating a pungent tactile sensation typical of extra virgin olive oil produced at the start of harvesting, mainly from green olives.

NEGATIVE CHARACTERISTICS
Vegetable water - Term describing an oil made from olives that has been in contact with vegetable waters for a long time.
Winey - Term describing an oil made from olives producing an olfactory-taste sensation reminding wine or vinegar. This defect is due to a fermentation process causing the formation of acetic acid, ethyl acetate and ethanol.
Cucumber - Sensation produced in olive oil by a too long watertight bottling, especially in cans.
Cooked - Term describing an oil from olives producing an olfactory sensation due to excessive and/or prolonged heating during processing, especially during the phase of malaxing, if it occurs in unsuitable thermal conditions (over 30 °C).
Hay - Term describing an oil from olives producing an olfactory-taste sensation reminding hay. This defect is due to dry or too ripe olives.
Mat - Term used for an olfactory sensation produced by oils from olives obtained by pressing with dirty filters because of the presence of fermented residues.
Coarse - Term describing the dense and pasty oral-tactile sensation produced by some oils from olives.
Metallic - Term used for an oil from olives producing an olfactory-taste sensation reminding metal. This defect is due to the prolonged contact with metallic surfaces during crushing, malaxing, extraction and storage.
Muddy - Term describing an olfactory-taste sensation typical of an oil from olives that has been in contact with decanting dregs in underground or overhead warehouses.
Musty - Term describing an olfactory-taste sensation typical of an oil from olives in which numerous fungi and yeasts have developed after a long storage in humid places.
Rancid - Term describing an olfactory-taste sensation typical of oils from olives subject to oxidative processes.
Fusty - Term describing an olfactory-taste sensation typical of oils from packed olives which have gone through a high degree of fermentation.
Pickle - Term describing an olfactory-taste sensation typical of an oil from olives which has been in prolonged contact with vegetable water.
Earthy - Term describing an olfactory-taste sensation typical of an oil obtained from olives picked with earth or mud and not washed.
Worm - Term describing an olfactory-taste sensation typical of an oil obtained from olives attacked by larvae of the olive fruit fly (Bactrocera Oleae).

DIRECT OR RETRO-NASAL OLFACTORY AROMATIC SENSATIONS
Unripe - Olfactory sensation reminding the typical smell of the fruits that have not reached physiological ripeness.
Citrus - Positive term indicating an olfactory sensation reminding citrus (lemon, orange, bergamot, mandarin, grapefruit).
Aromatic herbs - Positive term indicating an olfactory sensation reminding aromatic herbs (laurel, basil, marjoram, mint, field balm, myrtle, moss, oregano, parsley, rosemary, sage, thyme, etc.).
Flowers - Positive term indicating an olfactory sensation reminding flowers (camomile, genista, wisteria, lavender, mimosa, rose, etc.) Also called flowery.
White fruit - Positive term indicating an olfactory sensation reminding white fruit of different ripeness (apricot, apple, pear, peach, etc.).
Exotic fruit - Positive term indicating an olfactory sensation reminding exotic fruit of different ripeness (pineapple, banana, passion fruit, mango, papaya, etc.).
Dried fruit - Positive term indicating an olfactory sensation reminding dried fruit of different ripeness (almond, walnut, hazelnut, pine nut, pistachio, etc.).
Ripe fruity - Term describing the olfactory sensation produced by extra virgin olive oil obtained from ripe olives.
Green fruity - Term describing the olfactory sensation typical of extra virgin olive oil obtained from unripe olives or olives at the start of the ripening process.
Red fruit - Positive term indicating an olfactory sensation reminding wild berries (strawberry, raspberry, blueberry, blackberry, currant, etc.).
Spices - Positive term indicating an olfactory sensation reminding spices (cinnamon, white pepper, black pepper, green pepper, vanilla, ginger, etc.).
Vegetal - Positive term indicating an olfactory sensation reminding the vegetal hint of fresh grass, hay, eucalyptus, fig leaf, olive leaf, tomato leaf, etc..
Vegetables - Positive term indicating an olfactory sensation reminding vegetables (asparagus, artichoke, thistle, chicory, broad beans, fennel, lettuce, pepper, unripe tomato, medium ripe tomato, ripe tomato, radicchio, radish, rocket, celery, etc.).

TASTE SENSATIONS
Bitter - Positive term indicating a taste sensation typical of extra virgin olive oil made from green or not fully ripe olives.
Sweet - Positive term indicating a taste sensation typical of extra virgin olive oil obtained from fully ripe olives.

QUALITATIVE RETRO-OLFACTORY SENSATION
Retro-olfactory persistency - Duration of residual retro-olfactory sensations, after expelling the olive oil sip from the oral cavity.

TACTILE OR KINAESTHETIC SENSATIONS
Fluidity - Kinaesthetic characteristics of the rheological state of oil, able to stimulate the mechanical receptors of the oral cavity during tasting.
Pungent - Positive term indicating a pungent tactile sensation typical of extra virgin olive oil produced at the start of harvesting, mainly from green olives.

RINGRAZIAMENTI • ACKNOWLEDGEMENTS

Per la collaborazione e i suggerimenti / For their collaboration and advice:
Alfa Laval, Aprol Perugia, Arsial Lazio, Arssa Abruzzo, Asoliva, Assessorato al Turismo - Regione Istriana (Croazia), Associação dos Olivicultores de Trás-os-Montes e Alto Douro, Associazione Piemontese Olivicoltori, Association Française Interprofessionnelle de l'Olive, Associazione Regionale Produttori Olivicoli Emilia Romagna, Associazione Saperi e Sapori, Associazioni Ligure Olivicoltori di Imperia, Australian Olive Association, California Olive Oil Council, ChileOliva - Asociación de Productores de Aceite de Oliva de Chile, Consorzio Daunia Verde, Consorzio per la Tutela dell'Olio Extravergine di Oliva Dop Chianti Classico, Consorzio per la Tutela dell'Olio Extravergine di Oliva Dop Colline Salernitane, Consorzio per la Tutela dell'Olio Extravergine di Oliva Dop Garda, Consorzio per la Tutela dell'Olio Extravergine di Oliva Dop Laghi Lombardi, Consorzio per la Tutela dell'Olio Extravergine di Oliva Dop Lucca, Consorzio per la Tutela dell'Olio Extravergine di Oliva Dop Monti Iblei, Consorzio per la Tutela dell'Olio Extravergine di Oliva Dop Penisola Sorrentina, Consorzio per la Tutela dell'Olio Extravergine di Oliva Dop Sardegna, Consorzio per la Tutela dell'Olio Extravergine di Oliva Dop Terre di Siena, Consorzio per la Tutela dell'Olio Extravergine di Oliva Dop Veneto, Consorzio per la Tutela dell'Olio Extravergine di Oliva Igp Toscano, Emater - Instituto Paranaense de Assistência Técnica e Extensão Rural - Rio Grande do Sul, Empresa Brasileira de Pesquisa Agropecuária, Empresa de Pesquisa Agropecuária de Minas Gerais, Ente Turistico della Regione Istriana, Ersam Larino, Fiera di Verona, Gruppo Pieralisi, Ismea, Marche Extravergine, Mercacei, Metapontum Agrobios, Ministerio de Medio Ambiente y Medio Rural y Marino, New Zealand Olive Association, Provincia di Arezzo, Regione Siciliana - UOS 78 Olivicultura, SAI agricola, Selezione Fattorie, Seniores Italia, South African Olive Growers Association, Strada del Vino Terre di Arezzo, Vetreria Etrusca, Vetruria

Per la cortese collaborazione / For their kind collaboration:
Helena Alegre, Paolo Anselmi, Maurizio Antinori, Maximiliano Artega Blanco, José Alberto Aued, Pierluigi Baratono, Franco Bardi, Sandro Benedetti Isidori, Jean Benoit Hugues, Jenny Birrell, Antonella Bombacigno, Giovanni Brachetti Montorselli, Paola Campos, Anunciación Carpio Dueñas, Ana Carrilho, Giorgio Castiglione, Leonardo Catagnano, Cesar Colliga Martinez, Patricia Darragh, Roberto D'Auria, Teresa D'Uva, Antonio Dati, Nilton Caetano De Oliveira, Tommaso De Simone, Albert Di Chiara, Margaret Edward, Fabrizio Filippi, Patricia Galasini, Michele Ghezzi, Remo Gianello, Marino Giorgetti, Angela Herrera, Ana María Hoffmann, Denis Ivošević, Brigida Jiménez Herrera, Giacomo Laterza, Gianni Lezzi, Maria Lisomar Silva, Manuel Lobo Torrado, Francesco Locci, Simona Longo, Mariano Mampieri, Fernando Marca, Matilde Martinetti, Alberto Matos, Luigino Mengucci, Giorgio Mori, Stefano Munzi, Shoko Nakahara, João Neto Vieira, Fiammetta Nizzi Grifi, Giuseppe Pasciutta, Francisco Pavão, Juan A. Peñamil, Moira Peroni, Clenio Pillon, Deborah Ponzio, Maria Provenza, Franko Raguž, Francesco Rancini, Pietro Razzino, Franco Rosario, Michele Sagramoso, Riccardo Scarpellini, Paola Sereni, Salvatore Spatola, Alessandro Suardi, Paula Vasconcelos, Claudio Vignoli

ABBREVIAZIONI • ABBREVIATIONS

AAO	Agencia para el Aceite de Oliva	MARM	Ministerio de Medio Ambiente y Medio Rural y Marino
a.C.	Avanti Cristo		
A.D.	Anno Domini	MiPAAF	Ministero delle Politiche Agricole, Alimentari e Forestali
Aop	Appellation d'Origine Protégée		
Az. Agr.	Azienda Agricola	ml	Millilitro
B.C.	Before Christ	n/a	Not Available
CCIAA	Camera di Commercio, Industria, Artigianato e Agricoltura	n.p.	Non Pervenuto
		O.P.G.	Obitejsko Poljoprivredno Gospodarstvo
CNR	Consiglio Nazionale delle Ricerche	Pag.	Pagina
C.da	Contrada	Pdo	Protected Denomination of Origin
C.so	Corso	Pgi	Protected Geographical Indication
d.C.	Dopo Cristo	Pil	Prodotto Interno Lordo
Dop	Denominazione di Origine Protetta	P.zza	Piazza
ecc.	Eccetera	sec.	Secolo
EU	European Union	S.P.	Strada Provinciale
ha	Ettaro / Hectare	S.S.	Strada Statale
Igp	Indicazione Geografica Protetta	t	Tonnellata / Ton
IOOC	International Olive Oil Council	Tel.	Telefono / Telephone
Kg	Chilogrammo / Kilogram	UE	Unione Europea
Km	Chilometro / Kilometre	V.le	Viale
lt	Litro / Litre	Voc.	Vocabolo
m.	Metro / Metre	Z.I.	Zona Industriale

Europa
Europe

Portogallo
Portugal

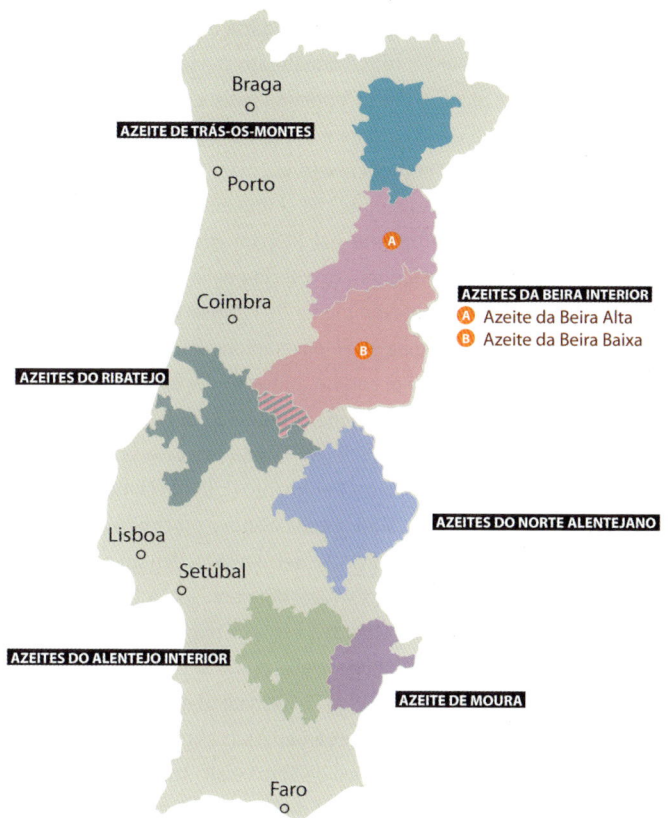

Dati Statistici

Superficie olivetata nazionale	380.715 (ha)
Frantoi	562
Produzione nazionale 09-10	50.000,0 (t)
Produzione nazionale 08-09	34.900,0 (t)
Variazione	+ 43,27%

Statistic Data

National Olive Surface	380,715 (ha)
Olive Oil Mills	562
National production 09-10	50,000.0 (t)
National production 08-09	34,900.0 (t)
Variation	+ 43.27%

International Olive Oil Council - Ministry of Agriculture, Rural Development and Fisheries

Profondamente radicata in Portogallo fin dall'antichità, la cultura olivicola svolge oggi un ruolo di primo piano all'interno dell'economia del paese. Anzi, ultimamente il settore sta registrando un deciso sviluppo anche dal punto di vista qualitativo. A suo vantaggio giocano la conformazione territoriale e il clima del Portogallo, a cui la pianta dell'olivo si adatta bene da sempre, oltre al fatto che il consumo dell'olio è ormai del tutto connaturato con le abitudini alimentari degli abitanti, per le sue qualità gastronomiche nonché salutistiche. La storia dell'olivicoltura in Portogallo risale all'epoca degli Egiziani e poi dei Greci e dei Cartaginesi. Fu grazie a queste civiltà di navigatori, che raggiunsero via mare la Penisola Iberica portando con sé prodotti preziosi come olio e vino, che si impiantò anche in Portogallo l'olivo domestico, coltivato poi sapientemente dai Romani che dettero un forte impulso all'olivicoltura in tutti i paesi del Mediterraneo. Il clou della produzione si colloca nella metà del secolo scorso, con una media annua di 120mila tonnellate di olio. Oggi in Portogallo si contano più di 380mila ettari olivetati che hanno reso, nella campagna 2009-2010, 50mila tonnellate di olio, con un aumento del 43,27% rispetto all'annata precedente. Nel settore della trasformazione, il numero dei frantoi attivi sul territorio è di 562. Molto ricco il paniere delle cultivar: la più diffusa è la varietà galega che costituisce la maggioranza degli impianti. Per quanto riguarda la mappatura delle aree olivicole, si può seguire la diffusione storica della pianta e procedere da sud verso nord, evidenziando le sei principali terre olivicole del paese a Denominazione di Origine Protetta e caratterizzate dalla presenza di varietà differenti. Il fiume Guadiana costituisce lo spartiacque tra la Dop Azeite de Moura, a est, e la più occidentale Dop Azeite do Alentejo Interior, di recente certificazione. Nella prima si coltivano prevalentemente le varietà cordovil de Serpa, galega vulgar e verdeal alentejana che danno oli dal fruttato intenso e dai freschi sentori erbacei, amari e piccanti. Nell'altra la varietà galega vulgar è dominante e, insieme alla cordovil de Serpa e alla cobrançosa, produce oli dal fruttato più delicato. Anche nella Dop Azeites do Norte Alentejano, che prende il nome dalla provincia omonima, prevale la galega vulgar, seguita dalla carrasquenha e dalla redondil: gli oli prodotti si distinguono per una nota forte di mela e di altri frutti maturi. La costa a ovest del paese ricade nella Dop Azeite do Ribatejo, dove la galega vulgar si coltiva insieme alla lentisca. Quest'ultima è tipica della zona di Torres Novas, dove gli oli hanno note più morbide e dolci. La Dop Azeites da Beira Interior, più a nord, ha due sottozone: Azeite da Beira Baixa, dove predominano le varietà galega vulgar, bical e cordovil di Castelo Branco, con oli interessanti per ricchezza in aromi e sapore, e Azeite da Beira Alta, dove le varietà sono la cobrançosa, la carrasquinha e la cornicabra. La Dop Azeite de Trás-os-Montes ricade nella parte più settentrionale del paese, ai margini del Rio Douro, da Alfândega da Fé fino a Murça, passando per Mirandela. Qui le cultivar madural, cobrançosa, cordovil e verdeal trasmontana producono oli molto raffinati e complessi con sentori di spezie, mandorla e frutta secca.

Olive growing has been deeply rooted in Portugal since ancient times. At present this sector plays a fundamental role in the country's economy and also its quality has recently greatly improved. Favourable factors are the conformation of the land and its climate that is suitable to the olive tree. Besides the Portuguese have always used olive oil because of its gastronomic and health giving properties. The history of olive growing in Portugal dates back to the Egyptians and then the Greeks and the Carthaginians. Thanks to these people that reached the Iberian Peninsula by sea bringing precious products like olive oil and wine, the domestic olive tree arrived in Portugal. However especially the Romans gave a fundamental impetus to olive growing in all the countries of the Mediterranean basin. The productive apex was achieved in the middle of the 20th century, when an average production of 120,000 annual tons of oil was recorded. Today in Portugal there are more than 380,000 hectares of olive groves that produced 50,000 tons of olive oil in the 2009-2010 oil harvest, with a 43.27 % increase in comparison with the previous year. As regards transformation there are 562 working olive oil mills. Portugal is known for the wide range of olive varieties, among which the most common is galega, which represents the most of the olive groves of the country. If you go from south to north, in the same way in which the olive tree spread historically, it is possible to distinguish six areas, the main olive areas, which today are Protected Denomination of Origin and are characterized by different varieties. The river Guardiana is the watershed between the Pdo Azeite de Moura, to the east, and the recent Pdo Azeite do Alentejo Interior, more to the west. In the first area the varieties cordovil de Serpa, galega vulgar and verdeal alentejana are mainly cultivated. They produce very fruity , herbaceous, bitter and pungent oil. In the other one the variety galega vulgar predominates and together with the cordovil de Serpa and the cobrançosa, produces more delicate oil. In the Pdo Azeites do Norte Alentejano, which takes its name from the homonymous province, the galega vulgar is the most common variety and is followed by the carrasquenha and redondil: this oil has a strong note of apple and other ripe fruit. To the west of the country the Pdo is called Azeite do Ribatejo and is characterized by the varieties galega vulgar and lentisca, the latter is typical of the area of Torre Novas, an area of sweet oils. The Pdo Azeites da Beira Interior is divided into two subareas: Azeite da Beira Baixa, where we find the varieties galega vulgar, bical and cordovil of Castelo Branco, which give origin to oil complex for perfume and taste, and Azeite da Beira Alta, where the varieties cobrançosa, carrasquinha and cornicabra predominate. The Pdo Azeite de Trás-os-Montes is in the northern area of the country on the border with Rio Douro from Alfândega da Fé to Murça, passing through the area of Mirandela. Here the varieties madural, cobrançosa, cordovil and verdeal trasmontana produce very refined and complex oils with a scent of spices, almond and other dried fruit.

Maria Constança de Castro Doutel de Andrade

Rua Laranjeira, 30 - Cabanelas
5370 - 070 Mirandela (Bragança)
Tel. + 351 278 098083
E-mail: joaodasbarbas@gmail.com

90

- 300/400 m.
- Specializzato / Specialized
- Alberello / Tree
- Brucatura a mano e meccanica / Hand picking and mechanical harvesting
- No - Ciclo continuo / No - Continuous cycle
- Cobrançosa (80%), madural (15%), verdeal trasmontana (5%)
- Fruttato intenso / Intense fruity
- da 4,01 a 6,00 € - 250 ml. / from € 4.01 to 6.00 - 250 ml.

Continua a brillare la stella di questa promettente realtà del comprensorio di Mirandela. Il merito va all'impegno di Maria Constança de Castro Doutel de Andrade che ha ereditato l'antica tenuta di famiglia dal padre, noto nella zona come il bohemien João das Barbas, e che dal 1989 conduce con passione una superficie olivetata specializzata di 29 ettari, con 5.300 piante. Quest'anno da un raccolto di 180 quintali di olive è stata ricavata una produzione di 30 ettolitri di olio extravergine. Segnaliamo l'ottimo Extravergine João das Barbas Dop Azeite de Trás-os-Montes che alla vista si presenta di un bel colore giallo dorato intenso, limpido. Al naso si apre deciso e ampio, ricco di sentori vegetali di carciofo, cicoria, lattuga e netti toni speziati di pepe nero e mandorla dolce. In bocca è complesso e avvolgente, dotato di eleganti note di erbe officinali, con menta e rosmarino in evidenza. Amaro spiccato e piccante ben espresso. È un perfetto accompagnamento per antipasti di lenticchie, carpaccio di tonno, radicchio alla piastra, minestroni di verdure, risotto con funghi porcini, pesce spada alla piastra, pollame o carni di maiale alla griglia, formaggi di media stagionatura.

Another excellent performance for this promising farm in the district of Mirandela, thanks to Maria Constança de Castro Doutel de Andrade, who inherited the ancient family estate from her father, known as the bohemian João das Barbas. Since 1989 she has been running a specialized olive grove of 29 hectars with 5,300 trees. In the last harvest 180 quintals of olives were produced, equal to a yield of 30 hectolitres of extra virgin olive oil. We recommend the excellent Extra Virgin João das Barbas Pdo Azeite de Trás-os-Montes, which is a beautiful intense limpid golden yellow colour. Its aroma is definite and ample, rich in vegetal hints of artichoke, chicory, lettuce and distinct spicy notes of black pepper and sweet almond. Its taste is complex and rotund, endowed with elegant notes of officinal herbs, especially mint and rosemary. Bitterness is strong and pungency is distinct. It would be ideal on lentil appetizers, tuna carpaccio, pan-seared radicchio, minestrone with vegetables, risotto with porcini mushrooms, pan-seared swordfish, grilled poultry or pork, medium mature cheese.

Portogallo Portugal [PT] Trás-os-Montes e Alto Douro

Clemente Menéres

Jerusalém do Romeu - Romeu
5370 - 620 Mirandela (Bragança)
Tel. + 351 222 001265 - 278 939133 - Fax + 351 222 089276 - 278 939133
E-mail: info@romeu.pt - Web: www.romeu.pt

92

350 m.

Specializzato
Specialized

Alberello
Tree

Brucatura a mano e meccanica
Hand picking and mechanical harvesting

Sì - Ciclo continuo misto
Yes - Mixed continuous cycle

Cobrançosa (40%), madural (30%), verdeal trasmontana (30%)

Fruttato intenso
Intense fruity

da 8,01 a 10,00 € - 500 ml.
from € 8.01 to 10.00 - 500 ml.

La Menéres è una delle più solide realtà di produzione olearia del comprensorio della Dop Azeite de Trás-os-Montes. Fondata nel 1902 da Clemente Menéres, oggi l'azienda è condotta da João Pedro Menéres che applica i principi dell'agricoltura biologica ai circa 150 ettari di oliveti dove trovano dimora 15mila piante. In questa campagna sono stati raccolti 1.300 quintali di olive, pari a 200 ettolitri di olio. Segnaliamo l'etichetta proposta, l'Extravergine Romeu Dop Azeite de Trás-os-Montes da Agricoltura Biologica. Appare alla vista di colore giallo dorato intenso con delicate sfumature verdi, limpido; all'olfatto si apre sottile e composto, caratterizzato da sentori fruttati di pomodoro acerbo e ricordo di erba fresca falciata. In bocca è dosato e morbido, dotato di toni vegetali di sedano, lattuga, carciofo e note di erbe officinali con basilico, prezzemolo e mentuccia in evidenza. Amaro e piccante presenti e contenuti che chiudono in mandorla dolce. Ideale per antipasti di lenticchie, bruschette, pinzimonio, radicchio alla piastra, minestroni di verdure, primi piatti con carciofi, pesce azzurro gratinato, pollame o carni di maiale alla griglia, formaggi di media stagionatura.

Menéres is one of the most important oil farms in the district of the Pdo Azeite de Trás-os-Montes. Founded in 1902 by Clemente Menéres, the farm is run today by João Pedro Menéres, who applies organic farming principles to about 150 hectares of olive groves with 15,000 trees. In the last harvest 1,300 quintals of olives were produced, equal to a yield of 200 hectolitres of extra virgin olive oil. We recommend the selection proposed, the Extra Virgin Romeu Pdo Azeite de Trás-os-Montes from Organic Farming. It is an intense limpid golden yellow colour with delicate green hues. Its aroma is fine and delicate, characterized by fruity hints of unripe tomato and a note of freshly mown grass. Its taste is delicate and mellow, endowed with a vegetal flavour of celery, lettuce, artichoke and notes of officinal herbs, especially basil, parsley and field balm. Bitterness and pungency are present and limited with a sweet almond finish. It would be ideal on lentil appetizers, bruschette, pinzimonio, pan-seared radicchio, minestrone with vegetables, pasta with artichokes, blue fish au gratin, grilled poultry or pork, medium mature cheese.

Tetribérica - Agricultura Biológica

Quinta do Prado - Lodões
5360 - 080 Vila Flor (Bragança)
Tel. + 351 252 490010 - Fax + 351 252 490019
E-mail: acushla@acushla.pt - Web: www.acushla.pt

85

- 313/530 m.
- Promiscuo / Promiscuous
- Alberello / Tree
- Brucatura a mano e meccanica / Hand picking and mechanical harvesting
- No - Ciclo continuo / No - Continuous cycle
- Cobrançosa (50%), madural (25%), verdeal trasmontana (25%)
- Fruttato medio / Medium fruity
- da 8,01 a 10,00 € - 500 ml. / from € 8.01 to 10.00 - 500 ml.

La Tetribérica - Agricultura Biológica è un'azienda giovane nata circa sei anni fa per iniziativa di Joaquim Moreira che ha convertito al biologico gli impianti olivicoli della sua proprietà di Vila Flor. Parliamo di 136 ettari di superficie olivetata dove trovano dimora oltre 57mila piante, di cui solo 1.600 sono in produzione. Da queste, nella recente campagna olearia, è stato ricavato una raccolto di 80 quintali di olive, pari a una produzione di 10 ettolitri di olio extravergine. L'Extravergine Acushla da Agricoltura Biologica alla vista appare di colore giallo dorato intenso, limpido; all'olfatto si offre sottile e composto, con sentori fruttati di pomodoro acerbo, mela bianca matura e ricordo di mandorla. Al gusto è fine e vegetale, caratterizzato da spiccate note di sedano, carciofo e cardo selvatico, cui si accompagnano toni balsamici di salvia, mentuccia ed eucalipto. Amaro presente e piccante contenuto, con dolce in evidenza. Perfetto su antipasti di fagioli, insalate di ceci, marinate di orata, patate alla piastra, passati di asparagi, primi piatti con molluschi, crostacei in guazzetto, pesci di scoglio al forno, formaggi caprini.

Tetribérica - Agricultura Biológica is a young farm founded about six years ago by Joaquim Moreira, who converted the olive groves of his estate in Vila Flor into organic farming. There is a 136-hectare olive surface with over 57,000 trees, only 1,600 of which are productive. In the last harvest 80 quintals of olives were produced, equal to a yield of 10 hectolitres of extra virgin olive oil. The Extra Virgin Acushla from Organic Farming is an intense limpid golden yellow colour. Its aroma is fine and delicate, with fruity hints of unripe tomato, ripe white apple and a note of almond. Its taste is fine and vegetal, characterized by distinct notes of celery, artichoke and wild thistle, together with fragrant notes of sage, field balm and eucalyptus. Bitterness is present and pungency is limited with evident sweetness. It would be ideal on bean appetizers, chickpea salads, marinated gilthead, seared potatoes, asparagus purée, pasta with mussels, stewed shellfish, baked rock-fish, goat cheese.

Portogallo Portugal [PT] Trás-os-Montes e Alto Douro

Quinta Vale do Conde

San Pedro Vale do Conde
5370 - 160 Mirandela (Bragança)
Tel. + 351 252 638250 - Fax + 351 252 684108
E-mail: info@quintavaledoconde.pt - Web: www.quintavaledoconde.pt

86 ⬆

- 600/700 m.
- Promiscuo e specializzato / Promiscuous and specialized
- Alberello / Tree
- Meccanica / Mechanical harvesting
- No - Ciclo continuo / No - Continuous cycle
- Cobrançosa (40%), madural (30%), verdeal trasmontana (30%)
- Fruttato medio / Medium fruity
- da 4,01 a 6,00 € - 500 ml. / from € 4.01 to 6.00 - 500 ml.

B rillantissimo esordio in Guida per la Quinta Vale do Conde, situata nella vocata area di San Pedro Vale do Conde. Lucia Gomes de Sa è alla guida dal 2003 di un'ampia tenuta, che comprende 150 ettari destinati all'oliveto di proprietà, con 28mila piante che, nella recente campagna olearia, hanno prodotto un raccolto di 3mila quintali di olive, pari a una resa in olio extravergine di quasi 590 ettolitri. Segnaliamo l'etichetta aziendale, l'ottimo Extravergine Quinta Vale do Conde Dop Azeite de Trás-os-Montes che si presenta alla vista di un bel colore giallo dorato intenso con delicate sfumature verdoline, limpido; all'olfatto si esprime ampio e avvolgente, ricco di sentori di pomodoro di media maturità, mela bianca matura e ricordo di mandorla. In bocca è complesso e di personalità, con spiccate note balsamiche di basilico e menta, cui si associano eleganti toni vegetali di fave fresche e lattuga. Amaro deciso e piccante ben espresso. Ideale accompagnamento per antipasti di farro, carpaccio di salmone, insalate di pollo, passati di funghi finferli, primi piatti con verdure, gamberi in umido, pesci alla brace, formaggi freschi a pasta filata.

A very brilliant first performance for Quinta Vale do Conde, situated in the suitable area of San Pedro Vale do Conde. Lucia Gomes de Sa has been running this large estate since 2003. There are 150 hectares of olive grove with 28,000 trees, which produced 3,000 quintals of olives in the last harvest, equal to a yield of almost 590 hectolitres of extra virgin olive oil. We recommend the farm selection, the excellent Extra Virgin Quinta Vale do Conde Pdo Azeite de Trás-os-Montes, which is a beautiful intense limpid golden yellow colour with delicate light green hues. Its aroma is ample and rotund, rich in hints of medium ripe tomato, ripe white apple and a note of almond. Its taste is complex and strong, with distinct fragrant notes of basil and mint, together with elegant vegetal hints of fresh broad beans and lettuce. Bitterness is definite and pungency is distinct. It would be ideal on farro appetizers, salmon carpaccio, chicken salads, chanterelle mushroom purée, pasta with vegetables, stewed shrimps, barbecued fish, mozzarella cheese.

Producão e Commercializão de Vinhos e Azeites Viaz

Quinta do Carrascal
5160 - 201 Vila Flor (Bragança)
Tel. + 351 22 6101032 - 279 979223 - Fax + 351 22 6101032 - 279 979223
E-mail: info@viaz.pt - Web: www.viaz.pt

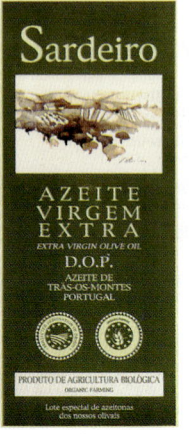

87 🌱

200 m.

Promiscuo e specializzato
Promiscuous and specialized

Vaso
Vase

Brucatura a mano e meccanica
Hand picking and mechanical harvesting

Sì - Ciclo continuo
Yes - Continuous cycle

Cobrançosa (50%), madural (20%), verdial (20%), negrinha do Freixo (10%)

Fruttato medio
Medium fruity

da 4,01 a 6,00 € - 500 ml.
from € 4.01 to 6.00 - 500 ml.

L'azienda Viaz è una struttura olivicola di antica tradizione, fondata da João Pedro Miller nel 1855, ma con una storia che risale al XVIII secolo. Dal 2000 è condotta da João Correia de Oliveira che ha riconvertito tutta la proprietà al biologico. Dei 141 ettari di superficie ben 66 sono destinati all'oliveto, con quasi 13mila piante messe a dimora dalle quali sono stati raccolti quest'anno 600 quintali di olive, pari a una produzione di 100 ettolitri di olio. Segnaliamo l'Extravergine Sardeiro Dop Azeite de Trás-os-Montes da Agricoltura Biologica: di un bel colore giallo dorato intenso con delicate nuance verdi, limpido; all'olfatto si esprime ampio ed elegante, ricco di sentori fruttati di pomodoro di media maturità e ricordo di banana acerba e mandorla, cui si accompagnano decise note di basilico e prezzemolo. Al gusto è avvolgente e complesso, con toni vegetali di cardo selvatico e lattuga. Amaro spiccato e piccante ben espresso. Si abbina molto bene a antipasti di mare, insalate di pomodori, legumi bolliti, marinate di salmone, zuppe di orzo, risotto con funghi finferli, fritture di carni, rombo alla brace, formaggi freschi a pasta filata.

Viaz is an oil farm with an ancient tradition, founded by João Pedro Miller in 1855, but dating back to the 18th century. Since 2000 it has been run by João Correia de Oliveira, who has converted the whole estate to organic farming. 66 hectares out of 141 of total surface are destined to olive grove with almost 13,000 trees. In the last harvest 600 quintals of olives were produced, equal to a yield of 100 hectolitres of oil. We recommend the Extra Virgin Sardeiro Pdo Azeite de Trás-os-Montes from Organic Farming. It is a beautiful intense limpid golden yellow colour with delicate green hues. Its aroma is ample and elegant, rich in fruity hints of medium ripe tomato and a note of unripe banana and almond, together with definite notes of basil and parsley. Its taste is rotund and complex, with a vegetal flavour of wild thistle and lettuce. Bitterness is strong and pungency is distinct. It would be ideal on seafood appetizers, tomato salads, boiled legumes, marinated salmon, barley soups, risotto with chanterelle mushrooms, breaded fried meat, barbecued turbot, mozzarella cheese.

Portogallo Portugal [PT] Trás-os-Montes e Alto Douro

Hernani Verdelho

Quinta do Carrenho - N222 Km 200 - Freixo de Numão
5155 - 253 Vila Nova de Foz Côa (Guarda)
Tel. + 351 219 435024 - 214 027397 - Fax + 351 219 435024
E-mail: geral@donaberta.pt - Web: www.donaberta.pt

82 ⬆

🞧 500 m.

🌳 **Specializzato**
Specialized

🌳 **Alberello**
Tree

✋ **Brucatura a mano**
Hand picking

💧 **No - Ciclo continuo**
No - Continuous cycle

🫒 **Verdeal (45%), cobrançosa (30%),**
galega vulgar (15%), madural (10%)

🫒 **Fruttato medio**
Medium fruity

🍾 da 10,01 a 12,00 € - 500 ml.
from € 10.01 to 12.00 - 500 ml.

D a quasi trent'anni Hernani Verdelho si dedica al progetto di riconversione e valorizzazione del suo patrimonio vitivinicolo, nonché di impianto di nuove vigne nella proprietà di Quinta do Carrenho, a Vila Nova de Foz Côa. Ma non solo vino: la tenuta comprende anche 3 ettari di oliveto specializzato con 950 piante che, nella recente campagna olearia, hanno fruttato un raccolto di 93 quintali di olive, pari a una resa produttiva di quasi 13 ettolitri di olio. Segnaliamo l'ottimo Extravergine Dona Berta che appare alla vista di colore giallo dorato intenso con riflessi verdolini, limpido; all'olfatto si esprime ampio e avvolgente, ricco di sentori vegetali di carciofo, lattuga ed erbe aromatiche, con netto ricordo di basilico, mentuccia e salvia. In bocca è complesso ed elegante, caratterizzato da toni di cardo di campo, cicoria e spiccata frutta secca, con mandorla dolce e pinolo in evidenza. Amaro deciso e piccante ben espresso e armonico. Buon accompagnamento per antipasti di fagioli, carpaccio di salmone, insalate di lenticchie, marinate di verdure, zuppe di ceci, primi piatti con molluschi, pesci alla piastra, rombo alla brace, coniglio al forno, pollo arrosto, formaggi caprini.

F or almost thirty years Hernani Verdelho has been reconverting and enhancing old vineyards and planting new ones in his property in Quinta do Carrenho, in Vila Nova de Foz Côa. The estate includes also a 3-hectare specialized olive grove with 950 trees. In the last harvest 93 quintals of olives were produced, equal to a yield of almost 13 hectolitres of extra virgin olive oil. We recommend the excellent Extra Virgin Dona Berta, which is an intense limpid golden yellow colour with light green hues. Its aroma is ample and rotund, rich in vegetal hints of artichoke, lettuce and aromatic herbs, especially basil, field balm and sage. Its taste is complex and elegant, characterized by a flavour of wild thistle, chicory and distinct dried fruit, especially sweet almond and pine nut. Bitterness is definite and pungency is distinct and harmonic. It would be ideal on bean appetizers, salmon carpaccio, lentil salads, marinated vegetables, chickpea soups, pasta with mussels, pan-seared fish, barbecued turbot, baked rabbit, roast chicken, goat cheese.

Portogallo Portugal [PT] Trás-os-Montes e Alto Douro

Quinta do Crasto
Vale de Gouvinhas
5060 - 063 Sabrosa (Vila Real)
Tel. + 351 254 920020 - 226 105493 - Fax + 351 254 920788 - 226 151243
E-mail: crasto@quintadocrasto.pt - Web: www.quintadocrasto.pt

84 ⬆

180 m.

Promiscuo e specializzato
Promiscuous and specialized

Forma libera
Free form

Brucatura a mano e meccanica
Hand picking and mechanical harvesting

No - Ciclo continuo
No - Continuous cycle

Verdeal trasmontana (45%), cobrançosa (20%), madural (20%), negrinha do Freixo (15%)

Fruttato medio
Medium fruity

da 10,01 a 12,00 € - 500 ml.
from € 10.01 to 12.00 - 500 ml.

Situata sulla sponda destra del fiume Douro, in un'area vocatissima alla viticoltura, Quinta do Crasto è un'importante realtà di produzione vitivinicola appartenente da oltre un secolo alla famiglia di George e Leonor Roquette. Non solo vino, però. Dei 130 ettari totali di cui consta la tenuta, 17 sono infatti destinati agli impianti olivicoli, con poco più di 3mila piante dalle quali, nella recente campagna olearia, sono stati raccolti 212 quintali di olive, per una produzione di quasi 31 ettolitri di olio. L'Extravergine Quinta do Crasto - Premium appare alla vista di colore giallo dorato intenso con delicate nuance verdi, limpido; al naso si offre ampio e avvolgente, con sentori vegetali di foglia di fico, lattuga e note di erbe balsamiche, con netto ricordo di eucalipto, basilico e mentuccia. Al gusto è elegante e fruttato, con toni di mela bianca, pesca, albicocca e chiusura speziata di pepe nero. Amaro e piccante presenti e armonici. Eccellente su antipasti di mare, carpaccio di salmone, insalate di pomodori, patate alla piastra, passati di asparagi, primi piatti con molluschi, gamberi in umido, rombo arrosto, formaggi freschi a pasta filata.

Situated on the right bank of the river Douro, in an area very suitable to wine-growing, Quinta do Crasto is an important wine farm that has belonged to George and Leonor Roquette's family for over a century. However 17 out of 130 hectares of total surface are destined to olive groves with little more than 3,000 trees. In the last harvest 212 quintals of olives were produced, with a yield of almost 31 hectolitres of extra virgin olive oil. The Extra Virgin Quinta do Crasto - Premium is an intense limpid golden yellow colour with delicate green hues. Its aroma is ample and rotund, with vegetal hints of fig leaf, lettuce and notes of aromatic herbs, especially eucalyptus, basil and field balm. Its taste is elegant and fruity, with a flavour of white apple, peach, apricot and a spicy finish of black pepper. Bitterness and pungency are present and harmonic. It would be ideal on seafood appetizers, salmon carpaccio, tomato salads, seared potatoes, asparagus purée, pasta with mussels, stewed shrimps, roast turbot, mozzarella cheese.

Portogallo Portugal [PT] Trás-os-Montes e Alto Douro

João Batista Pinheiro Paulo

Quinta Lameira Milho, 4 - Valverde
5430 - 493 Valpaços (Vila Real)
Tel. + 351 278 729319 - Fax + 351 278 729319
E-mail: joaobppaulo@gmail.com - Web: www.valverdeazeites.com

84 ⬆

450 m.

Promiscuo
Promiscuous

Alberello, cono rovesciato
Tree, reverse cone

Meccanica
Mechanical harvesting

Sì - Ciclo continuo
Yes - Continuous cycle

Cobrançosa (50%), verdeal trasmontana (30%), madural (20%)

Fruttato medio
Medium fruity

da 4,01 a 6,00 € - 500 ml.
from € 4.01 to 6.00 - 500 ml.

Brillante debutto in Guida per questa interessante realtà di produzione olearia guidata dal 2002 da João Batista Pinheiro Paulo a Valverde. Parliamo di un patrimonio di 60 ettari di terreno, di cui 42 dedicati all'oliveto, e di un moderno impianto di estrazione. Quest'anno dalle 10mila piante messe a dimora sono stati raccolti 500 quintali di olive che, uniti ai 3mila acquistati, hanno prodotto circa 611 ettolitri di olio extravergine. Segnaliamo l'etichetta aziendale, l'ottimo Extravergine João Batista Pinheiro Paulo Dop Azeite de Trás-os-Montes: di colore giallo dorato intenso con sottili nuance verdi, limpido; al naso si offre ampio e avvolgente, ricco di sentori di frutta bianca, con ricordo di albicocca e pesca, e decise note di erba fresca falciata e foglia di fico. Al gusto è complesso ed elegante, con toni vegetali di cicoria, lattuga ed erbe aromatiche, con menta, basilico e prezzemolo in evidenza. Amaro spiccato e piccante ben espresso. Si abbina a carpaccio di salmone, marinate di salmone, patate alla griglia, verdure marinate, zuppe di orzo, primi piatti con molluschi, pesci di scoglio alla brace, tartare di polpo, formaggi caprini.

A brilliant first performance for this interesting oil farm run by João Batista Pinheiro Paulo in Valverde since 2002. There are 60 hectares of land, 42 of which are destined to olive grove with 10,000 trees, and a modern extraction system. In the last harvest 500 quintals of olives were produced and 3,000 purchased, with a yield of about 611 hectolitres of extra virgin olive oil. We recommend the farm selection, the excellent Extra Virgin João Batista Pinheiro Paulo Pdo Azeite de Trás-os-Montes: it is an intense limpid golden yellow colour with slight green hues. Its aroma is ample and rotund, rich in hints of white fruit, especially apricot and peach, and definite notes of freshly mown grass and fig leaf. Its taste is complex and elegant, with a vegetal flavour of chicory, lettuce and aromatic herbs, especially mint, basil and parsley. Bitterness is strong and pungency is distinct. It would be ideal on salmon carpaccio, marinated salmon, grilled potatoes, marinated vegetables, barley soups, pasta with mussels, barbecued rock-fish, octopus tartare, goat cheese.

Portogallo Portugal [PT] Trás-os-Montes e Alto Douro

Cooperativa de Olivicultores de Valpaços

Zona Industrial - Lote 52
5430 - 492 Valpaços (Vila Real)
Tel. + 351 278 717172 - Fax + 351 278 713534
E-mail: geral@azeite-valpacos.com - Web: www.azeite-valpacos.com

88

590 m.

Promiscuo e specializzato
Promiscuous and specialized

Vaso
Vase

Brucatura a mano e meccanica
Hand picking and mechanical harvesting

Sì - Ciclo continuo
Yes - Continuous cycle

Cobrançosa

Fruttato medio
Medium fruity

da 4,01 a 6,00 € - 250 ml.
from € 4.01 to 6.00 - 250 ml.

La Cooperativa de Olivicultores de Valpaços è stata fondata nel 1951 da 28 olivicoltori. Mezzo secolo più tardi ha allargato il suo raggio d'azione alla zona di Mirandela e i soci sono diventati 2.094. La struttura è dotata di un frantoio all'avanguardia e conta su poco più di 10mila ettari olivetati dei soci, con 570mila piante. Quest'anno sono stati conferiti quasi 70mila quintali di olive, pari a circa 11.859 ettolitri di olio. Delle tre selezioni Extravergine Rosmaninho Dop Azeite de Trás-os-Montes, il "base", il Selecção e l'ottimo monocultivar Cobrançosa, segnaliamo quest'ultimo. Di colore giallo dorato intenso con tenui riflessi verdi, limpido; al naso è ampio e fine, con ricchi sentori fruttati di pomodoro di media maturità e ricordo di mandorla, cui si aggiungono spiccate note aromatiche di basilico, mentuccia e pepe nero. In bocca è morbido e vegetale, con toni di rucola, cicoria e lattuga. Amaro deciso e piccante presente. Si accompagna bene a antipasti di fagioli, bruschette con verdure, insalate di salmone, marinate di ricciola, passati di patate, primi piatti con molluschi, gamberi in umido, rombo al forno, coniglio arrosto, pollame alla brace, formaggi caprini.

Cooperativa de Olivicultores de Valpaços was founded in 1951 by 28 olive growers. 50 years later it has expanded its range to the area of Mirandela and its members have become 2,094. The farm is supplied with an advanced old mill and has little more than 10,000 hectares with 570,000 olive trees. In the last harvest almost 70,000 quintals of olives were produced, equal to about 11,859 hectolitres of extra virgin olive oil. There are three Extra Virgin selections Rosmaninho Pdo Azeite de Trás-os-Montes, the "basic", Selecção and the excellent Monocultivar Cobrançosa, which we recommend. It is an intense limpid golden yellow colour with slight green hues. Its aroma is ample and fine, with rich fruity hints of medium ripe tomato and a note of almond, together with distinct aromatic notes of basil, field balm and black pepper. Its taste is mellow and vegetal, with a flavour of rocket, chicory and lettuce. Bitterness is definite and pungency is present. It would be ideal on bean appetizers, bruschette with vegetables, salmon salads, marinated amberjack, potato purée, pasta with mussels, stewed shrimps, baked turbot, roast rabbit, barbecued poultry, goat cheese.

Fio Dourado

Rua São Simão - Achete - Comeiras de Baixo
2000 - 694 Pernes (Santarém)
Tel. + 351 243 449698 - Fax + 351 243 440464
E-mail: azeite_quintadojuncal@hotmail.com - Web: www.azeitequintadojuncal.com

82

- 100 m.
- Specializzato / Specialized
- Forma libera, vaso / Free form, vase
- Brucatura a mano e meccanica / Hand picking and mechanical harvesting
- Sì - Ciclo continuo / Yes - Continuous cycle
- Galega vulgar (60%), cobrançosa (40%)
- Fruttato medio / Medium fruity
- da 2,00 a 4,00 € - 500 ml. / from € 2.00 to 4.00 - 500 ml.

Nella regione del Nord del Santarém denominata Bairro si trova questa grande tenuta fondata nel 2008 da João Vitor e Maria João Mendes. Parliamo di 197 ettari di superficie olivetata dove sono messe a dimora 24mila piante e di un impianto di estrazione all'avanguardia. In questa campagna olearia sono stati raccolti 3.520 quintali di olive che, uniti ai 61.480 acquistati, hanno permesso una produzione di 10.400 ettolitri di olio extravergine. Segnaliamo l'etichetta aziendale, l'Extravergine Quinta do Juncal Dop Azeite do Ribatejo, che alla vista è di colore giallo dorato intenso con nuance verdoline, limpido. Al naso si offre sottile e composto, con sentori fruttati di mela bianca matura e pomodoro acerbo, cui si affiancano note vegetali di carciofo, sedano e lattuga. In bocca è morbido e dosato, con toni di erbe officinali, con netto ricordo di basilico e prezzemolo. Amaro presente e piccante contenuto che chiudono in mandorla dolce. È ideale su antipasti di legumi, antipasti di verdure, insalate di pomodori, patate alla brace, zuppe di orzo, primi piatti con molluschi, crostacei in umido, pesci alla griglia, formaggi freschi a pasta filata.

This large estate, founded in 2008 by João Vitor and Maria João Mendes, is situated in the region of Northern Santarém called Bairro. There are 197 hectares of olive surface with 24,000 trees and an advanced extraction system. In the last oil harvest 3,520 quintals of olives were produced and 61,480 purchased, which allowed a yield of 10,400 hectolitres of extra virgin olive oil. We recommend the farm selection, the Extra Virgin Quinta do Juncal Pdo Azeite do Ribatejo, which is an intense limpid golden yellow colour with light green hues. Its aroma is fine and delicate, endowed with fruity hints of ripe white apple and unripe tomato, together with vegetal notes of artichoke, celery and lettuce. Its taste is mellow and balanced, characterized by a flavour of officinal herbs, especially basil and parsley. Bitterness is present and pungency is limited with a sweet almond finish. It would be ideal on legume appetizers, vegetable appetizers, tomato salads, barbecued potatoes, barley soups, pasta with mussels, stewed shellfish, grilled fish, mozzarella cheese.

Portogallo Portugal [PT] Estremadura e Ribatejo

Victor Guedes
Rua Rossio ao Sul do Tejo
2206 - 909 Abrantes (Santarém)
Tel. + 351 241 330008 - Fax + 351 241 330049
E-mail: paula.lopes@unilever.com - Web: www.gallo.pt

84 💲

438 m.

Specializzato
Specialized

Forma libera, palmetta, vaso globoso
Free form, fan, globe

Meccanica
Mechanical harvesting

No - Ciclo continuo
No - Continuous cycle

Cobrançosa (80%), madural (10%), verdeal (10%)

Fruttato medio
Medium fruity

da 10,01 a 12,00 € - 750 ml.
from € 10.01 to 12.00 - 750 ml.

Eccellente performance per la Victor Guedes di Abrantes che non possiede oliveti di proprietà ma è in relazione con i migliori produttori della zona che le garantiscono l'alta qualità del raccolto. Questo le consente di avere il controllo della filiera, dalla selezione delle varietà di olive più adatte, alla raccolta e alla trasformazione. Quest'anno Pedro Cruz ha selezionato e imbottigliato 300 ettolitri di olio extravergine. Segnaliamo l'etichetta proposta, l'Extravergine Gallo - Grande Escolha che si presenta alla vista di un bel colore giallo dorato intenso con sottili sfumature verdi, limpido; all'olfatto si offre ampio e avvolgente, dotato di eleganti sentori vegetali di cicoria, carciofo e lattuga, arricchiti da note di erbe officinali, con ricordo di menta e salvia. Al gusto è avvolgente e di personalità, con toni di ortaggi di campo, pepe nero e spiccata mandorla dolce in chiusura. Amaro e piccante presenti e armonici. È un ideale accompagnamento per antipasti di mare, bruschette con verdure, insalate di fagioli, marinate di ricciola, passati di orzo, risotto con carciofi, pesci di scoglio arrosto, seppie alla piastra, pollame o carni di agnello al forno, formaggi caprini.

Victor Guedes in Abrantes, whose performance has been excellent, does not own olive groves, but has relations with the best producers in the area, who guarantee the high quality of the harvest. In this way the company can control the whole production chain, from the selection of the best olive varieties, to harvesting and transformation. In the last harvest Pedro Cruz selected and bottled 300 hectolitres of extra virgin olive oil. We recommend the selection proposed, the Extra Virgin Gallo - Grande Escolha, which is a beautiful intense limpid golden yellow colour with slight green hues. Its aroma is ample and rotund, endowed with elegant vegetal hints of chicory, artichoke and lettuce, enriched by notes of aromatic herbs, especially mint and sage. Its taste is rotund and strong, with a flavour of country vegetables, black pepper and a sweet almond finish. Bitterness and pungency are present and harmonic. It would be ideal on seafood appetizers, bruschette with vegetables, bean salads, marinated amberjack, barley purée, risotto with artichokes, roast rock-fish, pan-seared cuttlefish, baked poultry or lamb, goat cheese.

Portogallo Portugal [PT] Estremadura e Ribatejo

Quinta Vale de Lobos

Azoia de Baixo
2005 - 097 Santarém
Tel. + 351 243 429264 - Fax + 351 243 429313
E-mail: quintavaledelobos@gmail.com - Web: www.valedelobos.com

84

60 m.

Specializzato
Specialized

Monocono, vaso
Monocone, vase

Brucatura a mano e meccanica
Hand picking and mechanical harvesting

No - Ciclo continuo
No - Continuous cycle

Arbequina (50%), cobrançosa (50%)

Fruttato medio
Medium fruity

da 10,01 a 12,00 € - 500 ml.
from € 10.01 to 12.00 - 500 ml.

Quinta Vale de Lobos è un'azienda attiva dal 1982 nel vocato comprensorio di Azoia de Baixo, nella provincia del Santarém. Joaquim e Veronica Santos Lima sono i proprietari della struttura che unisce all'attività olivicola a tutto campo anche quella di ospitalità agrituristica. Attualmente i Santos Lima conducono 95 ettari di oliveto specializzato di proprietà su cui albergano 140mila piante dalle quali, nell'ultima campagna olearia, sono stati raccolti 6mila quintali di olive, pari a mille ettolitri di olio extravergine. La selezione proposta dall'azienda è l'Extravergine Quinta Vale de Lobos che appare alla vista di colore giallo dorato intenso con sfumature verdoline, limpido. Al naso si offre sottile e composto, dotato di note vegetali di lattuga, sedano e ricordo spiccato di mandorla dolce. In bocca è morbido e dosato, con toni di carciofo, cicoria e chiusura balsamica di basilico e prezzemolo. Amaro presente e piccante contenuto. Buon accompagnamento per antipasti di molluschi, insalate di farro, legumi bolliti, patate alla griglia, passati di fagioli, cous cous di verdure, rombo alla piastra, seppie in umido, formaggi freschi a pasta filata.

Quinta Vale de Lobos has been active since 1982 in the favourable area of Azoia de Baixo, in the province of Santarém. Its owners Joaquim and Veronica Santos-Lima combine olive growing with holiday on the farms. Currently the couple runs 95 hectares of specialized olive grove with 140,000 trees. In the last harvest 6,000 quintals of olives were produced, equal to 1,000 hectolitres of extra virgin olive oil. The selection proposed by the farm is the Extra Virgin Quinta Vale de Lobos, which is an intense limpid golden yellow colour with light green hues. Its aroma is fine and delicate, endowed with vegetal notes of lettuce, celery and a distinct note of sweet almond. Its taste is mellow and balanced, with a flavour of artichoke, chicory and a fragrant finish of basil and parsley. Bitterness is present and pungency is limited. It would be ideal on mussel appetizers, farro salads, boiled legumes, grilled potatoes, bean purée, vegetable cous cous, pan-seared turbot, stewed cuttlefish, mozzarella cheese.

Portogallo Portugal [PT] Alentejo

Esporão Azeites

Zona Industrial Serpa - Lt 11
7830 - 464 Serpa (Beja)
Tel. + 351 284 544943 - 284 544949 - Fax + 351 284 544985
E-mail: carlos.calado@esporao.com - Web: www.esporao.com

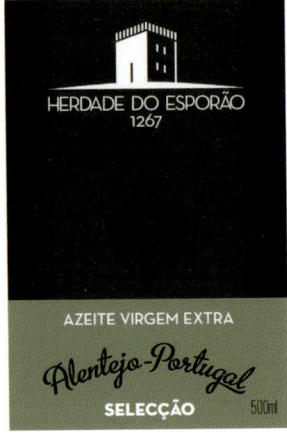

86

302 m.

Specializzato
Specialized

Alberello
Tree

Brucatura a mano e meccanica
Hand picking and mechanical harvesting

Sì - Ciclo continuo
Yes - Continuous cycle

Cobrançosa (90%), arbequina (10%)

Fruttato medio
Medium fruity

da 10,01 a 12,00 € - 500 ml.
from € 10.01 to 12.00 - 500 ml.

La Herdade do Esporão è un'estesa proprietà di 2mila ettari situata nel cuore dell'Alentejo e destinata alla produzione di vini di qualità. Non solo vino, però. Alla guida c'è il suo fondatore, José Roquette, che conduce anche 90 ettari di impianto olivetato specializzato sul quale trovano posto 25.830 piante. Quest'anno queste hanno fruttato un raccolto di mille quintali di olive, pari a una resa in olio extravergine di circa 8.942 ettolitri. Delle due selezioni Extravergine Herdade do Esporão, il "base" e l'ottimo Selecção, segnaliamo quest'ultimo. Appare alla vista di un bel colore giallo dorato intenso con sottili sfumature verdi, limpido. All'olfatto si offre deciso e ampio, dotato di netti sentori vegetali di carciofo, cardo selvatico e lattuga, arricchiti da note balsamiche di basilico e mentuccia. In bocca è avvolgente e fine, con eleganti toni speziati di pepe bianco e chiusura di mandorla. Amaro potente e piccante spiccato. Buon accompagnamento per antipasti di carciofi, insalate di lenticchie, patate arrosto, passati di asparagi, primi piatti con salmone, pesce azzurro marinato, rombo alla griglia, coniglio arrosto, pollame ai ferri, formaggi freschi a pasta filata.

Herdade do Esporão is a large estate of 2,000 hectares situated in the heart of Alentejo and since 1973 active in the production of quality wine. It is run by its founder, José Roquette, who also manages 90 hectares of specialized olive grove with 25,830 trees. In the last oil harvest 1,000 quintals of olives were produced, equal to a yield of about 8,942 hectolitres of extra virgin olive oil. There are two Extra Virgin selections Herdade do Esporão, the "basic" and the excellent Selecção, which we recommend. It is a beautiful intense limpid golden yellow colour with slight green hues. Its aroma is definite and ample, endowed with distinct vegetal hints of artichoke, wild thistle and lettuce, enriched by fragrant notes of basil and field balm. Its taste is mellow and fine, with an elegant spicy flavour of white pepper and an almond finish. Bitterness is powerful and pungency is distinct. It would be ideal on artichoke appetizers, lentil salads, roast potatoes, asparagus purée, pasta with salmon, marinated blue fish, grilled turbot, roast rabbit, grilled poultry, mozzarella cheese.

Portogallo Portugal [PT] Alentejo

Risca Grande
Monte Novo da Fonte Corcho - Santa Iría
7830 - 304 Serpa (Beja)
Tel. + 351 284 544654 - Fax + 351 284 544692
E-mail: info@riscagrande.com - Web: www.riscagrande.com

90

200 m.

Specializzato
Specialized

Alberello
Tree

Brucatura a mano e meccanica
Hand picking and mechanical harvesting

Sì - Ciclo continuo
Yes - Continuous cycle

Cobrançosa (40%), galega vulgar (30%),
cordovil (15%), verdeal de Serpa (15%)

Fruttato medio
Medium fruity

da 4,01 a 6,00 € - 500 ml.
from € 4.01 to 6.00 - 500 ml.

Complimenti alla Risca Grande di Santa Iría che festeggia il suo secondo anno in Guida con un premio: Migliore Olio Extravergine di Oliva da Agricoltura Biologica. Alla guida dell'azienda c'è una famiglia di origine svizzera che conduce dal 2006, secondo i dettami dell'agricoltura biologica, 80 ettari di oliveto specializzato con 10mila piante. Queste hanno reso quest'anno un raccolto di 1.100 quintali di olive che, uniti ai 900 acquistati, hanno prodotto 300 ettolitri di olio. L'eccellente Extravergine Risca Grande - Classic da Agricoltura Biologica appare alla vista di colore giallo dorato intenso con sottili sfumature verdi, limpido; al naso è ampio e complesso, ricco di eleganti sentori vegetali di carciofo, lattuga e cicoria, cui si affiancano note aromatiche di menta, timo e rosmarino. Al gusto è avvolgente e di personalità, con toni di ortaggi di campo e chiusura spiccata di pepe nero e mandorla. Amaro deciso e piccante ben espresso. Abbinamento ideale con antipasti di mare, insalate di farro, marinate di ricciola, patate alla griglia, passati di fagioli, primi piatti con salmone, crostacei in guazzetto, rombo al forno, coniglio arrosto, pollame ai ferri, formaggi caprini.

Risca Grande celebrates its second year in the Guide with an award as the Best Extra Virgin Olive Oil from Organic Farming. The farm has been run by a family of Swiss origin since 2006. They manage 80 hectares of specialized olive grove with 10,000 trees according to organic farming principles. In the last oil harvest 1,100 quintals of olives were produced and 900 purchased, with a yield of 300 hectolitres of oil. The excellent Extra Virgin Risca Grande - Classic from Organic Farming is a beautiful intense limpid golden yellow colour with slight green hues. Its aroma is ample and complex, rich in elegant vegetal hints of artichoke, lettuce and chicory, together with aromatic notes of mint, thyme and rosemary. Its taste is rotund and strong, with a flavour of country vegetables and a distinct finish of black pepper and almond. Bitterness is strong and pungency is distinct. It would be ideal on seafood appetizers, farro salads, marinated amberjack, grilled potatoes, bean purée, pasta with salmon, stewed shellfish, baked turbot, roast rabbit, grilled poultry, goat cheese.

Taifas

Quinta de São Vicente
7900 - 191 Ferreira do Alentejo (Beja)
Tel. + 351 284 739431 - 284 739433 - Fax + 351 284 739432
E-mail: taifas@passanha.eu - Web: www.passanha.eu

86 ⬆

149 m.

Specializzato
Specialized

Alberello
Tree

Brucatura a mano e meccanica
Hand picking and mechanical harvesting

Sì - Ciclo continuo
Yes - Continuous cycle

Arbequina (60%), cobrançosa (35%), picual (5%)

Fruttato intenso
Intense fruity

da 10,01 a 12,00 € - 500 ml.
from € 10.01 to 12.00 - 500 ml.

Una prova in grande stile per Taifas. Parliamo dell'azienda guidata dai fratelli Passanha che seguono le orme del nonno Don Diego nella proprietà di Quinta de São Vicente, appartenente alla famiglia da trecento anni e situata nella fertile pianura dell'Alentejo. Il patrimonio consta di 700 ettari con 36.300 piante e di un impianto di estrazione all'avanguardia. Quest'anno il raccolto di 46.500 quintali di olive ha reso quasi 8.603 ettolitri di olio. Due le etichette proposte, gli Extravergine Quinta de São Vicente - Colheita Premium e l'ottimo Dom Diogo, che segnaliamo. Di colore giallo dorato intenso con riflessi verdolini, limpido; all'olfatto è deciso e ampio, ricco di sentori fruttati di pomodoro di media maturità, banana, mela bianca e ricordo di mandorla. In bocca è elegante e avvolgente, con spiccati toni vegetali di cicoria, lattuga ed erbe balsamiche, con basilico e menta in evidenza. Amaro e piccante presenti ed equilibrati. Buon accompagnamento per antipasti di lenticchie, bruschette con pomodoro, insalate di spinaci, radicchio arrosto, zuppe di fagioli, primi piatti con tonno, pesce azzurro gratinato, agnello in umido, maiale ai ferri, formaggi di media stagionatura.

An excellent performance for Taifas, the farm run by the brothers Passanha, who carry on the activity of their grandfather Don Diego in the estate of Quinta de São Vicente. The farm has belonged to the family for 300 years and is situated in the fertile plain of Alentejo. There are 700 hectares with 36,300 olive trees and an advanced extraction system. In the last harvest 46,500 quintals of olives were produced, with a yield of almost 8,603 hectolitres of oil. There are two Extra Virgin selections Quinta de São Vicente: Colheita Premium and the excellent Dom Diogo, which we recommend. It is an intense limpid golden yellow colour with light green hues. Its aroma is definite and ample, rich in fruity hints of medium ripe tomato, banana, white apple and a note of almond. Its taste is elegant and rotund, with a distinct vegetal flavour of chicory, lettuce and aromatic herbs, especially basil and mint. Bitterness and pungency are present and balanced. It would be ideal on lentil appetizers, bruschette with tomatoes, spinach salads, roast radicchio, bean soups, pasta with tuna, blue fish au gratin, stewed lamb, grilled pork, medium mature cheese.

Portogallo Portugal [PT] Alentejo

Fundação Eugénio de Almeida

Herdade do Álamo da Horta - Lagar Cartuxa
7005 São Manços (Évora)
Tel. + 351 266 748300 - 266 722021 - Fax + 351 266 705149 - 266 722023
E-mail: ana.rosado@fea.pt - Web: www.cartuxa.pt

86

- 220 m.
- Specializzato / Specialized
- Alberello / Tree
- Brucatura a mano e meccanica / Hand picking and mechanical harvesting
- Sì - Ciclo continuo / Yes - Continuous cycle
- Galega vulgar (50%), picual (30%), cobrançosa (20%)
- Fruttato medio / Medium fruity
- da 6,01 a 8,00 € - 500 ml. / from € 6.01 to 8.00 - 500 ml.

La Fundação Eugénio de Almeida fa parte di un'estesa tenuta di 5.500 ettari, proprietà di un ente benefico che gestisce il lascito del filantropo Eugénio de Almeida. Fra le varie attività comprende anche la gestione di un importante patrimonio olivicolo: 295 ettari di impianto, dove dimorano 88.500 piante. In questa campagna olearia sono stati raccolti 8.100 quintali di olive che, uniti ai 18mila acquistati, hanno prodotto 4.800 ettolitri di olio extravergine. Segnaliamo l'Extravergine Cartuxa che si presenta alla vista di colore giallo dorato intenso con delicate sfumature verdoline, limpido; all'olfatto si esprime sottile e composto, dotato di note vegetali di lattuga e cicoria cui si accompagnano sentori balsamici di erbe officinali, con ricordo di basilico e prezzemolo. In bocca è morbido e dosato, caratterizzato da toni di mela bianca e frutta secca, con noce matura e mandorla in evidenza. Amaro e piccante presenti ed equilibrati. Buon accompagnamento per antipasti di fagioli, insalate di ceci, marinate di ricciola, patate alla griglia, passati di asparagi, primi piatti con funghi finferli, pesci arrosto, seppie alla brace, formaggi caprini.

Fundação Eugénio de Almeida is part of a large estate of 5,500 hectares, owned by a charity, which manages the devise of the rich philanthropist Eugénio de Almeida, also involving a large olive grove of 295 hectares with 88,500 trees. In the last oil harvest 8,100 quintals of olives were produced and 18,000 purchased, with a yield of 4,800 hectolitres of extra virgin olive oil. We recommend the Extra Virgin Cartuxa, which is an intense limpid golden yellow colour with delicate light green hues. Its aroma is fine and complex, endowed with vegetal notes of lettuce abd chicory, together with fragrant hints of officinal herbs, especially basil and parsley. Its taste is mellow and balanced, characterized by a flavour of white apple and dried fruit, especially ripe walnut and almond. Bitterness and pungency are present and balanced. It would be ideal on bean appetizers, chickpea salads, marinated amberjack, grilled potatoes, asparagus purée, pasta with chanterelle mushrooms, roast fish, barbecued cuttlefish, goat cheese.

Portogallo Portugal [PT] Alentejo

Olivais do Sul

Herdade da Azambuja
7220 - 205 Monte do Trigo (Portel)
Tel. + 351 266 647030 - Fax + 351 266 647030
E-mail: olivaisdosul@olivaisdosul.com - Web: www.olivaisdosul.com

84 ↑

75 m.

Specializzato
Specialized

Alberello, cespuglio
Tree, bush

Meccanica
Mechanical harvesting

Sì - Ciclo continuo
Yes - Continuous cycle

Cobrançosa (70%), arbequina (30%)

Fruttato medio
Medium fruity

da 2,00 a 4,00 € - 500 ml.
from € 2.00 to 4.00 - 500 ml.

Diamo il benvenuto a Olivais do Sul, azienda situata nel comprensorio di Monte do Trigo e specializzata, oltre che nella produzione di olive e di olio di proprietà, anche nella trasformazione, nel moderno impianto aziendale, delle olive dei migliori produttori di zona. Un nutrito team di esperti è alla guida dal 2005 di 600 ettari di impianti specializzati, con 958.850 piante messe a dimora. Da queste sono stati raccolti quest'anno 120mila quintali di olive che, aggiunti ai 100mila acquistati, hanno prodotto circa 21.779 ettolitri di olio. L'Extravergine Olivais do Sul si presenta alla vista di colore giallo dorato intenso con calde tonalità verdi, limpido; al naso si offre ampio e avvolgente, con sentori fruttati di pomodoro acerbo, arricchiti da spiccate note balsamiche di basilico e prezzemolo. Al gusto è fine e vegetale, con toni di lattuga, carciofo, cicoria e netta chiusura di mandorla dolce. Amaro e piccante ben espressi e armonici. L'abbinamento ideale è con antipasti di farro, fagioli bolliti, patate arrosto, verdure gratinate, passati di asparagi, primi piatti con molluschi, pesci di scoglio in umido, tonno al forno, coniglio arrosto, pollame alla brace, formaggi caprini.

Present for the first time in this Guide, Olivais do Sul is situated in the district of Monte do Trigo and is specialized not only in the production of olives and olive oil, but also in the transformation of the best local producers' olives in the modern oil mill. Since 2005 a large team of experts has been running 600 hectares of specialized olive grove with 958,850 trees. In the last harvest 120,000 quintals of olives were produced and 100,000 purchased, with a yield of about 21,779 hectolitres of oil. The Extra Virgin Olivais do Sul is an intense limpid golden yellow colour with warm green hues. Its aroma is ample and rotund, with fruity hints of unripe tomato, enriched by distinct fragrant notes of basil and parsley. Its taste is fine and vegetal, with a flavour of lettuce, artichoke, chicory and a distinct sweet almond finish. Bitterness and pungency are distinct and harmonic. It would be ideal on farro appetizers, boiled beans, roast potatoes, vegetables au gratin, asparagus purée, pasta with mussels, stewed rock-fish, baked tuna, roast rabbit, barbecued poultry, goat cheese.

Spagna
Spain

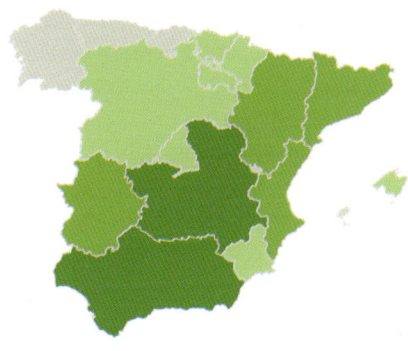

Distribuzione delle aree olivicole spagnole in rapporto alla produzione
Distribution of the Spanish olive areas compared to productions

- Assente Absent
- Bassa Low
- Media Medium
- Alta High

Fonte/Source: Ministerio de Medio Ambiente Rural y Marino - Agencia para el Aceite de Oliva

Regioni	2008-2009 (t)	2009-2010 (t) (Dati provvisori)	Variazione (%) 2008-2009 2009-2010	Quota 2009-2010 (%)	Ettari Olivetati (ha)	Frantoi Attivi (n°)
Castilla y León	879,4	1.711,1	+94,58	0,12	6.901	15
País Vasco	81,4	114,5	+40,66	0,01	261	4
La Rioja	919,9	1.318,7	+43,35	0,10	3.633	22
Comunidad Foral de Navarra	2.995,5	3.941,7	+31,59	0,28	7.306	16
Aragón	7.821,0	12.889,3	+64,80	0,92	60.264	103
Cataluña	36.941,5	32.701,8	-11,48	2,34	114.792	202
Extremadura	44.600,0	59.811,7	+34,11	4,29	263.657	116
Comunidad de Madrid	1.746,1	2.849,0	+63,16	0,20	28.163	19
Castilla-La Mancha	73.452,4	85.445,0	+16,33	6,12	408.523	242
Comunidad Valenciana	22.027,8	18.296,6	-16,94	1,31	93.329	129
Andalucía	832.150,2	1.167.790,1	+40,33	83,66	1.545.813	820
Región de Murcia	6.311,0	8.585,4	+36,04	0,62	28.024	38
Islas Baleares	332,3	366,6	+10,32	0,03	7.705	12
Spagna	1.030.258,5	1.395.821,5	+35,48	100,00	2.568.371	1.738
Nord	49.638,7	52.677,1	+6,12	3,77	193.157	362
Centro	141.826,3	166.402,3	+17,33	11,92	793.672	506
Sud	838.793,5	1.176.742,1	+40,29	84,31	1.581.542	870

Regions	2008-2009 (t)	2009-2010 (t) (Provisional Data)	Variation (%) 2008-2009 2009-2010	Quota 2009-2010 (%)	Olive Hectares (ha)	Active Olive Oil Mills (n)
Castilla y León	879.4	1,711.1	+94.58	0.12	6,901	15
País Vasco	81.4	114.5	+40.66	0.01	261	4
La Rioja	919.9	1,318.7	+43.35	0.10	3,633	22
Comunidad Foral de Navarra	2,995.5	3,941.7	+31.59	0.28	7,306	16
Aragón	7,821.0	12,889.3	+64.80	0.92	60,264	103
Cataluña	36,941.5	32,701.8	-11.48	2.34	114,792	202
Extremadura	44,600.0	59,811.7	+34.11	4.29	263,657	116
Comunidad de Madrid	1,746.1	2,849.0	+63.16	0.20	28,163	19
Castilla-La Mancha	73,452.4	85,445.0	+16.33	6.12	408,523	242
Comunidad Valenciana	22,027.8	18,296.6	-16.94	1.31	93,329	129
Andalucía	832,150.2	1,167,790.1	+40.33	83.66	1,545,813	820
Región de Murcia	6,311.0	8,585.4	+36.04	0.62	28,024	38
Islas Baleares	332.3	366.6	+10.32	0.03	7,705	12
Spain	1,030,258.5	1,395,821.5	+35.48	100.00	2,568,371	1,738
North	49,638.7	52,677.1	+6.12	3.77	193,157	362
Centre	141,826.3	166,402.3	+17.33	11.92	793,672	506
South	838,793.5	1,176,742.1	+40.29	84.31	1,581,542	870

La Spagna ormai da anni ha consolidato il ruolo di primo produttore mondiale di olio. I numeri parlano chiaro: la superficie olivicola supera i 2 milioni e mezzo di ettari, dei quali circa il 60% è localizzato al sud, in Andalucía, seguita a lunga distanza da Castilla-La Mancha (circa 16%), Extremadura (circa 10%) e Cataluña (circa 4%). il restante 10% è diviso fra le altre nove regioni. Nella campagna 2009-2010 dai 1.738 frantoi attivi sono state prodotte 1.395.821,5 tonnellate di olio, con un aumento del 35,48% rispetto all'anno precedente: produzione che fa della Spagna attualmente l'unico paese in Europa che realizza quantitativi sufficienti al proprio consumo interno. I dati descrivono una realtà dai grandi volumi. E non è solamente storia recente: storico bacino di rifornimento di olio per i paesi europei, la Spagna ha un'antichissima tradizione olearia che comincia nel II millennio a.C. con i Fenici, che importarono la coltura della pianta durante la colonizzazione del Mediterraneo occidentale, e si sviluppa in epoca romana quando dall'Hiberia partivano grandi quantitativi di olio verso l'Urbe. Nel XIX secolo gli impianti superano già il milione di ettari e tuttora in Spagna, sebbene si distinguano zone differenti per densità produttiva e varietà allevate, si fa olio quasi ovunque, grazie alla conformazione del territorio e al clima favorevole. Circondato da catene montuose, il paese si presenta come un vasto altopiano (Meseta) interrotto al suo interno da numerosi rilievi alternati a depressioni - la più estesa delle quali è quella andalusa - e da ampie vallate in prossimità dei fiumi. Il clima, diverso da zona a zona, spazia da quello continentale della Meseta, riparata dalle correnti marine con inverni rigidi, estati caldissime e precipitazioni scarse, a quello mediterraneo del litorale orientale, con inverni temperati e piogge frequenti nei mesi autunnali. La regione settentrionale presenta invece un clima temperato oceanico con precipitazioni frequenti e abbondanti, mentre quella andalusa subtropicale ha inverni miti, estati caldissime e piogge scarse. La Spagna sta attivando negli ultimi anni una strategia di notevole incremento dei fattori produttivi su tutto il territorio nazionale, tanto che nelle prossime campagne olearie si prevede che si supereranno ancora i volumi attuali. Quantità che in moltissimi casi non penalizzano il fattore qualitativo. L'obiettivo primario infatti è raggiungere traguardi di eccellenza con costi contenuti. Punto di forza del paese è sicuramente la presenza di un governo e di amministrazioni regionali capaci di promuovere l'intera filiera olivicola, curandola in ogni aspetto: dalla ricerca scientifica, agli impianti agronomici, alla trasformazione, al confezionamento, alla commercializzazione. Basti pensare ai tre piani olivicoli nazionali che si sono susseguiti nell'ultimo decennio, ma anche alla chiara strategia di aggressione del mercato europeo attraverso l'acquisizione di marchi commerciali in altri paesi dell'UE, per dare sfogo all'incremento produttivo. Permangono tuttavia delle difficoltà, per lo meno al momento, nel gestire a livello qualitativo i grossi volumi che caratterizzano il modello olivicolo spagnolo che resta, comunque, un mercato di massa: anche se quelle che oggi sono punte di eccellenza potrebbero divenire domani la norma, date le potenzialità.

Spain has been the first world oil producer for years, as data clearly show: the olive surface exceeds 2,500,000 hectares, about 60% of which located in the south, in Andalucía, about 16% in Castilla-La Mancha, about 10% in Extremadura, about 4% in Cataluña, while the remaining 10% is distributed in the other 9 regions. The 1,738 active olive oil mills produced 1,395,821.5 tons of oil in the harvest 2009-2010, with an increase of 35.48% compared to the previous year. This output makes Spain the only country in Europe that produces enough oil for its own domestic consumption. These numbers certainly indicate a reality of huge volume and it is not only a recent history. Spain, historical oil supplier of the Mediterranean countries, has an ancient oil tradition, which started in the second millennium B.C., when the Phoenicians imported olive cultivation during the colonization of the western Mediterranean Sea. It developed in the Roman era, when large quantities of oil were brought from Hiberia to Rome. In the 19th century the olive surface already exceeded a million hectares. And even now, although the areas are different for productive density and varieties, oil is produced in Spain almost everywhere, thanks to the conformation of the territory and the favourable climate. Surrounded by mountainous chains, the country is a vast highland (Meseta) interrupted by numerous land forms alternated with depressions - the widest of which is in Andalucía - and by ample valleys near the rivers. The climatic conditions differ according to the areas. There is the continental climate of the Meseta, sheltered from the sea streams, with rigid winters, very hot summers and scarce rainfalls, while the climate is Mediterranean on the eastern coast with temperate winters and frequent rainfalls in the autumn months. The northern region instead has an oceanic temperate climate, with frequent and abundant rainfalls, while the subtropical Andalusian region has mild winters, very hot summers and scarce rainfall. In recent years Spain has increased production in the whole national territory, so that in the next years the present volumes of oil will be surpassed. These quantities in most cases do not effect quality. It is in fact a primary objective to reach targets of excellence with reasonable costs. An important favourable factor has certainly been a government and regional administration willing to improve the olive oil sector in each one of its aspects: from scientific research to agronomy, transformation, packaging and marketing. In fact in the last decade three national olive plans have been carried out, but there has also been a clear strategy of aggression of the European market through the acquisition of commercial brands in other EU countries, in order to find an outlet to this productive increase. Currently it is not easy to marry the quality and the huge volumes that characterize the Spanish mass-market, even though, considering the Spanish potential, in the future the records of today could be the norm.

Castilla y León

Aree olivetate o a vocazione olivicola • *Olive growing areas or areas suitable to olive growing*

Dati Statistici

Superficie olivetata nazionale	2.568.371 (ha)
Superficie olivetata regionale	6.901 (ha)
Quota regionale	0,27%
Frantoi	15
Produzione nazionale 09-10	1.395.821,0 (t)
Produzione regionale 09-10	1.711,1 (t)
Produzione regionale 08-09	879,4 (t)
Variazione	+ 94,58%
Quota regionale	0,12%

Statistic Data

National Olive Surface	2,568,371 (ha)
Regional Olive Surface	6,901 (ha)
Regional Quota	0.27%
Olive Oil Mills	15
National production 09-10	1,395,821.0 (t)
Regional production 09-10	1,711.1 (t)
Regional production 08-09	879.4 (t)
Variation	+ 94.58%
Regional Quota	0.12%

Olive Oil Agency - Ministry of the Environment and Rural and Marine Affairs

Situata nella parte nord-occidentale della Penisola Iberica, Castilla y León si trova all'interno di quella fascia che costituisce il limite massimo della frontiera settentrionale del clima mediterraneo, dove la pianta dell'olivo cresce con maggiore difficoltà. Per questo motivo, pur essendo la Comunidad Autonoma più vasta della Spagna, la sua ampiezza non corrisponde ad altrettanta estensione olivicola: infatti, con i suoi 6.901 ettari, è superiore per superficie olivetata soltanto a La Rioja e ai País Vasco che costituiscono peraltro delle realtà altrettanto particolari sia per dimensioni che per posizione geografica. Formata dall'unione di due antichi regni che risalgono alla prima metà del XIII secolo, dal punto di vista territoriale e geografico la regione confina a ovest con il Portogallo e per il resto è circondata da massicci montuosi: a nord quelli della Cordigliera Cantabrica, a est quelli del Sistema Iberico e a sud quelli del Sistema Centrale. Mentre a separare i due paesi scorre il fiume atlantico Duero. Dunque il territorio è composto per circa un terzo da aree montuose, mentre il resto è un susseguirsi di pianure e di valli dove scorrono le acque dell'Ebro e dei suoi numerosi affluenti, a formare grandi e fertili distese. Data la sua morfologia, con le catene montuose che la riparano dalle correnti marine, la Comunidad Autonoma di Castilla y León si contraddistingue per un clima per lo più continentale con inverni rigidi, estati molto calde e scarsa piovosità. Anche se sono presenti sul territorio alcune situazioni microclimatiche particolari che interrompono questa sostanziale uniformità e che coincidono con le aree in cui è maggiormente sviluppata la coltivazione dell'olivo. La superficie olivetata totale di Castilla y León è concentrata soprattutto nelle province centro-meridionali di Zamora, Valladolid, Salamanca e Ávila. Una delle zone più vocate si estende proprio a sud della provincia di Ávila, al confine con la Comunidad Autonoma di Castilla-La Mancha, dove i fiumi Alagón e Tiétar formano, nella regione naturale di Gredos e in quella che prende il nome di Valle del Tiétar, ricche vallate pianeggianti dove gli olivi crescono rigogliosi. Numerosi impianti si trovano anche a ovest, nella regione di Barco Avila-Piedrahita, lungo la vallata del fiume Tayo, e al confine con la Comunidad de Madrid, precisamente nella Valle Bajo Alberche, formata dal fiume Alberche. Nel computo generale vanno infine considerati anche gli oliveti che si situano tra le province di Zamora e Salamanca, al confine con il Portogallo. Per quanto riguarda la trasformazione, questa si svolge in 15 frantoi sparsi sull'intero territorio regionale, dai quali è stata ricavata, nella campagna 2009-2010, una produzione di 1.711,1 tonnellate di olio, pari allo 0,12% del totale nazionale, con un aumento del 94,58% rispetto all'annata precedente. La produzione olearia di Castilla y León arricchisce, con un prodotto fondamentale della dieta mediterranea, ricco di proprietà salutistiche nonché di grande godibilità gustativa, una gastronomia che rappresenta un pilastro sociale e culturale, oltre che economico, di questa Comunidad la cui collocazione geografica, proprio al centro della Penisola Iberica, ha fatto sì che la cucina locale si avvalesse da sempre degli apporti delle tradizioni dei territori con questa confinanti.

Situated in the north-western part of the Iberian Peninsula, Castilla y León is on the fringe of the northern border of the Mediterranean climate, where olive trees do not grow easily. For this reason, even though it is the biggest Comunidad Autonoma in the country, its dimensions do not correspond to the extension of olive cultivations: in fact its olive surface (6,901 hectares) is superior only to the País Vasco and La Rioja, which also constitute particular realities both for dimensions and for geographical position. Formed by the union of two ancient kingdoms going back to the middle of the 13th century, Castilla y León borders on Portugal to the west and is surrounded by the landforms of the Cordillera Cantabrica to the north, by the Iberian System to the east and by the Central System to the south, while the Atlantic river Duero separates the two territories. Therefore about three quarters of the territory is composed by mountainous areas: the rest is a series of flat areas and valleys, where the river Ebro and its numerous tributaries flow forming big and fertile fields. Bounded by mountainous chains that shelter it from sea wind currents, Castilla y León has generally a continental climate with rigid winters, very warm summers and scarce rainfall; but this uniformity is interrupted in some areas by particular microclimatic situations. These are the areas in which olive cultivation has mostly spread. At present the total olive surface is mainly located in the centre-southern provinces of Zamora, Valladolid, Salamanca and Ávila. A particularly suitable area is to the south of the province of Ávila: here, on the border with the Comunidad Autonoma of Castilla-La Mancha, the rivers Alagón and Tiétar form rich flat valleys, where olive trees flourish, in the natural region of Gredos and in the one called Valley del Tiétar. Olive groves also extend to the west in the region of Barco Avila-Piedrahita along the valley of the river Tayo, and on the border with the Comunidad de Madrid, precisely in the Valley Bajo Alberche, formed by the river Alberche. In addition other plantations are between the provinces of Zamora and Salamanca, on the border with Portugal. Transformation is carried out in 15 olive oil mills situated over the whole regional territory. In the oil harvest 2009-2010 they produced 1,711.1 tons of olive oil, corresponding to 0.12% of the total national production, with an increase of 94.58% compared to the previous year. This oil production enriches the gastronomy of the Mediterranean diet that does not only constitute an economic pillar, but also a social and cultural pillar of this community, whose favourable geographical position in the centre of the Iberian Peninsula has always allowed the local gastronomy to take advantage of the traditions of the bordering territories.

Spagna Spain [ES] Castilla y León

Haciendas de España Wine Estate & Hotels

Finca San Nicolas de las Deuñas - Arribes del Duero
37110 San Pelayo de Guareña (Salamanca)
Tel. + 34 923 080916 - Fax + 34 923 0800996
E-mail: gcambero@haciendas-espana.com - Web: www.haciendas-espana.com

84

600/800 m.

Promiscuo
Promiscuous

Alberello
Tree

Bacchiatura e meccanica
Beating and mechanical harvesting

No - Ciclo continuo
No - Continuous cycle

Cobrançosa (40%), hojiblanca (30%), madural (15%), manzanilla cacereña (15%)

Fruttato medio
Medium fruity

da 10,01 a 12,00 € - 500 ml.
from € 10.01 to 12.00 - 500 ml.

Diamo il benvenuto a questa interessante realtà produttiva che comprende diverse strutture e che riunisce sotto il marchio Durius all Natural prodotti come vino, olio, formaggio, prosciutto e salumi, lavorati nell'azienda San Nicolás, all'avanguardia per tecnologia degli impianti e situata in un'area naturale protetta della Valle del Duero. Nella recente campagna olearia sono stati realizzati 80 ettolitri di extravergine. Due le selezioni proposte, l'Extravergine Olio de Padua e soprattutto l'ottimo Durius all Natural, che segnaliamo. Si presenta alla vista di un bel colore giallo dorato intenso con sottili riflessi verdolini, limpido; all'olfatto si offre deciso e avvolgente, ricco di eleganti sentori fruttati di pomodoro di media maturità, banana e mandorla, a cui si aggiungono nette note balsamiche di menta, salvia ed eucalipto. In bocca è fine e armonico, con toni vegetali di cicoria e lattuga. Amaro potente e piccante ben espresso. Si accompagna bene a antipasti di lenticchie, carpaccio di tonno, insalate di pesce spada, radicchio arrosto, zuppe di fagioli, primi piatti al ragù, pesce azzurro al forno, carni rosse o cacciagione alla brace, formaggi stagionati a pasta filata.

Present for the first time in this Guide, this interesting farm consists of different sectors unified under the trademark Durius all Natural. Wine, olive oil, cheese, ham and salami are produced in the farm San Nicolás, supplied with advanced technology and situated in a reserve in the valley of Duero. In the last harvest 80 hectolitres of extra virgin olive oil were produced. There are two selections, the Extra Virgin Olio de Padua and especially the excellent Durius all Natural, which we recommend. It is a beautiful intense limpid golden yellow colour with slight light green hues. Its aroma is definite and rotund, rich in elegant fruity hints of medium ripe tomato, banana and almond, together with definite aromatic notes of mint, sage and eucalyptus. Its taste is fine and harmonic, with a vegetal flavour of chicory and lettuce. Bitterness is powerful and pungency is distinct. It would be ideal on lentil appetizers, tuna carpaccio, swordfish salads, roast radicchio, bean soups, pasta with meat sauce, baked blue fish, barbecued red meat or game, aged cheese.

Spagna Spain [ES] Castilla y León

Bodega Matarromera

Carretera San Bernardo
47359 Valbuena de Duero (Valladolid)
Tel. + 34 902 430170 - Fax + 34 902 430189
E-mail: jpinto@matarromera.es - Web: www.grupomatarromera.com

83

- 780 m.
- Specializzato / Specialized
- Alberello / Tree
- Meccanica / Mechanical harvesting
- No - Ciclo continuo / No - Continuous cycle
- Picual
- Fruttato intenso / Intense fruity
- da 8,01 a 10,00 € - 500 ml. / from € 8.01 to 10.00 - 500 ml.

Il gruppo Matarromera si dedica alla vitivinicoltura e, nelle sue sette cantine, produce vini di alto livello e prestigio internazionale. Ma non solo vino. Parliamo anche di olio di qualità, commercializzato sotto il marchio Emina. Una parte degli oliveti si trova a Valbuena de Duero, nella provincia di Valladolid, dove Luis Carlo Moro González gestisce 40 ettari di impianto specializzato, con più di 8mila piante. Quest'anno il raccolto di 3.500 quintali di olive ha prodotto 600 ettolitri di olio extravergine. Segnaliamo l'Extravergine Emina - Picual che appare alla vista di colore giallo dorato intenso con leggere nuance verdi, limpido; al naso si offre potente e avvolgente, con eleganti sentori fruttati di banana acerba, mela bianca e pesca, arricchiti da spiccate note balsamiche di menta ed eucalipto. In bocca è complesso e di carattere, con toni di lattuga e cicoria e ricordo speziato di pepe nero. Amaro deciso e piccante presente. Perfetto su bruschette con pomodoro, insalate di spinaci, radicchio alla piastra, minestroni di verdure, primi piatti al ragù, pesce azzurro in umido, polpo bollito, carni rosse o nere arrosto, maiale alla griglia, formaggi stagionati a pasta dura.

The group Matarromera is active in the field of wine-growing and produces quality wines known at international level. Moreover quality olive oil is produced under the trademark Emina. A part of the olive groves is situated in Valbuena de Duero, in the province of Valladolid, where Luis Carlo Moro González runs 40 hectars of specialized olive grove with over 8,000 trees. In the last harvest 3,500 quintals of olives yielded 600 hectolitres of extra virgin olive oil. We recommend the Extra Virgin Emina - Picual, which is an intense limpid golden yellow colour with slight green hues. Its aroma is powerful and rotund, with elegant fruity hints of unripe banana, white apple and peach, enriched by distinct aromatic notes of mint and eucalyptus. Its taste is complex and strong, with a flavour of lettuce and chicory and a spicy note of black pepper. Bitterness is definite and pungency is present. It would be ideal on bruschette with tomatoes, spinach salads, pan-seared radicchio, minestrone with vegetables, pasta with meat sauce, steamed blue fish, boiled octopus, roast red meat or game, grilled pork, hard mature cheese.

Flos Olei

La Guida diventa multimediale con le applicazioni iPhone e iPad
The Guide becomes multimedial with the applications iPhone and iPad

La prima App per IPhone e IPad a **respiro internazionale** in duplice lingua (**italiano-inglese**) dedicata agli oli extravergine di oliva di tutto il mondo. 455 aziende georeferenziate, note di degustazione e abbinamenti gastronomici, più di 150 profili aromatici delle varietà di olive più diffuse, l'abc dell'olio e il mondo delle Dop.

The first App for iPhone and iPad with an **international scope** in the double version (**Italian-English**) dealing with extra virgin olive oils from all over the world. 455 farms with geographical information, tasting notes and gastronomic matches, over 150 aromatic profiles of the most common olive varieties, the abc of oil and the Pdo world.

Acquista Flos Olei su App Store
Buy Flos Olei on App Store

País Vasco

Aree olivetate o a vocazione olivicola • *Olive growing areas or areas suitable to olive growing*

Dati Statistici

Superficie olivetata nazionale	2.568.371 (ha)
Superficie olivetata regionale	261 (ha)
Quota regionale	0,01%
Frantoi	4
Produzione nazionale 09-10	1.395.821,0 (t)
Produzione regionale 09-10	114,5 (t)
Produzione regionale 08-09	81,4 (t)
Variazione	+ 40,66%
Quota regionale	0,01%

Statistic Data

National Olive Surface	2,568,371 (ha)
Regional Olive Surface	261 (ha)
Regional Quota	0.01%
Olive Oil Mills	4
National production 09-10	1,395,821.0 (t)
Regional production 09-10	114.5 (t)
Regional production 08-09	81.4 (t)
Variation	+ 40.66%
Regional Quota	0.01%

Olive Oil Agency - Ministry of the Environment and Rural and Marine Affairs

País Vasco non sono certamente una terra prettamente olivicola. I numeri lo dimostrano chiaramente: 32.600 piante di olivo sono coltivate su una superficie di 261 ettari che rappresenta una minima parte delle aree olivetate su tutto il territorio nazionale. Nell'ultima campagna olearia sono state prodotte 114,5 tonnellate di olio, pari allo 0,01% del totale nazionale, con un aumento del 40,66% rispetto all'annata precedente. I frantoi attivi sul territorio sono soltanto 4. D'altra parte si tratta di una regione che, per la sua stessa posizione geografica che la colloca all'estremità settentrionale della Penisola Iberica e per le particolari condizioni climatiche e ambientali, non vanta neppure grandi tradizioni agricole, non soltanto olivicole. C'è da dire tuttavia che i dati statistici vanno comunque inseriti nel giusto contesto, tenendo conto del territorio e delle sue risorse naturali. Comunidad Autonoma dal 1979, i País Vasco sono bagnati lungo le coste settentrionali dal Mar Cantabrico e sono fortemente marcati dai rilievi della Cordigliera Cantabrica. Questa splendida terra comprende le province di Vizcaya, Guipúzcoa e Álava e abbraccia un territorio di ridotte dimensioni ma tra i più popolati, con una densità superiore alla media spagnola, con attività industriali e commerciali molto fiorenti: è un paese ricco di risorse minerarie e naturali e fortemente legato all'attività della pesca più che a quella agricola. Quella dell'olivo è dunque una coltura tradizionale minoritaria, concentrata per lo più a sud della provincia di Álava, al confine con La Rioja e Navarra, specialmente nella regione naturale di Rioja Alavesa, segnata dalle valli dei fiumi Inglares ed Ega, nei municipi di Oion, Moreda e Lanciego dove si situano i frantoi; ma esiste anche un'esperienza pilota a Fuenterrabia (Guipúzcoa). Le varietà coltivate sono picudillo, empeltre e bermejuela. Le rese produttive sono molto esigue, sebbene spesso di qualità, e realizzate con metodi tradizionali ormai inadeguati. L'olivicoltura è associata alla viticoltura, il che significa bassa densità delle piante nell'oliveto e pratiche produttive congiunte con quelle di altre piante, a discapito delle necessità specifiche dell'olivo. Inoltre mancano supporti tecnici e manodopera specializzata per la potatura mentre, per quanto riguarda la trasformazione, il sistema più diffuso è quello tradizionale a presse. Tutta la produzione è destinata all'autoconsumo e l'unica attività commerciale è la vendita individuale delle eccedenze. Ma è recente una prima risposta all'obiettivo di rinvigorire questo settore: il Dipartimento di Agricoltura e Pesca del Governo dei País Vasco ha avviato, in collaborazione con le Disputaciones Forales di Álava e Guipúzcoa, un Piano Strategico sull'Olivo da sviluppare entro il 2014. Le finalità sono: l'aumento della produzione attraverso l'incremento degli impianti esistenti o la creazione di nuovi, superintensivi; il miglioramento delle tecniche colturali e di estrazione con la possibilità di acquistare un unico frantoio per tutta la regione; il potenziamento del settore commerciale e degli studi, attualmente obsoleti, nel campo delle varietà autoctone. Per ovviare a questa carenza, peraltro, è già in corso un programma di messa a punto delle diverse cultivar al fine di individuarne il potenziale produttivo e qualitativo.

The Países Vasco do not have great olive growing traditions, as figures clearly show: there are around 32,600 olive trees distributed on a surface of 261 hectares, which represents only a small part of the totality of the olive growing areas in the national territory. In the last harvest 114.5 tons of oil were produced, equal to 0.01% of the total national quantity, with a 40.66% increase in comparison to the previous year. The active olive oil mills on the territory are only four. However this region is placed at the northern end of the Iberian Peninsula and because of its particular climate and environment it does not even have great agricultural traditions. But this data must be considered in the right context, taking into account the territory and its natural resources. Comunidad Autonoma since 1979, the Países Vasco are washed by the Cantabrico Sea on the northern coasts and are strongly marked by the land forms of the Cordillera Cantabrica. This splendid land includes the provinces of Vizcaya, Guipúzcoa and Álava and takes in a territory of small dimensions but among the most populated, with a higher density than the Spanish average, with very flourishing industrial and commercial activities: it is a country rich in mining and natural resources and more strongly tied to fishing than to agriculture. Olive growing is therefore a minor traditional cultivation concentrated to the south of the province of Álava, on the border with La Rioja and Navarra, especially in the natural region of Rioja Alavesa, characterized by the valleys of the rivers Inglares and Ega, in the towns of Oion, Moreda and Lanciego, where there are the olive oil mills, and there is also a pilot project in Fuenterrabia (Guipúzcoa). The present varieties are picudillo, empeltre and bermejuela. The generally high quality productions are very small and obtained with methods handed down through the generations but by now inadequate. Olive growing is associated to the cultivation of the grapevine, which means low density of trees in the olive groves and common productive practices, to the detriment of the specific necessities of the olive tree. Besides this, technical support and manpower specialized in pruning are missing, while transformation is effected with the traditional press system. The production is entirely destined to domestic consumption and the only commercial activity is the individual surplus sale. But in recent years the sector has been updated: the Department of Agriculture and Fishing of the Government of the Países Vasco has started a Strategic Olive Plan in collaboration with the Disputaciones Forales of Álava and Guipúzcoa, which will develop by 2014. The aim is to increase production through the increase of the existing plantations or the creation of new intensive ones, the improvement of cultivation and extraction techniques with the possible purchase of a single olive oil mill for the whole region, the expansion of the commercial sector and of the studies, by now obsolete, of the autochthonous varieties. To get around this there is already a programme in progress for the characterization of the different cultivars in order to understand their productive and qualitative potential.

The Olive Bureau®
OLIVE OIL CONSULTANCY

International consultancy in olive business

Production consulting, chemical and organoleptic analysis, blending, market consulting, olive mill projects, graphics and communication, tasting training, processing training, education for business and food companies, profitable diversification of olive oil products, blends to key international markets, food companies general support and consultancy.

Consulenza sulla produzione, analisi chimiche ed organolettiche, blend su misura per i differenti mercati internazionali, progetti di frantoio, grafica e comunicazione, corsi di assaggio, corsi per personale di frantoio, diversificazione di prodotti, supporto e consulenza generale per aziende nel business agroalimentare.

www.olivebureau.com

La Rioja

Dati Statistici		Statistic Data	
Superficie olivetata nazionale	2.568.371 (ha)	National Olive Surface	2,568,371 (ha)
Superficie olivetata regionale	3.633 (ha)	Regional Olive Surface	3,633 (ha)
Quota regionale	0,14%	Regional Quota	0.14%
Frantoi	22	Olive Oil Mills	22
Produzione nazionale 09-10	1.395.821,0 (t)	National production 09-10	1,395,821.0 (t)
Produzione regionale 09-10	1.318,7 (t)	Regional production 09-10	1,318.7 (t)
Produzione regionale 08-09	919,9 (t)	Regional production 08-09	919.9 (t)
Variazione	+43,35%	Variation	+43.35%
Quota regionale	0,10%	Regional Quota	0.10%

Olive Oil Agency - Ministry of the Environment and Rural and Marine Affairs

numeri dell'olivicoltura nella Comunidad Autonoma di La Rioja, nel nord della Spagna, sono i seguenti: 3.633 ettari di superficie olivetata e 22 frantoi distribuiti sull'intero territorio regionale. Da questi, nella campagna olearia 2009-2010, sono state ricavate 1.318,7 tonnellate di olio, pari allo 0,10% del totale nazionale, con un aumento del 43,35% rispetto all'annata precedente. Sono comunque numeri di tutto rispetto per gli abitanti di una regione che ha fatto dell'olio extravergine di oliva, simbolo indiscusso della dieta mediterranea, uno degli alimenti base della propria nutrizione e della propria gastronomia. D'altronde anche qui, come nel resto della Spagna, l'olivicoltura ha origini antichissime, anche se furono per primi i Romani a trasformare la coltivazione dell'olivo e l'estrazione dell'olio in una vera e propria attività economica e a dare un impulso veramente decisivo all'impianto degli oliveti. L'antichità di questa tradizione è testimoniata da alcuni resti archeologici nell'area di Murillo de Río Leza e da quelli di un deposito di olive in un antico frantoio ad Alfaro, distretto in cui si commercializzava la maggior parte dell'olio prodotto in quell'epoca. Una tradizione che non è mai venuta meno nel tempo: alcune fonti del Settecento, un secolo d'oro per l'olivicoltura spagnola, oltre a documentare la presenza di questa coltivazione e di numerosi frantoi, sottolineano l'importanza delle esportazioni di olio che, proprio a partire dalla città di Alfaro, proseguivano verso l'Europa settentrionale e verso le Indie fino alla metà del secolo XIX. Nella regione di La Rioja l'albero di olivo cresce soprattutto in terreni poveri di humus negli strati superficiali, ricchi di argilla, limo e sabbia, senza piani impermeabili: il che assicura un corretto drenaggio, una crescita limitata e un generale equilibrio, decisivo per la qualità dei frutti. Anche il clima è importante: qui è a metà tra il mediterraneo e il continentale, con inverni temperati e lunghe estati calde, esigua piovosità ma comunque sufficiente, poca escursione termica tra il giorno e la notte e grande luminosità. Le ore di freddo che la pianta sopporta durante la stagione invernale consentono, durante la primavera, una buona fioritura e il successivo sviluppo. Le varietà maggiormente diffuse sono arbequina, arroniz, blanqueta, cornicabra, empeltre, hojiblanca, manzanilla, negral, redondilla, royal, picual, verdial. Oltre all'habitat particolare, non va sottovalutato il fattore umano: gli olivicoltori di queste terre uniscono infatti alla passione e alla cura della pianta una conoscenza profonda della stessa e delle tecniche più idonee a ottenere una produzione di eccellenza. E così la Dop Aceite de La Rioja, che comprende la quasi totalità degli ettari olivetati, ripartiti in 53 municipi, comprende anche la maggioranza dei produttori locali costituendo un vero punto di riferimento per tutto il settore. E sono assai recenti le azioni che l'organo preposto della Dop sta promuovendo per diffondere la conoscenza del marchio di qualità. Per esempio è in via di elaborazione un piano strategico per definire le linee di sviluppo della Denominazione stessa e uno dei punti basilari è la conoscenza del prodotto certificato da parte degli importatori degli altri paesi, con il fine di introdurlo in un circuito economico di più ampio respiro.

In the Comunidad Autonoma de La Rioja in the north of Spain the figures of olive growing are the following: 3,633 hectares of olive groves and 22 olive oil mills distributed over the whole regional territory. In the last oil harvest 1,318.7 tons of oil were produced, equal to 0.10% of the total national quantity, with an increase of 43.35% compared to the previous year. These figures are certainly considerable for the inhabitants of a region where extra virgin olive oil, the undisputed symbol of the Mediterranean diet, is a basic element of nutrition and gastronomy. After all here, as in the rest of the Iberian Peninsula, olive growing has very ancient origins, although the Romans were the first who transformed olive oil cultivation and extraction into an economic activity and gave a decisive stimulus to the planting of olive groves. The antiquity of this tradition is testified by some archaeological remains in the area of Murillo de Río Leza and by an olive store-room in an ancient olive oil mill in Alfaro, the district in which the majority of the oil produced at the time was marketed. This tradition has never disappeared: sources from the 18th century, the golden century of Spanish olive growing, besides documenting the presence of this cultivation and of numerous olive oil mills, underline the importance of oil exports, which from the city of Alfaro travelled toward Northern Europe and the Indies until the middle of the 19th century. In the region of La Rioja the olive tree can be found specifically on ground with little humus in the superficial layers, rich in clay, slime and sand and without impermeable levels, which allow a correct drainage, a limited growth and a general balance, decisive for the quality of the fruit. Even the climate is favourable: midway between Mediterranean and continental, with temperate winters and long warm summers, scarce but sufficient rainfalls, a few drops in temperature at night and a good light. The hours of cold that the olive tree tolerates during the winter season allow a good blossom and growth in spring. The most widespread varieties are arbequina, arroniz, blanqueta, cornicabra, empeltre, hojiblanca, manzanilla, negral, redondilla, royal, picual, verdial. Besides this highly suitable habitat the human factor has to be considered: the olive growers of these lands not only work with passion and care, but they also have a deep knowledge of the olive tree and of the techniques to achieve an excellent product. In fact the most local producers are enrolled in the Pdo Aceite de La Rioja, which includes almost the whole olive growing area distributed in 53 municipalities and is a point of reference for the whole sector. The appointed body of the Pdo is recently promoting various actions in order to spread the knowledge of the quality trademark. Besides this a strategic plan is currently being worked out to define the lines of development of the denomination: one of the primary objectives is to launch the extra virgin olive oils produced and protected by the Pdo on the international market, so that foreign importers can get to know about this product.

Ecolive Rioja

Carretera de Grávalos Km 2
26540 Álfaro (La Rioja)
Tel. + 34 948 836115 - Fax + 34 948 836115
E-mail: ecolive@ecoliverioja.com - Web: www.ecoliverioja.com

87

- 400 m.
- Specializzato / Specialized
- Cespuglio, forma libera / Bush, free form
- Meccanica / Mechanical harvesting
- No - Ciclo continuo / No - Continuous cycle
- Arbequina
- Fruttato medio / Medium fruity
- da 15,01 a 18,00 € - 500 ml. / from € 15.01 to 18.00 - 500 ml.

Ecolive Rioja è una bella e giovane realtà produttiva a gestione familiare che si dedica alla coltivazione dell'olivo nel pieno rispetto dell'ambiente, applicando i metodi dell'agricoltura biologica. Alla guida c'è Rosario León Cambra che, ad Álfaro, conduce 40 ettari di oliveto specializzato con 50mila piante di varietà arbequina. Quest'anno da un raccolto di 3mila quintali di olive sono stati ricavati 300 ettolitri di olio. Delle due ottime selezioni, gli Extravergine da Agricoltura Biologica Viña Talles e León Cambra Dop Aceite de La Rioja, segnaliamo quest'ultimo che alla vista è di colore giallo dorato intenso con lievi nuance verdi, limpido; al naso è deciso e ampio, con eleganti sentori fruttati di mela bianca, pomodoro acerbo e mandorla, arricchiti da note aromatiche di basilico, mentuccia e prezzemolo. Al gusto è avvolgente e vegetale, con toni di sedano, lattuga e cardo selvatico. Amaro e piccante presenti e armonizzati. È ideale per maionese, antipasti di orzo, carpaccio di orata, marinate di trota, passati di funghi ovoli, cous cous di pesce, risotto con asparagi, crostacei al forno, seppie ai ferri, formaggi freschi a pasta molle, dolci da forno.

Ecolive Rioja is a recent and beautiful family-run farm that cultivates the olive tree fully respecting the environment, using organic farming principles. It is run by Rosario León Cambra in Álfaro, where there is a 40-hectare specialized olive grove with 50,000 trees of the variety arbequina. In the last harvest 3,000 quintals of olives were produced, with a yield of 300 hectolitres of oil. There are two excellent selections, the Extra Virgin from Organic Farming Viña Talles and León Cambra Pdo Aceite de La Rioja, which we recommend. It is an intense limpid golden yellow colour with slight green hues. Its aroma is definite and ample, with elegant fruity hints of white apple, unripe tomato and almond, enriched by aromatic notes of basil, field balm and parsley. Its taste is rotund and vegetal, with a flavour of celery, lettuce and wild thistle. Bitterness and pungency are present and harmonic. It would be ideal on mayonnaise, barley appetizers, gilthead carpaccio, marinated trout, ovoli mushroom purée, fish cous cous, risotto with asparagus, baked shellfish, grilled cuttlefish, soft fresh cheese, oven cakes.

Spagna Spain [ES] La Rioja

Almazara El Alberque

Calle Real, 48
26220 Ollauri (La Rioja)
Tel. + 34 941 338023 - Fax + 34 941 338023
E-mail: almazaraelalberque@hotmail.es - Web: www.almazaraelalberque.com

86

- 493 m.
- Specializzato / Specialized
- Alberello, cespuglio / Tree, bush
- Brucatura a mano e meccanica / Hand picking and mechanical harvesting
- Sì - Ciclo continuo / Yes - Continuous cycle
- Royuela (80%), arbequina (20%)
- Fruttato medio / Medium fruity
- da 6,01 a 8,00 € - 500 ml. / from € 6.01 to 8.00 - 500 ml.

La famiglia Martínez Palacios, pregiati vitivinicoltori di antica tradizione, ha da poco coronato un sogno ambizioso: produrre e commercializzare extravergine, realizzando il primo frantoio nella regione di Rioja Alta, in una condizione limite dal punto di vista climatico per lo sviluppo dell'olivo. Il patrimonio acquisito consta di 5 ettari di oliveto specializzato con 5mila piante, dalle quali sono stati raccolti quest'anno 200 quintali di olive che, uniti agli 800 comprati, hanno reso 200 ettolitri di olio. L'Extravergine Trapetum Dop Aceite de La Rioja appare alla vista di colore giallo dorato intenso con tenui riflessi verdi, limpido; al naso si apre deciso e avvolgente, ricco di sentori fruttati di pomodoro acerbo e frutta secca, con pinolo e mandorla in evidenza. In bocca è ampio e vegetale, con toni di lattuga, cardo di campo e carciofo, cui si affiancano note balsamiche di mentuccia ed eucalipto. Amaro presente e piccante contenuto. Ideale su antipasti di pollo, carpaccio di spigola, insalate di lattuga, marinate di trota, zuppe di fave, cous cous di pesce, risotto con asparagi, fritture di verdure, tartare di gallinella, formaggi freschi a pasta molle, dolci lievitati.

The family Martínez Palacios, fine wine-growers with an ancient tradition, has recently achieved an ambitious goal: producing and marketing extra virgin olive oil, building the first oil mill in the region of Rioja Alta, an unfavourable climatic area for olive growing. There is a 5-hectare specialized olive grove with 5,000 trees, which produced 200 quintals of olives in the last harvest. Together with 800 purchased, they yielded 200 hectolitres of oil. The Extra Virgin Trapetum Pdo Aceite de La Rioja is an intense limpid golden yellow colour with slight green hues. its aroma is definite and rotund, rich in fruity hints of unripe tomato and dried fruit, especially pine nut and almond. Its taste is ample and vegetal, with a flavour of lettuce, wild thistle and artichoke, together with fragrant notes of field balm and eucalyptus. Bitterness is present and pungency is limited. It would be ideal on chicken appetizers, bass carpaccio, lettuce salads, marinated trout, broad bean soups, fish cous cous, risotto with asparagus, fried vegetables, piper tartare, soft fresh cheese, yeast-raised cakes.

Almazara Ecológica de La Rioja

Carretera Gravalos Km 2 - Finca Cascajo
26540 Alfaro (La Rioja)
Tel. + 34 941 181512 - Fax + 34 941 181514
E-mail: isul@isul.es - Web: www.isul.es

- 320 m.
- Specializzato / Specialized
- Alberello / Tree
- Brucatura a mano e meccanica / Hand picking and mechanical harvesting
- Sì - Ciclo continuo / Yes - Continuous cycle
- Arbequina
- Fruttato medio / Medium fruity
- da 8,01 a 10,00 € - 500 ml. / from € 8.01 to 10.00 - 500 ml.

Interessanti le proposte dell'Almazara Ecológica de La Rioja, un'impresa familiare fondata nel 1999 che si dedica all'olivicoltura biologica, dotandosi di un proprio frantoio a ciclo continuo pur di avere il controllo completo della filiera. La famiglia Catalan Alonso conduce 33 ettari di oliveto specializzato dove dimorano 9.200 piante di sola varietà arbequina dalle quali sono stati raccolti quest'anno 1.980 quintali di olive, pari a 390 ettolitri di olio. Segnaliamo due Extravergine aziendali, entrambi Dop Aceite de La Rioja da Agricoltura Biologica: il Graccurris e soprattutto l'Isul che si presenta alla vista di un bel colore giallo dorato intenso con delicate sfumature verdoline, limpido. Al naso si apre ampio e avvolgente, con note vegetali di lattuga, sedano e carciofo, arricchite da sentori fruttati di pomodoro acerbo e ricordo di mandorla. Al gusto è fine e balsamico, con toni di basilico e mentuccia. Amaro e piccante presenti e armonici. Ottimo per antipasti di orzo, carpaccio di spigola, insalate di riso, verdure bollite, passati di fave, zuppe di porri, primi piatti con crostacei, fritture di verdure, seppie al forno, formaggi freschi a pasta molle, biscotti da forno.

Almazara Ecologica de la Rioja, a family-run farm founded in 1999, has proposed interesting products. It works according to organic farming principles, using its own continuous cycle oil mill to have a complete control of the production chain. The family Catalan Alonso runs 33 hectares of specialized olive grove with 9,200 trees of the variety arbequina. In the last harvest 1,980 quintals of olives were produced, equal to 390 hectolitres of extra virgin olive oil. We recommend two farm selections, both Pdo Aceite de La Rioja from Organic Farming: Graccurris and especially Isul. It is a beautiful intense limpid golden yellow colour with delicate light green hues. Its aroma is ample and rotund, with vegetal hints of lettuce, celery and artichoke, enriched by fruity hints of unripe tomato and a note of almond. Its taste is fine and fragrant, with a flavour of basil and field balm. Bitterness and pungency are present and harmonic. It would be ideal on barley appetizers, bass carpaccio, rice salads, boiled vegetables, broad bean purée, leek soups, pasta with shellfish, fried vegetables, baked cuttlefish, soft fresh cheese, oven cookies.

Spagna Spain [ES] La Rioja

Almazara Riojana

Carretera LR 115 Km 43
26559 Aldeanueva de Ebro (La Rioja)
Tel. + 34 941 144159
E-mail: info@almazarariojana.es - Web: www.almazarariojana.es

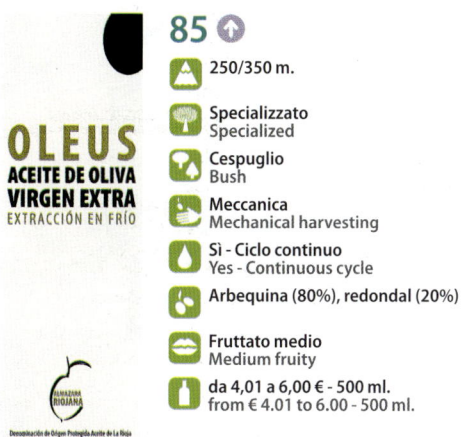

85

- 250/350 m.
- Specializzato / Specialized
- Cespuglio / Bush
- Meccanica / Mechanical harvesting
- Sì - Ciclo continuo / Yes - Continuous cycle
- Arbequina (80%), redondal (20%)
- Fruttato medio / Medium fruity
- da 4,01 a 6,00 € - 500 ml. / from € 4.01 to 6.00 - 500 ml.

Diamo il benvenuto alla Almazara Riojana, un'impresa di tipo familiare creata nel 2008 con l'obiettivo di fare extravergine di alta qualità. Per questo la famiglia di Javier Jesus Allo Gutierrez segue l'intera filiera, dal campo alla bottiglia. Su 28 ettari di impianto specializzato trovano dimora 39.200 piante che, nella recente campagna, hanno fruttato un raccolto di 1.200 quintali di olive che, uniti ai 3.912 acquistati, hanno prodotto circa 1.077 ettolitri di olio. Segnaliamo l'Extravergine Oleus Dop Aceite de La Rioja che si presenta alla vista di colore giallo dorato intenso con toni verdolini, limpido; all'olfatto si offre elegante e avvolgente, con sentori fruttati di pomodoro acerbo e ricordo di erbe officinali, con basilico e prezzemolo in evidenza. Al gusto è fine e vegetale, con toni di lattuga, cicoria e note di frutta secca, con spiccato pinolo e mandorla in chiusura. Amaro presente e piccante contenuto, con dolce spiccato. È eccellente per antipasti di legumi, fagioli al vapore, insalate di pomodori, legumi bolliti, passati di patate, zuppe di orzo, cous cous di verdure, crostacei in umido, pesci di scoglio arrosto, formaggi caprini.

Present for the first time in this Guide, Almazara Riojana is a family-run farm founded in 2008 with the aim of producing quality extra virgin olive oil. For this reason Javier Jesus Allo Gutierrez and his family control the whole production chain, from the field to the bottle. There is a 28-hectare specialized olive grove with 39,200 trees. In the last harvest 1,200 quintals of olives were produced and 3,912 purchased, with a yield of about 1,077 hectolitres of oil. We recommend the Extra Virgin Oleus Pdo Aceite de La Rioja, which is an intense limpid golden yellow colour with light green hues. Its aroma is elegant and rotund, with fruity hints of unripe tomato and a note of officinal herbs, especially basil and parsley. Its taste is fine and vegetal, with a flavour of lettuce, chicory and notes of dried fruit with a finish of strong pine nut and almond. Bitterness is present and pungency is limited with evident sweetness. It would be ideal on legume appetizers, steamed beans, tomato salads, boiled legumes, potato purée, barley soups, vegetable cous cous, stewed shellfish, roast rock-fish, goat cheese.

BELLEZZA NATURALE

Prodotti cosmetici personalizzati

LINEA COSMETICA ALL'OLIO EXTRAVERGINE DI OLIVA

Co.Der. srl
Via Macallé 7 - Fossano (CN)- ITA
Tel. 0172 634136 - Fax 0172 6371
info@coder1990.it
www.coder-1990.it

Comunidad Foral de Navarra

* All'esame della UE per la certificazione • *Under EU exam for certification*

Dati Statistici		Statistic Data	
Superficie olivetata nazionale	2.568.371 (ha)	National Olive Surface	2,568,371 (ha)
Superficie olivetata regionale	7.306 (ha)	Regional Olive Surface	7,306 (ha)
Quota regionale	0,28%	Regional Quota	0.28%
Frantoi	16	Olive Oil Mills	16
Produzione nazionale 09-10	1.395.821,0 (t)	National production 09-10	1,395,821.0 (t)
Produzione regionale 09-10	3.941,7 (t)	Regional production 09-10	3,941.7 (t)
Produzione regionale 08-09	2.995,5 (t)	Regional production 08-09	2,995.5 (t)
Variazione	+31,59%	Variation	+31.59%
Quota regionale	0,28%	Regional Quota	0.28%

Olive Oil Agency - Ministry of the Environment and Rural and Marine Affairs

La latitudine e la morfologia del territorio non ne fanno certo una terra dalla vocazione specificatamente olivicola, tuttavia negli ultimi anni la Comunidad Foral de Navarra sta vivendo un deciso balzo in avanti in questo settore: basti pensare al progetto prima, e ora alla realizzazione, di una Dop Aceite de Navarra che risulta attualmente all'esame dell'UE. Infatti alla base di questo traguardo c'è una cultura olivicola che ha perseguito nel tempo finalità come la creazione di un panel ufficiale di assaggiatori che ha infuso nuovo vigore al comparto, costituendo un primo punto di incontro, riflessione e dibattito in tutti gli ambiti della filiera, dalla produzione, alla trasformazione, alla commercializzazione dell'olio di Navarra. L'obiettivo è quello di riunire la totalità della produzione olearia della Comunidad per posizionarsi sul mercato in modo più deciso, offrendo una garanzia di tipicità e un alto livello di qualità. Ecco i numeri che descrivono la situazione attuale dell'olivicoltura nella Comunidad Foral de Navarra, nel nord della Spagna: 7.306 ettari di superficie olivetata, irrigata per circa la metà della sua estensione, 16 frantoi attivi sul territorio dai quali, nell'ultima campagna olearia, sono stati ricavati 3.941,7 tonnellate di olio, pari allo 0,28% del totale nazionale, con un aumento del 31,59% rispetto all'annata precedente. L'area maggiormente vocata della Comunidad, dove si concentra la produzione, rappresenta in realtà un'esigua porzione delle terre destinate all'agricoltura e si trova nella parte meridionale della regione, che appare delimitata a nord dalla Cordigliera Prepirenaica che si estende da ovest a est di Navarra, parallela all'asse dei Pirenei ed è costituita dai rilievi di Codés, Lókiz, Urbasa, Andía, Perdón, Alaiz, Izko e Leire. Quest'area olivicola comprende circa 135 comuni, oltre al territorio di Bardenas Reales. La linea immaginaria che collega la Sierra de Codés a ovest con la Sierra de Leire a est divide virtualmente l'intero territorio in due parti: a nord l'altitudine supera i 600 metri sul livello del mare, mentre a sud è inferiore. Al di sotto di questo limite si colloca buona parte delle terre della Comunidad Foral de Navarra, tra cui quelle che ricadono nell'area geografica della Denominazione di Origine Protetta. Nonostante la latitudine costituisca il limite massimo per la coltivazione dell'olivo, lo sviluppo della pianta è reso possibile dal clima che presenta una chiara influenza mediterranea. Più precisamente si possono indicare due aree climatologicamente distinte. Quella a nord, che comprende la quasi totalità delle terre agricole di IV Tierra Estella e V Navarra Media (che rientrano nell'area geografica della Denominazione di Origine), presenta una decisa escursione termica tra estate e inverno, una media annuale intorno agli 11 °C e precipitazioni medie oscillanti tra i 500 e i 700 millimetri l'anno: tutte condizioni decisamente molto difficili per la coltivazione dell'olivo. In questo comprensorio la varietà più diffusa è l'arroniz. L'area a sud, che coincide con la Ribera, è caratterizzata invece da un clima simile a quello della valle del fiume Ebro: secco, a parte gli scarsi temporali estivi, con temperature annuali medie tra i 13 °C e i 14 °C. Qui la produzione di olio deriva principalmente da olive di varietà arbequina ed empeltre.

For its latitude and the conformation of the territory the Comunidad Foral de Navarra has not a specific olive growing tradition. However in the last few years this sector is definitely developing, as shows first the project and then the achievement of a Pdo Aceite de Navarra, currently under EU examination. This result is due to an olive growing tradition that has succeeded in creating an official panel of tasters which has brought new vitality to this sector and has been set up for meeting and discussing all aspects of olive growing, from production to transformation and marketing. The aim is to unite all production of extra virgin olive oil of the Comunidad Foral in order to give it a strong decisive position in the market, which will guarantee typicality and high quality. The following figures describe the present situation of olive growing in this region in the north of Spain: an olive surface that extends over 7,306 hectares, irrigated for about a half of its extension, 16 active olive oil mills, which produced 3,941.7 tons of oil during the last oil harvest, equal to 0.28% of the total national quantity, with a 31.59% increase compared to the previous year. The most favourable area, where production is concentrated, really represents only a very small part of the lands destined to agriculture and is situated in the southern half of the region, bounded to the north by the Cordillera Prepirenaica that extends from the east to the west of Navarra, parallel to the axis of the Pyrenees, and is constituted by the mountainous chains of Codés, Lókiz, Urbasa, Andía, Perdón, Alaiz, Izko and Leire. This olive area includes 135 towns and also the territory of Bardenas Reales. The imaginary line that connects the Sierra de Codés in the west with the Sierra de Leire in the east virtually divides the whole territory into two different parts: in the north altitude is more than 600 metres above sea level, while in the south it is lower. The most of the lands of the Comunidad Foral de Navarra is below this limit. Here we find the geographical area of the denomination Pdo Aceite de Navarra. Although it is at the maximum altitude for olive growing, the olive tree can grow thanks to the climate of the region that is certainly influenced by the Mediterranean Sea. In particular it is possible to point out two areas that present enough contrasts to be considered climatically different. The northern area includes practically all the agricultural lands IV Tierra Estella and V Navarra Media, which are situated in the geographical area of the denomination of origin. This area has very different temperatures in summer and winter, an annual average temperature of around 11 °C and average rainfalls between 500 and 700 millimetres a year: these are all extreme conditions for olive growing. In this district the most common variety is arroniz. The southern area, which coincides with the Ribera, is characterized instead by a climate similar to the one of the greatest part of the valley of the river Ebro: that is a mainly dry climate, apart from scarce summer rains, with average annual temperatures varying from 13 °C to 14 °C. Here olive oil is mainly produced from olives of variety arbequina and empeltre.

Spagna Spain [ES] Comunidad Foral de Navarra

Aceite Artajo

Autovia A68 Km 102 - Finca Los Llanos
31512 Fontellas (Navarra)
Tel. + 34 948 386225 - Fax + 34 948 927949
E-mail: info@artajo.es - Web: www.artajo.es

88 ⬆

- 276 m.
- Specializzato / Specialized
- Palmetta / Fan
- Meccanica / Mechanical harvesting
- Sì - Ciclo continuo / Yes - Continuous cycle
- Changlot real
- Fruttato intenso / Intense fruity
- da 12,01 a 15,00 € - 500 ml. / from € 12.01 to 15.00 - 500 ml.

Brillantissimo esordio per Aceite Artajo. Parliamo di una struttura che vanta antiche tradizioni olivicole nella zona e che una decina di anni fa l'ultima discendente dei proprietari, Dolores Artajo, decide di riportare agli antichi splendori. Oggi il patrimonio consta di 165 ettari di oliveto specializzato con oltre 200mila piante e di un moderno impianto di estrazione. Quest'anno sono stati prodotti 5.700 quintali di olive e circa 930 ettolitri di olio. Ben quattro gli Extravergine monovarietali Artajo: Manzanilla Cacereña, Arbequina, Koroneiki e soprattutto Changlot Real, davvero eccellente. Di colore giallo dorato intenso con delicate nuance verdi, limpido; si apre al naso deciso e avvolgente, ricco di sentori fruttati di mela bianca e netto ricordo di mandorla acerba e pepe nero. Al gusto è complesso e fine, con ampie note vegetali di cicoria, lattuga e cardo, cui si aggiungono toni aromatici di menta e basilico. Amaro potente e piccante spiccato. Si abbina a carpaccio di carne chianina con funghi porcini, marinate di tonno, zuppe di carciofi, primi piatti al ragù, primi piatti con salsiccia, polpo bollito, carni rosse o cacciagione arrosto, formaggi stagionati a pasta dura.

A really brilliant result for Aceite Artajo, a farm that can boast an ancient olive growing tradition in the area. About ten years ago the owners' last descendant, Dolores Artajo, decided to give it new impetus and now there are 165 hectares of specialized olive grove with over 200,000 trees and a modern extraction system. In the last harvest 5,700 quintals of olives were produced, with a yield of about 930 hectolitres of oil. Four Monovarietal Extra Virgin selections Artajo have been proposed: Manzanilla Cacereña, Arbequina, Koroneiki and especially the excellent Changlot Real. It is an intense limpid golden yellow colour with delicate green hues. Its aroma is definite and rotund, rich in fruity hints of white apple and a distinct note of unripe almond and black pepper. Its taste is complex and fine, with ample vegetal notes of chicory, lettuce and thistle, together with aromatic hints of mint and basil. Bitterness is powerful and pungency is distinct. It would be ideal on chianina beef carpaccio with porcini mushrooms, marinated tuna, artichoke soups, pasta with meat sauce, pasta with sausages, boiled octopus, roast red meat or game, hard mature cheese.

Spagna Spain [ES] Comunidad Foral de Navarra

Agrícola La Maja

Carretera Logroño-Mendavia Km 83.500
31587 Mendavia (Navarra)
Tel. + 34 948 685846 - Fax + 34 948 685846
E-mail: info@aceiteslamaja.com - Web: www.aceiteslamaja.com

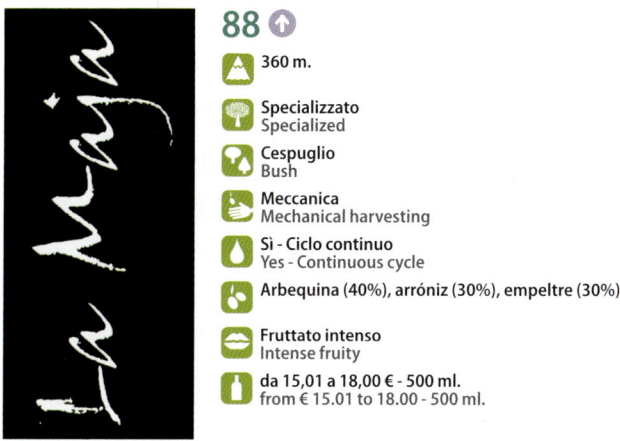

88

- 360 m.
- Specializzato / Specialized
- Cespuglio / Bush
- Meccanica / Mechanical harvesting
- Sì - Ciclo continuo / Yes - Continuous cycle
- Arbequina (40%), arróniz (30%), empeltre (30%)
- Fruttato intenso / Intense fruity
- da 15,01 a 18,00 € - 500 ml. / from € 15.01 to 18.00 - 500 ml.

Agrícola La Maja è una struttura familiare che dal 1977 si dedica alla coltivazione dell'olivo e alla produzione e commercializzazione di olio extravergine a Mendavia. Le olive provengono per lo più dagli impianti di proprietà che si estendono per 80 ettari con 104mila piante, ma anche dai migliori agricoltori di zona. Quest'anno al raccolto di 10mila quintali di olive ne sono stati aggiunti 5mila acquistati, per una resa produttiva di circa 2.784 ettolitri di olio extravergine. Ottime le due etichette Extravergine proposte, entrambe Dop Aceite de Navarra: Alfar e La Maja, scelto dal panel. Di colore giallo dorato intenso con sottili riflessi verdi, limpido; al naso si offre ampio e deciso, ricco di sentori fruttati di pomodoro acerbo, mela bianca, banana e netto ricordo di mandorla dolce. In bocca è avvolgente e vegetale, con toni di cicoria, lattuga ed erbe officinali, con basilico e mentuccia in evidenza. Amaro spiccato e piccante ben espresso. Perfetto per antipasti di lenticchie, insalate di polpo, marinate di tonno, pomodori gratinati, zuppe di asparagi, primi piatti con carciofi, pesce spada ai ferri, agnello arrosto, coniglio alla piastra, formaggi stagionati a pasta dura.

Agrícola La Maja is a family-run oil farm, which has been cultivating the olive tree and producing and marketing extra virgin olive oil in Mendavia since 1977. The olives mainly come from the farm olive groves stretching over 80 hectares with 104,000 trees, but also from the best local producers. In the last harvest 10,000 quintals of olives were produced and 5,000 purchased, with a yield of about 2,784 hectolitres of extra virgin olive oil. There are two excellent Extra Virgin selections, both Pdo Aceite de Navarra: Alfar and La Maja, chosen by the panel. It is an intense limpid golden yellow colour with slight green hues. Its aroma is ample and definite, rich in fruity hints of unripe tomato, white apple, banana and a distinct note of sweet almond. Its taste is rotund and vegetal, with a flavour of chicory, lettuce and officinal herbs, especially basil and field balm. Bitterness is powerful and pungency is distinct. It would be ideal on lentil appetizers, octopus salads, marinated tuna, tomatoes au gratin, asparagus soups, pasta with artichokes, grilled swordfish, roast lamb, pan-seared rabbit, hard mature cheese.

Spagna Spain [ES] Comunidad Foral de Navarra

Hacienda Queiles

Carretera Tudela-Tarazona Km 12 - Paraje el Moral
31522 Monteagudo (Navarra)
Tel. + 34 948 847495 - Fax + 34 948 847481
E-mail: info@haciendaqueiles.com - Web: www.haciendaqueiles.com

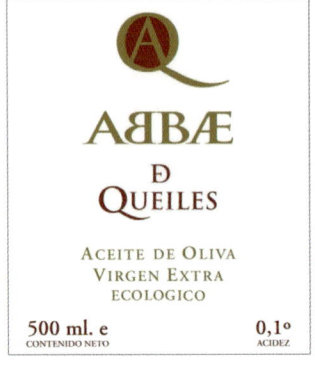

94

300 m.

Specializzato
Specialized

Alberello
Tree

Meccanica
Mechanical harvesting

Sì - Ciclo continuo
Yes - Continuous cycle

Arbequina

Fruttato leggero
Light fruity

da 18,01 a 22,00 € - 500 ml.
from € 18.01 to 22.00 - 500 ml.

L'Hacienda Queiles è stata fondata a Monteagudo nel 2000 e tuttora è gestita da Alfredo Barral Peralta che dispone di un patrimonio di 40 ettari di superficie integralmente destinati agli oliveti specializzati, dove dimorano 16mila piante esclusivamente di varietà arbequina. In questa campagna olearia sono stati raccolti 2mila quintali di olive che, moliti nel moderno frantoio aziendale, hanno reso una produzione di 400 ettolitri di olio extravergine. Eccellente la selezione proposta, l'Extravergine Abbae de Queiles da Agricoltura Biologica che appare alla vista di un bel colore giallo dorato intenso, limpido; al naso si esprime complesso e avvolgente, ricco di eleganti note vegetali di carciofo, lattuga e cicoria, arricchite da ampi sentori aromatici di basilico e mentuccia. Al gusto è fine e armonico, con toni fruttati di pomodoro acerbo, spiccato ricordo di pinolo e chiusura di mandorla dolce. Amaro e piccante presenti ed equilibrati. Buon abbinamento con maionese, antipasti di ceci, aragosta al vapore, carpaccio di orata, insalate di riso, marinate di spigola, zuppe di fave, cous cous di pesce, fritture di pesce, seppie al forno, formaggi freschi a pasta molle, dolci da forno.

Hacienda Queiles was founded in Monteagudo in 2000 and is still run by Alfredo Barral Peralta, who has 40 hectares of specialized olive surface with 16,000 trees of the variety arbequina. In the last harvest 2,000 quintals of olives were produced, which, once crushed in the modern oil mill, yielded 400 hectolitres of extra virgin olive oil. The selection proposed, the Extra Virgin Abbae de Queiles from Organic Farming, is excellent. It is a beautiful intense limpid golden yellow colour. Its aroma is complex and rotund, rich in elegant vegetal notes of artichoke, lettuce and chicory, enriched by ample aromatic hints of basil and field balm. Its taste is fine and harmonic, with a fruity flavour of unripe tomato, a distinct note of pine nut and a sweet almond finish. Bitterness and pungency are present and balanced. It would be ideal on mayonnaise, chickpea appetizers, steamed spiny lobster, gilthead carpaccio, rice salads, marinated bass, broad bean soups, fish cous cous, fish fry, baked cuttlefish, soft fresh cheese, oven cakes.

Aragón

* All'esame della UE per la certificazione • *Under EU exam for certification*

Dati Statistici

Superficie olivetata nazionale	2.568.371 (ha)
Superficie olivetata regionale	60.264 (ha)
Quota regionale	2,35%
Frantoi	103
Produzione nazionale 09-10	1.395.821,0 (t)
Produzione regionale 09-10	12.889,3 (t)
Produzione regionale 08-09	7.821,0 (t)
Variazione	+ 64,80%
Quota regionale	0,92%

Statistic Data

National Olive Surface	2,568,371 (ha)
Regional Olive Surface	60,264 (ha)
Regional Quota	2.35%
Olive Oil Mills	103
National production 09-10	1,395,821.0 (t)
Regional production 09-10	12,889.3 (t)
Regional production 08-09	7,821.0 (t)
Variation	+ 64.80%
Regional Quota	0.92%

Olive Oil Agency - Ministry of the Environment and Rural and Marine Affairs

Il settore oleario nella Comunidad di Aragón, nel nord-est della Spagna, si distingue attualmente per il notevole livello qualitativo dei suoi prodotti. D'altronde siamo in una terra di forte tradizione olivicola. Basti pensare alle origini antichissime che hanno qui i primi olivi che risalgono all'epoca dei Fenici, dei Greci e dei Romani: fin da allora la regione è un punto di riferimento per l'olio a livello mondiale. La produzione si è sempre concentrata nelle tre province di Huesca, Zaragoza e Teruel. Oggi in particolare emergono le produzioni della regione centrale di Bajo Aragón, tra Zaragoza e Teruel: un territorio che si estende a partire dal fiume Ebro fino agli ultimi contrafforti del Sistema Iberico, con un paesaggio e un clima tipicamente mediterranei e una vegetazione caratterizzata da ricchezza e varietà. Qui si coltivano cultivar di olivo come arbequina, empeltre, farga, manzanilla, negral, royal e verdeña. Alla qualità però corrisponde una produzione non proprio massiccia: 12.889,3 tonnellate di olio nella campagna olearia 2009-2010, pari allo 0,92% del totale nazionale, pur con un aumento del 64,80% rispetto all'annata precedente. Un volume comunque di poco rilievo se confrontato con le quantità di altre regioni peninsulari. Per comprendere a fondo queste differenze occorre ripercorrere alcune fasi della storia dell'olivicoltura in questa regione. Dal XVIII fino alla prima metà del XX secolo le produzioni si collocavano sul mercato internazionale facendo del settore olivicolo un traino per l'economia di tutta la regione. Questa fase positiva però ha avuto un arresto negli anni più recenti, caratterizzati da un'inversione di tendenza dovuta alle difficoltà socioeconomiche del mondo rurale: spopolamento delle aree agricole, invecchiamento della popolazione e mancanza di incentivi per gli operatori del settore, afflitti dal problema generale dell'agricoltura tradizionale aragonese, ovvero la scarsa produttività dei terreni non irrigui. Allora, considerando che nella regione di Bajo Aragón gli oliveti vengono irrigati solo in piccola parte, si comprende il motivo principale del mancato aumento di produttività. Peraltro, sebbene la superficie olivetata abbia raggiunto gradualmente i 60.264 ettari, la maggior parte degli impianti è ancora di tipo familiare: ognuno è caratterizzato da un'estensione limitata di ettari in produzione, con una grande frammentazione di colture. Tuttavia un primo segnale positivo è stato il riconoscimento della Dop Aceite del Bajo Aragón che tutela l'olio extravergine prodotto in questa regione e che ha rafforzato il suo status di appartenenza a uno degli epicentri oleicoli più rilevanti del paese. Si tratta di oli provenienti per la maggior parte da varietà empeltre, con piccole percentuali di arbequina e royal. Il numero delle Dop si appresta ad aumentare: recente il passaggio della Dop Aceite Sierra de Moncayo dal MARM all'UE. Attualmente la trasformazione avviene in 103 frantoi. Inoltre, se prima la produzione era finalizzata per lo più all'autoconsumo e poi all'esportazione, oggi sono introdotte le regole dell'imbottigliamento ed esteso il marchio di produzione a tutti i frantoi. Al momento il mercato nazionale si concentra principalmente in Cataluña, nella Comunidad di Madrid e in quella Valenciana, anche se l'autoconsumo è ancora lo sbocco produttivo primario.

In the Comunidad de Aragón in the north-east of Spain the olive oil sector is notable for the high quality of its production. This is in fact a land with a strong olive growing tradition. The first olive trees were planted by the Phoenicians, the Greeks and the Romans and since then the region has been a point of reference for olive oil at an international level. Production has always been concentrated in the three provinces of Huesca, Zaragoza and Teruel. Today in particular the productions of the central region of Bajo Aragón, between the provinces of Zaragoza and Teruel, are exceptional: this territory extends from the river Ebro up to the last buttresses of the Iberian System, with a typical Mediterranean landscape and such a variety of ecosystems to make the vegetation rich and different in a very special way. Here varieties like arbequina, empeltre, farga, manzanilla, negral, royal and verdeña are cultivated. This quality however does not correspond to big numbers: 12,889.3 tons of olive oil in the oil harvest 2009-2010, equal to 0.92% of the total national quantity, with an increase of 64.80% compared to the previous year. A limited figure compared to the enormous quantities that are obtained in the other peninsular regions. The reason for this situation depends on the history of olive growing in this region. From the 18th to the first part of the 20th century, production was sold on the international market making the olive sector the economic driving force of the whole territory. A positive phase lasted up to the most recent years, when there was a turnaround due to the socioeconomic difficulties of the rural world: depopulation of agricultural areas, an aging population and lack of incentives for the operators of the sector, who are afflicted by the same problem of Aragonese traditional agriculture, that is the scarce productivity of the non irrigated land. Considering that in the region of Bajo Aragón only a few of the olive groves are irrigated, it is clear that productivity cannot increase. Besides, although the olive surface has gradually extended reaching 60,264 hectares, more than half of the plantations are still family-run, characterized by few hectares of land in production and a great fragmentation of the cultivation. Nevertheless the olive oil produced in this region has been recently given the quality trademark Pdo Aceite of the Bajo Aragón, which protects the extra virgin olive oil produced in this region and has strengthened its belonging to one of the most remarkable olive centres of the country. They are extra virgin olive oils coming especially from the variety empeltre with small percentages of arbequina and royal; moreover the number of Pdo is going to increase: in fact the Pdo Aceite Sierra de Moncayo has recently passed from MARM to EU examination. At present extraction takes place in 103 olive oil mills. If in the past marketing was essentially aimed at domestic consumption and only secondarily at export, today bottling rules have been introduced and the production trademark has been extended to all olive oil mills. The national market is mainly concentrated in Cataluña, in the Comunidad de Madrid and in the Comunidad de Valencia. Domestic consumption is however still the main outlet.

Spagna Spain [ES] Aragón

Hacienda Iber

Carretera 211, Km 299 - Finca Llosa
50006 Mequinenza (Zaragoza)
Tel. + 34 976 345316 - Fax + 34 976 639431
E-mail: manager@haciendaiber.com - Web: www.haciendaiber.com

96

- 120 m.
- Specializzato / Specialized
- Cespuglio / Bush
- Meccanica / Mechanical harvesting
- Sì - Ciclo continuo / Yes - Continuous cycle
- Arbequina (40%), frantoio (40%), arbosana (10%), empeltre (10%)
- Fruttato intenso / Intense fruity
- da 12,01 a 15,00 € - 500 ml. / from € 12.01 to 15.00 - 500 ml.

Sempre meritatissima la segnalazione per Hacienda Iber. Merito dell'impegno e della professionalità di Juan Luis Arregui e Luis Ros che la guidano dal 1998 nella tenuta Llosa. Nel grande oliveto specializzato di 400 ettari trovano posto 500mila piante dalle quali, nella recente campagna olearia, sono stati raccolti 30mila quintali di olive che, molite nel moderno impianto aziendale, hanno reso circa 6.550 ettolitri di olio. Due le selezioni Extravergine: Hacienda Iber - Arbequina e l'eccellente Unico, scelto dal panel. Si presenta alla vista di colore giallo dorato intenso con delicate sfumature verdi, limpido; all'olfatto si offre potente e avvolgente, ricco di eleganti sentori fruttati di pomodoro acerbo, mela bianca e ricordo di mandorla. Al gusto è complesso e di personalità, dotato di spiccati toni vegetali di lattuga e fave fresche, cui si accompagnano note balsamiche di menta e salvia. Amaro potente e piccante deciso e armonico. Si accompagna a carpaccio di carne chianina con funghi porcini, marinate di polpo, passati di lenticchie, primi piatti con carciofi, primi piatti con tonno, pesce spada alla brace, carni rosse o cacciagione in umido, formaggi stagionati a pasta dura.

As usual Hacienda Iber has proposed an excellent range of products thanks to Juan Luis Arregui and Luis Ros, who have been running this farm in the estate Llosa since 1998. There is a large specialized olive grove of 400 hectares with 500,000 trees. In the last harvest 30,000 quintals of olives were produced, which, once crushed in the modern oil mill, yielded about 6,550 hectolitres of oil. There are two Extra Virgin selections: Hacienda Iber - Arbequina and the excellent Unico, chosen by our panel. It is an intense limpid golden yellow colour with delicate green hues. Its aroma is powerful and rotund, rich in elegant fruity notes of unripe tomato, white apple and a note of almond. Its taste is complex and strong, with a distinct vegetal flavour of lettuce and fresh broad beans, together with fragrant notes of mint and sage. Bitterness is powerful and pungency is definite and harmonic. It would be ideal on chianina beef carpaccio with porcini mushrooms, marinated octopus, lentil purée, pasta with artichokes, pasta with tuna, barbecued swordfish, stewed red meat or game, hard mature cheese.

Cataluña

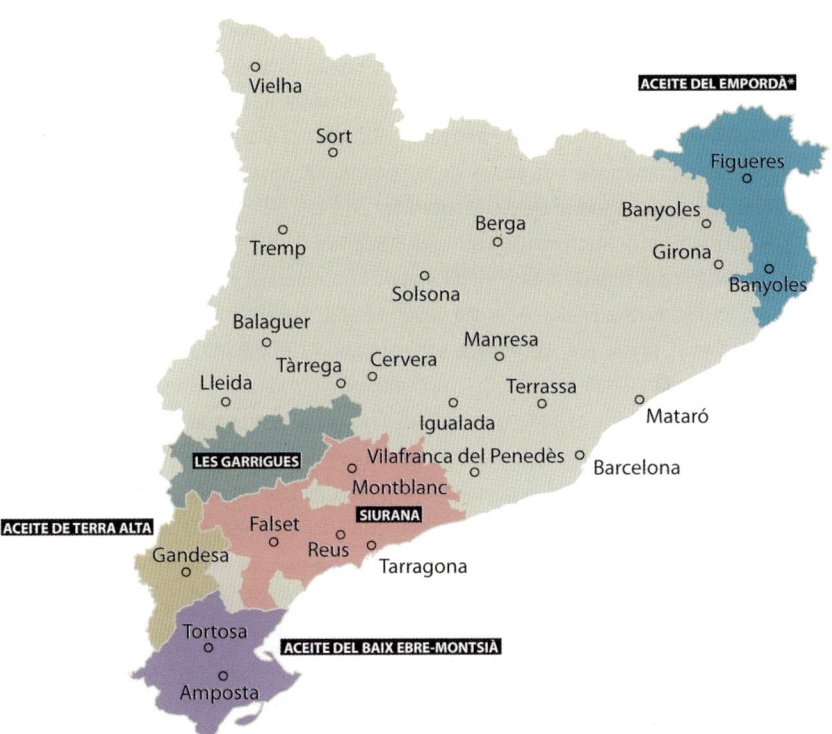

*All'esame della UE per la certificazione • *Under EU exam for certification*

Dati Statistici

Superficie olivetata nazionale	2.568.371 (ha)
Superficie olivetata regionale	114.792 (ha)
Quota regionale	4,47%
Frantoi	202
Produzione nazionale 09-10	1.395.821,0 (t)
Produzione regionale 09-10	32.701,8 (t)
Produzione regionale 08-09	36.941,5 (t)
Variazione	- 11,48%
Quota regionale	2,34%

Statistic Data

National Olive Surface	2,568,371 (ha)
Regional Olive Surface	114,792 (ha)
Regional Quota	4.47%
Olive Oil Mills	202
National production 09-10	1,395,821.0 (t)
Regional production 09-10	32,701.8 (t)
Regional production 08-09	36,941.5 (t)
Variation	- 11.48%
Regional Quota	2.34%

Olive Oil Agency - Ministry of the Environment and Rural and Marine Affairs

Per tracciare un profilo della Cataluña, la cui qualità olivicola è riconosciuta e apprezzata dentro e fuori i confini nazionali, partiamo da alcuni dati numerici: 114.792 ettari di superficie olivetata che si estende su un territorio suddiviso in quattro province - Lleida, Girona, Barcelona, Tarragona - e 202 frantoi attivi sul territorio. La Cataluña è il quarto distretto spagnolo per produzione: 32.701,8 tonnellate di olio nell'ultima campagna, pari al 2,34% del totale nazionale, con una diminuzione dell'11,48% rispetto all'annata precedente. A tutela degli extravergine catalani ci sono quattro Dop, più una quinta attualmente all'esame del MARM per la certificazione. Les Garrigues, con trent'anni di esistenza alle spalle, è nel settore olivicolo la Denominazione più antica della Spagna. La zona di produzione ricade nell'omonima regione a sud di Lleida, caratterizzata da valli alternate a forti pendenze, e con alcuni municipi limitrofi nelle province di El Segriá e l'Urgell dove l'andamento del terreno è più dolce. Il clima è di tipo mediterraneo-continentale: caratterizzato da forti escursioni termiche, estati calde e secche, inverni freddi ma mitigati dal mare, piogge temporalesche in primavera. Le varietà coltivate sono l'arbequina, proveniente da Mallorca e portata in Cataluña quando l'isola venne conquistata dai Mori, e la verdiell. Proseguendo verso sud-est, nella provincia di Tarragona, si trova la Dop Aceite de Terra Alta che comprende la regione omonima più alcuni municipi della vicina Ribera d'Ebre. Le peculiarità territoriali e climatiche di questo altipiano, circondato da rilievi e percorso da venti, sono così propizie per l'olivo che, dalla fine del Settecento a tutto il XIX secolo, questo era la pianta più coltivata in Terra Alta. La cultivar principale è l'empeltre, talmente tipica da essere nota come "varietà di Terra Alta", il cui nome deriva dal catalano "empelt" (in spagnolo "injerto", innesto): probabilmente venne innestata su altre cultivar più antiche della zona. Seguono le varietà arbequina, farga e morrut. Sempre nella provincia di Tarragona è la Dop Siurana che ha appena festeggiato i 25 anni e che coincide con una frangia di municipi da Lleida fino alla costa mediterranea. L'altitudine, dai mille ai 200 metri sul livello del mare, e il clima mediterraneo consentono la coltivazione di olivi da varietà arbequina, morrut e royal. Recentemente questa Dop ha ricevuto il consenso dell'UE ad ampliare i suoi confini, con una potenziale crescita produttiva. All'estremità meridionale della regione si colloca l'area tutelata dalla Dop Aceite del Baix Ebre-Montsià che abbraccia 26 municipi suddivisi nelle due regioni Baix Ebre e Montsià ed è marcata dalla valle che il fiume Ebro forma con gli ultimi contrafforti della Cordillera Catalana. Qui l'olivicoltura, introdotta dagli Arabi, si è affermata nel tempo come principale attività agricola, dando lustro al territorio per la qualità dei suoi prodotti derivati dalle varietà autoctone farga, morrut e sevillenca. Per concludere, all'estremo nord della Cataluña, nella provincia di Girona, è attualmente all'esame dell'UE la Dop Aceite del Empordà: qui l'olivo ha una tradizione antichissima e una diffusione che da sola rappresenta gran parte dell'olivicoltura di tutta la provincia e le cultivar diffuse sono arbequina, argudell, curivell e verdal.

The following numbers can best describe the situation of Cataluña, where the quality of olive growing is recognized and appreciated inside and outside the borders of the country: 114,792 hectares of olive groves spread over a territory divided into four provinces - Lleida, Girona, Barcelona, Tarragona - and 202 active olive oil mills. Cataluña is the fourth Spanish district for production: 32,701.8 tons of oil in the last harvest, equal to 2.34% of the total national quantity, with a 11.48% decrease compared to the previous year. To protect the Catalan extra virgin olive oils there are four Pdo and recently a law-making procedure has been started for a fifth Pdo, which is currently under MARM examination. Les Garrigues, which has been active in the sector for thirty years, is the most ancient denomination of the Spanish territory. The production area is constituted by the homonymous region to the south of Lleida - with valleys alternating with steep slopes - and by some neighbouring towns in the provinces of El Segriá and the Urgell, where the gradient is gentler. The climate is Mediterranean-continental: a wide temperature range, warm dry summers, cold winters tempered by the sea and stormy rains in spring. The most common varieties are arbequina and verdiell: the first one comes from Mallorca, and was brought to Cataluña, when the island was conquered by the Moors. In the province of Tarragona in the south-east there is also the Pdo Aceite de Terra Alta, which includes the homonymous region and some towns of the near Ribera d' Ebre. The unusual territorial and climatic characteristics of this plateau surrounded by mountainous chains and swept by winds are propitious for the olive tree, so that from the end of the 18th century to the end of the 19th this was the most cultivated tree in Terra Alta. The main variety is empeltre, so typical to be known as "variety of Terra Alta", whose name derives from the Catalan "empelt", in Spanish "injerto", graft, which was probably grafted on other more ancient varieties of the area; besides there are the cultivars arbequina, farga and morrut. In the province of Tarragona there is also the Pdo Siurana, which has recently celebrated its 25th anniversary and coincides with a group of towns from Lleida to the Mediterranean coast. Altitude, which varies from 1,000 to 200 metres above sea level, and the Mediterranean climate allow the cultivation of olives from the varieties arbequina, morrut and royal. This Pdo has recently had EU consent to widen its borders, which will certainly increase production. In the extreme south of the region there is the area protected by the Pdo Aceite of the Baix Ebre-Montsià, including 26 municipalities divided into the two regions Baix Ebre and Montsià, marked deeply by the valley that the river Ebro forms with the last buttresses of the Cordillera Catalana. Here olive growing, introduced by the Arabs, has become the main agricultural activity over the centuries giving prestige to the territory for the quality of its products derived from the autochthonous varieties farga, morrut and sevillenca. Finally in the extreme north of Cataluña, in the province of Girona, the Pdo Aceite de l' Empordà is currently under EU examination: here the olive tree has an ancient tradition and a distribution that represents a big part of the olive growing of the whole province. The most common cultivars are arbequina, argudell, curivell and verdal.

Spagna Spain [ES] Cataluña

Rodau

Carretera Comarcal, 31 Km 375 - Finca Más La Bomba
17474 Torroella de Fluviá (Gerona)
Tel. + 34 972 550531 - 941 303001 - Fax + 34 941 312703
E-mail: rodarioja@roda.es - Web: www.roda.es

93

- 10 m.
- Specializzato / Specialized
- Alberello / Tree
- Brucatura a mano e meccanica / Hand picking and mechanical harvesting
- Sì - Ciclo continuo / Yes - Continuous cycle
- Arbequina (80%), hojiblanca (10%), koroneiki (10%)
- Fruttato medio / Medium fruity
- da 12,01 a 15,00 € - 500 ml. / from € 12.01 to 15.00 - 500 ml.

L a Rodau, nota azienda vitivinicola appartenente alla famiglia Rotllant-Daurella, da una ventina d'anni produce anche olio extravergine di oliva di gran pregio nella tenuta presso Torroella de Fluviá. Il patrimonio consiste in 110 ettari di oliveti specializzati di proprietà, dove dimorano 32mila piante, e in un frantoio di ultima generazione. Nella recente campagna olearia sono stati raccolti 4.600 quintali di olive che hanno prodotto 655 ettolitri di olio extravergine. Segnaliamo la selezione Extravergine Dauro che appare alla vista di un bel colore giallo dorato intenso, limpido. All'olfatto si esprime deciso e ampio, dotato di eleganti sentori vegetali di carciofo, lattuga e cicoria selvatica, arricchiti da spiccate note balsamiche di basilico e mentuccia. Al gusto è complesso e fine, caratterizzato da toni fruttati di pomodoro acerbo e netto ricordo di pinolo e noce fresca. Amaro presente e piccante dosato, con dolce in evidenza. Eccellente per maionese, antipasti di ceci, antipasti di pollo, insalate di gamberi, marinate di dentice, zuppe di fave, risotto con asparagi, fritture di verdure, pesci al forno, tartare di spigola, formaggi freschi a pasta molle, biscotti da forno.

R odau, a well-known wine-growing farm belonging to the family Rotland-Daurella, has also been producing very good extra virgin olive oil in Torroella de Fluviá for about twenty years. There are 110 hectares of specialized olive groves with 32,000 trees and an advanced oil mill. In the last harvest 4,600 quintals of olives were produced, equal to 655 hectolitres of extra virgin olive oil. We recommend the Extra Virgin selection Dauro, which is a beautiful intense limpid golden yellow colour. Its aroma is definite and ample, endowed with elegant vegetal hints of artichoke, lettuce and wild chicory, enriched by distinct fragrant notes of basil and field balm. Its taste is complex and fine, endowed with a fruity flavour of unripe tomato and a distinct note of pine nut and fresh walnut. Bitterness is present and pungency is complimentary with evident sweetness. It would be ideal on mayonnaise, chickpea appetizers, chicken appetizers, shrimp salads, marinated sea bream, broad bean soups, risotto with asparagus, fried vegetables, baked fish, bass tartare, soft fresh cheese, oven cookies.

Spagna Spain [ES] Cataluña

Cooperativa Camp de Bellaguarda
Calle Eres, 27
25177 Bellaguarda (Lleida)
Tel. + 34 973 124007 - Fax + 34 973 124007
E-mail: info@olisbellaguarda.com - Web: www.olisbellaguarda.com

86 ⬆

700 m.

Promiscuo e specializzato
Promiscuous and specialized

Alberello
Tree

Brucatura a mano e meccanica
Hand picking and mechanical harvesting

Sì - Ciclo continuo
Yes - Continuous cycle

Arbequina

Fruttato medio
Medium fruity

da 2,00 a 4,00 € - 500 ml.
from € 2.00 to 4.00 - 500 ml.

Diamo volentieri il nostro benvenuto in Guida alla Cooperativa Bellaguarda dell'omonimo comprensorio, nella provincia di Lleida. Questa bella realtà produttiva è attiva dal 1921 ed è gestita da Albert Reves Estopa, alla guida di 2mila ettari di oliveti sui quali trovano dimora 200mila piante di arbequina. Nella recente campagna olearia queste hanno reso un raccolto di 10mila quintali di olive, pari a una resa in olio extravergine di oltre 2.400 ettolitri. Segnaliamo l'ottima etichetta aziendale, l'Extravergine Les Truilles da Agricoltura Biologica che appare alla vista di colore giallo dorato intenso con leggeri riflessi verdi, limpido; al naso si offre deciso e ampio, ricco di sentori vegetali di lattuga, cicoria ed erbe balsamiche, con ricordo di menta, basilico e salvia. In bocca è avvolgente e di personalità, con toni di ortaggi di campo, note speziate di pepe nero e chiusura di mandorla dolce. Amaro e piccante presenti ed equilibrati. Ideale l'abbinamento con antipasti di ceci, carpaccio di dentice, insalate di funghi ovoli, passati di piselli, primi piatti con gamberi, risotto con asparagi, pesci bolliti, rombo al cartoccio, formaggi freschi a pasta molle, biscotti da forno.

Present for the first time in this Guide, the co-operative Bellaguarda is situated in the homonymous district in the province of Lleida. This beautiful farm has been active since 1921 and is run by Albert Reves Estopa, who manages 2,000 hectares of olive groves with 200,000 trees of the variety arbequina. In the last harvest 10,000 quintals of olives were produced, equal to a yield of over 2,400 hectolitres of extra virgin olive oil. We recommend the excellent farm selection, the Extra Virgin Les Truilles from Organic Farming, which is an intense limpid golden yellow colour with slight green hues. Its aroma is definite and ample, rich in vegetal hints of lettuce, chicory and aromatic herbs, especially mint, basil and sage. Its taste is rotund and strong, with a flavour of country vegetables, spicy notes of black pepper and a sweet almond finish. Bitterness and pungency are present and balanced. It would be ideal on chickpea appetizers, sea bream carpaccio, ovoli mushroom salads, pea purée, pasta with shrimps, risotto with asparagus, boiled fish, turbot baked in parchment paper, soft fresh cheese, oven cookies.

Spagna Spain [ES] Cataluña

Molí d'Oli

Carretera de Balaguer - Castelló de Farfanya
25136 La Noguera (Lleida)
Tel. + 34 973 428227 - Fax + 34 973 428227
E-mail: olidecastello@wanadoo.es

86

435 m.

Specializzato
Specialized

Ipsilon, superintensivo
Y-trellis, superintensive

Brucatura a mano e meccanica
Hand picking and mechanical harvesting

Sì - Ciclo continuo
Yes - Continuous cycle

Arbequina (90%), verdiell (10%)

Fruttato leggero
Light fruity

da 8,01 a 10,00 € - 500 ml.
from € 8.01 to 10.00 - 500 ml.

La Molí d'Oli è una realtà di produzione olearia fondata nel 1995 da Gabriel Alsina Utges e situata a Castelló de Farfanya. L'azienda dispone di 10 ettari di impianto specializzato, dove sono messe a dimora 7mila piante non ancora del tutto in produzione; dispone inoltre di altri 240 ettari, con circa 24mila piante. Quest'anno il raccolto ha reso 150 quintali di olive che, uniti ai 9mila acquistati, hanno permesso di produrre 2mila ettolitri di olio. Unica la selezione proposta, l'Extravergine Castelló che si presenta alla vista di colore giallo dorato intenso con delicati riflessi verdolini, limpido; all'olfatto si apre sottile e composto, dotato di note vegetali di carciofo e lattuga, a cui si associano morbidi sentori di mandorla e pinolo. In bocca è dosato e armonico, caratterizzato da toni fruttati di pomodoro acerbo ed erbe aromatiche, con ricordo di menta e rosmarino. Amaro presente e piccante contenuto, con dolce in evidenza. Ideale l'abbinamento con antipasti di crostacei, carpaccio di spigola, insalate di mare, marinate di dentice, passati di ceci, primi piatti con funghi ovoli, fritture di verdure, tartare di spigola, formaggi freschi a pasta molle, biscotti da forno.

Molí d'Oli is an oil farm founded in 1995 by Gabriel Alsina Utges and situated in Castelló de Farfanya. The farm has 10 hectares of specialized olive grove with 7,000 not entirely productive trees. Moreover there are 240 hectares with about 24,000 trees. In the last oil harvest 150 quintals of olives were produced, which, together with 9,000 purchased, allowed to yield 2,000 hectolitres of extra virgin olive oil. There is only one selection, the Extra Virgin Castelló, which is an intense limpid golden yellow colour with delicate light green hues. Its aroma is fine and delicate, endowed with vegetal notes of artichoke and lettuce, together with mellow hints of almond and pine nut. Its taste is delicate and harmonic, characterized by a fruity flavour of unripe tomato and aromatic herbs, especially mint and rosemary. Bitterness is present and pungency is limited with evident sweetness. It would be ideal on shellfish appetizers, bass carpaccio, seafood salads, marinated sea bream, chickpea purée, pasta with ovoli mushrooms, fried vegetables, bass tartare, soft fresh cheese, oven cookies.

Spagna Spain [ES] Cataluña

Molí dels Torms

Calle Mestre Benet, 19
25164 Els Torms (Lleida)
Tel. + 34 973 128362 - Fax + 34 932 020296
E-mail: info@olicatessen.com - Web: www.olicatessen.com

86

- 550 m.
- Promiscuo / Promiscuous
- Alberello / Tree
- Brucatura a mano e meccanica / Hand picking and mechanical harvesting
- Sì - Ciclo continuo / Yes - Continuous cycle
- Arbequina (90%), arbreblanc (5%), verdal (5%)
- Fruttato medio / Medium fruity
- da 8,01 a 10,00 € - 500 ml. / from € 8.01 to 10.00 - 500 ml.

Molí dels Torms è una realtà di produzione olearia fondata nel 2005 da un gruppo di professionisti - Venanci Guiu, Joan Massip, Josu Zaldua e Salvador Rovira - accomunati dalla passione per il mondo dell'olivicoltura. Il patrimonio è costituito di un moderno frantoio e da 50 ettari di oliveto specializzato di proprietà, dove dimorano 6mila piante che in questa campagna olearia hanno reso 752 quintali di olive, pari a 131 ettolitri di olio extravergine. Segnaliamo l'ottimo Extravergine Olicatessen da Agricoltura Biologica che appare alla vista di colore giallo dorato intenso con nuance verdoline, limpido; al naso si offre ampio e avvolgente, ricco di sentori balsamici di basilico, menta e salvia, a cui si aggiungono eleganti note speziate di pepe bianco e mandorla dolce. Al gusto è fine e complesso, dotato di toni fruttati di pomodoro acerbo e ortaggi di campo, con sedano e lattuga in evidenza. Amaro e piccante presenti ed equilibrati. Si accompagna a maionese, antipasti di crostacei, antipasti di pollo, carpaccio di orata, insalate di mare, patate bollite, passati di ceci, risotto con asparagi, fritture di pesce, pesci al cartoccio, formaggi freschi a pasta molle, dolci da forno.

Molí dels Torms is an oil farm founded in 2005 by a group of professionals - Venanci Guiu, Joan Massip, Josu Zaldua and Salvador Rovira - who shared the same passion for olive growing. The estate consists of a modern oil mill and 50 hectares of specialized olive grove with 6,000 trees. In the last harvest 752 quintals of olives were produced, equal to 131 hectolitres of extra virgin olive oil. We recommend the excellent Extra Virgin Olicatessen from Organic Farming, which is an intense limpid golden yellow colour with light green hues. Its aroma is ample and rotund, rich in fragrant hints of basil, mint and sage, together with elegant spicy notes of white pepper and sweet almond. Its taste is fine and complex, endowed with a fruity flavour of unripe tomato and country vegetables, especially celery and lettuce. Bitterness and pungency are present and balanced. It would be ideal on mayonnaise, shellfish appetizers, chicken appetizers, gilthead carpaccio, seafood salads, boiled potatoes, chickpea purée, risotto with asparagus, fish fry, fish baked in parchment, soft fresh cheese, oven cakes.

Spagna Spain [ES] Cataluña

Torres

L'Aranyó
25400 Les Borges Blanques (Lleida)
Tel. + 34 93 8177400 - Fax + 34 93 8177444
E-mail: info@torrereal.es - Web: www.torrereal.es

90

400 m.

Specializzato
Specialized

Alberello
Tree

Brucatura a mano
Hand picking

No - Ciclo continuo
No - Continuous cycle

Arbequina (90%), robal (10%)

Fruttato medio
Medium fruity

da 18,01 a 22,00 € - 500 ml.
from € 18.01 to 22.00 - 500 ml.

L'azienda Torres, marchio storico del vino spagnolo, si distingue anche nella produzione olearia di qualità. Possiede tenute in tutto il mondo e dal 1870 anche questa proprietà di L'Aranyó, dove l'oliveto fu impiantato 400 anni fa dal Duca di Medinaceli, con alberi importati da Israele: 98 ettari con più di 10mila piante che quest'anno hanno reso un raccolto di 410 quintali di olive che, uniti ai 1.804 acquistati, hanno prodotto 447 ettolitri di olio. Tre le selezioni Extravergine: i due El Silencio - Arbequina e Picual - e l'ottimo Eterno, scelto dal panel. Alla vista si presenta di un bel colore giallo dorato intenso con sottili toni verdi, limpido; all'olfatto si offre ampio e complesso, ricco di note vegetali di carciofo e lattuga, cui si aggiungono eleganti sentori fruttati di pomodoro acerbo. Al gusto è fine e avvolgente, con fresche note balsamiche di menta, rosmarino e salvia. Amaro ben espresso e piccante dosato, con chiusura dolce di mandorla. Ideale su antipasti di fagioli, bruschette con verdure, insalate di farro, marinate di orata, zuppe di ceci, risotto con carciofi, gamberi in umido, pesci di scoglio alla piastra, coniglio al forno, pollame ai ferri, formaggi caprini.

Torres, an historical trademark of Spanish wine, also produces quality olive oil. It owns estates all over the world and since 1870 has also had this farm in L'Aranyó. The olive grove was planted 400 years ago by the Duke of Medinaceli, who used trees imported from Israel. Today there are 98 hectares with over 10,000 trees. In the last harvest 410 quintals of olives were produced and 1,804 purchased, with a yield of 447 hectolitres of oil. There are three Extra Virgin selections: the two El Silencio - Arbequina and Picual - and the excellent Eterno, chosen by the panel. It is a beautiful intense limpid golden yellow colour with slight green hues. Its aroma is ample and complex, rich in vegetal notes of artichoke and lettuce, together with elegant fruity hints of unripe tomato. Its taste is fine and rotund, with a fresh fragrant flavour of mint, rosemary and sage. Bitterness is distinct and pungency is complimentary with a sweet almond finish. It would be ideal on bean appetizers, bruschette with vegetables, farro salads, marinated gilthead, chickpea soups, risotto with artichokes, stewed shrimps, pan-seared rock-fish, baked rabbit, grilled poultry, goat cheese.

Extremadura

Dati Statistici / Statistic Data

Superficie olivetata nazionale	2.568.371 (ha)	National Olive Surface — 2,568,371 (ha)
Superficie olivetata regionale	263.657 (ha)	Regional Olive Surface — 263,657 (ha)
Quota regionale	10,27%	Regional Quota — 10.27%
Frantoi	116	Olive Oil Mills — 116
Produzione nazionale 09-10	1.395.821,0 (t)	National production 09-10 — 1,395,821.0 (t)
Produzione regionale 09-10	59.811,7 (t)	Regional production 09-10 — 59,811.7 (t)
Produzione regionale 08-09	44.600,0 (t)	Regional production 08-09 — 44,600.0 (t)
Variazione	+34,11%	Variation — +34.11%
Quota regionale	4,29%	Regional Quota — 4.29%

Olive Oil Agency - Ministry of the Environment and Rural and Marine Affairs

L'Extremadura si colloca al terzo posto in Spagna tra le regioni produttrici di olio. Diamo qualche dato: nell'ultima campagna sono state prodotte 59.811,7 tonnellate di olio, pari al 4,29% del totale nazionale, con un aumento del 34,11% rispetto all'annata precedente. Del resto attualmente l'olivo è la coltura maggiormente diffusa sul territorio, ricoprendo una superficie totale di 263.657 ettari, pressoché tutti destinati a olivi da olio. L'olivicoltura è diventata dunque uno dei settori emergenti, con produzioni che rappresentano un valore importante nell'ambito del reddito agricolo regionale. A questi numeri va aggiunto il fattore occupazionale, specialmente nel periodo della raccolta, che è un momento fondamentale per migliaia di famiglie, data la presenza e la rilevanza economica dell'olivicoltura in Extremadura. E così l'olivo, presente in queste terre fin dall'antichità, è diventato il traino di un'attività economica di primaria importanza. D'altronde sia la morfologia del terreno che il clima sono favorevoli allo sviluppo di questa pianta: inverni miti e temperati, resi più dolci dalla prossimità con l'Atlantico, estati molto calde e piogge in autunno e in inverno hanno fatto sì che l'olivo da sempre sia stato coltivato ovunque in questa terra che fa parte della Spagna sud-occidentale, al confine con il Portogallo, e che è formata dalle due province di Cáceres e Badajoz. Le varietà di olive da olio maggiormente coltivate in Extremadura sono la cornicabra (cornezuelo), la manzanilla cacereña, la carrasqueña, la verdial de Badajoz, la morisca e la jabata (picual). La trasformazione avviene in 116 frantoi, situati per lo più nella provincia di Badajoz. Attualmente un limite del comparto risulta essere il fatto che la coltivazione avviene in maniera piuttosto frazionata, con un gran numero di aziende di piccole o medie dimensioni, per di più spesso situate in zone di bassa produttività. Inoltre, fino a pochi anni fa, per la maggior parte dei proprietari che cercavano di mantenere in vita le coltivazioni ereditate dai propri antenati, i profitti ottenuti dalla vendita delle olive non rappresentavano più che una modesta gratifica. Ma, a partire dagli ultimi anni, è in corso un importante sforzo a livello regionale per rivalutare l'olivicoltura puntando decisamente sull'alta qualità delle produzioni. Allora l'impianto di nuovi oliveti nella zona di Monterrubio de la Serena e di Tierra de Barros, la sostituzione degli impianti di varietà da tavola con altre da olio, il decollo delle produzioni biologiche, nonché i previsti aiuti governativi, stanno segnando il futuro del settore; così come la nascita di due Denominazioni di Origine Protetta, la Dop Gata-Hurdes e la Dop Aceite Monterrubio, sono state un'ulteriore importante conquista. La prima, a nord-ovest della provincia di Cáceres, coincide con una regione le cui forti pendenze - si passa dai rilievi della Sierra de Gata alla valle del fiume Alagón - rendono talvolta difficoltosa la coltivazione dell'olivo. Gli oli tutelati dalla seconda Dop Aceite Monterrubio vengono prodotti invece a est della provincia di Badajoz. Altre produzioni rilevanti sono poi concentrate nei territori di Alburquerque, Vegas del Guadiana e La Siberia (nella provincia di Badajoz) oltre che nelle regioni di La Vera-Jerte-Ambroz, Ibores e Montanchez (nella provincia di Cáceres).

Extremadura is the third oil producer in Spain. In this region in the last oil harvest 59,811.7 tons of oil were produced, equal to 4.29% of the total national quantity, with a 34.11% increase compared to the previous year. Currently the olive tree is the most widespread cultivation covering a total surface of 263.657 hectares, of which almost the whole quantity is destined to olive trees for the production of oil. It is therefore one of the most relevant sectors, with productions that represent a considerable part of the regional agricultural income. Moreover, especially during the harvest, olive growing provides many opportunities of employment for thousands of families in Extremadura. And so the olive tree, always present in these lands, has become by now the driving force of a primary economic activity. Both the conformation of the land and the climate are favourable to the growth of this tree: mild and temperate winters because of the nearness of the Atlantic, very hot summers and rainfalls in autumn and in winter have always allowed its cultivation everywhere. This south-western region on the border with Portugal is formed by the provinces of Cáceres and Badajoz. Among the varieties of olives traditionally cultivated in Extremadura we find cornicabra (cornezuelo), manzanilla cacereña, carrasqueña, verdial de Badajoz, morisca and jabata (or picual). Transformation happens in 116 olive oil mills, situated especially in the province of Badajoz. At present a problem of the sector is the fact that the land is broken up by the many small or average size farms often situated in low productivity areas. For most of the owners, who tried to preserve cultivation inherited from their ancestors, the profits obtained by the sale of olives represented only a modest income. But in the last few years a great effort has been made at regional level to enhance olive growing aiming at quality: the planting of new olive groves in the area of Monterrubio de la Serena and of Tierra de Barros, the replacement of olive groves of edible varieties with those for oil production, the development of organic productions as well as the expected government grants are determining the future of the sector. In addition in the last few years the region has obtained two Protected Denominations of Origin, the Pdo Gata-Hurdes and the Pdo Aceite Monterrubio. The first is in the north-west of the province of Cáceres: reaching from the hills of the Sierra de Gata to the valley of the river Alagón, a region of steep slopes which make oil cultivation at times difficult. Instead the oils protected by the second Pdo Aceite Monterrubio are produced in the east of the province of Badajoz. Other relevant productions are concentrated in the territories of Alburquerque, Vegas del Guadiana and La Siberia (in the province of Badajoz) and in the regions of La Vera-Jerte-Ambroz, Ibores and Montanchez (in the province of Cáceres).

Spagna Spain [ES] Extremadura

La Canaleja

Carretera Extremadura A 5 Km 360 - Perales de Valdueza
06800 Mérida (Badajoz)
Tel. + 34 924 127277 - 91 3101875 - Fax + 34 91 3191508
E-mail: contact@marquesdevaldueza.com - Web: www.marquesdevaldueza.com

89

300 m.

Specializzato
Specialized

Alberello
Tree

Brucatura a mano e meccanica
Hand picking and mechanical harvesting

Sì - Ciclo continuo
Yes - Continuous cycle

Picual (50%), hojiblanca (35%), morisca (15%)

Fruttato intenso
Intense fruity

da 12,01 a 15,00 € - 500 ml.
from € 12.01 to 15.00 - 500 ml.

La Canaleja, proprietà degli Alvarez de Toledo dal XVII secolo, è una bella struttura situata presso Mérida e famosa per la produzione di vino e olio di qualità. La tenuta si estende complessivamente per 400 ettari, 200 dei quali destinati all'oliveto specializzato con 46mila piante dalle quali, nell'ultima campagna olearia, sono stati raccolti 15.439 quintali di olive che, molite nel frantoio di ultima generazione, hanno permesso una produzione di quasi 2.966 ettolitri di olio. Segnaliamo l'Extravergine Marqués de Valdueza che appare alla vista di colore giallo dorato intenso con delicati riflessi verdi, limpido. All'olfatto si esprime deciso e avvolgente, caratterizzato da ricchi sentori fruttati di pomodoro acerbo e noce fresca, a cui si associano spiccati toni aromatici di menta ed eucalipto. Al gusto è fine e di carattere, dotato di note vegetali di cicoria e chiusura di mandorla dolce. Amaro e piccante ben espressi e armonizzati. Si abbina molto bene a antipasti di pesce azzurro, bruschette, insalate di spinaci, zuppe di fagioli, cous cous di carne, risotto con funghi porcini, polpo bollito, tonno ai ferri, formaggi di media stagionatura.

Canaleja, owned by the family Alvarez de Toledo since the 17th century, is a beautiful estate situated near Mérida and well-known for its production of quality wine and olive oil. The estate extends over 400 hectares, 200 of which destined to specialized olive grove with 46,000 trees. In the last harvest 15,439 quintals of olives were produced, which, once crushed in the advanced oil mill, yielded almost 2,966 hectolitres of oil. We recommend the Extra Virgin Marqués de Valdueza, which is an intense limpid golden yellow colour with delicate green hues. Its aroma is definite and rotund, characterized by rich fruity hints of unripe tomato and fresh walnut, together with distinct aromatic hints of mint and eucalyptus. Its taste is fine and strong, endowed with vegetal notes of chicory and a sweet almond finish. Bitterness and pungency are distinct and harmonic. It would be ideal on bluefish appetizers, bruschette, spinach salads, bean soups, meat cous cous, risotto with porcini mushrooms, boiled octopus, grilled tuna, medium mature cheese.

Spagna Spain [ES] Extremadura

Vianoleo

Plaza de España, 2
06470 Guareña (Badajoz)
Tel. + 34 924 350006 - Fax + 34 924 350023
E-mail: cristina.sanchez@vianoleo.com - Web: www.vianoleo.com

82 ⬆

- 235 m.
- **Promiscuo** / Promiscuous
- **Alberello** / Tree
- **Meccanica** / Mechanical harvesting
- **Sì - Ciclo continuo** / Yes - Continuous cycle
- Manzanilla cacereña (67%), arbequina (33%)
- **Fruttato intenso** / Intense fruity
- da 18,01 a 22,00 € - 500 ml. / from € 18.01 to 22.00 - 500 ml.

Diamo il benvenuto alla Vianoleo che nasce poco più di cinque anni fa con l'obiettivo ambizioso di immettersi nel mercato dei prodotti di qualità che si rivolgono ai consumatori attenti e amanti della dieta mediterranea e della buona tavola. Parliamo di un patrimonio di 320 ettari di impianto olivetato e di un frantoio di ultima generazione. Dalle 80 mila piante messe a dimora sono stati raccolti quest'anno 25mila quintali di olive che hanno permesso di produrre 5mila ettolitri di olio extravergine. Segnaliamo l'etichetta aziendale, l'Extravergine io che appare alla vista di colore giallo dorato intenso, limpido; all'olfatto si esprime spiccatamente vegetale, dotato di sentori di carciofo, cardo di campo e lattuga, cui si accompagnano note di erbe officinali, con ricordo di mentuccia e rosmarino. In bocca è fine e contenuto, con toni speziati di zenzero, pepe nero e decisa chiusura di mandorla dolce. Amaro presente e piccante composto. Buono l'abbinamento con antipasti di lenticchie, marinate di polpo, pinzimonio, pomodori gratinati, passati di carciofi, pesce azzurro in umido, pollame o carni di agnello alla piastra, formaggi di media stagionatura.

Present for the first time in this Guide, Vianoleo was founded about five years ago with the ambitious aim of entering the market of quality products for consumers interested in the Mediterranean diet and good food. There are 320 hectares of olive grove with 80,000 trees and an advanced oil mill. In the last harvest 25,000 quintals of olives were produced, with a yield of 5,000 hectolitres of extra virgin olive oil. We recommend the farm selection, the Extra Virgin io, which is an intense limpid golden yellow colour. Its aroma is strongly vegetal, endowed with hints of artichoke, wild thistle and lettuce, together with notes of officinal herbs, especially field balm and rosemary. Its taste is fine and delicate, with a spicy flavour of ginger, black pepper and a definite sweet almond finish. Bitterness is present and pungency is delicate. It would be ideal on lentil appetizers, marinated octopus, pinzimonio, tomatoes au gratin, artichoke purée, steamed blue fish, pan-seared poultry or lamb, medium mature cheese.

Spagna Spain [ES] Extremadura

Pago Baldios San Carlos

Finca La Laguna - Arroyo del Caño
10529 Majadas del Tiétar (Cáceres)
Tel. + 34 927 577223 - 927 577083 - Fax + 34 927 577215
E-mail: aceite@pagobaldiosancarlos.com - Web: www.pagobaldiosancarlos.com

87

600 m.

Specializzato
Specialized

Alberello
Tree

Meccanica
Mechanical harvesting

Sì - Ciclo continuo
Yes - Continuous cycle

Arbequina

Fruttato leggero
Light fruity

da 15,01 a 18,00 € - 500 ml.
from € 15.01 to 18.00 - 500 ml.

Pago Baldios San Carlos è una giovanissima realtà di produzione olearia che produce e imbottiglia il proprio olio extravergine, proveniente dagli impianti che si trovano collocati nella valle del Tiétar, nella provincia di Extremadura. Parliamo di 120 ettari di oliveto specializzato con 35mila piante che nella recente campagna olearia hanno prodotto 8.500 quintali di olive, pari a una produzione di 1.020 ettolitri di olio. Due le etichette Extravergine proposte: l'Oro San Carlos e il Full Moon, che segnaliamo. Si presenta alla vista di colore giallo dorato intenso con sottili riflessi verdolini, limpido. All'olfatto si apre elegante e avvolgente, dotato di sentori vegetali di lattuga, carciofo e cardo selvatico, cui si accompagnano note fruttate di pomodoro acerbo e noce fresca. In bocca è complesso e fine, con toni di ortaggi di campo e note aromatiche di basilico, prezzemolo e mandorla dolce in chiusura. Amaro presente e piccante dosato. È eccellente per aragosta bollita, insalate di mare, marinate di spigola, passati di ceci, primi piatti con gamberi, risotto con asparagi, crostacei ai ferri, fritture di pesce, formaggi freschi a pasta molle, biscotti da forno.

Pago Baldios San Carlos is a very recent oil farm, which produces and bottles its own extra virgin olive oil. Its specialized olive groves are situated in the valley of Tiétar, in the province of Extremadura, and cover 120 hectares with 35,000 trees. In the last harvest 8,500 quintals of olives were produced, equal to a yield of 1,020 hectolitres of extra virgin olive oil. There are two Extra Virgin selections: Oro San Carlos and Full Moon, which we recommend. It is an intense limpid golden yellow colour with slight light green hues. Its aroma is elegant and rotund, rich in vegetal hints of lettuce, artichoke and wild thistle, together with fruity notes of unripe tomato and fresh walnut. Its taste is complex and fine, with a flavour of country vegetables and aromatic notes of basil, parsley and a sweet almond finish. Bitterness is present and pungency is complimentary. It would be ideal on boiled spiny lobster, seafood salads, marinated bass, chickpea purée, pasta with shrimps, risotto with asparagus, grilled shellfish, fish fry, soft fresh cheese, oven cookies.

Comunidad de Madrid

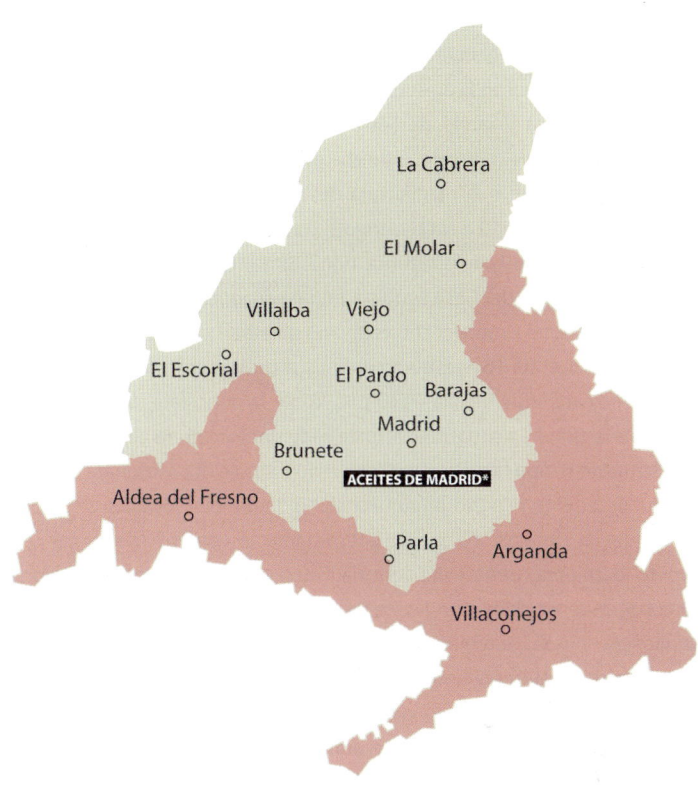

* All'esame della UE per la certificazione • *Under EU exam for certification*

Dati Statistici

Superficie olivetata nazionale	**2.568.371 (ha)**
Superficie olivetata regionale	**28.163 (ha)**
Quota regionale	**1,10%**
Frantoi	**19**
Produzione nazionale 09-10	**1.395.821,0 (t)**
Produzione regionale 09-10	**2.849,0 (t)**
Produzione regionale 08-09	**1.746,1 (t)**
Variazione	**+ 63,16%**
Quota regionale	**0,20%**

Statistic Data

National Olive Surface	**2,568,371 (ha)**
Regional Olive Surface	**28,163 (ha)**
Regional Quota	**1.10%**
Olive Oil Mills	**19**
National production 09-10	**1,395,821.0 (t)**
Regional production 09-10	**2,849.0 (t)**
Regional production 08-09	**1,746.1 (t)**
Variation	**+ 63.16%**
Regional Quota	**0.20%**

Olive Oil Agency - Ministry of the Environment and Rural and Marine Affairs

Situata proprio nel centro della Spagna, la Comunidad de Madrid ha una superficie olivicola di 28.163 ettari e 19 frantoi attivi sull'intero territorio. La produzione dell'ultima campagna olearia ha raggiunto le 2.849 tonnellate di olio, pari allo 0,20% del totale nazionale, con un aumento del 63,16% rispetto all'annata precedente. Piccoli volumi, anche se si tratta di una terra olivicola di antichissima tradizione. Numerose infatti sono le testimonianze storiche che documentano fin dal Medioevo la presenza e la crescita dell'olivicoltura in vari municipi: alla fine del XV secolo a Villarejo de Salvanés gli impianti ricoprono il 10% della superficie e l'olio prodotto è utilizzato, oltre che per uso alimentare, per l'illuminazione domestica, il culto religioso e la manifattura del sapone. A distanza di cento anni la produzione si moltiplica per 10 e sul territorio si contano ben 19 frantoi. Nella regione di Morata de Tajuña, dove l'olivo fruttifica nonostante il clima estremo e il terreno accidentato, la Compagnia del Gesù acquista numerosi appezzamenti per trasformarli in oliveti; moltissimi sono i monaci che coltivano gli alberi di proprietà dei conventi. Durante i secoli XVIII e XIX l'olivicoltura continua a prosperare e in una cronaca del 1890 questa è indicata, insieme alla viticoltura, come la principale fonte di benessere economico della regione. La situazione attuale vede un'olivicoltura ancora tradizionale e basata su strutture di tipo familiare, ma l'obiettivo futuro è di posizionare sul mercato la produzione eccedente rispetto all'autoconsumo. L'area più vocata si situa proprio all'interno di quella depressione in cui anticamente la conformazione del terreno aveva favorito lo sviluppo dell'attività agricola. E non a caso corrisponde alla porzione di territorio oggi tutelato dalla Dop Aceite de Madrid (ancora al vaglio della UE per la certificazione) che ingloba le regioni di Las Vegas, Campiña e Sur-Occidental e che per le sue caratteristiche costituisce uno spazio unico. Il clima è a metà tra il mediterraneo e il continentale e le stagioni sono decisamente marcate: inverni freddi o freschi, estati calde e secche, piogge in autunno e primavera, siccità da maggio a ottobre. Le temperature annuali medie ruotano intorno ai 14 °C, raggiungendo massime elevate nei mesi caldi e abbassandosi tra novembre e gennaio fino a provocare gelate. Sono condizioni estreme che provocano una lenta e tardiva maturazione dei frutti da cui derivano oli dal fruttato intenso, con note amare e piccanti assai decise. Le cultivar maggiormente coltivate sono cornicabra e manzanilla, seguite da carrasqueña, gordal, picual e verdeja: tutte varietà che nel corso dei secoli si sono mantenute attraverso una selezione naturale, adattandosi perfettamente all'ambiente e offrendo un prodotto finale con caratteristiche differenziate dalle altre regioni olivicole. La tipicità di questa zona è data proprio dalla complessità del paniere varietale e ogni cultivar è responsabile di profili organolettici differenti. Oltre al fatto che la scarsa piovosità e le estati torride, così come le gelate, hanno determinato gran parte della selezione naturale delle varietà, contribuendo a definire il profilo fisico-chimico degli oli. Mentre i terreni poco profondi, alcalini e salini, influiscono sulla coltivazione, determinando rese piuttosto basse.

Situated exactly in the centre of Spain, the Comunidad de Madrid has an olive surface of 28,163 hectares and 19 active olive oil mills on the whole territory. In the last oil harvest there was a production of 2,849 tons of oil equal to 0.20% of the total national quantity, with a 63.16% increase compared to the previous year. In spite of the limited production, this land has a very ancient olive growing tradition. In fact since the Middle Ages a lot of historical evidence has documented the existence and the development of olive growing in many towns : at the end of the 15th century in Villarejo de Salvanés the olive groves covered 10% of the territory and the oil produced was used not only to cook, but also for domestic lighting, religious ceremonies and soap manufacture. One hundred years later production multiplied ten times and 19 olive oil mills were in use. In the territory of Morata de Tajuña, where the olive tree adapted to the extreme climate and the uneven ground, the Society of Jesus purchased numerous lands in order to turn them into olive groves; and many monks cultivated the convent trees. Olive growing continued to flourish during the 18th and 19th century. In fact in a chronicle of 1890 olive and wine-growing were defined as the main source of wealth of the region. Currently olive growing is still traditional and based on family-run farms, but the aim for the future is to market surplus production. The most favourable area is situated within the same depression, where in ancient times the conformation of the territory encouraged the development of agriculture. This area is now protected by the Pdo Aceite de Madrid (still under EU examination), which includes the regions of Las Vegas, Campiña and Sur-Occidental. This area is unique for its unusual climatic and environmental characteristics. The climate is Mediterranean-continental, with marked seasons: cold or fresh winters, warm and dry summers, rainfalls in autumn and spring and drought from May to October. The annual average temperatures are around 14 °C, reaching maximum temperatures in the warm months and dropping from November to January, when there are sometimes frosts. These extreme conditions produce a slow and late maturation of the fruit that produces intensely fruity oils, with definite bitter and pungent notes. The most cultivated varieties are cornicabra and manzanilla followed by carrasqueña, gordal, picual and verdeja: all cultivars that have been preserved over the centuries through a natural selection, have adjusted perfectly to the environment and offer an end product with characteristics differing from the rest of the olive growing regions. The particular feature of this area is given by its varietal complexity: every cultivar contributes to the creation of separate sensory profiles. Surely the few rainfalls and the warm summers, together with the frosts, have determined a great part of the natural selection of the olive varieties, besides defining the oil physical-chemical and sensory profile. In the same way the shallow, alkaline and salty lands influence cultivation determining a rather low yield.

Castilla-La Mancha

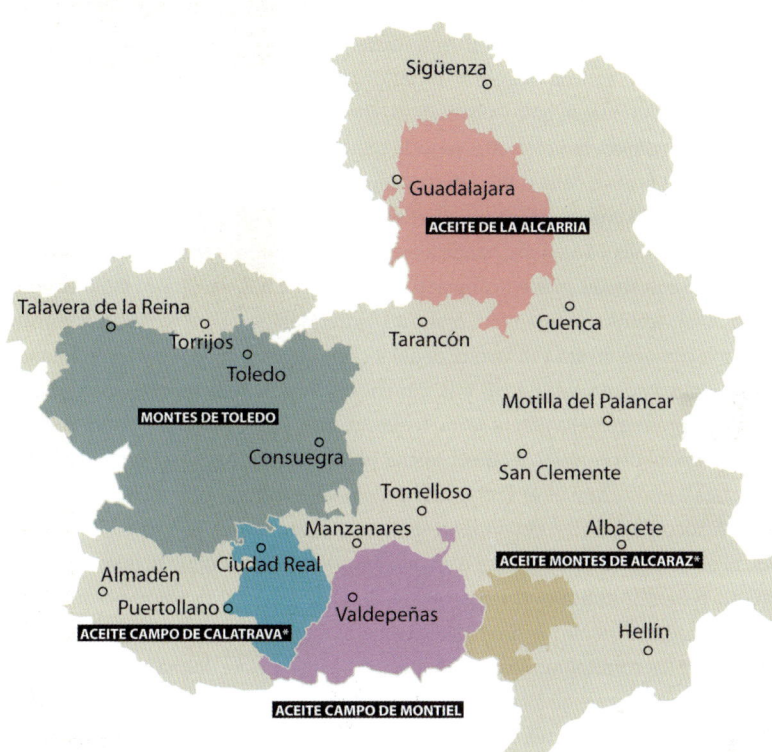

* All'esame della UE per la certificazione • Under EU exam for certification

Dati Statistici

Superficie olivetata nazionale	2.568.371 (ha)
Superficie olivetata regionale	408.523 (ha)
Quota regionale	15,91%
Frantoi	242
Produzione nazionale 09-10	1.395.821,0 (t)
Produzione regionale 09-10	85.445,0 (t)
Produzione regionale 08-09	73.452,4 (t)
Variazione	+ 16,33%
Quota regionale	6,12%

Statistic Data

National Olive Surface	2,568,371 (ha)
Regional Olive Surface	408,523 (ha)
Regional Quota	15.91%
Olive Oil Mills	242
National production 09-10	1,395,821.0 (t)
Regional production 09-10	85,445.0 (t)
Regional production 08-09	73,452.4 (t)
Variation	+ 16.33%
Regional Quota	6.12%

Olive Oil Agency - Ministry of the Environment and Rural and Marine Affairs

La Comunidad Autonoma di Castilla-La Mancha è attualmente il secondo distretto olivicolo della Spagna sia per estensione degli impianti, che ricoprono una superficie di 408.523 ettari, sia per produzione: 85.445 tonnellate di olio, pari al 6,12% del totale nazionale, con un aumento del 16,33% rispetto all'annata precedente. La trasformazione avviene in 242 frantoi attivi sul territorio vocato. L'olivicoltura è dunque un'attività fondamentale per il reddito di un numero assai rilevante di agricoltori, oltre al fatto che svolge un'importante funzione ambientale. E l'olio extravergine è un prodotto che da sempre si impone per l'alto valore sociale ed economico, radicato attraverso le generazioni come fonte di benessere ed elemento identificativo della cultura gastronomica della regione. Gli olivi centenari che affondano profondamente le loro radici nella terra di don Quijote, ovvero la Comunidad Autonoma di Castilla-La Mancha, hanno assistito a grandi progressi dai tempi dei mulini in pietra fino agli attuali, moderni impianti che la regione può vantare. In molti villaggi della zona l'olivicoltura veniva infatti praticata fin dal Medioevo, con i coltivatori uniti in un sistema comune di vita e di lavoro: di qui il carattere ancora oggi prevalentemente familiare del comparto produttivo e le dimensioni esigue della maggior parte degli impianti. La presenza della pianta sacra in queste terre è però molto più antica e risale alle dominazioni dei Fenici e dei Greci, anche se l'introduzione di una forma di coltura organizzata e intensiva si deve soprattutto ai Romani. Il settore si consolida comunque nei secoli successivi, arrivando a rappresentare al momento un comparto in crescita grazie al clima e alla morfologia del territorio, favorevoli allo sviluppo di questa pianta. In questi terreni fruttificano diverse varietà di olivo da cui si ricavano oli differenti e tipici, apprezzati dentro e fuori del confine spagnolo. Ma la cultivar dominante è comunque la cornicabra, così chiamata per la particolare forma del frutto. Per proteggere e valorizzare gli oli extravergine prodotti sul territorio esiste la Dop Montes de Toledo che abbraccia le terre a sud della provincia di Toledo e a nord di Ciudad Real e che ha come nucleo centrale la formazione montuosa da cui prende il nome. L'area di produzione ha caratteristiche climatiche omogenee e favorevoli all'olivo che viene coltivato con metodi tradizionali, il che costituisce un elemento di grande importanza per la conservazione dell'ambiente naturale. Il carattere distintivo degli oli denominati è la provenienza dall'unica varietà cornicabra, la cui coltura occupa in pratica la totalità della superficie olivetata grazie alla sua grande adattabilità. Dopo l'attuazione della Dop Aceite de La Alcarria, che riguarda un'ampia regione tra le due province di Guadalajara e Cuenca, recentissima quella della Dop Aceite Campo de Montiel che include 26 municipi della regione omonima a sud-est di Ciudad Real e comprende un'area caratterizzata da condizioni climatiche estreme con poche piogge, terreni poveri e rese basse. Al momento inoltre sono al vaglio dell'UE altre due Denominazioni, nelle relative zone di tradizione olivicola: una è la Dop Aceite Campo de Calatrava, la cui area comprende molti municipi della provincia di Ciudad Real, mentre l'altra è la Dop Aceite Montes de Alcaraz.

Today Castilla-La Mancha is the second olive community in Spain both for extension of the olive groves, which cover a surface of 408,523 hectares, and for production: 85,445 tons of extra virgin olive oil, equal to 6.12% of the total national quantity, with a 16.33% increase compared to the previous year. Transformation is carried out in 242 active olive oil mills. Olive growing is therefore fundamental for the income of a remarkable number of agriculturists, besides playing an important environmental role. Olive oil has always been a product of high social and economic value, deep-rooted over the generations as a source of wealth and a typical element of the gastronomic culture. The century-old olive trees deeply sinking their roots in the land of don Quijote, the Community of Castilla-La Mancha, have seen a great progress from stone mill times to today's modern systems. In many villages of this area olive growing has been practised since the Middle Ages, and farmers have developed a common way of life and work. This explains the present familiar character of the productive sector and the small dimensions of most of the olive groves. However the presence of the olive tree in these lands is very ancient and goes back to the Phoenician and Greek domination, even if the introduction of an intensive cultivation is owed especially to the Romans. Olive growing became more important in the following centuries, representing nowadays one of the main economic sectors of the area thanks to the suitable climate and conformation of the territory. In these lands there are several varieties of olive trees, from which different and typical extra virgin olive oils are produced, appreciated inside and outside the Spanish border. The prevailing cultivar is cornicabra, so called for the peculiar form of the fruit. To protect and enhance extra virgin olive oil there is the Pdo Montes de Toledo, which includes the southern part of the province of Toledo and the northern area of Ciudad Real and its heart is the mountainous formation from which it takes its name. The production area has homogeneous and favourable climatic characteristics. The olive tree is cultivated with traditional methods, which constitutes an important element for environmental protection. Denominated olive oils come from the only variety cornicabra, which is cultivated on the whole olive surface thanks to its great adaptability. After obtaining the denomination Pdo Aceite de La Alcarria, including a vast region between the two provinces of Guadalajara and Cuenca, it is very recent the Pdo Aceite Campo de Montiel, including 26 towns of the homonymous region to the south-east of Ciudad Real. It is an area characterized by extreme climatic conditions with little rainfall, poor land and a low yield. Moreover there are at present two denominations under EU examination: the Pdo Aceite Campo de Calatrava, including numerous towns of the province of Ciudad Real, and the Pdo Aceite Montes de Alcaraz.

Spagna Spain [ES] Castilla-La Mancha

Casa Alarcon

Carretera Montealegre Km 4.5 - Sierra de Cuchillo
02660 Caudete (Albacete)
Tel. + 34 965 828266 - 965 825090 - Fax + 34 965 825717
E-mail: beatriz.andres@anara.es - Web: www.casalarcon.com

84 ⬆

650 m.

Promiscuo e specializzato
Promiscuous and specialized

Alberello, ipsilon, superintensivo
Tree, Y-trellis, superintensive

Brucatura a mano e meccanica
Hand picking and mechanical harvesting

Sì - Ciclo continuo
Yes - Continuous cycle

Arbequina (90%), hojiblanca (10%)

Fruttato medio
Medium fruity

da 8,01 a 10,00 € - 500 ml.
from € 8.01 to 10.00 - 500 ml.

Casa Alarcon è un'ampia tenuta di circa 840 ettari destinati a vigneti, oliveti e all'allevamento di pecore e cavalli di razza. Il patrimonio olivicolo è costituito da un frantoio del Settecento, completamente restaurato e convertito in un impianto moderno con tecnologie di ultima generazione, e da 270mila piante che trovano posto su 212 ettari. Nella recente campagna olearia da un raccolto di 3.500 quintali di olive sono stati ricavati 560 ettolitri di olio. Segnaliamo l'etichetta aziendale, l'Extravergine Envés che appare alla vista di colore giallo dorato intenso con delicati riflessi verdolini, limpido; all'olfatto si esprime sottile e composto, dotato di sentori vegetali di lattuga, cicoria e note di erbe officinali, con ricordo di basilico e prezzemolo. Al gusto è morbido e dosato, con toni speziati di pepe nero e chiusura di frutta secca, con pinolo e mandorla dolce in evidenza. Amaro presente e piccante contenuto. Buon accompagnamento per maionese, antipasti di crostacei, carpaccio di gallinella, marinate di dentice, patate bollite, passati di fave, zuppe di piselli, cous cous di pesce, primi piatti con funghi ovoli, fritture di verdure, pesci al cartoccio, dolci da forno.

Casa Alarcon is a large estate of about 840 hectares destined to vineyards, olive groves, sheep farming and pure-bred horse rearing. There is an 18th century oil mill, which has been restored and supplied with the latest technology, and 212 hectares of olive grove with 270,000 trees. In the last harvest 3,500 quintals of olives were produced, with a yield of 560 hectolitres of extra virgin olive oil. We recommend the farm selection, the Extra Virgin Envés, which is an intense limpid golden yellow colour with delicate light green hues. Its aroma is fine and delicate, endowed with vegetal hints of lettuce, chicory and notes of officinal herbs, especially basil and parsley. Its taste is mellow and delicate, with a spicy flavour of black pepper and a dried fruit finish, especially pine nut and sweet almond. Bitterness is present and pungency is limited. It would be ideal on mayonnaise, shellfish appetizers, piper carpaccio, marinated sea bream, boiled potatoes, broad bean purée, pea soups, fish cous cous, pasta with ovoli mushrooms, fried vegetables, fish baked in parchment, oven cakes.

Spagna Spain [ES] Castilla-La Mancha

Chesa Grischuna

Carretera Horcajo Km 19
13117 Anchuras (Ciudad Real)
Tel. + 34 917 811648 - 917 857695 - Fax + 34 915 780948 - 944 317632
E-mail: catalina_rm@yahoo.es - Web: www.aceitesjaramartin.com

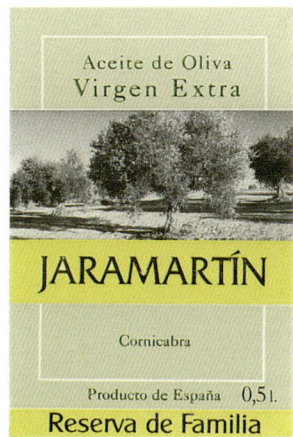

88

650 m.

Specializzato
Specialized

Alberello
Tree

Meccanica
Mechanical harvesting

Sì - Ciclo continuo
Yes - Continuous cycle

Cornicabra

Fruttato intenso
Intense fruity

da 10,01 a 12,00 € - 500 ml.
from € 10.01 to 12.00 - 500 ml.

Chesa Grischuna è una struttura produttiva che si trova ad Anchuras, alle falde dei Monti di Toledo, in un sito privilegiato per la varietà cornicabra. Costituita nel 2007 per opera di Jorge Calvet, può contare su una superficie olivetata specializzata di 90 ettari, con più di 14mila piante, e su un impianto di estrazione all'avanguardia. Nella recente campagna olearia da un raccolto di 2.400 quintali di olive sono stati ricavati circa 550 ettolitri di olio. Delle due etichette Extravergine Jaramartín, il Reserva de Familia e l'ottimo "base", il panel ha scelto quest'ultimo che si presenta alla vista di colore giallo dorato intenso con tonalità verdoline, limpido. All'olfatto si apre deciso e ampio, ricco di sentori balsamici di eucalipto, rosmarino e menta, cui si accompagnano note vegetali di carciofo, cardo di campo e cicoria. In bocca è avvolgente e fine, con toni spiccati di pepe nero e mandorla. Amaro deciso e piccante presente. Perfetto su bruschette, carpaccio di carne cruda con funghi ovoli, insalate di carciofi, radicchio al forno, minestroni di verdure, primi piatti con pesce azzurro, pesce spada alla brace, carni rosse o nere ai ferri, formaggi stagionati a pasta filata.

Chesa Grischuna is an oil farm situated in Anchuras, at the foot of the Mounts of Toledo, in a site suitable to the variety cornicabra. Founded in 2007 by Jorge Calvet, the estate has a 90-hectare specialized olive surface with over 14,000 trees and an advanced extraction system. In the last oil harvest 2,400 quintals of olives were produced, with a yield of about 500 hectolitres of oil. There are two Extra Virgin Jaramartín, Reserva de Familia and the excellent "basic", chosen by our panel. It is an intense limpid golden yellow colour with light green hues. Its aroma is definite and ample, rich in fragrant hints of eucalyptus, rosemary and mint, together with vegetal notes of artichoke, wild thistle and chicory. Its taste is rotund and fine, with a distinct flavour of black pepper and almond. Bitterness is definite and pungency is present. It would be ideal on bruschette, beef carpaccio with ovoli mushrooms, artichoke salads, baked radicchio, minestrone with vegetables, pasta with bluefish, barbecued swordfish, grilled red meat or game, aged cheese.

Spagna Spain [ES] Castilla-La Mancha

Aceites Malagón

Glorieta 23 de Junio, 4
13420 Malagón (Ciudad Real)
Tel. + 34 926 800024 - Fax + 34 926 802015
E-mail: aceitesmalagon@aceitesmalagon.com - Web: www.aceitesmalagon.com

84 ↑

650 m.

Specializzato
Specialized

Alberello
Tree

Brucatura a mano e meccanica
Hand picking and mechanical harvesting

Sì - Ciclo continuo
Yes - Continuous cycle

Cornicabra

Fruttato medio
Medium fruity

da 2,00 a 4,00 € - 500 ml.
from € 2.00 to 4.00 - 500 ml.

Aceites Malagón è una moderna impresa di tipo familiare fondata circa trenta anni fa e giunta oggi alla terza generazione. La Malagón dispone di un patrimonio di 200mila piante, che trovano posto su 2.500 ettari di oliveto specializzato, e di un impianto di estrazione di ultima tecnologia. Nella recente campagna olearia sono stati moliti 311 quintali di olive che, uniti ai 18.195 acquistati, hanno reso quasi 4.724 ettolitri di olio extravergine. Due le selezioni proposte, l'Extravergine Plétora e lo Zaitum Dop Montes de Toledo, che segnaliamo. Appare alla vista di colore giallo dorato intenso con toni verdolini, limpido; al naso si esprime ampio e armonico, ricco di eleganti sentori di frutta bianca con ricordo di albicocca, pesca e mela matura, accompagnati da note balsamiche di eucalipto, menta e salvia. Al gusto è complesso e avvolgente, con spiccati toni vegetali di cicoria, fave e lattuga. Amaro e piccante presenti ed equilibrati. Si abbina molto bene a antipasti di verdure, insalate di pomodori, patate al cartoccio, zuppe di orzo, primi piatti con molluschi, risotto con funghi finferli, pesci alla griglia, rombo alla brace, formaggi caprini.

Aceites Malagon is a modern family-run farm founded about thirty years ago and active for three generations. There are 2,500 hectares of specialized olive grove with 200,000 trees and an advanced extraction system. In the last harvest 311 quintals of olives were produced and 18,195 purchased, with a yield of almost 4,724 hectolitres of oil. Two Extra Virgin selections have been proposed, Plétora and Zaitum Pdo Montes de Toledo, which we recommend. It is an intense limpid golden yellow colour with light green hues. Its aroma is ample and harmonic, with elegant hints of white fruit, especially apricot, peach and ripe apple, together with fragrant notes of eucalyptus, mint and sage. Its taste is complex and rotund, with a distinct vegetal flavour of chicory, broad beans and lettuce. Bitterness and pungency are present and balanced. It would be ideal on vegetable appetizers, tomato salads, baked potatoes, barley soups, pasta with mussels, risotto with chanterelle mushrooms, grilled fish, barbecued turbot, goat cheese.

Spagna Spain [ES] Castilla-La Mancha

Pagos de Familia Marqués de Griñon

Finca Capilla del Fraile - Montes de Toledo
45170 San Martin de Pusa (Toledo)
Tel. + 34 917 450999 - 925 597222 - Fax + 34 914 114202 - 925 789416
E-mail: info@pagosdefamilia.com - Web: www.pagosdefamilia.com

96

- 500 m.
- **Specializzato** / Specialized
- **Alberello** / Tree
- **Brucatura a mano e meccanica** / Hand picking and mechanical harvesting
- **Sì - Ciclo continuo** / Yes - Continuous cycle
- Arbequina (60%), picual (40%)
- **Fruttato intenso** / Intense fruity
- da 12,01 a 15,00 € - 500 ml. / from € 12.01 to 15.00 - 500 ml.

M eritatissima segnalazione per la Marqués de Griñon che ha presentato al panel un prodotto eccellente. Pagos de Familia Marqués de Griñon appartiene a Carlos Falcó, stimato produttore di vino che dal 1996 ha intrapreso anche la produzione e commercializzazione di olio e oggi dispone di un moderno frantoio, di 100 ettari di oliveti e di un patrimonio di 30mila piante che, in questa campagna, hanno reso 6mila quintali di olive, pari a circa 786 ettolitri di olio. Segnaliamo l'Extravergine Oleum Artis che si presenta alla vista di un bel colore giallo dorato intenso con calde nuance verdoline, limpido. All'olfatto si esprime avvolgente e di carattere, ricco di ampie note vegetali di carciofo, cicoria selvatica e lattuga, accompagnate da spiccati sentori di menta e rosmarino. Al gusto è deciso e complesso, caratterizzato da toni di pomodoro acerbo, ortaggi di campo e netta chiusura di mandorla dolce. Amaro potente e piccante ben espresso. Si abbina bene a antipasti di tonno, carpaccio di carne cruda con funghi ovoli, marinate di pollo, zuppe di lenticchie, pesce spada ai ferri, carni rosse o cacciagione alla piastra, formaggi stagionati a pasta dura.

A n excellent performance for Marqués de Griñon, which has proposed a really good product to our panel. Pagos de Familia Marqués de Griñon belongs to Carlos Falcó, a well-known wine producer, who has been producing and marketing olive oil since 1996. Today there is a modern oil mill and 100 hectares of olive grove with 30,000 trees. In the last harvest 6,000 quintals of olives were produced, equal to about 786 hectolitres of extra virgin olive oil. We recommend the Extra Virgin Oleum Artis, which is a beautiful intense limpid golden yellow colour with warm light green hues. Its aroma is rotund and strong, rich in ample vegetal notes of artichoke, wild chicory and lettuce, together with distinct hints of mint and rosemary. Its taste is definite and complex, characterized by a flavour of unripe tomato, country vegetables and a distinct sweet almond finish. Bitterness is powerful and pungency is distinct. It would be ideal on tuna appetizers, beef carpaccio with ovoli mushrooms, marinated chicken, lentil soups, grilled swordfish, pan-seared red meat or game, hard mature cheese.

Spagna Spain [ES] Castilla-La Mancha

Monton Alto

Montes de Toledo
45170 San Martin de Pusa (Toledo)
Tel. + 34 915 712014 - Fax + 34 915 712566
E-mail: madrid@montonalto.com - Web: www.montonalto.com

85

- 620 m.
- Specializzato / Specialized
- Alberello / Tree
- Meccanica / Mechanical harvesting
- Sì - Ciclo continuo / Yes - Continuous cycle
- Arbequina (90%), hojiblanca (10%)
- Fruttato medio / Medium fruity
- da 10,01 a 12,00 € - 500 ml. / from € 10.01 to 12.00 - 500 ml.

B rillante esordio per la Monton Alto di Angel Barbera, una moderna struttura situata nel comprensorio di San Martin de Pusa, presso Toledo. In attività dal 1981, dispone attualmente di un frantoio di ultima generazione e di un patrimonio di 32mila piante che trovano posto su 110 ettari di oliveto specializzato. Quest'anno il raccolto di 9mila quintali di olive ha prodotto circa 1.528 ettolitri di olio. Due gli Extravergine Monton Alto proposti, entrambi ottimi: il monocultivar Arbequina e il Coupage, scelto dal panel. Si presenta alla vista di un bel colore giallo dorato intenso con tonalità verdoline, limpido; all'olfatto si esprime deciso e ampio, ricco di sentori fruttati di pomodoro di media maturità, mela bianca e noce fresca, accompagnati da spiccate note balsamiche di basilico, menta e salvia. In bocca è complesso e vegetale, con toni di fave, lattuga e netta chiusura di mandorla dolce. Amaro e piccante ben espressi ed equilibrati. Perfetto per antipasti di mare, marinate di ricciola, verdure alla piastra, passati di patate, zuppe di orzo, primi piatti al pomodoro, risotto con carciofi, gamberi in umido, rombo alla griglia, pollame o carni di agnello al forno, formaggi caprini.

A brilliant first performance for Angel Barbera's Monton Alto, a modern farm situated in the district of San Martin de Pusa near Toledo. Active since 1981, it is supplied with an advanced oil mill and 110 hectares of specialized olive grove with 32,000 trees. In the last harvest 9,000 quintals of olives yielded about 1,528 hectolitres of oil. There are two Extra Virgin Monton Alto, both excellent: the Monocultivar Arbequina and Coupage, chosen by our panel. It is a beautiful intense limpid golden yellow colour with light green hues. Its aroma is definite and ample, rich in fruity hints of medium ripe tomato, white apple and fresh walnut, together with distinct fragrant notes of basil, mint and sage. Its taste is complex and vegetal, with a flavour of broad beans, lettuce and a distinct sweet almond finish. Bitterness and pungency are strong and balanced. It would be ideal on seafood appetizers, marinated amberjack, pan-seared vegetables, potato purée, barley soups, pasta with tomato sauce, risotto with artichokes, stewed shrimps, grilled turbot, baked poultry or lamb, goat cheese.

Spagna Spain [ES] Castilla-La Mancha

Promotora Fioremar

Camino de Santa Ana de Pusa Km 4
45653 Santa Ana de Pusa (Toledo)
Tel. + 34 932 520362 - 932 922286 - Fax + 34 932 920124
E-mail: calberini@alberini.es

85 ⬆

600 m.

Specializzato
Specialized

Alberello
Tree

Brucatura a mano e meccanica
Hand picking and mechanical harvesting

No - Ciclo continuo
No - Continuous cycle

Hojiblanca (30%), arbequina (25%),
cornicabra (25%), frantoio (20%)

Fruttato medio
Medium fruity

da 10,01 a 12,00 € - 500 ml.
from € 10.01 to 12.00 - 500 ml.

D ebutto "coi fiocchi" per César Alberini, alla guida dal 2005 di una struttura giovane e dinamica che produce olio extravergine dalle olive provenienti dalla tenuta di proprietà, situata a Santa Ana de Pusa, presso Toledo, e da alcuni appezzamenti italiani in Toscana. Quest'anno, dalle 4.275 piante collocate su 15 ettari specializzati, sono stati raccolti 750 quintali di olive che hanno prodotto circa 139 ettolitri di olio, più 500 acquistati, per un totale di circa 639 ettolitri. Segnaliamo l'Extravergine La Benedizione: appare alla vista di un bel colore giallo dorato intenso con delicate nuance verdi, limpido; all'olfatto si offre deciso e avvolgente, ricco di sentori balsamici di menta e rosmarino, cui si affiancano spiccati toni di erba fresca, mandorla verde e pepe nero. In bocca è elegante e di personalità, con ampie note vegetali di carciofo, cardo di campo, cicoria e chiusura dolce di mandorla. Amaro potente e piccante deciso. Buon abbinamento con antipasti di pesce azzurro, carpaccio di carne chianina con funghi ovoli, radicchio alla griglia, zuppe di lenticchie, cous cous di carne, tonno ai ferri, carni rosse o cacciagione alla brace, formaggi stagionati a pasta filata.

A n excellent performance for César Alberini, who has been running a young and dynamic structure since 2005. The farm produces extra virgin olive oil from the olives of the estate in Santa Ana de Pusa, near Toledo, and from some plots of land in Tuscany. The specialized olive grove covers 15 hectares with 4,275 trees. In the last harvest 750 quintals of olives were produced, with a yield of about 139 hectolitres of oil. Together with 500 purchased, the total amount was about 639 hectolitres. We recommend the Extra Virgin La Benedizione, which is a beautiful intense limpid golden yellow colour with delicate green hues. Its aroma is definite and rotund, rich in fragrant hints of mint and rosemary, together with distinct hints of fresh grass, green almond and black pepper. Its taste is elegant and strong, with ample vegetal notes of artichoke, wild thistle, chicory and a sweet almond finish. Bitternes is powerful and pungency is definite. It would be ideal on bluefish appetizers, chianina beef carpaccio with ovoli mushrooms, grilled radicchio, lentil soups, meat cous cous, grilled tuna, barbecued red meat or game, aged cheese.

Flos Olei 2011

Guida ai migliori extravergine del mondo
A guide to the world best extra virgin olive oils

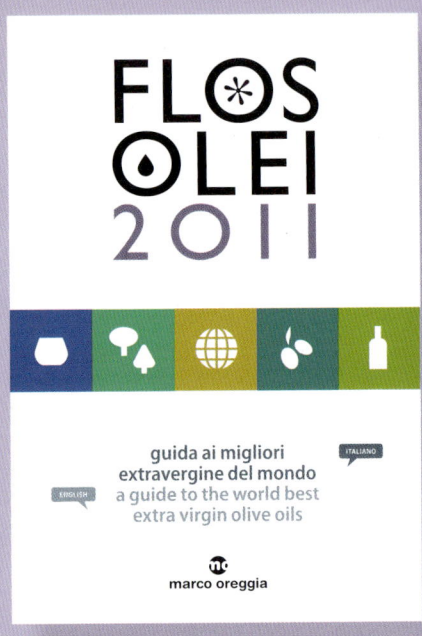

La prima Guida a **respiro internazionale** in duplice lingua (**italiano-inglese**) dedicata agli oli extravergine di oliva di tutto il mondo.
768 pagine
42 paesi
74 cartografie mondiali delle zone olivicole
455 produttori
624 oli extravergine di oliva
Note di degustazione
Abbinamenti gastronomici

The first Guide with an **international scope** realized in double language (**Italian-English**) dealing with world extra virgin olive oils.
768 pages
42 countries
74 world maps of olive areas
455 producers
624 extra virgin olive oils
Tasting notes
Gastronomic matches

E.V.O. srl
Via Positano, 100 - 00134 Rome - Italy
shop@flosolei.com
shop.flosolei.com

Comunidad Valenciana

All'esame della UE per la certificazione · Under EU exam for certification

Dati Statistici

Superficie olivetata nazionale	2.568.371 (ha)
Superficie olivetata regionale	93.329 (ha)
Quota regionale	3,63%
Frantoi	129
Produzione nazionale 09-10	1.395.821,0 (t)
Produzione regionale 09-10	18.296,6 (t)
Produzione regionale 08-09	22.027,8 (t)
Variazione	- 16,94%
Quota regionale	1,31%

Statistic Data

National Olive Surface	2,568,371 (ha)
Regional Olive Surface	93,329 (ha)
Regional Quota	3.63%
Olive Oil Mills	129
National production 09-10	1,395,821.0 (t)
Regional production 09-10	18,296.6 (t)
Regional production 08-09	22,027.8 (t)
Variation	- 16.94%
Regional Quota	1.31%

Olive Oil Agency - Ministry of the Environment and Rural and Marine Affairs

Nella Comunidad Valenciana la produzione olivicola non rappresenta una porzione molto rilevante rispetto alla totalità di quella agricola. Tuttavia è considerevole la sua importanza dal punto di vista economico e sociale, specie nelle zone più produttive collocate nelle regioni dell'entroterra. Esistono infatti in queste aree alcuni municipi in cui l'olivo rappresenta la maggioranza delle superfici coltivate e dunque costituisce una fondamentale fonte di reddito per numerose famiglie. Diamo qualche dato: la superficie olivetata totale si estende per 93.329 ettari, dei quali praticamente tutti sono destinati a olivi da olio, coltivati per lo più in modo estensivo e senza irrigazione. La trasformazione avviene in 129 frantoi, distribuiti sull'intero territorio. Da questi, nella scorsa campagna olearia, sono state ricavate 18.296,6 tonnellate di olio, pari all'1,31% del totale nazionale, con una diminuzione del 16,94% rispetto all'annata precedente. Quanto alla morfologia del territorio, la Comunidad Valenciana, situata sulla costa orientale della Spagna, si distingue per la sua caratteristica conformazione allungata, con un'orografia aspra e irregolare. Il clima è tipicamente mediterraneo su tutto il litorale, al nord e al centro della Comunidad: l'influsso marittimo comporta inverni miti e temperati e lunghe estati calde e secche, con precipitazioni temporalesche concentrate per lo più in primavera e in autunno. Nelle regioni più interne e montuose invece il clima è continentale ma con temperature più dolci, estati fresche e precipitazioni più abbondanti. Dal nord della provincia di Alicante fino all'estremo sud infine è secco e arido: molto caldo in estate e temperato in inverno, con precipitazioni scarse. Aree tradizionalmente vocate all'olivicoltura si ritrovano in realtà in tutte e tre le province in cui, da nord a sud, è suddiviso il territorio della Comunidad, ovvero Castellón, Valencia e Alicante. Ma spiccano decisamente per importanza Baix Maestrat e Plana Baja in Castellón, le vallate di Albaida e Ayora in Valencia e le regioni di El Compact e l'Alcoià in Alicante. Le varietà di piante maggiormente diffuse sono la blanqueta, così chiamata per il colore madreperlaceo dell'oliva durante la maturazione, la farga, la serrana de Espadán e la villalonga, tutte cultivar che si adattano al clima tra il mediterraneo e il continentale tipico di queste terre. Recentemente lungo il territorio della regione di Alto Palancia, all'interno del Parco Naturale della Sierra Calderona, tra Castellón de la Plana e Valencia, è stata istituita una Marca de Calidad per gli oli extravergine prodotti: è il primo passo per la Denominazione di Origine, a tutela della qualità e della peculiarità degli oli della zona. Infatti le cooperative olivicole fin dal 2001 hanno cominciato a riunirsi con le istituzioni locali per il varo della nuova Dop Aceite de la Comunitat Valenciana. Un progetto che si è concretizzato solo nel 2004, con la costituzione dell'Associazione per la Promozione e la Difesa dell'Olio Serranía de Espadán che comprende produttori, imbottigliatori, consumatori e organismi pubblici con l'obiettivo comune di diffondere le corrette pratiche di coltivazione e la cultura dell'olio tra i consumatori. Al momento il disciplinare della Dop è pronto e in attesa di essere approvato dagli organismi competenti dell'UE.

Although the olive tree does not represent such a remarkable percentage in comparison with the totality of the agricultural production of the Comunidad Valenciana, its importance is considerable from an economic and social point of view especially in the most productive areas, situated in the inland regions. In fact in some towns of these areas the olive tree constitutes the majority of the cultivated surfaces and therefore it represents a fundamental source of income for numerous families. Here are some data: on a total olive surface of 93,329 hectares, almost all are destined to olive trees for the production of oil, cultivated in most cases in an extensive way and without irrigation. Transformation happens in 129 olive oil mills, distributed on the whole territory. In the last oil harvest they produced 18,296.6 tons of oil, equal to 1.31% of the total national quantity, with a 16.94% decrease compared to the previous year. Situated on the eastern coast of Spain, Comunidad Valenciana is characterized by its elongated territory, with a steep and uneven orography. The climate is typically Mediterranean along the entire coast, in the north and the centre of the Comunidad: the maritime influence provokes temperate winters, and long warm dry summers with stormy rainfalls concentrated especially in spring and in autumn. Instead in the inland mountainous regions the climate is continental, but with milder temperatures, fresh summers and more abundant rainfalls; finally from the north of the province of Alicante to the extreme south it is dry and arid: very warm in summer and temperate in winter, with scarce rainfalls. The areas traditionally suitable to olive growing are really situated in all the three provinces of the Community, from north to south: Castellón, Valencia and Alicante. The most important are Baix Maestrat and Plana Baja in Castellón, the valleys of Albaida and Ayora in Valencia and the regions of El Compact and l'Alcoià in Alicante. The most common varieties are blanqueta, so called for the olive pearly colour during its maturation, farga, serrana de Espadán and villalonga, all cultivars that adjust to the Mediterranean continental climate typical of these lands. Recently in the whole territory of the region of Alto Palancia - in the Natural Park of Sierra Calderona, between Castellón de la Plana and Valencia, - a Marca de Calidad has been established for all the extra virgin olive oils produced : it is the first step towards the denomination of origin, to protect the quality and the peculiarity of the oils of these areas. In fact olive co-operatives as early as in 2001 started to meet with local organizations to launch the new Pdo Aceite de la Comunitat Valenciana. A project that came about in 2004, with the constitution of the Association for the Promotion and the Defence of the Olive Oil Serranía de Espadán, which is composed of producers, bottlers, consumers and public bodies with the common objective of spreading the correct cultivation practices and oil culture among consumers. At the moment the specification of the Pdo is ready and waiting for the approval of the competent EU institutions.

Spagna Spain [ES] Comunidad Valenciana

Cooperativa Agricola San Isidro de Segorbe

Avenida España, 112
12400 Segorbe (Castellón)
Tel. + 34 964 713335 - Fax + 34 964 713335
E-mail: rjuan@segorbenostrum.com - Web: www.segorbenostrum.com

84

350 m.

Specializzato
Specialized

Alberello
Tree

Brucatura a mano e meccanica
Hand picking and mechanical harvesting

Sì - Ciclo continuo
Yes - Continuous cycle

Serrana espadán

Fruttato intenso
Intense fruity

da 12,01 a 15,00 € - 500 ml.
from € 12.01 to 15.00 - 500 ml.

Diamo il benvenuto a questa realtà di antica tradizione nel settore oleario: situata a Segorbe, tra i parchi naturali della Sierra Espadán e Sierra Calderona, è una cooperativa che dalla sua nascita, nel 1909, a oggi si è sempre posta come punto di riferimento per la sua attività produttiva. Con i suoi circa mille membri gestisce un patrimonio costituito da un moderno frantoio, 100 ettari di oliveto e 10mila piante di serrana espadán che hanno fruttato quest'anno un raccolto di 2.200 quintali di olive, pari a 374 ettolitri di olio. L'Extravergine Segorbe Nostrum - Intenso è di colore giallo dorato intenso con tonalità verdoline, limpido; al naso si apre deciso ed elegante, dotato di ricchi sentori vegetali di carciofo, cardo e cicoria, accompagnati da note fruttate di pomodoro acerbo. In bocca è fine e di carattere, con toni balsamici di mentuccia e basilico e netta chiusura di frutta secca, con pinolo e mandorla. Amaro spiccato e piccante presente. Si abbina a funghi porcini ai ferri, marinate di pesce azzurro, minestroni di verdure, primi piatti con salsiccia, pesce spada alla brace, tonno alla griglia, carni rosse o cacciagione alla piastra, formaggi stagionati a pasta dura.

Present for the first time in the Guide, this farm has an ancient tradition in the olive oil sector. Situated in Segorbe, between the reserves of Sierra Espadán and Sierra Calderona, it is a co-operative that has been a productive point of reference since 1909. There are about 1,000 members who run a modern oil mill and 100 hectares of olive grove with 10,000 trees of the variety serrana espadán. In the last harvest 2,200 quintals of olives were produced, equal to 374 hectolitres of oil. The Extra Virgin Segorbe Nostrum - Intenso is an intense limpid golden yellow colour with light green hues. Its aroma is definite and elegant, endowed with rich vegetal hints of artichoke, thistle and chicory, together with fruity notes of unripe tomato. Its taste is fine and strong, with a fragrant flavour of field balm and basil and a distinct finish of dried fruit, especially pine nut and almond. Bitterness is distinct and pungency is present. It would be ideal on grilled porcini mushrooms, marinated bluefish, minestrone with vegetables, pasta with sausages, barbecued swordfish, grilled tuna, pan-seared red meat or game, hard mature cheese.

Andalucía

* All'esame della UE per la certificazione • *Under EU exam for certification*

Dati Statistici

Superficie olivetata nazionale	2.568.371 (ha)
Superficie olivetata regionale	1.545.813 (ha)
Quota regionale	60,19%
Frantoi	820
Produzione nazionale 09-10	1.395.821,0 (t)
Produzione regionale 09-10	1.167.790,1 (t)
Produzione regionale 08-09	832.150,2 (t)
Variazione	+ 40,33%
Quota regionale	83,66%

Statistic Data

National Olive Surface	2,568,371 (ha)
Regional Olive Surface	1,545,813 (ha)
Regional Quota	60.19%
Olive Oil Mills	820
National production 09-10	1,395,821.0 (t)
Regional production 09-10	1,167,790.1 (t)
Regional production 08-09	832,150.2 (t)
Variation	+ 40.33%
Regional Quota	83.66%

Olive Oil Agency - Ministry of the Environment and Rural and Marine Affairs

L'Andalucía è la regione olivicola per eccellenza in Spagna, al primo posto per impianti e per volumi di produzione di olio. I numeri parlano chiaro: nella campagna 2009-2010 sono state prodotte - in 820 frantoi - ben 1.167.790,1 tonnellate di olio, pari all'83,66% del totale nazionale, con un aumento del 40,33% rispetto all'annata precedente. Gli oliveti sono distribuiti su 1.545.813 ettari concentrati soprattutto al centro e al nord della Comunidad, con le province di Jaén e Córdoba che da sole riuniscono più della metà delle coltivazioni dell'intera regione: la capitale dell'olio è Jaén, dove si concentra una grossa fetta della produzione nazionale. L'importanza dell'olivicoltura ha radici lontanissime in Andalucía: il legame con il mondo olivicolo risale al IX secolo a.C. ed è così stretto da superare gli aspetti squisitamente agricoli ed economici, condizionando invece profondamente la vita degli abitanti di questa terra. L'impatto sociale dell'olivicoltura è infatti enorme, sia per la capacità di generare reddito sia per l'importanza culturale, come si ricava dai numerosi rimandi letterari e folcloristici all'olivo e ai suoi frutti e dal ruolo preponderante svolto da questi prodotti nella ricca gastronomia andalusa. Un elemento determinante è che i grandi volumi produttivi non vanno a scapito della qualità, né sono un segno di omologazione: climi e territori diversi permettono anzi la coesistenza di varietà e oli differenti. A tutela di queste tipicità l'Andalucía ha ottenuto ben nove Dop. La Dop Baena, a sud-est della provincia di Córdoba, presenta un terreno e un clima adatti alle varietà chorrúo e picuda. Priego de Córdoba ne è la continuazione naturale, all'estremità della provincia: qui, nel cuore della Sierra Subbética, l'olivo è alla base dell'economia locale, occupando tutta la superficie coltivabile. Nella stessa provincia è di recentissima attuazione la Montoro-Adamuz, mentre è ancora all'esame dell'UE la Dop Lucena. Con la Dop Sierra de Segura siamo a nord-est della provincia di Jaén: su un terreno irregolare di media altitudine, caratterizzato dalla presenza di un clima estremo, si coltivano royal e verdale. La stessa provincia vanta altre Dop: Sierra Mágina, in un territorio che alterna rilievi a pendii più dolci; Sierra de Cazorla, in un'aspra area montuosa con cime più elevate; infine Campiñas de Jaén, ancora in attesa all'UE per la certificazione. Chiusa tra rilievi è la Dop Sierra de Cádiz, nell'omonima provincia: malgrado il clima freddo e i terreni poveri e difficili da coltivare, si evidenziano le varietà alameña e verdial. La regione della Dop Antequera, a nord-est della provincia di Malaga, è circondata da sistemi montuosi, con un clima continentale-mediterraneo che presenta forti escursioni termiche: in questa depressione gli olivi crescono a medie quote e su terreni calcarei particolarmente adatti alla varietà hojiblanca. Anche la provincia di Granada è sede di due Dop: Poniente de Granada e Montes de Granada. Qui l'ambiente mediterraneo e il regime climatico continentale favoriscono varietà come gordal, loaime e nevadillo. Nella provincia di Sevilla è stata da pochissimo attuata la Dop Estepa, dove l'olivicoltura è la punta di diamante dell'economia e il suo tratto distintivo è la diversità varietale: vi predominano hojiblanca, manzanilla, arbequina, picual e lechín.

Andalucía is the first region in Spain for olive oil production and for olive grove extension, as these data clearly show: in the harvest 2009-2010 the considerable quantity of 1,167,790.1 tons of extra virgin olive oil was produced in 820 olive oil mills, equal to 83.66% of the total national production, with an increase of 40.33% compared to the previous year. The olive trees are spread on 1,545,813 hectares, concentrated mainly in the centre and in the north of the region, although the provinces of Jaén and Cordoba constitute more than a half of the whole regional cultivation: the oil capital is Jaén where the most of the national production is concentrated. The importance of olive growing is very ancient in Andalucía: in fact its connection with the olive oil world dates back to the 9th century B.C. and is so close, that it is limited not only to agricultural or economic factors, but it deeply influences the life of the local people. The social impact of olive growing is enormous, both because it produces income and for its cultural importance. This is shown by the numerous literary and folk references to the olive tree and its fruit and by the important role played by these products in the rich Andalusian gastronomy. These quantities and proportions do not effect quality, nor are they a sign of homologation: on the contrary different climates and territories allow the coexistence of varieties and consequently of different olive oils. To protect this peculiar character Andalucía has obtained a good 9 Pdo. The Pdo Baena, in the south-east of the province of Córdoba, has a climate and a territory suitable to the varieties chorrúo and picuda. Priego de Córdoba is its natural continuation at the end of the province: here in the heart of the Sierra Subbética, the olive tree represents the mainstay of local economy, taking up the whole cultivable surface. In the same province there is the recent Montoro-Adamuz, while the Pdo Lucena is still under EU examination. The Pdo Sierra de Segura is in the north-east of the province of Jaén: here, on uneven ground at an average altitude and characterized by an extreme climate, royal and verdale are cultivated. The same province can boast other Pdo: Sierra Mágina in a territory alternating reliefs with gentler slopes, Sierra de Cazorla in a steep mountainous area with high tops, and finally Campiñas de Jaén, still under EU examination. The Pdo Sierra de Cádiz, in the homonymous province is surrounded by reliefs: in spite of its cold climate and the poor ground difficult to cultivate, the variety alameña and verdial stand out. The region of the Pdo Antequera in the north-east of the province of Malaga is surrounded by mountainous chains and has a continental-Mediterranean climate with a wide range of temperature: in this depression the olive trees grow at average height on calcareous grounds particularly suitable to the variety hojiblanca. Also the province of Granada has two Pdo: Poniente de Granada and Montes de Granada. Here the Mediterranean environment and the continental climate favour varieties like gordal, loaime, nevadillo. In the province of Sevilla the Pdo Estepa is very recent. Here olive growing is the diamond point of economy and its distinguishing feature are its many varieties: hojiblanca, manzanilla, arbequina, picual and lechin prevail.

Spagna Spain [ES] Andalucía

Rafael Alonso Aguilera

Carretera Nacional 340 A, Km 474 - El Vicario
04200 Tabernas (Almería)
Tel. + 34 950 611707 - Fax + 34 950 611832
E-mail: orodeldesierto@orodeldesierto.com - Web: www.orodeldesierto.com

94

700 m.

Promiscuo e specializzato
Promiscuous and specialized

Alberello
Tree

Brucatura a mano e meccanica
Hand picking and mechanical harvesting

Sì - Ciclo continuo
Yes - Continuous cycle

Hojiblanca (40%), picual (40%), arbequina (20%)

Fruttato medio
Medium fruity

da 8,01 a 10,00 € - 500 ml.
from € 8.01 to 10.00 - 500 ml.

Brillantissima prova per la Aguilera di Tabernas che seduce il panel con prodotti di alto profilo. Il merito va a Rafael Alonso Aguilera, fondatore nel 1998 di questa bella realtà produttiva che dispone di 100 ettari di oliveto e di un patrimonio di 25mila piante. In questa campagna olearia, da un raccolto di 7mila quintali di olive, sono stati ricavati quasi 1.204 ettolitri di olio extravergine. Segnaliamo i due Extravergine Oro del Desierto da Agricoltura Biologica: l'Hojiblanca e l'ottimo Coupage, scelto dal panel. Si offre alla vista di un bel colore giallo dorato intenso con delicati riflessi verdi, limpido; all'olfatto si apre elegante e avvolgente, ricco di note fruttate di pomodoro acerbo, mela bianca e banana, accompagnate da spiccati sentori aromatici di menta e salvia. Al gusto è fine e di carattere, con ampi toni vegetali di lattuga, cicoria di campo e carciofo che chiudono in mandorla dolce. Amaro deciso e piccante presente. È perfetto per antipasti di molluschi, insalate di legumi, marinate di ricciola, verdure gratinate, passati di orzo, primi piatti con salmone, fritture di carni, pesci di scoglio al cartoccio, coniglio arrosto, pollame alla brace, formaggi caprini.

Aguilera in Tabernas has proposed high quality extra virgin olive oils, obtaining an excellent result. This performance is due to Rafael Alonso Aguilera, who founded the farm in 1998. There is a 100-hectare olive grove with 25,000 trees, which produced 7,000 quintals of olives in the last harvest, with a yield of almost 1,204 hectolitres of extra virgin olive oil. We recommend the two Extra Virgin Oro del Desierto from Organic Farming: Hojiblanca and the excellent Coupage, chosen by the panel. It is a beautiful intense limpid golden yellow colour with delicate green hues. Its aroma is elegant and rotund, with fruity notes of unripe tomato, white apple and banana, together with distinct aromatic hints of mint and sage. Its taste is fine and strong, with ample vegetal hints of lettuce, wild chicory and artichoke and a sweet almond finish. Bitterness is definite and pungency is present. It would be ideal on mussel appetizers, legume salads, marinated amberjack, vegetables au gratin, barley purée, pasta with salmon, breaded fried meat, rock-fish baked in parchment, roast rabbit, barbecued poultry, goat cheese.

Spagna Spain [ES] Andalucía

Aroden

Carretera A 339 Estepa-Guadix Km 19.500
Apartado Postal 219 - 14810 Carcabuey (Córdoba)
Tel. + 34 957 720120 - Fax + 34 957 720143
E-mail: info@aroden.com - Web: www.aroden.com

96

- 650 m.
- **Specializzato** / Specialized
- **Alberello** / Tree
- **Brucatura a mano e meccanica** / Hand picking and mechanical harvesting
- **Sì - Ciclo continuo** / Yes - Continuous cycle
- **Hojiblanca**
- **Fruttato intenso** / Intense fruity
- da 8,01 a 10,00 € - 500 ml. / from € 8.01 to 10.00 - 500 ml.

Una prova di gran classe per la Aroden di Carcabuey che si merita il premio come Migliore Olio Extravergine di Oliva - Qualità/Quantità. Questa società agraria di trasformazione dispone di macchinari all'avanguardia e attualmente aggrega 32 soci che conducono in tutto 1.265 ettari di oliveti con 106mila piante dalle quali quest'anno sono stati raccolti 35mila quintali di olive, pari a una resa di circa 7.413 ettolitri di olio. Eccellente l'Extravergine monocultivar Cladium - Hojiblanco Dop Priego de Córdoba: appare alla vista di colore giallo dorato intenso con delicate tonalità verdi, limpido; all'olfatto si esprime avvolgente e deciso, ricco di eleganti note fruttate di pomodoro di media maturità, banana e mela bianca, cui si accompagnano netti sentori aromatici di basilico, menta e pepe nero. Al gusto è complesso e di carattere, con ampi toni di lattuga, fave e chiusura di noce fresca. Amaro potente e piccante presente e spiccato. Si abbina bene a antipasti di polpo, insalate di funghi porcini, radicchio al forno, zuppe di fagioli, primi piatti al ragù, primi piatti con tonno, pesce spada in umido, agnello arrosto, carni rosse o nere ai ferri, formaggi stagionati a pasta dura.

A high-class performance for Aroden in Carcabuey, which has been given the award as the Best Extra Virgin Olive Oil - Quality/Quantitiy. This transformation farm has advanced machinery and currently consists of 32 members, who run 1,265 hectares of olive groves with 106,000 trees. In the last harvest 35,000 quintals of olives were produced, equal to about 7,413 hectolitres of oil. We recommend the excellent Monocultivar Extra Virgin Cladium- Hojiblanco Pdo Priego de Córdoba. It is a beautiful intense limpid golden yellow colour with delicate green hues. Its aroma is rotund and definite, rich in elegant fruity notes of medium ripe tomato, banana and white apple, together with distinct fragrant hints of basil, mint and black pepper. Its taste is complex and strong, with ample hints of lettuce, broad beans and a fresh walnut finish. Bitterness is powerful and pungency is present and strong. It would be ideal on octopus appetizers, porcini mushroom salads, baked radicchio, bean soups, pasta with meat sauce, pasta with tuna, steamed swordfish, roast lamb, grilled red meat or game, hard mature cheese.

Spagna Spain [ES] Andalucía

Hacienda Aceites Fuencubierta

Carretera CO - 3303 Km 8
14540 La Rambla (Córdoba)
Tel. + 34 957 298844 - Fax + 34 957 205061
E-mail: haciendaoliva@telefonica.net

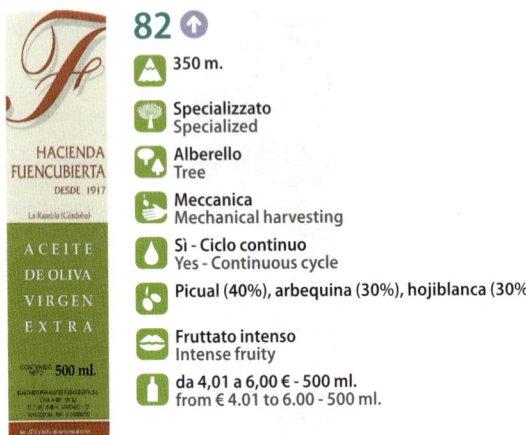

82 ↑

- 350 m.
- Specializzato / Specialized
- Alberello / Tree
- Meccanica / Mechanical harvesting
- Sì - Ciclo continuo / Yes - Continuous cycle
- Picual (40%), arbequina (30%), hojiblanca (30%)
- Fruttato intenso / Intense fruity
- da 4,01 a 6,00 € - 500 ml. / from € 4.01 to 6.00 - 500 ml.

La famiglia Lovera produce olio dal 1917 in un territorio molto ricco dal punto di vista varietale, a cavallo tra i municipi di La Rambla, Santaella e Cordoba. Attualmente alla guida ci sono i fratelli Lovera Prieto, discendenti diretti del primo fondatore, che gestiscono un patrimonio comprendente un frantoio di ultima generazione e 325 ettari di oliveto specializzato. Nella recente campagna olearia dalle 80mila piante sono stati raccolti 20mila quintali di olive che hanno prodotto circa 3.930 ettolitri di olio. Segnaliamo l'Extravergine Hacienda Fuencubierta che appare alla vista di colore giallo dorato intenso con nuance verdi, limpido; al naso si offre composto e fine, dotato di sentori fruttati di pomodoro acerbo, cui si accompagnano note balsamiche di basilico, prezzemolo e mentuccia. Al gusto è morbido e vegetale, caratterizzato da toni spiccati di cicoria e lattuga e chiusura dolce di mandorla. Amaro e piccante presenti e dosati. È un eccellente accompagnamento per antipasti di tonno, bruschette, pinzimonio, radicchio al forno, minestroni di verdure, pesce azzurro gratinato, pollame o carni di maiale in umido, formaggi di media stagionatura.

The family Rovera has been producing olive oil since 1917 in a rich varietal territory including the municipalities of La Rambla, Santaella and Cordoba. The farm is run today by the brothers Lovera Prieto, direct descendants of the first founder. They manage an advanced oil mill and 325 hectares of olive grove with 80,000 trees. In the last harvest 20,000 quintals of olives were produced, with a yield of about 3,930 hectolitres of oil. We recommend the Extra Virgin Hacienda Fuencubierta, which is an intense limpid golden yellow colour with green hues. its aroma is delicate and fine, endowed with fruity hints of unripe tomato, together with fragrant notes of basil, parsley and field balm. Its taste is mellow and vegetal, characterized by distinct hints of chicory and lettuce and a sweet almond finish. Bitternes and pungency are present and complimentary. It would be ideal on tuna appetizers, bruschette, pinzimonio, baked radicchio, minestrone with vegetables, blue fish au gratin, stewed poultry or pork, medium mature cheese.

Spagna Spain [ES] Andalucía

Manuel Montes Marín

Carretera Priego-Las Lagunillas Km 27
Apartado Postal 113 - 14800 Priego de Córdoba (Córdoba)
Tel. + 34 957 542299 - Fax + 34 957 542277
E-mail: mmm@montesmarin.com - Web: www.montesmarin.com

97

- 800 m.
- **Specializzato** / Specialized
- **Alberello** / Tree
- **Brucatura a mano e meccanica** / Hand picking and mechanical harvesting
- **Sì - Ciclo continuo** / Yes - Continuous cycle
- Hojiblanca (60%), picudo (40%)
- **Fruttato intenso** / Intense fruity
- da 10,01 a 12,00 € - 500 ml. / from € 10.01 to 12.00 - 500 ml.

Una prova sempre in grande stile. Parliamo dell'azienda fondata nel 1994 da Manuel Montes Marín a Priego de Córdoba, nel territorio del parco naturale della Sierra Subbética, che dispone di un oliveto di 162 ettari, con 15mila piante, e di un impianto di estrazione all'avanguardia. Quest'anno il raccolto ha fruttato 20mila quintali di olive che, uniti ai 120mila acquistati, hanno prodotto quasi 38.210 ettolitri di olio. Due gli Extravergine proposti, il Fuente La Madera e soprattutto l'eccellente Pórtico de la Villa Dop Priego de Córdoba che appare alla vista di un bel colore giallo dorato intenso con riflessi verdolini, limpido; all'olfatto si offre potente e ampio, ricco di eleganti note fruttate di pomodoro di media maturità, banana, mela bianca e mandorla dolce. Al gusto è avvolgente e complesso, con spiccati toni aromatici di basilico, menta e pepe nero, arricchiti da note di cicoria e lattuga. Amaro intenso e piccante deciso. È perfetto per antipasti di tonno, bruschette con pomodoro, funghi porcini ai ferri, marinate di pesce spada, zuppe di carciofi, primi piatti con salsiccia, pesce azzurro gratinato, carni rosse o nere al forno, formaggi stagionati a pasta dura.

As usual a high-class performance. Founded in 1994 by Manuel Montes Marín in Priego de Córdoba, in the territory of the natural park of Sierra Subbética, the farm has an olive grove extending over 162 hectars, with 15,000 trees and an advanced extraction system. In the last harvest 20,000 quintals of olives were produced, which, together with 120,000 purchased, yielded almost 38,210 hectolitres of oil. There are two Extra Virgin selections, Fuente La Madera and especially Pórtico de la Villa Pdo Priego de Córdoba, which is a beautiful intense limpid golden yellow colour with light green hues. Its aroma is powerful and ample, rich in elegant fruity notes of medium ripe tomato, banana, white apple and sweet almond. Its taste is rotund and complex, with a distinct aromatic flavour of basil, mint and black pepper, enriched by notes of chicory and lettuce. Bitterness is intense and pungency is definite. It would be ideal on tuna appetizers, bruschette with tomatoes, grilled porcini mushrooms, marinated swordfish, artichoke soups, pasta with sausages, blue fish au gratin, baked red meat or game, hard mature cheese.

Spagna Spain [ES] Andalucía

Muelaolives
Poligono 27 - Parcela 221
14800 Priego de Córdoba (Córdoba)
Tel. + 34 957 547017 - Fax + 34 957 543485
E-mail: mueloliva@mueloliva.es - Web: www.mueloliva.es

82

649 m.

Specializzato
Specialized

Alberello
Tree

Brucatura a mano e meccanica
Hand picking and mechanical harvesting

No - Ciclo continuo
No - Continuous cycle

Hojiblanca (70%), picudo (30%)

Fruttato leggero
Light fruity

da 6,01 a 8,00 € - 500 ml.
from € 6.01 to 8.00 - 500 ml.

Ha fatto dell'extravergine di qualità uno stile di vita attraverso più generazioni. Parliamo di Muelaolives, una struttura di tipo familiare, impegnata nel settore da più di 50 anni e oggi più che mai attenta alle moderne esigenze di un'alimentazione corretta e salutare. Attualmente José Manuel Muela Rodríguez è alla guida dell'azienda, situata nel vocato comprensorio di Priego de Córdoba. Diamo il benvenuto in Guida all'ottimo Extravergine Venta del Barón Dop Priego de Córdoba che si presenta alla vista di un bel colore giallo dorato intenso, limpido; all'olfatto si offre avvolgente e armonico, caratterizzato da ampi sentori fruttati di pomodoro di media maturità, banana acerba e mela bianca, cui si accompagnano note vegetali di erba fresca falciata e lattuga. In bocca è elegante e complesso, dotato di toni balsamici di basilico e mentuccia e netto ricordo di mandorla dolce in chiusura. Amaro e piccante ben espressi ed equilibrati. Ottimo accompagnamento per maionese, antipasti di orzo, carpaccio di dentice, insalate di funghi ovoli, marinate di spigola, zuppe di fave, risotto con asparagi, fritture di verdure, pesci bolliti, formaggi freschi a pasta molle, biscotti da forno.

Over the generations Muelaolives has been turning quality extra virgin olive oil into a lifestyle. It is a family-run farm, active in this sector for over 50 years, but conscious of the present need for a correct and healthy diet. Currently José Manuel Muela Rodríguez runs the farm, situated in the favourable area of Priego de Córdoba. The excellent Extra Virgin Venta del Barón Pdo Priego de Córdoba is a beautiful intense limpid golden yellow colour. Its aroma is rotund and harmonic, characterized by ample fruity hints of medium ripe tomato, unripe banana and white apple, together with vegetal notes of freshly mown grass and lettuce. Its taste is elegant and complex, endowed with fragrant notes of basil and field balm and a distinct sweet almond finish. Bitterness and pungency are distinct and balanced. It would be ideal on mayonnaise, barley appetizers, sea bream carpaccio, ovoli mushroom salads, marinated bass, broad bean soups, risotto with asparagus, fried vegetables, boiled fish, soft fresh cheese, oven cookies.

Spagna Spain [ES] Andalucía

Almazaras de la Subbética

Carretera A 339 Km 18.850
14810 Carcabuey (Córdoba)
Tel. + 34 957 547028 - Fax + 34 957 543640
E-mail: pguerrero@almazarasdelasubbetica.com - Web: www.almazarasdelasubbetica.com

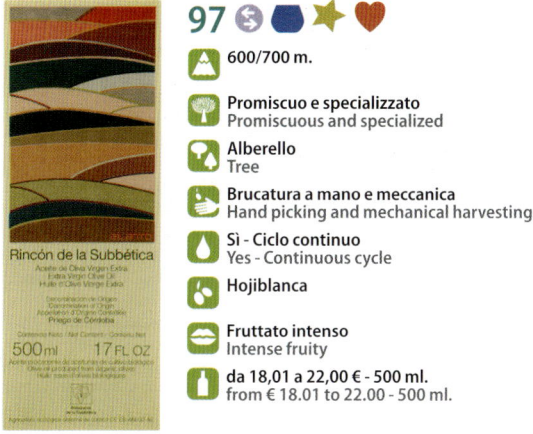

97

- 600/700 m.
- **Promiscuo e specializzato** / Promiscuous and specialized
- **Alberello** / Tree
- **Brucatura a mano e meccanica** / Hand picking and mechanical harvesting
- **Sì - Ciclo continuo** / Yes - Continuous cycle
- **Hojiblanca**
- **Fruttato intenso** / Intense fruity
- da 18,01 a 22,00 € - 500 ml. / from € 18.01 to 22.00 - 500 ml.

È il Migliore Olio Extravergine di Oliva da Agricoltura Biologica e Dop/Igp. Premio meritatissimo, considerati gli straordinari oli proposti. La grossa struttura, presieduta da Francisco Serrano Osuna, commercializza i prodotti di varie cooperative della provincia di Córdoba e dispone degli oliveti di 24 soci: 12.500 ettari con un milione e 500mila piante che hanno reso quest'anno 500mila quintali di olive e circa 70.961 ettolitri di olio. Dei tre Extravergine Dop Priego de Córdoba - Fuente de la Salud, Parqueoliva Serie Oro e Rincón de la Subbética da Agricoltura Biologica - segnaliamo quest'ultimo, di colore giallo dorato intenso con nuance verdoline, limpido; al naso è ampio e potente, ricco di sentori di pomodoro di media maturità, banana, mela bianca e spiccata noce fresca. Al gusto è avvolgente e complesso, con toni di pepe nero, basilico e menta, arricchiti da note di fave, sedano e lattuga. Amaro e piccante presenti ed equilibrati. Ideale su antipasti di funghi porcini, carpaccio di tonno, insalate di pesce spada, marinate di pollo, minestroni di verdure, primi piatti con salsiccia, pesce azzurro gratinato, carni rosse o nere arrosto, formaggi stagionati a pasta filata.

This is the Best Extra Virgin Olive Oil - Pdo/Pgi - Intense Fruity. A well merited prize for an extraordinary olive oil. This large estate, run by Francisco Serrano Osuna, markets the oil produced by some co-operatives in the province of Córdoba and includes the olive groves of 24 members: 12,500 hectares with 1,500,000 trees. In the last harvest 500,000 quintals of olives were produced, equal to about 70,961 hectolitres of oil. There are three Extra Virgin Pdo Priego de Córdoba - Fuente de la Salud, Parqueoliva Golden Series and especially Rincón de la Subbética from Organic Farming. It is an intense limpid golden yellow colour with light green hues. Its aroma is ample and powerful, with hints of medium ripe tomato, banana, white apple and distinct fresh walnut. Its taste is rotund and complex, with a flavour of black pepper, basil and mint and notes of broad beans, celery and lettuce. Bitterness and pungency are present and balanced. It would be ideal on porcini mushroom appetizers, tuna carpaccio, swordfish salads, marinated chicken, minestrone with vegetables, pasta with sausages, blue fish au gratin, roast red meat or game, aged cheese.

Spagna Spain [ES] Andalucía

Cortijo de Suerte Alta
Carretera Albendin - Martos - Albendin
14859 Baena (Córdoba)
Tel. + 34 917 584762 - Fax + 34 915 418171
E-mail: almazara@suertealta.es - Web: www.suertealta.es

87 ⬆

- 370 m.
- Specializzato / Specialized
- Alberello, forma libera / Tree, free form
- Meccanica / Mechanical harvesting
- Sì - Ciclo continuo / Yes - Continuous cycle
- Picual (80%), hojiblanca (10%), picudo (10%)
- Fruttato medio / Medium fruity
- da 6,01 a 8,00 € - 500 ml. / from € 6.01 to 8.00 - 500 ml.

Cortijo de Suerte Alta è una proprietà familiare situata sulla riva destra del fiume Guadajoz. La storia di questa realtà ha inizio nella prima metà del secolo scorso quando i marchesi di Bedmar convertono il podere in oliveto. Nel 2006 il marchese di Prado, Manuel Heredia Halcón, costruisce il nuovo frantoio e oggi conta su 250 ettari di oliveto specializzato con 30mila piante che hanno prodotto 12mila quintali di olive, pari a circa 2.620 ettolitri di olio. Delle due selezioni Extravergine Cortijo de Suerte Alta Dop Baena da Agricoltura Biologica, il Coupage Natural e il monocultivar Picual, segnaliamo quest'ultimo, di colore giallo dorato intenso con nuance verdoline, limpido. Al naso è deciso e complesso, con ricche note fruttate di pomodoro acerbo, albicocca, pesca e banana, cui si associano netti sentori di basilico ed eucalipto. In bocca è avvolgente e fine, con toni vegetali di lattuga. Amaro spiccato e piccante ben espresso. Ottimo su antipasti di fagioli, insalate di legumi, marinate di pesce persico, pomodori con riso, zuppe di funghi finferli, primi piatti con asparagi, pesci di scoglio in umido, tartare di ricciola, coniglio arrosto, pollo al forno, formaggi caprini.

Cortijo de Suerte Alta is a family-run farm on the right bank of the river Guadajoz. Its story started in the first half of the last century, when the Marquises of Bedmar converted their holding into olive grove. In 2006 the Marquis of Prado, Manuel Heredia Halcón, built the new oil mill. Today there is a 250-hectare specialized olive grove with 30,000 trees. In the last harvest 12,000 quintals of olives were produced, equal to a yield of about 2,620 hectolitres of oil. There are two Extra Virgin Cortijo de Suerte Alta Pdo Baena from Organic Farming, Coupage Natural and especially the Monocultivar Picual. It is an intense limpid golden yellow colour with light green hues. Its aroma is definite and complex, with rich fruity notes of unripe tomato, apricot, peach and banana, together with distinct hints of basil and eucalyptus. Its taste is rotund and fine, with a vegetal flavour of lettuce. Bitterness is strong and pungency is distinct. It would be ideal on bean appetizers, legume salads, marinated perch, tomatoes stuffed with rice, chanterelle mushroom soups, pasta with asparagus, stewed rock-fish, amberjack tartare, roast rabbit, baked chicken, goat cheese.

Spagna Spain [ES] Andalucía

Aceites Vizcántar

Brácana
14812 Almedinilla (Córdoba)
Tel. + 34 957 540266 - Fax + 34 957 701059
E-mail: vizcantar@aceitesvizcantar.com - Web: www.aceitesvizcantar.com

84

650 m.

Specializzato
Specialized

Alberello
Tree

Brucatura a mano e meccanica
Hand picking and mechanical harvesting

No - Ciclo continuo
No - Continuous cycle

Picudo (50%), hojiblanca (30%), pical (20%)

Fruttato leggero
Light fruity

da 4,01 a 6,00 € - 500 ml.
from € 4.01 to 6.00 - 500 ml.

La Aceites Vizcántar è specializzata in olio extravergine di oliva e in prodotti derivati, come salse e paté di olive, fino ai cosmetici. Costituita nel 1997 da Fermín Rodriguez Jiménez, che peraltro è anche esperto assaggiatore, l'azienda acquista partite di olio da alcune cooperative di produttori di questa vocata zona: quest'anno sono stati acquistati circa 1.965 ettolitri. Segnaliamo l'Extravergine Señorío de Vizcántar Dop Priego de Córdoba che si presenta alla vista di un bel colore giallo dorato intenso con decise tonalità verdi, limpido; all'olfatto si esprime ampio e avvolgente, caratterizzato da sentori di pomodoro di media maturità, banana e mela bianca, cui si accompagnano eleganti note di erbe aromatiche, con ricordo di eucalipto, mentuccia e basilico. In bocca è morbido e di personalità, dotato di toni vegetali di lattuga e chiusura di mandorla dolce. Amaro e piccante presenti e ben armonizzati. È un ottimo accompagnamento per maionese, antipasti di crostacei, carpaccio di pesce persico, marinate di spigola, passati di piselli, primi piatti con funghi ovoli, fritture di verdure, gamberi alla brace, seppie ai ferri, formaggi freschi a pasta molle, dolci da forno.

Aceites Vizcántar is specialized in extra virgin olive oil and by-products of oil, such as sauces, olive pâté and even cosmetics. Founded in 1997 by Fermín Rodriguez Jiménez, an expert taster, the farm purchases oil parcels from some co-operatives of producers in this favourable area. In the last harvest 1,965 hectolitres of extra virgin olive oil were purchased. We recommend the Extra Virgin Señorío de Vizcántar Pdo Priego de Córdoba, which is a beautiful intense limpid golden yellow colour with definite green hues. Its aroma is ample and rotund, characterized by notes of medium ripe tomato, banana and white apple, together with elegant notes of aromatic herbs, especially eucalyptus, field balm and basil. Its taste is mellow and strong, endowed with a flavour of lettuce and a sweet almond finish. Bitterness and pungency are present and harmonic. It would be ideal on mayonnaise, shellfish appetizers, perch carpaccio, marinated bass, pea purée, pasta with ovoli mushrooms, fried vegetables, barbecued shrimps, grilled cuttlefish, soft fresh cheese, oven cakes.

O-Med

Carretera Ácula-Ventas de Huelma Km 1
18131 Ácula (Granada)
Tel. + 34 958 588011 - 952 474094 - Fax + 34 958 588011
E-mail: pgarcia@omedoil.com - Web: www.omedoil.com

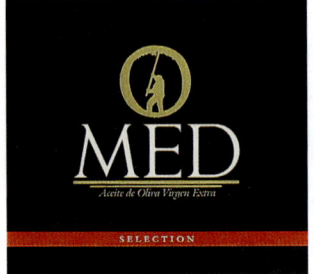

86 ⬆

700 m.

Specializzato
Specialized

Alberello
Tree

Meccanica
Mechanical harvesting

Sì - Ciclo continuo
Yes - Continuous cycle

Picual (90%), hojiblanca (10%)

Fruttato intenso
Intense fruity

da 12,01 a 15,00 € - 500 ml.
from € 12.01 to 15.00 - 500 ml.

Brillante esordio per questa giovane realtà di Ácula, nella provincia di Granada. È una struttura di tipo familiare "creata" da Juan de Dios García Molina, erede di generazioni di olivicoltori che decide, sei anni fa, di acquistare un frantoio per avere il controllo diretto di tutta la filiera. Oggi, con l'aiuto dei due figli, gestisce 200 ettari di oliveto specializzato con 38mila piante che, nella passata campagna, hanno prodotto 7mila quintali di olive e circa 1.310 ettolitri di olio. Dei due Extravergine proposti, l'Arbequina e l'ottimo Selection, segnaliamo quest'ultimo: di colore giallo dorato intenso con riflessi verdolini, limpido; al naso si apre deciso e avvolgente, ricco di sentori fruttati di pomodoro di media maturità, banana acerba e mela bianca, cui si aggiungono spiccati toni balsamici di eucalipto, basilico e prezzemolo. In bocca è ampio e vegetale, con note di peperone e sedano. Amaro e piccante ben espressi e armonici. Ideale su antipasti di pesce azzurro, funghi porcini al forno, pomodori gratinati, radicchio ai ferri, zuppe di fagioli, primi piatti con pesce spada, tonno alla brace, carni rosse o cacciagione alla griglia, formaggi stagionati a pasta filata.

A brilliant start for this young farm in Ácula, in the province of Granada. It is a family-run structure founded by Juan de Dios García Molina, the heir of generations of olive growers, who built an oil mill six years ago to have direct control of the production chain. Today he runs 200 hectares of specialized olive grove with 38,000 trees with the help of his children. In the last harvest 7,000 quintals of olives were produced, with a yield of about 1,310 hectolitres of oil. There are two Extra Virgin selections, Arbequina and the excellent Selection. It is an intense limpid golden yellow colour with light green hues. Its aroma is definite and rotund, rich in fruity hints of medium ripe tomato, unripe banana and white apple, together with distinct fragrant notes of eucalyptus, basil and parsley. Its taste is ample and vegetal, with notes of pepper and celery. Bitterness and pungency are distinct and harmonic. It would be ideal on bluefish appetizers, baked porcini mushrooms, tomatoes au gratin, grilled radicchio, bean soups, pasta with swordfish, barbecued tuna, grilled red meat or game, aged cheese.

Spagna Spain [ES] Andalucía

Aceites Campoliva
Calle Camino Real - Sierra Mágina
23110 Pegalajar (Jaén)
Tel. + 34 953 361081 - 953 360070 - Fax + 34 953 360070
E-mail: andres@aceites-melgarejo.com - Web: www.aceites-melgarejo.com

94

- 850 m.
- **Specializzato** / Specialized
- **Alberello** / Tree
- **Brucatura a mano e meccanica** / Hand picking and mechanical harvesting
- **Sì - Ciclo continuo** / Yes - Continuous cycle
- **Picual**
- **Fruttato intenso** / Intense fruity
- da 10,01 a 12,00 € - 500 ml. / from € 10.01 to 12.00 - 500 ml.

Splendida prova per la Aceites Campoliva di Pegalajar, nella vocata regione di Jaén. Francisco Melgarejo Romero è stato il fondatore, all'inizio dell'Ottocento, di questa realtà di produzione olearia tuttora di proprietà dei suoi discendenti che conducono 30 ettari di impianto specializzato con 9mila piante. Da queste sono stati raccolti quest'anno 3.600 quintali di olive che, uniti agli 8.900 acquistati, hanno reso circa 2.729 ettolitri di olio. Due le selezioni Extravergine Melgarejo proposte, entrambe eccellenti: Composición Delicatessen e Selección Gourmet Dop Sierra Mágina, scelto dal panel. Di colore giallo dorato intenso con sottili riflessi verdi, limpido; all'olfatto è deciso e complesso, ricco di sentori di peperone, cicoria, sedano, a cui si aggiungono ampie note di basilico, menta e prezzemolo. In bocca è avvolgente e pieno, con toni decisi di banana acerba, pepe nero e mandorla. Amaro e piccante ben espressi e armonizzati. È ideale su antipasti di molluschi, fagioli bolliti, insalate di pollo, pomodori con riso, zuppe di legumi, risotto con funghi finferli, rombo alla griglia, tartare di salmone, formaggi freschi a pasta filata.

Aceites Campoliva in Pegalajar, in the favourable region of Jaén, has given a great performance. At the beginning of the 19th century Francisco Melgarejo Romero founded this oil farm, which still belongs to his descendants. There is a 30-hectare specialized olive grove with 9,000 trees. In the last harvest 3,600 quintals of olives were produced and 8,900 purchased, equal to a yield of about 2,729 hectolitres of oil. Two excellent Extra Virgin selections Melgarejo have been proposed: Composición Delicatessen and Selección Gourmet Pdo Sierra Mágina, chosen by the panel. It is an intense limpid golden yellow colour with slight green hues. Its aroma is definite and complex, rich in hints of pepper, chicory, celery, together with ample notes of basil, mint and parsley. Its taste is rotund and full, with a strong flavour of unripe banana, black pepper and almond. Bitterness and pungency are distinct and harmonic. It would be ideal on mussel appetizers, boiled beans, chicken salads, tomatoes stuffed with rice, legume soups, risotto with chanterelle mushrooms, grilled turbot, salmon tartare, mozzarella cheese.

Spagna Spain [ES] Andalucía

Castillo de Canena
Finca Conde de Guadiana
23400 Úbeda (Jaén)
Tel. + 34 953 770101 - Fax + 34 953 770898
E-mail: info@castillodecanena.com - Web: www.castillodecanena.com

96

- 550 m.
- Specializzato / Specialized
- Alberello / Tree
- Brucatura a mano e meccanica / Hand picking and mechanical harvesting
- Sì - Ciclo continuo / Yes - Continuous cycle
- Picual
- Fruttato medio / Medium fruity
- da 12,01 a 15,00 € - 500 ml. / from € 12.01 to 15.00 - 500 ml.

Eccellenza e tradizione da duecento anni: dal 1780 infatti i discendenti di Luis Vaño Martinez producono un olio che porta il nome del loro splendido castello di famiglia. Oggi il patrimonio comprende 1.500 ettari con 275mila piante e un impianto di estrazione all'avanguardia. Quest'anno il raccolto di 70mila quintali di olive ha reso quasi 15.284 ettolitri di olio. Delle due selezioni Extravergine, il Primero - Royal Temprano e il monocultivar Castillo de Canena Reserva Familiar - Picual, segnaliamo quest'ultimo, di qualità impeccabile. Di un bel colore giallo dorato intenso con delicati riflessi verdolini, limpido; al naso è pieno e avvolgente, ricco di sentori fruttati di pomodoro di media maturità, banana e mandorla acerba, cui si accompagnano ampie note aromatiche di menta, salvia e pepe nero. Al gusto è complesso e fine, con spiccati toni vegetali di lattuga, cicoria e chiusura di mandorla dolce. Amaro deciso e piccante presente. Perfetto su carpaccio di carne chianina con funghi ovoli, pomodori gratinati, minestroni di verdure, primi piatti con pesce azzurro, primi piatti con tonno, pesce spada in umido, carni rosse o cacciagione al forno, formaggi stagionati a pasta dura.

Quality and tradition for 200 years: in fact since 1780 Luis Vaño Martinez's descendants have been producing olive oil with the name of their splendid family castle. There are 1,500 hectares of olive grove with 275,000 trees and an advanced extraction system. In the last harvest 70,000 quintals of olives were produced, with a yield of almost 15,284 hectolitres of oil. There are two Extra Virgin selections, Primero - Royal Temprano and the excellent Monocultivar Castillo de Canena Reserva Familiar - Picual, which we recommend. It is a beautiful intense limpid golden yellow colour with delicate light green hues. Its aroma is full and rotund, with fruity hints of medium ripe tomato, banana and unripe almond, together with ample aromatic notes of mint, sage and black pepper. Its taste is complex and fine, with a distinct vegetal flavour of lettuce, chicory and a sweet almond finish. Bitterness is definite and pungency is present. It would be ideal on chianina beef carpaccio with ovoli mushrooms, tomatoes au gratin, minestrone with vegetables, pasta with bluefish, pasta with tuna, steamed swordfish, baked red meat or game, hard mature cheese.

Spagna Spain [ES] Andalucía

Galgón 99

Carretera de Plomeros - Finca Casa del Agua
23730 Villanueva de la Reina (Jaén)
Tel. + 34 953 548038 - Fax + 34 953 103540
E-mail: info@orobailen.com - Web: www.orobailen.com

94

400 m.

Specializzato
Specialized

Alberello
Tree

Brucatura a mano e meccanica
Hand picking and mechanical harvesting

Sì - Ciclo continuo
Yes - Continuous cycle

Picual

Fruttato intenso
Intense fruity

da 10,01 a 12,00 € - 500 ml.
from € 10.01 to 12.00 - 500 ml.

Sempre meritatissima la segnalazione per Galgón 99, nata appunto nel 1999 per opera di Francisco Gálvez de Manuel. Si tratta di una bella realtà di produzione olearia, oggi nelle mani di José Gálvez González che, in località Finca Casa del Agua, è alla guida di un patrimonio composto di un efficiente e moderno impianto di estrazione e di 100 ettari di oliveto, con 12mila piante di picual. Quest'anno il raccolto di 7mila quintali di olive ha prodotto circa 1.070 ettolitri di olio. L'ottimo Extravergine Oro Bailén - Reserva Familiar alla vista si presenta di colore giallo dorato intenso con delicati riflessi verdi, limpido. Al naso si apre ampio e pieno, ricco di eleganti note fruttate di pomodoro di media maturità, banana e mela bianca, a cui si associano sentori aromatici di pepe nero, menta, salvia e basilico. In bocca è ampio e avvolgente, con spiccati toni vegetali di lattuga e cicoria selvatica. Amaro potente e piccante deciso. Si abbina a bruschette con pomodoro, carpaccio di tonno, insalate di polpo, radicchio al forno, zuppe di asparagi, cous cous di carne, pesce spada alla griglia, tonno alla brace, cacciagione di piuma o pelo ai ferri, formaggi stagionati a pasta filata.

As usual an excellent performance for Galgón 99. This oil farm, as its name says, was founded in 1999 by Francisco Gálvez de Manuel and is run today by José Gálvez González. In Finca Casa del Agua he manages a modern and efficient extraction system and 100 hectares of olive grove with 12,000 trees of the variety picual. In the last harvest 7,000 quintals of olives were produced, with a yield of about 1,070 hectolitres of oil. The excellent Extra Virgin Oro Bailén - Reserva Familiar is an intense limpid golden yellow colour with delicate green hues. Its aroma is ample and full, rich in elegant fruity notes of medium ripe tomato, banana and white apple, together with aromatic hints of black pepper, mint, sage and basil. Its taste is ample and rotund, with a distinct vegetal flavour of lettuce and wild chicory. Bitterness is powerful and pungency is definite. It would be ideal on bruschette with tomatoes, tuna carpaccio, octopus salads, baked radicchio, asparagus soups, meat cous cous, grilled swordfish, barbecued tuna, grilled game birds or animals, aged cheese.

Spagna Spain [ES] Andalucía

Nuestra Señora de la Esperanza

Carretera Jaén-Baeza Km 29 - Finca Arroyovil
Apartado Postal 70 - 23100 Mancha Real (Jaén)
Tel. + 34 953 100117 - Fax + 34 953 101425
E-mail: info@condeargillo.com - Web: www.condeargillo.com

90

600 m.

Specializzato
Specialized

Alberello
Tree

Meccanica
Mechanical harvesting

Sì - Ciclo continuo
Yes - Continuous cycle

Picual

Fruttato intenso
Intense fruity

da 4,01 a 6,00 € - 500 ml.
from € 4.01 to 6.00 - 500 ml.

Ottimo risultato per la Nuestra Señora de las Esperanza, fondata nel 1978 da Andres Martinez Bordiu Ortega nel vocato comprensorio di Mancha Real, cuore della zona Dop Sierra Mágina. Gli oliveti occupano 80 ettari nella tenuta Arroyovil che appartiene alla famiglia Martinez Bordiu Ortega dal 1873. Qui dimorano 8mila piante di picual dalle quali sono stati raccolti quest'anno 3mila quintali di olive, pari a una produzione di circa 764 ettolitri di olio. Segnaliamo l'Extravergine monocultivar Conde de Argillo - Picual Dop Sierra Mágina che si offre alla vista di un bel colore giallo dorato intenso, limpido; al naso si apre potente e ampio, ricco di sentori fruttati di pesca, albicocca e mandorla verde, cui si aggiungono eleganti note vegetali e balsamici di erba fresca falciata, foglia di fico ed eucalipto. In bocca è complesso e avvolgente, con note spiccate di cicoria di campo e chiusura di mandorla dolce. Amaro potente e piccante deciso. Si abbina bene a antipasti di polpo, carpaccio di carne cruda con funghi porcini, insalate di tonno, minestroni di verdure, cous cous di carne, pesce spada in umido, pollame o carni di agnello alla piastra, formaggi stagionati a pasta filata.

An excellent result for Nuestra Señora de las Esperanza, founded in 1978 by Andres Martinez Bordiu Ortega in the favourable district of Mancha Real, the heart of the Pdo area Sierra Mágina. The olive groves cover 80 hectars with 8,000 trees of the variety picual in the estate Arroyovil, which has belonged to the family Martinez Bordiu Ortega since 1873. In the last harvest 3,000 quintals of olives were produced, equal to about 764 hectolitres of oil. We recommend the Monocultivar Extra Virgin Conde de Argillo - Picual Pdo Sierra Mágina, which is an intense limpid golden yellow colour. Its aroma is powerful and ample, rich in fruity hints of peach, apricot and green almond, together with elegant vegetal and fragrant notes of freshly mown grass, fig leaf and eucalyptus. Its taste is complex and rotund, with a distinct flavour of wild chicory and a sweet almond finish. Bitterness is powerful and pungency is definite. It would be ideal on octopus appetizers, beef carpaccio with porcini mushrooms, tuna salads, minestrone with vegetables, meat cous cous, steamed swordfish, pan-seared poultry or lamb, aged cheese.

Spagna Spain [ES] Andalucía

Sociedad Cooperativa Agraria Andaluza San Amador
Calle Principe Felipe, 20
23600 Martos (Jaén)
Tel. + 34 953 550757 - 953 554645 - Fax + 34 953 550757
E-mail: amadorsca@teleline.es - Web: www.amadorsca.es

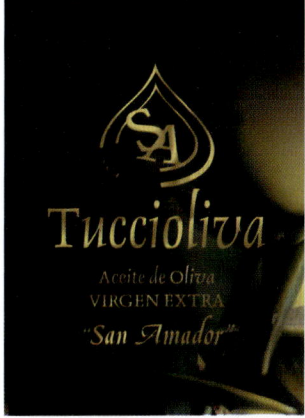

85

700 m.

Specializzato
Specialized

Alberello
Tree

Brucatura a mano e meccanica
Hand picking and mechanical harvesting

Sì - Ciclo continuo
Yes - Continuous cycle

Picual

Fruttato medio
Medium fruity

da 6,01 a 8,00 € - 500 ml.
from € 6.01 to 8.00 - 500 ml.

Diamo volentieri il benvenuto in Guida alla San Amador di Martos che ha sottoposto all'attenzione del nostro panel un prodotto di altissimo profilo. Angel Garrido Jimenez è alla guida dal 1960 di questa realtà che comprende un moderno impianto di estrazione e oltre 245mila piante, messe a dimora su 2.888 ettari. Nella recente campagna olearia da un raccolto di 149.675 quintali di olive sono stati prodotti quasi 38.527 ettolitri di olio. Segnaliamo l'eccellente Extravergine Tuccioliva Dop Campiñas de Jaén che si offre alla vista di un bel colore giallo dorato intenso con calde tonalità verdi, limpido; all'olfatto si apre deciso e avvolgente, ricco di sentori fruttati di pomodoro di media maturità, mela bianca e banana, cui si accompagnano ampie note vegetali di fave, lattuga e sedano. In bocca è elegante e armonico, con toni di erbe officinali, con netto ricordo di basilico e menta. Amaro spiccato e piccante presente e ben espresso. Ottimo su insalate di pomodori, patate al forno, verdure marinate, passati di funghi finferli, zuppe di farro, primi piatti al pomodoro, molluschi gratinati, tartare di pesce spada, formaggi freschi a pasta filata.

Present for the first time in the Guide, San Amador in Martos has proposed an excellent product to our panel. Angel Garrido Jimenez has been running this farm since 1960. There are a modern extraction system and 2,888 hectares of olive grove with over 245,000 trees. In the last harvest 149,675 quintals of olives were produced, with a yield of almost 38,527 hectolitres of oil. We recommend the excellent Extra Virgin Tuccioliva Pdo Campiñas de Jaén, which is a beautiful intense golden yellow colour with warm green hues. Its aroma is definite and rotund, rich in fruity hints of medium ripe tomato, white apple and banana, together with ample vegetal notes of broad beans, lettuce and celery. Its taste is elegant and harmonic, with a flavour of officinal herbs, especially basil and mint. Bitterness is strong and pungency is present and distinct. It would be ideal on tomato salads, roast potatoes, marinated vegetables, chanterelle mushroom purée, farro soups, pasta with tomato sauce, mussels au gratin, swordfish tartare, mozzarella cheese.

Spagna Spain [ES] Andalucía

Aceites San Antonio

Cortijo La Torre
23760 Arjona (Jaén)
Tel. + 34 953 190700 - 953 122224 - Fax + 34 953 243923
E-mail: info@aceitessanantonio.com - Web: www.aceitessanantonio.com

88

400 m.

Promiscuo e specializzato
Promiscuous and specialized

Alberello, ipsilon
Tree, Y-trellis

Brucatura a mano e meccanica
Hand picking and mechanical harvesting

Si - Ciclo continuo
Yes - Continuous cycle

Picual

Fruttato intenso
Intense fruity

da 6,01 a 8,00 € - 500 ml.
from € 6.01 to 8.00 - 500 ml.

Esordio "coi fiocchi" per la Aceites San Antonio, un'azienda familiare attiva dal 1983 nella tenuta di Cortijo La Torre, nel cuore del vocatissimo comprensorio di Jaén. Negli anni la struttura ha fatto passi da gigante e oggi nel moderno impianto di estrazione vengono lavorate le olive provenienti da 96.300 piante che dimorano su 650 ettari. Quest'anno il raccolto di 19mila quintali di olive ha reso circa 3.930 ettolitri di olio. Due le selezioni Extravergine proposte: il Torre Luna - Selección e l'eccellente Cortijo La Torre - Premium, che segnaliamo. Di colore giallo dorato intenso con calde nuance verdi, limpido; al naso si apre deciso e avvolgente, ricco di note fruttate di pomodoro di media maturità, banana e mela bianca, affiancate da sentori vegetali di erba fresca falciata, fave e lattuga. In bocca è fine e di personalità, con toni balsamici di menta, salvia e chiusura di mandorla dolce. Amaro spiccato e piccante ben espresso. È ideale su antipasti di funghi porcini, insalate di carciofi, marinate di tonno, minestroni di verdure, zuppe di fagioli, cous cous di carne, pesce spada ai ferri, polpo bollito, carni rosse o cacciagione al forno, formaggi stagionati a pasta dura.

An excellent start for Aceites San Antonio, a family-run farm active since 1983 in the estate of Cortijo La Torre, in the heart of the favourable district of Jaén. Over the years it has developed considerably and today the modern extraction system processes the olives from 96,300 trees on 650 hectares of land. In the last harvest 19,000 quintals of olives were produced, with a yield of about 3,930 hectolitres of oil. There are two Extra Virgin selections: Torre Luna - Selección and the excellent Cortijo La Torre - Premium, which we recommend. It is an intense limpid golden yellow colour with warm green hues. Its aroma is definite and rotund, rich in fruity notes of medium ripe tomato, banana and white apple, together with vegetal hints of freshly mown grass, broad beans and lettuce. Its taste is fine and strong, with a fragrant flavour of mint, sage and a sweet almond finish. Bitternes is strong and pungency is distinct. It would be ideal on porcini mushroom appetizers, artichoke salads, marinated tuna, minestrone with vegetables, bean soups, meat cous cous, grilled swordfish, boiled octopus, baked red meat or game, hard mature cheese.

Spagna Spain [ES] Andalucía

LA Organic
Finca La Amarilla
29400 Ronda (Málaga)
Tel. + 34 914 364469 - 914 364485 - Fax + 34 915 776350
E-mail: sm@laorganic.net - Web: www.laorganic.net

90

500 m.

Specializzato
Specialized

Alberello
Tree

Bacchiatura
Beating

Sì - Ciclo continuo
Yes - Continuous cycle

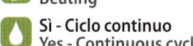
Picudo (80%), hojiblanca (10%), pajarero (10%)

Fruttato intenso
Intense fruity

da 10,01 a 12,00 € - 250 ml.
from € 10.01 to 12.00 - 250 ml.

Oli straordinari e una confezione dal design accattivante, moderno e giocoso: un esordio così brillante da meritarsi il premio come Migliore Olio Extravergine di Oliva - Qualità/Packaging. LA Organic nasce nel 2004 ma ha una storia che risale a 200 anni fa, quando alcune suore di Ronda iniziano a produrre olio da olivi centenari, chiamandolo "La Amarilla". Oggi la famiglia Gomez de Baeza continua la tradizione, unendo alta qualità e metodo biologico. Le 48mila piante messe a dimora su 500 ettari hanno reso 15mila quintali di olive e 3mila ettolitri di olio. Due gli Extravergine LA Oro da Agricoltura Biologica: il Suave e soprattutto l'Intenso, che segnaliamo. Giallo dorato intenso con sfumature verdoline, limpido; al naso è potente e ampio, ricco di sentori di pomodoro di media maturità, mela bianca e spiccate note aromatiche di basilico, menta e pepe nero. Al gusto è pieno e avvolgente, con toni di fave e lattuga. Amaro potente e piccante deciso. Ideale su antipasti di funghi porcini, carpaccio di pesce spada, marinate di tonno, radicchio arrosto, minestroni di verdure, cous cous di carne, polpo bollito, cacciagione ai ferri, carni rosse in umido, formaggi stagionati a pasta dura.

Great oil and an appealing, modern and funny packaging: such a brilliant result is worth the award as the Best Extra Virgin Olive Oil - Quality/Packaging. Organic was founded in 2004, but its story dates back to 200 years ago, when some nuns in Ronda started producing oil from century-old olive trees under the name "La Amarilla". Today the family Gomez de Baeza carry on this tradition, combining quality and organic methods. 48,000 trees on 500 hectares produced 15,000 quintals of olives, with a yield of 3,000 hectolitres of oil. There are two Extra Virgin LA Oro from Organic Farming: Suave and especially Intenso. It is an intense limpid golden yellow colour with light green hues. Its aroma is powerful and ample, rich in hints of medium ripe tomato, white apple and distinct aromatic notes of basil, mint and black pepper. Its taste is full and rotund, with a flavour of broad beans and lettuce. Bitterness is powerful and pungency is definite. It would be ideal on porcini mushroom appetizers, swordfish carpaccio, marinated tuna, roast radicchio, minestrone with vegetables, meat cous cous, boiled octopus, grilled game, stewed red meat, hard mature cheese.

Spagna Spain [ES] Andalucía

Sociedad Cooperativa Andaluza Oleoestepa

Calle El Olivo - Polígono Industrial Sierra Sur
41560 Estepa (Sevilla)
Tel. + 34 955 913154 - Fax + 34 955 913537
E-mail: oleo@oleoestepa.com - Web: www.oleoestepa.com

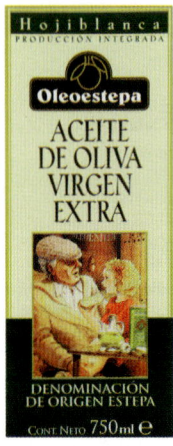

89

- 535 m.
- Specializzato / Specialized
- Alberello, ipsilon / Tree, Y-trellis
- Brucatura a mano e meccanica / Hand picking and mechanical harvesting
- Sì - Ciclo continuo / Yes - Continuous cycle
- Hojiblanca
- Fruttato intenso / Intense fruity
- da 4,01 a 6,00 € - 500 ml. / from € 4.01 to 6.00 - 500 ml.

Brillantissima prova per la Oleoestepa, nata nel 1986 dall'unione di 16 cooperative allo scopo di valorizzare la qualità dell'olio prodotto in quest'area della provincia di Sevilla. I soci conferitori sono 4mila e dispongono di 47mila ettari di oliveto specializzato, con 6 milioni di piante che quest'anno hanno prodotto 1 milione e 700mila quintali di olive, pari a quasi 360.262 ettolitri di olio. Quattro le selezioni Extravergine, tutte Dop Estepa da Agricoltura Biologica: l'Estepa Virgen e i tre Oleoestepa, l'Arbequina, il Selección e l'eccellente Hojiblanca, scelto dal panel. Di colore giallo dorato intenso con nuance verdoline, limpido; all'olfatto è potente e ampio, ricco di note fruttate di pomodoro di media maturità, banana e mandorla, affiancate da spiccati sentori balsamici di basilico e mentuccia. Al gusto è pieno e vegetale, con toni di sedano, fave, lattuga e ricordo speziato di pepe nero. Amaro deciso e piccante presente. Perfetto su antipasti di lenticchie, carpaccio di carne chianina con funghi ovoli, insalate di spinaci, pomodori gratinati, zuppe di carciofi, tonno alla brace, carni rosse alla griglia, formaggi di media stagionatura.

A brilliant result for Oleoestepa, founded in 1986 from the association of 16 co-operatives to improve the quality of the oil produced in this area of the province of Sevilla. The members are 4,000 and manage 47,000 hectares of specialized olive grove with 6 million trees. In the last harvest 1,700,000 quintals of olives were produced, equal to almost 360,262 hectolitres of oil. We recommend four Extra Virgin selections Pdo Estepa from Organic Farming: Estepa Virgen and the three Oleoestepa - Arbequina, Selección and the excellent Hojiblanca, chosen by our panel. It is an intense limpid golden yellow colour with light green hues. Its aroma is powerful and ample, rich in fruity notes of medium ripe tomato, banana and almond, together with distinct fragrant hints of basil and field balm. Its taste is full and vegetal, with a flavour of celery, lettuce and a spicy note of black pepper. Bitterness is definite and pungency is present. It would be ideal on lentil appetizers, chianina beef carpaccio with ovoli mushrooms, spinach salads, tomatoes au gratin, artichoke soups, barbecued tuna, grilled red meat, medium mature cheese.

Región de Murcia

** All'esame del MARM per la certificazione • Under MARM exam for certification

Dati Statistici

Superficie olivetata nazionale	2.568.371 (ha)
Superficie olivetata regionale	28.024 (ha)
Quota regionale	1,09%
Frantoi	38
Produzione nazionale 09-10	1.395.821,0 (t)
Produzione regionale 09-10	8.585,4 (t)
Produzione regionale 08-09	6.311,0 (t)
Variazione	+36,04%
Quota regionale	0,62%

Statistic Data

National Olive Surface	2,568,371 (ha)
Regional Olive Surface	28,024 (ha)
Regional Quota	1.09%
Olive Oil Mills	38
National production 09-10	1,395,821.0 (t)
Regional production 09-10	8,585.4 (t)
Regional production 08-09	6,311.0 (t)
Variation	+36.04%
Regional Quota	0.62%

Olive Oil Agency - Ministry of the Environment and Rural and Marine Affairs

Famosa ovunque come "orto d'Europa", la Comunidad Autonoma Región de Murcia è una terra che trae dall'agricoltura la sua grande ricchezza, grazie alle condizioni climatiche e territoriali estremamente favorevoli. All'interno di questo panorama produttivo l'olivicoltura occupa sicuramente un posto di rilievo. Situata all'estremità sud-orientale della Penisola Iberica e bagnata dal Mar Mediterraneo, questa Comunidad presenta infatti le caratteristiche proprie di un clima mediterraneo subtropicale, semi-arido, con una temperatura annuale media che si attesta intorno ai 18 °C, lunghe estati calde e inverni temperati. Dal punto di vista morfologico, lo spazio geografico regionale si definisce per i suoi molteplici contrasti tra terreni non irrigui e aree irrigate, pianure e rilievi montuosi, zone costiere marcate dall'influenza marittima e aride zone interne: una conformazione dovuta al fatto che si tratta di un territorio di transizione tra il nord e il sistema montuoso subbetico. I rilievi del territorio si inseriscono all'interno delle Cordilleras Béticas e presentano un'alternanza tra aree montuose accidentate, vallate e depressioni, con profondi contrasti di altitudine a distanze molto ridotte. Dal punto di vista storico, il legame tra questa regione e l'albero dell'olivo è molto antico: trova origine nella dominazione romana ed è sempre stato tale da non circoscriversi soltanto agli aspetti agricoli e commerciali, ma da connotare una parte rilevante della vita degli abitanti di questa terra, così come traspare dal folclore e dalla letteratura locale. Attualmente nella Región de Murcia gli oliveti si estendono per 28.024 ettari: gli impianti sono per lo più concentrati a ovest, nella regione del Noroeste, e a nord, nelle zone non irrigue del Nordeste; poi al centro-sud, in piccole estensioni delle regioni del Río Segura. Una varietà di gran lunga dominante è il lechín de Granada, diffusa per lo più nel territorio di Moratalla (nel Noroeste) dove l'area coltivata rappresenta una grossa porzione della superficie olivetata totale. Nota popolarmente come cuquillo, è una cultivar rustica che si adatta perfettamente a terreni calcarei e a climi aridi come quello di questa regione. La ritroviamo anche nel Nordeste, nel territorio di Jumilla; mentre più a nord, presso Yecla, predomina la cultivar cornicabra. Segue per importanza il picual, diffuso in parte anche nel resto della regione. La trasformazione avviene in 38 frantoi che nell'ultima campagna olearia hanno reso una produzione di 8.585,4 tonnellate di olio, pari allo 0,62% del totale nazionale, con un aumento del 36,04% rispetto all'annata precedente. Un bilancio comunque positivo: il settore infatti, negli ultimi anni, sta attraversando una fase di netto miglioramento, con la finalità di trasformare una coltura ancora marginale, completata da un'estrazione con metodi tradizionali, in una coltivazione intensiva irrigua con sistemi di raccolta e trasformazione moderni, pur nel rispetto dell'ambiente naturale. A tutela delle produzioni di queste aree è attualmente all'esame del MARM per la certificazione un'unica Dop regionale, Aceite de la Región de Murcia. L'obiettivo per il futuro è dunque l'ottenimento di un prodotto extravergine di qualità, capace di inserirsi sul mercato nazionale, cominciando da quello delle zone non olivicole del nord della Spagna.

Región de Murcia is known everywhere as the "orchard of Europe" thanks to the extremely favourable climatic and territorial conditions. In this situation olive growing has certainly a considerable place. Situated at the extreme south-eastern end of the Iberian Peninsula and washed by the Mediterranean Sea, the region has the typical characters of the subtropical semiarid Mediterranean climate: the average annual temperature is 18 °C with long and warm summers and temperate winters. From a morphological point of view the region is characterized by its many contrasts between non irrigated and irrigated areas, valleys and mountainous reliefs, coasts marked by the sea influence and dry inland areas: a conformation due to the fact that this is a transition territory between the north and the Subbética mountains. The territory reliefs are part of the Cordilleras Béticas and steep mountainous areas alternate with valleys and depressions with strong height contrasts in very reduced distances. From a historical point of view the connection between this region and the olive tree is very ancient: in fact it derives from the Roman domination and is not only limited to agricultural and commercial factors, but it characterizes the life of a considerable part of the people, as is shown by local folklore and literature. Currently olive groves extend over 28,024 hectares. They are mainly concentrated in the west, in the region of Noroeste and in the north in the non irrigated areas of Nordeste; moreover in the centre-south in small extensions in the regions of Río Segura. The prevailing variety is leichín de Granada, spread especially in the territory of Morotalla (Noroeste), where the cultivated area represents a considerable part of the total olive grove surface. Generally known as cuquillo, it is a rustic variety that perfectly adjusts to calcareous grounds and dry climates such as the one of the region. It can also be found in the Nordeste, in the territory of Jumilla, while more north, in Yecla, the cultivar cornicabra prevails. Then there is the variety picual, partly spread also in the rest of the region. Transformation occurs in 38 olive oil mills, while production in the last harvest was 8,585.4 tons of oil, equal to 0.62% of the total national quantity with an increase of 36.04% compared to the previous year. However the balance is positive : in fact in a short time this sector has changed from a marginal cultivation using traditional extraction methods to an intensive irrigated cultivation with modern harvesting and transformation systems, respecting however the natural environment. To protect the productions of these areas only one Regional Pdo, Aceite de la Región de Murcia, is under MARM examination. The aim for the future is a quality extra virgin product able to be competitive on the national market, starting from the non olive growing areas of northern Spain .

Spagna Spain [ES] Región de Murcia

Productos Mediterráneo Belchí Salas
Calle Lope de Vega, 18
30840 Alhama de Murcia (Murcia)
Tel. + 34 968 632425 - Fax + 34 968 632425
E-mail: administracion@villaolivo.com - Web: www.villaolivo.com

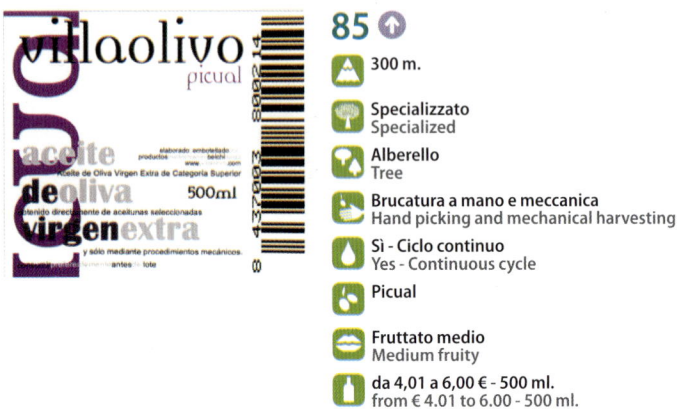

85

300 m.

Specializzato
Specialized

Alberello
Tree

Brucatura a mano e meccanica
Hand picking and mechanical harvesting

Sì - Ciclo continuo
Yes - Continuous cycle

Picual

Fruttato medio
Medium fruity

da 4,01 a 6,00 € - 500 ml.
from € 4.01 to 6.00 - 500 ml.

La Belchí Salas di Alhama de Murcia è una bella realtà di produzione fondata nel 2000 e oggi guidata da Francisco Belchí Salas. Dispone di 30 ettari di oliveto specializzato su cui sono messe a dimora 6.500 piante. Nella recente campagna olearia sono stati raccolti 13.732 quintali di olive che, uniti ai 355 acquistati e moliti nel moderno frantoio aziendale, hanno permesso una produzione di 2.330 ettolitri di olio extravergine. Due le selezioni Extravergine: l'Olivar de Espuña Premium e il monocultivar Villaolivo - Picual, che segnaliamo. Appare alla vista di colore giallo dorato intenso con nuance verdoline, limpido; all'olfatto si offre deciso e complesso, con eleganti note fruttate di pomodoro acerbo, mela bianca e banana, arricchite da sentori balsamici di basilico, mentuccia e salvia. Al gusto è morbido e avvolgente, con toni vegetali di cicoria, carciofo e lattuga. Amaro e piccante presenti e dosati che chiudono in mandorla dolce. Si abbina bene a antipasti di fagioli, carpaccio di salmone, insalate di pomodori, verdure gratinate, zuppe di ceci, primi piatti con molluschi, risotto con verdure, pesci di scoglio alla piastra, tonno arrosto, formaggi freschi a pasta filata.

Belchi Salas in Alhama de Murcia is a beautiful oil farm founded in 2000 and today run by Francisco Belchí Salas. It consists of 30 hectares of specialized olive grove with 6,500 trees. In the last oil harvest 13,732 quintals of olives were produced and 355 purchased. Once crushed in the modern oil mill, they allowed a yield of 2,330 hectolitres of extra virgin olive oil. There are two Extra Virgin selections: Olivar de Espuña Premium and the Monocultivar Villaolivo - Picual, which we recommend. It is an intense limpid golden yellow colour with light green hues. Its aroma is definite and complex, with elegant fruity notes of unripe tomato, white apple and banana, enriched by fragrant hints of basil, field balm and sage. Its taste is mellow and rotund, with a vegetal flavour of chicory, artichoke and lettuce. Bitterness and pungency are present and complimentary with a sweet almond finish. It would be ideal on bean appetizers, salmon carpaccio, tomato salads, vegetables au gratin, chickpea soups, pasta with mussels, risotto with vegetables, pan-seared rock-fish, roast tuna, mozzarella cheese.

Spagna Spain [ES] Región de Murcia

Almazaras Deortegas

Carretera del Ardal Km 5 - Paraje Pinillos
30510 Yecla (Murcia)
Tel. + 34 968 969644
E-mail: info@deortegas.com - Web: www.deortegas.com

88

- 630 m.
- Specializzato / Specialized
- Alberello / Tree
- Meccanica / Mechanical harvesting
- Sì - Ciclo continuo / Yes - Continuous cycle
- Picual
- Fruttato intenso / Intense fruity
- da 6,01 a 8,00 € - 500 ml. / from € 6.01 to 8.00 - 500 ml.

B rillantissima prova per la Deortegas, giovane e dinamica azienda a carattere familiare, nata circa due anni fa nel comprensorio di Yecla, nell'estremo nord della provincia di Murcia. Facendo tesoro dell'esperienza di generazioni di olivicoltori esperti nei metodi biologici, Rafaela Ortega Torres è oggi alla guida di 100 ettari di impianti specializzati con 14mila olivi. Da questi sono stati raccolti quest'anno 1.400 quintali di olive, pari a 260 ettolitri di olio. Due gli Extravergine Deortegas da Agricoltura Biologica proposti: il monocultivar Cornicabra e soprattutto l'eccellente Picual, di colore giallo dorato intenso con riflessi verdolini, limpido; al naso è potente e avvolgente, ricco di sentori fruttati di pomodoro di media maturità, mela bianca e mandorla, cui si aggiungono note balsamiche di basilico e menta. In bocca è ampio e complesso, con eleganti toni vegetali di lattuga, fave e sedano. Amaro spiccato e piccante presente. Si abbina bene a antipasti di lenticchie, funghi porcini al forno, insalate di polpo, radicchio ai ferri, zuppe di fagioli, primi piatti con salsiccia, pesce spada alla griglia, carni rosse o cacciagione in umido, formaggi stagionati a pasta filata.

A brilliant performance for Deortegas, a young and dynamic family-run farm, which was founded about two years ago in the district of Yecla, in the extreme north of the province of Murcia. Following the experience of generations of olive growers expert in organic farming, Rafaela Ortega Torres currently runs 100 hectares of specialized olive groves with 14,000 trees. In the last harvest 1,400 quintals of olives were produced, equal to 260 hectolitres of oil. There are two Extra Virgin Deortegas from Organic Farming, the Monocultivar Cornicabra and the excellent Picual. It is an intense limpid golden yellow colour with light green hues. Its aroma is powerful and rotund, rich in fruity hints of medium ripe tomato, white apple and almond, together with fragrant notes of basil and mint. Its taste is ample and complex, with an elegant flavour of lettuce, broad beans and celery. Bitterness is distinct and pungency is present. It would be ideal on lentil appetizers, baked porcini mushrooms, octopus salads, grilled radicchio, bean soups, pasta with sausages, grilled swordfish, stewed red meat or game, aged cheese.

Spagna Spain [ES] Región de Murcia

Aceites de Moratalla

Calle Camino del Gallo - Parada Alta
30440 Moratalla (Murcia)
Tel. + 34 968 433242 - 968 724054 - Fax + 34 968 703734
E-mail: aceites@moratalla.com - Web: www.moratalla.com

82

- 700 m.
- Promiscuo e specializzato / Promiscuous and specialized
- Alberello / Tree
- Brucatura a mano / Hand picking
- No - Ciclo continuo / No - Continuous cycle
- Cuquillo
- Fruttato medio / Medium fruity
- da 8,01 a 10,00 € - 500 ml. / from € 8.01 to 10.00 - 500 ml.

Aceites de Moratalla è un'azienda olearia attiva nell'omonima località dal 1994. Fondata e tuttora diretta da Fernando Martìnez Vázquez de Parga, è un'impresa familiare e artigiana che conta su 10 ettari di oliveto di proprietà con 1.500 piante prevalentemente di varietà cuquillo, altrove nota come lechín de Granada. Nella recente campagna olearia sono stati raccolti 750 quintali di olive che hanno reso circa 164 ettolitri di olio extravergine, ai quali ne vanno aggiunti altri 10 acquistati, per un totale di quasi 174 ettolitri. Segnaliamo l'Extravergine Flor de CuQuillo che si presenta alla vista di un bel colore giallo dorato intenso, limpido. Al naso si offre sottile e composto, dotato di sentori vegetali di sedano, lattuga e carciofo, cui si accompagnano toni balsamici di basilico e menta. In bocca è morbido e dosato, caratterizzato da note di ortaggi di campo e netta chiusura di mandorla dolce. Amaro presente e piccante contenuto. Ideale l'abbinamento con antipasti di ceci, aragosta al vapore, insalate di gamberi, marinate di spigola, zuppe di fave, cous cous di pesce, fritture di verdure, rombo al cartoccio, tartare di orata, formaggi freschi a pasta molle, dolci da forno.

Aceites de Moratalla is an oil farm that has been active in the homonymous place since 1994. Founded and still run by Fernando Martìnez Vazquez de Parga, it is a family-run artisanal farm with 10 hectares of olive grove and 1,500 trees mainly of the variety cuquillo, elsewhere known as lechín de Granada. In the last harvest 750 quintals of olives were produced, with a yield of about 164 hectolitres of extra virgin olive oil. Moreover 10 hectolitres were purchased, with a total amount of almost 174 hectolitres. We recommend the Extra Virgin Flor de CuQuillo, which is a beautiful intense limpid golden yellow colour. Its aroma is fine and delicate, endowed with vegetal hints of celery, lettuce and artichoke, together with fragrant hints of basil and mint. Its taste is mellow and delicate, characterized by a flavour of country vegetables and a distinct sweet almond finish. Bitterness is present and pungency is limited. It would be ideal on chickpea appetizers, steamed spiny lobster, shrimp salads, marinated bass, broad bean soups, fish cous cous, fried vegetables, turbot baked in parchment paper, gilthead tartare, soft fresh cheese, oven cakes.

Islas Baleares

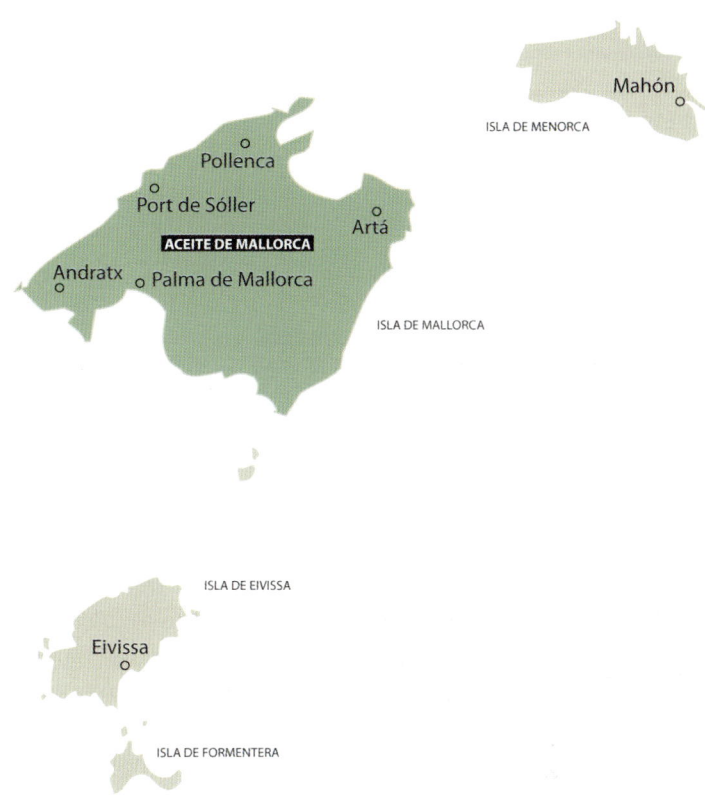

Dati Statistici

Superficie olivetata nazionale	2.568.371 (ha)
Superficie olivetata regionale	7.705 (ha)
Quota regionale	0,30%
Frantoi	12
Produzione nazionale 09-10	1.395.821,0 (t)
Produzione regionale 09-10	366,6 (t)
Produzione regionale 08-09	332,3 (t)
Variazione	+ 10,32%
Quota regionale	0,03%

Statistic Data

National Olive Surface	2,568,371 (ha)
Regional Olive Surface	7,705 (ha)
Regional Quota	0.30%
Olive Oil Mills	12
National production 09-10	1,395,821.0 (t)
Regional production 09-10	366.6 (t)
Regional production 08-09	332.3 (t)
Variation	+ 10.32%
Regional Quota	0.03%

Olive Oil Agency - Ministry of the Environment and Rural and Marine Affairs

Dal punto di vista olivicolo le Islas Baleares sono una piccola realtà, ma di lunga e importante tradizione, specialmente l'isola di Mallorca, dove la coltivazione della pianta dell'olivo e la produzione e il consumo di olio hanno una consuetudine che dura da secoli: qui l'olio prodotto viene conosciuto e apprezzato non soltanto dagli abitanti dell'isola, ma anche dai consumatori delle zone con cui si sono mantenute relazioni commerciali, in particolare con il sud della Francia. I documenti storici provano che furono i Fenici e i Greci a introdurre la coltivazione dell'olivo nella Penisola Iberica, e da qui fino a Mallorca. Dall'epoca degli Aragonesi fino alla metà del XV secolo l'olio veniva poi regolarmente esportato nel Nord Africa attraverso il porto di Sóller. Lo sviluppo dell'olivicoltura, diffusa in modo particolare nelle zone settentrionali e meridionali della Serra de Tramuntana (a nord-est di Mallorca), continua poi per tutto il XVI secolo rappresentando per lungo tempo un'importante fonte di ricchezza per molte aziende agricole dell'isola, un gran numero delle quali era dotato di frantoi propri. In seguito l'olio di Mallorca consolida il suo ruolo nell'economia del paese, sia come base dell'alimentazione tradizionale locale, sia come prodotto di scambio e di commercio estero, costituendo il 65-80% delle produzioni esportate. Oggi l'area di produzione si estende a tutti i municipi dell'isola e ricopre una superficie di 7.705 ettari, di cui la quasi totalità è destinata a oliveti da olio. Le piantagioni si collocano in ambienti di diversa altitudine, dal livello del mare fino agli 800 metri delle zone di montagna. I fattori a queste favorevoli sono: la natura calcarea dei terreni agricoli, il clima tipicamente mediterraneo con temperature piuttosto miti, inverni dolci ed estati calde e secche, l'alto livello di umidità che permette alle piante di sopportare i periodi di siccità, e l'orografia della regione che costituisce una barriera naturale contro i venti freddi. Una forma tipica di coltivazione sono le terrazze, situate in punti come la Sierra de Tramuntana, con le sue scoscese scarpate sul mare. Queste costituiscono uno dei paesaggi più emblematici e tipici dell'isola, presenti nella memoria collettiva come elementi da sempre facenti parte di questi luoghi. Le terrazze sono orientate a sud, sfruttando la pendenza e la massima insolazione, e sono riparate dai venti freddi che spirano da nord. La difficoltà di accesso a queste piantagioni condiziona le tecniche di coltivazione. La produttività è minore perché minore è l'apporto di materiale nutritivo; così come la raccolta, più tardiva, determina un olio dalle caratteristiche organolettiche differenti rispetto a uno proveniente da raccolta precoce. Le varietà più diffuse sono l'arbequina, l'empeltre (che qui è nota come mallorquina) e il picual che determinano oli di elevata qualità olfattivo-gustativa. La trasformazione avviene in impianti a ciclo continuo o con metodo tradizionale a presse, in 12 frantoi ripartiti sul territorio. La produzione nell'ultima campagna olearia è stata di 366,6 tonnellate di olio, pari allo 0,03% del totale nazionale, con un aumento del 10,32% rispetto all'annata precedente. A tutela di questa tradizione e qualità esiste una Denominazione, la Dop Aceite de Mallorca, di cui le Islas Baleares si fregiano fin dal 2003.

The Islas Baleares are a small reality in the olive growing field, but they have a long and important tradition, particularly on the island of Mallorca, where olive tree cultivation and oil consumption have been practised for centuries: the olive oil produced here is appreciated not only by local people, but also by the consumers of the areas with whom there are commercial relations, especially southern France. Historical sources document that the Phoenicians and the Greeks introduced oil cultivation in the Iberian Peninsula and then in Mallorca. From the Aragonese times to the middle of the 15th century oil was regularly exported to North Africa from the port of Sòller. Olive growing spread particularly in the northern and southern area of the Serra de Tramuntana (to the north-east of Mallorca), continued during the 16th century and for a long time represented a source of wealth for many farms of the island, a great number of which had their own olive oil mills. Later the oil of Mallorca consolidated its role in the country's economy, both as a basic element of traditional local food, and as an exchange and foreign trade product, representing 65-80% of the exported productions. Currently the olive production area includes all towns of the island and covers a surface of 7,705 total hectares, the most of which are intended for oil production. Olive groves are situated at different heights, from sea level to 800 metres above sea level in the mountainous areas. Favourable factors are the calcareous nature of the agricultural land, the typical Mediterranean climate with mild temperatures, warm winters and hot dry summers, the high degree of humidity, which allows the trees to withstand droughts, as well as the region orography, which is a natural bar to cold winds. A common method of cultivation are terraces situated in places like the Sierra de Tramuntana with its steep cliffs over the sea: this is one of the most typical and symbolic landscapes on the island, an element which has always been characteristic to Mallorca. The terraces are south-facing, taking advantage of the slopes and the sunny position and are at the same time sheltered from the cold winds blowing from the north. The difficult access to these olive groves influence the cultivation techniques: productivity is lower, because the supply of nutritive material is inferior. In the same way the late harvest determines an oil that from an organoleptic point of view is different from an oil harvested early. The most common varieties are arbequina, empeltre, here known as mallorquina, and picual, which allow to obtain high organoleptic quality oils. Transformation is made with the traditional press method or the continuous-cycle system in 12 olive oil mills spread over the whole territory. Production in the last olive oil harvest was 366.6 tons of oil, equal to 0.03% of the total national quantity, with an increase of 10.32% compared to the previous year. To protect this tradition and quality there is also a denomination, the Pdo Aceite de Mallorca, which was granted in 2003.

www.bulkoil.com

La piattaforma commerciale per la compravendita online di olio di oliva
The online trading platform for buying and selling olive oil

BULKOIL.COM

THE ONLINE CONNECTION TO THE WORLD'S OIL INDUSTRY

Contatta i nostri broker, ti aiuteranno a vendere e comprare olio di oliva in tutto il mondo
Contact our broker, they will work for you to sell and buy olive oil throughout the world

Broker infoline: +39 0731 696 721

info@bulkoil.com   +39 0731 696 721 - INFORMATION
                            +39 0731 696 722 - BUYER SUPPORT
                            +39 0731 696 723 - SALES SUPPORT
                            +39 0731 696 724 - ADMINISTRATION
                            +39 0731 696 725 - ADVERTISING

info.america@bulkoil.com   + 1 206 424 9039 - USA, CANADA & CENTRAL AMERICA

VISIT US TO LEARN HOW WE CAN HELP YOU SELL AND CONNECT SECURELY USING THE RIGHT DATABASE OF OIL INDUSTRY PROFESSIONALS

Francia
France

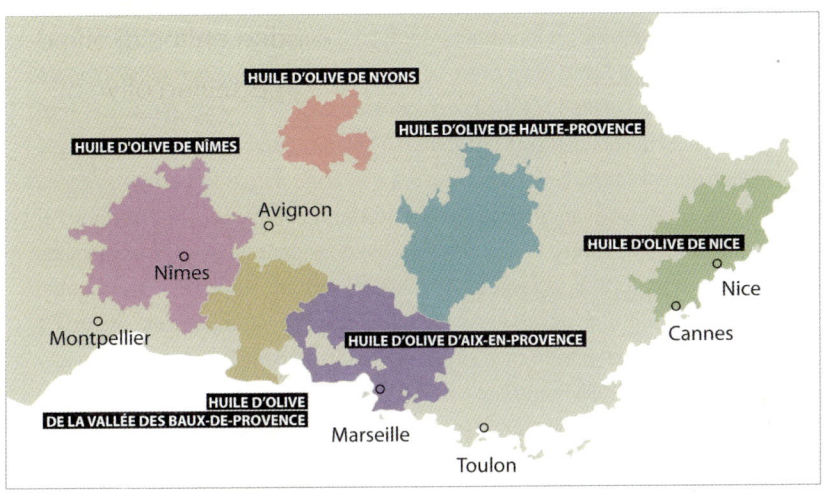

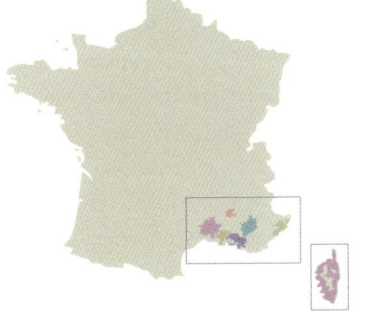

Dati Statistici
Superficie olivetata nazionale	**50.707 (ha)**
Frantoi	**250**
Produzione nazionale 09-10	**5.000,0 (t)**
Produzione nazionale 08-09	**7.000,0 (t)**
Variazione	**- 28,57%**

Statistic Data
National Olive Surface	**50,707 (ha)**
Olive Oil Mills	**250**
National production 09-10	**5,000.0 (t)**
National production 08-09	**7,000.0 (t)**
Variation	**- 28.57%**

International Olive Oil Council - French Interprofessional Olive Association

La posizione geografica, al limite nord per la coltivazione dell'olivo, non ne fa una terra olivicola d'elezione, tuttavia la Francia ha riscoperto il ruolo primario della pianta sacra all'interno dell'economia del paese, anche in considerazione delle virtù innegabili dei suoi prodotti per la gastronomia e la salute. Del resto l'albero dell'olivo ha una tradizione profondamente radicata in questa terra fin dall'antichità più remota: importato dai Fenici e dai Greci, la sua coltura si sviluppa per lo più in epoca romana. Ma il culmine della sua crescita lo raggiunge tra il XVIII e il XIX secolo: nel 1840 si contano ben 26 milioni di piante distribuite su 168mila ettari che, solo un secolo più tardi, l'esodo dei coltivatori dalle campagne e la crisi economica riducevano ad appena 80mila unità. E nel 1956 una rovinosa gelata accelerava ulteriormente il declino. Per fortuna già da qualche anno è in atto un'inversione di tendenza e l'olivicoltura francese sta ritrovando oggi tutto il suo vigore. Attualmente le zone olivetate occupano oltre 50mila ettari con un numero di alberi produttivi che supera abbondantemente i 4 milioni. Le aziende olearie sono circa 29mila e 250 i frantoi attivi. Il consumo di olio si aggira intorno alle 100mila tonnellate a fronte di una produzione che nella campagna 2009-2010 è stata di 5mila tonnellate, con una diminuzione del 28,57% rispetto all'annata precedente. Le aree olivicole si collocano in tredici dipartimenti di quattro regioni del sud della Francia: Provence-Alpes-Côte d'Azur, Languedoc-Roussillon, Rhône-Alpes e Région Corse. Data la diversità legata al territorio e al clima, che ha favorito le varietà autoctone come un rilancio del prodotto tipico, l'UE ha distinto ben sette Appellazioni di Origine Protetta. L'Aop Huile d'Olive d'Aix-en-Provence corrisponde all'area collinare calcarea intorno alla città di Aix en Provence: qui l'olivicoltura è largamente praticata e le varietà più diffuse sono l'aglandau, la salonenque e la cayenne. La Aop Huile d'Olive de Haute-Provence ha il suo centro nella valle della Durance, sui primi contrafforti sassosi delle Prealpi, dove primeggia la varietà aglandau: gli oli sono tra i più vigorosi di Francia, intensi e piccanti. L'appellazione Huile d'Olive de la Vallée des Baux-de-Provence ricade nel cuore del Massif des Alpilles, una zona fatta di colline aride dove si trovano le varietà salonenque, aglandau e grossane. L'Aop Huile d'Olive de Nyons ha la sua zona tipica ai piedi del Mont Ventoux, dove le piante sono al riparo dai venti, come testimonia la varietà locale denominata tanche, preservata dal gelo nel 1956: l'olio extravergine che se ne ricava ha una sottile nota di frutta secca. L'Aop Huile d'Olive de Nice comprende una zona fatta di colline a strapiombo sul mare e terrazzamenti arroccati alle Alpi Marittime: al riparo dai venti, è l'habitat naturale per la varietà cailletier, presente in grandi piante secolari. L'Aop Huile d'Olive de Nîmes è nella regione di Nîmes, circondata da colline di vigne e olivi dove le varietà sono picholine, negrette e noirette; l'Aop Huile d'Olive de Corse ricade in quella terra dove l'olivo fu portato dai Genovesi nel XVI secolo: una suggestiva "Montagna sul Mare" dove alberi enormi prosperano su terreni granitici e le olive appartengono a varietà locali come sabine, germaine, biancaghja e raspuluta.

Although France, on the northern border of olive cultivation, is not the spiritual olive growing home, the "sacred tree" has a central role in its economy thanks to the undisputable qualities of its products for gastronomy and health.

Moreover the olive tree has been deeply rooted in this territory since ancient times: imported by the Phoenicians and the Greeks, its cultivation developed under the Romans. But the apex of its growth was reached between the 18th and the 19th century: in 1840 there were 26 million trees distributed on 168,000 hectares, only a century later the exodus from the countryside and the economic crisis reduced them to only 80,000 units. In 1956 a damaging frost further accelerated decline. Fortunately this situation has changed in the last few years and today French olive growing is definitely recovering. Currently olive groves occupy about 50,000 hectares with more than 4 million productive trees. There are about 29,000 farms and 250 active oil mills. Olive oil consumption is around 100,000 tons compared with a production of 5,000 tons in the year 2009-2010, with a 28.57 decrease compared to the previous year. In France olive groves are in 13 departments of four southern regions: Provence-Alpes-Côte d'Azur, Languedoc-Roussillon, Rhône-Alpes and Région Corse. Given the difference due to the territory and the climate that has favoured the autochthonous varieties allowing a re-launching of the typical product, EU has distinguished 7 Appellations of Protected Origin: the Aop Huile d'Olive Aix-en-Provence corresponds to the calcareous hills around the city of Aix en Provence: here olive growing is largely practised and the most common varieties are aglandau, salonenque and cayenne. The Aop Huile d'Olive de Haute-Provence is situated in the valley of Durance, on the first stony buttresses of the Prealps, where the variety aglandau prevails: this olive oil is among the most vigorous, intense and pungent of France. Huile d'Olive de la Vallée des Baux de Provence is in the heart of the Massif des Alpilles, among arid hills, where the varieties are salonenque, aglandau and grossane. The Aop Huile d'Olive de Nyons comes from an area at the foot of Mont Ventoux, where the trees are sheltered from the wind, as testified by the local variety tanche preserved from the cold winter of 1956; the extra virgin olive oil obtained has a fine note of dried fruit. The Aop Huile d'Olive de Nice covers an area of hills falling sheer to the Mediterranean and terracing on the Maritime Alps. Sheltered from the wind it is the natural habitat for the variety cailletier, found in large century-old trees. The Aop Huile d'Olive de Nîmes is in the region of Nîmes, surrounded by hills of vineyards and olive trees, where the varieties are picholine, negrette and noirette. The Aop Huile d'Olive de Corse is situated in that land where in the 16th century people from Genoa brought the olive tree: a fascinating "Mountain on the Sea", where enormous trees flourish on granite soil. The local varieties are sabine, germaine, biancaghja, raspuluta.

Francia France [FR] Languedoc-Roussillon

Moulin des Ombres

Château de Montfrin
Bôite Postal 1 - 30490 Montfrin (Gard)
Tel. + 33 466 576936 - 466 229447 - Fax + 33 466 576936
E-mail: moulindesombres@free.fr - Web: www.chateaudemontfrin.com

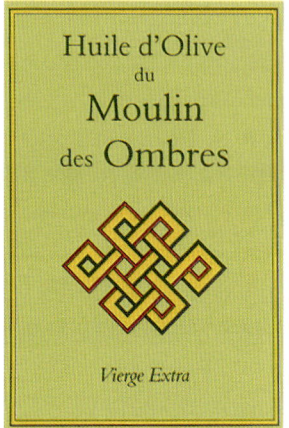

94

- 45 m.
- Promiscuo e specializzato / Promiscuous and specialized
- Monocono / Monocone
- Meccanica / Mechanical harvesting
- Sì - Ciclo continuo / Yes - Continuous cycle
- Fs17 (40%), calian (20%), coratina (20%), petit ribiers (20%)
- Fruttato medio / Medium fruity
- da 10,01 a 12,00 € - 500 ml. / from € 10.01 to 12.00 - 500 ml.

Una prova in grande stile per la Viticole & Oleicole des Rives du Rhône, fondata una decina di anni fa da Jean René de Fleurieu, un vero pioniere dell'olivicoltura di qualità. Questa azienda di 180 ettari immersi nel cuore della Linguadoca, ne comprende 70 destinati agli oliveti, dove dimorano 120mila piante, da un ricchissimo parco varietale. Quest'anno sono stati raccolti 4.500 quintali di olive che hanno reso 550 ettolitri di olio extravergine. Segnaliamo l'ottima etichetta Extravergine Moulin des Ombres da Agricoltura Biologica: alla vista è di un bel colore giallo dorato intenso con delicati toni verdolini, limpido. Al naso si apre avvolgente e di carattere, dotato di ampie note vegetali di carciofo, cardo e cicoria, cui si aggiungono intensi sentori di pepe nero e mandorla. Al gusto è complesso e fine, ricco di toni aromatici di erbe officinali con ricordo di rosmarino, menta e salvia. Amaro spiccato e piccante presente e dosato. L'abbinamento ideale è con bruschette con verdure, fagioli bolliti, marinate di pesce persico, verdure arrosto, zuppe di funghi ovoli, primi piatti al pomodoro, tartare di tonno, pollame o carni di agnello al forno, formaggi freschi a pasta filata.

A great performance for Viticole & Oleicole des Rives du Rhône, founded about ten years ago by Jean René de Fleurieu, a real pioneer of quality olive growing. This farm consists of 180 hectares in the green countryside of Languedoc. 70 hectares are destined to olive groves with 120,000 trees of a wide range of varieties. In the last harvest 4,500 quintals of olives were produced, which yielded 550 hectolitres of oil. We recommend the excellent Extra Virgin selection Moulin des Ombres from Organic Farming. It is a beautiful intense limpid golden yellow colour with delicate light green hues. Its aroma is rotund and strong, with ample vegetal notes of artichoke, thistle and chicory, together with intense hints of black pepper and almond. Its taste is complex and fine, rich in an aromatic flavour of officinal herbs, especially rosemary, mint and sage. Bitterness is distinct and pungency is present and complimentary. It would be ideal on bruschette with vegetables, boiled beans, marinated perch, roast vegetables, ovoli mushroom soups, pasta with tomato sauce, tuna tartare, baked poultry or lamb, mozzarella cheese.

Francia France [FR] Languedoc-Roussillon

Moulin a Huile Thomassot

Monteze
30630 Verfeuil (Gard)
Tel. + 33 466 729274
E-mail: claire.thomassot@orange.fr

86

174 m.

Specializzato
Specialized

Alberello
Tree

Brucatura a mano
Hand picking

Sì - Ciclo continuo
Yes - Continuous cycle

Picholine languedoc (80%), negrette (20%)

Fruttato intenso
Intense fruity

da 10,01 a 12,00 € - 500 ml.
from € 10.01 to 12.00 - 500 ml.

Un esordio "coi fiocchi" per questa bella realtà di Monteze: merito del lavoro e della passione di Claire e Michel Thomassot che hanno ridato vigore all'attività di famiglia curando gli olivi centenari sopravvissuti alla terribile gelata del 1956 e impiantandone di nuovi. Oggi i due gestiscono un patrimonio fatto di 7 ettari di oliveto specializzato con 1.500 piante e di un frantoio di proprietà di ultima generazione. Quest'anno il raccolto di 220 quintali di olive ha reso quasi 31 ettolitri di olio. Eccellente l'Extravergine Moulin a Huile Thomassot Aop Huile d'Olive de Nîmes che appare alla vista di colore giallo dorato intenso con leggeri riflessi verdi, limpido; al naso è deciso e ampio, ricco di sentori vegetali di carciofo e cicoria, accompagnati da note balsamiche di basilico e mentuccia. In bocca è complesso e di carattere, con toni fruttati di mela bianca, pepe nero e ortaggi freschi di campo. Amaro potente e piccante spiccato. È eccellente per antipasti di pesce azzurro, insalate di spinaci, marinate di pesce spada, radicchio alla brace, zuppe di carciofi, primi piatti con salsiccia, pesce spada ai ferri, carni rosse o cacciagione arrosto, formaggi di media stagionatura.

A brilliant first appearance for this beautiful farm in Monteze, thanks to Claire and Michel Thomassot, who have given new impetus to their family activity, treating the century-old trees that survived the terrible 1956 frost and planting new ones. Today there is a 7-hectare specialized olive grove with 1,500 trees and an advanced oil mill. In the last harvest 220 quintals of olives yielded almost 31 hectolitres of extra virgin olive oil. The Extra Virgin Moulin a Huile Thomassot Aop Huile d'Olive de Nîmes is excellent. It is an intense limpid golden yellow colour with slight green hues. Its aroma is definite and ample, rich in vegetal hints of artichoke and chicory, together with fragrant notes of basil and field balm. Its taste is complex and strong, with a fruity flavour of white apple, black pepper and fresh country vegetables. Bitterness is powerful and pungency is distinct. It would be ideal on bluefish appetizers, spinach salads, marinated swordfish, barbecued radicchio, artichoke soups, pasta with sausages, grilled swordfish, roast red meat or game, medium mature cheese.

Francia France [FR] Languedoc-Roussillon

Les Oliviers de la Canterrane

Ferme de la Canterrane
66300 Trouillas (Pyrénées-Orientales)
Tel. + 33 468 534790 - Fax + 33 468 534128
E-mail: fermecanter@orange.fr - Web: www.lesoliviersdelacanterrane.com

86

- 70 m.
- **Specializzato** / Specialized
- **Cespuglio, forma libera** / Bush, free form
- **Brucatura a mano e meccanica** / Hand picking and mechanical harvesting
- **No - Ciclo continuo** / No - Continuous cycle
- **Olivière**
- **Fruttato medio** / Medium fruity
- da 10,01 a 12,00 € - 500 ml. / from € 10.01 to 12.00 - 500 ml.

Ancora un'ottima performance per l'azienda Les Oliviers de la Canterrane, una giovane realtà di produzione olearia situata a Ferme de la Canterrane. Complimenti a Christian e Thérèse Pouil che sono alla guida dal 2002 di un patrimonio di 12 ettari di superficie olivetata specializzata di proprietà, con 2.400 piante messe a dimora. Da queste, nella recente campagna olivicola, sono stati raccolti 210 quintali di olive che hanno consentito una produzione di 34 ettolitri di olio extravergine. L'Extravergine Les Oliviers de la Canterrane - Cru Olivière si presenta alla vista di colore giallo dorato intenso, leggermente velato. Al naso si offre deciso e complesso, dotato di eleganti note fruttate di pomodoro acerbo e banana matura, arricchite da sentori aromatici di foglia di fico, eucalipto e menta. In bocca è avvolgente e di personalità, con toni vegetali di sedano, lattuga e chiusura di mandorla. Amaro e piccante presenti e ben espressi. È un eccellente accompagnamento per antipasti di legumi, insalate di pollo, marinate di ricciola, verdure arrosto, passati di patate, risotto con funghi finferli, gamberi in umido, pesci alla brace, formaggi caprini.

Thanks to Christian and Thérèse Pouil, another excellent performance for Les Oliviers de la Canterrane, a young oil farm situated in Ferme de la Canterrane. Since 2002 the Pouil have been running 12 hectares of specialized olive grove with 2,400 trees In the last oil harvest 210 quintals of olives were produced, with a yield of 34 hectolitres of extra virgin olive oil. The Extra Virgin Les Oliviers de la Canterrane - Cru Olivière is an intense slightly hazy golden yellow colour. Its aroma is definite and complex, endowed with elegant fruity notes of unripe tomato and ripe banana, enriched by aromatic hints of fig leaf, eucalyptus and mint. Its taste is rotund and strong, with a vegetal flavour of celery, lettuce and an almond finish. Bitterness and pungency are present and distinct. It would be ideal on legume appetizers, chicken salads, marinated amberjack, roast vegetables, potato purée, risotto with chanterelle mushrooms, stewed shrimps, barbecued fish, goat cheese.

Francia France [FR] Rhône-Alpes

Domaine La Magnanerie

Hameau de Massargues - Massargues
07150 Orgnac l'Aven (Ardèche)
Fax + 33 179 734482
E-mail: contact@domainelamagnanerie.com - Web: www.domainelamagnanerie.com

 90

 350 m.

 Specializzato / Specialized

 Ipsilon / Y-trellis

 Brucatura a mano / Hand picking

 No - Ciclo continuo / No - Continuous cycle

Bouteillan (60%), aglandau (35%), picholine languedoc (5%)

 Fruttato intenso / Intense fruity

da 15,01 a 18,00 € - 500 ml.
from € 15.01 to 18.00 - 500 ml.

Una prova di classe per Domaine La Magnanerie, azienda nata nel 2006 che continua a sedurre il panel con prodotti di grande spicco. Complimenti al giovane Eric Martin che gestisce a Massargues, nel dipartimento dell'Ardèche, un oliveto specializzato di 10 ettari con 3.500 piante che dalle prossime campagne sarà completamente convertito al regime biologico. Dalla raccolta di quest'anno sono stati ricavati 80 quintali di olive che hanno reso una produzione di 15 ettolitri di olio extravergine. Ottima la selezione proposta, l'Extravergine La Magnanerie che alla vista si presenta di colore giallo dorato intenso, limpido; all'olfatto si esprime deciso e avvolgente, con eleganti note floreali di ginestra e sentori vegetali di carciofo, cicoria e lattuga, arricchiti da toni aromatici di mentuccia e salvia. Al gusto è ampio e complesso, dotato di note di ortaggi di campo, pepe bianco e noce fresca. Amaro spiccato e piccante ben espresso. Eccellente per antipasti di pesce azzurro, carpaccio di carne cruda con funghi ovoli, insalate di polpo, zuppe di lenticchie, primi piatti al ragù, tonno alla griglia, coniglio in umido, maiale arrosto, pollo ai ferri, formaggi stagionati a pasta filata.

An excellent performance for Domaine La Magnanerie, a young farm founded in 2006, that always proposes outstanding products to our panel. This result is due to the young Eric Martin, who runs a specialized olive grove of 10 hectares with 3,500 trees in Massargues, in the deparment of Ardèche. In the last oil harvest 80 quintals of olives were produced, which yielded 15 hectolitres of extra virgin olive oil. The selection proposed, the Extra Virgin la Magnanerie, is excellent. It is an intense limpid golden yellow colour. Its aroma is definite and rotund, endowed with elegant flowery notes of genista and vegetal hints of artichoke, chicory and lettuce, enriched by aromatic hints of field balm and sage. Its taste is ample and complex, with a flavour of country vegetables, white pepper and fresh walnut. Bitterness is strong and pungency is distinct. It would be ideal on bluefish appetizers, beef carpaccio with ovoli mushrooms, octopus salads, lentil soups, pasta with meat sauce, grilled tuna, stewed rabbit, roast pork, grilled chicken, aged cheese.

Francia France [FR] Provence-Alpes-Côte d'Azur

Champsoleil

Chemin de Sembola, 2
06340 La Trinité (Alpes Maritimes)
Tel. + 33 493 540298 - Fax + 33 493 540298
E-mail: champsoleil@wanadoo.fr - Web: www.champ-soleil.fr

87

- 292/300 m.
- Promiscuo e specializzato
  Promiscuous and specialized
- Alberello, vaso
  Tree, vase
- Brucatura a mano e meccanica
  Hand picking and mechanical harvesting
- No - Ciclo continuo
  No - Continuous cycle
- Cailletier
- Fruttato leggero
  Light fruity
- da 12,01 a 15,00 € - 500 ml.
  from € 12.01 to 15.00 - 500 ml.

Sulle colline che circondano Nizza si trova Champsoleil, una bella realtà produttiva che si dedica dal 1981 all'olivicoltura, insieme alla coltivazione di ortaggi. Alla guida ci sono i proprietari Henri e Ginette Derepas che conducono 5 ettari di terreno olivetato, sul quale dimorano mille piante di sola varietà cailletier. Da queste nell'ultima campagna olearia sono stati raccolti 130 quintali di olive, pari a una produzione di 30 ettolitri di olio. Segnaliamo l'Extravergine Lou Divin Preludi Aop Huile d'Olive de Nice che alla vista si presenta di un bel colore giallo dorato intenso, limpido; al naso si offre sottile e composto, caratterizzato da toni fruttati di pomodoro di media maturità, mela bianca e banana matura, cui si uniscono sentori balsamici di basilico e prezzemolo. In bocca è fine e vegetale, con note di ortaggi di campo, fave fresche, lattuga e chiusura di mandorla. Amaro presente e piccante dosato con dolce in evidenza. Abbinamento ideale con maionese, antipasti di funghi finferli, aragosta bollita, carpaccio di dentice, insalate di mare, passati di fave, cous cous di pesce, fritture di calamari, molluschi al vapore, formaggi freschi a pasta molle, dolci da forno.

Situated on the hills surrounding Nice, Champsoleil is an agricultural farm, which has been practising olive growing and the cultivation of vegetables since 1981. It is run by the owners Henri and Ginette Derepas, who manage 5 hectares of olive surface with 1,000 trees of the variety cailletier. In the last oil harvest 130 quintals of olives were produced, equal to a yield of 30 hectolitres of oil. We recommend the Extra Virgin Lou Divin Preludi Aop Huile d'Olive de Nice, which is a beautiful intense limpid golden yellow colour. Its aroma is fine and delicate, characterized by fruity hints of medium ripe tomato, white apple and ripe banana , together with fragrant hints of basil and parsley. Its taste is fine and vegetal, with notes of country vegetables, fresh broad beans, lettuce and an almond finish. Bitterness is present and pungency is complimentary with evident sweetness. It would be ideal on mayonnaise, chanterelle mushroom appetizers, boiled spiny lobster, sea bream carpaccio, seafood salads, broad bean purée, fish cous cous, fried squids, steamed mussels, soft fresh cheese, oven cakes.

Francia France [FR] Provence-Alpes-Côte d'Azur

Alain Bicheron

Mas de Fléchon
13520 Maussane les Alpilles (Bouches-du-Rhône)
Tel. + 33 490 543288
E-mail: alain.bicheron140@orange.fr

92

150 m.

Specializzato
Specialized

Alberello
Tree

Brucatura a mano
Hand picking

No - Ciclo continuo
No - Continuous cycle

Salonenque (60%), aglandau (30%), grossane (8%), verdale (2%)

Fruttato medio
Medium fruity

da 12,01 a 15,00 € - 500 ml.
from € 12.01 to 15.00 - 500 ml.

La Alain Bicheron si distingue per l'ottima qualità del suo prodotto. Oggi alla guida dell'azienda di famiglia, situata a Maussane les Alpilles, c'è Alain Bicheron che nel tempo ha riconvertito gran parte della superficie agricola all'olivicoltura. L'impianto specializzato si estende per 25 ettari, dove dimorano 6.500 piante che quest'anno hanno reso 687 quintali di olive, pari a una resa di 150 ettolitri di olio extravergine. L'olio che segnaliamo è l'Extravergine Mas de Fléchon Aop Huile d'Olive de la Vallée des Baux-de-Provence, impeccabile. Appare alla vista di un bel colore giallo dorato intenso con delicate nuance verdi, limpido; al naso si apre deciso e complesso, con ampie note balsamiche di basilico, menta e prezzemolo, arricchite da eleganti sentori fruttati di pera, banana e mela bianca. Al gusto è avvolgente e di personalità, dotato di spiccati toni di pomodoro acerbo, sedano e lattuga. Amaro e piccante presenti e armonici. È perfetto per antipasti di fagioli, carpaccio di salmone, marinate di orata, patate alla griglia, zuppe di farro, primi piatti al pomodoro, crostacei in umido, pesci ai ferri, coniglio arrosto, pollame alla griglia, formaggi freschi a pasta filata.

The farm Alain Bicheron is known for its high quality production. Today the family farm, situated in Maussane les Alpilles, is run by Alain Bicheron, who over the years has converted the most part of the agricultural surface to olive growing. Currently the specialized olive grove extends over 25 hectares, with 6,500 trees. In the last harvest 687 quintals of olives were produced, with a yield of 150 hectolitres of extra virgin olive oil. The selection we recommend is the perfect Extra Virgin Mas de Fléchon Aop Huile d'Olive de la Vallée des Baux-de-Provence. It is a beautiful intense limpid golden yellow colour with delicate green hues. Its aroma is definite and complex, with ample fragrant notes of basil, mint and parsley, enriched by elegant fruity notes of pear, banana and white apple. Its taste is rotund and strong, endowed with distinct notes of unripe tomato, celery and lettuce. Bitterness and pungency are present and harmonic. It would be ideal on bean appetizers, salmon carpaccio, marinated gilthead, grilled potatoes, farro soups, pasta with tomato sauce, stewed shellfish, grilled fish, roast rabbit, grilled poultry, mozzarella cheese.

Francia France [FR] Provence-Alpes-Côte d'Azur

Domaine de Bournissac

Domaine de Bournissac - Les Paluds
13550 Noves (Bouches-du-Rhône)
Tel. + 33 490 954557 - Fax + 33 490 950420
E-mail: domaine.bournissac@orange.fr

90 ↑

- 90 m.
- Promiscuo e specializzato / Promiscuous and specialized
- Palmetta / Fan
- Meccanica / Mechanical harvesting
- Sì - Ciclo continuo / Yes - Continuous cycle
- Aglandau (45%), arbequina (25%), grossane, petit ribiers, picholine languedoc (30%)
- Fruttato intenso / Intense fruity
- da 8,01 a 10,00 € - 500 ml. / from € 8.01 to 10.00 - 500 ml.

Eccellente risultato per il Il Domaine de Bournissac di Les Paluds de Noves. Dal 1995 questa azienda appartiene a Eric Bayol che è alla guida di 18 ettari di superficie olivetata, dove trova posto un ricco parco varietale di 20mila piante. In questa campagna olearia sono stati raccolti 800 quintali di olive che, molite nel moderno frantoio di proprietà, hanno reso una produzione di 120 ettolitri di olio extravergine. Segnaliamo l'etichetta Extravergine Domaine de Bournissac che si presenta alla vista di un bel colore giallo dorato intenso con sottili nuance verdi, limpido. All'olfatto si esprime deciso e avvolgente, dotato di ampie note fruttate di pomodoro di media maturità e mandorla, cui si accompagnano eleganti sentori di erbe officinali, con nettissimo ricordo di basilico e mentuccia. Al gusto è complesso e di personalità, ricco di toni vegetali di fave fresche, lattuga e asparago. Amaro potente e piccante spiccato e ben espresso. È perfetto per bruschette con pomodoro, carpaccio di carne chianina con funghi porcini, marinate di tonno, zuppe di lenticchie, primi piatti con pesce azzurro, pesce spada ai ferri, carni rosse o cacciagione arrosto, formaggi stagionati a pasta dura.

An excellent result for Domaine de Bournissac , situated in Paluds de Noves. Since 1995 this farm has belonged to Eric Bayol, who runs 18 hectares of olive surface with 20,000 trees of a wide range of varieties. In the last harvest 800 quintals of olives were produced, which, once crushed in the modern oil mill, yielded 120 hectolitres of extra virgin olive oil. We recommend the Extra Virgin selection Domaine de Bournissac. It is a beautiful intense limpid golden yellow colour with slight green hues. Its aroma is definite and rotund, endowed with ample fruity hints of medium ripe tomato and almond, together with elegant notes of officinal herbs, especially basil and field balm. Its taste is complex and strong, rich in a vegetal flavour of broad beans, lettuce and asparagus. Bitterness is poweful and pungency is strong and distinct. It would be ideal on bruschette with tomatoes, chianina beef carpaccio with porcini mushrooms, marinated tuna, lentil soups, pasta with bluefish, grilled swordfish, roast red meat or game, hard mature cheese.

Francia France [FR] Provence-Alpes-Côte d'Azur

Moulin des Terroirs de Saint Laurent

Campagne Saint Laurent
Bôite Postal 7 - 84120 Beaumont de Pertuis (Vaucluse)
Tel. + 33 490 088681 - Fax + 33 490 088681
E-mail: chantal.ochs@oliverons.fr - Web: www.oliverons.fr

91

380 m.

Specializzato
Specialized

Alberello, forma libera
Tree, free form

Brucatura a mano
Hand picking

Sì - Tradizionale a presse
Yes - Traditional press system

Aglandau

Fruttato intenso
Intense fruity

da 26,01 a 30,00 € - 500 ml.
from € 26.01 to 30.00 - 500 ml.

Anche quest'anno un risultato di gran classe per il Moulin des Terroirs de Saint Laurent, l'azienda di Patrick e Chantal Ochs che conducono dal 1993 un oliveto specializzato di 9 ettari e un frantoio di ultima generazione. Nell'impianto trovano dimora 2.250 piante dalle quali, nell'ultima campagna olearia, sono stati raccolti 40 quintali di olive che, insieme ai 15 acquistati, hanno reso quasi 11 ettolitri di olio. Segnaliamo l'eccellente Extravergine Elixir d'Olivier - Fougueuse da Agricoltura Biologica: si presenta alla vista di un bel colore giallo dorato intenso con delicate sfumature verdi, limpido; all'olfatto si apre deciso e complesso, con spiccate note fruttate di pomodoro acerbo, mela bianca e noce fresca, accompagnate da ricchi sentori vegetali di erba fresca falciata, lattuga, sedano e cicoria. In bocca è avvolgente e di carattere, con toni balsamici di basilico e mentuccia. Amaro potente e piccante spiccato e ben armonizzato. Si abbina molto bene a antipasti di lenticchie, bruschette con pomodoro, marinate di pollo, pinzimonio, zuppe di fagioli, pesce azzurro gratinato, pollame o carni di maiale ai ferri, formaggi di media stagionatura.

As usual Moulin des Terroirs in Saint Laurent has given an excellent performance. The farm belongs to Patrick and Chantal Ochs, who have been running a 9-hectare specialized olive grove with 2,250 trees and an advanced oil mill since 1993. In the last harvest 40 quintals of olives were produced and 15 purchased, with a yield of almost 11 hectolitres of oil. We recommend the excellent Extra Virgin selection Elixir d'Olivier-Fougueuse from Organic Farming, which is a beautiful intense limpid golden yellow colour with delicate green hues. Its aroma is definite and complex, endowed with distinct fruity notes of unripe tomato, white apple and fresh walnut, together with rich vegetal hints of freshly mown grass, lettuce, celery and chicory. Its taste is rotund and strong, with a fragrant flavour of basil and field balm. Bitterness is powerful and pungency is distinct and harmonic. It would be ideal on lentil appetizers, bruschette with tomatoes, marinated chicken, pinzimonio, bean soups, blue fish au gratin, grilled poultry or pork, medium mature cheese.

Gruppo Sitcom. Il pallino dell'italianità.

Per condividere tutti i giorni ogni sfumatura delle passioni di milioni di italiani, il Gruppo Sitcom ha da anni una formula vincente. Basata sulla creatività, sull'indipendenza e sulle capacità produttive italiane. Una formula originale, declinata su canali televisivi, periodici e siti web seguiti da un pubblico fedele e in costante crescita. Tanto che cucina, viaggi, arredamento, motori e altre passioni sono diventate un vero pallino: il nostro. Il vostro.

Italia
Italy

Distribuzione delle aree olivicole italiane in rapporto alla produzione
Distribution of the Italian olive areas compared to productions

- Assente Absent
- Bassa Low
- Media Medium
- Alta High

Fonte/Source: National Institute of Statistics

Regioni	2008-2009 (t)	2009-2010 (t) (Dati provvisori)	Variazione (%) 2008-2009 2009-2010	Quota 2009-2010 (%)	Ettari Olivetati (ha)	Frantoi Attivi (n°)
Piemonte	10,7	9,3	-13,08	0,00	101	1
Liguria	3.116,8	5.443,8	+74,66	1,04	16.940	142
Lombardia	711,4	973,9	+36,90	0,19	2.408	23
Trentino Alto Adige	243,6	266,7	+9,48	0,05	384	3
Veneto	1.415,8	1.354,0	-4,37	0,26	4.992	39
Friuli Venezia Giulia	28,5	35,8	+25,61	0,01	125	5
Emilia Romagna	1.129,7	1.210,7	+7,17	0,23	3.591	29
Toscana	17.265,9	19.836,0	+14,89	3,80	97.066	363
Marche	4.728,9	3.965,3	-16,15	0,76	9.553	153
Umbria	11.820,7	9.099,9	-23,02	1,74	27.847	231
Lazio	36.973,9	27.223,0	-26,37	5,21	90.024	329
Abruzzo	22.030,2	18.974,3	-13,87	3,63	44.083	397
Molise	5.720,0	6.100,0	+6,64	1,17	20.047	109
Campania	44.096,4	41.625,8	-5,60	7,98	72.271	425
Puglia	190.337,3	152.487,6	-19,89	29,22	377.526	1.010
Basilicata	6.532,9	6.083,0	-6,89	1,17	31.335	142
Calabria	200.825,5	173.568,6	-13,57	33,26	149.176	864
Sicilia	49.669,8	47.204,6	-4,96	9,04	160.097	589
Sardegna	10.119,2	6.453,6	-36,22	1,24	39.622	119
Italia	606.777,2	521.915,9	-13,99	100,00	1.147.188	4.973
Nord	6.656,5	9.294,2	+39,63	1,78	28.541	242
Centro	70.789,4	60.124,2	-15,07	11,51	224.490	1.076
Sud	529.331,3	452.497,5	-14,52	86,71	894.157	3.655

Regions	2008-2009 (t)	2009-2010 (t) (Provisional Data)	Variation (%) 2008-2009 2009-2010	Quota 2009-2010 (%)	Olive Hectares (ha)	Active Olive Oil Mills (n)
Piemonte	10.7	9.3	-13.08	0.00	101	1
Liguria	3,116.8	5,443.8	+74.66	1.04	16,940	142
Lombardia	711.4	973.9	+36.90	0.19	2,408	23
Trentino Alto Adige	243.6	266.7	+9.48	0.05	384	3
Veneto	1,415.8	1,354.0	-4.37	0.26	4,992	39
Friuli Venezia Giulia	28.5	35.8	+25.61	0.01	125	5
Emilia Romagna	1,129.7	1,210.7	+7.17	0.23	3,591	29
Toscana	17,265.9	19,836.0	+14.89	3.80	97,066	363
Marche	4,728.9	3,965.3	-16.15	0.76	9,553	153
Umbria	11,820.7	9,099.9	-23.02	1.74	27,847	231
Lazio	36,973.9	27,223.0	-26.37	5.21	90,024	329
Abruzzo	22,030.2	18,974.3	-13.87	3.63	44,083	397
Molise	5,720.0	6,100.0	+6.64	1.17	20,047	109
Campania	44,096.4	41,625.8	-5.60	7.98	72,271	425
Puglia	190,337.3	152,487.6	-19.89	29.22	377,526	1,010
Basilicata	6,532.9	6,083.0	-6.89	1.17	31,335	142
Calabria	200,825.5	173,568.6	-13.57	33.26	149,176	864
Sicilia	49,669.8	47,204.6	-4.96	9.04	160,097	589
Sardegna	10,119.2	6,453.6	-36.22	1.24	39,622	119
Italy	606,777.2	521,915.9	-13.99	100.00	1,147,188	4,973
North	6,656.5	9,294.2	+39.63	1.78	28,541	242
Centre	70,789.4	60,124.2	-15.07	11.51	224,490	1,076
South	529,331.3	452,497.5	-14.52	86.71	894,157	3,655

L'Italia seguita a distinguersi tra i paesi mediterranei come terra olivicola per eccellenza: per tradizione della coltura, per radicamento della pianta sul territorio e per qualità del prodotto finale. L'olivo ricopre infatti l'intera penisola: attualmente non solo in Piemonte, ma persino in Valle d'Aosta, sono in corso o si stanno attivando delle sperimentazioni mirate a reintrodurre questa coltivazione che era viva nel passato e che successivamente è stata abbandonata per ragioni soprattutto climatiche. C'è ovunque un'olivicoltura che ha delle basi consolidate nel corso di millenni di storia. Diamo qualche dato: la superficie olivetata supera il milione e 147mila ettari sui quali trova dimora un patrimonio di circa 224 milioni e 700mila piante. Le zone più vocate sono quelle collinari, poi quelle montuose e, in piccola parte, le pianure o altipiani. Nella filiera olivicola è impegnato oltre un milione di addetti. Nella campagna 2009-2010 la produzione ha raggiunto le 521.915,9 tonnellate di olio, con una diminuzione del 13,99% rispetto all'annata precedente. La quasi totalità (86,71%) proviene dalle regioni del meridione, seguite dal centro (11,51%) e dal settentrione (1,78%). Primeggiano per volumi, nell'ordine, Calabria, Puglia, Sicilia e Campania, che insieme raggiungono il 79,50% del totale nazionale, seguite a lunga distanza da Lazio, Abruzzo, Toscana e Umbria che rappresentano il 14,38%. L'olivicoltura costituisce un importante contributo per le singole economie agricole regionali, soprattutto nelle aree più vocate del mezzogiorno: in regioni come Calabria e Puglia l'olio costituisce una delle voci più importanti dell'intero comparto agricolo. Ma la vera ragione del primato italiano sta nel ricchissimo e complesso parco varietale: infatti sono state censite più di 500 cultivar che danno origine a oli di altissima qualità. Se infatti l'Italia ha ceduto alla Spagna il primato mondiale per i volumi prodotti, continua tuttavia a essere regina nell'eccellenza qualitativa. Posizione che riguarda tutti i gradini della filiera: dalla coltivazione, alla raccolta, alla trasformazione, attuate mediante tecnologie sempre più moderne e compatibili con la materia prima e con l'ambiente. E tutto questo all'interno di un panorama assai delicato: l'olivicoltura italiana infatti è strutturalmente debole e disomogenea, per via di un marcato iper-frazionamento, per cui l'ambito produttivo è saturato da un gran numero di olivicoltori che ottengono volumi esigui, prediligendo la valorizzazione ambientale e storica dell'olivo anziché investire in impianti maggiormente razionalizzati, e da altrettanti frantoiani e imbottigliatori. Mancano dunque elementi di sinergia nel comparto e i singoli produttori non sono supportati né dalle istituzioni, né dalle associazioni di categoria, né dalla ricerca scientifica: lo dimostra il fatto che non sia stato reso ancora operativo un piano olivicolo nazionale, cui sia aggiungono lo scarso incremento annuo delle superfici impiantate, i ridottissimi volumi degli oli imbottigliati a Denominazione di Origine Protetta e la mancanza di strategie comunicazionali. Se contiamo poi la presenza di un forte nucleo di multinazionali che monopolizzano il mercato con prodotti standard a prezzi contenuti, si comprende come puntare esclusivamente su un mercato di nicchia sia una scelta pressoché obbligata.

Italy is the land of olive par excellence for the tradition of this cultivation, for the presence of this tree in the territory and for the quality of the end product. In fact olive cultivation covers the whole peninsula, since at the moment not only in Piemonte, but even in Valle d'Aosta experimentation is in progress to reintroduce the tradition, once present but later abandoned mainly for climatic reasons. In short there is olive growing everywhere consolidated over thousands of years of history. Currently there are over 1,147,000 hectares of olive surface with 224,700,000 trees. The most suitable areas are mainly situated on the hills, sometimes in the mountains and in a small part in the lowlands or in the highlands. The olive oil sector involves over a million workers. In the last oil harvest 521,915.9 tons of oil were produced, with a 13.99% decrease compared to the previous year. The majority (86.71%) comes from the regions of the south, followed by the centre (11.51%) and then the north (1.78%). Calabria, Puglia, Sicilia and Campania stand out in order of importance, together they produce 79.50% of the total national quantity, followed by Lazio, Abruzzo, Toscana and Umbria with a quota of 14.38%. As regards the economic contribution of olive growing to the single regional agricultural economy, its absolute importance is confirmed in the most favourable areas of the south: in regions like Calabria and Puglia olive oil constitutes one of the most important resources of the whole agricultural sector. But the true reason for the Italian record is in the rich and complex number of varieties - over 500 cultivars have been censused, which produce excellent extra virgin olive oils. If Italy has handed over the record of greatest world producer to Spain, it certainly maintains the position of leader for its high quality. This result extends to all levels of the olive oil sector : from agronomy and harvesting to transformation, effected through technologies ever more specialized in their treatment of raw materials and their respect for the environment. All this takes place in a very complex reality: the Italian olive oil industry is in fact structurally weak , characterized by a lack of homogeneity due to considerable iper-splitting, therefore the productive circle is saturated by too many olive growers who produce a limited quantity - having a preference for the environmental and historical enhancement of the olive tree instead of investing in more rational and productive groves - and by equally as many oil mills and bottlers. What emerges is a lack of sinergy in the sector, in which the single producers are supported neither at institutional level, nor by trading associations or scientific research: this is shown by the lack of a national olive growing plan, by the consequent small annual increase of the olive growing surfaces, the reduced volumes of the Pdo bottled oil and the absolute lack of communication strategies. Moreover the presence in Italy of a strong nucleus of multinational companies that monopolize the market with an average quality product at low cost makes it necessary to aim exclusively at a niche market.

Piemonte

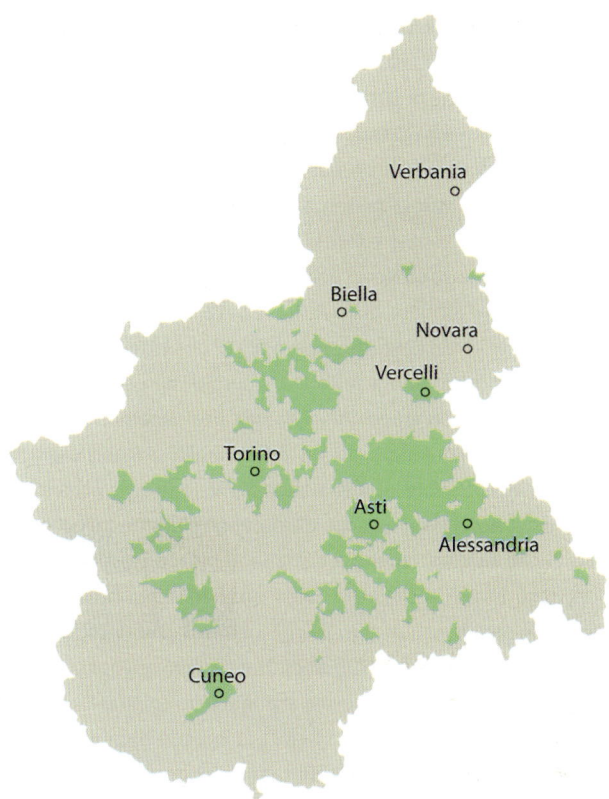

Aree olivetate o a vocazione olivicola • *Olive growing areas or areas suitable to olive growing*

Dati Statistici
Superficie olivetata nazionale	1.147.188 (ha)
Superficie olivetata regionale	101 (ha)
Quota regionale	0,01%
Frantoi	1
Produzione nazionale 09-10	521.915,9 (t)
Produzione regionale 09-10	9,3 (t)
Produzione regionale 08-09	10,7 (t)
Variazione	- 13,08%
Quota regionale	0,002%

National Institute of Statistics

Statistic Data
National Olive Surface	1,147,188 (ha)
Regional Olive Surface	101 (ha)
Regional Quota	0.01%
Olive Oil Mills	1
National production 09-10	521,915.9 (t)
Regional production 09-10	9.3 (t)
Regional production 08-09	10.7 (t)
Variation	- 13.08%
Regional Quota	0.002%

Strano a dirsi, ma anche il Piemonte è una terra olivicola. Nonostante fino a pochi anni fa le statistiche la annoverassero tra le regioni prive di questa coltura, oggi sappiamo invece che questi dati sono superati e che in Piemonte si pratica l'olivicoltura non solo sulle colline più riparate e soleggiate, ma persino nelle vallate alpine. Anzi, proprio negli ultimissimi anni, si sta assistendo al fiorire di numerosi impianti di olivo e all'incremento della produzione di olio. A questo proposito diamo qualche numero: una superficie di 101 ettari olivetati, un solo frantoio regionale e una produzione che, nella campagna olearia 2009-2010, si attesta sulle 9,3 tonnellate di olio, pari allo 0,002% del totale nazionale, pur con una diminuzione del 13,08 % rispetto all'annata precedente. Del resto la presenza di questa pianta e la sua coltivazione in Piemonte non sono una trovata recente, ma hanno profonde radici nel passato. Non mancano le testimonianze storiche: nella zona di Biella già i Romani praticavano l'olivicoltura, come pure nel Torinese, in Val Pellice e in Val di Susa esistevano delle zone vocate. Durante il Medioevo nel Canavese vigeva più di una legge mirata a incentivare gli impianti olivicoli. E almeno fino a tutto il XIV secolo l'olio era in gran parte una produzione locale e gli impianti erano diffusi sia nell'area pedemontana che in quella padana: nelle Langhe e nel Monferrato, dove il terreno argilloso o ghiaioso si adatta alla pianta; nel Canavese, in particolare intorno al Lago di Viverone dove il clima è più mite e temperato; nonché nel Novarese e sul Lago d'Orta, zone più protette dalle intemperie. Crescevano olivi anche laddove terreno e clima sembravano inadatti, probabilmente per le esigenze degli istituti ecclesiastici per i quali l'olio era indispensabile per i riti religiosi. Si menzionano quindi olivi anche nell'area di Cuneo, Saluzzo e Asti. L'olivicoltura prospera dunque fino al 1700, addirittura in concorrenza con la viticoltura, e l'olio era prodotto in quantità considerevole. Il primo fiero colpo subito è quello della gelata del 1789 cui segue un grave abbandono. L'ultima testimonianza di produzioni olearie è del 1911, otto anni dopo nel Monferrato vengono estirpati gli ultimi oliveti e in produzione rimangono solo piante isolate. Anche i frantoi vengono chiusi e definitivamente smantellati. Bisogna attendere i primi anni Ottanta del secolo scorso per trovare i primi segnali di una ripresa di vigore, con l'introduzione di nuove piante che hanno permesso la realizzazione di impianti pionieri. L'olivicoltura suscita interesse in Piemonte sia come alternativa meno dispendiosa di manodopera rispetto alla vite, sia come elemento di tutela del paesaggio, essendo una pianta adatta al recupero e alla valorizzazione dei versanti soleggiati di aree abbandonate o degradate. Attualmente la distribuzione degli impianti e delle aziende si trova in buona parte nel Monferrato, in provincia di Alessandria, oltre che nelle province di Torino, Cuneo e Asti dove si concentra la produzione. Le varietà da olio diffuse sono quelle che più resistono a freddo e malattie: leccino, frantoio, pendolino e leccio del Corno. Ma sono in corso ricerche per studiare quali siano invece le varietà più adatte al terreno, garantendo in futuro un incremento della produzione e un miglioramento della sua qualità.

It may sound strange, but also Piemonte is an olive growing area. Even though only a few years ago statistics included it in the regions where olive cultivation was not present, today these data no longer stand. In Piemonte olive growing takes place not only on the sheltered and sunny hills, but also in the alpine valleys. In fact, especially in recent years, numerous olive groves have been started and olive oil production has increased. These are the present figures: a surface of 101 olive hectares, only one regional olive oil mill and a production that in 2009-2010 was of 9.3 tons of oil, equal to 0.002% of the total national quantity, with a 13.08 % decrease compared to the previous year. It is a fact that the presence of the olive and its cultivation in Piemonte are deeply rooted in the past, as historical sources testify. In the area of Biella the Romans grew olives and also near Turin, in Val Pellice and in Val di Susa. In the Middle Ages in the area of Canavese several laws were enacted to increase olive groves. Until the end of the 14th century olive oil was mainly a local production and olive groves were spread both in the piedmont and in the Po areas: in Langhe and in Monferrato, where the clayey, gravelly soil is suitable to the tree; in Canavese, in particular around lake Viverone, where the climate is milder and more temperate, as well as in Novarese and near Lake Orta, areas that are more sheltered from bad weather. However olive trees grew even where soil and climate seemed unsuitable, probably because monasteries needed olive oil for their religious rites. Olive groves are therefore mentioned also in the areas of Cuneo, Saluzzo and Asti. Olive growing flourished until the 18th century in competition with wine production and the quantity of oil produced was considerable. The first serious blow occurred in 1789, when frost was followed by neglect. The last document about olive oil production dates back to 1911 and 8 years later the last olive groves were uprooted in Monferrato and only a few scattered trees remained productive. Also the olive oil mills were closed and dismantled forever. Only in the early 80's were there the first signs of recovery, when new trees were planted allowing the start of pioneer olive groves. Olive growing has aroused interest in Piemonte both as an alternative to wine production as it requires less manpower, and as an element which protects the landscape, since the olive tree can be used in the reclaiming and the enhancement of neglected or degraded areas. Currently olive groves and farms are mainly located in Monferrato, in the province of Alessandria and in the provinces of Turin, Cuneo and Asti, where production is concentrated. The most common varieties are the most resistant to the cold and diseases: leccino, frantoio, pendolino and leccio del Corno. Moreover research is being carried out to study which varieties are the most suitable to the soil, in order to increase production and improve quality.

Italia Italy [IT] Piemonte

Azienda Agricola Piero Veglio

Patro - Cascina Coletto, 2
14036 Moncalvo (AT)
Tel. + 39 0141 917869 - Fax + 39 0141 917869
E-mail: valentinoveglio@libero.it

85

232 m.

Promiscuo e specializzato
Promiscuous and specialized

Policono, vaso policonico
Polycone, polyconic vase

Bacchiatura e brucatura a mano
Beating and hand picking

No - Ciclo continuo
No - Continuous cycle

Leccino (50%), carboncella (25%), grignan (20%),
leccio del corno (5%)

Fruttato medio
Medium fruity

da 12,01 a 15,00 € - 500 ml.
from € 12.01 to 15.00 - 500 ml.

Unica realtà di produzione olivicola da noi selezionata in Piemonte, l'Azienda Veglio, sulla dorsale delle colline del Monferrato, ha origini che risalgono al 1921. Il ritrovamento di un olivo di 25 anni, testimone dell'esistenza della coltura nella regione, ha spinto la famiglia Veglio a modificare il proprio indirizzo colturale, oggi prevalentemente olivicolo. Parliamo di 5 ettari di impianto specializzato con 1.200 esemplari che quest'anno hanno reso un raccolto di 72 quintali di olive, pari a quasi 10 ettolitri di olio extravergine. L'etichetta è l'Extravergine Robur che si presenta alla vista di un bel colore giallo dorato intenso con sottili riflessi verdi, limpido; all'olfatto si offre ampio ed elegante, con ricche note vegetali di carciofo, lattuga, cicoria e sentori speziati di pepe nero. Al gusto è fine e di carattere, con toni balsamici di basilico e menta e chiusura di mandorla. Amaro e piccante ben espressi ed equilibrati. Si abbina a insalate di funghi finferli, legumi bolliti, marinate di verdure, patate arrosto, passati di asparagi, cous cous di verdure, gamberi in umido, pesce azzurro marinato, pollame o carni di agnello al forno, formaggi freschi a pasta filata.

Azienda Agricola Piero Veglio is the only olive oil producer selected in Piemonte. The farm, situated on the ridge of the hills of Monferrato, dates back to 1921. The discovery of a 25-year old olive tree, witness of the presence of this cultivation in the past of the region, made the family Veglio turn principally to olive growing. There are 5 hectares of specialized olive grove with 1,200 trees. In the last harvest 72 quintals of olives were produced, equal to almost 10 hectolitres of extra virgin olive oil. The selection proposed is the Extra Virgin Robur, which is a beautiful intense limpid golden yellow colour with slight green hues. Its aroma is ample and elegant, with rich vegetal notes of artichoke, lettuce, chicory and spicy hints of black pepper. Its taste is fine and strong, with a fragrant flavour of basil and mint and an almond finish. Bitterness and pungency are distinct and balanced. It would be ideal on chanterelle mushroom salads, boiled legumes, marinated vegetables, roast potatoes, asparagus purée, vegetable cous cous, stewed shrimps, marinated blue fish, baked poultry or lamb, mozzarella cheese.

Liguria

RIVIERA LIGURE
- Ⓐ Riviera dei Fiori
- Ⓑ Riviera del Ponente Savonese
- Ⓒ Riviera di Levante

Dati Statistici
Superficie olivetata nazionale	1.147.188 (ha)
Superficie olivetata regionale	16.940 (ha)
Quota regionale	1,48%
Frantoi	142
Produzione nazionale 09-10	521.915,9 (t)
Produzione regionale 09-10	5.443,8 (t)
Produzione regionale 08-09	3.116,8 (t)
Variazione	+ 74,66%
Quota regionale	1,04%

Statistic Data
National Olive Surface	1,147,188 (ha)
Regional Olive Surface	16,940 (ha)
Regional Quota	1.48%
Olive Oil Mills	142
National production 09-10	521,915.9 (t)
Regional production 09-10	5,443.8 (t)
Regional production 08-09	3,116.8 (t)
Variation	+ 74.66%
Regional Quota	1.04%

National Institute of Statistics

Secondo gli storici furono i Fenici a importare l'olivo nella zona di Nizza e di Imperia, ma è d'altro canto documentata la presenza di piante del genere Olea sin dal 3000 a.C.: dato che sembrerebbe contraddire quanto afferma lo storico greco Strabone, secondo il quale le tribù liguri si approvvigionavano di olio ricavandolo da altre regioni. Un dato certo invece è che i Romani dettero il decisivo impulso alla coltivazione dell'olivo, mentre il merito di aver saputo individuare le caratteristiche di rusticità di questa pianta, la grande capacità di radicamento e l'adattabilità ai terreni scoscesi a terrazza tipici della regione, va ai monaci benedettini del convento di Taggia, in provincia di Imperia. Nella metà dell'Ottocento l'olivicoltura raggiunse la massima espansione, con una superficie olivetata che ricopriva circa il 40% dell'area coltivabile. D'altronde la conformazione del territorio e la posizione geografica fanno della Liguria una terra particolarmente adatta a questa coltura: lunga e stretta, completamente bagnata dal mare, la regione si distende ad anfiteatro all'interno di un'insenatura protetta dalle montagne che la ripara dai venti del nord. Il clima, quasi primaverile anche in pieno inverno, non fa registrare mai temperature troppo basse: tanto che qui crescono anche i fichi d'India. E l'olio ligure da sempre è stato considerato pregiato, grazie a una costanza qualitativa che non è mai venuta meno nel tempo: sia le cooperative olivicole che i frantoi privati si sono dimostrati in buona parte all'altezza nella riorganizzazione produttiva e nell'ammodernamento degli impianti, con l'obiettivo di poter accedere alla certificazione di qualità. Dal 1997 infatti esiste la Dop Riviera Ligure che comprende tutto il territorio regionale, grazie alle tre menzioni geografiche: Riviera del Ponente Savonese, per la provincia di Savona; Riviera di Levante, per le province di Genova e La Spezia; e Riviera dei Fiori, per la provincia di Imperia. In Liguria gli oliveti sono letteralmente arrampicati sui crinali montuosi, con terrazzamenti strappati alle rocce attraverso un lavoro durissimo e paziente. Nonostante queste difficoltà, negli ultimi anni c'è stato un notevole incremento della coltivazione che svolge anche un'importante funzione idrogeologica di contenimento dei versanti. Gli impianti più estesi si trovano nel Ponente ligure, nelle province di Imperia e Savona, dove è diffusa la principale varietà della regione, la rinomata taggiasca che prende il nome dall'abbazia benedettina di Taggia e da cui - caso unico nell'area mediterranea - proviene la quasi totalità dell'olio prodotto nella zona. Accanto a questa cultivar campione si trovano le autoctone lizona, morino, olivana e razzola, tipiche del Savonese, e la colombaia e la pignola, diffusa nella provincia di Imperia. A Levante, nella provincia di La Spezia dove la produzione è meno cospicua, le cultivar più coltivate sono la lantesca e l'olivastrone; a Genova le autoctone pignola e rossese. In tutto il territorio esistono poi altre cultivar minori come la castelnovina, la cozanina, la fiandola, la finalina, la mattea, la negrera, la premice e la pietrasantina. Nella campagna 2009-2010 la Liguria ha ricavato, dai 142 frantoi esistenti, 5.443,8 tonnellate di olio, l'1,04% del totale nazionale, con un aumento del 74,66% rispetto all'annata precedente.

According to historians the Phoenicians imported the olive tree into the area of Nizza and Imperia, but the presence of trees of the variety Olea dates back to 3000 B.C., which seems to contradict the Greek historian Strabo who maintains that tribes from Liguria stocked up on oil from other regions. The Romans certainly gave decisive impetus to olive tree cultivation, but it was the Benedictines of the convent of Taggia in the province of Imperia who were the first to understand the rustication, the great ability to root, the adaptability to the steep impervious territory, typical of the region. Olive growing reached its maximum expansion in the middle of the 19th century, when olive groves covered approximately 40% of the cultivable surface. In fact the conformation of the territory and its geographical position makes Liguria a land particularly suitable to this cultivation: long and narrow, completely washed by the sea, the region stretches like an amphitheatre occupying an inlet sheltered from the north winds by a chain of mountains. Thanks to the almost spring like climate, temperatures are never very low even in winter: suffice to say that Indian figs grow here. Moreover the oil from Liguria has always been good thanks to its constant high quality: both olive co-operatives and private olive oil mills have contributed to reorganizing production and updating plants with the aim of obtaining the certification of quality. Indeed in 1997 the Pdo Riviera Ligure was granted, which includes all the regional territory thanks to the three geographic names Riviera del Ponente Savonese for the province of Savona, Riviera di Levante for the province of Genoa and La Spezia, and Riviera dei Fiori, which includes the areas of the province of Imperia. In Liguria olive groves literally climb up the mountain ridges on terraces reclaimed from the mountains and the rocks with hard and patient labour. In spite of these difficulties, in the last few years there has been a remarkable recovery of olive tree cultivation, which has also the important hydrogeological function of containing the slopes. The most extended olive groves are situated in the Ponente Ligure, above all in the provinces of Imperia and Savona, where the main variety of the region is spread, the well-known taggiasca, which takes its name from the Benedictine abbey of Taggia and from which comes - the only case in the Mediterranean area - almost all the oil produced in the area. Beside this "champion" cultivar we find the autochthonous lizona, morino, olivana and razzola typical of the Savonese, and colombaia and pignola present in the province of Imperia. In Levante, where production is less abundant, in the province of La Spezia the most common cultivars are lantesca and olivastrone; pignola and rossese are instead the typical autochthonous varieties of Genoa. In the whole territory we find other minor cultivars like castelnovina, cozanina, fiandola, finalina, mattea, negrera, premice and pietrasantina. In the olive oil harvest 2009-2010 the existing 142 olive oil mills in Liguria produced 5,443.8 tons of oil, 1.04% of the national total quantity with an increase of 74.66% compared to the previous year.

Olio Anfosso

Via IV Novembre, 99 bis
18027 Chiusavecchia (IM)
Tel. + 39 0183 52418 - Fax + 39 0183 529914
E-mail: anfosso@olioanfosso.it - Web: www.olioanfosso.it

84

100/400 m.

Specializzato
Specialized

Forma libera
Free form

Brucatura a mano
Hand picking

Sì - Ciclo continuo
Yes - Continuous cycle

Taggiasca

Fruttato leggero
Light fruity

da 15,01 a 18,00 € - 500 ml.
from € 15.01 to 18.00 - 500 ml.

Olio Anfosso è una storica azienda fondata nel 1945 a Chiusavecchia, nell'Imperiese. La passione del fondatore Davide Anfosso è stata trasmessa ai figli Alessandro e Alfredo, oggi alla guida di 8 ettari di oliveto specializzato con 3.500 piante di varietà taggiasca. In questa campagna olearia sono stati raccolti 400 quintali di olive che, uniti agli 800 acquistati, hanno permesso di produrre 150 ettolitri di olio, a cui vanno aggiunti altri 500 acquistati, per un totale di 650 ettolitri. Segnaliamo l'etichetta aziendale, l'Extravergine Liquor d'Ulivo Dop Riviera Ligure - Riviera dei Fiori che si offre alla vista di colore giallo dorato intenso con tonalità verdoline, limpido. Al naso si apre composto e fine, dotato di note di mela bianca, carciofo, sedano e sentori balsamici di mentuccia e basilico. In bocca è morbido e dosato, con delicati toni di lattuga e mandorla dolce in chiusura. Amaro e piccante contenuti con dolce in evidenza. Buono l'abbinamento con maionese, antipasti di ceci, carpaccio di gallinella, insalate di funghi ovoli, marinate di dentice, passati di fave, cous cous di pesce, fritture di pesce, rombo al cartoccio, formaggi freschi a pasta molle, dolci lievitati.

Olio Anfosso is an historical farm founded in 1945 in Chiusavecchia in the area of Imperia. The founder Davide Anfosso handed down his passion to his sons Alessandro and Alfredo, who today run 8 hectares of specialized olive grove with 3,500 trees of the variety taggiasca. In the last oil harvest 400 quintals of olives were produced, which together with 800 purchased, allowed a yield of 150 hectolitres of oil. Moreover 500 hectolitres were bought, so that the total quantity is 650 hectolitres. We recommend the farm selection, the Extra Virgin Liquor d'Ulivo Pdo Riviera Ligure - Riviera dei Fiori. It is an intense limpid golden yellow colour with light green hues. Its aroma is delicate and fine, endowed with notes of white apple, artichoke, celery and fragrant hints of field balm and basil. Its taste is mellow and balanced, with a delicate flavour of lettuce and a sweet almond finish. Bitterness and pungency are limited and sweetness is evident. It would be ideal on mayonnaise, chickpea appetizers, piper carpaccio, ovoli mushroom salads, marinated sea bream, broad bean purée, fish cous cous, fish fry, turbot baked in parchment paper, soft fresh cheese, yeast-raised cakes.

Italia Italy [IT] Liguria

Benza Frantoiano
Via Dolcedo, 180
18100 Dolcedo (IM)
Tel. + 39 0183 280132 - Fax + 39 0183 281968
E-mail: info@oliobenza.it - Web: www.oliobenza.it

86

300/500 m.

Specializzato
Specialized

Vaso libero
Free vase

Bacchiatura
Beating

Sì - Ciclo continuo e tradizionale a presse
Yes - Continuous cycle and traditional press system

Taggiasca

Fruttato medio
Medium fruity

da 10,01 a 12,00 € - 500 ml.
from € 10.01 to 12.00 - 500 ml.

Benza Frantoiano è una delle aziende storiche dell'Imperiese: in attività dal 1853, è sempre stata proprietà della stessa famiglia, che si è tramandata saperi e sapori senza rinunciare alla giusta innovazione tecnologica. I Benza conducono oggi 16 ettari di oliveto dove dimorano più di 3.500 piante di taggiasca. Nell'ultima campagna olearia sono stati raccolti circa 235 quintali di olive che, uniti ai quasi 4.919 acquistati, hanno prodotto più di 1.078 ettolitri di olio. Ottima la selezione proposta, l'Extravergine Dulcèdo Dop Riviera Ligure - Riviera dei Fiori. Si presenta alla vista di colore giallo dorato intenso con delicati riflessi verdi, limpido; al naso si offre ampio e avvolgente, con eleganti note vegetali di carciofo, cicoria, lattuga e sentori fruttati di pomodoro acerbo. In bocca è complesso e fine, con toni aromatici di menta, salvia e pepe bianco. Amaro e piccante ben espressi e armonici che chiudono in mandorla dolce. Perfetto su antipasti di mare, bruschette con verdure, fagioli bolliti, marinate di orata, passati di patate, risotto con funghi finferli, pesce azzurro marinato, tartare di ricciola, formaggi freschi a pasta filata.

Benza Frantoiano is one of the historical farms in the area of Imperia. It has been active since 1853 and has always belonged to the same family. Loyalty to their own roots and technological innovation coexist in the farm. Today the Benza run a 16-hectare olive grove with over 3,500 trees of the variety taggiasca. In the last oil harvest 235 quintals of olives were produced, which, together with almost 4,919 purchased, yielded over 1,078 hectolitres of oil. The selection proposed, the Extra Virgin Dulcèdo Pdo Riviera Ligure - Riviera dei Fiori, is excellent. It is an intense limpid golden yellow colour with delicate green hues. Its aroma is ample and rotund, with elegant vegetal notes of artichoke, lettuce and fruity hints of unripe tomato. Its taste is complex and fine, with an aromatic flavour of mint, sage and white pepper. Bitterness and pungency are distinct and harmonic with a sweet almond finish. It would be ideal on seafood appetizers, bruschette with vegetables, boiled beans, marinated gilthead, potato purée, risotto with chanterelle mushrooms, marinated blue fish, amberjack tartare, mozzarella cheese.

Italia Italy [IT] Liguria

Azienda Agricola Paolo Cassini

Via Roma, 112 - Regione Gao
18035 Isolabona (IM)
Tel. + 39 0184 208159 - Fax + 39 0184 208159
E-mail: info@oliocassini.it - Web: www.oliocassini.it

88 ⬆

- 150/550 m.
- Specializzato / Specialized
- Vaso cespugliato, vaso policonico / Vase bush, polyconic vase
- Bacchiatura / Beating
- Sì - Ciclo continuo / Yes - Continuous cycle
- Taggiasca
- Fruttato medio / Medium fruity
- da 8,01 a 10,00 € - 500 ml. / from € 8.01 to 10.00 - 500 ml.

Brillante risultato per l'Agricola Paolo Cassini di Isolabona, nata nel 1962 per opera di Giovanni Cassini e oggi guidata dal figlio Paolo che ha puntato sull'innovazione tecnologica per ottenere un prodotto finale di alta qualità. Possiede un frantoio all'avanguardia e più di 7 ettari di impianto olivetato specializzato sul quale trovano dimora 1.200 esemplari, in prevalenza alberi secolari. Nell'ultima campagna il raccolto ha fruttato 120 quintali di olive, per una produzione di circa 27 ettolitri di olio. Ottima l'etichetta aziendale, l'Extravergine S'ciappau Gran Cru che alla vista si presenta di un bel colore giallo dorato intenso, limpido. All'olfatto si esprime complesso e vegetale, ricco di ampie note di carciofo e lattuga, arricchite da eleganti sentori di menta, rosmarino e pepe nero. In bocca è fine e avvolgente, dotato di morbidi toni di frutta secca, con mandorla e noce fresca in evidenza. Amaro spiccato e piccante presente. Eccellente l'abbinamento con antipasti di fagioli, antipasti di molluschi, insalate di pomodori, marinate di verdure, zuppe di ceci, primi piatti con salmone, gamberi in umido, rombo ai ferri, pollame o carni di agnello al forno, formaggi caprini.

A brilliant result for Azienda Agricola Paolo Cassini in Isolabona, founded in 1962 by Giovanni Cassini and currently run by his son Paolo, who has aimed at technological innovation to obtain a high quality end product. He owns an advanced oil mill and over 7 hectares of specialized olive grove with 1,200 mainly century-old trees. In the last oil harvest 120 quintals of olives were produced, with a yield of about 27 hectolitres of extra virgin olive oil. The excellent farm selection, the Extra Virgin S'ciappau Gran Cru, is a beautiful intense limpid golden yellow colour. Its aroma is complex and vegetal, rich in ample notes of artichoke and lettuce, enriched by elegant hints of mint, rosemary and black pepper. Its taste is fine and rotund, endowed with mellow hints of dried fruit, especially almond and fresh walnut. Bitterness is distinct and pungency is present. It would be ideal on bean appetizers, mussel appetizers, tomato salads, marinated vegetables, chickpea soups, pasta with salmon, stewed shrimps, grilled turbot, baked poultry or lamb, goat cheese.

Italia Italy [IT] Liguria

Azienda Olivicola Gocce d'Olio

Via Lepanto, 2 - Riva Faraldi
18016 Villa Faraldi (IM)
Tel. + 39 0183 41118 - Fax + 39 0183 41118
E-mail: gagli1@libero.it - Web: www.goccedolio.com

80 ⬆

180/400 m.

Specializzato
Specialized

Piramide, policono
Monocone, polycone

Brucatura a mano e meccanica
Hand picking and mechanical harvesting

No - Sinolea
No - Sinolea

Taggiasca

Fruttato leggero
Light fruity

da 8,01 a 10,00 € - 500 ml.
from € 8.01 to 10.00 - 500 ml.

Diamo il benvenuto alla Gocce d'Olio, nella assolata Riviera di Ponente, che si dedica all'olivicoltura da quattro generazioni, tramandando il mestiere di padre in figlio. Guidata da Roberto Gaglione, l'azienda si estende su diversi poderi dislocati sulle colline a terrazze della Valle Cervo, per un totale di 15 ettari, con 3mila piante di taggiasca. Quest'anno il raccolto ha fruttato 270 quintali di olive, pari a una resa produttiva di 60 ettolitri di olio. Segnaliamo l'etichetta aziendale Gocce d'Olio - Cru Carpanaudo che si presenta alla vista di colore giallo dorato intenso con delicati riflessi verdolini, leggermente velato; all'olfatto si offre sottile e composto, con sentori fruttati di mela bianca e leggero pomodoro acerbo, cui si accompagnano note balsamiche di basilico e mentuccia. Al gusto si esprime morbido e dosato, con toni vegetali di carciofo, sedano e lattuga. Amaro e piccante presenti e contenuti, con dolce in evidenza. Ideale accompagnamento per antipasti di crostacei, carpaccio di orata, insalate di lattuga, verdure bollite, passati di piselli, primi piatti con funghi ovoli, pesci al vapore, tartare di spigola, formaggi freschi a pasta molle, biscotti da forno.

Present for the first time in this Guide, Gocce d'Olio is situated in the sunny Riviera di Ponente and has been practising olive growing for four generations, passing down this tradition from father to son. Run by Roberto Gaglione, the farm stretches over several estates placed on the terraced hills of Valle Cervo and covers 15 hectares with 3,000 trees of the variety taggiasca. In the last harvest 270 quintals of olives were produced, equal to a yield of 60 hectolitres of oil. We recommend the farm selection Gocce d'Olio - Cru Carpanaudo, which is an intense slightly hazy golden yellow colour with delicate light green hues. Its aroma is fine and delicate, with fruity hints of white apple and a slight note of unripe tomato, together with fragrant notes of basil and field balm. Its taste is mellow and delicate, with a vegetal flavour of artichoke, celery and lettuce. Bitterness and pungency are present and limited with evident sweetness. It would be ideal on shellfish appetizers, gilthead carpaccio, lettuce salads, boiled vegetables, pea purée, pasta with ovoli mushrooms, steamed fish, bass tartare, soft fresh cheese, oven cookies.

Italia Italy [IT] Liguria

Agroalimentare Ranise

Via Nazionale, 30 - Oneglia
18100 Imperia
Tel. + 39 0183 767966 - Fax + 39 0183 763700
E-mail: info@ranise.it - Web: www.ranise.it

86

- 300/500 m.
- Specializzato / Specialized
- Forma libera / Free form
- Bacchiatura / Beating
- No - Ciclo continuo misto / No - Mixed continuous cycle
- Taggiasca
- Fruttato leggero / Light fruity
- da 12,01 a 15,00 € - 500 ml. / from € 12.01 to 15.00 - 500 ml.

Dal 1995 la famiglia Ranise dirige con tenacia questa bella realtà di produzione olearia, recuperando gli oliveti impiantati dai loro avi nel corso delle generazioni. Presso Oneglia, una delle zone più vocate del territorio imperiese, i Ranise dispongono di 8 ettari di impianto specializzato con 1.200 piante di varietà taggiasca, dalle quali quest'anno sono stati raccolti 100 quintali di olive che, uniti ai 200 acquistati, hanno reso circa 65 ettolitri di olio. Unica l'etichetta Extravergine proposta, il Ranise Dop Riviera Ligure - Riviera dei Fiori. Alla vista si presenta di colore giallo dorato scarico, limpido; all'olfatto si apre leggero e armonico, caratterizzato da sentori vegetali di carciofo, lattuga e delicati toni balsamici di prezzemolo e basilico. Al gusto è elegante e morbido, con note fruttate di banana acerba e frutta secca, con noce fresca e mandorla in evidenza. Amaro presente e piccante contenuto, con dolce spiccato. Eccellente accompagnamento per maionese, antipasti di ceci, aragosta al vapore, carpaccio di spigola, insalate di mare, zuppe di fave, risotto con asparagi, gamberi alla griglia, tartare di dentice, formaggi freschi a pasta molle, biscotti da forno.

The family Ranise has been doggedly running this beautiful farm since 1995, restoring the olive groves planted over the years by their ancestors. Situated near Oneglia, one of the most suitable areas in the territory of Imperia, the estate consists of 8 hectares of specialized olive grove with 1,200 trees of the variety taggiasca. In the last harvest 100 quintals of olives were produced, which, together with 200 purchased, yielded about 65 hectolitres of extra virgin olive oil. There is only one Extra Virgin selection proposed, Ranise Pdo Riviera Ligure - Riviera dei Fiori. It is a light limpid golden yellow colour. Its aroma is fine and harmonic, characterized by vegetal hints of artichoke, lettuce and delicate fragrant hints of parsley and basil. Its taste is elegant and mellow, with fruity notes of unripe banana and dried fruit, especially fresh walnut and almond. Bitterness is present and pungency is limited with distinct sweetness. It would be ideal on mayonnaise, chickpea appetizers, steamed spiny lobster, bass carpaccio, seafood salads, broad bean soups, risotto with asparagus, grilled shrimps, sea bream tartare, soft fresh cheese, oven cookies.

Italia Italy [IT] Liguria

Azienda Agricola Roberto Rebaudo

Regione Pagan
18037 Pigna (IM)
Tel. + 39 0184 241494
E-mail: info@alpagan.it - Web: www.alpagan.it

86

- 550/600 m.
- Specializzato / Specialized
- Vaso / Vase
- Bacchiatura e meccanica / Beating and mechanical harvesting
- No - Ciclo continuo / No - Continuous cycle
- Taggiasca
- Fruttato leggero / Light fruity
- da 8,01 a 10,00 € - 500 ml. / from € 8.01 to 10.00 - 500 ml.

L'Agricola Roberto Rebaudo è una bella struttura agrituristica situata a Pigna, in un'oasi naturalistica nel cuore della Val Nervia. L'attività principale dell'azienda è la produzione di piante ornamentali, ma pian piano l'oliveto sta acquistando uno spazio sempre più importante e oggi conta 350 piante allevate su una superficie di quasi 2 ettari. Durante l'ultima campagna olearia sono stati raccolti 38 quintali di olive, per una resa di circa 7 ettolitri di olio extravergine. Unica la selezione proposta, l'Extravergine U Giarún che si offre alla vista di un bel colore giallo dorato intenso, limpido; all'olfatto si apre elegante e complesso, dotato di sentori vegetali di carciofo, lattuga, cardo selvatico e note di erbe aromatiche, con ricordo di basilico e prezzemolo. Al gusto è avvolgente e morbido, caratterizzato da toni fruttati di noce fresca, leggero pomodoro acerbo e mandorla dolce. Amaro e piccante contenuti e ben armonizzati. Ottimo su maionese, antipasti di crostacei, carpaccio di dentice, insalate di mare, verdure bollite, passati di funghi ovoli, cous cous di pesce, fritture di calamari, pesci bolliti, tartare di orata, formaggi freschi a pasta molle, dolci lievitati.

Agricola Roberto Rebaudo is a beautiful holiday farm situated in Pigna in a nature oasis in the heart of Val Nervia. The farm mainly produces ornamental plants, but the olive grove is growing more and more important and today consists of 350 trees cultivated on a surface of almost 2 hectares. During the last oil harvest 38 quintals of olives were produced, with a yield of about 7 hectolitres of extra virgin olive oil. There is only one selection proposed, the Extra Virgin U Giarún. It is a beautiful intense limpid golden yellow colour. Its aroma is elegant and complex, with vegetal hints of artichoke, lettuce, wild thistle and notes of aromatic herbs, particularly basil and parsley. Its taste is rotund and mellow, characterized by a fruity flavour of fresh walnut, a slight note of unripe tomato and sweet almond. Bitterness and pungency are limited and harmonic. It would be ideal on mayonnaise, shellfish appetizers, sea bream carpaccio, seafood salads, boiled vegetables, ovoli mushroom purée, fish cous cous, fried squids, boiled fish, gilthead tartare, soft fresh cheese, yeast-raised cakes.

Italia Italy [IT] Liguria

Casa Olearia Taggiasca

Via Regione Prati e Pescine Argine Sinistro
18018 Arma di Taggia (IM)
Tel. + 39 0184 486044 - Fax + 39 0184 487497
E-mail: m.bonaldo@galateofriends.it - Web: www.galateofriends.it

82

- 500 m.
- **Specializzato** / Specialized
- **Ombrello ribassato** / Weeping vase
- **Bacchiatura e brucatura a mano** / Beating and hand picking
- **Sì - Ciclo continuo** / Yes - Continuous cycle
- Taggiasca
- **Fruttato leggero** / Light fruity
- da 15,01 a 18,00 € - 500 ml. / from € 15.01 to 18.00 - 500 ml.

Nata nel 1995 dalla volontà delle famiglie Ghu e Guasco di creare una struttura operativa nel settore olivicolo, Casa Olearia Taggiasca è l'azienda olearia più giovane del Ponente ligure. Situata ad Arma di Taggia, nell'Imperiese, e diretta da Marco Bonaldo, è una realtà artigianale medio-piccola che consta di 6 ettari di impianto specializzato con 1.300 piante. Da queste nell'ultima campagna sono stati raccolti 380 quintali di olive, che hanno permesso di produrre quasi 82 ettolitri di olio extravergine. Segnaliamo l'unica proposta aziendale, l'Extravergine Galateo & Friends che si presenta alla vista di colore giallo dorato intenso, limpido. All'olfatto si apre composto e fine, dotato di sentori fruttati di mela bianca matura e note vegetali di carciofo e lattuga. Al gusto è elegante e dosato, caratterizzato da toni balsamici di mentuccia e basilico, con spiccata mandorla in chiusura. Amaro e piccante contenuti, con dolce in evidenza. Si abbina bene a maionese, antipasti di ceci, insalate di mare, marinate di dentice, passati di ceci, zuppe di porri, cous cous di pesce, risotto con gamberi, fritture di calamari, rombo al cartoccio, formaggi freschi a pasta molle, dolci lievitati.

Casa Olearia Taggiasca was founded in 1995 by the families Ghu and Guasco, who wanted to create a structure working in the olive oil sector, and is therefore the most recent farm in the Ponente ligure. Situated in Arma di Taggia, in the area of Imperia, and run by Marco Bonaldo, it is a medium-small artisanal estate consisting of a 6-hectare specialized olive grove with 1,300 trees. In the last oil harvest 380 quintals of olives were produced, with a yield of almost 82 hectolitres of extra virgin olive oil. We recommend the only farm selection, the Extra Virgin Galateo & Friends. It is an intense limpid golden yellow colour. Its aroma is delicate and fine, with fruity hints of ripe white apple and vegetal notes of artichoke and lettuce. Its taste is elegant and delicate, characterized by fragrant hints of field balm and basil and a distinct almond finish. Bitterness and pungency are limited with evident sweetness. It would be ideal on mayonnaise, chickpea appetizers, seafood salads, marinated sea bream, chickpea purée, leek soups, fish cous cous, risotto with shrimps, fried squids, turbot baked in parchment paper, soft fresh cheese, yeast-raised cakes.

Frantoio Bartolomeo Venturino

Via Molini, 1
18013 Diano San Pietro (IM)
Tel. + 39 0183 429505 - Fax + 39 0183 429898
E-mail: info@frantoioventurino.com - Web: www.frantoioventurino.com

81

200/300 m.

Specializzato
Specialized

Vaso aperto
Open vase

Brucatura a mano e meccanica
Hand picking and mechanical harvesting

Sì - Ciclo continuo
Yes - Continuous cycle

Taggiasca

Fruttato leggero
Light fruity

da 8,01 a 10,00 € - 500 ml.
from € 8.01 to 10.00 - 500 ml.

Diamo il benvenuto alla Bartolomeo Venturino: un'azienda a conduzione familiare che si tramanda il mestiere e la passione dell'olivicoltura dal 1946 e da allora è in continua espansione. Attualmente dispone di un oliveto di 15 ettari, con 4mila piante messe a dimora e di un frantoio di ultima generazione. Nell'ultima campagna olearia questo ha molito un raccolto di mille quintali di olive che, uniti ai 12mila acquistati, hanno permesso una produzione di 3mila ettolitri di olio. L'Extravergine Oliveti in Camporondo Dop Riviera Ligure - Riviera dei Fiori si presenta alla vista di colore giallo dorato intenso con tonalità verdoline, limpido; al naso si offre ampio e avvolgente, con eleganti sentori fruttati di mela bianca e pinolo, cui si accompagnano note vegetali di erba fresca falciata, lattuga e carciofo. Fine e balsamico in bocca, ha toni di basilico e mentuccia. Amaro ben espresso e piccante contenuto, con chiusura di mandorla dolce. È un ideale accompagnamento per crostacei al vapore, insalate di lattuga, marinate di dentice, patate bollite, zuppe di piselli, primi piatti con funghi ovoli, fritture di verdure, pesci al vapore, formaggi freschi a pasta molle, biscotti da forno.

Present for the first time in this Guide, Bartolomeo Venturino is a family-run farm passing down the tradition and passion for olive growing since 1946 and constantly expanding since then. Currently there is a 15-hectare olive grove with 4,000 trees and an advanced oil mill. In the last harvest 1,000 quintals of olives were produced and 12,000 purchased, with a yield of 3,000 hectolitres of extra virgin olive oil. The Extra Virgin Oliveti in Camporondo Pdo Riviera Ligure - Riviera dei Fiori is an intense limpid golden yellow colour with light green hues. Its aroma is ample and rotund, with elegant fruity hints of white apple and pine nut, together with vegetal notes of freshly mown grass, lettuce and artichoke. Its taste is fine and fragrant, with hints of basil and field balm. Bitterness is distinct and pungency is limited, with a sweet almond finish. It would be ideal on steamed shellfish, lettuce salads, marinated sea bream, boiled potatoes, pea soups, pasta with ovoli mushrooms, fried vegetables, steamed fish, soft fresh cheese, oven cookies.

Italia Italy [IT] Liguria

Azienda Agricola Belfiore
Via Montefrancio, 88
19033 Castelnuovo Magra (LS)
Tel. + 39 0187 1921123 - Fax + 39 0187 1921123
E-mail: info@agricolabelfiore.it - Web: www.agricolabelfiore.it

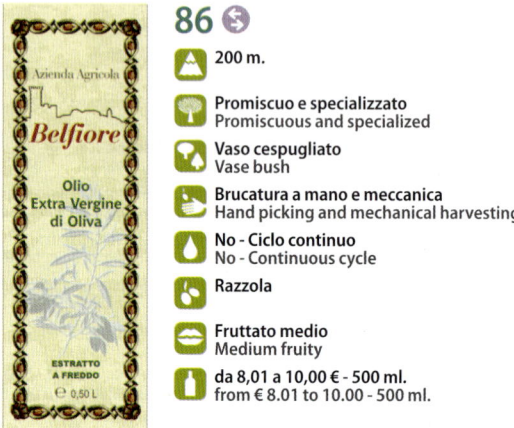

86

200 m.

Promiscuo e specializzato
Promiscuous and specialized

Vaso cespugliato
Vase bush

Brucatura a mano e meccanica
Hand picking and mechanical harvesting

No - Ciclo continuo
No - Continuous cycle

Razzola

Fruttato medio
Medium fruity

da 8,01 a 10,00 € - 500 ml.
from € 8.01 to 10.00 - 500 ml.

L'Agricola Belfiore è una giovanissima impresa a conduzione familiare situata nelle vocate colline di Castelnuovo Magra in provincia di La Spezia dove l'olivicoltura è praticata dall'epoca dei Romani e i terreni sono tramandati di padre in figlio da quattro generazioni. Sondra Simili è attualmente alla guida di circa 4 ettari di impianto specializzato dove trovano posto poco più di mille piante. Quest'anno il raccolto ha fruttato 70 quintali di olive, pari a una produzione di 13 ettolitri di olio. Ottima la selezione monocultivar aziendale, l'Extravergine Belfiore - Razzola che si presenta alla vista di un bel colore giallo dorato intenso con delicati riflessi verdi, limpido. Al naso è deciso e ampio, con ricchi sentori vegetali di erba fresca falciata, carciofo, cardo e spiccati toni balsamici di menta e rosmarino. Al gusto è elegante e complesso, con note di lattuga, pepe nero e mandorla. Amaro spiccato e piccante presente e armonico. Perfetto su antipasti di farro, fagioli bolliti, insalate di lenticchie, marinate di orata, passati di asparagi, cous cous di verdure, crostacei in guazzetto, molluschi gratinati, pollame o carni di agnello al forno, formaggi freschi a pasta filata.

Agricola Belfiore is a young family-run oil farm situated on the favourable hills of Castelnuovo Magra in the province of La Spezia, where olive growing has been practised since Roman times and the land has been handed down from father to son for four generations. Currently Sonia Simili runs 4 hectares of specialized olive grove containing little more than 1,000 trees. In the last harvest they produced 70 quintals of olives, equal to a yield of 13 hectolitres of extra virgin olive oil. The farm selection, the Extra Virgin Belfiore - Razzola, is excellent. It is a beautiful intense limpid golden yellow colour with delicate green hues. Its aroma is definite and ample, with rich vegetal hints of freshly mown grass, artichoke, thistle and distinct fragrant hints of mint and rosemary. Its taste is elegant and complex, with notes of lettuce, black pepper and almond. Bitterness is distinct and pungency is present and harmonic. It would be ideal on farro appetizers, boiled beans, lentil salads, marinated gilthead, asparagus purée, vegetable cous cous, stewed shellfish, mussels au gratin, baked poultry or lamb, mozzarella cheese.

Italia Italy [IT] Liguria

Azienda Agricola Ca' de Bruson

Via Montefrancio, 64
19033 Castelnuovo Magra (LS)
Tel. + 39 0187 670255
E-mail: cadebruson@libero.it - Web: www.terredaolio.it

88

- 50/200 m.
- **Promiscuo e specializzato** / Promiscuous and specialized
- **Vaso aperto** / Open vase
- **Brucatura a mano e meccanica** / Hand picking and mechanical harvesting
- **No - Ciclo continuo** / No - Continuous cycle
- **Razzola**
- **Fruttato medio** / Medium fruity
- da 8,01 a 10,00 € - 500 ml. / from € 8.01 to 10.00 - 500 ml.

Una prova in grande stile per la Ca' de Bruson, proprietà dei Lagomarsini dal 1891 sulle colline intorno al borgo medievale di Castelnuovo Magra, nel Levante ligure. L'amore per l'olivicoltura si sposa con il rispetto per la natura per cui l'azienda, che da quest'anno è anche fattoria didattica, segue il programma europeo di riduzione dei fitofarmaci e i canoni della bioedilizia. Gli oliveti occupano 5 ettari con 1.200 piante che, nell'ultima campagna, hanno reso 95 quintali di olive e 15 ettolitri di olio. Tre gli Extravergine monocultivar Ca' de Bruson, tutti ineccepibili: Castelnovina, Lantesca e soprattutto Razzola. Di un bel colore giallo dorato intenso, limpido; all'olfatto è deciso e complesso, con spiccati sentori erbacei di carciofo e cicoria, arricchiti da note aromatiche di menta e rosmarino. In bocca è elegante e avvolgente, con toni di ortaggi di campo, spiccato pepe nero e mandorla. Amaro deciso e piccante ben espresso. È eccellente per antipasti di mare, insalate di farro, marinate di ricciola, patate alla griglia, zuppe di ceci, primi piatti con molluschi, fritture di carni, rombo alla brace, coniglio arrosto, pollame alla griglia, formaggi freschi a pasta filata.

An excellent performance for Ca' de Bruson, owned by the Lagomarsini since 1891 on the hills surrounding the medieval village of Castelnuovo Magra in the Levante ligure. Interested in olive growing and nature, they have recently organized a didactic farm and follow the European program to reduce phytosanitary products and the principles of biohousing. The olive groves cover 5 hectares with 1,200 trees, which in the last harvest produced 95 quintals of olives, equal to 15 hectolitres of oil. There are three excellent Monocultivar selections Ca' de Bruson, Castelnovina, Lantesca and especially Razzola. This one is a beautiful intense limpid golden yellow colour. Its aroma is definite and complex, with distinct vegetal hints of artichoke and chicory, enriched by aromatic notes of mint and rosemary. Its taste is elegant and rotund, with hints of country vegetables, strong black pepper and almond. Bitterness is definite and pungency is distinct. It would be ideal on seafood appetizers, farro salads, marinated amberjack, grilled potatoes, chickpea soups, pasta with mussels, breaded fried meat, barbecued turbot, roast rabbit, grilled poultry, mozzarella cheese.

Italia Italy [IT] Liguria

Azienda Agricola Ca' Rina

Via Ugo Mantero, 17/c - Ponzano Superiore - Succiso
19037 Santo Stefano di Magra (SP)
Tel. + 39 0187 954317 - Fax + 39 0187 954317
E-mail: ca-rina@hotmail.com

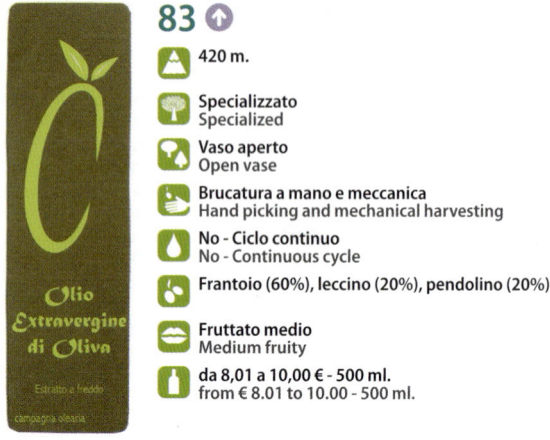

83 ↑

- 420 m.
- Specializzato / Specialized
- Vaso aperto / Open vase
- Brucatura a mano e meccanica / Hand picking and mechanical harvesting
- No - Ciclo continuo / No - Continuous cycle
- Frantoio (60%), leccino (20%), pendolino (20%)
- Fruttato medio / Medium fruity
- da 8,01 a 10,00 € - 500 ml. / from € 8.01 to 10.00 - 500 ml.

Brillante esordio per la Ca' Rina, giovane azienda del Levante ligure. Si tratta di una piccola realtà in espansione, fondata da Luca Grando e da sua moglie Annalisa Lagomarsini che l'ha recentemente rilevata, iscrivendola al biologico. In azienda si producono anche confetture e conserve, da piante e ortaggi di proprietà, oltre che naturalmente olio extravergine, da 130 piante che albergano su 1 ettaro di impianto specializzato. Quest'anno il raccolto ha reso 25 quintali di olive, pari a circa 2 ettolitri di olio. Ottimo l'Extravergine Ca' Rina che si presenta alla vista di un bel colore giallo dorato intenso con sottili nuance verdi, limpido; all'olfatto si offre avvolgente e ampio, con eleganti sentori fruttati di pomodoro acerbo e mela bianca, arricchiti da note balsamiche di basilico e menta. In bocca è complesso e fine, dotato di toni vegetali e speziati di sedano, lattuga e pepe nero. Amaro presente e piccante dosato e armonico. È un eccellente accompagnamento per antipasti di orzo, carpaccio di dentice, insalate di mare, marinate di gallinella, passati di verdure, risotto con asparagi, fritture di paranza, seppie al forno, formaggi freschi a pasta molle, biscotti da forno.

A brilliant start for Ca' Rina, a young farm in Levante ligure. It is a developing structure, founded by Luca Grando and his wife Annalisa Lagomarsini, who has recently taken it over, converting it to organic farming. The farm also produces jams and conserves from its own trees and vegetables, besides of course extra virgin olive oil. There is 1 hectare of specialized olive grove with 130 trees. In the last harvest 25 quintals of olives were produced, equal to about 2 hectolitres of oil. The excellent Extra Virgin Ca' Rina is a beautiful intense limpid golden yellow colour with slight green hues. Its aroma is rotund and ample, with elegant fruity hints of unripe tomato and white apple, enriched by fragrant notes of basil and mint. Its taste is complex and fine, endowed with a vegetal and spicy flavour of celery, lettuce and black pepper. Bitterness is present and pungency is complimentary and harmonic. It would be ideal on barley appetizers, sea bream carpaccio, seafood salads, marinated piper, vegetable purée, risotto with asparagus, fried small fish, baked cuttlefish, soft fresh cheese, oven cookies.

Italia Italy [IT] Liguria

Azienda Olivicola Canaiella

Via Canaiella, 4 - Legino
17100 Savona
Tel. + 39 019 860190 - Fax + 39 019 8386623
E-mail: info@canaiella.it - Web: www.canaiella.it

88 ↑

135 m.

Specializzato
Specialized

Cespuglio
Bush

Brucatura a mano
Hand picking

Sì - Ciclo continuo
Yes - Continuous cycle

Taggiasca (96%),
frantoio, leccino, moraiolo, pendolino (4%)

Fruttato leggero
Light fruity

da 15,01 a 18,00 € - 500 ml.
from € 15.01 to 18.00 - 500 ml.

Disteso sulle tipiche terrazze rivolte verso il mare e immerso in una natura fatta di boschi e vegetazioni selvatiche, si trova l'oliveto dell'Azienda Canaiella, gestito dal 1996 da Filippina Berruti che segue i dettami dell'agricoltura biologica. Sono poco meno di 5 ettari di impianto specializzato dove trovano posto 873 alberi. Durante l'ultima campagna olearia sono stati raccolti quasi 117 quintali di olive che hanno prodotto circa 18 ettolitri di olio. L'etichetta aziendale, l'Extravergine Canaiella Dop Riviera Ligure - Riviera del Ponente Savonese da Agricoltura Biologica, si presenta alla vista di colore giallo dorato scarico, limpido. All'olfatto si esprime ampio e avvolgente, dotato di eleganti sentori fruttati di pomodoro acerbo, mela bianca e mandorla, arricchiti da note aromatiche di basilico e mentuccia. Al gusto si offre complesso e vegetale, con toni di carciofo, lattuga e sedano. Amaro e piccante ben presenti e armonici. Un eccellente abbinamento è con maionese, antipasti di pesce persico, crostacei bolliti, insalate di riso, marinate di trota, passati di fave, risotto con asparagi, rombo al cartoccio, seppie ai ferri, formaggi freschi a pasta molle, dolci da forno.

The olive grove of Azienda Canaiella is situated on the typical terraces overlooking the sea in the middle of woods and wild vegetation. Since 1996 it has been run by Filippina Berruti according to organic farming principles. There are nearly 5 hectares of specialized olive grove with 873 trees. During the last oil harvest almost 117 quintals of olives were produced, with a yield of about 18 hectolitres of extra virgin olive oil. The farm selection, the Extra Virgin Canaiella Pdo Riviera Ligure - Riviera del Ponente Savonese from Organic Farming is a light limpid golden yellow colour. Its aroma is ample and rotund, with elegant fruity hints of unripe tomato, white apple and almond, enriched by aromatic notes of basil and field balm. Its taste is complex and vegetal, with a flavour of artichoke, lettuce and celery. Bitterness and pungency are present and harmonic. It would be ideal on mayonnaise, perch appetizers, boiled shellfish, rice salads, marinated trout, broad bean purée, risotto with asparagus, turbot baked in parchment paper, grilled cuttlefish, soft fresh cheese, oven cakes.

Italia Italy [IT] Liguria

Azienda Agricola Domenico Ruffino
Strada del Borriolo, 9 - Varigotti - Pria Grossa
17024 Finale Ligure (SV)
Tel. + 39 019 698044 - Fax + 39 019 698044
E-mail: domenicoruffino@hotmail.com

93

- 40/90 m.
- Specializzato / Specialized
- Cespuglio, forma libera / Bush, free form
- Brucatura a mano / Hand picking
- Sì - Ciclo continuo / Yes - Continuous cycle
- Selvatico
- Fruttato medio / Medium fruity
- da 12,01 a 15,00 € - 500 ml. / from € 12.01 to 15.00 - 500 ml.

Superba prova per la Domenico Ruffino di Varigotti, struttura all'avanguardia dal punto di vista ambientale e tecnologico. Il patrimonio comprende l'oliveto centenario Pria Grossa, che si estende per quasi 2 ettari, sorretto dai suggestivi e antichissimi muri di pietra a secco, e un'avanzata linea di estrazione e imbottigliamento. Quest'anno dalle 690 piante sono stati raccolti 60 quintali di olive, pari a 12 ettolitri di olio. Tre le selezioni Extravergine monocultivar Pria Grossa, tutte eccellenti: il Colombaia, il Colombaia Denocciolato e il Sarvegu, scelto dal panel. Di un bel colore giallo dorato intenso con toni verdolini, limpido; all'olfatto si offre ampio e avvolgente, ricco di note vegetali di erba fresca falciata, carciofo e cicoria, cui si accompagnano eleganti sentori fruttati di mela bianca e mandorla. Al gusto è deciso e complesso, con toni aromatici di basilico, menta e pepe nero. Amaro spiccato e piccante ben espresso. È perfetto per antipasti di mare, bruschette con verdure, insalate di farro, marinate di ricciola, passati di patate, risotto con funghi finferli, rombo alla piastra, seppie in umido, formaggi freschi a pasta filata.

A great result for Domenico Ruffino in Varigotti, an advanced structure from the technological and environmental point of view. The estate includes the century-old olive grove Pria Grossa covering almost 2 hectares with 690 trees, surrounded by picturesque and ancient dry-stone walls, and an advanced extraction and bottling system. In the last harvest 60 quintals of olives were produced, with a yield of 12 hectolitres of oil. There are 3 excellent Monocultivar Extra Virgin selections Pria Grossa: Colombaia, Colombaia Denocciolato and Sarvegu, chosen by our panel. It is a beautiful intense limpid golden yellow colour with light green hues. Its aroma is ample and rotund, with vegetal notes of freshly mown grass, artichole and chicory and elegant fruity hints of white apple and almond. Its taste is definite and complex, with an aromatic flavour of basil, mint and black pepper. Bitterness is strong and pungency is distinct. It would be ideal on seafood appetizers, bruschette with vegetables, farro salads, marinated amberjack, potato purée, risotto with chanterelle mushrooms, pan-seared turbot, stewed cuttlefish, mozzarella cheese.

Lombardia

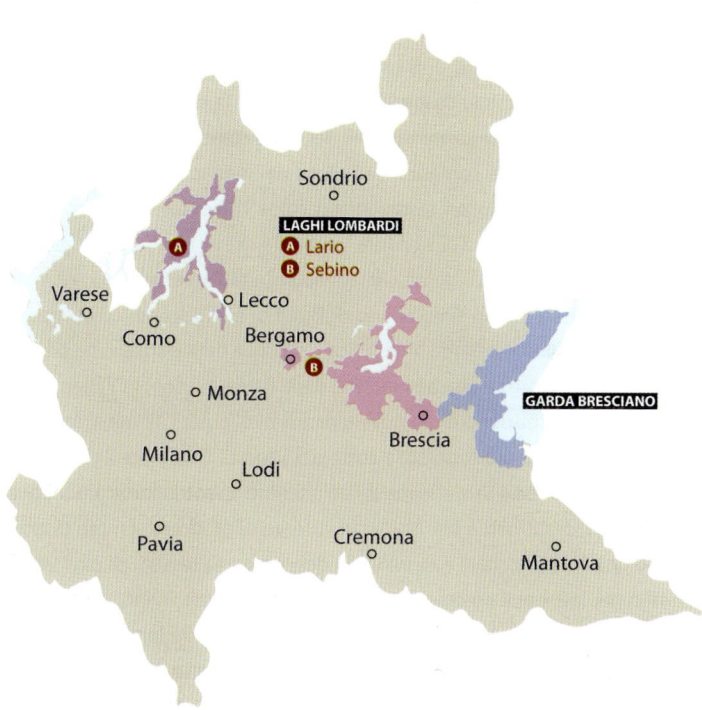

Dati Statistici

Superficie olivetata nazionale	1.147.188 (ha)
Superficie olivetata regionale	2.408 (ha)
Quota regionale	0,21%
Frantoi	23
Produzione nazionale 09-10	521.915,9 (t)
Produzione regionale 09-10	973,9 (t)
Produzione regionale 08-09	711,4 (t)
Variazione	+ 36,90%
Quota regionale	0,19%

National Institute of Statistics

Statistic Data

National Olive Surface	1,147,188 (ha)
Regional Olive Surface	2,408 (ha)
Regional Quota	0.21%
Olive Oil Mills	23
National production 09-10	521,915.9 (t)
Regional production 09-10	973.9 (t)
Regional production 08-09	711.4 (t)
Variation	+ 36.90%
Regional Quota	0.19%

Benché la Lombardia sia comunemente nota come la terra del latte e del burro, in realtà il particolare microclima delle zone che circondano i laghi prealpini lombardi (Maggiore, di Como, di Garda e d'Iseo) ne fa anche una regione dove è praticabile l'olivicoltura. Grazie infatti alla protezione dai venti offerta dall'arco subalpino e ai terreni di origine morenica, in questi comprensori prosperano le colture tipiche di zone più meridionali come oleandri, palme, limoni, viti e, per l'appunto, olivi. L'extravergine prodotto è di pregevole qualità. Sicuramente i volumi produttivi del passato erano molto più cospicui rispetto a oggi: lo testimoniano i toponimi come "Oliveto Lario", le denominazioni catastali dei fondi come "Zoca de l'Oli" e soprattutto il tributo in olio richiesto ai contadini della zona dai monaci di Sant'Ambrogio. Sebbene i reperti fossili e archeologici testimoniano come l'olivo fosse conosciuto persino in epoca preromana, tuttavia l'olivicoltura lombarda riceve un impulso davvero decisivo nell'alto Medioevo. "Garda deputavit ad olium" stabilisce nell'835 Wala, abate del potente monastero di San Colombano di Bobbio: è l'inizio dell'olivicoltura intensiva sulla riviera bresciana del Garda. A bonificare paludi e dissodare colline per impiantarvi vigne e oliveti concorrono anche i monaci della Badia di Leno, in Valtenesi, come tutti i religiosi spinti dal bisogno di approvvigionarsi di olio per l'illuminazione delle chiese e per i riti sacri. L'olio prodotto sulle coste del Lago di Garda era il più apprezzato sul mercato veneziano e La Serenissima dà un'ulteriore spinta all'olivicoltura, per sfruttare al meglio il dazio sull'olio e per assicurarsi riserve di prodotto sempre disponibili. Con l'avvento dell'era industriale e lo sviluppo del comparto tessile, gli olivi vengono però espiantati per lasciare il posto a colture più redditizie quali il lino, la canapa e i filari di gelso per allevare i bachi da seta. Oggi il settore oleario è in lenta ma costante ripresa. Certo, i quantitativi sono molto limitati: nella campagna 2009-2010 la produzione ha raggiunto le 973,9 tonnellate di olio, pari allo 0,19% del totale nazionale, con un aumento del 36,90% rispetto all'annata precedente. Tuttavia, anche se i numeri sono esigui, la qualità è alta e tutelata da due marchi Dop, assegnati nel 1998: Laghi Lombardi - con le menzioni geografiche aggiuntive Sebino e Lario - e Garda, accompagnato dalla menzione Bresciano. La zona più produttiva della regione è sempre stata e rimane la provincia di Brescia. Gli oliveti più estesi si trovano in particolare sulla costa orientale del Lago d'Iseo, dove prevalgono le varietà frantoio, leccino, moraiolo e pendolino accanto alla casaliva gardesana. Sulla costa occidentale del Lago di Garda sono attive numerose aziende e la maggior parte dei frantoi che sono in tutto 23. A partire da Desenzano del Garda e risalendo la costa, le zone olivicole coincidono con i più importanti e rinomati siti turistici: Salò, Gardone, Toscolano Maderno, per nominarne alcuni, fanno parte di una zona particolarmente vocata dove si produce olio extravergine di oliva da varietà frantoio, leccino e dalle autoctone casaliva e gargnà. Altri oliveti sono in produzione nell'area del Lago di Como, in particolare a Lenno e a Bellagio, dove si coltivano le varietà frantoio, leccino e casaliva gardesana.

Lombardia is the land of milk and butter, but also of a good extra virgin olive oil, thanks to the particular microclimate of the areas surrounding the Lombard lakes of the Prealps: Maggiore, Como, Garda, Iseo. The subalpine mountains, which shelter these lands from the winds, and the morainic grounds favour the cultivation generally typical of more southern areas like oleanders, palm trees, lemon trees, grapevines and obviously olive trees. The quality of the extra virgin olive oil produced here is excellent. Certainly once oil production was much more abundant than today, as is shown by toponyms like Oliveto Lario, the cadastal names of plots of land like the"Zoca de l'Oli" and especially the fact that the monks of Sant'Ambrogio levied an oil duty to local peasants. Although fossil and archaeological finds testify that the olive tree was also known in pre-Roman times, Lombard olive growing really developed in the early Middle Ages. "Garda deputavit ad olium" was stated in 835 by Wala, the abbot of the powerful monastery of San Colombano di Bobbio: this was the beginning of intensive olive growing on the coast of lake Garda facing Brescia. In order to plant vineyards and olive groves marshes were reclaimed and hills tilled. Also the monks of the Badia di Leno in Valtenesi contributed, as well as all the churchmen who needed oil for religious rites and to illuminate their churches. The oil produced on the coasts of Lake Garda was the most appreciated on the Venice market and the Serenissima further stimulated olive growing to exploit the duty on oil in the best way and to always have supplies available. In the Industrial Age with the development of the textile industry olive trees were uprooted in favour of more profitable cultivations such as flax, hemp and mulberry to rear silkworms. Today the olive oil sector is slowly but constantly recovering, even if quantity is still limited: in the last harvest 973.9 tons of oil were produced, equal to 0.19% of the total national quantity, with an increase of 36.90% in comparison to the previous year. However, though figures are small, quality is so high that it is protected by two Pdo granted in 1998: Laghi Lombardi – with the additional geographical name Sebino and Lario – and Garda together with the name Bresciano. The most productive area of the region has always been and still is the province of Brescia. The biggest olive groves are mostly on the eastern coast of Lake Iseo, where the varieties frantoio, leccino, moraiolo, pendolino, together with casaliva gardesana prevail. On the west coast of Lake Garda there are numerous farms and the most olive oil mills, which are 23 altogether: from Desenzano del Garda going up the coast, the olive growing areas coincide with the most important and well-known tourist sites. Salò, Gardone, Toscolano Maderno, to quote only some, are part of a particularly suitable area, where extra virgin olive oil is produced from the varieties frantoio, leccino and from the autochthonous casaliva and gargnà. Other olive groves are in the area of Lake Como, especially in Lenno and Bellagio, where we find the varieties frantoio, leccino and casaliva gardesana.

Olearia Caldera

Via Trevisago, 68
25080 Manerba del Garda (BS)
Tel. + 39 0365 659020 - Fax + 39 0365 550289
E-mail: info@oleariacaldera.com - Web: www.oleariacaldera.com

86

- 200 m.
- Promiscuo / Promiscuous
- Monocono, policono, vaso policonico / Monocone, polycone, polyconic vase
- Brucatura a mano / Hand picking
- No - Ciclo continuo / No - Continuous cycle
- Casaliva (45%), leccino (45%), frantoio (10%)
- Fruttato leggero / Light fruity
- da 12,01 a 15,00 € - 500 ml. / from € 12.01 to 15.00 - 500 ml.

Continua a brillare la stella dell'Olearia Caldera di Manerba del Garda, una realtà giovane fondata nel 2004 da Ugo Caldera sull'onda di una grande passione per l'olio extravergine di oliva. Non disponendo di oliveti di proprietà, l'azienda seleziona partite di olive in questa zona tradizionalmente vocatissima. Nell'ultima campagna olearia ha acquistato 450 quintali di olive che, una volta molite, hanno reso una produzione di quasi 71 ettolitri di olio. Ottima la selezione Extravergine Olearia Caldera Dop Garda - Bresciano: si presenta alla vista di un bel colore giallo dorato intenso con delicate nuance verdi, limpido; all'olfatto si apre ampio e avvolgente, dotato di eleganti sentori vegetali di carciofo, cicoria ed erbe officinali, con netto ricordo di menta e basilico. In bocca si esprime complesso e fine, arricchito da toni di ortaggi di campo, mandorla dolce e note speziate di pepe nero. Amaro e piccante ben presenti ed equilibrati. È un ottimo accompagnamento per antipasti di ceci, carpaccio di dentice, insalate di gamberi, marinate di trota, zuppe di piselli, primi piatti con funghi ovoli, fritture di paranza, seppie ai ferri, formaggi freschi a pasta molle, dolci da forno.

Another good performance for Olearia Caldera in Manerba del Garda, a young farm founded in 2004 by Ugo Caldera because of his great passion for extra virgin olive oil. As it does not own olive groves, the farm selects olive parcels in this traditionally very favourable area. During the last harvest the farm purchased 450 quintals of olives, which yielded almost 71 hectolitres of extra virgin olive oil. The excellent Extra Virgin selection Olearia Caldera Pdo Garda - Bresciano is a beautiful intense limpid golden yellow colour with delicate green hues. Its aroma is ample and rotund, endowed with elegant vegetal hints of artichoke, chicory and officinal herbs, with a distinct note of mint and basil. Its taste is complex and fine, enriched by hints of country vegetables, sweet almond and spicy notes of black pepper. Bitterness and pungency are present and balanced. It would be ideal on chickpea appetizers, sea bream carpaccio, shrimp salads, marinated trout, pea soups, pasta with ovoli mushrooms, fried small fish, grilled cuttlefish, soft fresh cheese, oven cakes.

Italia Italy [IT] Lombardia

Azienda Agricola Novello Cavazza

Via del Melograno, 35 - Montinelle
25080 Manerba del Garda (BS)
Tel. + 39 0365 551012
E-mail: info@oliodelgarda.it - Web: www.oliodelgarda.it

88

- 70 m.
- **Specializzato** / Specialized
- **Monocono, policono** / Monocone, polycone
- **Meccanica** / Mechanical harvesting
- **No - Ciclo continuo** / No - Continuous cycle
- Fs17
- **Fruttato medio** / Medium fruity
- da 12,01 a 15,00 € - 500 ml. / from € 12.01 to 15.00 - 500 ml.

Sempre all'altezza delle aspettative. La grande tenuta, già proprietà dei principi Borghese, viene acquisita e completamente trasformata nel 1924 dal conte Alessandro Cavazza. Dal 1970 alla guida c'è Novello Cavazza che ha destinato all'olivicoltura 15 ettari dei 49 di cui consta l'intera proprietà che comprende anche, nei locali della filanda e nella corte minore, accoglienti appartamenti per gli ospiti. Nell'oliveto dimorano più di 4mila esemplari che hanno reso quest'anno 350 quintali di olive e circa 68 ettolitri di olio. Due le selezioni Extravergine Cavazza, il Dop Garda - Bresciano e l'ottimo monocultivar Fs17, che segnaliamo: giallo dorato intenso con nuance verdoline, limpido; al naso è complesso e vegetale, ricco di sentori di carciofo, lattuga, sedano e toni balsamici di menta e basilico. Ampio e avvolgente al gusto, ha eleganti note fruttate di pomodoro acerbo e mela bianca che chiudono in mandorla. Amaro e piccante decisi e armonici. Ideale su antipasti di farro, bruschette con verdure, insalate di pomodori, marinate di salmone, passati di orzo, primi piatti con molluschi, fritture di carni, pesci di scoglio in umido, formaggi caprini.

Another great performance for this large estate, once owned by the princes Borghese. It was purchased and completely transformed in 1924 by the Earl Alessandro Cavazza. Since 1970 it has been run by Novello Cavazza, who has destined 15 hectares out of 49 to olive growing. The estate also includes comfortable guest accomodation in the premises of the spinnery and in the minor court. There are over 4,000 trees, which produced 350 quintals of olives in the last harvest, with a yield of about 68 hectolitres of oil. There are two Extra Virgin selections Cavazza, the Pdo Garda - Bresciano and the excellent Monocultivar Fs17 , which is an intense limpid golden yellow colour with light green hues. Its aroma is complex and vegetal, rich in hints of artichoke, lettuce and fragrant hints of mint and basil. Its taste is ample and rotund, with elegant fruity notes of unripe tomato and white apple with an almond finish. Bitterness and pungency are definite and harmonic. It would be ideal on farro appetizers, bruschettes with vegetables, tomato salads, marinated salmon, barley purée, pasta with mussels, breaded fried meat, stewed rock-fish, goat cheese.

Azienda Agricola Comincioli

Via Roma, 10 - Castello
25080 Puegnago sul Garda (BS)
Tel. + 39 0365 651141 - Fax + 39 0365 651141
E-mail: info@comincioli.it - Web: www.comincioli.it

97

210 m.

Specializzato
Specialized

Monocono, vaso policonico
Monocone, polyconic vase

Brucatura a mano e meccanica
Hand picking and mechanical harvesting

Sì - Ciclo continuo
Yes - Continuous cycle

Casaliva

Fruttato medio
Medium fruity

da 18,01 a 22,00 € - 500 ml.
from € 18.01 to 22.00 - 500 ml.

Tre etichette straordinarie per la Comincioli che è l'espressione tecnologicamente avanzata di una cultura tradizionalmente rurale, e olivicola, dell'entroterra gardesano. Complimenti a Gianfranco Comincioli che incoroniamo con il premio Migliore Olio Extravergine di Oliva - Metodo di Estrazione. Erede della tenuta di Castello, proprietà della sua famiglia dal 1552, è alla guida di 10 ettari di impianto specializzato con 2.600 piante che quest'anno hanno reso 400 quintali di olive che, uniti ai 200 acquistati, hanno prodotto 60 ettolitri di olio. Tre le selezioni Extravergine Denocciolato: il N° 1 e i due Comincioli, Leccino e Casaliva, quest'ultimo scelto dal panel. Giallo dorato intenso con sottili sfumature verdi, limpido; al naso è deciso e complesso, ricco di note vegetali di carciofo, cicoria e deciso ricordo di menta, rosmarino e salvia. Al gusto è elegante e avvolgente, con ampi toni speziati di pepe nero e mandorla. Amaro deciso e piccante presente. Perfetto per antipasti di pomodori, fagioli bolliti, insalate di ceci, marinate di salmone, zuppe di orzo, risotto con funghi finferli, molluschi gratinati, pesci alla brace, coniglio al forno, pollo arrosto, formaggi caprini.

Three excellent oils for the farm Comincioli, the technological expression of a traditional rural and oil tradition in the inland of Garda. This result is due to Gianfranco Comincioli, who deserves the award of the Best Extra Virgin Olive Oil - Extraction System. He is the heir of the estate of Castello, owned by his family since 1552. There are 10 hectares of specialized olive grove with 2,600 trees. In the last harvest 400 quintals of olives were produced and 200 purchased, with a yield of 60 hectolitres of oil. There are three Extra Virgin Denocciolato: N° 1 and the two Comincioli, Leccino and Casaliva, chosen by our panel. It is an intense limpid golden yellow colour with slight green hues. Its aroma is definite and complex, rich in vegetal notes of artichoke, chicory and a strong hint of mint, rosemary and sage. Its taste is elegant and rotund, with ample spicy notes of black pepper and almond. Bitterness is definite and pungency is present. It would be ideal on tomato appetizers, boiled beans, chickpea salads, marinated salmon, barley soups, risotto with chanterelle mushrooms, mussels au gratin, barbecued fish, baked rabbit, roast chicken, goat cheese.

Italia Italy [IT] Lombardia

Azienda Agricola Biologica Valerio Giacomini

Via Villavetro, 82 - Bogliaco
25084 Gargnano (BS)
Tel. + 39 0365 71134 - Fax + 39 0365 71134
E-mail: valerio.giacomini@alice.it

86 ⬆

- 130/250 m.
- Specializzato / Specialized
- Vaso policonico / Polyconic vase
- Brucatura a mano e meccanica / Hand picking and mechanical harvesting
- Sì - Ciclo continuo / Yes - Continuous cycle
- Casaliva
- Fruttato medio / Medium fruity
- da 12,01 a 15,00 € - 500 ml. / from € 12.01 to 15.00 - 500 ml.

Ottimo debutto per la Giacomini di Gargnano, sulla sponda lombarda del Lago, all'interno del Parco Alto Garda Bresciano, in un'area collinare vocata all'olivo. Valerio Giacomini è alla guida dal 2000 di questa bella struttura che segue i dettami dell'agricoltura biologica e che comprende più di 2 ettari di oliveto, in gran parte secolare ma radicalmente riformato, con 450 piante di casaliva. Quest'anno il raccolto ha fruttato 90 quintali di olive che, molite nel moderno frantoio di proprietà, hanno reso circa 15 ettolitri di olio. L'Extravergine Giacomini - Casaliva da Agricoltura Biologica è di colore giallo dorato intenso con sottili nuance verdi, limpido; al naso è ampio e avvolgente, ricco di sentori vegetali di carciofo, cicoria e netto ricordo di erbe officinali, con menta e rosmarino in evidenza. In bocca è fine e complesso, con eleganti note di lattuga e toni spiccati di noce fresca e pepe nero. Amaro deciso e piccante presente. Buono l'abbinamento con antipasti di mare, bruschette con verdure, insalate di ceci, marinate di ricciola, zuppe di orzo, risotto con verdure, gamberi in umido, pesci alla piastra, coniglio arrosto, pollame al forno, formaggi freschi a pasta filata.

An excellent first performance for Giacomini in Gargano, on the Lombard side of the lake, inside the Park Alto Garda Bresciano, in a hilly area suitable to the olive tree. Valerio Giacomini has been running this beautiful farm since 2000 according to organic farming principles. There are over 2 hectares of a mainly century-old, but improved olive grove with 450 trees of the variety casaliva. In the last harvest 90 quintals of olives were produced, with a yield of about 15 hectolitres of oil. The Extra Virgin Giacomini - Casaliva from Organic Farming is an intense limpid golden yellow colour with slight green hues. Its aroma is ample and rotund, rich in vegetal hints of artichoke, chicory and a distinct note of officinal herbs, especially mint and rosemary. Its taste is fine and complex, with elegant notes of lettuce and distinct hints of fresh walnut and black pepper. Bitterness is definite and pungency is present. It would be ideal on seafood appetizers, bruschettes with vegetables, chickpea salads, marinated amberjack, barley soups, risotto with vegetables, stewed shrimps, pan-seared fish, roast rabbit, baked poultry, mozzarella cheese.

Italia Italy [IT] Lombardia

Azienda Agricola Il Brolo
P.zza Bortolotti, 5
25080 Polpenazze del Garda (BS)
Tel. + 39 0365 675118 - Fax + 39 030 2629757
E-mail: patrizia@il-brolo.it - Web: www.il-brolo.it

86 ⬆

115/344 m.

Promiscuo
Promiscuous

Vaso policonico
Polyconic vase

Brucatura a mano
Hand picking

Sì - Ciclo continuo
Yes - Continuous cycle

Leccino (70%), casaliva (25%), pendolino (5%)

Fruttato medio
Medium fruity

da 22,01 a 26,00 € - 500 ml.
from € 22.01 to 26.00 - 500 ml.

E sordio in grande stile per Il Brolo, che ha tutte le carte in regola per essere un'azienda di alto livello: filiera rigidamente controllata, dal campo alla bottiglia, frantoio di ultima generazione e nuovo impianto di conservazione sotto azoto per il mantenimento delle qualità organolettiche del prodotto finale. Complimenti al proprietario, Augusto Rampa, e all'agronomo Marco Penitenti di cui si avvale. Quest'anno dalle quasi 900 piante, su circa 4 ettari, sono stati ricavati 78 quintali di olive e pressoché 9 ettolitri di olio. L'ottimo Extravergine Il Brolo Dop Garda - Bresciano si offre alla vista di colore giallo dorato intenso con sottili toni verdi, limpido; al naso è ampio e avvolgente, con sentori vegetali di carciofo e cardo selvatico, cui si affiancano eleganti note balsamiche di menta e rosmarino. In bocca è complesso e fine, con toni speziati di pepe nero che chiudono in mandorla dolce. Amaro deciso e piccante ben espresso. È un perfetto accompagnamento per antipasti di molluschi, insalate di farro, legumi bolliti, patate alla griglia, zuppe di orzo, risotto con funghi finferli, crostacei in guazzetto, pesci arrosto, formaggi caprini.

A high-class first appearance for Il Brolo, which is certainly a quality farm: a strictly controlled production chain, from the field to the bottle, an advanced oil mill and a new nitrogen conservation system to preserve the organoleptic qualities of the end product. These achievements are due to the owner Augusto Rampa, and to the agronomist Marco Penitenti. In the last harvest almost 900 trees on about 4 hectares produced 78 quintals of olives and about 9 hectolitres of extra virgin olive oil. The excellent Extra Virgin Il Brolo Pdo Garda - Bresciano is an intense limpid golden yellow colour with slight green hues. Its aroma is ample and rotund, with vegetal hints of artichoke and wild thistle, together with elegant fragrant notes of mint and rosemary. Its taste is complex and fine, with a spicy flavour of black pepper and a sweet almond finish. Bitterness is definite and pungency is distinct. It would be ideal on mussel appetizers, farro salads, boiled legumes, grilled potatoes, barley soups, risotto with chanterelle mushrooms, stewed shellfish, roast fish, goat cheese.

Italia Italy [IT] Lombardia

Azienda Agricola Montecroce

V.le Ettore Andreis, 84 - Montecroce
25015 Desenzano del Garda (BS)
Tel. + 39 030 9911504 - Fax + 39 030 9911504
E-mail: info@frantoiomontecroce.it - Web: www.frantoiomontecroce.it

84 ⬆

- 200 m.
- Specializzato / Specialized
- Monocono, vaso policonico / Monocone, polyconic vase
- Meccanica / Mechanical harvesting
- Sì - Ciclo continuo / Yes - Continuous cycle
- Casaliva (50%), frantoio (20%), gargnà (10%), leccino (10%), altre/others (10%)
- Fruttato leggero / Light fruity
- da 12,01 a 15,00 € - 500 ml. / from € 12.01 to 15.00 - 500 ml.

La storia della Montecroce inizia più o meno 50 anni fa, quando il nonno di Paolo Venturini, Domenico, decide di dedicarsi esclusivamente all'olivicoltura e costruisce un frantoio nel centro della tenuta. Attualmente 20 ettari di oliveto specializzato con 10mila piante di olivo si estendono nei terreni di Desenzano, Padenghe e Maguzzano. Nella recente campagna olearia il raccolto ha raggiunto i 470 quintali di olive, che hanno permesso una produzione di circa 68 ettolitri di olio extravergine. L'etichetta proposta, l'Extravergine Montecroce Dop Garda - Bresciano alla vista appare di colore giallo dorato intenso, limpido. All'olfatto si esprime fine e avvolgente, caratterizzato da sentori vegetali di carciofo, lattuga e cicoria, con ricordo di erbe officinali tra cui spiccano il basilico e la mentuccia. In bocca è ampio e morbido, dotato di toni eleganti di mela bianca che chiudono in mandorla dolce. Amaro e piccante presenti e armonici. Un eccellente abbinamento è con antipasti di ceci, carpaccio di pesce persico, insalate di lattuga, marinate di spigola, zuppa di patate, risotto con crostacei, fritture di pesce, tartare di dentice, formaggi freschi a pasta molle, dolci lievitati.

The story of the farm Montecroce started about 50 years ago, when Paolo Venturini's grandfather, Domenico, decided to devote himself only to olive growing and built an olive oil mill in the centre of his estate. Currently 20 hectares of specialized olive grove and 10,000 olive trees extend over the territories of Desenzano, Padenghe and Maguzzano. In the last harvest 470 quintals of olives were produced, which allowed a yield of about 68 hectolitres of extra virgin olive oil. The selection proposed, the Extra Virgin Montecroce Pdo Garda - Bresciano is an intense limpid golden yellow colour. Its aroma is fine and rotund, characterized by vegetal hints of artichoke, lettuce and chicory, with a note of officinal herbs, particularly basil and field balm. Its taste is ample and mellow, endowed with an elegant flavour of white apple and a sweet almond finish. Bitterness and pungency are present and harmonic. It would be ideal on chickpea appetizers, perch carpaccio, lettuce salads, marinated bass, potato soup, risotto with shellfish, fish fry, sea bream tartare, soft fresh cheese, yeast-raised cakes.

Italia Italy [IT] Lombardia

Oleificio Osvaldo Vanini

Via Silvio Pellico, 10
22016 Lenno (CO)
Tel. + 39 0344 55127 - Fax + 39 0344 54535
E-mail: info@oliovanini.it - Web: www.oliovanini.it

82

200/250 m.

Specializzato
Specialized

Vaso policonico
Polyconic vase

Brucatura a mano e meccanica
Hand picking and mechanical harvesting

Sì - Tradizionale a presse
Yes - Traditional press system

Frantoio (40%), gentile di Chieti (40%), leccino (10%)

Fruttato medio
Medium fruity

da 10,01 a 12,00 € - 500 ml.
from € 10.01 to 12.00 - 500 ml.

L'Oleificio Vanini di Lenno è un marchio storico dell'olivicoltura lombarda dal 1850, costante esempio di professionalità tanto da vincere nel 1905 la medaglia d'oro all'Expo di Parigi. Attualmente è gestito dai fratelli Luciano e Pietro che sono alla guida di 3 ettari di impianto specializzato dove dimorano 650 piante; ma l'Oleificio Vanini lavora anche conto terzi le olive delle sponde del Lario. Quest'anno il raccolto ha reso 75 quintali di olive che, insieme ai 350 acquistati, hanno prodotto 75 ettolitri di olio a cui ne vanno aggiunti altri 30 acquistati, per un totale di 105 ettolitri. L'Extravergine Olio dei Longobardi è di colore giallo dorato intenso con leggere nuance verdi, limpido. Al naso è dosato e fine, con note vegetali di carciofo, lattuga ed erbe balsamiche con basilico e mentuccia in rilievo. Al gusto è morbido e composto, con note di cicoria, cardo selvatico e mandorla dolce. Amaro e piccante presenti e armonizzati. Si abbina bene a maionese, antipasti di crostacei, carpaccio di dentice, insalate di lattuga, zuppe di piselli, risotto con asparagi, pesci di lago al cartoccio, tartare di spigola, formaggi freschi a pasta molle, biscotti da forno.

Oleificio Vanini in Lenno has been an historical trademark of Lombard olive growing since 1850. The farm has always been highly professional, in fact in 1905 it won the golden medal at Paris Expo. Today it is run by the brothers Luciano and Piero. There are 3 hectares of specialized olive grove with 650 trees, but the farm also processes other producers' olives, harvested on the banks of Lake Lario. In the last harvest 75 quintals of olives were produced and 350 purchased, with a yield of 105 hectolitres of oil. The Extra Virgin Olio dei Longobardi is an intense limpid golden yellow colour with slight green hues. Its aroma is balanced and fine, with vegetal notes of artichoke, lettuce and aromatic herbs, especially basil and field balm. Its taste is mellow and delicate, with a flavour of chicory, wild thistle and a sweet almond finish. Bitterness and pungency are present and harmonic. It would be ideal on mayonnaise, shellfish appetizers, sea bream carpaccio, lettuce salads, pea soups, risotto with asparagus, freshwater fish cooked in tin foil, bass tartare, soft fresh cheese, oven cookies.

Trentino Alto Adige

Dati Statistici

Superficie olivetata nazionale	**1.147.188 (ha)**
Superficie olivetata regionale	**384 (ha)**
Quota regionale	**0,03%**
Frantoi	**3**
Produzione nazionale 09-10	**521.915,9 (t)**
Produzione regionale 09-10	**266,7 (t)**
Produzione regionale 08-09	**243,6 (t)**
Variazione	**+ 9,48%**
Quota regionale	**0,05%**

National Institute of Statistics

Statistic Data

National Olive Surface	**1,147,188 (ha)**
Regional Olive Surface	**384 (ha)**
Regional Quota	**0.03%**
Olive Oil Mills	**3**
National production 09-10	**521,915.9 (t)**
Regional production 09-10	**266.7 (t)**
Regional production 08-09	**243.6 (t)**
Variation	**+ 9.48%**
Regional Quota	**0.05%**

numerosi reperti archeologici rinvenuti nella provincia di Trento documentano la presenza dell'olivo e l'utilizzo dei suoi frutti fin da epoche remote: noccioli risalenti all'età del bronzo dimostrano come già allora le popolazioni lacustri consumassero le olive e come i luoghi fossero naturalmente vocati allo sviluppo di questa pianta. Le prime testimonianze storiche che attestano la presenza dell'olivo sulla sponda trentina del Garda risalgono tuttavia al Medioevo (987 d.C.), anche se è molto probabile che le prime piante siano state portate fin sotto le Alpi dai Romani conquistatori, i primi a praticare questa coltura su larga scala. In epoca alto-medievale furono i grandi luoghi monastici e in particolare gli abati del potente monastero di San Colombano di Bobbio presso Rovereto, a sud di Trento, a sostenere e incentivare l'olivicoltura. Gli ordini religiosi infatti avevano bisogno di olio per l'illuminazione delle chiese e per le cerimonie sacre; cominciarono così a far piantare olivi ovunque fosse possibile e i laghi prealpini come il Garda si dimostrarono particolarmente adatti. Questo perché il microclima gardesano è assai vicino al clima mediterraneo, nonostante il nucleo del territorio trentino si trovi ben più a nord del limite oltre il quale l'olivo riesce a sopravvivere e fruttificare, se non fosse per il benefico influsso del lago. Oggi gli impianti olivicoli si concentrano nel lembo meridionale della regione che si affaccia sul Garda: si tratta di una superficie di 384 ettari, distribuiti in tanti piccoli appezzamenti situati soprattutto nella zona collinare, dove dimorano oltre 90mila piante coltivate da numerosi piccoli produttori locali. Arrivando da nord e scendendo nella valle del fiume Sarca, che sfocia nel lago, subito ci si accorge che il paesaggio, segnato dalle simmetriche geometrie delle vigne, si arricchisce di un nuovo elemento ambientale: l'albero dell'olivo infatti si fa sempre più presente, a Riva come a Nago Torbole, a Tenno come ad Arco e soprattutto a Riva del Garda, piccola capitale dell'olivicoltura trentina adagiata sulle sponde settentrionali del Benaco. Per quanto riguarda il paniere varietale degli oliveti, questo è composto di cloni di diverse cultivar, con prevalenza della casaliva gardesana, cui si aggiungono leccino e frantoio, che sono varietà tipiche anche della riva lombarda del lago. Altre cultivar autoctone che possono concorrere all'olivaggio sono la favarol, la trep e la raza: varietà che troviamo non soltanto sulla sponda del lago, ma anche in zone più interne come la Val Lagarina e la Val d'Adige che seguono l'Adige fino al confine col veronese e che sono aree anch'esse interessate, seppur in misura minore, all'attività olivicola. Nella campagna olearia 2009-2010 in Trentino Alto Adige sono state ricavate, dai 3 frantoi esistenti, 266,7 tonnellate di olio, pari allo 0,05% del totale nazionale, con un aumento del 9,48% rispetto all'annata precedente. Sono volumi di nicchia, tuttavia il comparto olivicolo regionale non ha nulla da invidiare ad altre zone più rinomate, sia per quel che riguarda la qualità che ne fa un prodotto ricercatissimo, sia dal punto di vista della tradizione storica. Ragioni per le quali nel 1998 è stata registrata dall'Unione Europea la Denominazione di Origine Protetta Garda, accompagnata dalla menzione geografica aggiuntiva Trentino.

Archaeological finds testify the use of the olive tree and its fruits in the province of Trento since remote times: hazels dating back to the Bronze Age show how lake people already consumed olives, which further witnesses the natural disposition of these lands. However the first historical evidence showing the presence of the olive tree on the bank of Lake Garda dates back to 987 A.D., even if it is likely that the first trees were brought by the Roman conquerors, the first who practised large scale olive growing. In the early Middle Ages large monasteries, particularly the abbots of the powerful monastery of San Colombano di Bobbio favoured and stimulated olive growing. The religious orders in fact needed oil to light churches and for religious rites; so olive trees were planted wherever possible and the lakes of the Pre-alps like Garda proved to be particularly suitable. Indeed the microclimate of Garda is very similar to the Mediterranean climate, while the heart of the territory of the region is situated beyond the maximum latitude in which the olive tree can survive and bear fruit, but the lake has a beneficial influence. Today olive growing is concentrated in the southern end of the region overlooking Lake Garda. It is a surface of 384 hectares, distributed in many small plots placed especially in the hilly areas, where there are over 90,000 trees cultivated by numerous small local producers. From the north going down the valley of the river Sarca it is immediately clear that the landscape characterized by the symmetrical structure of the vineyards is enriched by a new natural element: the olive tree is ever more present, in Riva, in Nago Torbole, in Tenno and in Arco and above all in Riva del Garda, the small capital of regional olive growing situated on the northern banks of the Benaco. As regards the varieties present in the olive groves there are clones of different cultivars, but especially of casaliva gardesana. Moreover we find leccino and frantoio, also typical of the Lombard bank of the lake. Other autochthonous varieties used for the production of oil are favarol, trep and raza: these cultivars are present not only on the bank of the lake, but also in more inland areas like the Val Lagarina and the Val d'Adige, which follow the river as far as the border with the area of Verona and also practise olive growing even if to a lesser extent. In the olive oil harvest 2009-2010 the existing 3 olive oil mills in Trentino Alto Adige produced 266.7 tons of olive oil, equal to 0.05% of the total national quantity, with an increase of 9.48% compared to the previous year. It is the so called niche quantity, but in spite of this the regional olive oil sector is as good as that of other more famous areas, both as regards quality (it is a very sought-after product) and for its historical tradition. For these reasons in 1998 the EU granted the Pdo Garda with the additional geographic name Trentino.

Azienda Agricola Olio Toniolli

Via Frisoni, 21 - Varignano
38062 Arco (TN)
Tel. + 39 0464 356731 - Fax + 39 0464 356719
E-mail: info@oliotoniolli.it - Web: www.oliotoniolli.it

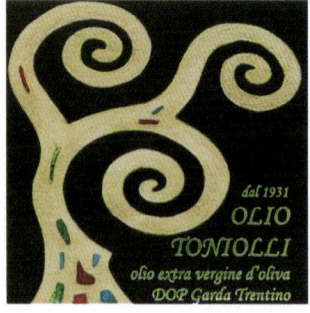

89 ⬆ ♥

100 m.

Specializzato
Specialized

Vaso policonico
Polyconic vase

Bacchiatura e brucatura a mano
Beating and hand picking

No - Ciclo continuo
No - Continuous cycle

Casaliva

Fruttato medio
Medium fruity

da 12,01 a 15,00 € - 500 ml.
from € 12.01 to 15.00 - 500 ml.

Superba prova per la Toniolli, di proprietà dell'omonima famiglia, attiva in campo olivicolo fin dal 1931. L'attuale azienda è stata creata nel 1999 da Silvia Toniolli e Natale Bonamico e dal 2007 è diretta dal figlio Stefano. L'oliveto specializzato si estende per 4 ettari, con 1.200 piante di varietà casaliva. Durante l'ultima campagna olearia sono stati raccolti 150 quintali di olive che hanno prodotto quasi 23 ettolitri di olio. Impeccabile la selezione proposta, l'Extravergine Olio Toniolli Dop Garda - Trentino da Agricoltura Biologica: si presenta alla vista di colore giallo dorato intenso con delicati riflessi verdi, limpido. All'olfatto si apre elegante e deciso, dotato di ampi sentori di carciofo, cicoria e cardo di campo, arricchiti da intense note speziate di pepe nero e mandorla. In bocca è avvolgente e di personalità, con toni di erbe officinali, con netto ricordo di menta, rosmarino e salvia. Amaro deciso e piccante presente. Eccellente per antipasti di lenticchie, carpaccio di tonno, funghi porcini alla brace, marinate di pollo, minestroni di verdure, cous cous di carne, pesce azzurro gratinato, carni rosse in tartare, maiale in umido, formaggi di media stagionatura.

A great peformance for Azienda Agricola Olio Toniolli, owned by the homonymous family and active in the olive growing sector since 1931. The present farm was founded in 1999 by Silvia Toniolli and Natale Bonamico and since 2007 it has been run by their son Stefano. The specialized olive grove extends over 4 hectares with 1,200 trees of the variety casaliva. In the last harvest 150 quintals of olives were produced with a yield of almost 23 hectolitres of oil. The excellent selection proposed, the Extra Virgin Olio Toniolli Pdo Garda - Trentino from Organic Farming, is an intense limpid golden yellow colour with delicate green hues. Its aroma is elegant and definite, endowed with ample hints of artichoke, chicory and wild thistle, enriched by intense spicy notes of black pepper and almond. Its taste is rotund and strong, with a flavour of officinal herbs, especially mint, rosemary and sage. Bitterness is definite and pungency is present. It would be ideal on lentil appetizers, tuna carpaccio, barbecued porcini mushrooms, marinated chicken, minestrone with vegetables, meat cous cous, blue fish au gratin, red meat tartar, stewed pork, medium mature cheese.

Italia Italy [IT] Trentino Alto Adige

Agraria Riva del Garda

Via San Nazzaro, 4
38066 Riva del Garda (TN)
Tel. + 39 0464 552133 - Fax + 39 0464 560904
E-mail: info@agririva.it - Web: www.agririva.it

92

100/500 m.

Promiscuo e specializzato
Promiscuous and specialized

Policono, vaso policonico
Polycone, polyconic vase

Brucatura a mano e meccanica
Hand picking and mechanical harvesting

Sì - Ciclo continuo
Yes - Continuous cycle

Casaliva (99%), altre/others (1%)

Fruttato medio
Medium fruity

da 15,01 a 18,00 € - 500 ml.
from € 15.01 to 18.00 - 500 ml.

Risultato straordinario per la cooperativa Riva del Garda, nata nel 1926 per promuovere l'agricoltura del Garda Trentino e cresciuta nel tempo grazie alla passione dei soci. Il Frantoio Agraria Riva viene costruito nel 1965 e da allora lavora gran parte della produzione degli olivicoltori locali. Da 120mila piante, disposte su 220 ettari, quest'anno sono stati raccolti 1.421 quintali di olive, pari a circa 273 ettolitri di olio, più quasi 425 acquistati per un totale di circa 698 ettolitri. Ben quattro le etichette Extravergine: l'Imperiale, i due 46° Parallelo - il "base" e il Casaliva - e l'eccellente Uliva Dop Garda - Trentino. Giallo dorato intenso, limpido; al naso è elegante e ampio, ricco di sentori vegetali di carciofo, cardo selvatico e cicoria, con fresche note balsamiche di menta e rosmarino. Al gusto è complesso e avvolgente, con toni di verdure di campo, pepe nero e mandorla dolce. Amaro e piccante presenti e ben espressi. Buono l'abbinamento con antipasti di mare, bruschette con verdure, insalate di farro, marinate di orata, zuppe di orzo, risotto con funghi ovoli, crostacei in umido, pesci di scoglio ai ferri, formaggi caprini.

A great result for the co-operative Riva del Garda, founded in 1926 to promote agriculture in Garda Trentino and developed by its passionate members. The Oil Mill Agraria Riva was built in 1965 and since then it has been working the most of the local production. There are 120,000 trees on 220 hectares. In the last harvest 1,421 quintals of olives were produced, equal to almost 273 hectolitres of oil. Almost 425 hectolitres were purchased for a total of about 698 hectolitres. There are four Extra Virgin l'Imperiale, the two 46° Parallelo - the "basic" and Casaliva - and the excellent Uliva Pdo Garda - Trentino. It is an intense limpid golden yellow colour. Its aroma is elegant and ample, rich in vegetal hints of artichoke, wild thistle and chicory, with fresh fragrant notes of mint and rosemary. Its taste is complex and rotund, with hints of country vegetables, black pepper and sweet almond. Bitterness and pungency are present and distinct. It would be ideal on seafood appetizers, bruschette with vegetables, farro salads, marinated gilthead, barley soups, risotto with ovoli mushrooms, stewed shellfish, grilled rock-fish, goat cheese.

shop.flosolei.com

La vetrina multilingue per prenotare e acquistare la Guida
The multilingual shop to book and purchase the Guide

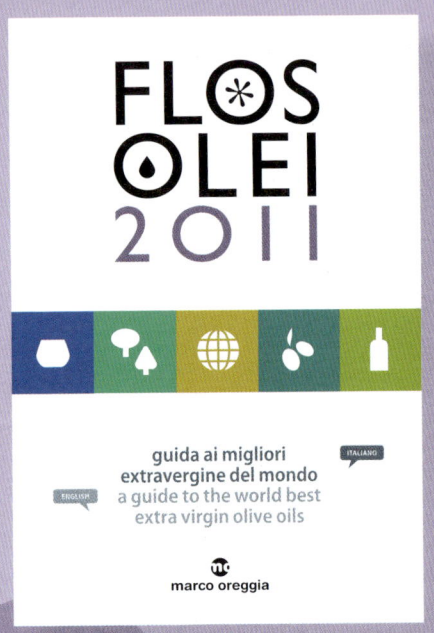

La prima Guida a **respiro internazionale** in duplice lingua (**italiano-inglese**) dedicata agli oli extravergine di oliva di tutto il mondo.

The first Guide with an **international scope** realized in double language (**Italian-English**) dealing with world extra virgin olive oils.

Sconti per te se acquisti online
Discounts if you buy online

Veneto

VENETO
- A Del Grappa
- B Euganei e Berici
- C Valpolicella

GARDA ORIENTALE

Dati Statistici
Superficie olivetata nazionale	1.147.188 (ha)
Superficie olivetata regionale	4.992 (ha)
Quota regionale	0,44%
Frantoi	39
Produzione nazionale 09-10	521.915,9 (t)
Produzione regionale 09-10	1.354,0 (t)
Produzione regionale 08-09	1.415,8 (t)
Variazione	- 4,37%
Quota regionale	0,26%

National Institute of Statistics

Statistic Data
National Olive Surface	1,147,188 (ha)
Regional Olive Surface	4,992 (ha)
Regional Quota	0.44%
Olive Oil Mills	39
National production 09-10	521,915.9 (t)
Regional production 09-10	1,354.0 (t)
Regional production 08-09	1,415.8 (t)
Variation	- 4.37%
Regional Quota	0.26%

Il Veneto è una regione dalle antiche tradizioni olivicole: lo testimoniano alcuni reperti archeologici ritrovati sulla costa orientale del Lago di Garda che indicano come in questo comprensorio l'origine dell'olivicoltura risalga addirittura all'epoca preromana, mentre un netto impulso a questa coltura lo si registra in epoca medievale, quando l'olio proveniente da questa zona era considerato particolarmente pregiato e costituiva moneta corrente per il pagamento di decime e canoni d'affitto. Nel Cinquecento la Repubblica Serenissima considerava il bacino del Benaco come "terra di olivi e vigne e centro della produzione dell'olio per tutta l'alta Italia". Situato molto più a nord del territorio generalmente riconosciuto ideale per la coltivazione dell'olivo, il Veneto, grazie al particolare microclima dovuto alla presenza del lago e ai fertili terreni di origine morenica, ospita da sempre le colture tipiche di zone più meridionali tra le quali oleandri, palme, viti e - appunto - olivi. L'olio da olive è quindi non solo una risorsa economica di una certa importanza ma anche, da sempre, un prestigioso elemento della cultura materiale veneta. Oggi la superficie destinata agli impianti olivicoli si estende per 4.992 ettari e la trasformazione avviene in 39 frantoi, diffusi sull'intero territorio regionale. L'alta qualità del prodotto finale è attestata e tutelata dalla Dop Garda accompagnata dalla menzione geografica Orientale che riguarda le produzioni di un comprensorio tanto vocato da essere stato ribattezzato Riviera degli Ulivi, nome con cui è universalmente noto: parliamo della sponda orientale del Lago di Garda in provincia di Verona, la più produttiva. Qui il ventaglio delle cultivar, autoctone e non, è molto nutrito: prevalgono le varietà casaliva e drizzar, seguite da grignan, lezzo, favarol, rossanel, fort, trepp e pendolino. Se la Riviera degli Ulivi è senz'altro la zona olivetata più famosa del Veneto, altre aree della regione possono vantare però una tradizione altrettanto prestigiosa e antica. Parliamo dei territori olivicoli che ricadono nella Dop Veneto, cui si accompagnano le tre specifiche sottozone: Del Grappa, Euganei e Berici, e Valpolicella. Di queste l'ultima ricade nel Veronese, le prime due rispettivamente nelle provincie di Treviso e Padova e di Padova e Vicenza. Sui Colli Euganei, area dal clima moderatamente soleggiato con terreni calcarei, la tradizione risale al Medioevo e agli statuti patavini, che imponevano ai proprietari terrieri di piantare ben dieci olivi per ogni appezzamento destinato ai vigneti. In queste aree, dove l'olivicoltura non è meno importante rispetto alla riviera del Garda, si trovano varietà come casaliva, frantoio, leccino, grignan, favarol, raza, trepp, less e fort che sono alla base di una produzione, limitata ma di eccellente qualità, che ha il suo epicentro ad Arquà Petrarca, Baone, Cinto Euganeo e Galzignano Terme. Nella provincia di Vicenza, dove la tradizione olivicola è antica ma il rilancio della coltivazione è storia più recente, la produzione di olio è localizzata soprattutto a nord del capoluogo, nella valle del Brenta, e a sud, sulle pendici dei Colli Berici. La produzione della campagna olearia 2009-2010 in Veneto è stata di 1.354 tonnellate di olio, pari allo 0,26% del totale nazionale, con una diminuzione del 4,37% rispetto all'annata precedente.

Veneto is a region with an ancient olive growing tradition as is testified by the remains found on the eastern coast of Lake Garda, showing that in this area the origin of this cultivation dates back to pre-Roman times. Olive growing received a strong stimulus in the Middle Ages, when the oil coming from these lands was considered excellent and was used to pay tithes and ground rents. In the 16th century the Repubblica Serenissima considered the Benaco basin as "land of olive trees and vineyards and oil production centre for the whole of northern Italy". Although Veneto is situated in a more northern position than it is generally ideal for olive growing, its particular microclimate, influenced by the presence of the lake and the fertile morainic grounds, makes possible cultivations typical of more southern areas, like oleanders, palm trees, grapevines and also olive trees. Olive oil is therefore not only a notable economic resource, but also an important element of the material culture of Veneto. Currently the olive grove surface covers 4,992 hectares and transformation is carried out in 39 olive oil mills present in the whole territory. The high quality of the end product is certified and protected by the Pdo Garda together with the geographic name Orientale, which involves the productions of such a suitable area to be called Riviera degli Ulivi (Olive Tree Riviera), a name known everywhere. It is the eastern coast of Lake Garda in the province of Verona, the most productive area. Here we find a great wealth of autochthonous and non autochthonous varieties, where the cultivars casaliva and drizzar prevail, followed by the varieties grignan, lezzo, favarol, rossanel, fort, trepp and pendolino. If the Riviera degli Ulivi is the most popular olive area of Veneto, other regional areas can also boast an important and ancient tradition, for instance the territories included in the Pdo Veneto, moreover the three subareas Del Grappa, Euganei e Berici and Valpolicella. The last one is part of the province of Verona, the others are respectively in the provinces of Treviso and Padova and Padova and Vicenza. On the Euganean Hills, a sunny area with calcareous grounds, olive traditions date back to the Middle Ages and to the Patavinian Statutes, which imposed landowners to plant 10 olive trees in every vineyard. In these areas, where olive growing is as important as in the riviera of Garda, there are varieties like casaliva, frantoio, leccino, grignan, favarol, raza, trepp, less, fort. Production is limited, but excellent and its heart is in Arquà Petrarca, Baone, Cinto Euganeo and Galzignano Terme. Finally in the province of Vicenza, where olive tradition is ancient, but cultivation has been re-launched recently, oil production is concentrated mainly to the north of the main city, in the valley of the river Brenta and to the south on the sides of the Berici Hills. In 2009-2010 this region produced 1,354 tons of olive oil, equal to 0.26% of the total national quantity, with a decrease of 4.37% compared to the previous year.

Italia Italy [IT] Veneto

Frantoio Bonamini
Via Santa Giustina, 10
37031 Illasi (VR)
Tel. + 39 045 6520558 - Fax + 39 045 6528133
E-mail: info@oliobonamini.com - Web: www.oliobonamini.com

92

135 m.

Promiscuo e specializzato
Promiscuous and specialized

Vaso
Vase

Brucatura a mano e meccanica
Hand picking and mechanical harvesting

Sì - Ciclo continuo
Yes - Continuous cycle

Favarol (50%), grignan (50%)

Fruttato leggero
Light fruity

da 10,01 a 12,00 € - 500 ml.
from € 10.01 to 12.00 - 500 ml.

Il premio come Migliore Olio Extravergine di Oliva Dop/Igp - Fruttato Leggero è per il Frantoio Bonamini, una bella realtà di Illasi, sulle colline del Veronese. Complimenti a Giancarlo Bonamini che, affiancato dalla moglie Sabrina, si dedica alla molitura. I Bonamini non hanno oliveti di proprietà, ma selezionano e acquistano olive e olio dai migliori produttori locali. Quest'anno sono stati lavorati 5.500 quintali di olive, per una resa di 880 ettolitri di olio, cui ne vanno aggiunti mille acquistati, per un totale di 1.880 ettolitri. L'Extravergine Bonamini Dop Veneto - Valpolicella è di colore giallo dorato intenso con riflessi verdolini, limpido; al naso è complesso e avvolgente, con eleganti sentori fruttati di mela bianca, banana matura e pomodoro acerbo, affiancati da note vegetali di lattuga. Ampio e fine al gusto, è ricco di toni di pera, lampone e chiusura balsamica di salvia, basilico e mentuccia. Amaro spiccato e piccante dosato. Ideale su antipasti di ceci, aragosta al vapore, carpaccio di spigola, marinate di trota, passati di funghi ovoli, cous cous di pesce, fritture di calamari, pesci al cartoccio, tartare di orata, formaggi freschi a pasta molle, dolci da forno.

Frantoio Bonamini, a farm in Illasi, on the hills of Verona, has been given the award as the Best Extra Virgin Olive Oil Pdo/Pgi - Light Fruity. This result is due to Giancarlo Bonamini, who attends to crushing together with his wife Sabrina. The Bonamini do not own olive groves, but they select and purchase olives and oil from the best local producers. In the last harvest 5,500 quintals of olives were processed, with a yield of 880 hectolitres of oil. Together with 1,000 purchased, the total amount is 1,880. The Extra Virgin Bonamini Pdo Veneto - Valpolicella is an intense limpid golden yellow colour with light green hues. Its aroma is complex and rotund, endowed with elegant fruity hints of white apple, ripe banana and unripe tomato, together with vegetal notes of lettuce. Its taste is ample and fine, rich in hints of pear, raspberry and a fragrant finish of sage, basil and field balm. Bitterness is strong and pungency is complimentary. It would be ideal on chickpea appetizers, steamed spiny lobster, bass carpaccio, marinated trout, ovoli mushroom purée, fish cous cous, fried squids, fish baked in parchment, gilthead tartare, soft fresh cheese, oven cakes.

Italia Italy [IT] Veneto

Azienda Agricola Ca' Rainene

Via per Albisano, 95
37010 Torri del Benaco (VR)
Tel. + 39 045 6296711 - Fax + 39 045 6296720
E-mail: ammne@carainene.it - Web: www.carainene.it

93

- 150/450 m.
- Specializzato / Specialized
- Vaso cespugliato / Vase bush
- Brucatura a mano / Hand picking
- Sì - Ciclo continuo / Yes - Continuous cycle
- Casaliva (60%), leccino (25%), pendolino (5%), favarol, fort, trepp (10%)
- Fruttato medio / Medium fruity
- da 22,01 a 26,00 € - 500 ml. / from € 22.01 to 26.00 - 500 ml.

Non delude le aspettative e seguita a stupirci con prodotti di altissimo livello. Del resto la filosofia di Paolo Bonomelli è la ricerca dell'eccellenza, dal campo alla bottiglia. Ca' Rainene è una realtà che negli ultimi anni ha visto nascere nuovi impianti, anche intensivi e sperimentali, non tutti ancora in produzione. Su 10 ettari olivetati di proprietà dimorano 3mila piante che quest'anno hanno reso 250 quintali di olive, pari a 50 ettolitri di olio, più 10 acquistati per un totale di 55 ettolitri. Due le selezioni Extravergine Ca' Rainene: il monocultivar Casaliva e il Dop Garda - Orientale, davvero ottimo. Di colore giallo dorato intenso con caldi toni verdi, limpido; al naso è deciso e complesso, con ampi sentori vegetali di carciofo, cicoria e lattuga, arricchiti da note aromatiche di menta, rosmarino e pepe nero. Al gusto è avvolgente e di carattere, con toni di ortaggi di campo, noce fresca e mandorla. Amaro spiccato e piccante dosato. Perfetto su antipasti di fagioli, carpaccio di pesce di lago, marinate di salmone, passati di fagioli, primi piatti al pomodoro, pesci di lago in umido, seppie arrosto, pollame o carni di agnello al forno, formaggi freschi a pasta filata.

This farm always proposes amazingly good products. In fact Paolo Bonomelli has always aimed at excellency, from the field to the bottle. In the last few years Ca' Rainene has increased the number of olive groves, some of which are intensive and experimental, but not entirely productive. There are 3,000 trees on 10 hectares of olive grove. In the last harvest 250 quintals of olives were produced, equal to 50 hectolitres of oil. Together with 50 purchased, the total yield was 55 hectolitres. There are two Extra Virgin selections Ca' Rainene: the Monocultivar Casaliva and especially the Pdo Garda - Orientale. It is an intense limpid golden yellow colour with warm green hues. Its aroma is definite and complex, with ample vegetal hints of artichoke, chicory and lettuce, enriched by aromatic notes of mint, rosemary and black pepper. Its taste is rotund and strong, with hints of country vegetables, fresh walnut and almond. Bitterness is distinct and pungency is complimentary. It would be ideal on bean appetizers, freshwater fish carpaccio, marinated salmon, bean purée, pasta with tomato sauce, stewed freshwater fish, roast cuttlefish, baked poultry or lamb, mozzarella cheese.

Italia Italy [IT] Veneto

Oleificio Cisano

Via Peschiera, 54 - Cisano
37011 Bardolino (VR)
Tel. + 39 045 6229047 - Fax + 39 045 6229024
E-mail: info@museum.it - Web: www.museum.it

84 ⬆

150 m.

Promiscuo
Promiscuous

Vaso aperto
Open vase

Brucatura a mano e meccanica
Hand picking and mechanical harvesting

Sì - Ciclo continuo misto
Yes - Mixed continuous cycle

Casaliva (60%), altre/others (40%)

Fruttato intenso
Intense fruity

da 10,01 a 12,00 € - 500 ml.
from € 10.01 to 12.00 - 500 ml.

Da anni olivo e olio sono parte integrante della vita della famiglia Turri, titolare dell'Oleificio Cisano. Qui si usano ancora le tradizionali macine in pietra, inserite nel moderno ciclo di lavorazione. Un amore per la tradizione che si ritrova nell'adiacente Museo dell'Olio di Oliva, in cui si conservano reperti in uso nei frantoi dal Settecento agli inizi del Novecento. Da 650 piante su più di 4 ettari di oliveto quest'anno sono stati ricavati 50 quintali di olive e circa 8 ettolitri di olio, più 27 acquistati per un totale di circa 35 ettolitri. L'ottimo Extravergine Museum Dop Garda - Orientale è di un bel colore giallo dorato intenso con tenui riflessi verdi, limpido; all'olfatto si apre deciso e vegetale, con ricchi sentori di carciofo, cicoria selvatica e lattuga. Al gusto è ampio e avvolgente, con toni balsamici di menta e rosmarino e note di ortaggi freschi di campo, pepe nero e mandorla. Amaro spiccato e piccante ben espresso. Eccellente su bruschette con pomodoro, carpaccio di carne cruda con funghi porcini, marinate di pesce azzurro, minestroni di verdure, primi piatti al ragù, pesce azzurro gratinato, carni rosse o cacciagione arrosto, formaggi di media stagionatura.

For years olive oil and the olive tree have been the life of the family Turri, owners of Oleificio Cisano. Here traditional stone mills are still used, although they are now part of a modern processing system. This love for tradition is shown by the nearby Olive Oil Museum, which exhibits findings used from the 18th to the 20th century. Over 4 hectares of olive grove and 650 trees produced 50 quintals of olives in the last harvest, equal to a yield of about 8 hectolitres of oil. Together with 27 purchased, the total amount is 35 hectolitres. The excellent Extra Virgin Museum Pdo Garda - Orientale is a beautiful intense limpid golden yellow colour with slight green hues. Its aroma is definite and vegetal, with rich hints of artichoke, wild chicory and lettuce. Its taste is ample and rotund, with a fragrant flavour of mint and rosemary and notes of fresh country vegetables, black pepper and almond. Bitterness is strong and pungency is distinct. It would be ideal on bruschette with tomatoes, beef carpaccio with porcini mushrooms, marinated bluefish, minestrone with vegetables, pasta with meat sauce, blue fish au gratin, roast red meat or game, medium mature cheese.

Tenuta Fontanara

Parco della Musella
37036 San Martino Buon Albergo (VR)
Tel. + 39 045 8394600 - Fax + 39 045 8394605
E-mail: info@tenutafontanara.it - Web: www.tenutafontanara.it

85

150 m.

Specializzato
Specialized

Vaso
Vase

Brucatura a mano
Hand picking

Sì - Ciclo continuo
Yes - Continuous cycle

Grignan (90%), frantoio (5%), leccino (5%)

Fruttato leggero
Light fruity

da 10,01 a 12,00 € - 500 ml.
from € 10.01 to 12.00 - 500 ml.

Eccellenza e serietà sono alla base del lavoro svolto da Patrizia Bocchi la quale, spinta da una grande passione per l'olivicoltura, nel 2005 ha preso le redini della tenuta familiare e ha dato vita a un marchio sotto il quale è compresa una ricca gamma di prodotti. Nei 20 ettari di oliveto specializzato trovano posto 4mila piante, tra secolari e di recente impianto, dalle quali quest'anno sono stati raccolti circa 140 quintali di olive più 2mila acquistati, per una resa in olio di 360 ettolitri più mille comprati, per un totale di 1.360. L'Extravergine Tenuta Fontanara Dop Veneto - Valpolicella appare alla vista di un bel colore giallo dorato intenso, limpido; al naso si esprime ampio ed elegante, ricco di sentori fruttati di pera, mela bianca e banana matura. In bocca è fine e avvolgente, con toni vegetali di lattuga, pomodoro acerbo ed erbe aromatiche, con netto ricordo di basilico, mentuccia e salvia. Amaro ben espresso e piccante spiccato. Buon accompagnamento per antipasti di orzo, carpaccio di dentice, insalate di funghi ovoli, marinate di spigola, zuppe di fave, cous cous di pesce, fritture di verdure, gamberi alla piastra, formaggi freschi a pasta molle, biscotti da forno.

Patrizia Bocchi's excellent and serious work is shown by this interesting farm, the result of her passion for olive growing. She took up the family farm in 2005 and created a trademark including a wide range of products. In 20 hectares of specialized olive grove there are 4,000 trees, partly century-old and partly recently planted. In the last harvest about 140 quintals of olives were produced and 2,000 purchased, with a yield of around 360 hectolitres of oil. 1,000 hectolitres were also purchased for a total of 1,360 hectolitres. The Extra Virgin Tenuta Fontanara Pdo Veneto - Valpolicella is a beautiful intense limpid golden yellow colour. Its aroma is ample and elegant, endowed with rich fruity hints of pear, white apple and ripe banana. Its taste is fine and rotund, with vegetal hints of lettuce, unripe tomato and aromatic herbs, especially basil, field balm and sage. Bitterness is distinct and pungency is strong. It would be ideal on barley appetizers, sea bream carpaccio, ovoli mushroom salads, marinated bass, broad bean soups, fish cous cous, fried vegetables, pan-seared shrimps, soft fresh cheese, oven cookies.

Italia Italy [IT] Veneto

Azienda Agricola San Cassiano

Via San Cassiano, 17
37030 Mezzane di Sotto (VR)
Tel. + 39 045 8880665 - Fax + 39 045 8880665
E-mail: info@aziendagricolasancassiano.it - Web: www.aziendagricolasancassiano.it

96

400 m.

Specializzato
Specialized

Vaso basso
Vase

Brucatura a mano
Hand picking

Sì - Ciclo continuo
Yes - Continuous cycle

Grignan

Fruttato leggero
Light fruity

da 4,01 a 6,00 € - 100 ml.
from € 4.01 to 6.00 - 100 ml.

Ottimo risultato per la San Cassiano, una realtà giovane ma con un grandissimo talento: è nata pochi anni or sono per commercializzare il vino e l'olio che la famiglia Sella produce sin dal 1959. Alla guida c'è Mirko Sella che, dei 23 ettari di superficie totale, ne cura 8 destinati agli oliveti specializzati dove dimorano 8mila piante, dalle quali nella recente campagna olearia sono stati raccolti circa 500 quintali di olive, pari a una resa di 50 ettolitri di olio extravergine. Segnaliamo l'Extravergine monocultivar Monte Guala - Grignano che appare alla vista di un bel colore giallo dorato scarico, limpido; al naso si esprime avvolgente e ampio, dotato di eleganti note fruttate di pera, mela bianca e banana, arricchite da sottili sentori di pomodoro acerbo, mentuccia e salvia. Al gusto è fine e vegetale, con toni di lattuga, fave fresche e spiccata noce fresca e mandorla in chiusura. Amaro ben espresso e piccante presente e armonico. Buono l'abbinamento con maionese, antipasti di crostacei, carpaccio di dentice, insalate di mare, marinate di trota, zuppe di fave, primi piatti con funghi ovoli, fritture di pesce, rombo al cartoccio, formaggi freschi a pasta molle, dolci da forno.

An excellent performance for Azienda Agricola San Cassiano, a young, but talented farm. It was founded a few years ago to market the wine and the extra virgin olive oil produced by the family Sella since 1959. It is run by Mirko Sella, who has devoted 8 hectares out of 23 of total surface to specialized olive groves with 8,000 trees. In the last harvest about 500 quintals of olives were produced, equal to 50 hectolitres of extra virgin olive oil. We recommend the Monocultivar Extra Virgin Monte Guala - Grignano , which is a beautiful light limpid golden yellow colour. Its aroma is rotund and ample, endowed with elegant fruity notes of pear, white apple and banana, enriched by fine hints of unripe tomato, field balm and sage. Its taste is fine and vegetal, with a flavour of lettuce, fresh broad beans and a distinct fresh walnut and almond finish. Bitterness is distinct and pungency is present and harmonic. It would be ideal on mayonnaise, shellfish appetizers, sea bream carpaccio, seafood salads, marinated trout, broad bean soups, pasta with ovoli mushrooms, fish fry, turbot baked in parchment paper, soft fresh cheese, oven cakes.

Azienda Agricola Trabucchi

Monte Tenda
37031 Illasi (VR)
Tel. + 39 045 7833233 - Fax + 39 045 6528112
E-mail: azienda.agricola@trabucchidillasi.it - Web: www.trabucchidillasi.it

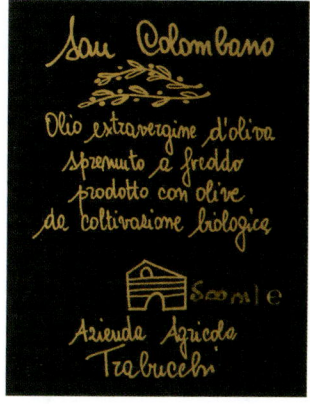

90

250 m.

Specializzato
Specialized

Cono rovesciato
Reverse cone

Bacchiatura
Beating

No - Ciclo continuo
No - Continuous cycle

Grignan (50%), frantoio (30%), leccino (10%), perlarol (10%)

Fruttato medio
Medium fruity

da 12,01 a 15,00 € - 500 ml.
from € 12.01 to 15.00 - 500 ml.

La Trabucchi si trova in Val d'Illasi, a est di Verona. Una piccola oasi di vigneti, oliveti, cipressi e oleandri costituisce l'azienda che comprende una villa veronese ottocentesca con tre cantine. Alla guida c'è Giuseppe Trabucchi, erede di una tradizione familiare risalente al 1925. Nell'oliveto specializzato di 6 ettari crescono 1.800 piante dalle quali quest'anno sono stati ricavati 130 quintali di olive, per una resa di circa 14 ettolitri di olio extravergine. Segnaliamo l'ottimo Extravergine San Colombano Dop Veneto - Valpolicella da Agricoltura Biologica che alla vista appare di un bel colore giallo dorato intenso, limpido. Al naso è deciso e complesso, dotato di note fruttate di pomodoro di media maturità, banana, mela bianca e sentori di erbe balsamiche con basilico e mentuccia. In bocca è avvolgente e di carattere, ricco di toni vegetali di lattuga, prezzemolo e mandorla dolce in chiusura. Amaro e piccante presenti e dosati. Buono l'abbinamento con antipasti di ceci, carpaccio di dentice, insalate di funghi ovoli, marinate di spigola, zuppe di piselli, risotto con crostacei, pesci di lago al cartoccio, seppie al forno, formaggi freschi a pasta molle, biscotti da forno.

Trabucchi is situated in Val d'Illasi, to the east of Verona. The farm, including a 19th century villa in the style of Verona with three cellars, is a small oasis of vineyards, olive groves, cypress trees and oleanders. It is run by Giuseppe Trabucchi, the heir of a family tradition started in 1925. The specialized 6-hectare olive grove contains 1,800 trees, which produced 130 quintals of olives in the last harvest, with a yield of about 14 hectolitres of oil. We recommend the excellent Extra Virgin San Colombano Pdo Veneto - Valpolicella from Organic Farming, which is a beautiful intense limpid golden yellow colour. Its aroma is definite and complex, endowed with fruity notes of medium ripe tomato, banana, white apple and hints of aromatic herbs, especially basil and field balm. Its taste is rotund and strong, rich in vegetal hints of lettuce, parsley and a sweet almond finish. Bitterness and pungency are present and complimentary. It would be ideal on chickpea appetizers, sea bream carpaccio, ovoli mushroom salads, marinated bass, pea soups, risotto with shellfish, freshwater fish cooked in tin foil, baked cuttlefish, soft fresh cheese, oven cookies.

Friuli Venezia Giulia

Dati Statistici
Superficie olivetata nazionale	1.147.188 (ha)
Superficie olivetata regionale	125 (ha)
Quota regionale	0,01%
Frantoi	5
Produzione nazionale 09-10	521.915,9 (t)
Produzione regionale 09-10	35,8 (t)
Produzione regionale 08-09	28,5 (t)
Variazione	+ 25,61%
Quota regionale	0,01%

National Institute of Statistics

Statistic Data
National Olive Surface	1,147,188 (ha)
Regional Olive Surface	125 (ha)
Regional Quota	0.01%
Olive Oil Mills	5
National production 09-10	521,915.9 (t)
Regional production 09-10	35.8 (t)
Regional production 08-09	28.5 (t)
Variation	+ 25.61%
Regional Quota	0.01%

Il Friuli Venezia Giulia è una regione montuosa ma aperta a est verso il mare con il litorale giuliano. Qui la coltura dell'olivo è stata importata dai Romani che la impiantarono in tutta l'area nord-orientale dell'Adriatico e quindi anche sulla costa triestina. Infatti, nonostante il Friuli Venezia Giulia sia situato all'estremo limite nord per l'olivo, in questa parte del territorio il clima è mitigato dai venti marini e dalla presenza dei contrafforti delle Alpi Carniche e Giulie che costituiscono una barriera naturale alle gelide tramontane provenienti dal nord. Grado più grado meno, sono le stesse condizioni ambientali di altre zone vocatissime, come le sponde gardesane o le colline toscane e liguri: questo spiega meglio ogni altra cosa il segreto degli oli extravergini prodotti nella regione e della salubrità della coltura, dato che il clima riduce al minimo anche il rischio di patologie della pianta. Ragione per cui l'olivo ha continuato a fruttificare durante il Medioevo, grazie all'opera degli ordini monastici, e successivamente in età comunale. Fino al rigido inverno del 1929, quando gran parte degli oliveti fu abbattuta per ricavare legna da ardere. Più avanti lo spopolamento delle campagne dopo la seconda guerra mondiale sancì la scomparsa quasi definitiva dell'olivo dal paesaggio friulano, mentre prendevano piede altre colture come la vite, meno dipendente dalla variabile del clima e sicuramente più redditizia. Una prima timida ripresa si registra negli anni Settanta, poi nel 1981 una legge regionale infonde ulteriore, deciso vigore all'olivicoltura. All'inizio del secondo millennio è ben avviato il recupero di questa coltura soprattutto nella zona di San Dorligo della Valle-Dolina (provincia di Trieste), nelle aree del Carso Triestino, del Collio (provincia di Gorizia) e dei Colli Orientali (Udine). Nel 2005 infine è arrivata la Dop Tergeste, il nome latino di Trieste, a tutela dell'olio prodotto nel territorio giuliano. La provincia di Udine è la più produttiva, seguita da quella di Trieste. Nella zona del Carso, in particolare, l'olivo è sempre stato presente, visto il clima temperato e il terreno ricco di calcare bianco. Nelle zone del Collio e dei Colli Orientali invece, dove erano sopravvissute poche piante di olivo, si è proceduto a impianti ex novo. Nuovi oliveti sono stati realizzati anche nelle provincie di Gorizia e Udine, nell'area collinare già nota per la produzione di vino: si tratta soprattutto di oliveti specializzati di piccola estensione, talvolta in ambiente promiscuo con la vite o altre colture. La varietà più diffusa è l'autoctona bianchera che rappresenta più del 50% delle piante nell'area triestina, seguita da altre varietà preesistenti ricavate da antiche piante madri ovvero leccio del Corno, buka, carbona, gentile di Rosazzo. Inoltre sono state messe a dimora alcune cultivar tipiche del centro Italia (leccino, frantoio, moraiolo e pendolino) e del Lago di Garda (grignan, casaliva e favarol). La trasformazione avviene in 5 frantoi attivi sul territorio dai quali, nell'ultima campagna olearia, sono state ricavate 35,8 tonnellate di olio, pari allo 0,01% del totale nazionale, con un aumento del 25,61% rispetto all'annata precedente. Sebbene si tratti di una produzione di nicchia, tutto il settore oleario può dirsi però in decisa ripresa rispetto a un recente passato di crisi.

Friuli Venezia Giulia is a mountainous region but open to the sea to the east with the Giuliano seashore. Here olive cultivation was spread by the Romans, who established it in the whole north-eastern area of the Adriatic and also on the coast of Trieste. In fact even if Friuli Venezia Giulia is situated at the extreme northern boundary for olive growing, in this part of the territory the climate is tempered by the Adriatic sea winds and by the presence of the spurs of the Alpi Carniche and Giulie, a natural bar to the chilly north winds. The natural conditions are approximately the same as very favourable areas like the banks of Lake Garda or the Tuscanian or Ligurian hills and determine the excellent quality of the extra virgin olive oil produced in this region and its healthy character, since the climate minimizes the risk of pathologies. In the Middle Ages thanks to monastic orders and later in the period of the medieval communes the olive tree flourished, until the cold winter of 1929, when most of the trees were cut down to obtain firewood. Afterwards the depopulation of the countryside due to the Second World War caused the olive tree to disappear from these lands, while other cultivations, especially the grapevine, gained ground, as they were less dependent on the climate and certainly more profitable. In the 70's there were the first few signs of recovery, then in 1981 a regional law gave further stimulus to olive growing. In the years following 2000 this ancient cultivation has been recovered, especially in the area of San Dorligo in the Valle-Dolina (province of Trieste), in the areas of Carso Triestino, Collio (province of Gorizia) and Colli Orientali (Udine). Finally in 2005 the Pdo Tergeste was established. Its name comes from the old Latin name of Trieste and it protects the extra virgin olive oil produced in the Giuliano territory. The province of Udine is the most productive followed by Trieste. In the area of Carso in particular the olive tree has always been present because of the temperate climate and ground rich in white limestone. In the areas of Collio and Colli Orientali instead new olive groves have been planted, because few olive trees had survived. New olive groves have also been planted in the provinces of Gorizia and Udine, in the same hilly area already well-known for wine production: mainly we find specialized olive groves of small dimensions, sometimes mixed with the grapevine or other cultivations. The prevailing variety is the autochthonous bianchera, which represents more than 50% of the trees in the area of Trieste, followed by other varieties already present in the area, obtained from ancient trees – leccio del Corno, bulka, carbona, gentile di Rosazzo. Besides there are typical cultivars of central Italy like leccino, frantoio, moraiolo and pendolino, and of Lake Garda like grignan, casaliva and favarol. Transformation is carried out in 5 olive oil mills, which produced 35.8 tons of oil in the last harvest, equal to 0.01% of the total national quantity, with an increase of 25.61% compared to the previous year. Although it is almost a niche production, the whole olive oil sector is clearly recovering, if one considers the neglect and oblivion of the recent past.

Italia Italy [IT] Friuli Venezia Giulia

Azienda Agricola Giuseppe Zorzettig

Via Strada Sant'Anna, 37 - Spessa
33043 Cividale del Friuli (UD)
Tel. + 39 0432 716292 - 0432 716156 - Fax + 39 0432 716292
E-mail: info@zorzettigvini.it - Web: www.zorzettigvini.it

85 ⬆

- 200 m.
- Promiscuo e specializzato / Promiscuous and specialized
- Vaso policonico / Polyconic vase
- Brucatura a mano / Hand picking
- No - Ciclo continuo / No - Continuous cycle
- Bianchera istriana (40%), maurino (20%), pendolino (20%), frantoio (15%), leccino (5%)
- Fruttato intenso / Intense fruity
- da 10,01 a 12,00 € - 500 ml. / from € 10.01 to 12.00 - 500 ml.

I Zorzettig sono viticoltori da generazioni a Spessa di Cividale, nel cuore dei Colli Orientali del Friuli. Qui nel 1986 il Cavalier Giuseppe acquistò un antico casale, sede attuale dell'attività, per mettere a frutto l'esperienza acquisita. Oggi, con lo stesso impegno, i figli Annalisa e Alessandro continuano a produrre vini di qualità. E anche un eccellente extravergine, dai circa 2 ettari destinati all'oliveto aziendale, con poco più di mille piante. Quest'anno il raccolto ha reso quasi 41 quintali di olive e circa 5 ettolitri di olio. L'Extravergine Colli di Sant'Anna è giallo dorato intenso con sfumature verdoline, limpido; al naso è deciso e avvolgente, ricco di sentori vegetali e speziati di erba fresca falciata, carciofo, cardo e pepe nero. In bocca è ampio e di carattere, con eleganti note balsamiche di menta e rosmarino, cui si associano toni di cicoria, lattuga e spiccata mandorla in chiusura. Amaro potente e piccante deciso. Perfetto per antipasti di funghi porcini, bruschette con pomodoro, insalate di pesce spada, marinate di pesce azzurro, zuppe di lenticchie, cous cous di carne, tonno alla griglia, carni rosse o cacciagione in umido, formaggi stagionati a pasta dura.

T he family Zorzettig have been practising wine-growing for generations in Spessa di Cividale, in the heart of Colli Orientali in Friuli. Here in 1986 Cavalier Giuseppe purchased an ancient farm house to gain profit from his previous experience. Today his children Annalisa and Alessandro produce quality wines and an excellent extra virgin olive oil with the same engagement. There are about 2 hectares of olive grove with over 1,000 trees. In the last harvest almost 41 quintals of olives were produced, equal to about 5 hectolitres of oil. The Extra Virgin Colli Sant'Anna is an intense limpid golden yellow colour with light green hues. Its aroma is delicate and rotund, rich in vegetal and spicy hints of freshly mown grass, artichoke, thistle and black pepper. Its taste is ample and strong, with elegant fragrant notes of mint and rosemary, together with a flavour of chicory, lettuce and a distinct almond finish. Bitterness is powerful and pungency is definite. It would be ideal on porcini mushroom appetizers, bruschette with tomatoes, swordfish salads, marinated bluefish, lentil soups, meat cous cous, grilled tuna, stewed red meat or game, hard mature cheese.

Emilia Romagna

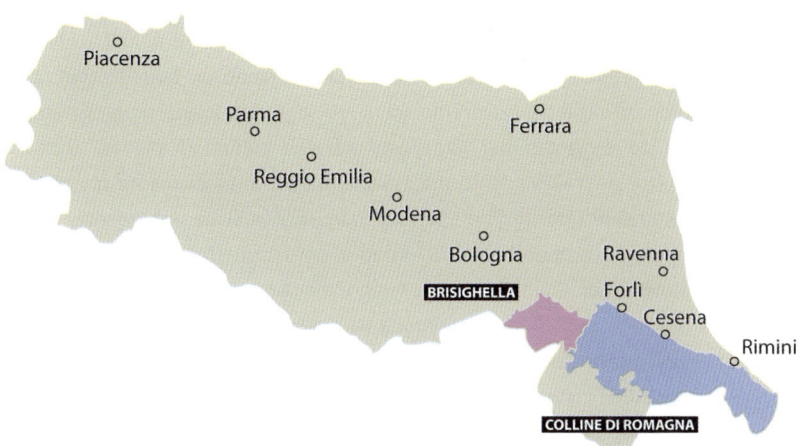

Dati Statistici
Superficie olivetata nazionale	1.147.188 (ha)
Superficie olivetata regionale	3.591 (ha)
Quota regionale	0,31%
Frantoi	29
Produzione nazionale 09-10	521.915,9 (t)
Produzione regionale 09-10	1.210,7 (t)
Produzione regionale 08-09	1.129,7 (t)
Variazione	+7,17%
Quota regionale	0,23%

National Institute of Statistics

Statistic Data
National Olive Surface	1,147,188 (ha)
Regional Olive Surface	3,591 (ha)
Regional Quota	0.31%
Olive Oil Mills	29
National production 09-10	521,915.9 (t)
Regional production 09-10	1,210.7 (t)
Regional production 08-09	1,129.7 (t)
Variation	+7.17%
Regional Quota	0.23%

In Emilia Romagna il territorio per lo più pianeggiante circoscrive la coltivazione dell'olivo quasi esclusivamente alle aree collinari che si trovano all'estremità sud-orientale della regione, ovvero tra Rimini, Forlì e Faenza. Ma si tratta di zone che custodiscono un patrimonio olivicolo importante e che hanno un'antica tradizione. Secondo gli studiosi infatti la presenza della pianta sacra risalirebbe addirittura all'età preistorica, precisamente all'epoca Villanoviana (X-VIII secolo a.C.). E il fatto che, a differenza che in altre regioni, qui l'olivicoltura sia sopravvissuta alla caduta dell'Impero Romano, alle invasioni barbariche e alla successiva crisi dell'assetto agricolo, ne attesta l'importanza anche dal punto di vista culturale. La rinascita risale all'alto Medioevo, quando gli ordini monastici diffondono l'olivo un po' ovunque e quindi anche sulle colline intorno a Bologna, Piacenza e Parma, alimentando un fiorente commercio. Fino a quando, all'inizio del Novecento, gli oliveti sono stati invece progressivamente abbandonati ed espiantati per fare posto ad altre colture di pianura (cereali e alberi da frutto) e all'allevamento intensivo, entrambi indubbiamente più redditizi. Bisognerà attendere i nostri giorni per registrare un'inversione di tendenza. Oggi in Emilia Romagna si contano circa 3.591 ettari di oliveti: questi sono distribuiti per lo più nella provincia di Rimini, quella da sempre maggiormente vocata all'olivicoltura, poi nella provincia di Forlì-Cesena, seguita da quella di Ravenna e infine in minima parte nel Bolognese. Per quanto riguarda il patrimonio varietale, nella provincia di Rimini si trovano le cultivar autoctone rossina e colombina accanto a nuovi impianti in cui hanno attecchito varietà del centro Italia come frantoio, moraiolo, pendolino e correggiolo. Il frantoio di Villa Verrucchio e di Montegridolfo si trovano invece sia qui che nella provincia di Forlì-Cesena dove, oltre a frantoio, leccino e correggiolo, esiste anche un'altra varietà locale, il selvatico, diffusa soprattutto nella zona di Carpineta, insieme alla carbuncion di Carpineta. Nel Faentino, sulle colline della Vena del Gesso, intorno al comune di Brisighella, si coltivano le cultivar autoctone nostrana di Brisighella, colombina e ghiacciola. L'olio ottenuto gode di particolare meritata rinomanza, tanto che a tutela della sua qualità è stata già da tempo riconosciuta la Dop Brisighella. A questa si è aggiunta in seguito la Dop Colline di Romagna che riguarda la produzione delle province di Rimini e Forlì-Cesena. E proprio alle porte di Forlì, nel comune di Castrocaro, si è recentemente svolto uno studio del CNR teso a valorizzare il patrimonio varietale autoctono: dal censimento delle piante secolari sono state individuate sei nuove cultivar che hanno preso il nome dei poderi dove sono state trovate. Quattro sono cloni, due della nostrana di Brisighella (casalino e conversello) e due rispettivamente della ghiacciola (casalinetto) e del correggiolo (pennita). Le altre si chiamano cortigiana, perché scoperta nella fortezza di Castrocaro, e quarantoleto. Le aziende attive sul territorio sono circa 4.500, per lo più di piccole dimensioni, e 29 i frantoi che nell'ultima campagna hanno reso 1.201,7 tonnellate di olio, pari allo 0,23% del totale nazionale, con un aumento del 7,17% rispetto all'annata precedente.

In Emilia Romagna the mainly flat morphology of the territory restricts olive cultivation to particular hilly areas situated near Rimini, Forlì and Faenza. However these areas have a very important and ancient range of varieties. In fact according to historians olive cultivation dates back to prehistoric times, exactly to the Villanovian period (10th -8th century B.C.). In contrast to other regions olive growing here survived the fall of the Roman Empire, the Barbarian invasions and the subsequent crisis of the agricultural system, which proves its cultural importance. Recovery started in the early Middle Ages, when monastic orders spread the olive tree everywhere, even on the hills surrounding Bologna, Piacenza and Parma, stimulating a very flourishing trade. Unfortunately, at the beginning of the 20th century olive groves were gradually neglected and dug up to be replaced by other cultivations, such as cereals and fruit trees and by more profitable intensive cultivations. Recovery is relatively recent and today in Emilia Romagna there are about 3,591 hectares of olive groves, mainly in the province of Rimini, historically the most suitable to olive growing, then in the province of Forlì-Cesena, followed by the province of Ravenna and finally only a limited amount in the area of Bologna. As regards varieties in the province of Rimini we find the autochthonous cultivars rossina and colombina, together with new olive groves, where the typical varieties of central Italy have taken root, especially frantoio, moraiolo, pendolino and correggiolo. Frantoio di Villa Verrucchio and frantoio di Montegridolfo instead can be found both here and in the province of Forlì-Cesena, where, besides the cultivars frantoio, leccino and correggiolo, there is also a local cultivar called selvatico, which is mainly spread in the area of Carpineta, together with the variety carbuncion di Carpineta. In the area of Faenza, especially in the hilly area of Vena del Gesso, around the town of Brisighella, typical autochthonous varieties like nostrana di Brisighella, colombina and ghiacciola are cultivated and the oil obtained from these cultivars is particularly famous. In fact the quality of this oil was recognized by the Pdo Brisighella. Later the Pdo Colline di Romagna was added to protect the production of extra virgin olive oils in the provinces of Rimini and Forlì-Cesena. Recently CNR has carried out a research near Forlì, in the town of Castrocaro, to enhance the autochthonous range of varieties. This census has identified six new cultivars that have taken their name from the farms where they were found. Four of them are clones, two of nostrana di Brisighella (casalino and conversello) and two respectively of ghiacciola (casalinetto) and correggiolo (pennita). The others are called cortigiana, because it was found in the fortress of Castrocaro, and quarantoleto. In the territory there are about 4,500 small farms and 29 olive oil mills. In 2009-2010 they produced 1,201.7 tons of oil, equal to 0.23% of the total national quantity, with an increase of 7.178% compared to the previous year.

Italia Italy [IT] Emilia Romagna

Tenuta Pennita

Via Pianello, 34 - Montepoggiolo - Terra del Sole
47011 Castrocaro Terme e Terra del Sole (FC)
Tel. + 39 0543 767451 - Fax + 39 0543 767451
E-mail: info@lapennita.it - Web: www.lapennita.it

95

- 180/250 m.
- **Specializzato** / Specialized
- **Vaso libero** / Free vase
- **Brucatura a mano** / Hand picking
- **Sì - Ciclo continuo** / Yes - Continuous cycle
- **Nostrana di Brisighella**
- **Fruttato intenso** / Intense fruity
- da 15,01 a 18,00 € - 500 ml. / from € 15.01 to 18.00 - 500 ml.

Una prova in grande stile per la Tenuta Pennita della famiglia Tumidei, attiva dagli anni Settanta anche in campo vitivinicolo. Oggi alla guida c'è Gianluca Tumidei che possiede 16 ettari di oliveti specializzati con più di 5mila piante fra i comuni di Castrocaro Terme, Terra del Sole e Brisighella, territori da sempre vocati all'olivicoltura. Quest'anno il raccolto è stato di 500 quintali di olive che, uniti ai 5 acquistati, hanno reso 58 ettolitri di olio. Due le etichette Extravergine Monte Poggiolo, il Denocciolato e l'ottimo Selezione Alina: di colore giallo dorato intenso con sottili riflessi verdi, limpido; al naso è deciso e avvolgente, ricco di sentori vegetali di cicoria, lattuga ed erbe balsamiche, con basilico e mentuccia in rilievo. In bocca è potente e ampio, con toni fruttati di banana, mela bianca e pomodoro di media maturità, accompagnati da note di fave, sedano, pepe nero e mandorla. Amaro spiccato e piccante presente. È eccellente per antipasti di polpo, carpaccio di tonno, insalate di spinaci, marinate di pesce azzurro, passati di funghi porcini, primi piatti al ragù, pesce spada alla brace, cacciagione di piuma o pelo ai ferri, formaggi stagionati a pasta dura.

A great performance for Tenuta Pennita, owned by the family Tumidei and also active in the wine-growing sector since the 70's. Today the farm is run by Gianluca Tumidei, who owns 16 hectares of specialized olive groves with over 5,000 trees in the towns of Castrocaro Terme, Terra del Sole and Brisighella, favourable lands for olive growing. In the last harvest 500 quintals of olives were produced and 5 purchased, with a yield of 58 hectolitres of oil. There are two Extra Virgin selections Monte Poggiolo, Denocciolato and the excellent Selezione Alina. It is an intense limpid golden yellow colour with slight green hues. Its aroma is definite and rotund, rich in vegetal hints of chicory, lettuce and aromatic herbs, especially basil and field balm. Its taste is powerful and ample, with fruity hints of banana, white apple and medium ripe tomato, together with notes of broad beans, celery, black pepper and almond. Bitterness is distinct and pungency is present. It would be ideal on octopus appetizers, tuna carpaccio, spinach salads, marinated bluefish, porcini mushroom purée, pasta with meat sauce, barbecued swordfish, grilled game birds or animals, hard mature cheese.

Italia Italy [IT] Emilia Romagna

Terra di Brisighella

Via Strada, 2
48013 Brisighella (RA)
Tel. + 39 0546 81103 - Fax + 39 0546 81497
E-mail: info@brisighello.net - Web: www.brisighello.net

95

250 m.

Promiscuo e specializzato
Promiscuous and specialized

Vaso policonico
Polyconic vase

Brucatura a mano e meccanica
Hand picking and mechanical harvesting

Sì - Ciclo continuo e sinolea
Yes - Continuous cycle and sinolea

Ghiacciola

Fruttato intenso
Intense fruity

da 18,01 a 22,00 € - 500 ml.
from € 18.01 to 22.00 - 500 ml.

Impeccabile, come sempre. La Cooperativa Agricola Brisighellese nasce nel 1962 da un'idea di 16 viticoltori: oggi è una delle più importanti realtà olearie della Romagna, con 650 soci e un patrimonio di 300 ettari di impianto con 100mila esemplari. Quest'anno il raccolto ha fruttato 8mila quintali di olive, per una resa pari a quasi 983 ettolitri di olio extravergine. Eccellente l'etichetta aziendale che segnaliamo: l'Extravergine Nobil Drupa, scelto dal panel. Alla vista si presenta di un bel colore giallo dorato intenso con delicate sfumature verdoline, limpido; all'olfatto si esprime ampio e deciso, ricco di note fruttate di mela bianca e banana matura, con netto ricordo di pomodoro di media maturità ed eleganti sentori aromatici e speziati di maggiorana, menta e pepe nero. In bocca è complesso e vegetale, dotato di toni di lattuga, fave fresche, carciofo e chiusura di mandorla. Amaro potente e piccante spiccato. Perfetto accompagnamento per antipasti di funghi porcini, bruschette con pomodoro, insalate di spinaci, marinate di pesce azzurro, zuppe di lenticchie, primi piatti al ragù, pesce azzurro gratinato, carni rosse o cacciagione arrosto, formaggi stagionati a pasta filata.

Cooperativa Agricola Brisighellese, which has been as perfect as usual, was founded in 1962 by 16 wine-growers: today it is one of the most important olive oil farms in Romagna with 650 members and 300 hectares of olive grove with 100,000 trees. In the last oil harvest 8,000 quintals of olives were produced, equal to almost 983 hectolitres of extra virgin olive oil. We recommend an excellent selection, the Extra Virgin Nobil Drupa, chosen by our panel. It is a beautiful intense limpid golden yellow colour with delicate light green hues. Its aroma is ample and definite, with fruity notes of white apple and ripe banana, definite hints of medium ripe tomato and elegant fragrant and spicy hints of marjoram, mint and black pepper. Its taste is complex and vegetal, with a flavour of lettuce, fresh broad beans, artichoke and an almond finish. Bitterness is powerful and pungency is distinct. It would be ideal on porcini mushroom appetizers, bruschette with tomatoes, spinach salads, marinated bluefish, lentil soups, pasta with meat sauce, blue fish au gratin, roast red meat or game, aged cheese.

Italia Italy [IT] Emilia Romagna

Borgo del Melograno

Via Val di Ranco, 814
47834 Montefiore Conca (RN)
Tel. + 39 0541 852031 - Fax + 39 0541 852031
E-mail: info@borgodelmelograno.com - Web: www.borgodelmelograno.com

90

600/700 m.

Specializzato
Specialized

Policono
Polycone

Bacchiatura e brucatura a mano
Beating and hand picking

No - Ciclo continuo
No - Continuous cycle

Correggiolo (80%), leccino (20%)

Fruttato medio
Medium fruity

da 12,01 a 15,00 € - 500 ml.
from € 12.01 to 15.00 - 500 ml.

N on smette di brillare la stella di Borgo del Melograno, una interessantissima realtà situata a pochi passi dalle città costiere di Rimini e Cattolica, sulle colline della Valconca. Si tratta di un'antica casa patronale di fine Ottocento, inserita in un borgo di case tipiche locali, che si affaccia su un giardino terrazzato alberato. Qui Monica e Valerio Sapucci producono olio dal 2002 e quest'anno, dalle 2.200 piante su 15 ettari di oliveto specializzato, hanno ricavato 200 quintali di olive, pari a 30 ettolitri di olio. Ottimo l'Extravergine Borgo del Melograno Dop Colline di Romagna, di colore giallo dorato intenso con tenui nuance verdi, limpido; al naso è elegante e complesso, con ampie note vegetali di carciofo, cicoria, lattuga e sentori balsamici di menta e rosmarino. In bocca è deciso e avvolgente, ricco di toni speziati di pepe nero e frutta secca, con noce fresca e mandorla in evidenza. Amaro spiccato e piccante ben espresso. È un perfetto accompagnamento per maionese, aragosta al vapore, carpaccio di orata, insalate di riso, marinate di spigola, passati di ceci, cous cous di pesce, fritture di verdure, tartare di dentice, formaggi freschi a pasta molle, dolci da forno.

B orgo del Melograno is a really interesting reality situated near the coastal towns of Rimini and Cattolica, on the hills of Valconca. It is an ancient 19th century farm house, located in a village of typical houses and overlooking a terraced garden full of trees. Here Monica and Valerio Sapucci have been producing olive oil since 2002. There are 15 hectares of specialized olive grove with 2,200 trees, which in the last harvest produced 200 quintals of olives, equal to 30 hectolitres of oil. The excellent Extra Virgin Borgo del Melograno Pdo Colline di Romagna is a light limpid golden yellow colour with slight green hues. Its aroma is elegant and complex, with ample vegetal notes of artichoke, chicory, lettuce and fragrant hints of mint and rosemary. Its taste is definite and rotund, rich in a spicy flavour of black pepper and dried fruit, especially fresh walnut and almond. Bitterness is strong and pungency is distinct. It would be ideal on mayonnaise, steamed spiny lobster, gilthead carpaccio, rice salads, marinated bass, chickpea purée, fish cous cous, fried vegetables, sea bream tartare, soft fresh cheese, oven cakes.

Italia Italy [IT] Emilia Romagna

Azienda Agricola Primo Fraternali Grilli
Via Villa Parigi, 37 - Trebbio
47837 Montegridolfo (RN)
Tel. + 39 0541 855525 - 0541 855093 - Fax + 39 0541 855525
E-mail: info@ulivetodelfattore.it - Web: www.ulivetodelfattore.it

87

 200 m.

 Specializzato
Specialized

 Vaso policonico
Polyconic vase

 Brucatura a mano e meccanica
Hand picking and mechanical harvesting

 No - Ciclo continuo
No - Continuous cycle

 Correggiolo

 Fruttato medio
Medium fruity

 da 8,01 a 10,00 € - 500 ml.
from € 8.01 to 10.00 - 500 ml.

Meritatissima segnalazione per la famiglia Fraternali Grilli, che da quattro generazioni produce e commercializza olio extravergine nel territorio collinare di Montegridolfo, nel Riminese, dando seguito a un'antica tradizione che risale al secolo XIX. Attualmente è Claudio Fraternali Grilli alla guida di 5 ettari di impianto specializzato con mille piante che, durante la recente campagna olearia, hanno fruttato 100 quintali di olive, per una resa in olio di 16 ettolitri. Ottima l'etichetta monocultivar proposta, l'Extravergine Uliveto del Fattore - Correggiolo che alla vista appare di colore giallo dorato intenso con leggere sfumature verdi, limpido. Al naso è deciso e ampio, con eleganti note di vegetali di carciofo, cicoria e sentori di erbe balsamiche, con menta e rosmarino in evidenza. In bocca si offre complesso e avvolgente, con toni erbacei di cardo di campo, pepe nero e mandorla dolce in chiusura. Amaro spiccato e piccante dosato. È un ottimo accompagnamento per antipasti di carciofi, insalate di farro, legumi bolliti, marinate di salmone, passati di fagioli, primi piatti con molluschi, rombo alla griglia, seppie in umido, formaggi caprini.

The family Fraternali Grilli, following an ancient tradition dating back to the 19th century, have been producing and marketing extra virgin olive oil in the hilly territory of Montegridolfo, in the area of Rimini, for four generations. Currently Claudio Fraternali Grilli runs 5 hectares of specialized olive grove with 1,000 trees. In the last oil harvest they produced 100 quintals of olives, equal to a yield of 16 hectolitres of extra virgin olive oil. The excellent farm selection, the Extra Virgin Uliveto del Fattore - Correggiolo, is an intense limpid golden yellow colour with slight green hues. Its aroma is definite and ample, with elegant vegetal notes of artichoke, chicory and hints of officinal herbs, especially mint and rosemary. Its taste is complex and rotund, with a grass flavour of wild thistle, black pepper and a sweet almond finish. Bitterness is strong and pungency is complimentary. It would be ideal on artichoke appetizers, farro salads, boiled legumes, marinated salmon, bean purée, pasta with mussels, grilled turbot, stewed cuttlefish, goat cheese.

Toscana

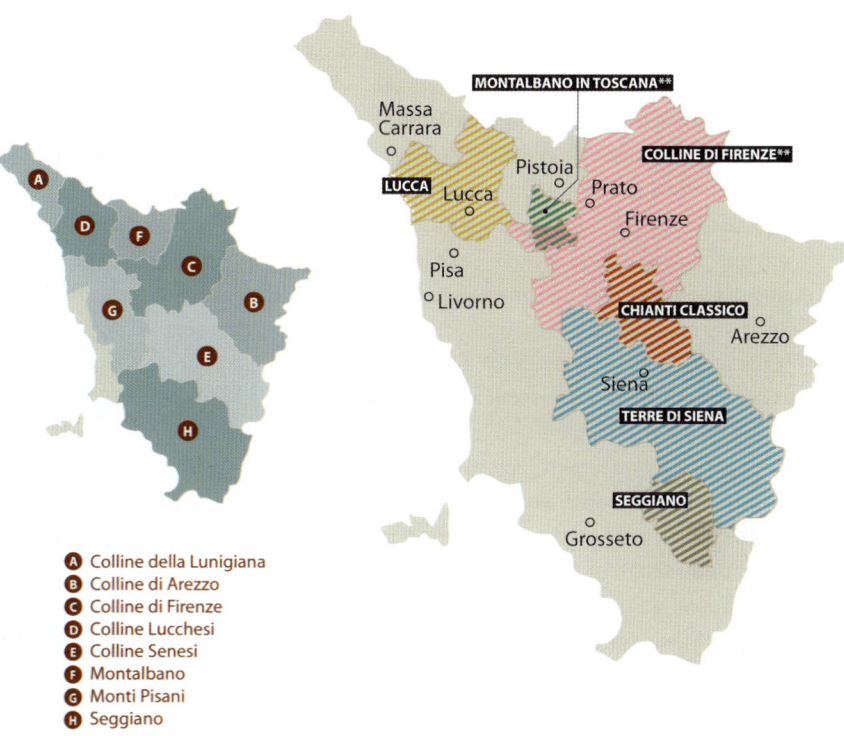

- Ⓐ Colline della Lunigiana
- Ⓑ Colline di Arezzo
- Ⓒ Colline di Firenze
- Ⓓ Colline Lucchesi
- Ⓔ Colline Senesi
- Ⓕ Montalbano
- Ⓖ Monti Pisani
- Ⓗ Seggiano

** All'esame del MiPAAF per la certificazione • Under MiPAAF exam for certification

Dati Statistici

Superficie olivetata nazionale	1.147.188 (ha)
Superficie olivetata regionale	97.066 (ha)
Quota regionale	8,46%
Frantoi	363
Produzione nazionale 09-10	521.915,9 (t)
Produzione regionale 09-10	19.836,0 (t)
Produzione regionale 08-09	17.265,9 (t)
Variazione	+ 14,89%
Quota regionale	3,80%

National Institute of Statistics

Statistic Data

National Olive Surface	1,147,188 (ha)
Regional Olive Surface	97,066 (ha)
Regional Quota	8.46%
Olive Oil Mills	363
National production 09-10	521,915.9 (t)
Regional production 09-10	19,836.0 (t)
Regional production 08-09	17,265.9 (t)
Variation	+ 14.89%
Regional Quota	3.80%

La notorietà, meritatissima, dell'olio toscano sfida i secoli e i confini geografici: tanto per farsi un'idea della sua rinomanza basta citare il Concise Oxford Dictionary che alla voce "Lucca" recita "Lucca - Oil: Superior Quality of Olive Oil". E questo nonostante le quantità di prodotto non siano sterminate. Del resto l'olivicoltura costituisce la spina dorsale della tradizione agroalimentare toscana, il suo cuore e la sua sintesi. Accanto alla vite, l'olivo è non soltanto protagonista assoluto dell'economia rurale e, con i suoi frutti, della tradizione gastronomica della regione, ma riveste un'insostituibile funzione paesaggistica e culturale. Esistono diverse testimonianze storiche secondo le quali la pianta sacra sarebbe stata presente come qualità selvatica già in età preistorica soprattutto in alcune zone del litorale. Tuttavia comincia a marcare fortemente le colline toscane soltanto verso la fine del Medioevo: sta di fatto che da quell'epoca gli oliveti sono diffusi praticamente su tutto il territorio regionale, fatta eccezione per le aree pianeggianti di fondovalle e i terreni eccessivamente argillosi. Fondamentale l'opera dei Medici, che dettero un forte impulso alla coltura, bonificando boschi e paludi per ricavarne aree coltivabili. Gli impianti in Toscana arrivano infatti quasi ai limiti settentrionali per questa coltura il che, in anni particolarmente freddi, può esporli a gravi danni: è quanto accadde nel 1985 quando oltre il 70% del patrimonio olivicolo regionale andò completamente distrutto per il gelo. Oggi però il comparto ha ripreso completo vigore, grazie a un'intelligente politica di gestione del territorio e alla grande attenzione alla qualità di produttori piccoli e grandi. Attualmente si contano 14 milioni di piante messe a dimora su una superficie di oltre 97mila ettari. Le zone più vocate sono il Chianti, le falde del Monte Albano, i Colli Fiorentini, la Rufina e i Colli Senesi con in testa il comprensorio di Montalcino e di Montepulciano, come pure la provincia di Lucca, i Colli Aretini, le Colline Pisane e le aree collinari di Livorno e Grosseto. Le aziende attive nel settore sfiorano le 50mila mentre 363 sono i frantoi che, nella campagna olearia 2009-2010, hanno prodotto 19.836 tonnellate di olio, pari al 3,80% del totale nazionale, con un aumento del 14,89% rispetto all'annata precedente. La varietà dominante è la pregiata frantoio. Ma accanto a questa troviamo moraiolo, leccino, pendolino e correggiolo. Oltre a tante altre cultivar meno conosciute ma che contribuiscono in modo determinante alla tipicità degli oli toscani: allora, arancino, ciliegino, colombino, cuoricino, ginestrino, giogolino, gremignolo, grossaio, lastrino, lazzero, leccio del corno, madremignola, melaiolo, morcone, mortellino, ornellaia, piangente, piturzello, quercetano, rosino, rossello, salicino, tondello e trillo. Dal 1997 la produzione toscana è tutelata dalla Igp Toscano che abbraccia tutta la regione con otto sottozone: Colline della Lunigiana, Colline di Arezzo, Colline di Firenze, Colline Lucchesi, Colline Senesi, Montalbano, Monti Pisani e Seggiano. Le si affiancano le Denominazioni di Origine Protetta certificate Chianti Classico, Terre di Siena, Lucca e, recentissima, Seggiano. La Dop Colline di Firenze è in attesa della certificazione al MiPAAF, come pure la recentissima Dop Montalbano in Toscana.

The name Tuscan oil has rightly deserved has endured over the centuries and crossed geographic borders, suffice it to say that the entry Lucca in the Concise Oxford Dictionary says "Lucca - Oil: Superior Quality of olive oil". Although the quantities produced are not extremely abundant, olive growing is the backbone of Tuscan agricultural and food tradition and represents its heart and synthesis. Together with the grapevine the olive tree is the real protagonist not only of the rural economy and of the gastronomic tradition of the region, but it has also an important landscape and cultural function. From an historical point of view the olive tree was already present as a wild variety in prehistoric times, mostly in some coastal areas, but it started to spread only at the end of the Middle Ages: since then olive groves have spread on the whole regional territory for centuries, with the only exception of the flat thalweg areas and the too clayey soil. The role of the Medicis was fundamental in this regard, as they strongly stimulated olive cultivation, reclaiming woods and marshes to obtain cultivable areas. Tuscan olive groves are nearly always on the north border for this kind of cultivation and in extremely cold years this fact can damage them seriously: this happened in fact in 1985, when over 70% of the regional olive trees was completely destroyed by frost. Nowadays the sector has fully recovered, thanks to an intelligent management of the territory and to the great attention to quality of both small and large producers. In Tuscany there are currently 14 million trees on a surface of over 97,000 hectares. The most suitable areas are Chianti, the slopes of Monte Albano, Colli Fiorentini, Rufina and Colli Senesi, particularly the areas of Montalcino, Montepulciano, as well as Lucchesia, Colli Aretini, Colline Pisane and the hilly areas of the regions of Livorno and Grosseto. The farms involved in the sector are nearly 50,000 and 363 the olive oil mills. In the last harvest 19,836 tons of oil were produced, equal to 3.80% of the total national quantity, with an increase of 14.89% compared to the previous year. The prevailing variety is obviously the fine frantoio. Together with this "champion" cultivar we find also moraiolo, leccino, pendolino and correggiolo. Besides these well-known varieties there are many others, which although less popular give a decisive contribution to the Tuscan oil characteristics. Here are some examples: arancino, ciliegino, colombino, cuoricino, ginestrino, giogolino, gremignolo, grossaio, lastrino, lazzero, leccio del corno, madremignola, melaiolo, morcone, mortellino, ornellaia, piangente, piturzello, quercetano, rosino, rossello, salicino, tondello and trillo. Since 1997 oil production has been protected by the Pgi Toscano, which covers the whole region with eight subareas: Colline della Lunigiana, Colline di Arezzo, Colline di Firenze, Colline Lucchesi, Colline Senesi, Montalbano, Monti Pisani and Seggiano. From year to year also the Pdo are increasing: Chianti Classico, Terre di Siena, Lucca and the recent Seggiano. Instead the Pdo Colline di Firenze and the recent Pdo Montalbano in Toscana are under MiPAAF examination.

Italia Italy [IT] Toscana

Azienda Agricola Boggioli
Montegonzi - Boggioli, 10
52022 Cavriglia (AR)
Tel. + 39 055 9166222 - Fax + 39 055 9668954
E-mail: richmond@boggioli.com - Web: www.boggioli.com

91

405 m.

Specializzato
Specialized

Vaso libero
Free vase

Bacchiatura e brucatura a mano
Beating and hand picking

No - Ciclo continuo
No - Continuous cycle

Frantoio (30%), leccino (25%), moraiolo (20%), pendolino (10%), altre/others (15%)

Fruttato medio
Medium fruity

da 8,01 a 10,00 € - 500 ml.
from € 8.01 to 10.00 - 500 ml.

U n risultato eccellente per la Boggioli di Montegonzi, un antico podere fra boschi e ulivi sulle colline del Chianti. Keith Richmond ha acquistato questa tenuta nel 1990 e l'ha gradualmente ampliata fino a raggiungere l'attuale superficie di 43 ettari. Di questi, circa 3 sono destinati agli oliveti specializzati con mille piante dalle quali, nell'ultima campagna, sono stati raccolti 52 quintali di olive, pari a circa 8 ettolitri di olio. Di gran classe l'Extravergine Podere Boggioli Igp Toscano da Agricoltura Biologica che si presenta alla vista di colore giallo dorato intenso con calde note verdi, limpido; all'olfatto si offre deciso e complesso, con ampie note vegetali di carciofo, cicoria selvatica ed eleganti sentori di erbe aromatiche, dove spiccano menta e rosmarino. Al gusto è avvolgente e di personalità, con toni di verdure fresche di campo, pepe nero e mandorla dolce in chiusura. Amaro deciso e piccante ben presente e armonico. È un ottimo accompagnamento per antipasti di ceci, carpaccio di dentice, insalate di funghi ovoli, marinate di spigola, zuppe di fave, cous cous di pesce, fritture di calamari, gamberi alla piastra, formaggi freschi a pasta molle, biscotti da forno.

A zienda Agricola Boggioli in Montegonzi, an ancient holding in the middle of woods and olive trees on the hills of Chianti, has obtained an excellent result. Keith Richmond purchased this estate in 1990 and gradually enlarged it, so that the present surface is 43 hectares, about 3 of which destined to specialized olive groves with 1,000 trees. In the last oil harvest 52 quintals of olives were produced, equal to almost 8 hectolitres of extra virgin olive oil. The Extra Virgin Podere Boggioli Pgi Toscano from Organic Farming is extraordinary. It is an intense limpid golden yellow colour with warm green hues. Its aroma is definite and complex, characterized by ample vegetal notes of artichoke, wild chicory and elegant hints of aromatic herbs, especially mint and rosemary. Its taste is rotund and strong, with hints of fresh country vegetables, black pepper and a sweet almond finish. Bitterness is definite and pungency is present and harmonic. It would be ideal on chickpea appetizers, sea bream carpaccio, ovoli mushroom salads, marinated bass, broad bean soups, fish cous cous, fried squids, pan-seared shrimps, soft fresh cheese, oven cookies.

Italia Italy [IT] Toscana

Fattoria Casamora

Via di Casabiondo, 5 - Casamora
52026 Pian di Sco' (AR)
Tel. + 39 055 960046 - Fax + 39 055 960036
E-mail: info@casamora.it - Web: www.casamora.it

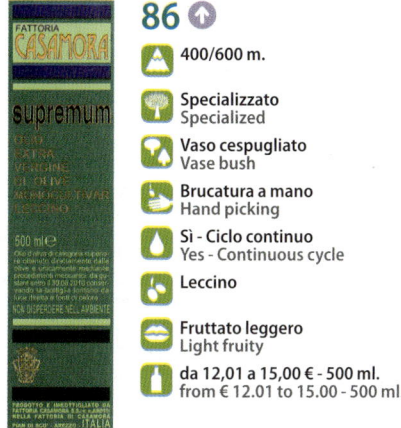

86

- 400/600 m.
- **Specializzato** / Specialized
- **Vaso cespugliato** / Vase bush
- **Brucatura a mano** / Hand picking
- **Sì - Ciclo continuo** / Yes - Continuous cycle
- Leccino
- **Fruttato leggero** / Light fruity
- da 12,01 a 15,00 € - 500 ml. / from € 12.01 to 15.00 - 500 ml.

Riesce davvero a sorprendere, per quantità e qualità. Casamora appartiene all'architetto Maurizio Montani della Fargna che ha completamente ristrutturato e riqualificato l'antica dimora di famiglia. Specializzata in accoglienza turistica e programmazione culturale d'avanguardia, l'azienda conta 65 ettari olivetati con 18mila piante che quest'anno hanno reso 800 quintali di olive e 120 ettolitri di olio. Nell'ampia gamma di Extravergine proposti segnaliamo il Florilegium, i due monovarietali Regale Denocciolato - Moraiolo e Leccino - e i due Supremum, Frantoio e l'eccellente Leccino. Quest'ultimo è di colore giallo dorato intenso con caldi riflessi verdi, limpido. Al naso è ampio e avvolgente, dotato di eleganti sentori vegetali di carciofo e cicoria, accompagnati da toni balsamici di basilico e menta. Al gusto è complesso e molto fine, ricco di note speziate di pepe nero e mandorla, sia amara che dolce. Amaro spiccato e piccante ben dosato. Ottimo accompagnamento per antipasti di funghi ovoli, carpaccio di orata, insalate di riso, marinate di dentice, passati di fave, cous cous di pesce, fritture di calamari, tartare di gallinella, formaggi freschi a pasta molle, dolci lievitati.

This farm is surprising both for quality and for quantity. Fattoria Casamora belongs to the architect Maurizio Montani della Fargna, who has completely renovated the old family house. Specialized in tourist accomodation and progressive cultural programming, the farm extends over 65 hectares of olive grove with 18,000 trees. In the last harvest 800 quintals of olives were produced, equal to 120 hectolitres of extra virgin olive oil. Among the many Extra Virgin olive oils proposed we recommend Florilegium, the two Monovarietal Regale Denocciolato - Moraiolo and Leccino - and the two Supremum, Frantoio and the excellent Leccino. This one is an intense limpid golden yellow colour with warm green hues. Its aroma is ample and rotund, with vegetal hints of artichoke and chicory, together with fragrant hints of basil and mint. Its taste is complex and very fine, rich in spicy hints of black pepper and both bitter and sweet almond. Bitterness is distinct and pungency is balanced. It would be ideal on ovoli mushroom appetizers, gilthead carpaccio, rice salads, marinated sea bream, broad bean purée, fish cous cous, fried squids, piper tartare, soft fresh cheese, yeast-raised cakes.

Fattoria Fonte Veneziana

Via dei Cappuccini
52100 Arezzo
Tel. + 39 0575 20995
E-mail: info@fattoriafonteveneziana.it - Web: www.fattoriafonteveneziana.it

86

- 280/570 m.
- Specializzato / Specialized
- Vaso libero / Free vase
- Brucatura a mano / Hand picking
- No - Ciclo continuo / No - Continuous cycle
- Moraiolo (83%), raggiaio (7%), leccino, altre/others (10%)
- Fruttato medio / Medium fruity
- da 12,01 a 15,00 € - 500 ml. / from € 12.01 to 15.00 - 500 ml.

La Fonte Veneziana nasce nel 1888 poco al di fuori della Porta Crucifera di Arezzo, nel luogo di ritrovamento della stipe etrusca del VI secolo a.C. detta "della Fonte Veneziana". La Fattoria e i terreni che la compongono sono rimasti sempre della famiglia degli attuali proprietari, i fratelli Rossi de Vermandois, alla guida di quasi 17 ettari di oliveti specializzati, con 2.500 piante. Il raccolto dell'ultima campagna ha fruttato circa 116 quintali di olive, pari a quasi 19 ettolitri di olio. Ottime le due selezioni Extravergine, entrambe Igp Toscano - Colline di Arezzo: il Corte di Crugliano e soprattutto il Villa Ada. Di colore giallo dorato intenso con decisi riflessi verdi, limpido; al naso è deciso ed elegante, con ricchi sentori di carciofo, lattuga, sedano e ampie note balsamiche di basilico e prezzemolo. Al gusto è fine e di carattere, con toni fruttati di pomodoro acerbo, banana e mandorla. Amaro e piccante presenti e armonici. È eccellente per antipasti di molluschi, carpaccio di salmone, insalate di pomodori, verdure marinate, passati di fagioli, primi piatti con asparagi, gamberi in guazzetto, tartare di ricciola, pollame o carni di agnello al forno, formaggi caprini.

Fonte Venziana was founded in 1888 near the Porta Crucifera in Arezzo, where the Etrurian votive offerings called "of the Venetian spring", dating back to the 6th century, were found. The farm and the lands surrounding it have always belonged to the family of the present owners, the brothers Rossi de Vermandois. They have almost 17 hectares of specialized olive grove with 2,500 trees. The last harvest yielded about 116 quintals of olives, equal to almost 19 hectolitres of oil. There are two excellent Extra Virgin selections, both Pgi Toscano - Colline di Arezzo: Corte di Crugliano and especially Villa Ada. It is an intense limpid golden yellow colour with definite green hues. Its aroma is definite and elegant, with rich hints of artichoke, lettuce, celery and ample fragrant notes of basil and parsley. Its taste is fine and strong, with a fruity flavour of unripe tomato, banana and almond. Bitterness and pungency are present and harmonic. It would be ideal on mussel appetizers, salmon carpaccio, tomato salads, marinated vegetables, bean purée, pasta with asparagus, stewed shrimps, amberjack tartare, baked poultry or lamb, goat cheese.

Tenute di Fraternita

Via Madonna di Mercatale, 45
52041 Civitella in Val di Chiana (AR)
Tel. + 39 0575 24694 - Fax + 39 0575 24694
E-mail: info@fraternitadeilaici.it

82

- 350 m.
- **Specializzato** / Specialized
- **Vaso** / Vase
- **Brucatura a mano e meccanica** / Hand picking and mechanical harvesting
- **No - Ciclo continuo** / No - Continuous cycle
- Moraiolo (60%), frantoio (20%), leccino (20%)
- **Fruttato intenso** / Intense fruity
- da 6,01 a 8,00 € - 500 ml. / from € 6.01 to 8.00 - 500 ml.

La Fraternita, antica istituzione aretina che ha offerto in passato alla città numerose strutture e servizi grazie ai lasciti testamentari di numerosi benefattori, è stata di recente trasformata in ente pubblico, incorporando due fondazioni autonome ed ereditando un grosso patrimonio fondiario compreso tra Arezzo, Civitella in Val di Chiana, Monte San Savino e Castiglion Fibocchi. In queste terre, su circa 23 ettari, si coltivano anche 8mila piante di olivo, che hanno reso nell'ultima campagna 200 quintali di olive e quasi 33 ettolitri di olio. Segnaliamo l'Extravergine Tenute di Fraternita Igp Toscano che alla vista è di colore giallo dorato intenso con caldi riflessi verdi, limpido. Al naso è ampio e fruttato, ricco di sentori di pomodoro acerbo e mandorla, cui si associano note balsamiche di basilico e prezzemolo. In bocca è fine e vegetale, con toni di ortaggi freschi di campo, sedano e lattuga. Amaro e piccante spiccati e armonici. È un eccellente accompagnamento per carpaccio di tonno, funghi porcini alla griglia, insalate di spinaci, radicchio alla brace, zuppe di asparagi, primi piatti con pesce spada, carni rosse o cacciagione al forno, formaggi stagionati a pasta dura.

Fraternita, an ancient institution in Arezzo, in the past offered the town numerous facilities and services thanks to the legacies of many benefactors. Recently it has become a public body, including two autonomous foundations and inheriting numerous lands in the areas of Arezzo, Civitella in Val di Chiana, Monte San Savino and Castiglion Fibocchi. There are about 23 hectares of olive grove with 8,000 trees, which yielded 200 quintals of olives and almost 33 hectolitres of oil in the last harvest. We recommend the Extra Virgin Tenute di Fraternita Pgi Toscano, which is an intense limpid golden yellow colour with warm green hues. Its aroma is ample and fruity, rich in hints of unripe tomato and almond, together with fragrant notes of basil and parsley. Its taste is fine and vegetal, with a flavour of fresh country vegetables, celery and lettuce. Bitterness and pungency are distinct and harmonic. It would be ideal on tuna carpaccio, grilled porcini mushrooms, spinach salads, barbecued radicchio, asparagus soups, pasta with swordfish, baked red meat or game, hard mature cheese.

Italia Italy [IT] Toscana

Azienda Agricola Il Borro

San Giustino Valdarno - Il Borro, 1
52024 Loro Ciuffenna (AR)
Tel. + 39 055 9772921 - Fax + 39 055 977864
E-mail: vino@ilborro.it - Web: www.ilborro.it

85 💲

- 400 m.
- Specializzato / Specialized
- Vaso / Vase
- Brucatura a mano / Hand picking
- No - Ciclo continuo / No - Continuous cycle
- Moraiolo (40%), leccino (30%), fiorentino (20%), pendolino (10%)
- Fruttato medio / Medium fruity
- da 10,01 a 12,00 € - 500 ml. / from € 10.01 to 12.00 - 500 ml.

Il Borro è un vero e proprio villaggio che si estende per 700 ettari nel territorio di quattro comuni della provincia di Arezzo. Inizialmente concepito come fortezza baronale, fu prima della famiglia Pazzi, poi donato dal Granduca di Toscana al duca Alessandro dal Borro e all'inizio del secolo scorso acquistato dal Duca Amedeo D'Aosta. Dal 1993 è proprietà della famiglia Ferragamo che gestisce un patrimonio comprendente 18 ettari di oliveti con 7mila piante dalle quali quest'anno sono stati raccolti 140 quintali di olive, pari a circa 18 ettolitri di olio. L'Extravergine Il Borro appare alla vista di colore giallo dorato intenso con delicate nuance verdi, limpido. Al naso si apre sottile e composto, dotato di note di erba fresca falciata, cardo e carciofo, arricchite da sentori aromatici di mentuccia e rosmarino. In bocca è fine e dosato, con toni di ortaggi di campo, pepe verde e mandorla dolce. Amaro e piccante presenti ed equilibrati. Un abbinamento buono è con antipasti di mare, marinate di ricciola, patate in umido, verdure gratinate, passati di fagioli, primi piatti con molluschi, gamberi in guazzetto, rombo alla griglia, pollame o carni di agnello al forno, formaggi caprini.

Il Borro is a real village stretching over 700 hectares in the territory of four municipalities in the province of Arezzo. Built initially as a baronial fortress, it belonged first to the family Pazzi, then it was donated to the duke Alessandro dal Borro by the Grand duke of Tuscany and at the beginning of the last century it was purchased by the family Ferragamo. There are 18 hectares of olive grove with 7,000 trees, which produced 140 quintals of olives in the last harvest, equal to about 18 hectolitres of oil. The Extra Virgin Il Borro is an intense limpid golden yellow colour with delicate green hues. Its aroma is fine and delicate, endowed with notes of freshly mown grass, thistle and artichoke, enriched by aromatic hints of field balm and rosemary. Its taste is fine and delicate, with a flavour of country vegetables, green pepper and sweet almond. Bitterness and pungency are present and balanced. It would be ideal on seafood appetizers, marinated amberjack, stewed potatoes, vegetables au gratin, bean purée, pasta with mussels, stewed shrimps, grilled turbot, baked poultry or lamb, goat cheese.

Italia Italy [IT] Toscana

Fattoria Il Cipresso

Sassaia di Rigutino, 62 - Il Cipresso
52100 Arezzo
Tel. + 39 0575 908562 - 0575 97122 - Fax + 39 0575 908562
E-mail: info@ilcipresso.com - Web: www.ilcipresso.com

81 ↑

400 m.

Specializzato
Specialized

Vaso
Vase

Brucatura a mano
Hand picking

No - Sinolea
No - Sinolea

Moraiolo (60%), frantoio (10%), leccino (10%), morchiaio (10%), pendolino (10%)

Fruttato medio
Medium fruity

da 6,01 a 8,00 € - 500 ml.
from € 6.01 to 8.00 - 500 ml.

A pochi chilometri dal centro etrusco di Cortona e adiacente al parco naturale di Rigutinelli, ricco di piante e animali selvatici che spesso visitano la fattoria, si colloca Il Cipresso, azienda familiare condotta secondo il metodo biologico e costituita da oliveto, vigneto e bosco, oltre che da un piccolo apiario. Alle 3mila piante di olivo sono destinati 8 ettari. Da queste, nell'ultima campagna, sono stati ricavati 250 quintali di olive che hanno reso una produzione di 30 ettolitri di olio. Segnaliamo l'Extravergine Il Cipresso Igp Toscano da Agricoltura Biologica che alla vista è di colore giallo dorato intenso con caldi riflessi verdi, limpido; all'olfatto è elegante e vegetale, ricco di sentori di carciofo e cicoria, cui si accompagnano note di erbe officinali, con netto ricordo di menta e basilico. Al gusto è morbido e armonico, con toni di ortaggi di campo e spiccata mandorla in chiusura. Amaro presente e piccante contenuto. È un buon accompagnamento per antipasti di molluschi, insalate di farro, marinate di ricciola, patate al cartoccio, zuppe di orzo, risotto con funghi finferli, pesci di scoglio alla griglia, coniglio al forno, pollame alla piastra, formaggi caprini.

Il Cipresso, a family-run farm operated according to organic farming principles, is located a few kilometres from the Etrurian centre of Cortona, near the reserve of Rigutinelli, full of plants and wild animals that often visit the farm. It consists of an 8-hectare olive grove with 3,000 trees, a vineyard and a wood, besides an organic beehive. In the last oil harvest 250 quintals of olives were produced, equal to a yield of 30 hectolitres of oil. We recommend the Extra Virgin Il Cipresso Pgi Toscano from Organic Farming, which is an intense limpid golden yellow colour with warm green hues. Its aroma is elegant and vegetal, rich in hints of artichoke and chicory, together with notes of officinal herbs, especially mint and basil. Its taste is mellow and harmonic, with a flavour of country vegetables and a distinct almond finish. Bitterness is present and pungency is limited. It would be ideal on mussel appetizers, farro salads, marinated amberjack, baked potatoes, barley soups, risotto with chanterelle mushrooms, grilled rock-fish, baked rabbit, pan-seared poultry, goat cheese.

Italia Italy [IT] Toscana

Azienda Agraria La Ghianda
Bellorina
52024 Loro Ciuffenna (AR)
Tel. + 39 055 9172192 - Fax + 39 055 9199860
E-mail: info@laghianda.it - Web: www.laghianda.it

82

- 320 m.
- Specializzato / Specialized
- Vaso libero / Free vase
- Brucatura a mano e meccanica / Hand picking and mechanical harvesting
- No - Ciclo continuo / No - Continuous cycle
- Leccino (40%), frantoio (30%), moraiolo (30%)
- Fruttato medio / Medium fruity
- da 8,01 a 10,00 € - 500 ml. / from € 8.01 to 10.00 - 500 ml.

Sulle colline del Pratomagno, ai bordi della sinuosa strada Setteponti, si distendono gli oliveti dell'Azienda Agraria La Ghianda, proprietà di Andrea e Filippo Tanzi, che si distingue anche per la produzione di ceci e fagioli zolfini del Pratomagno. Su più di 8 ettari dimorano circa 3mila piante che, nell'ultima campagna olearia, hanno fruttato un raccolto di 280 quintali di olive che hanno permesso una produzione di quasi 41 ettolitri di olio. Segnaliamo l'etichetta aziendale, l'Extravergine La Ghianda che si presenta alla vista di un bel colore giallo dorato intenso con calde nuance verdi, limpido; all'olfatto si apre pulito e composto, ricco di sentori vegetali di carciofo e cicoria, cui si aggiungono note balsamiche e aromatiche di menta, basilico, pepe nero e noce fresca. In bocca è contenuto e armonico, dotato di toni di cardo selvatico, lattuga e spiccata mandorla dolce in chiusura. Amaro e piccante ben presenti ed equilibrati. È ideale su antipasti di farro, carpaccio di salmone, insalate di legumi, patate alla griglia, zuppe di verdure, primi piatti con molluschi, pesci alla brace, seppie in umido, formaggi freschi a pasta filata.

The olive groves of Azienda Agraria La Ghianda stretch on the hills of Pratomagno, along the windy road Setteponti. The farm belongs to Andrea and Filippo Tanzi and is also known as a producer of chickpeas and beans of the quality "zolfini del Pratomagno". There are over 8 hectares with about 3,000 trees, which produced 280 quintals of olives in the last harvest, equal to a yield of almost 41 hectolitres of oil. We recommend the farm selection, the Extra Virgin La Ghianda, which is a beautiful intense limpid golden yellow colour with warm green hues. Its aroma is clean and delicate, rich in vegetal hints of artichoke and chicory, together with fragrant and aromatic notes of mint, basil, black pepper and fresh walnut. Its taste is delicate and harmonic, endowed with a flavour of wild thistle, lettuce and a distinct sweet almond finish. Bitterness and pungency are present and balanced. It would be ideal on farro appetizers, salmon carpaccio, legume salads, grilled potatoes, vegetable soups, pasta with mussels, barbecued fish, stewed cuttlefish, mozzarella cheese.

Italia Italy [IT] Toscana

Azienda Agricola Agrituristica La Pievuccia

Via Santa Lucia, 118 - La Pievuccia
52043 Castiglion Fiorentino (AR)
Tel. + 39 0575 651007 - Fax + 39 0575 651007
E-mail: info@lapievuccia.it - Web: www.lapievuccia.it

88

 350 m.

 Specializzato
Specialized

 Alberello, vaso policonico
Tree, polyconic vase

 Brucatura a mano
Hand picking

 No - Ciclo continuo
No - Continuous cycle

 Frantoio (50%), leccino (25%), moraiolo (25%)

 Fruttato medio
Medium fruity

da 8,01 a 10,00 € - 500 ml.
from € 8.01 to 10.00 - 500 ml.

N ata nel 1980 per iniziativa dell'attuale proprietario, Zelindo Papini, la Pievuccia di Castiglion Fiorentino è una struttura agrituristica che si estende su una superficie di 20 ettari integralmente convertiti al biologico, con un oliveto di 5 ettari dove trovano posto 1.300 piante. Nella recente campagna olearia sono stati raccolti 140 quintali di olive che hanno permesso di produrre 20 ettolitri di olio extravergine. Ottima la selezione aziendale, l'Extravergine La Pievuccia Igp Toscano - Colline di Arezzo da Agricoltura Biologica, che si presenta alla vista di colore giallo dorato intenso con spiccati toni verdi, limpido. All'olfatto si apre deciso e avvolgente, dotato di ampi sentori vegetali di carciofo, lattuga, sedano ed erbe fresche di campo, a cui si aggiungono note aromatiche di basilico e prezzemolo. In bocca è complesso e di carattere, con toni fruttati di pomodoro acerbo, fave e mandorla. Amaro potente e piccante spiccato. È eccellente per antipasti di fagioli, carpaccio di pesce di lago, marinate di ricciola, pomodori con riso, zuppe di funghi ovoli, risotto con carciofi, crostacei in guazzetto, molluschi gratinati, formaggi caprini.

F ounded in 1980 by the present owner, Zelindo Papini, Azienda Agricola La Pievuccia in Castiglion Fiorentino is a holiday farm stretching over a surface of 20 hectares, wholly converted to organic farming, with a 5-hectare olive grove containing 1,300 trees. In the last oil harvest 140 quintals of olives were produced, equal to 20 hectolitres of extra virgin olive oil. The excellent farm selection, the Extra Virgin La Pievuccia Pgi Toscano - Colline di Arezzo from Organic Farming is an intense limpid golden yellow colour with distinct green hues. Its aroma is definite and rotund, endowed with ample vegetal hints of artichoke, lettuce, celery and fresh country vegetables, together with fragrant hints of basil and parsley. Its taste is complex and strong, with fruity notes of unripe tomato, broad beans and almond. Bitterness is powerful and pungency is distinct. It would be ideal on bean appetizers, freshwater fish carpaccio, marinated amberjack, tomatoes stuffed with rice, ovoli mushroom soups, risotto with artichokes, stewed shellfish, mussels au gratin, goat cheese.

Italia Italy [IT] Toscana

Azienda Agricola La Torre

Chiassa Superiore, 360
52100 Arezzo
Tel. + 39 0575 040067 - Fax + 39 0575 040067
E-mail: info@aziendaagricolalatorre.it - Web: www.aziendaagricolalatorre.it

80 ⬆

250/400 m.

Specializzato
Specialized

Vaso policonico
Polyconic vase

Brucatura a mano e meccanica
Hand picking and mechanical harvesting

No - Ciclo continuo
No - Continuous cycle

Moraiolo (60%), frantoio (30%), leccino (10%)

Fruttato medio
Medium fruity

da 10,01 a 12,00 € - 500 ml.
from € 10.01 to 12.00 - 500 ml.

Diamo il benvenuto all'azienda La Torre di Tulio Marcelli, che produce vino, vinsanto e, naturalmente, olio nel comprensorio di Arezzo e che comprende anche un suggestivo e accogliente relais, completamente riqualificato per gli ospiti. Gli ettari destinati all'impianto specializzato sono 20, sui quali trovano posto 2.500 alberi che quest'anno hanno fruttato un raccolto di 300 quintali di olive, ovvero una produzione di 35 ettolitri di olio extravergine. L'etichetta aziendale è l'Extravergine La Torre Igp Toscano che appare alla vista di colore giallo dorato intenso con delicate sfumature verdoline, limpido; all'olfatto si offre sottile e composto, dotato di sentori vegetali di erba fresca falciata, carciofo e lattuga, cui si accompagnano note speziate di pepe nero. In bocca è morbido e dosato, caratterizzato da toni aromatici di rosmarino e basilico. Amaro e piccante presenti e ben armonizzati, con mandorla dolce in evidenza. È un buon accompagnamento per antipasti di carciofi, insalate di ceci, marinate di orata, patate al forno, passati di asparagi, risotto con molluschi, gamberi in guazzetto, rombo ai ferri, pollame o carni di agnello al forno, formaggi freschi a pasta filata.

Present for the first time in this Guide, Tulio Marcelli's La Torre produces wine, vinsanto and obviously olive oil in the district of Arezzo. It also includes a charming and comfortable relais, which has been completely upgraded for the guests. There is a 20-hectare specialized olive grove with 2,500 trees, which produced 300 quintals of olives in the last harvest, equal to a yield of 35 hectolitres of extra virgin olive oil. The farm selection is the Extra Virgin La Torre Pgi Toscano, which is an intense limpid golden yellow colour with delicate light green hues. Its aroma is fine and delicate, endowed with vegetal hints of freshly mown grass, artichoke and lettuce, together with spicy notes of black pepper. Its taste is mellow and delicate, characterized by aromatic notes of rosemary and basil. Bitterness and pungency are present and harmonic with evident sweet almond. It would be ideal on artichoke appetizers, chickpea salads, marinated gilthead, roast potatoes, asparagus purée, risotto with mussels, stewed shrimps, grilled turbot, baked poultry or lamb, mozzarella cheese.

Italia Italy [IT] Toscana

Azienda Agraria Mannucci Droandi

Via Rossinello e Campolucci, 79 - Mercatale Valdarno
52020 Montevarchi (AR)
Tel. + 39 055 9707276 - Fax + 39 055 9708735
E-mail: info@mannuccidroandi.com - Web: www.mannuccidroandi.com

88

450 m.

Specializzato
Specialized

Vaso policonico
Polyconic vase

Brucatura a mano e meccanica
Hand picking and mechanical harvesting

No - Ciclo continuo
No - Continuous cycle

Moraiolo (59%), frantoio (17%), leccino (16%), altre/others (8%)

Fruttato medio
Medium fruity

da 10,01 a 12,00 € - 500 ml.
from € 10.01 to 12.00 - 500 ml.

La Mannucci Droandi di Mercatale Valdarno nasce nel 1929 dalle tradizioni agricole e vinicole dei Mannucci, proprietari terrieri in Valdarno dai primi dell'Ottocento, e dei Droandi che già nel XVIII secolo erano coltivatori in Carmignano. Nel 2000, con l'acquisizione di nuovi oliveti, l'azienda ha deciso di produrre per il mercato. Negli oltre 6 ettari del podere Ceppeto albergano poco più di 1.300 piante dalle quali quest'anno sono stati raccolti quasi 107 quintali di olive, pari a quasi 12 ettolitri di olio. La selezione Extravergine Mannucci Droandi Dop Chianti Classico da Agricoltura Biologica appare alla vista di colore giallo dorato intenso con riflessi verdolini, limpido. Al naso si esprime pulito e vegetale, dotato di note di carciofo e cicoria, accompagnate da spiccati sentori aromatici di rosmarino e menta. In bocca è fine e complesso, con toni di lattuga, pepe nero e mandorla dolce in chiusura. Amaro presente e piccante composto. Buono l'abbinamento con antipasti di fagioli, carpaccio di salmone, marinate di orata, verdure alla brace, passati di patate, risotto con funghi finferli, pesci ai ferri, tartare di ricciola, coniglio arrosto, pollame ai ferri, formaggi caprini.

Mannucci Droandi in Mercatale Valdarno was created in 1929 from the agricultural and wine-growing traditions of the families Mannucci, landowners in Valdarno since the beginning of the 19th century, and Droandi, who in the 18th century were farmers in Carmignano. In 2000, after purchasing new olive groves, the farm started marketing its olive oil. On over 6 hectares of the holding Ceppeto there are 1,300 trees, which produced almost 107 quintals of olives in the last harvest, equal to almost 12 hectolitres of oil. The Extra Virgin selection Mannucci Droandi Pdo Chianti Classico from Organic Farming is an intense limpid golden yellow colour with light green hues. Its aroma is clean and vegetal, with notes of artichoke and chicory, together with distinct fragrant hints of rosemary and mint. Its taste is fine and complex, with a flavour of lettuce, black pepper and a sweet almond finish. Bitterness is present and pungency is delicate. It would be ideal on bean appetizers, salmon carpaccio, marinated gilthead, barbecued vegetables, potato purée, risotto with chanterelle mushrooms, grilled fish, amberjack tartare, roast rabbit, grilled poultry, goat cheese.

Poggi del Chianti

S. P. 408 - Strada Chiantigiana Km 35.300 - Morellino
52022 Cavriglia (AR)
Tel. + 39 055 9166415
E-mail: poggi@tuscan.cc - Web: www.tuscan.cc

83

420 m.

Specializzato
Specialized

Policono, vaso policonico
Polycone, polyconic vase

Brucatura a mano e meccanica
Hand picking and mechanical harvesting

No - Ciclo continuo
No - Continuous cycle

Moraiolo (68%), frantoio (22%), correggiolo (4%), leccino (3%), pendolino (3%)

Fruttato medio
Medium fruity

da 8,01 a 10,00 € - 500 ml.
from € 8.01 to 10.00 - 500 ml.

Poggi del Chianti è un'azienda agricola a gestione familiare che produce vini, olio e pollo del Valdarno con sistemi da agricoltura biologica e insieme un accogliente agriturismo in cui si organizzano degustazioni, visite alle produzioni aziendali e corsi di cucina. Quasi 10 ettari di superficie sono dedicati all'oliveto specializzato, con 3.700 piante dalle quali quest'anno sono stati ricavati 111 quintali di olive, pari a una produzione di quasi 14 ettolitri di olio extravergine. Segnaliamo l'etichetta Extravergine Poggi del Chianti che si presenta alla vista di colore giallo dorato intenso con sottili nuance verdi, limpido; all'olfatto si offre deciso e vegetale, dotato di spiccati sentori di carciofo e lattuga, cui si associano toni di erbe officinali, con menta e rosmarino in evidenza. In bocca è complesso ed elegante, caratterizzato da note di sedano, pepe nero e mandorla in chiusura. Amaro spiccato e piccante ben espresso e dosato. Si accompagna a antipasti di mare, bruschette con verdure, insalate di fagioli, marinate di ricciola, zuppe di legumi, risotto con carciofi, gamberi in umido, pesci alla piastra, coniglio arrosto, pollame ai ferri, formaggi freschi a pasta filata.

Poggi del Chianti is a family-run farm producing wine, olive oil and Valdarno chicken with organic farming principles and offering tourist accomodation. Tasting, visits to the farm productions and cookery courses are also available. There are almost 10 hectares of specialized olive grove with 3,700 tree. In the last harvest 111 quintals of olives were produced, equal to a yield of almost 14 hectolitres of extra virgin olive oil. We recommend the Extra Virgin selection Poggi del Chianti, which is an intense limpid golden yellow colour with slight green hues. Its aroma is definite and vegetal, endowed with distinct hues of artichoke and lettuce, together with notes of officinal herbs, especially mint and rosemary. Its taste is complex and elegant, characterized by notes of celery, black pepper and an almond finish. Bitterness is strong and pungency is distinct and complimentary. It would be ideal on seafood appetizers, bruschette with vegetables, bean salads, marinated amberjack, legume soups, risotto with artichokes, stewed shrimps, pan-seared fish, roast rabbit, grilled poultry, mozzarella cheese.

Italia Italy [IT] Toscana

Tenuta San Jacopo in Castiglioni

Castiglioncelli, 151
52022 Cavriglia (AR)
Tel. + 39 055 966003 - Fax + 39 055 966003
E-mail: info@tenutasanjacopo.it - Web: www.tenutasanjacopo.it

88

300 m.

Specializzato
Specialized

Monocono, policono, vaso policonico
Monocone, polycone, polyconic vase

Brucatura a mano
Hand picking

No - Ciclo continuo
No - Continuous cycle

Frantoio (65%), moraiolo (30%), leccino (5%)

Fruttato leggero
Light fruity

da 8,01 a 10,00 € - 500 ml.
from € 8.01 to 10.00 - 500 ml.

Collocata a cavallo tra il Chianti Classico e il Valdarno, la San Jacopo in Castiglioni è una proprietà dove si produce vino e olio fin dalla prima metà del Settecento. Dal 2002 i tre fratelli Carlo, Giovanni e Marco Cattaneo sono alla guida di 19 ettari di oliveto specializzato dove trovano posto quasi 8mila piante. Il raccolto dell'ultima campagna è stato di 245 quintali di olive che hanno reso circa 36 ettolitri di olio extravergine. Eccellente l'etichetta aziendale, l'Extravergine Castiglioncelli da Agricoltura Biologica, che si offre alla vista di colore giallo dorato intenso con delicati riflessi verdi, limpido. Al naso è fine e avvolgente, dotato di ampie note vegetali di carciofo e cicoria selvatica, arricchite da sentori di erbe officinali, con netto ricordo di rosmarino e menta. Al gusto è elegante e complesso, con toni fruttati di mela bianca, mandorla e note speziate di pepe nero. Amaro spiccato e piccante presente e dosato. È un eccellente accompagnamento per antipasti di ceci, aragosta bollita, insalate di funghi ovoli, marinate di dentice, zuppe di fave, cous cous di pesce, fritture di paranza, tartare di gallinella, formaggi freschi a pasta molle, biscotti da forno.

Situated between Chianti Classico and Valdarno, Tenuta San Jacopo in Castiglioni is an agricultural estate, where wine and olive oil have been produced since the first half of the 18th century. Since 2002 the three brothers Carlo, Giovanni and Marco Cattaneo have been running 19 hectares of specialized olive grove with almost 8,000 trees. In the last oil harvest 245 quintals of olives were produced, which allowed to yield about 36 hectolitres of extra virgin olive oil. The farm selection, the Extra Virgin Castiglioncelli from Organic Farming, is excellent. It is an intense limpid golden yellow colour with delicate green hues. Its aroma is fine and rotund, endowed with ample vegetal notes of artichoke and wild chicory, enriched by hints of officinal herbs, especially rosemary and mint. Its taste is elegant and complex, with fruity hints of white apple, almond and spicy notes of black pepper. Bitterness is distinct and pungency is present and balanced. It would be ideal on chickpea appetizers, boiled spiny lobster, ovoli mushroom salads, marinated sea bream, broad bean soups, fish cous cous, fried small fish, piper tartare, soft fresh cheese, oven cookies.

Italia Italy [IT] Toscana

Tenuta Vitereta

Via Casanuova, 108/1 - Vitereta
52020 Laterina (AR)
Tel. + 39 0575 89058 - Fax + 39 0575 89058
E-mail: vitereta@inwind.it - Web: www.tenutavitereta.com

86

265 m.

Specializzato
Specialized

Vaso aperto
Open vase

Brucatura a mano
Hand picking

No - Ciclo continuo
No - Continuous cycle

Frantoio (60%), moraiolo (30%), leccino (10%)

Fruttato intenso
Intense fruity

da 10,01 a 12,00 € - 500 ml.
from € 10.01 to 12.00 - 500 ml.

Tenuta Vitereta è una bella e antica proprietà agricola immersa nelle campagne dell'Aretino. Nasce nel 1973 quando Marcello Bidini acquista dalla Contessa Rimbotti Castellani l'ottocentesca Villa Clerici - Bernetti, situata all'interno della tenuta. Gradualmente Bidini ha restaurato l'intera proprietà e oggi produce soprattutto vino ma anche olio, da 4 ettari di oliveto. Si tratta di un patrimonio di 600 piante dalle quali quest'anno sono stati raccolti 40 quintali di olive, per una produzione di quasi 4 ettolitri di olio. Ottima la selezione proposta, l'Extravergine Tenuta Vitereta da Agricoltura Biologica: di colore giallo dorato intenso con sottili riflessi verdi, limpido; all'olfatto è deciso e ampio, con ricchi sentori vegetali di cicoria di campo e carciofo. Al gusto è avvolgente e di carattere, con intensi toni speziati di pepe verde e mandorla, arricchiti da note balsamiche di menta e rosmarino. Amaro potente e piccante spiccato. Buon abbinamento con antipasti di tonno, carpaccio di carne cruda con funghi ovoli, marinate di pollo, minestroni di verdure, primi piatti con salsiccia, pesce azzurro gratinato, carni rosse o cacciagione arrosto, formaggi stagionati a pasta dura.

Tenuta Vitereta is a beautiful and ancient agricultural estate in the middle of the country in the area of Arezzo. It was founded in 1973, when Marcello Bidini purchased the 19th century Villa Clerici - Bernetti, situated inside the holding, from the Countess Rimbotti Castellani. Gradually Bidini restored the whole property and today he mainly produces wine, but also olive oil from a 4-hectare olive grove. There are 600 trees, which produced 40 quintals of olives in the last oil harvest, equal to a yield of almost 4 hectolitres of oil. The selection proposed, the Extra Virgin Tenuta Vitereta from Organic Farming, is excellent. It is an intense limpid golden yellow colour with slight green hues. Its aroma is definite and ample, with rich vegetal hints of wild chicory and artichoke. Its taste is rotund and strong, with intense spicy hints of green pepper and almond, enriched by fragrant notes of mint and rosemary. Bitterness is powerful and pungency is distinct. It would be ideal on tuna appetizers, beef carpaccio with ovoli mushrooms, marinated chicken, minestrone with vegetables, pasta with sausages, blue fish au gratin, roast red meat or game, hard mature cheese.

Fattoria Altomena

Via Campicuccioli - Formicaio
50060 Pelago (FI)
Tel. + 39 055 8301001 - Fax + 39 055 8301231
E-mail: info@altomena.it - Web: www.altomena.it

87 ⬆

300 m.

Promiscuo e specializzato
Promiscuous and specialized

Vaso
Vase

Brucatura a mano e meccanica
Hand picking and mechanical harvesting

No - Ciclo continuo
No - Continuous cycle

Frantoio (89%), moraiolo (6%), pendolino (3%), leccino (2%)

Fruttato intenso
Intense fruity

da 8,01 a 10,00 € - 500 ml.
from € 8.01 to 10.00 - 500 ml.

La proprietà di Altomena si trova sulle colline sopra la confluenza dei fiumi Sieve e Arno, proprio sotto Firenze. Antico "castrum" longobardo, divenne nei secoli una tranquilla residenza di campagna abitata fino alla metà del XX secolo dalla famiglia dei Conti Bardi Serzelli che le conferì l'assetto attuale. Dal 1992 è guidata da un team giovane che gestisce un patrimonio di 46 ettari di oliveto con 9mila piante. Quest'anno un raccolto di 362 quintali di olive ha reso 60 ettolitri di olio. Delle due etichette Extravergine Altomena, Legno d'Olivo e Tradizionale da Agricoltura Biologica, segnaliamo quest'ultimo, davvero eccellente. Di colore giallo dorato intenso con riflessi verdolini, limpido; al naso è potente e ampio, con ricchi sentori vegetali di carciofo e cicoria e note speziate di pepe nero. In bocca è avvolgente e complesso, con toni balsamici di menta e rosmarino e chiusura di mandorla. Amaro spiccato e piccante ben espresso. Si abbina bene a antipasti di funghi porcini, bruschette con pomodoro, insalate di carciofi, radicchio ai ferri, zuppe di lenticchie, primi piatti con tonno, pesce spada alla brace, carni rosse o cacciagione arrosto, formaggi stagionati a pasta dura.

The estate Altomena is placed on the hills overlooking the watersmeet of the rivers Sieve and Arno, to the south of Florence. Once ancient Longobard "castrum", over the centuries it became a quiet country house, where the family of the Counts Bardi Serzelli, who gave it its present structure, lived until the 50's. Since 1992 the farm has been run by a team of young people. They manage a 46-hectare olive grove with 9,000 trees. In the last harvest 362 quintals of olives were produced, equal to a yield of 60 hectolitres of oil. There are two Extra Virgin selections Altomena, Legno d'Olivo and the excellent Tradizionale from Organic Farming. It is an intense limpid golden yellow colour with light green hues. Its aroma is powerful and ample, with rich vegetal hints of artichoke, chicory and spicy notes of black pepper. Its taste is rotund and complex, with fragrant hints of mint and rosemary and an almond finish. Bitterness is strong and pungency is distinct. It would be ideal on porcini mushroom appetizers, bruschette with tomatoes, artichoke salads, grilled radicchio, lentil soups, pasta with tuna, barbecued swordfish, roast red meat or game, hard mature cheese.

Fattoria Bacio

Via Pino, 703 - Bacio
50052 Certaldo (FI)
Tel. + 39 0571 669037 - 055 609409 - Fax + 39 0571 669037
E-mail: fattoriabacio@katamail.com - Web: www.fattoriabacio.com

86

300 m.

Specializzato
Specialized

Vaso aperto
Open vase

Brucatura a mano e meccanica
Hand picking and mechanical harvesting

No - Ciclo continuo
No - Continuous cycle

Moraiolo

Fruttato medio
Medium fruity

da 8,01 a 10,00 € - 500 ml.
from € 8.01 to 10.00 - 500 ml.

Debutta con un paniere interessantissimo di prodotti eccellenti. Fattoria Bacio si colloca nel cuore del Chianti, sulla sommità di un colle destinato in parte a vigneti, oliveti, cereali e piante da legno. Lorenzo Cascino ha dato un impulso di modernità a tutta l'azienda e ha puntato, nell'olio, sull'alta qualità delle produzioni monovarietali. Dall'oliveto specializzato con 1.700 piante quest'anno sono stati ricavati 250 quintali di olive, pari a una produzione di quasi 33 ettolitri di olio. Tre le etichette Extravergine Fattoria Bacio: il Correggiolo, il Leccino del Corno e il Moraiolo, scelto dal panel. Di un bel colore giallo dorato intenso, limpido; al naso è deciso e ampio, con spiccati sentori vegetali di carciofo e cicoria, arricchiti da note balsamiche di rosmarino e menta. Elegante e di carattere in bocca, ha toni di ortaggi freschi di campo, pepe nero e decisa mandorla in chiusura Amaro potente e piccante spiccato e armonico. Si abbina bene a bruschette con pomodoro, carpaccio di carne chianina con funghi porcini, insalate di tonno, zuppe di fagioli, primi piatti al ragù, pesce azzurro gratinato, carni rosse o cacciagione alla griglia, formaggi stagionati a pasta dura.

The farm Bacio is present in this Guide for the first time with a very interesting range of excellent products. It is situated in the heart of Chianti, on the top of a hill partly destined to vineyards, olive groves, cereals and wood trees. Lorenzo Cascino has modernized the whole farm, aiming at high quality monovarietal productions. In the last harvest the specialized olive grove with 1,700 trees produced 250 quintals of olives, equal to a yield of almost 33 hectolitres of oil. There are three Extra Virgin selections Fattoria Bacio: Correggiolo, Leccino del Corno and Moraiolo, chosen by our panel. It is a beautiful intense limpid golden yellow colour. Its aroma is definite and ample, with distinct vegetal hints of artichoke and chicory, enriched by fragrant notes of rosemary and mint. Its taste is elegant and strong, with a flavour of fresh country vegetables, black pepper and a definite almond finish. Bitterness is powerful and pungency is harmonic. It would be ideal on bruschette with tomatoes, chianina beef carpaccio with porcini mushrooms, tuna salads, bean soups, pasta with meat sauce, blue fish au gratin, grilled red meat or game, hard mature cheese.

Italia Italy [IT] Toscana

Azienda Agricola Buonamici
Via Montebeni, 11 - Montebeni
50061 Fiesole (FI)
Tel. + 39 055 654991 - Fax + 39 055 65499216
E-mail: info@buonamici.it - Web: www.buonamici.it

88 ⬆

 300/400 m.

 Specializzato
Specialized

 Vaso policonico
Polyconic vase

 Brucatura a mano e meccanica
Hand picking and mechanical harvesting

 Sì - Ciclo continuo
Yes - Continuous cycle

Frantoio

 Fruttato intenso
Intense fruity

 da 15,01 a 18,00 € - 500 ml.
from € 15.01 to 18.00 - 500 ml.

L'Azienda Buonamici, fondata nel 1991 da Cesare Buonamici, è una grande tenuta di 110 ettari immersa tra le colline di Fiesole e condotta secondo i dettami dell'agricoltura biologica. Qui, su una superficie olivetata specializzata, dimorano 30mila piante dalle quali nell'ultima campagna olearia sono stati raccolti 2.570 quintali di olive che hanno reso una produzione di circa 420 ettolitri di olio. Segnaliamo l'ottimo Extravergine Cesare Buonamici, monocultivar Frantoio da Agricoltura Biologica: alla vista si presenta di un bel colore giallo dorato intenso, limpido. All'olfatto si esprime ampio e avvolgente, dotato di ricche note vegetali di carciofo, cicoria e lattuga, a cui si aggiungono spiccati sentori balsamici di menta e rosmarino. Al gusto è complesso e di carattere, caratterizzato da toni di ortaggi freschi di campo, note speziate di pepe nero e decisa chiusura di mandorla dolce. Amaro potente e piccante ben presente e armonico. È eccellente per bruschette con pomodoro, carpaccio di carne chianina con funghi porcini, marinate di tonno, zuppe di fagioli, primi piatti con salsiccia, pesce spada in umido, carni rosse o cacciagione alla brace, formaggi stagionati a pasta dura.

Azienda Agricola Buonamici, founded in 1991 by Cesare Buonamici, is a large estate of 110 hectares in the middle of the hills of Fiesole, which is run according to organic farming principles. On a specialized olive surface there are 30,000 trees, which produced 2,570 quintals of olives in the last oil harvest, equal to a yield of 420 hectolitres of extra virgin olive oil. We recommend the excellent Extra Virgin Cesare Buonamici Monocultivar Frantoio from Organic Farming. It is a beautiful intense limpid golden yellow colour. Its aroma is ample and rotund, endowed with rich vegetal hints of artichoke, chicory and lettuce, together with distinct fragrant hints of mint and rosemary. Its taste is complex and strong, characterized by hints of fresh country vegetables, spicy notes of black pepper and a definite sweet almond finish. Bitterness is strong and pungency is present and harmonic. It would be ideal on bruschette with tomatoes, chianina beef carpaccio with porcini mushrooms, marinated tuna, bean soups, pasta with sausages, steamed swordfish, barbecued red meat or game, hard mature cheese.

Italia Italy [IT] Toscana

Azienda Agricola Casa del Bosco

Strada del Cerro, 5 - Cerro
50028 Tavarnelle Val di Pesa (FI)
Tel. + 39 055 8077484 - Fax + 39 055 8061180
E-mail: info@casadelbosco.it - Web: www.casadelbosco.it

90

- 320 m.
- **Specializzato** / Specialized
- **Vaso libero, vaso policonico** / Free vase, polyconic vase
- **Brucatura a mano e meccanica** / Hand picking and mechanical harvesting
- **No - Ciclo continuo** / No - Continuous cycle
- Frantoio
- **Fruttato medio** / Medium fruity
- **da 8,01 a 10,00 € - 500 ml.** / from € 8.01 to 10.00 - 500 ml.

Situata nel comune di Tavarnelle Val di Pesa tra vigneti, boschi e cipressi, l'Agricola Casa del Bosco è una bella struttura guidata dalla famiglia Cavallucci e impegnata nelle produzioni tipiche del Chianti: vino e olio di alta qualità. I terreni si estendono intorno alla caratteristica costruzione colonica del Settecento e comprendono 4 ettari di oliveto specializzato con 900 piante, dalle quali quest'anno sono stati raccolti 180 quintali di olive che hanno reso 25 ettolitri di olio. L'Extravergine Casa del Bosco - Frantoio, Igp Toscano - Colline di Firenze alla vista è di colore giallo dorato intenso con delicate sfumature verdi, limpido. All'olfatto si esprime avvolgente e morbido, dotato di note vegetali di carciofo, cardo selvatico e cicoria, con sentori balsamici di menta e rosmarino. Al gusto è complesso e fine, con toni di ortaggi di campo, pepe nero e decisa chiusura di mandorla. Amaro e piccante ben presenti ed equilibrati. È ottimo su antipasti di fagioli, bruschette con verdure, insalate di ceci, marinate di ricciola, passati di patate, primi piatti con molluschi, fritture di carni, pesci ai ferri, pollame o carni di agnello al forno, formaggi freschi a pasta filata.

Situated in the municipality of Tavarnelle Val di Pesa among vineyards, woods and cypress trees, Azienda Agricola Casa del Bosco is a beautiful farm run by the family Cavallucci, who produce what is typical of Chianti: high quality wine and oil. The land surrounds the typical 18th century farm house and includes 4 hectares of specialized olive grove with 900 trees, which produced 180 quintals of olives in the last oil harvest, with a yield of 25 hectolitres of oil. The Extra Virgin Casa del Bosco – Frantoio Pgi Toscano – Colline di Firenze is an intense limpid golden yellow colour with delicate green hues. Its aroma is rotund and mellow, endowed with vegetal notes of artichoke, wild thistle and chicory and fragrant hints of mint and rosemary. Its taste is complex and fine, with hints of country vegetables, black pepper and a definite almond finish. Bitterness and pungency are present and balanced. It would be ideal on bean appetizers, bruschettes with vegetables, chickpea salads, marinated amberjack, potato purée, pasta with mussels, breaded fried meat, grilled fish, baked poultry or lamb, mozzarella cheese.

Italia Italy [IT] Toscana

Azienda Agricola Colognole

Via del Palagio, 15 - Colognole
50068 Rufina (FI)
Tel. + 39 055 8319870 - Fax + 39 055 8319605
E-mail: info@colognole.it - Web: www.colognole.it

87

- 350 m.
- Promiscuo e specializzato / Promiscuous and specialized
- Vaso aperto / Open vase
- Brucatura a mano / Hand picking
- No - Ciclo continuo / No - Continuous cycle
- Frantoio (80%), leccino (10%), moraiolo (10%)
- Fruttato intenso / Intense fruity
- da 15,01 a 18,00 € - 500 ml. / from € 15.01 to 18.00 - 500 ml.

Un'altra prova "coi fiocchi" per questa bella realtà che si estende su 700 ettari nel cuore della Docg Chianti Rufina. Questa nasce alla fine dell'800 quando la Contessa Gabriella Spalletti Trivelli, nonna dell'attuale e omonima proprietaria, acquistò la villa e la proprietà annessa. Oggi l'azienda conta su 36 ettari di oliveto con più di 6mila piante messe a dimora, che quest'anno hanno reso un raccolto di 650 quintali di olive pari a oltre 94 ettolitri di olio. Segnaliamo l'eccellente etichetta Extravergine Colognole - Laudemio che appare alla vista di un bel colore giallo dorato intenso con delicate sfumature verdi, limpido; all'olfatto si esprime potente e complesso, con ampi sentori vegetali di carciofo e cicoria, arricchiti da note speziate di pepe nero e mandorla. Al gusto è deciso e avvolgente, con eleganti toni di lattuga ed erbe balsamiche, con netto ricordo di rosmarino e menta. Amaro potente e piccante spiccato e armonico. È eccellente per antipasti di tonno, carpaccio di carne cruda con funghi ovoli, pomodori gratinati, minestroni di verdure, primi piatti al ragù, pesce azzurro al forno, cacciagione alla griglia, carni rosse al forno, formaggi stagionati a pasta dura.

Azienda Agricola Colognole, whose performance has been outstanding, extends over 700 hectares in the heart of Docg Chianti Rufina. It was founded at the end of the 19th century, when the Countess Gabriella Spalletti Trivelli, the present owner's grandmother and homonym, purchased the villa and the estate. Today the farm has a 36-hectare olive grove with over 6,000 trees, which produced 650 quintals of olives in the last harvest, equal to over 94 hectolitres of oil. We recommend the excellent Extra Virgin selection Colognole - Laudemio, which is a beautiful intense limpid golden yellow colour with delicate green hues. Its aroma is powerful and strong, with ample vegetal hints of artichoke and chicory, enriched by spicy notes of black pepper and almond. Its taste is definite and rotund, with elegant hints of lettuce and aromatic herbs, especially rosemary and mint. Bitterness is powerful and pungency is distinct and harmonic. It would be ideal on tuna appetizers, beef carpaccio with ovoli mushrooms, tomatoes au gratin, minestrone with vegetables, pasta with meat sauce, baked blue fish, grilled game, baked red meat, hard mature cheese.

Italia Italy [IT] Toscana

Azienda Agricola Fontodi
Via San Leolino, 89 - Panzano in Chianti
50022 Greve in Chianti (FI)
Tel. + 39 055 852005 - Fax + 39 055 852536
E-mail: fontodi@fontodi.com - Web: www.fontodi.com

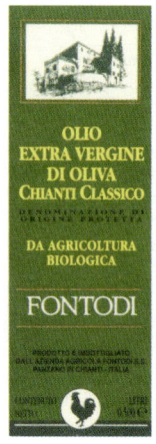

90

450 m.

Specializzato
Specialized

Vaso policonico
Polyconic vase

Brucatura a mano
Hand picking

No - Ciclo continuo
No - Continuous cycle

Correggiolo, frantoio (80%), moraiolo (15%), altre/others (5%)

Fruttato intenso
Intense fruity

da 12,01 a 15,00 € - 500 ml.
from € 12.01 to 15.00 - 500 ml.

Fontodi è uno dei luoghi "di culto" del Chianti Classico, dove si coltiva la vite sin dall'epoca romana. La tenuta appartiene dal 1968 alla famiglia Manetti la quale si è dedicata per oltre trent'anni al miglioramento delle strutture produttive e all'acquisizione di nuovi terreni. Di questa grande proprietà 41 ettari sono destinati agli oliveti, con più di 6mila piante dalle quali l'azienda ha raccolto quest'anno 329 quintali di olive, pari a quasi 60 ettolitri di olio. Eccellente l'Extravergine Fontodi Dop Chianti Classico da Agricoltura Biologica. Alla vista è di un bel colore giallo dorato intenso con delicate note verdi, limpido; al naso è potente e avvolgente, dotato di ricchi sentori di erbe fresche falciate e note balsamiche, con menta e rosmarino in evidenza. Al gusto è deciso e complesso nei toni vegetali, con netto ricordo di carciofo, cicoria selvatica, cardo e note di pepe nero e mandorla. Amaro potente e piccante spiccato. Ottimo su antipasti di pesce azzurro, carpaccio di carne cruda con funghi porcini, radicchio al forno, zuppe della tradizione regionale, primi piatti con tonno, pesce spada in umido, carni rosse o nere alla brace, formaggi stagionati a pasta dura.

Fontodi is one of the "cult" places of Chianti Classico. Here the grapevine has been cultivated since Roman times. Since 1968 the estate has belonged to the family Manetti , who over 30 years have improved the productive structures and acquired new grounds. 41 hectares of this big estate are destined to olive groves with over 6,000 trees, from which 329 quintals of olives were harvested, equal to almost 60 hectolitres of extra virgin olive oil. The Extra Virgin Fontodi Pdo Chianti Classico from Organic Farming is excellent. It is a beautiful intense limpid golden yellow colour with delicate green hues. Its aroma is powerful and rotund, endowed with ample hints of freshly mown grass and fragrant hints of mint and rosemary. Its taste is definite and complex, with vegetal hints of artichoke, wild chicory, thistle and notes of black pepper and almond. Bitterness is powerful and pungency is distinct. It would be ideal on bluefish appetizers, beef carpaccio with porcini mushrooms, baked radicchio, traditional regional soups, pasta with tuna, steamed swordfish, barbecued red meat or game, hard mature cheese.

Italia Italy [IT] Toscana

Giachi Oleari

Via Campoli, 33 - Mercatale Val di Pesa - Quattrostrade
50020 San Casciano in Val di Pesa (FI)
Tel. + 39 055 821082 - 055 8218770 - Fax + 39 055 8218113
E-mail: info@giachioleari.it - Web: www.giachioleari.it

88

350 m.

Promiscuo e specializzato
Promiscuous and specialized

Cespuglio, ombrello, vaso aperto
Bush, weeping vase, open vase

Brucatura a mano e meccanica
Hand picking and mechanical harvesting

No - Ciclo continuo
No - Continuous cycle

Frantoio (50%), moraiolo (50%)

Fruttato intenso
Intense fruity

da 15,01 a 18,00 € - 500 ml.
from € 15.01 to 18.00 - 500 ml.

La Giachi di Mercatale Val di Pesa è un'azienda attiva dal 1955 nel commercio dell'olio extravergine. I fratelli Alberto e Francesco Giachi sono stati da sempre selezionatori e imbottigliatori di olio acquistato dagli olivicoltori della zona, ma una recente novità sono i 5 ettari in affitto con mille piante, in produzione nei prossimi anni. Nella campagna olearia appena trascorsa la Giachi ha imbottigliato 800 ettolitri di olio. Ottime le due etichette Extravergine: lo Snocciolato e soprattutto il Colle del Giachi Dop Chianti Classico, scelto dal panel. Appare alla vista di un bel colore giallo dorato intenso con sottili sfumature verdi, limpido; al naso è deciso e avvolgente, con eleganti note vegetali di carciofo, cicoria, cardo e spiccati sentori di erbe officinali con menta e rosmarino in evidenza. Al gusto è fine e di personalità, con toni di ortaggi di campo, pepe nero e netta mandorla in chiusura. Amaro potente e piccante spiccato. È ottimo per antipasti di funghi porcini, carpaccio di tonno, insalate di spinaci, pomodori gratinati, minestroni di verdure, cous cous di carne, pesce azzurro al forno, agnello alla piastra, maiale alla griglia, formaggi stagionati a pasta dura.

Giachi Oleari is a farm in Mercatale Val di Pesa, which has been marketing extra virgin olive oil since 1955. Until now the brothers Alberto and Francesco Giachi have selected and bottled oil purchased from local olive growers, but recently they have rented 5 hectares with 1,000 trees, which will be productive in the next years. In the last oil harvest the Giachi bottled 800 hectolitres of extra virgin olive oil. There are two excellent Extra Virgin selections: Snocciolato and especially Colle del Giachi Pdo Chianti Classico, chosen by our panel. This one is a beautiful intense limpid golden yellow colour with slight green hues. Its aroma is definite and rotund, with elegant vegetal notes of artichoke, chicory, thistle and distinct hints of officinal herbs, especially mint and rosemary. Its taste is fine and strong, with hints of country vegetables, black pepper and a strong almond finish. Bitterness is powerful and pungency is distinct. It would be ideal on porcini mushroom appetizers, tuna carpaccio, spinach salads, tomatoes au gratin, minestrone with vegetables, meat cous cous, baked blue fish, pan-seared lamb, grilled pork, hard mature cheese.

Azienda Agricola Il Casellino

Torri - Il Casellino
50067 Rignano sull'Arno (FI)
Tel. + 39 055 8305320 - 02 48100112 - Fax + 39 055 8305912 - 02 4812754
E-mail: info@casellino.com - Web: www.casellino.com

84

325 m.

Specializzato
Specialized

Vaso cespugliato
Vase bush

Brucatura a mano
Hand picking

Sì - Ciclo continuo
Yes - Continuous cycle

Frantoio (85%), leccino (10%), moraiolo (5%)

Fruttato medio
Medium fruity

da 12,01 a 15,00 € - 500 ml.
from € 12.01 to 15.00 - 500 ml.

L'Azienda Il Casellino proviene da un'antica proprietà donata nel 1711 dai conti Da Verrazzano all'ordine di San Francesco di Sales. Attualmente di proprietà di Eduardo Salvia, che la guida dal 1983, l'azienda conta su più di 16 ettari di superficie olivetata dove sono messe a dimora circa 5mila piante dalle quali, nella recente campagna olearia, sono stati raccolti mille quintali di olive, per 180 ettolitri di olio extravergine. La selezione aziendale proposta è l'Extravergine Campo di Torri da Agricoltura Biologica che appare alla vista di colore giallo dorato intenso con leggeri riflessi verdi, limpido; al naso si esprime sottile e dosato, caratterizzato da sentori di carciofo, erbe fresche falciate, cardo selvatico e cicoria. Al gusto è morbido e composto, dotato di toni di pepe nero, ortaggi di campo ed erbe aromatiche, dove spiccano la menta e il rosmarino. Amaro e piccante presenti ed equilibrati che chiudono in mandorla dolce. È eccellente per antipasti di farro, insalate di lenticchie, marinate di orata, patate al cartoccio, zuppe di ceci, risotto con funghi finferli, gamberi in guazzetto, rombo ai ferri, coniglio al forno, pollo arrosto, formaggi freschi a pasta filata.

The farm Il Casellino derives from an ancient estate donated in 1711 by the earls Da Verrazzano to the order of San Francesco di Sales. At present it belongs to Eduardo Salvia, who has been running it since 1983. There are over 16 hectares of olive grove with about 5,000 trees, which produced 1,000 quintals of olives in the last harvest, equal to 180 hectolitres of extra virgin olive oil. The farm selection proposed is the Extra Virgin Campo di Torri from Organic Farming, which is an intense limpid golden yellow colour with slight green hues. Its aroma is fine and delicate, characterized by hints of artichoke, freshly mown grass, wild thistle and chicory. Its taste is mellow and delicate, endowed with a flavour of black pepper, country vegetables and aromatic herbs, especially mint and rosemary. Bitterness and pungency are present and balanced with a sweet almond finish. It would be ideal on farro appetizers, lentil salads, marinated gilthead, baked potatoes, chickpea soups, risotto with chanterelle mushrooms, stewed shrimps, grilled turbot, baked rabbit, roast chicken, mozzarella cheese.

Italia Italy [IT] Toscana

Azienda Agricola Miciolo - I Greppi di Silli

Via Vallacchio, 19 - Mercatale Val di Pesa
50020 San Casciano in Val di Pesa (FI)
Tel. + 39 055 8217956 - Fax + 39 055 8218401
E-mail: info@igreppidisilli.it - Web: www.igreppidisilli.it

93

- 300 m.
- Specializzato / Specialized
- Cono rovesciato / Reverse cone
- Brucatura a mano / Hand picking
- No - Ciclo continuo / No - Continuous cycle
- Pendolino
- Fruttato leggero / Light fruity
- da 15,01 a 18,00 € - 500 ml. / from € 15.01 to 18.00 - 500 ml.

Una prova di gran classe per questa bella azienda situata sulle colline di Mercatale Val di Pesa. Nata nel 1934 dal sogno di Gianni Alfani di lasciare la mezzadria e avere una proprietà tutta sua, oggi è guidata dai nipoti Giuliano e Anna che coltivano l'olivo con quasi 1.500 piante su più di 3 ettari di impianto di proprietà. Il raccolto dell'ultima campagna è stato di circa 134 quintali di olive, pari a 24 ettolitri di olio. Tre gli Extravergine I Greppi di Silli, monovarietali: Frantoio, Madonna dell'Impruneta e l'eccellente Pendolino. Di colore giallo dorato intenso con sottili nuance verdi, limpido; all'olfatto si apre ampio e deciso, con eleganti sentori vegetali di carciofo, cicoria e lattuga, arricchiti da note speziate di pepe nero. In bocca è avvolgente ed è personalità, dotato di toni balsamici di erbe officinali con basilico e menta in evidenza, mela bianca, fave e chiusura di mandorla. Amaro spiccato e piccante ben dosato. Ottimo abbinamento con antipasti di ceci, carpaccio di orata, insalate di mare, marinate di trota, passati di piselli, zuppe di fave, cous cous di pesce, crostacei al forno, tartare di pesce persico, formaggi freschi a pasta molle, biscotti da forno.

This beautiful farm has given a great performance. Situated on the hills of Mercatale Val di Pesa, it was founded in 1934 by Gianni Alfani, who wanted to leave tenant farming and have his own property. Today his grandchildren Giuliano and Anna still cultivate the olive tree on over 3 hectares of olive grove with almost 1,500 trees. In the last harvest about 134 quintals of olives were produced, equal to 24 hectolitres of oil. There are three Extra Virgin selections I Greppi di Silli: the Monovarietal Frantoio, Madonna dell'impruneta and the excellent Pendolino. This one is an intense limpid golden yellow colour with slight green hues. Its aroma is ample and definite, with elegant vegetal hints of artichoke, chicory and lettuce, enriched by spicy notes of black pepper. Its taste is rotund and strong, endowed with fragrant hints of officinal herbs, especially basil and mint, white apple, broad beans and an almond finish. Bitterness is distinct and pungency is balanced. It would be ideal on chickpea appetizers, gilthead carpaccio, seafood salads, marinated trout, pea purée, broad bean soups, fish cous cous, baked shellfish, perch tartare, soft fresh cheese, oven cookies.

Italia Italy [IT] Toscana

Fattoria di Poggiopiano
Via dei Bassi, 13 - Compiobbi - Girone
50061 Fiesole (FI)
Tel. + 39 055 6593020 - Fax + 39 055 6593020
E-mail: info@poggiopiano.it - Web: www.poggiopiano.it

86

150 m.

Specializzato
Specialized

Monocono, vaso cespugliato
Monocone, vase bush

Meccanica
Mechanical harvesting

No - Ciclo continuo
No - Continuous cycle

Frantoio (60%), moraiolo (30%), leccino (10%)

Fruttato medio
Medium fruity

da 12,01 a 15,00 € - 500 ml.
from € 12.01 to 15.00 - 500 ml.

La Poggiopiano di Fiesole è un'azienda vitivinicola e olivicola che appartiene dal 1935 alla famiglia Galardi. Oggi è condotta da Mauro Galardi al quale va il merito di aver ricostruito da zero gli oliveti di famiglia, dopo la terribile gelata del 1985. Attualmente Galardi dispone di 12 ettari di oliveto specializzato con 4mila piante che in questa campagna olearia hanno reso 350 quintali di olive, pari a quasi 55 ettolitri di olio extravergine. Unica ma eccellente la selezione aziendale, l'Extravergine Galardi Olio da Agricoltura Biologica. Si presenta alla vista di un bel colore giallo dorato intenso con delicate nuance verdoline, limpido; al naso si offre ampio e avvolgente, dotato di eleganti note di carciofo, lattuga, cardo selvatico e sentori di menta e rosmarino. Al gusto è complesso e di personalità, caratterizzato da toni di cicoria di campo, pepe nero e spiccata mandorla in chiusura. Amaro deciso e piccante presente e dosato. Eccellente l'abbinamento con fagioli al vapore, marinate di salmone, patate alla piastra, zuppe di funghi finferli, risotto con funghi ovoli, gamberi in guazzetto, rombo al forno, pollame o carni di agnello al forno, formaggi freschi a pasta filata.

Poggiopiano in Fiesole is a wine and olive growing farm, which has belonged to the family Galardi since 1935. Today it is run by Mauro Galardi, who completely restored the family olive groves after the terrible 1985 frost. Currently Galardi has 12 hectares of specialized olive grove with 4,000 trees, which produced 350 quintals of olives in the last oil harvest, equal to almost 55 hectolitres of extra virgin olive oil. There is only one, but excellent farm selection, the Extra Virgin Galardi Olio from Organic Farming. It is a beautiful intense limpid golden yellow colour with delicate light green hues. Its aroma is ample and rotund, endowed with elegant hints of artichoke, lettuce, wild thistle and notes of mint and rosemary. Its taste is complex and strong, characterized by a flavour of wild chicory, black pepper and a distinct almond finish. Bitterness is definite and pungency is present and complimentary. It would be ideal on steamed beans, marinated salmon, seared potatoes, chanterelle mushroom soups, risotto with ovoli mushrooms, stewed shrimps, baked turbot, baked poultry or lamb, mozzarella cheese.

Azienda Agricola Pruneti

Via Case Sparse, 22 - San Polo in Chianti
50020 Greve in Chianti (FI)
Tel. + 39 055 8555091 - Fax + 39 055 8555091
E-mail: info@pruneti.it - Web: www.pruneti.it

97

- 360 m.
- Promiscuo e specializzato / Promiscuous and specialized
- Vaso aperto / Open vase
- Brucatura a mano e meccanica / Hand picking and mechanical harvesting
- Sì - Ciclo continuo / Yes - Continuous cycle
- Frantoio
- Fruttato medio / Medium fruity
- da 18,01 a 22,00 € - 500 ml. / from € 18.01 to 22.00 - 500 ml.

Pruneti è un nome che è sempre segno di distinzione. Il merito è del giovane Gionni Pruneti, rampollo di floricoltori e oggi produttori anche di zafferano, che si è sempre più specializzato nell'olivicoltura di qualità nei terreni di famiglia, a San Polo, nel cuore del Chianti Classico. Da un oliveto di 19 ettari con 8.600 piante quest'anno sono stati ricavati 900 quintali di olive, pari a 130 ettolitri di olio. Segnaliamo tre etichette Extravergine Pruneti Dop Chianti Classico da Agricoltura Biologica: il Viuzzo, il Leccino e soprattutto l'ottimo Frantoio. Di un bel colore giallo dorato intenso con sfumature verdoline, limpido; al naso si apre ampio e avvolgente, dotato di spiccati sentori vegetali di carciofo, cardo selvatico e cicoria, con chiusura balsamica di menta e rosmarino. Al gusto è complesso e di personalità, con note di lattuga, toni speziati di pepe nero e spiccata mandorla dolce. Amaro e piccante decisi e armonici. Buon abbinamento con bruschette con pomodoro, carpaccio di carne cruda con funghi ovoli, insalate di tonno, zuppe di fagioli, primi piatti con salsiccia, pesce spada ai ferri, carni rosse o cacciagione alla griglia, formaggi stagionati a pasta dura.

Azienda Agricola Pruneti has given a great performance thanks to the young Gionni Pruneti, descendant of floriculturists and today also saffron producers. Over the years he has specialized in quality olive growing in the family estate in San Polo in the heart of Chianti Classico. There is a 19-hectare olive grove with 8,600 trees, which produced 900 quintals of olives in the last harvest, equal to a yield of 130 hectolitres of oil. We recommend three excellent Extra Virgin selections Pruneti Pdo Chianti Classico from Organic Farming: Viuzzo, Leccino and especially the excellent Frantoio. It is a beautiful intense limpid golden yellow colour with light green hues. Its aroma is ample and rotund, with distinct vegetal hints of artichoke, wild thistle and chicory and a fragrant finish of mint and rosemary. Its taste is complex and strong, with notes of lettuce, spicy hints of black pepper and a distinct sweet almond. Bitterness and pungency are definite and harmonic. It would be ideal on bruschette with tomatoes, beef carpaccio with ovoli mushrooms, tuna salads, bean soups, pasta with sausages, grilled swordfish, grilled red meat or game, hard mature cheese.

Italia Italy [IT] Toscana

Frantoio Pruneti
Via di Linari - San Polo in Chianti
50020 Greve in Chianti (FI)
Tel. + 39 055 8555091 - Fax + 39 055 8555091
E-mail: info@pruneti.it - Web: www.pruneti.it

90

- 330 m.
- Promiscuo e specializzato / Promiscuous and specialized
- Vaso aperto / Open vase
- Brucatura a mano e meccanica / Hand picking and mechanical harvesting
- Sì - Ciclo continuo / Yes - Continuous cycle
- Frantoio (45%), maurino (40%), moraiolo (15%)
- Fruttato medio / Medium fruity
- da 12,01 a 15,00 € - 500 ml. / from € 12.01 to 15.00 - 500 ml.

Un ottima performance per Frantoio Pruneti, la giovanissima realtà che i due fratelli Gionni e Paolo affiancano alla ben nota e lodata impresa di famiglia. Con questo marchio i Pruneti producono e commercializzano una serie di oli extravergine "blended", ricavati da 6.800 piante di proprietà distribuite su 13 ettari. In questa campagna sono stati raccolti 650 quintali di olive che, uniti ai 600 acquistati, hanno reso 180 ettolitri di olio. L'Extravergine Frantoio Pruneti - Fruttato Medio Intenso alla vista si presenta di un bel colore giallo dorato intenso con sottili sfumature verdi, limpido. All'olfatto si esprime complesso e avvolgente, caratterizzato da eleganti sentori fruttati di mela bianca, arricchiti da note di erbe aromatiche, con menta e basilico in evidenza. Al gusto è ampio e deciso, dotato di toni di carciofo, cardo di campo, lattuga e spiccata chiusura di mandorla. Amaro e piccante spiccati e ben armonizzati. Perfetto accompagnamento per antipasti di lenticchie, carpaccio di tonno, insalate di spinaci, pomodori gratinati, zuppe di funghi porcini, primi piatti con salsiccia, pesce azzurro al forno, pollame o carni di maiale alla griglia, formaggi di media stagionatura.

Frantoio Pruneti, the recent farm the two brothers Gionni and Paolo run besides the well-known and appreciated family estate, has obtained an excellent result. With this trademark the Pruneti produce and market several "blended" extra virgin olive oils. They own a 13-hectare olive grove with 6,800 trees. In the last oil harvest 650 quintals of olives were produced, which together with 600 purchased, yielded 180 hectolitres of extra virgin olive oil. The Extra Virgin Frantoio Pruneti - Medium Fruity is a beautiful intense limpid golden yellow colour with slight green hues. Its aroma is complex and rotund, characterized by elegant fruity hints of white apple, enriched by notes of aromatic herbs, especially mint and basil. Its taste is ample and definite, with a flavour of artichoke, wild thistle, lettuce and a distinct almond finish. Bitterness and pungency are distinct and harmonic. It would be ideal on lentil appetizers, tuna carpaccio, spinach salads, tomatoes au gratin, porcini mushroom soups, pasta with sausages, baked blue fish, grilled poultry or pork, medium mature cheese.

Italia Italy [IT] Toscana

Fattoria Ramerino

Via Roma, 404 - Osteria Nuova
50012 Bagno a Ripoli (FI)
Tel. + 39 055 631520 - Fax + 39 055 631520
E-mail: fattoriaramerino@virgilio.it

88 ↑

250 m.

Specializzato
Specialized

Vaso policonico
Polyconic vase

Brucatura a mano e meccanica
Hand picking and mechanical harvesting

No - Ciclo continuo
No - Continuous cycle

Moraiolo (70%), frantoio (20%), americano (5%), leccino (5%)

Fruttato medio
Medium fruity

da 8,01 a 10,00 € - 500 ml.
from € 8.01 to 10.00 - 500 ml.

O ttimo risultato per la Fattoria Ramerino di Bagno a Ripoli che ha proposto al panel un prodotto di prim'ordine. Si tratta di una giovane realtà fondata nel 2000 e tuttora gestita da Filippo Alampi sulle colline tra il Chianti e il Valdarno. Su 17 ettari di oliveto specializzato di proprietà trovano dimora 4mila piante che, nella recente campagna, hanno fruttato un raccolto di 300 quintali di olive, pari a una resa di 45 ettolitri di olio. Segnaliamo l'etichetta Extravergine Guadagnòlo - Primus da Agricoltura Biologica: alla vista si presenta di un bel colore giallo dorato intenso con delicate sfumature verdi, limpido. All'olfatto si esprime deciso e ampio, con ricche note vegetali di carciofo, cardo di campo e cicoria, cui si associano intense note balsamiche di menta, rosmarino e salvia. Al gusto è elegante e complesso, con toni speziati di pepe nero, lattuga e spiccata mandorla in chiusura. Amaro deciso e piccante presente e dosato. Ideale l'abbinamento con antipasti di molluschi, insalate di salmone, marinate di pesce persico, verdure in umido, zuppe di legumi, risotto con funghi ovoli, tartare di ricciola, pollame o carni di agnello al forno, formaggi freschi a pasta filata.

F attoria Ramerino in Bagno a Ripoli has obtained an excellent result with the remarkable product proposed to our panel. It is a young farm founded in 2000 and still run by Filippo Alampi on the hills between Chianti and Valdarno. On 17 hectares of specialized olive grove there are 4,000 trees, which produced 300 quintals of olives in the last oil harvest, equal to a yield of 45 hectolitres of extra virgin olive oil. We recommend the Extra Virgin selection Guadagnòlo - Primus from Organic Farming. It is an intense limpid golden yellow colour with delicate green hues. Its aroma is definite and ample, with rich vegetal notes of artichoke, wild thistle and chicory, together with intense fragrant notes of mint, rosemary and sage. Its taste is elegant and complex, with a spicy flavour of black pepper, lettuce and a distinct almond finish. Bitterness is definite and pungency is present and complimentary. It would be ideal on mussel appetizers, salmon salads, marinated perch, stewed vegetables, legume soups, risotto with ovoli mushrooms, amberjack tartare, baked poultry or lamb, mozzarella cheese.

Italia Italy [IT] Toscana

Tenuta San Gallo
C.da Tigliano, 5 - Tigliano
50059 Vinci (FI)
Tel. + 39 0571 56676 - Fax + 39 0571 590056
E-mail: info@oliosangallo.com - Web: www.oliosangallo.com

86

200/300 m.

Specializzato
Specialized

Vaso policonico
Polyconic vase

Brucatura a mano
Hand picking

No - Ciclo continuo
No - Continuous cycle

Moraiolo (50%), frantoio (30%), leccino (20%)

Fruttato medio
Medium fruity

da 12,01 a 15,00 € - 500 ml.
from € 12.01 to 15.00 - 500 ml.

Posta nel cuore del Montalbano, la San Gallo di Vinci è un esempio di tradizione familiare che da decenni onora la fama di una zona vocatissima all'olivicoltura e alla viticoltura. L'azienda nasce nel 1953 per iniziativa di Pellegrino Chiavacci e oggi è condotta dal nipote Romeo Cinelli che ha riunito la proprietà materna e paterna in un'unica struttura. Su oltre 7 ettari di oliveto specializzato trovano posto 3.150 piante che quest'anno hanno fruttato 300 quintali di olive e 45 ettolitri di olio. Delle due etichette Extravergine, Terre Dure e Le Terrazze Igp Toscano - Montalbano, segnaliamo quest'ultimo, davvero ottimo. Giallo dorato intenso con caldi riflessi verdi, limpido; al naso si apre deciso e ampio, con sentori vegetali di carciofo, cicoria e cardo di campo. Al gusto è elegante e di carattere, con note balsamiche di menta e rosmarino, toni speziati di pepe nero e netta chiusura di mandorla. Amaro e piccante spiccati e armonici. Buon abbinamento con antipasti di pesce azzurro, carpaccio di carne chianina con funghi porcini, marinate di tonno, zuppe di fagioli, primi piatti con salsiccia, pesce spada alla piastra, carni rosse o nere al forno, formaggi di media stagionatura.

In the heart of Montalbano, San Gallo in Vinci is an example of familiar tradition, which over the years has confirmed the reputation of a suitable area for olive and wine-growing. The farm was founded in 1953 by Pellegrino Chiavacci and today is run by his grandson Romeo Cinelli, who merged his mother's and his father's property. There are 3,150 trees on over 7 hectares of specialized olive grove. In the last harvest they produced 300 quintals of olives, equal to 45 hectolitres of oil. There are two Extra Virgin selections, Terre Dure and the excellent Le Terrazze Pgi Toscano - Montalbano. It is an intense limpid golden yellow colour with warm green hues. Its aroma is definite and ample, with vegetal hints of artichoke, chicory and wild thistle. Its taste is elegant and strong, with fragrant notes of mint and rosemary, spicy hints of black pepper and a definite sweet almond finish. Bitterness and pungency are distinct and harmonic. It would be ideal on bluefish appetizers, chianina beef carpaccio with porcini mushrooms, marinated tuna, bean soups, pasta with sausages, pan-seared swordfish, baked red meat or game, medium mature cheese.

Italia Italy [IT] Toscana

Tenuta San Martino

Via Chiantigiana, 339
50012 Bagno a Ripoli (FI)
Tel. + 39 055 645588 - Fax + 39 055 645589
E-mail: posta@jollycaffe.it - Web: www.jollycaffe.it

84 ⬆

550 m.

Specializzato
Specialized

Vaso policonico
Polyconic vase

Brucatura a mano e meccanica
Hand picking and mechanical harvesting

No - Ciclo continuo
No - Continuous cycle

Frantoio (60%), moraiolo (20%), leccino (10%), pendolino (10%)

Fruttato medio
Medium fruity

da 10,01 a 12,00 € - 500 ml.
from € 10.01 to 12.00 - 500 ml.

La Tenuta San Martino si estende su un territorio di dolci colline che da Firenze si snoda fino a Siena. La consapevolezza della grande vocazione di questa terra alla produzione di vino e olio, documentata sin dall'Ottocento, è alla base dell'attività di Dante Belardinelli che è oggi alla guida di 28 ettari di oliveto specializzato con 11mila piante. Quest'anno il raccolto ha raggiunto i 500 quintali di olive, che hanno permesso di produrre 70 ettolitri di olio extravergine. Ottima l'etichetta aziendale, l'Extravergine San Martino da Agricoltura Biologica: si presenta alla vista di un bel colore giallo dorato intenso con delicate sfumature verdi, limpido; all'olfatto si apre ampio ed elegante, con spiccati sentori vegetali di carciofo e cicoria, cui si aggiungono note balsamiche di menta e salvia. In bocca è fine e complesso, dotato di toni di lattuga, sedano, pepe nero e chiusura di mandorla. Amaro e piccante ben espressi e armonici. Si abbina molto bene a antipasti di legumi, bruschette con verdure, insalate di fagioli, marinate di ricciola, zuppe di funghi finferli, risotto con carciofi, gamberi in umido, pesci alla griglia, coniglio arrosto, pollame al forno, formaggi caprini.

Tenuta San Martino extends over a territory of gentle hills between Florence and Siena. Dante Belardinelli has based his actitvity on the important tradition in oil and wine production of this land, which has been documented since the 19th century. Today he runs 28 hectares of specialized olive grove with 11,000 trees, which produced 500 quintals of olives in the last harvest, equal to 70 hectolitres of extra virgin olive oil. The farm selection, the Extra Virgin San Martino from Organic Farming, is excellent: it is a beautiful intense limpid golden yellow colour with delicate green hues. Its aroma is ample and elegant, with distinct vegetal hints of artichoke and chicory, together with fragrant notes of mint and sage. Its taste is fine and complex, with a flavour of lettuce, celery, black pepper and an almond finish. Bitterness and pungency are distinct and harmonic. It would be ideal on legume appetizers, bruschette with vegetables, bean salads, marinated amberjack, chanterelle mushroom soups, risotto with artichokes, stewed shrimps, grilled fish, roast rabbit, baked poultry, goat cheese.

Capua Winery

Pian d'Artino, 21
58014 Saturnia (GR)
Tel. + 39 0564 601032 - Fax + 39 0564 601032
E-mail: capuawinery@gmail.com - Web: www.capuawinery.net

83 ⬆

220 m.

Specializzato
Specialized

Vaso
Vase

Brucatura a mano
Hand picking

No - Ciclo continuo
No - Continuous cycle

Nocellara del Belice

Fruttato medio
Medium fruity

da 12,01 a 15,00 € - 500 ml.
from € 12.01 to 15.00 - 500 ml.

O ttimo debutto per la Capua Winery. Parliamo di una giovane e promettente realtà vinicola proprietà di Riccardo Capua e Natasha Zambrano che hanno individuato in quella porzione di Maremma vicino Saturnia delle particolari condizioni microclimatiche adatte alle loro sperimentazioni. Ma non solo vino, a quanto sembra. Infatti 2 ettari sono destinati all'oliveto specializzato, con 270 piante di varietà locali e non che quest'anno hanno reso 60 quintali di olive e 6 ettolitri di olio. Impeccabile l'etichetta proposta, l'Extravergine monocultivar Nocellara, di un bel colore giallo dorato intenso con riflessi verdolini, limpido. Al naso è deciso e complesso, con ampi sentori fruttati di pomodoro di media maturità, mela bianca e banana acerba, arricchiti da note aromatiche di menta e origano. In bocca è elegante e vegetale, con toni di ortaggi freschi di campo, lattuga, sedano e chiusura di mandorla. Amaro e piccante ben espressi e armonici. Eccellente per antipasti di molluschi, insalate di farro, marinate di salmone, verdure gratinate, passati di fagioli, cous cous di verdure, crostacei in guazzetto, seppie in umido, pollame o carni di agnello al forno, formaggi freschi a pasta filata.

A n excellent first performance for Capua Winery, a young and interesting farm owned by Riccardo Capua and Natasha Zambrano, who have found the suitable microclimatic conditions for their experimentation in the part of Maremma near Saturnia. Bu they don't produce only wine, in fact 2 hectares are destined to a specialized olive grove with 270 trees of local and imported varieties. In the last harvest 60 quintals of olives and 6 hectolitres of oil were obtained. The selection proposed, the Monocultivar Extra Virgin selection Nocellara, is perfect. It is a beautiful intense limpid golden yellow colour with light green hues. Its aroma is definite and complex, with ample fruity hints of medium ripe tomato, white apple and unripe banana, enriched by aromatic notes of mint and oregano. Its taste is elegant and vegetal, with a flavour of fresh country vegetables, lettuce, celery and an almond finish. Bitterness and pungency are distinct and harmonic. It would be ideal on mussel appetizers, farro salads, marinated salmon, vegetables au gratin, bean purée, vegetable cous cous, stewed shellfish, stewed cuttlefish, baked poultry or lamb, mozzarella cheese.

Italia Italy [IT] Toscana

Casavyc

Poggioferro - Podere Camporomano
58054 Scansano (GR)
Tel. + 39 0564 511063 - Fax + 39 0564 511063
E-mail: casavyc@casavyc.it - Web: www.casavyc.it

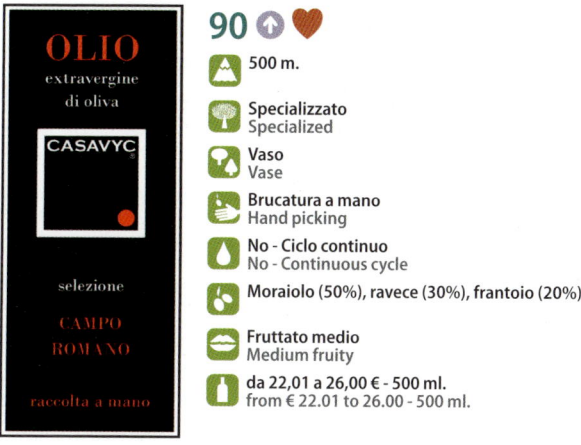

90

- 500 m.
- Specializzato / Specialized
- Vaso / Vase
- Brucatura a mano / Hand picking
- No - Ciclo continuo / No - Continuous cycle
- Moraiolo (50%), ravece (30%), frantoio (20%)
- Fruttato medio / Medium fruity
- da 22,01 a 26,00 € - 500 ml. / from € 22.01 to 26.00 - 500 ml.

Ancora una prova in grande stile per Casavyc di Scansano. Si tratta di una giovane realtà nata nel 2004 dalla passione di Viviana Filocamo e di suo marito Claudio che hanno acquistato questa bella proprietà in una zona ancora in parte selvaggia tra le terme di Saturnia, il Monte Amiata e l'Argentario. Qui coltivano la vite e gli olivi su 2 ettari di impianto specializzato con 550 piante di varietà toscane, arricchite dall'alloctona ravece. Quest'anno 15 quintali di olive hanno reso 2 ettolitri di olio. L'eccellente Extravergine Casavyc - Selezione Camporomano è di un bel colore giallo dorato intenso con delicati riflessi verdi, limpido. Al naso è deciso e avvolgente, con ampi sentori vegetali di carciofo e cicoria, arricchiti da note fruttate di pomodoro acerbo e spiccati toni aromatici di basilico, mentuccia e pepe nero. In bocca è complesso e fine, con toni di sedano, lattuga, fave e mandorla. Amaro potente e piccante deciso e armonico. Eccellente per antipasti di funghi porcini, bruschette con pomodoro, marinate di pollo, zuppe della tradizione regionale, primi piatti con salsiccia, pesce azzurro gratinato, carni rosse o cacciagione alla brace, formaggi stagionati a pasta dura.

A high-class result for Casavyc in Scansano. It is a recent farm founded in 2004 by Viviana Filocamo and her husband Claudio, who purchased this beautiful estate in an almost wild area among the thermal baths of Saturnia, Mount Amiata and Argentario. Here they cultivate the grapevine and the olive tree on a 2-hectare specialized olive grove with 550 trees of typical Tuscan varieties and the allochthonous ravece. In the last harvest 15 quintals of olives yielded 2 hectolitres of oil. The excellent Extra Virgin Casavyc - Selezione Camporomano is a beautiful intense limpid golden yellow colour with delicate green hues. Its aroma is definite and rotund, with ample vegetal hints of artichoke and chicory and fruity notes of unripe tomato and distinct fragrant hints of basil, field balm and black pepper. Its taste is complex and fine, with notes of celery, lettuce, broad beans and almond. Bitterness is powerful and pungency is definite and harmonic. It would be ideal on porcini mushroom appetizers, bruschette with tomatoes, marinated chicken, traditional regional soups, pasta with sausages, blue fish au gratin, barbecued red meat or game, hard mature cheese.

Castello ColleMassari

Castello Collemassari - Poggi del Sasso
58044 Cinigiano (GR)
Tel. + 39 0564 990496 - Fax + 39 0564 990498
E-mail: info@collemassari.it - Web: www.collemassari.it

84

300 m.

Specializzato
Specialized

Vaso libero
Free vase

Brucatura a mano e meccanica
Hand picking and mechanical harvesting

No - Ciclo continuo
No - Continuous cycle

Frantoio (50%), **leccino (20%)**,
**olivastra seggianese (20%), moraiolo (5%),
pendolino (5%)**

Fruttato medio
Medium fruity

da 10,01 a 12,00 € - 500 ml.
from € 10.01 to 12.00 - 500 ml.

La tenuta Castello ColleMassari, società dell'imprenditore Claudio Tipa che gestisce anche il Podere Grattamacco di Bolgheri, si trova sulle pendici del Monte Amiata. Parliamo di circa 350 ettari condotti insieme a Maria Iris e dominati dalla mole del rinascimentale Castello di Colle Massari, in parte occupati da seminativi e boschi, per il resto da vigneti e olivi. Nei circa 20 ettari di oliveti si trovano 2.200 piante che in questa campagna hanno reso 150 quintali di olive, pari a quasi 22 ettolitri di olio extravergine. Segnaliamo l'Extravergine Podere Pecora Vecchia da Agricoltura Biologica: alla vista appare di un bel colore giallo dorato intenso con leggeri riflessi verdi, limpido; al naso è morbido ed elegante, dotato di sentori vegetali di carciofo e cicoria, con spiccati toni aromatici di mentuccia e salvia. In bocca è fine e complesso, con note di lattuga, pepe verde e mandorla dolce. Amaro e piccante ben presenti e armonici. Ottimo accompagnamento per legumi bolliti, marinate di salmone, patate alla griglia, verdure al forno, zuppe di orzo, primi piatti al pomodoro, risotto con carciofi, pesci arrosto, seppie in umido, formaggi caprini.

Castello ColleMassari belongs to the entrepreneur Claudio Tipa, who also runs Podere Grattamacco in Bolgheri. It is situated at the foot of Mount Amiata and consists of about 350 hectares run together with Maria Iris. The bulk of the Renaissance Castle of Colli Massari looks over the farm, where woods and sown land alternate with vineyards and olive trees. On about 20 hectares of olive grove there are 2,200 trees, which produced 150 quintals of olives in the last oil harvest, equal to almost 22 hectolitres of oil. We recommend the Extra Virgin Podere Pecora Vecchia from Organic Farming : it is a beautiful intense limpid golden yellow colour with slight green hues. Its aroma is mellow and elegant, with vegetal notes of artichoke and chicory and distinct fragrant hints of field balm and sage. Its taste is fine and complex, with a flavour of lettuce, black pepper and sweet almond. Bitterness and pungency are present and harmonic. It would be ideal on boiled legumes, marinated salmon, grilled potatoes, baked vegetables, barley soups, pasta with tomato sauce, risotto with artichokes, roast fish, stewed cuttlefish, goat cheese.

Italia Italy [IT] Toscana

Frantoio Franci

Via Achille Grandi, 5 - Montenero d'Orcia
58033 Castel del Piano (GR)
Tel. + 39 0564 954000 - 0564 1830370 - Fax + 39 0564 954154
E-mail: info@frantoiofranci.it - Web: www.frantoiofranci.it

97

350 m.

Specializzato
Specialized

Vaso
Vase

Brucatura a mano
Hand picking

Sì - Ciclo continuo
Yes - Continuous cycle

Frantoio (50%), moraiolo (35%), leccino (15%)

Fruttato intenso
Intense fruity

da 12,01 a 15,00 € - 500 ml.
from € 12.01 to 15.00 - 500 ml.

P raticamente insuperabile: un ricchissimo ventaglio di proposte, tutte qualitativamente impeccabili. Non potevamo non premiare Frantoio Franci come Migliore Olio Extravergine di Oliva Blended - Fruttato Intenso. Dai 10 ettari di oliveto specializzato con 3mila piante quest'anno la famiglia Franci ha raccolto 700 quintali di olive che, uniti ai 3mila acquistati, hanno reso 600 ettolitri di olio. Le cinque selezioni Extravergine sono di gran classe: l'Olivastra Seggianese, il Frantoio Franci Igp Toscano, Le Trebbiane, il Villa Magra Gran Cru e soprattutto il Villa Magra, eccellente. Alla vista è di un bel colore giallo dorato intenso con sottili sfumature verdi, limpido; all'olfatto si esprime potente e complesso, con ricchi sentori di erba fresca falciata, carciofo e cicoria. Al gusto è deciso avvolgente, ricco di eleganti toni vegetali di cardo, lattuga e note aromatiche di menta, rosmarino e pepe nero. Amaro potente e piccante spiccato. Si abbina bene a antipasti di tonno, bruschette con pomodoro, carpaccio di pesce spada, insalate di carciofi, zuppe di lenticchie, primi piatti con salsiccia, pesce azzurro in umido, carni rosse o nere alla brace, formaggi stagionati a pasta dura.

F rantoio Franci has given an outstanding performance, as is shown by its rich range of high quality products and the award as the Best Extra Virgin Olive Oil Blended - Intense Fruity. From a 10-hectare olive grove with 3,000 trees, 700 quintals of olives were obtained in the last harvest, which, together with 3,000 purchased, yielded 600 hectolitres of oil. There are five remarkable Extra Virgin selections: Olivastra Seggianese, Frantoio Franci Pgi Toscano, Le Trebbiane, Villa Magra Gran Cru and especially the excellent Villa Magra. It is a beautiful intense limpid golden yellow colour with slight green hues. Its aroma is powerful and complex with rich hints of freshly mown grass, artichoke and chicory. Its taste is definite and rotund, with elegant vegetal notes of thistle, lettuce and aromatic notes of mint, rosemary and black pepper. Bitterness is powerful and pungency is distinct. It would be ideal on tuna appetizers, bruschette with tomatoes, swordfish carpaccio, artichoke salads, lentil soups, pasta with sausages, steamed blue fish, barbecued red meat or game, hard mature cheese.

Italia Italy [IT] Toscana

La Poderina Toscana

Montegiovi - Poderina
58033 Castel del Piano (GR)
Tel. + 39 0564 956546 - Fax + 39 0564 956546
E-mail: info@lapoderinatoscana.com - Web: www.lapoderinatoscana.com

84

450/550 m.

Specializzato
Specialized

Vaso cespugliato, vaso libero
Vase bush, free vase

Brucatura a mano
Hand picking

Sì - Ciclo continuo e sinolea
Yes - Continuous cycle and sinolea

Frantoio (40%), correggiolo (30%), leccino (15%), olivastra seggianese (15%)

Fruttato medio
Medium fruity

da 6,01 a 8,00 € - 500 ml.
from € 6.01 to 8.00 - 500 ml.

Nata nel 1996 da un'idea di Fausto Borselli, La Poderina Toscana è situata nell'omonima località vicino Grosseto. Oggi guidata dal figlio Davide secondo i principi dell'agricoltura biologica, produce olio, vino e dal 2006 comprende anche un ristorante che propone, a chilometro zero, i prodotti dell'azienda. I 21 ettari di oliveto specializzato con 4mila piante hanno reso quest'anno un raccolto di 550 quintali di olive che, moliti nel frantoio aziendale di proprietà, hanno prodotto 100 ettolitri di olio. Segnaliamo due selezioni Extravergine da Agricoltura Biologica: l'Oro Igp Toscano e soprattutto l'Argento - Fruttato Intenso, scelto dal panel. Di colore giallo dorato intenso con caldi riflessi verdi, limpido; al naso è deciso e ampio, con note di erbe fresche falciate, carciofo, cardo e sentori speziati di pepe nero e mandorla. Al gusto è morbido e fine, con toni balsamici di menta, rosmarino e salvia. Amaro spiccato e piccante deciso. È perfetto su antipasti di farro, bruschette con verdure, fagioli bolliti, insalate di pomodori, zuppe di orzo, primi piatti con salmone, crostacei in guazzetto, rombo alla brace, pollame o carni di agnello al forno, formaggi freschi a pasta filata.

Founded in 1996 by Fausto Borselli, La Poderina Toscana is situated in the homonymous place near Grosseto. Today it is run by Fausto's son Davide according to organic farming principles and produces olive oil and wine. Since 2006 it has also included a restaurant proposing the farm products at zero km. The 21-hectare specialized olive grove with 4,000 trees yielded 550 quintals of olives in the last oil harvest, which produced 100 hectolitres of oil. We recommend two Extra Virgin selections from Organic Farming: Oro Pgi Toscano, and especially Argento - Intense Fruity, chosen by our panel. It is an intense limpid golden yellow colour with warm green hues. Its aroma is definite and ample, with notes of freshly mown grass, artichoke, thistle and spicy hints of black pepper and almond. Its taste is mellow and fine, with fragrant hints of mint, rosemary and sage. Bitterness is distinct and pungency is definite. It would be ideal on farro appetizers, bruschette with vegetables, boiled beans, tomato salads, barley soups, pasta with salmon, stewed shellfish, barbecued turbot, baked poultry or lamb, mozzarella cheese.

Italia Italy [IT] Toscana

Azienda Agricola Quercialta

Via V° Cavallini Quercialta, 46 - Quercialta
58014 Manciano (GR)
Tel. + 39 0564 609026 - 0564 609095 - Fax + 39 06 6832442
E-mail: info@quercialta.com - Web: www.quercialta.com

84

- 300 m.
- Specializzato / Specialized
- Alberello / Tree
- Brucatura a mano / Hand picking
- No - Ciclo continuo / No - Continuous cycle
- Frantoio (35%), moraiolo (35%), leccino (15%), pendolino (10%), cipressino (5%)
- Fruttato medio / Medium fruity
- da 6,01 a 8,00 € - 500 ml. / from € 6.01 to 8.00 - 500 ml.

Debutta in Guida con un ottimo prodotto. Parliamo di Quercialta, una bella realtà di produzione olearia collocata nelle colline della Maremma toscana, tra i comuni di Manciano e Capalbio, nel Grossetano. Qui dal 2002 Maurizio Rossi è alla guida di 16 ettari di oliveto specializzato sul quale trovano posto 2.250 piante, dalle quali quest'anno sono stati raccolti 102 quintali di olive che hanno prodotto quasi 15 ettolitri di olio extravergine. Segnaliamo l'etichetta proposta al panel, l'Extravergine Quercialta che appare alla vista di un bel colore giallo dorato intenso con caldi riflessi verdi, limpido; all'olfatto si apre deciso e complesso, dotato di ricchi sentori vegetali di carciofo e cardo di campo, cui si accompagnano note di erbe aromatiche con netto ricordo di menta e rosmarino. Elegante e di carattere in bocca, è dotato di toni speziati di pepe nero, lattuga, cicoria e spiccata mandorla in chiusura. Amaro e piccante presenti e ben espressi. Eccellente per antipasti di fagioli, carpaccio di salmone, marinate di pesce di lago, patate arrosto, zuppe di farro, primi piatti al pomodoro, pesci in umido, tartare di ricciola, formaggi caprini.

Azienda Agricola Quercialta is present in this Guide for the first time with an excellent product. It is a beautiful oil farm on the hills of the Tuscan Maremma, between the municipalities of Manciano and Capalbio, in the area of Grosseto. Since 2002 Maurizio Rossi has been running 16 hectars of specialized olive grove with 2,250 trees. In the last harvest 102 quintals of olives were produced, equal to almost 15 hectolitres of extra virgin olive oil. We recommend the selection proposed to our panel, the Extra Virgin Quercialta, which is a beautiful intense limpid golden yellow colour with warm green hues. Its aroma is definite and complex, endowed with rich vegetal hints of artichoke and wild thistle, together with notes of aromatic herbs, especially mint and rosemary. Its taste is elegant and strong, with a spicy flavour of black pepper, lettuce, chicory and a distinct almond finish. Bitterness and pungency are present and distinct. It would be ideal on bean appetizers, salmon carpaccio, marinated freshwater fish, roast potatoes, farro soups, pasta with tomato sauce, stewed fish, amberjack tartare, goat cheese.

Italia Italy [IT] Toscana

Podere Grattamacco

Lungagnano, 129
57022 Castagneto Carducci (LI)
Tel. + 39 0565 765069 - Fax + 39 0565 763217
E-mail: info@collemassari.it - Web: www.collemassari.it

82 ↑

- 100 m.
- Promiscuo e specializzato / Promiscuous and specialized
- Vaso / Vase
- Brucatura a mano / Hand picking
- No - Ciclo continuo / No - Continuous cycle
- Frantoio (40%), moraiolo (30%), leccino (25%), pendolino (5%)
- Fruttato medio / Medium fruity
- da 10,01 a 12,00 € - 500 ml. / from € 10.01 to 12.00 - 500 ml.

Podere Grattamacco è l'azienda gestita dalla ColleMassari di Claudio Tipa, situata tra Castagneto Carducci e Bolgheri, in provincia di Grosseto. Fondata nel 1977 da Pier Mario Meletti Cavallari, oggi questa struttura si occupa soprattutto di viticoltura, ma dei 30 ettari di superficie totale 5 sono destinati agli oliveti, sui quali trovano dimora 600 piante dalle quali in questa campagna olearia sono stati raccolti 60 quintali di olive, per una resa produttiva pari a 10 ettolitri di olio. La selezione Extravergine Grattamacco da Agricoltura Biologica appare alla vista di un bel colore giallo dorato intenso con delicate nuance verdoline, limpido. All'olfatto si offre pulito e vegetale, dotato di note di erba fresca falciata, carciofo e lattuga, cui si accompagnano eleganti sentori balsamici di basilico e prezzemolo. Al gusto è avvolgente e fine, con toni di sedano, cardo selvatico e chiusura di mandorla. Amaro presente e piccante dosato. È ottimo per antipasti di mare, carpaccio di salmone, insalate di pollo, marinate di orata, zuppe di ceci, cous cous di verdure, molluschi gratinati, pesci di scoglio alla brace, pollame o carni di agnello al forno, formaggi freschi a pasta filata.

Podere Grattamacco is the farm run by Claudio Tipa's ColleMassari, situated between Castagneto Carducci and Bolgheri, in the province of Grosseto. Founded in 1977 by Pier Mario Meletti Cavallari, today it is mainly a wine-growing farm, but 5 out of 30 hectares of total surface are destined to olive groves with 600 trees. In the last oil harvest 60 quintals of olives were produced, with a yield of 10 hectolitres of extra virgin olive oil. The selection Extra Virgin Grattamacco from Organic Farming is a beautiful intense limpid golden yellow colour with delicate light green hues. Its aroma is clean and vegetal, endowed with notes of freshly mown grass, artichoke and lettuce, together with elegant fragrant hints of basil and parsley. Its taste is rotund and fine, with a flavour of celery, wild thistle and an almond finish. Bitterness is present and pungency is balanced. It would be ideal on seafood appetizers, salmon carpaccio, chicken salads, marinated gilthead, chickpea soups, vegetable cous cous, mussels au gratin, barbecued rock-fish, baked poultry or lamb, mozzarella cheese.

Italia Italy [IT] Toscana

Azienda Agricola Niccolò Paoli

Via Botramarmi, 41/b
57021 Campiglia Marittima (LI)
Tel. + 39 0565 846017 - Fax + 39 0565 846017
E-mail: info@loliodeipaoli.it - Web: www.loliodeipaoli.it

88

70 m.

Specializzato
Specialized

Vaso
Vase

Brucatura a mano e meccanica
Hand picking and mechanical harvesting

Sì - Ciclo continuo
Yes - Continuous cycle

Frantoio (60%), leccino (20%), moraiolo (20%)

Fruttato medio
Medium fruity

da 8,01 a 10,00 € - 500 ml.
from € 8.01 to 10.00 - 500 ml.

Un esordio in grande stile per Paoli di Campiglia Marittima, in provincia di Livorno, che ha sedotto il panel con un prodotto eccellente. Merito di Niccolò Paoli e della sua famiglia, del loro amore per la terra e di una passione davvero "senza fine". Su una superficie olivetata di poco più di 5 ettari vengono coltivate 1.700 piante, dalle quali è stato ricavato quest'anno un raccolto di 133 quintali di olive che, molite nel moderno frantoio aziendale, hanno reso quasi 20 ettolitri di olio. L'etichetta Extravergine L'olio dei Paoli si presenta alla vista di un bel colore giallo dorato intenso con delicate sfumature verdoline, limpido; all'olfatto si esprime deciso e ampio, con spiccati sentori vegetali di carciofo, cardo selvatico e lattuga, arricchiti da note aromatiche di menta e rosmarino. Complesso e di personalità al gusto, ha toni speziati di pepe nero e chiusura di mandorla amara. Amaro potente e piccante ben espresso e armonico. È perfetto per antipasti di lenticchie, bruschette con pomodoro, carpaccio di tonno, insalate di carciofi, zuppe della tradizione regionale, cous cous di carne, pesce azzurro gratinato, carni rosse o nere alla brace, formaggi di media stagionatura.

An excellent first appearance for the farm Paoli in Campiglia Marittima, in the province of Livorno. This result is due to Niccolò Pani and his family and their unlimited love for their land. They own about 5 hectares of olive grove with 1,700 trees. In the last oil harvest 133 quintals of olives were produced, which, once crushed in the farm oil mill, yielded almost 20 hectolitres of oil. The Extra Virgin selection L'olio dei Paoli is a beautiful intense limpid golden yellow colour with delicate light green hues. Its aroma is definite and ample, with strong vegetal hints of artichoke, wild thistle and lettuce, enriched by aromatic notes of mint and rosemary. Its taste is complex and strong, with spicy hints of black pepper and a bitter almond finish. Bitterness is powerful and pungency is distinct and harmonic. It would be ideal on lentil appetizers, bruschette with tomatoes, tuna carpaccio, artichoke salads, traditional regional soups, meat cous cous, blue fish au gratin, barbecued red meat or game, medium mature cheese.

Società Agricola Petra

San Lorenzo Alto, 131
57028 Suvereto (LI)
Tel. + 39 0565 845308 - Fax + 39 0565 845728
E-mail: info@petrawine.it - Web: www.petrawine.it

86

- 80 m.
- Specializzato / Specialized
- Forma libera, monocono, vaso aperto / Free form, monocone, open vase
- Brucatura a mano e meccanica / Hand picking and mechanical harvesting
- No - Ciclo continuo / No - Continuous cycle
- Leccino (40%), moraiolo (25%), frantoio (20%), pendolino (15%)
- Fruttato medio / Medium fruity
- da 12,01 a 15,00 € - 250 ml. / from € 12.01 to 15.00 - 250 ml.

Petra è l'azienda nata dalla passione di Vittorio Moretti, noto produttore franciacortino, e di sua figlia Francesca: una cantina all'avanguardia in un suggestivo edificio disegnato dall'architetto Mario Botta. Ma non solo vino: l'olio qui prodotto si pone tra i più interessanti in Toscana. Petra si trova a San Lorenzo di Suvereto, in Maremma, e conta su 300 ettari di superficie totale di cui 6 destinati all'oliveto specializzato, con circa 3.100 piante. Quest'anno la produzione di olive ha raggiunto i 460 quintali, per quasi 83 ettolitri di olio. Unica, ma di livello, la selezione aziendale, l'Extravergine Petra che alla vista è di un bel colore giallo dorato intenso, limpido. All'olfatto è morbido e avvolgente, con note di carciofo, cicoria e netto ricordo di menta, rosmarino e salvia. Al gusto è ampio e armonico, dotato di toni di ortaggi di campo, pepe nero e spiccata mandorla in chiusura. Amaro e piccante presenti e ben armonizzati. Perfetto su antipasti di fagioli, insalate di orzo, marinate di ricciola, verdure ai ferri, zuppe di funghi ovoli, risotto con carciofi, pesci di lago arrosto, rombo alla griglia, coniglio arrosto, pollame al forno, formaggi freschi a pasta filata.

Petra was founded by Vittorio Moretti, well-known producer of Franciacorta, and his daughter Francesca, who have created a modern wine-cellar in a typical building designed by the architect Mario Botta. But also the oil produced here is one of the most interesting in Tuscany. Petra is placed in San Lorenzo di Suvereto in Maremma and consists of 300 hectares of total surface, 6 of which destined to specialized olive grove with about 3,100 trees. In the last harvest 460 quintals of olives were produced, with a yield of almost 83 hectolitres of oil. There is only one, but very good farm selection, the Extra Virgin Petra, which is a beautiful intense limpid golden yellow colour. Its aroma is mellow and rotund, with notes of artichoke, chicory and a distinct hint of mint, rosemary and sage. Its taste is ample and harmonic, with hints of country vegetables, black pepper and a distinct almond finish. Bitterness and pungency are present and harmonic. It would be ideal on bean appetizers, barley salads, marinated amberjack, grilled vegetables, ovoli mushroom soups, risotto with artichokes, roast freshwater fish, grilled turbot, roast rabbit, baked poultry, mozzarella cheese.

Italia Italy [IT] Toscana

Agricola San Frediano

Riotorto - San Frediano
57025 Piombino (LI)
Tel. + 39 02 49981721 - Fax + 39 02 48517583
E-mail: edoardo.lecaldano@aliceventures.it - Web: www.sanfrediano.eu

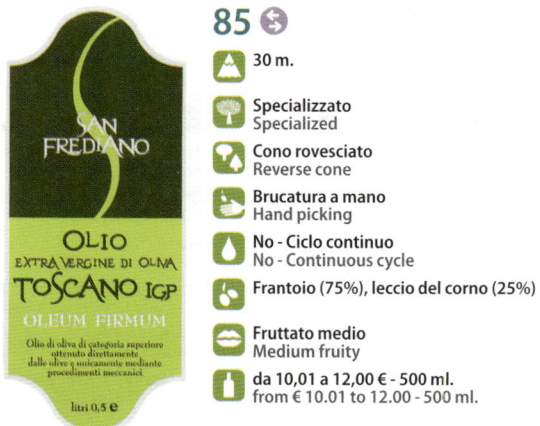

85

30 m.

Specializzato
Specialized

Cono rovesciato
Reverse cone

Brucatura a mano
Hand picking

No - Ciclo continuo
No - Continuous cycle

Frantoio (75%), leccio del corno (25%)

Fruttato medio
Medium fruity

da 10,01 a 12,00 € - 500 ml.
from € 10.01 to 12.00 - 500 ml.

Posta in Val di Cornia, nell'alta Maremma, la San Frediano è un'azienda agricola a esclusiva vocazione olearia. Con l'aiuto di un esperto, Mario Pestarini, e la collaborazione dell'Università di Pisa, l'impianto agronomico è stato completamente ristrutturato e nel 2005, su 42 ettari di superficie specializzata, sono stati piantati 14mila olivi coltivati secondo i dettami dell'agricoltura integrata. La raccolta dell'ultima campagna ha reso 170 quintali di olive che hanno permesso una produzione di 25 ettolitri di olio. Segnaliamo l'etichetta Extravergine Oleum Firmum Igp Toscano che si presenta alla vista di un bel colore giallo dorato intenso con delicati riflessi verdi, limpido; all'olfatto si esprime ampio ed elegante, ricco di sentori vegetali di carciofo, cicoria e toni speziati di pepe nero. Al gusto è avvolgente e morbido, con note balsamiche di menta, rosmarino e chiusura di mandorla. Amaro e piccante ben espressi ed equilibrati. Buon accompagnamento per insalate di fagioli, legumi bolliti, marinate di salmone, verdure al forno, zuppe di verdure, risotto con funghi finferli, pesci di scoglio alla brace, seppie in umido, coniglio al forno, pollame alla griglia, formaggi caprini.

Situated in Val di Cornia in northern Maremma, San Frediano is an agricultural farm, which only produces olive oil. With the help of an expert, Mario Pestarini, and the cooperation of the University of Pisa, the agronomic system has been completely reorganized and 14,000 trees cultivated following integrated agriculture were planted in 2005 on 42 hectares of specialized surface. In the last oil harvest 170 quintals of olives were produced, equal to 25 hectolitres of oil. We recommend the Extra Virgin selection Oleum Firmum Pgi Toscano. It is a beautiful intense limpid golden yellow colour with delicate green hues. Its aroma is ample and elegant, rich in vegetal hints of artichoke, chicory and spicy hints of black pepper. Its taste is rotund and mellow, with fragrant notes of mint, rosemary and an almond finish. Bitterness and pungency are distinct and balanced. It would be ideal on bean salads, boiled legumes, marinated salmon, baked vegetables, vegetable soups, risotto with chanterelle mushrooms, barbecued rock-fish, stewed cuttlefish, baked rabbit, grilled poultry, goat cheese.

Fattoria di Fubbiano

Via di Tofori Fubbiano, 6 - San Gennaro
55010 Capannori (LU)
Tel. + 39 0583 978011 - Fax + 39 0583 978344
E-mail: fubbiano@fattoriadifubbiano.it - Web: www.fattoriadifubbiano.it

92

150/200 m.

Specializzato
Specialized

Forma libera, piramide, vaso policonico
Free form, monocone, polyconic vase

Brucatura a mano e meccanica
Hand picking and mechanical harvesting

No - Ciclo continuo
No - Continuous cycle

Frantoio (90%), leccino (7%), altre/others (3%)

Fruttato medio
Medium fruity

da 18,01 a 22,00 € - 500 ml.
from € 18.01 to 22.00 - 500 ml.

Sui dolci pendii delle colline lucchesi si estende la Fattoria di Fubbiano, una tenuta di 45 ettari di terreno tra vigneti, oliveti e boschi, tutti intorno alla splendida villa padronale della fine del XVII secolo. Alla guida c'è Alfred Schiller, titolare dell'azienda che offre anche ospitalità agrituristica nella villa, nella casa colonica e in diversi appartamenti. Nei 17 ettari di oliveto dimorano 2.600 piante, dalle quali in questa campagna sono stati raccolti 160 quintali di olive, pari a circa 27 ettolitri di olio. L'eccellente Extravergine Fubbiano Dop Lucca appare alla vista di un bel colore giallo dorato intenso con toni verdolini, limpido. Al naso è deciso e ampio, ricco di note vegetali di carciofo, cicoria e sedano, cui si accompagnano eleganti sentori fruttati di mela bianca e mandorla. Al gusto è complesso e avvolgente, con toni balsamici di basilico, menta e ricordo di cardo e lattuga. Amaro potente e piccante spiccato. Buono l'abbinamento con antipasti di lenticchie, carpaccio di pesce spada, insalate di polpo, pomodori gratinati, minestroni di verdure, tonno alla griglia, carni rosse o nere arrosto, formaggi di media stagionatura.

Situated on the gentle slopes of the hills near Lucca, Fattoria di Fubbiano is an estate of 45 hectares of vineyards, olive groves and woods, surrounding the wonderful 18th century villa. It is run by Alfred Schiller, owner of the farm, and also offers guest accomodation in the villa, in the country house and in several apartments. There is a 17- hectare olive grove with 2,600 trees, which produced 160 quintals of olives in the last oil harvest, equal to about 27 hectolitres of extra virgin olive oil. The excellent Extra Virgin Fubbiano Pdo Lucca is a beautiful intense limpid golden yellow colour with light green hues. Its aroma is definite and ample, rich in vegetal notes of artichoke, chicory and celery, together with elegant fruity hints of white apple and almond. Its taste is complex and rotund, with a flavour of basil, mint and a note of thistle and lettuce. Bitterness is powerful and pungency is distinct. It would be ideal on lentil appetizers, swordfish carpaccio, octopus salads, tomatoes au gratin, minestrone with vegetables, grilled tuna, roast red meat or game, medium mature cheese.

Italia Italy [IT] Toscana

Tenuta Lenzini

Via della Chiesa, 44 - Gragnano
55010 Capannori (LU)
Tel. + 39 0583 974037 - Fax + 39 0583 974514
E-mail: tenuta@tenutalenzini.it - Web: www.tenutalenzini.it

85 ⬆

- 53/107 m.
- **Promiscuo e specializzato**
  Promiscuous and specialized
- **Vaso libero**
  Free vase
- **Meccanica**
  Mechanical harvesting
- **No - Ciclo continuo**
  No - Continuous cycle
- Frantoio (65%), leccino (20%), maurino, moraiolo, pendolino (15%)
- **Fruttato medio**
  Medium fruity
- da 12,01 a 15,00 € - 500 ml.
  from € 12.01 to 15.00 - 500 ml.

U n debutto in grande stile per la Tenuta Lenzini di Gragnano, situata nelle splendide colline lucchesi orientali, vicino al borgo medievale di Montecarlo. Qui Michele e Benedetta si dedicano alla produzione dei loro vini e dell'olio, che si possono anche degustare nella sala apposita, ricavata in un angolo intimo e silenzioso dell'azienda. All'oliveto sono dedicati 4 ettari con circa 1.200 piante, dalle quali quest'anno sono stati prodotti quasi 114 quintali di olive, per circa 12 ettolitri di olio. Ottima la selezione Extravergine Tenuta Lenzini Dop Lucca che si presenta alla vista di colore giallo dorato intenso con tenui sfumature verdi, limpido; all'olfatto si offre deciso e ampio, con sentori vegetali di carciofo e cicoria, arricchiti da spiccate note balsamiche di menta e rosmarino. Avvolgente e complesso al gusto, è dotato di toni eleganti di cardo di campo, lattuga, pepe nero e mandorla. Amaro e piccante presenti e ben espressi. Buono l'abbinamento con antipasti di mare, insalate di pomodori, patate alla griglia, verdure alla brace, primi piatti con salmone, fritture di carni, pesci di scoglio al cartoccio, coniglio al forno, pollo arrosto, formaggi freschi a pasta filata.

A n interesting first appearance for Tenuta Lenzini in Gragnano, situated on the wonderful eastern hills of Lucca, near the Medieval village of Montecarlo. Here Michele and Benedetta produce wine and olive oil, which can be tasted in an appropriate room, placed in an intimate and quiet corner of the farm. The olive grove consists of 4 hectares with 1,200 trees, which produced 114 quintals of olives, equal to about 12 hectolitres of oil. The excellent Extra Virgin selection Tenuta Lenzini Pdo Lucca is an intense limpid golden yellow colour with slight green hues. Its aroma is definite and ample, with vegetal hints of artichoke and chicory, enriched by distinct fragrant notes of mint and rosemary. Its taste is rotund and complex, endowed with elegant notes of wild thistle, lettuce, black pepper and almond. Bitterness and pungency are present and distinct. It would be ideal on seafood appetizers, tomato salads, grilled potatoes, barbecued vegetables, pasta with salmon, breaded fried meat, rock-fish baked in parchment, baked rabbit, roast chicken, mozzarella cheese.

Fattoria Mansi Bernardini

Via di Valgiano, 34 - Segromigno Monte
55018 Capannori (LU)
Tel. + 39 0583 921721 - Fax + 39 0583 929701
E-mail: info@fattoriamansibernardini.it

84 ↑

- 250 m.
- Promiscuo e specializzato / Promiscuous and specialized
- Ombrello / Weeping vase
- Meccanica / Mechanical harvesting
- No - Ciclo continuo / No - Continuous cycle
- Frantoio
- Fruttato medio / Medium fruity
- da 8,01 a 10,00 € - 500 ml. / from € 8.01 to 10.00 - 500 ml.

Un esordio "coi fiocchi" per la Mansi Bernardini che si autodefinisce un'avventura toscana cominciata alla fine del 1400 quando la famiglia Bernardini acquista un corpo di terreni a Segromigno Monte, in un'area vocata alla vite e all'olivo. L'attuale proprietario, discendente della storica famiglia, ha affiancato all'attività produttiva quella turistica di charme, complice il restauro degli antichi casali e il contesto splendido della piana di Lucca. Dalle quasi 3mila piante distribuite su circa 12 ettari, quest'anno sono stati ricavati 186 quintali di olive e quasi 22 ettolitri di olio. Ottimo l'Extravergine Fattoria Mansi Bernardini Dop Lucca, di colore giallo dorato intenso con riflessi verdolini, limpido; al naso è deciso e vegetale, con sentori di carciofo, cardo e cicoria, cui si affiancano note balsamiche di menta e rosmarino. Fine e complesso in bocca, si arricchisce di toni speziati di pepe nero. Amaro spiccato e piccante ben espresso. Ideale su insalate di pomodori, marinate di pesce di lago, patate alla piastra, verdure gratinate, zuppe di farro, primi piatti con asparagi, gamberi in umido, pesci di scoglio al forno, coniglio arrosto, pollame ai ferri, formaggi caprini.

A brilliant start for Mansi Bernardini, a "Tuscan adventure" started at the end of the 15th century, when the family Bernardini purchased some lands in Segromigno Monte, a suitable area for wine and olive growing. The present owner, a descendant of the historical family, after restoring the ancient country house in the splendid location of the plain of Lucca, has also been working in the field of charme tourist accomodation. There are about 12 hectares of olive grove with almost 3,000 trees, which produced 186 quintals of olives in the last harvest, equal to almost 22 hectolitres of oil. The excellent Extra Virgin Fattoria Mansi Bernardini Pdo Lucca is an intense limpid golden yellow colour with light green hues. Its aroma is definite and vegetal, with hints of artichoke, thistle and chicory, together with fragrant notes of mint and rosemary. Its taste is fine and complex, with spicy notes of black pepper. Bitterness is strong and pungency is distinct. It would be ideal on tomato salads, marinated freshwater fish, seared potatoes, vegetables au gratin, farro soups, pasta with asparagus, stewed shrimps, baked rock-fish, roast rabbit, grilled poultry, goat cheese.

Italia Italy [IT] Toscana

Pieve Santo Stefano

Via della Pieve Santo Stefano, 5427 - Pieve Santo Stefano - Sardini
55100 Lucca
Tel. + 39 0583 394115 - Fax + 39 0583 394115
E-mail: info@pievedisantostefano.com - Web: www.pievedisantostefano.com

85

- 82/283 m.
- **Promiscuo e specializzato** / Promiscuous and specialized
- **Vaso libero** / Free vase
- **Brucatura a mano e meccanica** / Hand picking and mechanical harvesting
- **No - Ciclo continuo** / No - Continuous cycle
- **Frantoio (90%), leccino (7%), maurino (2%), altre/others (1%)**
- **Fruttato medio** / Medium fruity
- da 8,01 a 10,00 € - 500 ml. / from € 8.01 to 10.00 - 500 ml.

Ottimo esordio per la Pieve Santo Stefano, situata nei pressi dell'omonima Pieve, a pochi chilometri da Lucca. Si tratta dell'antica e rinomata fattoria della famiglia Piccioli in corso di completa ristrutturazione e riqualificazione da parte degli eredi, che rilanciano le attività di produzione di olio e vino secondo criteri di modernità e qualità. Su poco più di 6 ettari di oliveto dimorano circa 1.600 piante che hanno reso quest'anno quasi 181 quintali di olive e circa 23 ettolitri di olio. Due le selezioni Extravergine Pieve Santo Stefano, il "base" e soprattutto il Dop Lucca che alla vista è di colore giallo dorato intenso con riflessi verdolini, limpido; al naso è deciso e avvolgente, con sentori vegetali di carciofo e cardo selvatico, cui si associano note di erbe officinali, con netto ricordo di menta e rosmarino. Elegante e di carattere al gusto, ha toni di ortaggi freschi di campo e mandorla. Amaro deciso e piccante ben espresso. Eccellente l'abbinamento con antipasti di mare, bruschette con verdure, insalate di ceci, marinate di ricciola, zuppe di funghi ovoli, risotto con carciofi, gamberi in umido, tartare di tonno, coniglio arrosto, pollame ai ferri, formaggi caprini.

An excellent first appearance in the Guide for Pieve Santo Stefano, situated near the homonymous Pieve, a few kilometres from Lucca. It is the ancient and well-known farm of the family Piccolomini, which is being completely restored and upgraded by the heirs, who are making wine and oil production more modern and are increasing quality. There are about 6 hectares of olive grove with 1,600 trees, which produced almost 181 quintals of olives in the last harvest, equal to about 23 hectolitres of oil. There are two Extra Virgin selections Pieve santo Stefano, the "basic" and especially the Pdo Lucca. It is an intense limpid golden yellow colour with light green hues. Its aroma is definite and rotund, with vegetal hints of artichoke and wild thistle, together with notes of officinal herbs, especially mint and rosemary. Its taste is elegant and strong, with a flavour of fresh country vegetables and almond. Bitterness is definite and pungency is distinct. It would be ideal on seafood appetizers, bruschette with vegetables, chickpea salads, marinated amberjack, ovoli mushroom soups, risotto with artichokes, stewed shrimps, tuna tartare, roast rabbit, grilled poultry, goat cheese.

Italia Italy [IT] Toscana

Azienda Agricola Francesca Ferrari
Via Costa San Nicolò, 9 - Paradiso
54027 Pontremoli (MS)
Tel. + 39 0187 830571 - Fax + 39 0187 830571
E-mail: lucchettiferrari@gmail.com - Web: www.lucchettiferrari.blogspot.com

91

230 m.

Specializzato
Specialized

Monocono, vaso policonico
Monocone, polyconic vase

Brucatura a mano
Hand picking

Sì - Ciclo continuo
Yes - Continuous cycle

Frantoio (80%), leccino (15%),
maurino, pendolino (5%)

Fruttato medio
Medium fruity

da 12,01 a 15,00 € - 500 ml.
from € 12.01 to 15.00 - 500 ml.

U n'altra prova impeccabile per Francesca Ferrari, realtà giovanissima fondata nel 2005 e guidata con passione e professionalità dalla titolare Francesca e dal marito Paolo Lucchetti i quali, dopo il ripristino dei terreni agricoli di Pontremoli, si sono dedicati agli impianti di estrazione e di imbottigliamento, in funzione dalle prossime campagne. Su 9 ettari di oliveto specializzato dimorano 1.700 piante che hanno reso quest'anno 20 quintali di olive, pari a poco più di 3 ettolitri di olio. L'Extravergine Lucchetti Ferrari, Igp Toscano - Colline della Lunigiana è di un bel colore giallo dorato intenso con delicati toni verdi, limpido; al naso è avvolgente e fine, dotato di sentori vegetali di carciofo, cicoria e lattuga, cui si associano eleganti note balsamiche di menta, rosmarino e salvia. In bocca è complesso e di personalità, con toni di ortaggi freschi di campo, pepe nero e mandorla dolce. Amaro spiccato e piccante ben presente. Si accompagna a bruschette con pomodoro, carpaccio di pesce spada, funghi porcini arrosto, insalate di tonno, minestroni di verdure, primi piatti al ragù, pesce azzurro gratinato, carni rosse o cacciagione alla brace, formaggi di media stagionatura.

F rancesca Ferrari, whose performance has been excellent, is a recent farm, founded in 2005 and run with passion and competence by the owner Francesca and her husband Paolo Lucchetti. After recovering the agricultural grounds in Pontremoli, they devoted themselves to the extraction and bottling systems in preparation for the next harvests. There are 9 hectares of specialized olive grove with 1,700 trees, which yielded 20 quintals of olives in the last harvest, equal to about 3 hectolitres of oil. The Extra Virgin Lucchetti Ferrari, Pgi Toscano - Colline della Lunigiana is a beautiful intense limpid golden yellow colour with delicate green hues. Its aroma is rotund and fine, with vegetal hints of artichoke, chicory and lettuce, together with elegant fragrant notes of mint, rosemary and sage. Its taste is complex and strong, with hints of fresh country vegetables, black pepper and sweet almond. Bitterness is distinct and pungency is present. It would be ideal on bruschette with tomatoes, swordfish carpaccio, roast porcini mushrooms, tuna salads, minestrone with vegetables, pasta with meat sauce, blue fish au gratin, barbecued red meat or game, medium mature cheese.

Italia Italy [IT] Toscana

Azienda Agricola Casali

Casali, 19
56046 Riparbella (PI)
Tel. + 39 0586 696019 - Fax + 39 0523 696019
E-mail: drighini@libero.it - Web: digilander.libero.it/oliocasali

82

- 20 m.
- **Specializzato** / Specialized
- **Vaso globoso, vaso policonico** / Globe, polyconic vase
- **Brucatura a mano e meccanica** / Hand picking and mechanical harvesting
- **No - Ciclo continuo** / No - Continuous cycle
- **Urano**
- **Fruttato leggero** / Light fruity
- **da 8,01 a 10,00 € - 500 ml.** / from € 8.01 to 10.00 - 500 ml.

In attività da una quindicina d'anni, la Casali di Denny Righini si colloca nel comprensorio di Riparbella, vicino alla piana del Cecina, famosa per i suoi boschi e per la macchia mediterranea. Il patrimonio consta di 3 ettari di oliveto specializzato dove dimorano 700 piante dalle quali sono stati raccolti quest'anno 80 quintali di olive, pari a una produzione di 14 ettolitri di olio extravergine. L'etichetta aziendale proposta è l'Extravergine monocultivar Casali - Urano Igp Toscano. Appare alla vista di colore giallo dorato intenso con delicate sfumature verdi, limpido; al naso si offre sottile e composto, dotato di sentori vegetali di carciofo, erbe fresche falciate e cardo di campo, arricchiti da note speziate di pepe nero e mandorla. Al gusto è morbido e contenuto, caratterizzato da toni di cicoria selvatica, lattuga ed erbe officinali, con menta e rosmarino in evidenza. Amaro e piccante presenti e dosati, con dolce in evidenza. È un eccellente accompagnamento per antipasti di orzo, carpaccio di dentice, insalate di funghi ovoli, marinate di spigola, zuppe di fave, cous cous di pesce, fritture di verdure, rombo al cartoccio, formaggi freschi a pasta molle, biscotti da forno.

Denny Righini's Casali, active for about 15 years, is situated in the district of Riparbella, near the plain of Cecina, well-known for its woods and bush. There is a 3-hectare specialized olive grove with 700 trees, which produced 80 quintals of olives in the last harvest, equal to a yield of 14 hectolitres of extra virgin olive oil. The farm selection proposed is the Monocultivar Extra Virgin Casali - Urano Pgi Toscano. It is an intense limpid golden yellow colour with delicate green hues. Its aroma is fine and delicate, endowed with vegetal hints of artichoke, freshly mown grass and wild thistle, enriched by spicy notes of black pepper and almond. Its taste is mellow and delicate, characterized by a flavour of wild chicory, lettuce and officinal herbs, especially mint and rosemary. Bitterness and pungency are present and complimentary with evident sweetness. It would be ideal on barley appetizers, sea bream carpaccio, ovoli mushroom salads, marinated bass, broad bean soups, fish cous cous, fried vegetables, turbot baked in parchment paper, soft fresh cheese, oven cookies.

Italia Italy [IT] Toscana

Società Agricola Il Frantoio di Vicopisano

Via di San Jacopo - Palazzetto, 3
56010 Vicopisano (PI)
Tel. + 39 050 796005 - 050 798870 - Fax + 39 050 796707
E-mail: info@vicopisanolio.it - Web: www.vicopisanolio.it

84 💲

- 50/100 m.
- **Specializzato**
  Specialized
- **Vaso libero**
  Free vase
- **Brucatura a mano e meccanica**
  Hand picking and mechanical harvesting
- **Sì - Ciclo continuo**
  Yes - Continuous cycle
- **Frantoio**
- **Fruttato medio**
  Medium fruity
- da 12,01 a 15,00 € - 500 ml.
  from € 12.01 to 15.00 - 500 ml.

L'attività principale del Frantoio di Vicopisano è, da oltre vent'anni, la produzione di extravergine di qualità. Questo è ottenuto da 2.500 piante coltivate su 5 ettari di oliveto specializzato, condotto secondo i dettami dell'agricoltura biologica sui terrazzamenti ai piedi del Monte Pisano, dove si coltivano anche kiwi e si produce Sangiovese. Il raccolto della recente campagna ha prodotto 150 quintali di olive che, molite nel moderno frantoio aziendale, hanno reso quasi 22 ettolitri di olio. L'Extravergine Vicopisanolio Igp Toscano da Agricoltura Biologica si offre alla vista di un bel colore giallo dorato intenso, con leggere sfumature verdi, limpido. Al naso è morbido e avvolgente, dotato di toni vegetali di carciofo e lattuga, accompagnati da sentori di erbe officinali con netto ricordo di rosmarino e menta. Al gusto è fine e armonico, con note di ortaggi freschi di campo, pepe nero e mandorla. Amaro e piccante presenti e dosati. Eccellente per antipasti di carciofi, fagioli al vapore, insalate di pollo, marinate di ricciola, zuppe di orzo, primi piatti al pomodoro, fritture di carni, gamberi in guazzetto, coniglio al forno, pollame arrosto, formaggi freschi a pasta filata.

Azienda Agricola Il Frantoio di Vicopisano has been producing quality extra virgin olive oil for over twenty years. On the terraces at the foot of Mount Pisano, where also kiwi and Sangiovese are produced, there is a 5-hectare specialized olive grove with 2,500 trees cultivated according to organic farming principles. In the last oil harvest 150 quintals of olives were produced, which, once crushed in the farm oil mill, yielded almost 22 hectolitres of extra virgin olive oil. The Extra Virgin Vicopisanolio Pgi Toscano from Organic Farming is a beautiful intense limpid golden yellow colour with light green hues. Its aroma is mellow and rotund, rich in vegetal hints of artichoke and lettuce, accompanied by hints of officinal herbs, especially rosemary and mint. Its taste is fine and harmonic, with notes of fresh country vegetables, black pepper and almond. Bitterness and pungency are present and complimentary. It would be ideal on artichoke appetizers, steamed beans, chicken salads, marinated amberjack, barley soups, pasta with tomato sauce, breaded fried meat, stewed shrimps, baked rabbit, roast poultry, mozzarella cheese.

Italia Italy [IT] Toscana

L'Oro del Colonnello

Via Statale Abetone, 136 - Molina di Quosa
56017 San Giuliano Terme (PI)
Tel. + 39 050 850356 - 050 864902 - Fax + 39 050 850356 - 050 864902
E-mail: info@lorodelcolonnello.com - Web: www.lorodelcolonnello.com

82

50/350 m.

Specializzato
Specialized

Forma libera, vaso cespugliato
Free form, vase bush

Brucatura a mano e meccanica
Hand picking and mechanical harvesting

No - Ciclo continuo
No - Continuous cycle

Frantoio (95%), leccino (3%), moraiolo (2%)

Fruttato medio
Medium fruity

da 10,01 a 12,00 € - 500 ml.
from € 10.01 to 12.00 - 500 ml.

L'Oro del Colonnello è un'azienda nata nel 2002 dal recupero di oliveti abbandonati situati tra le province di Pisa e Lucca, in tre comuni dei Monti Pisani: San Giuliano Terme, Calci e Vicopisano. Serena Nizzoli è alla guida di 10 ettari di superficie olivetata specializzata dove dimorano 2.500 piante. Da queste, nella recente campagna, sono stati raccolti 170 quintali di olive che hanno permesso di ricavare 25 ettolitri di olio. Ottima l'etichetta proposta, l'Extravergine L'Oro del Colonnello Igp Toscano - Monti Pisani che si presenta alla vista di colore giallo dorato intenso con delicate nuance verdi, limpido. All'olfatto si esprime deciso e ampio, dotato di sentori di erbe officinali con netto ricordo di rosmarino e menta, cui si aggiungono ricchi toni speziati di pepe nero e mandorla. Al gusto si offre elegante e vegetale, con spiccate note di carciofo, cardo di campo, lattuga e cicoria. Amaro deciso e piccante presente e armonico. È eccellente per antipasti di carciofi, fagioli al vapore, insalate di farro, marinate di orata, zuppe di orzo, primi piatti con salmone, gamberi in guazzetto, molluschi gratinati, formaggi freschi a pasta filata.

L'Oro del Colonnello is a farm founded in 2002, recovering deserted olive groves between the provinces of Pisa and Lucca, in three municipalities of the Mounts Pisani: San Giuliano Terme, Calci and Vicopisano. Serena Nizzoli runs 10 hectares of specialized olive grove with 2,500 trees. In the last oil harvest they produced 170 quintals of olives, which allowed a yield of 25 hectolitres of extra virgin olive oil. The selection proposed, the Extra Virgin L'Oro del Colonnello Pgi Toscano - Monti Pisani, is excellent. It is an intense limpid golden yellow colour with delicate green hues. Its aroma is definite and ample, endowed with hints of officinal herbs, especially rosemary and mint, together with rich spicy hints of black pepper and almond. Its taste is elegant and vegetal, with distinct notes of artichoke, wild thistle, lettuce and chicory. Bitterness is definite and pungency is present and harmonic. It would be ideal on artichoke appetizers, steamed beans, farro salads, marinated gilthead, barley soups, pasta with salmon, stewed shrimps, mussels au gratin, mozzarella cheese.

Azienda Agricola Le Selve

Via della Lespa, 2 - Pomaia
56040 Santa Luce (PI)
Tel. + 39 050 685857
E-mail: fabrizio@leselve.it - Web: www.leselve.it

86

200/250 m.

Specializzato
Specialized

Cono rovesciato, forma libera
Reverse cone, free form

Brucatura a mano e meccanica
Hand picking and mechanical harvesting

No - Ciclo continuo
No - Continuous cycle

Frantoio (40%), leccino (40%), pendolino (20%)

Fruttato medio
Medium fruity

da 6,01 a 8,00 € - 500 ml.
from € 6.01 to 8.00 - 500 ml.

Davvero un bell'esordio in Guida per Le Selve di Santa Luce, sulle colline pisane, dove gli oliveti fanno da cornice all'antico borgo di origine etrusca. Fabrizio e Francesco Filippi riprendono la tradizione di famiglia e sono alla guida dal 1993 di 5 ettari di oliveto specializzato su cui dimorano 1.800 piante. Da queste, nella recente campagna, sono stati raccolti 200 quintali di olive che hanno permesso di produrre quasi 35 ettolitri di olio extravergine. Ottima la selezione Extravergine I Campacci Igp Toscano proposta al panel. Appare alla vista di un bel colore giallo dorato intenso con leggere sfumature verdi, limpido; al naso si apre deciso e ampio, con ricchi sentori vegetali di carciofo e cicoria, cui si aggiungono toni di erbe officinali, con netto ricordo di menta e rosmarino. In bocca è avvolgente e di personalità, con eleganti note di ortaggi freschi di campo, pepe nero e mandorla. Amaro e piccante ben espressi e armonici. Buon abbinamento con antipasti di pomodori, carpaccio di salmone, insalate di ceci, marinate di orata, zuppe di orzo, risotto con funghi finferli, molluschi gratinati, rombo arrosto, formaggi freschi a pasta filata.

A really good new entry for Le Selve in Santa Luce, on the hills of Pisa, where the olive groves surround the ancient village of Etrurian origin. Fabrizio and Francesco Filippi follow the family tradition and since 1993 have been running a 5-hectare specialized olive grove with 1,800 trees. In the last oil harvest 200 quintals of olives were produced, equal to almost 35 hectolitres of extra virgin olive oil. The selection proposed to our panel, the Extra Virgin I Campacci Pgi Toscano, is excellent. It is a beautiful intense limpid golden yellow colour with slight green hues. Its aroma is definite and ample, with rich vegetal hints of artichoke and chicory, together with notes of officinal herbs, especially mint and rosemary. Its taste is rotund and strong, with an elegant flavour of fresh country vegetables, black pepper and almond. Bitterness and pungency are distinct and harmonic. It would be ideal on tomato appetizers, salmon carpaccio, chickpea salads, marinated gilthead, barley soups, risotto with chanterelle mushrooms, mussels au gratin, roast turbot, mozzarella cheese.

Italia Italy [IT] Toscana

Fattoria di Monti
Via di Monti, 73 - Ghizzano
56037 Peccioli (PI)
Tel. + 39 0587 630057 - Fax + 39 0587 630057
E-mail: vicky@fattoriadimonti.it - Web: www.fattoriadimonti.it

90

180 m.

Specializzato
Specialized

Vaso
Vase

Brucatura a mano e meccanica
Hand picking and mechanical harvesting

Sì - Ciclo continuo
Yes - Continuous cycle

Razzo (65%), moraiolo (20%), leccino (10%), pendolino (5%)

Fruttato medio
Medium fruity

da 10,01 a 12,00 € - 500 ml.
from € 10.01 to 12.00 - 500 ml.

Eccellenza su tutta la linea. È proprio il caso della Fattoria di Monti che ha sedotto il panel con tre prodotti ineccepibili. Si tratta di un'estesa tenuta adagiata sulle colline a sud di Pisa, intorno alla maestosa villa rinascimentale adibita un tempo a dimora di caccia per i gli sportivi e i politici di città. Oggi si continuano a curare mille olivi secolari distribuiti su 11 ettari di impianto specializzato. Quest'anno il raccolto di 150 quintali di olive ha reso 15 ettolitri di olio. Segnaliamo i due monovarietali, gli Extravergine Fattoria di Monti - Razzo e Moraiolo - e soprattutto il Monti. Di colore giallo dorato intenso con sottili riflessi verdolini, limpido; al naso è ampio e avvolgente, con sentori vegetali di carciofo e cicoria, arricchiti da note balsamiche di menta, rosmarino e salvia. Al gusto è fine e di personalità, con toni di ortaggi di campo, pepe nero e spiccata mandorla in chiusura. Amaro deciso e piccante dosato. Si abbina a carpaccio di salmone, fagioli al vapore, insalate di pomodori, patate alla griglia, zuppe di verdure, primi piatti con asparagi, pesci ai ferri, seppie alla brace, pollame o carni di agnello al forno, formaggi freschi a pasta filata.

Fattoria di Monti has proposed three perfect products, which have been greatly appreciated by our panel. It is a large estate, situated on the hills to the south of Pisa, around the imposing Renaissance villa, once used as hunting lodge for sportsmen and town politicians. There are 11 hectares of specialized olive grove with 1,000 century-old trees. In the last oil harvest 150 quintals of olives yielded 15 hectolitres of oil. We recommend the two Monovarietal selections, the Extra Virgin Fattoria di Monti - Razzo e Moraiolo and especially Monti. It is an intense limpid golden yellow colour with slight light green hues. Its aroma is ample and rotund, with vegetal hints of artichoke and chicory, enriched by fragrant notes of mint, rosemary and sage. Its taste is fine and strong, endowed with hints of country vegetables, black pepper and sweet almond. Bitterness is definite and pungency is balanced. It would be ideal on salmon carpaccio, steamed beans, tomato salads, grilled potatoes, vegetable soups, pasta with asparagus, grilled fish, barbecued cuttlefish, baked poultry or lamb, mozzarella cheese.

Italia Italy [IT] Toscana

Consorzio Produttori Olio Colline di Pisa

Piazza Brunner, 2 - Forcoli
56036 Palaia (PI)
Tel. + 39 0587 628275 - Fax + 39 0587 628275
E-mail: info@olioprivilegio.com - Web: www.olioprivilegio.com

83

100/300 m.

Promiscuo e specializzato
Promiscuous and specialized

Roventina, vaso policonico
Polyconic vase, polyconic vase

Brucatura a mano e meccanica
Hand picking and mechanical harvesting

Sì - Ciclo continuo
Yes - Continuous cycle

Frantoio (55%), moraiolo (20%), leccino (15%), pendolino (10%)

Fruttato intenso
Intense fruity

da 8,01 a 10,00 € - 500 ml.
from € 8.01 to 10.00 - 500 ml.

Un debutto importante per il Consorzio Produttori Olio Colline di Pisa, che dal 2008 raggruppa e comprende otto aziende consorziate che producono olio extravergine di oliva sotto un unico marchio: Privilegio. La superficie olivetata totale si estende per circa 60 ettari, sui quali trovano dimora pressoché 15mila piante, da un ricco parco varietale. Nella recente campagna olearia il raccolto di 1.500 quintali di olive ha prodotto una resa in olio extravergine di quasi 246 ettolitri. Segnaliamo l'etichetta Extravergine Privilegio - Foglia Rossa Igp Toscano, giudicato ottimo dal panel. Appare alla vista di colore giallo dorato intenso con sottili sfumature verdi, limpido; si offre all'olfatto deciso e vegetale, con spiccati sentori di erba fresca falciata, carciofo, cardo e note aromatiche di menta e rosmarino. In bocca è avvolgente e di carattere, ricco di toni di lattuga, pepe nero e mandorla. Amaro potente e piccante deciso e armonico. È ottimo per bruschette, funghi porcini al forno, insalate di spinaci, marinate di tonno, zuppe della tradizione regionale, pesce spada ai ferri, pollame o carni di maiale alla griglia, formaggi di media stagionatura.

An important result for Consorzio Produttori Olio Colline di Pisa, which since 2008 has included 8 associated farms producing extra virgin olive oil under the same trademark: Privilegio. The total olive surface is about 60 hectares with about 15,000 trees of a wide range of varieties. In the last oil harvest 1,500 quintals of olives were produced, with a yield of almost 246 hectolitres of extra virgin olive oil. We recommend the Extra Virgin selection Privilegio - Foglia Rossa Pgi Toscano, appreciated by our panel. It is an intense limpid golden yellow colour with slight green hues. Its aroma is definite and vegetal, with distinct hints of freshly mown grasss, artichoke, thistle and aromatic notes of mint and rosemary. Its taste is rotund and strong, rich in a flavour of lettuce, black pepper and almond. Bitterness is powerful and pungency is definite and harmonic. It would be ideal on bruschette, baked porcini mushrooms, spinach salads, marinated tuna, traditional regional soups, grilled swordfish, grilled poultry or pork, medium mature cheese.

Italia Italy [IT] Toscana

Antico Frantoio Toscano del Rio Grifone
San Jacopo - Palazzetto, 3
56010 Vicopisano (PI)
Tel. + 39 050 798870 - 050 796005 - Fax + 39 050 796707
E-mail: info@vicopisanolio.it - Web: www.vicopisanolio.it

82

50 m.

Specializzato
Specialized

Vaso libero
Free vase

Brucatura a mano e meccanica
Hand picking and mechanical harvesting

Sì - Ciclo continuo
Yes - Continuous cycle

Frantoio (70%), leccino (10%), moraiolo (10%), pendolino (10%)

Fruttato medio
Medium fruity

da 12,01 a 15,00 € - 500 ml.
from € 12.01 to 15.00 - 500 ml.

L'Antico Frantoio Toscano del Rio Grifone appartiene agli stessi proprietari dell'azienda Il Frantoio di Vicopisano. Questa giovanissima struttura, nata circa due anni or sono, non comprende piante di proprietà, ma è dotata di un sistema di estrazione all'avanguardia, in cui si moliscono le olive acquistate dai produttori della zona, e di imbottigliamento. Nella recente campagna olearia dai 200 quintali di olive acquistate sono stati ricavati quasi 33 ettolitri di olio extravergine. Segnaliamo l'etichetta proposta dall'azienda, l'Extravergine Rio Grifone Igp Toscano Monti Pisani che si presenta alla vista di colore giallo dorato intenso con tenui sfumature verdi, limpido; al naso si esprime complesso e vegetale, dotato di sentori spiccati di carciofo, cardo di campo e note balsamiche di mentuccia e rosmarino. In bocca è elegante e morbido, con toni di cicoria, lattuga e mandorla dolce in chiusura. Amaro e piccante ben presenti e armonici. Eccellente per antipasti di verdure, fagioli al vapore, insalate di pomodori, marinate di salmone, zuppe di ceci, risotto con funghi ovoli, gamberi in umido, pesci di scoglio al cartoccio, coniglio al forno, pollame alla piastra, formaggi caprini.

Antico Frantoio Toscano del Rio Grifone belongs to the same owners of the farm Il Frantoio di Vicopisano. It was founded only about two years ago and does not have olive trees, but it is supplied with an advanced bottling and extraction system. where the olives purchased from local producers are crushed. In the last oil harvest 200 quintals of purchased olives produced almost 33 hectolitres of extra virgin olive oil. We recommend the selection proposed to the farm, the Extra Virgin Rio Grifone Pgi Toscano Monti Pisano, which is an intense limpid golden yellow colour with slight green hues. Its aroma is complex and vegetal, endowed with distinct hints of artichoke, wild thistle and aromatic notes of field balm and rosemary. Its taste is elegant and mellow, with a flavour of chicory, lettuce and a sweet almond finish. Bitterness and pungency are present and harmonic. It would be ideal on vegetable appetizers, steamed beans, tomato salads, marinated salmon, chickpea soups, risotto with ovoli mushrooms, stewed shrimps, rock-fish baked in parchment, baked rabbit, pan-seared poultry, goat cheese.

Italia Italy [IT] Toscana

Castello del Terriccio

Via Bagnoli, 16 - Terriccio
56040 Castellina Marittima (PI)
Tel. + 39 050 699709 - Fax + 39 050 699789
E-mail: info@terriccio.it - Web: www.terriccio.it

85

🔺 50 m.

Promiscuo e specializzato
Promiscuous and specialized

Vaso aperto
Open vase

Brucatura a mano e meccanica
Hand picking and mechanical harvesting

Sì - Ciclo continuo
Yes - Continuous cycle

Moraiolo (40%), frantoio (30%), maurino (15%), razzo (15%)

Fruttato medio
Medium fruity

da 10,01 a 12,00 € - 500 ml.
from € 10.01 to 12.00 - 500 ml.

Prova in grande stile per questa azienda di Castellina Marittima che ha origini storiche. Avamposto della Repubblica di Pisa per il controllo della costa tirrenica, nel Trecento diventa proprietà dei Conti Gaetani di Pisa, trasformandosi in azienda agricola. Negli anni Venti passa ai Conti Serafini Ferri, antenati dell'attuale proprietario Gian Annibale Rossi di Medelana che è alla guida di 24 ettari dedicati all'oliveto, con 3mila piante, e di un moderno impianto di estrazione. Il raccolto di quest'anno ha reso mille quintali di olive e 120 ettolitri di olio. L'ottimo Extravergine Terriccio Igp Toscano è di un bel colore giallo dorato intenso con riflessi verdolini, limpido; all'olfatto si offre complesso e vegetale, ricco di sentori di erbe fresche falciate, carciofo e cicoria. Al gusto è ampio e deciso, dotato di toni di erbe aromatiche, con menta e rosmarino in evidenza, e note di pepe nero e mandorla. Amaro deciso e piccante presente e ben dosato. È perfetto per antipasti di fagioli, bruschette con verdure, patate in umido, verdure marinate, zuppe di orzo, primi piatti con funghi finferli, molluschi gratinati, formaggi freschi a pasta filata.

A high-class performance for this historical farm in Castellino Marittima. Originally it was an outpost of the Repubblica di Pisa to control the Tyrrhenian coast, but in the 14the century by the Earls Gaetani from Pisa transformed it into a farm. In the 20's it was purchased by the Earls Serafini Ferri, the ancestors of the present owner Gian Annibale Rossi di Medelana. There is a 24-hectare olive grove with 3,000 trees and a modern extraction system. In the last harvest 1,000 quintals of olives were produced, with a yield of 120 hectolitres of oil. The excellent Extra Virgin Terriccio Pgi Toscano is a beautiful intense limpid golden yellow colour with light green hues. Its aroma is complex and vegetal, with hints of freshly mown grass, artichoke and chicory. Its taste is ample and definite, with a flavour of aromatic herbs, especially mint and rosemary, and notes of black pepper and almond. Bitterness is definite and pungency is present and complimentary. It would be ideal on bean appetizers, bruschette with vegetables, stewed potatoes, marinated vegetables, barley soups, pasta with chanterelle mushrooms, mussels au gratin, mozzarella cheese.

Antico Colle Fiorito

Via Porcianese, 39 - Porciano
51035 Lamporecchio (PT)
Tel. + 39 0573 803842 - Fax + 39 0573 803842
E-mail: anticocollefiorito@hotmail.com

88

- 300 m.
- Specializzato / Specialized
- Policono / Polycone
- Brucatura a mano / Hand picking
- No - Ciclo continuo / No - Continuous cycle
- Moraiolo (60%), leccino (20%), frantoio (15%), pendolino (5%)
- Fruttato medio / Medium fruity
- da 8,01 a 10,00 € - 500 ml. / from € 8.01 to 10.00 - 500 ml.

Eccellente risultato per la Antico Colle Fiorito, una bella realtà nel cuore del Pistoiese, costituita da 14 ettari di terreno tra oliveti, vigneti e frutteti, circondata da castagni e querce secolari e rallegrata da molteplici animali. Dal 2003 Roberta Maccioni e Giulio Tintori guidano con passione i 9 ettari destinati all'oliveto specializzato che conta 3mila piante. Nella campagna olearia appena conclusa sono stati raccolti 400 quintali di olive, pari a 40 ettolitri di olio. L'Extravergine Antico Colle Fiorito da Agricoltura Biologica è di colore giallo dorato intenso con sfumature verdoline, limpido; al naso si esprime ampio e di personalità, con eleganti note vegetali di carciofo e cardo selvatico e sentori speziati di pepe nero. Al gusto è avvolgente e complesso, con toni di ortaggi freschi di campo a cui si aggiungono intense note balsamiche di menta, rosmarino e mandorla dolce. Amaro spiccato e piccante ben presente e dosato. Ottimo su antipasti di carciofi, insalate di funghi finferli, marinate di pesce di lago, pomodori con riso, zuppe di ceci, primi piatti con salmone, molluschi gratinati, rombo ai ferri, formaggi freschi a pasta filata.

An excellent result for Antico Colle Fiorito, a beautiful farm in the area of Pistoia, consisting of 14 hectares of olive groves, vineyards and orchards, surrounded by century-old chestnuts and oaks and cheered up by numerous animals. Since 2003 Roberta Maccioni and Giulio Tintori have been running 9 hectares of specialized olive surface with 3,000 trees. In the last oil harvest 400 quintals of olives were produced, equal to 40 hectolitres of extra virgin olive oil. The Extra Virgin Antico Colle Fiorito from Organic Farming is an intense limpid golden yellow colour with light green hues. Its aroma is ample and strong, endowed with elegant vegetal notes of artichoke and wild thistle and spicy hints of black pepper. Its taste is rotund and complex, with hints of fresh country vegetables, together with intense fragrant notes of mint, rosemary and sweet almond. Bitterness is distinct and pungency is present and balanced. It would be ideal on artichoke appetizers, chanterelle mushroom salads, marinated freshwater fish, tomatoes stuffed with rice, chickpea soups, pasta with salmon, mussels au gratin, grilled turbot, mozzarella cheese.

Italia Italy [IT] Toscana

Azienda Agricola Forrà Pruno

Via Greppiano, 35
51035 Lamporecchio (PT)
Tel. + 39 0573 803326
E-mail: info@forrapruno.it - Web: www.forrapruno.it

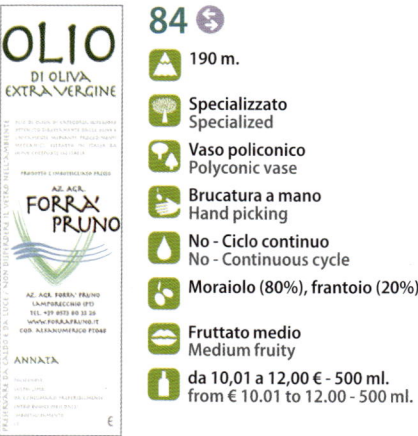

84

- 190 m.
- Specializzato / Specialized
- Vaso policonico / Polyconic vase
- Brucatura a mano / Hand picking
- No - Ciclo continuo / No - Continuous cycle
- Moraiolo (80%), frantoio (20%)
- Fruttato medio / Medium fruity
- da 10,01 a 12,00 € - 500 ml. / from € 10.01 to 12.00 - 500 ml.

Ottima performance per la Forrà Pruno di Lamporecchio che esiste dal 2006, anche se Andrea Menichetti si dedica da vent'anni all'olivicoltura. Tutta la famiglia è impegnata in questo progetto e sta alla guida di 4 ettari di superficie olivetata specializzata dove trovano dimora 900 piante. Durante la recente campagna olearia nell'oliveto aziendale sono stati raccolti 80 quintali di olive che hanno consentito di produrre 8 ettolitri di olio. La selezione proposta è l'Extravergine Forrà Pruno da Agricoltura Biologica. Si presenta alla vista di un bel colore giallo dorato intenso con sottili sfumature verdi, limpido. All'olfatto si esprime complesso e avvolgente, caratterizzato da eleganti sentori di carciofo, cicoria ed erbe officinali, con netto ricordo di menta e rosmarino. Al gusto è deciso e fine, dotato di toni fruttati di mela bianca, noce matura e intense note speziate di pepe nero. Amaro deciso e piccante presente e ben espresso. Buon accompagnamento per antipasti di salmone, fagioli al vapore, insalate di pesce persico, pomodori con riso, zuppe di ceci, cous cous di verdure, pesci di lago alla brace, rombo alla griglia, formaggi caprini.

An excellent performance for Azienda Agricola Forrà Pruno in Lamporecchio. The farm was founded in 2006, even if Andrea Menichetti has been working in the olive growing sector for twenty years. All his family is involved in this project and runs 4 hectares of specialized olive grove with 900 trees. In the last oil harvest 80 quintals of olives were produced in the farm olive grove, which allowed a yield of 8 hectolitres of extra virgin olive oil. The selection proposed, the Extra Virgin Forrà Pruno from Organic Farming, is a beautiful intense limpid golden yellow colour with slight green hues. Its aroma is complex and rotund, characterized by elegant hints of artichoke, chicory and officinal herbs, especially mint and rosemary. Its taste is definite and fine, with a fruity flavour of white apple, ripe walnut and intense spicy notes of black pepper. Bitterness is definite and pungency is present and distinct. It would be ideal on salmon appetizers, steamed beans, perch salads, tomatoes stuffed with rice, chickpea soups, vegetable cous cous, barbecued freshwater fish, grilled turbot, goat cheese.

Italia Italy [IT] Toscana

Azienda Agricola Il Ronco

Via dei Molini, 1338 - Cecina
51036 Larciano (PT)
Tel. + 39 055 6813225 - 0573 83316 - Fax + 39 055 6813225
E-mail: info@il-cassero.it - Web: www.il-cassero.it

83 ↑

230 m.

Specializzato
Specialized

Vaso
Vase

Brucatura a mano
Hand picking

No - Ciclo continuo
No - Continuous cycle

Moraiolo (30%), frantoio (25%), leccino (25%), pendolino (20%)

Fruttato medio
Medium fruity

da 12,01 a 15,00 € - 500 ml.
from € 12.01 to 15.00 - 500 ml.

Interessante esordio in Guida per Il Ronco, piccola azienda agricola a conduzione familiare situata a Cecina di Larciano, in provincia di Pistoia. Su una superficie di quasi 3 ettari destinati all'oliveto specializzato trovano dimora circa mille piante di varietà tipiche che quest'anno hanno fruttato un raccolto di 72 quintali di olive, pari a una resa produttiva di poco più di 13 ettolitri di olio extravergine. Segnaliamo l'etichetta aziendale, l'ottimo Extravergine Il Cassero Igp Toscano - Montalbano che si presenta alla vista di colore giallo dorato intenso con delicate sfumature verdi, limpido; all'olfatto si apre deciso e avvolgente, con ricchi sentori vegetali di carciofo e cardo di campo e note speziate di pepe nero e frutta secca, con noce fresca e mandorla in evidenza. In bocca è ampio ed elegante, caratterizzato da toni di erbe aromatiche, con netto ricordo di menta e rosmarino. Amaro e piccante ben espressi ed equilibrati. È un eccellente accompagnamento per antipasti di molluschi, carpaccio di pesce di lago, legumi bolliti, marinate di salmone, passati di patate, pesci arrosto, seppie alla griglia, formaggi freschi a pasta filata.

An interesting first appearance in this Guide for Il Ronco, a small family-run farm situated in Cecina di Larciano, in the province of Pistoia. On a surface of almost 3 hectares destined to specialized olive grove there are about 1,000 trees of typical varieties. In the last harvest they produced 72 quintals of olives, equal to a yield of about 13 hectolitres of extra virgin olive oil. We recommend the farm selection, the excellent Extra Virgin Il Cassero Pgi Toscano - Montalbano, which is an intense limpid golden yellow colour with delicate green hues. Its aroma is definite and rotund, with rich vegetal hints of artichoke and wild thistle and spicy notes of black pepper and dried fruit, especially fresh walnut and almond. Its taste is ample and elegant, characterized by a flavour of aromatic herbs, especially mint and rosemary. Bitterness and pungency are distinct and balanced. It would be ideal on mussel appetizers, freshwater fish carpaccio, boiled legumes, marinated salmon, potato purée, roast fish, grilled cuttlefish, mozzarella cheese.

Azienda Agricola Giuliano Tiberi

Via Castel Biagini, 23 - Casalguidi
51034 Serravalle Pistoiese (PT)
Tel. + 39 0573 527589 - Fax + 39 0573 520760
E-mail: azienda@giulianotiberi.it - Web: www.giulianotiberi.it

88

200 m.

Specializzato
Specialized

Vaso policonico
Polyconic vase

Brucatura a mano
Hand picking

No - Ciclo continuo
No - Continuous cycle

Frantoio (80%), piangente (10%), altre/others (10%)

Fruttato medio
Medium fruity

da 10,01 a 12,00 € - 500 ml.
from € 10.01 to 12.00 - 500 ml.

Il progetto di Giuliano Tiberi di creare un'azienda agricola è il frutto di una radicale scelta di vita: così il dottore in chimica si converte all'agricoltura e dal 1998 si dedica al recupero di una tenuta di 20 ettari di oliveto e vigneto sulle colline sopra Casalguidi, sul versante nord del Montalbano, in provincia di Pistoia. L'oliveto occupa 8 ettari, con 1.500 piante. L'ultima campagna ha reso 250 quintali di olive e 30 ettolitri di olio. Due le selezioni Extravergine Giuliano Tiberi Igp Toscano - Montalbano, entrambe ottime: il Leccino e il Frantoio, scelto dal panel. Alla vista è di colore giallo dorato intenso, con caldi riflessi verdolini, limpido; al naso è deciso e avvolgente, con ricchi sentori di carciofo, cardo selvatico e lattuga, cui si associano note di menta e rosmarino. In bocca è complesso ed elegante, con toni di verdure di campo, pepe nero e frutta secca, con mandorla in rilievo. Amaro potente e piccante spiccato. Ottimo su antipasti di tonno, carpaccio di carne cruda con funghi ovoli, pomodori gratinati, zuppe della tradizione regionale, primi piatti al ragù, pesce spada alla piastra, agnello arrosto, cacciagione alla griglia, formaggi di media stagionatura.

Giuliano Tiberi's project of creating a farm is really the start of a brand new life: the doctor in chemistry has turned to agriculture and since 1998 has been restoring a 20-hectare estate with olive groves and vineyards on the hills over Casalguidi, on the northern side of Montalbano, in the province of Pistoia. The olive grove covers 8 hectares with 1,500 trees. In the last oil harvest 250 quintals of olives were produced, equal to 30 hectolitres of oil. There are two excellent Extra Virgin selections Giuliano Tiberi Pgi Toscano - Montalbano: Leccino and Frantoio, chosen by our panel. It is an intense limpid golden yellow colour with warm light green hues. Its aroma is definite and rotund, with rich hints of artichoke, wild thistle and lettuce, together with notes of mint and rosemary. Its taste is complex and elegant, with a flavour of country vegetables, black pepper and dried fruit, especially almond. Bitterness is powerful and pungency is distinct. It would be ideal on tuna appetizers, beef carpaccio with ovoli mushrooms, tomatoes au gratin, traditional regional soups, pasta with meat sauce, pan-seared swordfish, roast lamb, grilled game, medium mature cheese.

Italia Italy [IT] Toscana

Castello di Ama

Lecchi in Chianti - Ama
53013 Gaiole in Chianti (SI)
Tel. + 39 0577 746031 - Fax + 39 0577 746849
E-mail: info@castellodiama.com - Web: www.castellodiama.com

94

420/510 m.

Promiscuo
Promiscuous

Vaso cespugliato
Vase bush

Brucatura a mano
Hand picking

Sì - Ciclo continuo
Yes - Continuous cycle

Correggiolo (50%), moraiolo (40%), leccino, altre/others (10%)

Fruttato intenso
Intense fruity

da 15,01 a 18,00 € - 500 ml.
from € 15.01 to 18.00 - 500 ml.

Castello di Ama è una delle più importanti firme del panorama enologico nazionale e internazionale e non smentisce la sua fama cimentandosi anche in campo olivicolo: tanto da meritarsi il premio come Migliore Olio Extravergine di Oliva Dop/Igp - Fruttato Intenso. Fondata nel 1972, l'azienda comprende 40 ettari destinati agli oliveti di proprietà, con 9mila piante. Quest'anno sono stati raccolti oltre 486 quintali di olive, che hanno prodotto circa 101 ettolitri di olio extravergine. Di rara eccellenza l'Extravergine Castello di Ama Dop Chianti Classico che appare alla vista di colore giallo dorato intenso con delicate sfumature verdi, limpido. All'olfatto si esprime deciso e avvolgente, caratterizzato da ricche note di cardo, carciofo e cicoria di campo, con intensi sentori aromatici di rosmarino e menta. Al gusto è complesso e di personalità, con toni di ortaggi freschi, lattuga, pepe nero e mandorla. Amaro potente e piccante spiccato. Buon accompagnamento per antipasti di pesce azzurro, carpaccio di carne cruda con funghi ovoli, marinate di tonno, zuppe di funghi porcini, primi piatti con salsiccia, polpo bollito, carni rosse o nere al forno, formaggi stagionati a pasta filata.

Castello di Ama is one of the most important labels of international and national enology and confirms its reputation in the field of olive growing, obtaining the award of the Best Extra Virgin Olive OIl Pdo/Pgi - Intense Fruity. Founded in 1972, the farm includes 40 hectares destined to olive groves, with 9,000 trees. In the last harvest over 486 quintals of olives were produced, with a yield of about 101 hectolitres of extra virgin olive oil. The Extra Virgin Castello di Ama Pdo Chianti Classico, is extraordinary. It is an intense limpid golden yellow colour with delicate green hues. Its aroma is definite and rotund, characterized by rich hints of thistle, artichoke and wild chicory, with intense fragrant hints of rosemary and mint. Its taste is complex and strong, endowed with hints of fresh vegetables, lettuce, black pepper and almond. Bitterness is powerful and pungency is distinct. It would be ideal on bluefish appetizers, beef carpaccio with ovoli mushrooms, marinated tuna, porcini mushroom soups, pasta with sausages, boiled octopus, baked red meat or game, aged cheese.

Italia Italy [IT] Toscana

Badia a Coltibuono

Badia a Coltibuono
53013 Gaiole in Chianti (SI)
Tel. + 39 0577 746110 - 0577 74481 - Fax + 39 0577 746165
E-mail: info@coltibuono.com - Web: www.coltibuono.com

92

450 m.

Specializzato
Specialized

Vaso cespugliato
Vase bush

Brucatura a mano e meccanica
Hand picking and mechanical harvesting

No - Ciclo continuo
No - Continuous cycle

Frantoio (60%), leccino (30%), pendolino (10%)

Fruttato medio
Medium fruity

da 15,01 a 18,00 € - 500 ml.
from € 15.01 to 18.00 - 500 ml.

La Badia a Coltibuono è un luogo-mito del Chianti Classico: fondata nell'XI secolo dai monaci benedettini di Vallombrosa che impiantarono qui le prime attività agricole, nel 1846 fu acquistata dai Giuntini, antenati degli attuali proprietari, la famiglia Stucchi Prinetti. La vitivinicoltura è l'attività principale della tenuta e, degli 800 ettari di superficie, agli oliveti ne sono destinati circa 18, con 5.600 piante. Quest'anno il raccolto ha reso 750 quintali di olive, ovvero 85 ettolitri di olio. Ottima l'etichetta proposta, l'Extravergine Albereto Igp Toscano da Agricoltura Biologica, che si presenta alla vista di colore giallo dorato intenso con caldi toni verdi, limpido; all'olfatto è ampio e complesso, ricco di note di carciofo, cicoria, lattuga e sentori balsamici di mentuccia, rosmarino e basilico. Al gusto è avvolgente e fine, con toni di ortaggi di campo, pepe nero e decisa mandorla. Amaro e piccante spiccati ed equilibrati. È ottimo per antipasti di lenticchie, carpaccio di pesce spada, insalate di tonno, pomodori gratinati, zuppe della tradizione regionale, cous cous di carne, polpo bollito, cacciagione alla piastra, maiale alla brace, formaggi di media stagionatura.

Badia a Coltibuono is a mythical place in Chianti Classico: founded in the 11th century by the Benedictine monks of Vallombrosa, who started the first agricultural activities here, it was purchased in 1846 by the Giuntini, ancestors of the present owners, the family Stucchi Prinetti. Wine-growing is the main activity, but 18 out of 800 hectares of surface are destined to olive groves with 5,600 trees. In the last oil harvest 750 quintals of olives were produced, equal to 85 hectolitres of oil. The excellent selection proposed, the Extra Virgin Albereto Pgi Toscano from Organic Farming, is an intense limpid golden yellow colour with warm green hues. Its aroma is ample and complex, rich in notes of artichoke, chicory, lettuce and fragrant hints of field balm, rosemary and basil. Its taste is rotund and fine, with a flavour of country vegetables, black pepper and definite almond. Bitterness and pungency are distinct and balanced. It would be ideal on lentil appetizers, swordfish carpaccio, tuna salads, tomatoes au gratin, traditional regional soups, meat cous cous, boiled octopus, pan-seared game, barbecued pork, medium mature cheese.

Italia Italy [IT] Toscana

Borgo Scopeto

Strada Provinciale 102, 20/a - Vagliagli
53010 Castelnuovo Berardenga (SI)
Tel. + 39 0577 322729 - 0577 848390 - Fax + 39 0577 322564
E-mail: marketing@caparzo.com - Web: www.borgoscopeto.com

85

350/400 m.

Specializzato
Specialized

Vaso
Vase

Brucatura a mano e meccanica
Hand picking and mechanical harvesting

No - Ciclo continuo
No - Continuous cycle

Frantoio (80%), leccino (15%), moraiolo (5%)

Fruttato intenso
Intense fruity

da 15,01 a 18,00 € - 500 ml.
from € 15.01 to 18.00 - 500 ml.

La Borgo Scopeto fa parte delle proprietà della Tenuta di Caparzo, azienda leader del mondo vitivinicolo toscano. Nel Comune senese di Castelnuovo Berardenga, fra le vigne madri di blasonate etichette, Elisabetta Gnudi Angelini è alla guida dal 2000 di quasi 6mila piante di olivo che albergano su 39 ettari. Quest'anno sono stati raccolti circa 248 quintali di olive, che hanno permesso una produzione in olio extravergine pari a poco più di 40 ettolitri. La selezione Extravergine Borgo Scopeto Dop Chianti Classico si presenta alla vista di un bel colore giallo dorato intenso con decisi riflessi verdi, limpido. All'olfatto si esprime ampio e vegetale, caratterizzato da sentori di carciofo, cicoria selvatica, lattuga e ricordo di erbe officinali, con menta e rosmarino in evidenza. Al gusto è complesso e fine, dotato di toni di verdure fresche di campo, pepe nero e spiccata chiusura di mandorla. Amaro e piccante presenti e ben armonizzati. Si accompagna a bruschette, carpaccio di carne chianina con funghi ovoli, funghi porcini ai ferri, zuppe della tradizione regionale, cous cous di carne, pesce azzurro al forno, carni rosse o cacciagione alla griglia, formaggi stagionati a pasta dura.

Borgo Scopeto is part of the estate of Tenuta di Caparzo, a leader company in the Tuscan wine-growing sector. Since 2000 Elisabetta Gnudi Angelini has been running a 39-hectare olive grove with almost 6,000 trees in the municipality of Castelnuovo Berardenga, in the area of Siena, in the middle of vineyards originating noble labels. In the last harvest 248 quintals of olives were produced, equal to a yield of about 40 hectolitres of extra virgin olive oil. The Extra Virgin selection Borgo Scopeto Pdo Chianti Classico is a beautiful intense limpid golden yellow colour with definite green hues. Its aroma is ample and strong, characterized by hints of artichoke, wild chicory, lettuce and officinal herbs, especially mint and rosemary. Its taste is complex and fine, endowed with a flavour of fresh country vegetables, black pepper and a distinct sweet almond finish. Bitterness and pungency are present and harmonic. It would be ideal on bruschette, chianina beef carpaccio with ovoli mushrooms, grilled porcini mushrooms, traditional regional soups, meat cous cous, baked blue fish, grilled red meat or game, hard mature cheese.

Castello di Cacchiano

Monti in Chianti - Cacchiano
53013 Gaiole in Chianti (SI)
Tel. + 39 0577 747018 - Fax + 39 0577 747157
E-mail: info@castellodicacchiano.it

85

- 380/480 m.
- Specializzato / Specialized
- Vaso cespugliato / Vase bush
- Brucatura a mano / Hand picking
- No - Ciclo continuo / No - Continuous cycle
- Correggiolo (60%), moraiolo (25%), leccino (10%), pendolino (5%)
- Fruttato medio / Medium fruity
- da 12,01 a 15,00 € - 500 ml. / from € 12.01 to 15.00 - 500 ml.

Castello di Cacchiano è un nome fortemente legato al Chianti Classico. Costruito quasi mille anni fa e fin dalle origini ambita proprietà della famiglia dei Baroni Ricasoli Firidolfi, è rinomato soprattutto per i suoi vini sebbene fin dall'Ottocento si coltivasse anche l'olivo, che attualmente occupa 30 ettari di superficie specializzata con 4.700 piante. Da queste nella recente campagna olearia è stato ricavato un raccolto di 250 quintali di olive, pari a 40 ettolitri di olio. Segnaliamo l'ottima etichetta proposta, l'Extravergine Castello di Cacchiano Dop Chianti Classico. Alla vista appare di colore giallo dorato intenso con decisi riflessi verdi, limpido; all'olfatto si offre ampio e avvolgente, caratterizzato da note vegetali di carciofo, cicoria e cardo selvatico. Al gusto è complesso ed elegante, dotato di toni aromatici di menta, rosmarino, pepe nero e netto ricordo di mandorla dolce. Amaro e piccante spiccati e ben armonizzati. Buon accompagnamento per antipasti di farro, bruschette con verdure, insalate di lenticchie, marinate di orata, passati di legumi, risotto con funghi ovoli, molluschi gratinati, pesci in umido, pollame o carni di agnello al forno, formaggi caprini.

Castello di Cacchiano is a name strongly tied to Chianti Classico. It was built nearly 1,000 years ago and since its origin it has belonged to the family of the Barons Ricasoli Firidolfi. It is mainly popular for its wines, although the olive tree was cultivated here as early as the 19th century. Currently there are 30 hectares of specialized surface with 4,700 trees. In the last oil harvest 250 quintals of olives were produced, equal to 40 hectolitres of extra virgin olive oil. We recommend the excellent selection proposed, the Extra Virgin Castello di Cacchiano Pdo Chianti Classico. It is an intense limpid golden yellow colour with definite green hues. Its aroma is ample and rotund, characterized by vegetal notes of artichoke, chicory and wild thistle. Its taste is complex and elegant, endowed with fragrant hints of mint, rosemary, black pepper and distinct sweet almond. Bitterness and pungency are definite and complimentary. It would be ideal on farro appetizers, bruschette with vegetables, lentil salads, marinated gilthead, legume purée, risotto with ovoli mushrooms, mussels au gratin, stewed fish, baked poultry or lamb, goat cheese.

Italia Italy [IT] Toscana

Azienda Agricola Carraia
Podere Carraia, 47 - Strada per Castelmuzio - Petroio
53020 Trequanda (SI)
Tel. + 39 0577 665208 - Fax + 39 0577 665208
E-mail: oliobardi@hotmail.com

92

480 m.

Specializzato
Specialized

Vaso
Vase

Brucatura a mano
Hand picking

No - Ciclo continuo
No - Continuous cycle

Frantoio (40%), moraiolo (40%), leccino (20%)

Fruttato medio
Medium fruity

da 10,01 a 12,00 € - 500 ml.
from € 10.01 to 12.00 - 500 ml.

La Carraia si colloca nel senese, tra le colline del comprensorio di Trequanda, in località Petroio, tra boschi di lecci, querce e cipressi ed è un punto di riferimento nel pur qualificatissimo panorama regionale. Fondata nel 1989 da Franco Bardi, l'azienda occupa una superficie di 34 ettari, 14 dei quali sono destinati agli oliveti specializzati, con 2.800 piante secolari che cingono l'antica via Francigena. In questa campagna sono stati raccolti 400 quintali di olive, pari a 72 ettolitri di olio. Eccellente l'Extravergine Bardi Dop Terre di Siena che si presenta alla vista di colore giallo dorato intenso, limpido. All'olfatto si offre deciso e ampio, ricco di note aromatiche di menta, rosmarino e basilico, cui si sommano sentori vegetali di carciofo, cicoria e cardo selvatico. Al gusto è avvolgente e di personalità, con eleganti toni di ortaggi di campo, pepe nero e spiccata mandorla in chiusura. Amaro deciso e piccante ben espresso. Si abbina a bruschette con verdure, fagioli al vapore, marinate di ricciola, patate al cartoccio, zuppe di orzo, primi piatti con salmone, molluschi gratinati, rombo alla brace, formaggi freschi a pasta filata.

Carraia is situated in the area of Siena, on the hills of the district of Trequanda, in Petroio. In the middle of holm-oaks, oaks and cypress trees, it is a point of reference in the qualified regional production. Founded in 1989 by Franco Bardi, the farm extends over 34 hectares, 14 of which destined to specialized olive groves with 2,800 century-old trees surrounding the ancient street Francigena. In the last harvest 400 quintals of olives were produced, equal to a yield of 72 hectolitres of oil. We recommend the excellent Extra Virgin Bardi Pdo Terre di Siena, which is a beautiful intense limpid golden yellow colour. Its aroma is definite and ample, rich in fragrant hints of mint, rosemary and basil, together with vegatl hints of artichoke, chicory and wild thistle. Its taste is rotund and strong, with elegant hints of country vegetables, black pepper and a definite almond finish. Bitterness is strong and pungency is distinct. It would be ideal on bruschette with vegetables, steamed beans, marinated amberjack, baked potatoes, barley soups, pasta with salmon, mussels au gratin, barbecued turbot, mozzarella cheese.

Italia Italy [IT] Toscana

Società Agricola Olivicoltori delle Colline del Cetona

S. S. 321 Km 11
53040 Cetona (SI)
Tel. + 39 0578 238380 - Fax + 39 0578 237096
E-mail: info@frantoiodelcetona.it - Web: www.frantoiodelcetona.it

85 ⬆

- 350/600 m.
- Promiscuo e specializzato / Promiscuous and specialized
- Vaso / Vase
- Brucatura a mano e meccanica / Hand picking and mechanical harvesting
- Sì - Ciclo continuo / Yes - Continuous cycle
- Moraiolo (60%), frantoio (30%), leccino (10%)
- Fruttato intenso / Intense fruity
- da 8,01 a 10,00 € - 500 ml. / from € 8.01 to 10.00 - 500 ml.

O livicoltori delle Colline del Cetona è una cooperativa fondata nel 2004 che riunisce 170 olivicoltori proprietari di terreni alle pendici del Monte Cetona in provincia di Siena, a San Casciano dei Bagni, Cetona, Sarteano, Chiusi e che dispongono complessivamente di circa 25mila piante. L'azienda è dotata di un frantoio di ultima generazione, cui quest'anno sono stati conferiti 1.100 quintali di olive che hanno prodotto circa 164 ettolitri di olio extravergine. Ottima la selezione aziendale, l'Extravergine Olivicoltori delle Colline del Cetona Dop Terre di Siena, che appare alla vista di un bel colore giallo dorato intenso con tenui sfumature verdi, limpido. Al naso è deciso e avvolgente, con ampie note di carciofo e cicoria, arricchite da sentori balsamici di menta e basilico. In bocca è complesso e di carattere, dotato di eleganti toni fruttati di mela bianca, mandorla e pinolo. Amaro spiccato e piccante presente e ben armonizzato. Si abbina molto bene a bruschette con pomodoro, funghi porcini alla brace, insalate di spinaci, radicchio al forno, zuppe di lenticchie, primi piatti con pesce azzurro, polpo bollito, carni rosse o cacciagione arrosto, formaggi di media stagionatura.

O livicoltori delle Colline del Cetona is a co-operative founded in 2004 and composed by 170 olive growers, who own lands at the foot of Mount Cetona in the province of Siena, in San Casciano dei Bagni, Cetona, Sarteano, Chiusi and who have a total amount of about 25,000 trees. The farm is supplied with an advanced oil mill, where 1,100 quintals of olives were crushed in the last harvest, with a yield of about 164 hectolitres of extra virgin olive oil. The excellent farm selection, the Extra Virgin Olivicoltori delle Colline del Cetona Pdo Terre di Siena, is a beautiful intense limpid golden yellow colour with light green hues. Its aroma is definite and rotund, with ample notes of artichoke and chicory, enriched by spicy hints of mint and basil. Its taste is complex and strong, endowed with elegant fruity hints of white apple, almond and pine nut. Bitterness is distinct and pungency is present and harmonic. It would be ideal on bruschette with tomatoes, barbecued porcini mushrooms, spinach salads, baked radicchio, lentil soups, pasta with bluefish, boiled octopus, roast red meat or game, medium mature cheese.

Italia Italy [IT] Toscana

Tenuta Col d'Orcia

Sant'Angelo in Colle
53024 Montalcino (SI)
Tel. + 39 0577 80891 - Fax + 39 0577 844018
E-mail: info@coldorcia.it - Web: www.coldorcia.it

88

300 m.

Specializzato
Specialized

Vaso libero
Free vase

Brucatura a mano
Hand picking

No - Ciclo continuo
No - Continuous cycle

Frantoio (70%), leccino (30%)

Fruttato medio
Medium fruity

da 10,01 a 12,00 € - 500 ml.
from € 10.01 to 12.00 - 500 ml.

Tenuta Col d'Orcia è una delle aziende storiche di Montalcino e la sua fondazione risale alla prima metà del XVII secolo, quando la famiglia dei cavalieri senesi Della Ciaia costituì, nella zona di Sant'Angelo in Colle, una proprietà di anno in anno più ampia. Questa nel 1973 venne acquistata da Alberto Marone Cinzano, padre dell'attuale proprietario Francesco. Oggi quasi 30 ettari del vasto podere sono destinati all'oliveto specializzato, con 4.840 piante. Nella recente campagna olearia sono stati raccolti 340 quintali di olive, pari a circa 55 ettolitri di olio. L'etichetta Extravergine Col d'Orcia si presenta alla vista di un bel colore giallo dorato intenso con leggeri riflessi verdi, limpido. Al naso si apre morbido e avvolgente, con sentori vegetali di carciofo, cicoria, lattuga e netto ricordo di menta e rosmarino. Al gusto è fine e armonico, con toni speziati di pepe nero e note di mandorla. Amaro e piccante ben dosati e armonici. Si abbina bene a antipasti di fagioli, carpaccio di pesce di lago, insalate di lenticchie, marinate di ricciola, zuppe di ceci, risotto con carciofi, pesci di scoglio in umido, pollame o carni di agnello al forno, formaggi freschi a pasta filata.

Tenuta Col d'Orcia is one of the historical farms in Montalcino and its foundation dates back to the first half of the 17th century, when the family of knights from Siena Della Ciaia set up an estate in the area of Sant' Angelo in Colle. The property grew larger from year to year and in 1973 it was purchased by Alberto Marone Cinzano, the present owner Francesco's father. Today almost 30 hectares are destined to specialized olive grove with 4,840 trees. In the last oil harvest 340 quintals of olives were produced, equal to about 55 hectolitres of oil. The Extra Virgin Col d'Orcia is a beautiful intense limpid golden yellow colour with slight green hues. Its aroma is mellow and rotund, with vegetal hints of artichoke, chicory, lettuce and a slight hint of mint and rosemary. Its taste is fine and harmonic, with a spicy flavour of black pepper and notes of almond. Bitterness and pungency are complimentary and harmonic. It would be ideal on bean appetizers, freshwater fish carpaccio, lentil salads, marinated amberjack, chickpea soups, risotto with artichokes, stewed rock-fish, baked poultry or lamb, mozzarella cheese.

Italia Italy [IT] Toscana

Fattoria Felsina
Via del Chianti, 101
53019 Castelnuovo Berardenga (SI)
Tel. + 39 0577 355117 - Fax + 39 0577 355651
E-mail: info@felsina.it - Web: www.felsina.it

86

340/420 m.

Specializzato
Specialized

Vaso, vaso cespugliato
Vase, vase bush

Brucatura a mano
Hand picking

Sì - Ciclo continuo
Yes - Continuous cycle

Moraiolo

Fruttato leggero
Light fruity

da 26,01 a 30,00 € - 500 ml.
from € 26.01 to 30.00 - 500 ml.

Fattoria Felsina è un marchio di prestigio della vitivinicoltura toscana che si distingue per qualità e stile anche nel campo dell'extravergine. Su questa grande proprietà al confine tra il Chianti Classico e le Crete Senesi, sono state individuate tre zone produttive con specificità pedoclimatiche - Boschi, Felsina, Pagliarese - e tre distinti "terroir" per ciascuna cultivar. Da circa 10.400 piante quest'anno sono stati raccolti poco più di 516 quintali di olive, pari a quasi 74 ettolitri di olio. Ottime le due selezioni monovarietali Extravergine Felsina Berardenga Denocciolato: il Leccino e il Moraiolo, scelto dal panel. Di colore giallo dorato intenso con delicati riflessi verdi, limpido; all'olfatto è fine e avvolgente, con sentori balsamici di menta e rosmarino e note vegetali di carciofo, cicoria e cardo. In bocca è ampio ed elegante, con toni di pepe nero, lattuga e mandorla dolce. Amaro e piccante ben espressi ed equilibrati. È un perfetto accompagnamento per antipasti di crostacei, aragosta bollita, carpaccio di spigola, insalate di mare, passati di funghi ovoli, risotto con asparagi, fritture di calamari, pesci bolliti, formaggi freschi a pasta molle, biscotti da forno.

Fattoria Felsina is an important trademark of Tuscan wine-growing, with a notable extra virgin olive oil production. In this large estate on the border between Chianti Classico and Crete Senesi, three productive areas with particular pedoclimatic characteristics - Boschi, Felsina, Pagliarese - and three different "terroirs" for each cultivar have been identified. In the last harvest about 10,400 trees produced over 516 quintals of olives, with a yield of almost 74 hectolitres of oil. There are two excellent Monovarietal Extra Virgin selections Felsina Berardenga Denocciolato: Leccino and Moraiolo, chosen by our panel. It is an intense limpid golden yellow colour with delicate green hues. Its aroma is fine and rotund, with fragrant hints of mint and rosemary and vegetal notes of artichoke, chicory and thistle. Its taste is ample and elegant, with hints of black pepper, lettuce and sweet almond. Bitterness and pungency are distinct and complimentary. It would be ideal on shellfish appetizers, boiled spiny lobster, bass carpaccio, seafood salads, ovoli mushroom purée, risotto with asparagus, fried squids, boiled fish, soft fresh cheese, oven cookies.

Castello di Fonterutoli

Via Ottone III di Sassonia, 5 - Fonterutoli
53011 Castellina in Chianti (SI)
Tel. + 39 0577 73571 - Fax + 39 0577 735757
E-mail: mazzei@mazzei.it - Web: www.mazzei.it

92 ⬆ ❤

- 300/500 m.
- **Specializzato** / Specialized
- **Vaso** / Vase
- **Brucatura a mano e meccanica** / Hand picking and mechanical harvesting
- **Sì - Ciclo continuo** / Yes - Continuous cycle
- Frantoio (60%), leccino (15%), moraiolo (15%), pendolino (10%)
- **Fruttato medio** / Medium fruity
- da 15,01 a 18,00 € - 500 ml. / from € 15.01 to 18.00 - 500 ml.

G randi vini ma anche un olio di gran classe. Castello di Fonterutoli è una delle firme di eccellenza dell'enologia chiantigiana, una bellissima proprietà di 650 ettari che appartiene dal lontano 1435 ai Marchesi Mazzei. La superficie olivetata specializzata copre 22 ettari, con 3.700 piante. Il raccolto dell'ultima campagna ha reso 285 quintali di olive, per una produzione di circa 38 ettolitri di olio. Eccellenti le etichette Extravergine proposte, entrambe Dop Chianti Classico: il Castello di Fonterutoli e il Fonterutoli che si presenta alla vista di colore giallo dorato intenso con delicati riflessi verdi, limpido. All'olfatto si esprime ampio e complesso, dotato di eleganti toni vegetali di carciofo e cicoria selvatica, arricchiti da sentori balsamici di menta e rosmarino. Al gusto è avvolgente e molto fine, con toni di verdure fresche di campo, pepe nero e spiccate note di mandorla. Amaro spiccato e piccante ben presente e dosato. Si accompagna bene a bruschette, funghi porcini ai ferri, marinate di pesce azzurro, radicchio alla piastra, zuppe della tradizione regionale, primi piatti con tonno, pesce spada alla brace, carni rosse alla piastra, formaggi di media stagionatura.

C astello di Fonterutoli produces great wines, but also excellent olive oil. This wonderful 650-hectare estate, which has belonged to the family Mazzei since 1435, is in fact one of the excellence labels of wine-growing in Chianti. The specialized olive grove surface covers 22 hectares with 3,700 trees. The last harvest yielded 285 quintals of olives, equal to a production of about 38 hectolitres of extra virgin olive oil. Two excellent Extra Virgin selections Pdo Chianti Classico have been proposed: Castello di Fonterutoli and Fonterutoli. The latter is an intense limpid golden yellow colour with delicate green hues. Its aroma is ample and complex, endowed with elegant vegetal hints of artichoke and wild chicory, enriched by fragrant hints of mint and rosemary. Its taste is rotund and very fine, with a flavour of fresh country vegetables, black pepper and distinct notes of almond. Bitterness is strong and pungency is present and balanced. It would be ideal on bruschette, grilled porcini mushrooms, marinated bluefish, pan-seared radicchio, traditional regional soups, pasta with tuna, barbecued swordfish, pan-seared red meat, medium mature cheese.

Italia Italy [IT] Toscana

Azienda Agricola Agrituristica I Cascetti

I Cascetti
53025 Piancastagnaio (SI)
Tel. + 39 0577 784085 - Fax + 39 0577 785125
E-mail: icascetti@tiscali.it - Web: www.agriturismoicascetti.it

82 ⬆

550 m.

Promiscuo e specializzato
Promiscuous and specialized

Roventina, vaso
Polyconic vase, vase

Brucatura a mano
Hand picking

Sì - Ciclo continuo misto
Yes - Mixed continuous cycle

Frantoio (75%), leccino (10%), moraiolo (10%), pendolino (5%)

Fruttato medio
Medium fruity

da 8,01 a 10,00 € - 500 ml.
from € 8.01 to 10.00 - 500 ml.

I Cascetti è stata fondata nel 1958 da Pietro Santelli e Francesca Stolzi in una zona tra le meravigliose colline Senesi, da cui prende il nome. Oggi è Tiziana Santelli a guidare la piccola azienda agricola a conduzione familiare che produce olio extravergine di qualità. In 3 ettari di superficie olivetata trovano infatti dimora mille piante che, nella campagna olearia in corso, hanno reso una produzione di 100 quintali di olive, pari a oltre 17 ettolitri di olio extravergine. Buona la selezione aziendale proposta, l'Extravergine Villa de Plano Dop Terre di Siena che alla vista appare di colore giallo dorato intenso con leggeri toni verdi, limpido; all'olfatto si offre elegante e vegetale, dotato di sentori di carciofo, cardo selvatico e lattuga, arricchiti da toni aromatici di basilico e rosmarino. In bocca è morbido e avvolgente, con toni di ortaggi di campo e spiccata mandorla in chiusura. Amaro e piccante presenti e ben armonizzati. Buon abbinamento con antipasti di molluschi, bruschette con verdure, marinate di ricciola, patate alla griglia, passati di fagioli, risotto con funghi finferli, gamberi in umido, rombo arrosto, formaggi caprini.

The farm I Cascetti was founded in 1958 by Pietro Santelli and Francesca Stolzi in the area among the wonderful hills of Siena that gives it its name. Today Tiziana Santelli runs the small family-run farm, which produces quality extra virgin olive oil. There are in fact 3 hectares of olive grove with 1,000 trees. In the last oil harvest they produced 100 quintals of olives, equal to over 17 hectolitres of extra virgin olive oil. The selection proposed, the Extra Virgin Villa de Plano Pdo Terre di Siena, is an intense limpid golden yellow colour with slight green hues. Its aroma is elegant and vegetal, endowed with hints of artichoke, wild thistle and lettuce, enriched by aromatic notes of basil and rosemary. Its taste is mellow and rotund, with a flavour of country vegetables and a distinct almond finish. Bitterness and pungency are present and harmonic. It would be ideal on mussel appetizers, bruschette with vegetables, marinated amberjack, grilled potatoes, bean purée, risotto with chanterelle mushrooms, stewed shrimps, roast turbot, goat cheese.

Italia Italy [IT] Toscana

Podere Il Fornacino

Strada del Fornacino, 8 - Pontignano
53019 Castelnuovo Berardenga (SI)
Tel. + 39 0577 724041 - 0577 356773 - Fax + 39 0577 725282 - 0577 356773
E-mail: ilfornacino@sitemrapolano.it - Web: www.lalodola.it

89

300 m.

 Promiscuo e specializzato
Promiscuous and specialized

 Cespuglio, cono cespugliato
Bush, cone

 Brucatura a mano
Hand picking

 No - Ciclo continuo
No - Continuous cycle

 Correggiolo (30%), frantoio (30%), leccino (25%), moraiolo (15%)

 Fruttato intenso
Intense fruity

da 12,01 a 15,00 € - 500 ml.
from € 12.01 to 15.00 - 500 ml.

Una performance "coi fiocchi" per Podere Il Fornacino, tenuta agricola situata nei pressi dell'antico Cenobio di Pontignano, in provincia di Siena. Il merito va a Lidia Saletti che conduce con passione e professionalità 12 ettari di oliveti con 4mila piante che, nella più recente campagna olearia, hanno prodotto 400 quintali di olive, pari a una resa produttiva di circa 65 ettolitri di olio extravergine. Segnaliamo l'eccellente Extravergine Podere Il Fornacino Dop Chianti Classico che si presenta alla vista di un bel colore giallo dorato intenso con spiccati riflessi verdi, limpido; all'olfatto si esprime deciso e complesso, dotato di ampie note vegetali di carciofo, cardo selvatico e cicoria, accompagnate da sentori di erbe balsamiche, con netto ricordo di menta, salvia e rosmarino. Al gusto si offre avvolgente e di carattere, ricco di toni speziati, con pepe nero in evidenza e mandorla in chiusura. Amaro e piccante spiccati e armonici. Ottimo per antipasti di tonno, funghi porcini ai ferri, insalate di polpo, marinate di pesce spada, zuppe di lenticchie, pesce azzurro gratinato, carni rosse o cacciagione arrosto, formaggi stagionati a pasta dura.

A great performance for Podere Il Fornacino, an agricultural estate situated near the ancient Coenoby of Pontignano, in the province of Siena. This result is due to Lidia Saletti, who runs 12 hectares of olive groves with 4,000 trees with passion and professionalism. In the last harvest 400 quintals of olives were produced, equal to a yield of about 65 hectolitres of extra virgin olive oil. We recommend the excellent Extra Virgin Podere Il Fornacino Pdo Chianti Classico, which is a beautiful intense limpid golden yellow colour with distinct green hues. Its aroma is definite and complex, with ample vegetal notes of artichoke, wild thistle and chicory, together with fragrant hints of mint, sage and rosemary. Its taste is rotund and strong, rich in spicy hints, especially black pepper and an almond finish. Bitterness and pungency are distinct and harmonic. It would be ideal on tuna appetizers, grilled porcini mushrooms, octopus salads, marinated swordfish, lentil soups, blue fish au gratin, roast red meat or game, hard mature cheese.

Italia Italy [IT] Toscana

Tenuta Il Poggione

Monteano
53024 Sant'Angelo in Colle (SI)
Tel. + 39 0577 844029 - Fax + 39 0577 844165
E-mail: info@ilpoggione.it - Web: www.tenutailpoggione.it

88 ↑

- 200/400 m.
- Promiscuo e specializzato / Promiscuous and specialized
- Monocono, vaso / Monocone, vase
- Brucatura a mano / Hand picking
- Sì - Ciclo continuo / Yes - Continuous cycle
- Moraiolo (50%), frantoio (48%), olivastra (2%)
- Fruttato medio / Medium fruity
- da 10,01 a 12,00 € - 500 ml. / from € 10.01 to 12.00 - 500 ml.

La storia della Tenuta Il Poggione comincia alla fine dell'Ottocento quando Lavinio Franceschi, proprietario terriero a Scandicci, rimase talmente affascinato dai colli tra Montalcino e Sant'Angelo che vi acquistò dei terreni, intuendo le potenzialità vitivinicole della zona. Dopo più di un secolo gli eredi, Leopoldo e Livia Franceschi, continuano a potenziare l'azienda che comprende anche 70 ettari destinati all'oliveto con 12mila piante dalle quali quest'anno sono stati raccolti 996 quintali di olive, pari a quasi 161 ettolitri di olio. Ottimo l'Extravergine Tenuta Il Poggione che alla vista è di colore giallo dorato intenso con riflessi verdolini, limpido. Al naso è deciso e avvolgente, ricco di sentori di erbe officinali, con menta e rosmarino in evidenza, e note speziate di pepe nero e mandorla. Al gusto è complesso e vegetale, con netto ricordo di carciofo, cicoria e cardo di campo. Amaro spiccato e piccante presente e armonico. Ottimo su antipasti di fagioli, insalate di ceci, marinate di orata, pomodori con riso, passati di patate, primi piatti con molluschi, gamberi in guazzetto, tartare di pesce spada, formaggi freschi a pasta filata.

The story of Tenuta Il Poggione started at the end of the 19th century, when Lavinio Franceschi, a landowner in Scandicci, was so fascinated by the hills between Montalcino and Sant'Angelo, that he purchased some lands, understanding the wine-growing potential of this area. After over a century his heirs Leopoldo and Livia Franceschi are still developing their estate and run 70 hectares of olive grove with 12,000 trees. In the last harvest they produced 996 quintals of olives, equal to almost 161 hectolitres of oil. The Extra Virgin Tenuta Il Poggione is excellent. It is an intense limpid golden yellow colour with light green hues. Its aroma is definite and rotund, with rich hints of officinal herbs, especially mint and rosemary, and spicy notes of black pepper and almond. Its taste is complex and vegetal, with a distinct flavour of artichoke, chicory and wild thistle. Bitterness is distinct and pungency is present and harmonic. It would be ideal on bean appetizers, chickpea salads, marinated gilthead, tomatoes stuffed with rice, potato purée, pasta with mussels, stewed shrimps, swordfish tartare, mozzarella cheese.

Italia Italy [IT] Toscana

Azienda Agricola La Romita

Via Umberto I, 144 - Montisi - La Romita
53020 San Giovanni d'Asso (SI)
Tel. + 39 0577 845186 - Fax + 39 0577 845201
E-mail: romita@romita.it - Web: www.romita.it

88

400 m.

Promiscuo
Promiscuous

Vaso
Vase

Brucatura a mano
Hand picking

Sì - Ciclo continuo
Yes - Continuous cycle

Moraiolo (40%), correggiolo (30%), leccino (30%)

Fruttato medio
Medium fruity

da 10,01 a 12,00 € - 500 ml.
from € 10.01 to 12.00 - 500 ml.

Fondata nel 1960 da Gino Bindi, erede di una tradizione familiare che risale al XVII secolo, e condotta attualmente dal successore Riccardo, l'Azienda Agricola La Romita è una bella tenuta che dispone di 17 ettari di oliveto specializzato e di un impianto di estrazione all'avanguardia. Dalle 2.300 piante, in questa campagna olearia, sono stati raccolti 120 quintali di olive, per una produzione di quasi 20 ettolitri di olio extravergine. Ottimo l'Extravergine Flos Olei - Ottobre che si offre alla vista di colore giallo dorato intenso con sottili riflessi verdolini, limpido; all'olfatto si esprime deciso e avvolgente, dotato di note di erbe officinali con netto ricordo di menta e rosmarino, a cui si associano sentori vegetali di carciofo, cardo selvatico e lattuga. In bocca è ampio ed elegante, caratterizzato da toni di verdure fresche di campo, pepe nero e frutta secca, con mandorla in evidenza. Amaro e piccante ben espressi e armonici. Si abbina bene a carpaccio di salmone, insalate di ceci, marinate di pesce di lago, patate alla brace, zuppe di farro, risotto con molluschi, pesci ai ferri, tartare di ricciola, pollame o carni di agnello al forno, formaggi freschi a pasta filata.

Azienda Agricola La Romita was founded in 1960 by Gino Bindi, the heir of a familiar tradition dating back to the 17th century and is currently run by his successor Riccardo. It is a beautiful estate with a 17-hectare olive grove and 2,300 trees and an advanced extraction system. In the last harvest 120 quintals of olives were produced, equal to a yield of almost 20 hectolitres of extra virgin olive oil. We recommend the Extra Virgin Flos Olei – Ottobre, which is an intense limpid golden yellow colour with slight light green hues. Its aroma is definite and rotund, endowed with notes of officinal herbs, especially mint and rosemary, together with vegetal hints of artichoke, wild thistle and lettuce. Its taste is ample and elegant, characterized by a flavour of fresh country vegetables, black pepper and dried fruit, especially almond. Bitterness and pungency are distinct and harmonic. It would be ideal on salmon carpaccio, chickpea salads, marinated freshwater fish, barbecued potatoes, farro soups, risotto with mussels, grilled fish, amberjack tartare, baked poultry or lamb, mozzarella cheese.

Rocca delle Macìe

Le Macìe, 45
53011 Castellina in Chianti (SI)
Tel. + 39 0577 7321 - Fax + 39 0577 743150
E-mail: info@roccadellemacie.com - Web: www.roccadellemacie.com

85

- 300/400 m.
- Promiscuo e specializzato / Promiscuous and specialized
- Ipsilon, vaso cespugliato, vaso policonico / Y-trellis, vase bush, polyconic vase
- Brucatura a mano / Hand picking
- Sì - Ciclo continuo / Yes - Continuous cycle
- Frantoio (80%), leccino (12%), moraiolo (5%), cipressino (3%)
- Fruttato medio / Medium fruity
- da 8,01 a 10,00 € - 500 ml. / from € 8.01 to 10.00 - 500 ml.

La bella storia di Rocca delle Macìe nasce nel 1973 quando il produttore cinematografico Italo Zingarelli decide di seguire il sogno di dare vita a un'azienda vinicola nel cuore del Chianti Classico. Il sogno prosegue con il figlio Sergio, che consolida e sviluppa l'azienda paterna, imponendola all'attenzione mondiale per la qualità dei suoi vini. Ma non solo vino, a quanto pare. Infatti circa 22 ettari della vasta tenuta sono destinati agli oliveti, con 8mila piante. Da queste sono stati ricavati quest'anno 500 quintali di olive, pari a quasi 77 ettolitri di olio. Ottima la selezione Extravergine Rocca delle Macìe che alla vista è di colore giallo dorato intenso, limpido; al naso è deciso e complesso, con sentori vegetali di carciofo, cardo di campo e note di erbe aromatiche, con menta e rosmarino in evidenza. Al gusto è elegante e di personalità, con toni speziati di pepe nero e chiusura di mandorla. Amaro e piccante ben espressi e armonici. Buon accompagnamento per antipasti di molluschi, insalate di pollo, patate al cartoccio, passati di asparagi, cous cous di verdure, fritture di carni, pesci di lago al forno, formaggi freschi a pasta filata.

The beautiful story of Rocca delle Macìe started in 1973, when the producer Italo Zingarelli realized his dream of creating a wine farm in the heart of Chianti Classico. This dream was carried on by his son Sergio, who consolidated and developed the farm, making it famous worldwide for its high quality wines. Moreover there are 22 hectares of olive grove with 8,000 trees. In the last harvest 500 quintals of olives were produced, equal to almost 77 hectolitres of extra virgin olive oil. The excellent Extra Virgin selection Rocca delle Macìe is an intense limpid golden yellow colour. Its aroma is definite and complex, endowed with vegetal hints of artichoke, wild thistle and notes of aromatic herbs, especially mint and rosemary. Its taste is elegant and strong, with a spicy flavour of black pepper and an almond finish. Bitterness and pungency are distinct and harmonic. It would be ideal on mussel appetizers, chicken salads, baked potatoes, asparagus purée, vegetable cous cous, breaded fried meat, baked freshwater fish, mozzarella cheese.

Italia Italy [IT] Toscana

Agricola San Felice

San Felice
53019 Castelnuovo Berardenga (SI)
Tel. + 39 0577 3991 - Fax + 39 0577 359223
E-mail: info@agricolasanfelice.it - Web: www.agricolasanfelice.it

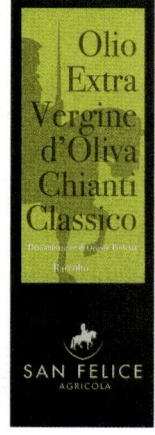

92

350/400 m.

Promiscuo e specializzato
Promiscuous and specialized

Cespuglio, vaso aperto, vaso cespugliato
Bush, open vase, vase bush

Brucatura a mano
Hand picking

Sì - Ciclo continuo
Yes - Continuous cycle

Frantoio (75%), moraiolo (15%), leccino (10%)

Fruttato intenso
Intense fruity

da 12,01 a 15,00 € - 500 ml.
from € 12.01 to 15.00 - 500 ml.

L'Agricola San Felice di Castelnuovo Berardenga è una delle più interessanti realtà di produzione del Chianti Classico. Il corpo centrale di questa grande proprietà si estende attorno al borgo medioevale, oggi trasformato in affascinante relais, sopra un altopiano che scende verso il fiume Arbia. La San Felice comprende 60 ettari che ospitano più di 16mila piante di olivo dalle quali quest'anno sono stati ricavati 1.300 quintali di olive e 180 ettolitri di olio. Ottima la selezione Extravergine proposta, il San Felice Dop Chianti Classico che appare alla vista di colore giallo dorato intenso con delicate sfumature verdoline, limpido. All'olfatto si offre deciso e ampio, ricco di note vegetali di carciofo, cardo selvatico e cicoria, cui si associano sentori aromatici di menta e rosmarino. Al gusto è complesso e di personalità, con toni spiccati di ortaggi freschi di campo, pepe nero e mandorla. Amaro e piccante presenti e ben armonizzati. È eccellente per antipasti di tonno, carpaccio di carne chianina con funghi porcini, pomodori gratinati, zuppe della tradizione regionale, primi piatti al ragù, pesce azzurro in umido, carni rosse o nere al forno, formaggi stagionati a pasta dura.

Agricola San Felice in Castelnuovo Berardenga is one of the most interesting producers of Chianti Classico. The main body of this large estate extends around the medieval village, today transformed into a charming relais on a highland sloping towards the river Arbia. San Felice includes 60 hectares of olive grove with over 16,000 trees. In the last harvest they produced 1,300 quintals of olives, equal to a yield of 180 hectolitres of extra virgin olive oil. The Extra Virgin selection proposed, San Felice Pdo Chianti Classico, is excellent. It is an intense limpid golden yellow colour with delicate light green hues. Its aroma is definite and ample, rich in vegetal notes of artichoke, wild thistle and chicory, together with fragrant hints of mint and rosemary. Its taste is complex and strong, with a distinct flavour of fresh country vegetables, black pepper and almond. Bitterness and pungency are present and harmonic. It would be ideal on tuna appetizers, chianina beef carpaccio with porcini mushrooms, tomatoes au gratin, traditional regional soups, pasta with meat sauce, steamed blue fish, baked red meat or game, hard mature cheese.

Italia Italy [IT] Toscana

Oliviera Sant'Andrea

Via Cave
53040 Rapolano Terme (SI)
Tel. + 39 0577 704102 - Fax + 39 0577 704063
E-mail: info@oliodelcapunto.it - Web: www.oliodelcapunto.it

82 ⬆

350 m.

Specializzato
Specialized

Monocono, vaso policonico
Monocone, polyconic vase

Meccanica
Mechanical harvesting

Sì - Ciclo continuo
Yes - Continuous cycle

Frantoio (70%), leccino (20%), altre/others (10%)

Fruttato medio
Medium fruity

da 10,01 a 12,00 € - 500 ml.
from € 10.01 to 12.00 - 500 ml.

Immersa tra le colline intorno a Siena, l'Oliviera Sant'Andrea di Sinalunga è una realtà di produzione olivicola che nasce nel 1977 e che dispone di 54 ettari di superficie specializzata dove trovano dimora 20mila piante, nonché un moderno impianto di estrazione a ciclo continuo. L'azienda appartiene a Enrico ed Enzo Giganti i quali, nella recente campagna olearia, hanno raccolto 1.500 quintali di olive che hanno permesso di produrre 210 ettolitri di olio. La selezione aziendale, l'Extravergine Olio del Capúnto Igp Toscano da Agricoltura Biologica, si offre alla vista di un bel colore giallo dorato intenso con delicate sfumature verdoline, limpido; all'olfatto si esprime pulito e armonico, con spiccate note vegetali di carciofo, cicoria selvatica e chiusura balsamica di mentuccia e rosmarino. In bocca è avvolgente e morbido, con toni speziati di pepe nero, lattuga, cardo e chiusura di mandorla. Amaro deciso e piccante presente e dosato. Perfetto l'abbinamento con antipasti di mare, carpaccio di salmone, insalate di orzo, marinate di orata, passati di patate, cous cous di verdure, crostacei in guazzetto, molluschi gratinati, formaggi caprini.

In the middle of the hills surrounding Siena, Oliviera Sant'Andrea in Sinalunga is an olive farm founded in 1977 and extending over 54 hectares of specialized surface with 20,000 trees and a modern continuous cycle extraction system. The farm belongs to Enrico and Enzo Giganti, who produced 1,500 quintals of olives in the last harvest, which allowed a yield of 210 hectolitres of extra virgin olive oil. The farm selection, the Extra Virgin Olio del Capúnto Pgi Toscano from Organic Farming, is a beautiful intense limpid golden yellow colour with delicate green hues. Its aroma is clean and harmonic, with distinct vegetal notes of artichoke, wild chicory and a fragrant finish of field balm and rosemary. Its taste is rotund and mellow, with a spicy flavour of black pepper, lettuce, thistle and an almond finish. Bitterness is definite and pungency is present and balanced. It would be ideal on seafood appetizers, salmon carpaccio, barley salads, marinated gilthead, potato purée, vegetable cous cous, stewed shellfish, mussels au gratin, goat cheese.

Marche

** All'esame del MiPAAF per la certificazione • Under MiPAAF exam for certification

Dati Statistici

Superficie olivetata nazionale	1.147.188 (ha)
Superficie olivetata regionale	9.553 (ha)
Quota regionale	0,83%
Frantoi	153
Produzione nazionale 09-10	521.915,9 (t)
Produzione regionale 09-10	3.965,3 (t)
Produzione regionale 08-09	4.728,9 (t)
Variazione	- 16,15%
Quota regionale	0,76%

National Institute of Statistics

Statistic Data

National Olive Surface	1,147,188 (ha)
Regional Olive Surface	9,553 (ha)
Regional Quota	0.83%
Olive Oil Mills	153
National production 09-10	521,915.9 (t)
Regional production 09-10	3,965.3 (t)
Regional production 08-09	4,728.9 (t)
Variation	- 16.15%
Regional Quota	0.76%

Le Marche possono vantare un'antica tradizione olivicola. Già documentata in epoca romana, l'olivicoltura marchigiana riceve un impulso molto forte durante il Medioevo per opera degli ordini monastici che avevano bisogno di olio per celebrare le cerimonie e i riti religiosi. I monaci affidarono la ricostruzione degli oliveti agli stessi contadini, i quali potevano tenere per sé il frutto del proprio lavoro in cambio di una certa quantità di prodotto: nasceva così la mezzadria, che nel tempo diventerà l'asse portante dell'economia agricola regionale. Sta di fatto che nel Medioevo l'olio marchigiano era tenuto in grande considerazione perché considerato di particolare pregio: fonti storiche della Serenissima documentano come alle navi provenienti dai porti della Marchia che approdavano sul fiume Po venisse richiesto un pedaggio di 25 libbre di olio di oliva. Tale pedaggio, chiamato "ripatico", veniva imposto anche alle navi pugliesi ma in misura quantitativamente minore: segno che l'olio "de Marchia" era considerato più prezioso rispetto agli altri. Fino ai primi anni Ottanta del secolo scorso l'olivo è coltivato per lo più in forma promiscua, con poche piante sparse, segregate nelle aree marginali delle aziende agricole e destinate alla produzione di olio per l'autoconsumo. La svolta decisiva è dei primi anni Novanta, grazie alla politica di incentivi avviata dall'ex Ente di Sviluppo Agricolo che dà impulso alla produzione olivicola sottolineandone la tipicità, attraverso la valorizzazione delle varietà autoctone in precedenza del tutto soppiantate dalle cultivar dominanti frantoio e leccino. L'idea vincente si è rivelata quella di coinvolgere tutti i comparti della filiera dell'olio in diversi progetti tesi allo sviluppo di un'olivicoltura moderna e altamente specializzata a livello tecnologico. Così oggi, pur non vantando una superficie olivetata molto estesa, le Marche offrono un'ampia gamma di oli extravergine di alto livello. Attualmente sono in produzione 9.553 ettari di impianti, distribuiti su tutto il territorio regionale. Ascoli Piceno e Macerata sono le due provincie con maggiore concentrazione produttiva; altre realtà di notevole importanza si trovano nei territori di Monte San Vito, in provincia di Ancona, e soprattutto nella zona di Cartoceto, in provincia di Pesaro-Urbino, che di recente ha ottenuto la Dop Cartoceto a tutela di una tradizione ampiamente documentata fin dal Cinquecento. Al momento invece è in attesa della certificazione al MiPAAF la Dop Marche. Tra le cultivar autoctone, le più diffuse in tutta la regione sono la raggiola, la carboncella e la rosciola; ma vanno menzionate anche le meno note laurina, lea, nebbio, sargano, piantone di Macerata e piantone di Falerone, quest'ultima un'antica varietà che ancora oggi si distingue per l'ottima produttività. Nel Maceratese troviamo poi la mignola, la orbetana, la coroncina e il piantone di Mogliano. E non dimentichiamo la famosa oliva ascolana tenera, una pregiata varietà a doppia attitudine, la stessa che i classici latini chiamavano "picena" per la quale si è recentemente completato presso l'UE l'iter per la Dop. La trasformazione avviene in 153 frantoi i quali, nella campagna olivicola 2009-2010, hanno reso 3.965,3 tonnellate di olio, pari allo 0,76% del totale nazionale, con una diminuzione del 16,15% rispetto all'annata precedente.

Marche can boast an ancient olive growing tradition. Already documented in Roman times, olive growing was strongly stimulated in the Middle Ages by the monastic orders, who needed oil for services and religious rites.

The monks gave the task of replanting the olive groves to farmers, who could keep the fruit of their work in exchange for a given quantity of the product: in this way tenant farming started, the system that in the course of the time will become the backbone of the regional agricultural economy. In the Middle Ages the oil from Marche was considered particularly good: there are documents of the Repubblica di Venezia showing that the ships coming from the Marchia ports and landing in the river Po were required to pay a toll of 25 pounds of olive oil. Such toll called "ripatico" was also required from the ships from Puglia, but the quantity was less. In fact the oil "de Marchia" was considered better than the others. Until the early 80's the olive tree was mainly cultivated together with other crops with a few trees along the borders of the farm and was destined to oil production for domestic consumption. In the 90's there was a definite change favoured by a policy of grants started by the former Agency for Agricultural Development, which contributed to increase olive production and to underline its characteristics enhancing autochthonous varieties, previously replaced by frantoio and leccino. The brainwave was to involve all the parts of the olive oil sector in several plans aiming at developing modern and highly specialized olive growing. For this reason today, although the olive surface is not very large, Marche can offer a wide range of high quality extra virgin olive oils. Currently there are about 9,553 hectares of olive groves spread on the whole territory. Ascoli Piceno and Macerata are the two provinces with the greatest productive concentration: other important areas are situated in the territories of Monte San Vito, in the province of Ancona and especially in Cartoceto, in the province of Pesaro-Urbino, which has recently obtained the Pdo Cartoceto to reward a tradition widely documented since the 16th century. Instead at the moment the Pdo Marche is under MiPAAF examination. Among the autochthonous cultivars the most common in the whole territory are raggiola, carboncella and rosciola, but it should be mentioned also the less popular laurina, lea, nebbia, sargano, piantone di Macerata and piantone di Falerone. The latter is an ancient variety that even now stands out for its excellent productivity. In the area of Macerata in particular we find mignola, orbetana, coroncina and piantone di Mogliano. Moreover there is the renowned oliva ascolana tenera, an excellent variety with double attitude, the same that the Latin classics called "Picena" and which has recently completed the EU procedure to obtain the Pdo certification. Transformation is carried out in 153 olive oil mills, which produced 3,965.3 tons of oil in the harvest 2009-2010, equal to 0.76% of the total national quantity, with a decrease of 16.15% compared to the previous year.

Azienda Agricola Marina Carbonetti

Via Costa
60030 Poggio San Marcello (AN)
Tel. + 39 0731 704408
E-mail: marina.carbonetti@alice.it - Web: www.oliomarca.it

85

- 230 m.
- Specializzato / Specialized
- Policono / Polycone
- Brucatura a mano e meccanica / Hand picking and mechanical harvesting
- No - Ciclo continuo / No - Continuous cycle
- Raggia
- Fruttato medio / Medium fruity
- da 6,01 a 8,00 € - 500 ml. / from € 6.01 to 8.00 - 500 ml.

Una giovanissima realtà produttiva che ci propone un olio di elevato livello qualitativo: non poteva non meritarsi una segnalazione nella nostra Guida. Parliamo dell'Azienda Agricola Marina Carbonetti, una piccola realtà a conduzione biologica collocata nel vocato comprensorio di Poggio San Marcello. Su quasi 2 ettari di impianto olivetato specializzato trovano dimora 330 piante che, nella recente campagna, hanno fruttato un raccolto di 23 quintali di olive, pari a quasi 4 ettolitri di olio. Segnaliamo l'ottimo Extravergine monocultivar Carbonetti - Raggia che si offre alla vista di un bel colore giallo dorato scarico, limpido; all'olfatto si esprime ampio ed elegante, caratterizzato da sentori vegetali di carciofo, lattuga ed erbe aromatiche, con ricordo di menta e rosmarino. Al gusto è deciso e complesso, con toni di cardo, cicoria e note speziate di pepe nero che chiudono in mandorla dolce. Amaro spiccato e piccante presente e dosato. È perfetto per antipasti di carciofi, insalate di farro, legumi bolliti, patate alla griglia, zuppe di funghi ovoli, primi piatti con salmone, crostacei in umido, pesci ai ferri, pollame o carni di agnello al forno, formaggi freschi a pasta filata.

A young producer proposing high quality olive oil certainly deserves to be mentioned in this Guide: it is the small organic farm Marina Carbonetti, situated in the favourable district of Poggio San Marcello. There are almost 2 hectares of specialized olive grove with 330 trees, which produced 23 quintals of olives in the last harvest, equal to almost 4 hectolitres of oil. We recommend the excellent Monocultivar Extra Virgin Carbonetti - Raggia, which is a light limpid golden yellow colour. Its aroma is ample and elegant, rich in vegetal hints of artichoke, lettuce and aromatic herbs, especially mint and rosemary. Its taste is definite and complex, with a flavour of thistle, chicory and spicy notes of black pepper with a sweet almond finish. Bitterness is distinct and pungency is present and complimentary. It would be ideal on artichoke appetizers, farro salads, boiled legumes, grilled potatoes, ovoli mushroom soups, pasta with salmon, stewed shellfish, grilled fish, baked poultry or lamb, mozzarella cheese.

Italia Italy [IT] Marche

Azienda Agricola del Carmine

Via del Carmine, 51 - Torrette
60126 Ancona
Tel. + 39 071 889403 - Fax + 39 071 4600275
E-mail: info@aziendadelcarmine.it - Web: www.aziendadelcarmine.it

95

- 50/100 m.
- Promiscuo e specializzato / Promiscuous and specialized
- Monocono / Monocone
- Meccanica / Mechanical harvesting
- Sì - Ciclo continuo / Yes - Continuous cycle
- Ascolana tenera
- Fruttato intenso / Intense fruity
- da 18,01 a 22,00 € - 500 ml. / from € 18.01 to 22.00 - 500 ml.

Continua a brillare la stella dell'Azienda del Carmine che, in continuo rilancio tra tradizione e innovazione, sta ottenendo risultati sorprendenti. Complimenti a Laura Di Mattia e Antonio Roversi che hanno cominciato alla fine degli anni 80 un importante rinnovamento della loro proprietà, impiantando circa 10mila olivi su 26 ettari e attrezzando moderni impianti di irrigazione e trasformazione. Quest'anno 1.300 quintali di olive hanno reso circa 150 ettolitri di olio. Segnaliamo due etichette Extravergine: l'Olio del Carmine e l'eccellente monovarietale Oleo de la Marchia - Ascolana. Di colore giallo dorato intenso con delicati toni verdi, limpido; al naso è ampio e di carattere, con ricche note fruttate di pomodoro di media maturità, banana, mela bianca e netti sentori balsamici di basilico, menta e origano. Al gusto è deciso e avvolgente, con toni vegetali di sedano, fave, pepe nero e pinolo. Amaro e piccante ben espressi e armonici. È eccellente per antipasti di lenticchie, carpaccio di pesce spada, insalate di polpo, radicchio alla brace, minestroni di verdure, primi piatti al ragù, pesce azzurro gratinato, carni rosse o cacciagione arrosto, formaggi stagionati a pasta dura.

Azienda Agraria del Carmine, a farm combining tradition and innovation, always obtains excellent results thanks to Laura Di Mattia and Antonio Roversi. At the end of the 80's they started renewing their estate, planting about 10,000 olive trees on 26 hectares and using modern irrigation and transformation systems. In the last harvest 1,300 quintals of olives yielded about 150 hectolitres of extra virgin olive oil. We recommend two Extra Virgin selections: Olio del Carmine and the excellent Monovarietal Oleo de la Marchia - Ascolana. It is an intense limpid golden yellow colour with delicate green hues. Its aroma is ample and strong, with rich fruity notes of medium ripe tomato, banana, white apple and distinct fragrant hints of basil, mint and oregano. Its taste is definite and rotund, with a vegetal flavour of celery, broad beans, black pepper and pine nut. Bitterness and pungency are distinct and harmonic. It would be ideal on lentil appetizers, swordfish carpaccio, octopus salads, barbecued radicchio, minestrone with vegetables, pasta with meat sauce, blue fish au gratin, roast red meat or game, hard mature cheese.

Azienda Agricola La Marca

Via Fondiglie, 41
60030 Fondiglie (AN)
Tel. + 39 0731 811061 - Fax + 39 0731 811061
E-mail: info@agricola-lamarca.it - Web: www.agricola-lamarca.it

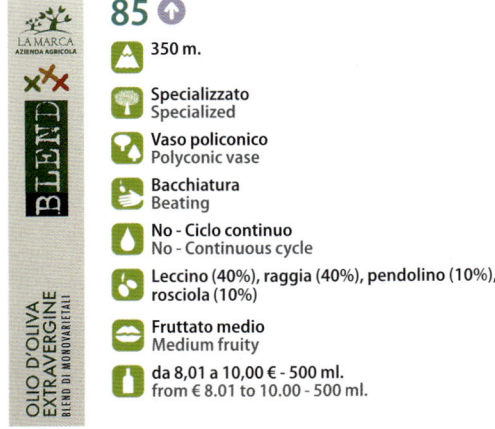

85

350 m.

Specializzato
Specialized

Vaso policonico
Polyconic vase

Bacchiatura
Beating

No - Ciclo continuo
No - Continuous cycle

Leccino (40%), raggia (40%), pendolino (10%), rosciola (10%)

Fruttato medio
Medium fruity

da 8,01 a 10,00 € - 500 ml.
from € 8.01 to 10.00 - 500 ml.

Debutto "coi fiocchi" per La Marca di Rosora, un piccolo comune dell'entroterra marchigiano. Qui la famiglia Togni ha radici che risalgono a più di un secolo fa; continuando la tradizione familiare, i discendenti hanno ha dato vita nel 2006 a un'attività di produzione olearia condotta secondo i metodi biologici, cui sia affianca la fattoria con suini e bovini, ma anche asini e cavalli. Su 6 ettari di impianto specializzato si trovano 1.500 piante da un ricchissimo parco varietale dalle quali sono stati raccolti quest'anno 300 quintali di olive, pari a 40 ettolitri di olio. Ottimo l'Extravergine La Marca - Blend: giallo dorato intenso con sottili toni verdi, limpido; al naso si apre deciso e ampio, con sentori fruttati di pomodoro di media maturità e mela bianca, arricchiti da spiccate note balsamiche di mentuccia e basilico. In bocca è avvolgente e complesso, con toni vegetali di fave, cicoria e lattuga. Amaro potente e piccante deciso. Ideale accompagnamento per antipasti di polpo, bruschette con pomodoro, funghi porcini arrosto, pinzimonio, radicchio ai ferri, minestroni di verdure, primi piatti con tonno, polpo bollito, carni rosse o nere arrosto, formaggi di media stagionatura.

An excellent new entry for Marca di Rosora, a small town in the inland of Marche. Here the family Togni has been rooted for over a century and since 2006 their descendants have started producing olive oil according to organic farming principles, besides running a farm with swine and cattle, but also donkeys and horses. On a surface of 6 hectares of specialized olive grove there are 1,500 trees of a wide range of varieties, which produced 300 quintals of olives in the last harvest, equal to 40 hectolitres of oil. The Extra Virgin La Marca - Blend is excellent: it is an intense limpid golden yellow colour with slight green hues. Its aroma is definite and ample, with fruity hints of medium ripe tomato and white apple, enriched by distinct fragrant notes of field balm and basil. Its taste is rotund and complex, with a vegetal flavour of broad beans, chicory and lettuce. Bitterness is powerful and pungency is definite. It would be ideal on octopus appetizers, bruschette with tomatoes, roast porcini mushrooms, pinzimonio, grilled radicchio, minestrone with vegetables, pasta with tuna, boiled octopus, roast red meat or game, medium mature cheese.

Italia Italy [IT] Marche

Azienda Agricola Stefano Mancinelli

Via Roma, 62
60030 Morro d'Alba (AN)
Tel. + 39 0731 63021 - Fax + 39 0731 63521
E-mail: info@mancinelli-wine.com - Web: www.mancinelli-wine.com

86

200 m.

Promiscuo e specializzato
Promiscuous and specialized

Vaso aperto
Open vase

Brucatura a mano
Hand picking

Sì - Ciclo continuo
Yes - Continuous cycle

Frantoio (40%), leccino (30%), raggiola (30%)

Fruttato medio
Medium fruity

da 12,01 a 15,00 € - 500 ml.
from € 12.01 to 15.00 - 500 ml.

La Mancinelli di Morro d'Alba è un noto marchio di qualità della vitivinicoltura marchigiana dal 1978. Fondatore e timoniere è Stefano Mancinelli, che si è dotato anche di un impianto di estrazione all'avanguardia per lavorare le olive provenienti da 1.500 piante messe a dimora nei 5 ettari di oliveto di proprietà. Nella recente campagna olearia l'impianto aziendale ha fruttato 145 quintali di olive, pari a una resa di 17 ettolitri di olio extravergine. Segnaliamo l'Extravergine Stefano Mancinelli che si presenta alla vista di un bel colore giallo dorato intenso con decise sfumature verdi, limpido; all'olfatto si esprime ampio e avvolgente, dotato di sentori vegetali di carciofo e cicoria, con spiccate note aromatiche di menta, rosmarino e salvia. In bocca è elegante e armonico, caratterizzato da toni di ortaggi freschi di campo e note speziate di pepe nero che chiudono in mandorla dolce. Amaro e piccante presenti e ben armonizzati. Perfetto per antipasti di carciofi, carpaccio di salmone, insalate di pomodori, patate alla brace, zuppe di farro, cous cous di verdure, crostacei in guazzetto, pesce azzurro marinato, formaggi freschi a pasta filata.

Azienda Agricola Stefano Mancinelli in Morro d'Alba has been a well-known quality trademark of wine-growing in Marche since 1978. Its founder and helmsman is Stefano Mancinelli, who has also an advanced extraction system to process the olives harvested from 1,500 trees contained in his 5-hectare olive grove. In the last oil harvest 145 quintals of olives were produced, equal to a yield of 17 hectolitres of extra virgin olive oil. We recommend the Extra Virgin Stefano Mancinelli, which is a beautiful intense limpid golden yellow colour with definite green hues. Its aroma is ample and rotund, endowed with vegetal hints of artichoke and chicory and distinct aromatic notes of mint, rosemary and sage. Its taste is elegant and harmonic, characterized by a flavour of fresh country vegetables and spicy notes of black pepper with a sweet almond finish. Bitterness and pungency are present and harmonic. It would be ideal on artichoke appetizers, salmon carpaccio, tomato salads, barbecued potatoes, farro soups, vegetable cous cous, stewed shellfish, marinated blue fish, mozzarella cheese.

Italia Italy [IT] Marche

Azienda Agricola Angela Mazzola

Via Berardinelli, 297
60100 Senigallia (AN)
Tel. + 39 0363 92263 - 076 6610037 - Fax + 39 0363 92263
E-mail: info@aziendaagricolamazzola.it - Web: www.aziendaagricolamazzola.it

80 ↑

- 150/200 m.
- **Promiscuo e specializzato**
  Promiscuous and specialized
- **Vaso aperto**
  Open vase
- **Bacchiatura e brucatura a mano**
  Beating and hand picking
- **No - Ciclo continuo misto**
  No - Mixed continuous cycle
- Frantoio (42%), leccino (41%), raggia (15%), moraiolo (2%)
- **Fruttato medio**
  Medium fruity
- da 6,01 a 8,00 € - 500 ml.
  from € 6.01 to 8.00 - 500 ml.

L'azienda di Angela Mazzola si trova a Senigallia e, dopo aver rilevato vigneti e oliveti che ha completamente riorganizzato e riqualificato, si dedica dal 1998 alla produzione di vini bianchi e rossi tipici delle Marche e di olio extravergine di oliva. Tre ettari dell'ampia tenuta sono occupati dall'oliveto dove si collocano 600 piante, dalle quali quest'anno sono stati raccolti 153 quintali di olive, per una resa produttiva di 20 ettolitri di olio extravergine. Segnaliamo l'etichetta aziendale, l'Extravergine Mazzola che si presenta alla vista di un bel colore giallo dorato scarico, limpido; all'olfatto si apre sottile e composto, dotato di sentori vegetali di carciofo e cicoria selvatica, cui si accompagnano note di erbe officinali, con ricordo di menta e salvia. In bocca è morbido e contenuto, caratterizzato da toni di ortaggi di campo, cardo, lattuga e spiccata mandorla dolce in chiusura. Amaro e piccante presenti ed equilibrati. Si accompagna bene a fagioli al vapore, insalate di pollo, marinate di verdure, patate alla piastra, zuppe di ceci, risotto con funghi ovoli, crostacei in umido, pesci ai ferri, coniglio al forno, pollame alla brace, formaggi freschi a pasta filata.

This farm, based in Senigallia, belongs to Angela Mazzola, who, after having purchased and reorganized vineyards and olive groves, has been producing typical white and red wines and extra virgin olive oil since 1998. The olive grove extends over 3 hectares of the large estate and contains 600 trees. In the last harvest 153 quintals of olives were produced, with a yield of 20 hectolitres of extra virgin olive oil. We recommend the farm selection, the Extra Virgin Mazzola, which is a beautiful light limpid golden yellow colour. Its aroma is fine and delicate, endowed with vegetal hints of artichoke and wild chicory, together with notes of aromatic herbs, especially mint and sage. Its taste is mellow and delicate, characterized by a flavour of country vegetables, thistle, lettuce and a distinct sweet almond finish. Bitterness and pungency are present and balanced. It would be ideal on steamed beans, chicken salads, marinated vegetables, seared potatoes, chickpea soups, risotto with ovoli mushrooms, stewed shellfish, grilled fish, baked rabbit, barbecued poultry, mozzarella cheese.

Italia Italy [IT] Marche

Azienda Agrivinicola Montecappone

Via Colle Olivo, 2
60035 Jesi (AN)
Tel. + 39 0731 205761 - Fax + 39 0731 204233
E-mail: info@montecappone.com - Web: www.montecappone.com

84 ⬆

 200 m.

 Promiscuo
Promiscuous

 Alberello
Tree

 Brucatura a mano
Hand picking

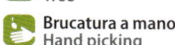 No - Sinolea
No - Sinolea

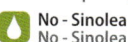 Leccino

 Fruttato medio
Medium fruity

 da 8,01 a 10,00 € - 500 ml.
from € 8.01 to 10.00 - 500 ml.

Brillante performance per la Montecappone di Jesi. Attiva nella produzione di Verdicchio dalla fine degli anni Sessanta, da una decina di anni questa grande tenuta è stata rilevata e completamente riqualificata dalla famiglia Bomprezzi Mirizzi, la quale ha deciso di affiancare all'attività vitivinicola la produzione di olio extravergine ricavato da 1.500 piante messe a dimora su 6 ettari di oliveto. L'ultima campagna ha prodotto un raccolto di 110 quintali di olive, pari a quasi 18 ettolitri di olio. Segnaliamo l'Extravergine Montecappone - Leccino che si presenta alla vista di colore giallo dorato intenso con sottili toni verdi, limpido. Al naso si apre deciso ed elegante, dotato di ampie note di carciofo, erbe fresche falciate e sentori balsamici di rosmarino e menta. Al gusto è ampio e avvolgente, ricco di toni vegetali e speziati, con ricordo di cardo di campo, lattuga, pepe nero e mandorla dolce. Amaro spiccato e piccante presente. È un eccellente accompagnamento per antipasti di molluschi, legumi bolliti, patate alla griglia, verdure gratinate, zuppe di orzo, risotto con funghi finferli, rombo alla piastra, seppie in umido, formaggi caprini.

An excellent performance for Montecappone in Jesi, a wine-growing farm that has been producing Verdicchio since the end of the 60's. About ten years ago the farm was taken over and completely reorganized by the family Bomprezzi Mirizzi, who besides wine-growing also produce extra virgin olive oil. They have a 6-hectare olive grove with 1,500 trees, which produced 110 quintals of olives in the last harvest, equal to almost 18 hectolitres of oil. We recommend the Extra Virgin Montecappone – Leccino, which is an intense limpid golden yellow colur with slight green hues. Its aroma is definite and elegant, with ample hints of artichoke, freshly mown grass and fragrant hints of rosemary and mint. Its taste is ample and rotund, rich in a vegetal and spicy flavour, especially of wild thistle, lettuce, black pepper and sweet almond. Bitterness is distinct and pungency is present. It would be ideal on mussel appetizers, boiled legumes, grilled potatoes, vegetables au gratin, barley soups, risotto with chanterelle mushrooms, pan-seared turbot, stewed cuttlefish, goat cheese.

Italia Italy [IT] Marche

Oleificio Benito Rosini

Via Peschereccia, 48
60038 San Paolo di Jesi (AN)
Tel. + 39 0731 779176 - 0731 58422 - Fax + 39 0731 779176
E-mail: info@oliorosini.it - Web: www.oliorosini.it

85

224 m.

Specializzato
Specialized

Alberello
Tree

Brucatura a mano
Hand picking

Sì - Ciclo continuo e tradizionale a presse
Yes - Continuous cycle and traditional press system

Frantoio (25%), leccino (25%), carboncella (15%), raggia (15%), altre/others (20%)

Fruttato medio
Medium fruity

da 6,01 a 8,00 € - 500 ml.
from € 6.01 to 8.00 - 500 ml.

L'Oleificio Rosini nasce nel 1982 per opera di Benito Rosini e oggi è gestito da Iris Piersigilli nel cuore dei Castelli di Jesi, su un terreno la cui peculiarità è la natura argillosa, dovuta alla presenza di vulcanelli di fango. Il patrimonio consta di 3 ettari di impianto specializzato, con 945 piante, e di un moderno frantoio aziendale. Il raccolto della recente campagna olearia è stato di 150 quintali di olive che, uniti agli 800 acquistati, hanno prodotto quasi 166 ettolitri di olio extravergine. Segnaliamo l'Extravergine Castelli di Federico II: appare alla vista di un bel colore giallo dorato intenso, limpido; all'olfatto si esprime sottile e composto, caratterizzato da note vegetali di carciofo e cardo selvatico, arricchite da sentori balsamici di mentuccia e rosmarino. Al gusto si apre morbido e fine, dotato di toni di ortaggi di campo, lattuga, cicoria e chiusura spiccata di mandorla dolce. Amaro e piccante presenti e dosati. Eccellente su antipasti di mare, insalate di farro, marinate di pesce persico, pomodori con riso, zuppe di funghi finferli, primi piatti con salmone, gamberi in umido, rombo ai ferri, coniglio arrosto, pollo al forno, formaggi freschi a pasta filata.

Oleificio Rosini, founded in 1982 by Benito Rosini and presently run by Iris Piersigilli in the heart of Castelli di Jesi, is situated on a clayey soil because of the presence of small mud volcanoes. There is a 3-hectare specialized olive grove with 945 trees and a modern oil mill. In the last oil harvest 150 quintals of olives were produced, which together with 800 purchased, allowed a yield of almost 166 hectolitres of extra virgin olive oil. We recommend the Extra Virgin Castelli di Federico II. It is a beautiful intense limpid golden yellow colour. Its aroma is fine and delicate, characterized by vegetal notes of artichoke and wild thistle, enriched by fragrant hints of field balm and rosemary. Its taste is mellow and fine, endowed with a flavour of country vegetables, lettuce, chicory and a distinct sweet almond finish. Bitterness and pungency are present and complimentary. It would be ideal on seafood appetizers, farro salads, marinated perch, tomatoes stuffed with rice, chanterelle mushroom soups, pasta with salmon, stewed shrimps, grilled turbot, roast rabbit, baked chicken, mozzarella cheese.

Azienda Agrituristica Fiorano

C.da Fiorano, 19 - Fiorano
63030 Cossignano (AP)
Tel. + 39 0735 98446 - Fax + 39 0735 98446
E-mail: info@agrifiorano.it - Web: www.agrifiorano.it

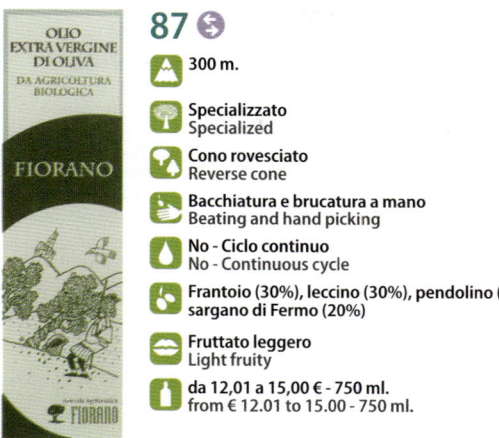

87

300 m.

Specializzato
Specialized

Cono rovesciato
Reverse cone

Bacchiatura e brucatura a mano
Beating and hand picking

No - Ciclo continuo
No - Continuous cycle

Frantoio (30%), leccino (30%), pendolino (20%), sargano di Fermo (20%)

Fruttato leggero
Light fruity

da 12,01 a 15,00 € - 750 ml.
from € 12.01 to 15.00 - 750 ml.

Adagiata su terreni collinari in prossimità delle spiagge adriatiche di Grottammare e San Benedetto del Tronto, la Fiorano di Cossignano ha sede in una casa colonica dell'800 ristrutturata in bioedilizia come agriturismo. Tutt'intorno, vigneti e oliveti sono gestiti secondo i dettami dell'agricoltura biologica da Paolo Beretta che conduce 4 ettari di superficie olivetata specializzata con 1.200 piante. In questa campagna olearia un raccolto di 150 quintali di olive ha prodotto 15 ettolitri di olio. Segnaliamo l'Extravergine Fiorano da Agricoltura Biologica che si presenta alla vista di un bel colore giallo dorato intenso con sfumature verdoline, limpido; all'olfatto è sottile e avvolgente, dotato di eleganti note vegetali di carciofo e lattuga, con chiusura balsamica di menta e rosmarino. Al gusto è complesso e fine, con toni di ortaggi freschi di campo, arricchiti da pepe nero e mandorla dolce. Amaro e piccante presenti e ben espressi. Buon accompagnamento per maionese, antipasti di ceci, aragosta bollita, insalate di riso, marinate di trota, passati di funghi ovoli, risotto con asparagi, crostacei al vapore, fritture di calamari, formaggi freschi a pasta molle, biscotti da forno.

Situated on hilly lands near the Adriatic beaches of Grottammare and San Benedetto del Tronto, Azienda Agrituristica Fiorano in Cossignano is a 19th century farm house transformed into a structure for guests, following the norms of biohousing. All around it vineyards and olive groves are cultivated according to organic farming principles. Paolo Beretta runs 4 hectares of specialized olive surface with 1,200 trees. In the last oil harvest 150 quintals of olives produced 15 hectolitres of oil. We recommend the excellent Extra Virgin Fiorano from Organic Farming. It is a beautiful intense limpid golden yellow colour with light green hues. Its aroma is fine and rotund, endowed with elegant vegetal notes of artichoke and lettuce with a fragrant finish of mint and rosemary. Its taste is complex and fine, with a flavour of fresh country vegetables, enriched by black pepper and sweet almond. Bitterness and pungency are present and distinct. It would be ideal on mayonnaise, chickpea appetizers, boiled spiny lobster, rice salads, marinated trout, ovoli mushroom purée, risotto with asparagus, steamed shellfish, fried squids, soft fresh cheese, oven cookies.

Azienda Agricola Saladini Pilastri

Via Saladini, 5
63036 Spinetoli (AP)
Tel. + 39 0736 899534 - Fax + 39 0736 898594
E-mail: saladpil@tin.it - Web: www.saladinipilastri.it

87 ⬆

- 200 m.
- Specializzato / Specialized
- Vaso / Vase
- Brucatura a mano / Hand picking
- No - Ciclo continuo / No - Continuous cycle
- Ascolana tenera
- Fruttato intenso / Intense fruity
- da 10,01 a 12,00 € - 500 ml. / from € 10.01 to 12.00 - 500 ml.

Eccellente esordio per la Saladini Pilastri di Spinetoli, l'antico borgo-fortezza di origini medievali che si incontra percorrendo le colline sovrastanti il fiume Tronto. La nota famiglia di produttori vinicoli si distingue anche per un extravergine degno della loro classe. Su 16 ettari di impianto specializzato trovano posto 4.200 olivi da un nutrito parco varietale che hanno reso quest'anno un raccolto di 500 quintali di olive e una produzione di 55 ettolitri di olio. Due le selezioni Extravergine Saladini Pilastri: il "base" e soprattutto il monocultivar Ascolana Tenera. Di un bel colore giallo dorato intenso con sottili nuance verdi, limpido; al naso si apre deciso e ampio, ricco di sentori fruttati di pomodoro maturo, banana e mela bianca, cui si affiancano note vegetali di fave, lattuga e sedano. In bocca è elegante e di carattere, con spiccati toni balsamici e speziati di basilico, menta e pepe nero. Amaro potente e piccante deciso. Perfetto per antipasti di tonno, carpaccio di pesce spada, funghi porcini arrosto, zuppe di fagioli, primi piatti al ragù, pesce azzurro gratinato, carni rosse o cacciagione in umido, formaggi stagionati a pasta filata.

An excellent first performance for Saladini Pilastri in Spinetoli, the ancient Medieval fortress placed on the hills overhanging the river Tronto. The well-known family of wine growers also produces a high- class extra virgin olive oil. There are 16 hectares of specialized olive grove with 4,200 trees of a wide range of varieties, which produced 500 quintals of olives in the last harvest and a yield of 55 hectolitres of oil. Two Extra Virgin selections Saladini Pilastri have been proposed: the "basic" and especially the Monocultivar Ascolana Tenera. It is a beautiful intense limpid golden yellow colour with slight green hues. Its aroma is definite and ample, rich in fruity hints of ripe tomato, banana and white apple, together with vegetal notes of broad beans, lettuce and celery. Its taste is elegant and strong, with distinct fragrant and spicy notes of basil, mint and black pepper. Bitterness is powerful and pungency is definite. It would be ideal on tuna appetizers, swordfish carpaccio, roast porcini mushrooms, bean soups, pasta with meat sauce, blue fish au gratin, stewed red meat or game, aged cheese.

Italia Italy [IT] Marche

Oleificio Rosina Silvestri

Via Schiavoni, 8 - Pagliare del Tronto
63036 Spinetoli (AP)
Tel. + 39 0736 890027 - Fax + 39 0736 890027
E-mail: info@oliosilvestri.it - Web: www.oliosilvestri.it

85

- 176 m.
- Promiscuo e specializzato / Promiscuous and specialized
- Vaso aperto / Open vase
- Brucatura a mano e meccanica / Hand picking and mechanical harvesting
- Sì - Ciclo continuo e tradizionale a presse / Yes - Continuous cycle and traditional press system
- Ascolana tenera
- Fruttato leggero / Light fruity
- da 10,01 a 12,00 € - 500 ml. / from € 10.01 to 12.00 - 500 ml.

Situato in provincia di Ascoli Piceno, l'Oleificio Rosina Silvestri di Spinetoli è un'azienda familiare nata nel 1983, ma frutto dell'esperienza di più generazioni della famiglia Albertini che hanno permesso il rinnovo e la trasformazione degli impianti in una struttura di moderna concezione. Attualmente sono poco più di 4 ettari di oliveto in cui trovano posto 600 piante, che nella recente campagna olearia hanno fruttato 30 quintali di olive i quali, uniti ai circa 1.568 acquistati, hanno reso poco più di 210 ettolitri di olio. L'Extravergine Tenero Ascolano alla vista è di un bel colore giallo dorato intenso, limpido. All'olfatto si apre complesso e avvolgente, con sentori fruttati di pomodoro di media maturità, mela bianca, banana matura e sottili note floreali di rosa. In bocca è elegante e vegetale, con toni di fave, sedano ed erbe aromatiche con basilico e mentuccia. Amaro presente e piccante dosato che chiude in mandorla dolce. Ideale per maionese, antipasti di ceci, carpaccio di orata, insalate di mare, marinate di trota, verdure bollite, zuppe di porri, primi piatti con funghi ovoli, fritture di calamari, rombo al cartoccio, formaggi freschi a pasta molle, dolci da forno.

Situated in the province of Ascoli Piceno, Oleificio Rosina Silvestri in Spinetoli is a family-run farm founded in 1983, but based on the experience of several generations of the family Albertini, which allowed the renewal and transformation of the estate into a modern structure. At present there are little more than 4 hectares of olive grove containing 600 trees, which produced 30 quintals of olives in the last oil harvest. Together with 1,568 purchased, they yielded about 210 hectolitres of oil. The Extra Virgin Tenero Ascolano is a beautiful intense limpid golden yellow colour. Its aroma is complex and rotund, with fruity hints of medium ripe tomato, ripe banana and fine flowery notes of rose. Its taste is elegant and vegetal, with a flavour of broad beans, celery and aromatic herbs, especially basil and field balm. Bitterness is present and pungency is complimentary with a sweet almond finish. It would be ideal on mayonnaise, chickpea appetizers, gilthead carpaccio, seafood salads, marinated trout, boiled vegetables, leek soups, pasta with ovoli mushrooms, fried squids, turbot baked in parchment paper, soft fresh cheese, oven cakes.

Frantoio Alfredo Agostini

C.da Paganelli, 48 - Valmir
63027 Petritoli (FM)
Tel. + 39 0734 658350 - Fax + 39 0734 659210
E-mail: info@frantoioagostini.it - Web: www.frantoioagostini.it

80

300 m.

Specializzato
Specialized

Palmetta
Fan

Meccanica
Mechanical harvesting

Sì - Ciclo continuo
Yes - Continuous cycle

Leccino (60%), frantoio (35%),
ascolana tenera (5%)

Fruttato leggero
Light fruity

da 4,01 a 6,00 € - 500 ml.
from € 4.01 to 6.00 - 500 ml.

Un'azienda familiare, fondata nel 1945 e tuttora di proprietà degli eredi del fondatore. Si tratta di una "storica" struttura di trasformazione, che acquista e molisce partite di olive provenienti dalle colline marchigiane, in particolare dalla zona di Fermo. Ma è recentissima l'acquisizione di 5 ettari di oliveto specializzato con 2mila piante. Durante l'ultima campagna olearia sono stati prodotti 600 quintali di olive, che uniti ai 6mila acquistati hanno prodotto mille ettolitri di olio. L'Extravergine Hurticinum si presenta alla vista di un bel colore giallo dorato intenso con calde nuance verdi, limpido; all'olfatto si apre sottile e armonico, dotato di sentori di erbe fresche falciate, lattuga di campo, sedano e note balsamiche di basilico e mentuccia. In bocca è fine e dosato, caratterizzato da ampi toni vegetali con ricordo di ortaggi freschi, carciofo, cardo e mandorla dolce in chiusura. Amaro e piccante presenti ed equilibrati. L'abbinamento perfetto è con maionese, antipasti di orzo, carpaccio di ricciola, insalate di gamberi, marinate di spigola, zuppe di fave, risotto con asparagi, crostacei ai ferri, tartare di orata, formaggi freschi a pasta molle, biscotti da forno.

A family-run farm founded in 1945 and still owned by its founder's heirs. It is an "historical" transformation structure purchasing and crushing olive parcels coming from the nearby hills, especially from the area of Fermo. However recently a 5-hectare olive grove with 2,000 trees has also been started. In the last harvest 600 quintals of olives were produced and 6,000 purchased, with a yield of 1,000 hectolitres of oil. The Extra Virgin Hurticinum is a beautiful intense limpid golden yellow colour with warm green hues. Its aroma is fine and harmonic, endowed with hints of freshly mown grass, lettuce, celery and fragrant notes of basil and field balm. Its taste is fine and delicate, characterized by ample vegetal notes, especially fresh vegetables, artichoke, thistle and a sweet almond finish. Bitterness and pungency are present and balanced. It would be ideal on mayonnaise, barley appetizers, amberjack carpaccio, shrimp salads, marinated bass, broad bean soups, risotto with asparagus, grilled shellfish, gilthead tartare, soft fresh cheese, oven cookies.

Italia Italy [IT] Marche

Frantoio Oleario Gabrielloni
Montefiore
62019 Recanati (MC)
Tel. + 39 0733 852498 - Fax + 39 0733 852498
E-mail: info@gabrielloni.it - Web: www.gabrielloni.it

95

- 220 m.
- Specializzato / Specialized
- Vaso policonico / Polyconic vase
- Brucatura a mano / Hand picking
- Sì - Tradizionale a presse / Yes - Traditional press system
- Frantoio, leccino (60%), ascolana tenera, coroncina, orbetana, piantone di Mogliano, raggia (25%), altre/others (15%)
- Fruttato leggero / Light fruity
- da 18,01 a 22,00 € - 500 ml. / from € 18.01 to 22.00 - 500 ml.

È il Migliore Olio Extravergine di Oliva Blended - Fruttato Leggero. Complimenti al Frantoio Oleario Gabrielloni, marchio di riferimento dell'olivicoltura marchigiana e nazionale. Merito del lavoro e della cura delle sorelle Elisabetta e Gabriella, eredi dell'azienda fondata nel 1955 da nonno Guglielmo e ampliata da papà Emilio. Da 7 ettari di oliveto specializzato con 2.300 piante sono stati raccolti quest'anno 400 quintali di olive che, uniti agli altrettanti acquistati, hanno reso 85 ettolitri di olio. Due gli Extravergine segnalati, il Solivo e soprattutto il Laudato. Giallo dorato intenso con toni verdolini, limpido; all'olfatto è elegante e ampio, ricco di note vegetali di carciofo, cicoria selvatica e lattuga, cui si affiancano sentori balsamici di menta e rosmarino. Al gusto è avvolgente e complesso, con toni di finocchio, sedano, pepe nero e chiusura di frutta secca, con noce fresca e mandorla in rilievo. Amaro spiccato e piccante presente. È perfetto per antipasti di ceci, carpaccio di gamberi, insalate di mare, marinate di dentice, passati di funghi ovoli, risotto con asparagi, fritture di verdure, tartare di gallinella, formaggi freschi a pasta molle, biscotti da forno.

It is the Best Extra Virgin Olive Oil Blended - Light Fruity. Frantoio Oleario Gabrielloni is in fact a point of reference at regional and national level thanks to the sisters Elisabetta and Gabriella, the heirs of the farm founded in 1955 by their grandfather Guglielmo and enlarged by their father Emilio. There are 7 hectares of specialized olive grove with 2,300 trees. In the last harvest 400 quintals of olives were produced and 400 purchased, with a yield of 85 hectolitres of oil. There are two Extra Virgin, Solivo and especially Laudato, which is an intense limpid golden yellow colour with light green hues. Its aroma is elegant and ample, with vegetal notes of artichoke, wild chicory and lettuce, together with fragrant hints of mint and rosemary. Its taste is rotund and complex, with hints of fennel, celery, black pepper and a dried fruit finish, especially fresh walnut and almond. Bitterness is distinct and pungency is present. It would be ideal on chickpea appetizers, shrimp carpaccio, seafood salads, marinated sea bream, ovoli mushroom purée, risotto with asparagus, fried vegetables, piper tartare, soft fresh cheese, oven cookies.

Le Martinozze

Via Senigallia, 29
61122 Pesaro
Tel. + 39 0721 40871 - Fax + 39 0721 403505
E-mail: info@lemartinozze.it - Web: www.lemartinozze.it

85

30 m.

Specializzato
Specialized

Vaso policonico
Polyconic vase

Bacchiatura
Beating

No - Ciclo continuo
No - Continuous cycle

Frantoio

Fruttato medio
Medium fruity

da 12,01 a 15,00 € - 500 ml.
from € 12.01 to 15.00 - 500 ml.

Ottimo esordio in Guida con due prodotti, uno meglio dell'altro. Parliamo di Le Martinozze, un'interessante realtà produttiva di Pesaro gestita dal 1998 da Alberto Berloni. Dieci ettari dell'estesa proprietà sono destinati all'impianto olivicolo specializzato, sul quale trovano dimora 2.500 piante che, nella recente campagna olearia, hanno fruttato un raccolto di 380 quintali, pari a una resa di 60 ettolitri di olio. Due gli Extravergine Le Martinozze, entrambi monovarietali: il Leccino e soprattutto il Frantoio, che segnaliamo. Si presenta alla vista di un bel colore giallo dorato intenso, limpido; all'olfatto si apre deciso e ampio, ricco di sentori vegetali di cardo di campo e carciofo, cui si accompagnano eleganti note di erbe officinali, con menta e rosmarino in evidenza. In bocca è complesso e avvolgente, dotato di toni di cicoria, lattuga, pepe nero e spiccata mandorla dolce in chiusura. Amaro potente e piccante deciso e armonico. Si abbina a bruschette con pomodoro, carpaccio di carne chianina con funghi porcini, marinate di pesce azzurro, radicchio alla piastra, zuppe di lenticchie, cous cous di carne, cacciagione di piuma o pelo in umido, formaggi stagionati a pasta dura.

An excellent start for Martinozze, which has proposed two really good products. It is an interesting farm in Pesaro, run by Alberto Berloni since 1998. Ten hectares of the large estate are devoted to the specialized olive grove with 2,500 trees. In the last harvest 380 quintals of olives were produced, equal to 60 hectolitres of oil. There are two Extra Virgin Le Martinozze, both Monovarietal: Leccino and especially Frantoio, which we recommend. It is a beautiful intense limpid golden yellow colour. Its aroma is definite and ample, rich in vegetal hints of wild thistle and artichoke, together with elegant notes of officinal herbs, especially mint and rosemary. Its taste is complex and rotund, endowed with a flavour of chicory, lettuce, black pepper and a distinct sweet almond finish. Bitterness is powerful and pungency is definite and harmonic. It would be ideal on bruschette with tomatoes, chianina beef carpaccio with porcini mushrooms, marinated bluefish, pan-seared radicchio, lentil soups, meat cous cous, stewed game birds or animals, hard mature cheese.

Italia Italy [IT] Marche

Azienda Agricola Il Conventino

Via Giulio Turcato, 4
61024 Monteciccardo (PU)
Tel. + 39 0721 910574 - Fax + 39 0721 910574
E-mail: info@il-conventino.it - Web: www.il-conventino.it

88

- 280/320 m.
- Specializzato / Specialized
- Monocono, policono / Monocone, polycone
- Meccanica / Mechanical harvesting
- Sì - Ciclo continuo / Yes - Continuous cycle
- Ascolana tenera
- Fruttato leggero / Light fruity
- da 12,01 a 15,00 € - 500 ml. / from € 12.01 to 15.00 - 500 ml.

Ottima prova per Il Conventino di Monteciccardo che ci propone un'interessante gamma di prodotti. Egidio e Francesca Marcantoni hanno dato vita pochi anni or sono a una delle più belle strutture aziendali marchigiane, una moderna realtà olivicola e viticola. Oggi dell'intera proprietà 18 ettari sono dedicati all'oliveto, con 9.600 piante dalle quali quest'anno sono stati raccolti 400 quintali di olive che, molite nel moderno frantoio aziendale, hanno reso 60 ettolitri di olio. Dei tre Extravergine, Frà Giocondo, Frà Pasquale e Frà Bernardo, segnaliamo quest'ultimo che alla vista è di colore giallo dorato intenso con sottili nuance verdi, limpido. Al naso si apre elegante e avvolgente, con ampi sentori fruttati di pomodoro di media maturità, mela bianca e banana, a cui si aggiungono note di basilico, mentuccia e salvia. In bocca è fine e complesso, dotato di toni vegetali di lattuga, fave e sedano. Amaro ben espresso e piccante presente. Buon accompagnamento per antipasti di funghi ovoli, aragosta bollita, carpaccio di spigola, insalate di mare, zuppe di fave, cous cous di pesce, gamberi ai ferri, molluschi al vapore, formaggi freschi a pasta molle, dolci da forno.

An excellent performance for Conventino in Monteciccardo, which has proposed an interesting range of products. A few years ago Egidio and Francesca Marcantoni founded one of the best farms in Marche, producing both wine and olive oil. Today 18 hectares of the estate are destined to the olive grove with 9,600 trees, which produced 400 quintals of olives in the last harvest, with a yield of 60 hectolitres of oil. There are three Extra Virgin, Frà Giocondo, Frà Pasquale and Frà Bernardo. We recommend the last one, which is an intense limpid golden yellow colour with slight green hues. Its aroma is elegant and rotund, with ample fruity hints of medium ripe tomato, white apple and banana, together with notes of basil, field balm and sage. Its taste is fine and complex, endowed with vegetal hints of lettuce, broad beans and celery. Bitterness is distinct and pungency is present. It would be ideal on ovoli mushroom appetizers, boiled spiny lobster, bass carpaccio, seafood salads, broad bean soups, fish cous cous, grilled shrimps, steamed mussels, soft fresh cheese, oven cakes.

Italia Italy [IT] Marche

Azienda Agricola La Collina

Via Monbaroccio, 7
61030 Cartoceto (PU)
Tel. + 39 0721 893001 - 0721 898440 - Fax + 39 0721 893001 - 0721 898440
E-mail: info@sangiovese.it - Web: www.sangiovese.it

89 ⬆

250/300 m.

Specializzato
Specialized

Vaso policonico
Polyconic vase

Brucatura a mano
Hand picking

No - Ciclo continuo
No - Continuous cycle

Leccino (45%), frantoio (15%), moraiolo (15%), raggiola (15%), maurino (5%), pendolino (5%)

Fruttato intenso
Intense fruity

da 12,01 a 15,00 € - 500 ml.
from € 12.01 to 15.00 - 500 ml.

La Collina di Luciana Tomassini nasce nel 1941 sulla base di una tenuta risalente al secolo scorso dove si coltivava vite, olivo e frutta. Augusto Bianchini fu l'iniziatore, e oggi la tradizione di famiglia continua sulle colline fra Cartoceto e Serraungarina dove si estendono i terreni che comprendono oltre 8 ettari di oliveto specializzato con 3mila piante. Quest'anno in azienda sono stati raccolti 900 quintali di olive che hanno reso quasi 118 ettolitri di olio. Ottima la selezione proposta, l'Extravergine Cartoceto - Cuvée Dop Cartoceto che alla vista è di un bel colore giallo dorato intenso con tenui riflessi verdi, limpido. Al naso si apre deciso e avvolgente, con ricchi sentori vegetali di carciofo, cicoria ed erbe balsamiche, con netto ricordo di rosmarino, menta e maggiorana. Al gusto è fine e di carattere, con toni di cardo, lattuga e spiccate note speziate di pepe nero e mandorla dolce. Amaro e piccante decisi ed equilibrati. Si abbina bene a carpaccio di tonno, funghi porcini alla griglia, insalate di spinaci, radicchio arrosto, passati di lenticchie, primi piatti al ragù, pesce spada alla brace, agnello al forno, carni rosse ai ferri, formaggi stagionati a pasta dura.

Lucia Tomassini's La Collina was founded in 1941 in an estate dating back to the last century, where grapevines, olive trees and fruit were cultivated. The activity, started by Augusto Bianchini, is carried on today on the hills between Cartoceto and Serraungarina. There are over 8 hectares of specialized olive grove with 3,000 trees. In the last harvest 900 quintals of olives were produced, which allowed a yield of almost 118 hectolitres of oil. The selection proposed, the Extra Virgin Cartoceto - Cuvée Pdo Cartoceto, is excellent. It is a beautiful intense limpid golden yellow colour with slight green hues. Its aroma is definite and rotund, with rich vegetal notes of artichoke, chicory and aromatic herbs, especially rosemary, mint and marjoram. Its taste is fine and strong, with a flavour of thistle, lettuce and distinct spicy notes of black pepper and sweet almond. Bitterness and pungency are definite and balanced. It would be ideal on tuna carpaccio, grilled porcini mushrooms, spinach salads, roast radicchio, lentil purée, pasta with meat sauce, barbecued swordfish, baked lamb, grilled red meat, hard mature cheese.

Umbria

UMBRIA
- A Colli Amerini
- B Colli Assisi-Spoleto
- C Colli del Trasimeno
- D Colli Martani
- E Colli Orvietani

Dati Statistici

Superficie olivetata nazionale	1.147.188 (ha)
Superficie olivetata regionale	27.847 (ha)
Quota regionale	2,43%
Frantoi	231
Produzione nazionale 09-10	521.915,9 (t)
Produzione regionale 09-10	9.099,9 (t)
Produzione regionale 08-09	11.820,7 (t)
Variazione	- 23,02%
Quota regionale	1,74%

National Institute of Statistics

Statistic Data

National Olive Surface	1,147,188 (ha)
Regional Olive Surface	27,847 (ha)
Regional Quota	2.43%
Olive Oil Mills	231
National production 09-10	521,915.9 (t)
Regional production 09-10	9,099.9 (t)
Regional production 08-09	11,820.7 (t)
Variation	- 23.02%
Regional Quota	1.74%

L'olivicoltura è un'attività molto fiorente in Umbria e diffusa su tutto il territorio regionale. Del resto la pianta sacra cresce qui praticamente dappertutto e l'olio prodotto si distingue per l'alto livello qualitativo. La presenza dell'olivo in queste terre è antica: i primi a diffonderlo furono gli Etruschi, la cui civiltà trasse sostentamento anche grazie ai proventi del commercio dell'olio. Tanto che a Orvieto è ancora visibile un frantoio, il Mulino di Santa Chiara, che ha spremuto le olive dal tempo degli Etruschi fino al XVII secolo: le enormi macine in basalto, le vasche, le stalle per gli animali testimoniano un insediamento produttivo di tipo semindustriale. Con lo sviluppo della civiltà romana, cresce anche l'impianto di nuovi oliveti: numerosi reperti, come i dolii e gli orli di grossi ziri, che sono tipici contenitori per l'olio, sono stati ritrovati nella zona tra i fiumi Tevere e Nera, a testimonianza di un consumo molto diffuso. Ma quando il mercato di Roma venne meno, ebbe inizio un periodo di crisi e di abbandono. Tuttavia gli ordini monastici reimpiantarono molti oliveti, dandoli in affitto agli agricoltori con la formula di contratto "ad laburandum": cosicché nel Quattrocento è di nuovo documentata una buona presenza di olivi tra Assisi e Trevi. Alla fine dell'Ottocento, grazie agli incentivi introdotti dallo stato pontificio allo scopo di ripopolare le aree incolte, si calcola che la superficie destinata all'olivicoltura fosse quasi il doppio di quella attuale. Successivamente però il numero delle piante diminuisce progressivamente a causa dei danni provocati dal clima, in particolare dalle gelate del 1929 e del 1956. Il resto è la storia recente di una filiera modello: 5 milioni e 500mila piante si estendono su una superficie complessiva di quasi 28mila ettari, di cui in buona parte in provincia di Perugia. La Dop Umbria, accordata all'intera produzione regionale, comprende cinque menzioni geografiche: Colli Amerini, Colli Assisi-Spoleto, Colli del Trasimeno, Colli Martani e Colli Orvietani. La più vocata è la Colli Assisi-Spoleto che si estende nell'area da Gubbio a Terni: si presenta come un'unica lunga fascia di oliveti ribattezzata la Costiera d'Argento. La parte più conosciuta, anche per la bellezza del paesaggio, è la cosiddetta Strada Francescana, tra Assisi e Spoleto, dove sono diffuse le varietà moraiolo, raja, leccino, frantoio, San Felice e le locali pocciolo e vocio. L'altra sottozona del Ternano è la Colli Amerini con le cultivar moraiolo, rajo, leccino, frantoio e tendellone. Intorno al Lago Trasimeno è la sottozona Colli del Trasimeno, con l'autoctona dolce di agogia. Nella Colli Martani è diffusa la correggiolo di Massa Martana accanto alle cultivar classiche frantoio, moraiolo e leccino che predominano nella Colli Orvietani. Altre varietà sono la nostrale di Rigali e l'orbetana a Gualdo Tadino, la borgiona nell'alto Tevere e la bianchella di Umbertide nel Narnese. I frantoi sono 231 e sono altamente specializzati nella trasformazione; molte aziende sono leader nell'imbottigliamento e nella distribuzione e piccole industrie si distinguono per la costruzione di moderni macchinari per molitura e imbottigliamento. La campagna 2009-2010 ha reso 9.099,9 tonnellate di olio, pari all'1,74% del totale nazionale, con una diminuzione del 23,02% rispetto all'annata precedente.

Olive growing is a flourishing activity in Umbria, where it is present in the whole regional territory. The sacred tree here grows everywhere and the oil produced is outstanding for its quality. The presence of the olive tree in these lands is ancient: first it was spread by the Etrurians, who thrived thanks to the oil trade proceeds. In Orvieto there is still an olive oil mill, known as Santa Chiara's Mill, which pressed oil from olives from Etrurian times to the 17th century: the enormous basalt grindstones, the basins, the animal stables testify a semi-industrial productive settlement. When the Roman civilization grew, new olive groves were planted and numerous remains like the "dolii" (typical containers) and jar rims were found in the area between the rivers Tiber and Nera, which shows a very frequent use of olive oil. When the Roman market came to an end, a period of crisis and decay set in. Nevertheless monastic orders planted large olive groves again and leased them to peasants with the contract "ad laburandum". Therefore in the 15th century a considerable presence of olive trees between Assisi and Trevi is already documented. At the end of the 19th century, also thanks to the Papal State's incentives to repopulate neglected areas, the olive growing surface was almost twice as much as today. Later the number of trees gradually decreased because of the frost damage, particularly in 1929 and 1956. Then we have the recent story of a model olive oil sector: 5,500,000 trees extend over a total surface of almost 28,000 hectares, a great partof which in the province of Perugia.The Pdo Umbria, granted to the whole regional oil production, includes 5 subareas: Colli Amerini, Colli Assisi-Spoleto, Colli del Trasimeno, Colli Martani and Colli Orvietani. The best area, Colli Assisi-Spoleto, spreads in the area from Gubbio to Terni: it is a long string of olive groves known as the Silver Side. The most famous for its beautiful landscape is the area between Assisi and Spoleto, the so called Franciscan Street, where the following varieties are spread: moraiolo, raja, leccino, frantoio, San Felice and the local pocciolo and vocio. Another subarea near Terni is Colli Amerini with the cultivar moraiolo, rajo, leccino, frantoio and tendellone. In the area of lake Trasimeno we find the subarea Colli del Trasimeno, with the autochthonous dolce di agogia. In the area Colli Martani the variety correggiolo di Massa Martana is common besides the classical cultivars frantoio, moraiolo and leccino, which also prevail in the area of Colli Orvietani. Other cultivars are nostrale di Rigali and orbetana in Gualdo Tadino, borgiona in alto Tevere, bianchella di Umbertide in the area of Narni. There are 231 olive oil mills, which are highly specialized in transformation, while we also find leader companies in the field of bottling and marketing and small industries that have specialized in building the most modern crushing and bottling machines. In the last harvest 9,099.9 tons of oil were produced, equal to 1.74% of the total national quantity, with a decrease of 23.02% compared to the previous year.

Azienda Agricola Antonelli - San Marco

San Marco, 60
06036 Montefalco (PG)
Tel. + 39 0742 379158 - Fax + 39 0742 371063
E-mail: info@antonellisanmarco.it - Web: www.antonellisanmarco.it

91

- 350 m.
- Specializzato / Specialized
- Monocono, vaso policonico / Monocone, polyconic vase
- Brucatura a mano e meccanica / Hand picking and mechanical harvesting
- No - Ciclo continuo / No - Continuous cycle
- Frantoio (35%), moraiolo (30%), leccino (25%), pendolino (5%), San Felice (5%)
- Fruttato medio / Medium fruity
- da 10,01 a 12,00 € - 500 ml. / from € 10.01 to 12.00 - 500 ml.

Una prova in grande stile per la Antonelli - San Marco, nota azienda vitivinicola e marchio di riferimento dell'area del Sagrantino di Montefalco, acquisita nel 1881 da Francesco Antonelli. Oggi le redini sono passate a Filippo Antonelli, alla guida di una grande tenuta di 140 ettari in un unico corpo, a Montefalco, dei quali 9 sono riservati all'oliveto specializzato, con 2.700 piante. Il raccolto dell'ultima campagna ha fruttato 250 quintali di olive, pari a circa 38 ettolitri di olio. Eccellente l'Extravergine Antonelli da Agricoltura Biologica che alla vista è di un bel colore giallo dorato intenso con delicati riflessi verdi, limpido. All'olfatto è deciso e avvolgente, ricco di note vegetali di carciofo, cicoria selvatica e lattuga, cui si aggiungono netti sentori balsamici di menta e salvia. Al gusto è fine e di personalità, con toni di ortaggi di campo, spiccato pepe nero e mandorla in chiusura. Amaro deciso e piccante presente. È un perfetto accompagnamento per antipasti di polpo, bruschette con pomodoro, insalate di carciofi, marinate di tonno, zuppe di lenticchie, primi piatti con salsiccia, pesce spada ai ferri, carni rosse o nere arrosto, formaggi di media stagionatura.

A great performance for Azienda Agricola Antonelli - San Marco, a well-known wine-growing farm and point of reference in the area of Sagrantino di Montefalco. It was purchased in 1881 by Francesco Antonelli and today is run by Filippo Antonelli, whose estate in Montefalco extends over 140 hectares, with 9 hectares of specialized olive grove and 2,700 trees. In the last harvest 250 quintals of olives were produced, equal to about 38 hectolitres of extra virgin olive oil. The excellent Extra Virgin Antonelli from Organic Farming is a beautiful intense limpid golden yellow colour with delicate green hues. Its aroma is definite and rotund, characterized by vegetal notes of artichoke, wild chicory and lettuce, together with distinct fragrant hints of mint and sage. Its taste is fine and strong, with a flavour of fresh country vegetables, distinct black pepper and an almond finish. Bitterness is definite and pungency is present. It would be ideal on octopus appetizers, bruschettes with tomatoes, artichoke salads, marinated tuna, lentil soups, pasta with sausages, grilled swordfish, roast red meat or game, medium mature cheese.

Italia Italy [IT] Umbria

Azienda Agraria Noemio Bacci

Via Madonna del Puglia, 5/a - Ponte di Ferro
06035 Gualdo Cattaneo (PG)
Tel. + 39 0742 91456 - Fax + 39 0742 91456
E-mail: baccinoemio@libero.it - Web: www.oliobaccinoemio.it

90

350/400 m.

Specializzato
Specialized

Vaso
Vase

Brucatura a mano e meccanica
Hand picking and mechanical harvesting

Sì - Ciclo continuo
Yes - Continuous cycle

Frantoio (40%), leccino (40%), moraiolo (20%)

Fruttato medio
Medium fruity

da 10,01 a 12,00 € - 500 ml.
from € 10.01 to 12.00 - 500 ml.

Situata nel vocato territorio di Gualdo Cattaneo, l'Azienda Agraria Noemio Bacci è nata nel 1947 ed è arrivata alla terza generazione. Oggi Noemio, titolare e nipote dell'omonimo fondatore, gestisce all'interno della proprietà l'intero processo produttivo, lavorando e imbottigliando anche il prodotto di fattorie di zona. Dai 24 ettari aziendali con 7.350 piante sono stati raccolti quest'anno 980 quintali di olive, che uniti ai 950 acquistati hanno reso 400 ettolitri di olio. L'ottimo Extravergine Noemio Bacci Dop Umbria - Colli Martani da Agricoltura Biologica è di colore giallo dorato intenso con tenui riflessi verdi, limpido; al naso è ampio e complesso, con sentori fruttati di pomodoro di media maturità, banana e mela bianca, arricchiti da note speziate di pepe nero. In bocca è avvolgente e fine, con toni vegetali di lattuga, fave ed erbe aromatiche, con netto ricordo di basilico e menta. Amaro e piccante ben espressi e armonici. Eccellente per antipasti di fagioli, carpaccio di salmone, insalate di farro, marinate di orata, passati di patate, risotto con funghi ovoli, gamberi in guazzetto, molluschi gratinati, coniglio arrosto, pollame ai ferri, formaggi freschi a pasta filata.

Situated in the suitable territory of Gualdo Cattaneo, Azienda Agraria Noemio Bacci was founded in 1947 and has been run by three generations. Today Noemio, owner and grandson of the homonymous founder, manages the whole production process, crushing and bottling the products of local farms. There are 24 hectares of olive grove with 7,350 trees. In the last harvest 980 quintals of olives were produced and 950 purchased, with a yield of 400 hectolitres of extra virgin olive oil. The excellent Extra Virgin Noemio Bacci Pdo Umbria - Colli Martani from Organic Farming is an intense limpid golden yellow colour with slight green hues. Its aroma is ample and complex, with fruity hints of medium ripe tomato, banana and white apple, enriched by spicy notes of black pepper. Its taste is rotund and fine, with vegetal hints of lettuce, broad beans and aromatic herbs, especially basil and mint. Bitterness and pungency are distinct and harmonic. It would be ideal on bean appetizers, salmon carpaccio, farro salads, marinated gilthead, potato purée, risotto with ovoli mushrooms, stewed shrimps, mussels au gratin, roast rabbit, grilled poultry, mozzarella cheese.

Frantoio Giovanni Batta

Via San Girolamo, 127
06126 Perugia
Tel. + 39 075 5724782 - Fax + 39 075 5724782
E-mail: giovanni.batta@tin.it

94

300 m.

Specializzato
Specialized

Monocono, vaso
Monocone, vase

Brucatura a mano e meccanica
Hand picking and mechanical harvesting

Sì - Ciclo continuo
Yes - Continuous cycle

Frantoio (50%), dolce agogia (20%),
leccino (20%), moraiolo (10%)

Fruttato medio
Medium fruity

da 8,01 a 10,00 € - 500 ml.
from € 8.01 to 10.00 - 500 ml.

Sempre meritatissima segnalazione per l'Azienda Batta. Del resto c'è tutta l'esperienza di generazioni di frantoiani dietro gli ottimi oli extravergine proposti da Giovanni Batta, erede di una tradizione familiare iniziata nel 1923 da suo nonno. Il patrimonio consta oggi di 15 ettari di oliveto specializzato con 3.400 piante e di un frantoio tecnologicamente avanzato. Il raccolto di quest'anno ha raggiunto i 305 quintali di olive, per una produzione in olio di quasi 49 ettolitri. Segnaliamo l'ottimo Extravergine Frantoio Batta Dop Umbria - Colli del Trasimeno da Agricoltura Biologica. Di un bel colore giallo dorato intenso con delicati toni verdi, limpido; al naso è deciso e di carattere, con ampie note vegetali di carciofo, cardo ed eleganti sentori di erbe balsamiche, con menta e prezzemolo in evidenza. Al gusto è complesso e avvolgente, con toni di cicoria, lattuga e spiccata mandorla in chiusura. Amaro e piccante decisi e armonici. Buon abbinamento con antipasti di tonno, carpaccio di polpo, insalate di funghi porcini, radicchio al forno, passati di lenticchie, primi piatti al ragù, pesce spada ai ferri, cacciagione di piuma o pelo alla piastra, formaggi di media stagionatura.

Azienda Batta has given an excellent performance thanks to the experience of generations of olive-press operators. In fact Giovanni Batta, the heir of a family tradition started in 1923 by his grandfather, every year proposes excellent extra virgin olive oils. Today there is a 15-hectare specialized olive grove with 3,400 trees and an advanced oil mill. In the last harvest 305 quintals of olives were produced, equal to a yield of almost 49 hectolitres of extra virgin olive oil. We recommend the excellent Extra Virgin Frantoio Batta Pdo Umbria - Colli del Trasimeno from Organic Farming. It is a beautiful intense limpid golden yellow colour with delicate green hues. Its aroma is definite and strong, with ample vegetal notes of artichoke, thistle and elegant hints of aromatic herbs, especially mint and parsley. Its taste is complex and rotund, endowed with a flavour of chicory, lettuce and a distinct almond finish. Bitterness and pungency are definite and harmonic. It would be ideal on tuna appetizers, octopus carpaccio, porcini mushroom salads, baked radicchio, lentil purée, pasta with meat sauce, grilled swordfish, pan-seared game birds or animals, medium mature cheese.

Azienda Agricola Luciana Cerbini

Via Madonna della Valle, 6 - Torre del Colle
06031 Bevagna (PG)
Tel. + 39 0742 352011 - Fax + 39 0742 352011
E-mail: casagola@libero.it - Web: www.casagola.com

86 ⬆

200/300 m.

Specializzato
Specialized

Vaso
Vase

Brucatura a mano
Hand picking

No - Ciclo continuo
No - Continuous cycle

Moraiolo (70%), frantoio (15%), leccino (15%)

Fruttato medio
Medium fruity

da 12,01 a 15,00 € - 500 ml.
from € 12.01 to 15.00 - 500 ml.

L'Azienda Agricola Luciana Cerbini è attiva dal 1996 a Torre del Colle, nei pressi di Bevagna, antica cittadina di origini romane. Prende il nome dalla sua fondatrice e attuale titolare, la signora Luciana che è alla guida di 7 ettari di oliveto specializzato dove sono messe a dimora 1.500 piante delle tipiche cultivar regionali dalle quali, nella recente campagna, sono stati raccolti 80 quintali di olive, pari a circa 13 ettolitri di olio extravergine. L'etichetta aziendale proposta, l'Extravergine Casa Gola, alla vista si presenta di un bel colore giallo dorato intenso con leggeri riflessi verdolini, limpido. All'olfatto si offre elegante e complesso, ricco di note balsamiche di menta, rosmarino e salvia, cui si accompagnano sentori vegetali di carciofo, cardo selvatico e cicoria di campo. In bocca è morbido e fine, caratterizzato da toni di lattuga, pepe nero e mandorla dolce in chiusura. Amaro e piccante ben espressi ed equilibrati. Perfetto su antipasti di farro, bruschette con verdure, insalate di pollo, marinate di verdure, passati di patate, primi piatti con molluschi, gamberi in guazzetto, pesci arrosto, pollame o carni di agnello al forno, formaggi freschi a pasta filata.

Azienda Agricola Luciana Cerbini has been active in Torre del Colle, near Bevagna, an ancient small town of Roman origin, since 1996. It takes its name from its founder and present owner, Mrs Luciana, who runs a 7-hectare specialized olive grove with 1,500 trees of typical regional cultivars. In the last harvest they produced 80 quintals of olives, equal to about 13 hectolitres of extra virgin olive oil. The farm selection proposed, the Extra Virgin Casa Gola, is a beautiful intense limpid golden yellow colour with slight light green hues. Its aroma is elegant and complex, rich in fragrant notes of mint, rosemary and sage, together with vegetal notes of artichoke, wild thistle and wild chicory. Its taste is mellow and fine, characterized by a flavour of lettuce, black pepper and a sweet almond finish. Bitterness and pungency are distinct and balanced. It would be ideal on farro appetizers, bruschettes with vegetables, chicken salads, marinated vegetables, potato purée, pasta with mussels, stewed shrimps, roast fish, baked poultry or lamb, mozzarella cheese.

Azienda Agricola Decimi

Via Prigionieri, 19 - Passaggio
06080 Bettona (PG)
Tel. + 39 075 987304 - Fax + 39 075 987304
E-mail: azienda-agricola@decimi.it - Web: www.decimi.it

94

450/500 m.

Specializzato
Specialized

Vaso aperto
Open vase

Brucatura a mano
Hand picking

Sì - Ciclo continuo
Yes - Continuous cycle

San Felice

Fruttato leggero
Light fruity

da 15,01 a 18,00 € - 500 ml.
from € 15.01 to 18.00 - 500 ml.

Continua a sorprendere per l'eccellenza delle sue proposte l'Azienda Decimi che si aggiudica il premio come Migliore Olio Extravergine di Oliva Monovarietale - Fruttato Leggero. Fondata nel 2004, oggi comprende più di 7 ettari di oliveto specializzato, con 1.700 piante situate in parte sulle colline tra Bettona e Cannara e in parte a Giano dell'Umbria, a ridosso dell'abbazia di San Felice. Quest'anno la famiglia Decimi ha raccolto 200 quintali di olive, pari a circa 33 ettolitri di olio. Tre le etichette Extravergine: l'Emozione e i due monocultivar Decimi, il Moraiolo e soprattutto il San Felice, straordinario. Alla vista è di colore giallo dorato intenso, limpido; al naso è elegante e complesso, con ampie note vegetali di carciofo, cicoria di campo e lattuga, arricchite da sentori aromatici di menta e salvia. Al gusto è avvolgente e di personalità, con ricordo di ortaggi freschi di campo e toni speziati di pepe nero. Amaro ben espresso e piccante presente. Ideale su antipasti di ceci, carpaccio di ricciola, insalate di funghi ovoli, marinate di spigola, zuppe di fave, primi piatti con gamberi, fritture di calamari, pesci bolliti, formaggi freschi a pasta molle, biscotti da forno.

Azienda Agricola Decimi has obtained another extraordinary result, the award as the Best Extra Virgin Olive Oil Monovarietal - Light Fruity. Founded in 2004, the farm consists of over 7 hectares of specialized olive grove with 1,700 trees, partly situated on the hills between Bettona and Cannara and partly in Giano dell'Umbria, near the abbey of San Felice. In the last harvest the family Decimi produced 200 quintals of olives, equal to about 33 hectolitres of oil. There are three farm selections: Emozione and the two Monocultivar Decimi, Moraiolo and especially the extraordinary San Felice. It is an intense limpid golden yellow colour. Its aroma is elegant and complex, with ample vegetal hints of artichoke, wild chicory and lettuce, enriched by aromatic notes of mint and sage. Its taste is rotund and strong, with a flavour of fresh country vegetables and spicy hints of black pepper. Bitterness is distinct and pungency is present. It would be ideal on chickpea appetizers, amberjack carpaccio, ovoli mushroom salads, marinated bass, broad bean soups, pasta with shrimps, fried squids, boiled fish, soft fresh cheese, oven cookies.

Azienda Agraria Federici

Via Cipriano Piccolpasso, 3 - Sant'Eraclio
06034 Foligno (PG)
Tel. + 39 0742 670432 - Fax + 39 0742 670432
E-mail: info@federiciolio.com - Web: www.federiciolio.com

85

300/400 m.

Specializzato
Specialized

Monocono
Monocone

Brucatura a mano
Hand picking

No - Ciclo continuo
No - Continuous cycle

Moraiolo

Fruttato leggero
Light fruity

da 6,01 a 8,00 € - 500 ml.
from € 6.01 to 8.00 - 500 ml.

Erede di una solida tradizione familiare in campo oleario, Marco Federici fonda nel 2001 l'azienda che porta il suo nome. Oggi è una struttura che dispone di 25 ettari di oliveto specializzato, collocati in gran parte a Cancellara, piccolo e vocato centro presso Foligno. Dalle 7mila piante messe a dimora quest'anno sono stati raccolti 700 quintali di olive, che hanno permesso una produzione di 70 ettolitri di olio extravergine. Segnaliamo l'etichetta proposta, l'Extravergine Nettare di Ottobre da Agricoltura Biologica. Si presenta alla vista di un bel colore giallo dorato intenso con delicate sfumature verdoline, limpido; al naso si esprime ampio ed elegante, dotato di note vegetali di carciofo e cicoria di campo, arricchite da sentori aromatici di basilico, rosmarino e pepe nero. Al gusto è avvolgente e complesso, caratterizzato da toni di cardo selvatico, lattuga e spiccata mandorla dolce in chiusura. Amaro presente e piccante dosato. È un ideale accompagnamento per maionese, antipasti di ceci, carpaccio di ricciola, insalate di funghi ovoli, marinate di spigola, zuppe di fave, cous cous di pesce, crostacei ai ferri, pesci bolliti, formaggi freschi a pasta molle, dolci da forno.

Azienda Agraria Federici in Foligno was founded in 2001 by Marco Federici, the heir of a strong familiar tradition in the olive growing field. Today it consists of 25 hectares of specialized olive grove, mainly situated in Cancellara, a small and favourable centre near Foligno. There are 7,000 trees, which produced 700 quintals of olives in the last harvest, with a yield of 70 hectolitres of extra virgin olive oil. We recommend the selection proposed, the Extra Virgin Nettare di Ottobre from Organic Farming. It is a beautiful intense limpid golden yellow colour with delicate light green hues. Its aroma is ample and elegant, endowed with vegetal notes of artichoke and wild chicory, enriched by aromatic hints of basil, rosemary and black pepper. Its taste is rotund and complex, characterized by a flavour of wild thistle, lettuce and a distinct sweet almond finish. Bitterness is present and pungency is complimentary. It would be ideal on mayonnaise, chickpea appetizers, amberjack carpaccio, ovoli mushroom salads, marinated bass, broad bean soups, fish cous cous, grilled shellfish, boiled fish, soft fresh cheese, oven cakes.

Frantoio Gaudenzi

Pigge - Camporeale, 6
06039 Trevi (PG)
Tel. + 39 0742 781107 - Fax + 39 0742 781107
E-mail: info@oliodopgaudenzi.it - Web: www.oliodopgaudenzi.it

94

- 200/500 m.
- Specializzato / Specialized
- Vaso policonico / Polyconic vase
- Brucatura a mano / Hand picking
- Sì - Ciclo continuo / Yes - Continuous cycle
- Moraiolo
- Fruttato medio / Medium fruity
- da 8,01 a 10,00 € - 500 ml. / from € 8.01 to 10.00 - 500 ml.

Frantoio Gaudenzi non delude mai le nostre aspettative. Parliamo di un'azienda familiare fondata nel 1950 che nel tempo è stata progressivamente ampliata con nuovi oliveti - fino agli attuali 21 ettari - e un impianto di trasformazione all'avanguardia. Dalle 7mila piante quest'anno sono stati raccolti circa 1.056 quintali di olive, pari a 190 ettolitri di olio extravergine. Due le etichette Extravergine, entrambe ottime: L'Olio dal 1950 Dop Umbria - Colli Assisi Spoleto e il Chiuse di Sant'Arcangelo da Agricoltura Biologica che segnaliamo. Appare alla vista di un bel colore giallo dorato intenso con tenui riflessi verdi, limpido. All'olfatto è deciso e avvolgente, ricco di note vegetali di carciofo, cardo e cicoria selvatica, cui si affiancano sentori speziati di pepe nero. Al gusto è ampio e complesso, con toni aromatici di menta, rosmarino, salvia e spiccata mandorla dolce in chiusura. Amaro deciso e piccante presente e ben espresso. È eccellente per antipasti di legumi, insalate di ceci, insalate di farro, marinate di ricciola, passati di patate, risotto con molluschi, crostacei in guazzetto, rombo alla brace, coniglio al forno, pollame arrosto, formaggi freschi a pasta filata.

Frantoio Gaudenzi, whose performance has been excellent as usual, is a family-run farm founded in 1950. Over the years it has been gradually enlarged with new olive groves and an advanced transformation system. Currently there are 21 hectares with 7,000 trees, which produced 1,056 quintals of olives in the last harvest, equal to 190 hectolitres of extra virgin olive oil. There are two excellent Extra Virgin selections: L'Olio dal 1950 Pdo Umbria - Colli Assisi Spoleto and Chiuse di Sant'Arcangelo from Organic Farming, which we recommend. It is a beautiful intense limpid golden yellow colour with slight green hues. Its aroma is definite and rotund, rich in vegetal hints of artichoke, thistle and wild chicory, together with spicy hints of black pepper. Its taste is ample and complex, with an aromatic flavour of mint, rosemary and sage and a distinct sweet almond finish. Bitterness is definite and pungency is present and distinct. It would be ideal on legume appetizers, chickpea salads, farro salads, marinated amberjack, potato purée, risotto with mussels, stewed shellfish, barbecued turbot, baked rabbit, roast poultry, mozzarella cheese.

Italia Italy [IT] Umbria

Molino Il Fattore

Via dei Frantoi, 53 - Vescia
06034 Foligno (PG)
Tel. + 39 0742 660015 - Fax + 39 0742 660015
E-mail: info@luigitega.it - Web: www.luigitega.it

96

300/400 m.

Specializzato
Specialized

Cespuglio
Bush

Brucatura a mano
Hand picking

Sì - Ciclo continuo e sinolea
Yes - Continuous cycle and sinolea

Moraiolo

Fruttato intenso
Intense fruity

da 8,01 a 10,00 € - 250 ml.
from € 8.01 to 10.00 - 250 ml.

Superbo risultato per Molino Il Fattore. Complimenti alla professionalità e alla passione di Luigi Tega, oggi alla guida di questa bella struttura in attività dal 1950, anno in cui suo nonno (e omonimo) acquistò un frantoio del XV secolo che ospita tuttora la sede aziendale. Dalle 4mila piante, su 15 ettari di oliveto specializzato, sono stati raccolti quest'anno 400 quintali di olive, che uniti ai 1.500 acquistati hanno reso quasi 300 ettolitri di olio, più 30 comprati per un totale di 330 ettolitri. Eccellenti le due selezioni proposte, gli Extravergine Colle dell'Eremita - Grand Cru e Lirys - Moraiolo, scelto dal panel. Di colore giallo dorato intenso con sottili sfumature verdi, limpido; al naso è potente e avvolgente, con ricche note vegetali di carciofo, cardo, lattuga e netti sentori speziati di pepe nero. Al gusto è ampio e complesso, con toni balsamici di menta, rosmarino e spiccata mandorla dolce. Amaro potente e piccante deciso. Abbinamento ideale con carpaccio di carne chianina con funghi ovoli, carpaccio di tonno, insalate di spinaci, zuppe di lenticchie, cous cous di carne, polpo bollito, agnello alla brace, cacciagione alla griglia, formaggi stagionati a pasta filata.

An excellent result for Molino Il Fattore thanks to Luigi Tega's professionalism and engagement. This beautiful farm has been active since 1950, when Luigi's grandfather and homonym purchased a 15th century oil mill, where there is still the farm office. The 15-hectare olive grove with 4,000 trees produced 400 quintals of olives in the last harvest. With 1,500 purchased, the yield was almost 300 hectolitres of oil. 30 hectolitres were also purchased for a total of 330 hectolitres. There are two excellent selections, the Extra Virgin Colle dell'Eremita - Grand Cru and Lirys - Moraiolo, chosen by our panel. It is an intense limpid golden yellow colour with slight green hues. Its aroma is strong and rotund, with rich vegetal notes of artichoke, thistle, lettuce and distinct spicy hints of black pepper. Its taste is ample and complex, with a fragrant flavour of mint, rosemary and a distinct sweet almond finish. Bitterness is powerful and pungency is definite. It would be ideal on chianina beef carpaccio with ovoli mushrooms, tuna carpaccio, spinach salads, lentil soups, meat cous cous, boiled octopus, barbecued lamb, grilled game, aged cheese.

Azienda Agraria Marfuga

Viale Firenze
06042 Campello sul Clitunno (PG)
Tel. + 39 0743 270043 - 0743 521338 - Fax + 39 0743 270043
E-mail: marfuga@marfuga.it - Web: www.marfuga.it

88

200/500 m.

Specializzato
Specialized

Vaso cespugliato
Vase bush

Brucatura a mano e meccanica
Hand picking and mechanical harvesting

Sì - Ciclo continuo
Yes - Continuous cycle

Moraiolo (80%), frantoio (20%)

Fruttato medio
Medium fruity

da 8,01 a 10,00 € - 500 ml.
from € 8.01 to 10.00 - 500 ml.

Meritatissima segnalazione per la Marfuga. Il merito va a Francesco Gradassi, erede di una famiglia attiva nell'olivicoltura sin dal 1817. Oggi il centro aziendale e la maggior parte della proprietà si trovano a Campello sul Clitunno dove, su 30 ettari di oliveto specializzato, crescono 12mila piante dalle quali quest'anno sono stati raccolti 1.300 quintali di olive che, uniti agli altrettanti acquistati e moliti nel moderno frantoio aziendale, hanno reso 450 ettolitri di olio. Segnaliamo l'ottimo Extravergine Marfuga Dop Umbria - Colli Assisi-Spoleto da Agricoltura Biologica che alla vista appare di un bel colore giallo dorato intenso con tenui riflessi verdi, limpido. Al naso è deciso e ampio, con eleganti note vegetali di carciofo, erbe falciate e spiccati sentori balsamici di menta e rosmarino. In bocca è fine e complesso, con toni di cardo, cicoria e netto ricordo di pepe nero e mandorla dolce. Amaro e piccante presenti e armonici. È perfetto per antipasti di fagioli, insalate di pollo, marinate di salmone, patate alla griglia, zuppe di orzo, primi piatti con molluschi, gamberi in guazzetto, seppie in umido, pollame o carni di agnello al forno, formaggi freschi a pasta filata.

A great performance for Azienda Agraria Marfuga thanks to Francesco Gradassi, the heir of a family practising olive growing since 1817. Today the farm and the most of the estate are in Campello sul Clitunno. There are 12,000 trees on 30 hectares of specialized olive grove. In the last harvest 1,300 quintals of olives were produced and 1,300 purchased, with a yield of 450 hectolitres of oil. We recommend the excellent Extra Virgin selection Marfuga Pdo Umbria - Colli Assisi-Spoleto from Organic Farming, which is a beautiful intense limpid golden yellow colour with slight green hues. Its aroma is definite and ample, with elegant vegetal notes of artichoke, mown grass and distinct fragrant hints of mint and rosemary. Its taste is fine and complex, with a flavour of thistle, chicory and a distinct note of black pepper and sweet almond. Bitterness and pungency are present and harmonic. It would be ideal on bean appetizers, chicken salads, marinated salmon, grilled potatoes, barley soups, pasta with mussels, stewed shrimps, stewed cuttlefish, baked poultry or lamb, mozzarella cheese.

Italia Italy [IT] Umbria

Tenuta di Montecorona

Via Badia, 316 - Montecorona
06019 Umbertide (PG)
Tel. + 39 075 9413501 - Fax + 39 075 9411964
E-mail: montecorona@saiagricola.it - Web: www.saiagricola.it

86 ⬆

- 450/550 m.
- Promiscuo e specializzato / Promiscuous and specialized
- Monocono, vaso / Monocone, vase
- Meccanica / Mechanical harvesting
- No - Ciclo continuo / No - Continuous cycle
- Frantoio, leccino (65%), dolce agogia, moraiolo (15%), altre/others (20%)
- Fruttato leggero / Light fruity
- da 8,01 a 10,00 € - 500 ml. / from € 8.01 to 10.00 - 500 ml.

La Tenuta di Montecorona è la più grande proprietà di Saiagricola: con i suoi 2mila ettari di terreni, la bellissima badia adibita ad agriturismo e l'antico eremo camaldolese che domina tutta la valle, è una delle più importanti realtà produttive di olio, cereali e miele del comprensorio. Dalle 11.500 piante su 45 ettari di oliveto quest'anno sono stati raccolti circa 607 quintali di olive, pari a quasi 99 ettolitri di olio. Unica la selezione aziendale, l'Extravergine Tenuta di Montecorona Dop Umbria - Colli del Trasimeno che appare alla vista di un bel colore giallo dorato intenso con calde nuance verdi, limpido. All'olfatto si offre delicato e avvolgente, caratterizzato da ampie note vegetali di carciofo, cicoria selvatica ed erbe aromatiche, con eleganti sentori di basilico e rosmarino. Al gusto è fine e armonico, dotato di toni di cardo di campo, lattuga e decisa mandorla dolce in chiusura. Amaro ben espresso e piccante dosato. Buono l'abbinamento con antipasti di ceci, aragosta al vapore, carpaccio di spigola, marinate di trota, zuppe di fave, cous cous di pesce, fritture di pesce, gamberi ai ferri, tartare di pesce persico, formaggi freschi a pasta molle, dolci lievitati.

Tenuta di Montecorona is the biggest farm of Saiagricola. With 2,000 hectares of land, the wonderful abbey, which is now a holiday farm, and the ancient Camaldolese hermitage overlooking the whole valley, it is one of the most important producers of olive oil, cereals and honey in the area. There are 45 hectares of olive grove with 11,500 trees, which produced about 607 quintals of olives in the last harvest, equal to almost 99 hectolitres of oil. The farm selection, the Extra Virgin Tenuta di Montecorona Pdo Umbria – Colli del Trasimeno, is a beautiful intense limpid golden yellow colour. Its aroma is delicate and rotund, characterized by ample vegetal notes of artichoke, wild chicory and aromatic herbs, with elegant hints of basil and rosemary. Its taste is fine and harmonic, endowed with a flavour of wild thistle, lettuce and a definite sweet almond finish. Bitterness is distinct and pungency is complimentary. It would be ideal on chickpea appetizers, steamed spiny lobster, bass carpaccio, marinated trout, broad bean soups, fish cous cous, fish fry, grilled shrimps, perch tartare, soft fresh cheese, yeast-raised cakes.

Agricola Romanelli

Colle San Clemente, 129/a
06036 Montefalco (PG)
Tel. + 39 0742 371245 - Fax + 39 0742 371245
E-mail: info@romanelli.se - Web: www.romanelli.se

87 ⬆

350 m.

Specializzato
Specialized

Vaso policonico
Polyconic vase

Brucatura a mano e meccanica
Hand picking and mechanical harvesting

No - Ciclo continuo
No - Continuous cycle

Moraiolo

Fruttato intenso
Intense fruity

da 8,01 a 10,00 € - 500 ml.
from € 8.01 to 10.00 - 500 ml.

Ottimo risultato per l'Agricola Romanelli, nel cuore dell'Umbria. Questa bella realtà nasce nel 1978 quando Amedeo e Costantino Romanelli, padre e figlio, decidono di dedicarsi a tempo pieno all'agricoltura producendo vino, olio e cereali. Con le mogli Anna Maria e Anna Rita e i figli Devis e Fabio, oggi le tre generazioni vivono e lavorano nell'azienda che dispone di 11 ettari con 3mila piante. Quest'anno il raccolto ha fruttato 300 quintali di olive, per 40 ettolitri di olio. Segnaliamo i due Extravergine monocultivar Romanelli da Agricoltura Biologica, il San Felice e soprattutto il Moraiolo. Di colore giallo dorato intenso con riflessi verdolini, limpido; al naso è deciso e avvolgente, con ricche note vegetali di carciofo, cardo, lattuga e sentori fruttati di mela bianca. Al gusto è ampio e di carattere, con intensi toni aromatici di basilico e mentuccia e note spiccate di pepe nero e mandorla. Amaro e piccante decisi e armonici. È perfetto per antipasti di funghi porcini, bruschette con pomodoro, insalate di tonno, radicchio alla brace, zuppe di fagioli, primi piatti con salsiccia, pesce spada alla griglia, carni rosse o cacciagione arrosto, formaggi stagionati a pasta dura.

A great result for Agricola Romanelli in in the heart of Umbria. This beautiful farm was founded in 1978, when Amedeo Romanelli and his son Costantino decided to work full- time in this field, producing wine, olive oil and cereals. Today they work with their wives Anna Maria and Anna Rita and their sons Devis and Fabio. The farm consists of 11 hectares with 3,000 trees. In the last harvest 300 quintals of olives were produced, equal to 40 hectolitres of oil. We recommend the two Monocultivar Extra Virgin Romanelli from Organic Farming, San Felice and especially Moraiolo. It is an intense limpid golden yellow colour with light green hues. Its aroma is definite and rotund, with rich vegetal hints of artichoke, thistle, lettuce and fruity hints of white apple. Its taste is ample and strong, with intense aromatic notes of basil and field balm and distinct notes of black pepper and almond. Bitterness and pungency are definite and harmonic. It would be ideal on porcini mushroom appetizers, bruschette with tomatoes, tuna salads, barbecued radicchio, bean soups, pasta with sausages, grilled swordfish, roast red meat or game, hard mature cheese.

Italia Italy [IT] Umbria

Villa Umbra

Via Colle San Clemente, 2
06036 Montefalco (PG)
Tel. + 39 0742 379124 - Fax + 39 0742 398122
E-mail: info@agriturismovillaumbra.it - Web: www.agriturismovillaumbra.it

84

400 m.

Specializzato
Specialized

Vaso policonico
Polyconic vase

Brucatura a mano
Hand picking

No - Ciclo continuo
No - Continuous cycle

Moraiolo (60%), frantoio (20%), leccino (20%)

Fruttato intenso
Intense fruity

da 8,01 a 10,00 € - 500 ml.
from € 8.01 to 10.00 - 500 ml.

A Montefalco, a due passi dai suggestivi luoghi francescani di Assisi, Todi e Gubbio, si trova Villa Umbra, una struttura agrituristica di charme nonché azienda produttrice di extravergine che commercializza sotto il marchio Emme Elle. Alla guida dal 1992 c'è Maurizio Biondi con la moglie Luciana che conducono una superficie di 5 ettari di oliveto specializzato con 1.300 piante. Nella recente campagna olearia sono stati raccolti 150 quintali di olive, pari a 21 ettolitri di olio. Segnaliamo l'Extravergine Maurizio che appare alla vista di un bel colore giallo dorato intenso con riflessi verdolini, limpido. Al naso si apre elegante e deciso, dotato di netti sentori vegetali di erba fresca falciata, carciofo, cardo di campo e note balsamiche di erbe officinali, con menta e rosmarino in evidenza. Al gusto è fine e di carattere, con toni di cicoria, lattuga e spiccata chiusura di mandorla dolce. Amaro e piccante decisi e ben armonizzati. Ottimo per antipasti di lenticchie, carpaccio di carne chianina con funghi porcini, marinate di pollo, minestroni di verdure, primi piatti con pesce azzurro, tonno alla griglia, pollame o carni di agnello alla piastra, formaggi di media stagionatura.

Villa Umbra, a charme farm house and producer of extra virgin olive oil, which is marketed under the name Emme Elle, is located in Montefalco, near the fascinating Franciscan places of Assisi, Todi and Gubbio. Since 1992 it has been run by Maurizio Biondi with his wife Luciana. There is a 5-hectare specialized olive grove with 1,300 trees. In the last oil harvest 150 quintals of olives were produced, equal to 21 hectolitres of extra virgin olive oil. We recommend the Extra Virgin selection Maurizio, which is a beautiful intense limpid golden yellow colour with light green hues. Its aroma is elegant and definite, with distinct vegetal hints of freshly mown grass, artichoke, wild thistle and fragrant notes of officinal herbs, especially mint and rosemary. Its taste is fine and strong, with hints of chicory, lettuce and a distinct sweet almond finish. Bitterness and pungency are definite and harmonic. It would be ideal on lentil appetizers, chianina beef carpaccio with porcini mushrooms, marinated chicken, minestrone with vegetables, pasta with bluefish, grilled tuna, pan-seared poultry or lamb, medium mature cheese.

Vins et Produits du Terroir

Pigge - Le Piatte
06039 Trevi (PG)
Tel. + 352 26 431303 - + 352 69 122121 - Fax + 352 26 431303
E-mail: info@vinsetterroir.com - Web: www.vinsetterroir.com

84 ⬆

300 m.

Specializzato
Specialized

Vaso policonico
Polyconic vase

Brucatura a mano
Hand picking

No - Ciclo continuo
No - Continuous cycle

Moraiolo (80%), frantoio (15%), leccino (5%)

Fruttato medio
Medium fruity

da 12,01 a 15,00 € - 500 ml.
from € 12.01 to 15.00 - 500 ml.

Interessante debutto in Guida per il giovanissimo progetto Vins et Produits du Terroir che nasce dall'idea di Daniel Capocci di distribuire prodotti artigianali italiani di nicchia, raccolti sotto il marchio Le Delizie di Danièle. La base produttiva è la vocatissima regione intorno a Trevi, da cui proviene anche il proprio olio, ricavato da 300 piante coltivate su 1 ettaro di oliveto specializzato. Quest'anno il raccolto ha raggiunto i 40 quintali di olive, per una produzione in olio extravergine pari a circa 6 ettolitri. L'Extravergine Le Delizie di Danièle - Monte Serano appare alla vista di colore giallo dorato intenso con delicate sfumature verdi, limpido; al naso è deciso e avvolgente, con sentori vegetali di carciofo, cicoria selvatica e lattuga, arricchiti da note speziate di pepe nero. In bocca è fine e di carattere, con ricchi toni balsamici di menta, salvia e chiusura spiccata di mandorla dolce. Amaro potente e piccante deciso. Perfetto su bruschette con pomodoro, funghi porcini ai ferri, insalate di pesce spada, marinate di pollo, pinzimonio, passati di carciofi, primi piatti con tonno, pesce azzurro gratinato, carni rosse o nere arrosto, formaggi di media stagionatura.

An interesting new entry in this Guide, the young project Vins et Produits du Terroir is the result of Daniele Capocci's idea of marketing Italian niche handmade goods under the trademark Le Delizie di Danièle. This activity is based in the favourable region around Trevi, where also olive oil is produced from 300 trees cultivated on a 1-hectare specialized olive grove. In the last harvest 40 quintals of olives were produced, with a yield of about 6 hectolitres of extra virgin olive oil. The Extra Virgin Le Delizie di Danièle - Monte Serano is an intense limpid golden yellow colour with delicate green hues. Its aroma is definite and rotund, with vegetal hints of artichoke, wild chicory and lettuce, enriched by spicy notes of black pepper. Its taste is fine and strong, with a rich fragrant flavour of mint, sage and a distinct sweet almond finish. Bitterness is powerful and pungency is definite. It would be ideal on bruschette with tomatoes, grilled porcini mushrooms, swordfish salads, marinated chicken, pinzimonio, artichoke purée, pasta with tuna, blue fish au gratin, roast red meat or game, medium mature cheese.

Italia Italy [IT] Umbria

Azienda Agraria Viola

Via Borgo San Giovanni, 11/b - Sant'Eraclio
06037 Foligno (PG)
Tel. + 39 0742 67515 - 0742 392203 - Fax + 39 0742 67515 - 0742 392203
E-mail: info@viola.it - Web: www.viola.it

97

300/450 m.

Specializzato
Specialized

Forma libera, vaso aperto, vaso libero
Free form, open vase, free vase

Brucatura a mano e meccanica
Hand picking and mechanical harvesting

Sì - Ciclo continuo
Yes - Continuous cycle

Moraiolo

Fruttato intenso
Intense fruity

da 10,01 a 12,00 € - 500 ml.
from € 10.01 to 12.00 - 500 ml.

Superba performance di Marco Viola, giovane imprenditore alla guida di un'azienda di tradizione, che non smette mai di sorprenderci. Nel frantoio del 1917, ristrutturato con tecnologia all'avanguardia, i fratelli Marco e Diamante moliscono le olive raccolte da 53 ettari con 21.200 piante. Quest'anno 400 quintali di olive, più 1.600 acquistati, hanno reso 300 ettolitri di olio, più 100 comprati per un totale di 400 ettolitri. Quattro le etichette Extravergine: il Viola Bio da Agricoltura Biologica, l'Inprivio, il Colleruita Dop Umbria - Colli Assisi-Spoleto e soprattutto Il Sincero, eccellente. Giallo dorato intenso con calde sfumature verdi, limpido; al naso è ampio e deciso, ricco di note vegetali di carciofo, cardo selvatico e sentori balsamici di menta, rosmarino e salvia. Al gusto è avvolgente e di personalità, con toni di ortaggi freschi di campo, lattuga, pepe nero e spiccata mandorla in chiusura. Amaro potente e piccante deciso. Abbinamento ideale con antipasti di funghi porcini, carpaccio di tonno, insalate di spinaci, pomodori gratinati, zuppe di lenticchie, primi piatti con salsiccia, pesce spada alla griglia, carni rosse o nere in umido, formaggi stagionati a pasta dura.

A great performance for Marco Viola, a young entrepreneur who runs an old farm. In the oil mill built in 1917 and renovated with advanced technology, the brothers Marco and Diamante crush the olives harvested from 53 hectares with 21,200 trees. In the last harvest 400 quintals of olives produced and 1,600 purchased yielded 300 hectolitres of oil. With 100 hectolitres purchased, the total amount was 500 hectolitres. There are four Extra Virgin selections, Viola Bio from Organic Farming, Inprivio, Colleruita Pdo Umbria - Colli Assisi-Spoleto and especially the excellent Sincero. It is an intense limpid golden yellow colour with warm green hues. Its aroma is ample and definite, rich in vegetal notes of artichoke, wild thistle and fragrant hints of mint, rosemary and sage. Its taste is complex and rotund, with a flavour of fresh country vegetables, lettuce, black pepper and a distinct sweet almond finish. Bitterness is strong and pungency is definite. It would be ideal on porcini mushroom appetizers, tuna carpaccio, spinach salads, tomatoes au gratin, lentil soups, pasta with sausages, grilled swordfish, stewed red meat or game, hard mature cheese.

Il Frantoio

Via delle Rimembranze, 82
05022 Amelia (TR)
Tel. + 39 0744 982201 - Fax + 39 0744 982201
E-mail: info@ilfrantoio.com - Web: www.ilfrantoio.com

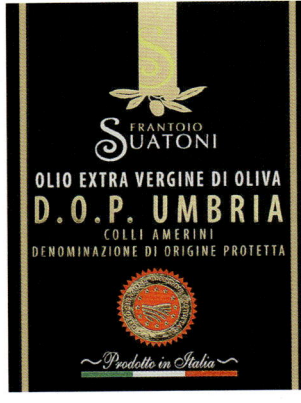

84

400 m.

Promiscuo e specializzato
Promiscuous and specialized

Vaso aperto
Open vase

Meccanica
Mechanical harvesting

Sì - Ciclo continuo
Yes - Continuous cycle

Frantoio (40%), leccino (30%), moraiolo (20%), rajo (10%)

Fruttato medio
Medium fruity

da 6,01 a 8,00 € - 500 ml.
from € 6.01 to 8.00 - 500 ml.

Ad Amelia, antica cittadina appartata tra le colline dell'Umbria meridionale, la famiglia Suatoni da decenni si occupa di olivicoltura e gestisce dal 1990 un'azienda agricola con annesso moderno impianto di trasformazione. Il patrimonio consta di circa 4 ettari di oliveto dove dimorano 900 piante. Durante l'ultima campagna olearia sono stati raccolti 160 quintali di olive, che uniti ai 70 acquistati hanno reso quasi 33 ettolitri di olio extravergine. Segnaliamo l'etichetta aziendale, la selezione Extravergine Il Frantoio. Si presenta alla vista di colore giallo dorato intenso, con delicate sfumature verdi, limpido; all'olfatto si esprime morbido e contenuto, dotato di note vegetali di carciofo, erba fresca falciata, lattuga e sottili sentori balsamici di basilico e rosmarino. In bocca è dosato e armonico, caratterizzato da toni di verdure di campo e frutta secca, con netto ricordo di mandorla dolce. Amaro spiccato e piccante presente. Si accompagna molto bene a insalate di farro, legumi bolliti, patate alla griglia, verdure gratinate, zuppe di orzo, primi piatti con molluschi, crostacei in umido, pesci ai ferri, pollame o carni di agnello al forno, formaggi freschi a pasta filata.

The family Suatoni has been practising olive growing for many years in Amelia, a quiet and ancient town in the south of Umbria. Since 1990 they have been running a farm and a modern transformation system. There are about 4 hectares of olive grove with 900 trees. In the last harvest 160 quintals of olives were produced and 70 purchased, with a yield of almost 33 hectolitres of extra virgin olive oil. We recommend the farm selection, the Extra Virgin Il Frantoio. It is an intense limpid golden yellow colour with delicate green hues. Its aroma is mellow and delicate, endowed with vegetal notes of artichoke, freshly mown grass, lettuce and fine fragrant hints of basil and rosemary. Its taste is delicate and harmonic, characterized by a flavour of country vegetables and dried fruit, especially sweet almond. Bitterness is distinct and pungency is present. It would be ideal on farro salads, boiled legumes, grilled potatoes, vegetables au gratin, barley soups, pasta with mussels, stewed shellfish, grilled fish, baked poultry or lamb, mozzarella cheese.

Italia Italy [IT] Umbria

Azienda Agrituristica Oliveto

Strada Santa Maria di Cecanibbio, 38
05022 Amelia (TR)
Tel. + 39 0744 981101 - Fax + 39 0744 981101
E-mail: info@agriturismooliveto.it - Web: www.agriturismooliveto.it

87

340 m.

Specializzato
Specialized

Vaso aperto
Open vase

Bacchiatura
Beating

No - Ciclo continuo
No - Continuous cycle

Frantoio (30%), leccino (30%), moraiolo (15%), rajo (15%), altre/others (10%)

Fruttato medio
Medium fruity

da 6,01 a 8,00 € - 500 ml.
from € 6.01 to 8.00 - 500 ml.

Casolare colonico ristrutturato che si affaccia su una vallata coltivata a olivi, la Oliveto di Amelia nasce nel 1956 per opera di Felice Contessa e oggi è gestita dalla signora Gertrude che affianca all'olivicoltura l'attività agrituristica. Della superficie complessiva, 4 ettari sono destinati all'oliveto specializzato con 1.200 piante, dalle quali quest'anno sono stati raccolti 300 quintali di olive pari a 40 ettolitri di olio extravergine. Segnaliamo l'etichetta aziendale proposta, l'Extravergine Oliveto Dop Umbria - Colli Amerini che si presenta alla vista di un bel colore giallo dorato intenso con delicati riflessi verdolini, limpido. All'olfatto si apre elegante e avvolgente, caratterizzato da note vegetali di carciofo, cicoria di campo ed erbe balsamiche, con ricordo di menta e rosmarino. Al gusto è morbido e fine, dotato di toni di cardo, lattuga e ricca mandorla dolce in chiusura. Amaro e piccante ben espressi ed equilibrati. Buon accompagnamento per antipasti di molluschi, legumi bolliti, marinate di ricciola, patate in umido, zuppe di orzo, primi piatti con funghi finferli, pesci alla griglia, seppie alla piastra, formaggi caprini.

Oliveto, a restored farm house overlooking a valley of olive groves, was founded in 1956 by Felice Contessa and today is run by Mrs Gertrude, who besides olive growing organizes farm holidays. Four hectares of the total surface are destined to the specialized olive grove with 1,200 trees. In the last harvest 300 quintals of olives were produced, equal to 40 hectolitres of extra virgin olive oil. We recommend the farm selection, the Extra Virgin Oliveto Pdo Umbria – Colli Amerini, which is a beautiful intense limpid golden yellow colour. Its aroma is elegant and rotund, characterized by vegetal notes of artichoke, wild chicory and aromatic herbs, especially mint and rosemary. Its taste is mellow and fine, endowed with a flavour of thistle, lettuce and a rich sweet almond finish. Bitterness and pungency are distinct and balanced. It would be ideal on mussel appetizers, boiled legumes, marinated amberjack, stewed potatoes, barley soups, pasta with chanterelle mushrooms, grilled fish, pan-seared cuttlefish, goat cheese.

Azienda Agricola Eugenio Ranchino

Canale, 53
05018 Orvieto (TR)
Tel. + 39 0763 374061 - Fax + 39 0763 344123
E-mail: frantoioranchino@libero.it - Web: www.frantoioranchino.it

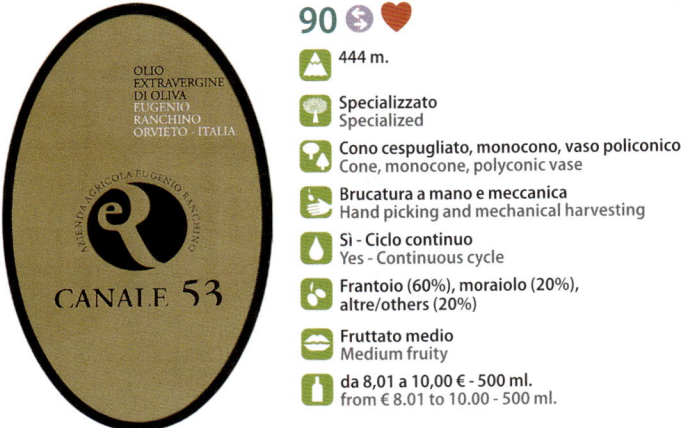

90

- 444 m.
- Specializzato / Specialized
- Cono cespugliato, monocono, vaso policonico / Cone, monocone, polyconic vase
- Brucatura a mano e meccanica / Hand picking and mechanical harvesting
- Sì - Ciclo continuo / Yes - Continuous cycle
- Frantoio (60%), moraiolo (20%), altre/others (20%)
- Fruttato medio / Medium fruity
- da 8,01 a 10,00 € - 500 ml. / from € 8.01 to 10.00 - 500 ml.

Olivicoltori di tradizione, i discendenti della famiglia Ranchino seguitano l'attività familiare con uno sguardo rivolto al futuro, visto che hanno recentemente rinnovato gli impianti e sono provvisti di un frantoio aziendale di ultima generazione. Su 10 ettari di terreni vulcanici dimorano 3mila piante da un variegato parco di cultivar, dalle quali quest'anno sono stati ricavati 400 quintali di olive che hanno reso 60 ettolitri di olio extravergine. Segnaliamo le due etichette Extravergine Sanpatrizio e Canale 53, quest'ultimo scelto dal panel. Di un bel colore giallo dorato intenso con leggere sfumature verdoline, limpido; all'olfatto si esprime ampio e complesso, dotato di eleganti note di erbe officinali, con netto ricordo di menta e rosmarino, cui si aggiungono sentori vegetali di carciofo e cicoria selvatica. Al gusto è fine e avvolgente, con toni speziati di pepe nero, lattuga e mandorla verde. Amaro spiccato e piccante presente. Ottimo abbinamento con antipasti di molluschi, insalate di pesce persico, marinate di orata, verdure gratinate, zuppe di orzo, risotto con funghi finferli, gamberi in guazzetto, rombo arrosto, formaggi caprini.

The family Ranchino follow the tradition of their ancestors olive growers, but also aim at innovation. In fact they have recently updated their plants and have supplied themselves with an advanced oil mill. There are 10 hectares of volcanic land with 3,000 trees of a wide range of cultivars, which produced 400 quintals of olives in the last harvest, equal to 60 hectolitres of extra virgin olive oil. We recommend two farm selections: the Extra Virgin Sanpatrizio and Canale 53, chosen by our panel. It is a beautiful intense limpid golden yellow colour with slight green hues. Its aroma is ample and complex, with elegant notes of officinal herbs, especially mint and rosemary, together with vegetal hints of artichoke and wild chicory. Its taste is fine and rotund, with a spicy flavour of black pepper, lettuce and green almond. Bitterness is distinct and pungency is present. It would be ideal on mussel appetizers, perch salads, marinated gilthead, vegetables au gratin, barley soups, risotto with chanterelle mushrooms, stewed shrimps, roast turbot, goat cheese.

Lazio

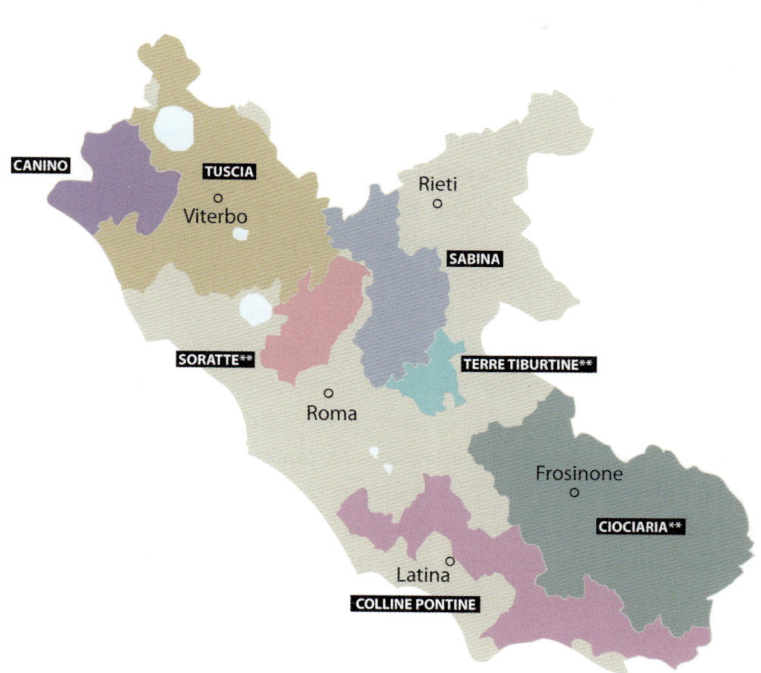

*** All'esame del MiPAAF per la certificazione • *Under MiPAAF exam for certification*

Dati Statistici

Superficie olivetata nazionale	1.147.188 (ha)
Superficie olivetata regionale	90.024 (ha)
Quota regionale	7,85%
Frantoi	329
Produzione nazionale 09-10	521.915,9 (t)
Produzione regionale 09-10	27.223,0 (t)
Produzione regionale 08-09	36.973,9 (t)
Variazione	- 26,37%
Quota regionale	5,21%

National Institute of Statistics

Statistic Data

National Olive Surface	1,147,188 (ha)
Regional Olive Surface	90,024 (ha)
Regional Quota	7.85%
Olive Oil Mills	329
National production 09-10	521,915.9 (t)
Regional production 09-10	27,223.0 (t)
Regional production 08-09	36,973.9 (t)
Variation	- 26.37%
Regional Quota	5.21%

Nella regione laziale la presenza dell'olivo è molto antica. Da sempre infatti la pianta sacra ha trovato qui un habitat naturale ideale, grazie alla morfologia del territorio, irrorato da abbondanti acque di superficie, e alle condizioni climatiche favorevoli al suo sviluppo. La storia racconta che gli Etruschi piantarono l'olivo in tutta l'Italia centrale e in particolare nella Tuscia che corrisponde all'attuale provincia di Viterbo. L'antichità di questa tradizione è ben documentata dal famoso olivo di Canneto Sabino, il più antico d'Europa, tuttora in piena vegetazione nonostante i duemila anni di età. In seguito furono i Romani a perfezionare le tecniche di produzione e di trasformazione e a diffondere l'olivicoltura su larga scala in tutti i territori conquistati, anche i più remoti, allo scopo di approvvigionare la madre patria. Si stima infatti che nella Roma imperiale si consumassero ogni anno più di 321mila anfore di olio, pari a circa 22.500 tonnellate di prodotto. Una valutazione resa possibile dai reperti accumulati sul Monte Testaccio situato vicino al porto fluviale, l'Emporium, dove giungevano le navi cariche di anfore che, una volta svuotate dall'olio, venivano rotte e depositate e che, sedimentandosi, hanno dato origine nei secoli a una vera e propria collinetta battezzata Monte dei Cocci. Durante il Medioevo furono i monaci dell'abbazia di Farfa, in Sabina, a farsi custodi delle tradizioni agricole e in particolare olivicole. Fino a giungere ai nostri giorni in cui il comparto olivicolo laziale può definirsi abbastanza al passo con i tempi, grazie ai nuovi impianti, alle tecniche agronomiche avanzate e ai moderni sistemi di estrazione. Gli ettari olivetati sono 90.024. Molte le zone vocate, a cominciare dalla Sabina, divisa fra le provincie di Roma e di Rieti: area di antichissima tradizione, si è conquistata una delle prime Dop d'Italia, la Sabina appunto, che tutela gli oli ottenuti da varietà frantoio, leccino, pendolino, moraiolo, rosciola, carboncella oltre che dalle cultivar locali raja, olivastrone, olivago e salviana. In provincia di Viterbo ricadono due Dop, la Canino e la Tuscia, nelle quali prevale l'autoctona caninese insieme a leccino, pendolino, maurino e frantoio. In provincia di Roma la Dop Terre Tiburtine è attualmente in attesa al MiPAAF per la certificazione, come pure la Dop Soratte, nella cui area è diffusa la varietà locale sirole. L'olivicoltura è praticata anche nel Frusinate, con le varietà tipiche dell'Italia centrale (leccino, frantoio e moraiolo) accanto all'autoctona rosciola. Anche questa provincia ha all'esame del MiPAAF una proposta di Dop, la Ciociaria, con le quattro sottozone Monti Ernici, Colline del Cassinate, Sub Monti Lepini e Valle Comino. Infine in provincia di Latina è stata da pochissimo attuata la Dop Colline Pontine. In questa porzione della regione si segnalano le varietà minutella e vallanella, mentre nell'area di Cori, nei Monti Lepini, si coltiva l'itrana, ottima anche come oliva da tavola. Per il resto, la filiera olearia conta più di 62mila aziende, parte delle quali ottiene il suo reddito maggiore proprio dall'olivicoltura. La trasformazione avviene in 329 frantoi dai quali, nella campagna 2009-2010, sono state ricavate 27.223 tonnellate di olio, pari al 5,21% del totale nazionale, con una diminuzione del 26,37% rispetto all'annata precedente.

The origins of olive growing in Lazio are lost in antiquity. In fact the olive tree has always found its ideal habitat here, thanks to the orography of this territory, with its abundant surface waters, and to the favourable climatic conditions.

According to history the Etrurians planted the olive tree in the whole of central Italy and particularly in Tuscia, the present province of Viterbo. This ancient tradition is well represented by the famous olive tree of Canneto Sabino, the oldest in Europe, which is still fruit-bearing, although it is 2,000 years old. The Romans perfected oil production and extraction techniques and spread large scale olive growing in all the conquered territories, even the remotest, in order to supply their mother country. In Imperial Rome over 321,000 amphoras of oil a year are thought to have been consumed, a quantity equal to 22,500 tons of product. This assessment was made possible by the finds on Monte Testaccio, situated near the river port, the Emporium, where cargoes of amphoras arrived. These were emptied, broken and piled up to create over the centuries a small hill called " Potsherd Mount". During the Middle Ages the abbey of Farfa in Sabina became the repository of the agricultural and especially olive growing traditions. Today the olive sector in Lazio is in the vanguard thanks to new plantations, advanced agronomic techniques, modern extraction systems. The olive grove surface covers 90,024 hectares. There are many suitable areas, starting from Sabina, divided between the provinces of Roma and Rieti: this area with a very ancient tradition was granted one of the first Pdo in Italy, Sabina, which protects oils obtained from the varieties frantoio, leccino, pendolino, moraiolo, rosciola, carboncella, besides the autochthonous raja, olivastrone, olivago and salviana. In the province of Viterbo there are two Pdo, Canino and Tuscia, where the autochthonous variety caninese prevails, together with leccino, pendolino, maurino and frantoio. In the province of Rome the Pdo Terre Tiburtine and the Pdo Soratte, where the local variety sirole is common, are going through MiPAAF examination. Olive growing is spread also in the area of Frosinone, where we find the typical varieties of central Italy - leccino, frantoio and moraiolo - together with the autochthonous rosciola. Also in this province there is a Pdo under MiPAAF examination, Ciociaria, with the four subareas Monti Ernici, Colline del Cassinate, Sub Monti Lepini and Valle Comino. Finally the province of Latina has recently obtained the Pdo Colline Pontine. Here we find the varieties minutella and vallanella, while in the area of Cori in Monti Lepini itrana is cultivated, also an excellent table olive. The olive oil sector consists of over 62,000 farms, a part of which has its greatest income from olive growing. Transformation is carried out in 329 olive oil mills, which produced 27,223 tons of oil in 2009-2010, equal to 5.21% of the total national quantity, with a decrease of 26.37% compared to the previous year.

Italia Italy [IT] Lazio

Azienda Agricola Marcella Giuliani

Via Anticolana Km 5 - Vico Moricino
03012 Anagni (FR)
Tel. + 39 06 44235908 - Fax + 39 06 44235908
E-mail: matolu@tiscali.it - Web: www.aziendaagricolamarcellagiuliani.it

93

- 350 m.
- **Specializzato** / Specialized
- **Vaso** / Vase
- **Brucatura a mano** / Hand picking
- **Sì - Ciclo continuo** / Yes - Continuous cycle
- **Leccino (60%), carboncella (30%), frantoio, moraiolo (10%)**
- **Fruttato leggero** / Light fruity
- da 8,01 a 10,00 € - 500 ml. / from € 8.01 to 10.00 - 500 ml.

M eritatissima segnalazione per Marcella Giuliani, orgogliosa della propria azienda familiare che produce vino e olio fin dal 1900: e lo è a ragione, visto che conduce una delle più interessanti realtà di produzione olearia del Frusinate. La tenuta di Vico si estende per 40 ettari, di cui quasi 3 sono riservati all'oliveto specializzato con 780 piante, dalle quali quest'anno sono stati raccolti 133 quintali di olive, pari a una resa di 20 ettolitri di olio extravergine. Ottima l'etichetta proposta, l'Extravergine Marcella Giuliani da Agricoltura Biologica. Alla vista appare di un bel colore giallo dorato intenso con tenui riflessi verdi, limpido; al naso si offre ampio e avvolgente, dotato di eleganti note fruttate di mela bianca e banana matura, cui si associano sentori balsamici di basilico e mentuccia. Al gusto è complesso e vegetale, con toni di carciofo, cardo e lattuga che chiudono in mandorla. Amaro e piccante presenti e armonici. Un abbinamento eccellente è con antipasti di orzo, aragosta bollita, carpaccio di ricciola, marinate di dentice, zuppe di fave, cous cous di pesce, gamberi arrosto, pesci bolliti, formaggi freschi a pasta molle, biscotti da forno.

M arcella Giuliani is proud of her family farm, which has been producing wine and olive oil since 1900: indeed she runs one of the most interesting structures of oil production in the area of Frosinone. The estate of Vico extends over 40 hectares, almost 3 of which are destined to specialized olive grove with 780 trees. In the last harvest 133 quintals of olives were produced, equal to a yield of 20 hectolitres of extra virgin olive oil. The selection proposed, the Extra Virgin Marcella Giuliani from Organic Farming, is excellent. It is a beautiful intense limpid golden yellow colour with slight green hues. Its aroma is ample and rotund, endowed with elegant fruity notes of white apple and ripe banana, together with fragrant hints of basil and field balm. Its taste is complex and vegetal, with a flavour of artichoke, thistle and lettuce and an almond finish. Bitterness and pungency are present and harmonic. It would be ideal on barley appetizers, boiled spiny lobster, amberjack carpaccio, marinated sea bream, broad bean soups, fish cous cous, roast shrimps, boiled fish, soft fresh cheese, oven cookies.

Italia Italy [IT] Lazio

Azienda Agricola Biologica Americo Quattrociocchi

Via Mole Santa Maria, 11
03011 Alatri (FR)
Tel. + 39 0775 435392 - Fax + 39 0775 435392
E-mail: info@olioquattrociocchi.it - Web: www.olioquattrociocchi.it

96

400 m.

Specializzato
Specialized

Vaso aperto
Open vase

Brucatura a mano
Hand picking

Sì - Ciclo continuo
Yes - Continuous cycle

Itrana

Fruttato intenso
Intense fruity

da 10,01 a 12,00 € - 500 ml.
from € 10.01 to 12.00 - 500 ml.

Superba performance di Americo Quattrociocchi che si aggiudica il premio come Migliore Olio Extravergine di Oliva dell'Anno. Dal 1888 la sua famiglia si dedica con passione all'olivicoltura tra gli alberi secolari delle colline di Alatri. E con risultati così eccellenti da farne una realtà di spicco a livello nazionale. Parliamo di 110 ettari con 25mila piante e di un moderno frantoio aziendale. Il raccolto quest'anno ha reso 5mila quintali di olive e 900 ettolitri di olio. Tre gli Extravergine da Agricoltura Biologica: l'Olio Quattrociocchi e i due Olivastro, Etichetta Nera e Etichetta Gialla. Segnaliamo quest'ultimo, di colore giallo dorato intenso con caldi toni verdi, limpido; al naso è potente e ampio, con note fruttate di pomodoro di media maturità, mela bianca, banana e netto ricordo di basilico e mentuccia. In bocca è avvolgente e di carattere, con toni di sedano, lattuga, pepe nero e mandorla. Amaro potente e piccante spiccato. È perfetto su carpaccio di carne chianina con funghi ovoli, insalate di tonno, marinate di pesce spada, passati di lenticchie, pesce azzurro gratinato, carni rosse o nere alla brace, formaggi di media stagionatura.

It is the Best Extra Virgin Olive Oil of the Year. Since 1888 Americo Quattrociocchi's family has been passionately practising olive growing among century-old trees on the hills of Alatri and they are now an important national reality. There are 110 hectares of olive grove with 25,000 trees and a modern oil mill. The last harvest yielded 5,000 quintals of olives, equal to 900 hectolitres of oil. There are three excellent Extra Virgin selections from Organic Farming: Olio Quattrociocchi and the two Olivastro, Etichetta Nera and Etichetta Gialla. This one is an intense limpid golden yellow colour with warm green hues. Its aroma is powerful and ample, with fruity hints of medium ripe tomato, white apple, banana and distinct notes of basil and field balm. Its taste is rotund and strong, with hints of celery, lettuce, black pepper and almond. Bitterness is powerful and pungency is distinct. It would be ideal on chianina beef carpaccio with ovoli mushrooms, tuna salads, marinated swordfish, lentil purée, blue fish au gratin, barbecued red meat or game, medium mature cheese.

Francesco Saverio Biancheri

Via San Martino, 80 - San Martino
04015 Priverno (LT)
Tel. + 39 0773 903260 - Fax + 39 0773 902978
E-mail: fbiancheri@gmail.com

89

- 100 m.
- Specializzato / Specialized
- Vaso policonico / Polyconic vase
- Bacchiatura e brucatura a mano / Beating and hand picking
- No - Ciclo continuo / No - Continuous cycle
- Itrana
- Fruttato medio / Medium fruity
- da 8,01 a 10,00 € - 500 ml. / from € 8.01 to 10.00 - 500 ml.

Collocata sulla sommità di un colle, a circa 100 metri sul mare e completamente circondata dal bosco del Polverino, la Francesco Saverio Biancheri fa parte del comprensorio di Priverno, nel basso Lazio. Dei 20 ettari di superficie totale di proprietà, più di 6 sono destinati all'oliveto specializzato, con 1.150 piante coltivate con metodi biologici. Nella recente campagna il raccolto di 200 quintali di olive ha reso una produzione di 30 ettolitri di olio. Segnaliamo l'ottimo Extravergine Colle del Polverino da Agricoltura Biologica. Alla vista è di colore giallo dorato intenso con delicate nuance verdi, limpido; all'olfatto si offre ampio e deciso, con eleganti sentori fruttati di pomodoro di media maturità, mela bianca, banana matura e note aromatiche di basilico, mentuccia e pepe nero. Al gusto è elegante e complesso, con toni di ortaggi di campo, fave, sedano e netta chiusura di mandorla dolce. Amaro e piccante ben espressi e armonici. È eccellente per antipasti di farro, bruschette con verdure, insalate di fagioli, marinate di ricciola, zuppe di legumi, primi piatti con asparagi, gamberi in umido, pesci alla brace, formaggi freschi a pasta filata.

Francesco Saverio Biancheri is situated on the top of a hill at an altitude of about 100 metres above sea level and is completely surrounded by the wood of Polverino. It is part of the district of Priverno in the south of Lazio. Over 6 hectares out of 20 of total surface are destined to specialized olive grove with 1,150 trees cultivated with organic methods. In the last harvest 200 quintals of olives were produced, which yielded 30 hectolitres of oil. We recommend the excellent Extra Virgin Colle del Polverino from Organic Farming. It is an intense limpid golden yellow colour with delicate green hues. Its aroma is ample and definite, with elegant fruity hints of medium ripe tomato, white apple, ripe banana and aromatic hints of basil, field balm and black pepper. Its taste is elegant and complex, with a flavour of country vegetables, broad beans, celery and a distinct sweet almond finish. Bitterness and pungency are distinct and harmonic. It would be ideal on farro appetizers, bruschette with vegetables, bean salads, marinated amberjack, legume soups, pasta with asparagus, stewed shrimps, barbecued fish, mozzarella cheese.

Azienda Agricola Alfredo Cetrone

Via Cornarolo, 4 - Rave Bianche
04010 Sonnino (LT)
Tel. + 39 0773 949008 - Fax + 39 0773 807411
E-mail: info@cetrone.it - Web: www.cetrone.it

96

500 m.

Specializzato
Specialized

Vaso aperto
Open vase

Brucatura a mano e meccanica
Hand picking and mechanical harvesting

Sì - Ciclo continuo
Yes - Continuous cycle

Itrana

Fruttato medio
Medium fruity

da 12,01 a 15,00 € - 500 ml.
from € 12.01 to 15.00 - 500 ml.

Mai meno di eccellente. L'azienda di Alfredo Cetrone si trova a Sonnino, nella fascia costiera dei Monti Lepini, in provincia di Latina. Circa 105 ettari di impianto specializzato con 20mila piante secolari costituiscono il patrimonio di olivi monocultivar itrana, coltivati con amore dalla famiglia Cetrone fin dal 1860. Quest'anno il raccolto di 3mila quintali di olive ha prodotto 500 ettolitri di olio. Tre le selezioni Extravergine Cetrone proposte, tutte impeccabili: il Fruttato Intenso, il Fruttato Delicato e il Dop Colline Pontine, scelto dal panel. Di un bel colore giallo dorato intenso con sfumature verdi, limpido; al naso si offre ampio e avvolgente, dotato di eleganti sentori fruttati di pomodoro di media maturità, mela bianca e banana acerba, arricchiti da note balsamiche di salvia, basilico e mentuccia. Al gusto è complesso e di carattere, con toni vegetali di sedano, lattuga e fave fresche. Amaro deciso e piccante ben espresso. Si abbina bene a carpaccio di salmone, insalate di farro, marinate di orata, patate al cartoccio, passati di fagioli, primi piatti al pomodoro, pesci di scoglio alla griglia, rombo alla piastra, formaggi caprini.

As usual excellent Alfredo Cetrone's farm is situated in Sonnino, on the shoreline of Monti Lepini in the province of Latina. About 105 hectares of olive grove with 20,000 century-old trees have passionately been cultivated by the family Cetrone since 1860. In the last harvest 3,000 quintals of olives were produced, which yielded 500 hectolitres of extra virgin olive oil. There are three excellent Extra Virgin selections Cetrone, Intense Fruity, Delicate Fruity and Pdo Colline Pontine, chosen by our panel. It is a beautiful intense limpid golden yellow colour with green hues. Its aroma is ample and rotund, with elegant fruity hints of medium ripe tomato, white apple and unripe banana, enriched by fragrant hints of sage, basil and field balm. Its taste is complex and strong, with a vegetal flavour of celery, lettuce and fresh broad beans. Bitterness is definite and pungency is distinct. It would be ideal on salmon carpaccio, farro salads, marinated gilthead, baked potatoes, bean purée, pasta with tomato sauce, grilled rockfish, pan-seared turbot, goat cheese.

Italia Italy [IT] Lazio

Azienda Agricola Colle Rotondo

Via Colle Rotondo - Ceriara
04015 Priverno (LT)
Tel. + 39 06 7820675 - 06 78384895 - Fax + 39 06 7820675
E-mail: collerotondo@tiscali.it

92

- 150 m.
- Specializzato / Specialized
- Vaso aperto / Open vase
- Bacchiatura e brucatura a mano / Beating and hand picking
- No - Ciclo continuo / No - Continuous cycle
- Itrana
- Fruttato intenso / Intense fruity
- da 6,01 a 8,00 € - 500 ml. / from € 6.01 to 8.00 - 500 ml.

Un ottima prova per la Colle Rotondo di Ceriara, nel vocatissimo territorio di Priverno, in provincia di Latina. La tenuta appartiene dal 1700 alla famiglia di Salvatore Reali, che attualmente è alla guida di 15 ettari di oliveto specializzato con 4mila piante di itrana. Nella recente campagna olearia sono stati raccolti 500 quintali di olive che hanno permesso una produzione di 75 ettolitri di olio. Segnaliamo l'etichetta proposta dall'azienda, l'ottimo Extravergine Colle Rotondo che alla vista si presenta di un bel colore giallo dorato intenso con delicati riflessi verdi, limpido. All'olfatto si apre deciso e ampio, ricco di sentori fruttati di pomodoro di media maturità, banana matura e mela bianca, a cui si aggiungono eleganti note floreali di lavanda e netto ricordo balsamico di menta e basilico. Al gusto è avvolgente e di carattere, con spiccati toni vegetali di lattuga, sedano e fave fresche. Amaro e piccante decisi e armonici. Buon accompagnamento per antipasti di pesce azzurro, carpaccio di carne cruda con funghi ovoli, marinate di pesce spada, zuppe di fagioli, primi piatti con salsiccia, tonno alla griglia, carni rosse o nere alla brace, formaggi stagionati a pasta dura.

An excellent performance for Azienda Agricola Colle Rotondo in Ceriara, in the favourable territory of Priverno, in the province of Latina. The estate has belonged to Salvatore Reali's family since the 18th century. Currently there are 15 hectares of specialized olive grove with 4,000 trees of the variety itrana. In the last harvest 500 quintals of olives were produced, which allowed to yield 75 hectolitres of oil. We recommend the selection proposed by the farm, the Extra Virgin Colle Rotondo. It is a beautiful intense limpid golden yellow colour with delicate green hues. Its aroma is definite and ample, rich in fruity hints of medium ripe tomato, ripe banana and white apple, together with elegant flowery notes of lavender and a distinct fragrant note of mint and basil. Its taste is rotund and strong, with a distinct vegetal flavour of lettuce, celery and broad beans. Bitterness and pungency are definite and harmonic. It would be ideal on bluefish appetizers, beef carpaccio with ovoli mushrooms, marinated swordfish, bean soups, pasta with sausages, grilled tuna, barbecued red meat or game, hard mature cheese.

Centro Produzione Olio Fratelli De Gregoris

Via Madonnella, 19 - Capocroce
04010 SONNINO (LT)
Tel. + 39 0773 879932 - 0773 947471 - Fax + 39 0773 879932
E-mail: oleificiodegregoris@alice.it - Web: www.oleificiodegregoris.it

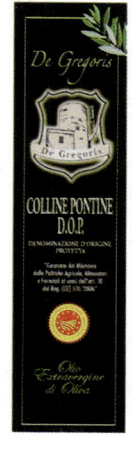

87

300 m.

Specializzato
Specialized

Vaso aperto, vaso libero
Open vase, free vase

Meccanica
Mechanical harvesting

Sì - Ciclo continuo
Yes - Continuous cycle

Itrana

Fruttato medio
Medium fruity

da 8,01 a 10,00 € - 500 ml.
from € 8.01 to 10.00 - 500 ml.

Diamo il benvenuto all'azienda dei fratelli De Gregoris che vanta un'esperienza nel settore agroalimentare e oleario da circa sessant'anni. Collocata nel comprensorio di Sonnino, produce extravergine in una delle zone più rinomate e vocate del Lazio. Su un impianto specializzato di 4 ettari, trovano dimora mille piante di itrana che, molite nel moderno frantoio aziendale, hanno reso quest'anno un raccolto di 600 quintali di olive, pari a circa 111 ettolitri di olio. Ottima l'etichetta proposta, l'Extravergine De Gregoris Dop Colline Pontine che appare alla vista di un bel colore giallo dorato intenso con sfumature verdoline, limpido; al naso si offre deciso e ampio, ricco di sentori fruttati di pomodoro di media maturità, mela bianca e banana matura, cui si aggiungono note vegetali di sedano, lattuga e fave fresche. In bocca è avvolgente e complesso, con toni di erbe officinali, con basilico e menta in evidenza. Amaro e piccante ben espressi e armonici. Ideale accompagnamento per antipasti di fagioli, carpaccio di salmone, insalate di pomodori, patate alla brace, zuppe di orzo, risotto con funghi finferli, pesce azzurro marinato, formaggi freschi a pasta filata.

Present for the first time in this Guide, the farm of the brothers De Gregoris can boast a 60-year experience in the agricultural, food and oil fields. Placed in the district of Sonnino, it produces extra virgin olive oil in one of the most favourable and well-known areas of Lazio. There is a 4-hectare specialized olive grove with 1,000 tres of the variety itrana. In the last harvest 600 quintals of olives were produced, equal to about 111 hectolitres of oil. The excellent selection proposed, the Extra Virgin De Gregoris Pdo Colline Pontine, is a beautiful intense limpid golden yellow colour with light green hues. Its aroma is definite and ample, rich in fruity hints of medium ripe tomato, white apple and ripe banana, together with vegetal notes of celery, lettuce and fresh broad beans. Its taste is rotund and complex, with a flavour of officinal herbs, especially basil and mint. Bitterness and pungency are distinct and harmonic. It would be ideal on bean appetizers, salmon carpaccio, tomato salads, barbecued potatoes, barley soups, risotto with chanterelle mushrooms, marinated blue fish, mozzarella cheese.

Azienda Agricola Lucia Iannotta

Via Capocroce, 10
04010 Sonnino (LT)
Tel. + 39 0773 947005
E-mail: lucia_iannotta@libero.it

88

- 600 m.
- Specializzato / Specialized
- Vaso / Vase
- Brucatura a mano / Hand picking
- Sì - Ciclo continuo / Yes - Continuous cycle
- Itrana
- Fruttato medio / Medium fruity
- da 4,01 a 6,00 € - 500 ml. / from € 4.01 to 6.00 - 500 ml.

Un'ottima prova quella di Lucia Iannotta che, dopo aver maturato e consolidato per anni la propria esperienza nell'azienda di famiglia, l'ha rilevata nel 2008 rinnovandola e dotandola peraltro di una moderna linea di estrazione. Siamo nel vocato comune di Sonnino, su una superficie collinare completamente terrazzata dove si estendono 16 ettari di oliveto specializzato con 4mila piante di itrana. Nella recente campagna olearia da un raccolto di 300 quintali di olive sono stati ricavati circa 65 ettolitri di olio. L'etichetta proposta, l'Extravergine Lucia Iannotta, appare alla vista di un bel colore giallo dorato intenso, limpido. Al naso si offre ampio e complesso, con eleganti note fruttate di pomodoro di media maturità, mela bianca e banana matura, arricchite da sentori balsamici di basilico, menta e salvia. Al gusto è deciso e vegetale, con toni di sedano, fave fresche e ravanello. Amaro spiccato e piccante ben espresso e armonico. Un eccellente abbinamento è con antipasti di fagioli, insalate di ceci, marinate di ricciola, pomodori con riso, passati di patate, primi piatti con molluschi, pesci arrosto, tartare di tonno, coniglio al forno, pollame alla brace, formaggi caprini.

This excellent performance is due to Lucia Iannotta, who, after gaining experience in the family farm for years, in 2008 took it over, renewing it and supplying it with a modern extraction system. The estate is in the suitable area of Sonnino on a hilly terraced surface with 16 hectares of specialized olive grove containing 4,000 trees of the variety itrana. In the last harvest 300 quintals of olives yielded about 65 hectolitres of extra virgin olive oil. The selection proposed, the Extra Virgin Lucia Iannotta, is a beautiful intense limpid golden yellow colour. Its aroma is ample and complex, with elegant fruity notes of medium ripe tomato, white apple and ripe banana, enriched by fragrant hints of basil, mint and sage. Its taste is definite and vegetal, with hints of celery, fresh broad beans and radish. Bitterness is strong and pungency is distinct and harmonic. It would be ideal on bean appetizers, chickpea salads, marinated amberjack, tomatoes stuffed with rice, potato purée, pasta with mussels, roast fish, tuna tartare, baked rabbit, barbecued poultry, goat cheese.

Italia Italy [IT] Lazio

Azienda Agricola Biologica Impero Maggiarra

Via Capitano Vincenzo Pellegrini, 10
04010 Sonnino (LT)
Tel. + 39 0773 98019 - Fax + 39 0773 98974
E-mail: maggiarra-impero@libero.it - Web: www.imperomaggiarra.it

89

600 m.

Specializzato
Specialized

Ombrello
Weeping vase

Brucatura a mano
Hand picking

No - Sinolea
No - Sinolea

Itrana

Fruttato intenso
Intense fruity

da 10,01 a 12,00 € - 500 ml.
from € 10.01 to 12.00 - 500 ml.

Ottimo risultato per l'Azienda Agricola Biologica Impero Maggiarra che si colloca nel vocato comprensorio di Sonnino, su antichi terrazzamenti collinari dove si distendono gli oliveti della tipica varietà itrana. Su una superficie specializzata di 10 ettari dimorano 3mila piante che, nell'ultima campagna olearia, hanno fruttato un raccolto di 800 quintali di olive, per una resa produttiva di circa 157 ettolitri di olio. Segnaliamo l'etichetta Extravergine Impero Biol Dop Colline Pontine da Agricoltura Biologica: alla vista si presenta di un bel colore giallo dorato intenso con calde tonalità verdi, limpido; all'olfatto si offre potente e ampio, dotato di intense note fruttate di pomodoro di media maturità, mela bianca e banana matura, arricchite da spiccati sentori di erbe balsamiche, con basilico e salvia in evidenza. Al gusto è avvolgente e complesso, con toni vegetali di lattuga e fave fresche. Amaro e piccante decisi ed equilibrati. È eccellente per antipasti di funghi porcini, insalate di tonno, marinate di pesce spada, pomodori gratinati, minestroni di verdure, primi piatti al ragù, pesce azzurro al forno, carni rosse o cacciagione arrosto, formaggi stagionati a pasta dura.

The olive groves of the typical variety itrana of Azienda Agricola Biologica Impero Maggiarra are spread over ancient terraced hills in the suitable area of Sonnino. There are 3,000 trees on a specialized surface of 10 hectares. In the last oil harvest they produced 800 quintals of olives, equal to a yield of about 157 hectolitres of extra virgin olive oil. We recommend the Extra Virgin selection Impero Biol Pdo Colline Pontine from Organic Farming. It is a beautiful intense limpid golden yellow colour with warm green hues. Its aroma is powerful and ample, endowed with intense fruity notes of medium ripe tomato, white apple and ripe banana, enriched by distinct hints of aromatic herbs, particularly basil and sage. Its taste is rotund and complex, with a vegetal flavour of lettuce and fresh broad beans. Bitterness and pungency are definite and balanced. It would be ideal on porcini mushroom appetizers, tuna salads, marinated swordfish, tomatoes au gratin, minestrone with vegetables, pasta with meat sauce, baked blue fish, roast red meat or game, hard mature cheese.

Azienda Agricola Tenuta Piscoianni

Monte della Pieta, 52 - Piscoianni
04010 Sonnino (LT)
Tel. + 39 0773 939063 - Fax + 39 0773 939096
E-mail: info@tenutapiscoianni.it

93

500 m.

Specializzato
Specialized

Vaso aperto
Open vase

Brucatura a mano e meccanica
Hand picking and mechanical harvesting

No - Ciclo continuo
No - Continuous cycle

Itrana

Fruttato medio
Medium fruity

da 12,01 a 15,00 € - 500 ml.
from € 12.01 to 15.00 - 500 ml.

Sempre meritatissima la segnalazione per la Tenuta Piscoianni di Sonnino che ci propone prodotti eccellenti. Guidata da una decina d'anni da Gina Cetrone, sorella di Alfredo Cetrone, la struttura dispone di un patrimonio di 30 ettari di oliveto specializzato con 6mila piante di itrana messe a dimora. Quest'anno sono stati raccolti 1.200 quintali di olive, pari a una resa di 180 ettolitri di olio. Ineccepibili le due etichette Extravergine Tenuta Piscoianni che segnaliamo, il Fruttato Intenso e ancor di più il Fruttato Medio. Di un bel colore giallo dorato intenso con sottili sfumature verdi, limpido; all'olfatto si offre deciso e ampio, ricco di sentori fruttati di pomodoro di media maturità, banana matura, mela bianca e ricordo di pistacchio. In bocca è avvolgente e di carattere, con toni vegetali di sedano, lattuga e fave fresche, cui si accompagnano note balsamiche di mentuccia e basilico. Amaro e piccante ben espressi e armonici. Buon accompagnamento per insalate di farro, marinate di salmone, patate alla griglia, verdure arrosto, zuppe di orzo, risotto con funghi finferli, rombo alla piastra, seppie in umido, coniglio al forno, pollo arrosto, formaggi freschi a pasta filata.

As always an excellent performance for Tenuta Piscoianni in Sonnino. For about ten years it has been run by Gina Cetrone, Alfredo Cetrone's sister. The specialized olive grove covers 30 hectares containing 6,000 trees of the variety itrana. In the last harvest 1,200 quintals of olives were produced, which yielded 180 hectolitres of extra virgin olive oil. We recommend two excellent Extra Virgin selections Piscoianni, Fruttato Intenso and especially Fruttato Medio. It is a beautiful intense limpid golden yellow colour with slight green hues. Its aroma is definite and ample, rich in fruity hints of medium ripe tomato, ripe banana, white apple and a note of pistachio. Its taste is rotund and strong, with vegetal hints of celery, lettuce and fresh broad beans, together with fragrant notes of field balm and basil. Bitterness and pungency are distinct and harmonic. It would be ideal on farro salads, marinated salmon, grilled potatoes, roast vegetables, barley soups, risotto with chanterelle mushrooms, pan-seared turbot, stewed cuttlefish, baked rabbit, roast chicken, mozzarella cheese.

Italia Italy [IT] Lazio

Azienda Agricola Il Cervo Rampante

Strada delle Macerine - Lo Strazzo
02031 Castelnuovo di Farfa (RI)
Tel. + 39 06 8610647 - 06 86202267 - Fax + 39 06 86202267
E-mail: info@ilcervorampante.it - Web: www.ilcervorampante.it

82

- 300 m.
- Specializzato / Specialized
- Vaso aperto / Open vase
- Bacchiatura e brucatura a mano / Beating and hand picking
- No - Ciclo continuo / No - Continuous cycle
- Frantoio (60%), carboncella (20%), leccino (10%), pendolino (10%)
- Fruttato medio / Medium fruity
- da 10,01 a 12,00 € - 500 ml. / from € 10.01 to 12.00 - 500 ml.

Diamo il benvenuto in Guida a una giovane azienda agricola nata per iniziativa della famiglia Gurgo di Castelmenardo nel comune di Castelnuovo di Farfa, nel Reatino. Parliamo dell'Agricola Il Cervo Rampante dove, su circa 7 ettari di oliveto specializzato, trovano dimora 2.500 piante che, nella recente campagna olearia, hanno fruttato un raccolto di 100 quintali di olive, pari a una resa produttiva di 20 ettolitri di olio extravergine. Segnaliamo l'etichetta aziendale, l'Extravergine Il Cervo Rampante Dop Sabina che si presenta alla vista di un bel colore giallo dorato intenso, limpido; all'olfatto si esprime sottile e composto, dotato di sentori vegetali di carciofo e cardo selvatico, cui si accompagnano note di erbe officinali, con ricordo di menta e rosmarino. In bocca si offre morbido e dosato, caratterizzato da toni di cicoria e lattuga che chiudono in mandorla dolce. Amaro e piccante ben presenti ed equilibrati. È un perfetto accompagnamento per bruschette con verdure, fagioli al vapore, marinate di orata, patate arrosto, zuppe di ceci, primi piatti con molluschi, pesci alla griglia, tartare di ricciola, formaggi freschi a pasta filata.

Present for the first time in this Guide, this young farm was founded by the family Gurgo di Castelmenardo in the district of Castelnuovo di Farfa, in the area of Rieti. Il Cervo Rampante has about 7 hectares of specialized olive grove with 2,500 trees, which produced 100 quintals of olives in the last harvest, equal to a yield of 20 hectolitres of extra virgin olive oil. We recommend the farm selection, the Extra Virgin Il Cervo Rampante Pdo Sabina, which is a beautiful intense limpid golden yellow colour. Its aroma is fine and delicate, endowed with vegetal hints of artichoke and wild thistle, together with notes of officinal herbs, especially mint and rosemary. Its taste is mellow and delicate, characterized by a flavour of chicory and lettuce with a sweet almond finish. Bitterness and pungency are present and balanced. It would be ideal on bruschette with vegetables, steamed beans, marinated gilthead, roast potatoes, chickpea soups, pasta with mussels, grilled fish, amberjack tartare, mozzarella cheese.

Società Agricola La Mola

Mercato Vecchio
02031 Castelnuovo di Farfa (RI)
Tel. + 39 0765 36388 - Fax + 39 0765 36381
E-mail: lamola.billi@tiscali.it

92

- 350 m.
- Specializzato / Specialized
- Vaso aperto / Open vase
- Brucatura a mano e meccanica / Hand picking and mechanical harvesting
- No - Ciclo continuo / No - Continuous cycle
- Frantoio (60%), leccino (30%), pendolino (10%)
- Fruttato medio / Medium fruity
- da 10,01 a 12,00 € - 500 ml. / from € 10.01 to 12.00 - 500 ml.

Ottima prova per La Mola di Castelnuovo di Farfa, punto di riferimento qualitativo indiscusso dell'olivicoltura regionale. Merito della signora Anna Maria Billi e di Francesca e Paola Pingi che nel 1996 hanno iniziato a imbottigliare l'olio ricavato dalle 4.800 piante messe a dimora in 18 ettari di oliveto specializzato di proprietà. Nell'ultima campagna olearia sono stati raccolti 600 quintali di olive che hanno prodotto 80 ettolitri di olio extravergine. Segnaliamo l'etichetta aziendale, l'Extravergine La Mola Dop Sabina che si presenta alla vista di un bel colore giallo dorato intenso, con delicate sfumature verdi, limpido; all'olfatto si esprime deciso e avvolgente, ricco di sentori vegetali di carciofo, cardo di campo e note di erbe aromatiche, con netto ricordo di menta e rosmarino. Al gusto è complesso e fine, con toni di cicoria, lattuga, pepe nero e spiccata chiusura di mandorla. Amaro e piccante ben espressi e ben armonizzati. È un ottimo accompagnamento per antipasti di molluschi, fagioli al vapore, insalate di farro, marinate di verdure, zuppe di orzo, primi piatti con molluschi, pesci alla brace, tartare di salmone, formaggi caprini.

An excellent performance for La Mola in Castelnuovo di Farfa, an indisputable quality point of reference of regional olive growing thanks to Anna Maria Billi and Francesca and Paola Pingi, who in 1996 started bottling the oil obtained from 4,800 trees contained in an 18-hectare specialized olive grove. In the last harvest 600 quintals of olives were produced, equal to 80 hectolitres of extra virgin olive oil. We recommend the farm selection, the Extra Virgin La Mola Pdo Sabina, which is a beautiful intense limpid golden yellow colour with delicate green hues. Its aroma is definite and rotund, rich in vegetal hints of artichoke, wild thistle and notes of aromatic herbs, especially mint and rosemary. Its taste is complex and fine, with a flavour of chicory, lettuce, black pepper and a distinct almond finish. Bitterness and pungency are distinct and harmonic. It would be ideal on mussel appetizers, steamed beans, farro salads, marinated vegetables, barley soups, pasta with mussels, barbecued fish, salmon tartare, goat cheese.

Azienda Agricola Ermanno e Francesco Rosati

Via Farense, 166 - Coltodino
02032 Fara in Sabina (RI)
Tel. + 39 0765 387051 - 02 48009477 - Fax + 39 0765 387909 - 02 48009462
E-mail: g.rosati@Rosatiagriolio.it - Web: www.rosatiagriolio.it

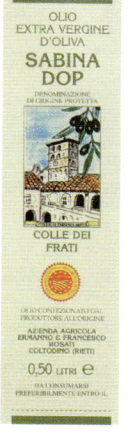

82

350 m.

Specializzato
Specialized

Vaso aperto
Open vase

Brucatura a mano e meccanica
Hand picking and mechanical harvesting

No - Ciclo continuo
No - Continuous cycle

Carboncella (40%), frantoio (40%), leccino (20%)

Fruttato medio
Medium fruity

da 6,01 a 8,00 € - 500 ml.
from € 6.01 to 8.00 - 500 ml.

Situata sulle colline che circondano il comune di Fara in Sabina, l'azienda di Ermanno e Francesco Rosati da cinque generazioni coniuga le conoscenze olivicole della tradizione all'innovazione tecnologica nei vari livelli della filiera. Attualmente conta su 56 ettari di superficie specializzata divisa tra le due proprietà di Colle dei Frati e Fonte Luna, dove trovano posto 8mila piante dalle quali in questa campagna sono stati raccolti 1.500 quintali di olive, per una produzione di 270 ettolitri. La selezione Extravergine Colle dei Frati Dop Sabina si presenta alla vista di colore giallo dorato intenso, limpido; all'olfatto è composto e vegetale, caratterizzato da note di carciofo, cicoria, lattuga e sentori di erbe aromatiche, con ricordo di basilico e prezzemolo. Al gusto è sottile ed equilibrato, dotato di toni fruttati di mela bianca matura e spiccata mandorla in chiusura. Amaro presente e piccante contenuto, con dolce in evidenza. Ottimo abbinamento con antipasti di fagioli, carpaccio di salmone, insalate di pomodori, patate alla piastra, zuppe di orzo, risotto con funghi finferli, seppie alla griglia, tartare di ricciola, coniglio al forno, pollame ai ferri, formaggi caprini.

Situated on the hills surrounding the municipality of Fara in Sabina, Ermanno and Francesco Rosati's farm has been marrying olive growing tradition and technological innovation in every part of the olive sector for five generations. Currently there are 56 hectares of specialized olive grove with 8,000 trees distributed in the two estates of Colle dei Frati and Fonte Luna. In the last harvest 1,500 quintals of olives were produced, equal to a yield of 270 hectolitres of extra virgin olive oil. The Extra Virgin selection Colle dei Frati Pdo Sabina is an intense limpid golden yellow colour. Its aroma is delicate and vegetal, characterized by notes of artichoke, chicory, lettuce and hints of aromatic herbs, especially basil and parsley. Its taste is fine and balanced, endowed with a fruity flavour of ripe white apple and a distinct almond finish. Bitterness is present and pungency is limited with evident sweetness. It would be ideal on bean appetizers, salmon carpaccio, tomato salads, seared potatoes, barley soups, risotto with chanterelle mushrooms, grilled cuttlefish, amberjack tartare, baked rabbit, grilled poultry, goat cheese.

Azienda Agricola Maria Teresa Tanteri

Via Roma, 21 - Canneto Sabino
02032 Fara in Sabina (RI)
Tel. + 39 0765 34052 - Fax + 39 0765 34052
E-mail: elena.onori@virgilio.it

85

200 m.

Specializzato
Specialized

Monocono, vaso
Monocone, vase

Brucatura a mano
Hand picking

Sì - Sinolea
Yes - Sinolea

Carboncella (40%), raja (30%), frantoio (20%), leccino (10%)

Fruttato leggero
Light fruity

da 4,01 a 6,00 € - 250 ml.
from € 4.01 to 6.00 - 250 ml.

L'Azienda Agricola Maria Teresa Tanteri di Canneto Sabino ha una sua storicità nel territorio della Sabina reatina: l'attuale proprietaria, Maria Teresa, è l'erede di una tradizione familiare iniziata nel 1870. Oggi la struttura dispone di un moderno frantoio e di 12 ettari di oliveto specializzato di proprietà con 3mila piante dalle quali, durante l'ultima campagna olearia, sono stati raccolti 550 quintali di olive pari a 82 ettolitri di olio extravergine. Segnaliamo l'etichetta proposta, l'Extravergine S. Maria della Neve Dop Sabina. Alla vista si presenta di colore giallo dorato intenso con leggere sfumature verdoline, limpido; al naso si esprime sottile e dosato, caratterizzato da sentori vegetali di carciofo e lattuga, arricchiti da toni aromatici di rosmarino, menta e pepe nero. Al gusto è composto e fine, dotato di note di cardo selvatico, cicoria e frutta secca, con noce matura e mandorla. Amaro e piccante presenti e armonizzati. È un ottimo accompagnamento per antipasti di ceci, carpaccio di pesce persico, insalate di riso, marinate di spigola, passati di verdure, risotto con asparagi, rombo al cartoccio, seppie ai ferri, formaggi freschi a pasta molle, biscotti da forno.

Azienda Agricola Maria Teresa Tanteri in Canneto Sabino is an historical presence in the territory of Sabina Reatina: in fact the present owner, Maria Teresa, is the heir of a family tradition started in 1870. Today the farm has a modern oil mill and 12 hectares of specialized olive grove with 3,000 trees. In the last harvest they produced 550 quintals of olives, equal to 82 hectolitres of extra virgin olive oil. We recommend the selection proposed, the Extra Virgin S. Maria della Neve Pdo Sabina. It is an intense limpid golden yellow colour with slight light green hues. Its aroma is fine and balanced, characterized by vegetal hints of artichoke and lettuce, enriched by aromatic hints of rosemary, mint and black pepper. Its taste is delicate and fine, endowed with notes of wild thistle, chicory and dried fruit, especially ripe walnut and almond. Bitterness and pungency are present and harmonic. It would be ideal on chickpea appetizers, perch carpaccio, rice salads, marinated bass, vegetable purée, risotto with asparagus, turbot baked in parchment paper, grilled cuttlefish, soft fresh cheese, oven cookies.

Azienda Agricola Marco Trimani

Via San Vittore, 76 - San Vittore
02049 Torri in Sabina (RI)
Tel. + 39 06 4469661 - Fax + 39 06 4468351
E-mail: marco@trimani.com - Web: www.trimani.com

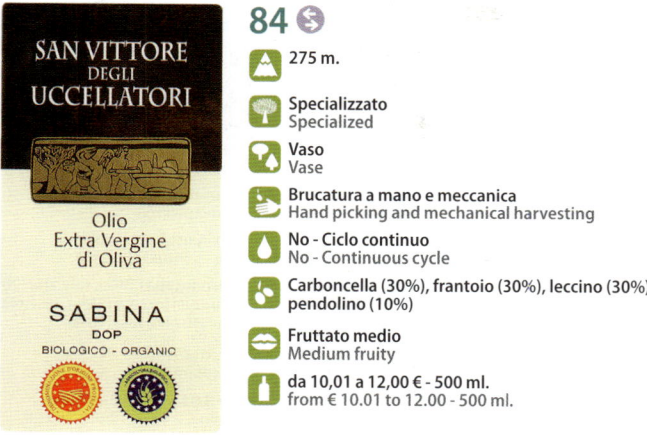

84

275 m.

Specializzato
Specialized

Vaso
Vase

Brucatura a mano e meccanica
Hand picking and mechanical harvesting

No - Ciclo continuo
No - Continuous cycle

Carboncella (30%), frantoio (30%), leccino (30%), pendolino (10%)

Fruttato medio
Medium fruity

da 10,01 a 12,00 € - 500 ml.
from € 10.01 to 12.00 - 500 ml.

Trimani è un nome conosciuto nel mondo del vino di qualità a Roma: è il più antico negozio di vini della città, esistente fin dal 1821. Ma non solo vino. Marco Trimani è anche un appassionato di olio extravergine che produce a partire da un appezzamento di terreno in località San Vittore, nella Sabina Reatina. Qui, su circa 6 ettari di superficie olivetata specializzata, trovano dimora circa 2mila piante che hanno fruttato quest'anno un raccolto di 140 quintali di olive, per una produzione in olio extravergine di quasi 22 ettolitri. L'Extravergine San Vittore Degli Uccellatori Dop Sabina da Agricoltura Biologica alla vista è di colore giallo dorato intenso con riflessi verdolini, limpido. All'olfatto è dosato e composto, con sentori di carciofo e cicoria, arricchiti da sottili note fruttate di pomodoro acerbo. Al gusto è morbido e fine, con toni balsamici di menta e basilico e chiusura di mandorla. Amaro e piccante presenti e armonici. Eccellente per antipasti di carciofi, insalate di orzo, marinate di orata, pomodori con riso, zuppe di ceci, primi piatti con funghi finferli, gamberi in umido, rombo alla griglia, coniglio al forno, pollame ai ferri, formaggi freschi a pasta filata.

Trimani is a famous name in the field of quality wine in Rome: it is in fact the most ancient wine shop in the town, existing since 1821. But Marco Trimani is also a lover of extra virgin olive oil, which he produces from a plot of land in San Vittore, in the area of Sabina Reatina. There are about 6 hectares of specialized olive surface with about 2,000 trees, which produced 140 quintals of olives in the last harvest, equal to almost 22 hectolitres of extra virgin olive oil. The Extra Virgin San Vittore Degli Uccellatori Pdo Sabina from Organic Farming is an intense limpid golden yellow colour with light green hues. Its aroma is balanced and delicate, with hints of artichoke and chicory, enriched by fine fruity notes of unripe tomato. Its taste is mellow and fine, with a fragrant flavour of mint and basil and an almond finish. Bitterness and pungency are present and harmonic. It would be ideal on artichoke appetizers, barley salads, marinated gilthead, tomatoes stuffed with rice, chickpea soups, pasta with chanterelle mushrooms, stewed shrimps, grilled turbot, baked rabbit, grilled poultry, mozzarella cheese.

Italia Italy [IT] Lazio

Colle del Sole

Strada del Laghetto, 9 - Valle Catelli - Quirani
00018 Palombara Sabina (RM)
Tel. + 39 0774 615123 - 06 86801914 - Fax + 39 0774 615123 - 06 86801879
E-mail: aziendapalombara@tiscali.it - Web: www.aziendapalombara.it

86

350 m.

Specializzato
Specialized

Monocono
Monocone

Brucatura a mano
Hand picking

No - Ciclo continuo
No - Continuous cycle

Carboncella (30%), salviana (20%),
frantoio, leccino (30%), rosciola (10%),
olivastrone, raja (10%)

Fruttato medio
Medium fruity

da 8,01 a 10,00 € - 500 ml.
from € 8.01 to 10.00 - 500 ml.

Fondata circa venti anni or sono da Remo Ruggeri, Colle del Sole è una bella realtà della Sabina che si colloca alle pendici del parco naturale dei Monti Lucretili. L'azienda, che produce anche vino, è guidata attualmente da Antonella Ruggeri che si occupa di 8 ettari di superficie olivetata specializzata, con 1.300 piante di varietà tipiche di zona. Da queste, nella recente campagna olearia, sono stati raccolti 170 quintali di olive che hanno permesso di produrre 20 ettolitri di olio. Segnaliamo la selezione proposta dall'azienda, l'Extravergine Colle del Sole Dop Sabina che alla vista appare di un bel colore giallo dorato intenso, limpido. All'olfatto si offre ampio e avvolgente, con sentori vegetali di carciofo e lattuga, arricchiti da note di erbe aromatiche, con spiccato basilico e prezzemolo. Al gusto è fine e complesso, dotato di toni di cardo di campo che chiudono in mandorla dolce. Amaro ben espresso e piccante contenuto e dosato. È un buon accompagnamento per antipasti di farro, insalate di fagioli, marinate di orata, patate in umido, passati di asparagi, primi piatti con molluschi, gamberi in umido, rombo al forno, formaggi caprini.

Founded by Remo Ruggeri about 20 years ago, Colle del Sole is a beautiful estate situated in Sabina, on the side of the reserve of Monti Lucretili. The farm, which also produces wine, is currently run by Antonella Ruggeri. There are 8 hectares of specialized olive surface with 1,300 trees of typical local varieties. In the last harvest 170 quintals of olives were produced, which allowed to yield 20 hectolitres of extra virgin olive oil. We recommend the farm selection, the Extra Virgin Colle del Sole Pdo Sabina, which is a beautiful intense limpid golden yellow colour. Its aroma is ample and rotund, with vegetal hints of artichoke and lettuce, enriched by notes of aromatic herbs, especially basil and parsley. Its taste is fine and complex, endowed with hints of wild thistle and a sweet almond finish. Bitterness is distinct and pungency is limited and complimentary. It would be ideal on farro appetizers, bean salads, marinated gilthead, stewed potatoes, asparagus purée, pasta with mussels, stewed shrimps, baked turbot, goat cheese.

Italia Italy [IT] Lazio

Azienda Agricola Antonella Domenici
Cascianella
00018 Palombara Sabina (RM)
Tel. + 39 0774 634908 - Fax + 39 0774 634908
E-mail: antonelladomenici@libero.it

84

- 250/350 m.
- Promiscuo e specializzato / Promiscuous and specialized
- Vaso, vaso cespugliato / Vase, vase bush
- Brucatura a mano e meccanica / Hand picking and mechanical harvesting
- No - Ciclo continuo / No - Continuous cycle
- Carboncella (40%), salviana (30%), leccino (20%), altre/others (10%)
- Fruttato leggero / Light fruity
- da 6,01 a 8,00 € - 500 ml. / from € 6.01 to 8.00 - 500 ml.

Da sempre la passione per l'agricoltura dà forma alle scelte di Antonella Domenici: dagli studi presso la facoltà di Agraria alla decisione, nel 2003, di creare un'azienda olivicola a gestione familiare, con l'obiettivo di interpretare le tradizioni agricole in chiave moderna. La struttura dispone di un oliveto di 8 ettari con 1.300 piante e di una boutique dell'olio, utilizzata per lo stoccaggio, l'imbottigliamento e come sala di degustazione. Quest'anno il raccolto di 180 quintali di olive ha reso 35 ettolitri di olio. L'Extravergine Antonella Domenici Dop Sabina appare alla vista di colore giallo dorato intenso con nuance verdoline, limpido; al naso si esprime sottile e composto, dotato di sentori vegetali di carciofo, lattuga e ricordo balsamico di rosmarino e menta. In bocca è morbido e dosato, con toni fruttati di mora e note di ortaggi di campo che chiudono in mandorla. Amaro presente e piccante contenuto, con dolce in evidenza. È un buon accompagnamento per antipasti di carciofi, antipasti di molluschi, legumi bolliti, patate alla griglia, zuppe di orzo, cous cous di verdure, pesci arrosto, seppie in umido, formaggi freschi a pasta filata.

Antonella Domenici's life has always been influenced by her passion for agriculture: she studied Agricultural Science at University and in 2003 she decided to create a family-run oil farm to interpret tradition in a modern way. The estate has an 8-hectare olive surface with 1,300 trees and an oil boutique used for stocking, bottling and as a tasting place. In the last harvest 180 quintals of olives were produced, equal to 35 hectolitres of extra virgin olive oil. The Extra Virgin Antonella Domenici Pdo Sabina is an intense limpid golden yellow colour with light green hues. Its aroma is fine and delicate, endowed with vegetal hints of artichoke, lettuce and fragrant notes of rosemary and mint. Its taste is mellow and delicate, with a fruity flavour of blackberry and notes of country vegetables with an almond finish. Bitterness is present and pungency is limited with evident sweetness. It would be ideal on artichoke appetizers, mussel appetizers, boiled legumes, grilled potatoes, barley soups, vegetable cous cous, roast fish, stewed cuttlefish, mozzarella cheese.

La Cascina Romana

Via Maremmana Inferiore Km 8.800 - Valle Paolo Antonio
00010 Montorio Romano (RM)
Tel. + 39 06 85301288
E-mail: lacascinaromana@gmail.com

80

- 190/230 m.
- **Specializzato** / Specialized
- **Vaso aperto** / Open vase
- **Brucatura a mano e meccanica** / Hand picking and mechanical harvesting
- **No - Ciclo continuo** / No - Continuous cycle
- Carboncella (95%), pendolino (2%), frantoio (1%), leccino (1%), salviana (1%)
- **Fruttato medio** / Medium fruity
- da 8,01 a 10,00 € - 500 ml. / from € 8.01 to 10.00 - 500 ml.

Diamo il nostro benvenuto in Guida a La Cascina Romana, un'antica proprietà rurale di Montorio Romano, dal 2007 azienda agricola che opera in regime di conversione biologica. Alla conduzione ci sono Maurizio D'Annunzio e Laura Fattore che gestiscono un impianto specializzato di circa 4 ettari su cui trovano dimora 450 piante di olivo. Da queste, nella recente campagna olearia, sono stati ricavati 104 quintali di olive, pari a una produzione in olio di quasi 17 ettolitri. Segnaliamo l'etichetta aziendale, l'Extravergine La Cascina Romana che appare alla vista di colore giallo dorato intenso con tenui nuance verdi, limpido; all'olfatto si offre sottile e composto, dotato di sentori vegetali di carciofo, cardo di campo e note di erbe aromatiche tra le quali spiccano la menta e il rosmarino. In bocca è morbido e dosato, con toni di cicoria e lattuga che chiudono in mandorla dolce. Amaro presente e piccante contenuto, con dolce in rilievo. Buon abbinamento con antipasti di mare, fagioli bolliti, insalate di pomodori, patate al cartoccio, zuppe di funghi ovoli, risotto con molluschi, gamberi in guazzetto, rombo alla griglia, formaggi freschi a pasta filata.

Present for the first time in this Guide, La Cascina Romana is an ancient estate in Montorio Romano, which has been active as an organic farm since 2007. It is run by Maurizio D'Annunzio and Laura Fattore, who manage a specialized olive grove of about 4 hectars with 450 trees. In the last harvest 104 quintals of olives were produced, equal to a yield of almost 17 hectolitres of extra virgin olive oil. We recommend the farm selection, the Extra Virgin La Cascina Romana, which is an intense limpid golden yellow colour with slight green hues. Its aroma is fine and delicate, endowed with vegetal hints of artichoke, wild thistle and notes of aromatic herbs, especially mint and rosemary. Its taste is mellow and delicate, with a flavour of chicory and lettuce and a sweet almond finish. Bitterness is present and pungency is limited with evident sweetness. It would be ideal on seafood appetizers, boiled beans, tomato salads, baked potatoes, ovoli mushroom soups, risotto with mussels, stewed shrimps, grilled turbot, mozzarella cheese.

Italia Italy [IT] Lazio

Azienda Agricola e Frantoio Battaglini

Via Cassia Km 111.700
01023 Bolsena (VT)
Tel. + 39 0761 798847 - Fax + 39 0761 798847
E-mail: bolsena@frantoiobattaglini.it - Web: www.frantoiobattaglini.it

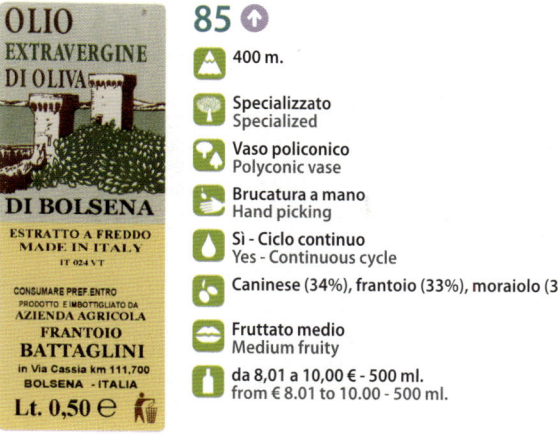

85

400 m.

Specializzato
Specialized

Vaso policonico
Polyconic vase

Brucatura a mano
Hand picking

Sì - Ciclo continuo
Yes - Continuous cycle

Caninese (34%), frantoio (33%), moraiolo (33%)

Fruttato medio
Medium fruity

da 8,01 a 10,00 € - 500 ml.
from € 8.01 to 10.00 - 500 ml.

S ulle vocatissime colline del Lago di Bolsena si trova l'Azienda Agricola e Frantoio Battaglini. Fondata nel 1935 da Nazareno, che acquistò i terreni dove dimoravano già gli olivi e un frantoio tradizionale, oggi è gestita dall'attuale proprietario Bruno Battaglini, affiancato dai figli Andrea e Stefano. Parliamo di 12 ettari di oliveto specializzato sui quali dimorano 4mila piante che, nell'ultima campagna olearia, hanno reso 800 quintali di olive, pari a una produzione di circa 135 ettolitri di olio. Il panel ha segnalato l'Extravergine Di Bolsena che si presenta alla vista di colore giallo dorato intenso con delicate sfumature verdoline, limpido. All'olfatto si apre elegante e avvolgente, dotato di sentori balsamici di basilico e prezzemolo, arricchiti da toni di erba fresca falciata. In bocca si offre morbido e vegetale, con note di carciofo, lattuga e netta chiusura di mandorla dolce. Amaro presente e piccante contenuto e dosato. È un buon accompagnamento per antipasti di funghi ovoli, carpaccio di orata, insalate di gamberi, marinate di trota, passati di ceci, cous cous di pesce, fritture di paranza, pesci di lago ai ferri, formaggi freschi a pasta molle, biscotti da forno.

A zienda Agricola e Frantoio Battaglini is situated on the favourable hills overlooking Lake Bolsena. Founded in 1935 by Nazareno, who purchased the lands where there were already olive trees and a traditional oil mill, today it is run by the present owner Bruno Battaglini together with his sons Andrea and Stefano. In the 12-hectare specialized olive grove there are 4,000 trees, which produced 800 quintals of olives in the last harvest, equal to a yield of about 135 hectolitres of extra virgin olive oil. The panel recommends the Extra Virgin Di Bolsena, which is an intense limpid golden yellow colour with delicate light green hues. Its aroma is elegant and rotund, endowed with fragrant hints of basil and parsley, enriched by hints of freshly mown grass. Its taste is mellow and vegetal, with notes of artichoke, lettuce and a distinct sweet almond finish. Bitterness is present and pungency is limited and complimentary. It would be ideal on ovoli mushroom appetizers, gilthead carpaccio, shrimp salads, marinated trout, chickpea purée, fish cous cous, fried small fish, grilled freshwater fish, soft fresh cheese, oven cookies.

Italia Italy [IT] Lazio

Frantoio Cioccolini

Via della Marescotta, 7
01039 Vignanello (VT)
Tel. + 39 0761 754198 - 0761 754756 - Fax + 39 0761 756814
E-mail: info@frantoiocioccolini.it - Web: www.frantoiocioccolini.it

- 360/400 m.
- Promiscuo / Promiscuous
- Cono rovesciato / Reverse cone
- Brucatura a mano e meccanica / Hand picking and mechanical harvesting
- Sì - Ciclo continuo / Yes - Continuous cycle
- Frantoio (50%), leccino (30%), caninese (10%), moraiolo (10%)
- Fruttato medio / Medium fruity
- da 6,01 a 8,00 € - 500 ml. / from € 6.01 to 8.00 - 500 ml.

La Famiglia Cioccolini sin dal 1890 produce olio extravergine nella propria tenuta Torre Aliano. Attualmente nel frantoio oleario, in funzione dal 1963 e modernizzato secondo le più avanzate tecnologie del settore, trasforma la produzione propria e quella di molti olivicoltori della zona. Da una superficie olivetata di 13 ettari con 2.500 piante sono stati raccolti quest'anno 150 quintali di olive che, uniti ai 500 acquistati, hanno prodotto circa 98 ettolitri di olio, più altri 131 comprati per un totale di circa 229 ettolitri. L'Extravergine Frantoio Cioccolini appare alla vista di colore giallo dorato intenso con delicate nuance verdi, limpido. Al naso si offre sottile e composto, dotato di sentori vegetali di carciofo, cicoria e cardo selvatico, con l'aggiunta di note aromatiche di menta e rosmarino. In bocca è morbido e dosato, con toni di ortaggi di campo e chiusura spiccata di mandorla dolce. Amaro presente e piccante contenuto. È eccellente per antipasti di fagioli, carpaccio di pesce di lago, insalate di legumi, marinate di salmone, zuppe di farro, risotto con funghi finferli, crostacei in guazzetto, molluschi gratinati, formaggi caprini.

The members of the family Cioccolini have been producing extra virgin olive oil in their Azienda Agricola "Torre Aliano" since 1890. Today they transform their production and the production of many local olive growers in their oil mill, active since 1963 and updated with the most advanced technology. The olive grove surface covers 13 hectares with 2,500 trees. In the last harvest 150 quintals of olives were produced and 500 purchased, with a yield of 98 hectolitres of oil. 131 hectolitres were also purchased, for a total amount of about 229 hectolitres. The Extra Virgin Frantoio Cioccolini is an intense limpid golden yellow colour with delicate green hues. Its aroma is fine and delicate, with vegetal hints of artichoke, chicory and wild thistle, together with aromatic notes of mint and rosemary. Its taste is mellow and delicate, with hints of country vegetables and a distinct sweet almond finish. Bitterness is present and pungency is limited. It would be ideal on bean appetizers, freshwater fish carpaccio, legume salads, marinated salmon, farro soups, risotto with chanterelle mushrooms, stewed shellfish, mussels au gratin, goat cheese.

Società Agricola Colli Etruschi

Via degli Ulivi, 2
01010 Blera (VT)
Tel. + 39 0761 470469 - Fax + 39 0761 470469
E-mail: info@collietruschi.it - Web: www.collietruschi.it

95

280/350 m.

Promiscuo e specializzato
Promiscuous and specialized

Vaso
Vase

Brucatura a mano e meccanica
Hand picking and mechanical harvesting

Sì - Ciclo continuo
Yes - Continuous cycle

Caninese

Fruttato medio
Medium fruity

da 8,01 a 10,00 € - 500 ml.
from € 8.01 to 10.00 - 500 ml.

La Colli Etruschi, attiva dal 1965 nella vocatissima zona di Blera, si distingue con oli extravergine di altissimo profilo. Si tratta di una cooperativa che aggrega 384 soci i quali conducono circa 800 ettari di oliveti con 40mila piante. In questa campagna olearia sono stati conferiti al moderno frantoio aziendale 10mila quintali di olive, pari a una produzione di quasi 1.360 ettolitri di olio extravergine. Due le etichette Extravergine segnalate: il Colli Etruschi e soprattutto l'eccellente eVo Dop Tuscia, scelto dal panel. Alla vista si offre di un bel colore giallo dorato intenso con calde nuance verdi, limpido; all'olfatto è complesso e avvolgente, dotato di ampie note vegetali di carciofo, cardo selvatico e cicoria, arricchite da sentori speziati di pepe nero e netti toni balsamici di rosmarino e menta. Al gusto è fine e di carattere, con note di ortaggi di campo e decisa mandorla dolce. Amaro potente e piccante spiccato e armonico. Un abbinamento buono è con antipasti di carciofi, insalate di legumi, patate al cartoccio, verdure arrosto, passati di fagioli, primi piatti al pomodoro, pesci di lago alla brace, tonno arrosto, pollame o carni di agnello al forno, formaggi caprini.

Società Agricola Colli Etruschi, which has been working in the very suitable area of Blera since 1965 , has always produced high quality extra virgin olive oil. It is a co-operative of 384 members, who run about 800 hectares of olive groves with 40,000 trees. In the last harvest 10,000 quintals of olives were crushed in the modern oil mill, equal to a production of almost 1,360 hectolitres of extra virgin olive oil. We recommend two Extra Virgin selections: Colli Etruschi and especially the excellent eVo Pdo Tuscia, which has been chosen by our panel. It is a beautiful intense limpid golden yellow colour with warm green hues. Its aroma is complex and rotund, with ample vegetal hints of artichoke, wild thistle and chicory, enriched by spicy hints of black pepper and distinct fragrant hints of rosemary and mint. Its taste is fine and strong, with hints of country vegetables and definite sweet almond. Bitterness is powerful and pungency is distinct and harmonic. It would be ideal on artichoke appetizers, legume salads, baked potatoes, roast vegetables, bean purée, pasta with tomato sauce, barbecued freshwater fish, roast tuna, baked poultry or lamb, goat cheese.

Azienda Agricola Laura De Luca - Olea Romea

Paoletti
01027 Montefiascone (VT)
Tel. + 39 06 35453504
E-mail: info@lauradelucaandfriends.it - Web: www.lauradelucaandfriends.it

86

350 m.

Specializzato
Specialized

Forma libera
Free form

Brucatura a mano
Hand picking

Sì - Ciclo continuo
Yes - Continuous cycle

Caninese

Fruttato medio
Medium fruity

da 8,01 a 10,00 € - 500 ml.
from € 8.01 to 10.00 - 500 ml.

Olea Romea nasce nel 2006 dal recupero di un antico oliveto di 2 ettari collocati tra un binario ferroviario e un tratto dell'antica via Francigena, alle porte di Montefiascone. L'amore per la terra di Laura De Luca e del marito, sostenuti da un gruppo di amici esperti e appassionati di olio, ha riportato a nuova vita 600 piante che, nella recente campagna, hanno fruttato un raccolto di 100 quintali di olive. Queste, molite nel moderno frantoio aziendale, hanno prodotto 12 ettolitri di olio. L'Extravergine monovarietale Olea Romea - Canino appare alla vista di un bel colore giallo dorato intenso con delicati riflessi verdi, limpido. Al naso si offre ampio e vegetale, con eleganti sentori di carciofo e cicoria, arricchiti da note balsamiche di basilico e rosmarino. In bocca è avvolgente e complesso, con toni di ortaggi freschi di campo, pepe nero e frutta secca, con spiccata noce matura e mandorla. Amaro e piccante ben presenti e armonici. Ottimo su antipasti di molluschi, insalate di farro, marinate di ricciola, patate alla brace, zuppe di farro, primi piatti con molluschi, gamberi in umido, rombo alla piastra, coniglio al forno, pollame alla brace, formaggi freschi a pasta filata.

Olea Romea was founded in 2006 recovering an ancient 2-hectare olive grove situated between a railway track and a part of the ancient street Francigena near Montefiascone. In fact Laura De Luca and her husband, who strongly loved the land, gave new life to 600 olive trees with a group of expert and enthusiastic friends. In the last harvest 100 quintals of olives were produced, from which 12 hectolitres of oil were extracted in the modern oil mill. The Monovarietal Extra Virgin Olea Romea - Canino is a beautiful intense limpid golden yellow colour with delicate green hues. Its aroma is ample and vegetal, with elegant hints of artichoke and chicory, enriched by fragrant notes of basil and rosemary. Its taste is rotund and complex, with hints of fresh country vegetables, black pepper and dried fruit, especially ripe walnut and almond. Bitterness and pungency are present and harmonic. It would be ideal on mussel appetizers, farro salads, marinated amberjack, barbecued potatoes, farro soups, pasta with mussels, stewed shrimps, pan-seared turbot, baked rabbit, barbecued poultry, mozzarella cheese.

Italia Italy [IT] Lazio

Azienda Agricola Laura De Parri
Cerrosughero
01011 Canino (VT)
Tel. + 39 0761 438594 - Fax + 39 0761 438594
E-mail: lauradeparri@libero.it - Web: www.cerrosughero.com

92

350 m.

Specializzato
Specialized

Vaso policonico
Polyconic vase

Meccanica
Mechanical harvesting

Sì - Ciclo continuo
Yes - Continuous cycle

Caninese (80%), frantoio (20%)

Fruttato medio
Medium fruity

da 6,01 a 8,00 € - 500 ml.
from € 6.01 to 8.00 - 500 ml.

Cerrosughero è un bellissimo complesso agrituristico situato nel cuore della Maremma tosco-laziale, nel vocatissimo comprensorio di Canino tra boschi di querce, pascoli e, naturalmente, olivi. Laura De Parri è alla guida di questa realtà che comprende un oliveto specializzato di 20 ettari con 5mila piante e un moderno frantoio appena ristrutturato. Nell'ultima campagna da un raccolto di 900 quintali di olive sono stati prodotti circa 108 ettolitri di olio. Ottima la selezione aziendale, l'Extravergine Cerrosughero Dop Canino: di un bel colore giallo dorato intenso con spiccati riflessi verdi, limpido; all'olfatto si offre deciso e vegetale, con ricchi sentori di carciofo, cicoria e cardo di campo. In bocca è complesso e avvolgente, con eleganti toni balsamici di erbe officinali, con menta e basilico in evidenza, a cui si aggiungono note speziate di pepe nero che chiudono in mandorla dolce. Amaro e piccante ben espressi ed equilibrati. È eccellente per antipasti di farro, insalate di funghi finferli, marinate di orata, patate in umido, passati di orzo, risotto con molluschi, pesci di lago alla brace, rombo al forno, coniglio arrosto, pollame ai ferri, formaggi freschi a pasta filata.

Cerrosughero is a beautiful farm house in the heart of Maremma tosco-laziale, in the favourable district of Canino, in the middle of oaks, pastures and of course olive trees. The estate is run by Laura De Parri. The specialized olive grove extends over 20 hectares with 5,000 trees and a recently ugraded oil mill. In the last harvest 900 quintals of olives were produced, equal to a yield of about 108 hectolitres of oil. The excellent farm selection, the Extra Virgin Cerrosughero Pdo Canino, is a beautiful intense limpid golden yellow colour with distinct green hues. Its aroma is definite and vegetal, endowed with rich hints of artichoke, chicory and wild thistle. Its taste is complex and rotund, with elegant fragrant hints of officinal herbs, especially mint and basil, together with spicy notes of black pepper and a sweet almond finish. Bitterness and pungency are distinct and balanced. It would be ideal on farro appetizers, chanterelle mushroom salads, marinated gilthead, stewed potatoes, barley purée, risotto with mussels, barbecued freshwater fish, baked turbot, roast rabbit, grilled poultry, mozzarella cheese.

Italia Italy [IT] Lazio

Frantoio Gentili

Chiusa Le Sparme
01010 Farnese (VT)
Tel. + 39 0761 458583 - 0761 364343 - Fax + 39 0761 458583
E-mail: info@frantoiogentili.it - Web: www.frantoiogentili.it

81

400 m.

Specializzato
Specialized

Vaso
Vase

Meccanica
Mechanical harvesting

Sì - Sinolea
Yes - Sinolea

Caninese (80%), leccino (10%), pendolino (10%)

Fruttato leggero
Light fruity

da 8,01 a 10,00 € - 750 ml.
from € 8.01 to 10.00 - 750 ml.

Il Frantoio Gentili opera nel comprensorio di Farnese e vanta una tradizione lunga tre generazioni. Attualmente alla guida dell'ampia struttura ci sono Pietro e Romolo Gentili che conducono un patrimonio di 12 ettari, dedicati all'oliveto specializzato con 2.150 piante, e un moderno impianto di estrazione con il quale lavorano anche olive locali per conto terzi. L'ultimo raccolto ha fruttato mille quintali di olive che, uniti ai 2.500 acquistati, hanno prodotto 472 ettolitri di olio. Segnaliamo l'etichetta aziendale, l'Extravergine Frantoio Gentili Dop Canino che appare alla vista di colore giallo dorato intenso con calde nuance verdi, limpido; al naso si offre avvolgente e ampio, dotato di sentori vegetali di carciofo e cicoria, cui si associano note di erbe officinali con ricordo di basilico e mentuccia. In bocca è elegante e morbido, con toni di lattuga, cardo di campo e chiusura spiccata di mandorla dolce. Amaro e piccante presenti e dosati. Un eccellente abbinamento è con antipasti di ceci, carpaccio di dentice, insalate di funghi ovoli, marinate di crostacei, zuppe di fave, risotto con asparagi, fritture di verdure, rombo al cartoccio, formaggi freschi a pasta molle, biscotti da forno.

Frantoio Gentili is active in the district of Farnese and can boast a three-generation tradition. Currently this large estate is run by Pietro and Romolo Gentili, who manage 12 hectares of specialized olive grove with 2,150 trees and a modern extraction system to process also other producers' olives. In the last harvest 1,000 quintals of olives were produced and 2,500 purchased, with a yield of 472 hectolitres of extra virgin olive oil. We recommend the farm selection, the Extra Virgin Frantoio Gentili Pdo Canino, which is an intense limpid golden yellow colour with warm green hues. Its aroma is rotund and ample, endowed with vegetal hints of artichoke and chicory, together with notes of officinal herbs, especially basil and field balm. Its taste is elegant and mellow, with a flavour of lettuce, wild thistle and a distinct sweet almond finish. Bitterness and pungency are present and complimentary. It would be ideal on chickpea appetizers, sea bream carpaccio, ovoli mushroom salads, marinated shellfish, broad bean soups, risotto with asparagus, fried vegetables, turbot baked in parchment paper, soft fresh cheese, oven cookies.

Italia Italy [IT] Lazio

L'Oliveto Matarazzo

Strada della Trinità - Grotte Bassa
01100 Viterbo
Tel. + 39 0761 347182 - Fax + 39 0761 222811
E-mail: info@lolivetomatarazzo.com - Web: www.lolivetomatarazzo.com

90 ⬆ ❤

- 385 m.
- Specializzato / Specialized
- Vaso policonico / Polyconic vase
- Brucatura a mano e meccanica / Hand picking and mechanical harvesting
- Sì - Ciclo continuo / Yes - Continuous cycle
- Frantoio
- Fruttato medio / Medium fruity
- da 6,01 a 8,00 € - 500 ml. / from € 6.01 to 8.00 - 500 ml.

Brillantissimo debutto per L'Oliveto Matarazzo di Grotte Bassa, nel Viterbese. Merito di Adriano Matarazzo che è alla guida dal 1990 di una struttura che comprende un patrimonio di 17mila piante, su un oliveto specializzato di 74 ettari, e un impianto di estrazione all'avanguardia. Quest'anno un raccolto di 3mila quintali di olive ha prodotto 360 ettolitri di olio. Segnaliamo due selezioni Extravergine L'Oliveto Matarazzo Dop Tuscia da Agricoltura Biologica, entrambe monocultivar: il Caninese e soprattutto l'eccellente Frantoio. Di un bel colore giallo dorato intenso con sottili nuance verdi, limpido; al naso si esprime ampio e deciso, ricco di sentori vegetali di carciofo e cicoria, cui si aggiungono eleganti note di erbe aromatiche, con spiccato rosmarino, menta e ricordo di mandorla amara. In bocca è avvolgente e complesso, con toni speziati di pepe nero, ortaggi di campo e chiusura dolce di mandorla. Amaro potente e piccante deciso. È eccellente per antipasti di funghi porcini, carpaccio di tonno, insalate di pesce spada, marinate di pesce azzurro, zuppe di lenticchie, cous cous di carne, pesce spada alla piastra, carni rosse o nere alla griglia, formaggi di media stagionatura.

A brilliant first performance for Oliveto Matarazzo in Grotte Bassa, in the area of Viterbo. This result is due to Adriano Matarazzo, who has been running 74 hectares of specialized olive grove with 17,000 trees and an advanced extraction system since 1990. In the last harvest 3,000 quintals of olives were produced, with a yield of 360 hectolitres of extra virgin olive oil. We recommend two Monocultivar Extra Virgin selections L'Oliveto Matarazzo Pdo Tuscia from Organic Farming: Caninese and especially the excellent Frantoio. It is a beautiful intense limpid golden yellow colour with slight green hues. Its aroma is ample and definite, rich in vegetal hints of artichoke and chicory, together with elegant notes of aromatic herbs, especially rosemary, mint and a note of bitter almond. Its taste is rotund and complex, with a spicy flavour of black pepper, country vegetables and a sweet almond finish. Bitterness is powerful and pungency is definite. It would be ideal on porcini mushroom appetizers, tuna carpaccio, swordfish salads, marinated bluefish, lentil soups, meat cous cous, pan-seared swordfish, grilled red meat or game, medium mature cheese.

Italia Italy [IT] Lazio

Cooperativa Oleificio Mosse

S. S. Cassia Km 98.600 - Processione
01027 Montefiascone (VT)
Tel. + 39 0761 824440 - Fax + 39 0761 824440
E-mail: lemosse@libero.it - Web: www.oleificiolemosse.com

82 ⬆

400/600 m.

Promiscuo e specializzato
Promiscuous and specialized

Palmetta, vaso
Fan, vase

Brucatura a mano e meccanica
Hand picking and mechanical harvesting

Sì - Ciclo continuo
Yes - Continuous cycle

Caninese (70%), leccino (20%), maurino (10%)

Fruttato leggero
Light fruity

da 4,01 a 6,00 € - 500 ml.
from € 4.01 to 6.00 - 500 ml.

La Cooperativa Oleificio Mosse nasce nel 1961 su iniziativa di un piccolo gruppo di olivicoltori della frazione Mosse, nel territorio di Montefiascone. Attualmente la struttura conta su 351 soci che dispongono complessivamente di 600 ettari di superficie olivetata con 75mila piante, dalle quali in questa campagna olearia sono stati raccolti 12mila quintali di olive, per una produzione di olio extravergine che si aggira intorno ai 1.800 ettolitri. Il nostro panel segnala due etichette Extravergine Le Mosse: quello da Agricoltura Biologica e soprattutto il Dop Tuscia, di un bel colore giallo dorato intenso con caldi riflessi verdolini, limpido. Al naso si offre composto e vegetale, con sentori di carciofo, cicoria selvatica e ricordo di noce fresca. In bocca è contenuto e fine, dotato di toni di cardo di campo, lattuga ed erbe officinali, con menta e rosmarino in evidenza. Amaro e piccante presenti e dosati che chiudono in mandorla dolce. Buono l'abbinamento con antipasti di ceci, carpaccio di ricciola, insalate di crostacei, passati di fave, primi piatti con funghi ovoli, crostacei al vapore, fritture di calamari, formaggi freschi a pasta molle, biscotti da forno.

Cooperativa Oleificio Mosse was founded in 1961 by a small group of olive growers in the district of Mosse in the territory of Montefiascone. Currently there are 351 members, who have a total olive surface of 600 hectares with 75,000 trees. In the last harvest 12,000 quintals of olives were produced, which yielded about 1,800 hectolitres of extra virgin olive oil. Our panel has recommended two Extra Virgin selections Le Mosse, the one from Organic Farming and especially the Pdo Tuscia, which is a beautiful intense limpid golden yellow colour with warm light green hues. Its aroma is delicate and vegetal, characterized by hints of artichoke, wild chicory and a note of fresh walnut. Its taste is delicate and fine, endowed with a flavour of wild thistle, lettuce and officinal herbs, especially mint and rosemary. Bitterness and pungency are present and complimentary with a sweet almond finish. It would be ideal on chickpea appetizers, amberjack carpaccio, shellfish salads, broad bean purée, pasta with ovoli mushrooms, steamed shellfish, fried squids, soft fresh cheese, oven cookies.

Cooperativa Olivicoltori di Vetralla

V.le Eugenio IV
01019 Vetralla (VT)
Tel. + 39 0761 477044 - Fax + 39 0761 460783
E-mail: info@olivicoltori.com - Web: www.olivicoltori.com

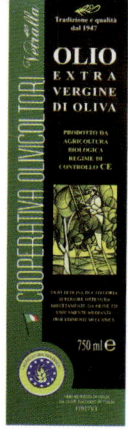

85

350 m.

Specializzato
Specialized

Vaso
Vase

Brucatura a mano e meccanica
Hand picking and mechanical harvesting

Sì - Ciclo continuo e tradizionale a presse
Yes - Continuous cycle and traditional press system

Caninese (90%), leccino (10%)

Fruttato leggero
Light fruity

da 2,00 a 4,00 € - 250 ml.
from € 2.00 to 4.00 - 250 ml.

Nata nel 1947 per tutelare i soci olivicoltori del territorio di Vetralla, la Cooperativa conta attualmente quasi 500 iscritti ed è considerata una delle strutture più importanti a livello regionale. Le olive provengono da circa 600 ettari, con 45mila piante, dei soci conferitori e sono lavorate nel frantoio di proprietà che quest'anno ha molito circa 15.500 quintali di olive per una produzione di più di 2.620 ettolitri di olio extravergine. Segnaliamo due selezioni Cooperativa Olivicoltori di Vetralla, il Dop Tuscia e l'ottimo "base" da Agricoltura Biologica, scelto dal panel. Di un bel colore giallo dorato intenso con riflessi verdolini, limpido; all'olfatto si offre ampio e avvolgente, con eleganti sentori vegetali di carciofo e cicoria selvatica, accompagnati da ricche note balsamiche di basilico, menta e rosmarino. In bocca è complesso e armonico, con toni di lattuga, pepe nero e mandorla dolce. Amaro deciso e piccante ben espresso. È un ottimo accompagnamento per antipasti di ceci, carpaccio di ricciola, insalate di mare, marinate di dentice, passati di verdure, risotto con asparagi, fritture di calamari, molluschi al vapore, formaggi freschi a pasta molle, biscotti da forno.

Founded in 1947 to protect the olive growers of the territory of Vetralla, this co-operative currently has almost 500 members and is considered one of the most important farms in the region. There are about 600 hectares with 45,000 trees. In the last harvest about 15,500 quintals of olives were crushed in the farm oil mill, with a yield of over 2,620 hectolitres of extra virgin olive oil. We recommend two selections Cooperativa Olivicoltori di Vetralla, the Pdo Tuscia and the excellent "basic" from Organic Farming, chosen by our panel. It is a beautiful intense limpid golden yellow colour with light green hues. Its aroma is ample and rotund, with elegant vegetal hints of artichoke and wild chicory, together with rich fragrant notes of basil, mint and rosemary. Its taste is complex and harmonic, with a flavour of lettuce, black pepper and sweet almond. Bitterness is definite and pungency is distinct. It would be ideal on chickpea appetizers, amberjack carpaccio, seafood salads, marinated sea bream, vegetable purée, risotto with asparagus, fried squids, steamed mussels, soft fresh cheese, oven cookies.

Società Agricola Villa Caviciana

Tojena Caviciana
01025 Grotte di Castro (VT)
Tel. + 39 0763 798212 - Fax + 39 0763 797100
E-mail: info@villacaviciana.com - Web: www.villacaviciana.com

90

450/550 m.

Specializzato
Specialized

Vaso aperto
Open vase

Brucatura a mano e meccanica
Hand picking and mechanical harvesting

Sì - Ciclo continuo
Yes - Continuous cycle

Leccino (40%), caninese (35%), frantoio (25%)

Fruttato medio
Medium fruity

da 12,01 a 15,00 € - 500 ml.
from € 12.01 to 15.00 - 500 ml.

Mai meno di eccellente. Nella conca del Lago di Bolsena, realizzando una felice simbiosi tra natura e agricoltura, Villa Caviciana produce olio, vino, miele e carni pregiate, operando con rigorose tecniche di agricoltura biologica. Austera ed elegante, è anche parco artistico, ospitando un'imponente opera scultorea. Su 26 ettari trovano posto 10mila piante che hanno fruttato quest'anno un raccolto di 660 quintali di olive, pari a 84 ettolitri di olio. Tre le selezioni Extravergine Villa Caviciana da Agricoltura Biologica, il "base", il monocultivar Caninese e soprattutto il Dop Tuscia. Alla vista è di colore giallo dorato intenso con delicati riflessi verdi, limpido. All'olfatto è deciso e ampio, con ricchi sentori di carciofo, cicoria selvatica e note di erbe officinali con menta e rosmarino in evidenza. Al gusto è fine e avvolgente, con toni speziati di pepe nero e spiccata mandorla in chiusura. Amaro potente e piccante ben espresso. Buono l'abbinamento con antipasti di tonno, carpaccio di carne chianina con funghi porcini, radicchio al forno, zuppe di lenticchie, primi piatti con salsiccia, pesce spada alla piastra, carni rosse o nere al forno, formaggi stagionati a pasta dura.

Villa Caviciana is always at least excellent. Situated in the basin of Lake Bolsena, combining nature and agriculture in the best way, the farm produces olive oil, wine, honey and fine meat and is run according to organic farming principles. Simple and elegant, the estate is also an artistic park containing a massive sculpture. On a surface of 26 hectares there are 10,000 trees, which produced 660 quintals of olives in the last harvest, equal to 84 hectolitres of oil. The Extra Virgin selections Villa Caviciana from Organic Farming are three, the "basic", the Monocultivar Caninese and especially the Pdo Tuscia, which is an intense limpid golden yellow colour with delicate green hues. Its aroma is definite and ample, with rich hints of artichoke, wild chicory and notes of officinal herbs, especially mint and rosemary. Its taste is fine and rotund, with spicy hints of black pepper and a distinct almond finish. Bitterness is strong and pungency is distinct. It would be ideal on tuna appetizers, chianina beef carpaccio with porcini mushrooms, baked radicchio, lentil soups, pasta with sausages, pan-seared swordfish, baked red meat or game, hard mature cheese.

Abruzzo

Dati Statistici

Superficie olivetata nazionale	1.147.188 (ha)
Superficie olivetata regionale	44.083 (ha)
Quota regionale	3,69%
Frantoi	397
Produzione nazionale 09-10	521.915,9 (t)
Produzione regionale 09-10	18.974,3 (t)
Produzione regionale 08-09	22.030,2 (t)
Variazione	- 13,87%
Quota regionale	3,63%

National Institute of Statistics

Statistic Data

National Olive Surface	1,147,188 (ha)
Regional Olive Surface	44,083 (ha)
Regional Quota	3.69%
Olive Oil Mills	397
National production 09-10	521,915.9 (t)
Regional production 09-10	18,974.3 (t)
Regional production 08-09	22,030.2 (t)
Variation	- 13.87%
Regional Quota	3.63%

In Abruzzo l'olivicoltura ha tradizioni antichissime e gloriose. In epoca romana, tanti scrittori ne cantavano i pregi in lingua latina: Virgilio testimonia la presenza di oliveti nella regione della Marsica; Ovidio documenta la produzione di olio nella Valle Peligna, che descrive negli "Amores" come una "piccola terra, ma salubre per le acque che la irrigano"; Silico definisce Penne, nel Pescarese, "Pinnam Virentem", ovvero la verdeggiante, proprio in virtù della presenza degli alberi di olivo che ancora oggi la caratterizzano come una delle zone più produttive della regione. E ancora ai giorni nostri l'olivicoltura rimane uno dei settori produttivi di maggior rilievo nel comparto agronomico abruzzese. Attualmente la regione vanta una superficie olivetata di oltre 44mila ettari, con circa 9 milioni di piante. L'olivo prospera dal mare fino alle pendici delle montagne, costituendo un elemento stabile e importante per il paesaggio. Lo troviamo sulle colline affacciate sull'Adriatico, così come nelle zone interne, dai caratteri pedemontani con quote di 500-600 metri di altitudine e dal clima più rigido. Si distinguono tre aree principali: quella a nord, lungo le valli del Tordino e del Vomano in provincia di Teramo; quella nell'entroterra pescarese, nella vallata del Tavo e lungo la fascia collinare parallela alla costa compresa tra Chieti e Vasto; e un'area interna, nella vallata del Tirino e nella conca di Sulmona. La caratteristica principale dell'olivicoltura abruzzese è la presenza di boschi secolari dove i microclimi favorevoli, grazie alla protezione dei massicci del Gran Sasso e della Majella, consentono all'albero di vegetare fino ad altitudini considerevoli. L'olivo è diffuso in particolare nella provincia di Chieti, dove gli impianti costituiscono la maggioranza del totale regionale: in questo territorio, che ricade nella zona protetta dalla Dop Colline Teatine, troviamo oli ottenuti dalle varietà gentile di Chieti, nebbio, intosso oltre al diffusissimo leccino. Accompagnano la denominazione due menzioni geografiche - Frentano e Vastese - che comprendono, tra gli altri, i territori di Sulmona, Lanciano e Vasto. Prima e storica Dop regionale è però la Aprutino Pescarese, che tutela le produzioni della provincia di Pescara, una zona che è la più interessante realtà di produzione abruzzese: qui troviamo olive da varietà dritta, toccolana, castiglionese, pollice e il sempre presente leccino. Ultima in ordine di riconoscimento è la Dop Pretuziano delle Colline Teramane, caratterizzata dalle varietà leccino, frantoio e, in alcune aree, dalla cultivar locale tortiglione. Ancora priva di Dop è la provincia de L'Aquila, anche se l'olivo qui è ben presente e ricopre interi boschi di origine secolare, specialmente nella conca di Sulmona. Nell'Aquilano troviamo le classiche varietà del centro Italia cioè leccino, frantoio e moraiolo accanto a più modesti impianti delle autoctone rustica e olivastra. In fase di studio gli extravergine ottenuti nella Valle Roveto, nella vallata del Tirino (in modo particolare nella piana di Navelli e Ofena) e nella Valle Peligna. Il resto della filiera dell'olio comprende quasi 47mila aziende e 397 frantoi attivi che, nell'ultima campagna olearia, hanno prodotto 18.974,3 tonnellate di olio, pari al 3,63% del totale nazionale, con una diminuzione del 13,87% rispetto all'annata precedente.

In Abruzzo olive growing has ancient and glorious traditions. In Roman times many Latin writers described its merits: Virgil witnesses the presence of olive groves in Marsica, Ovid documents oil production in Valle Peligna, defined in the "Amores" "small, but healthy land considering the waters irrigating it". Silicus describes Penne in the area of Pescara as "Pinnam virentem", green, because of the presence of the olive trees, which even today make it one of the most productive areas of the region. Today olive growing is still one of the most relevant productive sectors in the agronomy of Abruzzo. Currently the region has an olive surface of over 44,000 hectares, with about 9 million trees. In Abruzzo the olive tree grows from the sea to the mountain sides, representing a constant and important element in the landscape. We find it in the gentle hills overlooking the Adriatic, as well as in the colder piedmont inland areas, as far as 500-600 metres above sea level. There are three fundamental areas: in the north along the valleys of Tordino and Vomano, in the province of Teramo, in the hinterland of Pescara in the valley of the river Tavo and along the hilly zone parallel to the coast between Chieti and Vasto and inland, in the valley of the river Tirino and in the basin of Sulmona. The principal character of olive growing in Abruzzo is the presence of whole secular woods, where the favourable microclimates, thanks also to the protection of the Gran Sasso and Majella massifs, allow the tree to vegetate to considerable heights. The olive trees are spread particularly in the province of Chieti, where they take up the most of the total regional quantity: in this territory, included in the Pdo area Colline Teatine, we find oils obtained from the varieties gentile di Chieti, nebbio, intosso and the common leccino. Two geographical names are added to the denomination, Frentano and Vastese, which include among others the territories of Sulmona, Lanciano and Vasto. The main historical regional Pdo is however Aprutino Pescarese, which protects the productions of an area representing the best production in Abruzzo: here we find olives of the variety dritta, toccolana, castiglionese, pollice and the ever present leccino. The last to obtain a certification is the Pdo Pretuziano delle Colline Teramane, which is characterized by the varieties leccino, frantoio, and in some areas also by the autochthonous tortiglione. The province of Aquila has no Pdo yet, even if the olive tree is present here with whole century-old woods, especially in the Sulmona basin. In the area of L'Aquila we find the classical varieties of central Italy, leccino, frantoio and moraiolo, together with smaller trees of the autochthonous cultivars rustica and olivastra. The extra virgin olive oils obtained in Valle Roveto, in the valley of Tirino (especially piana di Navelli and Ofena) and in Valle Peligna are being studied. The olive oil sector consists of almost 47,000 farms and 397 active olive oil mills. In 2009-2010 they produced 18,974.3 tons of oil, equal to 3.63% of the total national quantity, with a decrease of 13.87% compared to the previous year.

Marina Cvetic

Via San Silvestrino, 10
66010 San Martino sulla Marrucina (CH)
Tel. + 39 0871 85241 - Fax + 39 0871 85330
E-mail: info@masciarelli.it - Web: www.masciarelli.it

85

- 180/450 m.
- Promiscuo e specializzato / Promiscuous and specialized
- Vaso policonico / Polyconic vase
- Brucatura a mano / Hand picking
- Sì - Ciclo continuo / Yes - Continuous cycle
- Dritta
- Fruttato medio / Medium fruity
- da 12,01 a 15,00 € - 500 ml. / from € 12.01 to 15.00 - 500 ml.

Diamo il benvenuto in Guida alla Marina Cvetic. Marina, che continua con grande capacità ed energia il lavoro di Gianni Masciarelli, indimenticabile uomo e produttore vitivinicolo abruzzese, è alla guida di 15 ettari di oliveto sul quale trovano posto 3mila piante, delle tipiche varietà locali. Da queste, nella recente campagna olearia, sono stati ricavati 645 quintali di olive che hanno permesso di produrre circa 81 ettolitri di olio extravergine. Segnaliamo la proposta aziendale, l'etichetta Extravergine monovarietale Cvetic - Dritta che si offre alla vista di colore giallo dorato scarico, limpido; all'olfatto si apre elegante e avvolgente, dotato di ricchi sentori vegetali di carciofo e cicoria di campo, cui si accompagnano note di erbe officinali, con netto ricordo di menta e rosmarino. In bocca è ampio e molto fine, con toni vegetali di cardo selvatico, lattuga e mandorla dolce in chiusura. Amaro ben espresso e piccante contenuto. È ottimo per antipasti di mare, insalate di lenticchie, marinate di ricciola, patate alla brace, zuppe di funghi ovoli, risotto con verdure, seppie alla piastra, tartare di salmone, coniglio al forno, pollame arrosto, formaggi freschi a pasta filata.

Marina Cvetic is present in this Guide for the first time. She is continuing the unforgettable wine-grower Gianni Masciarelli's work with competence and energy. There is a 15-hectare olive grove with 3,000 trees of typical local varieties. In the last harvest 645 quintals of olives were produced, which allowed a yield of about 81 hectolitres of extra virgin olive oil. We recommend the farm selection, the Monovarietal Extra Virgin Cvetic - Dritta, which is a light limpid golden yellow colour. Its aroma is elegant and rotund, endowed with rich vegetal hints of artichoke and wild chicory, together with notes of officinal herbs, especially mint and rosemary. Its taste is ample and very fine, with a vegetal flavour of wild thistle, lettuce and a sweet almond finish. Bitterness is distinct and pungency is limited. It would be ideal on seafood appetizers, lentil salads, marinated amberjack, barbecued potatoes, ovoli mushroom soups, risotto with vegetables, pan-seared cuttlefish, salmon tartare, baked rabbit, roast poultry, mozzarella cheese.

Italia Italy [IT] Abruzzo

Azienda Agricola La Selvotta

Via Buonanotte, 10
66054 Vasto (CH)
Tel. + 39 0873 801658 - Fax + 39 0873 801658
E-mail: info@laselvotta.it - Web: www.laselvotta.it

 86

100 m.

Specializzato
Specialized

Monocono, vaso libero, vaso policonico
Monocone, free vase, polyconic vase

Brucatura a mano e meccanica
Hand picking and mechanical harvesting

Sì - Ciclo continuo misto
Yes - Mixed continuous cycle

Leccino

Fruttato medio
Medium fruity

da 6,01 a 8,00 € - 500 ml.
from € 6.01 to 8.00 - 500 ml.

Per la famiglia Sputore fare l'olio è una passione che si tramanda da tre generazioni. Fondata nel 1964 da Nicola Sputore, l'azienda è oggi guidata da Giovanni ed Elio che gestiscono anche un accogliente agriturismo. Sono poco più di 6 ettari di impianto specializzato con 1.650 olivi, tra secolari e più giovani, coltivati secondo il metodo della lotta integrata, e un moderno impianto di estrazione. L'ultima campagna ha fruttato 830 quintali di olive, che uniti ai 50 acquistati hanno reso 152 ettolitri di olio. Due le selezioni Extravergine monocultivar a marchio La Selvotta: l'I77 e soprattutto il Leccino, di colore giallo dorato intenso con tenui riflessi verdi, limpido. Al naso è fine e armonico, con ampi sentori di carciofo, cicoria ed erbe officinali, con ricordo di menta e rosmarino. Al gusto è avvolgente e vegetale, con toni di lattuga, finocchio e note speziate di pepe nero che chiudono in mandorla. Amaro presente e piccante dosato. Si accompagna a insalate di lenticchie, legumi bolliti, patate alla griglia, verdure gratinate, zuppe di orzo, primi piatti con molluschi, rombo alla brace, seppie in umido, formaggi freschi a pasta filata.

For the family Sputore olive oil making is a passion handed down for three generations. The farm was founded in 1964 by Nicola Sputore and now is run by Giovanni and Elio, who also offer tourist accomodation. The specialized olive grove covers little more than 6 hectares with 1,650 century-old and younger trees, cultivated with integrated farming principles. There is also a modern extraction system. In the last harvest 830 quintals of olives were produced and 50 purchased, with a yield of 152 hectolitres of oil. There are two Monocultivar Extra Virgin selections La Selvotta: I77 and especially Leccino, which is an intense limpid golden yellow colour with slight green hues. Its aroma is fine and harmonic, with ample hints of artichoke, chicory and officinal herbs, especially mint and rosemary. Its taste is rotund and vegetal, with hints of lettuce, fennel and spicy notes of black pepper, with an almond finish. Bitterness is present and pungency is complimentary. It would be ideal on lentil salads, boiled legumes, grilled potatoes, vegetables au gratin, barley soups, pasta with mussels, barbecued turbot, stewed cuttlefish, mozzarella cheese.

Italia Italy [IT] Abruzzo

Azienda Agricola Santa Barbara

Strada Peschiera, 167
66100 Chieti
Tel. + 39 0871 321835 - Fax + 39 0871 322444
E-mail: info@oliosantabarbara.com - Web: www.oliosantabarbara.com

80 ⬆

187 m.

Specializzato
Specialized

Monocono, vaso policonico
Monocone, polyconic vase

Brucatura a mano e meccanica
Hand picking and mechanical harvesting

No - Ciclo continuo
No - Continuous cycle

Gentile di Chieti (50%), dritta (30%),
frantoio (10%), tortiglione (10%)

Fruttato medio
Medium fruity

da 8,01 a 10,00 € - 500 ml.
from € 8.01 to 10.00 - 500 ml.

La Santa Barbara di Chieti ha una tradizione lunga almeno quattro generazioni, dallo storico frantoio di molazze in pietra oggi adibito a museo, all'attuale azienda a certificazione biologica gestita da Gregorio Di Luzio, discendente del decano della famiglia che ha fondato questa realtà nel 1832. Circa 9 ettari di oliveto specializzato ospitano 2.700 piante delle quali soltanto una parte è in produzione. Quest'anno il raccolto ha fruttato 160 quintali di olive, pari a una produzione di più di 15 ettolitri di olio. Segnaliamo l'etichetta aziendale, l'Extravergine Donna Ludovica da Agricoltura Biologica che si presenta alla vista di colore giallo dorato intenso con delicate sfumature verdi, limpido; all'olfatto è sottile e composto, dotato di sentori vegetali di carciofo, lattuga e sedano. Al gusto è morbido e dosato, con note balsamiche di basilico e prezzemolo. Amaro e piccante presenti e ben armonizzati che chiudono in mandorla dolce. È un eccellente accompagnamento per antipasti di mare, fagioli bolliti, insalate di legumi, marinate di orata, zuppe di verdure, primi piatti con asparagi, pesci alla brace, tartare di ricciola, coniglio arrosto, pollame al forno, formaggi caprini.

Azienda Agricola Santa Barbara in Chieti has a long 4-generation tradition dating back to 1832, from the historical stone mill, which is now a museum, to the present organic farm, run by the founder's descendant Gregorio Di Luzio. The olive grove covers about 9 hectares with 2,700 trees, which are only partly productive. In the last oil harvest 160 quintals of olives were produced, equal to over 15 hectolitres of extra virgin olive oil. We recommend the farm selection, the Extra Virgin Donna Ludovica from Organic Farming, which is an intense limpid golden yellow colour with delicate green hues. Its aroma is fine and delicate, with vegetal notes of artichoke, lettuce and celery. Its taste is mellow and delicate, with fragrant notes of basil and parsley. Bitterness and pungency are present and harmonic with a sweet almond finish. It would be ideal on seafood appetizers, boiled beans, legume salads, marinated gilthead, vegetable soups, pasta with asparagus, barbecued fish, amberjack tartare, roast rabbit, baked poultry, goat cheese.

Azienda Olivicola Tenuta Zimarino Masseria Don Vincenzo

Via Torre Sinello - C.da Zimarino
66054 Vasto (CH)
Tel. + 39 0873 310027 - 0382 302952 - Fax + 39 0382 22394
E-mail: info@tenutazimarino.com - Web: www.tenutazimarino.com

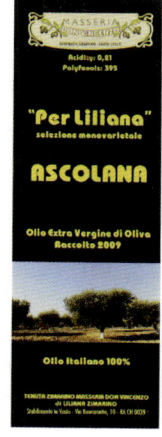

80

- 40 m.
- Specializzato / Specialized
- Vaso policonico / Polyconic vase
- Brucatura a mano e meccanica / Hand picking and mechanical harvesting
- No - Ciclo continuo / No - Continuous cycle
- Ascolana tenera
- Fruttato leggero / Light fruity
- da 35,01 a 40,00 € - 500 ml. / from € 35.01 to 40.00 - 500 ml.

Tenuta Zimarino Masseria Don Vincenzo si trova nella Riserva di Punta Aderci, nel Vastese, e nasce per volontà della famiglia Zimarino che ha sempre avuto un forte legame con la terra di appartenenza e con uno dei suoi prodotti principi, l'olio. Oggi Vincenzo e Liliana sono alla guida della struttura che, per tradizione, comprende diverse attività agricole. Degli 11 ettari totali, più di 4 sono destinati all'oliveto che ospita circa mille piante dalle quali quest'anno sono stati ricavati 230 quintali di olive e 51 ettolitri di olio. L'Extravergine Per Liliana - Ascolana Tenera appare alla vista di colore giallo dorato intenso con riflessi verdolini, limpido; al naso è sottile e composto, con sentori fruttati di pomodoro di media maturità, banana matura e pistacchio, cui si accompagnano note balsamiche di basilico e mentuccia. In bocca è morbido e vegetale, con toni di lattuga, sedano e chiusura dolce di mandorla. Amaro presente e piccante contenuto. Buono l'abbinamento con antipasti di funghi ovoli, aragosta bollita, carpaccio di ricciola, marinate di dentice, zuppe di fave, cous cous di pesce, fritture di paranza, rombo al cartoccio, formaggi freschi a pasta molle, dolci da forno.

Tenuta Zimarino Masseria Don Vincenzo is situated in the nature reserve of Punta Aderci, near Vasto, and was founded by the family Zimarino, who have always been strongly tied to their land and one of its main products, oil. Today Vincenzo and Liliana Zimarino run an estate that has traditionally combined different agricultural activities. There is a surface of 11 hectares, over 4 of which are destined to olive grove with about 1,000 trees. In the last harvest 230 quintals of olives were produced, with a yield of 51 hectolitres of oil. The Extra Virgin Per Liliana - Ascolana Tenera is an intense limpid golden yellow colour with light green hues. Its aroma is fine and delicate, with fruity hints of medium ripe tomato, ripe banana and pistachio, together with fragrant notes of basil and field balm. Its taste is mellow and vegetal with a flavour of lettuce, celery and a sweet almond finish. Bitterness is present and pungency is limited. It would be ideal on ovoli mushroom appetizers, boiled spiny lobster, amberjack carpaccio, marinated sea bream, broad bean soups, fish cous cous, fried small fish, turbot baked in parchment paper, soft fresh cheese, oven cakes.

Italia Italy [IT] Abruzzo

Azienda Agricola Chiarieri

C.da Granaro, 18
65019 Pianella (PE)
Tel. + 39 085 971365 - 085 973313 - Fax + 39 085 971891
E-mail: info@chiarieri.it - Web: www.chiarieri.com

88

200 m.

Specializzato
Specialized

Forma libera
Free form

Bacchiatura
Beating

No - Ciclo continuo
No - Continuous cycle

Dritta

Fruttato medio
Medium fruity

da 10,01 a 12,00 € - 500 ml.
from € 10.01 to 12.00 - 500 ml.

La famiglia Chiarieri produce vino e olio dal 1927. Nella cornice delle colline pescaresi, a 200 metri sul mare, questa nota azienda vitivinicola ha visto alternarsi alla conduzione tre generazioni di valenti produttori di Montepulciano d'Abruzzo ed è tuttora condotta dal padre Giovanni e da Ciriaco e Marina Chiarieri. Nei 18 ettari di proprietà trovano dimora 2.800 piante dell'autoctona varietà dritta, dalle quali, nell'ultima campagna olearia, sono stati raccolti 800 quintali di olive, pari a 160 ettolitri di olio. Segnaliamo l'ottimo Extravergine Chiarieri Dop Aprutino Pescarese che alla vista è di colore giallo dorato intenso con delicati riflessi verdi, limpido. Al naso è complesso e fine, dotato di eleganti note di pomodoro acerbo, carciofo, lattuga e sentori aromatici di mentuccia e rosmarino. Al gusto è ampio e avvolgente, con toni di cardo, cicoria, sedano e spiccata chiusura di mandorla. Amaro e piccante ben presenti e armonici. È un eccellente accompagnamento per legumi bolliti, marinate di orata, patate al forno, pomodori con riso, zuppe di orzo, risotto con carciofi, pesci in umido, seppie alla griglia, formaggi freschi a pasta filata.

The family Chiarieri has been producing wine and olive oil since 1927. This well-known wine-growing farm, surrounded by the hills of Pescara, 200 metres above sea level, has been run by three generations of expert producers of Montepulciano d'Abruzzo. Today it is still run by the father Giovanni and by Ciriaco and Marina Chiarieri. There are 18 hectares with 2,800 trees of the autochthonous variety dritta. In the last harvest 800 quintals of olives were produced, equal to 160 hectolitres of oil. We recommend the Extra Virgin Chiarieri Pdo Aprutino Pescarese. It is an intense limpid golden yellow colour with delicate green hues. Its aroma is complex and fine, with elegant notes of unripe tomato, artichoke, lettuce and aromatic hints of field balm and rosemary. Its taste is ample and rotund, with a flavour of thistle, chicory, celery and a distinct sweet almond finish. Bitterness and pungency are present and harmonic. It would be ideal on boiled legumes, marinated gilthead, roast potatoes, tomatoes stuffed with rice, barley soups, risotto with artichokes, stewed fish, grilled cuttlefish, mozzarella cheese.

Italia Italy [IT] Abruzzo

Azienda Agricola Forcella

C.da Fonte Umano
65013 Città Sant'Angelo (PE)
Tel. + 39 085 73030 - Fax + 39 085 4213614
E-mail: info@agricolaforcella.it - Web: www.agricolaforcella.it

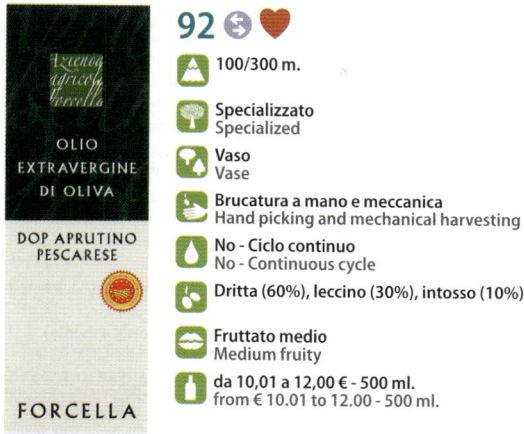

92

100/300 m.

Specializzato
Specialized

Vaso
Vase

Brucatura a mano e meccanica
Hand picking and mechanical harvesting

No - Ciclo continuo
No - Continuous cycle

Dritta (60%), leccino (30%), intosso (10%)

Fruttato medio
Medium fruity

da 10,01 a 12,00 € - 500 ml.
from € 10.01 to 12.00 - 500 ml.

Da generazioni la famiglia Forcella produce olio utilizzando le olive ricavate dalla storica proprietà di Città Sant'Angelo, sulle colline che guardano il mare, e più recentemente dai nuovi impianti di Loreto Aprutino, sui primi rilievi del Gran Sasso. Oggi Giovanni e Paolo Iannetti sono alla guida di 12 ettari di oliveto specializzato con 3mila piante dalle quali, in questa campagna, sono stati raccolti 500 quintali di olive, per una produzione di 70 ettolitri di olio. Due le selezioni Extravergine Forcella, il monovarietale Intosso e il Dop Aprutino Pescarese, che segnaliamo. Di colore giallo dorato intenso con sottili sfumature verdi, limpido; al naso si offre ampio e avvolgente, dotato di sentori vegetali di erbe fresche falciate, carciofo e lattuga. In bocca è decisamente balsamico e speziato, con eleganti toni di basilico, menta e pepe nero, arricchiti da un'intensa nota di mandorla dolce. Amaro e piccante ben espressi e armonici. Perfetto per antipasti di farro, carpaccio di pesce di lago, insalate di pomodori, verdure marinate, passati di legumi, primi piatti con molluschi, pesci di scoglio alla brace, seppie alla piastra, coniglio al forno, pollo arrosto, formaggi caprini.

For generations the family Forcella has been producing olive oil from the olives of the historical estate of Città Sant'Angelo, on the hills overlooking the sea, and more recently from the new olive groves in Loreto Aprutino, on the first reliefs of Gran Sasso. Currently Giovanni and Paolo Iannetti run a 12-hectare specialized olive grove with 3,000 trees. In the last oil harvest 500 quintals of olives were produced, equal to a yield of 70 hectolitres of oil. There are two selections Extra Virgin Forcella, the Monovarietal Intosso and especially the Pdo Aprutino Pescarese. It is an intense limpid golden yellow colour with slight green hues. Its aroma is ample and rotund, with vegetal hints of freshly mown grass, artichoke and lettuce. Its taste is definitely fragrant and spicy , with an elegant flavour of basil, mint and black pepper, enriched by an intense note of sweet almond. Bitterness and pungency are distinct and harmonic. It would be ideal on farro appetizers, freshwater fish carpaccio, tomato salads, marinated vegetables, legume purée, pasta with mussels, barbecued rock-fish, pan-seared cuttlefish, baked rabbit, roast chicken, goat cheese.

Italia Italy [IT] Abruzzo

Azienda Agricola Le Magnolie

C.da Fiorano, 83
65014 Loreto Aprutino (PE)
Tel. + 39 085 8289534 - Fax + 39 085 7992838
E-mail: lemagnolie@tin.it - Web: www.lemagnolie.com

88

300 m.

Specializzato
Specialized

Monocono, vaso
Monocone, vase

Meccanica
Mechanical harvesting

No - Ciclo continuo
No - Continuous cycle

Dritta (75%), frantoio (15%), leccino (10%)

Fruttato medio
Medium fruity

da 10,01 a 12,00 € - 500 ml.
from € 10.01 to 12.00 - 500 ml.

Fondata nel 1989 da Mario Tortella, che la gestisce insieme alla moglie e agronoma Gabriella Di Minco, Le Magnolie sorge nel vocato comprensorio di Loreto Aprutino ed è anche una delle più belle strutture agrituristiche biologiche della regione, tra l'Adriatico e la zona montuosa, con il Gran Sasso e la Majella sullo sfondo. L'oliveto specializzato si estende per 11 ettari con 4.200 piante dalle quali quest'anno sono stati raccolti circa 300 quintali di olive, per una produzione di 20 ettolitri di olio. Segnaliamo l'Extravergine Le Magnolie Dop Aprutino Pescarese da Agricoltura Biologica: alla vista è di colore giallo dorato intenso con delicate sfumature verdi, limpido; all'olfatto è ampio e vegetale, ricco di sentori di carciofo, lattuga ed erbe balsamiche, con netto ricordo di menta e rosmarino. Al gusto è deciso e complesso, con toni di ortaggi di campo, pepe nero e chiusura di mandorla dolce. Amaro e piccante presenti e dosati. Ottimo per antipasti di molluschi, carpaccio di salmone, insalate di fagioli, marinate di orata, passati di patate, primi piatti con funghi finferli, pesci arrosto, tartare di salmone, formaggi freschi a pasta filata.

Le Magnolie, founded in 1989 by Mario Tortella, who runs it with his wife and agronomist Gabriella Di Minco, is based in the favourable area of Loreto Aprutino. It is also one of the most beautiful organic farm houses in the region, placed between the Adriatic Sea and a mountainous area with Gran Sasso and Majella in the background. The specialized olive grove covers 11 hectares with 4,200 trees. In the last harvest they produced about 300 quintals of olives, equal to 20 hectolitres of oil. We recommend the Extra Virgin Le Magnolie Pdo Aprutino Pescarese from Organic Farming, which is an intense limpid golden yellow colour with delicate green hues. Its aroma is ample and vegetal, rich in hints of artichoke, lettuce and officinal herbs, especially mint and rosemary. Its taste is definite and complex, with a flavour of country vegetables, black pepper and a sweet almond finish. Bitterness and pungency are present and complimentary. It would be ideal on mussel appetizers, salmon carpaccio, bean salads, marinated gilthead, potato purée, pasta with chanterelle mushrooms, roast fish, salmon tartare, mozzarella cheese.

Italia Italy [IT] Abruzzo

Frantoio Oleario Ranieri

Via Sant'Antonio, 1
65020 Rosciano (PE)
Tel. + 39 085 8505419 - 085 8505440 - Fax + 39 085 8509846
E-mail: info@frantoioranieri.it - Web: www.frantoioranieri.it

90

253 m.

Promiscuo e specializzato
Promiscuous and specialized

Forma libera, ombrello, vaso aperto
Free form, weeping vase, open vase

Brucatura a mano e meccanica
Hand picking and mechanical harvesting

Sì - Ciclo continuo
Yes - Continuous cycle

Leccino (60%), dritta (30%), altre/others (10%)

Fruttato medio
Medium fruity

da 8,01 a 10,00 € - 500 ml.
from € 8.01 to 10.00 - 500 ml.

Nel borgo medievale di Rosciano, tra le colline pescaresi, l'extravergine Ranieri esiste da più di mezzo secolo, da quando Alfredo Ranieri, al suo ritorno dall'America, decide di avviare il Frantoio Oleario, oggi guidato dal nipote e omonimo che dispone di 5 ettari di oliveto con 800 piante e di un impianto di estrazione e imbottigliamento di ultima generazione. Nell'ultima campagna i 250 quintali di olive raccolti, uniti ai 900 acquistati, hanno reso 180 ettolitri di olio. Due le selezioni Extravergine Ranieri: il "base" da Agricoltura Biologica e il Dop Aprutino Pescarese, che segnaliamo. Giallo dorato intenso con delicate sfumature verdi, limpido; all'olfatto è ampio ed elegante, con note fruttate di pomodoro acerbo e mela bianca, cui si aggiungono sentori vegetali di carciofo e sedano. Al gusto è fine ed erbaceo, ricco di toni di lattuga, finocchio ed erbe officinali, con basilico e rosmarino in evidenza. Amaro e piccante presenti e armonici. Buono l'abbinamento con antipasti di mare, insalate di farro, marinate di salmone, verdure alla griglia, passati di orzo, risotto con carciofi, crostacei in umido, rombo alla brace, coniglio al forno, pollame alla brace, formaggi caprini.

In the medieval village of Rosciano, on the hills surrounding Pescara, the extra virgin olive oil Ranieri has existed for over 50 years, since Alfredo Ranieri came back from America and started Frantoio Oleario, today run by his grandson and homonym. There are 5 hectares of olive grove with 800 trees and an advanced extraction and bottling system. In the last harvest 250 quintals of olives were produced and 900 purchased, with a yield of 180 hectolitres of oil. There are two Extra Virgin selections Ranieri: the "basic" from Organic Farming and especially the Pdo Aprutino Pescarese. It is an intense limpid golden yellow colour with slight green hues. Its aroma is ample and elegant, with fruity notes of unripe tomato and white apple and vegetal hints of artichoke and celery. Its taste is fine and herbaceous, with a rich flavour of lettuce, fennel and officinal herbs, especially basil and rosemary. Bitterness and pungency are present and harmonic. It would be ideal on seafood appetizers, farro salads, marinated salmon, grilled vegetables, barley purée, risotto with artichokes, stewed shellfish, barbecued turbot, baked rabbit, barbecued poultry, goat cheese.

Italia Italy [IT] Abruzzo

Frantoio Montecchia

C.da Case Di Pasquale, 13
64020 Morro d'Oro (TE)
Tel. + 39 085 895141 - Fax + 39 085 895141
E-mail: info@frantoiomontecchia.it - Web: www.frantoiomontecchia.it

90 ⬆

230 m.

Promiscuo e specializzato
Promiscuous and specialized

Vaso policonico
Polyconic vase

Meccanica
Mechanical harvesting

Sì - Ciclo continuo
Yes - Continuous cycle

Dritta (30%), frantoio (30%), leccino (30%), tortiglione (10%)

Fruttato medio
Medium fruity

da 6,01 a 8,00 € - 500 ml.
from € 6.01 to 8.00 - 500 ml.

M eritatissima segnalazione in Guida per Gennaro Montecchia, stimato oleologo che nel 1996 ha dato vita, insieme al fratello Massimiliano, al rinnovato Frantoio Montecchia, puntando decisamente sull'avanguardia tecnologica. La struttura, situata a Morro d'Oro nel Teramano, conta su modernissimi impianti di trasformazione e su 28 ettari di oliveto con 5mila piante, dalle quali in questa campagna olearia sono stati raccolti 3mila quintali di olive, che uniti ai 600 acquistati hanno prodotto 500 ettolitri di olio. L'etichetta proposta, l'ottimo Extravergine Frantoio Montecchia 22 si presenta alla vista di colore giallo dorato intenso, limpido; all'olfatto si esprime deciso e complesso, dotato di eleganti sentori di carciofo e cicoria, cui si accompagnano note balsamiche di menta e rosmarino. Vegetale e speziato al gusto, ha toni di cardo di campo, lattuga e pepe nero. Amaro e piccante ben presenti e armonici, con chiusura dolce di mandorla. Abbinamento ideale con antipasti di legumi, carpaccio di salmone, insalate di funghi finferli, patate alla brace, zuppe di farro, primi piatti con verdure, crostacei in umido, rombo al forno, formaggi freschi a pasta filata.

G ennaro Montecchia, an esteemed oil expert, has obtained an excellent performance. In 1996 he renewed Frantoio Montecchia together with his brother Massimiliano, aiming at technological innovation. The farm, situated in Morro d'Oro in the area of Teramo, has very modern transformation systems. The olive grove covers 28 hectars with 5,000 trees, which produced 3,000 quintals of olives in the last oil harvest. Together with 600 purchased, they yielded 500 hectolitres of oil. The selection proposed, the excellent Extra Virgin Frantoio Montecchia is an intense limpid golden yellow colour. Its aroma is definite and complex, endowed with elegant hints of artichoke and chicory, together with fragrant notes of mint and rosemary. Its taste is vegetal and spicy, with notes of wild thistle, lettuce and black pepper. Bitterness and pungency are present and harmonic with a sweet almond finish. It would be ideal on legume appetizers, salmon carpaccio, chanterelle mushroom salads, barbecued potatoes, farro soups, pasta with vegetables, stewed shellfish, baked turbot, mozzarella cheese.

Italia Italy [IT] Abruzzo

Fattoria Bruno Nicodemi

C.da Veniglio
64024 Notaresco (TE)
Tel. + 39 085 895493 - Fax + 39 085 8958887
E-mail: fattoria.nicodemi@tin.it - Web: www.nicodemi.com

85

- 300 m.
- Promiscuo e specializzato / Promiscuous and specialized
- Vaso policonico / Polyconic vase
- Brucatura a mano / Hand picking
- No - Ciclo continuo / No - Continuous cycle
- Leccino (60%), dritta (15%), frantoio (15%), tortiglione (10%)
- Fruttato medio / Medium fruity
- da 8,01 a 10,00 € - 500 ml. / from € 8.01 to 10.00 - 500 ml.

La Fattoria Bruno Nicodemi è un'azienda vitivinicola attiva da quarant'anni nelle colline intorno al comune di Notaresco. Guidata da Elena e Alessandro Nicodemi, figli del fondatore Bruno, la tenuta di proprietà è composta di 38 ettari, 6 dei quali sono stati destinati all'oliveto dove dimorano 3.500 piante. Nella recente campagna olearia sono stati raccolti 150 quintali di olive che hanno reso una produzione di 18 ettolitri di olio extravergine. Segnaliamo l'etichetta aziendale, l'Extravergine Nicodemi, che si offre alla vista di un bel colore giallo dorato intenso, limpido. All'olfatto si esprime avvolgente e complesso, caratterizzato da note vegetali di cicoria, lattuga e carciofo e da fini sentori balsamici, con basilico e prezzemolo in rilievo. Al gusto è ampio ed elegante, dotato di toni di ortaggi di campo e con un'intensa nota di noce fresca e mandorla in chiusura. Amaro presente e piccante contenuto, con dolce in evidenza. Eccellente abbinamento con fagioli bolliti, insalate di pollo, marinate di pesce persico, patate in umido, passati di funghi finferli, primi piatti con salmone, pesci ai ferri, tartare di ricciola, coniglio arrosto, pollame alla griglia, formaggi caprini.

Fattoria Bruno Nicodemi is a wine-growing farm that has been active on the hills surrounding the municipality of Notaresco for forty years. Run by Elena and Alessandro Nicodemi, the founder Bruno's children, the farm extends over 38 hectares, 6 of which have been destined to olive grove with 3,500 trees. In the last oil harvest 150 quintals of olives were produced, which yielded 18 hectolitres of extra virgin olive oil. We recommend the farm selection, the Extra Virgin Nicodemi. It is a beautiful intense limpid golden yellow colour. Its aroma is rotund and complex, characterized by vegetal hints of chicory, lettuce and artichoke and fine fragrant hints, especially basil and parsley. Its taste is ample and elegant, with a flavour of country vegetables and an intense finish of fresh walnut and almond. Bitterness is present and pungency is limited with evident sweetness. It would be ideal on boiled beans, chicken salads, marinated perch, stewed potatoes, chanterelle mushroom purée, pasta with salmon, grilled fish, amberjack tartare, roast rabbit, grilled poultry, goat cheese.

Italia Italy [IT] Abruzzo

Azienda Agricola Persiani

C.da San Martino, 43
64032 Atri (TE)
Tel. + 39 085 8700246 - 06 8554830 - Fax + 39 085 8700202 - 085 8554830
E-mail: agricolapersiani@tin.it - Web: www.oliodisanmartino.it

92

- 420 m.
- Specializzato / Specialized
- Monocono, policono, vaso policonico / Monocone, polycone, polyconic vase
- Brucatura a mano e meccanica / Hand picking and mechanical harvesting
- Sì - Ciclo continuo / Yes - Continuous cycle
- Dritta (45%), frantoio, leccino (30%), gentile, moraiolo (20%), altre/others (5%)
- Fruttato medio / Medium fruity
- da 10,01 a 12,00 € - 500 ml. / from € 10.01 to 12.00 - 500 ml.

L'Agricola Persiani è una bella realtà del comune di Atri, nella zona collinare tra il massiccio del Gran Sasso e l'Adriatico. Era il 1976 quando Mattia Persiani e la moglie Helvia acquistarono la proprietà per trascorrervi le vacanze: oggi ben 21 ettari sono destinati alla coltura specializzata con 8mila piante; inoltre i Persiani si sono dotati di un impianto di trasformazione di ultima generazione. Quest'anno sono stati raccolti 400 quintali di olive, per una resa di 65 ettolitri di olio. Segnaliamo l'Extravergine Olio di San Martino da Agricoltura Biologica: di un bel colore giallo dorato intenso con leggere sfumature verdi, limpido; all'olfatto si apre ampio e avvolgente, con eleganti note fruttate di mela bianca matura e spiccati sentori balsamici di basilico e mentuccia. Al gusto è complesso e fine, dotato di toni erbacei di lattuga e carciofo che chiudono con una nota di mandorla dolce. Amaro e piccante ben espressi e armonici. Ideale l'abbinamento con antipasti di fagioli, insalate di farro, marinate di pesce di lago, pomodori con riso, passati di asparagi, cous cous di verdure, gamberi in guazzetto, tartare di salmone, formaggi caprini.

Agricola Persiani is a beautiful farm in the municipality of Atri, in the hilly area between the relief of Gran Sasso and the Adriatic Sea. Mattia Persiani and his wife Helvia Tini purchased the estate in 1976 to spend their holidays there: today 21 hectares are destined to specialized cultivation with 8,000 trees. Moreover the Persiani have an advanced transformation system. In the last oil harvest 400 quintals of olives were produced, equal to a yield of 65 hectolitres of oil. We recommend the Extra Virgin Selection Olio di San Martino from Organic Farming. It is a beautiful intense limpid golden yellow colour with slight green hues. Its aroma is ample and rotund, with elegant fruity notes of ripe white apple and distinct fragrant hints of basil and field balm. Its taste is complex and fine, with elegant herbaceous hints of lettuce and artichoke and a sweet almond finish. Bitterness and pungency are distinct and harmonic. It would be ideal on bean appetizers, farro salads, marinated freshwater fish, tomatoes stuffed with rice, asparagus purée, vegetable cous cous, stewed shrimps, salmon tartare, goat cheese.

Molise

Dati Statistici
Superficie olivetata nazionale	**1.147.188 (ha)**
Superficie olivetata regionale	**20.047 (ha)**
Quota regionale	**1,75%**
Frantoi	**109**
Produzione nazionale 09-10	**521.915,9 (t)**
Produzione regionale 09-10	**6.100,0 (t)**
Produzione regionale 08-09	**5.720,0 (t)**
Variazione	**+ 6,64%**
Quota regionale	**1,17%**

National Institute of Statistics

Statistic Data
National Olive Surface	**1,147,188 (ha)**
Regional Olive Surface	**20,047 (ha)**
Regional Quota	**1.75%**
Olive Oil Mills	**109**
National production 09-10	**521,915.9 (t)**
Regional production 09-10	**6,100.0 (t)**
Regional production 08-09	**5,720.0 (t)**
Variation	**+ 6.64%**
Regional Quota	**1.17%**

L'olio molisano è noto e molto apprezzato fin dall'epoca romana. Tantissime le citazioni: Catone il Censore ne tesse le lodi nel "De Agricoltura", Marco Terenzio Varrone nel "De re rustica", così come ne fanno menzione lo storico e geografo Strabone e i poeti Giovenale e Quinto Orazio Flacco. Anche Plinio il Vecchio, nel "De Oleo", celebrò la straordinaria qualità dell'olio molisano: analizzando le varie qualità di olio conosciute a quel tempo, definisce quello della Penisola il migliore e in particolare quello dell'area di Venafro come il "primus inter pares", ovvero il fior fiore in assoluto. Ancora: sembra che l'olivicoltura praticata su larga scala sia stata introdotta nel IV secolo a.C. dal patrizio romano Marco Licinio, da cui l'appellativo "licinia" conferito alla varietà di oliva più pregiata, che vegetava nella zona di Venafro e dalla quale discende l'attuale cultivar aurina. Una tradizione tanto rilevante non poteva non essere premiata, nel 2004, con l'attribuzione della Dop Molise, riconosciuta agli oli extravergine prodotti nell'intero territorio regionale. Un riconoscimento prestigioso, un traguardo e al tempo stesso un importante punto di partenza per il rilancio di tutto il comparto olivicolo e dell'indotto a esso collegato. Del resto in Molise l'olivicoltura ha sempre svolto un ruolo primario nell'economia agricola. Attualmente la regione, che ha delle dimensioni territoriali così ridotte, conta su più di 20mila ettari di superficie olivetata che ospitano complessivamente circa 2 milioni e mezzo di piante. Nella maggior parte dei casi gli impianti sono situati nelle aree collinari, ma li troviamo anche nelle zone interne ad altitudini notevoli, come pure nelle pianure del litorale. La provincia di Campobasso è la zona più produttiva e la piana di Venafro è in assoluto il territorio più vocato; ma non sono da meno la valle del Biferno e le distese a sud di Campobasso e a nord ovest di Isernia. Il ventaglio delle cultivar è davvero molto ricco e complesso. Oltre alle comunissime varietà del centro Italia (frantoio, leccino e moraiolo), presenti ormai ovunque, la gentile di Larino è senza dubbio la cultivar più diffusa: ricopre tutta la fascia dell'antica area denominata Frentania, di cui la città di Larino era il centro principale. Altre varietà autoctone, che contribuiscono al paniere in maniera più o meno rilevante, sono la nera di Colletorto, la aurina, la noccioluta di San Giuliano di Puglia, la rosciola di Rotello, la curina, l'olivastra, la cerasa di Montenero, la salegna di Larino, la spagnuola, lo sperone di gallo e la paesana. Fino a oggi sono state identificate e studiate 40 cultivar autoctone di olivo, ufficialmente iscritte nello schedario oleicolo italiano; ma accanto a questo nutrito gruppo-base esiste un elenco vastissimo di nomi che costituiscono certo dei sinonimi ma che denotano tuttavia la potenzialità di questo territorio. Tanto che uno degli obiettivi della recente Denominazione è proprio quello di incentivare il reimpianto di alcuni oliveti con varietà tipiche regionali. Il resto della filiera produttiva comprende 109 frantoi e un numero di aziende in attività nel territorio che sfiora le 16mila. Nella campagna olearia 2009-2010 in Molise sono state prodotte 6.100 tonnellate di olio, pari all'1,17% del totale nazionale, con un aumento del 6,64% rispetto all'annata precedente.

The olive oil from Molise has been well-known and appreciated since Roman times, as numerous quotations show: Cato the Censor praises it in "De Agricoltura", as well as Varro in "De re rustica", while the historian and geographer Strabo and the poets Juvenal and Horace Flaccus also mention it. Even Pliny the Elder in "De Oleo" celebrated the extraordinary quality of the oil from Molise: analyzing the different oil qualities known at the time, he considered Italian oil the best and in particular the one of the area of Venafro "primus inter pares", the best by far. It seems that large scale olive growing was introduced in the 4th century B.C. by the Roman patrician Marcus Licinius, from whose name "licinia" derives, that is the most popular variety which grew in the area of Venafro and from which comes the present aurina. In 2004 such an important tradition was granted the Pdo for the extra virgin olive oils produced in the whole regional territory. A high award, a target and at the same time a starting-point to re-launch all the olive oil sector and the allied industries. In Molise olive growing has always played a considerable role in the agricultural economy. Currently this small region has over 20,000 hectares of olive surface with about 2,500,000 trees. In most cases the olive groves are situated in hilly areas, but they can also be found at notable heights inland, as well as in the coastal valleys. The province of Campobasso is the most productive area and the valley of Venafro is by far the most suitable area, but also the valley of Biferno and the territories to the south of Campobasso and to the north-west of Isernia are favourable. Although it is one of the smallest regions in Italy, Molise has a wide and complex range of varieties. Besides the very common varieties of central Italy, by now present everywhere, that is leccino, frantoio and moraiolo, we find gentile di Larino, undoubtedly the most widespread, as it covers the whole zone of the ancient "Frentania", where the city of Larino was the main centre. Other autochthonous varieties contributing in different ways are nera di Colletorto, aurina, noccioluta di San Giuliano di Puglia, rosciola di Rutello, curina, olivastra, cerasa di Montenero, salegna di Larino, spagnuola, sperone di gallo and paesana. Until now 40 autochthonous olive cultivars have been identified and studied. They are included in the Italian oil register, but apart from this group there is a long list of names, synonyms that express this territory potential, so that one of the aims of the recent Pdo is to stimulate olive grove replanting using the typical regional varieties. The olive oil sector consists of 109 olive oil mills and about 16,000 farms. In the olive oil harvest 2009-2010 Molise produced 6,100 tons of oil, equal to 1.17% of the total national quantity, with an increase of 6.64% compared to the previous year.

Marina Colonna

C.da Bosco Pontoni
86046 San Martino in Pensilis (CB)
Tel. + 39 0875 603009 - 0875 603006 - Fax + 39 0875 603002
E-mail: info@marinacolonna.it - Web: www.marinacolonna.it

96

100/150 m.

Promiscuo e specializzato
Promiscuous and specialized

Monocono, vaso basso, vaso policonico
Monocone, vase, polyconic vase

Brucatura a mano e meccanica
Hand picking and mechanical harvesting

Sì - Ciclo continuo
Yes - Continuous cycle

Leccino (65%), gentile di Larino (20%), rosciola (15%)

Fruttato medio
Medium fruity

da 4,01 a 6,00 € - 250 ml.
from € 4.01 to 6.00 - 250 ml.

Sempre meritatissima la segnalazione in Guida per Marina Colonna, punto di riferimento dell'olivicoltura regionale e non solo. Dal 1993 questa proprietà di 340 ettari appartiene a Donna Marina Colonna che ne ha fatto un'azienda all'avanguardia per le tecniche agronomiche e gli impianti di estrazione. I primi oliveti risalgono al 1968 e oggi occupano 70 ettari, dove dimorano 24mila piante dalle quali quest'anno sono stati raccolti 4mila quintali di olive, pari a una resa di 500 ettolitri di olio extravergine. Unica l'etichetta proposta, l'ottimo Extravergine Colonna Dop Molise. Si presenta alla vista di un bel colore giallo dorato intenso, limpido; all'olfatto si apre deciso e avvolgente, con eleganti sentori vegetali di sedano, carciofo e lattuga, arricchiti da note balsamiche di basilico, menta e salvia. Al gusto è fine e complesso, dotato di toni speziati di pepe nero e chiusura di mandorla. Amaro e piccante presenti e ben espressi. È ottimo su antipasti di farro, insalate di funghi finferli, marinate di salmone, patate arrosto, verdure gratinate, zuppe di orzo, cous cous di verdure, molluschi gratinati, pesci alla piastra, pollame o carni di agnello al forno, formaggi caprini.

Marina Colonna, a point of reference of regional and national olive growing, has given another excellent performance. Since 1993 this estate of 340 hectares has belonged to Donna Marina Colonna, who has transformed it into an advanced farm as regards agronomic techniques and extraction systems. The first olive groves date back to 1968 and today take up 70 hectares with 24,000 trees. In the last oil harvest 4,000 quintals of olives were produced, equal to 500 hectolitres of extra virgin olive oil. There is only one selection proposed, the excellent Extra Virgin Colonna Pdo Molise, which is a beautiful intense limpid golden yellow colour. Its aroma is definite and rotund, with elegant vegetal hints of celery, artichoke and lettuce, enriched by fragrant notes of basil, mint and sage. Its taste is fine and complex, endowed with a spicy flavour of black pepper and an almond finish. Bitterness and pungency are present and distinct. It would be ideal on farro appetizers, chanterelle mushroom salads, marinated salmon, roast potatoes, vegetables au gratin, barley soups, vegetable cous cous, mussels au gratin, pan-seared fish, baked poultry or lamb, goat cheese.

Oleificio Di Vito

C.da Cocciolete, 10
86042 Campomarino (CB)
Tel. + 39 0875 538922 - 0875 539257 - Fax + 39 0875 538922
E-mail: info@oliodivito.it - Web: www.oliodivito.it

86

- 80 m.
- Specializzato / Specialized
- Vaso basso / Vase
- Bacchiatura e brucatura a mano / Beating and hand picking
- Sì - Ciclo continuo / Yes - Continuous cycle
- Leccino (60%), gentile di Larino (40%)
- Fruttato medio / Medium fruity
- da 6,01 a 8,00 € - 500 ml. / from € 6.01 to 8.00 - 500 ml.

L'Oleificio Di Vito è situato tra le colline litoranee di Campomarino. Fondata nel 2003 da Luigi Di Vito, l'azienda è dotata di un sistema di estrazione di ultima generazione dove vengono lavorate partite di olive selezionate e acquistate dai coltivatori della zona e di 4 ettari di oliveto di proprietà dove dimorano mille piante. Nell'ultima campagna olearia l'oliveto aziendale ha fruttato 400 quintali di olive che, uniti ai 2mila acquistati, hanno prodotto 310 ettolitri di olio extravergine. Segnaliamo l'Extravergine Oleificio Di Vito Dop Molise. Alla vista appare di un bel colore giallo dorato intenso con delicate sfumature verdi, limpido; al naso si offre avvolgente e vegetale, caratterizzato da sentori di erba fresca falciata, lattuga e carciofo, arricchiti da spiccati toni aromatici di basilico e prezzemolo. Al gusto è fine e armonico, con note di ortaggi freschi di campo e chiusura di mandorla. Amaro presente e piccante contenuto. È eccellente per maionese, antipasti di pollo, carpaccio di ricciola, insalate di funghi ovoli, marinate di spigola, zuppe di fave, cous cous di pesce, gamberi alla piastra, pesci di lago ai ferri, formaggi freschi a pasta molle, biscotti da forno.

Oleificio Di Vito is situated on the littoral hills of Campomarino. Founded in 2003 by Luigi Di Vito, the farm has an advanced extraction system, where olive parcels selected and purchased from local olive growers are processed. The 4-hectare olive grove contains 1,000 trees. In the last oil harvest the farm olive grove produced 400 quintals of olives, which, together with 2,000 purchased, yielded about 310 hectolitres of extra virgin olive oil. We recommend the Extra Virgin Oleificio Di Vito Pdo Molise, which is a beautiful intense limpid golden yellow colour with delicate green hues. Its aroma is rotund and vegetal, characterized by hints of freshly mown grass, lettuce and artichoke, enriched by distinct aromatic notes of basil and parsley. Its taste is fine and harmonic, with a flavour of fresh country vegetables and an almond finish. Bitterness is present and pungency is limited. It would be ideal on mayonnaise, chicken appetizers, amberjack carpaccio, ovoli mushroom salads, marinated bass, broad bean soups, fish cous cous, pan-seared shrimps, grilled freshwater fish, soft fresh cheese, oven cookies.

Azienda Agricola Michele Fratianni

C.da Buccaro, 5
86042 Campomarino (CB)
Tel. + 39 0875 59831 - 0874 411418
E-mail: info@fratianni.it - Web: www.fratianni.it

85

90 m.

Specializzato
Specialized

Vaso policonico
Polyconic vase

Brucatura a mano e meccanica
Hand picking and mechanical harvesting

No - Ciclo continuo
No - Continuous cycle

Leccino (60%), ascolana tenera (10%),
coratina (10%), pendolino (10%), peranzana (10%)

Fruttato medio
Medium fruity

da 10,01 a 12,00 € - 750 ml.
from € 10.01 to 12.00 - 750 ml.

La Fratianni è una bella struttura attiva dal 1960 nel vocato comprensorio di Campomarino. Michele Fratianni è attualmente alla guida di una tenuta di 13 ettari, di cui 8 sono destinati all'oliveto specializzato, dove sono messe a dimora 800 piante, molte secolari. Nell'ultima campagna olearia sono stati raccolti 580 quintali di olive che hanno permesso di produrre circa 70 ettolitri di olio extravergine. Segnaliamo l'etichetta Extravergine L'Olio di Virginio, che nel nome rende omaggio al fondatore dell'azienda. Si presenta alla vista di un bel colore giallo dorato intenso con sfumature verdi, limpido; all'olfatto si esprime sottile e vegetale, caratterizzato da sentori di verdure fresche di campo, carciofo e lattuga. Al gusto si offre morbido e dosato, dotato di toni vegetali di sedano ed erbe balsamiche, con netto ricordo di basilico e prezzemolo, e note di mandorla in chiusura. Amaro presente e piccante contenuto. È un buon accompagnamento per antipasti di mare, insalate di farro, marinate di orata, patate alla griglia, passati di legumi, risotto con funghi finferli, crostacei in guazzetto, rombo alla brace, formaggi freschi a pasta filata.

Azienda Agricola Fratianni is a beautiful farm, active since 1960 in the suitable district of Campomarino. Currently Michele Fratianni runs an estate of 13 hectares with an 8-hectare specialized olive grove and 800 mainly century-old trees. In the last oil harvest 580 quintals of olives were produced, which yielded about 70 hectolitres of extra virgin olive oil. We recommend the Extra Virgin selection, L'Olio di Virginio, devoted to the farm founder. It is a beautiful intense limpid golden yellow colour with green hues. Its aroma is fine and vegetal, characterized by hints of fresh country vegetables, artichoke and lettuce. Its taste is mellow and delicate, endowed with vegetal hints of celery and aromatic herbs, especially basil and parsley and an almond finish. Bitterness is present and pungency is limited. It would be ideal on seafood appetizers, farro salads, marinated gilthead, grilled potatoes, legume purée, risotto with chanterelle mushrooms, stewed shellfish, barbecued turbot, mozzarella cheese.

La Casa del Vento

C.da Monte
86035 Larino (CB)
Tel. + 39 0874 824030 - Fax + 39 0874 823488
E-mail: casadelvento@hotmail.it

88

- 500 m.
- Specializzato / Specialized
- Vaso libero / Free vase
- Brucatura a mano / Hand picking
- No - Ciclo continuo / No - Continuous cycle
- Gentile di Larino
- Fruttato medio / Medium fruity
- da 6,01 a 8,00 € - 500 ml. / from € 6.01 to 8.00 - 500 ml.

Ottimo risultato per La Casa del Vento, giovane struttura fondata nel 2002 da Pasquale Di Lena nel comprensorio di Larino, vocato alla produzione olivicola di qualità. Di Lena dispone di quasi 3 ettari di superficie olivetata specializzata di proprietà, sulla quale trovano dimora 750 piante unicamente di varietà gentile di Larino. Da queste, nella recente campagna, sono stati raccolti 65 quintali di olive che, uniti ai quasi 51 acquistati, hanno consentito di produrre circa 15 ettolitri di olio. Segnaliamo l'unica etichetta proposta, l'Extravergine L'Olio di Flora che appare alla vista di colore giallo dorato intenso con delicati riflessi verdi, limpido. Al naso si esprime ampio e complesso, dotato di sentori vegetali di carciofo, lattuga e toni di erbe aromatiche, con netto ricordo di menta e basilico. Al gusto è avvolgente e fine, con note di ortaggi di campo, pepe nero e mandorla in chiusura. Amaro e piccante ben espressi e armonici. Perfetto accompagnamento per antipasti di crostacei, carpaccio di orata, insalate di mare, marinate di spigola, patate bollite, zuppe di fave, cous cous di pesce, fritture di gamberi, tartare di dentice, formaggi freschi a pasta molle, dolci da forno.

La Casa del Vento, whose performance has been excellent, is a new farm founded in 2002 by Pasquale Di Lena in the district of Larino, suitable to quality olive production. Di Lena owns almost 3 hectares of specialized olive surface with 750 trees of the variety gentile di Larino. In the last harvest 65 quintals of olives were produced and nearly 51 purchased, equal to a yield of about 15 hectolitres of extra virgin olive oil. We recommend the only selection proposed, the Extra Virgin L'Olio di Flora, which is an intense limpid golden yellow colour with delicate green hues. Its aroma is ample and complex, endowed with vegetal hints of artichoke, lettuce and notes of aromatic herbs, especially mint and basil. Its taste is rotund and fine, with notes of country vegetables, black pepper and an almond finish. Bitterness and pungency are distinct and harmonic. It would be ideal on shellfish appetizers, gilthead carpaccio, seafood salads, marinated bass, boiled potatoes, broad bean soups, fish cous cous, fried shrimps, sea bream tartare, soft fresh cheese, oven cakes.

Oleificio Bruno Mottillo

C.da Cappuccini, 10
86035 Larino (CB)
Tel. + 39 0874 822212 - Fax + 39 0874 822212
E-mail: brunomottillo@tin.it

86 ⬆

350 m.

Specializzato
Specialized

Vaso libero
Free vase

Brucatura a mano
Hand picking

Sì - Ciclo continuo misto
Yes - Mixed continuous cycle

Gentile di Larino

Fruttato medio
Medium fruity

da 6,01 a 8,00 € - 500 ml.
from € 6.01 to 8.00 - 500 ml.

Una prova in grande stile per l'Oleificio Mottillo di Larino. In attività fin dal 1959, è oggi guidato da Bruno, figlio del fondatore Mariangelo Mottillo, che può contare su circa 4 ettari di oliveto specializzato con 600 piante, unicamente di varietà gentile di Larino. In questa campagna olearia dagli oliveti di proprietà sono stati raccolti 205 quintali di olive, che uniti ai 345 acquistati hanno prodotto 66 ettolitri di olio extravergine. Il nostro panel ha segnalato l'Extravergine Bruno Mottillo Dop Molise che si presenta alla vista di un bel colore giallo dorato intenso, limpido; all'olfatto si apre ampio e complesso, dotato di eleganti note vegetali di lattuga e carciofo, arricchite da sentori balsamici di menta e rosmarino. Al gusto si offre avvolgente e di personalità, caratterizzato da toni di cardo di campo e cicoria che chiudono in frutta secca, con noce fresca e mandorla amara in rilievo. Amaro spiccato e piccante presente. È eccellente per antipasti di legumi, bruschette con verdure, insalate di ceci, pomodori con riso, passati di patate, risotto con molluschi, gamberi in umido, pesci alla griglia, pollame o carni di agnello al forno, formaggi freschi a pasta filata.

A great performance for Oleificio Mottillo in Larino. Founded in 1959, it is currently run by Bruno, the founder Mariangelo Mottillo's son. He runs about 4 hectares of specialized olive grove with 600 trees of the autochthonous variety gentile di Larino. In the last harvest 205 quintals of olives were produced, which, together with 345 purchased, yielded 66 hectolitres of extra virgin olive oil. Our panel recommends the Extra Virgin Bruno Mottillo Pdo Molise, which is a beautiful intense limpid golden yellow colour. Its aroma is ample and complex, endowed with elegant vegetal notes of lettuce and artichoke, enriched by fragrant hints of mint and rosemary. Its taste is rotund and strong, characterized by a flavour of wild thistle and chicory with a finish of dried fruit, especially fresh walnut and bitter almond. Bitterness is strong and pungency is present. It would be ideal on legume appetizers, bruschette with vegetables, chickpea salads, tomatoes stuffed with rice, potato purée, risotto with mussels, stewed shrimps, grilled fish, baked poultry or lamb, mozzarella cheese.

Campania

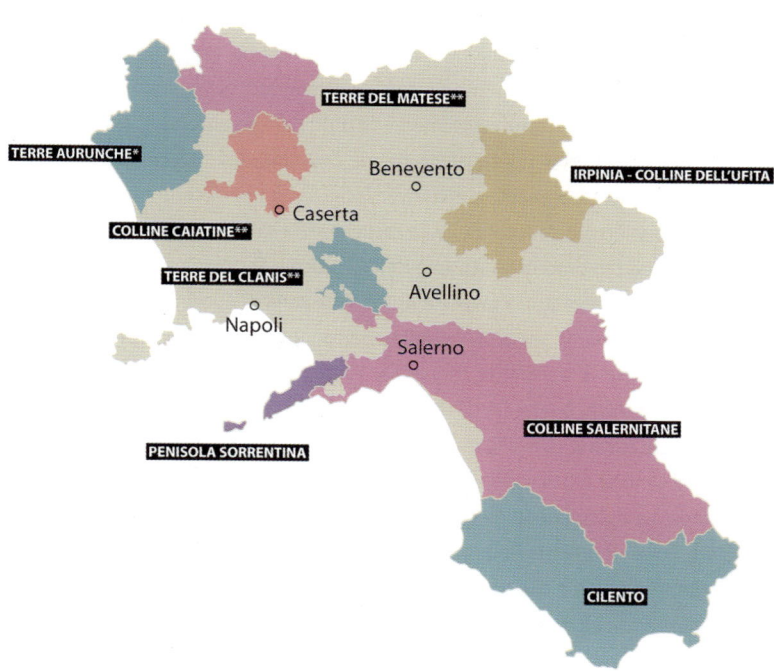

* All'esame della UE per la certificazione • *Under EU exam for certification*
** All'esame del MiPAAF per la certificazione • *Under MiPAAF exam for certification*

Dati Statistici

Superficie olivetata nazionale	**1.147.188 (ha)**
Superficie olivetata regionale	**72.271 (ha)**
Quota regionale	**6,30%**
Frantoi	**425**
Produzione nazionale 09-10	**521.915,9 (t)**
Produzione regionale 09-10	**41.625,8 (t)**
Produzione regionale 08-09	**44.096,4 (t)**
Variazione	**- 5,60%**
Quota regionale	**7,98%**

National Institute of Statistics

Statistic Data

National Olive Surface	**1,147,188 (ha)**
Regional Olive Surface	**72,271 (ha)**
Regional Quota	**6.30%**
Olive Oil Mills	**425**
National production 09-10	**521,915.9 (t)**
Regional production 09-10	**41,625.8 (t)**
Regional production 08-09	**44,096.4 (t)**
Variation	**- 5.60%**
Regional Quota	**7.98%**

Campania Felix la definivano i Romani quando volevano celebrare questa terra per la qualità non soltanto dei suoi vini, ma anche degli oli prodotti, utilizzati come merce di scambio di gran pregio. D'altronde la vocazione olivicola della regione è un tutt'uno con la sua storia che risale, qui come nel resto del sud, alla colonizzazione greca. Fin da quell'epoca infatti, e probabilmente anche da prima, la pianta sacra è parte integrante della cultura materiale e del paesaggio campano dove permangono tutte le condizioni territoriali e climatiche ideali per lo sviluppo della sua coltura. Attualmente infatti la regione è la quarta in Italia per produzione di olio non solo di qualità ma anche fortemente tipico e caratterizzato, grazie a un indescrivibile patrimonio di varietà autoctone difficilmente riscontrabile da altre parti. Gli impianti si estendono per 72.271 ettari diffusi praticamente ovunque, dove sono messe a dimora circa 8 milioni e mezzo di piante. Le cultivar locali sono più di cento: tra le più note ricordiamo la pisciottana, la rotondella, la carpellese, la salella e l'ogliastro diffuse nel Salernitano, l'area più produttiva. La minutella, l'ortice e l'ortolana si coltivano invece nella provincia di Benevento; la ravece è tipica della zona di Avellino e la caiazzana, la corniola, la palombina, la sessana, l'olivella e la tonnella si trovano soprattutto nella provincia di Caserta. E ancora: la trignarola, l'ajtanella, la ciciona, la marinese e la tamponica... ma l'elenco sarebbe davvero troppo lungo. Peraltro negli oliveti campani si trovano anche cultivar di livello importate da altre regioni d'Italia, come il frantoio e il leccino dall'Umbria e dalla Toscana, la coratina e l'ogliarola dalla Puglia e la carolea dalla Calabria. La tipicità degli oli campani è riconosciuta anche a livello comunitario con l'attribuzione di quattro Denominazioni attualmente certificate: la Dop Cilento e la Dop Colline Salernitane che tutelano le produzioni della provincia di Salerno; la Dop Penisola Sorrentina che comprende gli oli prodotti in provincia di Napoli - in particolare nella penisola di Sorrento e nell'isola di Capri - e in parte del territorio di Castellammare di Stabia; infine la recentissima Dop Irpinia - Colline dell'Ufita che ricade in provincia di Avellino. Tutte aree in cui la presenza degli olivi è antichissima: storicamente infatti nella Penisola Sorrentina e nel Cilento si ritiene che la pianta sia stata introdotta dai coloni Focesi nel VI secolo a.C.. Al momento altre quattro richieste di Dop sono all'esame per la certificazione: nella provincia di Avellino la Terre del Clanis è al vaglio del MiPAAF; la Terre Aurunche, in provincia di Caserta, è all'esame della UE; mentre la Terre del Matese e la Colline Caiatine, sempre in provincia di Caserta, sono al vaglio del MiPAAF. La filiera produttiva dell'olio comprende poi circa 83mila aziende, mentre strutture di trasformazione sono diffuse in tutte le aree di coltivazione: in totale sono 425 i frantoi attivi. Da questi nell'ultima campagna olearia si sono ricavate 41.625,8 tonnellate di olio, pari al 7,98% del totale nazionale, con una diminuzione del 5,60% rispetto all'annata precedente. Sono numeri che ben attestano l'importanza di questo settore per l'economia regionale che può trarre dall'olivicoltura forti risorse per il suo sviluppo futuro.

This region was called "Campania Felix" by the Romans, who celebrated not only the quality of its wine, but also the olive oils produced here, used as valuable goods of exchange. This tradition dates back in Campania as in the other southern regions to the Greek colonization; since then or even before the olive tree has always been an essential part of the culture and of the landscape, because here there are still all the ideal territorial and climatic conditions to favour this cultivation. Currently Campania is the 4th region in Italy for the production of high quality, but also very typical olive oil, thanks to a great wealth of autochthonous varieties we rarely find in other areas. The olive groves cover 72,271 hectares spread almost everywhere with about 8,500,000 trees. The local cultivars exceed 100: among the most popular there are pisciottana, rotondella, carpellese, salella and ogliastro, which are common in the area of Salerno, the most productive one. Minutella, ortice and ortolana are instead spread in the province of Benevento; ravece is typical of the area of Avellino and caiazzana, corniola, palombina, sessana, olivella and tonnella are found especially in the province of Caserta. Moreover trignarola, ajtanella, ciciona, marinese and tamponica... but the list would be too long. Moreover in the olive groves of Campania we can also find fine cultivars imported from other parts of Italy, like frantoio and leccino from Umbria and Toscana, coratina and ogliarola from Puglia and finally carolea from Calabria. This number of varieties determines the quality and characteristics of these olive oils. Such characteristics have also been recognized by the EU, which has granted four Pdo: Cilento and Colline Salernitane that protect the productions of the province of Salerno; the Pdo Penisola Sorrentina, including the olive oils produced in the province of Neaples - particularly in the peninsula of Sorrento and on the island of Capri - and partly in the territory of Castellammare di Stabia; finally the recent Pdo Irpinia - Colline dell'Ufita in the province of Avellino. In these areas the presence of the olive tree is very ancient: historically in the peninsula of Sorrento and in Cilento the sacred tree is thought to have been introduced by the colonists from Phocaea in the 6th century B.C.. At the moment four other possible denominations are being examined: in the province of Avellino Terre Clanis is under MiPAAF examination, Terre Aurunche in the province of Caserta is under EU examination, while Terre del Matese and Colline Caiatine, in the province of Caserta, are under MiPAAF examination. About 83,000 farms are part of the olive oil sector, while transformation structures are spread in all cultivation areas: currently there are 425 active olive oil mills. In 2009-2010 Campania produced 41,652.8 tons of extra virgin olive oil, equal to 7.98% of the total national quantity, with a decrease of 5.60% compared to the previous year. This volume shows the importance of this sector for the regional economy and could make olive growing a driving element of its future development.

Italia Italy [IT] Campania

I Capitani

Via Bosco Faiano, 15
83030 Torre Le Nocelle (AV)
Tel. + 39 0825 969182 - Fax + 39 0825 682542
E-mail: icapitani@icapitani.com - Web: www.icapitani.com

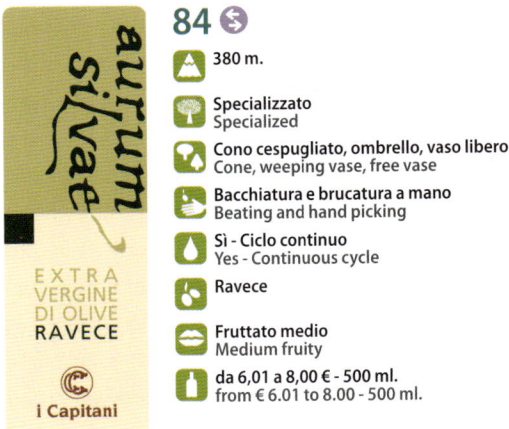

84

- 380 m.
- Specializzato / Specialized
- Cono cespugliato, ombrello, vaso libero / Cone, weeping vase, free vase
- Bacchiatura e brucatura a mano / Beating and hand picking
- Sì - Ciclo continuo / Yes - Continuous cycle
- Ravece
- Fruttato medio / Medium fruity
- da 6,01 a 8,00 € - 500 ml. / from € 6.01 to 8.00 - 500 ml.

L'azienda I Capitani è un'importante realtà vitivinicola della zona del Taurasi esistente da oltre cento anni, da quando Ciriaco Cefalo alla fine dell'800 acquisì il podere un tempo riserva di caccia dei principi della Leonessa, signori di Montemiletto. Dal 1998, accanto ai vigneti, il nipote e omonimo Ciriaco conduce un giovane oliveto di 3 ettari sul quale trovano posto 2.400 piante dalle quali quest'anno sono stati raccolti 600 quintali di olive che, uniti ai 200 acquistati, hanno reso circa 122 ettolitri di olio. Segnaliamo l'Extravergine monocultivar Aurum Silvae - Ravece che appare alla vista di colore giallo dorato intenso, limpido. Al naso si esprime sottile e composto, con note fruttate di pomodoro di media maturità, mela bianca, banana matura e sentori balsamici di basilico, menta e prezzemolo. Al gusto è morbido e dosato, con toni vegetali di fave, lattuga e spiccata mandorla in chiusura. Amaro e piccante dosati e armonici. Perfetto abbinamento con antipasti di molluschi, carpaccio di salmone, marinate di orata, pomodori con riso, zuppe di farro, cous cous di verdure, pesce azzurro marinato, seppie alla brace, coniglio al forno, pollame alla griglia, formaggi caprini.

I Capitani is an important wine-growing farm in the area of Taurasi, which was founded over 100 years ago, when Ciriaco Cefalo purchased the estate, once game preserve of the princes della Leonessa, lords of Montemiletto. Since 1998, besides vineyards, the grandson and homonym Ciriaco has been running a young 3-hectare olive grove with 2,400 trees. In the last harvest 600 quintals of olives were produced, which, together with 200 purchased, yielded about 122 hectolitres of extra virgin olive oil. We recommend the Monocultivar Extra Virgin Aurum Silvae - Ravece, which is an intense limpid golden yellow colour. Its aroma is fine and delicate, with fruity notes of medium ripe tomato, white apple, ripe banana and fragrant hints of basil, mint and parsley. Its taste is mellow and delicate, endowed with vegetal hints of broad beans, lettuce and a distinct almond finish. Bitterness and pungency are limited and harmonic. It would be ideal on mussel appetizers, salmon carpaccio, marinated gilthead, tomatoes stuffed with rice, farro soups, vegetable cous cous, marinated blue fish, barbecued cuttlefish, baked rabbit, grilled poultry, goat cheese.

Italia Italy [IT] Campania

Il Mulino della Signora

C.da Filette
83040 Frigento (AV)
Tel. + 39 0825 675109 - Fax + 39 0825 675109
E-mail: gianfrancotesta@katamail.com - Web: www.ilmulinodellasignora.it

86

50 m.

Promiscuo
Promiscuous

Vaso policonico
Polyconic vase

Brucatura a mano
Hand picking

No - Ciclo continuo
No - Continuous cycle

Ravece

Fruttato intenso
Intense fruity

da 6,01 a 8,00 € - 500 ml.
from € 6.01 to 8.00 - 500 ml.

Meritatissima segnalazione per Il Mulino della Signora che nasce nel 2004 a Frigento, nel verde dell'Irpinia, per opera di Gianfranco Testa, medico di professione e olivicoltore per passione. Dell'intera superficie destinata anche a vigneto, noceto, cereali e bosco, 6 ettari sono di oliveto, con 2.500 piante di cui alcune appartenenti alla vecchia piantagione, oggi razionalizzata. Il raccolto di quest'anno ha prodotto 150 quintali di olive, pari a 22 ettolitri di olio. Due le etichette Extravergine monocultivar Il Mulino della Signora, entrambe ottime: l'Ogliarola e soprattutto il Ravece che appare alla vista di colore giallo dorato intenso con riflessi verdolini, limpido; al naso è deciso e ampio, ricco di sentori di pomodoro maturo, banana e mela bianca. In bocca è avvolgente e vegetale, con toni di sedano, lattuga e fave fresche, arricchiti da spiccate note balsamiche di mentuccia e basilico. Amaro ben espresso e piccante presente. Abbinamento ideale con antipasti di tonno, funghi porcini ai ferri, marinate di pollo, pomodori gratinati, zuppe di fagioli, primi piatti al ragù, pesce azzurro al forno, agnello alla piastra, maiale alla griglia, formaggi stagionati a pasta filata.

A great performance for Il Mulino della Signora, founded in 2004 in Frigento, in the woods of Irpinia, by Gianfranco Testa, doctor by profession and passionate olive grower. The olive grove covers 6 hectares of the whole surface, which is also destined to vineyard, walnut grove, cereals and woods. There are 2,500 trees, some of which belong to the old plantatation, by now rationalized. The last harvest produced 150 quintals of olives, equal to 22 hectolitres of extra virgin olive oil. There are two excellent Monocultivar Extra Virgin Il Mulino della Signora, Ogliarola and especially Ravece, which is an intense limpid golden yellow colour with light green hues. Its aroma is definite and ample, rich in hints of ripe tomato, banana and white apple. Its taste is rotund and vegetal, with hints of celery, lettuce and fresh broad beans, enriched by distinct fragrant notes of field balm and basil. Bitterness is distinct and pungency is present. It would be ideal on tuna appetizers, grilled porcini mushrooms, marinated chicken, tomatoes au gratin, bean soups, pasta with meat sauce, baked blue fish, pan-seared lamb, grilled pork, aged cheese.

Azienda Agricola Michele Arcangelo Minieri

Via Modena, 57
83040 Carife (AV)
Tel. + 39 0827 95626 - Fax + 39 0827 95626
E-mail: m.minieri@agora.it - Web: www.hirpus.it

94

650 m.

Promiscuo e specializzato
Promiscuous and specialized

Vaso policonico
Polyconic vase

Brucatura a mano e meccanica
Hand picking and mechanical harvesting

No - Ciclo continuo misto
No - Mixed continuous cycle

Ravece

Fruttato intenso
Intense fruity

da 10,01 a 12,00 € - 500 ml.
from € 10.01 to 12.00 - 500 ml.

Una prestazione davvero ottima per Michele Angelo Minieri, fondatore e anima di questa realtà irpina attiva da una decina di anni, da quando decide di lasciare i salotti romani per trovare il suo equilibrio tra gli olivi. Attualmente l'azienda dispone di 15 ettari di oliveto con 2.500 piante dalle quali, nell'ultima campagna olearia, sono stati raccolti 250 quintali di olive pari a 50 ettolitri di olio extravergine. Impeccabile l'etichetta proposta, l'Extravergine monocultivar Hirpus - Ravece da Agricoltura Biologica. Alla vista si presenta di colore giallo dorato intenso, limpido; all'olfatto si esprime deciso e avvolgente, con ampie note fruttate di pomodoro di media maturità, mela bianca, banana matura e sottili sentori speziati di pepe nero, arricchiti da toni balsamici di menta, basilico e salvia. Al gusto è potente e complesso, con note di ortaggi freschi con lattuga, sedano e fave in evidenza. Amaro spiccato e piccante presente. Eccellente su antipasti di lenticchie, carpaccio di pesce spada, insalate di carciofi, pomodori gratinati, minestroni di verdure, primi piatti al ragù, pesce spada alla griglia, agnello arrosto, cacciagione in umido, formaggi stagionati a pasta dura.

Michele Angelo Minieri, whose performance has been really excellent, is the founder and soul of this farm in Irpinia, which has been active for about ten years, since he decided to leave the Roman salons to find his balance among olive trees. Currently the farm has a 15-hectare olive grove with 2,500 trees, which produced 250 quintals of olives in the last harvest, equal to 50 hectolitres of extra virgin olive oil. The selection proposed, the Extra Virgin Monocultivar Hirpus - Ravece from Organic Farming, is outstanding. It is an intense limpid golden yellow colour. Its aroma is definite and rotund, with ample fruity notes of medium ripe tomato, white apple, ripe banana and fine spicy hints of black pepper, enriched by fragrant hints of mint, basil and sage. Its taste is powerful and complex, with a flavour of fresh vegetables, especially lettuce, celery and broad beans. Bitterness is distinct and pungency is present. It would be ideal on lentil appetizers, swordfish carpaccio, artichoke salads, tomatoes au gratin, minestrone with vegetables, pasta with meat sauce, grilled swordfish, roast lamb, stewed game, hard mature cheese.

Italia Italy [IT] Campania

San Comaio

C.da Carpineto
83030 Zungoli (AV)
Tel. + 39 0825 845013 - 0825 845159 - Fax + 39 0825 845013
E-mail: info@sancomaio.it - Web: www.sancomaio.it

90

600 m.

Specializzato
Specialized

Forma libera, vaso
Free form, vase

Brucatura a mano e meccanica
Hand picking and mechanical harvesting

Sì - Ciclo continuo
Yes - Continuous cycle

Ravece (60%), ogliarola (30%), pendolino (10%)

Fruttato intenso
Intense fruity

da 6,01 a 8,00 € - 500 ml.
from € 6.01 to 8.00 - 500 ml.

Ottima prova quella della San Comaio, nell'entroterra irpino, che seguita a distinguersi per l'alta qualità delle sue proposte. Di proprietà di Raffaele Caruso, questa moderna azienda familiare dispone di un sistema di estrazione all'avanguardia e di 5 ettari di oliveto specializzato in alta collina dove dimorano 2mila piante che quest'anno hanno reso 150 quintali di olive che, uniti ai 400 acquistati, hanno prodotto 90 ettolitri di olio. Due le selezioni Extravergine da Agricoltura Biologica: lo Zahir - Ravece e soprattutto il Proverbio Dop Irpinia - Colline dell'Ufita. Di in bel colore giallo dorato intenso con calde tonalità verdi, limpido; all'olfatto è deciso e ampio, con eleganti note fruttate di pomodoro di media maturità, mela bianca e banana matura, arricchite da sentori aromatici di basilico, menta e pepe nero. Al gusto è avvolgente e vegetale, con toni di fave fresche, lattuga e sedano. Amaro spiccato e piccante ben espresso. Perfetto per antipasti di tonno, bruschette con pomodoro, carpaccio di polpo, marinate di pesce azzurro, zuppe di fagioli, primi piatti con funghi porcini, pesce spada alla griglia, carni rosse o nere alla brace, formaggi stagionati a pasta filata.

San Comaio, which is well-known for its high quality production, has proposed an excellent extra virgin olive oil. The farm belongs to Raffaele Caruso and has an advanced extraction system and a 5-hectare specialized olive grove on the hills, with 1,200 trees. In the last harvest they produced 150 quintals of olives, which, together with 400 purchased, yielded 90 hectolitres of extra virgin olive oil. There are two Extra Virgin selections from Organic Farming: Zahir - Ravece and especially Proverbio Pdo Irpinia - Colline dell'Ufita. It is an intense limpid golden yellow colour with warm green hues. Its aroma is definite and ample with elegant fruity notes of medium ripe tomato, white apple and ripe banana, enriched by fragrant hints of basil, mint and black pepper. Its taste is rotund and vegetal, with a flavour of broad beans, lettuce and celery. Bitterness is strong and pungency is distinct. It would be ideal on tuna appetizers, bruschette with tomatoes, octopus carpaccio, marinated bluefish, bean soups, pasta with porcini mushrooms, grilled swordfish, barbecued red meat or game, aged cheese.

Italia Italy [IT] Campania

Azienda Agricola Silvia Crisci

C.da Campo del Monaco
82020 San Giorgio La Molara (BN)
Tel. + 39 0824 983367 - Fax + 39 0824 983367
E-mail: aziendabios.crisci@libero.it

82

400 m.

Specializzato
Specialized

Vaso libero
Free vase

Brucatura a mano e meccanica
Hand picking and mechanical harvesting

No - Ciclo continuo
No - Continuous cycle

Ortice

Fruttato medio
Medium fruity

da 6,01 a 8,00 € - 500 ml.
from € 6.01 to 8.00 - 500 ml.

Debutta in Guida la Crisci, un'azienda tutta al femminile attiva dal 1987 nel comprensorio di San Giorgio La Molara, nel Beneventano. Silvia, Maria e Michela Crisci sono alla guida di questa bella realtà produttiva che vanta un patrimonio di quasi 3 ettari di impianto specializzato dove trovano dimora 700 piante che, nella recente campagna olearia, hanno fruttato un raccolto di 30 quintali di olive, pari a una produzione di 6 ettolitri di olio. L'Extravergine monocultivar Silvia Crisci - Ortice da Agricoltura Biologica si apre alla vista di colore giallo dorato intenso con delicati riflessi verdolini, limpido; all'olfatto si offre sottile e composto, dotato di sentori di pomodoro di media maturità, mela bianca e banana matura, cui si accompagnano note balsamiche di basilico, prezzemolo e salvia. In bocca è morbido e dosato, con toni vegetali di fave fresche e lattuga. Amaro e piccante ben espressi ed equilibrati, con dolce in evidenza. Ideale accompagnamento per carpaccio di carne cruda con funghi ovoli, funghi porcini alla brace, insalate di polpo, zuppe di fagioli, tonno alla griglia, carni rosse o nere in umido, formaggi stagionati a pasta filata.

Present for the first time in this Guide, Crisci is a women's farm, active since 1987 in the district of San Giorgio La Molara in the area of Benevento. Silvia, Maria and Michela Crisci run this beautiful estate with almost 3 hectares of specialized olive grove with 700 trees. In the last harvest 30 quintals of olives were produced, equal to a yield of 6 hectolitres of oil. We recommend the Monocultivar Extra Virgin Silvia Crisci - Ortice from Organic Farming, which is anl intense limpid golden yellow colour with delicate light green hues. Its aroma is fine and delicate, endowed with hints of medium ripe tomato, white apple and ripe banana, together with fragrant notes of basil, parsley and sage. Its taste is mellow and delicate, with a vegetal flavour of fresh broad beans and lettuce. Bitterness and pungency are distinct and balanced with evident sweetness. It would be ideal on beef carpaccio with ovoli mushrooms, barbecued porcini mushrooms, octopus salads, bean soups, grilled tuna, stewed red meat or game, aged cheese.

Italia Italy [IT] Campania

Fattoria Monserrato

C.da La Francesca
82100 Benevento
Tel. + 39 081 2478341 - 0824 565040 - Fax + 39 081 2478651
E-mail: carlazecchina@virgilio.it - Web: www.fattoriamonserrato.it

82 ⬆

350 m.

Specializzato
Specialized

Vaso
Vase

Meccanica
Mechanical harvesting

No - Ciclo continuo
No - Continuous cycle

Frantoio (70%), leccino (15%), ortice (15%)

Fruttato medio
Medium fruity

da 8,01 a 10,00 € - 500 ml.
from € 8.01 to 10.00 - 500 ml.

Diamo il benvenuto in Guida alla Fattoria Monserrato, che si pone tra le aziende vitivinicole del Beneventano che hanno intuito l'indubbia potenzialità dei vitigni autoctoni sanniti. Non solo vino però, a quanto pare. Su 6 ettari di impianto specializzato si coltivano anche, in regime di agricoltura integrata, 2.600 piante di olivo che quest'anno hanno fruttato un raccolto di 200 quintali di olive, pari a una produzione di circa 26 ettolitri di olio. Segnaliamo l'etichetta aziendale, l'Extravergine Oliöro Monserrato che appare alla vista di colore giallo dorato intenso con leggeri riflessi verdi, limpido; al naso si offre avvolgente e vegetale, ricco di note di carciofo, cicoria ed erbe balsamiche, con netto ricordo di menta e rosmarino. In bocca è elegante e morbido, con toni erbacei e speziati di cardo di campo, lattuga, pepe nero e chiusura di frutta secca, con mandorla e noce matura in evidenza. Amaro e piccante spiccati e armonici. Buon abbinamento con antipasti di verdure, insalate di fagioli, legumi bolliti, pomodori con riso, passati di orzo, zuppe di ceci, primi piatti con molluschi, pesce azzurro marinato, formaggi freschi a pasta filata.

For the first time in this Guide, Fattoria Monserrato is one of the wine-growing farms in the area of Benevento, which have understood the undisputable potential of the autochthonous vines of Sannio. Moreover there is a 6-hectare specialized olive grove with 2,600 trees cultivated according to the principles of integrated agriculture. In the last harvest 200 quintals of olives were produced, equal to a yield of about 26 hectolitres of oil. We recommend the farm selection, the Extra Virgin Oliöro Monserrato, which is an intense limpid golden yellow colour with slight green hues. Its aroma is rotund and vegetal, rich in notes of artichoke, chicory and aromatic herbs, especially mint and rosemary. Its taste is elegant and mellow, with herbaceous and spicy notes of wild thistle, lettuce, black pepper and a dried fruit finish, especially almond and ripe walnut. Bitterness and pungency are distinct and harmonic. It would be ideal on vegetable appetizers, bean salads, boiled legumes, tomatoes stuffed with rice, barley purée, chickpea soups, pasta with mussels, marinated blue fish, mozzarella cheese.

Italia Italy [IT] Campania

Frantoio Romano

C.da Staglio
82030 Ponte (BN)
Tel. + 39 0824 874332 - Fax + 39 0824 874332
E-mail: info@frantoioromano.it - Web: www.frantoioromano.it

88 ⬆

300 m.

Promiscuo e specializzato
Promiscuous and specialized

Vaso libero, vaso policonico
Free vase, polyconic vase

Brucatura a mano e meccanica
Hand picking and mechanical harvesting

Sì - Ciclo continuo
Yes - Continuous cycle

Ortice

Fruttato medio
Medium fruity

da 6,01 a 8,00 € - 500 ml.
from € 6.01 to 8.00 - 500 ml.

Debutto in grande stile per Frantoio Romano, in agro di Ponte, piccolo paesino del Beneventano. Alberto Romano è l'erede di una famiglia di olivicoltori che si sono tramandati la passione e l'esperienza in questo campo per generazioni. Oggi si contano 7 ettari di impianto specializzato con 1.700 olivi e un frantoio di ultima generazione. Quest'anno sono stati raccolti 700 quintali di olive, più 100 acquistati, per una resa in olio di 130 ettolitri, a cui ne vanno aggiunti altri 10 comprati, per un totale di 140 ettolitri. Due le etichette Extravergine Romano: il "base" e l'eccellente Ortice, che segnaliamo. Di colore giallo dorato intenso con delicate nuance verdi, limpido; al naso è deciso e ampio, ricco di sentori fruttati di pomodoro maturo, mela bianca e noce fresca, cui si associano note vegetali di fave e lattuga. Al gusto è avvolgente e di personalità, con toni balsamici di menta, basilico e salvia. Amaro deciso e piccante presente. È eccellente per antipasti di molluschi, insalate di farro, marinate di salmone, patate alla griglia, zuppe di funghi ovoli, cous cous di verdure, rombo arrosto, seppie alla brace, coniglio al forno, pollame ai ferri, formaggi freschi a pasta filata.

An excellent first performance for Frantoio Romano, in the countryside of Ponte, a village in the area of Benevento. Alberto Romano is the heir of a family of olive growers, who have been passing down their passion and experience in this field for generations. Today there is a 7-hectare specialized olive grove with 1,700 trees and an advanced oil mill. In the last harvest 700 quintals of olives were produced and 100 purchased, with a yield of 130 hectolitres. Together with 10 purchased, the total was 140 hectolitres. There are two Extra Virgin Romano: the "basic" and the excellent Ortice, which we recommend. It is an intense limpid golden yellow colour with delicate green hues. Its aroma is definite and ample, rich in fruity hints of ripe tomato, white apple and fresh walnut, together with vegetal notes of broad beans and lettuce. Its taste is rotund and strong, with a fragrant flavour of mint, basil and sage. Bitterness is definite and pungency is present. It would be ideal on mussel appetizers, farro salads, marinated salmon, grilled potatoes, ovoli mushroom soups, vegetable cous cous, roast turbot, barbecued cuttlefish, baked rabbit, grilled poultry, mozzarella cheese.

Italia Italy [IT] Campania

Azienda Agricola Terre Stregate

Via Municipio, 105
82034 Guardia Sanframondi (BN)
Tel. + 39 0824 864312 - Fax + 39 0824 864312
E-mail: terrestregate@libero.it - Web: www.terrestregate.it

90

600/700 m.

Promiscuo e specializzato
Promiscuous and specialized

Forma libera, vaso
Free form, vase

Brucatura a mano e meccanica
Hand picking and mechanical harvesting

Sì - Ciclo continuo misto
Yes - Mixed continuous cycle

Ortice (40%), ortolana (40%), racioppella (20%)

Fruttato medio
Medium fruity

da 8,01 a 10,00 € - 750 ml.
from € 8.01 to 10.00 - 750 ml.

Ecco uno di quei casi in cui la qualità è figlia dell'esperienza: sette generazioni e più di un secolo di storia nell'olivicoltura a tutto campo. Fondata nel lontano 1898, la Terre Stregate di Maria Pacelli conta su 2 ettari di antichi oliveti situati nel territorio collinare dell'alta valle del Calore, alle pendici del massiccio del Matese, con 1.200 piante e un moderno impianto di estrazione. Quest'anno la raccolta ha fruttato 250 quintali di olive, pari a una produzione di 50 ettolitri di olio extravergine. Segnaliamo l'Extravergine Primo Fiore che si offre alla vista di colore giallo dorato intenso con delicate nuance verdi, limpido; al naso si apre elegante e fruttato, caratterizzato da note di banana e mela bianca, cui si aggiungono armonici sentori balsamici di prezzemolo e basilico. Al gusto è fine e avvolgente, dotato di toni vegetali di lattuga e spiccata mandorla dolce in chiusura. Amaro e piccante ben presenti ed equilibrati. Eccellente per antipasti di mare, fagioli al vapore, insalate di farro, marinate di ricciola, pomodori con riso, passati di patate, primi piatti con molluschi, pesci ai ferri, seppie in umido, pollame o carni di agnello al forno, formaggi caprini.

This is one of the cases in which quality depends on experience: seven generations and over a century of olive growing history. Founded in 1899, Maria Pacell's Terre Stregate has 2 hectares of old olive groves situated on the hills of upper Valle del Calore, at the foot of the Matese massif. There are 1,200 trees and a modern extraction system. In the last harvest 250 quintals of olives were produced, equal to a yield of 50 hectolitres of extra virgin olive oil. We recommend the Extra Virgin Primo Fiore, which is an intense limpid golden yellow colour with delicate green hues. Its aroma is elegant and fruity, characterized by notes of banana and white apple, together with harmonic fragrant hints of parsley and basil. Its taste is fine and rotund, endowed with vegetal hints of lettuce and a distinct sweet almond finish. Bitterness and pungency are present and balanced. It would be ideal on seafood appetizers, steamed beans, farro salads, marinated amberjack, tomatoes stuffed with rice, potato purée, pasta with mussels, grilled fish, stewed cuttlefish, baked poultry or lamb, goat cheese.

Antica Masseria Venditti

Via Sannita, 120/122
82037 Castelvenere (BN)
Tel. + 39 0824 940306 - Fax + 39 0824 940301
E-mail: masseria@venditti.it - Web: www.venditti.it

84 ⬆

170 m.

Specializzato
Specialized

Vaso aperto
Open vase

Brucatura a mano
Hand picking

No - Sinolea
No - Sinolea

Racioppella (70%), **femminella (30%)**

Fruttato medio
Medium fruity

da 10,01 a 12,00 € - 500 ml.
from € 10.01 to 12.00 - 500 ml.

Debutta in grande stile la Antica Masseria Venditti, nota azienda vitivinicola a conduzione familiare che adotta come simbolo la fattoria con torchio di proprietà risalente al 1595 e che si annovera tra le migliori dell'enologia campana. Non solo vino, però. L'enologo Nicola Venditti è alla guida anche di un piccolo impianto olivetato di neppure un ettaro, sul quale trovano posto 250 piante che nella recente campagna hanno fruttato un raccolto di 60 quintali di olive, pari a 6 ettolitri di olio extravergine. Segnaliamo l'ottimo Extravergine Antica Masseria Venditti da Agricoltura Biologica: di colore giallo dorato scarico, limpido; all'olfatto si esprime ampio e avvolgente, dotato di sentori vegetali di carciofo e lattuga, accompagnati da note di erbe officinali, con netto ricordo di menta e rosmarino. In bocca è elegante e armonico, con toni di ortaggi freschi di campo e chiusura dolce di mandorla. Amaro deciso e piccante ben espresso. Perfetto l'abbinamento con maionese, antipasti di ceci, carpaccio di dentice, insalate di funghi ovoli, marinate di spigola, zuppe di fave, cous cous di pesce, crostacei al forno, rombo al cartoccio, formaggi freschi a pasta molle, dolci lievitati.

A high-class performance for Antica Masseria Venditti, a well-known family-run wine-growing farm, considered one of the best in this field in Campania. It uses as its symbol the image of the farm with the press dating back to 1595. However the enologist Nicola Venditti also runs a small olive grove of about 1 hectare with 250 trees. In the last harvest 60 quintals of olives were produced, equal to 6 hectolitres of extra virgin olive oil. We recommend the excellent Extra Virgin Antica Masseria Venditti from Organic Farming, which is a light limpid golden yellow colour. Its aroma is ample and rotund, endowed with vegetal hints of artichoke and lettuce, together with notes of officinal herbs, especially mint and rosemary. Its taste is elegant and harmonic, with a flavour of fresh country vegetables and a sweet almond finish. Bitterness is definite and pungency is distinct. It would be ideal on mayonnaise, chickpea appetizers, sea bream carpaccio, ovoli mushroom salads, marinated bass, broad bean soups, fish cous cous, baked shellfish, turbot baked in parchment paper, soft fresh cheese, yeast-raised cakes.

Italia Italy [IT] Campania

Azienda Agricola Badevisco

Via Sessa Mignano - Ponte - Badevisco
81037 Sessa Aurunca (CE)
Tel. + 39 0823 938761 - Fax + 39 0823 938761
E-mail: fcassetta@virgilio.it - Web: www.badevisco.it

92

- 400 m.
- Specializzato / Specialized
- Ipsilon, monocono, vaso / Y-trellis, monocone, vase
- Brucatura a mano e meccanica / Hand picking and mechanical harvesting
- No - Sinolea / No - Sinolea
- Itrana (60%), sessana (20%), frantoio (10%), leccio del corno (10%)
- Fruttato medio / Medium fruity
- da 6,01 a 8,00 € - 500 ml. / from € 6.01 to 8.00 - 500 ml.

Un grande risultato per la Badevisco di Franco Cassetta, situata sulle pendici del vulcano di Roccamonfina, nel verde delle colline Aurunche. La struttura, che comprende anche un'area attrezzata come fattoria didattica e spazio pic-nic, dispone di 20 ettari di impianto olivetato con 7mila piante che in questa campagna olearia hanno reso un raccolto di 2mila quintali di olive, pari a 260 ettolitri di olio extravergine. Ottima etichetta aziendale, l'Extravergine Badevisco da Agricoltura Biologica si offre alla vista di un bel colore giallo dorato intenso con delicati riflessi verdolini, limpido. All'olfatto si esprime deciso e avvolgente, con ampie note fruttate di pomodoro di media maturità, banana e mela bianca, arricchite da sentori di erbe officinali, dove spiccano la menta e il basilico. Al gusto è fine e vegetale, con eleganti toni di lattuga e fave fresche. Amaro presente e piccante contenuto, con dolce in evidenza. È un eccellente accompagnamento per antipasti di molluschi, insalate di farro, marinate di orata, patate alla griglia, passati di fagioli, risotto con funghi ovoli, gamberi in umido, pesci arrosto, formaggi freschi a pasta filata.

Franco Cassetta's Azienda Agricola Badevisco has given an excellent performance. Situated at the foot of the volcano of Roccamonfina, in the middle of the green hills Aurunche, the farm also includes an area equipped as didactic farm and a place to picnic. The olive grove covers 20 hectares with 7,000 trees, which produced 2,000 quintals of olives in the last harvest, equal to 260 hectolitres of extra virgin olive oil. The farm selection, the Extra Virgin Badevisco from Organic Farming, is a beautiful intense limpid golden yellow colour with delicate light green hues. Its aroma is definite and rotund, with ample fruity notes of medium ripe tomato, banana and white apple, enriched by hints of officinal herbs, especially mint and basil. Its taste is fine and vegetal, with an elegant flavour of lettuce and fresh broad beans. Bitterness is present and pungency is limited with evident sweetness. It would be ideal on mussel appetizers, farro salads, marinated gilthead, grilled potatoes, bean purée, risotto with ovoli mushrooms, stewed shrimps, roast fish, mozzarella cheese.

Italia Italy [IT] Campania

Azienda Agricola Russo

P.zza Montechiaro, 18
80069 Vico Equense (NA)
Tel. + 39 081 8028404 - Fax + 39 081 8028404
E-mail: info@larcangelo.it - Web: www.larcangelo.it

90

- 200 m.
- Specializzato / Specialized
- Vaso policonico / Polyconic vase
- Brucatura a mano / Hand picking
- No - Ciclo continuo / No - Continuous cycle
- Minucciola
- Fruttato medio / Medium fruity
- da 15,01 a 18,00 € - 500 ml. / from € 15.01 to 18.00 - 500 ml.

Ottimo risultato per la Russo di Vico Equense, fondata nel 1960 da Arcangelo Russo. I figli, Rosa e Costantino, hanno avviato la produzione di olio e oggi dispongono di un oliveto specializzato che si estende sui terrazzamenti della Costiera per poco più di un ettaro, dove sono messe a dimora 380 piante di varietà minucciola. Nell'ultima campagna olearia sono stati raccolti 100 quintali di olive che hanno prodotto 12 ettolitri di olio extravergine. L'etichetta proposta è l'Extravergine L'Arcangelo Dop Penisola Sorrentina che si presenta alla vista di un bel colore giallo dorato intenso, limpido. All'olfatto si esprime ampio e deciso, dotato di eleganti note vegetali di carciofo, cicoria ed erbe fresche falciate, accompagnate da ricchi sentori di menta e rosmarino. Al gusto è avvolgente e armonico, con toni erbacei e speziati di lattuga, cardo di campo, pepe nero e mandorla dolce in chiusura. Amaro spiccato e piccante ben presente e dosato. Eccellente per antipasti di molluschi, insalate di pesce persico, legumi bolliti, marinate di salmone, passati di patate, cous cous di verdure, fritture di carni, pesci di scoglio alla piastra, formaggi caprini.

An excellent result for the farm Russo in Vico Equense, founded in 1960 by Arcangelo Russo. His children, Rosa and Costantino, started producing olive oil and today they have little more than one hectare of specialized olive grove on the terraces of the Costiera. There are 380 trees of the variety minucciola, which produced 100 quintals of olives in the last harvest, equal to a yield of 12 hectolitres of extra virgin olive oil. The selection proposed is the Extra Virgin L'Arcangelo Pdo Penisola Sorrentina, which is a beautiful intense limpid golden yellow colour. Its aroma is ample and definite, endowed with elegant vegetal notes of artichoke, chicory and freshly mown grass, together with rich hints of mint and rosemary. Its taste is rotund and harmonic, with herbaceous and spicy notes of lettuce, wild thistle, black pepper and a sweet almond finish. Bitterness is distinct and pungency is present and complimentary. It would be ideal on mussel appetizers, perch salads, boiled legumes, marinated salmon, potato purée, vegetable cous cous, breaded fried meat, pan-seared rock-fish, goat cheese.

Madonna dell'Olivo

Via Madonna dell'Ulivo
84028 Serre (SA)
Tel. + 39 0828 974950 - Fax + 39 06 23317706
E-mail: info@madonnaolivo.it - Web: www.madonnaolivo.it

96

- 220/550 m.
- Promiscuo / Promiscuous
- Forma libera, policono / Free form, polycone
- Brucatura a mano e meccanica / Hand picking and mechanical harvesting
- Sì - Ciclo continuo / Yes - Continuous cycle
- Ravece (50%), rotondella (50%)
- Fruttato intenso / Intense fruity
- da 8,01 a 10,00 € - 250 ml. / from € 8.01 to 10.00 - 250 ml.

Non delude le nostre aspettative e seguita a regalarci prodotti di grande eccellenza. Madonna dell'Olivo di Antonino Mennella è una giovane realtà del vocatissimo comprensorio di Serre, in provincia di Salerno. Parliamo di circa 6 ettari di superficie olivetata con 2.050 piante e di un moderno impianto di estrazione. Quest'anno il raccolto di 300 quintali di olive ha reso 25 ettolitri di olio extravergine. Segnaliamo due selezioni Extravergine Madonna dell'Olivo: l'Itran's e soprattutto il Raro Denocciolato, superbo: alla vista appare di un bel colore giallo dorato intenso con calde tonalità verdi, limpido; al naso si esprime potente e avvolgente, ricco di eleganti sentori fruttati di pomodoro acerbo, banana matura e mela bianca, cui si associano spiccate note balsamiche di menta, rosmarino e salvia. Al gusto è ampio e di carattere, con toni vegetali e speziati di cicoria, lattuga, pepe verde e mandorla. Amaro potente e piccante deciso. Ideale su antipasti di polpo, bruschette con pomodoro, carpaccio di tonno, marinate di pesce azzurro, zuppe di fagioli, zuppe di lenticchie, cous cous di carne, pesce spada in umido, carni rosse o nere alla brace, formaggi stagionati a pasta dura.

Antonino Mennella's Madonna dell'Olivo never disappoints and always proposes excellent products. It is a young farm in the very favourable district of Serre, in the province of Salerno. There are about 6 hectares of olive surface with 2,050 trees and a modern extraction system. In the last harvest 300 quintals of olives allowed to yield 25 hectolitres of extra virgin olive oil. We recommend two Extra Virgin selections Madonna dell'Olivo: Itran's and especially the extraordinary Raro Denocciolato. It is a beautiful intense limpid golden yellow colour with warm green hues. Its aroma is powerful and rotund, rich in elegant fruity hints of unripe tomato, ripe banana and white apple, together with distinct fragrant notes of mint, rosemary and sage. Its taste is ample and strong, with a vegetal and spicy flavour of chicory, lettuce, black pepper and almond. Bitterness is powerful and pungency is definite. It would be ideal on octopus appetizers, bruschette with tomatoes, tuna carpaccio, marinated bluefish, bean soups, lentil soups, meat cous cous, steamed swordfish, barbecued red meat or game, hard mature cheese.

Italia Italy [IT] Campania

Torretta

Via Serroni Alto, 29
84091 Battipaglia (SA)
Tel. + 39 0828 672615 - Fax + 39 0828 672615
E-mail: info@oliotorretta.com - Web: www.oliotorretta.com

96

100/150 m.

Specializzato
Specialized

Vaso policonico
Polyconic vase

Brucatura a mano e meccanica
Hand picking and mechanical harvesting

Sì - Ciclo continuo
Yes - Continuous cycle

Carpellese (50%), frantoio (25%), rotondella (25%)

Fruttato medio
Medium fruity

da 6,01 a 8,00 € - 500 ml.
from € 6.01 to 8.00 - 500 ml.

Non smentisce mai la sua eccellenza La Torretta di Battipaglia. Merito di Maria Provenza, tecnico di qualità e responsabile commerciale, con dieci anni di esperienza professionale e una vita sul campo. La cooperativa nasce nel 1998 e prende il nome dalla località in cui sorge lo stabilimento, recentemente riqualificato. Oggi conta su 10 ettari di proprietà dei soci, con 6mila piante. Nel moderno frantoio aziendale sono stati moliti 500 quintali di olive, che uniti ai 4.800 acquistati hanno reso circa 764 ettolitri di olio. Segnaliamo l'Extravergine Diesis Dop Colline Salernitane, di un bel colore giallo dorato intenso, con calde nuance verdi, limpido. Al naso è ampio e avvolgente, ricco di eleganti note fruttate di pomodoro di media maturità, banana e mela bianca, cui si affiancano spiccati sentori aromatici di basilico, menta e pepe nero. Al gusto è complesso e vegetale, con toni di lattuga, sedano e chiusura di mandorla. Amaro deciso e piccante ben presente. Perfetto per antipasti di farro, bruschette con verdure, insalate di orzo, marinate di salmone, passati di patate, primi piatti con molluschi, tartare di ricciola, tonno arrosto, coniglio al forno, pollame ai ferri, formaggi freschi a pasta filata.

Società Agricola La Torretta in Battipaglia has given another great performance thanks to Maria Provenza, quality technician and commercial manager with a 10-year experience and a life on the ground. It was founded in 1998 and takes its name from the place where the recently upgraded establishment is located. Today its members own 10 hectares with 36,000 trees. In the modern oil mill 500 quintals of olives were crushed in the last harvest. Together with 4,800 purchased they yielded about 764 hectolitres of oil. We recommend the Extra Virgin Diesis Pdo Colline Salernitane, which is a beautiful intense limpid golden yellow colour with warm green hues. Its aroma is ample and rotund, with elegant fruity notes of medium ripe tomato, banana and white apple, together with distinct aromatic hints of basil, mint and black pepper. Its taste is complex and vegetal, with a flavour of lettuce, celery and an almond finish. Bitterness is definite and pungency is present. It would be ideal on farro appetizers, bruschette with vegetables, barley salads, marinated salmon, potato purée, pasta with mussels, amberjack tartare, roast tuna, baked rabbit, grilled poultry, mozzarella cheese.

Puglia

TERRA DI BARI
- **A** Bitonto
- **B** Castel del Monte
- **C** Murgia dei Trulli e delle Grotte

DAUNO
- **A** Alto Tavoliere
- **B** Basso Tavoliere
- **C** Gargano
- **D** Sub Appennino

COLLINA DI BRINDISI

TERRE TARENTINE

TERRA D'OTRANTO

Dati Statistici

Superficie olivetata nazionale	1.147.188 (ha)
Superficie olivetata regionale	377.526 (ha)
Quota regionale	32,91%
Frantoi	1.010
Produzione nazionale 09-10	521.915,9 (t)
Produzione regionale 09-10	152.487,6 (t)
Produzione regionale 08-09	190.337,3 (t)
Variazione	- 19,89%
Quota regionale	29,22%

National Institute of Statistics

Statistic Data

National Olive Surface	1,147,188 (ha)
Regional Olive Surface	377,526 (ha)
Regional Quota	32.91%
Olive Oil Mills	1,010
National production 09-10	521,915.9 (t)
Regional production 09-10	152,487.6 (t)
Regional production 08-09	190,337.3 (t)
Variation	- 19.89%
Regional Quota	29.22%

In Puglia l'olivicoltura è arrivata in epoche remote, si pensa grazie ai primi navigatori Fenici. Però a darle l'impulso decisivo furono i coloni Greci e soprattutto i Romani che ne fecero un'attività economica su scala organizzata. Ulteriori incentivi per la coltura dell'olivo si ebbero a partire dall'alto Medioevo, grazie all'opera degli ordini religiosi presenti sul territorio. Nel Rinascimento la qualità dell'olio pugliese era riconosciuta ben oltre i confini regionali e l'esportazione raggiungeva Genova, Venezia, Maiorca, Cipro, Rodi, Costantinopoli, la Terrasanta e addirittura l'Impero Ottomano. La conferma di tale vocazione plurimillenaria ci è data, prima che da ogni altra cosa, dalle sterminate distese di olivi dai grossi tronchi contorti e dalle chiome folte e imponenti che avvolgono letteralmente il territorio pugliese, rappresentandone il connotato paesaggistico più rilevante. Oggi all'olivo sono destinati quasi 378mila ettari di superficie sui quali trovano dimora circa 40 milioni di piante. Si distinguono sostanzialmente tre aree geografiche: la zona di Foggia, la provincia di Bari - il territorio che presenta la più alta densità di olivi in Europa - e il Salento, che comprende le restanti tre provincie regionali di Brindisi, Lecce e Taranto. Per quanto riguarda il patrimonio varietale, nella provincia di Foggia oltre alla coratina e all'ogliarola barese, che sono diffuse un po' ovunque anche nel resto della Puglia, dimorano diverse cultivar locali come la provenzale, la rotondella, la garganica e la gentile. La coratina invece prevale nella provincia di Bari, soprattutto lungo la fascia costiera, mentre nelle zone interne viene coltivata soprattutto l'ogliarola barese. Nell'alto Salento è tipica l'ogliarola, detta in questo caso salentina, mentre nel basso Salento prevale la cellina di Nardò detta anche saracena. Infine, in provincia di Taranto, ritroviamo le tipiche coratina e ogliarola. Nel ricco paniere che caratterizza gli oliveti della regione trovano comunque sempre più spazio anche le pregiate cultivar non autoctone frantoio e leccino che qui sono perfettamente acclimatate. Oggi la civiltà dell'olio seguita a essere un elemento fondante della cultura materiale pugliese, ma anche una voce economica di primaria importanza per il bilancio regionale, con un numero di aziende che su pera le 190mila e 1.010 frantoi attivi. Da questi, nella campagna olearia 2009-2010 sono state ricavate 152.487,6 tonnellate di olio, pari al 29,22% del totale nazionale, con una diminuzione del 19,89% rispetto all'annata precedente. Volumi che fanno della Puglia la seconda realtà in Italia per produzione di olio, preceduta soltanto dalla Calabria che negli ultimi anni sta vivendo un vero e proprio rilancio produttivo. Grandi numeri dunque, a fronte di una qualità notevole sancita a livello comunitario dall'attribuzione di cinque Denominazioni di Origine Protetta: la Dop Dauno, che comprende le sottozone Alto Tavoliere, Basso Tavoliere, Gargano e Sub Appennino; la Dop Terra di Bari, con le sottozone Bitonto, Castel del Monte e Murgia dei Trulli e delle Grotte; e le Dop Collina di Brindisi, Terra d'Otranto e Terre Tarentine. Negli ultimi anni allo sviluppo dell'olivicoltura di qualità ha concorso l'ammodernamento di oliveti e frantoi, insieme all'adozione di sistemi di coltura e lavorazione il più possibile naturali.

In Puglia olive growing arrived in remote times, probably thanks to Phoenician sailors, but the decisive stimulus was given by the Greeks and especially by the Romans, who made it an organized activity. Olive cultivation was further stimulated in the early Middle Ages by the religious orders present in the territory. During the Renaissance the quality of the oil from Puglia was appreciated even outside the regional borders and exports reached Genoa, Maiorca, Venice, the Holy Land, Cyprus, Rhodes, Constantinople and even the Ottoman empire. This multimillennial tradition is confirmed by the endless stretches of olive trees with big twisted trunks and thick and imposing heads. They literally cover valleys and hills of the region and represent the most evident landscape feature. Today nearly 378,000 hectares with about 40 million trees are destined to olive trees. Olive growing in Puglia can be divided essentially into three different areas: the area of Foggia, the province of Bari - the territory with the highest olive grove concentration in Europe - and Salento, including the remaining three provinces of Brindisi, Lecce and Taranto. As regards the range of varieties, in the province of Foggia, besides coratina and ogliarola barese, which are spread almost everywhere in the region, we find several local cultivars like provenzale, rotondella, garganica and gentile. Coratina is instead the prevailing variety in the province of Bari, especially along the coast, while inland the most widespread variety is ogliarola barese. In alto Salento ogliarola is more common and is generally called salentina, while in basso Salento cellina di Nardò, also called saracena, prevails. Finally in the province of Taranto we find the typical varieties coratina and ogliarola. In the wide range of varieties characterizing the regional olive groves also the fine allochthonous cultivars frantoio and leccino are increasingly cultivated, as they have perfectly adjusted to the climate. Today oil civilization is still a basic element of the material culture of Puglia, but also an economic item of primary importance for the regional budget with over 190,000 farms and 1,010 active olive oil mills. In the last oil harvest 152,487.6 tons of oil were produced, equal to 29.22% of the total national quantity, with a decrease of 19.89% compared to the previous year. These considerable figures make Puglia the second productive region in Italy, after Calabria, which has been experiencing a real productive boom in recent years. High numbers, but also high quality, recognized at EU level by a good five Pdo. Pdo Dauno, including the subareas of Alto Tavoliere, Basso Tavoliere, Gargano and Sub-Appennino; Pdo Terra di Bari with the subareas Bitonto, Castel del Monte, Murgia dei Trulli and Delle Grotte; Pdo Collina di Brindisi; Pdo Terra d'Otranto and Pdo Terre Tarentine. In recent years the boom of quality olive growing has been due to the updating of olive groves and olive oil mills, together with the use of the most natural cultivation and working systems.

Azienda Agricola De Carlo

Via XXIV Maggio, 54/b
70020 Bitritto (BA)
Tel. + 39 080 630767 - Fax + 39 080 631234
E-mail: info@oliodecarlo.com - Web: www.oliodecarlo.com

94

- 150 m.
- Specializzato / Specialized
- Monocono, vaso barese, vaso policonico / Monocone, vase, polyconic vase
- Brucatura a mano e meccanica / Hand picking and mechanical harvesting
- Sì - Ciclo continuo misto / Yes - Mixed continuous cycle
- Coratina (60%), ogliarola barese (38%), altre/others (2%)
- Fruttato medio / Medium fruity
- da 8,01 a 10,00 € - 500 ml. / from € 8.01 to 10.00 - 500 ml.

Meritatissima segnalazione per i De Carlo, degni eredi di una tradizione familiare che risale alla fine del XVI secolo. Oggi Saverio e Grazia De Carlo, con la preziosa collaborazione dei figli Francesco e Marina, sono alla guida di uno stabilimento all'avanguardia in cui lavorano la produzione proveniente dai 60 ettari di oliveto, suddivisi fra le tenute di Arcamone e Torre di Mossa. Dalle 9.500 piante quest'anno sono stati raccolti 2mila quintali di olive, pari a circa 393 ettolitri di olio. Segnaliamo i due Extravergine Dop Terra di Bari - Bitonto, il Tenuta Arcamone da Agricoltura Biologica e l'ottimo Torre di Mossa. Di colore giallo dorato intenso con sottili nuance verdi, limpido; all'olfatto è deciso e avvolgente, con ricche note vegetali di carciofo e lattuga ed eleganti sentori balsamici di basilico e menta. In bocca è morbido e ampio, con toni di ortaggi di campo, pepe nero e mandorla. Amaro spiccato e piccante presente e dosato. Buon accompagnamento per antipasti di tonno, bruschette con pomodoro, carpaccio di polpo, insalate di spinaci, zuppe di lenticchie, primi piatti con salsiccia, pesce azzurro gratinato, carni rosse o nere al forno, formaggi stagionati a pasta dura.

A great performance for the farm De Carlo, the heirs of a family tradition dating back to the end of the 16th century. Today Saverio and Grazia De Carlo, with their children Francesco and Marina's helpful cooperation, run an advanced establishment, where they process the production coming from 60 hectares of olive grove in the estates of Arcamone and Torre di Mossa. In the last harvest 9,500 trees produced 2,000 quintals of olives, equal to about 393 hectolitres of extra virgin olive oil. We recommend the two Extra Virgin Pdo Terra di Bari - Bitonto, Tenuta Arcamone from Organic Farming and the excellent Torre di Mossa. It is an intense limpid golden yellow colour with slight green hues. Its aroma is definite and rotund, with rich vegetal notes of artichoke and lettuce and elegant fragrant hints of basil and mint. Its taste is mellow and ample, with hints of country vegetables, blackpepper and almond. Bitterness is distinct and pungency is present and complimentary. It would be ideal on tuna appetizers, bruschette with tomatoes, octopus carpaccio, spinach salads, lentil soups, pasta with sausages, blue fish au gratin, baked red meat or game, hard mature cheese.

Italia Italy [IT] Puglia

Frantoio Galantino

Via Corato Vecchia, 2
70052 Bisceglie (BA)
Tel. + 39 080 3921320 - Fax + 39 080 3951834
E-mail: info@galantino.it - Web: www.galantino.it

87

50/100 m.

Specializzato
Specialized

Vaso barese
Vase

Brucatura a mano e meccanica
Hand picking and mechanical harvesting

Sì - Ciclo continuo misto
Yes - Mixed continuous cycle

Fs17

Fruttato medio
Medium fruity

da 6,01 a 8,00 € - 500 ml.
from € 6.01 to 8.00 - 500 ml.

L'attività della famiglia Galantino risale al 1926 quando Vito Galantino acquistò un mulino dell'Ottocento e lo trasformò in frantoio oleario. Da allora due generazioni si sono impegnate nell'attività molitoria. Oggi Michele Galantino lavora le olive di propria produzione e quelle di altri produttori affidati. Quest'anno dalle 10mila piante, che dimorano su 50 ettari specializzati, sono stati raccolti 3mila quintali di olive che, uniti ai 20mila acquistati, hanno reso circa 3.493 ettolitri di olio. L'Extravergine monocultivar Galantino - Fs17 è di colore giallo dorato intenso con riflessi verdi, limpido; al naso è sottile e composto, con sentori vegetali di erba fresca falciata, carciofo e cicoria selvatica, cui si aggiungono note balsamiche di basilico e prezzemolo. In bocca è morbido e dosato, con toni di ortaggi freschi di campo e frutta secca, con mandorla dolce e noce matura in evidenza. Amaro presente e piccante deciso e armonico. Buono l'abbinamento con antipasti di carciofi, carpaccio di salmone, insalate di pomodori, patate al cartoccio, zuppe di ceci, primi piatti con molluschi, crostacei in umido, rombo alla brace, coniglio al forno, pollame alla piastra, formaggi caprini.

The family Galantino's activity dates back to 1926, when Vito Galantino purchased a 19th century mill and transformed it into an oil mill. Since then two generations have been crushing olives. Today Michele Galantino processes his and other producers' olives. There is a 50-hectare olive grove with 10,000 trees, which produced 3,000 quintals of olives in the last harvest. Together with 20,000 purchased, they yielded about 3,493 hectolitres of extra virgin olive oil. The Monocultivar Extra Virgin Galantino - Fs17 is an intense limpid golden yellow colour with green hues. Its aroma is fine and delicate, with vegetal hints of freshly mown grass, artichoke and wild chicory, together with fragrant notes of basil and parsley. Its taste is mellow and delicate, with a flavour of fresh country vegetables and dried fruit, especially sweet almond and ripe walnut. Bitterness is present and pungency is definite and harmonic. It would be ideal on artichoke appetizers, salmon carpaccio, tomato salads, baked potatoes, chickpea soups, pasta with mussels, stewed shellfish, barbecued turbot, baked rabbit, pan-seared poultry, goat cheese.

Frantoio Intini

C.da Popoleto
70011 Alberobello (BA)
Tel. + 39 080 4325983 - 080 4321992 - Fax + 39 080 4325983
E-mail: info@oliointini.it - Web: www.oliointini.it

83

420 m.

Promiscuo e specializzato
Promiscuous and specialized

Forma libera
Free form

Brucatura a mano e meccanica
Hand picking and mechanical harvesting

Sì - Ciclo continuo
Yes - Continuous cycle

Olivastra (50%), ogliarola (30%), coratina (20%)

Fruttato intenso
Intense fruity

da 8,01 a 10,00 € - 500 ml.
from € 8.01 to 10.00 - 500 ml.

Ottimo esordio per il Frantoio Intini di Alberobello, che vanta una consolidata tradizione familiare acquisita in più di ottant'anni di attività. Oggi alla guida c'è Pietro Intini, discendente appassionato e accurato assaggiatore, che gestisce 8 ettari di terreno con 2mila piante e un impianto di estrazione all'avanguardia. La recente campagna olearia ha fruttato un raccolto di 400 quintali di olive che, uniti agli 8mila acquistati, hanno permesso una produzione di 1.500 ettolitri di olio. Segnaliamo l'Extravergine Affiorato che appare alla vista di un bel colore giallo dorato intenso con delicate nuance verdoline, limpido; al naso si apre deciso e ampio, ricco di sentori aromatici di basilico, mentuccia e salvia, cui si accompagnano eleganti note speziate di pepe bianco e noce fresca. In bocca è avvolgente e vegetale, con toni di carciofo, cicoria, lattuga e spiccata mandorla dolce in chiusura. Amaro e piccante decisi e ben armonizzati. Buon abbinamento con antipasti di polpo, funghi porcini alla piastra, insalate di spinaci, radicchio ai ferri, zuppe di fagioli, primi piatti con pesce azzurro, tonno alla griglia, pollame o carni di maiale ai ferri, formaggi di media stagionatura.

An excellent first performance for Frantoio Intini in Alberobello, which can boast a long family tradition of over 80 years. Today the farm is run by Pietro Intini, a passionate descendant and careful taster, who manages 8 hectares of land with 2,000 trees and an advanced extraction system. In the last harvest 400 quintals of olives were produced and 8,000 purchased, with a yield of 1,500 hectolitres of oil. We recommend the Extra Virgin Affiorato, which is a beautiful intense limpid golden yellow colour with delicate light green hues. Its aroma is definite and ample, rich in aromatic hints of basil, field balm and sage, together with elegant spicy notes of white pepper and fresh walnut. Its taste is rotund and vegetal, with a flavour of artichoke, chicory, lettuce and a distinct sweet almond finish. Bitterness and pungency are definite and harmonic. It would be ideal on octopus appetizers, seared porcini mushrooms, spinach salads, grilled radicchio, bean soups, pasta with bluefish, grilled tuna, grilled poultry or pork, medium mature cheese.

Italia Italy [IT] Puglia

Azienda Agricola Gregorio Minervini
Via Annunziata, 16/18
70056 Molfetta (BA)
Tel. + 39 080 3974369 - Fax + 39 080 3971172
E-mail: info@marcinase.com - Web: www.marcinase.com

94

50/300 m.

Specializzato
Specialized

Vaso aperto
Open vase

Brucatura a mano
Hand picking

No - Ciclo continuo misto
No - Mixed continuous cycle

Coratina

Fruttato intenso
Intense fruity

da 10,01 a 12,00 € - 500 ml.
from € 10.01 to 12.00 - 500 ml.

M eritatissima segnalazione per l'Agricola Minervini di Molfetta. Complimenti a Gregorio Minervini, degno erede di una tradizione familiare che risale al 1700, il quale nel 1997 ha convertito al biologico l'oliveto di proprietà Marcinase. Oggi conduce, con la moglie Maria Massari, 20 ettari di impianto specializzato con 4mila alberi che quest'anno hanno reso 350 quintali di olive, pari a 50 ettolitri di olio. Eccellenti le due selezioni Extravergine Marcinase Dop Terra di Bari - Bitonto da Agricoltura Biologica: il Fruttato Medio e soprattutto il Fruttato Intenso. Alla vista è di un bel colore giallo dorato intenso, limpido; al naso si apre deciso e avvolgente, con ampie note vegetali di carciofo, cardo di campo, cicoria ed erbe officinali, con netto ricordo di menta e rosmarino. Al gusto è elegante e di carattere, ricco di toni speziati di pepe nero, lattuga e frutta secca, con spiccata mandorla in chiusura. Amaro potente e piccante deciso. È perfetto su antipasti di funghi porcini, insalate di spinaci, radicchio al forno, zuppe della tradizione regionale, primi piatti con salsiccia, tonno alla brace, cacciagione di piuma o pelo alla griglia, formaggi stagionati a pasta dura.

A zienda Agricola Minervini in Molfetta has given an excellent performance thanks to Gregorio Minervini, the heir of a family tradition dating back to the 18th century. In 1997 he converted the olive grove Marcinase to organic farming. Currently he runs 20 hectares of specialized olive grove with 4,000 trees together with his wife Maria Massari. In the last harvest 350 quintals of olives were produced, equal to 50 hectolitres of oil. We recommend two excellent Extra Virgin selections Marcinase Pdo Terre di Bari - Bitonto from Organic Farming: Intense Fruity and especially Medium Fruity. It is a beautiful intense limpid golden yellow colour. Its aroma is definite and rotund, with ample vegetal notes of artichoke, wild thistle, chicory and officinal herbs, especially mint and rosemary. Its taste is elegant and strong, with a spicy flavour of black pepper, lettuce and dried fruit and a distinct almond finish. Bitterness is powerful and pungency is definite. It would be ideal on porcini mushroom appetizers, spinach salads, baked radicchio, traditional regional soups, pasta with sausages, barbecued tuna, grilled game birds or animals, hard mature cheese.

Italia Italy [IT] Puglia

Agrolio

S. P. 231 Km 55.120
70031 Andria (BT)
Tel. + 39 0883 546074 - Fax + 39 0883 546074
E-mail: info@agrolio.com - Web: www.agrolio.com

85

300 m.

Specializzato
Specialized

Vaso globoso
Globe

Meccanica
Mechanical harvesting

Sì - Ciclo continuo misto
Yes - Mixed continuous cycle

Coratina

Fruttato leggero
Light fruity

da 8,01 a 10,00 € - 750 ml.
from € 8.01 to 10.00 - 750 ml.

Ottimo risultato per l'azienda della famiglia Agresti, impegnata nella produzione di extravergine di qualità fin dai primi del Novecento. Oggi alla guida dell'intero processo, dalla coltivazione all'imbottigliamento, ci sono i fratelli Vincenzo e Savino che gestiscono 75 ettari di impianto specializzato con 13.500 piante dalle quali quest'anno sono stati raccolti 6.700 quintali di olive che, uniti ai 30mila acquistati, hanno reso 6.600 ettolitri di olio. Segnaliamo la selezione aziendale, l'Extravergine La Vecchia Macina: si presenta alla vista di colore giallo dorato intenso con sottili tonalità verdi, limpido. Al naso è ampio e avvolgente, con eleganti sentori vegetali di carciofo e cicoria selvatica, cui si accompagnano note balsamiche di basilico e mentuccia. In bocca è fine e di carattere, con toni speziati di pepe nero, ortaggi di campo e frutta secca, con noce fresca e mandorla in evidenza. Amaro e piccante presenti ed equilibrati. È un buon accompagnamento per antipasti di ceci, asparagi bolliti, carpaccio di pesce persico, patate bollite, zuppe di fave, cous cous di pesce, pesci al forno, seppie ai ferri, formaggi freschi a pasta molle, biscotti da forno.

An excellent result fot the farm of the family Agresti, who have been producing quality extra virgin olive oil since the beginning of the 20th century. Today the brothers Vincenzo and Savino run the whole process, from cultivation to bottling. There is a 75-hectare specialized olive grove with 13,500 trees, which produced 6,700 quintals of olives in the last harvest. Together with 30,000 purchased, they yielded 6,600 hectolitres of oil. We recommend the farm selection, the Extra Virgin La Vecchia Macina, which is an intense limpid golden yellow colour with slight green hues. Its aroma is ample and rotund, with elegant vegetal hints of artichoke and wild chicory, together with fragrant notes of basil and field balm. Its taste is fine and strong, with a spicy flavour of black pepper, country vegetables and dried fruit, especially fresh walnut and almond. Bitterness and pungency are present and balanced. It would be ideal on chickpea appetizers, boiled asparagus, perch carpaccio, boiled potatoes, broad bean soups, fish cous cous, baked fish, grilled cuttlefish, soft fresh cheese, oven cookies.

Azienda Agricola Nicola Bárbera

C.da Rivera
70031 Andria (BT)
Tel. + 39 0883 588478 - Fax + 39 0883 588478
E-mail: info@ulivetibarbera.it - Web: www.ulivetibarbera.it

82

160 m.

Specializzato
Specialized

Vaso pugliese
Apulia vase

Bacchiatura e brucatura a mano
Beating and hand picking

No - Ciclo continuo misto
No - Mixed continuous cycle

Coratina (90%), ogliarola (10%)

Fruttato intenso
Intense fruity

da 8,01 a 10,00 € - 500 ml.
from € 8.01 to 10.00 - 500 ml.

Meritatissima segnalazione per la Bárbera, situata nell'agro di Andria, di proprietà dell'omonima famiglia di giuristi che da circa duecento anni conducono poderi particolarmente vocati all'olivicoltura. Qui, su 18 ettari di oliveto specializzato, trovano dimora 2.100 piante che nella recente campagna olearia hanno reso un raccolto di 1.100 quintali di olive, pari a una produzione di poco più di 200 ettolitri di olio extravergine. Segnaliamo l'ottima etichetta Extravergine Uliveti Bárbera Dop Terra di Bari - Castel del Monte che si presenta alla vista di colore giallo dorato intenso con leggeri riflessi verdolini, limpido; all'olfatto si offre deciso e avvolgente, ricco di sentori vegetali di carciofo, lattuga e cardo selvatico, cui si accompagnano eleganti note di pomodoro maturo. In bocca è ampio e complesso, con spiccati toni aromatici di menta, rosmarino e pepe nero. Amaro e piccante ben espressi che chiudono in mandorla dolce. Buon accompagnamento per antipasti di lenticchie, carpaccio di pesce spada, insalate di spinaci, marinate di pollo, zuppe di fagioli, primi piatti con tonno, polpo bollito, agnello alla brace, cacciagione alla griglia, formaggi di media stagionatura.

An excellent performance for the farm Bárbera, situated in the countryside of Andria. It belongs to the homonymous family of jurists, who have been running estates very suitable to olive growing for about 200 years. There is a 18-hectare olive grove with 2,100 trees, which produced 1,100 quintals of olives in the last harvest, equal to a yield of about 200 hectolitres of extra virgin olive oil. We recommend the excellent Extra Virgin selection Uliveti Bárbera Pdo Terra di Bari - Castel del Monte, which is an intense limpid golden yellow colour with slight light green hues. Its aroma is definite and rotund, rich in vegetal hints of artichoke, lettuce and wild thistle, together with elegant notes of ripe tomato. Its taste is ample and complex, with a distinct aromatic flavour of mint, rosemary and black pepper. Bitterness and pungency are distinct with a sweet almond finish. It would be ideal on lentil appetizers, swordfish carpaccio, spinach salads, marinated chicken, bean soups, pasta with tuna, boiled octopus, barbecued lamb, grilled game, medium mature cheese.

Cannensi

Via Palmiro Togliatti, 90
70051 Barletta (BT)
E-mail: info@cannensi.it - Web: www.cannensi.it

50 m.

Specializzato
Specialized

Vaso pugliese
Apulia vase

Bacchiatura e brucatura a mano
Beating and hand picking

No - Ciclo continuo misto
No - Mixed continuous cycle

Coratina

Fruttato medio
Medium fruity

da 6,01 a 8,00 € - 500 ml.
from € 6.01 to 8.00 - 500 ml.

Diamo il benvenuto alla Cannensi, che è anche il marchio con cui i Fratelli Delcuratolo, eredi delle tradizioni locali contadine tramandate di padre in figlio, producono e selezionano vino e prodotti tipici nell'agro di Canne. Su una superficie di 10 ettari di impianto specializzato trovano posto 1.300 piante di varietà coratina che, nella campagna recente, hanno fruttato un raccolto di 1.500 quintali di olive, più 100 acquistati, per una produzione di circa 202 ettolitri di olio. Segnaliamo l'etichetta aziendale, l'Etravergine Cannensi che alla vista appare di un bel colore giallo dorato intenso con delicati riflessi verdi, limpido; al naso si offre ampio e vegetale, ricco di sentori di carciofo, cardo di campo e cicoria, cui si accompagnano note balsamiche di basilico e rosmarino. In bocca è avvolgente e armonico, con toni di lattuga e frutta secca, con noce fresca e mandorla in evidenza. Amaro e piccante ben espressi ed equilibrati. È eccellente per antipasti di molluschi, insalate di ceci, marinate di salmone, verdure gratinate, zuppe di legumi, risotto con funghi finferli, seppie in umido, tonno al forno, coniglio arrosto, pollame alla brace, formaggi freschi a pasta filata.

We welcome the farm Cannensi, which is also the trademark by which the brothers Delcuratolo, the heirs of local country traditions passed down from father to son, produce and select wine and typical products in the countryside of Canne. There is a 10-hectare specialized surface with 1,300 trees of the variety coratina, which produced 1,500 quintals of olives in the last harvest. Together with 100 purchased, they yielded about 202 hectolitres of oil. We recommend the farm selection, the Extra Virgin Cannensi, which is a beautiful intense limpid golden yellow colour with delicate green hues. Its aroma is ample and vegetal, rich in hints of artichoke, wild thistle and chicory, together with fragrant notes of basil and rosemary. Its taste is rotund and harmonic, with a flavour of lettuce and dried fruit, especially fresh walnut and almond. Bitterness and pungency are distinct and balanced. It would be ideal on mussel appetizers, chickpea salads, marinated salmon, vegetables au gratin, legume soups, risotto with chanterelle mushrooms, stewed cuttlefish, baked tuna, roast rabbit, barbecued poultry, mozzarella cheese.

Italia Italy [IT] Puglia

Azienda Agricola Salvatore Cusmai

Via San Candido, 15/19
70031 Andria (BT)
Tel. + 39 0883 562723 - Fax + 39 0883 950877
E-mail: info@masseriacusmai.com - Web: www.masseriacusmai.com

85

300 m.

Specializzato
Specialized

Vaso pugliese
Apulia vase

Brucatura a mano e meccanica
Hand picking and mechanical harvesting

No - Ciclo continuo
No - Continuous cycle

Ogliarola (80%), coratina (20%)

Fruttato medio
Medium fruity

da 6,01 a 8,00 € - 500 ml.
from € 6.01 to 8.00 - 500 ml.

La Cusmai di Andria affonda le sue origini nei primi anni del secolo scorso e deve la sua nascita a Salvatore Cusmai, olivicoltore e mastro oleario, nonno dell'attuale e omonimo proprietario. Oggi su 15 ettari di superficie olivetata specializzata trovano dimora 1.720 piante che, nella recente campagna olearia, hanno fruttato un raccolto di 2mila quintali di olive, pari a una produzione di 400 ettolitri di olio extravergine. Segnaliamo l'etichetta proposta, l'Extravergine Masseria Cusmai - Bio da Agricoltura Biologica che si presenta alla vista di un bel colore giallo dorato intenso con sottili riflessi verdolini, limpido; all'olfatto si esprime ampio e avvolgente, dotato di sentori balsamici di erbe officinali, con netto ricordo di menta e rosmarino, arricchiti di eleganti note speziate di pepe nero. In bocca è fine e armonico, con toni vegetali di carciofo, lattuga e cicoria selvatica. Amaro deciso e piccante presente, con spiccata chiusura dolce di mandorla. Perfetto l'abbinamento con antipasti di molluschi, insalate di farro, legumi bolliti, marinate di salmone, zuppe di orzo, risotto con funghi finferli, pesci di scoglio in umido, rombo alla piastra, coniglio al forno, pollo arrosto, formaggi caprini.

Azienda Agricola Cusmai was founded at the beginning of the 20th century by Salvatore Cusmai, olive grower and oil expert, the present owner's grandfather and homonym. Today there are 15 hectares of specialized olive grove with 1,720 trees, which produced 2,000 quintals of olives in the last harvest, equal to a yield of 400 hectolitres of extra virgin olive oil. We recommend the selection proposed, the Extra Virgin Masseria Cusmai - Bio from Organic Farming, which is a beautiful intense limpid golden yellow colour with slight light green hues. Its aroma is ample and rotund, endowed with fragrant hints of officinal herbs, especially mint and rosemary. Its taste is fine and harmonic, with vegetal notes of artichoke, lettuce and wild chicory. Bitterness is definite and pungency is present with a strong sweet almond finish. It would be ideal on mussel appetizers, farro salads, boiled legumes, marinated salmon, barley soups, risotto with chanterelle mushrooms, stewed rock-fish, pan-seared turbot, baked rabbit, roast chicken, goat cheese.

Aziende Agricole Ferrara

C.da Posta Locone
71043 Canosa di Puglia (BT)
Tel. + 39 0881 723436 - Fax + 39 0881 719538
E-mail: fratelliferrara@alice.it - Web: www.aziendeagricoleferrara.it

88

100/150 m.

Specializzato
Specialized

Vaso barese
Vase

Meccanica
Mechanical harvesting

No - Ciclo continuo
No - Continuous cycle

Coratina

Fruttato leggero
Light fruity

da 6,01 a 8,00 € - 500 ml.
from € 6.01 to 8.00 - 500 ml.

I fratelli Eugenio Maria e Federico Maria Ferrara continuano una tradizione familiare che risale alla fine del Settecento e sono alla guida di una società che comprende due aziende agricole a indirizzo prevalentemente olivicolo-cerealicolo. La maggior parte degli oliveti specializzati si trovano in agro Canosa di Puglia: una proprietà di circa 100 ettari con 15mila piante che quest'anno hanno reso più di 3mila quintali di olive, di cui quasi 560 sono stati moliti per ottenere circa 84 ettolitri di olio. Segnaliamo i due Extravergine, Fontana Rosa e l'ottimo Posta Locone: di colore giallo dorato intenso con sottili sfumature verdi, limpido; al naso si apre ampio e avvolgente, con sentori vegetali di carciofo, cardo selvatico e cicoria, cui si accompagnano note aromatiche di mandorla amara e pepe nero. Al gusto è elegante e complesso, con toni balsamici di mentuccia e rosmarino. Amaro ben espresso e piccante dosato che chiude in mandorla. Buon accompagnamento per antipasti di pollo, carpaccio di dentice, insalate di mare, patate bollite, zuppe di porri, risotto con asparagi, fritture di calamari, pesci al cartoccio, formaggi freschi a pasta molle, biscotti da forno.

The brothers Eugenio Maria and Federico Maria Ferrara carry on a family tradition dating back to the end of the 18th century and run a company including two olive and cereal-growing farms. The most of the specialized olive groves are situated in the countryside of Canosa di Puglia: a large estate of about 110 hectars with 15,000 trees, which yielded over 3,000 quintals of olives in the last harvest. Almost 560 have been crushed, with a yield of about 84 hectolitres of oil. We recommend the two Extra Virgin, Fontana Rosa and the excellent Posta Locone, which is an intense limpid golden yellow colour with slight green hues. Its aroma is ample and rotund, with vegetal hints of artichoke, wild thistle and chicory, together with aromatic notes of bitter almond and black pepper. Its taste is elegant and complex, with fragrant hints of field balm and rosemary. Bitterness is distinct and pungency is complimentary with an almond finish. It would be ideal on chicken appetizers, sea bream carpaccio, seafood salads, boiled potatoes, leek soups, risotto with asparagus, fried squids, fish baked in parchment, soft fresh cheese, oven cookies.

Italia Italy [IT] Puglia

Azienda Agricola Nicola Monterisi

Via W. Amadeus Mozart, 140
70031 Andria (BT)
Tel. + 39 0883 561857 - 0883 561836 - Fax + 39 0883 953851
E-mail: nicmonteri48@libero.it - Web: www.oliomonterisi.com

88

200/390 m.

Specializzato
Specialized

Vaso barese
Vase

Brucatura a mano e meccanica
Hand picking and mechanical harvesting

No - Ciclo continuo misto
No - Mixed continuous cycle

Coratina

Fruttato medio
Medium fruity

da 10,01 a 12,00 € - 500 ml.
from € 10.01 to 12.00 - 500 ml.

Tre prodotti, uno meglio dell'altro. Una prova "coi fiocchi" quest'anno per l'Agricola Monterisi, attiva dal 1992 nel vocato comprensorio di Andria. Condotta magistralmente da Nicola Monterisi, questa struttura dispone di 5 ettari di oliveto specializzato con 890 piante di varietà coratina che nell'ultima campagna olearia hanno fruttato un raccolto di 280 quintali di olive, più 60 acquistati per una produzione di 45 ettolitri di olio extravergine. Delle tre selezioni Extravergine, il Cru di Coratina e i due Monterisi - Fruttato Oro e Fruttato Verde, segnaliamo quest'ultimo, eccellente. Di un bel colore giallo dorato intenso con tenui riflessi verdi, limpido; al naso è deciso e avvolgente, con eleganti note vegetali di carciofo, cicoria e lattuga, arricchite da sentori di pepe nero e mandorla. In bocca è ampio e di personalità, con toni di ortaggi freschi di campo e nette note balsamiche di menta, rosmarino e salvia. Amaro deciso e piccante ben espresso. Perfetto per antipasti di funghi porcini, insalate di carciofi, insalate di tonno, radicchio alla griglia, zuppe di fagioli, primi piatti con salsiccia, polpo bollito, carni rosse o nere al forno, formaggi stagionati a pasta filata.

A great performance with three equally excellent products. Azienda Agricola Monterisi has been active since 1992 in the favourable district of Andria. Skilfully run by Nicola Monterisi, this estate has 5 hectares of specialized olive grove with 890 trees of the variety coratina. In the last oil harvest 280 quintals of olives were produced and 60 purchased, which allowed to yield 45 hectolitres of extra virgin olive oil. There are three Extra Virgin selections, Cru di Coratina and the two Monterisi - Golden Fruity and Green Fruity. We recommend the last one, which is a beautiful intense limpid golden yellow colour with slight green hues. Its aroma is definite and rotund, with elegant vegetal notes of artichoke, chicory and lettuce, enriched by hints of black pepper and almond. Its taste is ample and strong, with a flavour of fresh country vegetables and distinct fragrant notes of mint, rosemary and sage. Bitterness is definite and pungency is distinct. It would be ideal on porcini mushroom appetizers, artichoke salads, tuna salads, grilled radicchio, bean soups, pasta with sausages, boiled octopus, baked red meat or game, aged cheese.

Frantoio Oleario Monterisi

Via Vienna, 105
70031 Andria (BT)
Tel. + 39 0883 262843 - 0883 555923 - Fax + 39 0883 262843
E-mail: info@frantoiomonterisi.it - Web: www.frantoiomonterisi.it

81

400 m.

Specializzato
Specialized

Vaso barese
Vase

Brucatura a mano e meccanica
Hand picking and mechanical harvesting

No - Ciclo continuo misto
No - Mixed continuous cycle

Coratina

Fruttato intenso
Intense fruity

da 4,01 a 6,00 € - 500 ml.
from € 4.01 to 6.00 - 500 ml.

Il Frantoio Oleario Monterisi è una delle aziende "storiche" del vocatissimo comprensorio di Andria. Attiva dal 1943, l'attività di famiglia è il frutto di una tradizione antica, tramandata di padre in figlio per quattro generazioni. Dal 2008 Francesco e Saverio Monterisi sono alla guida di un impianto specializzato di circa 34 ettari, con 7mila piante dalle quali quest'anno sono stati ricavati 3.500 quintali di olive, che hanno permesso di produrre 630 ettolitri di olio. L'Extravergine Monterisi - Gusto Intenso appare alla vista di un bel colore giallo dorato intenso con delicate sfumature verdi, limpido; all'olfatto si offre deciso e vegetale, dotato di sentori di carciofo e cicoria selvatica, cui si aggiungono toni di erbe balsamiche, con netto ricordo di menta e rosmarino. In bocca è avvolgente e complesso, con note di ortaggi freschi di campo e ricca chiusura di noce matura. Amaro molto spiccato e piccante deciso e ben armonizzato. È perfetto per antipasti di lenticchie, bruschette con pomodoro, carpaccio di carne cruda con funghi porcini, minestroni di verdure, primi piatti al ragù, pesce azzurro gratinato, carni rosse o cacciagione al forno, formaggi stagionati a pasta dura.

Frantoio Oleario Monterisi is one of the "historical" farms in the favourable district of Andria. Active since 1943, olive growing is an ancient tradition passed down from father to son for four generations. Since 2008 Francesco and Saverio Monterisi have been running a specialized olive grove of about 34 hectars with 7,000 trees. In the last harvest 3,500 quintals of olives were produced, equal to a yield of 630 hectolitres of oil. The Extra Virgin Monterisi - Gusto Intenso is a beautiful intense limpid golden yellow colour with delicate green hues. Its aroma is definite and vegetal, endowed with hints of artichoke and wild chicory, together with notes of aromatic herbs, especially mint and rosemary. Its taste is rotund and complex, with a flavour of fresh country vegetables and a rich finish of ripe walnut. Bitterness is very strong and pungency is harmonic. It would be ideal on lentil appetizers, bruschette with tomatoes, beef carpaccio with porcini mushrooms, minestrone with vegetables, pasta with meat sauce, blue fish au gratin, baked red meat or game, hard mature cheese.

Italia Italy [IT] Puglia

Tenuta Rasciatano
S. S. 93 Km 13 - Rasciatano
70051 Barletta (BT)
Tel. + 39 0883 510999 - Fax + 39 0883 510980
E-mail: info@tenutarasciatano.com - Web: www.rasciatano.com

88

80 m.

 Specializzato
Specialized

 Vaso aperto
Open vase

 **Brucatura a mano e meccanica**
Hand picking and mechanical harvesting

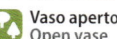 **Sì - Ciclo continuo misto**
Yes - Mixed continuous cycle

Coratina

Fruttato medio
Medium fruity

 **da 4,01 a 6,00 € - 500 ml.**
from € 4.01 to 6.00 - 500 ml.

Tenuta Rasciatano si estende nell'entroterra di Barletta a metà strada tra il mare e le colline della Murgia, in un'area tradizionalmente vocata all'olivo. Di proprietà della famiglia Porro fin dal 1670, oggi è condotta da Gian Michele Porro che dispone di 200 ettari di oliveti specializzati con 30mila piante di coratina. Nella recente campagna olearia sono stati raccolti 5mila quintali di olive, che uniti ai 18mila acquistati hanno reso 4mila ettolitri di olio. Segnaliamo l'Extravergine Tenuta Rasciatano che alla vista appare di colore giallo dorato intenso con tenui sfumature verdi, limpido; al naso si offre deciso e ampio, dotato di eleganti sentori vegetali di erbe fresche falciate, carciofo, cardo selvatico e note balsamiche di menta e rosmarino. In bocca è avvolgente e di carattere, con toni di cicoria, lattuga e spiccata frutta secca in chiusura, con pinolo e mandorla dolce in evidenza. Amaro e piccante ben presenti e armonici. È un ottimo accompagnamento per antipasti di pomodori, bruschette con verdure, insalate di farro, patate al cartoccio, zuppe di legumi, risotto con carciofi, pesci alla griglia, tartare di tonno, pollame o carni di agnello al forno, formaggi caprini.

Tenuta Rasciatano is located in the inland of Barletta, halfway between the sea and the hills of Murgia, in an area traditionally suitable to olive growing. It has belonged to the family Porro since 1670 and today is run by Gian Michele Porro, who has 200 hectares of specialized olive groves with 30,000 trees of the variety coratina. In the last harvest 5,000 quintals of olives were produced, which, together with 18,000 purchased, yielded 4,000 hectolitres of extra virgin olive oil. We recommend the Extra Virgin Tenuta Rasciatano, which is an intense limpid golden yellow colour with slight green hues. Its aroma is definite and ample, endowed with elegant vegetal hints of freshly mown grass, artichoke, wild thistle and fragrant notes of mint and rosemary. Its taste is rotund and strong, with a flavour of chicory, lettuce and a strong dried fruit finish, especially pine nut and sweet almond. Bitterness and pungency are present and harmonic. It would be ideal on tomato appetizers, bruschette with vegetables, farro salads, baked potatoes, legume soups, risotto with artichokes, grilled fish, tuna tartare, baked poultry or lamb, goat cheese.

Antica Masseria Brancati

C.da Brancati
72017 Ostuni (BR)
Tel. + 39 0831 301349 - Fax + 39 0831 301349
E-mail: info@masseriabrancati.com - Web: www.masseriabrancati.com

87 ↑

80 m.

Specializzato
Specialized

Vaso
Vase

Brucatura a mano e meccanica
Hand picking and mechanical harvesting

No - Ciclo continuo
No - Continuous cycle

Ogliarola salentina

Fruttato medio
Medium fruity

da 8,01 a 10,00 € - 750 ml.
from € 8.01 to 10.00 - 750 ml.

La Brancati è una delle più antiche masserie dell'area di Ostuni che produce extravergine da "olivi secolari di Puglia". All'inizio del XIX secolo la famiglia Rodio è succeduta alla famiglia Piscopo nel possesso dell'azienda e ha costruito un nuovo frantoio, con macine ancora in perfetto stato di conservazione, che oggi è diventato un piccolo museo della civiltà contadina. Corrado Rodio conduce una tenuta di 30 ettari con 1.700 piante, dalle quali quest'anno sono stati raccolti 800 quintali di olive, pari a 104 ettolitri di olio. L'Extravergine monocultivar Antica Masseria Brancati - Ogliarola Salentina è di colore giallo dorato intenso con delicati riflessi verdi, limpido; al naso è deciso e ampio, con sentori fruttati di banana matura e mela bianca, cui si associano toni balsamici di basilico e prezzemolo. Al gusto è avvolgente e vegetale, ricco di note di cicoria, lattuga e chiusura di mandorla. Amaro spiccato e piccante ben presente. Buon accompagnamento per antipasti di mare, carpaccio di salmone, insalate di funghi finferli, marinate di verdure, zuppe di ceci, primi piatti con molluschi, gamberi in umido, pesci alla brace, coniglio al forno, pollame arrosto, formaggi caprini.

Antica Masseria Brancati is one of the oldest farms in the area of Ostuni producing extra virgin olive oil from "century-old trees of Puglia". At the beginning of the 19th century the family Rodio replaced the family Piscopo and built a new oil mill. Its millstones have remained intact and today there is a small museum of country culture. Corrado Rodio runs a 30-hectare estate with 1,700 trees, which produced 800 quintals of olives in the last harvest, equal to 104 hectolitres of extra virgin olive oil. The Extra Virgin Monocultivar Antica Masseria Brancati - Ogliarola Salentina is an intense limpid golden yellow colour with delicate green hues. Its aroma is definite and ample, with fruity hints of ripe banana and white apple, together with fragrant hints of basil and parsley. Its taste is rotund and vegetal, rich in hints of chicory, lettuce and an almond finish. Bitterness is distinct and pungency is present. It would be ideal on seafood appetizers, salmon carpaccio, chanterelle mushroom salads, marinated vegetables, chickpea soups, pasta with mussels, stewed shrimps, barbecued fish, baked rabbit, roast poultry, goat cheese.

Italia Italy [IT] Puglia

Aziende Agricole Stasi

Masseria Arciprete
72028 Torre Santa Susanna (BR)
Tel. + 39 0831 740439 - Fax + 39 0831 745586
E-mail: info@agricolestasi.it - Web: www.agricolestasi.it

90

70 m.

Specializzato
Specialized

Vaso
Vase

Meccanica
Mechanical harvesting

Sì - Ciclo continuo
Yes - Continuous cycle

Ogliarola salentina (55%), cellina di Nardò (45%)

Fruttato leggero
Light fruity

da 6,01 a 8,00 € - 500 ml.
from € 6.01 to 8.00 - 500 ml.

Le Aziende Agricole Stasi sono nate nel 2002 per volontà di cinque cugini che hanno deciso di unire le loro forze, mettendo a frutto l'esperienza dei padri. Oggi si estendono per 110 ettari e comprendono anche alcuni appezzamenti nei vicini comuni di Mesagne ed Erchie. La superficie olivetata specializzata è di 70 ettari con 16mila piante, molte secolari, da un ampio parco varietale. Quest'anno la raccolta ha fruttato 6mila quintali di olive, pari a una produzione di circa 1.048 ettolitri di olio. Segnaliamo le due etichette Extravergine, Arciprete e Corti Vecchie Dop Terra d'Otranto, scelto dal panel. Si offre alla vista di colore giallo dorato intenso con tenui sfumature verdi, limpido; al naso si apre ampio ed elegante, con sentori vegetali di sedano, lattuga e cicoria di campo. In bocca è morbido e fine, con toni balsamici di basilico, prezzemolo e note di noce fresca. Amaro e piccante ben presenti ed equilibrati che chiudono in mandorla dolce. Ideale per aragosta al vapore, carpaccio di orata, insalate di riso, marinate di gamberi, passati di verdure, primi piatti con funghi ovoli, fritture di paranza, tartare di gallinella, formaggi freschi a pasta molle, biscotti da forno.

Aziende Agricole Stasi were founded in 2002 by five cousins, who decided to associate to make capital out of their fathers' experience. Today they have a surface of 110 hectares and also own some plots in the nearby municipalities of Mesagne and Erchie. There is a 70-hectare olive grove with 16,000 mainly century-old trees of a wide range of varieties. in the last harvest 6,000 quintals of olives were produced, equal to a yield of about 1,048 hectolitres of extra virgin olive oil. We recommend the two Extra Virgin selections, Arciprete and Corti Vecchie Pdo Terra d'Otranto,, which has been chosen by our panel. It is an intense limpid golden yellow colour with slight green hues. Its aroma is ample and elegant, with vegetal hints of celery, lettuce and wild chicory. Its taste is mellow and fine, with fragrant hints of basil, parsley and notes of fresh walnut. Bitterness and pungency are present and balanced with a sweet almond finish. It would be ideal on steamed spiny lobster, gilthead carpaccio, rice salads, marinated shrimps, vegetable purée, pasta with ovoli mushrooms, fried small fish, piper tartare, soft fresh cheese, oven cookies.

Italia Italy [IT] Puglia

Società Cooperativa Agricola Fortore

Via Matteo Colacchio, 39
71017 Torremaggiore (FG)
Tel. + 39 0882 385111 - 0882 385223 - Fax + 39 0882 385333
E-mail: info@fortore.it - Web: www.fortore.it

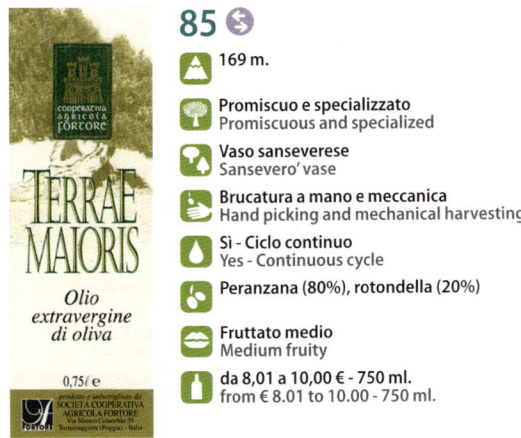

85

- 169 m.
- Promiscuo e specializzato / Promiscuous and specialized
- Vaso sanseverese / Sansevero' vase
- Brucatura a mano e meccanica / Hand picking and mechanical harvesting
- Sì - Ciclo continuo / Yes - Continuous cycle
- Peranzana (80%), rotondella (20%)
- Fruttato medio / Medium fruity
- da 8,01 a 10,00 € - 750 ml. / from € 8.01 to 10.00 - 750 ml.

La Società Cooperativa Agricola Fortore viene costituita nel 1960 a Torremaggiore per volere di soli 50 soci. Nata come piccola cantina sociale, solo successivamente avvia anche l'attività molitoria. Attualmente la Fortore conta su ben 600 soci che dispongono di 180 ettari di terreni olivetati dove trovano posto 26.500 piante che, nella recente campagna olearia, hanno conferito al moderno frantoio aziendale 10.600 quintali di olive che hanno permesso di produrre 1.300 ettolitri di olio extravergine. L'Extravergine Terrae Maioris si presenta alla vista di un bel colore giallo dorato intenso con delicate nuance verdoline, limpido; all'olfatto si offre e pulito e armonico, ricco di sentori fruttati di pomodoro di media maturità, mela bianca matura e banana, a cui si aggiungono spiccate note balsamiche di basilico e mentuccia. Al gusto è avvolgente e morbido, con toni vegetali di sedano, fave e lattuga. Amaro e piccante presenti e ben espressi. Perfetto per antipasti di molluschi, carpaccio di salmone, insalate di pomodori, marinate di pesce persico, zuppe di farro, risotto con funghi ovoli, molluschi gratinati, tartare di ricciola, formaggi caprini.

Società Cooperativa Agricola Fortore was founded in 1960 in Torremaggiore by only 50 members. At first active as a wine producers' co-operative, only later it started crushing olives. Currently Fortore has 600 members, who have 180 hectares of olive groves with 26,500 trees. In the last harvest 10,600 quintals of olives were crushed in the modern oil mill, equal to 1,300 hectolitres of extra virgin olive oil. The Extra Virgin Terrae Maioris is a beautiful intense limpid golden yellow colour with delicate light green hues. Its aroma is clean and harmonic, endowed with fruity hints of medium ripe tomato, ripe white apple and banana, together with distinct fragrant notes of basil and field balm. Its taste is rotund and mellow, with a vegetal flavour of celery, broad beans and lettuce. Bitterness and pungency are present and distinct. It would be ideal on mussel appetizers, salmon carpaccio, tomato salads, marinated perch, farro soups, risotto with ovoli mushrooms, mussels au gratin, amberjack tartare, goat cheese.

GR.A.C.O. - Gruppo Alimentare Cereali e Olio

C.da Pagliaravecchia Km 1
71017 Torremaggiore (FG)
Tel. + 39 0882 386505 - 0882 394067 - Fax + 39 0882 384077
E-mail: info@gracoonline.it - Web: www.gracoonline.it

90

- 169 m.
- Specializzato / Specialized
- Alberello / Tree
- Brucatura a mano / Hand picking
- Sì - Ciclo continuo misto / Yes - Mixed continuous cycle
- Peranzana
- Fruttato leggero / Light fruity
- da 10,01 a 12,00 € - 500 ml. / from € 10.01 to 12.00 - 500 ml.

Torremaggiore è racchiusa in un anello formato da olivi secolari: qui sorge la GR.A.C.O., fondata circa quindici anni fa da Sabino Angeloro e sua moglie Maria Costanza Bosco. Questa importante struttura non possiede oliveti, ma molisce e imbottiglia nel frantoio aziendale le migliori partite di olive degli olivicoltori della zona, oltre a lavorare olive da tavola e specialità artigianali derivate. Quest'anno sono stati acquistati 4.672 quintali di olive che hanno reso circa 589 ettolitri di olio. Segnaliamo l'Extravergine Colli Dauni - Il Denocciolato: appare alla vista di colore giallo dorato intenso con sottili nuance verdi, limpido; al naso si apre pulito e armonico, con eleganti note fruttate di pomodoro di media maturità, mela bianca e banana matura, arricchite da sentori aromatici di basilico e prezzemolo. Al gusto è avvolgente e vegetale, caratterizzato da toni di lattuga, sedano e ravanello. Amaro e piccante presenti e armonici. Eccellente l'abbinamento con antipasti di ceci, aragosta al vapore, carpaccio di dentice, insalate di mare, patate bollite, zuppe di fave, cous cous di pesce, fritture di calamari, molluschi al vapore, formaggi freschi a pasta molle, dolci da forno.

Torremaggiore is surrounded by a ring of century-old trees: here we find GR.A.C.O., founded by Sabino Angeloro and his wife Maria Costanza Bosco about 15 years ago. This important oil farm does not own olive groves, but crushes and bottles the best olive parcels of local olive growers in its modern oil mill and prepares table olives and other typical specialities. In the last harvest 4,672 quintals of olives were purchased, which yielded 589 hectolitres of extra virgin olive oil. We recommend the Extra Virgin Colli Dauni - Il Denocciolato, which is an intense limpid golden yellow colour with slight green hues. Its aroma is clean and harmonic, with elegant fruity notes of medium ripe tomato, white apple and ripe banana, enriched by aromatic hints of basil and parsley. Its taste is rotund and vegetal, characterized by a flavour of lettuce, celery and radish. Bitterness and pungency are present and harmonic. It would be ideal on chickpea appetizers, steamed spiny lobster, sea bream carpaccio, seafood salads, boiled potatoes, broad bean soups, fish cous cous, fried squids, steamed mussels, soft fresh cheese, oven cakes.

Azienda Agricola Masseriola

C.da San Martino - S. P. 95 Km 19.500 - San Martino
71022 Ascoli Satriano (FG)
Tel. + 39 0885 662102 - Fax + 39 0885 890250
E-mail: info@masseriola.com - Web: www.masseriola.com

92

300 m.

Specializzato
Specialized

Vaso
Vase

Brucatura a mano e meccanica
Hand picking and mechanical harvesting

No - Ciclo continuo misto
No - Mixed continuous cycle

Coratina

Fruttato medio
Medium fruity

da 8,01 a 10,00 € - 500 ml.
from € 8.01 to 10.00 - 500 ml.

N on delude le aspettative e si riconferma in Guida con un prodotto ottimo. Parliamo dell'Agricola Masseriola, condotta da Stefano Di Loreto nel vocato comprensorio di Ascoli Satriano, ai confini con Piana del Tavoliere. L'azienda si estende per 90 ettari, dei quali 29 sono destinati agli oliveti specializzati con 3.900 piante che, nell'ultima campagna, hanno reso circa 724 quintali di olive, pari a quasi 126 ettolitri di olio. Segnaliamo l'Extravergine Masseriola Dop Dauno - Sub Appennino da Agricoltura Biologica che appare alla vista di un bel colore giallo dorato intenso, limpido; al naso si offre deciso e ampio, dotato di spiccate note erbacee di carciofo e cicoria, cui si aggiungono ricchi sentori speziati di pepe nero. Al gusto è avvolgente e complesso, con eleganti toni vegetali di ortaggi freschi di campo e nette note balsamiche di menta e rosmarino. Amaro e piccante decisi e ben armonizzati che chiudono in mandorla dolce. È un eccellente accompagnamento per antipasti di tonno, funghi porcini arrosto, insalate di spinaci, radicchio ai ferri, zuppe di fagioli, primi piatti con carciofi, polpo bollito, agnello arrosto, cacciagione alla griglia, formaggi di media stagionatura.

A s usual Agricola Masseriola has proposed an excellent product. The farm is run by Stefano Di Loreto in the favourable district of Ascoli Satriano, on the border with Piana del Tavoliere. There are 90 hectares of surface, 29 of which destined to specialized olive groves with 3,900 trees. In the last harvest about 724 quintals of olives were produced, equal to almost 126 hectolitres of oil. We recommend the Extra Virgin Masseriola Pdo Dauno - Sub Appennino from Organic Farming, which is a beautiful intense limpid golden yellow colour. Its aroma is definite and ample, endowed with distinct herbaceous notes of artichoke and chicory, together with spicy hints of black pepper. Its taste is rotund and complex, with an elegant flavour of fresh country vegetables and distinct fragrant notes of mint and rosemary. Bitterness and pungency are definite and harmonic with a sweet almond finish. It would be ideal on tuna appetizers, roast porcini mushrooms, spinach salads, grilled radicchio, bean soups, pasta with artichokes, boiled octopus, roast lamb, grilled game, medium mature cheese.

Italia Italy [IT] Puglia

Azienda Agricola Pia Gloria Serrilli

C.da Calderoso
71014 San Marco in Lamis (FG)
Tel. + 39 0882 450916 - Fax + 39 0882 450916
E-mail: pga.serrilli@gmail.com

88

- 200/300 m.
- Promiscuo e specializzato / Promiscuous and specialized
- Monocono, superintensivo, vaso policonico / Monocone, superintensive, polyconic vase
- Meccanica / Mechanical harvesting
- Sì - Ciclo continuo / Yes - Continuous cycle
- Coratina
- Fruttato intenso / Intense fruity
- da 6,01 a 8,00 € - 500 ml. / from € 6.01 to 8.00 - 500 ml.

Meritatissima segnalazione per la famiglia Serrilli che da più di 150 anni si dedica all'olivicoltura nello splendido scenario del Gargano. Oggi Pia Gloria Serrilli dispone di un frantoio all'avanguardia e di 16mila piante su 80 ettari di oliveti di proprietà, parte in agro San Marco in Lamis e parte in agro Rignano Garganico. Da poco sono entrati in produzione nuovi oliveti superintensivi da varietà arbequina e arbosana. Il raccolto dell'ultima campagna ha fruttato 2.700 quintali di olive, pari a 450 ettolitri di olio. Segnaliamo l'eccellente Extravergine monocultivar Serrilli 1885 Coratina da Agricoltura Biologica. Di colore giallo dorato intenso con sfumature verdoline, limpido; al naso è deciso e avvolgente, con ampi sentori vegetali di carciofo, lattuga e ricche note aromatiche di menta e rosmarino. In bocca è elegante e complesso, con toni di cicoria di campo, pepe nero e chiusura dolce di mandorla. Amaro potente e piccante deciso. Si abbina bene a carpaccio di carne chianina con funghi porcini, marinate di tonno, radicchio al forno, zuppe di lenticchie, primi piatti con salsiccia, tonno alla griglia, agnello arrosto, carni rosse in tartare, formaggi stagionati a pasta dura.

A great performance for the family Serrilli, active in the field of olive growing in the wonderful landscape of Gargano for over 150 years. Today Pia Gloria Serrilli has an advanced oil mill and 80 hectares of olive grove with 16,000 trees, partly in San Marco in Lamis and partly in Rignano Garganico. Besides, recently new superintensive olive groves of the variety arbequina and arbosana have started producing. In the last harvest 2,700 quintals of olives were produced, equal to 450 hectolitres of oil. We recommend the excellent Monocultivar Extra Virgin selection Serrilli 1885 Coratina from Organic Farming. It is an intense limpid golden yellow colour with light green hues. Its aroma is definite and rotund, with ample vegetal hints of artichoke, lettuce and rich fragrant notes of mint and rosemary. Its taste is elegant and complex, with a flavour of wild chicory, black pepper and a sweet almond finish. Bitterness is powerful and pungency is definite. It would be ideal on chianina beef carpaccio with porcini mushrooms, marinated tuna, baked radicchio, lentil soups, pasta with sausages, grilled tuna, roast lamb, red meat tartare, hard mature cheese.

Azienda Agricola Giorgio Pantaleo Conte

Via Placerà, 2 - Calcarone
73010 Sternatia (LE)
Tel. + 39 0836 666434 - 0836 666019 - Fax + 39 0836 666456
E-mail: olioconte@libero.it - Web: www.olioconte.com

94

75 m.

Specializzato
Specialized

Vaso pugliese
Apulia vase

Bacchiatura e brucatura a mano
Beating and hand picking

Sì - Ciclo continuo
Yes - Continuous cycle

Coratina

Fruttato medio
Medium fruity

da 8,01 a 10,00 € - 500 ml.
from € 8.01 to 10.00 - 500 ml.

Un'ottima prestazione per l'azienda della famiglia Conte, nel cuore del Salento. Giorgio Conte, degnissimo erede di generazioni di olivicoltori e frantoiani, è attualmente alla guida di 15 ettari di oliveto specializzato, dove trovano posto 3mila piante, e dispone inoltre di un impianto di estrazione all'avanguardia. Quest'anno il raccolto ha fruttato 800 quintali di olive, che hanno permesso di produrre 90 ettolitri di olio. Due gli Extravergine monocultivar Conte che segnaliamo: il Picholine e l'eccellente Coratina che si presenta alla vista di colore giallo dorato intenso con delicati toni verdi, limpido; all'olfatto si offre deciso e complesso, dotato di sentori di erbe officinali, con netto ricordo di mentuccia e rosmarino, arricchiti da note vegetali di carciofo, cardo selvatico e lattuga. Al gusto è elegante e avvolgente, con toni di ortaggi freschi di campo e chiusura di mandorla dolce. Amaro e piccante presenti ed equilibrati. Si accompagna a carpaccio di pesce di lago, insalate di pomodori, marinate di salmone, passati di funghi finferli, primi piatti con molluschi, pesci alla griglia, tartare di tonno, pollame o carni di agnello al forno, formaggi freschi a pasta filata.

Azienda Agricola Conte, in the heart of Salento, has given an excellent performance. Giorgio Conte, the heir of generations of olive growers and olive-press operators, currently runs 15 hectares of specialized olive grove with 3,000 trees and has also an advanced extraction system. In the last harvest 800 quintals of olives were produced, equal to 90 hectolitres of oil. We recommend two Monocultivar Extra Virgin Conte: Picholine and the excellent Coratina, which is an intense limpid golden yellow colour with delicate green hues. Its aroma is strong and complex, with aromatic hints of officinal herbs, especially field balm and rosemary and vegetal notes of artichoke, wild thistle and lettuce. Its taste is elegant and rotund, with a flavour of fresh country vegetables and a sweet almond finish. Bitterness and pungency are present and balanced. It would be ideal on freshwater fish carpaccio, tomato salads, marinated salmon, chanterelle mushroom purée, pasta with mussels, grilled fish, tuna tartare, baked poultry or lamb, mozzarella cheese.

Italia Italy [IT] Puglia

Azienda Agricola Santi Dimitri

C.da Santi Dimitri - Via Guidano
73013 Galatina (LE)
Tel. + 39 0836 565866 - Fax + 39 0836 565867
E-mail: info@santidimitri.it - Web: www.santidimitri.it

84

- 80 m.
- Specializzato / Specialized
- Monocono, vaso pugliese / Monocone, Apulia vase
- Meccanica / Mechanical harvesting
- Sì - Ciclo continuo / Yes - Continuous cycle
- Fs17
- Fruttato intenso / Intense fruity
- da 6,01 a 8,00 € - 500 ml. / from € 6.01 to 8.00 - 500 ml.

L'Azienda Agricola Santi Dimitri è stata fondata nel 1996 da Vincenzo Vallone quale prosecuzione dell'antica struttura di famiglia che risale al primo Seicento. La proprietà è suddivisa in tre corpi fondiari, due a Galatina e uno a Cutrofiano, tra vigneto, oliveto, seminativo e bosco di antichi lecceti salentini. Insieme ai figli Augusto, Carlo ed Edoardo, Vallone conduce 35 ettari di oliveto specializzato con 5.075 piante dalle quali quest'anno sono stati raccolti 350 quintali di olive, pari a 52 ettolitri di olio. Segnaliamo l'ottimo Extravergine Vasilico che si presenta alla vista di un bel colore giallo dorato intenso con delicati riflessi verdolini, limpido; all'olfatto si esprime deciso e avvolgente, ricco di sentori vegetali di carciofo e cicoria, cui si accompagnano note aromatiche di basilico, mentuccia e rosmarino. In bocca è ampio e di carattere, con toni spiccati di pepe nero e mandorla. Amaro deciso e piccante ben espresso. Ideale per antipasti di funghi porcini, bruschette con pomodoro, marinate di pesce spada, radicchio ai ferri, minestroni di verdure, primi piatti al ragù, pesce azzurro gratinato, pollame o carni di maiale alla brace, formaggi di media stagionatura.

Azienda Agricola Santi Dimitri was founded in 1996 by Vincenzo Vallone, to carry on the activity of the ancient family farm dating back to the early 17th century. The estate consists of three parts, two in Galatina and one in Cutrofiano, and includes vineyards, olive groves, sown land and woods of old holm-oaks of Salento. With his sons, Augusto, Carlo and Edoardo, Vallone runs 35 hectares of specialized olive grove with 5,075 trees. In the last harvest 350 quintals of olives were produced, equal to 52 hectolitres of oil. We recommend the excellent Extra Virgin Vasilico, which is a beautiful intense limpid golden yellow colour with delicate light green hues. Its aroma is definite and rotund, rich in vegetal hints of artichoke and chicory, together with aromatic notes of basil, field balm and rosemary. Its taste is ample and strong, with a distinct flavour of black pepper and almond. Bitterness is definite and pungency is distinct. It would be ideal on porcini mushroom appetizers, bruschettes with tomatoes, marinated swordfish, grilled radicchio, minestrone with vegetables, pasta with meat sauce, blue fish au gratin, barbecued poultry or pork, medium mature cheese.

Azienda Agricola Franco Tamborino Frisari

Via Verdi, 4 - Cortidroso
73024 Maglie (LE)
Tel. + 39 0836 484436 - Fax + 39 0836 484436
E-mail: info@cortededroso.it - Web: www.cortededroso.it

82

- 75 m.
- Specializzato / Specialized
- Vaso / Vase
- Brucatura a mano e meccanica / Hand picking and mechanical harvesting
- Sì - Ciclo continuo e sinolea / Yes - Continuous cycle and sinolea
- **Nociara (40%), picholine languedoc (40%)**, leccino (20%)
- Fruttato medio / Medium fruity
- da 6,01 a 8,00 € - 500 ml. / from € 6.01 to 8.00 - 500 ml.

Amore e dedizione per l'agricoltura da più di trecento anni. Parliamo della famiglia Tamborino Frisari che si distingue in terra salentina per la qualità dei suoi prodotti. L'azienda dispone di 50 ettari di oliveto specializzato nelle due tenute di proprietà, Cortidroso e Api, e di un moderno impianto di estrazione. Dalle 7mila piante, durante l'ultima campagna olearia, sono stati raccolti mille quintali di olive che hanno reso una produzione in olio extravergine pari a 131 ettolitri. Segnaliamo l'ottimo Extravergine Corte de' Droso - Intenso che si presenta alla vista di colore giallo dorato intenso con delicate nuance verdi, limpido. Al naso si offre ampio e avvolgente, dotato di spiccate note vegetali di carciofo, cardo e cicoria, arricchite da eleganti sentori di menta, basilico e noce fresca. Al gusto è avvolgente e complesso, con toni fruttati di pomodoro acerbo, lattuga e mandorla. Amaro e piccante ben presenti ed equilibrati. È perfetto per antipasti di mare, fagioli al vapore, insalate di pomodori, patate al cartoccio, zuppe di funghi finferli, primi piatti con molluschi, rombo arrosto, seppie alla brace, formaggi freschi a pasta filata.

Love and devotion to agriculture for over 300 years. It is the family Tamborino Frisari, who is welll-known in Salento for the quality of its products. There is a 50-hectare specialized olive grove in the two estates, Cortidroso and Api, and a modern extraction system. In the last harvest 7,000 olive trees produced 1,000 quintals of olives, with a yield of 131 hectolitres of extra virgin olive oil. We recommend the excellent Extra Virgin Corte dé Droso - Intenso, which is an intense limpid golden yellow colour with delicate green hues. Its aroma is ample and rotund, endowed with distinct vegetal notes of artichoke, thistle and chicory, enriched by elegant hints of mint, basil and fresh walnut. Its taste is rotund and complex, with a fruity flavour of unripe tomato, lettuce and almond. Bitterness and pungency are present and balanced. It would be ideal on seafood appetizers, steamed beans, tomato salads, baked potatoes, chanterelle mushroom soups, pasta with mussels, roast turbot, barbecued cuttlefish, mozzarella cheese.

Italia Italy [IT] Puglia

Tenuta Piantatella

S. P. per Statte Km 5.700 - Spagnulo
74010 Statte (TA)
Tel. + 39 099 4722963 - Fax + 39 099 4722963
E-mail: info@piantatella.it - Web: www.piantatella.it

88

130 m.

Specializzato
Specialized

Vaso libero
Free vase

Brucatura a mano e meccanica
Hand picking and mechanical harvesting

Sì - Ciclo continuo
Yes - Continuous cycle

Coratina (40%), frantoio (30%), peranzana (17%), leccino (10%), pendolino (3%)

Fruttato leggero
Light fruity

da 8,01 a 10,00 € - 500 ml.
from € 8.01 to 10.00 - 500 ml.

Ottimo risultato per la Tenuta Piantatella, da più di vent'anni attiva a Statte, sulle colline tarantine che guardano il mare. Proprietà dell'agronomo Domenico Galiulo, prende il nome dal più grande degli oliveti che si estendono attraverso 39 ettari di impianto specializzato sui quali dimorano 9.500 piante dalle quali, in questa campagna olearia, sono stati raccolti 2.500 quintali di olive che hanno reso 450 ettolitri di olio extravergine. Segnaliamo l'Extravergine Piantatella Dop Terre Tarentine da Agricoltura Biologica che appare alla vista di un bel colore giallo dorato intenso con tenui nuance verdi, limpido; al naso si apre ampio e avvolgente, dotato di eleganti note fruttate di mela bianca, cui si accompagnano sentori vegetali di carciofo, lattuga e sedano. In bocca è fine e armonico, con toni di erbe officinali, con netto ricordo di menta, basilico e prezzemolo. Amaro e piccante presenti e ben dosati che chiudono in mandorla dolce. Ideale l'abbinamento con antipasti di crostacei, aragosta bollita, carpaccio di dentice, insalate di funghi ovoli, passati di ceci, risotto con asparagi, fritture di pesce, tartare di pesce persico, formaggi freschi a pasta molle, biscotti da forno.

An excellent result for Tenuta Piantatella, active in Statte, on the hills of Taranto overlooking the sea, for over twenty years It belongs to the agronomist Domenico Gaiulo and takes its name from the biggest olive grove. In 39 hectares of specialized olive surface there are 9,500 trees, which produced 2,500 quintals of olives in the last harvest, equal to a yield of 450 hectolitres of extra virgin olive oil. We recommend the Extra Virgin Piantatella Pdo Terre Tarentine from Organic Farming, which is a beautiful intense limpid golden yellow colour with slight green hues. Its aroma is ample and rotund, endowed with elegant fruity notes of white apple, together with vegetal hints of artichoke, lettuce and celery. Its taste is fine and harmonic, with a flavour of officinal herbs, especially mint, basil and parsley. Bitterness and pungency are present and complimentary with a sweet almond finish. It would be ideal on shellfish appetizers, boiled spiny lobster, sea bream carpaccio, ovoli mushroom salads, chickpea purée, risotto with asparagus, fish fry, perch tartare, soft fresh cheese, oven cookies.

Italia Italy [IT] Puglia

Puglia Alimentare
C.da Trazzonara - Zona H 526
74015 Martina Franca (TA)
Tel. + 39 080 4490725 - Fax + 39 080 4490780
E-mail: info@caroli.it - Web: www.pugliaalimentare.it

84

430 m.

Specializzato
Specialized

Vaso
Vase

Brucatura a mano e meccanica
Hand picking and mechanical harvesting

Sì - Ciclo continuo
Yes - Continuous cycle

Olivastra (60%), leccino (25%),
majatica di Ferrandina (15%)

Fruttato leggero
Light fruity

da 8,01 a 10,00 € - 500 ml.
from € 8.01 to 10.00 - 500 ml.

Puglia Alimentare è gestita dalla famiglia Caroli che con questo marchio commercializza dal 1990 anche vini e prodotti tipici della zona di Martina Franca, in provincia di Taranto. I Caroli dispongono di una linea di estrazione all'avanguardia e di 40 ettari di superficie olivetata specializzata dove dimorano 6mila piante. Durante l'ultima campagna olearia sono stati raccolti 3mila quintali di olive, che uniti ai 16mila acquistati hanno permesso di produrre 3mila ettolitri di olio extravergine. La selezione proposta dall'azienda è l'Extravergine Monti del Duca che appare alla vista di colore giallo dorato intenso con nuance verdi, limpido; all'olfatto si apre sottile e composto, caratterizzato da sentori di erbe aromatiche, con ricordo di basilico e prezzemolo e note vegetali di carciofo, cicoria e sedano. In bocca è morbido e contenuto, dotato di toni di verdure di campo e spiccata mandorla dolce. Amaro e piccante presenti e armonici. Un abbinamento eccellente è con antipasti di ceci, aragosta al vapore, carpaccio di spigola, insalate di riso, passati di fave, primi piatti con funghi ovoli, fritture di calamari, rombo al cartoccio, formaggi freschi a pasta molle, dolci lievitati.

Puglia Alimentare is run by the family Caroli, who with this trademark has also been marketing wine and typical products of the area of Martina Franca, in the province of Taranto, since 1990. The Caroli have an advanced extraction system and 40 hectares of specialized olive surface with 6,000 trees. In the last oil harvest 3,000 quintals of olives were produced, which, together with 16,000 purchased, allowed to yield 3,000 hectolitres of extra virgin olive oil. The selection proposed by the farm is the Extra Virgin Monti del Duca, which is an intense limpid golden yellow colour. Its aroma is fine and delicate, characterized by hints of aromatic herbs, especially basil and parsley, and vegetal notes of artichoke, chicory and celery. Its taste is mellow and delicate, endowed with a flavour of country vegetables and distinct sweet almond. Bitterness and pungency are present and harmonic. It would be ideal on chickpea appetizers, steamed spiny lobster, bass carpaccio, rice salads, broad bean purée, pasta with ovoli mushrooms, fried squids, turbot baked in parchment paper, soft fresh cheese, yeast-raised cakes.

Basilicata

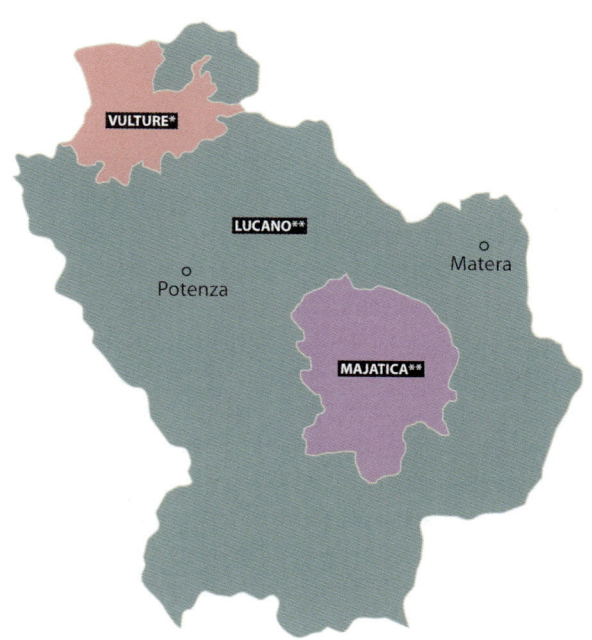

* All'esame della UE per la certificazione • *Under EU exam for certification*
** All'esame del MiPAAF per la certificazione • *Under MiPAAF exam for certification*

Dati Statistici		**Statistic Data**	
Superficie olivetata nazionale	1.147.188 (ha)	National Olive Surface	1,147,188 (ha)
Superficie olivetata regionale	31.335 (ha)	Regional Olive Surface	31,335 (ha)
Quota regionale	2,73%	Regional Quota	2.73%
Frantoi	142	Olive Oil Mills	142
Produzione nazionale 09-10	521.915,9 (t)	National production 09-10	521,915.9 (t)
Produzione regionale 09-10	6.083,0 (t)	Regional production 09-10	6,083.0 (t)
Produzione regionale 08-09	6.532,9 (t)	Regional production 08-09	6,532.9 (t)
Variazione	- 6,89%	Variation	- 6.89%
Quota regionale	1,17%	Regional Quota	1.17%

National Institute of Statistics

L'olivicoltura in Basilicata ha radici profonde e antichissime e nel presente continua a rivestire un ruolo primario nell'economia regionale. Merito del territorio e del clima che ne fanno una terra particolarmente adatta allo sviluppo di questa pianta. Stretta fra tre giganti oleari come la Puglia, la Calabria e la Campania, la Basilicata è una piccola regione che tuttavia si caratterizza per suoli, paesaggi e microclimi profondamente diversi fra loro. Il territorio, prevalentemente montuoso, è bagnato da due mari: questa condizione determina benefici influssi su tutto l'assetto climatico. Proprio dal mare è arrivato qui in tempi remoti l'olivo, al seguito di quei popoli di navigatori, come i Fenici, che solcavano il Mediterraneo ricercando nuove rotte commerciali. Questa regione era allora denominata Lucania ed era una base di collegamento tra le colonie della Magna Grecia e le città etrusco-italiche del centro-nord della Penisola. La tradizione olearia lucana è documentata da numerosi reperti archeologici di fattorie, sementi, aratri e altri oggetti come le straordinarie tavole di Heraclea. Dopo la caduta dell'Impero Bizantino, la coltivazione dell'olivo conobbe un nuovo impulso grazie all'opera degli ordini religiosi, in particolare quello dei monaci basiliani che furono spinti a conoscere e tramandare saperi e tecniche olivicole dal bisogno di olio necessario per la celebrazione del culto cristiano. Oggi il comparto oleario lucano è uno dei più competitivi e all'avanguardia nel settore primario regionale: infatti negli ultimi anni si è molto lavorato per il risanamento degli impianti tradizionali e per la razionalizzazione delle tecniche di raccolta; e anche i frantoi si avvalgono ormai della tecnologia più avanzata di estrazione dell'olio. Attualmente le piante trovano dimora su 31.335 ettari di superficie. Le zone più vocate si trovano principalmente nel nord della provincia di Potenza, nel bacino pedemontano del Vulture, dove il terreno di origine vulcanica è particolarmente adatto allo sviluppo dell'olivo. Altri luoghi olivicoli sono situati in quella parte più orientale della regione che lambisce la Puglia, ovvero nella valle del Bradano e in quella più centrale del Basento; inoltre nella zona di Ferrandina (sotto Matera), sulla costa ionica, sulla costa tirrenica di Maratea e nei comuni di Muro Lucano e Vietri in provincia di Potenza. Interessante e ampio il paniere varietale: le specie autoctone più diffuse sono la palmarola, l'angellina, la ripolese, la pizzuto e soprattutto la pregiata majatica di Ferrandina che è indicata anche come oliva da tavola. Queste varietà, presenti negli oliveti più antichi, sono però diventate minoritarie rispetto a quelle importate dalle regioni limitrofe, soprattutto dalla Puglia. Tra queste la rotondella e l'ogliarola barese sono le più note. La Basilicata non ha alcuna Denominazione di Origine Protetta, ma ancora per poco: la Dop Vulture è infatti all'esame dell'UE, mentre è in corso al MiPAAF l'istruttoria per le Dop Lucano e Majatica che tuteleranno le altre produzioni regionali. I frantoi attivi sono 142 e si contano più di 27mila aziende nel territorio, soprattutto di piccole dimensioni. Nella campagna olearia 2009-20010 sono state prodotte 6.083 tonnellate di olio, pari all'1,17% del totale nazionale, con una diminuzione del 6,89% rispetto all'annata precedente.

Olive growing in Basilicata has ancient and deep roots, but also plays a primary role in the present regional economy. Thanks to its soil and climate this land is in fact particularly suitable to the growth of the olive tree. Surrounded by three oil giants like Puglia, Calabria and Campania, Basilicata is a small region characterized by very different soils, landscapes and microclimates. The mainly mountainous territory overlooks two seas, which determines a beneficial influence on the whole climate. In remote times the olive tree arrived here from the sea brought by those seafaring people, like the Phoenicians, who sailed the Mediterranean to look for new commercial routes. This region once called Lucania was a connection point between the colonies of Magna Grecia and the Etrurian-Italic cities of the centre-north of the peninsula. The oil tradition in Lucania is really ancient and glorious, as testified by the many archaeological finds of farms, seeds, ploughs and other objects like the extraordinary Heraclea tables. After the fall of the Byzantine Empire oil cultivation had a new stimulus thanks to religious orders, especially the Basilian monks, who handed down oil knowledge and techniques because of their need for oil, which was necessary to celebrate Christian rites. Today the olive oil sector is one of the most competitive and modern in the regional primary sector. In the last few years traditional olive groves have been reorganized and harvesting techniques have been rationalized. Also the olive oil mills now use the most modern extraction techniques. Currently there are 31,335 hectares of olive surface. The most suitable areas are above all in the north of the province of Potenza, in the piedmont basin of Vulture, thanks to the particular composition of these volcanic soils. Other olive basins are in the eastern part, in the valley of Bradano and more to the centre in the valley of Basento, moreover in the area of Ferrandina (south of Matera), on the Ionian coast, on the Tirrenian coast of Maratea and in the province of Potenza, in the municipalities of Muro Lucano and Vietri. The range of varieties is interesting and wide: among the most common autochthonous varieties there are palmarola, angellina, ripolese, pizzuto and especially the fine majatica di Ferrandina, also suitable to prepare table olives. These autochthonous varieties, still present in the oldest olive groves, are however minor in comparison with the ones imported from neighbouring regions, especially from Puglia. Among the imported varieties rotondella and ogliarola barese are undoubtedly the most well-known. Basilicata has no Pdo yet, but the Pdo Vulture is under EU examination, while MiPAAF preliminary examination is being carried out for the Pdo Lucano and Majatica, which will protect the productions of the rest of the region. 142 olive oil mills are active in the territory and there are over 27,000 farms, mainly of small dimensions. In the olive oil harvest 2009-2010 Basilicata produced 6,083 tons of oil, equal to 1.17% of the total national quantity, with a decrease of 6.89% compared to the previous year.

Italia Italy [IT] Basilicata

Masseria Bolettieri
Visciglio
75022 Irsina (MT)
Tel. + 39 0835 334900 - Fax + 39 0835 334900
E-mail: info@oliocalandrone.it - Web: www.oliocalandrone.it

80 ⬆

200 m.

Specializzato
Specialized

Vaso policonico
Polyconic vase

Bacchiatura e brucatura a mano
Beating and hand picking

No - Ciclo continuo misto
No - Mixed continuous cycle

Coratina

Fruttato medio
Medium fruity

da 4,01 a 6,00 € - 250 ml.
from € 4.01 to 6.00 - 250 ml.

Proseguendo una tradizione di famiglia che vanta oltre cinquanta anni di esperienza nel settore, oggi Silvano Fortunato Dal Sasso è alla guida di Masseria Bolettieri, che produce e commercializza cereali e olio extravergine dal 1993. Situato su una piatta collina dell'agro di Irsina, il centro aziendale è formato dall'originaria masseria del 700 della Tenuta Visciglio e comprende poco più di 8 ettari di oliveto specializzato, con 1.453 piante. Quest'anno il raccolto ha reso 150 quintali di olive e 30 ettolitri di olio. Segnaliamo l'etichetta aziendale, l'Extravergine Olio Calandrone da Agricoltura Biologica che alla vista è di colore giallo dorato intenso con riflessi verdolini, limpido; al naso è sottile e composto, con note vegetali di carciofo, lattuga ed erbe officinali, con ricordo di basilico e prezzemolo. Al gusto è morbido e dosato, con toni di sedano, noce fresca e chiusura di mandorla dolce. Amaro presente e piccante contenuto. È un eccellente accompagnamento per antipasti di ceci, asparagi bolliti, insalate di mare, marinate di spigola, passati di fave, zuppe di porri, cous cous di pesce, seppie ai ferri, tartare di orata, formaggi freschi a pasta molle, biscotti da forno.

Following a family tradition in this field of over 50 years, today Silvano Fortunato Dal Sasso runs Masseria Bolettieri, which has been producing and marketing cereals and extra virgin olive oil since 1993. Situated on a flat hill in the area of Irsina, the farm is based in the original 18th century grange of Tenuta Visciglio and has little more than 8 hectares of specialized olive grove with 1,453 trees. In the last harvest 150 quintals of olives were produced, with a yield of 30 hectolitres of extra virgin olive oil. We recommend the farm selection, the Extra Virgin Olio Calandrone from Organic Farming, which is an intense limpid golden yellow colour with light green hues. Its aroma is fine and delicate, with vegetal notes of artichoke, lettuce and officinal herbs, especially basil and parsley. Its taste is mellow and delicate, with a flavour of celery, fresh walnut and a sweet almond finish. Bitterness is present and pungency is limited. It would be ideal on chickpea appetizers, boiled asparagus, seafood salads, marinated bass, broad bean purée, leek soups, fish cous cous, grilled cuttlefish, gilthead tartare, soft fresh cheese, oven cookies.

Italia Italy [IT] Basilicata

Azienda Agricola Silvia Cavalli

C.da La Calcara
75016 Pomarico (MT)
Tel. + 39 06 5913538 - 0835 551473 - Fax + 39 06 5926289
E-mail: aziendagricolacavalli@virgilio.it - Web: www.aziendagricolacavalli.it

85

400/600 m.

Specializzato
Specialized

Alberello
Tree

Brucatura a mano
Hand picking

No - Ciclo continuo
No - Continuous cycle

Frantoio (40%), leccino (40%), coratina (20%)

Fruttato medio
Medium fruity

da 10,01 a 12,00 € - 500 ml.
from € 10.01 to 12.00 - 500 ml.

Ottimo risultato per la Cavalli di Pomarico, appartenente alla famiglia Cavalli che l'ha resa negli anni una struttura moderna ed efficiente che produce anche cereali e latte, proveniente dall'allevamento ovi-caprino di proprietà e trasformato nel caseificio aziendale. Silvia Cavalli, al timone dal 2003, è espressione dell'ultima generazione che ha potenziato l'olivicoltura. Parliamo di 8mila alberi, su 28 ettari di impianto, che quest'anno hanno reso 630 quintali di olive, dei quali 37 hanno prodotto quasi 83 ettolitri di olio. L'Extravergine Cavalli da Agricoltura Biologica è di un bel colore giallo dorato intenso con riflessi verdolini, limpido. Al naso è deciso e complesso, con note di carciofo e cardo selvatico, arricchite da sentori di erbe balsamiche con ricordo di rosmarino e menta. Al gusto è elegante e avvolgente, con toni vegetali e speziati di lattuga, cicoria e pepe nero, con chiusura di mandorla. Amaro e piccante ben espressi. Ideale su carpaccio di salmone, insalate di legumi, marinate di pesce persico, patate al forno, zuppe di funghi finferli, primi piatti con verdure, gamberi in guazzetto, pesci alla brace, coniglio al forno, pollame alla griglia, formaggi caprini.

An excellent result for Cavalli in Pomarico, owned by the family Cavalli, who have transformed it into a modern and efficient structure, producing also cereals and milk from their own goat and sheep farming in the farm dairy. Silvia Cavalli has been running it since 2003 and represents the last generation of the family, that has given impetus to olive growing. Currently there are 8,000 trees on 28 hectares of surface. In the last harvest 630 quintals of olives were produced, 37 of which yielded almost 83 hectolitres of oil. The Extra Virgin Cavalli from Organic Farming is a beautiful intense limpid golden yellow colour with light green hues. Its aroma is definite and complex, with notes of artichoke and wild thistle, enriched by hints of aromatic herbs, especially rosemary and mint. Its taste is elegant and rotund, with a vegetal and spicy flavour of lettuce, chicory and black pepper, with an almond finish. Bitterness and pungency are distinct. It would be ideal on salmon carpaccio, legume salads, marinated perch, roast potatoes, chanterelle mushroom soups, pasta with vegetables, stewed shrimps, barbecued fish, baked rabbit, grilled poultry, goat cheese.

Italia Italy [IT] Basilicata

La Majatica

Via De Gasperi, 121
75010 San Mauro Forte (MT)
Tel. + 39 0835 674113 - Fax + 39 0835 674113
E-mail: info@lamajatica.it - Web: www.lamajatica.it

90

565 m.

Specializzato
Specialized

Alberello
Tree

Bacchiatura e brucatura a mano
Beating and hand picking

Sì - Ciclo continuo
Yes - Continuous cycle

Majatica di Ferrandina

Fruttato leggero
Light fruity

da 4,01 a 6,00 € - 500 ml.
from € 4.01 to 6.00 - 500 ml.

U na prova in grande stile per l'azienda della famiglia Valluzzi. In attività dal 1956, La Majatica dispone di un impianto di estrazione di ultima generazione e di 2 ettari di oliveto di proprietà dove sono messe a dimora 200 piante di sola varietà majatica. Nell'ultima campagna olearia sono stati raccolti 50 quintali di olive che, uniti ai 250 acquistati, hanno permesso una produzione di 60 ettolitri di olio extravergine. Davvero ottima la selezione Extravergine La Majatica che si offre alla vista di un bel colore giallo dorato intenso con delicate nuance verdi, limpido. Al naso si esprime elegante e complesso, caratterizzato da ampie note vegetali di sedano, lattuga, fave fresche e sentori fruttati e speziati di pomodoro acerbo e pepe nero. Al gusto è avvolgente e armonico, con toni di carciofo, cicoria ed erbe officinali, con menta, salvia e timo in evidenza. Amaro e piccante ben dosati che chiudono in mandorla dolce. Perfetto l'abbinamento con antipasti di funghi ovoli, aragosta bollita, carpaccio di orata, insalate di riso, passati di piselli, zuppe di porri, primi piatti con gamberi, fritture di calamari, molluschi al vapore, formaggi freschi a pasta molle, biscotti da forno.

A high-class performance for the family Valluzzi's farm. Active since 1956, La Majatica has an advanced extraction system and 2 hectares of olive grove with 200 trees of the variety majatica. In the last harvest 50 quintals of olives were produced and 250 purchased, with a yield of 60 hectolitres of extra virgin olive oil. The Extra Virgin selection La Majatica is really excellent. It is a beautiful intense limpid golden yellow colour with delicate green hues. Its aroma is elegant and complex, characterized by ample vegetal notes of celery, lettuce, fresh broad beans and fruity and spicy hints of unripe tomato and black pepper. Its taste is rotund and harmonic, with a flavour of artichoke, chicory and officinal herbs, especially mint, sage and thyme. Bitterness and pungency are complimentary with a sweet almond finish. It would be ideal on ovoli mushroom appetizers, boiled spiny lobster, gilthead carpaccio, rice salads, pea purée, leek soups, pasta with shrimps, fried squids, steamed mussels, soft fresh cheese, oven cookies.

Frantoio Oleario Lacertosa

Via Sinisgalli, 29
75013 Ferrandina (MT)
Tel. + 39 0835 556098 - Fax + 39 0835 556098
E-mail: frantoio.lacertosa@tiscali.it

84

400 m.

Specializzato
Specialized

Forma libera, vaso globoso, vaso policonico
Free form, globe, polyconic vase

Brucatura a mano e meccanica
Hand picking and mechanical harvesting

Sì - Ciclo continuo
Yes - Continuous cycle

Majatica di Ferrandina (50%),
ogliarola del Bradano (20%), coratina, leccino (30%)

Fruttato leggero
Light fruity

da 6,01 a 8,00 € - 500 ml.
from € 6.01 to 8.00 - 500 ml.

È una bella realtà del vocato comprensorio di Ferrandina, tra le colline del Materano, attiva dal 1960 e oggi guidata dalle sorelle Antonia, Rita, Rosamaria e Rosanna Lacertosa, eredi del fondatore Giovanni. Parliamo del Frantoio Oleario Lacertosa che conta su 60 ettari di oliveto specializzato, con 6.200 piante, e su una moderna linea di estrazione. In questa campagna olearia sono stati raccolti 1.200 quintali di olive, pari a una produzione di 240 ettolitri di olio extravergine. Segnaliamo l'etichetta aziendale proposta, l'Extravergine Viride da Agricoltura Biologica che appare alla vista di un bel colore giallo dorato intenso con delicate nuance verdi, limpido. Al naso si offre elegante e fruttato, caratterizzato da sentori di pomodoro acerbo, mela bianca, banana matura e ricordo di erbe officinali, con basilico e prezzemolo in evidenza. In bocca è morbido e avvolgente, con note vegetali di sedano, fave e lattuga. Amaro e piccante ben presenti ed equilibrati. È un ideale accompagnamento per antipasti di ceci, carpaccio di ricciola, insalate di funghi ovoli, marinate di spigola, zuppe di fave, risotto con asparagi, crostacei al vapore, fritture di pesce, formaggi freschi a pasta molle, biscotti da forno.

Frantoio Oleario Lacertosa is a beautiful farm located in the favourable district of Ferrandina, on the hills of the area of Matera, and has been active since 1960. Today it is run by the sisters Antonia, Rita, Rosamaria and Rosanna Lacertosa, the founder Giovanni's heirs. There are 60 hectares of specialized olive grove with 6,200 trees and a modern extraction system. In the last harvest 1,200 quintals of olives were produced, equal to 240 hectolitres of extra virgin olive oil. We recommend the farm selection, the Extra Virgin Viride from Organic Farming, which is a beautiful intense limpid golden yellow colour with delicate green hues. Its aroma is elegant and fruity, characterized by hints of unripe tomato, white apple, ripe banana and a slight hint of officinal herbs, especially basil and parsley. Its taste is mellow and rotund, with vegetal notes of celery, broad beans and lettuce. Bitterness and pungency are present and balanced. It would be ideal on chickpea appetizers, amberjack carpaccio, ovoli mushroom salads, marinated bass, broad bean soups, risotto with asparagus, steamed shellfish, fish fry, soft fresh cheese, oven cookies.

Azienda Agricola Vincenzo Marvulli

C.da Giardinelle
75100 Matera
Tel. + 39 0835 332568
E-mail: giovanni.marvulli@yahoo.it

87

- 250/300 m.
- Promiscuo / Promiscuous
- Vaso policonico / Polyconic vase
- Brucatura a mano e meccanica / Hand picking and mechanical harvesting
- No - Ciclo continuo misto / No - Mixed continuous cycle
- Ogliarola del Bradano
- Fruttato leggero / Light fruity
- da 6,01 a 8,00 € - 500 ml. / from € 6.01 to 8.00 - 500 ml.

Ottima performance per un'azienda con tanta voglia di crescere. Giovanni Marvulli ha creato nel 2006 quest'azienda ai confini della città di Matera, dandogli il nome del padre, Vincenzo, che nel 1960 investì in queste terre la dote matrimoniale creando negli anni i seminativi, valorizzando i pascoli e coltivando gli olivi. Oggi Giovanni è alla guida di 2.700 piante su 25 ettari di impianto specializzato condotto con metodi biologici e programma l'imbottigliamento di proprietà e la costruzione di un frantoio aziendale. Quest'anno il raccolto di 120 quintali di olive ha reso circa 15 ettolitri di olio. L'Extravergine Cenzino da Agricoltura Biologica è giallo dorato intenso con delicati toni verdi, limpido. Al naso è ampio ed elegante, con sentori fruttati di mela bianca, pomodoro acerbo e note balsamiche di mentuccia e rosmarino. Fine e vegetale in bocca, ha toni di lattuga, sedano e chiusura dolce di mandorla. Amaro e piccante presenti ed equilibrati. Ideale su antipasti di funghi ovoli, aragosta al vapore, insalate di mare, marinate di trota, passati di ceci, zuppe di porri, risotto con asparagi, fritture di calamari, pesci al forno, formaggi freschi a pasta molle, dolci da forno.

A great performance for this interesting farm, founded by Giovanni Marvulli in 2006 on the outskirts of the town of Matera. It takes its name from his father Vincenzo, who in 1960 invested his dowry in these lands, gradually creating sown land, improving pastures and cultivating olive trees. Today Giovanni runs 25 hectares of specialized olive grove according to organic farming principles with 2,700 trees. He is also planning to bottle his production and to build an oil mill. In the last harvest 120 quintals of olives were produced, with a yield of about 15 hectolitres of oil. The Extra Virgin Cenzino from Organic Farming is an intense limpid golden yellow colour with delicate green hues. Its aroma is ample and elegant, with fruity hints of white apple, unripe tomato and fragrant notes of field balm and rosemary. Its taste is fine and vegetal, with a flavour of lettuce, celery and a sweet almond finish. Bitterness and pungency are present and balanced. It would be ideal on ovoli mushroom appetizers, steamed spiny lobster, seafood salads, marinated trout, chickpea purée, leek soups, risotto with asparagus, fried squids, baked fish, soft fresh cheese, oven cakes.

Oleificio Trisaia

C.da Trisaia Torre Cantore, 9
75026 Rotondella (MT)
Tel. + 39 0835 848180 - Fax + 39 0835 848180
E-mail: info@oliotrisaia.com - Web: www.oliotrisaia.com

82

576 m.

Promiscuo
Promiscuous

Vaso
Vase

Brucatura a mano e meccanica
Hand picking and mechanical harvesting

Sì - Ciclo continuo misto
Yes - Mixed continuous cycle

Frantoio (30%), leccino (30%), ogliarola (30%), coratina (10%)

Fruttato medio
Medium fruity

da 4,01 a 6,00 € - 500 ml.
from € 4.01 to 6.00 - 500 ml.

A i piedi della collina di Rotondella, l'Oleificio Trisaia è nato più di venticinque anni fa dalla passione di Nicola Suriano e di sua moglie Giuliana Maria. Oggi è una bella realtà all'avanguardia che segue il proprio prodotto in tutti i passaggi della filiera, lavorando peraltro anche le olive di aziende qualificate della zona. Quest'anno dalle 3mila piante, su 10 ettari di terreno, sono stati ricavati quasi 131 quintali di olive, che uniti agli oltre 6.870 acquistati, hanno reso quasi 966 ettolitri di olio. Segnaliamo l'Extravergine Torre Cantore che appare alla vista di un bel colore giallo dorato intenso, limpido; si offre all'olfatto deciso e armonico, dotato di sentori fruttati di pomodoro acerbo, arricchiti da note di fave fresche, lattuga ed erbe aromatiche, con ricordo di basilico e mentuccia. In bocca è elegante e vegetale, con toni di sedano e spiccata chiusura di mandorla dolce. Amaro e piccante ben espressi ed equilibrati. Ottimo l'abbinamento con antipasti di fagioli, carpaccio di salmone, insalate di pollo, patate al cartoccio, zuppe di ceci, risotto con funghi ovoli, gamberi in umido, rombo ai ferri, coniglio al forno, pollo arrosto, formaggi freschi a pasta filata.

O leificio Trisaia, at the foot of the hill of Rotondella, was founded by Nicola Suriano and his wife Giuliana Maria over 25 years ago. Today it is an advanced structure that follows its products in every stage of the production chain and also processes the olives of other qualified farms in the area. There is a 10-hectare olive grove with 3,000 trees, which produced almost 131 quintals of olives in the last harvest. Together with over 6,870 purchased, they yielded almost 966 hectolitres of oil. We recommend the Extra Virgin Torre Cantore, which is a beautiful intense limpid golden yellow colour. Its aroma is definite and harmonic, endowed with fruity hints of unripe tomato, enriched by notes of fresh broad beans, lettuce and aromatic herbs, especially basil and field balm. Its taste is elegant and vegetal, with a flavour of celery and a distinct sweet almond finish. Bitterness and pungency are distinct and balanced. It would be ideal on bean appetizers, salmon carpaccio, chicken salads, baked potatoes, chickpea soups, risotto with ovoli mushrooms, stewed shrimps, grilled turbot, baked rabbit, roast chicken, mozzarella cheese.

Italia Italy [IT] Basilicata

Cantine del Notaio

Via Roma, 159
85028 Rionero in Vulture (PZ)
Tel. + 39 0972 724900 - 0972 723689 - Fax + 39 0972 725094 - 0972 725435
E-mail: info@cantinedelnotaio.it - Web: www.cantinedelnotaio.com

86

460 m.

Promiscuo
Promiscuous

Vaso
Vase

Brucatura a mano e meccanica
Hand picking and mechanical harvesting

No - Ciclo continuo
No - Continuous cycle

Coratina

Fruttato intenso
Intense fruity

da 4,01 a 6,00 € - 250 ml.
from € 4.01 to 6.00 - 250 ml.

Cantine del Notaio è una delle più interessanti realtà di produzione di Aglianico del Vulture, fondata nel 1998 da Gerardo Giuratrabocchetti che ha ereditato dalla sua famiglia non solo le vigne ma l'amore per la terra e per le cose "fatte bene". Tra queste anche l'olivicoltura, visto che 3 ettari di terreno sono destinati a 400 piante che, nell'ultima campagna, hanno fruttato 65 quintali di olive, pari a 10 ettolitri di olio. Segnaliamo l'Extravergine monocultivar Cantine del Notaio - Coratina Denocciolato da Agricoltura Biologica. Si offre alla vista di colore giallo dorato intenso con delicati riflessi verdi, limpido; all'olfatto si esprime potente e complesso, ricco di note di carciofo, cicoria, cardo selvatico e netti sentori balsamici di basilico e menta. Al gusto è vegetale e speziato, con ampi toni di lattuga, pepe nero e decisa chiusura di frutta secca, con mandorla e noce matura in evidenza. Amaro e piccante spiccati e armonici. È perfetto per antipasti di funghi porcini, carpaccio di pesce spada, insalate di carciofi, pomodori gratinati, minestroni di verdure, primi piatti al ragù, tonno ai ferri, agnello arrosto, carni rosse in tartare, formaggi stagionati a pasta dura.

Cantine del Notaio is one of the most interesting farms in Aglianico del Vulture. It was founded in 1998 by Gerardo Giuratrabocchetti, who inherited from his family not only the vineyards, but also the love for the land and "well done" things, including olive growing. In fact 3 hectares are destined to olive grove with 400 trees. In the last harvest 65 quintals of olives were produced, with a yield of 10 hectolitres of extra virgin olive oil. We recommend the Monocultivar Extra Virgin selection Cantine del Notaio - Coratina Denocciolato from Organic Farming. It is an intense limpid golden yellow colour with delicate green hues. Its aroma is powerful and complex, rich in notes of artichoke, chicory, wild thistle and distinct fragrant hints of basil and mint. Its taste is vegetal and spicy, with ample hints of lettuce, black pepper and a definite dried fruit finish, especially almond and fresh walnut. Bitterness and pungency are strong and harmonic. It would be ideal on porcini mushroom appetizers, swordfish carpaccio, artichoke salads, tomatoes au gratin, minestrone with vegetables, pasta with meat sauce, grilled tuna, roast lamb, red meat tartare, hard mature cheese.

Calabria

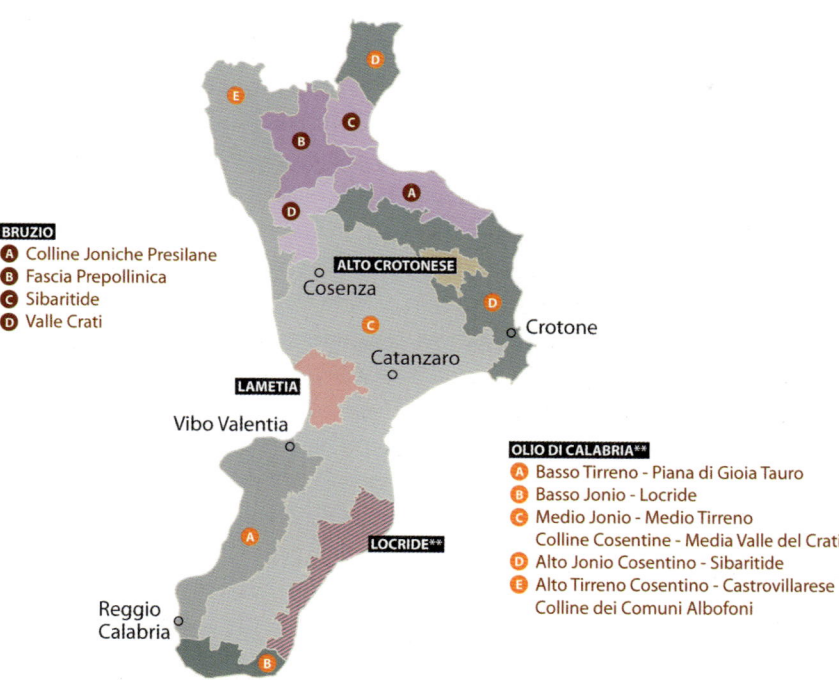

BRUZIO
- Ⓐ Colline Joniche Presilane
- Ⓑ Fascia Prepollinica
- Ⓒ Sibaritide
- Ⓓ Valle Crati

OLIO DI CALABRIA**
- Ⓐ Basso Tirreno - Piana di Gioia Tauro
- Ⓑ Basso Jonio - Locride
- Ⓒ Medio Jonio - Medio Tirreno Colline Cosentine - Media Valle del Crati
- Ⓓ Alto Jonio Cosentino - Sibaritide
- Ⓔ Alto Tirreno Cosentino - Castrovillarese Colline dei Comuni Albofoni

** All'esame del MiPAAF per la certificazione • *Under MiPAAF exam for certification*

Dati Statistici

Superficie olivetata nazionale	1.147.188 (ha)
Superficie olivetata regionale	149.176 (ha)
Quota regionale	13,00%
Frantoi	864
Produzione nazionale 09-10	521.915,9 (t)
Produzione regionale 09-10	173.568,6 (t)
Produzione regionale 08-09	200.825,5 (t)
Variazione	- 13,57%
Quota regionale	33,26%

Statistic Data

National Olive Surface	1,147,188 (ha)
Regional Olive Surface	149,176 (ha)
Regional Quota	13.00%
Olive Oil Mills	864
National production 09-10	521,915.9 (t)
Regional production 09-10	173,568.6 (t)
Regional production 08-09	200,825.5 (t)
Variation	- 13.57%
Regional Quota	33.26%

National Institute of Statistics

La Calabria è al primo posto in Italia per volumi produttivi di olio extravergine di oliva. Si può considerare dunque, insieme alla Puglia che la incalza da vicino, uno dei colossi produttivi dell'olivicoltura nazionale. Nella campagna 2009-2010 infatti sono state prodotte 173.568,6 tonnellate di olio, pari al 33,26% del totale nazionale, pur con una diminuzione del 13,57% rispetto all'annata precedente. D'altronde parliamo di una regione che trova nell'olivicoltura non solo uno dei pilastri della sua cultura materiale, ma anche una risorsa economica di fondamentale importanza e uno dei principali motori di sviluppo. Il microclima dello "stivale d'Italia", completamente attraversato da aspre montagne ma al tempo stesso completamente circondato dal mare, è infatti quanto di meglio si possa desiderare per la coltura dell'olivo che per questa ragione cresce un po' ovunque, sulle coste come sulle colline e sulle pendici pedemontane, sul versante tirrenico come su quello ionico. Tanto che la Calabria può essere considerata una delle culle storiche dell'olivicoltura mediterranea, grazie all'opera dei coloni greci che sbarcarono sulle coste tirreniche nel VII secolo a.C.. Per fare solo un esempio, nelle campagne di Mirto Crosia, in provincia di Cosenza, è ancora visibile uno spettacolo suggestivo: un gigantesco olivo monumentale chiamato "u' tata 'rannu" (ovvero "il grande padre"), un albero millenario che sembra sia stato piantato proprio dai coloni greci messi in fuga dall'esercito di Ciro il Grande. Oggi in Calabria gli impianti olivicoli si estendono per oltre 149mila ettari di superficie. Il patrimonio varietale di olive autoctone annovera più di 30 cultivar: quella più diffusa è la carolea, seguita da tondina, roggianella, grossa di Cassano, moresca, grossa di Gerace, ottobratica, dolce di Rossano e sinopolese. Ma negli oliveti calabresi troviamo anche pregiate varietà importate, come il frantoio, il leccino, la coratina ma anche la nocellara del Belice, la nocellara messinese e tante altre cultivar che si sono perfettamente acclimatate. Alla Calabria sono state al momento riconosciute tre Denominazioni di Origine Protetta: la Dop Lametia che ricade nella zona del Lametino, in provincia di Catanzaro, dove domina la varietà carolea; quindi la Dop Bruzio, con le quattro menzioni geografiche (Sibaritide, Fascia Prepollinica, Valle Crati e Colline Joniche Presilane), tutte zone della provincia di Cosenza dove si produce olio dalle varietà carolea, tondina, grossa di Cassano e dolce di Rossano; e infine la più recente Dop Alto Crotonese nella provincia di Crotone. Ma questo medagliere è destinato ad aumentare: infatti sono in attesa di certificazione al MiPAAF la Dop Locride e la Igp Olio di Calabria. Assai vasta è dunque la gamma degli oli extravergine calabresi, uniti nella qualità ma diversi per le caratteristiche delle olive impiegate. Oggi in Calabria si contano quasi 85mila aziende impegnate nel settore oleario, cioè una buona fetta delle imprese agricole attive nella regione. Dal punto di vista degli impianti in produzione negli 864 frantoi si distinguono due metodologie di trasformazione: una tradizionale, presente soprattutto nelle zone interne collinari, e una più moderna che viene praticata da imprese specializzate diffuse nelle zone pianeggianti dove sono stati messi a dimora degli impianti di tipo intensivo.

Calabria is the first extra virgin olive oil producer in Italy. Together with Puglia, it is therefore one of the productive giants of national olive growing. In the harvest 2009-2010 the region produced 173,568.6 tons of oil, equal to 33.26% of the total national quantity, with a decrease of 13.57% compared to the previous year. It is therefore a territory, where olive growing is not only a mainstay of its material culture, but also a fundamental economic resource and one of the engines of regional development. The microclimate of the "Italian boot", which is crossed by steep mountains, but is at the same time completely surrounded by the sea, is ideal for olive growing. The olive tree grows in fact everywhere, on the coasts, as well as on the hills and on the piedmont sides, on both the Tirrenean and the Ionian sides. Calabria is one of the historical birthplaces of Mediterranean olive growing, thanks to the Greek colonists who landed on the Tirrenean coasts in the 7th century B.C.. In the country of Mirto Crosia in the province of Cosenza it is still possible to see a huge monumental olive tree called "u' tata 'rannu" (which means "the big father"): a century-old tree that seems to have been planted by the Greek colonists who escaped from Cyrus's army. Today in Calabria olive groves cover a surface of over 149,000 hectares. The range of autochthonous varieties is composed by more than 30 cultivars, even if the most common is carolea, followed by tondina, roggianella, grossa di Cassano, moresca, grossa di Gerace, ottobratica, dolce di Rossano and sinopolese. In the regional olive groves we also find fine allochthonous varieties, such as frantoio, leccino, coratina, but also nocellara del Belice, nocellara messinese and many others that have perfectly adapted to the climate. Calabria has at the moment three Pdo: Lametia, including the oil produced especially in the area of Lametino, in the province of Catanzaro, obtained from the variety carolea; moreover the Pdo Bruzio followed by the four geographical names (Sibaritide, Fascia Prepollinica, Valle Crati and Colline Joniche Presilane), all areas in the province of Cosenza, where oil is produced from the varieties carolea, tondina, grossa di Cassano and dolce di Rossano. Finally the most recent Pdo, Alto Crotonese in the province of Crotone. A collection of medals destined to increase very soon: currently also the Pdo Locride and the Pgi Olio di Calabria are waiting for MiPAAF certification. The range of the oils from Calabria is very wide, they are all excellent as regards quality, but they differ in the characteristics of the olives used. Today in Calabria there are almost 85,000 farms in the olive oil sector, that is a considerable part of the total amount of the agricultural farms of the region. In the 864 olive oil mills there are essentially two types of transformation: a traditional one, present especially in the hilly inland areas, and a more modern one, practised by specialized farms in the flat areas, where we find intensive cultivation.

Azienda Agricola Paolo Bova

C.da Argadi
88050 Amaroni (CZ)
Tel. + 39 0961 913439 - 0961 913157 - Fax + 39 0961 913439
E-mail: info@oliobova.it - Web: www.oliobova.it

81

- 550 m.
- **Specializzato** / Specialized
- **Vaso aperto** / Open vase
- **Brucatura a mano e meccanica** / Hand picking and mechanical harvesting
- **Sì - Ciclo continuo misto** / Yes - Mixed continuous cycle
- Carolea
- **Fruttato medio** / Medium fruity
- da 6,01 a 8,00 € - 500 ml. / from € 6.01 to 8.00 - 500 ml.

L'Azienda Paolo Bova si trova nel comune di Amaroni, ai piedi delle colline ioniche calabresi, un territorio che vide fiorire le antiche civiltà della Magna Grecia e con loro lo sviluppo dell'olivicoltura. L'azienda risale al 1950, ma la famiglia si tramanda da generazioni la passione per l'olivo e oggi può contare su 90 ettari di superficie dove trovano posto 20mila piante di varietà carolea, dalle quali quest'anno sono stati raccolti 6.200 quintali di olive, per circa 1.151 ettolitri di olio. L'Extravergine Manca del Bosco da Agricoltura Biologica è di un bel colore giallo dorato intenso con sottili riflessi verdi, limpido. Al naso è sottile e composto, con note fruttate di mela bianca, banana, pomodoro acerbo e sentori di sedano e lattuga. In bocca è morbido e dosato, con toni di erbe aromatiche, con ricordo di basilico e menta, e chiusura di frutta secca, con pistacchio e mandorla in evidenza. Amaro presente e piccante contenuto. Buon accompagnamento per antipasti di fagioli, insalate di farro, marinate di orata, patate in umido, passati di asparagi, primi piatti al pomodoro, molluschi gratinati, pesce azzurro marinato, formaggi freschi a pasta filata.

The farm Paolo Bova is based in the town of Amaroni, at the foot of the Calabrian Ionian hills, where the ancient civilizations of Magna Grecia flourished and olive growing developed. The farm was founded in 1950, but the family passion for olive cultivation has been handed down for generations. Today there are 90 hectares of surface with 20,000 trees of the variety carolea, which produced 6,200 quintals of olives in the last harvest, equal to about 1,151 hectolitres of oil. We recommend the selection proposed, the Extra Virgin Manca del Bosco from Organic Farming. It is an intense limpid golden yellow colour with slight green hues. Its aroma is fine and delicate, with fruity notes of white apple, banana, unripe tomato and hints of celery and lettuce. Its taste is mellow and balanced, with hints of aromatic herbs, especially basil and mint, and a dried fruit finish, especially pistachio and almond. Bitterness is present and pungency is limited. It would be ideal on bean appetizers, farro salads, marinated gilthead, stewed potatoes, asparagus purée, pasta with tomato sauce, mussels au gratin, marinated blue fish, mozzarella cheese.

Italia Italy [IT] Calabria

Oleificio Torchia

Bivio Rocca - Pratora
88056 Tiriolo (CZ)
Tel. + 39 0961 992050 - 0961 991698 - Fax + 39 0961 998480
E-mail: info@oleificiotorchia.com - Web: www.oleificiotorchia.com

83 ⬆

300/600 m.

Specializzato
Specialized

Vaso policonico
Polyconic vase

Brucatura a mano e meccanica
Hand picking and mechanical harvesting

Sì - Ciclo continuo
Yes - Continuous cycle

Carolea (70%), cassanese (30%)

Fruttato medio
Medium fruity

da 6,01 a 8,00 € - 500 ml.
from € 6.01 to 8.00 - 500 ml.

Dal 1959 la famiglia Torchia si dedica all'olivicoltura, coniugando il rispetto delle tradizioni con la ricerca delle innovazioni tecnologiche, e segue personalmente tutta la filiera, dal campo alla bottiglia. Su 250 ettari di impianto specializzato trovano dimora 28mila piante, che quest'anno hanno fruttato un raccolto di 16mila quintali di olive, pari a una produzione di circa 3.275 ettolitri ai quali ne sono stati aggiunti 5.459, per un totale di circa 8.734. Segnaliamo l'etichetta aziendale, l'Extravergine Torchia che si presenta alla vista di colore giallo dorato intenso con leggeri riflessi verdi, limpido; al naso si offre ampio ed elegante, dotato di ricchi sentori fruttati di pomodoro maturo, banana e mela bianca, cui si accompagnano note di noce fresca e mandorla. In bocca è avvolgente e armonico, con toni vegetali di lattuga ed erbe balsamiche, con basilico e prezzemolo in evidenza. Amaro e piccante ben presenti ed equilibrati. Ideale accompagnamento per antipasti di fagioli, carpaccio di salmone, marinate di orata, verdure al vapore, zuppe di ceci, risotto con funghi finferli, pesce azzurro marinato, formaggi freschi a pasta filata.

Since 1959 the family Torchia has been practising olive growing, combining tradition and technological innovation and following the whole production process, from the field to the bottle. There are 250 hectares of specialized olive grove with 28,000 trees. In the last harvest 16,000 quintals of olives were produced, equal to a yield of about 3,275 hectolitres of oil. Together with 5,459 purchased, the total amount is about 8,734. We recommend the farm selection, the Extra Virgin Torchia, which is an intense limpid golden yellow colour with slight green hues. Its aroma is ample and elegant, endowed with rich fruity hints of ripe tomato, banana and white apple, together with notes of fresh walnut and almond. Its taste is rotund and harmonic, with a vegetal flavour of lettuce and aromatic herbs, especially basil and parsley. Bitterness and pungency are present and balanced. It would be ideal on bean appetizers, salmon carpaccio, marinated gilthead, steamed vegetables, chickpea soups, risotto with chanterelle mushrooms, marinated blue fish, mozzarella cheese.

Frantoio Figoli

C.da Ogliastretti
87064 Corigliano Calabro (CS)
Tel. + 39 0983 82081 - Fax + 39 0983 82081
E-mail: info@frantoiofigoli.it - Web: www.frantoiofigoli.it

90

50 m.

Specializzato
Specialized

Alberello
Tree

Meccanica
Mechanical harvesting

Sì - Ciclo continuo
Yes - Continuous cycle

Carolea (70%), frantoio (30%)

Fruttato medio
Medium fruity

da 4,01 a 6,00 € - 500 ml.
from € 4.01 to 6.00 - 500 ml.

È il Frantoio del Cuore. Ed è il nostro riconoscimento per l'impegno e la passione del Frantoio Figoli, che nasce quasi settanta anni fa per iniziativa di Leonardo Figoli, a Corigliano Calabro, in provincia di Cosenza. Di padre in figlio, oggi è una struttura gestita da Tommaso, terza generazione della famiglia, ed è molto cresciuta in impianti e in tecnologia. Su 20 ettari di oliveto specializzato si trovano 13mila piante che hanno fruttato quest'anno 6mila quintali di olive, pari a 1.310 ettolitri di olio. Eccellente l'Extravergine Frantoio Figoli da Agricoltura Biologica: appare alla vista di colore giallo dorato intenso, limpido; al naso si apre deciso e ampio, ricco di sentori vegetali di carciofo, cardo e cicoria, arricchiti da note di erbe aromatiche, con menta e rosmarino in evidenza. Al gusto è elegante e complesso, con toni speziati di pepe nero e chiusura spiccata di mandorla dolce. Amaro deciso e piccante presente e dosato. Perfetto su antipasti di carciofi, bruschette con verdure, insalate di fagioli, patate alla griglia, zuppe di legumi, primi piatti con funghi finferli, pesci di scoglio al cartoccio, formaggi freschi a pasta filata.

It is the "Made with Love" Olive Oil Mill, our recognition of the passionate work of Frantoio Figoli, founded nearly 70 years ago by Leonardo Figoli in Corigliano Calabro, in the province of Cosenza. Passed down from father to son, today it is run by Tommaso, a member of the third generation and its plants and technology have been developed. There is a 20-hectare specialized olive grove with 13,000 trees, which produced 6,000 quintals of olives in the last harvest, equal to 1,310 hectolitres of oil. The excellent Extra Virgin Frantoio Figoli from Organic Farming is an intense limpid golden yellow colour. Its aroma is definite and ample, endowed with vegetal hints of artichoke, thistle and chicory, enriched by notes of aromatic herbs, especially mint and rosemary. Its taste is elegant and complex, with spicy hints of black pepper and a distinct sweet almond finish. Bitterness is definite and pungency is present and complimentary. It would be ideal on artichoke appetizers, bruschette with vegetables, bean salads, grilled potatoes, legume soups, pasta with chanterelle mushrooms, rock-fish baked in parchment, mozzarella cheese.

Italia Italy [IT] Calabria

Frantolio Acri

C.da Piragineti
87067 Rossano (CS)
Tel. + 39 0983 500037 - Fax + 39 0983 500037
E-mail: info@frantolioacri.it - Web: www.frantolioacri.it

83 ⬆

- 70 m.
- **Promiscuo e specializzato**
  Promiscuous and specialized
- **Vaso**
  Vase
- **Bacchiatura e brucatura a mano**
  Beating and hand picking
- **Sì - Ciclo continuo**
  Yes - Continuous cycle
- **Dolce di Rossano (80%), coratina (20%)**
- **Fruttato leggero**
  Light fruity
- da 4,01 a 6,00 € - 500 ml.
  from € 4.01 to 6.00 - 500 ml.

Diamo il benvenuto a Frantolio Acri che ci ha proposto un extravergine ottimo. Si tratta di una struttura fondata nel 1952 da Giovanni Acri che ha trasmesso i segreti del mestiere al figlio e poi al nipote omonimo, oggi alla guida dell'azienda. Il frantoio, che ha iniziato la sua attività con macchinari dell'epoca, si è dotato nel tempo di attrezzature tecnologicamente avanzate con le quali molisce le olive provenienti da 1.600 piante, coltivate su 7 ettari di terreno. Quest'anno il raccolto ha fruttato mille quintali di olive, pari a circa 655 ettolitri di olio. L'Extravergine Frantolio Acri è di colore giallo dorato intenso con sottili nuance verdi, limpido; al naso è elegante e vegetale, dotato di sentori di erbe fresche falciate, carciofo e cicoria, cui si accompagnano note balsamiche di basilico e menta. Al gusto è avvolgente e armonico, con toni di lattuga, cardo e spiccata mandorla dolce in chiusura. Amaro ben espresso e piccante presente. Ideale accompagnamento per antipasti di funghi ovoli, aragosta al vapore, carpaccio di orata, insalate di mare, zuppe di piselli, risotto con asparagi, fritture di verdure, pesci al forno, formaggi freschi a pasta molle, biscotti da forno.

Present in the Guide for the first time, Frantolio Acri has proposed an excellent extra virgin olive oil. It was founded in 1952 by Giovanni Acri, who has taught the secrets of his work first to his son and then to his homonymous grandson, who currently runs the farm. The oil mill, which started its activity with old machinery, is now supplied with advanced technology to crush the olives produced by 1,600 trees cultivated on 7 hectares of land. In the last harvest 1,000 quintals of olives yielded about 655 hectolitres of oil. The Extra Virgin Frantolio Acri is an intense limpid golden yellow colour with slight green hues. Its aroma is elegant and vegetal, endowed with hints of freshly mown grass, artichoke and chicory, together with fragrant notes of basil and mint. Its taste is rotund and harmonic, with a flavour of lettuce, thistle and a distinct sweet almond finish. Bitterness is distinct and pungency is present. It would be ideal on ovoli mushroom appetizers, steamed spiny lobster, gilthead carpaccio, seafood salads, pea soups, risotto with asparagus, fried vegetables, baked fish, soft fresh cheese, oven cookies.

Italia Italy [IT] Calabria

Le Conche

C.da Frangi
87043 Bisignano (CS)
Tel. + 39 0984 953124 - 0984 943982 - Fax + 39 0984 953124
E-mail: leconche@leconche.it - Web: www.leconche.it

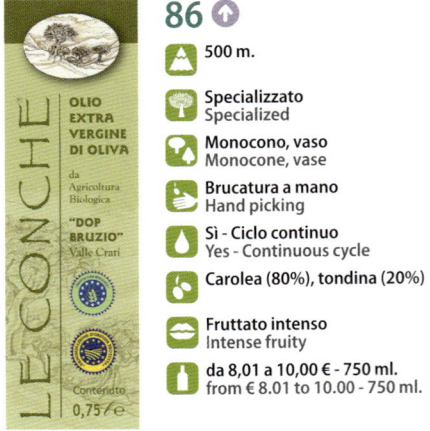

86

500 m.

Specializzato
Specialized

Monocono, vaso
Monocone, vase

Brucatura a mano
Hand picking

Sì - Ciclo continuo
Yes - Continuous cycle

Carolea (80%), tondina (20%)

Fruttato intenso
Intense fruity

da 8,01 a 10,00 € - 750 ml.
from € 8.01 to 10.00 - 750 ml.

Ottimo risultato per Le Conche di Bisignano, azienda fondata nel 1991 da Angela Maria Miraglia che tuttora la guida con esperienza e passione. Nei 14 ettari destinati agli oliveti specializzati trovano posto 7mila piante dalle quali, in questa campagna olearia, sono stati raccolti circa 400 quintali di olive che, moliti nel frantoio aziendale, hanno reso una produzione pari a 80 ettolitri di olio extravergine. La selezione proposta, l'ottimo Extravergine Le Conche Dop Bruzio - Valle Crati da Agricoltura Biologica, appare alla vista di colore giallo dorato intenso, limpido. Si offre all'olfatto deciso e complesso, ricco di ampie note fruttate di pomodoro maturo, banana e mela bianca, cui si associano netti sentori balsamici di basilico e prezzemolo. In bocca è avvolgente e di carattere, con intensi toni vegetali di fave, lattuga e frutta secca, con decisa chiusura di noce fresca e mandorla. Amaro e piccante spiccati e armonizzati. È eccellente per antipasti di polpo, bruschette con pomodoro, carpaccio di pesce spada, funghi porcini arrosto, minestroni di verdure, primi piatti con tonno, pesce azzurro gratinato, carni rosse o cacciagione al forno, formaggi stagionati a pasta filata.

A great performance for Conche in Bisignano, a farm founded in 1991 by Angela Maria Miraglia, who still runs it with passion and experience. The specialized olive grove covers 14 hectares with 7,000 trees, which produced about 400 quintals of olives in the last harvest, equal to a yield of 80 hectolitres of extra virgin olive oil. The selection proposed, the excellent Extra Virgin Le Conche Pdo Bruzio - Valle Crati from Organic Farming is an intense limpid golden yellow colour. Its aroma is definite and complex, rich in ample fruity notes of ripe tomato, banana and white apple, together with distinct fragrant hints of basil and parsley. Its taste is rotund and strong, with intense vegetal hints of broad beans, lettuce and dried fruit, with a definite finish of fresh walnut and almond. Bitterness and pungency are distinct and harmonic. It would be ideal on octopus appetizers, bruschette with tomatoes, swordfish carpaccio, roast porcini mushrooms, minestrone with vegetables, pasta with tuna, blue fish au gratin, baked red meat or game, aged cheese.

Italia Italy [IT] Calabria

Azienda Agricola Pasquale Librandi

Via Marina, 45
87060 Vaccarizzo Albanese (CS)
Tel. + 39 0983 84068 - 0983 84321 - Fax + 39 0983 84068
E-mail: info@oliolibrandi.it - Web: www.oliolibrandi.it

97

100/500 m.

Specializzato
Specialized

Vaso
Vase

Brucatura a mano e meccanica
Hand picking and mechanical harvesting

Sì - Ciclo continuo
Yes - Continuous cycle

Nocellara del Belice

Fruttato intenso
Intense fruity

da 15,01 a 18,00 € - 500 ml.
from € 15.01 to 18.00 - 500 ml.

Ci sono dei casi in cui un nome diventa garanzia di eccellenza: Pasquale Librandi è uno di questi. Meritatissimo allora il premio come Il Frantoio dell'Anno che incorona l'esperienza del capofamiglia, alla guida della struttura dal 1967, e dei suoi figli che seguitano una tradizione centenaria con spirito innovativo. Su 155 ettari di oliveto specializzato dimorano 28mila piante che quest'anno hanno reso 5.060 quintali di olive, pari a circa 884 ettolitri di olio. Veramente eccellente l'Extravergine monocultivar Librandi Nocellara del Belice da Agricoltura Biologica. Giallo dorato intenso con delicati riflessi verdi, limpido; al naso è potente e avvolgente, ricco di note fruttate di pomodoro di media maturità, mela bianca, banana matura e spiccati sentori balsamici di menta e salvia. Al gusto è di carattere e vegetale, con toni eleganti di fave fresche, lattuga e sedano. Amaro e piccante decisi e armonici, che chiudono in mandorla dolce. Perfetto su antipasti di funghi porcini, insalate di tonno, pinzimonio, radicchio alla brace, zuppe di lenticchie, primi piatti con salsiccia, pesce spada alla griglia, agnello alla piastra, cacciagione al forno, formaggi stagionati a pasta filata.

Some names mean quality: one of these is Pasquale Librandi, that has certainly deserved the award as The Olive Oil Mill of the Year. This prize has been made possible by the experience of the father, who has been running this beautiful farm since 1967, and of his children, who follow a century-old tradition with progressive mentality. There is a specialized olive grove of 155 hectares with 28,000 trees, which produced 5,060 quintals of olives in the last harvest, equal to about 884 hectolitres of oil. The Monocultivar Extra Virgin Librandi Nocellara del Belice from Organic Farming is really excellent. It is an intense limpid golden yellow colour with delicate green hues. Its aroma is strong and rotund, rich in fruity notes of medium ripe tomato, white apple, ripe banana and distinct fragrant hints of mint and sage. Its taste is strong and vegetal, with elegant hints of fresh broad beans, lettuce and celery. Bitterness and pungency are definite and harmonic with a sweet almond finish. It would be ideal on porcini mushroom appetizers, tuna salads, pinzimonio, barbecued radicchio, lentil soups, pasta with sausages, grilled swordfish, pan-seared lamb, baked game, aged cheese.

Italia Italy [IT] Calabria

Azienda Agricola Maria Vittoria Stancati

C.da Padula Inferiore - Via Bonifica, 29
87047 San Pietro in Guarano (CS)
Tel. + 39 0984 838615 - Fax + 39 0984 838615
E-mail: bioagri.stancati@tin.it

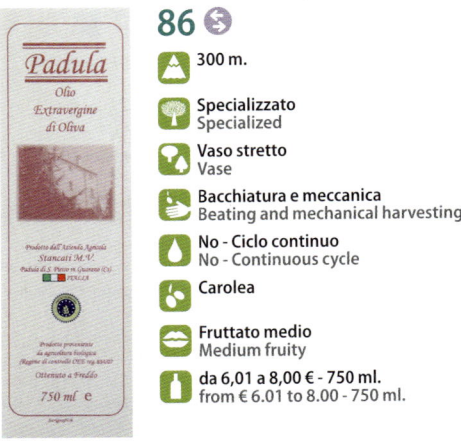

86

- 300 m.
- Specializzato / Specialized
- Vaso stretto / Vase
- Bacchiatura e meccanica / Beating and mechanical harvesting
- No - Ciclo continuo / No - Continuous cycle
- Carolea
- Fruttato medio / Medium fruity
- da 6,01 a 8,00 € - 750 ml. / from € 6.01 to 8.00 - 750 ml.

L'Azienda Agricola Maria Vittoria Stancati nasce negli anni Cinquanta nella tenuta di Padula Inferiore, nella zona collinare cosentina alle pendici della fascia presilana, in una terra tradizionalmente vocata alla coltivazione delle olive. Seguendo i dettami dell'agricoltura biologica l'azienda produce olio extravergine da 5.500 piante, messe a dimora su 20 ettari di oliveto specializzato. Nella recente campagna olearia sono stati raccolti 100 quintali di olive, pari a una produzione di quasi 22 ettolitri di olio. Segnaliamo l'Extravergine Padula - Carolea da Agricoltura Biologica che si presenta alla vista di un bel colore giallo dorato intenso, limpido. All'olfatto si esprime morbido e armonico, con note di pomodoro maturo, mela bianca, banana e sentori aromatici di basilico, menta e prezzemolo. Al gusto è elegante e avvolgente, con toni vegetali di lattuga, fave e chiusura di mandorla dolce. Amaro e piccante presenti ed equilibrati. Abbinamento ideale con antipasti di molluschi, bruschette con verdure, carpaccio di salmone, marinate di orata, passati di patate, primi piatti al pomodoro, gamberi in umido, pesci alla griglia, formaggi caprini.

Azienda Agricola Maria Vittoria Stancati was founded in the 50's in the estate of Padula Inferiore, in the hilly area of Cosenza at the foot of the strip bordering Sila, a traditionally suitable area for olive cultivation. Following organic farming principles, the farm produces extra virgin olive oil from a 20-hectare specialized olive grove with 5,500 trees. In the last harvest 100 quintals of olives were produced, equal to about 22 hectolitres of extra virgin olive oil. We recommend the Extra Virgin Padula - Carolea from Organic Farming, which is a beautiful intense limpid golden yellow colour. Its aroma is mellow and harmonic, with notes of ripe tomato, white apple, banana and aromatic hints of basil, mint and parsley. Its taste is elegant and rotund, with vegetal hints of lettuce, broad beans and a sweet almond finish. Bitterness and pungency are present and balanced. It would be ideal on mussel appetizers, bruschette with vegetables, salmon carpaccio, marinated gilthead, potato purée, pasta with tomato sauce, stewed shrimps, grilled fish, goat cheese.

Italia Italy [IT] Calabria

Azienda Agricola Alessandro Veneziano
C.da Trivoli
87075 Trebisacce (CS)
Tel. + 39 0981 500114 - Fax + 39 0981 500114
E-mail: info@masseriaveneziano.it - Web: www.masseriaveneziano.it

82 ⬆

- 200 m.
- Specializzato / Specialized
- Vaso, vaso libero / Vase, free vase
- Brucatura a mano e meccanica / Hand picking and mechanical harvesting
- No - Ciclo continuo / No - Continuous cycle
- Nocellara messinese (50%), nocellara del Belice (30%), carolea (10%), coratina (10%)
- Fruttato medio / Medium fruity
- da 4,01 a 6,00 € - 500 ml. / from € 4.01 to 6.00 - 500 ml.

Diamo il benvenuto alla Veneziano, fondata nel 1989 da Alessandro Veneziano, tecnico agrario, sulla base della proprietà familiare dell'Ottocento, quando i nonni cominciarono a investire nella zona. Oggi produce extravergine da un oliveto di proprietà, curato secondo i dettami dell'agricoltura integrata, a basso impatto ambientale. La tenuta comprende circa 5 ettari di impianto specializzato su ampi pianori terrazzati, con 1.500 piante. Il raccolto di quest'anno ha fruttato 300 quintali di olive, pari a 50 ettolitri di olio. L'etichetta aziendale, l'Extravergine Masseria Veneziano, è di colore giallo dorato intenso con delicate nuance verdi, limpido; al naso è ampio e avvolgente, con sentori fruttati di pomodoro di media maturità, banana e mela bianca, arricchiti da note balsamiche di basilico e menta. In bocca è elegante e vegetale, con toni di sedano e lattuga. Amaro e piccante presenti e armonici che chiudono in mandorla dolce. Ideale su antipasti di molluschi, insalate di farro, patate al forno, verdure gratinate, zuppe di orzo, risotto con funghi finferli, gamberi in umido, pesci di scoglio alla griglia, coniglio al forno, pollame alla brace, formaggi freschi a pasta filata.

Present for the first time in the Guide, this farm was founded in 1989 by Alessandro Veneziano, an agronomist, using the 19th century estate of his family, created by his grandparents, who started investing in the area. Today he produces extra virgin olive oil following integrated agriculture, with slow environmental impact. There are about 5 hectares of specialized olive grove on large terraced tablelands with 1,500 trees. In the last harvest 300 quintals of olives were produced, equal to 50 hectolitres of oil. The farm selection, the Extra Virgin Masseria Veneziano, is an intense limpid golden yellow colour with delicate green hues. Its aroma is ample and rotund, with fruity hints of medium ripe tomato, banana and white apple, enriched by fragrant notes of basil and mint. Its taste is elegant and vegetal, with a flavour of celery and lettuce. Bitterness and pungency are present and harmonic, with a sweet almond finish. It would be ideal on mussel appetizers, farro salads, roast potatoes, vegetables au gratin, barley soups, risotto with chanterelle mushrooms, stewed shrimps, grilled rock-fish, baked rabbit, barbecued poultry, mozzarella cheese.

Azienda Agricola Roberto Ceraudo

C.da Dattilo - Marina
88815 Strongoli (KR)
Tel. + 39 0962 865613 - Fax + 39 0962 865696
E-mail: info@dattilo.it - Web: www.dattilo.it

88

- 80/200 m.
- Specializzato / Specialized
- Vaso / Vase
- Meccanica / Mechanical harvesting
- Sì - Ciclo continuo / Yes - Continuous cycle
- Carolea (50%), tonda di Strongoli (50%)
- Fruttato medio / Medium fruity
- da 6,01 a 8,00 € - 500 ml. / from € 6.01 to 8.00 - 500 ml.

Nel 1973 Roberto Ceraudo acquista la proprietà dei Principi Campitello e Pignatello e in seguito dei Baroni Giunti, con il casolare del 1600. Nello stesso tempo avvia la trasformazione del terreno e nascono, accanto agli olivi secolari, i primi vigneti. Oggi la Ceraudo di Strongoli conta su 38 ettari di oliveto, condotto secondo i principi dell'agricoltura biologica, con 7mila piante messe a dimora e su un moderno impianto di estrazione. Nell'ultima campagna il raccolto di 2mila quintali di olive ha reso 200 ettolitri di olio. L'Extravergine Ceraudo da Agricoltura Biologica si presenta alla vista di un bel colore giallo dorato intenso con tenui riflessi verdi, limpido. All'olfatto è sottile e composto, con eleganti note di pomodoro acerbo, mela bianca matura e sentori vegetali di lattuga e carciofo. Al gusto è morbido e dosato, con toni balsamici di basilico, prezzemolo e chiusura di noce fresca. Amaro ben espresso e piccante contenuto. Ideale su antipasti di carciofi, insalate di ceci, marinate di ricciola, patate al cartoccio, passati di fagioli, primi piatti al pomodoro, gamberi in guazzetto, pesci alla brace, coniglio al forno, pollame ai ferri, formaggi freschi a pasta filata.

In 1973 Roberto Ceraudo purchased the estate of the Princes Campitello and Pignatello and later that of the Barons Giunti with the 17th century cottage. He also started transforming the land and cultivating the first vineyards besides the century-old olive trees. Today Azienda Agricola Ceraudo in Stringoli has a 38-hectare olive grove, run with organic farming principles, 7,000 trees and a modern extraction system. In the last harvest 2,000 quintals of olives were produced, with a yield of 200 hectolitres of oil. The Extra Virgin Ceraudo from Organic Farming is a beautiful intense limpid golden yellow colour with slight green hues. Its aroma is fine and delicate, with elegant notes of unripe tomato, ripe white apple and vegetal hints of lettuce and artichoke. Its taste is mellow and delicate, with fragrant hints of basil and parsley and a fresh walnut finish. Bitterness is distinct and pungency is limited. It would be ideal on artichoke appetizers, chickpea salads, marinated amberjack, baked potatoes, bean purée, pasta with tomato sauce, stewed shrimps, barbecued fish, baked rabbit, grilled poultry, mozzarella cheese.

Antonio e Nicodemo Librandi

C.da San Gennaro - S. S. 106
88811 Cirò Marina (KR)
Tel. + 39 0962 31518 - 0962 31519 - Fax + 39 0962 370542
E-mail: librandi@librandi.it - Web: www.librandi.it

92

60/120 m.

Specializzato
Specialized

Vaso
Vase

Brucatura a mano
Hand picking

Sì - Ciclo continuo
Yes - Continuous cycle

Carolea (50%), frantoio (20%),
tonda di Strongoli (20%), leccino (10%)

Fruttato medio
Medium fruity

da 6,01 a 8,00 € - 500 ml.
from € 6.01 to 8.00 - 500 ml.

La Antonio e Nicodemo Librandi è un marchio di qualità e un punto di riferimento per la vitivinicoltura calabrese. Non solo vino, però: nelle tenute aziendali di Casabona e di Cirò Marina si alleva anche l'olivo, con 23mila piante su 110 ettari di superficie. L'azienda, che possiede anche un impianto di estrazione all'avanguardia, quest'anno ha raccolto dai suoi oliveti 2mila quintali di olive che hanno reso 200 ettolitri di olio extravergine. Segnaliamo la selezione aziendale, l'Extravergine Librandi che alla vista appare di colore giallo dorato intenso con sfumature verdoline, limpido; all'olfatto si esprime ampio e pulito, dotato di note di pomodoro di media maturità e netti sentori di erbe officinali, dove spiccano il basilico e la mentuccia. Al gusto è avvolgente e vegetale, caratterizzato da toni di fave fresche, lattuga e chiusura di frutta secca, con noce fresca e mandorla in evidenza. Amaro e piccante spiccati ed equilibrati. Buon abbinamento con antipasti di fagioli, carpaccio di salmone, insalate di pollo, marinate di verdure, zuppe di ceci, primi piatti con molluschi, gamberi in umido, pesci alla brace, formaggi freschi a pasta filata.

Antonio e Nicodemo Librandi is a quality trademark and a point of reference of regional wine-growing, but in the estates of Casabona and Cirò Marina there are also 23,000 olive trees on a 110-hectare surface. The farm also owns an advanced extraction system. In the last harvest 2,000 quintals of olives were produced, with a yield of 200 hectolitres of extra virgin olive oil. We recommend the farm selection, the Extra Virgin Librandi, which is an intense limpid golden yellow colour with slight light green hues. Its aroma is ample and clean, endowed with notes of medium ripe tomato and definite hints of officinal herbs, especially basil and field balm. Its taste is rotund and vegetal, characterized by a flavour of fresh broad beans, lettuce and a dried fruit finish, especially fresh walnut and almond. Bitterness and pungency are strong and balanced. It would be ideal on bean appetizers, salmon carpaccio, chicken salads, marinated vegetables, chickpea soups, pasta with mussels, stewed shrimps, barbecued fish, mozzarella cheese.

Olearia San Giorgio

C.da Ricevuto, 18
89017 San Giorgio Morgeto (RC)
Tel. + 39 0966 940569 - 0966 935321 - Fax + 39 0966 949686
E-mail: info@olearia.it - Web: www.olearia.it

92

250/500 m.

Promiscuo e specializzato
Promiscuous and specialized

Vaso
Vase

Brucatura a mano e meccanica
Hand picking and mechanical harvesting

Sì - Ciclo continuo
Yes - Continuous cycle

Carolea (50%), ottobratica (50%)

Fruttato leggero
Light fruity

da 6,01 a 8,00 € - 500 ml.
from € 6.01 to 8.00 - 500 ml.

Olearia San Giorgio è un'importante realtà olivicola situata a San Giorgio Morgeto, gestita dai Fratelli Fazari che continuano una tradizione familiare iniziata quasi settant'anni fa. Oggi sono alla guida di un moderno impianto di trasformazione e di 130 ettari di oliveto, con 23mila piante dalle quali, in questa campagna olearia, sono stati raccolti 10mila quintali di olive pari a 2mila ettolitri di olio extravergine. Segnaliamo due etichette Extravergine aziendali, L'Ottobratico e L'Aspromontano, davvero ottimo. Appare alla vista di un bel colore giallo dorato intenso con delicate sfumature verdi, limpido; all'olfatto si esprime elegante e ampio, dotato di note fruttate di pomodoro acerbo, mela bianca, banana e sentori di erbe aromatiche, con basilico e mentuccia in evidenza. Al gusto è avvolgente e di personalità, con toni vegetali di lattuga, sedano e chiusura spiccata di mandorla dolce. Amaro e piccante presenti e ben armonizzati. È un perfetto accompagnamento per antipasti di funghi ovoli, aragosta al vapore, carpaccio di spigola, marinate di gamberi, passati di ceci, cous cous di pesce, fritture di verdure, seppie al forno, formaggi freschi a pasta molle, biscotti da forno.

Olearia San Giorgio is an important olive farm situated in San Giorgio Morgeto and run by the brothers Fazari, who follow a family tradition started nearly 70 years ago. Today they run a modern transformation system and a 130-hectare olive grove with 23,000 trees. In the last harvest 10,000 quintals of olives were produced, equal to 2,000 hectolitres of extra virgin olive oil. We recommend two Extra Virgin selections, Ottobratico and the excellent L'Aspromontano. It is a beautiful intense limpid golden yellow colour with delicate green hues. Its aroma is elegant and ample, endowed with fruity notes of unripe tomato, white apple and hints of aromatic herbs, especially basil and field balm. Its taste is rotund and strong, endowed with vegetal hints of lettuce, celery and a distinct sweet almond finish. Bitterness and pungency are present and harmonic. It would be ideal on ovoli mushroom appetizers, steamed spiny lobster, bass carpaccio, marinated shrimps, chickpea purée, fish cous cous, fried vegetables, baked cuttlefish, soft fresh cheese, oven cookies.

Sicilia

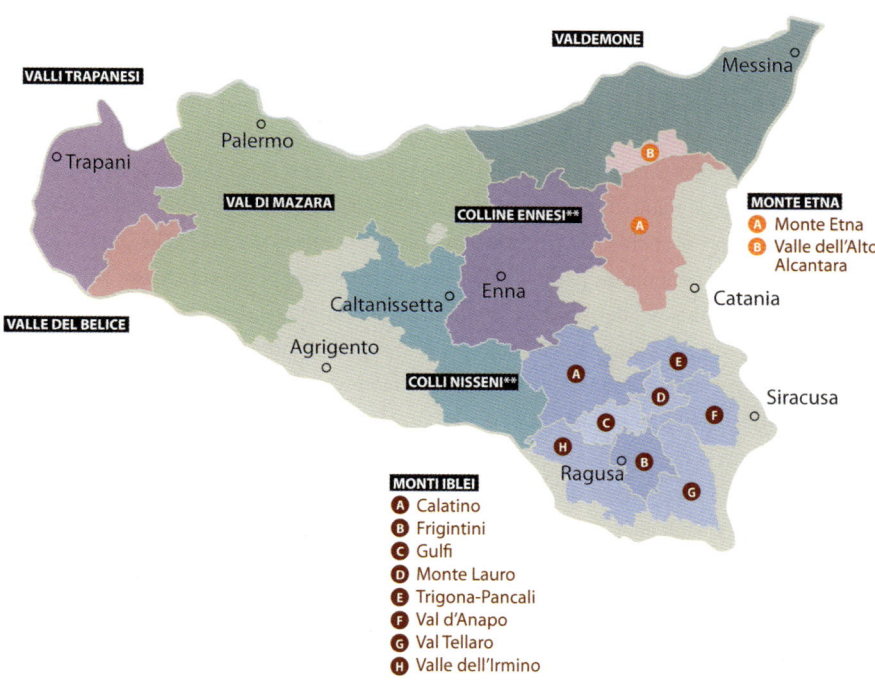

** All'esame del MiPAAF per la certificazione • *Under MiPAAF exam for certification*

Dati Statistici

Superficie olivetata nazionale	1.147.188 (ha)
Superficie olivetata regionale	160.097 (ha)
Quota regionale	13,96%
Frantoi	589
Produzione nazionale 09-10	521.915,9 (t)
Produzione regionale 09-10	47.204,6 (t)
Produzione regionale 08-09	49.669,8 (t)
Variazione	- 4,96%
Quota regionale	9,04%

Statistic Data

National Olive Surface	1,147,188 (ha)
Regional Olive Surface	160,097 (ha)
Regional Quota	13.96%
Olive Oil Mills	589
National production 09-10	521,915.9 (t)
Regional production 09-10	47,204.6 (t)
Regional production 08-09	49,669.8 (t)
Variation	- 4.96%
Regional Quota	9.04%

National Institute of Statistics

La Sicilia è terra olivicola d'eccellenza. Fin dall'antichità, così remota da fondersi con il mito che narra come Aristeo, figlio del dio Apollo e della ninfa Cirene, abbia fatto conoscere le tecniche di coltivazione dell'olivo proprio al popolo dei Siculi. Sta di fatto che la coltivazione di questa pianta, portata in Sicilia dal popolo dei Fenici navigatori, è documentata nell'isola con abbondanza di citazioni classiche. Oggi i risultati stimolanti di una politica agricola moderna si sommano alle doti naturali del territorio, che sono la fertilità dei suoli, l'insolazione costante e un clima di straordinaria dolcezza. Infatti laddove un tempo il comparto rurale era monopolizzato dal latifondo e dalle colture estensive, oggi troviamo i frutti di un'agricoltura altamente specializzata, capace di brillare per i suoi prodotti di assoluta peculiarità. Grandi e piccole aziende compongono uno scenario in cui è protagonista la qualità; e le conoscenze della moderna tecnologia sono utilizzate a salvaguardia della tipicità. Da sempre non c'è zona in Sicilia in cui l'olivo non sia diffuso: sull'intero territorio regionale si contano più di 160mila ettari di impianti. La grande varietà di suoli e di microclimi ha dato vita nel tempo a un patrimonio di cultivar autoctone molto complesso, risultato di lunghi periodi di adattamento, di confronti, di selezione e di differenti tecniche di coltivazione. La nocellara etnea è diffusa alle pendici del monte Etna e nelle provincie di Catania, Enna e Messina. La tonda iblea, la moresca e la verdese sono tipiche delle provincie di Ragusa, Siracusa, Catania. Nella Valle del Belice, come in tutto il Trapanese, prevalgono la nocellara del Belice e la cerasuola, comuni anche nell'area di Palermo e Agrigento, dove invece domina la biancolilla. A queste si aggiungono cultivar più rare come crastu, aitana, giarraffa, minuta, nerba, passalunara, piricuddara, verdello, santagatese, zaituna, virdisa, tunnulidda, prunara, morgatana, citrara, mantonica e abunara, per citare le più diffuse. La tipicità e l'eccellenza dell'olio extravergine di oliva siciliano sono certificate a livello europeo da sei Dop riconosciute: la Monti Iblei è divisa tra le province di Ragusa, Siracusa e Catania e arriva a comprendere ben otto sottodenominazioni ovvero Calatino, Frigintini, Gulfi, Monte Lauro, Trigona-Pancali, Val d'Anapo, Val Tellaro e Valle dell'Irmino; la Valli Trapanesi e la Val di Mazara interessano l'area tra Palermo, Agrigento e Trapani; la Monte Etna ricade nella provincia di Catania; e infine le due Dop matricole che sono la Valle del Belice, che tutela gli oli extravergine prodotti nell'omonima e vocatissima area della provincia di Trapani, e la Dop Valdemone, in provincia di Messina, che ha ottenuto il riconoscimento nel 2005. E il medagliere sta per aumentare ulteriormente. Sono infatti all'esame del MiPAAF per la richiesta di certificazione altre due Denominazioni di Origine: la Colline Ennesi in provincia di Enna e la Colli Nisseni a tutela di un'area della provincia di Caltanissetta. I frantoi attivi nella trasformazione sono 589. Da questi nell'ultima campagna olearia sono state prodotte 47.204,6 tonnellate di olio, pari al 9,04% del totale nazionale, con una diminuzione del 4,96% rispetto all'annata precedente. Quantità che fanno della Sicilia la terza regione in Italia per produzione.

Sicily has been an olive growing land par excellence since very remote times. A myth tells in fact that Aristeus, Apollo and the nymph Cyrene's son made olive cultivation techniques known to the Sicel people. As a matter of fact olive cultivation, introduced into Sicily by the Phoenicians, is documented in the island by many classical quotations. Today besides the natural character of the land, soil exposure and fertility, constant exposure to the sun, an extraordinary mild climate, there are the stimulating results of a "modern" agricultural policy. While in the past the rural sector was monopolized by large landed estates and extensive cultivation, today we find a highly specialized agriculture, able to excel for its really special produce. Both large and small farms aim for quality and modern technology is used to protect typicality. Ever since the olive tree has been present everywhere: in the regional territory there are more than 160,000 hectares of olive surface. The great variety of soils and microclimates gave rise in the course of the time to a complex range of autochthonous cultivars, as a consequence of long periods of adjustment, comparisons and selections and of different cultivation techniques. Nocellara etnea is spread on the sides of mount Etna and in the provinces of Catania, Enna and Messina. Tonda iblea, moresca and verdese instead are typical of the provinces of Ragusa, Siracusa and Catania. In the valley of Belice and in the whole Trapanese the most common varieties are nocellara del Belice and cerasuola, which are also spread in the area of Palermo and Agrigento, where biancolilla prevails. Moreover there are the less common cultivars crastu, aitana, giarraffa, minuta, nerba, passalunara, piricuddara, verdello, santagatese, zaituna, virdisa, tunnulidda, prunara, morgatana, citrara, mantonica and abunara, but the list would be too long. The typicality and excellence of the Sicilian extra virgin olive oil have been certified at EU level by a good six Pdo: Monti Iblei (divided into the provinces of Ragusa, Siracusa and Catania, it includes eight subdenominations: Calatino, Fringitini, Gulfi, Monte Lauro, Trigona-Pancali, Val d'Anapo, Val Tellaro and Valle dell'Irmino); Valli Trapanesi and Val di Mazara (including the areas of Palermo, Agrigento and Trapani); Monte Etna in the province of Catania and finally the new entries Valle del Belice, which protects the oil produced in the homonymous and very suitable area in the province of Trapani, and the Pdo Valdemone, in the province of Messina, which obtained the denomination in 2005. This collection of medals will increase further, since the MiPAAF is examining other two Pdo: Colline Ennesi in the province of Enna and Colli Nisseni in the province of Caltanissetta. The active olive oil mills are 589. In the harvest 2009-2010 they produced 47,204.6 tons of oil, equal to 9.04% of the total national quantity, with a decrease of 4.96% compared to the previous year. This volume makes Sicily the third productive region in Italy.

Italia Italy [IT] Sicilia

La Goccia d'Oro

C.da Feudotto
92013 Menfi (AG)
Tel. + 39 0925 74510 - Fax + 39 0925 1956998
E-mail: info@lagocciadoro.it - Web: www.lagocciadoro.it

90

250 m.

Promiscuo e specializzato
Promiscuous and specialized

Vaso basso
Vase

Brucatura a mano
Hand picking

Sì - Ciclo continuo
Yes - Continuous cycle

Nocellara del Belice (40%), biancolilla (30%), cerasuola (30%)

Fruttato medio
Medium fruity

da 6,01 a 8,00 € - 500 ml.
from € 6.01 to 8.00 - 500 ml.

Una prova eccellente per La Goccia d'Oro di Menfi, storica cooperativa che nasce nel 1974 e che attualmente associa ben 1.100 soci conferitori. Questi dispongono complessivamente di circa mille ettari olivetati con un milione di piante. Nella recente campagna olearia del raccolto complessivo sono stati lavorati, nel moderno frantoio di proprietà, 7.500 quintali di olive, che hanno permesso di produrre 1.062 ettolitri di olio extravergine. Segnaliamo l'eccellente Extravergine Feudotto Dop Val di Mazara che si presenta alla vista di un bel colore giallo dorato intenso con delicati riflessi verdi, limpido; all'olfatto si esprime deciso e avvolgente, ricco di ampie note di erbe balsamiche, dove spiccano la menta e l'origano, accompagnate da eleganti sentori di pomodoro di media maturità, banana e mandorla. Al gusto è complesso e fine, dotato di armonici toni di lattuga, fave fresche e pepe nero. Amaro spiccato e piccante presente e dosato. Perfetto l'abbinamento con antipasti di fagioli, insalate di farro, marinate di ricciola, patate alla brace, passati di asparagi, primi piatti con molluschi, gamberi in umido, seppie alla griglia, coniglio al forno, pollame ai ferri, formaggi caprini.

An excellent result for Goccia d'Oro in Menfi, an historical co-operative founded in 1974 and today composed by 1,100 members, who have a total surface of about 1,000 hectares and one million olive trees. In the last harvest 7,500 quintals of olives were produced, which allowed a yield of almost 1,062 hectolitres of extra virgin olive oil. We recommend the excellent Extra Virgin selection Feudotto Pdo Val di Mazara, which is a beautiful intense limpid golden yellow colour with delicate green hues. Its aroma is definite and rotund, rich in notes of aromatic herbs, especially basil and oregano, together with elegant hints of medium ripe tomato, banana and almond. Its taste is complex and fine, endowed with harmonic hints of lettuce, fresh broad beans and black pepper. Bitterness is distinct and pungency is present and balanced. It would be ideal on bean appetizers, farro salads, marinated amberjack, barbecued potatoes, asparagus purée, pasta with mussels, stewed shrimps, grilled cuttlefish, baked rabbit, grilled poultry, goat cheese.

Italia Italy [IT] Sicilia

Azienda Agricola Mandranova

C.da Mandranova - S. S. 115 Km 217
92020 Palma di Montechiaro (AG)
E-mail: info@mandranova.com - Web: www.mandranova.com

94

100/200 m.

Specializzato
Specialized

Vaso aperto
Open vase

Brucatura a mano e meccanica
Hand picking and mechanical harvesting

Sì - Ciclo continuo
Yes - Continuous cycle

Nocellara del Belice

Fruttato intenso
Intense fruity

da 8,01 a 10,00 € - 500 ml.
from € 8.01 to 10.00 - 500 ml.

Brillante prova per l'Agricola Mandranova di Giuseppe e Silvia Di Vincenzo che si distingue per la qualità dei suoi prodotti, l'olio extravergine e le conserve. Si tratta di un'azienda familiare di lunga tradizione che oggi offre anche ospitalità in antiche strutture ripristinate con grande gusto, rispettando le costruzioni originarie e recuperando gli antichi materiali. Dai 50 ettari di oliveto specializzato con 10mila piante sono stati raccolti quest'anno 700 quintali di olive, pari a 126 ettolitri di olio. L'Extravergine Mandranova - Etichetta Verde appare alla vista di un bel colore giallo dorato intenso con riflessi verdolini, limpido. Deciso e avvolgente all'olfatto, è dotato di un'ampia carica fruttata, con ricordo di pomodoro di media maturità, mela bianca, banana e spiccati sentori di mentuccia e origano. Al gusto è fine e armonico, con toni vegetali di fave, lattuga e mandorla dolce. Amaro e piccante presenti ed equilibrati. Buon abbinamento con antipasti di polpo, funghi porcini al forno, marinate di pesce azzurro, passati di carciofi, primi piatti al ragù, pesce spada alla piastra, cacciagione alla brace, carni rosse alla griglia, formaggi stagionati a pasta filata.

A brilliant performance for Giuseppe and Silvia Di Vincenzo's Agricola Mandranova, which produces high quality products, extra virgin olive oil and conserves. It is a family-run farm with a long tradition, which today also offers tourist accomodation in ancient structures restored with taste, respecting the original buildings and using ancient materials. There is a 50-hectare specialized olive grove with 10,000 trees, which produced 700 quintals of olives in the last harvest, equal to a yield of 126 hectolitres of oil. The Extra Virgin Mandranova - Etichetta Verde is a beautiful intense limpid golden yellow colour with light green hues. Its aroma is definite and rotund, endowed with ample fruity hints, especially medium ripe tomato, white apple, banana and distinct hints of field balm and oregano. Its taste is fine and harmonic, with a vegetal flavour of broad beans, lettuce and sweet almond. Bitterness and pungency are present and balanced. It would be ideal on octopus appetizers, baked porcini mushrooms, marinated bluefish, artichoke purée, pasta with meat sauce, pan-seared swordfish, barbecued game, grilled red meat, aged cheese.

Italia Italy [IT] Sicilia

Aziende Agricole Planeta

C.da Capparrina
92013 Menfi (AG)
Tel. + 39 091 327965 - Fax + 39 091 6124335
E-mail: marketing@planeta.it - Web: www.planeta.it

95

20/70 m.

Specializzato
Specialized

Vaso
Vase

Brucatura a mano
Hand picking

Sì - Ciclo continuo
Yes - Continuous cycle

Nocellara

Fruttato intenso
Intense fruity

da 15,01 a 18,00 € - 500 ml.
from € 15.01 to 18.00 - 500 ml.

Performance più che ottima per la Planeta, marchio di qualità e punto di riferimento per la moderna enologia siciliana; la gamma di prodotti proposti dimostra come l'azienda possa eccellere anche in campo oleario. Oliveti e frantoio di proprietà, ovvero il cuore dell'azienda e la sua base operativa, si trovano a Menfi: un patrimonio di 98 ettari con 28mila piante dalle quali quest'anno sono stati raccolti 4.400 quintali di olive, pari a 765 ettolitri di olio. Tre le selezioni Extravergine Planeta Dop Val di Mazara: il "base" e i due monocultivar Denocciolato, Biancolilla e Nocellara, quest'ultimo scelto dal panel. Di colore giallo dorato scarico, limpido; all'olfatto è deciso e di carattere, con ampie note balsamiche di menta e basilico, arricchite da spiccati sentori fruttati di pomodoro maturo, mela bianca e banana. Al gusto è avvolgente e vegetale, con toni di lattuga, fave fresche e pepe nero. Amaro potente e piccante ben espresso. È eccellente su antipasti di funghi porcini, insalate di tonno, marinate di pesce spada, minestroni di verdure, pesce azzurro gratinato, agnello alla griglia, carni rosse in tartare, formaggi stagionati a pasta filata.

An excellent performance for Planeta, a quality trademark and point of reference of regional modern enology. The wide range of products shows how the farm can also excel in the olive oil field. The olive groves and the oil mill are in Menfi, the heart of the farm and its operating base. There are 98 hectares of olive surface and 28,000 trees, which produced 4,400 quintals of olives in the last harvest, equal to 765 hectolitres of oil. There are three Extra Virgin selections Planeta Pdo Val di Mazara: the "basic" and the two Monocultivar Denocciolato, Biancolilla and Nocellara, which has been chosen by the panel. It is a light limpid golden yellow colour. Its aroma is definite and strong, with ample fragrant notes of mint and basil, enriched by distinct fruity hints of ripe tomato, white apple and banana. Its taste is rotund and vegetal, with a flavour of lettuce, fresh broad beans and black pepper. Bitterness is strong and pungency is distinct. It would be ideal on porcini mushroom appetizers, tuna salads, marinated swordfish, minestrone with vegetables, blue fish au gratin, grilled lamb, red meat tartare, aged cheese.

Italia Italy [IT] Sicilia

Azienda Agricola Ravidà

Via Roma, 173
92013 Menfi (AG)
Tel. + 39 0925 71109 - Fax + 39 0925 71180
E-mail: ravida@ravida.it - Web: www.ravida.it

94

160 m.

Specializzato
Specialized

Forma libera, monocono
Free form, monocone

Brucatura a mano e meccanica
Hand picking and mechanical harvesting

Sì - Ciclo continuo
Yes - Continuous cycle

Biancolilla (55%), cerasuola (40%),
nocellara del Belice (5%)

Fruttato medio
Medium fruity

da 12,01 a 15,00 € - 500 ml.
from € 12.01 to 15.00 - 500 ml.

Eccellente prova per la Ravidà di Menfi che si aggiudica il premio di Migliore Olio Extravergine di Oliva Blended - Fruttato Medio. Negli anni Settanta Nicolò Ravidà ha riorganizzato la tenuta La Gurra, di proprietà della sua famiglia dal Settecento, mentre il primo imbottigliamento è del 1993. Oggi guidata da Nicolò con le tre figlie Natalia, Nicoletta e Patrizia, l'azienda dispone di 46 ettari con 10mila piante secolari che hanno reso quest'anno 1.080 quintali di olive a cui vanno aggiunti 2.300 acquistati, per un totale di 510 ettolitri di olio. Due gli Extravergine Ravida, quello da Agricoltura Biologica e il "base", che segnaliamo. Giallo dorato scarico, limpido; al naso è deciso e avvolgente, ricco di note fruttate di pomodoro di media maturità, noce fresca ed eleganti sentori floreali di lavanda. Complesso e di personalità in bocca, ha toni di lattuga, erbe officinali e chiusura spiccata di vaniglia e pepe nero. Amaro deciso e piccante ben espresso. Ideale su antipasti di molluschi, carpaccio di salmone, insalate di lenticchie, patate in umido, passati di fagioli, primi piatti al pomodoro, fritture di carni, pesci ai ferri, coniglio al forno, pollo arrosto, formaggi caprini.

Ravidà in Menfi is awarded the prize as the Best Extra Virgin Olive Oil Blended - Medium Fruity. In the 70's Nicolò Ravidà reorganized the estate La Gurra, owned by his family since the 18th century, and in 1993 bottling was started. Today the farm is run by Nicolò and his three daughters Natalia, Nicoletta and Patrizia. There is a 46-hectare olive grove with 10,000 century-old trees. In the last harvest 1,080 quintals of olives were produced and 2,300 purchased, with a yield of 510 hectolitres of oil. There are two Extra Virgin Ravida, the one from Organic Farming and the "basic", chosen by our panel. It is a light limpid golden yellow colour. Its aroma is definite and rotund, rich in fruity hints of medium ripe tomato, fresh walnut and elegant flowery hints of lavender. Its taste is complex and strong, with a flavour of lettuce, officinal herbs and a distinct finish of vanilla and black pepper. Bitterness is definite and pungency is distinct. It would be ideal on mussel appetizers, salmon carpaccio, lentil salads, stewed potatoes, bean purée, pasta with tomato sauce, breaded fried meat, grilled fish, baked rabbit, roast chicken, goat cheese.

Italia Italy [IT] Sicilia

Frantoio Oleario Gaspare Sarullo

C.da Scirinda - S. S. 386 Ribera-Calamonaci
92016 Ribera (AG)
Tel. + 39 0925 66024 - Fax + 39 0925 66024
E-mail: info@oliosarullo.com - Web: www.oliosarullo.com

94

- 300 m.
- Specializzato / Specialized
- Ombrello / Weeping vase
- Brucatura a mano / Hand picking
- Sì - Ciclo continuo / Yes - Continuous cycle
- Biancolilla (95%), altre/others (5%)
- Fruttato leggero / Light fruity
- da 12,01 a 15,00 € - 500 ml. / from € 12.01 to 15.00 - 500 ml.

Tradizione e innovazione: è il caso di quest'azienda condotta dalla quarta generazione dei Sarullo a Ribera, non distante dalla suggestiva Valle dei Templi di Agrigento. La bella struttura, dotata di un frantoio di ultima generazione, dispone di un patrimonio di 15 ettari di oliveto specializzato dove sono messe a dimora 3.100 piante di varietà biancolilla dalle quali, in questa campagna olearia, sono stati raccolti 1.500 quintali di olive, pari a una resa in olio extravergine di 250 ettolitri. Il nostro panel segnala la selezione Extravergine Olio Sarullo che alla vista appare di un bel colore giallo dorato intenso con sottili nuance verdi, limpido. Al naso si esprime avvolgente e armonico, dotato di sentori fruttati di pomodoro di media maturità, mela bianca e banana matura. Al gusto è morbido e vegetale, con toni di fave fresche, lattuga e note di erbe aromatiche, con basilico e mentuccia in evidenza. Amaro presente e piccante dosato. È eccellente per maionese, antipasti di crostacei, carpaccio di orata, insalate di mare, marinate di trota, passati di verdure, primi piatti con funghi ovoli, fritture di pesce, tartare di dentice, formaggi freschi a pasta molle, biscotti da forno.

Oleificio Sarullo, run by the fourth generation of the family in Ribera, not far from the fascinating Valle dei Templi of Agrigento, combines tradition and innovation. This beautiful farm has an advanced oil mill and 15 hectares of specialized olive grove with 3,100 trees of the variety biancolilla. In the last harvest 1,500 quintals of olives were produced, equal to 250 hectolitres of extra virgin olive oil. Our panel recommends the Extra Virgin selection Olio Sarullo, which is a beautiful intense limpid golden yellow colour with slight green hues. Its aroma is rotund and harmonic, endowed with fruity hints of medium ripe tomato, white apple and ripe banana. Its taste is mellow and vegetal, with a flavour of fresh broad beans, lettuce and notes of aromatic herbs, especially basil and field balm. Bitterness is present and pungency is complimentary. It would be ideal on mayonnaise, shellfish appetizers, gilthead carpaccio, seafood salads, marinated trout, vegetable purée, pasta with ovoli mushrooms, fish fry, sea bream tartare, soft fresh cheese, oven cookies.

Italia Italy [IT] Sicilia

Murgo

Via Zafferana, 13 - Tenuta San Michele
95010 Santa Venerina (CT)
Tel. + 39 095 950520 - Fax + 39 095 954713
E-mail: murgo@murgo.it - Web: www.murgo.it

83

500 m.

Specializzato
Specialized

Vaso
Vase

Brucatura a mano
Hand picking

No - Ciclo continuo
No - Continuous cycle

Nocellara etnea

Fruttato medio
Medium fruity

da 6,01 a 8,00 € - 500 ml.
from € 6.01 to 8.00 - 500 ml.

Ottimo esordio in Guida per Murgo, marchio con il quale le aziende di proprietà del Barone Emanuele Scammacca del Murgo confezionano vino, olio e confetture le cui materie prime provengono dalle tenute di famiglia. Queste, trasformate nel tempo da antichi feudi in moderne strutture agricole, comprendono 20 ettari di impianti olivetati specializzati, con 5mila alberi messi a dimora. Nella recente campagna olearia da un raccolto di mille quintali di olive sono stati ricavati 120 ettolitri di olio. Segnaliamo l'etichetta aziendale, l'Extravergine Murgo che si presenta alla vista di colore giallo dorato intenso con leggere nuance verdi, limpido; al naso è deciso e avvolgente, dotato di un'ampia carica fruttata, con sentori di pomodoro di media maturità, banana e mela bianca. In bocca è complesso e fine, con toni balsamici di basilico, menta e spiccate note vegetali di lattuga, fave fresche e cicoria. Amaro e piccante presenti e armonici. È un buon accompagnamento per antipasti di carciofi, insalate di farro, marinate di pesce persico, patate arrosto, passati di fagioli, primi piatti con salmone, rombo al forno, seppie alla griglia, formaggi caprini.

An excellent first performance for Murgo, a trademark by which the farms belonging to the Baron Emanuele Scammacca del Murgo prepare wine, oil and conserves with products from the family estates, once ancient manors now transformed into modern agricultural structures. There are 20 hectares of specialized olive groves with 5,000 trees. In the last harvest 1,000 quintals of olives were produced, with a yield of 120 hectolitres of oil. We recommend the farm selection, the Extra Virgin Murgo, which is an intense limpid golden yellow colour with slight green hues. Its aroma is definite and rotund, endowed with ample fruity hints of medium ripe tomato, banana and white apple. Its taste is complex and fine, with a fragrant flavour of basil, mint and distinct vegetal notes of lettuce, fresh broad beans and chicory. Bitterness and pungency are present and harmonic. It would be ideal on artichoke appetizers, farro salads, marinated perch, roast potatoes, bean purée, pasta with salmon, baked turbot, grilled cuttlefish, goat cheese.

Azienda Agricola Vincenzo Romano

C.da Corvo San Nicola
95034 Bronte (CT)
Tel. + 39 095 7723200 - Fax + 39 095 7723200
E-mail: info@romanovincenzo.com - Web: www.romanovincenzo.com

85

- 500/850 m.
- Promiscuo e specializzato / Promiscuous and specialized
- Alberello / Tree
- Brucatura a mano e meccanica / Hand picking and mechanical harvesting
- Sì - Ciclo continuo / Yes - Continuous cycle
- Nocellara etnea (70%), biancolilla (10%), moresca (10%), tonda iblea (10%)
- Fruttato medio / Medium fruity
- da 8,01 a 10,00 € - 500 ml. / from € 8.01 to 10.00 - 500 ml.

E sordio in grande stile per l'Agricola Romano di Bronte, che nasce nel 1959 dedicandosi prevalentemente alla produzione e alla trasformazione delle olive in olio e alla produzione di pistacchio di Bronte. Dal 1989 produce anche funghi in serra, mentre è del 2000 il primo confezionamento per la commercializzazione dell'olio extravergine di provenienza esclusiva dai territori alle pendici dell'Etna. Quest'anno dalle 700 piante messe a dimora su 5 ettari di impianto olivetato di proprietà sono stati ricavati 250 quintali di olive che hanno permesso di produrre circa 46 ettolitri di olio. L'ottimo Extravergine Le Sciare si offre alla vista di colore giallo dorato intenso con tonalità verdoline, limpido; al naso è ampio ed elegante, ricco di note fruttate di banana, mela bianca e pomodoro maturo, cui si associano decisi sentori balsamici di basilico e menta. Al gusto è fine e complesso, con toni vegetali di lattuga e fave. Amaro presente e piccante dosato. Ideale su antipasti di molluschi, carpaccio di pesce di lago, insalate di orzo, patate alla griglia, zuppe di ceci, risotto con funghi finferli, gamberi in umido, rombo al forno, formaggi caprini.

A high-class first performance for Agricola Romano in Bronte, founded in 1959 to produce mainly olives, extra virgin olive oil and pistachio of Bronte. Since 1989 the farm has also been hothousing mushrooms, while in 2000 extra virgin olive oil from the territories on the side of Etna was produced for the first time. There is a 5-hectare olive grove with 700 trees, which produced 250 quintals of olives in the last harvest, which allowed to produce about 46 hectolitres of extra virgin olive oil. The excellent Extra Virgin Le Sciare is an intense limpid golden yellow colour with light green hues. Its aroma is ample and elegant, rich in fruity notes of banana, white apple and ripe banana, together with definite fragrant hints of basil and mint. Its taste is fine and complex, with a vegetal flavour of lettuce and broad beans. Bitterness is present and pungency is complimentary. It would be ideal on mussel appetizers, freshwater fish carpaccio, barley salads, grilled potatoes, chickpea soups, risotto with chanterelle mushrooms, stewed shrimps, baked turbot, goat cheese.

Italia Italy [IT] Sicilia

Frantoio Scalia

Via Pulei, 35
95030 Mascalucia (CT)
Tel. + 39 095 7279001 - Fax + 39 095 7279845
E-mail: olioscalia@tiscali.it - Web: www.frantoioscalia.com

88 ↑

- 400 m.
- Specializzato / Specialized
- Alberello / Tree
- Brucatura a mano / Hand picking
- Sì - Ciclo continuo / Yes - Continuous cycle
- Nocellara etnea
- Fruttato medio / Medium fruity
- da 6,01 a 8,00 € - 500 ml. / from € 6.01 to 8.00 - 500 ml.

Continua a brillare la stella di Frantoio Scalia che si trova al centro di un'ampia area olivetata che si inerpica sul fianco dell'Etna. Fondato nel dopoguerra da Antonino Scalia, oggi è condotto da Carmelo Scalia, che dispone di 15 ettari di oliveto specializzato e di un moderno impianto di estrazione. Dalle 2mila piante di nocellara etnea in questa campagna olearia sono stati raccolti 800 quintali di olive che, uniti ai 3mila acquistati, hanno reso 500 ettolitri di olio extravergine. Eccellente l'Extravergine Primo Fiore che alla vista si presenta di colore giallo dorato intenso con tenui riflessi verdi, limpido. All'olfatto si esprime deciso e avvolgente, ricco di eleganti note di pomodoro di media maturità, mela bianca e banana matura, cui si associano netti sentori di erbe balsamiche, dove spiccano la menta e il basilico. Al gusto è ampio e di carattere, con toni vegetali di lattuga, fave e sedano. Amaro potente e piccante spiccato. Ideale per antipasti di molluschi, insalate di farro, marinate di ricciola, patate al forno, passati di fagioli, risotto con funghi finferli, crostacei in umido, pesci alla griglia, formaggi freschi a pasta filata.

Frantoio Scalia is situated in Mascalucia, in the heart of a large olive area climbing up the side of Mount Etna. Founded after the Second World War by Antonino Scalia, today the farm is run by Carmelo Scalia, who has a 15-hectare specialized olive grove and a modern extraction system. There are 2,000 trees of the single variety nocellara etnea, which produced 800 quintals of olives in the last harvest. Together with 3,000 purchased, they yielded 500 hectolitres of extra virgin olive oil. We recommend the excellent Extra Virgin Primo Fiore, which is an intense limpid golden yellow colour with slight green hues. Its aroma is definite and rotund, rich in elegant notes of medium ripe tomato, white apple and ripe banana, together with distinct hints of aromatic herbs, especially mint and basil. Its taste is ample and strong, with a vegetal flavour of lettuce, broad beans and celery. Bitterness is powerful and pungency is distinct. It would be ideal on mussel appetizers, farro salads, marinated amberjack, roast potatoes, bean purée, risotto with chanterelle mushrooms, stewed shellfish, grilled fish, mozzarella cheese.

Azienda Agricola Fattoria Serra di Mezzo

C.da Serra di Mezzo
94016 Pietraperzia (EN)
Tel. + 39 0731 703274 - 0934 401294 - Fax + 39 0731 703274
E-mail: serradimezzo@libero.it - Web: www.serradimezzo.it

87

460 m.

Promiscuo e specializzato
Promiscuous and specialized

Vaso
Vase

Brucatura a mano e meccanica
Hand picking and mechanical harvesting

Sì - Ciclo continuo
Yes - Continuous cycle

Giarraffa

Fruttato medio
Medium fruity

da 8,01 a 10,00 € - 500 ml.
from € 8.01 to 10.00 - 500 ml.

Ottimo risultato per la Fattoria Serra di Mezzo, nata nel 1993 per volontà dei coniugi Damiana Messina e Giuseppe Tortorici che decidono di dedicarsi alla produzione e commercializzazione di olio extravergine, mandorle e pistacchi. Oggi conta su un patrimonio di 4.600 olivi, su 20 ettari, e di un moderno impianto di estrazione. Quest'anno da un raccolto di 800 quintali di olive sono stati prodotti 140 ettolitri di olio. Segnaliamo i due Extravergine monovarietali Serra di Mezzo da Agricoltura Biologica: il Nocellara del Belice e l'eccellente Giarraffa, scelto dal panel. Di un bel colore giallo dorato intenso con sottili riflessi verdi, limpido; al naso è deciso e fruttato, con netti sentori di pomodoro di media maturità, banana e mela bianca, accompagnati da ricche note vegetali di rucola e fave fresche. Al gusto è ampio e balsamico, con toni aromatici e speziati di basilico, menta e pepe nero. Amaro e piccante presenti ed equilibrati. Buon abbinamento con antipasti di molluschi, insalate di pesce persico, marinate di orata, verdure gratinate, passati di orzo, risotto con funghi finferli, molluschi gratinati, rombo alla brace, pollame o carni di agnello al forno, formaggi caprini.

An excellent result for Fattoria Serra di Mezzo, founded in 1993 by Damiana Messina and her husband Giuseppe Tortorici, who decided to produce and market extra virgin olive oil, almond and pistachio. There is a 20-hectare olive grove with 4,600 trees and a modern extraction system. In the last harvest 800 quintals of olives were produced, with a yield of 140 hectolitres of oil. We recommend the two Monovarietal Extra Virgin Serra di Mezzo from Organic Farming: Nocellara del Belice and the excellent Giarraffa, chosen by our panel. It is a beautiful intense limpid golden yellow colour with slight green hues. Its aroma is definite and fruity, with distinct hints of medium ripe tomato, banana and white apple, together with rich vegetal notes of rocket and fresh broad beans. Its taste is ample and fragrant, with an aromatic and spicy flavour of basil, mint and black pepper. Bitternes and pungency are present and balanced. It would be ideal on mussel appetizers, perch salads, marinated gilthead, vegetables au gratin, barley purée, risotto with chanterelle mushrooms, mussels au gratin, barbecued turbot, baked poultry or lamb, goat cheese.

Italia Italy [IT] Sicilia

Azienda Agricola Rosellina Di Salvo
C.da Chibbò Barbarigo
90139 Petralia Sottana (PA)
Tel. + 39 091 329924 - Fax + 39 091 329924
E-mail: eleonorabriguglia@gmail.com - Web: www.kibofarm.com

86 ↑

450 m.

Specializzato
Specialized

Vaso basso, vaso globoso
Vase, globe

Brucatura a mano
Hand picking

No - Ciclo continuo
No - Continuous cycle

Biancolilla (50%), nocellara del Belice (50%)

Fruttato medio
Medium fruity

da 10,01 a 12,00 € - 500 ml.
from € 10.01 to 12.00 - 500 ml.

B rillantissimo esordio per l'azienda di Rosellina Di Salvo che ha sedotto il panel con un prodotto eccellente. La tenuta, che fa parte del latifondo Chibbò Barbarigo acquistato nel 1930 dal nonno Liborio, è stata in parte riconvertita dall'intraprendente proprietaria che ha destinato un'area all'arboricoltura e 12 ettari all'impianto intensivo di 3.700 olivi che gestisce con il marito e le figlie. Quest'anno il raccolto di 200 quintali di olive ha prodotto 40 ettolitri di olio. L'Extravergine Kibò Dop Val di Mazara da Agricoltura Biologica si presenta alla vista di un bel colore giallo dorato intenso con nuance verdoline, limpido; all'olfatto si offre ampio e avvolgente, ricco di sentori fruttati di pomodoro di media maturità cui si accompagnano eleganti note balsamiche di menta, basilico e salvia. In bocca è complesso e vegetale, con toni di fave, lattuga, sedano e chiusura speziata di pepe nero. Amaro spiccato e piccante ben espresso. Buono l'abbinamento con insalate di orzo, legumi bolliti, marinate di orata, patate alla brace, zuppe di ceci, primi piatti al pomodoro, gamberi in guazzetto, rombo ai ferri, coniglio al forno, pollame alla griglia, formaggi freschi a pasta filata.

A brilliant first performance for Rosellina Di Salvo's farm, which has proposed an excellent product. It is part of the large estate Chibbò Barbarigo, purchased in 1930 by her grandfather Liborio and partly converted by the active owner, who has destined an area to arboriculture and 12 hectares to intensive olive grove with 3,700 trees. The farm is run by Rosellina with her husband and her daughters. In the last harvest 200 quintals of olives were produced, with a yield of 40 hectolitres of extra virgin olive oil. The Extra Virgin Kibò Pdo Val di Mazara from Organic Farming is a beautiful intense limpid golden yellow colour with light green hues. Its aroma is ample and rotund, rich in fruity hints of medium ripe tomato, together with elegant fragrant notes of mint, basil and sage. Its taste is complex and vegetal, with a flavour of broad beans, lettuce, celery and a spicy finish of black pepper. Bitterness is strong and pungency is distinct. It would be ideal on barley salads, boiled legumes, marinated gilthead, barbecued potatoes, chickpea soups, pasta with tomato sauce, stewed shrimps, grilled turbot, baked rabbit, grilled poultry, mozzarella cheese.

Italia Italy [IT] Sicilia

Società Agricola Disisa

C.da Disisa - Grisì
90040 Monreale (PA)
Tel. + 39 091 588557 - 091 8785251 - Fax + 39 091 6127109
E-mail: disisa@iol.it - Web: www.oliodisisa.com

96

450 m.

Specializzato
Specialized

Monocono, ombrello
Monocone, weeping vase

Brucatura a mano e meccanica
Hand picking and mechanical harvesting

Sì - Ciclo continuo
Yes - Continuous cycle

Cerasuola (34%), biancolilla (33%),
nocellara del Belice (33%)

Fruttato medio
Medium fruity

da 6,01 a 8,00 € - 500 ml.
from € 6.01 to 8.00 - 500 ml.

S plendida, non solo nel nome. Disisa, che in arabo significa "la splendida", non poteva ottenere risultato più brillante del premio come Migliore Olio Extravergine di Oliva Dop/Igp - Fruttato Medio. Merito di Renato Di Lorenzo, alla guida di una struttura che ha origini antiche, che risalgono ai Normanni. Dei 400 ettari aziendali, la maggior parte ricoperti da vigneti di Alcamo Doc, circa 60 sono destinati agli oliveti specializzati con 9mila piante che quest'anno hanno reso 2.400 quintali di olive e 450 ettolitri di olio. Eccellenti le due selezioni: l'Extravergine Disisa e il Tesoro Dop Val di Mazara, scelto dal panel. Di colore giallo dorato intenso con tonalità verdoline, limpido; al naso è deciso e ampio, ricco di note fruttate di pomodoro di media maturità e mela bianca cui si affiancano sentori balsamici di menta, origano e basilico. Al gusto è elegante e avvolgente, con toni spiccati di lattuga e fave. Amaro e piccante presenti e armonici. Perfetto per antipasti di molluschi, fagioli al vapore, insalate di lenticchie, marinate di orata, passati di funghi finferli, cous cous di verdure, gamberi in umido, rombo ai ferri, formaggi caprini.

D isisa in Arab means "splendid" and the farm has produced such splendid oils to deserve the award of the Best Extra Virgin Olive Oil Pdo/Pgi - Medium Fruity. Thanks to Renato Di Lorenzo, who runs this ancient farm dating back to Norman times. Today there are 400 hectares, mainly covered by vineyards of Alcamo Doc, but about 60 hectares are also destined to specialized olive groves with 9,000 trees. In the last harvest 2,400 quintals of olives and 450 hectolitres of oil were produced. There are two excellent selections: the Extra Virgin Disisa and Tesoro Pdo Val di Mazara, chosen by our panel. It is an intense limpid golden yellow colour with light green hues. Its aroma is definite and ample, rich in fruity notes of medium ripe tomato and white apple, together with fragrant hints of mint, oregano and basil. Its taste is elegant and rotund, with a distinct flavour of lettuce and broad beans. Bitterness and pungency are present and harmonic. It would be ideal on mussel appetizers, steamed beans, lentil salads, marinated gilthead, chanterelle mushroom purée, vegetable cous cous, stewed shrimps, grilled turbot, goat cheese.

Italia Italy [IT] Sicilia

Tasca d'Almerita

C.da Regaleali
90020 Sclafani Bagni (PA)
Tel. + 39 091 6459711 - Fax + 39 091 426703
E-mail: info@tascadalmerita.it - Web: www.tascadalmerita.it

84 ⬆

- 600 m.
- **Promiscuo e specializzato** / Promiscuous and specialized
- **Vaso aperto** / Open vase
- **Brucatura a mano e meccanica** / Hand picking and mechanical harvesting
- **No - Ciclo continuo** / No - Continuous cycle
- Biancolilla (50%), nocellara (10%), ogliara (10%), altre/others (30%)
- **Fruttato medio** / Medium fruity
- da 10,01 a 12,00 € - 250 ml. / from € 10.01 to 12.00 - 250 ml.

Tasca d'Almerita è un nome dal 1830 fortemente legato al mondo del vino di qualità siciliano. Giunta oggi alla sua ottava generazione, la famiglia continua a crescere e a investire in qualità nelle campagne di Sclafani, presso l'ex feudo Regaleali. Non solo vino, però: fin dalle origini le vigne sono contornate da alberi di olivo, che oggi occupano circa 14 ettari su cui dimorano 2.500 piante. Da queste, nella recente campagna olearia, sono stati ricavati mille quintali di olive, pari a una resa produttiva di 130 ettolitri di olio. L'Extravergine Regaleali appare alla vista di colore giallo dorato intenso con sfumature verdoline, limpido. All'olfatto si offre avvolgente e ampio, dotato di sentori fruttati di pomodoro di media maturità, mela bianca e banana. In bocca è complesso e armonico, con toni vegetali di lattuga, sedano ed erbe aromatiche con netto ricordo di basilico e origano. Amaro e piccante presenti e dosati, con dolce in evidenza. Ideale accompagnamento per antipasti di mare, bruschette con verdure, insalate di fagioli, patate alla brace, zuppe di legumi, risotto con carciofi, seppie alla piastra, tartare di salmone, coniglio arrosto, pollo al forno, formaggi caprini.

The name Tasca d'Almerita has been strongly tied to Sicilian quality wine since 1830. The family has reached the eighth generation and is still growing and investing in the countryside of Sclafani, near the former fee Regaleali. However since its origins the vineyards have been surrounded by olive trees. Today they take up about 14 hectars with 2,500 trees. In the last oil harvest 1,000 quintals of olives were produced, equal to a yield of 130 hectolitres of extra virgin olive oil. The Extra Virgin Regaleali is an intense limpid golden yellow colour with light green hues. Its aroma is rotund and ample, endowed with fruity hints of medium ripe tomato, white apple and banana. Its taste is complex and harmonic, with a vegetal flavour of lettuce, celery and aromatic herbs, especially basil and oregano. Bitterness and pungency are present and complimentary and sweetness is evident. It would be ideal on seafood appetizers, bruschette with vegetables, bean salads, barbecued potatoes, legume soups, risotto with artichokes, pan-seared cuttlefish, salmon tartare, roast rabbit, baked chicken, goat cheese.

Italia Italy [IT] Sicilia

Frantoi Cutrera

C.da Piano dell'Acqua, 71
97012 Chiaramonte Gulfi (RG)
Tel. + 39 0932 926187 - Fax + 39 0932 926187
E-mail: olio@frantoicutrera.it - Web: www.frantoicutrera.it

97

400 m.

Specializzato
Specialized

Ombrello
Weeping vase

Brucatura a mano
Hand picking

Sì - Ciclo continuo
Yes - Continuous cycle

Tonda iblea

Fruttato intenso
Intense fruity

da 12,01 a 15,00 € - 500 ml.
from € 12.01 to 15.00 - 500 ml.

Si distingue per la brillantissima prestazione l'azienda a conduzione familiare Frantoi Cutrera. Nata nel 1979 per volontà del capofamiglia Giovanni e di sua moglie Maria, oggi la struttura è gestita dai figli con i rispettivi coniugi e dispone di 50 ettari di oliveto con 4mila piante, due stabilimenti e tre linee di estrazione. Quest'anno sono stati raccolti 500 quintali di olive e ne sono stati acquistati altrettanti, per una resa di 200 ettolitri di olio più altri 200 comprati, per un totale di 400 ettolitri. Segnaliamo l'eccellente Extravergine Primo Dop Monti Iblei - Gulfi: appare alla vista di un bel colore giallo dorato intenso con riflessi verdolini, limpido; al naso è potente e ampio, con sentori fruttati di pomodoro di media maturità, banana, mela bianca e spiccato ricordo di menta, basilico e salvia. Al gusto è avvolgente e di carattere, con toni di lattuga, fave, sedano e note di pepe nero. Amaro potente e piccante deciso. Buon accompagnamento per antipasti di tonno, carpaccio di pesce spada, funghi porcini ai ferri, radicchio alla brace, zuppe di fagioli, cous cous di carne, pesce azzurro gratinato, carni rosse o cacciagione al forno, formaggi stagionati a pasta filata.

A really brilliant performance for the family-run farm Frantoi Cutrera. Founded in 1979 by Giovanni Cutrera and his wife Maria, today the farm is run by their children with their partners. There is a 50-hectare olive grove with 4,000 trees, two establishments and three extraction systems. In the last harvest 500 quintals of olives were produced and 500 purchased, with a yield of 200 hectolitres of oil. 200 hectolitres were also purchased, with a total amount of 400 hectolitres. We recommend the excellent Primo Pdo Monti Iblei - Gulfi, which is a beautiful intense limpid golden yellow colour with light green hues. Its aroma is powerful and ample, with fruity hints of medium ripe tomato, banana, white apple and distinct hints of mint, basil and sage. Its taste is rotund and strong, with a flavour of lettuce, broad beans, celery and notes of black pepper. Bitterness is powerful and pungency is definite. It would be ideal on tuna appetizers, swordfish carpaccio, grilled porcini mushrooms, barbecued radicchio, bean soups, meat cous cous, blue fish au gratin, baked red meat or game, aged cheese.

Italia Italy [IT] Sicilia

Azienda Agricola Sergio Gafà

C.da Gerardo, 2
97012 Chiaramonte Gulfi (RG)
Tel. + 39 0932 921117 - 0324 73003 - Fax + 39 0932 921117 - 0324 73003
E-mail: kuma.go@tiscali.it - Web: www.lacasadilucia.it

92

 350 m.

 Specializzato
Specialized

 Ombrello
Weeping vase

 Brucatura a mano
Hand picking

 No - Ciclo continuo
No - Continuous cycle

 Tonda iblea

 Fruttato medio
Medium fruity

da 18,01 a 22,00 € - 500 ml.
from € 18.01 to 22.00 - 500 ml.

Seguita a brillare la stella dell'Azienda Agricola Sergio Gafà che ha proposto al panel un prodotto di grande qualità. Fondata nel 2000, questa realtà olearia di Chiaramonte Gulfi, nel Ragusano, è tuttora guidata da Sergio Gafà che dispone di un oliveto specializzato di poco più di 4 ettari in contrada Gerardo dove trovano posto 650 piante dalle quali, in questa campagna olearia, sono stati raccolti 100 quintali di olive, pari a circa 9 ettolitri di olio extravergine. Ottimo l'Extravergine La Casa di Lucia Dop Monti Iblei - Gulfi che si presenta alla vista di un bel colore giallo dorato intenso con sottili riflessi verdolini, limpido; all'olfatto si apre deciso e avvolgente, ricco di ampie note di pomodoro di media maturità, mela e banana, cui si associano spiccati sentori aromatici di pepe nero, basilico e menta. Al gusto è complesso e armonico, con eleganti toni vegetali di fave fresche e lattuga. Amaro e piccante presenti e ben dosati. Ottimo accompagnamento per antipasti di mare, bruschette con verdure, insalate di fagioli, marinate di ricciola, zuppe di funghi ovoli, risotto con carciofi, gamberi in umido, rombo alla griglia, formaggi caprini.

Another great performance for Azienda Agricola Sergio Gafà, which has proposed a really high quality product to our panel. Founded in 2000 this oil farm in Chiaramonte Gulfi, in the area of Ragusa, is still run by Sergio Gafà, who has a specialized olive grove of about 4 hectares with 650 trees in the district of Gerardo. In the last harvest 100 quintals of olives were produced, equal to about 9 hectolitres of extra virgin olive oil. The excellent Extra Virgin La Casa di Lucia Pdo Monti Iblei - Gulfi is a beautiful intense limpid golden yellow colour with slight light green hues. Its aroma is definite and rotund, rich in ample notes of medium ripe tomato, apple and banana, together with distinct aromatic hints of black pepper, basil and mint. Its taste is complex and harmonic, with elegant vegetal hints of fresh broad beans and lettuce. Bitterness and pungency are present and complimentary. It would be ideal on seafood appetizers, bruschette with vegetables, bean salads, marinated amberjack, ovoli mushroom soups, risotto with artichokes, stewed shrimps, grilled turbot, goat cheese.

Azienda Agricola Sebastiana Gulino

C.da Piano Grillo
97012 Chiaramonte Gulfi (RG)
Tel. + 39 0932 922796
E-mail: nguccione@tiscali.it - Web: www.i-saraceni.it

89

500 m.

Specializzato
Specialized

Forma libera, ombrello
Free form, weeping vase

Brucatura a mano
Hand picking

No - Ciclo continuo
No - Continuous cycle

Tonda iblea (98%), moresca (1%), verdese (1%)

Fruttato intenso
Intense fruity

da 8,01 a 10,00 € - 500 ml.
from € 8.01 to 10.00 - 500 ml.

Un'ottima prova per l'Agricola Sebastiana Gulino, attiva da una decina d'anni nel comprensorio di Chiaramonte Gulfi, "premier cru" per l'olio extravergine e territorio ancora popolato di olivi secolari, i "Saraceni", che una leggenda locale fa risalire ai tempi della dominazione araba. L'oliveto specializzato si estende per 9 ettari, con 950 piante di tonda iblea dalle quali sono stati raccolti quest'anno 200 quintali di olive, pari a 30 ettolitri di olio. Segnaliamo l'Extravergine I Saraceni Dop Monti Iblei - Gulfi da Agricoltura Biologica. Appare alla vista di colore giallo dorato intenso con sfumature verdoline, limpido; all'olfatto si offre ampio e deciso, ricco di eleganti note di pomodoro di media maturità, banana e mela bianca, cui si accompagnano netti sentori vegetali di erba fresca falciata, lattuga e sedano. Al gusto è avvolgente e di carattere, con spiccati toni aromatici di basilico e menta. Amaro potente e piccante deciso. Perfetto su antipasti di tonno, carpaccio di carne chianina con funghi ovoli, marinate di pollo, zuppe di lenticchie, primi piatti con salsiccia, pesce azzurro gratinato, agnello alla piastra, cacciagione ai ferri, formaggi stagionati a pasta dura.

A great performance for Agricola Sebastiana Gulino, which has been active for about ten years in the district of Chiaramonte Gulfi, "premier cru" for extra virgin olive oil. The territory is still full of century-old olive trees, the "Saraceni", which according to a local legend date back to Arabic times. The specialized olive grove extends over 9 hectares with 950 trees of the variety tonda iblea. In the last harvest 200 quintals of olives were produced, with a yield of 30 hectolitres of oil. We recommend the Extra Virgin I Saraceni Pdo Monti Iblei – Gulfi from Organic Farming. It is a beautiful intense limpid golden yellow colour with light green hues. Its aroma is ample and definite, rich in elegant notes of medium ripe tomato, banana and white apple, together with definite vegetal hints of freshly mown grass, lettuce and celery. Its taste is rotund and strong, with distinct aromatic hints of basil and mint. Bitterness is powerful and pungency is definite. It would be ideal on tuna appetizers, chianina beef carpaccio with ovoli mushrooms, marinated chicken, lentil soups, pasta with sausages, blue fish au gratin, pan-seared lamb, grilled game, hard mature cheese.

Italia Italy [IT] Sicilia

Azienda Giorgio Rollo

C.da Piano dell'Acqua
97012 Chiaramonte Gulfi (RG)
Tel. + 39 0932 682686 - Fax + 39 0932 682686
E-mail: info@aziendarollo.it - Web: www.aziendarollo.it

93

- 320/370 m.
- Specializzato / Specialized
- Ombrello / Weeping vase
- Brucatura a mano / Hand picking
- No - Ciclo continuo / No - Continuous cycle
- Tonda iblea
- Fruttato medio / Medium fruity
- da 12,01 a 15,00 € - 500 ml. / from € 12.01 to 15.00 - 500 ml.

Sempre meritatissima la segnalazione in Guida per la Rollo di Chiaramonte Gulfi che ha sedotto il panel con un prodotto di grande eccellenza. Nata nel 1968 quando Giovanni Rollo acquista un podere con 300 olivi e 9mila viti, vent'anni dopo l'azienda è condotta dal figlio Giorgio, che decide di convertire tutta la superficie agricola di circa 20 ettari all'olivicoltura specializzata. Dalle 2.450 piante quest'anno sono stati raccolti 610 quintali di olive, pari a 60 ettolitri di olio. Superbo l'Extravergine Letizia Dop Monti Iblei - Gulfi che si offre alla vista di colore giallo dorato intenso con caldi riflessi verdi, limpido. Deciso e complesso all'olfatto, è ricco di eleganti note fruttate di pomodoro di media maturità, mela bianca e sentori balsamici di menta e basilico. Al gusto è avvolgente e ampio, con toni vegetali di sedano, lattuga e fave fresche. Note speziate di pepe nero in chiusura. Amaro e piccante ben espressi e armonici. L'abbinamento ideale è con antipasti di fagioli, bruschette con verdure, insalate di orzo, patate alla brace, zuppe di ceci, primi piatti con molluschi, pesci alla griglia, tartare di ricciola, formaggi caprini.

As usual Azienda Giorgio Rollo in Chiaramonte Gulfi has proposed an excellent product to our panel. It was founded in 1968, when Giovanni Rollo purchased an estate with 300 olive trees and 9,000 grapevines. Twenty years later his son Giorgio decided to convert the whole surface of about 20 hectares into specialized olive growing. In the last harvest 2,450 trees produced 610 quintals of olives, equal to 60 hectolitres of extra virgin olive oil. The Extra Virgin Letizia Pdo Monti Iblei – Gulfi is really extraordinary. It is an intense limpid golden yellow colour with warm green hues. Its aroma is definite and complex, rich in elegant fruity notes of medium ripe tomato, white apple and fragrant hints of mint and basil. Its taste is rotund and ample, with a vegetal flavour of celery, lettuce, fresh broad beans and a spicy black pepper finish. Bitterness and pungency are distinct and harmonic. It would be ideal on bean appetizers, bruschette with vegetables, barley salads, barbecued potatoes, chickpea soups, pasta with mussels, grilled fish, amberjack tartare, goat cheese.

Azienda Villa Zottopera

Villa Zottopera
97012 Chiaramonte Gulfi (RG)
Tel. + 39 0932 621442 - Fax + 39 0932 621442
E-mail: agrobiologicarosso@tiscali.it - Web: www.zottopera.it

93

- 300 m.
- Specializzato / Specialized
- Vaso globoso / Globe
- Brucatura a mano / Hand picking
- No - Ciclo continuo / No - Continuous cycle
- Tonda iblea
- Fruttato intenso / Intense fruity
- da 18,01 a 22,00 € - 500 ml. / from € 18.01 to 22.00 - 500 ml.

Una prova in grande stile per la Villa Zottopera di Chiaramonte Gulfi. Complimenti all'ingegnere Giuseppe Rosso che conduce con passione e competenza l'azienda di famiglia della fine del 1700. All'interno dell'antico baglio, a Villa Zottopera sono ancora visibili il vecchio frantoio e le vasche di pietra per la decantazione dell'olio. Oggi su 25 ettari di oliveto specializzato dimorano 2.500 piante che hanno reso quest'anno 700 quintali di olive e 110 ettolitri di olio. Dei due Extravergine da Agricoltura Biologica, il Villa Zottopera e l'eccellente Rosso, segnaliamo quest'ultimo. Giallo dorato intenso con toni verdolini, limpido; al naso è deciso e fruttato, con netto ricordo di pomodoro di media maturità, mela bianca e sentori speziati di pepe nero. Al gusto è avvolgente e di carattere, con ricche note vegetali di sedano e lattuga, accompagnate da ampi toni balsamici di basilico, menta e origano. Amaro e piccante spiccati e armonici. Ottimo su bruschette con pomodoro, insalate di spinaci, marinate di tonno, radicchio alla griglia, minestroni di verdure, primi piatti con carciofi, pesce azzurro gratinato, coniglio in umido, maiale alla griglia, formaggi stagionati a pasta filata.

A great performance for Villa Zottopera in Chiaramonte Gulfi thanks to the engineer Giuseppe Rosso, who runs the 18th century family farm with passion and competence. Inside the ancient estate there is still the old oil mill and the stone basins once used to settle oil. Currently there are 25 hectares of specialized olive grove with 2,500 trees. In the last harvest 700 quintals of olives were produced, equal to 110 hectolitres of oil. There are two Extra Virgin selections from Organic Farming, Villa Zottopera and the excellent Rosso, which we recommend. It is an intense limpid golden yellow colour with light green hues. Its aroma is definite and fruity, with a distinct note of medium ripe tomato, white apple and spicy hints of black pepper. Its taste is rotund and strong, with rich vegetal notes of celery and lettuce, together with ample fragrant hints of basil, mint and oregano. Bitterness and pungency are distinct and harmonic. It would be ideal on bruschette with tomatoes, spinach salads, marinated tuna, grilled radicchio, minestrone with vegetables, pasta with artichokes, blue fish au gratin, stewed rabbit, grilled pork, aged cheese.

Italia Italy [IT] Sicilia

Viragí

Via Gulfi, 213
97012 Chiaramonte Gulfi (RG)
Tel. + 39 0932 925246 - Fax + 39 0932 925246
E-mail: info.viragi@libero.it - Web: www.viragi.it

86

- 400 m.
- Specializzato / Specialized
- Vaso / Vase
- Brucatura a mano / Hand picking
- No - Ciclo continuo / No - Continuous cycle
- Tonda iblea
- Fruttato medio / Medium fruity
- da 12,01 a 15,00 € - 500 ml. / from € 12.01 to 15.00 - 500 ml.

La Viragí è una giovane e dinamica azienda di Chiaramonte Gulfi, territorio collinare dei Monti Iblei nel cuore della Sicilia sud orientale. Gli attuali proprietari proseguono un'antica tradizione familiare che ha radici nella storia olivicola di questa terra e sono alla guida di 10 ettari di superficie olivetata specializzata con mille piante. Da queste, nella recente campagna olearia, sono stati raccolti 450 quintali di olive, pari a 50 ettolitri di olio. Segnaliamo l'Extravergine Polifemo Dop Monti Iblei - Gulfi che si presenta alla vista di un bel colore giallo dorato intenso con sfumature verdoline, limpido; all'olfatto si esprime deciso e avvolgente, con eleganti sentori fruttati di pomodoro di media maturità e ricordo di pepe nero e mandorla. In bocca è complesso e di carattere, con spiccati toni balsamici di menta, basilico e note vegetali di lattuga, sedano e fave. Amaro e piccante spiccati e armonici, con dolce in evidenza. Perfetto abbinamento con antipasti di mare, insalate di farro, marinate di salmone, patate alla brace, zuppe di orzo, risotto con funghi finferli, pesci ai ferri, tartare di ricciola, formaggi freschi a pasta filata.

Viragí is a young and dynamic farm in Chiaramonte Gulfi, a hilly territory of Monti Iblei in the heart of south-east Sicily. The present owners carry on an ancient familiar tradition rooted in the olive history of this land and run 10 hectares of specialized olive surface with 1,000 trees. In the last harvest 450 quintals of olives were produced, equal to 50 hectolitres of extra virgin olive oil. We recommend the Extra Virgin Polifemo Pdo Monti Iblei - Gulfi, which is a beautiful intense limpid golden yellow colour with light green hues. Its aroma is definite and rotund, with elegant fruity hints of medium ripe tomato and a note of black pepper and almond. Its taste is complex and strong, with a distinct fragrant flavour of mint and basil and vegetal notes of lettuce, celery and broad beans. Bitterness and pungency are distinct and harmonic with evident sweetness. It would be ideal on seafood appetizers, farro salads, marinated salmon, barbecued potatoes, barley soups, risotto with chanterelle mushrooms, grilled fish, amberjack tartare, mozzarella cheese.

Italia Italy [IT] Sicilia

Azienda Agricola Sebastiano Galioto

C.da Rigoria - Ronco d'Aquile, 2
96010 Ferla (SR)
Tel. + 39 0931 879710 - Fax + 39 0931 879710
E-mail: sebastiano@galioto.it - Web: www.galioto.it

86

- 500/600 m.
- **Specializzato** / Specialized
- **Ombrello** / Weeping vase
- **Brucatura a mano** / Hand picking
- **Sì - Ciclo continuo** / Yes - Continuous cycle
- **Tonda iblea**
- **Fruttato medio** / Medium fruity
- da 8,01 a 10,00 € - 500 ml. / from € 8.01 to 10.00 - 500 ml.

La Galioto vanta una lunga tradizione familiare di olivicoltori: sono infatti quattro le generazioni che si sono succedute alla guida dell'azienda. A cominciare dal 1952, quando furono acquisiti i primi 10 ettari di terreno, fino ai giorni nostri con un moderno frantoio e una superficie olivetata di 50 ettari con 20mila piante messe a dimora. Quest'anno sono stati raccolti mille quintali di olive che hanno permesso di produrre quasi 153 ettolitri di olio extravergine. Segnaliamo l'Extravergine Castel di Lego - Oro. Appare alla vista di un bel colore giallo dorato intenso con delicati riflessi verdi, limpido; all'olfatto si esprime elegante e avvolgente, ricco di note di erbe officinali, con ricordo di basilico e mentuccia, cui si accompagnano sentori di pomodoro di media maturità, mela bianca e banana. Al gusto è ampio e morbido, caratterizzato da toni vegetali di lattuga, fave fresche e sedano. Amaro e piccante presenti ed equilibrati. Buon abbinamento con antipasti di mare, insalate di orzo, marinate di verdure, pomodori con riso, zuppe di funghi ovoli, risotto con carciofi, molluschi gratinati, tartare di polpo, formaggi freschi a pasta filata.

Galioto has a long familiar tradition in the field of olive growing: in fact four generations have been runing the farm since 1952, when the first 10 hectares of land were purchased. Today there is a modern oil mill and an olive surface of 50 hectares with 20,000 trees. In the last harvest 1,000 quintals of olives were produced, which allowed to yield almost 153 hectolitres of extra virgin olive oil. We recommend the Extra Virgin Castel di Lego - Oro. It is a beautiful intense limpid golden yellow colour with delicate green hues. Its aroma is elegant and rotund, rich in notes of officinal herbs, especially basil and field balm, together with hints of medium ripe tomato, white apple and banana. Its taste is ample and mellow, characterized by a vegetal flavour of lettuce, fresh broad beans and celery. Bitterness and pungency are present and balanced. It would be ideal on seafood appetizers, barley salads, marinated vegetables, tomatoes stuffed with rice, ovoli mushroom soups, risotto with artichokes, mussels au gratin, octopus tartare, mozzarella cheese.

Italia Italy [IT] Sicilia

Pantalica Ranch

C.da Chianazzo - Fiumana di Sotto - Sortino
96014 Floridia (SR)
Tel. + 39 0931 954425 - 0931 942069 - Fax + 39 0931 954425 - 0931 942069
E-mail: info@pantalicaranch.it - Web: www.pantalicaranch.it

85

- 300 m.
- Specializzato / Specialized
- Vaso globoso / Globe
- Brucatura a mano e meccanica / Hand picking and mechanical harvesting
- No - Ciclo continuo / No - Continuous cycle
- Nocellara del Belice (30%), biancolilla, moresca, siracusana (60%), carolea (10%)
- Fruttato medio / Medium fruity
- da 6,01 a 8,00 € - 500 ml. / from € 6.01 to 8.00 - 500 ml.

Meritatissima segnalazione in Guida per la Pantalica Ranch di Sortino, nel Siracusano, che nasce nel 1997 dall'iniziativa dei fratelli Pierluigi e Virgilio Valenti che realizzano così il progetto del nonno Luigi, il primo proprietario della campagna nella quale oggi è attivo l'agriturismo. Il patrimonio olivicolo è di 1.480 piante messe a dimora su più di 3 ettari di superficie specializzata. Quest'anno sono stati raccolti 320 quintali di olive che hanno prodotto quasi 56 ettolitri di olio. Eccellente l'Extravergine Fragranza e Gusto di Madre Natura da Agricoltura Biologica. Di colore giallo dorato intenso con delicate tonalità verdi, limpido; all'olfatto si offre deciso e avvolgente, ricco di sentori fruttati di pomodoro di media maturità, a cui si aggiungono note spiccate di menta, basilico e timo. In bocca è elegante e di personalità, con toni vegetali di fave fresche, lattuga e pepe nero in chiusura. Amaro deciso e piccante presente. Perfetto su fagioli al vapore, insalate di lenticchie, marinate di ricciola, patate al forno, verdure ai ferri, passati di legumi, primi piatti con salmone, crostacei in umido, rombo al forno, formaggi freschi a pasta filata.

An excellent performance for Pantalica Ranch in Sortino, in the area of Siracusa, founded in 1997 by the brothers Pierluigi and Virgilio Valenti, who wanted to realize the project of their grandfather Luigi, the first owner of the land where the present holiday farm is active. There is a specialized surface of over 3 hectares with 1,480 trees. In the last harvest 320 quintals of olives were produced, with a yield of almost 56 hectolitres of oil. The excellent Extra Virgin Fragranza e Gusto di Madre Natura from Organic Farming is an intense limpid golden yellow colour with delicate green hues. Its aroma is definite and rotund, rich in fruity hints of medium ripe tomato, together with distinct notes of mint, basil and thyme. Its taste is elegant and strong, with a vegetal flavour of fresh broad beans, lettuce and a black pepper finish. Bitterness is definite and pungency is present. It would be ideal on steamed beans, lentil salads, marinated amberjack, roast potatoes, grilled vegetables, legume purée, pasta with salmon, stewed shellfish, baked turbot, mozzarella cheese.

Italia Italy [IT] Sicilia

Azienda Agricola Terraliva

C.da Sant'Andrea - Zocca
96010 Buccheri (SR)
Tel. + 39 0931 880062 - Fax + 39 0931 414863
E-mail: info@terraliva.com - Web: www.terraliva.com

92

700 m.

Specializzato
Specialized

Ombrello ribassato
Weeping vase

Brucatura a mano
Hand picking

No - Ciclo continuo
No - Continuous cycle

Tonda iblea

Fruttato intenso
Intense fruity

da 10,01 a 12,00 € - 500 ml.
from € 10.01 to 12.00 - 500 ml.

Nel cuore dei Monti Iblei, in un piccolo borgo montanaro, questa bella proprietà ha riportato al passato splendore gli antichi casolari in pietra, accogliendo gli ospiti in raffinate e ampie camere in stile fine-Ottocento. Guidata da Tino Cavarra e Giuseppina Frontino, Terraliva dispone di 10 ettari di oliveto specializzato con 1.700 piante di varietà tonda iblea. Quest'anno il raccolto ha fruttato 400 quintali di olive, pari a una resa di 40 ettolitri di olio. Ottimo l'Extravergine Cherubino Dop Monti Iblei - Monte Lauro da Agricoltura Biologica che si presenta alla vista di un bel colore giallo dorato intenso con delicati riflessi verdolini, limpido; all'olfatto si offre deciso e avvolgente, ricco di eleganti note fruttate di pomodoro di media maturità, banana matura e spiccati sentori balsamici di basilico, menta e timo. Al gusto è ampio e complesso, con ricchi toni vegetali di rucola, fave e lattuga. Amaro potente e piccante spiccato. L'abbinamento ideale è con antipasti di pesce azzurro, funghi porcini ai ferri, insalate di spinaci, radicchio alla griglia, zuppe di carciofi, primi piatti con salsiccia, polpo bollito, carni rosse o nere in umido, formaggi di media stagionatura.

In the heart of Monti Iblei, in a small mountain village, this beautiful farm has given new splendour to the ancient stone houses, accomodating guests in stylish and wide 19th century rooms. Run by Tino Cavarra and Giuseppina Frontino, Terraliva has 10 hectares of specialized olive grove with 1,700 trees of the variety tonda iblea. In the last harvest 400 quintals of olives were produced, equal to a yield of 40 hectolitres of extra virgin olive oil. We recommend the excellent Extra Virgin Cherubino Pdo Monti Iblei - Monte Lauro from Organic Farming, which is a beautiful intense limpid golden yellow colour with delicate light green hues. Its aroma is definite and rotund, rich in elegant fruity notes of medium ripe tomato, ripe banana and distinct fragrant hints of basil, mint and thyme. Its taste is ample and complex, with a rich vegetal flavour of rocket, broad beans and lettuce. Bitterness is powerful and pungency is distinct. It would be ideal on bluefish appetizers, grilled porcini mushrooms, spinach salads, grilled radicchio, artichoke soups, pasta with sausages, boiled octopus, stewed red meat or game, medium mature cheese.

Italia Italy [IT] Sicilia

Società Agricola Vernèra

Vico Rosella, 3 - Sant'Andrea - Vernèra
96010 Buccheri (SR)
Tel. + 39 0931 880044 - 0931 873593 - Fax + 39 0931 880044
E-mail: mariagrazia.spano@alice.it

90

500/600 m.

Specializzato
Specialized

Ombrello
Weeping vase

Brucatura a mano
Hand picking

No - Ciclo continuo
No - Continuous cycle

Tonda iblea

Fruttato intenso
Intense fruity

da 8,01 a 10,00 € - 500 ml.
from € 8.01 to 10.00 - 500 ml.

Eccellente proposta quella della Vernèra, situata a Buccheri, sui Monti Iblei. Guidata da Vito Spanò, l'azienda appartiene da sempre alla stessa famiglia e conta attualmente su 60 ettari di superficie olivetata specializzata dove sono messe a dimora 8mila piante di varietà tonda iblea. Da queste, nella più recente campagna olearia, sono stati raccolti 2.500 quintali di olive che hanno reso 250 ettolitri di olio. Segnaliamo l'Extravergine Le Case di Lavinia Dop Monti Iblei - Monte Lauro: appare alla vista di un bel colore giallo dorato intenso con delicati riflessi verdi, limpido; al naso si esprime potente e ampio, ricco di note fruttate di pomodoro di media maturità, banana e mela bianca, cui si affiancano note di erbe balsamiche, dove spiccano la menta, il basilico e la salvia. Al gusto è avvolgente e di carattere, con netti toni vegetali di lattuga, fave fresche e rucola che chiudono in mandorla dolce. Amaro possente e piccante deciso. È perfetto per bruschette con pomodoro, carpaccio di carne cruda con funghi ovoli, insalate di spinaci, minestroni di verdure, cous cous di carne, pesce azzurro gratinato, carni rosse o cacciagione alla piastra, formaggi stagionati a pasta filata.

The farm Vernerà, situated in Buccheri, on the Mounts Iblei, has proposed an excellent product. Run by Vito Spanò, it has always belonged to the same family and currently has 60 hectares of specialized olive grove with 8,000 trees of the variety tonda iblea. In the last harvest 2,500 quintals of olives were produced, equal to a yield of 250 hectolitres of extra virgin olive oil. We recommend the Extra Virgin Le Case di Lavinia Pdo Monti Iblei – Monte Lauro, which is a beautiful intense limpid golden yellow colour with delicate green hues. Its aroma is powerful and ample, rich in fruity hints of medium ripe tomato, banana and white apple, together with notes of aromatic herbs, especially mint, basil and sage. Its taste is rotund and strong, with distinct vegetal hints of lettuce, fresh broad beans, rocket and a sweet almond finish. Bitterness is powerful and pungency is definite. It would be ideal on bruschette with tomatoes, beef carpaccio with ovoli mushrooms, spinach salads, minestrone with vegetables, meat cous cous, blue fish au gratin, pan-seared red meat or game, aged cheese.

Italia Italy [IT] Sicilia

Agropan
Via Volturno, 1
91026 Mazara del Vallo (TP)
Tel. + 39 0923 941607 - Fax + 39 0923 908055
E-mail: info@agropan.it - Web: www.agropan.it

88 ⬆

- 80 m.
- Specializzato / Specialized
- Monocono / Monocone
- Brucatura a mano / Hand picking
- Sì - Ciclo continuo / Yes - Continuous cycle
- Biancolilla (70%), nocellara del Belice (30%)
- Fruttato medio / Medium fruity
- da 10,01 a 12,00 € - 500 ml. / from € 10.01 to 12.00 - 500 ml.

Meritatissima segnalazione per Agropan, che ha fatto della passione per la qualità il punto di forza dell'azienda. L'agronomo Antonio Pipitone, dopo un'infanzia trascorsa con il nonno negli oliveti di famiglia, una decina d'anni fa ha realizzato il progetto di una propria azienda olearia e ora gestisce, seguendo i dettami dell'agricoltura biologica, 10 ettari di oliveto specializzato con 3mila piante. Quest'anno il raccolto ha fruttato 200 quintali di olive, per una produzione di 30 ettolitri di olio. Eccellente l'Extravergine Lolio che alla vista appare di un bel colore giallo dorato intenso con delicati riflessi verdi, limpido; all'olfatto si offre ampio e deciso, ricco di sentori fruttati di pomodoro maturo e netto ricordo di erbe officinali, con basilico, menta e origano in evidenza. Al gusto è avvolgente e complesso, con toni vegetali di fave, lattuga e note speziate di pepe nero. Amaro spiccato e piccante presente e ben espresso. Ottimo abbinamento con antipasti di legumi, antipasti di salmone, insalate di pomodori, verdure alla brace, passati di fagioli, primi piatti con funghi finferli, rombo alla piastra, seppie in umido, formaggi caprini.

An excellent performance for Agropan, which has always aimed at quality. The agronomist Antonio Pipitone, after spending his childhood with his grandfather in the family olive groves, about ten years ago realized the project of his own oil farm. Today he runs 10 hectares of specialized olive grove with 3,000 trees according to organic farming principles. In the last harvest 200 quintals of olives were produced, equal to a yield of 30 hectolitres of oil. We recommend the excellent Extra Virgin Lolio, which is a beautiful intense limpid golden yellow colour with delicate green hues. Its aroma is ample and definite, with fruity hints of medium ripe tomato and distinct notes of officinal herbs, especially basil, min and oregano. Its taste is rotund and complex, with a vegetal flavour of broad beans, lettuce and spicy notes of black pepper. Bitterness is strong and pungency is present and distinct. It would be ideal on legume appetizers, salmon appetizers, tomato salads, barbecued vegetables, bean purée, pasta with chanterelle mushrooms, pan-seared turbot, stewed cuttlefish, goat cheese.

Italia Italy [IT] Sicilia

Società Agricola Alicos
C.da Guardancielo
91018 Salemi (TP)
Tel. + 39 0924 983348 - Fax + 39 0924 983348
E-mail: info@alicos.it - Web: www.alicos.it

86

- 300 m.
- Specializzato / Specialized
- Vaso / Vase
- Brucatura a mano / Hand picking
- No - Ciclo continuo / No - Continuous cycle
- Cerasuola
- Fruttato medio / Medium fruity
- da 8,01 a 10,00 € - 500 ml. / from € 8.01 to 10.00 - 500 ml.

Ottimo risultato per la Alicos di Salemi, nel Trapanese, che nasce nel 2005 con l'obiettivo di dare continuità a un'attività familiare costituita ai primi del Novecento. Tratta prodotti tipici siciliani a tutto campo e appartiene a Claudio e Gaetano Palermo che dispongono di un oliveto specializzato di 3 ettari dove sono messe a dimora 800 piante. Quest'anno dagli oliveti di proprietà sono stati raccolti 120 quintali di olive che, uniti ai 180 acquistati, hanno reso 45 ettolitri di olio. Segnaliamo l'Extravergine Halycos che si presenta alla vista di un bel colore giallo dorato intenso con delicati toni verdi, limpido. All'olfatto si esprime ampio e avvolgente, ricco di eleganti sentori fruttati di pomodoro di media maturità e mela bianca. In bocca si offre complesso e di personalità, con toni vegetali di lattuga e spiccate note di erbe officinali, con origano, basilico e menta in evidenza. Amaro e piccante ben espressi ed equilibrati. Ottimo l'abbinamento con antipasti di molluschi, insalate di pollo, marinate di orata, verdure gratinate, zuppe di orzo, risotto con carciofi, gamberi in umido, seppie alla griglia, formaggi freschi a pasta filata.

An excellent result for Alicos in Salemi, in the area of Trapani, founded in 2005 to carry on a family activity dating back to the beginning of the 20th century. The farm deals in a wide range of typical regional products and belongs to Claudio and Gaetano Palermo. They manage a specialized olive grove of 3 hectares with 800 trees. In the last harvest 120 quintals of olives were produced, which, together with 180 purchased, yielded 45 hectolitres of extra virgin olive oil. We recommend the Extra Virgin Halycos, which is a beautiful intense limpid golden yellow colour with delicate green hues. Its aroma is ample and rotund, endowed with elegant fruity hints of medium ripe tomato and white apple. Its taste is complex and strong, with a vegetal flavour of lettuce and distinct notes of officinal herbs, especially oregano, basil and mint. Bitterness and pungency are distinct and balanced. It would be ideal on mussel appetizers, chicken salads, marinated gilthead, vegetables au gratin, barley soups, risotto with artichokes, stewed shrimps, grilled cuttlefish, mozzarella cheese.

Italia Italy [IT] Sicilia

Baglio Seggio Fiorito

C.da Seggio Fiorito
91022 Castelvetrano (TP)
Tel. + 39 0924 904364 - 091 6259500 - Fax + 39 0924 904364 - 091 6259500
E-mail: consiglioangela@libero.it

87

- 110 m.
- Specializzato / Specialized
- Vaso globoso / Globe
- Brucatura a mano / Hand picking
- Sì - Ciclo continuo / Yes - Continuous cycle
- Nocellara del Belice (70%), biancolilla, cerasuola, giarraffa (30%)
- Fruttato medio / Medium fruity
- da 15,01 a 18,00 € - 500 ml. / from € 15.01 to 18.00 - 500 ml.

Ottimo risultato per questa bella realtà aziendale situata nel vocatissimo comprensorio di Castelvetrano. Il Baglio Seggio Fiorito è l'azienda fondata nel 2003 da Domenico Crescimanno, che oggi conduce 3 ettari di oliveto specializzato in contrada Seggio Fiorito, dove sono messe a dimora 800 piante. Nell'ultima campagna olearia sono stati raccolti 150 quintali di olive che hanno permesso di produrre circa 27 ettolitri di olio extravergine. Segnaliamo la selezione proposta dall'azienda, l'Extravergine Baglio Seggio Fiorito - Etichetta Verde, che si presenta alla vista di un bel colore giallo dorato intenso, limpido. Al naso si offre ampio e avvolgente, ricco di sentori di pomodoro di maturo e frutta bianca, con netto ricordo di banana. In bocca è fine e complesso, con note vegetali di fave, lattuga e spiccati toni balsamici e speziati di basilico, menta e pepe nero. Amaro e piccante ben espressi e armonici che chiudono in mandorla dolce. Perfetto l'abbinamento con antipasti di mare, insalate di farro, marinate di pesce persico, verdure alla brace, zuppe di orzo, risotto con funghi finferli, gamberi in guazzetto, rombo alla piastra, formaggi caprini.

An excellent result for this beautiful farm situated in the favourable district of Castelvetrano. Baglio Seggio Fiorito was founded in 2003 by Domenico Crescimanno, who currently manages 3 hectares of specialized olive grove with 800 trees in the area of Seggio Fiorito. In the last harvest 150 quintals of olives were produced, which allowed to yield about 27 hectolitres of extra virgin olive oil. We recommend the selection proposed by the farm, the Extra Virgin Baglio Seggio Fiorito - Etichetta Verde, which is a beautiful intense limpid golden yellow colour. Its aroma is ample and rotund, rich in hints of ripe tomato and white apple, with a distinct note of banana. Its taste is fine and complex, with a vegetal flavour of broad beans, lettuce and distinct fragrant and spicy hints of basil, mint and black pepper. Bitterness and pungency are distinct and harmonic with a sweet almond finish. It would be ideal on seafood appetizers, farro salads, marinated perch, barbecued vegetables, barley soups, risotto with chanterelle mushrooms, stewed shrimps, pan-seared turbot, goat cheese.

Italia Italy [IT] Sicilia

Caruso & Minini

C.da Seggio
91022 Castelvetrano (TP)
Tel. + 39 0923 982356 - Fax + 39 0923 723356
E-mail: segreteria@carusoeminini.it - Web: www.carusoeminini.it

86

- 100 m.
- Specializzato / Specialized
- Forma libera, vaso aperto / Free form, open vase
- Brucatura a mano / Hand picking
- No - Ciclo continuo / No - Continuous cycle
- Nocellara del Belice
- Fruttato medio / Medium fruity
- da 8,01 a 10,00 € - 500 ml. / from € 8.01 to 10.00 - 500 ml.

La Caruso & Minini nasce nel 2003 dall'unione di due famiglie di imprenditori, una lombarda e l'altra siciliana; attualmente conduce varie tenute vitivinicole tra le colline di Salemi e Marsala, nel Trapanese. Nella tenuta di 14 ettari di oliveto specializzato trovano dimora 3.600 piante di sola varietà nocellara del Belice dalle quali quest'anno sono stati raccolti mille quintali di olive che hanno permesso una produzione di 160 ettolitri di olio extravergine. Segnaliamo l'ottima etichetta aziendale proposta, l'Extravergine Terre di Giumara che si presenta alla vista di un bel colore giallo dorato intenso con sfumature verdoline, limpido. Al naso si offre deciso e avvolgente, ricco di eleganti note fruttate di mela bianca, banana e pomodoro maturo, a cui si aggiungono spiccati sentori di basilico e origano. Al gusto è complesso e di personalità, con toni di fave, sedano e mandorla in chiusura. Amaro e piccante presenti ed equilibrati. Perfetto per antipasti di farro, bruschette con verdure, insalate di pomodori, marinate di orata, passati di orzo, risotto con funghi finferli, pesce azzurro marinato, tartare di tonno, coniglio al forno, pollo arrosto, formaggi freschi a pasta filata.

Caruso & Minini was founded in 2003 from the association of two families of entrepreneurs, one from Lombardia and the other one from Sicily. Today they run several wine-growing farms between the hills of Salemi and Marsala, in the area of Trapani. In the estate there is a 14-hectare specialized olive grove with 3,600 trees of the variety nocellara del Belice. In the last harvest 1,000 quintals of olives were produced, which allowed a yield of about 160 hectolitres of extra virgin olive oil. We recommend the excellent selection proposed, the Extra Virgin Terre di Giumara, which is a beautiful intense limpid golden yellow colour with light green hues. Its aroma is definite and rotund, rich in elegant fruity notes of white apple, banana and ripe tomato, together with distinct hints of basil and oregano. Its taste is complex and strong, with a flavour of broad beans, celery and an almond finish. Bitterness and pungency are present and balanced. It would be ideal on farro appetizers, bruschette with vegetables, tomato salads, marinated gilthead, barley purée, risotto with chanterelle mushrooms, marinated blue fish, tuna tartare, baked rabbit, roast chicken, mozzarella cheese.

Azienda Agricola Antonino Centonze

S. S. 115 dir. Selinunte Km 0.500 - C.da Latomie
91022 Castelvetrano (TP)
Tel. + 39 0924 907727 - Fax + 39 0924 904231
E-mail: info@ninocentonzecatering.it - Web: www.casedilatomie.com

84 ↑

107 m.

Promiscuo e specializzato
Promiscuous and specialized

Vaso
Vase

Brucatura a mano
Hand picking

No - Ciclo continuo
No - Continuous cycle

Nocellara del Belice

Fruttato medio
Medium fruity

da 8,01 a 10,00 € - 500 ml.
from € 8.01 to 10.00 - 500 ml.

Un esordio "coi fiocchi" per l'azienda di Antonino Centonze, che è anche elegante e attrezzato agriturismo a pochi chilometri da Selinunte, su una superficie coltivata ad agrumeto e oliveto con metodo biologico. Quasi 20 ettari della tenuta sono destinati a 3.600 olivi che si trovano all'interno delle latomie, le antiche cave da cui i Greci estraevano i blocchi di tufo per costruire i templi. Quest'anno da un raccolto di 225 quintali di olive sono stati prodotti 45 ettolitri di olio. Segnaliamo l'ottimo l'Extravergine Case di Latomie da Agricoltura Biologica che si presenta alla vista di colore giallo dorato intenso con sottili nuance verdi, limpido; all'olfatto si offre deciso e ampio, ricco di sentori fruttati di pomodoro maturo, mela bianca e netti toni di erbe aromatiche, con basilico, menta e origano in evidenza. In bocca è avvolgente e complesso, con note vegetali di fave fresche e lattuga. Amaro e piccante spiccati e armonici. Eccellente l'abbinamento con antipasti di mare, fagioli al vapore, insalate di salmone, patate al forno, zuppe di farro, risotto con molluschi, pesci di scoglio alla brace, seppie alla griglia, formaggi caprini.

An excellent first performance for Antonino Centonze's farm, which is also a holiday farm near Selinunte and includes a citrus fruit orchard and an olive grove cultivated according to organic farming principles. There are 20 hectares with 3,600 olive trees placed inside quarries, the ancient caves the Greek used to extract tophus to build their temples. In the last harvest 225 quintals of olives were produced, with a yield of 45 hectolitres of oil. We recommend the excellent Extra Virgin Case di Latomie from Organic Farming, which is an intense limpid golden yellow colour with slight green hues. Its aroma is definite and ample, rich in fruity hints of ripe tomato, white apple and distinct notes of aromatic herbs, especially basil, mint and oregano. Its taste is rotund and complex, with a vegetal flavour of fresh broad beans and lettuce. Bitterness and pungency are distinct and harmonic. It would be ideal on seafood appetizers, steamed beans, salmon salads, roast potatoes, farro soups, risotto with mussels, barbecued rockfish, grilled cuttlefish, goat cheese.

Italia Italy [IT] Sicilia

Azienda Agricola Angela Consiglio

Rocchetta
91022 Castelvetrano (TP)
Tel. + 39 0924 904364 - 091 6259400 - Fax + 39 0924 904364 - 091 6259500
E-mail: consiglioangela@libero.it - Web: www.tenutarocchetta.it

90

110 m.

Specializzato
Specialized

Vaso globoso
Globe

Brucatura a mano
Hand picking

Sì - Ciclo continuo
Yes - Continuous cycle

Nocellara del Belice

Fruttato intenso
Intense fruity

da 18,01 a 22,00 € - 500 ml.
from € 18.01 to 22.00 - 500 ml.

B rillante risultato ottenuto dall'azienda di Angela Consiglio che è un punto di riferimento non solo per la Valle del Belice ma per tutta l'olivicoltura nazionale. Fondata nel Settecento dagli avi della proprietaria, la Consiglio dispone di 30 ettari di oliveto specializzato con 7.500 piante messe a dimora dalle quali, in questa campagna olearia, sono stati raccolti 1.500 quintali di olive che hanno prodotto 200 ettolitri di olio extravergine. Segnaliamo l'ottimo Extravergine Tenuta Rocchetta che alla vista si presenta di un bel colore giallo dorato intenso con delicate sfumature verdi, limpido. Al naso si offre deciso e avvolgente, con intense note fruttate di pomodoro di media maturità e mela, arricchite da eleganti sentori balsamici di basilico e menta. Al gusto è complesso e di carattere, dotato di un'ampia carica vegetale con toni di lattuga, sedano, rucola e chiusura speziata di pepe nero e mandorla. Amaro potente e piccante spiccato. È perfetto su antipasti di tonno, carpaccio di carne chianina con funghi porcini, marinate di pollo, pomodori gratinati, zuppe di lenticchie, cous cous di carne, polpo bollito, carni rosse o cacciagione arrosto, formaggi stagionati a pasta filata.

A brilliant result for Angela Consiglio's farm, which is a point of reference not only for Valle del Belice, but for the whole national olive growing. Founded in the 18th century by the owner's ancestors, Consiglio has a 30-hectare olive grove with 7,500 trees, which produced 1,500 quintals of olives in the last harvest, with a yield of 200 hectolitres of extra virgin olive oil. We recommend the excellent Extra Virgin Tenuta Rocchetta, which is a beautiful intense limpid golden yellow colour with delicate green hues. Its aroma is definite and rotund, with intense fruity notes of medium ripe tomato and apple, enriched by elegant fragrant hints of basil and mint. Its taste is complex and strong, with an ample vegetal flavour of lettuce, celery, rocket and a spicy finish of black pepper and almond. Bitterness is powerful and pungency is distinct. It would be ideal on tuna appetizers, chianina beef carpaccio with porcini mushrooms, marinated chicken, tomatoes au gratin, lentil soups, meat cous cous, boiled octopus, roast red meat or game, aged cheese.

Italia Italy [IT] Sicilia

Azienda Agricola Fontanasalsa

Via Cusenza, 78 - Fontanasalsa
91100 Trapani
Tel. + 39 0923 591116 - 0923 591120 - Fax + 39 0923 591116
E-mail: info@fontanasalsa.it - Web: www.fontanasalsa.it

89

- 30 m.
- **Specializzato** / Specialized
- **Ombrello** / Weeping vase
- **Brucatura a mano e meccanica** / Hand picking and mechanical harvesting
- **Sì - Ciclo continuo** / Yes - Continuous cycle
- **Nocellara**
- **Fruttato medio** / Medium fruity
- da 10,01 a 12,00 € - 500 ml. / from € 10.01 to 12.00 - 500 ml.

L'Azienda Fontanasalsa è guidata da Maria Caterina Burgarella, donna dell'olio di grande esperienza e anima di questa tenuta appartenente da generazioni alla sua famiglia. Al centro dell'azienda un baglio del Settecento, il luogo fortificato dove in passato si teneva il raccolto e dove oggi ci sono gli impianti di estrazione e di imbottigliamento. Gli oliveti si estendono per 60 ettari, con 7mila piante che quest'anno hanno prodotto 2.500 quintali di olive e circa 491 ettolitri di olio. Segnaliamo due selezioni Extravergine MB Fontanasalsa: i monocultivar Cerasuola e Nocellara, quest'ultimo scelto dal panel. Di colore giallo dorato intenso con nuance verdoline, limpido; al naso è ampio e avvolgente, dotato di note fruttate di pomodoro maturo, mela bianca e netti sentori di erbe officinali, con ricordo di basilico e menta. In bocca è complesso e fine, con toni di lattuga, fave e chiusura speziata di pepe nero. Amaro e piccante decisi e armonici. Si abbina a insalate di fagioli, marinate di pesce persico, patate alla brace, verdure arrosto, passati di legumi, primi piatti con salmone, gamberi in guazzetto, pesci di scoglio arrosto, formaggi caprini.

Azienda Fontanasalsa is run by Maria Caterina Burgarella, oil expert and soul of this large estate that has belonged to her family for generations. The centre of the farm is constituted by an 18th century "baglio", the fortified place where once it was harvested and where today there are the extraction and bottling systems. The olive groves extend over 60 hectares with 7,000 trees. In the last harvest 2,500 quintals of olives were produced, which yielded about 491 hectolitres of oil. We recommend two Extra Virgin selections MB Fontanasalsa: the Monocultivar Cerasuola and Nocellara, chosen by our panel. It is an intense limpid golden yellow colour with light green hues. Its aroma is ample and rotund, with fruity notes of ripe tomato, white apple and distinct hints of officinal herbs, especially basil and mint. Its taste is complex and fine, with a flavour of lettuce, broad beans and a spicy finish of black pepper. Bitterness and pungency are definite and harmonic. It would be ideal on bean salads, marinated perch, barbecued potatoes, roast vegetables, legume purée, pasta with salmon, stewed shrimps, roast rock-fish, goat cheese.

Italia Italy [IT] Sicilia

Azienda Agricola Lombardo

Via Regina Elena, 24
91021 Campobello di Mazara (TP)
Tel. + 39 0924 48368 - Fax + 39 0924 48432
E-mail: info@aziendaagricolalombardo.it - Web: www.aziendaagricolalombardo.it

92

50 m.

Specializzato
Specialized

Vaso globoso
Globe

Brucatura a mano
Hand picking

No - Ciclo continuo
No - Continuous cycle

Nocellara del Belice

Fruttato medio
Medium fruity

da 12,01 a 15,00 € - 500 ml.
from € 12.01 to 15.00 - 500 ml.

Impeccabile, come sempre. Merito della professionalità e della passione di Francesco Lombardo, alla guida insieme alla moglie Francesca dell'azienda di famiglia, fondata nel 1928, che produce anche ottime olive da tavola, vino e agrumi. Attualmente all'oliveto specializzato sono dedicati 30 ettari, con 4.500 piante di nocellara del Belice messe a dimora. Durante l'ultima campagna olearia sono stati raccolti 1.400 quintali di olive che hanno prodotto 200 ettolitri di olio extravergine. Eccellente la selezione aziendale, l'Extravergine Fiore del Belice che appare alla vista di colore giallo dorato intenso con calde sfumature verdoline, limpido. All'olfatto si esprime complesso ed elegante, dotato di ampie note di erba fresca falciata, pomodoro maturo e ricchi sentori aromatici di basilico e menta. Al gusto è avvolgente e fine, con toni vegetali di fave fresche, lattuga e note speziate di pepe nero. Amaro e piccante decisi ed equilibrati. Abbinamento ideale con antipasti di lenticchie, carpaccio di tonno, insalate di spinaci, marinate di pollo, minestroni di verdure, primi piatti al ragù, tonno alla griglia, pollame o carni di agnello alla piastra, formaggi stagionati a pasta filata.

As usual Agricola Lombardo has obtained an excellent result thanks to the competent and passionate Francesco, who runs the farm founded in 1928 together with his wife Francesca. They also produce very good table olives, wine and citrus fruit. The estate currently has a 30-hectare olive grove with 4,500 trees of the variety nocellara del Belice. In the last oil harvest 400 quintals of olives were produced, with a yield of 200 hectolitres of extra virgin olive oil. The excellent farm selection, the Extra Virgin Fiore del Belice, is an intense limpid golden yellow colour with warm light green hues. Its aroma is complex and elegant, endowed with ample notes of freshly mown grass, ripe tomato and rich aromatic hints of basil and mint. Its taste is rotund and fine, with a vegetal flavour of fresh broad beans, lettuce and spicy notes of black pepper. Bitterness and pungency are definite and balanced. It would be ideal on lentil appetizers, tuna carpaccio, spinach salads, marinated chicken, minestrone with vegetables, pasta with meat sauce, grilled tuna, pan-seared poultry or lamb, aged cheese.

Azienda Agricola Sanacore

Strada Misiliscemi, 7 - Guarrato
91100 Trapani
Tel. + 39 0923 864279
E-mail: info@sanacore.it - Web: www.sanacore.it

88 ⬆

- 108 m.
- Specializzato / Specialized
- Vaso aperto / Open vase
- Brucatura a mano e meccanica / Hand picking and mechanical harvesting
- No - Ciclo continuo / No - Continuous cycle
- Nocellara
- Fruttato medio / Medium fruity
- da 12,01 a 15,00 € - 500 ml. / from € 12.01 to 15.00 - 500 ml.

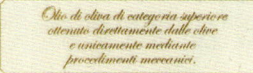

Quello che ospita Sanacore è uno dei bagli più antichi della Sicilia occidentale, tra i centri di Trapani e Marsala, con la montagna di Erice sullo sfondo. L'azienda, che offre anche un servizio di ospitalità esclusivo, è guidata da più di vent'anni da Francesco Sanacore che dispone di 15 ettari di oliveto specializzato con 2.700 piante. Da queste sono stati ricavati quest'anno 500 quintali di olive, pari a una resa produttiva di circa 80 ettolitri di olio extravergine. Due le etichette Extravergine proposte: l'ottimo Ogghiu e soprattutto il monocultivar Sanacore - Nocellara, eccellente. Appare alla vista di colore giallo dorato intenso con caldi riflessi verdolini, limpido; al naso è ampio e complesso, con decisi sentori fruttati di pomodoro di media maturità, mela bianca e ricche note balsamiche di basilico e menta. In bocca è avvolgente e fine, con toni vegetali di lattuga, fave fresche e pepe nero. Amaro spiccato e piccante presente. L'abbinamento ideale è con bruschette, insalate di carciofi, marinate di pollo, radicchio arrosto, passati di funghi porcini, primi piatti con tonno, pesce azzurro gratinato, carni rosse in tartare, maiale in umido, formaggi di media stagionatura.

Azienda Agricola Sanacore is one of the oldest "bagli" in west Sicily, between the towns of Trapani and Marsala, with the Mount of Erice in the background. The farm, which also offers exclusive tourist accomodation, has been run for over twenty years by Francesco Sanacore, who manages 15 hectares of specialized olive grove with 2,700 trees. In the last oil harvest 500 quintals of olives were produced, equal to a yield of about 80 hectolitres of extra virgin olive oil. There are two Extra Virgin selections: the excellent Ogghiu and especially the Monocultivar Sanacore - Nocellara. It is an intense limpid golden yellow colour with warm light green hues. Its aroma is ample and complex, with definite fruity hints of medium ripe tomato, white apple and rich fragrant notes of basil and mint. Its taste is rotund and fine, with a vegetal flavour of lettuce, fresh broad beans and black pepper. Bitterness is distinct and pungency is present. It would be ideal on bruschette, artichoke salads, marinated chicken, roast radicchio, porcini mushroom purée, pasta with tuna, blue fish au gratin, red meat tartare, stewed pork, medium mature cheese.

Azienda Agricola Biologica Titone

Via Piro, 68 - Locogrande - Marausa
91100 Trapani
Tel. + 39 0924 981444 - 0923 842102 - Fax + 39 0924 981444 - 0923 842102
E-mail: info@titone.it - Web: www.titone.it

96

- 15 m.
- Specializzato / Specialized
- Ombrello / Weeping vase
- Brucatura a mano / Hand picking
- Sì - Ciclo continuo / Yes - Continuous cycle
- Cerasuola (45%), nocellara del Belice (45%), biancolilla (10%)
- Fruttato medio / Medium fruity
- da 8,01 a 10,00 € - 250 ml. / from € 8.01 to 10.00 - 250 ml.

In attività dal 1936, questa bella struttura del Trapanese appartiene alla famiglia Titone, farmacisti da generazioni che hanno sempre avuto un'attenzione particolare per la salute e una passione per l'olivicoltura. Oggi alla guida dell'azienda, riconvertita integralmente al biologico, ci sono Antonella e Nicola Titone che conducono 19 ettari di oliveto specializzato con 4.900 piante dalle quali quest'anno sono stati raccolti 650 quintali di olive, pari a una resa produttiva di 100 ettolitri di olio extravergine. L'Extravergine Titone Dop Valli Trapanesi da Agricoltura Biologica è di un bel colore giallo dorato intenso con sottili riflessi verdi, limpido; al naso si offre armonico e avvolgente, con netto ricordo di pomodoro di media maturità, banana, mela bianca e sentori speziati di pepe nero. Al gusto è pieno e vegetale, con toni di lattuga e ricche note di erbe officinali, con menta, salvia e origano in evidenza. Amaro e piccante decisi ed equilibrati. Ideale su antipasti di salmone, insalate di pomodori, patate al cartoccio, verdure alla brace, zuppe di ceci, risotto con carciofi, pesci alla brace, rombo ai ferri, formaggi freschi a pasta filata.

Active since 1936, this beautiful farm in the area of Trapani belongs to the family Titone, who have been chemists for generations and have always had a particular attention for health and a passion for olive growing. Today the farm has been wholly converted to organic farming and is run by Antonella and Nicola Titone. There are 19 hectares of specialized olive grove with 4,900 trees, which produced 650 quintals of olives in the last harvest, equal to a yield of 100 hectolitres of extra virgin olive oil. The Extra Virgin Titone Pdo Valli Trapanesi from Organic Farming is a beautiful intense limpid golden yellow colour with slight green hues. Its aroma is harmonic and rotund, with a distinct note of medium ripe tomato, banana, white apple and spicy hints of black pepper. Its taste is full and vegetal, with a flavour of lettuce and rich notes of officinal herbs, especially mint, sage and oregano. Bitterness and pungency are definite and balanced. It would be ideal on salmon appetizers, tomato salads, baked potatoes, barbecued vegetables, chickpea soups, risotto with artichokes, barbecued fish, grilled turbot, mozzarella cheese.

Italia Italy [IT] Sicilia

Frantoio Torre di Mezzo

Via Enrico Rinaldi, 56 - Marausa
91100 Trapani
Tel. + 39 0923 841590 - 0923 842419 - Fax + 39 0923 843271
E-mail: info@frantoiotorredimezzo.com - Web: www.frantoiotorredimezzo.com

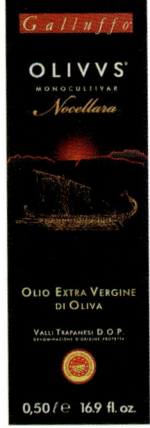

87

 20/300 m.

 Specializzato / Specialized

 Ombrello / Weeping vase

 Brucatura a mano / Hand picking

 Sì - Ciclo continuo / Yes - Continuous cycle

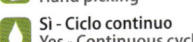 Nocellara

 Fruttato intenso / Intense fruity

 da 15,01 a 18,00 € - 500 ml. / from € 15.01 to 18.00 - 500 ml.

Meritatissima segnalazione per il Frantoio Torre di Mezzo che continua una tradizione olearia cominciata mezzo secolo fa dalla famiglia Pantaleo a Marausa, nel Trapanese. Oggi, dopo un importante rinnovamento tecnologico, l'azienda molisce nel proprio frantoio le olive provenienti da 5mila piante distribuite su 20 ettari specializzati. Quest'anno sono stati raccolti 1.800 quintali di olive che, uniti ai mille acquistati, hanno reso circa 489 ettolitri di olio. Tre gli Extravergine: i due Torre di Mezzo - "base" e Dop Valli Trapanesi - e l'ottimo Galluffo - Olivvs Dop Valli Trapanesi, che segnaliamo. Di colore giallo dorato intenso con delicati riflessi verdi, limpido; al naso è deciso e ampio, ricco di sentori fruttati di pomodoro di media maturità, mela bianca e banana, cui si aggiungono netti toni balsamici di menta e basilico. In bocca è fine e avvolgente, con note vegetali di lattuga, fave e pepe nero. Amaro potente e piccante spiccato. È perfetto per antipasti di funghi porcini, bruschette con pomodoro, carpaccio di tonno, pomodori gratinati, zuppe di asparagi, primi piatti con pesce azzurro, polpo bollito, cacciagione di piuma o pelo alla piastra, formaggi di media stagionatura.

A great performance for Frantoio Torre di Mezzo, which carries on a tradition started by the family Pantaleo in Marausa, in the area of Trapani, half a century ago. Today, after important technological innovations, the farm crushes the olives from 5,000 trees distributed on 20 specialized hectares. In the last harvest 1,800 quintals of olives were produced and 1,000 purchased, with a yield of about 489 hectolitres of oil. There are three Extra Virgin selections: the two Torre di Mezzo - "basic" and Pdo Valli Trapanesi - and the excellent Galluffo - Olivvs Pdo Valli Trapanesi. It is an intense limpid golden yellow colour with delicate light green hues. Its aroma is definite and ample, rich in fruity hints of medium ripe tomato, white apple and banana, together with distinct fragrant notes of mint and basil. Its taste is fine and rotund, with a vegetal flavour of lettuce, broad beans and black pepper. Bitterness is powerful and pungency is strong. It would be ideal on porcini mushroom appetizers, bruschette with tomatoes, tuna carpaccio, tomatoes au gratin, asparagus soups, pasta with bluefish, boiled octopus, pan-seared game birds or animals, medium mature cheese.

Sardegna

Dati Statistici

Superficie olivetata nazionale	1.147.188 (ha)
Superficie olivetata regionale	39.622 (ha)
Quota regionale	3,45%
Frantoi	119
Produzione nazionale 09-10	521.915,9 (t)
Produzione regionale 09-10	6.453,6 (t)
Produzione regionale 08-09	10.119,2 (t)
Variazione	- 36,22%
Quota regionale	1,24%

National Institute of Statistics

Statistic Data

National Olive Surface	1,147,188 (ha)
Regional Olive Surface	39,622 (ha)
Regional Quota	3.45%
Olive Oil Mills	119
National production 09-10	521,915.9 (t)
Regional production 09-10	6,453.6 (t)
Regional production 08-09	10,119.2 (t)
Variation	- 36.22%
Regional Quota	1.24%

La diffusione della pianta sacra in quest'angolo di Mediterraneo risale con tutta probabilità alla colonizzazione dei Fenici. A testimonianza dell'antichità di questa tradizione si trovano nell'isola alcuni toponimi (Ogliastra, Oliena, Oleana, Partes Olea) e numerosi reperti archeologici, in particolare molte anfore olearie. All'epoca fenicia segue un periodo di stasi in età punica, quando vigeva l'obbligo di abbattere qualsiasi albero per riconvertire i terreni alla produzione di cereali da destinare alla madre patria Cartagine. Ma subito dopo, in epoca romana, l'olivicoltura riprende vigore. In seguito alla caduta dell'Impero romano, sono i governatori della Repubblica di Pisa a incentivare la produzione di olio, favorendo l'impianto di nuovi olivi mediante la concessione ai fittavoli della proprietà della pianta innestata. Ma è durante il Seicento che l'olivicoltura sarda conosce la sua massima espansione: molti oliveti vengono infatti impiantati durante la dominazione spagnola e lo testimonia tuttora la presenza di alcune cultivar di chiara origine iberica come la palma, la majorca e la sivigliana. Venendo a oggi, gli anni più recenti sono stati quelli decisivi per il rilancio di tutto il comparto, anche perché molti giovani hanno deciso di scommettere sull'olivicoltura: migliaia di ettari improduttivi sono stati investiti a olivo con impianti razionali, molte aziende sono state riconvertite, altre ancora hanno intrapreso la strada della moderna meccanizzazione e in zone come Gonnosfanadiga, Villamassargia e Villacidro l'olivicoltura è al momento il settore trainante dell'economia agricola locale. Dunque la Sardegna può essere considerata attualmente come una delle più promettenti realtà olivicole italiane, grazie a un comparto specializzato in pieno rilancio che permette la realizzazione di un prodotto finale di alto livello. Allora la tanto attesa e finalmente attuata Dop Sardegna non fa che sancire la bella realtà del nuovo corso dell'olivicoltura isolana, decisamente indirizzata su un percorso di qualità. La Sardegna è infatti la terza regione italiana, dopo l'Umbria e il Molise, a ricevere questo imprimatur di qualità totale per tutto il territorio regionale. Ricco e complesso il patrimonio olivicolo isolano: tante cultivar dalle quali si ottengono altrettanti oli dalle diverse caratteristiche organolettiche, comunque tutti spiccatamente tipici. Nel Campidano, intorno a Cagliari, e soprattutto a nord del capoluogo, nella zona di Dolianova, sono diffuse le varietà tonda, bianca di Cagliari e pizz'e carroga. Nel Nuorese l'olivicoltura è concentrata nella zona di Oliena e Dorgali, mentre nell'Ogliastra ritroviamo olivi nei pressi di Ilbono. Il Sassarese è il regno della tipica bosana, detta anche tonda sassarese che è presente anche nella provincia di Oristano, soprattutto verso nord, alle pendici del Monte Ferru, dove troviamo anche la varietà terza. Ma il parco varietale sardo conta ancora tante altre cultivar come ceresia, olianedda, semidana, nera di Gonnosfanadiga, nero di Villacidro, cariasina di Dorgali e di Oristano, corsicana, pezza de quaddu e majorca di Dorgali. Nel settore della trasformazione sono attivi 119 frantoi che nella campagna olearia 2009-2010 hanno prodotto 6.453,6 tonnellate di olio, pari all'1,24% del totale nazionale, con una diminuzione del 36,22% rispetto all'annata precedente.

The spreading of the "sacred tree" in this corner of the Mediterranean dates probably back to the Phoenician colonization: in fact this ancient tradition is testified by the presence on the island of some toponyms - Ogliastra, Oliena, Oleana, Partes Olea - and by numerous remains found during archaeological excavations, in particular many oil amphoras. In the subsequent Punic age there was a period of stagnation due to the obligation to cut down every tree to reconvert the lands to cereal production destined to the mother country Carthage. Instead in Roman times olive growing recovered. After the fall of the Empire oil production was stimulated thanks to the governors of the Repubblica di Pisa, who favoured olive plantations giving the property of the grafted plant to tenants. Olive growing in Sardinia had its maximum expansion in the 18th century: many olive groves were in fact planted during the Spanish domination and this is shown even today by the presence of some varieties of clear Spanish origin such as palma, majorca and sivigliana. As to the present the last few years have been decisive to re-launch the sector, even because many young people have decided to speculate on olive growing: consequently thousands of unproductive land has been converted to olive groves with suitable plants, many farms have been transformed, others have carried out a process of modern mechanization and in areas like Gonnosfanadiga, Villamassargia and Villacidro olive growing is today the driving sector of the local agricultural economy. Therefore Sardinia can be considered one of the most promising regions in Italy thanks to a specialized sector which is being re-launched and which allows a high quality end product. The long expected and at last obtained Pdo Sardegna confirms the new trend of the island olive growing, today definitely quality-oriented. It must be stressed that Sardinia is the third Italian region after Umbria and Molise that has received this quality recognition for the whole regional territory. The range of varieties present on the island is wide and unusual: many varieties from which many oils are obtained, with different organoleptic characters, but equally typical. In the area of Campidano around Cagliari and especially to the north of the main town in the area of Dolianova we find the varieties tonda, bianca di Cagliari and pizz'e carroga. In the area of Nuoro olive growing is mainly concentrated in the area of Oliena and Dorgali, while in the area of Ogliastra we find olive trees near Ilbono. In the area of Sassari we find the ideal place for the typical oliva bosana, also called tonda sassarese, which is also present in the province of Oristano, especially in the north on the side of Monte Ferru, where there is also the variety terza. And many other cultivars are typical in Sardinia, for instance ceresia, olianedda, semidana, nera di Gonnosfanadiga, nero di Villacidro, cariasina di Dorgali and Oristano, corsicana, pezza de quaddu and majorca di Dorgali. In the transformation sector there are 119 active olive oil mills, which produced 6,453.6 tons of oil, equal to 1.24% of the total national quantity, with a decrease of 36.22% compared to the previous year.

Oleificio Francesco Locci

V.le Europa, 18
09041 Dolianova (CA)
Tel. + 39 070 740651 - Fax + 39 070 740651
E-mail: locci@tin.it - Web: www.oliodeltempio.com

94

219 m.

Specializzato
Specialized

Vaso policonico
Polyconic vase

Brucatura a mano e meccanica
Hand picking and mechanical harvesting

Sì - Ciclo continuo
Yes - Continuous cycle

Olieddu (50%), tonda di Cagliari (35%), pizz'e carroga (15%)

Fruttato medio
Medium fruity

da 6,01 a 8,00 € - 500 ml.
from € 6.01 to 8.00 - 500 ml.

Francesco Locci è l'erede di una tradizione familiare iniziata più di un secolo e mezzo fa e da allora mai interrotta: oggi è lui alla guida dell'Oleificio di Diolianova, nel Cagliaritano, che dispone di un impianto di estrazione all'avanguardia e di 20 ettari di oliveto specializzato sul quale trovano dimora 6mila piante che in questa campagna olearia hanno reso un raccolto di 420 quintali di olive, pari a 47 ettolitri di olio extravergine. Segnaliamo l'etichetta proposta dall'azienda, l'Extravergine Olio del Tempio che si offre alla vista di un bel colore giallo dorato intenso, limpido; all'olfatto si esprime complesso e deciso, dotato di sentori fruttati di pomodoro acerbo e spiccate note vegetali di carciofo, sedano ed erbe officinali, con netto ricordo di basilico e prezzemolo. Al gusto è morbido e fine, caratterizzato da toni di ortaggi freschi di campo, lattuga e chiusura di mandorla. Amaro deciso e piccante ben presente e dosato. È un ottimo accompagnamento per fagioli bolliti, insalate di salmone, patate arrosto, pomodori con riso, verdure gratinate, zuppe di ceci, risotto con carciofi, gamberi in umido, rombo alla brace, formaggi caprini.

Francesco Locci is the heir of a family tradition started over 150 years ago and never interrupted. Currently he runs Oleificio Locci in Diolianova, in the area of Cagliari, which has an advanced extraction system and a 20-hectare specialized olive grove with 6,000 trees. In the last harvest they produced 420 quintals of olives, equal to 47 hectolitres of extra virgin olive oil. We recommend the selection proposed by the farm, the Extra Virgin Olio del Tempio, which is a beautiful intense limpid golden yellow colour. Its aroma is complex and definite, with fruity hints of unripe tomato and distinct vegetal notes of artichoke, celery and officinal herbs, especially basil and parsley. Its taste is mellow and fine, characterized by a flavour of fresh country vegetables, lettuce and an almond finish. Bitterness is definite and pungency is present and complimentary. It would be ideal on boiled beans, salmon salads, roast potatoes, tomatoes stuffed with rice, vegetables au gratin, chickpea soups, risotto with artichokes, stewed shrimps, barbecued turbot, goat cheese.

Azienda Agricola Giuseppe Gabbas

S. P. Nuoro-Oliena - Badde Manna
08100 Nuoro
Tel. + 39 0784 33745 - Fax + 39 0784 33745
E-mail: ggabbas@tiscali.it - Web: www.gabbas.it

87

- 350 m.
- Specializzato / Specialized
- Vaso / Vase
- Brucatura a mano / Hand picking
- No - Ciclo continuo / No - Continuous cycle
- Bosana
- Fruttato medio / Medium fruity
- da 10,01 a 12,00 € - 500 ml. / from € 10.01 to 12.00 - 500 ml.

La Gabbas si trova a Badde Manna, collocata sulle colline tra Nuoro e Oristano e si presenta come una delle più interessanti realtà del panorama vitivinicolo sardo. Ma non solo vino, a quanto pare: la tenuta aziendale si estende su 30 ettari complessivi, dei quali 10 sono destinati agli oliveti, dove dimorano 1.700 piante esclusivamente di varietà bosana. Nella più recente campagna olearia, la Gabbas ha raccolto dai suoi alberi circa 20 quintali di olive che hanno reso quasi 3 ettolitri di olio extravergine. Segnaliamo l'unica etichetta aziendale proposta, l'Extravergine Solianu che appare alla vista di colore giallo dorato intenso, limpido; all'olfatto si apre morbido e dosato, caratterizzato da note di erba fresca falciata, pomodoro acerbo e sedano, cui si aggiungono sentori balsamici di basilico e menta. Al gusto è fine e armonico, dotato di toni vegetali di carciofo, lattuga e mandorla. Amaro e piccante ben presenti ed equilibrati. Si accompagna bene a bruschette con verdure, carpaccio di pesce di lago, insalate di orzo, marinate di salmone, zuppe di farro, cous cous di verdure, pesci ai ferri, tartare di tonno, formaggi freschi a pasta filata.

Situated in Badde Manna, on the hills between Nuoro and Oristano, Azienda Agricola Gabbas is one of the most interesting farms in the regional wine-growing sector. However there is not only wine: the estate stretches over 30 hectares, 10 of which are destined to olive groves with 1,700 trees of the variety bosana. In the last oil harvest about 20 quintals of olives were produced, with a yield of almost 3 hectolitres of extra virgin olive oil. We recommend the only farm selection proposed, the excellent Extra Virgin Solianu, which is an intense limpid golden yellow colour. Its aroma is mellow and delicate, characterized by notes of freshly mown grass, unripe tomato and celery and lettuce, together with fragrant hints of mint and basil. Its taste is fine and harmonic, with a vegetal flavour of artichoke, lettuce and almond. Bitterness and pungency are present and balanced. It would be ideal on bruschette with vegetables, freshwater fish carpaccio, barley salads, marinated salmon, farro soups, vegetable cous cous, grilled fish, tuna tartare, mozzarella cheese.

Italia Italy [IT] Sardegna

Accademia Olearia

Via de Muro, 13
07041 Alghero (SS)
Tel. + 39 079 980394 - Fax + 39 079 970954
E-mail: commerciale@accademiaolearia.com - Web: www.accademiaolearia.it

92 ⬆ ❤

- 20 m.
- Specializzato / Specialized
- Policono / Polycone
- Meccanica / Mechanical harvesting
- Sì - Ciclo continuo / Yes - Continuous cycle
- Bosana (70%), semidana (30%)
- Fruttato medio / Medium fruity
- da 6,01 a 8,00 € - 750 ml. / from € 6.01 to 8.00 - 750 ml.

Risultato di alto livello per l'Accademia Olearia, punto di riferimento dell'olivicoltura algherese. Merito di Giuseppe Fois, erede di quattro generazioni di olivicoltori e frantoiani che conduce una grande proprietà di quasi 200 ettari di oliveto specializzato, con 20mila piante. Quest'anno sono stati raccolti 4.440 quintali di olive, pari a circa 873 ettolitri di olio. Due le etichette Extravergine che segnaliamo, entrambe Dop Sardegna: il Riserva del Produttore - Fruttato e l'ottimo Accademia Olearia - Fruttato, scelto dal panel. Di colore giallo dorato intenso con delicate sfumature verdi, limpido; al naso si apre deciso e ampio, dotato di eleganti note vegetali di cicoria selvatica, carciofo e cardo, cui si associano spiccati sentori di erbe balsamiche, con netto ricordo di menta, rosmarino e salvia. Al gusto è complesso e avvolgente, ricco di toni speziati di pepe nero, pomodoro acerbo e mandorla. Amaro spiccato e piccante ben espresso. Si abbina a bruschette con pomodoro, carpaccio di tonno, insalate di funghi porcini, marinate di polpo, passati di carciofi, cous cous di carne, pesce spada alla griglia, maiale arrosto, formaggi di media stagionatura.

An excellent result for Accademia Olearia, a point of reference of olive growing in Alghero thanks to Giuseppe Fois, the heir of four generations of olive growers and olive-press operators. He runs a big estate with almost 200 hectares of specialized olive grove and 20,000 trees. In the last harvest 4,440 quintals of olives were produced, equal to about 873 hectolitres of extra virgin olive oil. We recommend two Extra Virgin selections, both Pdo Sardegna: Riserva del Produttore - Fruity and the excellent Accademia Olearia - Fruity, chosen by our panel. It is an intense limpid golden yellow colour with delicate green hues. Its aroma is definite and ample, endowed with elegant vegetal notes of wild chicory, artichoke and thistle, together with distinct hints of aromatic herbs, especially mint, rosemary and sage. Its taste is complex and rotund, rich in spicy hints of black pepper, unripe tomato and almond. Bitterness is strong and pungency is present and distinct. It would be ideal on bruschette with tomatoes, tuna carpaccio, porcini mushroom salads, marinated octopus, artichoke purée, meat cous cous, grilled swordfish, roast pork, medium mature cheese.

Italia Italy [IT] Sardegna

Domenico Manca

Via Carrabuffas - San Giuliano
Casella Postale 56 - 07041 Alghero (SS)
Tel. + 39 079 977215 - Fax + 39 079 977349
E-mail: info@sangiuliano.it - Web: www.sangiuliano.it

85

25/125 m.

Specializzato
Specialized

Ipsilon, vaso
Y-trellis, vase

Brucatura a mano e meccanica
Hand picking and mechanical harvesting

Sì - Ciclo continuo misto
Yes - Mixed continuous cycle

Bosana

Fruttato medio
Medium fruity

da 12,01 a 15,00 € - 500 ml.
from € 12.01 to 15.00 - 500 ml.

È una delle aziende storiche del comprensorio di Alghero, nata nel lontano 1916, quando il nonno e omonimo del titolare Domenico Manca acquistò un frantoio e diede inizio a una piccola produzione di extravergine per il mercato locale. Oggi gli ettari destinati all'oliveto sono 150, divisi tra i Poderi di San Giuliano e la zona di Monte Sixeri, con 22mila piante dalle quali, nell'ultima campagna, sono stati raccolti 8mila quintali di olive, pari a circa 1.659 ettolitri di olio. L'Extravergine San Giuliano - Primér si offre alla vista di color giallo dorato intenso con delicati riflessi verdi, limpido; al naso si apre sottile e composto, dotato di sentori vegetali di carciofo e lattuga, cui si accompagnano note aromatiche di erbe officinali, con netto ricordo di rosmarino. Al gusto è morbido e dosato, con toni vegetali di cardo di campo, cicoria e frutta secca, con noce fresca e mandorla in evidenza. Amaro spiccato e piccante presente. Eccellente per antipasti di fagioli, insalate di farro, marinate di salmone, pomodori con riso, zuppe di verdure, risotto con molluschi, crostacei in guazzetto, rombo alla piastra, pollame o carni di agnello al forno, formaggi freschi a pasta filata.

It is one of the historical farms in the area of Alghero, active since 1916, when Domenico Manca's grandfather and homonym purchased an oil mill and started a limited production of extra virgin olive oil for the local market. Today there are 150 hectares of olive grove, situated in the estates of San Giuliano and the area of Mount Sixeri, with 22,000 trees. In the last harvest 8,000 quintals of olives were produced, equal to about 1,659 hectolitres of oil. The Extra Virgin San Giuliano - Primér is an intense limpid golden yellow colour with delicate green hues. Its aroma is fine and delicate, with vegetal hints of artichoke and lettuce, together with aromatic notes of officinal herbs, especially rosemary. Its taste is mellow and complimentary, with vegetal hints of wild thistle, chicory and dried fruit, especially fresh walnut and almond. Bitterness is distinct and pungency is present. It would be ideal on bean appetizers, farro salads, marinated salmon, tomatoes stuffed with rice, vegetable soups, risotto with mussels, stewed shellfish, pan-seared turbot, baked poultry or lamb, mozzarella cheese.

Italia Italy [IT] Sardegna

Azienda Agricola Fratelli Pinna

S. V. Maccia d'Agliastru - Caniga - Prato Comunale
07100 Sassari
Tel. + 39 079 441100 - Fax + 39 079 444183
E-mail: info@oliopinna.it - Web: www.oliopinna.it

94

- 250 m.
- **Specializzato** / Specialized
- **Vaso policonico** / Polyconic vase
- **Meccanica** / Mechanical harvesting
- **Sì - Ciclo continuo** / Yes - Continuous cycle
- Bosana
- **Fruttato medio** / Medium fruity
- da 15,01 a 18,00 € - 250 ml. / from € 15.01 to 18.00 - 250 ml.

La Fratelli Pinna è un punto di riferimento importante dell'olivicoltura regionale e si distingue anche per la sua produzione di ortaggi, poi preparati sott'olio. Eredi di una tradizione familiare che risale al 1940, Antonella, Gavino e Leonardo Pinna conducono con la madre Maria Caterina 32 ettari di oliveto alle porte di Sassari, dove dimorano 5mila piante di varietà bosana dalle quali, nell'ultima campagna, sono stati raccolti 600 quintali di olive, pari a 131 ettolitri di olio extravergine. Segnaliamo l'Extravergine Denocciolato di Bosana che appare alla vista di colore giallo dorato intenso con riflessi verdolini, limpido; all'olfatto si esprime deciso e ampio, ricco di note fruttate di banana matura e mela bianca, arricchite da sentori vegetali di lattuga, carciofo e cardo di campo. Al gusto è pulito e morbido, dotato di toni aromatici di basilico, prezzemolo e mandorla amara in chiusura. Amaro e piccante presenti e ben espressi. È un perfetto accompagnamento per antipasti di farro, carpaccio di salmone, insalate di orzo, pomodori con riso, zuppe di funghi ovoli, cous cous di verdure, molluschi gratinati, rombo arrosto, coniglio al forno, pollame alla brace, formaggi caprini.

Azienda Agricola Fratelli Pinna is an important point of reference of regional olive growing and also produces good vegetables, which are then preserved in oil. Antonella, Gavino and Leonardo Pinna, the heirs of a familiar tradition dating back to 1940, run 32 hectares of olive grove just outside Sassari with their mother Maria Caterina. There are 5,000 trees of the variety bosana, which produced 600 quintals of olives in the last harvest, equal to 131 hectolitres of extra virgin olive oil. We recommend the Extra Virgin Denocciolato di Bosana, which is an intense limpid golden yellow colour with light green hues. Its aroma is definite and ample, rich in fruity notes of ripe banana and white apple, enriched by vegetal hints of lettuce, artichoke and wild thistle. Its taste is clean and mellow, with aromatic hints of basil, parsley and a bitter almond finish. Bitterness and pungency are present and distinct. It would be ideal on farro appetizers, salmon carpaccio, barley salads, tomatoes stuffed with rice, ovoli mushroom soups, vegetable cous cous, mussels au gratin, roast turbot, baked rabbit, barbecued poultry, goat cheese.

Italia Italy [IT] Sardegna

Azienda Agricola Francesco Piras

Via Guixera, 7
07041 Alghero (SS)
Tel. + 39 079 978443 - Fax + 39 079 6011508
E-mail: frantoiopiras@libero.it

86

 100 m.

 Specializzato
Specialized

 Vaso policonico
Polyconic vase

 Meccanica
Mechanical harvesting

 Sì - Ciclo continuo
Yes - Continuous cycle

 Bosana (90%), leccino (10%)

 Fruttato medio
Medium fruity

da 4,01 a 6,00 € - 500 ml.
from € 4.01 to 6.00 - 500 ml.

Nata nei primi anni Novanta per iniziativa di Francesco Piras, questa azienda di Alghero è una bella realtà di produzione olearia che si avvale di un moderno impianto di estrazione e di 54 ettari di impianto olivetato specializzato dove dimorano 15mila piante. Nell'ultima campagna olearia il raccolto ha fruttato 3mila quintali di olive, che hanno consentito di produrre circa 450 ettolitri di olio extravergine. Segnaliamo la selezione Extravergine Corax Dop Sardegna che si presenta alla vista di un bel colore giallo dorato intenso con delicati riflessi verdolini, limpido. All'olfatto si esprime morbido e contenuto, caratterizzato da sentori fruttati di banana acerba e frutta secca, con spiccata mandorla dolce in chiusura. In bocca è sottile e armonico, dotato di toni vegetali di carciofo, lattuga e cardo selvatico, arricchiti da note balsamiche di menta, rosmarino e pepe nero. Amaro e piccante presenti e ben armonizzati. È un buon accompagnamento per insalate di orzo, marinate di pesce persico, patate arrosto, verdure gratinate, zuppe di farro, primi piatti con salmone, seppie alla griglia, tartare di ricciola, formaggi freschi a pasta filata.

Azienda Agricola Piras in Alghero is a beautiful oil farm, founded at the beginning of the 90's by Francesco Piras. There is a modern extraction system and 54 hectares of specialized olive grove with 15,000 trees. In the last oil harvest 3,000 quintals of olives were produced, which allowed to yield about 450 hectolitres of extra virgin olive oil. We recommend the Extra Virgin selection Corax Pdo Sardegna, which is is a beautiful intense limpid golden yellow colour with delicate light green hues. Its aroma is mellow and delicate, characterized by fruity hints of unripe banana and dried fruit, with a distinct sweet almond finish. Its taste is fine and harmonic, endowed with a vegetal flavour of artichoke, lettuce and wild thistle, enriched by fragrant notes of mint, rosemary and blackpepper. Bitterness and pungency are present and complimentary. It would be ideal on barley salads, marinated perch, roast potatoes, vegetables au gratin, farro soups, pasta with salmon, grilled cuttlefish, amberjack tartare, mozzarella cheese.

Italia Italy [IT] Sardegna

Antica Compagnia Olearia Sarda

Via Vittorio Emanuele, 225
07041 Alghero (SS)
Tel. + 39 079 951597 - Fax + 39 079 985430
E-mail: info@anticacompagniaolearia.it - Web: www.anticacompagniaolearia.it

86

- 1 m.
- **Specializzato** / Specialized
- **Vaso policonico** / Polyconic vase
- **Meccanica** / Mechanical harvesting
- **Sì - Ciclo continuo** / Yes - Continuous cycle
- **Bosana**
- **Fruttato medio** / Medium fruity
- da 4,01 a 6,00 € - 500 ml. / from € 4.01 to 6.00 - 500 ml.

È una storia che attraversa tre secoli quella della famiglia Fois. Una tradizione che nasce alla fine dell'Ottocento e arriva ai giorni nostri in cui il nipote e omonimo del fondatore, Antonio Gavino Fois, è alla guida dell'azienda che dispone anche di un proprio moderno impianto di estrazione. Oggi su 180 ettari di superficie olivetata specializzata si trovano 20mila piante che quest'anno hanno fruttato un raccolto di quasi 4.465 quintali di olive, per una produzione in olio di circa 743 ettolitri. Segnaliamo l'Extravergine ...vecchia Las Tanas, di un bel colore giallo dorato intenso, con riflessi verdolini, limpido. Al naso è deciso e ampio, dotato di spiccati sentori fruttati di pomodoro di media maturità, mela bianca e banana matura, arricchiti da note balsamiche di basilico e prezzemolo. Al gusto è elegante e vegetale, con toni di sedano, lattuga e note speziate di pepe nero e mandorla in chiusura. Amaro deciso e piccante presente. È perfetto su antipasti di mare, bruschette con verdure, insalate di lenticchie, marinate di ricciola, passati di patate, primi piatti con funghi finferli, gamberi in guazzetto, pesci alla piastra, coniglio al forno, pollo arrosto, formaggi caprini.

The story of the family Fois has lasted for three centuries. In fact their tradition started at the end of the 19th century and has arrived at the present day, when the grandson and homonym of the founder, Antonio Gavino Fois, runs the farm, which has also a modern extraction system. Today there are 180 hectares of specialized olive surface with 20,000 trees, which produced almost 4,465 quintals of olives in the last harvest, equal to a yield of about 743 hectolitres of oil. We recommend the excellent Extra Virgin ...vecchia Las Tanas, which is an intense limpid golden yellow colour with light green hues. Its aroma is definite and ample, endowed with distinct fruity hints of medium ripe tomato, white apple and ripe banana, enriched by fragrant notes of basil and parsley. Its taste is elegant and vegetal, with a flavour of celery, lettuce and spicy notes of black pepper and an almond finish. Bitterness is strong and pungency is present. It would be ideal on seafood appetizers, bruschette with vegetables, lentil salads, marinated amberjack, potato purée, pasta with chanterelle mushrooms, stewed shrimps, pan-seared fish, baked rabbit, roast chicken, goat cheese.

Slovenia
Slovenia

Dati Statistici
Superficie olivetata nazionale	1.786 (ha)
Frantoi	13
Produzione nazionale 09-10	400,0 (t)
Produzione nazionale 08-09	500,0 (t)
Variazione	- 20,00%

Statistic Data
National Olive Surface	1,786 (ha)
Olive Oil Mills	13
National production 09-10	400.0 (t)
National production 08-09	500.0 (t)
Variation	- 20.00%

International Olive Oil Council - Ministry of Agriculture, Forestry and Food

La storia recente del comparto olivicolo in Slovenia è quella di una ripresa lenta e difficoltosa dopo anni di decadenza e abbandono. Ma il dato positivo è che oggi finalmente si stiano compiendo delle scelte giuste, perseguendo il fine della qualità. Scelte che comportano degli interventi sia dal punto di vista territoriale e paesaggistico, che da quello agronomico e produttivo, ripristinando i vecchi oliveti come parti integranti del paesaggio, adottando provvedimenti di tutela ambientale con tecniche colturali eco-sostenibili e lavorando in vista di un buon prodotto finale. L'obiettivo è l'incremento del livello qualitativo degli oli perché possano finalmente posizionarsi sul mercato. Già qualche risultato positivo è visibile, ma un grande impulso in questa direzione lo darà la recente approvazione della Dop Ekstra deviško oljčno olje Slovenske Istre (Istria Slovena), come pure i sussidi governativi per lo sviluppo agricolo in vista dell'adeguamento agli standard europei in tema di misure ambientali e assistenza tecnologica. Situata al crocevia tra l'Europa continentale e il Mediterraneo, la Slovenia presenta un territorio splendido e per molti aspetti ancora incontaminato, dove la coltura della pianta dell'olivo esiste da millenni. Tracce fossili di coltivazioni di piante vengono fatte risalire infatti all'era della colonizzazione greca, nel IV secolo a.C., anche se furono i Romani a diffondere l'olivicoltura in maniera massiccia in tutti i territori dell'Impero e a trasformarla in un'attività organizzata su larga scala. Nei secoli a venire questa coltura non è mai stata abbandonata e raggiunge il massimo splendore tra il XVII e il XVIII secolo, con un patrimonio olivicolo di oltre 300mila piante. Ma in epoche più recenti inizia il suo declino: negli anni che precedono la prima guerra mondiale e, ancor di più, dopo la rovinosa gelata del 1929 che determinò una vera e propria decimazione degli oliveti. E bisogna aspettare i giorni nostri per registrare un'inversione di tendenza. Oggi la regione più coltivata è l'Istria Slovena, che occupa il lembo sud-occidentale del paese con i comuni di Koper, Izola e Piran; ma anche più a nord stanno nascendo nuovi impianti. La superficie olivetata sfiora i 1.800 ettari ed è composta per lo più di piccoli appezzamenti gestiti da privati. Ciò comporta una notevole frammentazione dell'offerta, ma d'altronde gran parte del prodotto è ancora destinato all'autoconsumo, che peraltro rileva un discreto incremento di anno in anno. Per quanto riguarda le varietà in produzione, dopo la gelata del 1985 sono state selezionate quelle che avevano subito un danno minore e che garantivano una maggiore resistenza e una produttività più elevata. La cultivar più robusta e con la massima resa in olio si è rivelata l'autoctona istrska belica che oggi è in netta prevalenza nelle piantagioni, seguita da leccino, pendolino, frantoio e da altre piante autoctone provenienti dalla zona di Piran: štorta, črnica, drobnica. La trasformazione avviene in 13 frantoi, per metà tradizionali a presse e per l'altra metà moderni a ciclo continuo. La produzione, benché soggetta a oscillazioni dovute alle ricorrenti gelate, ha registrato negli ultimi anni una sostanziale stabilità. Nella campagna trascorsa ha raggiunto le 400 tonnellate di olio, con una diminuzione del 20% rispetto all'annata precedente.

The recent history of olive growing in Slovenia can be desccribed as a slow and difficult recovery after years of decadence and neglect. But the positive fact is that the country is moving in the right direction, first of all pursuing the objective of quality. This means considering the environment, but also the agronomic and productive point of view, thus restoring the old olive groves, adopting provisions of environmental protection with ecosustainable cultural techniques and aiming at the quality of the end product. In fact the objective for the future is to increase quality, so that local olive oil can come on the market. In this sense a great stimulus will be given by the recent certification of the Pdo Ekstra deviško oljčno olje Slovenske Istre (Slovenian Istria), as well as by government subsidies to agricultural development in order to conform to European environment and technological standards. Situated at the crossroads between continental Europe and the Mediterranean, Slovenia has a wonderful and still uncontaminated territory, where olive growing has been present for thousands of years. Fossil traces of olive cultivation date back to the era of the Greek colonization (4th century B.C.), even if the decisive stimulus was given by the Romans, who spread olive growing to all the territories of the Empire and transformed it into a large scale organized activity. Since then this cultivation has never been abandoned and it reached the maximum peak between the 17th and the 18th century, when there were over 300,000 olive trees. Unfortunately in more recent times olive cultivation started to decline: in the years before the First World War and especially after the disastrous 1929 frost that caused massive damage to olive groves. Only recently has there been a turnaround. Today Slovenian Istria, which takes up the south-western strip of the country with the municipalities of Koper, Izola and Piran is the most cultivated region, but also in the north new plantations can be found. The olive surface is nearly 1,800 hectares and is composed mainly by small pieces of ground run by private owners. This involves a notable fragmentation of the offer, even if the biggest part of the product is still destined to domestic consumption, which is also increasing from one year to the other. As regards the varieties in production, after the 1985 frost, only the plants that had suffered less damage and guaranteed high productivity were selected. The strongest cultivar with the maximum yield of oil is the autochthonous istrska belica , which is today clearly prevailing in the plantations, followed by leccino, pendolino, frantoio and by autochthonous plants coming from the area of Piran: štorta, črnica, drobnica. Transformation is carried out in 13 olive oil mills, half of which use traditional press extraction systems, while the other half use continuous cycle systems. Production , although subject to variations due to the frequent frosts, has been stable in the last few years. In the last olive oil harvest it reached 400 tons of oil, with a 20% decrease compared to the previous year.

Slovenia Slovenia [SI] Obalno-kraška

Miran Adamič - Ronkaldo

Beblerjeva, 10 - Istra
6000 Koper
Tel. + 386 5 6281313
E-mail: info@roncaldo.com - Web: www.roncaldo.com

90

140 m.

Specializzato
Specialized

Vaso
Vase

Brucatura a mano e meccanica
Hand picking and mechanical harvesting

No - Ciclo continuo
No - Continuous cycle

Istrska belica (46%), leccino (29%), maurino (25%)

Fruttato medio
Medium fruity

da 10,01 a 12,00 € - 500 ml.
from € 10.01 to 12.00 - 500 ml.

L'azienda Adamič - Ronkaldo è una bella realtà di produzione olearia attiva dal 1984 e condotta attualmente secondo i dettami del metodo biologico da Miran Adamič, che dispone di un patrimonio di quasi 3 ettari di oliveto specializzato dove sono messe a dimora 650 piante da un ampio parco varietale. Nella recente campagna olearia sono stati raccolti 50 quintali di olive, per una produzione pari a circa 9 ettolitri di olio. Segnaliamo l'Extravergine Ronkaldo Dop Ekstra deviško oljčno olje Slovenske Istre che si presenta alla vista di un bel colore giallo dorato intenso con sottili sfumature verdi, limpido. Al naso si esprime sottile e composto, dotato di sentori vegetali di carciofo, cicoria selvatica e note aromatiche di menta e rosmarino. Al gusto è morbido e dosato, caratterizzato da toni erbacei e speziati di cardo di campo e pepe nero. Amaro e piccante presenti e dosati che chiudono con armoniche note di noce matura e mandorla. Ideale per antipasti di farro, insalate di lenticchie, marinate di pesce persico, marinate di verdure, zuppe di funghi finferli, risotto con molluschi, pesci di scoglio in umido, tonno al forno, formaggi freschi a pasta filata.

Adamič - Ronkaldo is a beautiful oil farm, active since 1984 and run at present by Miran Adamič, who follows organic farming principles. There are almost 3 hectares of specialized olive grove with 650 trees. In the last oil harvest 50 quintals of olives were produced, equal to a yield of about 9 hectolitres of extra virgin olive oil. We recommend the Extra Virgin Ronkaldo Pdo Ekstra deviško oljčno olje Slovenske Istre, which is a beautiful intense limpid golden yellow colour with slight green hues. Its aroma is fine and delicate, endowed with vegetal hints of artichoke, wild chicory and aromatic notes of mint and rosemary. Its taste is mellow and delicate, endowed with herbaceous and spicy hints of wild thistle and black pepper. Bitterness and pungency are present and complimentary with a harmonic finish of ripe walnut and almond. It would be ideal on farro appetizers, lentil salads, marinated perch, marinated vegetables, chanterelle mushroom soups, risotto with mussels, stewed rock-fish, baked tuna, mozzarella cheese.

Slovenia Slovenia [SI] Obalno-kraška

Vanja Dujc
Dolga Reber, 4 - Istra
6000 Koper
Tel. + 386 5 6285448 - 5 6285447
E-mail: vanjadujc@volja.net - Web: www.vanjadujc.net

94

150 m.

Specializzato
Specialized

Policono, vaso cespugliato
Polycone, vase bush

Brucatura a mano
Hand picking

No - Ciclo continuo
No - Continuous cycle

Itrana

Fruttato medio
Medium fruity

da 40,01 a 50,00 € - 500 ml.
from € 40.01 to 50.00 - 500 ml.

Una brillante performance per Vanja Dujc del comprensorio di Koper, proprietario e "creatore" di questa bella realtà che egli stesso ha tirato su dal nulla più di venticinque anni fa e che oggi si estende su circa 3 ettari di oliveto specializzato. Il patrimonio comprende 1.050 piante di varietà locali e importate che quest'anno hanno reso 210 quintali di olive, pari a circa 31 ettolitri di olio. Due gli Extravergine Vanja proposti, il Dop Ekstra deviško oljčno olje Slovenske Istre e l'ottimo monocultivar Itrana, che segnaliamo. Di un bel colore giallo dorato intenso con delicate sfumature verdi, limpido; al naso si apre deciso e avvolgente, con eleganti sentori fruttati di pomodoro di media maturità, mela bianca e banana, cui si affiancano note vegetali di sedano, fave fresche e lattuga. Al gusto è ampio e fine, ricco di toni di erbe balsamiche, con spiccato basilico, mentuccia e prezzemolo. Amaro e piccante presenti e ben armonizzati. Perfetto per carpaccio di salmone, verdure alla brace, zuppe di orzo, primi piatti al pomodoro, risotto con funghi finferli, pesci di scoglio al forno, tartare di pesce spada, coniglio al forno, formaggi caprini.

A brilliant performance for Vanja Dujc in the district of Koper, the owner and "creator" of this beautiful oil farm, which he started more than 25 years ago. Today there are about 3 hectares of specialized olive grove with 1,050 trees of local and imported varieties. In the last harvest 210 quintals of olives were produced, equal to about 31 hectolitres of oil. Two Extra Virgin Vanja have been proposed, the Pdo Ekstra deviško oljčno olje Slovenske Istre and the excellent Monocultivar Itrana, which we recommend. It is a beautiful intense limpid golden yellow colour with delicate green hues. Its aroma is definite and rotund, with elegant fruity hints of medium ripe tomato, white apple and banana, together with vegetal notes of celery, fresh broad beans and lettuce. Its taste is ample and fine, with a rich flavour of aromatic herbs, especially basil, field balm and parsley. Bitterness and pungency are present and harmonic. It would be ideal on salmon carpaccio, barbecued vegetables, barley soups, pasta with tomato sauce, risotto with chanterelle mushrooms, baked rock-fish, swordfish tartare, baked rabbit, goat cheese.

Slovenia Slovenia [SI] Obalno-kraška

Jenko

Pobeška Cesta 11 - Istra - Bertoki
6000 Koper
Tel. + 386 5 6396161
E-mail: jenkob@siol.net - Web: www.oljcno-olje.com

88

60/90 m.

Specializzato
Specialized

Alberello, ombrello ribassato, vaso
Tree, weeping vase, vase

Brucatura a mano
Hand picking

No - Ciclo continuo
No - Continuous cycle

Istrska belica

Fruttato medio
Medium fruity

da 10,01 a 12,00 € - 500 ml.
from € 10.01 to 12.00 - 500 ml.

Meritatissima segnalazione per l'azienda Jenko nel territorio di Koper, particolarmente vocato all'olivicoltura. Si tratta di una realtà produttiva fondata nel 1994 da Boris Jenko che può contare su un patrimonio di più di 2 ettari di terreno olivetato dove albergano 680 piante. Il raccolto dell'ultima campagna olearia ha raggiunto i 110 quintali di olive, pari a una produzione di 20 ettolitri di olio extravergine. Eccellente l'etichetta aziendale proposta al panel, l'Extravergine Jenko Dop Ekstra deviško oljčno olje Slovenske Istre da Agricoltura Biologica. Appare alla vista di un bel colore giallo dorato intenso, limpido; all'olfatto si esprime complesso e deciso, con netti sentori vegetali di erba fresca falciata, carciofo e cicoria, arricchiti da spiccate note di salvia, rosmarino e menta. In bocca è fine e avvolgente, con toni erbacei e speziati di lattuga, pepe nero e mandorla dolce in chiusura. Amaro deciso e piccante dosato. Ideale su antipasti di carciofi, insalate di legumi, patate al forno, passati di funghi finferli, zuppe di ceci, primi piatti con salmone, risotto con verdure, pesci alla brace, tartare di tonno, pollame o carni di agnello al forno, formaggi caprini.

A great performance for the farm Jenko in Koper, a very favourable area for olive growing. It was founded in 1994 by Boris Jenko, who has over 2 hectares of olive grove with 680 trees. In the last harvest 110 quintals of olives were produced, equal to a yield of 20 hectolitres of extra virgin olive oil. The farm selection proposed to our panel, the Extra Virgin Jenko Pdo Ekstra deviško oljčno olje Slovenske Istre from Organic Farming is a beautiful intense limpid golden yellow colour. Its aroma is complex and definite, with distinct vegetal hints of freshly mown grass, artichoke and chicory, enriched by strong notes of sage, rosemary and mint. Its taste is fine and rotund, with herbaceous and spicy hints of lettuce, black pepper and a sweet almond finish. Bitterness is definite and pungency is complimentary. It would be ideal on artichoke appetizers, legume salads, roast potatoes, chanterelle mushroom purée, chickpea soups, pasta with salmon, risotto with vegetables, barbecued fish, tuna tartare, baked poultry or lamb, goat cheese.

Slovenia Slovenia [SI] Obalno-kraška

Morgan

Grintovec, 1 - Istra
6274 Šmarje (KP)
Tel. + 386 5 6560328
E-mail: jankofranc.morgan@gmail.com - Web: www.olje-morgan.si

88 ⬆

- 230 m.
- **Specializzato** / Specialized
- **Cono rovesciato, ipsilon, monocono** / Reverse cone, Y-trellis, monocone
- **Bacchiatura e brucatura a mano** / Beating and hand picking
- **No - Ciclo continuo** / No - Continuous cycle
- Istrska belica
- **Fruttato intenso** / Intense fruity
- da 10,01 a 12,00 € - 500 ml. / from € 10.01 to 12.00 - 500 ml.

U n esordio di classe per la Morgan, che ha stupito il panel con due prodotti, uno più convincente dell'altro. Alla fine degli anni Novanta Janko Franc Morgan decide di piantare sulla sua proprietà degli alberi di olivo, incrementando quelli già esistenti e riqualificando due terreni che oggi si estendono per circa 2 ettari, con 750 piante. Nella recente campagna sono stati raccolti 120 quintali di olive che hanno reso 20 ettolitri di olio. Due le etichette Extravergine Morgan, entrambe Dop Ekstra deviško oljčno olje Slovenske Istre da Agricoltura Biologica: il "base" e l'eccellente Istrska Belica. Di un bel colore giallo dorato intenso con nuance verdoline, limpido; al naso è deciso e ampio, ricco di sentori erbacei di carciofo e cicoria, cui si associano note aromatiche di menta, rosmarino e pepe nero. In bocca è avvolgente e di carattere, con toni di ortaggi di campo e spiccata mandorla in chiusura. Amaro deciso e piccante ben espresso. Eccellente su carpaccio di tonno, funghi porcini al forno, zuppe di fagioli, cous cous di carne, primi piatti con salsiccia, pesce azzurro gratinato, polpo bollito, agnello al forno, carni rosse o nere ai ferri, formaggi stagionati a pasta dura.

A n excellent first appearance in the Guide for Morgan, which has proposed two really interesting products. At the end of the 90's Janko Franc Morgan decided to plant some olive trees in his estate, increasing the existing ones and upgrading two fields, which now extend over about 2 hectares with 750 trees. In the last harvest 120 quintals of olives were produced, equal to a yield of 20 hectolitres of oil. There are two Extra Virgin Morgan, both Pdo Ekstra deviško oljčno olje Slovenske Istre from Organic Farming: the "basic" and the excellent Istrska Belica. It is a beautiful intense limpid golden yellow colour with light green hues. Its aroma is definite and ample, rich in herbaceous hints of artichoke and chicory, together with aromatic notes of mint, rosemary and black pepper. Its taste is rotund and strong, with a flavour of country vegetables and a distinct almond finish. Bitterness is definite and pungency is distinct. It would be ideal on tuna carpaccio, baked porcini mushrooms, bean soups, meat cous cous, pasta with sausages, blue fish au gratin, boiled octopus, baked lamb, grilled red meat or game, hard mature cheese.

Slovenia Slovenia [SI] Obalno-kraška

Školarice

Sp. Škofije 125/i - Istra
6281 Škofije
Tel. + 386 5 6549527 - Fax + 386 5 6625201
E-mail: novak.igor.74@gmail.com - Web: www.skolarice.si

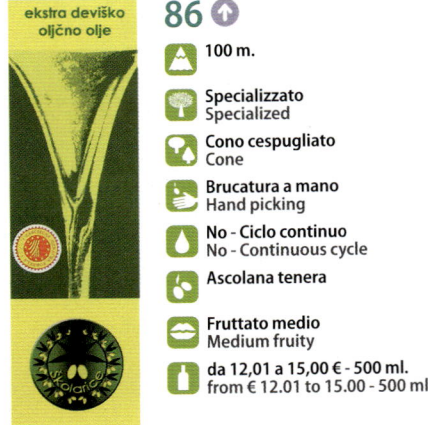

86

100 m.

Specializzato
Specialized

Cono cespugliato
Cone

Brucatura a mano
Hand picking

No - Ciclo continuo
No - Continuous cycle

Ascolana tenera

Fruttato medio
Medium fruity

da 12,01 a 15,00 € - 500 ml.
from € 12.01 to 15.00 - 500 ml.

Debutta con un extravergine ottimo la Školarice, promettente realtà di produzione olearia del territorio di Škofije. L'azienda è stata fondata quasi quindici anni or sono da Igor Novak che dispone attualmente di un patrimonio di 650 alberi, impiantati su circa 2 ettari di oliveto specializzato. Nella recente campagna olearia sono stati raccolti 110 quintali di olive che hanno prodotto circa 16 ettolitri di olio extravergine. Segnaliamo l'etichetta aziendale, l'Extravergine Školarice Dop Ekstra deviško oljčno olje Slovenske Istre: alla vista si presenta di un bel colore giallo dorato intenso con delicate sfumature verdoline, limpido; al naso si apre ampio e deciso, ricco di eleganti sentori fruttati di pomodoro di media maturità, mela bianca e banana, cui si accompagnano note aromatiche di basilico, eucalipto e menta. In bocca si offre avvolgente ed erbaceo, con toni di fave fresche e lattuga. Amaro e piccante ben espressi ed equilibrati. Ottimo per antipasti di fagioli, marinate di pesce di lago, passati di asparagi, zuppe di ceci, cous cous di verdure, risotto con molluschi, gamberi in guazzetto, tartare di pesce spada, coniglio al forno, pollame alla brace, formaggi caprini.

The farm Školarice is present in this Guide for the first time with an excellent extra virgin olive oil. It is a promising oil producer in the territory of Škofije. Founded almost 15 years ago by Igor Novak, it consists of about 2 hectares of specialized olive grove with 650 trees. In the last oil harvest 110 quintals of olives were produced, with a yield of about 16 hectolitres of extra virgin olive oil. We recommend the farm selection, the Extra Virgin Školarice Pdo Ekstra deviško oljčno olje Slovenske Istre. It is a beautiful intense limpid golden yellow colour with delicate light green hues. Its aroma is ample and definite, rich in elegant fruity hints of medium ripe tomato, white apple and banana, together with aromatic notes of basil, eucalyptus and mint. Its taste is rotund and herbaceous, with a flavour of fresh broad beans and lettuce. Bitterness and pungency are distinct and balanced. It would be ideal on bean appetizers, marinated freshwater fish, asparagus purée, chickpea soups, vegetable cous cous, risotto with mussels, stewed shrimps, swordfish tartare, baked rabbit, barbecued poultry, goat cheese.

Slovenia Slovenia [SI] Obalno-kraška

Abrami

Krkavče, 119
6274 Šmarje
Tel. + 386 5 6567560
E-mail: gjereb@gmail.com

86 ⬆

- 110 m.
- Specializzato / Specialized
- Cono cespugliato / Cone
- Brucatura a mano / Hand picking
- No - Ciclo continuo / No - Continuous cycle
- Frantoio
- Fruttato medio / Medium fruity
- da 12,01 a 15,00 € - 500 ml. / from € 12.01 to 15.00 - 500 ml.

Debutto in grande stile per la Abrami, attiva nel comprensorio di Šmarje dal 1996. Si tratta di una bella realtà produttiva fondata e gestita da Jereb Gorazd che è alla guida di circa 1 ettaro di oliveto specializzato dove albergano quasi 470 piante. Nella recente campagna olearia da queste sono stati ricavati 65 quintali di olive, che hanno permesso una produzione di quasi 10 ettolitri di olio extravergine. Segnaliamo l'ottimo Extravergine Abrami da Agricoltura Biologica che si presenta alla vista di un bel colore giallo dorato intenso con delicate sfumature verdoline, limpido; all'olfatto si esprime deciso e ampio, ricco di sentori vegetali di carciofo, cardo di campo ed erbe balsamiche, con netto ricordo di menta e rosmarino. Complesso e avvolgente in bocca, è dotato di eleganti toni speziati di pepe nero, cui si accompagnano note di cicoria, lattuga e spiccata mandorla dolce in chiusura. Amaro potente e piccante deciso e armonico. Buon abbinamento con funghi porcini arrosto, insalate di pesce spada, marinate di pesce azzurro, radicchio alla piastra, zuppe di fagioli, primi piatti con tonno, polpo bollito, carni rosse o cacciagione alla brace, formaggi stagionati a pasta dura.

A great first performance for Abrami, active in the district of Šmarje since 1996. It is a beautiful farm founded and run by Jereb Gorazd, who manages about 1 hectare of specialized olive grove with almost 470 trees. In the last harvest 65 quintals of olives were produced, with a yield of almost 10 hectolitres of extra virgin olive oil. We recommend the excellent Extra Virgin Abrami from Organic Farming, which is a beautiful intense limpid golden yellow colour with delicate light green hues. Its aroma is definite and ample, rich in vegetal hints of artichoke, wild thistle and aromatic herbs, especially mint and rosemary. Its taste is complex and rotund, endowed with elegant spicy hints of black pepper, together with notes of chicory, lettuce and a distinct sweet almond finish. Bitterness is powerful and pungency is definite and harmonic. It would be ideal on roast porcini mushrooms, swordfish salads, marinated bluefish, pan-seared radicchio, bean soups, pasta with tuna, boiled octopus, barbecued red meat or game, hard mature cheese.

DAI LIMPIDI FONDALI MARINI. | ALLE VERDI COLLINE.

Dove posso arrampicarmi in bicicletta per vie scoscese, respirando l'aria matutina del Mediterraneo per poi tuffarmi nel pomeriggio in questo limpido mare azzurro? Dove posso oziare nel paesaggio verdeturchese che si apre ad ogni fervido passante dalle cime dei colli? Dove posso intraprendere un assidua corsa in vela sulle onde del primo maestrale? Dov' è che la natura si mostra così variopinta da trasfondermi questa bellezza ad ogni mio passo?

Istria
Verde Mediterraneo.

Solo in Istria.

www.istra.hr
Centro informazioni e prenotazioni:
✆ +385 52 85 8449

Croazia
Croatia

Aree olivetate o a vocazione olivicola • *Olive growing areas or areas suitable to olive growing*

Dati Statistici
Superficie olivetata nazionale	**16.297 (ha)**
Frantoi	**175**
Produzione nazionale 09-10	**5.500,0 (t)**
Produzione nazionale 08-09	**6.000,0 (t)**
Variazione	**- 8,33%**

Statistic Data
National Olive Surface	**16,297 (ha)**
Olive Oil Mills	**175**
National production 09-10	**5,500.0 (t)**
National production 08-09	**6,000.0 (t)**
Variation	**- 8.33%**

International Olive Oil Council - Ministry of Agriculture, Fisheries and Rural Development

L'attuale panorama olivicolo in Croazia registra un grande impulso innovativo del settore dal punto di vista colturale e produttivo e una decisa crescita qualitativa del prodotto finale. D'altro canto qui l'olivicoltura è fiorente, dato il clima favorevole e l'ottima composizione del terreno, ed è tradizionalmente diffusa lungo la costa, nella penisola istriana e in Dalmacija, oltre che nelle isole. I primi a coltivare l'olivo in queste zone furono i Greci, giunti nell'alto Adriatico nel IV secolo a.C.; ma è con l'arrivo dei Romani, nel I secolo d.C., che l'olivicoltura conosce una grande espansione su tutto il territorio, come provano i resti di frantoi oleari a Poreč, Ćervar Porat, Barbariga e nelle isole Brijuni. Proprio in questo periodo lo scrittore di origine spagnola Marziale loda la città di Córdoba definendola "perfetta come l'olio d'Istria". Poi, nel VII secolo d.C., i Croati giungono sulla costa adriatica orientale e gradualmente adottano la coltivazione dell'olivo. Un ulteriore incentivo lo dà la Serenissima; ma il culmine dello sviluppo risale alla fine del XVIII secolo, quando sul territorio si contano 30 milioni di piante che producono in media 20-30mila tonnellate di olio annue. Nel Novecento si assiste a un rapido declino dell'olivicoltura, provocato dall'espansione della vite: il numero di alberi scende drasticamente a 2 milioni. Trascurata durante il regime comunista perché praticata da piccoli nuclei familiari, l'olivicoltura subisce un colpo pressoché mortale durante la guerra del 1991-1995 a causa dei rovinosi incendi che devastano le campagne. Ma dieci anni dopo in Croazia circa 5 milioni di piante dimorano su una superficie di oltre 16mila ettari. La coltivazione è estensiva nelle zone aspre e poco accessibili, mentre dove il territorio lo consente è semi-intensiva e, in parte, intensiva. La maggioranza degli impianti è fatta di olivi di circa 50 anni di età, seguita da impianti giovani (con meno di 10 anni) e poi da quelli fino a 30 anni. In piccola parte sopravvivono olivi secolari. La tendenza attuale, soprattutto in vista dell'ingresso in Europa, è di crescita. Nelle quattro zone olivicole - Istra, Kvarner, Dalmacija nord e Dalmacija centro-sud - le cultivar principali sono: istarska bjelica, buža, carbonera, leccino (Istria); slivnjača, slatka, orkula, rošulja, leccino (Kvarner); oštrica, drobnica, leccino (Dalmacija nord); oblica, lastovka, levantinka, coratina, leccino (Dalmacija centro-sud). Ma il paniere comprende anche altre varietà autoctone tra cui la più diffusa è la oblica. Le aziende attive nel settore raggiungono le 195mila unità e i frantoi sono 175, la maggioranza dei quali è dotato di un sistema di estrazione a ciclo continuo a tre fasi. Il resto è a due fasi oppure tradizionale a presse. Nell'ultimo decennio la produzione media di olio si aggira intorno alle 5mila tonnellate: nella campagna 2009-2010 ha raggiunto le 5.500 tonnellate, con una diminuzione dell'8,33% rispetto all'annata precedente. Una resa ancora insufficiente per il mercato nazionale, in cui le quantità importate superano nettamente quelle esportate. Pur in presenza di un rinnovato sviluppo dell'olivicoltura, il consumo pro-capite di olio resta molto basso (1,5 Kg) rispetto ad altri paesi olivicoli, il che è dovuto però alle diverse abitudini alimentari delle regioni non olivetate della Croazia.

Innovating cultivation and production and improving the quality of the end product is the present trend of olive growing in Croatia. Actually olive growing is flourishing, due to the favourable climate and the good composition of the soil. It has traditionally spread along the coast, in the Istrian peninsula and in Dalmacija, as well as on the islands. The first to cultivate the olive tree in these areas were the Greeks, who arrived in the Upper Adriatico during the 4th century B.C.; however, only when the Romans arrived in the 1st century A.D., olive growing went through a great expansion and spread over the whole territory, as the remains of oil crushers in Poreč, Ćervar Porat, Barbariga and on the islands Brijuni witness. It is in the same period that the Spanish writer Martial praises the city of Cordoba defining it "as perfect as the oil of Istria". In the 7th century A.D. the Croatians arrived on the eastern Adriatic coast and gradually started cultivating the olive tree. A further incentive was given by the Serenissima, but the peak of the development was at the end of the 18th century, when there were 30 million trees that produced an average of 20,000-30,0000 tons of olive oil a year. In the 20th century olive growing went through a rapid decline, provoked by the expansion of the grapevine, and the number of trees went down to two million. Olive growing was neglected during the Communist regime, because it was practised only by small families and it nearly suffered a death stroke during the 1991-1995 war because of the ruinous fires that ravaged the countryside. Ten years later, in Croatia we find around 5 million trees that cover over 16,000 hectares. Cultivation is extensive in steep and inaccessible areas, while it is semi-intensive and partly intensive where the soil is more favourable. The most olive groves are up to 50 years of age, followed by those younger than 10 years and by those up to 30 years. A small part are century-old ones. The present tendency is towards growth. In the four olive areas - Istria, Kvarner, north Dalmacija and centre-south Dalmacija - the main olive varieties are: istarska bjelica, buža, carbonera, leccino (Istria); slivnjača, slatka, orkula, rošulja, leccino (Kvarner); oštrica, drobnica, leccino (north Dalmacija); oblica, lastovka, levantinka, coratina, leccino (centre-south Dalmacija). But the range of varieties is constituted by other autochthonous varieties, among which the most common is oblica. The farms involved in the sector are more than 195,000 and there are 175 olive oil mills, the most of which use a three-phase continuous cycle extraction system, while the others are either two-phase type or traditional press type. In the last decade the average oil production has been around 5,500 tons: in the olive oil harvest 2009-2010 it reached 5,500 tons, with a 8.33% decrease compared to the previous year. An insufficient production however for the national market, therefore the imported quantities exceed the exported ones. Even if there is a new development of olive growing, the per-capita olive oil consumption is very low (1.5 Kgs) if compared with other olive growing countries, due to the different food habits in the regions of Croatia with no olive trees.

Croazia Croatia [HR] Istarska Županija

Stancija Meneghetti

Meneghetti
52211 Bale
Tel. + 385 52 528815 - Fax + 385 52 528116
E-mail: info@meneghetti.info - Web: www.meneghetti.info

94

- 8/100 m.
- Promiscuo / Promiscuous
- Vaso policonico / Polyconic vase
- Brucatura a mano / Hand picking
- No - Ciclo continuo misto / No - Mixed continuous cycle
- Leccino
- Fruttato intenso / Intense fruity
- da 12,01 a 15,00 € - 500 ml. / from € 12.01 to 15.00 - 500 ml.

Una prova sempre di gran classe per la Meneghetti di Bale. Proprietari di questa bellissima azienda agrituristica fondata nel 2001, Romana Kajfež e Miroslav Plišo sono alla guida di 3 ettari di oliveto con 750 piante di varietà tipiche dalle quali quest'anno sono stati raccolti 60 quintali di olive che, uniti ai 60 acquistati, hanno permesso di produrre 15 ettolitri di olio extravergine. Segnaliamo le due selezioni Extravergine: l'Izbor e soprattutto l'ottimo Meneghetti - Leccino, scelto dal panel. Alla vista si presenta di un bel colore giallo dorato intenso con caldi riflessi verdi, limpido; all'olfatto si apre deciso e complesso, dotato di eleganti sentori di cicoria, carciofo ed erbe officinali con netto ricordo di menta e rosmarino. Al gusto si esprime avvolgente e di personalità, ricco di toni vegetali di ortaggi di campo e intense note speziate di pepe nero e mandorla dolce in chiusura. Amaro e piccante presenti e ben espressi. Eccellente per antipasti di lenticchie, carpaccio di carne cruda con funghi ovoli, insalate di carciofi, zuppe di fagioli, pesce azzurro in umido, pollame o carni di agnello alla brace, formaggi di media stagionatura.

As usual Meneghetti in Bale has given a great performance. The owners of this beautiful holiday farm founded in 2001, Romana Kajfež and Miroslav Plišo, run 3 hectares of olive grove with 750 trees of typical varieties. In the last harvest 60 quintals of olives were produced and 60 purchased, with a yield of 15 hectolitres of extra virgin olive oil. We recommend the two Extra Virgin selections: Izbor and especially the excellent Meneghetti - Leccino, chosen by the panel. It is a beautiful intense limpid golden yellow colour with warm green hues. Its aroma is definite and complex, endowed with elegant vegetal hints of chicory, artichoke and officinal herbs, especially mint and rosemary. Its taste is rotund and strong, rich in a vegetal flavour of country vegetables and intense spicy notes of black pepper and a sweet almond finish. Bitterness and pungency are present and distinct. It would be ideal on lentil appetizers, beef carpaccio with ovoli mushrooms, artichoke salads, bean soups, steamed blue fish, barbecued poultry or lamb, medium mature cheese.

Croazia Croatia [HR] Istarska Županija

O.P.G. Buršić

Nova Vas, 102
52474 Brtonigla
Tel. + 385 52 774102 - Fax + 385 52 774348
E-mail: info@bursic.net - Web: www.bursic.net

86 ⬆

100/120 m.

Specializzato
Specialized

Vaso libero
Free vase

Brucatura a mano
Hand picking

No - Ciclo continuo
No - Continuous cycle

Pendolino

Fruttato medio
Medium fruity

da 12,01 a 15,00 € - 250 ml.
from € 12.01 to 15.00 - 250 ml.

A sud di Brtonigla, verso la valle del Quieto, si trova il pittoresco borgo di Nova Vas, noto per la sua attività agricola. Qui si colloca la proprietà della famiglia Buršić che si dedica con amore all'olivicoltura da una dozzina di anni. Su 5 ettari di superficie olivetata specializzata Franko e Maria Buršić coltivano 1.600 piante che quest'anno hanno fruttato un raccolto di 250 quintali di olive, pari a una resa produttiva di 30 ettolitri di olio. Due le selezioni Extravergine proposte: il De Kleva e il Buršić - Pendolino, che segnaliamo. Si presenta alla vista di un bel colore giallo dorato intenso con delicate sfumature verdoline, limpido; all'olfatto si offre armonico e pulito, dotato di sentori vegetali di erba fresca falciata e lattuga, arricchiti da note balsamiche di menta e rosmarino. In bocca è avvolgente e complesso, con toni di cicoria, carciofo, pepe nero e mandorla. Amaro spiccato e piccante dosato ed equilibrato. Si abbina molto bene a antipasti di fagioli, insalate di funghi finferli, marinate di ricciola, verdure alla griglia, zuppe di ceci, primi piatti con asparagi, pesci alla brace, seppie alla griglia, coniglio al forno, pollo arrosto, formaggi caprini.

The picturesque village of Nova Vas, known for its agricultural activity, is situated to the south of Brtonigla, near the valley of Quieto. Here there is the estate of the family Buršić, who has been practising olive growing for about 12 years. Franko and Maria Buršić manage a specialized olive grove of 5 hectares with 1,600 trees. In the last harvest 250 quintals of olives were produced, equal to a yield of 30 hectolitres. There are two Extra Virgin selections: De Kleva and Buršić - Pendolino, which we recommend. It is a beautiful intense limpid golden yellow colour with delicate light green hues. Its aroma is harmonic and clean, endowed with vegetal hints of freshly mown grass and lettuce, enriched by fragrant notes of mint and rosemary. Its taste is rotund and complex, with a flavour of chicory, artichoke, black pepper and almond. Bitterness is distinct and pungency is complimentary and balanced. It would be ideal on bean appetizers, chanterelle mushroom salads, marinated amberjack, grilled vegetables, chickpea soups, pasta with asparagus, barbecued fish, grilled cuttlefish, baked rabbit, roast chicken, goat cheese.

Croazia Croatia [HR] Istarska Županija

Renato Spitz
Karigador, 82
52474 Karigador (Brtonigla)
Tel. + 385 52 735192
E-mail: igor.spitz@pu.t-com.hr

84

- 50 m.
- **Specializzato** / Specialized
- **Policono** / Polycone
- **Brucatura a mano e meccanica** / Hand picking and mechanical harvesting
- **No - Ciclo continuo** / No - Continuous cycle
- **Leccino (70%), carbonera (10%), istarska bjelica (10%), pendolino (10%)**
- **Fruttato intenso** / Intense fruity
- da 10,01 a 12,00 € - 500 ml. / from € 10.01 to 12.00 - 500 ml.

Davvero un ottimo risultato per l'azienda agrituristica Spitz, attiva dal 1992 a Karigador, in un'area che si sta affermando come uno dei punti di riferimento per la nuova olivicoltura croata. Renato Spitz, proprietario e titolare, conduce due ettari e mezzo di oliveto specializzato dove trovano dimora 800 piante dalle quali, nella campagna olearia in corso, sono stati raccolti 100 quintali di olive che hanno consentito di produrre 13 ettolitri di olio extravergine. L'etichetta proposta, l'Extravergine Spitz, si presenta alla vista di colore giallo dorato intenso con leggeri riflessi verdi, limpido. All'olfatto si offre deciso e ampio, dotato di ricchi sentori aromatici di menta, rosmarino e salvia, accompagnati da intense note vegetali di carciofo, cardo selvatico e cicoria. In bocca è elegante e complesso, caratterizzato da toni di ortaggi freschi di campo e pepe nero, con mandorla dolce in evidenza. Amaro potente e piccante spiccato. Ottimo l'abbinamento con antipasti di pesce azzurro, funghi porcini alla griglia, radicchio al forno, zuppe di carciofi, pesce spada ai ferri, carni rosse alla brace, maiale in umido, formaggi di media stagionatura.

A really excellent result for the holiday farm Spitz, active since 1992 in Karigador, an area which is becoming one of the points of reference of the new Croatian olive growing. Renato Spitz, the owner, runs 2.5 hectares of specialized olive grove with 800 trees. In the last harvest 100 quintals of olives were produced, equal to 13 hectolitres of extra virgin olive oil. We recommend the Extra Virgin Spitz, which is an intense limpid golden yellow colour with slight green hues. Its aroma is definite and ample, endowed with rich aromatic hints of mint, rosemary and sage, together with intense vegetal notes of artichoke, wild thistle and chicory. Its taste is elegant and complex, characterized by a flavour of fresh country vegetables and black pepper with evident sweet almond. Bitterness is powerful and pungency is distinct. It would be ideal on bluefish appetizers, grilled porcini mushrooms, baked radicchio, artichoke soups, grilled swordfish, barbecued red meat, stewed pork, medium mature cheese.

Croazia Croatia [HR] Istarska Županija

O.P.G. Franco Basiaco

Alessandro Manzoni, 15
52460 Buje
Tel. + 385 52 773405 - 52 772189 - Fax + 385 52 772865
E-mail: franco.basiaco@pu.t-com.hr

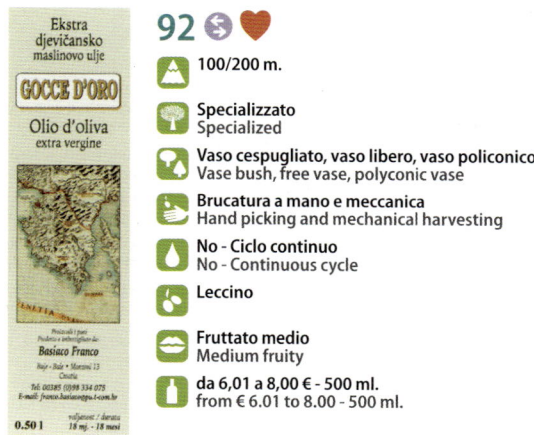

92

- 100/200 m.
- **Specializzato** / Specialized
- **Vaso cespugliato, vaso libero, vaso policonico** / Vase bush, free vase, polyconic vase
- **Brucatura a mano e meccanica** / Hand picking and mechanical harvesting
- **No - Ciclo continuo** / No - Continuous cycle
- Leccino
- **Fruttato medio** / Medium fruity
- **da 6,01 a 8,00 € - 500 ml.** / from € 6.01 to 8.00 - 500 ml.

L'azienda Basiaco di Buje si presenta in grande stile, con un ventaglio di prodotti davvero accattivante. Fondata nel 1996 da Franco Basiaco, l'azienda dispone di 5 ettari di oliveto dove sono messe a dimora 1.700 piante tra varietà autoctone e d'importazione, dalle quali nella campagna olearia in corso sono stati raccolti 250 quintali di olive, pari a 34 ettolitri di olio extravergine. Tre le interessanti selezioni Extravergine Gocce D'Oro: Capsula Trasparente, Oro e soprattutto Verde. Quest'ultimo spicca per il suo eccellente livello ed è stato scelto dal nostro panel. Alla vista si presenta di colore giallo dorato intenso con leggere nuance verdi, limpido; al naso è deciso e complesso, ricco di eleganti note vegetali di carciofo, cicoria e cardo selvatico, cui si associano sentori di mandorla e pepe nero. Al gusto è fine e di carattere, dotato di toni aromatici di menta, rosmarino e salvia. Amaro e piccante ben presenti e armonizzati. È eccellente per carpaccio di tonno, insalate di carciofi, marinate di pesce spada, pomodori gratinati, zuppe di asparagi, primi piatti con salsiccia, pesce azzurro al forno, agnello arrosto, carni rosse ai ferri, formaggi di media stagionatura.

The farm Basiaco in Buje has proposed a very interesting range of products. Founded in 1996 by Franco Basiaco, the farm has a surface of 5 hectares with 1,700 trees of both autochthonous and imported varieties. In the last harvest 250 quintals of olives were produced, equal to 34 hectolitres of extra virgin olive oil. There are three interesting Extra Virgin selections Gocce D'Oro: Capsula Trasparente, Oro and especially Verde, which has been chosen by our panel for its excellent level. It is an intense limpid golden yellow colour with slight green hues. Its aroma is definite and complex, rich in elegant vegetal notes of artichoke, chicory and wild thistle, together with hints of almond and black pepper. Its taste is fine and strong, endowed with an aromatic flavour of mint, rosemary and sage. Bitterness and pungency are present and balanced. It would be ideal on tuna carpaccio, artichoke salads, marinated swordfish, tomatoes au gratin, asparagus soups, pasta with sausages, baked blue fish, roast lamb, grilled red meat, medium mature cheese.

Croazia Croatia [HR] Istarska Županija

Remiggio Benvegnu

Krasica, 58
52460 Buje
Tel. + 385 52 776189 - 52 776048
E-mail: remiggio.benvegnu@pu.t-com.hr

85 ⬆

385 m.

Promiscuo e specializzato
Promiscuous and specialized

Monocono, vaso policonico
Monocone, polyconic vase

Brucatura a mano e meccanica
Hand picking and mechanical harvesting

No - Ciclo continuo
No - Continuous cycle

Istarska bjelica (50%), leccino (20%),
frantoio (15%), pendolino (10%), buža (5%)

Fruttato intenso
Intense fruity

da 8,01 a 10,00 € - 500 ml.
from € 8.01 to 10.00 - 500 ml.

Continua a spiccare la giovane azienda olivicola Benvegnu di Krasica, nella provincia di Buje, che è stata fondata cinque anni fa da Remiggio Benvegnu. Si tratta di una struttura di piccole dimensioni che dispone di circa 5 ettari di oliveto, su cui sono messe a dimora quasi 850 piante delle varietà tipiche. Da queste nell'ultima campagna olearia sono stati raccolti 42 quintali di olive che hanno reso una produzione più di 6 ettolitri di olio extravergine. Anche in questa edizione l'azienda ha sottoposto al giudizio positivo del panel l'ottimo Extravergine Benvegnu che si offre alla vista di colore giallo dorato intenso con delicati riflessi verdi, limpido. Al naso si esprime ampio e armonico, dotato di note vegetali di cicoria, cardo e lattuga, a cui si aggiungono spiccati sentori aromatici di menta e rosmarino. Al gusto è pulito ed elegante, con toni di ortaggi di campo, pepe nero e mandorla in chiusura. Amaro potente e piccante deciso. Si accompagna bene a bruschette, carpaccio di carne chianina con funghi porcini, pomodori gratinati, minestroni di verdure, primi piatti con salsiccia, pesce spada in umido, cacciagione di piuma o pelo ai ferri, formaggi stagionati a pasta filata.

Benvegnu in Krasica, in the province of Buje, is an interesting new oil farm. It was founded 5 years ago by Remiggio Benvegnu and is a small estate with 5 hectares of olive grove and 850 trees of typical varieties. In the last harvest 42 quintals of olives were produced, with a yield of over 6 hectolitres of extra virgin olive oil. Once again our panel recommends the excellent Extra Virgin Benvegnu, which is an intense limpid golden yellow colour with delicate green hues. Its aroma is ample and harmonic, endowed with vegetal notes of chicory, thistle and lettuce, together with strong aromatic hints of mint and rosemary. Its taste is clean and elegant, with a flavour of country vegetables, black pepper and an almond finish. Bitterness is strong and pungency is definite. It would be ideal on bruschette, chianina beef carpaccio with porcini mushrooms, tomatoes au gratin, minestrone with vegetables, pasta with sausages, steamed swordfish, grilled game birds or animals, aged cheese.

Croazia Croatia [HR] Istarska Županija

O.P.G. Nino Činić

Krasica, 40
52460 Buje
Tel. + 385 52 776164 - Fax + 385 52 776164
E-mail: nino.cinic@gmail.com - Web: www.istrabiz.hr

86

160 m.

Specializzato
Specialized

Vaso policonico
Polyconic vase

Brucatura a mano e meccanica
Hand picking and mechanical harvesting

No - Ciclo continuo
No - Continuous cycle

Istarska bjelica (70%), buža (30%)

Fruttato medio
Medium fruity

da 8,01 a 10,00 € - 500 ml.
from € 8.01 to 10.00 - 500 ml.

La Nino Činić è una bella struttura di produzione olearia situata a Buje, storica cittadina del nord della penisola istriana. Fondata nel 1996 e condotta da Nino Činić, conta su un patrimonio di 3 ettari di oliveto specializzato dove sono messe a dimora 750 piante di varietà tipiche dell'area. Quest'anno Činić ha raccolto dai suoi oliveti 60 quintali di olive che, uniti ai 40 acquistati, hanno permesso di produrre quasi 14 ettolitri di olio extravergine. Segnaliamo l'etichetta aziendale proposta, l'Extravergine Oleum Vitae da Agricoltura Biologica che alla vista appare di colore giallo dorato intenso con delicate sfumature verdoline, limpido. Al naso si apre ampio ed elegante, caratterizzato da sentori fruttati di pomodoro acerbo, mela bianca matura e mandorla. In bocca si offre avvolgente e fine, con toni vegetali di lattuga, cicoria ed erbe officinali, con basilico e menta in evidenza. Amaro e piccante ben presenti e armonizzati. Ideale l'abbinamento con antipasti di orzo, carpaccio di pesce persico, marinate di dentice, patate bollite, passati di fave, cous cous di pesce, risotto con asparagi, pesci al forno, seppie ai ferri, formaggi freschi a pasta molle, dolci da forno.

Nino Činić is a beautiful oil farm situated in Buje, an historical town in the north of the Istrian peninsula. Founded in 1996 and run by Nino Činić, the farm has a 3-hectare specialized olive grove with 750 trees of typical local varieties. In the last harvest 60 quintals of olives were produced and 40 purchased, with a yield of almost 14 hectolitres of extra virgin olive oil. We recommend the excellent farm selection, the Extra Virgin Oleum Vitae from Organic Farming, which is an intense limpid golden yellow colour with delicate light green hues. Its aroma is ample and elegant, characterized by fruity hints of unripe tomato, ripe white apple and almond. Its taste is rotund and fine, with a vegetal flavour of lettuce, chicory and officinal herbs, especially basil and mint. Bitterness and pungency are present and harmonic. It would be ideal on barley appetizers, perch carpaccio, marinated sea bream, boiled potatoes, broad bean purée, fish cous cous, risotto with asparagus, baked fish, grilled cuttlefish, soft fresh cheese, oven cakes.

Croazia Croatia [HR] Istarska Županija

O.P.G. Cossetto

Krasica, 38
52460 Krasica (Buje)
Tel. + 385 52 776184 - Fax + 385 52 772184
E-mail: marijan_cos@libero.it

88

160 m.

Specializzato
Specialized

Alberello, vaso aperto
Tree, open vase

Brucatura a mano
Hand picking

No - Ciclo continuo
No - Continuous cycle

Buža (30%), frantoio (30%), istarska bjelica (20%), leccino (15%), pendolino (5%)

Fruttato medio
Medium fruity

da 8,01 a 10,00 € - 500 ml.
from € 8.01 to 10.00 - 500 ml.

Ottima segnalazione in Guida, con un prodotto di notevole qualità. Stiamo parlando dell'azienda Cossetto, giovane realtà produttiva di Krasica fondata nel 2003 da Marijan Cossetto. Questa struttura dispone di 3 ettari di oliveto specializzato di proprietà, dove albergano 700 piante dalle quali, nell'ultima campagna olearia, sono stati raccolti 80 quintali di olive, pari a una produzione di 10 ettolitri di olio extravergine. Segnaliamo la selezione aziendale, l'Extravergine Olio Viride che si presenta alla vista di un bel colore giallo dorato intenso con delicati riflessi verdi, limpido. All'olfatto si esprime ampio e avvolgente, ricco di eleganti sentori vegetali di carciofo, cicoria selvatica, lattuga e spiccata mandorla dolce in chiusura. Al gusto è deciso e complesso, caratterizzato da toni di ortaggi freschi di campo, a cui si aggiungono note aromatiche di pepe nero, menta e rosmarino. Amaro e piccante ben espressi ed equilibrati. È eccellente per antipasti di farro, bruschette con verdure, insalate di pomodori, legumi bolliti, verdure al forno, zuppe di orzo, primi piatti con molluschi, pesci alla griglia, seppie alla brace, formaggi caprini.

O.P.G. Cossetto, a young farm in Krasica, founded in 2003 by Marijan Cossetto, has proposed a high quality product. The farm has a 3-hectare specialized olive grove with 700 trees. In the last harvest 80 quintals of olives were produced, equal to a yield of 10 hectolitres of extra virgin olive oil. We recommend the farm selection, the Extra Virgin Olio Viride, which is a beautiful intense limpid golden yellow colour with delicate green hues. Its aroma is ample and rotund, rich in elegant vegetal hints of artichoke, wild chicory, lettuce and a distinct sweet almond finish. Its taste is definite and complex, endowed with hints of fresh country vegetables, together with aromatic notes of black pepper, mint and rosemary. Bitterness and pungency are distinct and balanced. It would be ideal on farro appetizers, bruschettes with vegetables, tomato salads, boiled legumes, baked vegetables, barley soups, pasta with mussels, grilled fish, barbecued cuttlefish, goat cheese.

Croazia Croatia [HR] Istarska Županija

O.P.G. Zigante

Portoroška, 15 - Plovanija
52460 Buje
Tel. + 385 52 777409 - 52 777410 - Fax + 385 52 777111
E-mail: office@zigantetartufi.com - Web: www.uljezigante.com

93

- 200 m.
- **Specializzato** / Specialized
- **Ombrello ribassato, policono** / Weeping vase, polycone
- **Brucatura a mano** / Hand picking
- **No - Ciclo continuo misto** / No - Mixed continuous cycle
- Istarska bjelica
- **Fruttato medio** / Medium fruity
- da 12,01 a 15,00 € - 500 ml. / from € 12.01 to 15.00 - 500 ml.

L'azienda Zigante si colloca a Buje, località costiera balzata agli onori della cronaca nel 1999 quando Giancarlo Zigante trovò qui il più grande tartufo bianco del mondo (1,31 kg), entrato nel guinness dei primati. Zigante si dedica da anni alla raccolta e al commercio di tartufi, attività che affianca a quella di premiato ristoratore. In più produce anche olio da circa 6 ettari di oliveto con 1.400 piante che quest'anno hanno reso 105 quintali di olive, pari a 15 ettolitri di olio. Due le etichette Extravergine Zigante da Agricoltura Biologica, il Leccino e l'Istarska Bjelica, davvero eccellente. Di colore giallo dorato intenso con delicati riflessi verdi, limpido; al naso si apre complesso e avvolgente, con ampi sentori vegetali di carciofo, cardo selvatico e cicoria. Al gusto è deciso e di personalità, dotato di eleganti toni speziati di pepe nero, rosmarino, basilico e spiccata mandorla in chiusura. Amaro potente e piccante deciso. È ottimo per antipasti di pesce azzurro, funghi porcini al forno, insalate di polpo, radicchio ai ferri, passati di lenticchie, primi piatti al ragù, pesce spada alla piastra, carni rosse o cacciagione alla griglia, formaggi stagionati a pasta dura.

The farm Zigante is located in Buje, a town on the coast that became famous in 1999, when Giancarlo Zigante found here the biggest white trufffle in the world (1.31 kg), included in the Guiness of records. In fact Zigante has been picking and marketing truffles for years. Moreoever he is a renowned restaurateur and oil producer. He manages about 6 hectares of olive grove with 1,400 trees, which produced 105 quintals of olives in the last harvest, equal to 15 hectolitres of extra virgin olive oil. There are two Extra Virgin selections Zigante from Organic Farming, Leccino and the really excellent Istarska Bjelica. It is an intense limpid golden yellow colour with delicate green hues. Its aroma is complex and rotund, with ample vegetal hints of artichoke, wild thistle and chicory. Its taste is definite and strong, endowed with an elegant spicy flavour of black pepper, rosemary, basil and a distinct almond finish. Bitterness is powerful and pungency is definite. It would be ideal on bluefish appetizers, baked porcini mushrooms, octopus salads, grilled radicchio, lentil purée, pasta with meat sauce, pan-seared swordfish, grilled red meat or game, hard mature cheese.

Croazia Croatia [HR] Istarska Županija

Torkop

Brnozi, 51
52420 Sovinjak (Buzet)
Tel. + 385 52 663058 - Fax + 385 52 663058
E-mail: cerneka.torkop@gmail.com

86

- 260 m.
- Specializzato / Specialized
- Policono, vaso libero / Polycone, free vase
- Brucatura a mano e meccanica / Hand picking and mechanical harvesting
- Sì - Ciclo continuo / Yes - Continuous cycle
- Istarska bjelica
- Fruttato intenso / Intense fruity
- da 15,01 a 18,00 € - 500 ml. / from € 15.01 to 18.00 - 500 ml.

Sergio Černeka ha fondato l'azienda Torkop circa nove anni fa a Sovinjak, un paesino dell'entroterra istriano che si colloca lungo le pendici calcaree ma ricoperte di boschi del colle di Sovignacco. Qui conduce attualmente un patrimonio di 4 ettari di oliveto specializzato con mille piante di varietà tipiche. Nella più recente campagna olearia queste hanno prodotto un raccolto di circa 72 quintali, per ottenere una produzione di 6 ettolitri di olio extravergine. L'unica selezione aziendale presentata è l'Extravergine Černeka - Istarska Bjelica che si offre alla vista di un bel colore giallo dorato intenso con delicate sfumature verdi, limpido; all'olfatto si esprime avvolgente e armonico, dotato di note balsamiche di rosmarino e menta, cui si aggiungono sentori di cardo di campo, cicoria e carciofo. In bocca è complesso e fine, caratterizzato da toni speziati di pepe nero e mandorla dolce. Amaro e piccante ben presenti ed equilibrati. Ottimo su bruschette con pomodoro, carpaccio di carne chianina con funghi porcini, radicchio arrosto, minestroni di verdure, tonno alla piastra, cacciagione di piuma o pelo in umido, formaggi stagionati a pasta dura.

Sergio Černeka founded the farm Torkop about 9 years ago in Sovinjak, a village in the Istrian inland situated on the calcareous and woody sides of the hill of Sovignacco. Here he currently runs a 4-hectare specialized olive grove with 1,000 trees of typical varieties. In the last oil harvest 72 quintals of olives were produced, with a yield of 6 hectolitres of extra virgin olive oil. The only selection proposed is the Extra Virgin Černeka - Istarska Bjelica, which is a beautiful intense limpid golden yellow colour with delicate green hues. Its aroma is rotund and harmonic, endowed with fragrant notes of rosemary and mint, together with hints of wild thistle, chicory and artichoke. Its taste is complex and fine, characterized by a spicy flavour of black pepper and sweet almond. Bitterness and pungency are present and balanced. It would be ideal on bruschette with tomatoes, chianina beef carpaccio with porcini mushrooms, roast radicchio, minestrone with vegetables, pan-seared tuna, stewed game birds or animals, hard mature cheese.

Croazia Croatia [HR] Istarska Županija

O.P.G. Viviano Antolović
Peroi, 13/b
52429 Grožnjan
Tel. + 385 52 776107 - Fax + 385 52 776107
E-mail: ketrin1108@gmail.com

86 ⬆

250/315 m.

Specializzato
Specialized

Forma libera, vaso policonico
Free form, polyconic vase

Brucatura a mano e meccanica
Hand picking and mechanical harvesting

No - Ciclo continuo
No - Continuous cycle

Istarska bjelica

Fruttato intenso
Intense fruity

da 8,01 a 10,00 € - 500 ml.
from € 8.01 to 10.00 - 500 ml.

Eccellente segnalazione per la Antolović che ci ha proposto un extravergine di altissima qualità. Questa bella azienda olearia esiste dal 1995 nella deliziosa Peroi, in Istria. Il fondatore e proprietario, Viviano Antolović, è alla guida di 3 ettari di oliveto specializzato con 1.200 piante di varietà tipiche regionali. Da queste nella recente campagna olearia è stato ricavato un raccolto di 200 quintali di olive, per una produzione finale di 24 ettolitri di olio. Segnaliamo l'Extravergine monovarietale Antolović - Istarska Bjelica da Agricoltura Biologica che alla vista è di colore giallo dorato intenso con tenui riflessi verdi, limpido. All'olfatto è deciso e fruttato, ricco di note vegetali di carciofo, cicoria e lattuga, a cui si aggiungono sentori speziati di pepe nero. In bocca è complesso e di personalità, con toni spiccati di mandorla e di erbe officinali, con ricordo di menta e rosmarino. Amaro molto deciso e piccante spiccato. Eccellente per antipasti di lenticchie, antipasti di polpo, carpaccio di tonno, insalate di spinaci, passati di carciofi, primi piatti con salsiccia, pesce spada alla brace, pollame o carni di agnello alla piastra, formaggi stagionati a pasta dura.

Antolović has proposed an excellent high quality extra virgin olive oil. This beautiful oil farm has been active since 1995 in the charming Peroi, in Istria. Its founder and owner Viviano Antolović runs 3 hectares of specialized olive grove with 1,200 trees of typical local varieties. In the last harvest 200 quintals of olives were produced, equal to a yield of 24 hectolitres of extra virgin olive oil. We recommend the Extra Virgin Monovarietal Antolović - Istarska Bjelica from Organic Farming, which is an intense limpid golden yellow colour with slight green hues. Its aroma is definite and fruity, rich in vegetal notes of artichoke, chicory and lettuce, together with spicy hints of black pepper. Its taste is complex and strong, with distinct notes of almond and aromatic herbs, especially mint and rosemary. Bitterness is very strong and pungency is definite. It would be ideal on lentil appetizers, octopus appetizers, tuna carpaccio, spinach salads, artichoke purée, pasta with sausages, barbecued swordfish, pan-seared poultry or lamb, hard mature cheese.

Obitelj Antonac

Antonci, 9
52429 Grožnjan
Tel. + 385 52 664287 - Fax + 385 52 664287
E-mail: branka.antonac@pu.htnet.hr

86

- 250 m.
- Promiscuo e specializzato / Promiscuous and specialized
- Alberello, forma libera / Tree, free form
- Bacchiatura e brucatura a mano / Beating and hand picking
- No - Ciclo continuo / No - Continuous cycle
- Leccino (60%), istarska bjelica (30%), itrana (5%), pendolino (5%)
- Fruttato medio / Medium fruity
- da 8,01 a 10,00 € - 500 ml. / from € 8.01 to 10.00 - 500 ml.

Ottima performance per l'azienda della famiglia Antonac di Grožnjan che ha convinto il panel con un extravergine di alto livello. La Antonac è stata fondata nel 1991 ed è condotta da Đino Antonac, proprietario di 4 ettari di oliveto specializzato con mille piante dove, oltre all'autoctona istarska bjelica, troviamo cultivar di importazione. Durante l'ultima campagna olearia sono stati raccolti 130 quintali di olive che hanno consentito di produrre circa 17 ettolitri di olio extravergine. Unica selezione proposta, l'Extravergine Antonac da Agricoltura Biologica, si presenta alla vista di colore giallo dorato intenso con sfumature verdoline, limpido. Al naso si apre deciso e fine, dotato di ampie note vegetali di carciofo, cicoria di campo, lattuga e sentori balsamici di menta e rosmarino. Al gusto è avvolgente e di carattere, ricco di toni speziati di pepe nero e spiccata mandorla in chiusura. Amaro e piccante presenti ed equilibrati. È un ottimo accompagnamento per antipasti di salmone, fagioli al vapore, insalate di pomodori, passati di patate, zuppe di orzo, primi piatti con molluschi, seppie alla griglia, tartare di ricciola, formaggi caprini.

An excellent performance with a high quality extra virgin olive oil for the farm of the family Antonac in Grožnjan. The farm was founded in 1991 and is run by Đino Antonac, who owns 4 hectares of specialized olive grove with 1,000 trees, where besides the autochthonous istarska bjelica we find imported cultivars. In the last harvest 130 quintals of olives produced about 17 hectolitres of extra virgin olive oil. The only selection proposed is the Extra Virgin Antonac from Organic Farming. It is an intense limpid golden yellow colour with light green hues. Its aroma is definite and fine, with ample vegetal notes of artichoke, wild chicory, lettuce and aromatic hints of mint and rosemary. Its taste is rotund and strong, rich in spicy hints of black pepper and a distinct almond finish. Bitterness and pungency are present and balanced. It would be ideal on salmon appetizers, steamed beans, tomato salads, potato purée, barley soups, pasta with mussels, grilled cuttlefish, amberjack tartare, goat cheese.

Croazia Croatia [HR] Istarska Županija

O.P.G. Paulišić
Labinci, 41
52464 Kaštelir
Tel. + 385 52 455041
E-mail: inespaulisic@yahoo.it

85 ⬆

- 145 m.
- Specializzato / Specialized
- Vaso policonico / Polyconic vase
- Brucatura a mano e meccanica / Hand picking and mechanical harvesting
- No - Ciclo continuo / No - Continuous cycle
- Coratina (40%), leccino (20%), istarska bjelica (15%), maurino, pendolino (20%), itrana (5%)
- Fruttato intenso / Intense fruity
- da 6,01 a 8,00 € - 500 ml. / from € 6.01 to 8.00 - 500 ml.

Debutto "coi fiocchi" per la Paulišić di Kaštelir, cittadina situata nella parte nord-est della regione di Poreč. Fondata nel 2000 da Dario Paulišić, l'azienda è oggi guidata da Jnes che gestisce 3 ettari di oliveto specializzato di proprietà sul quale trovano posto 900 piante tra varietà locali e importate. Da queste, nella recente campagna olearia, sono stati ricavati 90 quintali di olive che hanno permesso di produrre quasi 12 ettolitri di olio extravergine. Ottima l'etichetta proposta all'assaggio del panel, l'Extravergine Olio Misto che appare alla vista di colore giallo dorato intenso con caldi riflessi verdi, limpido; al naso si apre deciso e avvolgente, con ampi sentori vegetali di carciofo, cardo di campo e cicoria, arricchiti da note balsamiche di menta e rosmarino. In bocca è complesso e di carattere, con eleganti toni speziati di pepe nero e chiusura spiccata di mandorla dolce. Amaro e piccante ben espressi e armonici. È un eccellente accompagnamento per funghi porcini ai ferri, marinate di pesce spada, pinzimonio, radicchio arrosto, zuppe di lenticchie, primi piatti con tonno, pesce azzurro gratinato, carni rosse o nere al forno, formaggi stagionati a pasta dura.

An excellent first performance for the farm Paulišić in Kaštelir, a little town situated in the north-eastern part of the region of Poreč. Founded in 2000 by Dario Paulišić, the farm is today run by Jnes. There is a 3-hectare specialized olive grove with 900 trees of both local and imported varieties. In the last oil harvest 90 quintals of olives were produced, with a yield of almost 12 hectolitres of extra virgin olive oil. The selection proposed to our panel, the Extra Virgin Olio Misto, is really good. It is an intense limpid golden yellow colour with warm green hues. Its aroma is definite and rotund, with ample vegetal hints of artichoke, wild thistle and chicory, enriched by fragrant notes of mint and rosemary. Its taste is complex and strong, with elegant spicy hints of black pepper and a distinct sweet almond finish. Bitterness and pungency are clear and harmonic. It would be ideal on grilled porcini mushrooms, marinated swordfish, pinzimonio, roast radicchio, lentil soups, pasta with tuna, blue fish au gratin, baked red meat or game, hard mature cheese.

Croazia Croatia [HR] Istarska Županija

Uljara Al Torcio

Stradi Kontesi, 22/a
52466 Novigrad
Tel. + 385 52 758093 - 52 757174 - Fax + 385 52 758093
E-mail: uljara.altorcio@optinet.hr - Web: www.altorcio.hr

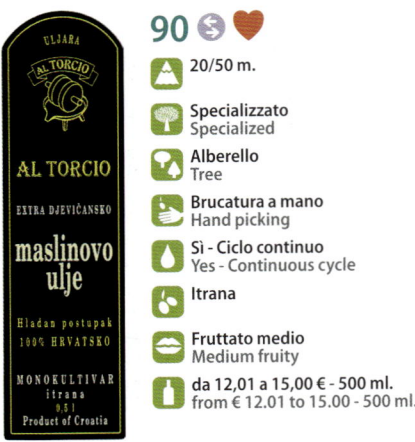

90

- 20/50 m.
- Specializzato / Specialized
- Alberello / Tree
- Brucatura a mano / Hand picking
- Sì - Ciclo continuo / Yes - Continuous cycle
- Itrana
- Fruttato medio / Medium fruity
- da 12,01 a 15,00 € - 500 ml. / from € 12.01 to 15.00 - 500 ml.

Uljara Al Torcio è una bella azienda di Novigrad e una delle più interessanti realtà olivicole del panorama croato. Tranquilino Beletić l'ha creata dieci anni fa e la dirige ancora oggi insieme ai due figli. La famiglia Beletić, che ha anche un accogliente ristorante sul porto di Novigrad, dispone di 7 ettari di oliveto specializzato con 1.700 piante e di un moderno impianto di estrazione. Nella più recente campagna olearia il raccolto ha fruttato 280 quintali di olive, pari a 36 ettolitri di olio extravergine. Degli Extravergine Al Torcio, segnaliamo il Blend ma soprattutto l'eccellente Itrana. Alla vista è di colore giallo dorato intenso con toni verdolini, limpido; al naso è deciso e complesso, con ricche note fruttate di pomodoro di media maturità, mela bianca e banana matura, accompagnate da sentori balsamici di basilico e menta. Al gusto è avvolgente e fine, con toni vegetali di fave e lattuga. Amaro spiccato e piccante presente. Si abbina bene a antipasti di molluschi, insalate di farro, marinate di salmone, verdure gratinate, passati di patate, zuppe di orzo, cous cous di verdure, rombo alla brace, seppie alla piastra, formaggi caprini.

Uljara Al Torcio is a beautiful farm in Novigrad and one of the most interesting oil producers in Croatia. Tranquilino Beletić founded it ten years ago and still runs it with his two children. The family Beletić, who also manages a comfortable restaurant near the port of Novigrad, has a 7-hectare specialized olive grove with 1,700 trees and a modern extraction system. In the last oil harvest 280 quintals of olives were produced, equal to 36 hectolitres of extra virgin olive oil. Among the Extra Virgin Al Torcio we recommend Blend, but especially the excellent Itrana. It is an intense limpid golden yellow colour with light green hues. Its aroma is definite and complex, endowed with rich fruity notes of medium ripe tomato, white apple and ripe banana, together with aromatic hints of basil and mint. Its taste is rotund and fine, with a vegetal flavour of broad beans and lettuce. Bitterness is strong and pungency is present. It would be ideal on mussel appetizers, farro salads, marinated salmon, vegetables au gratin, potato purée, barley soups, vegetable cous cous, barbecued turbot, pan-seared cuttlefish, goat cheese.

Croazia Croatia [HR] Istarska Županija

Anmar

Stancija Vinjeri 27/j
52466 Novigrad
Tel. + 385 52 758699 - Fax + 385 52 758701
E-mail: uljara.babic@gmail.com - Web: www.uljara-babic.hr

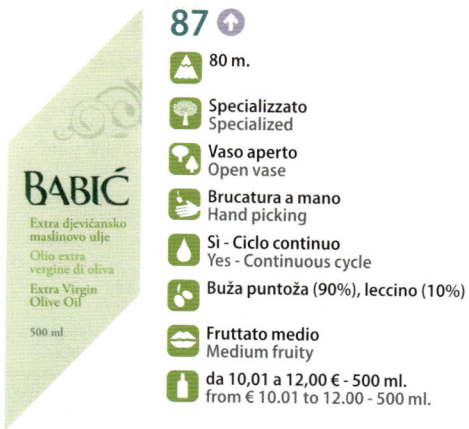

87

- 80 m.
- Specializzato / Specialized
- Vaso aperto / Open vase
- Brucatura a mano / Hand picking
- Sì - Ciclo continuo / Yes - Continuous cycle
- Buža puntoža (90%), leccino (10%)
- Fruttato medio / Medium fruity
- da 10,01 a 12,00 € - 500 ml. / from € 10.01 to 12.00 - 500 ml.

Ante Babić continua a presentare al panel ottimi prodotti, meritandosi ancora una segnalazione in Guida. La sua è un'azienda a conduzione familiare situata a Novigrad, deliziosa cittadina di origine romana nel nord dell'Istria. La famiglia è alla guida di una tenuta di 9 ettari di oliveto specializzato con 1.500 piante e un impianto di estrazione di ultima generazione. Quest'anno da un raccolto di 60 quintali di olive sono stati ricavati circa 8 ettolitri, più altrettanti acquistati per un totale di quasi 16 ettolitri. Due gli Extravergine Babić: il Belica e soprattutto il Puntoza che appare alla vista di colore giallo dorato intenso con caldi riflessi verdolini, limpido; al naso è ampio e avvolgente, ricco di sentori fruttati di pomodoro verde, accompagnati da note balsamiche di basilico e prezzemolo. Al gusto è elegante e vegetale, con toni di lattuga, sedano e cardo di campo. Amaro spiccato e piccante dosato, con dolce in evidenza. Ideale l'abbinamento con maionese, antipasti di ceci, carpaccio di dentice, insalate di funghi ovoli, marinate di spigola, zuppe di fave, cous cous di pesce, crostacei ai ferri, rombo al cartoccio, formaggi freschi a pasta molle, biscotti da forno.

Ante Babić always proposes excellent products and once again deserves to be mentioned in this Guide. His is a family-run farm situated in Novigrad, a charming town of Roman origin in the north of Istria. The family owns an estate of about 9 hectares of specialized olive grove with 1,500 trees and an advanced extraction system. In the last harvest 60 quintals of olives were produced with a yield of about 8 hectolitres of oil. In addition 8 hectolitres were purchased for a total amount of almost 16 hectolitres. There are two Extra Virgin Babić, Belica and especially Puntoza, which is an intense limpid golden yellow colour with warm light green hues. Its aroma is ample and rotund, rich in fruity hints of green tomato, together with aromatic notes of basil and parsley. Its taste is elegant and vegetal, with a flavour of lettuce, celery and wild thistle. Bitterness is distinct and pungency is limited, with evident sweetness. It would be ideal on mayonnaise, chickpea appetizers, sea bream carpaccio, ovoli mushroom salads, marinated bass, broad bean soups, fish cous cous, grilled shellfish, turbot baked in parchment paper, soft fresh cheese, oven cookies.

Croazia Croatia [HR] Istarska Županija

O.P.G. Marija Ipša
Maršići, 16
52428 Oprtalj
Tel. + 385 52 664202
E-mail: marija.ipsa@pu.t-com.hr

86

 200/325 m.

 Specializzato / Specialized

 Vaso policonico / Polyconic vase

 Brucatura a mano / Hand picking

 No - Ciclo continuo / No - Continuous cycle

 Leccino

 Fruttato intenso / Intense fruity

da 8,01 a 10,00 € - 500 ml.
from € 8.01 to 10.00 - 500 ml.

Nei pressi della pittoresca cittadina di Oprtalj, i discendenti della famiglia Maršić hanno deciso di riqualificare l'attività familiare, curando i vecchi olivi e piantandone di nuovi, sulle tipiche terrazze istriane. Oggi la colonna portante dell'azienda è Marija Ipša, che gestisce un patrimonio di 650 piante collocate su 3 ettari di superficie olivetata specializzata. Quest'anno da un raccolto di 48 quintali di olive sono stati ricavati 7 ettolitri di olio extravergine. Due le etichette Extravergine Casa Maršić proposte, il "base" e il monocultivar Leccino che appare alla vista di colore giallo dorato intenso con delicati riflessi verdi, limpido. All'olfatto si offre sottile e vegetale, caratterizzato da sentori di erba fresca falciata, cardo di campo e carciofo. In bocca è morbido e dosato, con toni balsamici di rosmarino e menta, note di lattuga, cicoria e spiccata mandorla in chiusura. Amaro e piccante presenti ed equilibrati. È ottimo su antipasti di lenticchie, insalate di carciofi, marinate di pollo, radicchio arrosto, minestroni di verdure, pesce azzurro gratinato, coniglio in umido, maiale alla griglia, formaggi di media stagionatura.

Not far from the picturesque town of Oprtalj, the family Maršić's descendants have decided to upgrade their activity, treating the old olive groves and planting new ones on the typical Istrian terraces. Today the farm is run by Marija Ipša, who has 3 hectares of specialized olive surface with 650 trees. In the last harvest 48 quintals of olives were produced, equal to 7 hectolitres of extra virgin olive oil. Two Extra Virgin selections Casa Maršić have been proposed: the "basic" and the Monocultivar Leccino, which is an intense limpid golden yellow colour with delicate green hues. Its aroma is fine and vegetal, characterized by hints of freshly mown grass, wild thistle and artichoke. Its taste is mellow and delicate, with fragrant hints of rosemary and mint, notes of lettuce, chicory and a distinct almond finish. Bitterness and pungency are present and balanced. It would be ideal on lentil appetizers, artichoke salads, marinated chicken, roast radicchio, minestrone with vegetables, blue fish au gratin, stewed rabbit, grilled pork, medium mature cheese.

Croazia Croatia [HR] Istarska Županija

Obitelj Ipša

Ipši, 10 - Ipša - Livade
52427 Oprtalj
Tel. + 385 52 664010 - Fax + 385 52 664010
E-mail: klaudio.ipsa@pu.t-com.hr - Web: www.ipsa-maslinovaulja.hr

94

- 180/250 m.
- **Specializzato** / Specialized
- **Vaso policonico** / Polyconic vase
- **Brucatura a mano** / Hand picking
- **No - Ciclo continuo** / No - Continuous cycle
- **Frantoio**
- **Fruttato medio** / Medium fruity
- da 12,01 a 15,00 € - 500 ml. / from € 12.01 to 15.00 - 500 ml.

Eccellente performance per Klaudio e Irene Ipša che incoroniamo con il premio di Migliore Olio Extravergine di Oliva Monovarietale - Fruttato Medio. Gli Ipša conducono una piccola azienda agrituristica nella verde Oprtalj e, tra le varie attività, si dedicano con passione alla produzione di olio extravergine. Parliamo di più di 7 ettari di superficie olivetata specializzata con 1.800 piante, dalle quali quest'anno sono stati raccolti 340 quintali di olive, pari a 45 ettolitri di olio extravergine. Segnaliamo i due Extravergine Ipša: l'Istarska Bjelica e soprattutto il Frantoio. Di colore giallo dorato intenso con delicati riflessi verdi, limpido; al naso si apre deciso e complesso, dotato di sentori vegetali di carciofo, cardo di campo e cicoria, arricchiti da note di erbe officinali, con netto ricordo di menta e rosmarino. Al gusto è avvolgente ed elegante, con toni spiccati di mandorla e pepe nero. Amaro potente e piccante deciso. Si accompagna a antipasti di funghi porcini, bruschette con pomodoro, carpaccio di polpo, insalate di carciofi, zuppe di lenticchie, primi piatti con tonno, pesce azzurro in umido, carni rosse o cacciagione alla griglia, formaggi stagionati a pasta dura.

Once more Klaudio and Irene Ipša have given an excellent performance and are awarded the prize of the Best Extra Virgin Olive Oil Monovarietal - Medium Fruity. They run a small holiday farm in the green Oprtalj and also devote themselves passionately to extra virgin olive oil production. There are over 7 hectares of specialized olive grove with 1,800 trees, which produced 340 quintals of olives in the last harvest, equal to 45 hectolitres of extra virgin olive oil. We recommend the two Extra Virgin Ipša, Istarska Bjelica and especially Frantoio. It is an intense limpid golden yellow colour with delicate green hues. Its aroma is definite and complex, endowed with vegetal hints of artichoke, wild thistle and chicory, enriched by notes of officinal herbs, especially mint and rosemary. Its taste is rotund and elegant, with a flavour of almond and black pepper. Bitterness is powerful and pungency is definite. It would be ideal on porcini mushroom appetizers, bruschettes with tomatoes, octopus carpaccio, artichoke salads, lentil soups, pasta with tuna, steamed blue fish, grilled red meat or game, hard mature cheese.

Croazia Croatia [HR] Istarska Županija

Agrolaguna

Mate Vlašića, 34
52440 Poreč
Tel. + 385 52 453179 - 52 432111 - Fax + 385 52 451610
E-mail: agrolaguna@agrolaguna.hr - Web: www.agrolaguna.hr

88 ⬆

20/40 m.

Promiscuo e specializzato
Promiscuous and specialized

Policono
Polycone

Brucatura a mano e meccanica
Hand picking and mechanical harvesting

Sì - Ciclo continuo
Yes - Continuous cycle

Ascolana tenera

Fruttato medio
Medium fruity

da 4,01 a 6,00 € - 250 ml.
from € 4.01 to 6.00 - 250 ml.

Attualmente è una delle più grandi realtà olivicole della Croazia, oltre a essere leader sul territorio anche per la produzione di vino e formaggio. Le origini di Agrolaguna risalgono al 1953 nel comprensorio di Poreč, nota località turistica istriana non molto distante da Trieste. Oggi dispone di un patrimonio di 220 ettari di superficie olivetata con 65mila piante messe a dimora. La recente campagna ha prodotto 8.800 quintali di olive e quasi 1.201 ettolitri di olio. Due le etichette Extravergine Ol Istria: il "base", il Picholine e l'eccellente Ascolana. Appare alla vista di colore giallo dorato intenso con delicati riflessi verdolini, limpido; all'olfatto si esprime deciso e ampio, ricco di note fruttate di pomodoro di media maturità, mela bianca, banana matura e sentori balsamici di basilico e menta. In bocca è elegante e complesso, con toni vegetali di sedano e lattuga. Amaro spiccato e piccante presente, con chiusura di mandorla. Si abbina bene a antipasti di molluschi, insalate di lenticchie, marinate di orata, patate arrosto, passati di fagioli, zuppe di orzo, cous cous di verdure, pesci ai ferri, tartare di ricciola, pollame o carni di agnello al forno, formaggi caprini.

Agrolaguna is currently one of the the biggest oil producers in Croatia and also a leader producer of wine and cheese. Its origins date back to 1953 in the district of Poreč, a popular tourist resort in Istria not far from Trieste. Today there are 220 hectares of olive surface with 65,000 trees. In the last oil harvest 8,800 quintals of olives were produced, with a yield of 1,201 hectolitres of oil. There are two Extra Virgin selections Ol Istria: the "basic", Picholine and the excellent Ascolana. It is an intense limpid golden yellow colour with delicate light green hues. Its aroma is definite and ample, rich in fruity notes of medium ripe tomato, white apple, ripe banana and aromatic hints of basil and mint. Its taste is elegant and complex, with a vegetal flavour of celery and lettuce. Bitterness is strong and pungency is present with an almond finish. It would be ideal on mussel appetizers, lentil salads, marinated gilthead, roast potatoes, bean purée, barley soups, vegetable cous cous, grilled fish, amberjack tartare, baked poultry or lamb, goat cheese.

Croazia Croatia [HR] Istarska Županija

Coop Poreč

Partizanska, 6/a
52440 Poreč
Tel. + 385 52 452730 - Fax + 385 52 452951
E-mail: coop-porec@pu.htnet.hr - Web: www.selina.com.hr

84

- 230 m.
- Specializzato / Specialized
- Vaso policonico / Polyconic vase
- Brucatura a mano / Hand picking
- No - Ciclo continuo / No - Continuous cycle
- Istarska bjelica (60%), buža (40%)
- Fruttato medio / Medium fruity
- da 8,01 a 10,00 € - 500 ml. / from € 8.01 to 10.00 - 500 ml.

Un esordio "coi fiocchi" per la Coop Poreč, giovanissima realtà produttiva gestita da Branko, Dean e Slavica Ivancić in uno dei centri più belli e rinomati della penisola istriana. Dal 2005 i tre fratelli sono alla guida di 4 ettari di oliveto specializzato sul quale trovano dimora mille piante, ancora di giovane età. Da queste nell'ultima campagna olearia è stato ricavato un raccolto di 20 quintali di olive per una resa produttiva di 3 ettolitri di olio. Di ottimo livello l'etichetta proposta al panel, l'Extravergine Selina - Blend che alla vista appare di colore giallo dorato intenso con delicate sfumature verdoline, limpido. Al naso si apre deciso e avvolgente, ricco di sentori balsamici di menta e rosmarino a cui si aggiungono accattivanti note speziate di pepe verde e nero. In bocca si offre elegante e vegetale, con toni di carciofo, cardo di campo, lattuga e chiusura dolce di mandorla. Amaro spiccato e piccante presente e dosato. Buon accompagnamento per antipasti di farro, insalate di lenticchie, patate al cartoccio, verdure marinate, zuppe di funghi finferli, primi piatti con salmone, rombo al forno, seppie alla brace, formaggi caprini.

Coop Poreč, whose first appearance in this Guide is due to its high quality production, is a young oil farm run by Branko, Dean and Slavica Ivancić in one of the most beautiful and popular centres of the Istrian peninsula. Since 2005 the three brothers have been running a 4-hectare specialized olive grove with 1,000 young trees. In the last harvest they produced 20 quintals of olives, with a yield of 3 hectolitres of oil. The selection proposed to our panel, the Extra Virgin Selina - Blend, is excellent. It is an intense limpid golden yellow colour with delicate light green hues. Its aroma is definite and rotund, rich in fragrant hints of mint and rosemary, together with pleasant spicy notes of green and black pepper. Its taste is elegant and vegetal, with a flavour of artichoke, wild thistle, lettuce and a sweet almond finish. Bitterness is distinct and pungency is present and complimentary. It would be ideal on farro appetizers, lentil salads, baked potatoes, marinated vegetables, chanterelle mushroom soups, pasta with salmon, baked turbot, barbecued cuttlefish, goat cheese.

Croazia Croatia [HR] Istarska Županija

Mih

Obala Maršala Tita, 21
52440 Poreč
Tel. + 385 52 432224 - Fax + 385 52 432224
E-mail: info@mih.hr - Web: www.mih.hr

84

200/450 m.

Specializzato
Specialized

Vaso, vaso aperto
Vase, open vase

Bacchiatura e brucatura a mano
Beating and hand picking

No - Ciclo continuo
No - Continuous cycle

Frantoio (30%), istarska bjelica (30%), leccino (20%), buga (10%), carbonazza (10%)

Fruttato intenso
Intense fruity

da 18,01 a 22,00 € - 500 ml.
from € 18.01 to 22.00 - 500 ml.

SAN GURMANO
EKSTRA DJEVIČANSKO
MASLINOVO ULJE
INTENZIVNOG OKUSA

La Mih è una realtà produttiva situata a Poreč, uno dei centri turistici più rinomati della Croazia, sulla costa ovest della penisola istriana. La struttura non possiede oliveti, né un impianto di trasformazione di proprietà, ma dal 1995 imbottiglia l'olio ricavato dalle migliori partite di olive acquistate dai produttori della zona. Nella più recente campagna olearia, da una quantità di 600 quintali di olive acquistate sono stati ricavati 70 ettolitri di olio. Segnaliamo le due ottime etichette Extravergine San Gurmano, il Blagog Okusa e l'Interzivnog Okusa, scelto dal panel. Di colore giallo dorato intenso con riflessi verdolini, limpido; al naso è ampio e avvolgente, con ricchi sentori vegetali di carciofo, cardo di campo e cicoria, cui si accompagnano note aromatiche di menta, rosmarino e salvia. In bocca è elegante e di personalità, con toni di lattuga, pepe nero e spiccata mandorla in chiusura. Amaro potente e piccante deciso. Si abbina bene a antipasti di funghi porcini, carpaccio di tonno, radicchio arrosto, zuppe di fagioli, primi piatti con pesce azzurro, pesce spada alla brace, carni rosse o cacciagione alla piastra, pollo alla griglia, formaggi stagionati a pasta dura.

Mih is an oil farm situated in Poreč, one of the most popular tourist resorts in Croatia, on the west coast of the Istrian peninsula. It owns neither olive groves nor a transformation system, but it has been bottling the oil obtained from the best olive parcels purchased from local producers since 1995. In the last oil harvest 600 quintals of olives yielded 70 hectolitres of oil. We recommend the two excellent selections Extra Virgin San Gurmano, Blagog Okusa and Interzivnog Okusa, chosen by our panel. It is an intense limpid golden yellow colour with light green hues. Its aroma is ample and rotund, endowed with rich vegetal hints of artichoke, wild thistle and chicory, together with aromatic notes of mint, rosemary and sage. Its taste is elegant and strong, with a flavour of lettuce, black pepper and a distinct almond finish. Bitterness is powerful and pungency is definite. It would be ideal on porcini mushroom appetizers, tuna carpaccio, roast radicchio, bean soups, pasta with bluefish, barbecued swordfish, pan-seared red meat or game, grilled chicken, hard mature cheese.

Croazia Croatia [HR] Istarska Županija

O.P.G. Anton i Nivio Stojnić

Republika 15/16
52465 Tar-Vabriga (Poreč)
Tel. + 385 52 443062 - Fax + 385 52 443241
E-mail: anton.stojnic1@pu.t-com.hr

84 ⬆

- 70 m.
- **Specializzato** / Specialized
- **Vaso policonico** / Polyconic vase
- **Brucatura a mano e meccanica** / Hand picking and mechanical harvesting
- **No - Ciclo continuo** / No - Continuous cycle
- Istarska bjelica (60%), leccino (40%)
- **Fruttato medio** / Medium fruity
- da 8,01 a 10,00 € - 500 ml. / from € 8.01 to 10.00 - 500 ml.

D ebutta in Guida con un interessante paniere di prodotti. Parliamo dell'azienda di Anton e Nivio Stojnić, una realtà di produzione attiva dal 1950 in un'area distante pochi chilometri da Poreč. Su un oliveto specializzato di più di 3 ettari trovano posto mille piante delle varietà di zona, dalle quali nella più recente campagna olearia sono stati raccolti 180 quintali di olive che hanno reso una produzione di quasi 22 ettolitri di olio extravergine. Tre le etichette Extravergine proposte: il Laron, il Kleno e soprattutto l'ottimo Santa Marina, scelto dal panel. Alla vista appare di colore giallo dorato intenso con caldi riflessi verdi, limpido; al naso si esprime ampio ed elegante, con sentori vegetali di carciofo e cicoria, arricchiti da note aromatiche di menta e rosmarino. Complesso e avvolgente in bocca, è dotato di toni di cardo di campo, lattuga, pepe nero e spiccata mandorla in chiusura. Amaro e piccante presenti e ben armonizzati. Si accompagna molto bene a carpaccio di carne chianina con funghi porcini, insalate di pesce spada, radicchio arrosto, zuppe di lenticchie, primi piatti con salsiccia, agnello in umido, carni rosse alla griglia, formaggi stagionati a pasta dura.

T he farm Anton e Nivio Stojnić is present in this Guide for the first time with an interesting range of products. It has been active since 1950 in an area not far from Poreč. There are over 3 hectares of specialized olive grove with 1,000 trees of local varieties, which produced 180 quintals of olives in the last harvest, with a yield of almost 22 hectolitres of extra virgin olive oil. Three Extra Virgin selections have been proposed: Laron, Kleno and especially the excellent Santa Marina, chosen by our panel. It is an intense limpid golden yellow colour with warm green hues. Its aroma is ample and elegant, with vegetal hints of artichoke and chicory, enriched by aromatic notes of mint and rosemary. Its taste is complex and rotund, endowed with a flavour of wild thistle, lettuce, black pepper and a distinct almond finish. Bitterness and pungency are present and harmonic. It would be ideal on chianina beef carpaccio with porcini mushrooms, swordfish salads, roast radicchio, lentil soups, pasta with sausages, stewed lamb, grilled red meat, hard mature cheese.

Croazia Croatia [HR] Istarska Županija

Agroprodukt

Medulinska, 15
52100 Pula
Tel. + 385 52 543470 - 52 543519 - Fax + 385 52 543443
E-mail: info@agroprodukt-pula.hr - Web: www.agroprodukt-pula.hr

86 ⬆

- 3/20 m.
- **Specializzato**
  Specialized
- **Vaso libero**
  Free vase
- **Brucatura a mano**
  Hand picking
- **Sì - Ciclo continuo**
  Yes - Continuous cycle
- Leccino (50%), istarska bjelica (30%), pendolino (10%), altre/others (10%)
- **Fruttato medio**
  Medium fruity
- da 8,01 a 10,00 € - 500 ml.
  from € 8.01 to 10.00 - 500 ml.

L'Agroprodukt di Pula è una bella realtà di produzione olearia fondata sessant'anni fa e oggi condotta da Kristijan Floričić che gestisce una superficie 45 ettari di oliveto specializzato e un patrimonio di quasi 13mila piante. Nella più recente campagna olearia sono stati raccolti 2mila quintali di olive che, molite nel moderno frantoio di proprietà dell'azienda, hanno prodotto 280 ettolitri di olio extravergine. Segnaliamo la selezione sottoposta al giudizio del nostro panel, l'Extravergine Salvela Aurum che alla vista si presenta di colore giallo dorato intenso con leggeri riflessi verdolini, limpido. All'olfatto si esprime ampio e complesso, caratterizzato da toni fruttati di pomodoro di media maturità e mandorla, a cui si aggiungono ricchi sentori aromatici di basilico, prezzemolo e pepe bianco. In bocca è avvolgente e di personalità, dotato di eleganti note vegetali di sedano e lattuga. Amaro e piccante presenti e ben espressi. È perfetto per antipasti di pomodori, insalate di funghi finferli, marinate di orata, patate alla piastra, zuppe di orzo, primi piatti con salmone, crostacei in umido, rombo arrosto, formaggi freschi a pasta filata.

Agroprodukt in Pula is an oil farm founded 60 years ago and today run by Kristijan Floričić, who manages a surface of 45 hectares of specialized olive grove with nearly 13,000 trees. In the last oil harvest 2,000 quintals of olives were produced, which, once crushed in the modern oil mill, yielded 280 hectolitres of extra virgin olive oil. We recommend the selection proposed to our panel, the Extra Virgin Salvela Aurum, which is an intense limpid golden yellow colour with slight light green hues. Its aroma is ample and complex, characterized by fruity hints of medium ripe tomato and almond, together with rich aromatic hints of basil, parsley and white pepper. Its taste is rotund and fine, endowed with vegetal notes of celery and lettuce. Bitterness and pungency are present and distinct. It would be ideal on tomato appetizers, chanterelle mushroom salads, marinated gilthead, seared potatoes, barley soups, pasta with salmon, stewed shellfish, roast turbot, mozzarella cheese.

O.P.G. Brist Olive

Prilaz Cerella, 23
52100 Pula
Tel. + 385 52 535112 - 52 511891 - Fax + 385 52 535220
E-mail: silvano@brist-olive.hr - Web: www.brist-olive.hr

88

 150 m.

 Specializzato
Specialized

 Vaso aperto, vaso policonico
Open vase, polyconic vase

 Brucatura a mano
Hand picking

 Sì - Ciclo continuo
Yes - Continuous cycle

 Coratina (40%), leccino (40%), buža (20%)

 Fruttato medio
Medium fruity

da 15,01 a 18,00 € - 500 ml.
from € 15.01 to 18.00 - 500 ml.

La Brist Olive di Pula nasce nel 2005 grazie all'opera di Silvano Puhar che ha riunito sotto un unico marchio le quattro aziende di proprietà di Adriana e Slobodan Car, Anton Brajković, Danilo Gambaletta e lui stesso. Segnaliamo la produzione di Puhar che gestisce un patrimonio di 1.250 piante distribuite su 5 ettari di oliveto da cui, nella recente campagna olearia, ha raccolto 40 quintali di olive pari a più di 6 ettolitri di olio. Due le selezioni Extravergine Brist Olive: il Santa Margherita di Puhar e soprattutto l'eccellente Seline di Brajković, scelto dal panel. Di colore giallo dorato intenso con leggere sfumature verdi, limpido; al naso è ricco e complesso, dotato di ampie note fruttate di pomodoro di media maturità, banana acerba e mandorla, arricchite da eleganti sentori balsamici di menta, basilico e salvia. Al gusto è fine e di personalità, con toni vegetali di cicoria, fave e lattuga. Amaro e piccante presenti e armonici. Perfetto per antipasti di molluschi, legumi bolliti, marinate di salmone, patate alla griglia, passati di legumi, zuppe di orzo, risotto con funghi finferli, rombo alla piastra, seppie in umido, formaggi caprini.

Brist Olive in Pula was founded in 2005 by Silvano Puhar, who merged four farms belonging to Adriana and Slobodan Car, Anton Brajković, Danilo Gambaletta and himself under the same trademark. We recommend the production of Puhar, who runs a 5-hectare olive grove with 1,250 trees. In the last oil harvest 40 quintals of olives were produced, equal to over 6 hectolitres of oil. There are two Extra Virgin selections Brist Olive: Puhar's Santa Margherita and especially Brajković 's excellent Seline, chosen by the panel. It is an intense limpid golden yellow colour with slight green hues. Its aroma is rich and complex, endowed with ample fruity notes of medium ripe tomato, unripe banana and almond, enriched by elegant fragrant hints of mint, basil and sage. Its taste is fine and strong, with a vegetal flavour of chicory, broad beans and lettuce. Bitterness and pungency are present and harmonic. It would be ideal on mussel appetizers, boiled legumes, marinated salmon, grilled potatoes, legume purée, barley soups, risotto with chanterelle mushrooms, pan-seared turbot, stewed cuttlefish, goat cheese.

Croazia Croatia [HR] Istarska Županija

O.P.G. Grgorinić

Paganorska Cesta
52100 Pula
Tel. + 385 52 505968 - Fax + 385 52 505968
E-mail: tina.grgorinic@pu.t-com.hr

86

- 32 m.
- **Specializzato** / Specialized
- **Vaso policonico** / Polyconic vase
- **Brucatura a mano** / Hand picking
- **No - Ciclo continuo** / No - Continuous cycle
- Frantoio
- **Fruttato medio** / Medium fruity
- da 22,01 a 26,00 € - 500 ml. / from € 22.01 to 26.00 - 500 ml.

B rillantissimo esordio in Guida per l'azienda Grgorinić, fondata circa cinque anni fa a Paganor, vicino al delizioso porto di Fasana, a pochi chilometri dalla città di Pula. La famiglia Grgorinić dispone di poco più di un ettaro di oliveto specializzato di proprietà, sul quale trovano dimora 360 piante di varietà sia locali che importate. Da queste, nella recente campagna olearia, sono stati ricavati 21 quintali di olive che hanno permesso di produrre circa 3 ettolitri di olio. Davvero eccellente l'Extravergine Paganor - Frantoio che appare alla vista di colore giallo dorato intenso con tenui sfumature verdoline, limpido. All'olfatto si apre ampio e deciso, ricco di sentori vegetali di erba fresca falciata, carciofo e cicoria, accompagnati da intense note aromatiche di menta e rosmarino. In bocca è elegante e di carattere, con toni di lattuga, cardo di campo, pepe nero e spiccata chiusura di mandorla. Amaro potente e piccante deciso e armonico. Si accompagna a bruschette con pomodoro, carpaccio di carne cruda con funghi porcini, marinate di pesce azzurro, zuppe della tradizione regionale, primi piatti al ragù, tonno alla brace, carni rosse o nere arrosto, formaggi stagionati a pasta dura.

A brilliant first appearance in this Guide for the farm Grgorinić, founded 5 years ago in Paganor, near the charming port of Fasana, a few kilometres from the town of Pula. The family Grgorinić owns abut 1 hectare of specialized olive grove with 360 trees of local and imported varieties. In the last harvest 21 quintals of olives were produced, with a yield of about 3 hectolitres of oil. The Extra Virgin Paganor - Frantoio is really excellent. It is an intense limpid golden yellow colour with slight light green hues. its aroma is ample and definite, rich in vegetal hints of freshly mown grass, artichoke and chicory, together with intense aromatic notes of mint and rosemary. Its taste is elegant and strong, with a flavour of lettuce, wild thistle, black pepper and a distinct almond finish. Bitterness is powerful and pungency is definite and harmonic. It would be ideal on bruschette with tomatoes, beef carpaccio with porcini mushrooms, marinated bluefish, traditional regional soups, pasta with meat sauce, barbecued tuna, roast red meat or game, hard mature cheese.

Croazia Croatia [HR] Istarska Županija

Škabe

Muntić, 32/a
52100 Pula
Tel. + 385 52 550260 - Fax + 385 52 550399
E-mail: info@skabe.net - Web: www.skabe.com

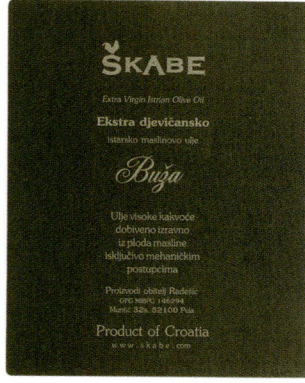

84

150 m.

Specializzato
Specialized

Vaso aperto, vaso libero
Open vase, free vase

Brucatura a mano
Hand picking

No - Ciclo continuo
No - Continuous cycle

Buža

Fruttato medio
Medium fruity

da 8,01 a 10,00 € - 500 ml.
from € 8.01 to 10.00 - 500 ml.

B uon esordio in Guida per l'azienda Škabe che si colloca a Pula, città nota come l'antico capoluogo dell'Istria. Qui, da una decina d'anni a questa parte, la famiglia Radešić è alla guida di 2 ettari di oliveto specializzato di proprietà, su cui trovano dimora 600 piante della varietà autoctona buža. Da queste, nella recente campagna olearia, sono stati raccolti 60 quintali di olive che hanno permesso una produzione di più di 6 ettolitri di olio extravergine. L'etichetta proposta al panel è l'Extravergine Škabe - Buža che si offre alla vista di colore giallo dorato intenso con tenui riflessi verdolini, limpido; all'olfatto si esprime elegante e ampio, caratterizzato da sentori fruttati di pomodoro acerbo e mela bianca, accompagnati da note di erbe aromatiche, con basilico e prezzemolo in evidenza. In bocca è morbido e vegetale, con toni di ortaggi freschi di campo, sedano e lattuga. Amaro presente e piccante dosato e armonico. È eccellente per antipasti di molluschi, insalate di farro, marinate di salmone, patate alla griglia, passati di asparagi, risotto con funghi finferli, pesci di scoglio alla brace, pollame o carni di agnello al forno, formaggi freschi a pasta filata.

A good first appearance in this Guide for the farm Škabe, situated in Pula, known as the ancient main city of Istria. For about 10 years the family Radešić has been running 2 hectares of specialized olive grove with 600 tres of the autochthonous variey buža. In the last oil harvest they produced 60 quintals of olives, which allowed a yield of over 6 hectolitres of extra virgin olive oil. The selection proposed to our panel is the Extra Virgin Škabe - Buža, which is an intense limpid golden yellow colour with slight light green hues. Its aroma is elegant and ample, characterized by fruity hints of unripe tomato and white apple, together with notes of aromatic herbs, especially basil and parsley. Its taste is mellow and vegetal, with a flavour of fresh country vegetables, celery and lettuce. Bitterness is present and pungency is distinct and harmonic. It would be ideal on mussel appetizers, farro salads, marinated salmon, grilled potatoes, asparagus purée, risotto with chanterelle mushrooms, barbecued rock-fish, baked poultry or lamb, mozzarella cheese.

Croazia Croatia [HR] Istarska Županija

Olea B. B.

Creska, 34
52221 Rabac
Tel. + 385 1 3701433 - 52 872724 - Fax + 385 1 3701434 - 52 872189
E-mail: bosiljka.belic@oleabb.hr - Web: www.oleabb.hr

94

 30/100 m.

 **Specializzato**
Specialized

 **Vaso policonico**
Polyconic vase

 **Brucatura a mano**
Hand picking

 **No - Ciclo continuo**
No - Continuous cycle

 Ascolana tenera

 **Fruttato medio**
Medium fruity

 **da 12,01 a 15,00 € - 250 ml.**
from € 12.01 to 15.00 - 250 ml.

L'azienda Olea B. B. di Bosiljka Belić si distingue con un ricco ventaglio di oli, uno meglio dell'altro. Fondata nel 2002, questa bella struttura dispone oggi di un oliveto specializzato di 12 ettari, con 5.500 piante. Nell'ultima campagna olearia sono stati ottenuti 300 quintali di olive, pari a una resa produttiva di quasi 44 ettolitri di olio. Da non perdere le tre selezioni Extravergine Oleum Viride: dal Selekcija Belić, al monocultivar Buža, fino all'eccellente Ascolana Tenera, scelto dal panel. Alla vista si presenta di colore giallo dorato intenso con caldi riflessi verdi, limpido; al naso si offre deciso e complesso, dotato di eleganti sentori balsamici di menta e basilico, a cui si aggiungono ricche note vegetali di lattuga, fave fresche e sedano. Al gusto è ampio e avvolgente, con toni fruttati di pomodoro di media maturità, banana matura e note speziate di mandorla e pepe nero. Amaro potente e piccante deciso e armonico. Eccellente accompagnamento per antipasti di molluschi, fagioli bolliti, marinate di pesce persico, patate alla piastra, zuppe di ceci, risotto con funghi finferli, rombo alla griglia, formaggi freschi a pasta filata.

Olea B. B. in Bosiljka Belić has a wide range of interesting extra virgin olive oils. Founded in 2002, today this beautiful farm has a 12-hectare specialized olive grove with 5,500 trees. In the last oil harvest 300 quintals of olives were produced, with a yield of almost 44 hectolitres of oil. All three Extra Virgin selections Oleum Viride are outstanding: Selekcija Belić, the Monocultivar Buža and the excellent Ascolana Tenera, chosen by our panel. It is an intense limpid golden yellow colour with warm green hues. Its aroma is definite and complex, endowed with elegant fragrant hints of mint and basil, together with rich vegetal notes of lettuce, fresh broad beans and celery. Its taste is ample and rotund, endowed with fruity hints of medium ripe tomato, ripe banana and spicy notes of almond and black pepper. Bitterness is powerful and pungency is definite and harmonic. It would be ideal on mussel appetizers, boiled beans, marinated perch, seared potatoes, chickpea soups, risotto with chanterelle mushrooms, grilled turbot, mozzarella cheese.

O.P.G. William Negri

Reburići, 56 - Brgod
52224 Raša
Tel. + 385 52 875280 - Fax + 385 52 875280
E-mail: wnegri@globalnet.hr - Web: www.negri-olive.com

84

- 195 m.
- Specializzato / Specialized
- Policono / Polycone
- Brucatura a mano / Hand picking
- No - Ciclo continuo / No - Continuous cycle
- Leccino (90%), pendolino (10%)
- Fruttato medio / Medium fruity
- da 10,01 a 12,00 € - 500 ml. / from € 10.01 to 12.00 - 500 ml.

B rillante esordio per la Negri di Brgod, nel comune di Raša, lungo la costa occidentale della penisola istriana. Qui William e Anessa Negri continuano una nobile tradizione di famiglia e sono alla guida dal 2001 di più di un ettaro di oliveto specializzato di proprietà dove trovano dimora 460 piante. Da queste, nella recente campagna olearia, sono stati raccolti 60 quintali di olive, pari a una produzione di quasi 7 ettolitri di olio extravergine. Segnaliamo l'etichetta proposta, l'ottimo Extravergine Negri che appare alla vista di un bel colore giallo dorato intenso con caldi riflessi verdi, limpido; al naso si esprime ampio e avvolgente, ricco di sentori vegetali di carciofo e cardo selvatico, accompagnati da note di erbe aromatiche con menta, rosmarino e salvia in evidenza. In bocca è elegante e complesso, con toni di ortaggi freschi di campo, pepe nero e spiccata chiusura di mandorla. Amaro deciso e piccante presente e ben espresso. È un eccellente accompagnamento per antipasti di mare, carpaccio di pesce di lago, legumi bolliti, patate alla griglia, zuppe di orzo, cous cous di verdure, rombo ai ferri, tartare di pesce spada, coniglio al forno, pollo arrosto, formaggi caprini.

A brilliant first appearance in this Guide for the farm Negri in Brgod, in the municipality of Raša, along the western coast of the Istrian peninsula. Here William and Anessa Negri follow a noble family tradition and since 2001 have been running over 1 hectare of specialized olive grove with 460 trees. In the last oil harvest 60 quintals of olives were produced, equal to a yield of almost 7 hectolitres of extra virgin olive oil. We recommend the selection proposed by the farm, the excellent Extra Virgin Negri, which is a beautiful intense limpid golden yellow colour with warm green hues. Its aroma is ample and rotund, rich in vegetal hints of artichoke and wild thistle, together with notes of aromatic herbs, especially mint, rosemary and sage. Its taste is elegant and complex, with a flavour of fresh country vegetables, black pepper and a distinct almond finish. Bitterness is definite and pungency is distinct. It would be ideal on seafood appetizers, freshwater fish carpaccio, boiled legumes, grilled potatoes, barley soups, vegetable cous cous, grilled turbot, swordfish tartare, baked rabbit, roast chicken, goat cheese.

Dobravac

Karmelo, 1
52210 Rovinj
Tel. + 385 52 813006 - Fax + 385 52 813003
E-mail: info@villa-dobravac.com - Web: www.villa-dobravac.com

85

40 m.

Specializzato
Specialized

Vaso libero, vaso policonico
Free vase, polyconic vase

Brucatura a mano
Hand picking

No - Ciclo continuo
No - Continuous cycle

Leccino (50%), buža (40%), pendolino (10%)

Fruttato medio
Medium fruity

da 8,01 a 10,00 € - 500 ml.
from € 8.01 to 10.00 - 500 ml.

Risultato molto buono per la Dobravac di Rovinj. Damir Dobravac fonda nel 1960 questa bella struttura, continuando la tradizione agricola familiare che originariamente consisteva nella produzione di frutta e verdura e in seguito si è arricchita con l'impianto di vigneto, oliveto e con l'attività turistica. Oggi è alla guida di circa 3 ettari di superficie olivetata con mille piante messe a dimora, che nella recente campagna hanno reso un raccolto di 60 quintali di olive, pari a una produzione di 6 ettolitri di olio. Segnaliamo l'Extravergine Ol che si presenta alla vista di un bel colore giallo dorato intenso con sfumature verdoline, limpido; al naso si offre elegante e complesso, dotato di sentori vegetali di carciofo, cicoria di campo e cardo, a cui si aggiungono note dolci di mandorla. Al gusto è avvolgente e fine, con toni di lattuga ed erbe officinali, con ricordo di basilico e mentuccia. Amaro e piccante ben presenti e armonici. Ideale su antipasti di orzo, carpaccio di gallinella, insalate di gamberi, marinate di trota, passati di ceci, zuppe di fave, risotto con asparagi, fritture di pesce, polpo in umido, rombo al cartoccio, formaggi freschi a pasta molle, dolci da forno.

An excellent result for Dobravac in Rovinj. Damir Dobravac founded this beautiful farm in 1960, following the familiar agricultural tradition, which originally consisted in the production of fruit and vegetables, then it also included a vineyard, an olive grove and tourist accomodation. Today he runs about 3 hectares of olive surface with 1,000 trees. In the last harvest 60 quintals of olives were produced, equal to a yield of 6 hectolitres of oil. We recommend the Extra Virgin Ol, which is a beautiful intense limpid golden yellow colour with light green hues. Its aroma is elegant and complex, rich in vegetal hints of artichoke, wild chicory and thistle, together with sweet notes of almond. Its taste is rotund and fine, with a flavour of lettuce and officinal herbs, especially basil and field balm. Bitterness and pungency are present and harmonic. It would be ideal on barley appetizers, piper carpaccio, shrimp salads, marinated trout, chickpea purée, broad bean soups, risotto with asparagus, fish fry, stewed octopus, turbot baked in parchment paper, soft fresh cheese, oven cakes.

Croazia Croatia [HR] Istarska Županija

Novi Torač

Valpereri, 6
52210 Rovinj
Tel. + 385 52 816308 - 52 848063 - Fax + 385 52 816308
E-mail: uljara.novi.torac1@pu.t-com.hr

85

- 90/200 m.
- Promiscuo / Promiscuous
- Ombrello ribassato / Weeping vase
- Brucatura a mano / Hand picking
- No - Ciclo continuo / No - Continuous cycle
- Leccino (70%), pendolino (30%)
- Fruttato leggero / Light fruity
- da 8,01 a 10,00 € - 500 ml. / from € 8.01 to 10.00 - 500 ml.

L'azienda di produzione olearia Novi Torač sorge a Rovinj, centro ben noto come una delle perle più belle dell'Adriatico. Qui Miro Pokrajac ha fondato nel 2009 questa realtà produttiva che oggi conta su 3 ettari di terreno olivetato specializzato e su un patrimonio di 250 piante da un ampio parco varietale. Quest'anno il raccolto ha raggiunto i 35 quintali di olive che, moliti nel moderno frantoio aziendale, hanno permesso una produzione di 5 ettolitri di olio extravergine. Ottima l'etichetta proposta, l'Extravergine Olio Mio che alla vista appare di un bel colore giallo dorato intenso con decisi riflessi verdi, limpido; all'olfatto si offre ampio e avvolgente, caratterizzato da note balsamiche di menta e rosmarino, cui si accompagnano sentori di carciofo, cicoria di campo e lattuga. In bocca si esprime complesso e di carattere, dotato di toni speziati di pepe nero e mandorla. Amaro e piccante presenti ed equilibrati con dolce spiccato. Perfetto accompagnamento per antipasti di crostacei, carpaccio di dentice, insalate di funghi ovoli, marinate di trota, passati di fave, risotto con asparagi, fritture di verdure, seppie ai ferri, formaggi freschi a pasta molle, biscotti da forno.

Novi Torač is an oil farm situated in Rovinj, known as one of the most beautiful towns in the Adriatic. It was founded by Miro Pokrajac in 2009. Today there are 3 hectares of specialized olive grove and 250 trees of a wide range of varieties. In the last harvest 35 quintals of olives were produced, which, once crushed in the modern oil mill, allowed a yield of 5 hectolitres of extra virgin olive oil. The selection proposed is the excellent Extra Virgin Olio Mio, which is a beautiful intense limpid golden yellow colour with definite green hues. Its aroma is ample and rotund, characterized by fragrant notes of mint and rosemary, together with hints of artichoke, wild chicory and lettuce. Its taste is complex and strong, endowed with a spicy flavour of black pepper and almond. Bitterness and pungency are present and balanced and sweetness is distinct. It would be ideal on shellfish appetizers, sea bream carpaccio, ovoli mushroom salads, marinated trout, broad bean purée, risotto with asparagus, fried vegetables, grilled cuttlefish, soft fresh cheese, oven cookies.

O.P.G. Guido Zanini

Zagrebačka, 14
52210 Rovinj
Tel. + 385 52 813537 - Fax + 385 52 811020
E-mail: zoran.zanini@pu.t-com.hr

87

- 200 m.
- Specializzato / Specialized
- Vaso libero, vaso policonico / Free vase, polyconic vase
- Brucatura a mano / Hand picking
- No - Ciclo continuo misto / No - Mixed continuous cycle
- Buža
- Fruttato medio / Medium fruity
- da 10,01 a 12,00 € - 500 ml. / from € 10.01 to 12.00 - 500 ml.

Una performance "coi fiocchi" per l'azienda Zanini, che segnaliamo come un'interessante realtà di produzione olearia collocata nel comprensorio di Rovinj, uno dei centri turistici più famosi dell'Istria. Alla sua guida dal 1990 c'è Guido Zanini che conduce una superficie di 2 ettari di oliveto specializzato con 500 piante. Nella recente campagna olearia queste hanno fruttato un raccolto di 110 quintali, pari a una produzione in olio extravergine di circa 12 ettolitri. Ottima l'etichetta proposta, l'Extravergine monovarietale Zanini - Buža che appare alla vista di colore giallo dorato intenso con riflessi verdolini, limpido; all'olfatto si apre ampio e avvolgente, ricco di sentori fruttati di pomodoro acerbo e mandorla. In bocca si esprime complesso e molto fine, con toni vegetali di lattuga, fave e sedano, accompagnati da note di erbe aromatiche con netto ricordo di basilico, mentuccia e pepe nero. Amaro e piccante ben presenti e armonici. Si accompagna bene a antipasti di legumi, insalate di salmone, patate al cartoccio, verdure alla griglia, zuppe di funghi ovoli, primi piatti con asparagi, pesci alla piastra, rombo al forno, pollame o carni di agnello al forno, formaggi caprini.

O.P.G. Guido Zanini, whose performance has been excellent, is an interesting oil farm situated in the district of Rovinj, one of the most popular tourist resorts in Istria. Since 1990 it has been run by Guido Zanini, who manages a surface of 2 hectares of specialized olive grove with 500 trees. In the last oil harvest 110 quintals of olives were produced, equal to a yield of about 12 hectolitres of extra virgin olive oil. The selection proposed, the Extra Virgin Monovarietal Zanini - Buža, is excellent. It is an intense limpid golden yellow colour with light green hues. Its aroma is ample and rotund, rich in fruity hints of unripe tomato and almond. Its taste is complex and very fine, with a vegetal flavour of lettuce, broad beans and celery, together with notes of aromatic herbs, especially basil, field balm and black pepper Bitterness and pungency are present and harmonic. It would be ideal on legume appetizers, salmon salads, baked potatoes, grilled vegetables, ovoli mushroom soups, pasta with asparagus, pan-seared fish, baked turbot, baked poultry or lamb, goat cheese.

Croazia Croatia [HR] Istarska Županija

Farma Jola

Franceskija
52475 Savudrija
Tel. + 385 52 653373 - Fax + 385 52 653739
E-mail: info@omajolas.com - Web: www.omajolas.com

82 ↑

3 m.

Specializzato
Specialized

Vaso aperto
Open vase

Brucatura a mano
Hand picking

Sì - Ciclo continuo
Yes - Continuous cycle

Leccino (90%), pendolino (10%)

Fruttato medio
Medium fruity

da 12,01 a 15,00 € - 500 ml.
from € 12.01 to 15.00 - 500 ml.

Su un lieve pendio percorso dai venti, a poca distanza dal mare, maturano gli olivi di Farma Jola, una bella e giovane realtà produttiva che si avvale dei metodi biologici situata a Savudrija, vicino Umag. Jolanta Pavlović è alla guida di circa 11 ettari di oliveto specializzato sul quale trovano posto 2mila piante. Da queste, nella recente campagna olearia, sono stati ricavati 65 quintali di olive, pari a una resa produttiva di poco più di 8 ettolitri di olio. Molto buona l'etichetta proposta, l'Extravergine Omajolas Francesca da Agricoltura Biologica che si presenta alla vista di un bel colore giallo dorato intenso dai tenui riflessi verdi, limpido. Si offre all'olfatto elegante e complesso, con sentori vegetali di erba fresca falciata, carciofo e cicoria, accompagnati da note aromatiche di menta, rosmarino e pepe nero. In bocca è armonico e fine, dotato di toni di rucola, lattuga e mandorla. Amaro e piccante presenti ed equilibrati. Si abbina molto bene a insalate di pesce persico, marinate di salmone, patate alla piastra, verdure gratinate, zuppe di orzo, primi piatti con molluschi, pesci alla brace, rombo alla griglia, coniglio arrosto, pollame al forno, formaggi caprini.

The olive groves of Farma Jola grow on a windy slope not far from the sea. This beautiful and young farm, which follows the principles of organic farming, is situated in Savudrija, near Umag. Jolanta Pavlović runs about 11 hectares of specialized olive grove with 2,000 trees. In the last oil harvest 65 quintals of olives were produced, equal to a yield of about 8 hectolitres of oil. The selection proposed, the Extra Virgin Omajolas Francesca from Organic Farming, is very good. It is a beautiful intense limpid golden yellow colour with slight green hues. Its aroma is elegant and complex, with vegetal hints of freshly mown grass, artichoke and chicory, together with aromatic notes of mint, rosemary and black pepper. Its taste is harmonic and fine, endowed with a flavour of rocket, lettuce and almond. Bitterness and pungency are present and balanced. It would be ideal on perch salads, marinated salmon, seared potatoes, vegetables au gratin, barley soups, pasta with mussels, barbecued fish, grilled turbot, roast rabbit, baked poultry, goat cheese.

Croazia Croatia [HR] Istarska Županija

O.P.G. Vošten

Vošteni, 23
52448 Sveti Lovreč
Tel. + 385 52 448403 - Fax + 385 52 453580
E-mail: mario.vosten@pu.t-com.hr - Web: www.opg-vosten.com

85

- 200 m.
- Promiscuo / Promiscuous
- Vaso policonico / Polyconic vase
- Brucatura a mano / Hand picking
- No - Ciclo continuo / No - Continuous cycle
- Buža
- Fruttato intenso / Intense fruity
- da 10,01 a 12,00 € - 500 ml. / from € 10.01 to 12.00 - 500 ml.

Ottimo exploit in Guida per la Vošten di Sveti Lovreč che ha sedotto il panel con un prodotto di notevole livello qualitativo. Il fondatore e tuttora titolare dell'azienda, Mario Vošten, è alla guida dal 1985 di 3 ettari di oliveto sul quale trovano dimora 700 piante di varietà tipiche di zona. Queste, nella più recente campagna olearia, hanno fruttato un raccolto di 80 quintali di olive, pari a una resa produttiva di quasi 10 ettolitri di olio extravergine. L'etichetta Extravergine San Biagio da Agricoltura Biologica si presenta alla vista di un bel colore giallo dorato intenso con leggere nuance verdoline, limpido; all'olfatto si offre ampio e deciso, dotato di eleganti sentori fruttati di pomodoro di media maturità e mela bianca matura. Complesso e di carattere in bocca, è ricco di toni vegetali di fave e lattuga, cui si accompagnano spiccate note balsamiche di basilico, menta e salvia. Amaro potente e piccante deciso e armonico. Buono l'abbinamento con antipasti di polpo, bruschette con pomodoro, marinate di pollo, pinzimonio, zuppe di fagioli, pesce azzurro gratinato, pollame o carni di maiale alla griglia, formaggi stagionati a pasta filata.

For the first time in this Guide the farm Vošten in Sveti Lovreč has charmed our panel with its high quality products. Since 1985 the founder, Mario Vošten, has been running a 3-hectare olive grove with 700 trees of typical local varieties. In the last harvest they produced 80 quintals of olives, equal to a yield of almost 10 hectolitres of extra virgin olive oil. The Extra Virgin selection San Biagio from Organic Farming is a beautiful intense limpid golden yellow colour with slight green hues. Its aroma is ample and definite, endowed with elegant fruity hints of medium ripe tomato and ripe white apple. Its taste is complex and strong, rich in a vegetal flavour of broad beans and lettuce, together with distinct fragrant notes of basil, mint and sage. Bitterness and pungency are powerful and harmonic. It would be ideal on octopus appetizers, bruschette with tomatoes, marinated chicken, pinzimonio, bean soups, blue fish au gratin, grilled poultry or pork, aged cheese.

Šibiba

Sveti Kirin, 74
52342 Svetvinčenat
Tel. + 385 52 213885 - 52 214285 - Fax + 385 52 216112
E-mail: info@sibiba.com - Web: www.sibiba.com

90

- 170 m.
- Specializzato / Specialized
- Vaso policonico / Polyconic vase
- Brucatura a mano / Hand picking
- No - Ciclo continuo / No - Continuous cycle
- Buža (30%), carbonazza (20%), moražola (20%), rošinjola (20%), leccino (10%)
- Fruttato intenso / Intense fruity
- da 15,01 a 18,00 € - 500 ml. / from € 15.01 to 18.00 - 500 ml.

È nata una nuova stella nel firmamento dell'olivicoltura istriana: si chiama Šibiba e ha davvero sbalordito il panel per la qualità dei prodotti presentati. Il brand nasce come risultato di cinque anni di sperimentazioni su alcune varietà e sulla posizione dell'oliveto. I primi impianti risalgono al 2004 nella località di Sveti Kirin. Oggi si contano 1.300 piante, non ancora tutte fruttifere, su 5 ettari. Da queste nell'ultima campagna sono stati raccolti circa 24 quintali di olive, pari a una resa di poco più di 3 ettolitri di olio. Due le etichette Šibiba da Agricoltura Biologica: il Classic e soprattutto l'eccellente Pini. Di colore giallo dorato intenso con tenui riflessi verdi, al naso si apre deciso e vegetale, con eleganti sentori di carciofo, cardo e cicoria, arricchiti da note balsamiche di menta e rosmarino. Di grande personalità in bocca, ha intensi toni speziati di pepe nero e mandorla. Amaro potente e piccante spiccato. Si abbina bene a antipasti di pesce azzurro, carpaccio di carne chianina con funghi porcini, marinate di tonno, zuppe di lenticchie, cous cous di carne, pesce spada alla brace, carni rosse o cacciagione alla griglia, formaggi stagionati a pasta dura.

The farm Šibiba has surprised our panel with the quality of its products and will certainly represent a new important reality in Istrian olive growing. This brand is the result of a 5-year experimentation on some varieties and the location of the olive grove. The first attempts date back to 2004 in Sveti Kirin. Today there are 1,300 trees, not entirely productive, on 5 hectares of olive grove. In the last harvest about 24 quintals of olives were produced, equal to a yield of about 3 hectolitres of oil. There are two selections Šibiba from Organic Farming, Classic and especially the excellent Pini. It is an intense limpid golden yellow colour with slight green hues. Its aroma is definite and vegetal, with elegant hints of artichoke, thistle and chicory, enriched by fragrant notes of mint and rosemary. Its taste is very strong, with an intense spicy flavour of black pepper and almond. Bitterness is powerful and pungency is distinct. It would be ideal on bluefish appetizers, chianina beef carpaccio with porcini mushrooms, marinated tuna, lentil soups, meat cous cous, barbecued swordfish, grilled red meat or game, hard mature cheese.

Croazia Croatia [HR] Istarska Županija

Čeko

Labinske Republike, 10
52470 Umag
Tel. + 385 52 751801 - Fax + 385 52 774307
E-mail: branko.ceko1@pu.t-com.hr - Web: www.eistra.info/ceko

82

- 15 m.
- **Specializzato** / Specialized
- **Vaso policonico** / Polyconic vase
- **Brucatura a mano e meccanica** / Hand picking and mechanical harvesting
- **No - Ciclo continuo** / No - Continuous cycle
- **Leccino (50%), pendolino (30%), istarska bjelica (20%)**
- **Fruttato medio** / Medium fruity
- da 8,01 a 10,00 € - 500 ml. / from € 8.01 to 10.00 - 500 ml.

Appare di buon livello la produzione olearia dell'azienda Čeko che nasce circa dieci anni fa - è stata fondata nel 2000 - a Umag, uno dei centri marittimi più affascinanti dell'Istria. Qui Branko Čeko è alla guida di una superficie aziendale che si estende per oltre 8 ettari dei quali ben 7 sono destinati all'oliveto specializzato su cui albergano 1.700 piante. Queste, nella campagna olearia in corso, hanno fruttato un raccolto di 140 quintali di olive che, una volta molite, hanno reso una produzione di poco più di 19 ettolitri di olio. L'Extravergine Sapparis appare alla vista di un bel colore giallo dorato intenso con riflessi verdolini, limpido; all'olfatto si offre sottile e armonico, caratterizzato da sentori vegetali di carciofo, cicoria e lattuga, a cui si aggiungono toni balsamici di basilico e mentuccia. In bocca è fine e composto, dotato di armoniche note di ortaggi di campo e mandorla dolce. Amaro presente e piccante dosato. Si abbina a insalate di farro, legumi bolliti, marinate di verdure, pomodori con riso, passati di patate, primi piatti con molluschi, seppie alla griglia, tartare di ricciola, formaggi freschi a pasta filata.

The oil production of the farm Čeko is remarkable. It was founded in 2000 in Umag, one of the most charming seaside resorts in Istria. Branko Čeko runs a farm stretching over more than 8 hectars, 7 of which are destined to a specialized olive grove with 1,700 trees. In the last harvest 140 quintals of olives were produced, with a yield of about 19 hectolitres of olive oil. The Extra Virgin Sapparis is a beautiful intense limpid golden yellow colour with slight green hues. Its aroma is fine and harmonic, characterized by vegetal hints of artichoke, chicory and lettuce, together with aromatic notes of basil and field balm. Its taste is fine and delicate, endowed with harmonic notes of country vegetables and sweet almond. Bitterness is present and pungency is complimentary. It would be ideal on farro salads, boiled legumes, marinated vegetables, tomatoes stuffed with rice, potato purée, pasta with mussels, grilled cuttlefish, amberjack tartare, mozzarella cheese.

Croazia Croatia [HR] Istarska Županija

Obitelj Kraljević - Leoni
Farnažine
52470 Umag
Tel. + 385 52 753347
E-mail: info@cuj.hr - Web: www.cuj.hr

86

- 1/100 m.
- Specializzato / Specialized
- Vaso policonico / Polyconic vase
- Brucatura a mano e meccanica / Hand picking and mechanical harvesting
- Sì - Ciclo continuo / Yes - Continuous cycle
- Crna
- Fruttato intenso / Intense fruity
- da 10,01 a 12,00 € - 500 ml. / from € 10.01 to 12.00 - 500 ml.

La Kraljević - Leoni è una giovanissima azienda di proprietà di Danijel Kraljević che l'ha costituita circa quattro anni fa a Umag, cittadina e porto collocati in quella singolare laguna a forma di ferro di cavallo nel nord-ovest della costa istriana. Cinque ettari di oliveto specializzato, 1.500 piante, 100 quintali di olive più altrettanti acquistati che hanno reso nell'ultima campagna una produzione di 30 ettolitri di olio extravergine: sono alcuni dei numeri che caratterizzano questa realtà. Ottimo l'Extravergine Cuj - Črna, l'unico proposto dall'azienda, che si offre alla vista di colore giallo dorato intenso con leggeri riflessi verdi, limpido; al naso è elegante e ampio, con ricche note di carciofo, cicoria selvatica e cardo, arricchite da intensi sentori aromatici di pepe nero, menta e rosmarino. Al gusto è fine e di personalità, con toni di ortaggi freschi di campo e spiccata mandorla in chiusura. Amaro potente e piccante deciso. Ideale per antipasti di lenticchie, funghi porcini ai ferri, insalate di carciofi, marinate di tonno, minestroni di verdure, primi piatti con salsiccia, pesce spada ai ferri, agnello al forno, maiale in umido, formaggi stagionati a pasta dura.

Kraljević - Leoni is a very young farm owned by Danijel Kraljević, who created it about four years ago in Umag, a small town and port situated in the particular horseshoe-shaped lagoon in the north-west of the Istrian coast. There are 5 hectares of specialized olive grove with 1,500 trees. In the last harvest 30 hectolitres of extra virgin olive oil were produced from 200 quintals of olives, 100 of which purchased. The excellent Extra Virgin Cuj - Črna, the only one proposed by the farm, is an intense limpid golden yellow colour with slight green hues. Its aroma is elegant and ample, with rich notes of artichoke, wild chicory and thistle, enriched by intense aromatic hints of black pepper, mint and rosemary. Its taste is fine and strong, endowed with a flavour of fresh country vegetables and a distinct sweet almond finish. Bitterness is powerful and pungency is definite. It would be ideal on lentil appetizers, grilled porcini mushrooms, artichoke salads, marinated tuna, minestrone with vegetables, pasta with sausages, grilled swordfish, baked lamb, stewed pork, hard mature cheese.

O.P.G. Enio Zubin

Buščina, 18/b
52470 Umag
Tel. + 385 52 732158 - 52 732100 - Fax + 385 52 732101
E-mail: enio.zubin@pu.t-com.hr

88 ↑

- 100 m.
- Specializzato / Specialized
- Vaso policonico / Polyconic vase
- Brucatura a mano e meccanica / Hand picking and mechanical harvesting
- No - Ciclo continuo / No - Continuous cycle
- Crnica
- Fruttato medio / Medium fruity
- da 15,01 a 18,00 € - 500 ml. / from € 15.01 to 18.00 - 500 ml.

La Zubin è una realtà di produzione olearia che si colloca a Umag, cittadina e porto dell'estremo nord-ovest della costa istriana, notoriamente zona di antica tradizione olivicola. Fondata nel 2000 da Enio Zubin, dispone di 10 ettari di oliveto specializzato di proprietà dove dimorano 2.200 piante di varietà tipiche. Nella campagna olearia in corso, dall'oliveto aziendale sono stati raccolti 150 quintali di olive che hanno prodotto 17 ettolitri di olio extravergine. Ottima la selezione monocultivar proposta, l'Extravergine Oio de Buščina - Črnica che appare alla vista di colore giallo dorato intenso con delicate nuance verdi, limpido. Al naso si esprime pulito e ampio, ricco di eleganti note fruttate di mandorla, a cui si aggiungono netti sentori aromatici di menta, rosmarino e pepe nero. In bocca è avvolgente e complesso, dotato di toni vegetali di carciofo, cardo selvatico e cicoria. Amaro e piccante ben espressi ed equilibrati. Perfetto per fagioli bolliti, insalate di pomodori, marinate di pesce di lago, verdure alla brace, zuppe di ceci, risotto con funghi ovoli, gamberi in guazzetto, rombo alla brace, formaggi freschi a pasta filata.

Zubin is an oil farm situated in Umag, a little town and port in the extreme north-western part of the Istrian coast, an area with an ancient olive growing tradition. Founded in 2000 by Enio Zubin, this farm has 10 hectares of specialized olive grove with 2,200 trees of typical varieties. In the last harvest 150 quintals of olives were produced, which allowed a yield of 17 hectolitres of extra virgin olive oil. We recommend the excellent Monocultivar selection proposed, the Extra Virgin Oio de Buščina - Črnica, which is an intense limpid golden yellow colour with delicate green hues. Its aroma is clean and ample, rich in elegant fruity notes of almond, together with distinct aromatic hints of mint, rosemary and black pepper. Its taste is rotund and complex, endowed with a vegetal flavour of artichoke, wild thistle and chicory. Bitterness and pungency are distinct and balanced. It would be ideal on boiled beans, tomato salads, marinated freshwater fish, barbecued vegetables, chickpea soups, risotto with ovoli mushrooms, stewed shrimps, barbecued turbot, mozzarella cheese.

O.P.G. Vedran Lupić

Tomaso Bembo, 14
52211 Bale (Valle)
Tel. + 385 52 824205
E-mail: bembo.bale@gmail.com

85

60/90 m.

Promiscuo e specializzato
Promiscuous and specialized

Vaso policonico
Polyconic vase

Brucatura a mano e meccanica
Hand picking and mechanical harvesting

No - Ciclo continuo
No - Continuous cycle

Buža (40%), buža puntoža (40%), carbonazza (20%)

Fruttato medio
Medium fruity

da 8,01 a 10,00 € - 500 ml.
from € 8.01 to 10.00 - 500 ml.

Nel comune di Valle, e con una vista mozzafiato sulle isole Brijuni, si colloca l'azienda a conduzione familiare Vedran Lupić, fondata nel 2009 anche se l'attività di Elena e Vedran è iniziata circa nove anni fa. Oggi il patrimonio consta di una superficie olivetata specializzata di circa 8 ettari con 1.200 piante, più altri esemplari non ancora produttivi. Nella recente campagna olearia sono stati ricavati 200 quintali di olive che hanno reso una produzione pari a 18 ettolitri di olio extravergine. Segnaliamo l'Extravergine Bembo che appare alla vista di colore giallo dorato intenso con tenui riflessi verdi, limpido; al naso è sottile e composto, dotato di sentori di erbe aromatiche con netto ricordo di menta, rosmarino e pepe nero, accompagnati da note vegetali di erba fresca falciata, cicoria e carciofo. Al gusto è morbido e fine, con toni di cardo di campo, lattuga e spiccata mandorla in chiusura. Amaro presente e piccante dosato. Buono l'abbinamento con antipasti di farro, insalate di lenticchie, marinate di orata, patate alla griglia, zuppe di orzo, primi piatti con salmone, gamberi in umido, seppie arrosto, formaggi freschi a pasta filata.

The family-run farm Vedran Lupić, is situated in the centre of Bale, with a breathtaking view of the isles of Brijuni. It was founded in 2009, although Elena and Vedran Lupić started their activity 9 years ago. Currently there is a specialized olive grove of about 8 hectares with 1,200 trees and other non productive trees. In the last oil harvest 200 quintals of olives were produced, equal to 18 hectolitres of extra virgin olive oil. We recommend the Extra Virgin Bembo, which is an intense limpid golden yellow colour with slight green hues. Its aroma is fine and delicate, with hints of aromatic herbs, especially mint, rosemary and black pepper, together with vegetal notes of freshly mown grass, chicory and artichoke. Its taste is mellow and fine, with a flavour of wild thistle, lettuce and a distinct sweet almond finish. Bitterness is present and pungency is balanced. It would be ideal on farro appetizers, lentil salads, marinated gilthead, grilled potatoes, barley soups, pasta with salmon, stewed shrimps, roast cuttlefish, mozzarella cheese.

Croazia Croatia [HR] Istarska Županija

Olivetti

Aldo Negri, 7
52211 Bale (Valle)
Tel. + 385 52 824284 - 52 824446 - Fax + 385 52 824284
E-mail: emanuel.grubic@pu.t-com.hr - Web: www.grubic.hr

89

- 65 m.
- **Specializzato** / Specialized
- **Vaso policonico** / Polyconic vase
- **Brucatura a mano** / Hand picking
- **Sì - Ciclo continuo** / Yes - Continuous cycle
- **Buža**
- **Fruttato medio** / Medium fruity
- da 15,01 a 18,00 € - 500 ml. / from € 15.01 to 18.00 - 500 ml.

La Olivetti è una giovane realtà olearia fondata nel 2003 da Emanuel Grubić a Bale, tipico villaggio istriano edificato in cima a una collina, con vie strette e case costruite in pietra. Dispone di 8 ettari di oliveto specializzato di proprietà con 1.600 piante dalle quali, nell'ultima campagna olearia, sono stati raccolti 100 quintali di olive, pari a una resa di 10 ettolitri di olio extravergine. Quest'anno il panel ha segnalato l'etichetta Extravergine monocultivar Valeo - Buža che si presenta alla vista di colore giallo dorato intenso con leggeri riflessi verdolini, limpido. All'olfatto si esprime deciso e avvolgente, ricco di eleganti sentori vegetali di erbe fresche di campo, cicoria e lattuga, accompagnati da note di erbe aromatiche con netto rilievo di menta e rosmarino. Al gusto è complesso e fine, caratterizzato da toni di carciofo, cardo, pepe nero e spiccata mandorla in chiusura. Amaro e piccante presenti e ben armonizzati. Ideale accompagnamento per antipasti di pesce azzurro, funghi porcini alla brace, insalate di spinaci, pinzimonio, minestroni di verdure, cous cous di carne, polpo bollito, pollame o carni di agnello alla brace, formaggi stagionati a pasta filata.

Olivetti is a young oil farm founded in 2003 by Emanuel Grubić in Bale, a typical Istrian village built on a hill, with narrow streets and stone houses. It has 8 hectares of specialized olive grove with 1,600 trees. In the last harvest 100 quintals of olives were produced, equal to a yield of 10 hectolitres of extra virgin olive oil. This year our panel recommends the Monocultivar Extra Virgin selection Valeo - Buža, which is an intense limpid golden yellow colour with slight light green hues. Its aroma is definite and rotund, rich in elegant vegetal hints of fresh country grass, chicory and lettuce, together with notes of aromatic herbs, especially mint and rosemary. Its taste is complex and fine, with hints of artichoke, thistle, black pepper and a distinct almond finish. Bitterness and pungency are present and harmonic. It would be ideal on bluefish appetizers, barbecued porcini mushrooms, spinach salads, pinzimonio, minestrone with vegetables, meat cous cous, boiled octopus, barbecued poultry or lamb, aged cheese.

Croazia Croatia [HR] Istarska Županija

O.P.G. Geržinić

Ohnići, 9
52447 Vižinada
Tel. + 385 52 446285 - Fax + 385 52 446285
E-mail: mgerzinic@yahoo.com - Web: www.gerzinic.com

86

- 210 m.
- Promiscuo e specializzato / Promiscuous and specialized
- Vaso policonico / Polyconic vase
- Brucatura a mano / Hand picking
- No - Ciclo continuo / No - Continuous cycle
- Istarska bjelica (60%), leccino (35%), pendolino (5%)
- Fruttato medio / Medium fruity
- da 15,01 a 18,00 € - 500 ml. / from € 15.01 to 18.00 - 500 ml.

La Geržinić si trova a Vižinada, delizioso paesino dell'entroterra istriano. È una realtà di produzione olearia piuttosto giovane, fondata nel 2000 da Mirijana Geržinić che ne è tuttora alla guida. Il patrimonio consta di più di 2 ettari di terreno olivetato, condotto secondo i metodi dell'agricoltura biologica, sul quale trovano dimora 600 piante delle varietà tipiche di zona. Da queste, nella campagna olearia in corso, sono stati raccolti 100 quintali di olive che hanno reso una produzione di 12 ettolitri di olio. Segnaliamo l'ottimo Extravergine Geržinić da Agricoltura Biologica, di colore giallo dorato intenso con delicati riflessi verdi, limpido. Si esprime al naso deciso e avvolgente, ricco di eleganti sentori di erbe fresche falciate, carciofo e cicoria. In bocca è complesso e fine, con toni balsamici di menta e rosmarino, a cui si aggiungono spiccate note di pepe nero e mandorla. Amaro deciso e piccante presente e dosato. Perfetto su carpaccio di carne cruda con funghi porcini, marinate di pesce azzurro, radicchio alla piastra, zuppe di lenticchie, primi piatti con tonno, pesce spada alla brace, cacciagione di piuma o pelo arrosto, formaggi stagionati a pasta filata.

Geržinić is situated in Vižinada, a charming village in the Istrian inland. The farm is quite recent, it was founded in 2000 by Mirijana Geržinić, who still runs it. There are over 2 hectares of olive grove, operated according to organic farming principles, with 600 trees of typical varieties. In the last harvest 100 quintals of olives were produced, which yielded 12 hectolitres of oil. We recommend the Extra Virgin Geržinić from Organic Farming, which is an intense limpid golden yellow colour with delicate green hues. Its aroma is definite and rotund, rich in elegant hints of freshly mown grass, artichoke and chicory. Its taste is complex and fine, endowed with a fragrant flavour of mint and rosemary, together with spicy notes of black pepper and almond. Bitterness is definite and pungency is present and balanced. It would be ideal on beef carpaccio with porcini mushrooms, marinated bluefish, pan-seared radicchio, lentil soups, pasta with tuna, barbecued swordfish, roast game birds or animals, aged cheese.

Croazia Croatia [HR] Istarska Županija

O.P.G. Balija
Galižanska, 8
52212 Fažana (Vodnjan)
Tel. + 385 52 521565 - 52 520193 - Fax + 385 52 521565
E-mail: nicoletta.balija@gmail.com

92

- 5 m.
- Specializzato / Specialized
- Vaso policonico / Polyconic vase
- Brucatura a mano / Hand picking
- No - Ciclo continuo / No - Continuous cycle
- Leccino (60%), buža (20%), carbonazza (10%), istarska bjelica (10%)
- Fruttato intenso / Intense fruity
- da 10,01 a 12,00 € - 500 ml. / from € 10.01 to 12.00 - 500 ml.

Una cura e una classe che non deludono. Sempre sorprendente infatti la produzione della famiglia Balija, alla guida con la consueta passione della propria azienda olearia di Fažana, un antico villaggio di pescatori circondato da vigne e oliveti, a poca distanza da Pula. Il patrimonio consta di più di 2 ettari di oliveto specializzato dove sono messe a dimora 500 piante dalle quali, nella più recente campagna olearia, sono stati raccolti 70 quintali di olive, pari a una produzione di 10 ettolitri di olio extravergine. Unica ma davvero eccellente la selezione aziendale, l'Extravergine Balija che si presenta alla vista di un bel colore giallo dorato intenso con delicate sfumature verdi, limpido. All'olfatto si esprime complesso e deciso, con eleganti note di carciofo, cicoria, lattuga e ricchi sentori di menta e rosmarino. Al gusto è avvolgente e ampio, con toni speziati di pepe nero e mandorla dolce. Amaro potente e piccante ben espresso. Buono l'abbinamento con bruschette con pomodoro, insalate di polpo, marinate di tonno, radicchio al forno, zuppe di funghi porcini, primi piatti con carciofi, pesce azzurro gratinato, carni rosse o nere in umido, formaggi stagionati a pasta filata.

Thanks to their constant care and class, the production of the family Balija is always surprising. They run a farm in Fažana, an ancient fishing village surrounded by vineyards and olive groves, not far from Pula. There are over 2 hectares of specialized olive grove with 500 trees. In the last harvest 70 quintals of olives were produced, equal to 10 hectolitres of extra virgin olive oil. There is only one, but excellent farm selection, the Extra Virgin Balija, which is a beautiful intense limpid golden yellow colour with delicate green hues. Its aroma is complex and definite, with elegant notes of artichoke, chicory, lettuce and rich hints of mint and rosemary. Its taste is rotund and ample, with a spicy flavour of black pepper and sweet almond. Bitterness is powerful and pungency is distinct. It would be ideal on bruschette with tomatoes, octopus salads, marinated tuna, baked radicchio, porcini mushroom soups, pasta with artichokes, blue fish au gratin, stewed red meat or game, aged cheese.

Croazia Croatia [HR] Istarska Županija

O.P.G. Sandi Chiavalon

Vladimira Nazora, 16
52215 Vodnjan
Tel. + 385 52 511906 - Fax + 385 52 512906
E-mail: chiavalon.sandi@gmail.com - Web: www.chiavalon.com

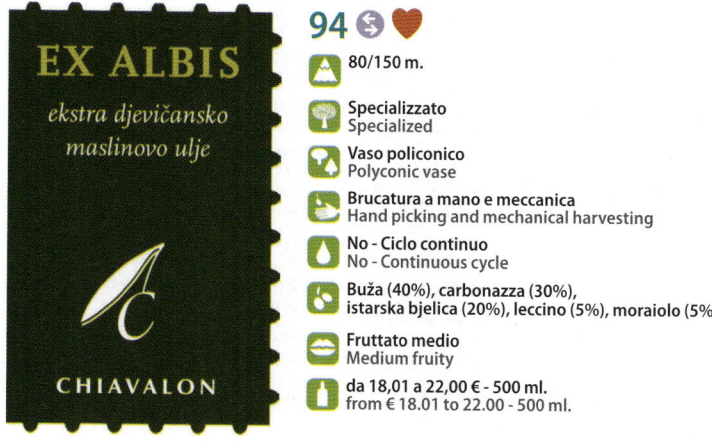

94

- 80/150 m.
- Specializzato / Specialized
- Vaso policonico / Polyconic vase
- Brucatura a mano e meccanica / Hand picking and mechanical harvesting
- No - Ciclo continuo / No - Continuous cycle
- Buža (40%), carbonazza (30%), istarska bjelica (20%), leccino (5%), moraiolo (5%)
- Fruttato medio / Medium fruity
- da 18,01 a 22,00 € - 500 ml. / from € 18.01 to 22.00 - 500 ml.

Sempre di gran classe il risultato raggiunto dalla Chiavalon di Vodnjan, che unisce all'altissima qualità del prodotto la passione e l'entusiasmo del giovane Sandi Chiavalon che la gestisce da qualche anno, continuando la tradizione di famiglia. La struttura dispone di 1.600 piante messe a dimora in 6 ettari di oliveto specializzato, ai quali se ne aggiungono altri 20 non ancora produttivi. Il raccolto di quest'anno ha fruttato 350 quintali di olive che, uniti ai 300 acquistati, hanno prodotto 70 ettolitri di olio. Ottima la selezione Extravergine Ex Albis che alla vista appare di colore giallo dorato intenso con delicate sfumature verdoline, limpido; al naso si apre deciso e avvolgente, ricco di eleganti sentori vegetali di erba fresca falciata, cicoria e carciofo, cui si uniscono toni balsamici di basilico e mentuccia. Al gusto è ampio e complesso, con note di lattuga, pepe nero e mandorla. Amaro e piccante ben espressi ed equilibrati. Si accompagna bene a fagioli bolliti, insalate di funghi finferli, marinate di verdure, patate in umido, zuppe di ceci, primi piatti con salmone, rombo ai ferri, seppie arrosto, formaggi freschi a pasta filata.

A great performance for Chiavalon in Vodnjan, which combines a high quality production and the young Sandi Chiavalon's passion and enthusiasm. He has been running the farm for some years, following his family tradition. The farm has 6 hectares of specialized olive grove with 1,600 trees and other 20 not productive hectares. In the last harvest 350 quintals of olives were produced and 300 purchased, with a yield of 70 hectolitres of oil. The Extra Virgin selection Ex Albis is excellent. It is an intense limpid golden yellow colour with delicate light green hues. Its aroma is definite and rotund, rich in elegant vegetal hints of freshly mown grass, chicory and artichoke, together with fragrant hints of basil and field balm. Its taste is ample and complex, with notes of lettuce, black pepper and almond. Bitterness and pungency are distinct and balanced. It would be ideal on boiled beans, chanterelle mushroom salads, marinated vegetables, stewed potatoes, chickpea soups, pasta with salmon, grilled turbot, roast cuttlefish, mozzarella cheese.

Croazia Croatia [HR] Istarska Županija

O.P.G. Fiore

Krnjaloža, 50
52215 Vodnjan
Tel. + 385 52 579380 - Fax + 385 52 579380
E-mail: fiore.opg@gmail.com

86

140 m.

Specializzato
Specialized

Vaso libero, vaso policonico
Free vase, polyconic vase

Brucatura a mano
Hand picking

No - Ciclo continuo
No - Continuous cycle

Istarska bjelica (30%), leccino (30%), buža (20%), carbonazza (20%)

Fruttato medio
Medium fruity

da 12,01 a 15,00 € - 500 ml.
from € 12.01 to 15.00 - 500 ml.

Sempre meritata la segnalazione in Guida per la Fiore, un'azienda di produzione olearia condotta da Željko Mirković Fiore che l'ha fondata nel 1990 a Vodnjan. L'oliveto specializzato di proprietà si estende per una superficie di 4 ettari su cui sono coltivate 1.100 piante delle varietà di zona. Da queste, nella campagna olearia in corso, sono stati raccolti 62 quintali di olive che hanno reso una produzione di quasi 8 ettolitri di olio extravergine. L'azienda presenta un'unica ma ottima selezione, che pubblichiamo: l'Extravergine Fiore, che si offre alla vista di un bel colore giallo dorato intenso con sfumature verdoline, limpido. Al naso è ricco e avvolgente, dotato di ampie note balsamiche di menta e basilico, a cui si aggiungono eleganti sentori vegetali di carciofo, cardo selvatico, pomodoro acerbo e lattuga. In bocca è fine e morbido, con toni speziati di pepe nero e mandorla in chiusura. Amaro e piccante presenti e ben armonizzati. È perfetto per antipasti di pomodori, carpaccio di salmone, marinate di ricciola, verdure alla brace, passati di patate, primi piatti con molluschi, pesci di scoglio in umido, tartare di ricciola, coniglio arrosto, formaggi freschi a pasta filata.

Fiore, which always deserves to be mentioned in this Guide, is an oil farm run by Željko Mirković Fiore, who founded it in 1990 in Vodnjan. The specialized olive grove stretches over a surface of 4 hectares with 1,100 trees of local varieties. In the last harvest 62 quintals of olives were produced, with a yield of almost 8 hectolitres of extra virgin olive oil. There is only one, but excellent selection, the Extra Virgin Fiore, which is a beautiful intense limpid golden yellow colour with light green hues. Its aroma is rich and rotund, endowed with ample fragrant notes of mint and basil, together with elegant vegetal hints of artichoke, wild thistle, unripe tomato and lettuce. Its taste is fine and mellow, characterized by a spicy flavour of black pepper and an almond finish. Bitterness and pungency are present and harmonic. It would be ideal on tomato appetizers, salmon carpaccio, marinated amberjack, barbecued vegetables, potato purée, pasta with mussels, stewed rock-fish, amberjack tartare, roast rabbit, mozzarella cheese.

Croazia Croatia [HR] Istarska Županija

Meloto
Mlinska, 7
52215 Vodnjan
Tel. + 385 52 511035
E-mail: matteo.belci@gmail.com

92

120/150 m.

Specializzato
Specialized

Vaso policonico
Polyconic vase

Brucatura a mano
Hand picking

No - Ciclo continuo
No - Continuous cycle

Buža

Fruttato intenso
Intense fruity

da 12,01 a 15,00 € - 500 ml.
from € 12.01 to 15.00 - 500 ml.

Una prova così straordinaria val bene il premio come Migliore Olio Extravergine di Oliva Monovarietale - Fruttato Intenso. La Meloto di Vodnjan è un'azienda guidata dal 1987 dai fratelli Livio e Lorenzo Belci in questa pittoresca cittadina famosa per la sua Malvasia Istriana. L'oliveto specializzato si estende per 10 ettari dove dimorano 3mila piante, tra vecchi e nuovi impianti, dalle quali quest'anno sono stati raccolti 200 quintali di olive, pari a quasi 20 ettolitri di olio. Veramente eccellente l'Extravergine Meloto - Buža che appare alla vista di colore giallo dorato intenso con sottili toni verdolini, limpido. All'olfatto si offre deciso e ampio, ricco di eleganti sentori fruttati di pomodoro di media maturità, mandorla dolce e pepe nero. Al gusto è avvolgente e di carattere, dotato di toni di cicoria e lattuga, accompagnati da note di erbe balsamiche, con basilico e menta in evidenza. Amaro potente e piccante deciso e armonico. L'abbinamento ideale è con antipasti di lenticchie, carpaccio di carne chianina con funghi ovoli, insalate di polpo, passati di carciofi, cous cous di carne, tonno ai ferri, carni rosse o cacciagione alla piastra, formaggi stagionati a pasta dura.

Such a great performance is worth the award of the Best Extra Virgin Olive Oil Monovarietal - Intense Fruity. Since 1987 Meloto in Vodnjan has been run by the brothers Livio and Lorenzo Belci in this picturesque little town known for its Istrian Malvasia. The specialized olive grove extends over 10 hectars with 3,000 old and new trees. In the last harvest 200 quintals of olives were produced, equal to almost 20 hectolitres of oil. We recommend the really excellent Extra Virgin Meloto - Buža, which is an intense limpid golden yellow colour with slight light green hues. Its aroma is definite and ample, rich in elegant fruity hints of medium ripe tomato, sweet almond and black pepper. Its taste is rotund and strong, endowed with a flavour of chicory and lettuce, together with notes of aromatic herbs, especially basil and mint. Bitterness is powerful and pungency is definite and harmonic. It would be ideal on lentil appetizers, chianina beef carpaccio with ovoli mushrooms, octopus salads, artichoke purée, meat cous cous, grilled tuna, pan-seared red meat or game, hard mature cheese.

Croazia Croatia [HR] Istarska Županija

O.P.G. Toffetti

Mlinska, 1
52215 Vodnjan
Tel. + 385 52 511808 - Fax + 385 52 512294
E-mail: carmen.toffetti@vodnjan.hr

86

- 126 m.
- **Specializzato** / Specialized
- **Vaso libero, vaso policonico** / Free vase, polyconic vase
- **Brucatura a mano** / Hand picking
- **No - Ciclo continuo misto** / No - Mixed continuous cycle
- **Buža (70%), carbonazza (30%)**
- **Fruttato medio** / Medium fruity
- da 12,01 a 15,00 € - 500 ml. / from € 12.01 to 15.00 - 500 ml.

Interessante prestazione per la Toffetti di Vodnjan. La nascita di quest'azienda risale all'anno 2002 per opera di Lucio Toffetti che tuttora gestisce una struttura di piccole dimensioni, con circa un ettaro di terreno su cui trovano posto 350 piante di olivo. Da queste, nell'ultima campagna olearia sono stati ricavati 30 quintali di olive, pari a circa 4 ettolitri di olio extravergine. L'azienda presenta una sola selezione, da noi segnalata: l'Extravergine Toffetti che alla vista appare di un bel colore giallo dorato intenso con tenui riflessi verdi, limpido. Al naso si apre deciso e avvolgente, caratterizzato da eleganti sentori vegetali di cicoria selvatica, carciofo e lattuga, arricchiti da note aromatiche di pepe nero, rosmarino e menta. Al gusto è complesso e di personalità, dotato di eleganti toni di ortaggi freschi di campo e spiccate note di frutta secca, con mandorla in evidenza. Amaro e piccante presenti e molto equilibrati. Si abbina bene a antipasti di carciofi, bruschette con verdure, insalate di orzo, marinate di orata, zuppe di farro, primi piatti con salmone, fritture di carni, seppie in umido, pollame o carni di agnello al forno, formaggi freschi a pasta filata.

Toffetti in Vodnjan has given an interesting performance. The farm was founded in 2002 by Lucio Toffetti, who still runs a small estate with about 1 hectare of olive grove and 350 trees. In the last oil harvest 30 quintals of olives were produced, equal to about 4 hectolitres of extra virgin olive oil. We recommend the only farm selection, the Extra Virgin Toffetti, which is a beautiful intense limpid golden yellow colour with slight green hues. Its aroma is definite and rotund, characterized by elegant vegetal hints of wild chicory, artichoke and lettuce, enriched by aromatic notes of black pepper, rosemary and mint. Its taste is complex and strong, endowed with an elegant flavour of fresh country vegetables and distinct notes of dried fruit, especially almond. Bitterness and pungency are present and well balanced. It would be ideal on artichoke appetizers, bruschette with vegetables, barley salads, marinated gilthead, farro soups, pasta with salmon, breaded fried meat, stewed cuttlefish, baked poultry or lamb, mozzarella cheese.

Croazia Croatia [HR] Istarska Županija

Tonin

Istarska, 28
52215 Vodnjan
Tel. + 385 52 511599 - Fax + 385 52 511599
E-mail: uljara.tonin@gmail.com

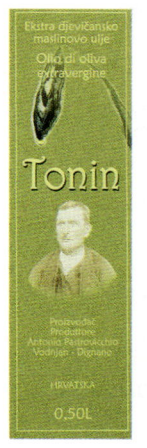

92

- 130 m.
- Specializzato
  Specialized
- Forma libera, vaso policonico
  Free form, polyconic vase
- Brucatura a mano
  Hand picking
- Sì - Ciclo continuo
  Yes - Continuous cycle
- Buža
- Fruttato medio
  Medium fruity
- da 12,01 a 15,00 € - 500 ml.
  from € 12.01 to 15.00 - 500 ml.

Attiva da poco più di 5 anni nel vocato comprensorio di Vodnjan, vicino alla città di Pula, è già una valida realtà olearia che continua a meritarsi una segnalazione in Guida. Condotta da Antonio Pastrovicchio, questa proprietà dispone di 3 ettari di oliveto specializzato dove sono messe a dimora 650 piante. Nell'ultima campagna olearia sono stati raccolti 90 quintali di olive che hanno consentito di produrre 10 ettolitri di olio extravergine. Segnaliamo la selezione proposta dall'azienda, l'Extravergine Tonin. Alla vista il colore è giallo dorato intenso con delicate sfumature verdoline, limpido; all'olfatto si esprime avvolgente e complesso, dotato di ampie note vegetali di carciofo, cicoria selvatica e lattuga. Al gusto è morbido e molto fine, caratterizzato da toni speziati di pepe nero e spiccata mandorla, arricchiti da eleganti note di erbe officinali, con menta e rosmarino in evidenza. Amaro e piccante ben espressi e armonici. Ottimo abbinamento con antipasti di farro, fagioli al vapore, insalate di pollo, patate alla piastra, passati di orzo, zuppe di ceci, risotto con carciofi, crostacei in umido, rombo ai ferri, coniglio al forno, pollame alla griglia, formaggi caprini.

Active for about 5 years in the favourable area of Vodnjan near the town of Pula, this farm is already an excellent producer, which deserves to be mentioned in our Guide. Run by Antonio Pastrovicchio, it has 3 hectares of specialized olive grove with 650 trees. In the last harvest 90 quintals of olives were produced, which allowed to yield 10 hectolitres of extra virgin olive oil. We recommend the selection proposed by the farm, the Extra Virgin Tonin. It is an intense limpid golden yellow colour with delicate light green hues. Its aroma is rotund and complex, endowed with ample vegetal notes of artichoke, wild chicory and lettuce. Its taste is mellow and very fine, characterized by a spicy flavour of black pepper and distinct almond, enriched by elegant notes of officinal herbs, especially mint and rosemary. Bitterness and pungency are distinct and harmonic. It would be ideal on farro appetizers, steamed beans, chicken salads, seared potatoes, barley purée, chickpea soups, risotto with artichokes, stewed shellfish, grilled turbot, baked rabbit, grilled poultry, goat cheese.

Brachia

Uliara u Novom Selu - Otok Brač
21400 Selca (Split)
Tel. + 385 21 490990 - Fax + 385 21 490992
E-mail: info@brachia.hr - Web: www.brachia.hr

92

- 100 m.
- Specializzato / Specialized
- Ombrello / Weeping vase
- Brucatura a mano / Hand picking
- No - Ciclo continuo / No - Continuous cycle
- Oblica (90%), levantinka (5%), buhavica (3%), altre/others (2%)
- Fruttato medio / Medium fruity
- da 12,01 a 15,00 € - 500 ml. / from € 12.01 to 15.00 - 500 ml.

Continua a brillare la stella dell'azienda Brachia di Selca, piccolo villaggio a pochi chilometri da Povlja, nell'Isola di Brač. Si tratta di una giovanissima struttura fondata nel 2006 e costituita da nove partner. La Brachia dispone di un oliveto specializzato di 12 ettari sul quale trovano dimora 2.500 piante di varietà locali, dalle quali nell'ultima campagna olearia sono stati raccolti 240 quintali di olive, per una resa produttiva di circa 104 ettolitri di olio extravergine. Segnaliamo l'ottimo Extravergine Brachia che si presenta alla vista di un bel colore giallo dorato intenso con delicate nuance verdi, limpido; al naso si apre deciso e complesso, ricco di eleganti sentori balsamici di mentuccia e basilico, a cui si aggiungono ampie note fruttate di pomodoro di media maturità e mandorla. Al gusto è fine e avvolgente, dotato di toni vegetali di lattuga, fave fresche, sedano e carciofo. Amaro e piccante spiccati e ben armonizzati. È ideale per antipasti di lenticchie, marinate di pesce azzurro, pomodori gratinati, minestroni di verdure, tonno ai ferri, cacciagione al forno, cacciagione in umido, maiale arrosto, formaggi di media stagionatura.

Brachia in Selca, a small village not far from Povlja, on the island of Brač, has always shown a high quality production. It is a very recent farm founded in 2006 by 9 partners. It has a specialized olive grove of 12 hectares with 2,500 trees of local varieties. In the last harvest 240 quintals of olives were produced, with a yield of about 104 hectolitres of extra virgin olive oil. We recommend the excellent Extra Virgin Brachia, which is a beautiful intense limpid golden yellow colour with delicate green hues. Its aroma is definite and complex, rich in elegant fragrant hints of field balm and basil, together with ample fruity notes of medium ripe tomato and almond. Its taste is fine and rotund, endowed with a vegetal flavour of lettuce, fresh broad beans, celery and artichoke. Bitterness and pungency are distinct and harmonic. It would be ideal on lentil appetizers, marinated bluefish, tomatoes au gratin, minestrone with vegetables, grilled tuna, baked game, stewed game, roast pork, medium mature cheese.

Bosnia-Erzegovina
Bosnia Herzegovina

Aree olivetate o a vocazione olivicola • *Olive growing areas or areas suitable to olive growing*

Dati Statistici		Statistic Data	
Superficie olivetata nazionale	85 (ha)	National Olive Surface	85 (ha)
Frantoi	1	Olive Oil Mills	1
Produzione nazionale 09-10	n.p.	National production 09-10	n/a
Produzione nazionale 08-09	n.p.	National production 08-09	n/a
Variazione	n.p.	Variation	n/a

International Olive Oil Council - Association of Frit Growers Ljubuski

Il settore olivicolo in Bosnia-Erzegovina, nei Balcani occidentali, presenta interessanti potenzialità ed è infatti negli ultimissimi anni in via di sviluppo, in linea con la storia, le tradizioni, la morfologia del territorio e il clima del paese, nonché con la sempre crescente importanza dal punto di vista nutrizionale e salutistico dell'olio ricavato dalle olive. La pianta dell'olivo è presente in queste terre fin dall'antichità ed esistono testimonianze di epoca romana che attestano la produzione di olio nella regione meridionale di Čapljina e Mogorjelo. Anche se, per parlare di un'olivicoltura su scala organizzata, dobbiamo arrivare quasi ai giorni nostri: nel 1977 il numero delle piante raggiungeva i 6mila esemplari circa, mentre oggi si avvicina ai 24mila, dopo i recentissimi impianti che hanno ampliato la superficie olivetata. La principale area olivicola della Bosnia-Erzegovina comprende i territori presso Mostar, Čitluk, Stolac, Čapljina, Gabela e le regioni di Ljubuski e Trebinje. Nella zona di Mostar il terreno è roccioso, mentre nell'area di Čapljina e di Gabela, dove si concentra la maggior parte della produzione, il terreno è invece per lo più di tipo calcareo. Ci troviamo dunque all'estremità meridionale del paese, ovvero in Erzegovina, che è l'unica regione ad affacciarsi, sia pure per un piccolo tratto, sull'Adriatico. Qui il principale centro urbano è la città di Mostar, seguito da altri estesi agglomerati come Trebinje, Konjic e Čapljina. Si distinguono due micro-regioni: l'alta Erzegovina, con i suoi rilievi montuosi, e la bassa Erzegovina, costiera e adriatica. La prima comprende il corso superiore e medio del fiume Neretva, una larga parte della regione Dinarica e le distese carsiche di Nevesinjsko e Gatačko. La bassa Erzegovina si estende invece lungo il basso corso del fiume Neretva e nei bacini dei fiumi Bregava e Trebižat. Inoltre abbraccia la grande pianura di Popovo e la valle di Mostar e Trebinje. Per via del clima, molto diverso dal resto del paese, questa regione è nota come la "California della Bosnia-Erzegovina": infatti qui crescono uva, fichi, pesche, melagrane, mandarini, mele ed erbe medicinali. Dunque non poteva essere che questa la culla dell'olivicoltura: una regione di tipo mediterraneo, dal clima temperato, con precipitazioni annuali medie di 600-800 mm. La varietà di olivo principalmente diffusa è la autoctona oblica, ma sono presenti anche altre cultivar come istarska bjelica, leccino, pendolino e picholine. Uno dei più importanti vivai, in cui si sviluppano vigneti, agrumeti e oliveti, si trova nella vocata regione di Čapljina. Da questo vivaio nel 2007 sono stati ricavati circa 6mila giovani alberi di olivo. E nell'area situata intorno alla città di Stolac è stato impiantato nello stesso anno un piccolo oliveto di un ettaro con le stesse varietà della regione di Čapljina. Contemporaneamente il Ministero dell'Agricoltura ha deciso di sostenere la produzione olivicola al pari di quella degli altri frutti, per cui gli olivicoltori ricevono un incentivo economico per ogni ettaro per realizzare nuovi impianti. Dunque l'obiettivo del sud della Bosnia-Erzegovina è quello di promuovere tutto il settore olivicolo, per sensibilizzare il mondo delle istituzioni, pubbliche e private, circa l'importanza di raggiungere un alto livello qualitativo nella produzione olearia.

The olive growing sector in Bosnia Herzegovina, in the western Balkans, has a great potential. In fact it has been developing in the last few years in line with its history, its traditions, the conformation of the territory and the climate of the country. Moreover olive oil is becoming more and more important for nutrition and health. The olive tree has been present in this land since ancient times and there are Roman remains which testify to oil production in the southern region of Čapljina and Mogorjelo. However organized olive growing has appeared only recently: in 1997 there were about 6,000 olive trees, while today after recent planting there are almost 24,000. The main olive area in Bosnia Herzegovina includes the territories near Mostar, Čitluk, Stolac, Čapljina, Gabela and the regions of Ljubuski and Trebinje. In the area of Mostar the soil is rocky, instead in the area of Čapljina and Gabela, where most of the production is concentrated, it is mainly limy. This is the southern part of the country, Herzegovina, the only region facing the Adriatic for a short stretch. Here the principal town is Mostar together with other large urban areas: Trebinje, Konjic and Čapljina. Besides these there are two sub-regions: upper Herzegovina with its mountains and lower Herzegovina with its shores facing the Adriatic. The first includes the upper and central reaches of the river Neretva, a large part of the Dinaric region and the karst stretches of Nevesinjsko and Gatačko. Lower Herzegovina instead extends over the lower reaches of the river Neretva and the basins of the rivers Bregava and Trebižat. Moreover it includes the vast plain of Popovo and the valleys of Mostar and Trebinjie. Thanks to its climate, which is different from the rest of the country, this region is known as the "California of Bosnia Herzegovina": in fact grapes, figs, peaches, pomegranates, mandarins, apples and medicinal herbs grow here. Therefore this was the cradle of olive growing: a Mediterranean region with temperate climate and average yearly rainfalls of 600-800 mm. The most common olive variety is the autochthonous oblica, but there are also other cultivars like istarska bjelica, leccino, pendolino and picholine. One of the most important areas of vineyards, citrus fruit and olive trees is situated in the region of Čapljina. Here in 2007 there were about 6,000 young olive trees. In the same year a small 1-hectare olive grove with the same varieties was planted around the town of Stolac. At the same time the Ministry of Agriculture decided to support olive production, as it had already been doing for other fruit growers, so that olive growers now receive an incentive for every hectare to start new plantations. Therefore southern Bosnia Herzegovina is aiming at promoting the whole olive sector, making public and private institutions aware of the importance of a high quality olive oil production.

GLS IL CORRIERE ESPRESSO CHE CURA LE TUE SPEDIZIONI

GLS è sinonimo di **LEADER DI QUALITÀ IN EUROPA**. Offriamo servizi di spedizione e di corriere espresso altamente affidabili e personalizzabili. Siamo presenti in 36 Paesi Europei, con 665 Sedi, 38 Centri di smistamento e 15.000 mezzi per le consegne. In Italia siamo capillarmente diffusi su tutto il territorio nazionale. Con 132 Sedi e 10 Centri di smistamento raggiungiamo tutte le destinazioni in 24 ore e le località periferiche in 48 ore.

Contiamo 110.000 clienti che ogni giorno ci affidano le loro merci, certi delle nostre ottime performance!

NUMERO VERDE: 800 33 13 93 • WWW.GLS-ITALY.COM

Montenegro
Montenegro

Dati Statistici
Superficie olivetata nazionale	**3.200 (ha)**
Frantoi	**37**
Produzione nazionale 09-10	**500,0 (t)**
Produzione nazionale 08-09	**500,0 (t)**
Variazione	**0,00%**

Statistic Data
National Olive Surface	**3,200 (ha)**
Olive Oil Mills	**37**
National production 09-10	**500.0 (t)**
National production 08-09	**500.0 (t)**
Variation	**0.00%**

International Olive Oil Council - Ministry of Agriculture, Forestry and Water Management

Clima e morfologia del territorio fanno da sempre del Montenegro un paese olivicolo. Lambito dal Mar Adriatico, si caratterizza lungo la costa sud-occidentale per un clima prettamente mediterraneo favorevole all'olivicoltura che si sviluppa principalmente qui, sulle colline e lungo le valli dei rilievi di Orjen, Lovćen e Rumija. Più precisamente si distinguono due zone: la regione settentrionale di Boka Kotorska, comprendente gli agglomerati di Tivat, Kotor e Herceg Novi; e quella meridionale di Bar, che racchiude i centri di Ulcinj, Bar e Budva. Queste differiscono per la composizione delle cultivar. In quest'ultima predomina la varietà autoctona žutica, laddove, nella regione di Boka Kotorska, la stessa è presente insieme a molte altre: crnica, lumbardeška, sitnica, šarulja, gloginja, fran, zizulača e barkinja. La storia dell'olivicoltura in Montenegro è caratterizzata da alterne vicende. La pianta cresce in realtà lungo la costa da tempi immemorabili e una prova di questa antichità è la presenza negli oliveti di alcuni alberi millenari: in particolare il "Vecchio Olivo" nella città vecchia di Bar e il "Grande Olivo" vicino Budva si pensa che abbiano più di 2mila anni. Altre testimonianze raccontano l'importanza dell'olivo durante i secoli: nel XV secolo una legge prevedeva l'obbligo per ogni uomo di piantarne 50; una legge simile permaneva nel XIX secolo durante il Regno del Montenegro. Il risultato fu che all'inizio del Novecento prosperavano circa 630mila piante. Purtroppo l'abbandono dopo la seconda guerra mondiale faceva scendere questo numero a 420mila. Un complesso interessante, con circa 80mila olivi protetti dalla legge, sopravvive ancora oggi a Ulcinj: si tratta di alberi con più di 150 anni, quasi totalmente da varietà žutica. Realtà simili esistono anche a Luštica e a Bar, con più di 20mila piante. Ma in generale gli oliveti hanno oggi dimensioni più ridotte e il numero delle piante raggiunge i 420mila esemplari circa. Si tratta di un'olivicoltura tradizionale, con grandi alberi secolari e scarsità di tecniche moderne nella coltivazione e nella raccolta. Tuttavia questa situazione sta fortunatamente cambiando, anche se lentamente, con l'obiettivo di aumentare e migliorare la produttività degli oliveti, gestiti per lo più con metodi biologici, razionalizzando le operazioni di raccolta, conferimento e lavorazione delle olive e mirando alla qualità del prodotto finale. E così recentemente un ammodernamento ha riguardato anche il settore della trasformazione, che conta 37 frantoi attivi, parte dei quali dotati di impianto a ciclo continuo. La produzione di olio è variabile e raggiunge in media circa 500 tonnellate annue che saturano il mercato locale. Ma la tendenza è sia a sviluppare il mercato, sia a innalzare il consumo interno di olio (che al momento non supera gli 0,5 Kg per persona), sia ad aumentare l'area olivetata estendendo la coltivazione alla pianura di Zetsko-Bjelopavlićka, vicino Podgorica: 15mila ettari potenziali, ma ad alto rischio di brevi gelate, che esigono dunque varietà resistenti e misure di protezione efficaci. A tal proposito, pur prevalendo la tutela dell'autoctona žutica, espressione della tradizione locale, sono in atto alcune ricerche scientifiche per studiare l'adattabilità delle cultivar importate, come picholine, leccino, carolea, frangivento e ascolana tenera.

The climate and conformation of the territory have always favoured olive growing in Montenegro. Washed by the Adriatic Sea, the south-western coast is characterized by a typically Mediterranean climate suitable to olive growing, which is especially concentrated in this area, on the hills and along the valleys of the reliefs of Orjen, Lovćen and Rumija. It is possible to distinguish two areas: the northern region of Boka Kotorska, including the urban areas of Tivat, Kotor and Herceg Novi, and the southern part of Bar with the areas of Ulcinj, Bar and Budva. The cultivars present in the two areas are different: in the south the autochthonous variety žutica prevails, while in the region of Boka Kotorska this variety is present together with many others: crnica, lumbardeška, sitnica, šarulja, gloginja, fran, zizulača and barkinja. The history of olive growing in Montenegro is characterized by alternating fortunes. The olive tree has grown along the coast since times immemorial testified by the presence of some trees dating back hundreds of years: in particular the "Old Olive Tree" in the old town of Bar and the "Big Olive Tree" near Budva are thought to be over two thousand years old. Also the importance of the olive tree over the centuries is testified: in the 15th century a law stated that every man had to plant 50 trees and a similar law was still in use in the 19th century throughout the Kingdom of Montenegro. As a consequence at the beginning of the 20th century there were about 630,000 olive trees. Unfortunately after the Second World War only 420,000 trees remained. An interesting centre with about 80,000 olive trees protected by law has survived in Ulcinj: these trees, mainly of the variety žutica, are more than 150 years old. Also in Luštica and Bar there are more than 20,000 trees. However today the olive groves are generally smaller and there are around 420,000 trees. The system of olive growing is traditional with large hundred-year-old trees and outdated techniques of cultivation and harvesting. However, this situation is slowly changing, with the aim of increasing and improving olive grove productivity, generally using organic methods, by improving harvesting, transport and transformation to produce a high quality end product. Therefore recently the transformation sector has been modernized with 37 active olive oil mills, 10 of which are continuous cycle. Olive oil production is changeable and on average is of about 500 tons per year, which is sufficient for the domestic market. But future objectives are developing the market, increasing home consumption (at present it does not exceed 0.5 kg per person) and expanding the olive area to the plain of Zetsko-Bjelopavlićka, near Podgorica: 15,000 suitable hectares, which however often freeze for short periods and therefore need strong varieties and effective protective measures. For this reason, even if the autochthonous žutica, the local traditional variety, prevails, scientific research is being carried out to study the adaptability of imported varieties like picholine, leccino, carolea, frangivento and ascolana tenera.

www.bluomelette.net

brand print web design

Albania
Albania

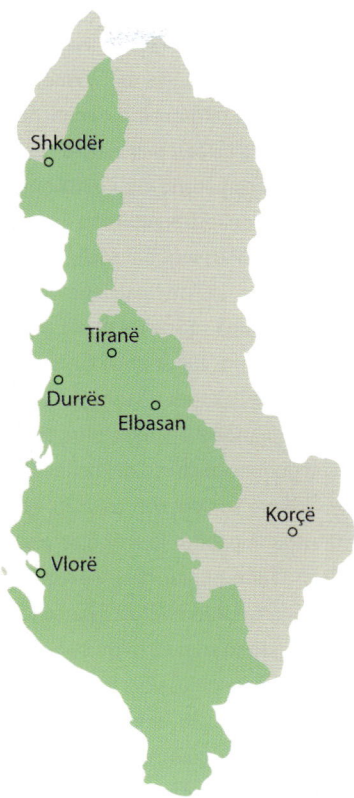

Aree olivetate o a vocazione olivicola • *Olive growing areas or areas suitable to olive growing*

Dati Statistici
Superficie olivetata nazionale	41.500 (ha)
Frantoi	110
Produzione nazionale 09-10	6.000,0 (t)
Produzione nazionale 08-09	13.000,0 (t)
Variazione	- 53,85%

Statistic Data
National Olive Surface	41,500 (ha)
Olive Oil Mills	110
National production 09-10	6,000.0 (t)
National production 08-09	13,000.0 (t)
Variation	- 53.85%

International Olive Oil Council - Ministry of Agriculture, Food and Consumer Protection

Il comparto olivicolo in Albania presenta buone potenzialità e finalmente anche le istituzioni stanno compiendo i primi passi in questa direzione, con misure a sostegno di un settore considerato trainante nello sviluppo rurale ed economico del paese. L'obiettivo attuale è di aumentare la totalità degli ettari olivetati, puntando soprattutto sulla propagazione delle cultivar autoctone. Anche se c'è sicuramente ancora molta strada da compiere, specialmente per quel che riguarda il livello qualitativo del prodotto finale. Situata sul versante occidentale della penisola balcanica, l'Albania offre condizioni territoriali e climatiche ideali per l'olivicoltura fin dall'antichità, come testimoniano gli alberi millenari nei distretti di Tiranë, Krujë, Vlorë e Berat. Fino agli anni Novanta si contavano circa 6 milioni di alberi, ma nel 1992, con la distruzione di intere piantagioni, questi si riducono della metà. Però dieci anni dopo, a partire dal 2002, dopo fasi difficili di tensioni sociali e politiche e un lungo letargo di indifferenza ed emarginazione, si assiste finalmente a una ripresa in tutti i distretti olivicoli. Oggi gli alberi ricoprono una superficie di più di 41mila ettari e superano i 3 milioni e 700mila esemplari, con una concentrazione maggiore nei distretti di Vlorë, Berat, Sarandë, Delvinë, Tiranë, Mallakastër e Lushnjë. Le aree più vocate sono quelle costiere, che si estendono da Sarandë a Shkodër, oltre ai distretti di Elbasan e Tiranë, situati più all'interno ma che godono anch'essi del benefico influsso del mare. La quasi totalità della coltivazione avviene su superfici collinari, con terreni erosi e poveri. Il comparto è estremamente frammentato: la maggior parte delle realtà produttrici, che raggiungono un totale di 118mila unità, gestisce realtà esigue quanto a superficie olivetata e numero di piante. Ricco e sfaccettato è il parco varietale albanese, che conta più di 20 cultivar autoctone, cui vanno aggiunti oltre 30 genotipi e cloni che sono ancora da studiare. La varietà più largamente diffusa è la kalinjot, seguita dalla km Berat e dalla mixan. Ma sono coltivate anche delle cultivar locali minori insieme a quelle introdotte da altri paesi come l'Italia (frantoio e leccino), la Spagna (manzanilla e picual) e la Grecia (chalkidiki e mastoidis). Si segnala particolarmente la cosiddetta "oliva bianca di Tiranë", una varietà autoctona coltivata nel centro dell'Albania e specialmente nei distretti di Tiranë, Durrës e Krujë. Mentre prima la filiera era in mano a ex cooperative e grosse aziende statali che praticavano una coltura tradizionale, con la riforma agraria è stata legalizzata la proprietà privata: allora piccole aziende familiari e produttori appassionati si stanno impegnando nel miglioramento degli impianti esistenti e nella realizzazione di nuovi, specializzati e condotti con criteri moderni e razionali. Ma purtroppo ancora molte delle piccole imprese continuano ad allevare le piante con sistemi superati, ottenendo rese basse e scarsa qualità. Attualmente si contano 110 frantoi attivi, divisi in misura pressoché uguale tra ciclo continuo e tradizionali a presse; e di questi molti sono il frutto di investimenti italiani o greci. La produzione nella campagna olearia 2009-2010 ha raggiunto le 6mila tonnellate, con una diminuzione del 53,85% rispetto all'annata precedente.

Albanian olive growing has a remarkable potential and recently also the institutions are finally taking steps to exploit it, taking measures to support a driving sector for the country's rural and economic development. The present aim is to increase the total number of hectares, enhancing the cultivation of autochthonous cultivars. However there is surely still a long way to go, especially as regards the quality of the end product. Situated in the western part of the Balkan Peninsula, Albania offers ideal climatic and hydrogeological conditions for olive growing. In fact the olive tree has existed in this land since remote times, as the presence of millennial trees in the districts of Tiranë, Krujë, Vlorë and Berat demonstrates. Until the 90's there were around 6,000,000 trees, but in 1992, following the destruction of whole plantations, this number was reduced by half. Only ten years later, since 2002, after difficult years of social and political tension and a long period of lethargy, indifference and alienation, has there been a recovery in all the olive growing districts. Today the trees cover a surface area of over 41,000 hectares and are more than 3,700,000, with a greater concentration in the districts of Vlorë, Berat, Sarandë, Delvinë, Tiranë, Mallakastër and Lushnjë. The most suitable areas are the coast from Sarandë to Shkodër and the districts of Elbasan and Tiranë, which enjoy some beneficial influence from the sea, even though they are inland. Almost all the cultivation is on hilly surfaces with eroded and poor soil. The sector is split up into a great many parts: the largest section of the producing families (around 118,000) own few trees ad a limited olive surface. Albanian rich and varied ranges include more than 20 native cultivars, besides more than 30 genotypes and clones to be studied. The most common variety is kalinjot, followed by km Berat and by mixan. The rest are minor varieties or varieties introduced from other countries such as Italy (frantoio), Spain (manzanilla, picual) and Greece (chalkidiki, mastoidis), besides the autochthonous "Tiranë's white olive", cultivated in the centre of Albania and especially in the districts of Tiranë, Durrës and Krujë. While in the past the olive oil sector was in the hands of ex-co-operatives and big government farms that practised traditional olive growing, the Agrarian Reform made private ownership legal: since then small family farms and enthusiastic producers have devoted themselves to improving existing plantations and to realizing new, specialized plantations, run with modern and rational principles. But unfortunately a lot of small farms still grow plants with old systems and consequently only produce low yields and inferior quality olive oil. Currently there are 110 olive oil mills, half of which use a continuous cycle system and the other half the traditional press: many of these were founded using Italian or Greek investments. Production in the olive oil harvest 2009-2010 was 6,000 tons, with a 53.85% decrease compared to the previous year.

Grecia
Greece

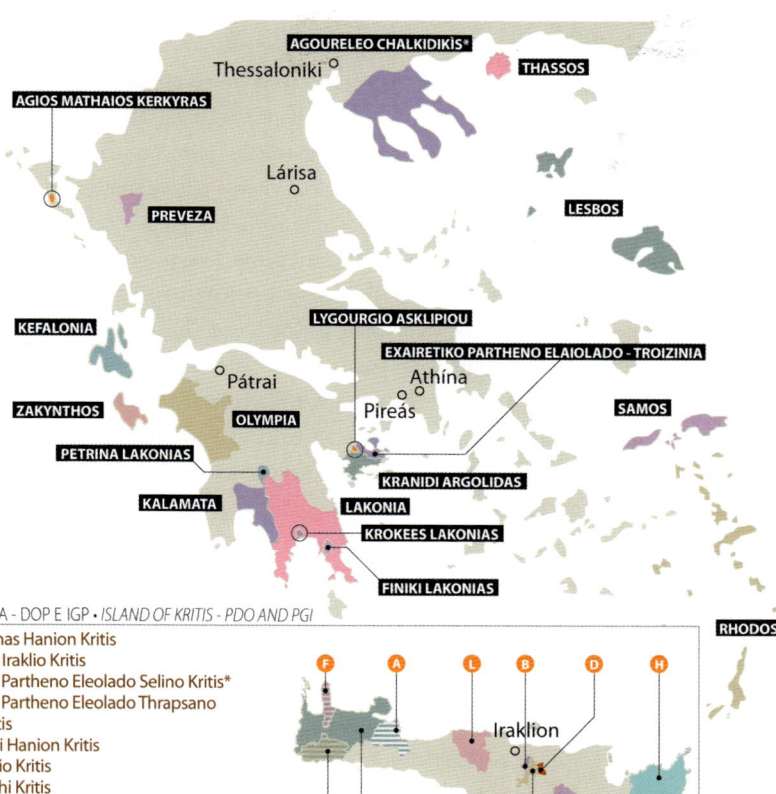

ISOLA DI CRETA - DOP E IGP • *ISLAND OF KRITIS - PDO AND PGI*

- **A** Apokoronas Hanion Kritis
- **B** Archanes Iraklio Kritis
- **C** Exeretiko Partheno Eleolado Selino Kritis*
- **D** Exeretiko Partheno Eleolado Thrapsano
- **E** Hania Kritis
- **F** Kolymvari Hanion Kritis
- **G** Peza Iraklio Kritis
- **H** Sitia Lasithi Kritis
- **I** Viannos Iraklio Kritis
- **L** Vorios Mylopotamos Rethymnis Kritis

* All'esame della UE per la certificazione • *Under EU exam for certification*

Dati Statistici

Superficie olivetata nazionale	1.100.000 (ha)
Frantoi	1.963
Produzione nazionale 09-10	348.000,0 (t)
Produzione nazionale 08-09	305.000,0 (t)
Variazione	+ 14,10%

Statistic Data

National Olive Surface	1,100,000 (ha)
Olive Oil Mills	1,963
National production 09-10	348,000.0 (t)
National production 08-09	305,000.0 (t)
Variation	+ 14.10%

International Olive Oil Council - Hellenic Ministry of Rural Development and Food

È il paese con il maggior consumo di olio pro-capite al mondo - 20 Kg annui - nonché il terzo paese produttore, a livello mondiale. Stiamo parlando della Grecia. Forse in nessuna altra terra l'albero dell'olivo è tanto profondamente radicato e connotato di valore sacrale: simbolo di sapienza e di pace, è l'albero sacro ad Atena che ne ha fatto dono agli Ateniesi. E Atene, la pòlys per eccellenza, prende il nome dalla dea che è rappresentata con un ramo di olivo, lo stesso con cui venivano incoronati i vincitori dei primi giochi olimpici. Secondo la leggenda fu Aristeo, figlio di Apollo, a insegnare agli uomini come innestare l'olivastro selvatico e frangere le olive per ricavarne l'olio. Reperti archeologici, anfore e pitture provano come già in età minoica la pianta dell'olivo fosse conosciuta per i suoi pregi e coltivata nell'isola di Kritis dal 3500 a.C. e in seguito in tutto il continente. E oggi, a distanza di millenni, la Grecia rimane terra d'elezione per l'olivicoltura perché possiede tutto ciò di cui questa pianta ha bisogno: sole, clima mite, colline basse. Qui 150 milioni di alberi si arrampicano su un terreno impervio, sassoso, arido, distribuendosi su oltre un milione di ettari coltivati soprattutto nel Peloponnisos, nella Halkidiki, a Kritis, a Delphi, nelle isole dello Ionio e dell'Egeo. Il paniere varietale è ricchissimo: oltre cento cultivar, nate nei secoli dall'adattamento alle condizioni climatiche e legate alle differenti zone, di cui anche quelle più antiche sono ancora in produzione. I 1.963 frantoi, per lo più di piccole dimensioni, lavorano la koroneiki, varietà capofila che produce un olio dalle ottime qualità organolettiche, di cui sono pregiate soprattutto le produzioni del sud del Peloponnisos. La cultivar mastoidis è molto diffusa a Kritis ed è particolarmente resistente, tanto che si può coltivare fino a mille metri di quota; la valanolia e la adramytini sono coltivate nelle isole di Lesbos, Hios, Skiros, Evia; la megaritiki e la kalamon sono diffuse soprattutto nel Peloponnisos; mentre la prassinolia nella Halkidiki e in Makedonia. Negli oliveti greci si ritrovano anche: lianolia kerkyras, agouromanakolia, throuba thasou e kothreiki. L'olivicoltura è un traino economico per la Grecia e una porzione della popolazione trae sostentamento da essa. Nella campagna 2009-2010 la produzione di olio ha raggiunto le 348mila tonnellate, con un aumento del 14,10% rispetto all'annata precedente. E a tutela degli extravergine prodotti, sono ben 26 le certificazioni (Dop e Igp). Le Dop sono diciassette: Apokoronas Hanion Kritis, Archanes Iraklio Kritis, Kolymvari Hanion Kritis, Peza Iraklio Kritis, Sitia Lasithi Kritis, Viannos Iraklio Kritis, Vorios Mylopotamos Rethyminis Kritis, Exeretiko Partheno Eleolado Thrapsano, Finiki Lakonias, Krokees Lakonias, Petrina Lakonias, Kalamata, Kranidi Argolidas, Lygourgio Asklipiou, Zakynthos, Exairetiko Partheno Elaiolado Troizinia ed Exeretiko Partheno Eleolado Selino Kritis. Più la Dop Agoureleo Chalkidikis, in attesa all'UE. Dieci le Igp: Agios Mathaios Kerkyras, Hania Kritis, Kefalonia, Lakonia, Lesbos, Olympia, Preveza, Rhodos, Samos, Thassos. Sono dati e numeri che tracciano il profilo di un comparto in decisa ascesa: obiettivo dei produttori è la valorizzazione dell'olio imbottigliato e il miglioramento della qualità, mentre cala lo sfuso esportato.

Greece has the greatest per-capita olive oil consumption in the world - 20 Kgs per year - and is also the third producing country in the world. Probably nowhere else is the olive tree so rooted in the civilization and so endowed with a holy value: symbol of wisdom and peace, it is in fact the sacred tree of Athena, who gave it to the Athenians. And Athens, the pòlys par excellence, takes its name from the goddess, who is represented with an olive branch, with which the winners of the first Olympic games were also crowned. According to the legend it was Aristeus, Apollo's son, who taught men how to graft the wild oleaster and to crush olives to obtain oil. Archaeological findings, glass bottles and paintings, prove that already in the Minoic period the olive tree was well-known for its merits and was cultivated first on the island of Crete (from 3500 B.C.) and then on the whole continent. Thousands of years later, Greece remains the ideal land for olive growing, because here there is everything this tree needs: sun, mild climate, low hills. Here 150 million trees cling to a mountainous, stony, dry ground, spreading out on a million hectares cultivated especially in the Peloponnisos, in the Peninsula of Halkidiki, Crete, Delphi, on the islands of the Ionian and the Aegean. The range of varieties is enormous: there are over a hundred cultivars, which over the centuries have adjusted to climatic conditions and are now typical of different areas; the most ancient ones are still in production. 1,963 olive oil mills - mainly of small dimensions - work especially koroneiki, a leader cultivar that produces an olive oil with excellent organoleptic qualities: the best are the productions of southern Peloponnisos. The variety mastoidis is very common in Crete and is so resistant, that it can be cultivated even at a thousand metres above sea level; valanolia and adramytini are cultivated on the islands of Lesbos, Hios, Skiros, Evia, while megaritiki and kalamon are common especially in the Peloponnisos and prassinolia in the Peninsula of Halkidiki and in Makedonia. In the Greek olive groves it is possible to find also lianolia kerkyras, agouromanakolia, throuba thasou and kothreiki. Olive growing is a driving sector in Greece and numerous families live on it. In the olive oil harvest 2009-2010 production reached 348,000 tons, with a 14.10% increase compared to the previous year. To protect the extra virgin olive oils produced there are 26 denominations (Pdo and Pgi). The Pdo are 17: Apokoronas Hanion Kritis, Archanes Iraklio Kritis, Kolymvari Hanion Kritis, Peza Iraklio Kritis, Sitia Lasithi Kritis, Viannos Iraklio Kritis, Vorios Mylopotamos Rethyminis Kritis, Exeretiko Partheno Eleolado Thrapsano, Finiki Lakonias, Krokees Lakonias, Petrina Lakonias, Kalamata, Kranidi Argolidas, Lygourgio Asklipiou, Zakynthos, Exairetiko Partheno Elaiolado Troizinia and Exeretiko Partheno Eleolado Selino Kritis. Moreover the Pdo Agoureleo Chalkidikis is waiting for EU certification. The Igp are ten: Agios Mathaios Kerkyras, Hania Kritis, Kefalonia, Lakonia, Lesbos, Olympia, Preveza, Rhodos, Samos, Thassos. Data and figures show that the sector is developing quickly: producers aim at exploiting the bottled olive oil and improving quality, while the export of undecanted olive oil is decreasing.

Grecia Greece [EL] Thessalia

Noan

Pilion - Milina
37013 Volos (MAG)
Tel. + 43 664 1038971 - + 43 664 1017438
E-mail: office@noanoliveoil.com - Web: www.noanoliveoil.com

85

- 3/5 m.
- Specializzato / Specialized
- Vaso libero / Free vase
- Bacchiatura e brucatura a mano / Beating and hand picking
- No - Ciclo continuo / No - Continuous cycle
- Amfissa
- Fruttato medio / Medium fruity
- da 8,01 a 10,00 € - 250 ml. / from € 8.01 to 10.00 - 250 ml.

Noan non è solo un extravergine di alta qualità ma un progetto di più ampio respiro e di alto profilo umanitario: supportare, destinandovi una parte dei profitti annuali, programmi di sviluppo educativo rivolti a bambini e adolescenti bisognosi. La proprietà, che si trova nella mitologica terra dei Centauri, è gestita dall'austriaco Richari Schweger che conduce 20 ettari di oliveto specializzato con 200 piante della varietà locale amfissa. Quest'anno la raccolta ha fruttato 30 quintali di olive che, uniti ai 208 acquistati, hanno reso 41 ettolitri di olio. L'Extravergine Noan da Agricoltura Biologica è di colore giallo dorato intenso con sottili nuance verdi, limpido; al naso è elegante e avvolgente, con sentori vegetali di carciofo e cicoria, arricchiti da note speziate di pepe nero e frutta secca, con pinolo e mandorla in rilievo. In bocca è morbido e fine, con toni balsamici di menta, basilico e salvia. Amaro spiccato e piccante presente. Buon accompagnamento per antipasti di fagioli, insalate di farro, marinate di ricciola, verdure alla griglia, passati di patate, primi piatti con molluschi, gamberi in umido, pesci arrosto, pollame o carni di agnello al forno, formaggi caprini.

Noan is not only a high quality extra virgin olive oil, but also a wider project with a philanthropic aim: give a part of its yearly profits to education projects for poor children and teenagers. The estate, which is situated in the mythological land of the Centaurs, is run by the Austrian Richari Schweger, who manages 20 hectares of specialized olive grove with 200 trees of the local variety amfissa. In the last harvest 30 quintals of olives were produced and 208 purchased, with a yield of 41 hectolitres of oil. The Extra Virgin Noan from Organic Farming is an intense limpid golden yellow colour with slight green hues. Its aroma is elegant and rotund, with vegetal hints of artichoke and chicory, enriched by spicy notes of black pepper and dried fruit, especially pine nut and almond. Its taste is mellow and fine, with a fragrant flavour of mint, basil and sage. Bitterness is distinct and pungency is present. It would be ideal on bean appetizers, farro salads, marinated amberjack, grilled vegetables, potato purée, pasta with mussels, stewed shrimps, roast fish, baked poultry or lamb, goat cheese.

Grecia Greece [EL] Peloponnisos

Lakudia

Epidavros Limiras - Nomia - Lira
23070 Monemvasia (LAK)
Tel. + 49 7361 5561970 - 69 46249882 - Fax + 49 7361 55619725
E-mail: info@lakudia.de - Web: www.lakudia.com

87

1/300 m.

Promiscuo e specializzato
Promiscuous and specialized

Forma libera
Free form

Brucatura a mano
Hand picking

No - Ciclo continuo misto
No - Mixed continuous cycle

Athinio

Fruttato intenso
Intense fruity

da 8,01 a 10,00 € - 500 ml.
from € 8.01 to 10.00 - 500 ml.

La Lakudia è una bella realtà di produzione attiva dal 1999 a Monemvasia, che è notoriamente uno dei territori più vocati all'olivicoltura della Lakonia. Qui Andreas Knauss conduce questa azienda con 160 ettari destinati all'oliveto specializzato, dove dimorano 5.500 piante. Nell'ultima campagna olearia Knauss ha raccolto dai propri oliveti 1.880 quintali di olive, che hanno permesso di produrre 500 ettolitri di olio extravergine. Segnaliamo l'etichetta Extravergine Lakudia che si presenta alla vista di un bel colore giallo dorato intenso con delicati riflessi verdolini, limpido. All'olfatto si esprime morbido e dosato, dotato di sentori fruttati di pomodoro acerbo, mela bianca matura e mandorla, cui si aggiungono toni di erba fresca falciata ed erbe balsamiche, con ricordo di basilico e prezzemolo. Al gusto è sottile e armonico, caratterizzato da note vegetali di carciofo, sedano e cardo di campo. Amaro presente e piccante contenuto. Si accompagna bene a antipasti di polpo, carpaccio di tonno, insalate di spinaci, marinate di pesce azzurro, zuppe di lenticchie, primi piatti al ragù, pesce spada alla griglia, agnello al forno, pollo ai ferri, formaggi stagionati a pasta filata.

Lakudia has been active since 1990 in Monemvasia, an area which is known as one of the most suitable to olive growing in Lakonia. Here Andreas Knauss runs this farm with 160 hectares destined to specialized olive grove with 5,500 trees. In the last oil harvest 1,880 quintals of olives were produced, which allowed to yield 500 hectolitres of extra virgin olive oil. We recommend the excellent Extra Virgin selection Lakudia, which is an intense limpid golden yellow colour with delicate light green hues. Its aroma is mellow and delicate, endowed with fruity hints of unripe tomato, ripe white apple and almond, together with hints of freshly mown grass and aromatic hebs, especially basil and parsley. Its taste is fine and harmonic, characterized by vegetal hints of artichoke, celery and wild thistle. Bitterness is present and pungency is limited. It would be ideal on octopus appetizers, tuna carpaccio, spinach salads, marinated bluefish, lentil soups, pasta with meat sauce, grilled swordfish, baked lamb, grilled chicken, aged cheese.

Grecia Greece [EL] Peloponnisos

AGRO.VI.M.

6th Km National Road
Post Box 134 - 24100 Kalamata (MES)
Tel. + 30 2721 069269 - 210 6423614 - Fax + 30 2721 069698 - 210 6423349
E-mail: agrovim@agrovim.gr - Web: www.agrovim.gr

85 ↑

600 m.

Specializzato
Specialized

Vaso aperto
Open vase

Brucatura a mano
Hand picking

No - Ciclo continuo
No - Continuous cycle

Koroneiki

Fruttato medio
Medium fruity

da 4,01 a 6,00 € - 500 ml.
from € 4.01 to 6.00 - 500 ml.

E sordio promettente per la AGRO.VI.M. di Kalamata, che seduce il panel con ottimi oli. Nata nel 1994 dalle già esistenti aziende Gyfteas, ha saputo unire alla tradizione e all'esperienza, la voglia di modernità e di apertura nei confronti del mercato internazionale. La proprietà dispone di 162 ettari di oliveto specializzato con 7.500 piante di varietà koroneiki, dalle quali sono stati raccolti quest'anno 750 quintali di olive, pari a una resa di quasi 164 ettolitri di olio. Delle due etichette Iliada Dop Kalamata, Exclusive Selection e Golden Selection, segnaliamo quest'ultimo. Giallo dorato intenso con delicate nuance verdi, limpido; all'olfatto è elegante e avvolgente, ricco di sentori vegetali di carciofo e cicoria, cui si aggiungono note di banana, mandorla e pepe nero. Al gusto è ampio e complesso, con toni di cardo di campo, lattuga ed erbe aromatiche, con basilico e menta in evidenza. Amaro e piccante ben espressi e armonici. È eccellente per antipasti di molluschi, insalate di farro, insalate di pollo, patate alla griglia, passati di asparagi, cous cous di verdure, crostacei in guazzetto, pesci di scoglio in umido, formaggi freschi a pasta filata.

A promising start for AGRO.VI.M. in Kalamata, which has proposed excellent oil to our panel. Founded in 1944 from the previous farms Gyfteas, it has succeeded in combining tradition and experience with an open and modern approach to the international market. The farm has 162 hectares of specialized olive grove with 7,500 trees of the variety koroneiki. In the last harvest 750 quintals of olives were produced, equal to a yield of almost 164 hectolitres of oil. There are two Extra Virgin selections Iliada Pdo Kalamata, Exclusive Selection and Golden Selection, which we recommend. It is an intense limpid golden yellow colour with delicate green hues. Its aroma is elegant and rotund, rich in vegetal hints of artichoke and chicory, together with notes of banana, almond and black pepper. Its taste is ample and complex, with a flavour of wild thistle, lettuce and aromatic herbs, especially basil and mint. Bitterness and pungency are distinct and harmonic. It would be ideal on mussel appetizers, farro salads, chicken salads, grilled potatoes, asparagus purée, vegetable cous cous, stewed shellfish, stewed rock-fish, mozzarella cheese.

Friedrich Bläuel

Lefktrou
24024 Pyrgos (MES)
Tel. + 30 27210 77711 - Fax + 30 27210 77590
E-mail: silvia@blauel.gr - Web: www.blauel.gr

84

200/700 m.

Promiscuo e specializzato
Promiscuous and specialized

Vaso aperto
Open vase

Brucatura a mano
Hand picking

No - Ciclo continuo
No - Continuous cycle

Koroneiki

Fruttato medio
Medium fruity

da 8,01 a 10,00 € - 500 ml.
from € 8.01 to 10.00 - 500 ml.

La Bläuel è un'azienda olearia di Pyrgos-Lefktrou, fondata nel 1980 da Friedrich Bläuel. Arrivato nella penisola di Mani negli anni Settanta, Bläuel dà vita a un progetto, a quei tempi pionieristico, di produrre olio extravergine biologico: oggi è un punto di riferimento fondamentale per i coltivatori della zona. Bläuel non possiede oliveti, ma acquista olive e olio e imbottiglia partite di olio, per una produzione che in questa campagna è stata di 6mila ettolitri. Segnaliamo l'Extravergine Mani Bläuel da Agricoltura Biologica. Alla vista si presenta di un bel colore giallo dorato intenso con sfumature verdi, limpido; all'olfatto si offre sottile e composto, caratterizzato da sentori vegetali di erba fresca falciata, carciofo e cicoria di campo. Al gusto è morbido e dosato, dotato di toni di erbe officinali, con ricordo di basilico e prezzemolo, e note di lattuga, sedano e chiusura di mandorla. Amaro presente e piccante contenuto. È eccellente su carpaccio di salmone, insalate di pesce persico, legumi bolliti, verdure al forno, passati di asparagi, primi piatti con molluschi, gamberi in umido, pesci arrosto, coniglio al forno, pollame ai ferri, formaggi freschi a pasta filata.

Bläuel is an oil farm in Pyrgos-Lefktrou, founded in 1980 by Friedrich Bläuel. When he arrived in the peninsula of Mani in the 70's, he started a pioneer project to produce extra virgin olive oil according to organic farming principles: today he is a fundamental point of reference for the local producers. Bläuel does not own olive groves, but he purchases olives and oil and bottles oil parcels. In the last harvest 6,000 hectolitres of extra virgin olive oil were produced. We recommend the Extra Virgin Mani Bläuel from Organic Farming. It is a beautiful intense limpid golden yellow colour with green hues. Its aroma is fine and delicate, characterized by vegetal hints of freshly mown grass, artichoke and wild chicory. Its taste is mellow and delicate, endowed with a flavour of officinal herbs, especially basil and parsley, and notes of lettuce, celery and an almond finish. Bitterness is present and pungency is limited. It would be ideal on salmon carpaccio, perch salads, boiled legumes, baked vegetables, asparagus purée, pasta with mussels, stewed shrimps, roast fish, baked rabbit, grilled poultry, mozzarella cheese.

Eirini Plomariou

Paliaklisia
81200 Plomari (LES)
Tel. + 30 2252 32875 - Fax + 30 2252 32875
E-mail: info@irini-oliveoil.gr - Web: www.irini-oliveoil.gr

84 ⬆

- 2/3 m.
- **Specializzato** / Specialized
- **Vaso aperto** / Open vase
- **Brucatura a mano e meccanica** / Hand picking and mechanical harvesting
- **No - Ciclo continuo** / No - Continuous cycle
- **Kolovi**
- **Fruttato intenso** / Intense fruity
- da 10,01 a 12,00 € - 500 ml. / from € 10.01 to 12.00 - 500 ml.

Un bell'esordio nella nostra Guida per la Eirini Plomariou, guidata da Nikos Kalampokas e sua moglie Myrta i quali, seguiti dai quattro figli, si dedicano dal 1996 alla gestione, rigorosamente con metodi biologici, di 33 ettari di impianto olivetato specializzato con 15mila piante di sola varietà autoctona kolovi. Quest'anno da un raccolto di 400 quintali di olive sono stati ricavati circa 87 ettolitri di olio extravergine. Segnaliamo l'etichetta aziendale, l'Extravergine Eirini Plomariou Igp Lesbos da Agricoltura Biologica che appare alla vista di un bel colore giallo dorato intenso con sottili nuance verdi, limpido; al naso è fine e deciso, dotato di spiccati sentori fruttati di pomodoro acerbo, banana e mela bianca matura, cui si affiancano ricche note balsamiche di basilico, rosmarino e salvia. In bocca è avvolgente e vegetale, con toni di fave fresche, lattuga e sedano. Amaro ben presente e piccante contenuto, con dolce in evidenza. Buono l'abbinamento con antipasti di lenticchie, insalate di spinaci, marinate di polpo, pinzimonio, minestroni di verdure, primi piatti con carciofi, pesce azzurro gratinato, pollame o carni di maiale alla griglia, formaggi di media stagionatura.

A good first appearance in this Guide for the farm Eirini Plomariou, managed since 1996 by Nikos Kalampoka, his wife Myrta and their four children, who run a 33-hectare specialized olive grove with 15,000 trees of the autochthonous variety kolovi according to organic farming principles. In the last harvest 400 quintals of olives yielded about 87 hectolitres of extra virgin olive oil. We recommend the Extra Virgin farm selection Eirini Plomariou Pgi Lesbos from Organic Farming, which is a beautiful intense limpid golden yellow colour with slight green hues. Its aroma is fine and definite, endowed with distinct fruity hints of unripe tomato, banana and ripe white apple, together with rich fragrant notes of basil, rosemary and sage. Its taste is rotund and vegetal, with a flavour of fresh broad beans, lettuce and celery. Bitterness is present and pungency is limited with evident sweetness. It would be ideal on lentil appetizers, spinach salads, marinated octopus, pinzimonio, minestrone with vegetables, pasta with artichokes, blue fish au gratin, grilled poultry or pork, medium mature cheese.

Malta
Malta

Aree olivetate o a vocazione olivicola • *Olive growing areas or areas suitable to olive growing*

Dati Statistici
Superficie olivetata nazionale	**210 (ha)**
Frantoi	**8**
Produzione nazionale 09-10	**24,8 (t)**
Produzione nazionale 08-09	**28,9 (t)**
Variazione	**- 14,19%**

Statistic Data
National Olive Surface	**210 (ha)**
Olive Oil Mills	**8**
National production 09-10	**24.8 (t)**
National production 08-09	**28.9 (t)**
Variation	**- 14.19%**

International Olive Oil Council - Ministry for Rural Affairs and the Environment

La storia dell'olivicoltura a Malta ha origini lontane. Infatti, benché si sia da sempre attribuita ai Fenici la presenza dell'olivo nell'isola e la sua coltura ai Romani, recenti ritrovamenti sembrerebbero indicare una presenza ancora più antica. Tuttavia la coltivazione su scala organizzata si deve a civiltà più avanzate che scoprirono come le condizioni ambientali fossero particolarmente favorevoli all'olivicoltura e ne fecero un settore strategico. Come testimoniano alcune città che portano il riferimento a questa coltura impresso nel loro stesso nome: Birzebbuga significa "il bene delle olive", Ghajn Zejtuna "la primavera dell'olio", Iz-Zejtun "la coltivazione dell'olivo per la produzione di olio". Ma a partire dal XVIII secolo una forte domanda di cotone dalla Spagna determinò l'abbattimento di 80mila alberi, dando inizio a un'inversione di tendenza con un lungo periodo di decadenza. Fino a cinquant'anni fa, quando l'impianto di 8 nuovi oliveti su 30 ettari da parte del governo del paese, accende un rinnovato interesse per questa pianta sacra. Finalmente oggi il settore può dirsi decisamente rinato, grazie all'impegno di tutti gli operatori della filiera. E tale è la considerazione per questa pianta, che la sua coltivazione è determinante, oltre che per il fine agricolo, anche per la conservazione del paesaggio. Importanza che si riflette anche a livello legislativo, visto che l'olivo è considerato una pianta protetta e sono previste misure severe per chiunque la danneggi. Il tratto distintivo dell'olivicoltura a Malta è che gli olivi sono sparsi sul territorio piuttosto che essere raggruppati in impianti specializzati: infatti il terreno agricolo è di dimensioni ridotte e frammentato; inoltre la maggioranza degli agricoltori dedica solo parte del proprio tempo a questo lavoro e non può coltivare oliveti di grandi estensioni. Attualmente si contano 1.377 realtà di produzione, con un impianto olivetato (di Malta e Gozo) di 210 ettari, per un totale di 67.500 piante. Data la natura ventosa dell'isola, tradizionalmente gli agricoltori recintavano i loro appezzamenti di olivi come riparo. Oggi gli impianti recenti hanno una densità di 300-400 alberi per ettaro. La potatura varia tra il vaso e il cespuglio: gli alberi sono mantenuti piccoli nei siti esposti al vento forte e la potatura a cespuglio è la più adatta. Vista la dimensione degli oliveti, che non consente l'uso di grossi macchinari, la raccolta dei frutti è per lo più manuale. La trasformazione si svolge in 8 frantoi tra Malta e Gozo, alcuni dei quali si avvalgono di sistemi biologici. I dati produttivi tracciano il profilo di un'industria in crescita: 24,8 tonnellate di olio nell'ultima campagna olearia, pur con una diminuzione del 14,19% rispetto a quella passata. Le varietà coltivate sono per lo più importate dall'Italia: frantoio, leccino, carolea, coratina, pendolino e cipressino. Ma il ritrovamento di alberi secolari testimonia l'esistenza di antiche cultivar autoctone e a tale proposito è nato un progetto ambientale che mira alla conservazione e alla diffusione delle stesse tra i produttori. Tra queste la più nota è la bidni, che prende il nome dal paese di Bidnija in cui fu scoperta: una varietà vigorosa e resistente, a doppia attitudine, anche se la dimensione minuta del frutto, molto ricco in olio, lo rende più adatto alla trasformazione.

The history of olive growing in Malta is very old. In fact, although the presence of the olive tree on the island has always been attributed to the Phoenicians and its cultivation to the Romans, recent finds seem to testify a more ancient practice.

However an organized cultivation is due to more developed civilizations that discovered that the environmental conditions were favourable to olive growing and made it a fundamental sector. This is witnessed by the names of some towns that are clearly connected to this cultivation: Birzebbuga means "the good of olives", Ghajn Zejtuna " oil spring", Iz-Zejtun "olive cultivation for oil production". But in the 18th century a strong demand for cotton from Spain and the consequent cutting-down of 80,000 trees brought about a turnaround and a long period of neglect. The interest in this sacred tree was revived only 50 years ago with the government's decision to plant 8 new olive groves on 30 hectares. Today the sector is definitely flourishing thanks to the efforts of all the workers involved in this sector. Olive growing is considered fundamental not only for agriculture, but also for the protection of the environment. In fact the olive tree is protected by law and the measures against whoever damages it are strict. Olive growing in Malta is characterized by the presence of olive trees spread over the territory rather than concentrated in specialized plantations. In fact the agricultural land has small dimensions and is fragmented, besides this most of the agricultural workers are only part-time and cannot cultivate big olive groves. At present there are 1,377 farms with an olive area including both Malta and Gozo of 210 hectares for a total number of 67,500 trees. Traditionally agriculturists enclosed their lots with olive trees as a shelter from the frequent winds. Today the recent plantations have a density of 300-400 trees per hectare. Pruning varies from the vase to the bush: the trees are left small where the wind is strong and the bush is the most suitable kind of pruning. Since the dimensions of the olive groves do not allow the use of big machines, olive harvesting is effected by hand-picking. Transformation is carried out in 8 olive oil mills in Malta and Gozo, some of which use organic systems. Production data describe a developing industry: 24.8 tons of olive oil in the last harvest with a 14.19% decrease compared to the previous year. The cultivated varieties are generally imported from Italy: frantoio, leccino, carolea, coratina, pendolino and cipressino. However the finding of century-old trees testify the presence of ancient autochthonous cultivars. For this reason an environment project has recently been started aiming at the conservation and diffusion of these varieties among producers. The most common is bidni, which takes its name from the village of Bidnija, where a double use variety was discovered, which is strong and resistant, although the small dimension of the fruit, very rich in oil, makes it more suitable to transformation.

Le Bonheur
ricevimenti

Banqueting e Location
La più ampia selezione di dimore d'epoca
e spazi di tendenza per ogni tipologia di evento.

Servizio di Banqueting all'insegna
della ricerca enogastrnomica.

Progettazione e allestimento di Eventi

www.lebonheur.it • info@lebonheur.it

Cipro
Cyprus

Aree olivetate o a vocazione olivicola • *Olive growing areas or areas suitable to olive growing*

Dati Statistici

Superficie olivetata nazionale	13.660 (ha)
Frantoi	41
Produzione nazionale 09-10	5.000,0 (t)
Produzione nazionale 08-09	3.500,0 (t)
Variazione	+ 42,86%

Statistic Data

National Olive Surface	13,660 (ha)
Olive Oil Mills	41
National production 09-10	5,000.0 (t)
National production 08-09	3,500.0 (t)
Variation	+ 42.86%

International Olive Oil Council - Ministry of Agriculture Natural Resources and Environment

Nell'isola di Cipro l'olivicoltura costituisce attualmente uno dei settori agricoli di maggior rilievo. Diamo un po' di dati numerici: circa 2 milioni di alberi occupano una superficie che sfiora i 14mila ettari, che rappresentano una porzione significativa dell'intero territorio destinato alle coltivazioni agricole. Quello proveniente dall'olivicoltura è anche il principale raccolto biologico a Cipro, interessando un'area che costituisce il 40% del territorio coltivato con sistemi biologici. Le aziende impegnate nel settore sono circa 20mila e i frantoi attivi presenti sul territorio hanno raggiunto il numero di 41 unità. Da questi nella campagna 2009-2010 sono state ricavate 5mila tonnellate di olio, con un aumento del 42,86% rispetto all'annata precedente. Sono dati che descrivono un comparto in decisa espansione. D'altra parte l'olivo è l'albero non boschivo più diffuso a Cipro e si sviluppa a partire dall'area costiera dell'isola fino a 700 metri di altitudine, mentre esemplari di olivi selvatici possono trovare dimora anche a mille metri. I suoi frutti rappresentano un elemento base nell'alimentazione e nella vita degli abitanti di Cipro fin dall'antichità più remota: addirittura si fa riferimento al periodo neolitico e all'età del bronzo. Le aree maggiormente vocate si trovano principalmente a Nicosia, seguita da Larnaca, Limassol, Paphos e Ammochostos. La cultivar autoctona largamente più diffusa è conosciuta con il nome di local o ladoelia ed è costituita da differenti cloni. I cloni Klirou 2 e K. Drys danno frutti dal peso medio di 6-7 grammi e con il 20% di contenuto in olio. Questi possono essere utilizzati sia come olive da tavola (verdi o nere) sia per la produzione di olio. Invece i cloni Flasou e Lythrodontas sono caratterizzati da frutti più piccoli di 3-4 grammi, ma con una maggiore percentuale in olio (26-27%): questi sono più adatti per la trasformazione. Questa varietà si adatta bene al terreno e al clima ed è molto resistente alla siccità. Nelle aree pianeggianti le olive cominciano a maturare in un periodo che va dalla fine di ottobre all'inizio di novembre, mentre nelle regioni semi-montuose dalla fine di novembre all'inizio di dicembre. La raccolta prevede l'utilizzo di pettini in materiale plastico negli oliveti tradizionali, mentre in quelli moderni di tipo intensivo è semi-meccanizzata, con pettini o vibratori meccanici manovrati dall'uomo. Raccolte in reti di plastica, le olive sono sistemate in cassette areate e conferite rapidamente ai frantoi che sono per lo più moderni e dotati di impianto a ciclo continuo. In alcuni di questi si effettua anche l'imbottigliamento e il confezionamento. Il miglioramento delle pratiche colturali, di raccolta e stoccaggio dei frutti e delle condizioni di estrazione e conservazione dell'olio ha determinato un conseguente sensibile innalzamento della qualità. L'esigenza di una produzione di alto livello è infatti attualmente l'obiettivo principale dei produttori cipriotti. In questo contesto il Dipartimento Agricolo, avvalendosi di finanziamenti europei e nazionali, ha previsto una serie di provvedimenti in relazione alla funzione strategica dell'olivicoltura per lo sviluppo rurale. L'obiettivo è la modernizzazione delle aziende e delle procedure di estrazione e imbottigliamento, così come l'applicazione di una serie di misure a tutela dell'ambiente.

Nowadays on the island of Cyprus olive growing is one of the main agricultural sectors. Here are some data: about 2 million trees on an area of almost 14,000 hectares, a considerable part of the agricultural territory. Olive growing is also the main organic product in Cyprus covering an area representing 40% of the land cultivated with organic systems. There are about 20,000 farms involved in this sector with 41 active olive oil mills. In the olive oil harvest 2009-2010 they produced 5,000 tons of extra virgin olive oil, with a 42.86% increase compared to the previous year. These data show how the sector is expanding. After all the olive tree is the most common non wooded tree in Cyprus and grows from the coastal area to 700 metres above sea level, while wild olive trees can also grow at an altitude of 1,000 metres. The olive fruit has been a basic element in the diet and life of the inhabitants of Cyprus since remote times, even the Neolithic Period and the Bronze Age. The most favourable areas are mainly in Nicosia, followed by Larnaca, Limassol , Paphos and Ammochostos. The most common cultivar is local or ladoelia and is constituted by different clones. The clones Klirou 2 and K. Drys produce fruits weighing on average 6-7 g and with 20% of oil, that can be used both as table olives (green or black), and for the production of olive oil. The fruits of the clones Flasou and Lythrodontas are smaller than 3-4 g, but have a greater percentage of oil (26-27%) and are more suited to transformation. This variety can adapt easily to the soil and the climate and is very resistant to drought. In the flat areas olives start to ripen from the end of October to the beginning of November, while in the semi-mountainous regions from the end of November to the beginning of December. Harvesting is carried out through plastic combs in traditional olive groves, whereas in the modern intensive ones it is half-mechanized with mechanical man-operated combs or pulsators. After being collected in plastic nets the olives are placed in ventilated cases and immediately transported to the modern continuous cycle olive oil mills. Some of these also effect the operations of bottling and packaging. The improvement of cultivation, harvesting and stocking systems, as well as of the conditions of extraction and conservation has also improved quality. In fact a high quality production is currently the main aim of Cypriot producers. In this context the Agricultural Department has been able to use European and national funds to start some measures concerning the strategic role of olive growing for rural development. It is therefore necessary to modernize farms and extraction and bottling systems, as well as implement laws protecting the environment.

www.marco-oreggia.com

Lo spazio web dedicato al mondo degli oli extravergine di oliva

The web space dedicated to the world of extra virgin olive oils

Info:
marco.oreggia@gmail.com

Africa
Africa

Marocco
Morocco

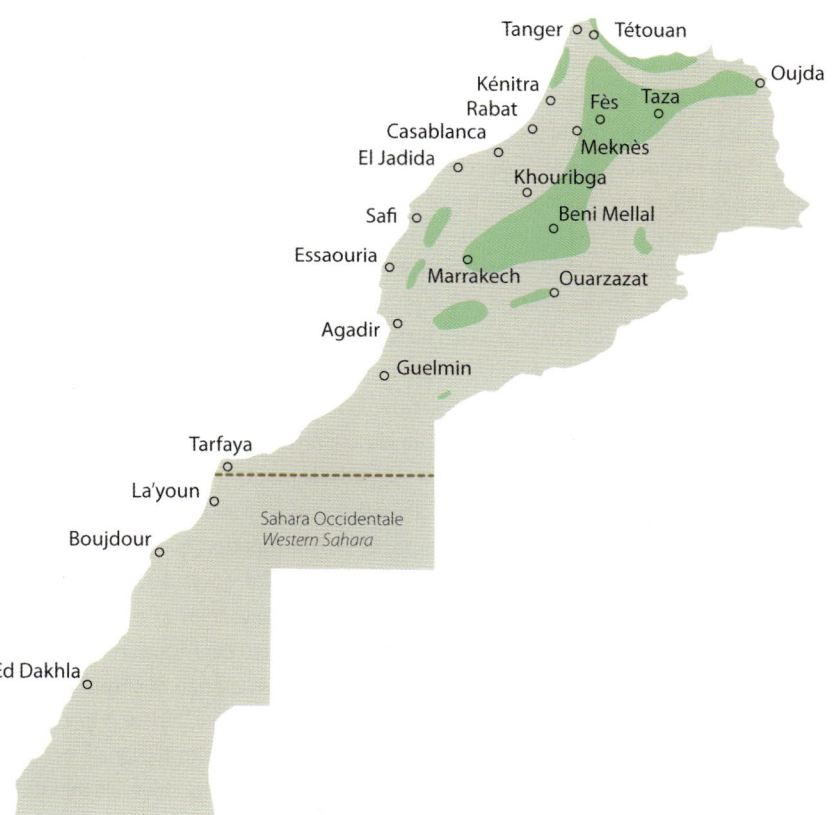

Aree olivetate o a vocazione olivicola • Olive growing areas or areas suitable to olive growing

Dati Statistici
Superficie olivetata nazionale	680.000 (ha)
Frantoi	16.700
Produzione nazionale 09-10	95.000,0 (t)
Produzione nazionale 08-09	85.000,0 (t)
Variazione	+ 11,76%

Statistic Data
National Olive Surface	680,000 (ha)
Olive Oil Mills	16,700
National production 09-10	95,000.0 (t)
National production 08-09	85,000.0 (t)
Variation	+ 11.76%

International Olive Oil Council - Ministry of Agriculture, Rural Development, and Sea Fisheries

La pianta dell'olivo in Marocco connota marcatamente il paesaggio ed è fondamentale nel panorama agrario locale, perché oltretutto è l'unica pianta che attecchisce anche nelle zone montuose: 70 milioni di alberi sparsi su 680mila ettari sono oltre la metà dell'area totale destinata agli alberi da frutto. Non sorprende quindi che la sua coltura sia così radicata a livello locale, imponendosi come una delle più importanti attività produttive e quindi come basilare fonte di reddito. Si stima infatti che dia lavoro continuativo a una parte di popolazione ogni anno e che, sebbene la produzione nazionale non rifletta ancora le potenzialità olivicole delle differenti zone agricole marocchine, tuttavia le opportunità di sviluppo della filiera di qualità sono decisamente interessanti sia per il mercato interno che per quello estero. D'altronde la pianta dell'olivo esiste ed è coltivata in Marocco da millenni. Studi archeologici e resti di antichi frantoi romani rivelano la sua importanza economica, legandola particolarmente alla città di Volubilis, a nord del paese. Coltivato dunque ad altitudini e in condizioni territoriali e climatiche anche molto differenti da zona a zona, con precipitazioni annuali irregolari, l'olivo è oggi diffuso principalmente in tre aree: a sud-est, al centro e al nord. La prima di queste regioni si estende dall'estremità orientale del paese alle province pre-sahariane, ospita circa la metà degli oliveti nazionali e ha un clima semi-arido; la seconda si colloca tra il nord e le montagne; infine la regione a nord dispone di un terzo del patrimonio olivicolo totale. La campagna 2009-2010 ha reso 95mila tonnellate di olio, con un aumento del 11,76% rispetto a quella precedente. Questa tendenza di crescita è in linea con l'attuale politica governativa che vuole scommettere decisamente sull'olivicoltura, che potrebbe diventare in breve tempo uno dei comparti produttivi prioritari in Marocco. Dal Ministero per l'Agricoltura è stato infatti elaborato un piano che prevede l'incremento di 540mila ettari di oliveto e 550 milioni di euro messi in campo per questa imponente operazione. Inoltre è in corso un progetto di ricerca, condotto a Marrakech e promosso dall'Istituto Nazionale per la Ricerca Agricola, che è un'opportunità per le aziende olivicole marocchine, sia in vista di una conduzione più razionale degli oliveti, strategie commerciali comprese, che di una selezione delle cultivar più idonee. Infatti il numero delle varietà autoctone è ancora poco conosciuto e basato esclusivamente sulla descrizione morfologica e sulla variazione delle caratteristiche genetiche del frutto. L'oliva maggiormente coltivata è riferita a un'unica varietà, la picholine marocaine, che in realtà comprenderebbe più cultivar. Infatti è noto che le tribù montane coltivavano delle varietà locali identificate secondo i loro diversi tratti morfologici: la meslala, vicino Meknès; la noukal, nella regione di Taza; la bouchouika, vicino Sefrou; la hamrani, nella regione di Chefchaouen e la soussia, nella regione di Souss. Più recentemente ne sono state catalogate altre, come la cultivar dahbia dalla regione di Meknés e la haouzia e la menara dalla regione di Marrakech. Tutti esempi che dimostrano quanto la diversità varietale nel patrimonio olivicolo marocchino possa essere molto più ampia di quanto non sia stato creduto finora.

The olive tree is a characteristic element of Moroccan landscape and is fundamental for agriculture, being the only tree that takes root also in mountainous areas: 70 million trees spread over 680,000 hectares are more than the half of the total area destined to fruit trees. Therefore it is not surprising that olive cultivation is still so rooted in the local culture, that it has recently become one of the most important productive activities and a basic source of income. In fact a considerable part of the people work continuously in this field and, although national production does not reflect the potential of Moroccan different agricultural areas, however the development opportunities of a quality production chain are certainly interesting both for the domestic and the foreign market. Besides the olive tree is thought to have been cultivated in Morocco for thousands of years. Archaeological studies and remains of olive oil mills show its economic importance particularly in the city of Volubilis, in the north of the country. Therefore it is grown at different altitudes and under different environmental and climatic conditions according to the regions, with varying and irregular annual rainfalls. The olive tree is mainly spread in three areas: south-east, the centre and the north. The first of these areas stretches from the eastern side of the country to the pre-Saharan provinces, it contains almost half of the national olive groves and has a semi-arid climate; the second area is between the northern provinces and the mountains. The northern region has one third of the total olive output. In the last olive oil harvest 95,000 tons of olive oil were produced, with a 11.76% decrease compared to the previous year. A growth fostered by the present government aiming at turning olive growing into one of the main productive sectors in Morocco. The Ministry of Agriculture has in fact worked out a plan including the planting of 540,000 hectares of olive groves and 550 million euro appropriated for this important operation. Moreover a research project, carried out in Marrakech and promoted by the National Institute for Agricultural Research, is in progress: a unique opportunity for the olive farms, both as regards a more rational olive grove management, including commercial strategies, and the selection of the most suitable cultivars. In fact the actual number of the autochthonous varieties is still little known and is exclusively based on the morphological description and on the variation of the fruit genetic characteristics. The most widespread olive is the variety picholine marocaine, which actually would include several cultivars. Since the beginning of this century in fact it is known that mountain tribes cultivated local varieties identified according to their different morphological characters: the variety meslala, near Meknès; noukal, in the region of Taza; bouchouika, near Sefrou; hamrani, in the region of Chefchaouen and soussia, in the region of Souss. More recently other varieties have been classified: the variety dahbia from the region of Meknès, haouzia and menara from the region of Marrakech. These examples show that the number of Moroccan varieties could be larger than was believed in the past.

Marocco Morocco [MA] Fès-Boulemane

Zitoun Al Atlas

Route El Menzel - Moujou
31000 Sidi Youssef (Sefrou)
Tel. + 212 535 725040 - Fax + 212 522 367012
E-mail: zitounalatlas@gmail.com - Web: www.zitounalatlas.com

86 ↑

1000 m.

Promiscuo
Promiscuous

Forma libera
Free form

Brucatura a mano
Hand picking

Sì - Ciclo continuo
Yes - Continuous cycle

Picholine marocaine

Fruttato medio
Medium fruity

da 4,01 a 6,00 € - 500 ml.
from € 4.01 to 6.00 - 500 ml.

Diamo il benvenuto nella nostra Guida a questa bella realtà collocata nel cuore della regione dei Monti Atlas. Zitoun Al Atlas possiede tutta la filiera produttiva: fondata nel 2006 da Adnane Aouad, attualmente dispone di un patrimonio di 200 ettari di terreno olivetato con 100mila piante e di un moderno impianto di estrazione. Nella recente campagna olearia sono stati raccolti 6mila quintali di olive che hanno permesso di produrre mille ettolitri di olio. Segnaliamo l'ottimo Extravergine monocultivar Manoliva che si presenta alla vista di un bel colore giallo dorato intenso con delicati riflessi verdi, limpido; all'olfatto si esprime deciso e avvolgente, ricco di eleganti sentori fruttati di pomodoro acerbo, mela bianca e noce fresca, cui si accompagnano spiccati toni balsamici di basilico e mentuccia. In bocca è ampio e vegetale, con note fresche di lattuga e mandorla dolce in chiusura. Amaro e piccante ben espressi e armonici. Si accompagna molto bene a antipasti di fagioli, insalate di farro, marinate di ricciola, patate al cartoccio, zuppe di orzo, cous cous di verdure, seppie alla brace, seppie in umido, formaggi freschi a pasta filata.

For the first time in this Guide this beautiful farm is situated in the heart of the mountainous region of Atlas. Zitoun Al Atlas covers all the production chain. Founded in 2006 by Adnane Aouad, it currently has 200 hectares of olive grove with 100,000 trees and a modern extraction system. In the last oil harvest 6,000 quintals of olives were produced, equal to 1,000 hectolitres of oil. We recommend the excellent Monocultivar Extra Virgin Manoliva, which is a beautiful intense limpid golden yellow colour with delicate green hues. Its aroma is definite and rotund, rich in elegant fruity hints of unripe tomato, white apple and fresh walnut, together with distinct fragrant hints of basil and field balm. Its taste is ample and vegetal, with fresh notes of lettuce and a sweet almond finish. Bitterness and pungency are distinct and harmonic. It would be ideal on bean appetizers, farro salads, marinated amberjack, baked potatoes, barley soups, vegetable cous cous, barbecued cuttlefish, stewed cuttlefish, mozzarella cheese.

Marocco Morocco [MA] Fès-Boulemane

Star Olive
Route de Meknès Km 18 - Douiet
30122 Aïn Chkef (Zouagha Moulay Yacoub)
Tel. + 212 537 717204 - 537 712094 - Fax + 212 537 717237 - 537 713479
E-mail: star.olive@menara.ma - Web: www.huile-olive-maroc.com

84

600 m.

Promiscuo e specializzato
Promiscuous and specialized

Alberello
Tree

Brucatura a mano
Hand picking

Sì - Ciclo continuo
Yes - Continuous cycle

Arbequina (50%), picholine marocaine (50%)

Fruttato medio
Medium fruity

da 4,01 a 6,00 € - 500 ml.
from € 4.01 to 6.00 - 500 ml.

Si riconferma in Guida la Star Olive, una giovanissima azienda di produzione olearia di Douiet. Alla sua guida c'è Mounia Benkirane Sefraoui che conduce da quasi cinque anni una struttura che dispone di un patrimonio di 70 ettari oliveti sui quali trovano dimora 38mila piante. Nella recente campagna olearia sono stati raccolti mille quintali di olive che hanno consentito una produzione di quasi 153 ettolitri di olio extravergine. Quest'anno il panel ha segnalato l'etichetta aziendale Extravergine Terroirs du Saïss che appare alla vista di un bel colore giallo dorato intenso con delicate sfumature verdi, limpido; all'olfatto si apre sottile e composto, caratterizzato da armoniche note fruttate di pomodoro acerbo e banana matura, arricchite da sentori aromatici di basilico, mentuccia e pinolo. Al gusto è dosato e morbido, dotato di toni vegetali di cicoria, lattuga e spiccata mandorla dolce in chiusura. Amaro presente e piccante contenuto. È un ideale accompagnamento per carpaccio di salmone, insalate di ceci, marinate di ricciola, patate in umido, passati di fagioli, cous cous di verdure, crostacei in guazzetto, pesci alla griglia, formaggi caprini.

The young oil farm Star Olive in Douiet has obtained another good result. It has been run by Mounia Benkirane Sefraoui for almost five years. The estate has 70 hectares of olive grove with 38,000 trees. In the last oil harvest 1,000 quintals of olives were produced, which allowed a yield of almost 153 hectolitres of extra virgin olive oil. Our panel recommends the Extra Virgin selection Terroirs du Saïss, which is a beautiful intense limpid golden yellow colour with delicate green hues. Its aroma is fine and delicate, characterized by harmonic fruity notes of unripe tomato and ripe banana, enriched by aromatic hints of basil, field balm and pine nut. Its taste is delicate and mellow, with a vegetal flavour of chicory, lettuce and a distinct sweet almond finish. Bitterness is present and pungency is limited. It would be ideal on salmon carpaccio, chickpea salads, marinated amberjack, stewed potatoes, bean purée, vegetable cous cous, stewed shellfish, grilled fish, goat cheese.

Marocco Morocco [MA] Meknès-Tafilalet

Les Délices du Saiss
Route Principale Fès-Meknès - Aïn Taoujdate - Domaine Maria
51124 Laqsir (El Hajeb)
Tel. + 212 535 655397 - 535 655398 - Fax + 212 535 655392
E-mail: contact@delicesdusaiss.com - Web: www.delicesdusaiss.com

92

400 m.

Promiscuo
Promiscuous

Alberello
Tree

Brucatura a mano e meccanica
Hand picking and mechanical harvesting

Sì - Ciclo continuo
Yes - Continuous cycle

Picual (60%), haouzia, picholine languedoc (30%), arbequina, koroneiki, manzanilla (10%)

Fruttato medio
Medium fruity

da 4,01 a 6,00 € - 500 ml.
from € 4.01 to 6.00 - 500 ml.

Altissimo livello e ottimo prezzo: il premio come Migliore Olio Extravergine di Oliva - Qualità/Prezzo lo conquista Les Délices du Saiss, giovane azienda della provincia di El Hajeb, su uno dei primi contrafforti dei Monti Atlas. Mostafa e Fouad Zine Filali guidano questa struttura di 200 ettari di oliveti con 60mila piante. Quest'anno sono stati raccolti 2mila quintali di olive che, moliti nel moderno frantoio aziendale, hanno reso 400 ettolitri di olio extravergine. Segnaliamo due etichette monocultivar Extravergine Phenicia: il Picholine Marocaine e soprattutto il Picual, di colore giallo dorato intenso con nuance verdoline, limpido. Al naso è ampio e deciso, ricco di eleganti sentori fruttati di pomodoro di media maturità e banana matura, accompagnati da spiccate note balsamiche di basilico e menta. In bocca è avvolgente e fine, con toni vegetali e speziati di fave fresche, lattuga e pepe nero. Amaro e piccante spiccati e armonici. Perfetto accompagnamento per antipasti di fagioli, insalate di legumi, marinate di orata, patate in umido, zuppe di orzo, cous cous di verdure, pesci arrosto, tartare di ricciola, pollame o carni di agnello al forno, formaggi freschi a pasta filata.

Class and good price: Délices du Saiss is awarded the prize as The Best Extra Virgin Olive Oil - Quality/Price. It is a young farm in the province of El Hajeb, on one of the first spurs of the Atlas Mountains. Mostafa and Fouad Zine Filali manage 200 hectares of olive grove with 60,0000 trees. In the last oil harvest 2,000 quintals of olives were produced, which, once crushed in the modern oil mill, yielded 400 hectolitres of extra virgin olive oil. We recommend two Monocultivar Extra Virgin selections Phenicia: Picholine Marocaine and especially Picual. It is an intense limpid golden yellow colour with light green hues. Its aroma is ample and definite, rich in elegant fruity hints of medium ripe tomato and ripe banana, together with distinct fragrant notes of basil and mint. Its taste is rotund and fine, with a vegetal and spicy flavour of fresh broad beans, lettuce and black pepper. Bitterness and pungency are distinct and harmonic. It would be ideal on bean appetizers, legume salads, marinated gilthead, stewed potatoes, barley soups, vegetable cous cous, roast fish, amberjack tartare, baked poultry or lamb, mozzarella cheese.

Marocco Morocco [MA] Meknès-Tafilalet

Olivinvest
Domaine de la Zouina
Bôite Postal 63 Boufekrane - Meknès el Menze - 50000 Aït Bourzouine (El Hajeb)
Tel. + 212 535 433034 - Fax + 212 535 433038
E-mail: christophegribelin@yahoo.fr

97

- 800 m.
- Promiscuo / Promiscuous
- Alberello / Tree
- Brucatura a mano / Hand picking
- Sì - Ciclo continuo / Yes - Continuous cycle
- Picholine marocaine
- Fruttato intenso / Intense fruity
- da 10,01 a 12,00 € - 500 ml. / from € 10.01 to 12.00 - 500 ml.

Prestazione sempre in grande stile per la Olivinvest, una giovane e bella realtà che da qualche anno produce vino a El Hajeb, alle pendici dei Monti Atlas. Alla guida c'è Christophe Gribelin il quale nel 2003 ha iniziato a imbottigliare anche l'olio extravergine prodotto in 20 ettari di oliveto, dove dimorano 6mila piante. Nella recente campagna sono stati raccolti nell'oliveto aziendale mille quintali di olive, pari a una resa di 150 ettolitri di olio extravergine. Segnaliamo l'ottimo Extravergine Volubilia: alla vista si presenta di un bel colore giallo dorato intenso con sottili sfumature verdi, limpido; all'olfatto si apre ampio e deciso, ricco di eleganti note fruttate di pomodoro acerbo e mela bianca, a cui si aggiungono spiccati sentori balsamici di basilico e mentuccia. Al gusto si offre avvolgente e di personalità, con toni vegetali di lattuga, sedano e netta chiusura di mandorla dolce. Amaro e piccante decisi e ben armonizzati. Perfetto accompagnamento per antipasti di lenticchie, carpaccio di pesce spada, insalate di tonno, pinzimonio, zuppe di fagioli, cous cous di carne, pesce azzurro gratinato, pollame o carni di agnello alla griglia, formaggi stagionati a pasta dura.

As usual a great performance for Olivinvest, a young and beautiful farm, which has been producing wine for some years in El Hajeb, at the foot of the Atlas mountains. It is run by Christophe Gribelin, who started bottling his extra virgin olive oil in 2003. He manages a 20-hectare olive grove with 6,000 trees. In the last harvest 1,000 quintals of olives were produced, equal to 150 hectolitres of extra virgin olive oil. We recommend the excellent Extra Virgin Volubilia, which is a beautiful intense limpid golden yellow colour with slight green hues. Its aroma is ample and definite, rich in elegant fruity notes of unripe tomato and white apple, together with distinct fragrant hints of basil and field balm. Its taste is rotund and strong, with vegetal notes of lettuce, celery and a distinct sweet almond finish. Bitterness and pungency are definite and harmonic. It would be ideal on lentil appetizers, swordfish carpaccio, tuna salads, pinzimonio, bean soups, meat cous cous, blue fish au gratin, grilled poultry or lamb, hard mature cheese.

Marocco Morocco [MA] Meknès-Tafilalet

L'Oleastre

18 Rue Lamrinyenne (V.N.)
50000 Meknès (Meknès el Menzeh)
Tel. + 212 535 524265 - Fax + 212 535 517186
E-mail: societe_oleastre@yahoo.fr - Web: www.olealys.com

90

700 m.

Promiscuo
Promiscuous

Forma libera
Free form

Brucatura a mano
Hand picking

Sì - Ciclo continuo
Yes - Continuous cycle

Picholine marocaine

Fruttato intenso
Intense fruity

da 12,01 a 15,00 € - 500 ml.
from € 12.01 to 15.00 - 500 ml.

Meritatissima segnalazione in Guida per questa bella realtà della provincia di Meknès el Menzeh, nel nord del Marocco: l'Oleastre di Reda Tahiri e Catherine Therrien ha infatti proposto al panel un prodotto ottimo. Si tratta di un'azienda che dispone di un'ampia superficie di 190 ettari di cui 52 destinati agli oliveti, con più di 15mila piante. Da queste, nella recente campagna olearia, sono stati raccolti 480 quintali di olive che hanno prodotto 100 ettolitri di olio. Segnaliamo la selezione aziendale proposta, l'Extravergine Olealys che si presenta alla vista di un bel colore giallo dorato scarico, limpido; all'olfatto si esprime potente e ampio, ricco di intense note fruttate di pomodoro maturo e mela bianca, cui si associano spiccati sentori balsamici di menta e basilico. In bocca è avvolgente e fine, dotato di eleganti toni vegetali di fave fresche, lattuga e pepe nero. Amaro e piccante ben espressi che chiudono in mandorla dolce. È un buon accompagnamento per antipasti di lenticchie, bruschette con pomodoro, pinzimonio, minestroni di verdure, zuppe di fagioli, cous cous di carne, pesce spada in umido, agnello arrosto, formaggi di media stagionatura.

A really good performance for this beautiful farm in the province of Meknès el Menzeh, in the north of Morocco: Reda Tahiri and Catherine Therrien's l'Oleastre. This large estate covers 190 hectares, 52 of which destined to olive groves with over 15,000 trees. In the last harvest 480 quintals of olives were produced, with a yield of 100 hectolitres of oil. We recommend the farm selection, the Extra Virgin Olealys, which is a beautiful light limpid golden yellow colour. Its aroma is powerful and ample, rich in intense fruity notes of ripe tomato and white apple, together with distinct fragrant hints of mint and basil. Its taste is rotund and fine, endowed with elegant vegetal hints of fresh broad beans, lettuce and black pepper. Bitterness and pungency are distinct with a sweet almond finish. It would be ideal on lentil appetizers, bruschette with tomatoes, pinzimonio, minestrone with vegetables, bean soups, meat cous cous, steamed swordfish, roast lamb, medium mature cheese.

Algeria
Algeria

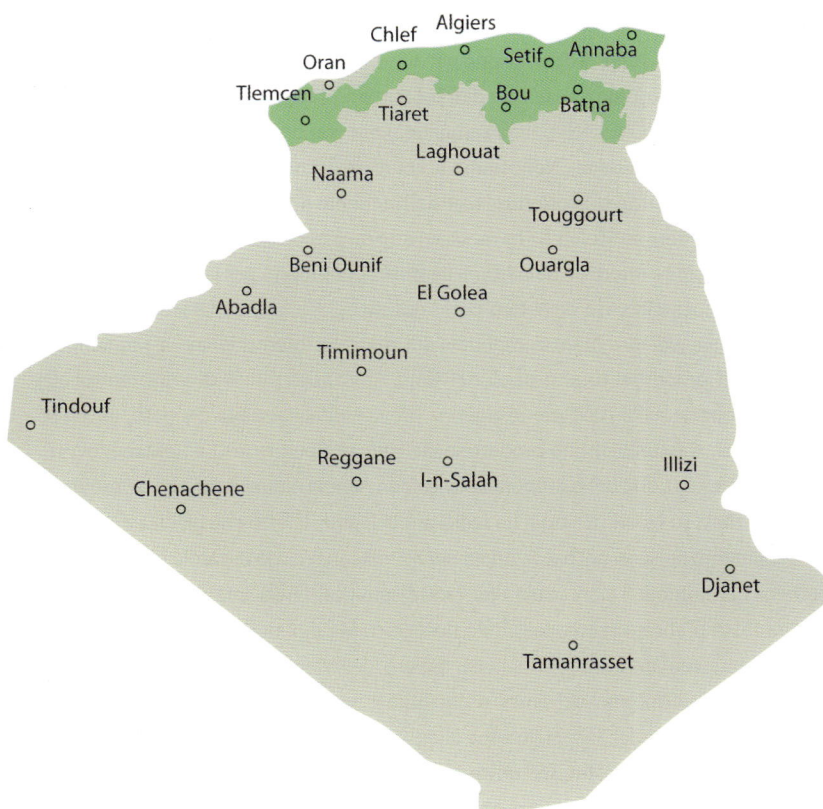

Aree olivetate o a vocazione olivicola • Olive growing areas or areas suitable to olive growing

Dati Statistici
Superficie olivetata nazionale	262.782 (ha)
Frantoi	1.868
Produzione nazionale 09-10	50.000,0 (t)
Produzione nazionale 08-09	59.000,0 (t)
Variazione	- 15,25%

Statistic Data
National Olive Surface	262,782 (ha)
Olive Oil Mills	1,868
National production 09-10	50,000.0 (t)
National production 08-09	59,000.0 (t)
Variation	- 15.25%

International Olive Oil Council - Ministry of Agriculture and Rural Development

L'attuale panorama olivicolo in Algeria è caratterizzato da un comparto in via di sviluppo, dopo la profonda crisi economica che ha investito il paese fino a epoche recenti. Soltanto venti anni fa infatti, all'inizio degli anni Novanta, il comparto olivicolo era ancora in piena decadenza e abbandono e, mancando i sussidi statali, le superfici olivetate stavano diminuendo drasticamente. Oggi invece l'olivo è, insieme alla vite, la coltivazione più diffusa, con quasi 263mila ettari interessati e più di 32 milioni e 700mila piante. I dati produttivi confermano una realtà di crescita: 50mila tonnellate di olio nell'ultima campagna, pur con una diminuzione del 15,25% rispetto all'anno precedente. Nonostante le condizioni ambientali, con un clima per lo più siccitoso, vari fattori concorrono in realtà all'aumento della produzione: innanzitutto la ripresa del settore agricolo, che ha messo in atto un piano nazionale di sviluppo, e non ultimo il rinvigorito interesse da parte delle istituzioni proprio per la pianta dell'olivo e i suoi frutti, anche in virtù delle loro doti salutistiche. Ma grandi passi avanti restano ancora da fare per diventare competitivi sul mercato internazionale e raggiungere gli standard produttivi di altri paesi del Nord Africa. Dal punto di vista territoriale, la maggior parte della produzione algerina proviene dalle regioni del nord, anche se quantità non trascurabili sono prodotte nelle zone di Guelma (est) e Relizane (ovest). Questa configurazione del patrimonio olivicolo in Algeria è quella che si è determinata nel corso della sua storia, che qui ha radici antichissime: il fatto che gli oleastri fossero probabilmente presenti nel paese prima del XII millennio e che la parola olivo in lingua berbera ("azemmour") non abbia una radice semitica, lascia infatti supporre che la coltura fosse praticata prima dell'arrivo dei Fenici. Ma il periodo clou coincide con la dominazione romana: introdotto nelle regioni dell'Impero per rendere sedentarie le popolazioni all'interno del limes e garantire il vettovagliamento di Roma, l'olivo arriva fino ai confini del Sahara, in zone allora ancora fertili. L'olio è oggetto di intenso commercio interno e costituisce un'importante fonte di entrate per l'Urbe: lungo le principali vie di comunicazione e nelle stazioni di rifornimento sorgono magazzini statali per alimentare gli scambi delle città. Il declino dell'olivicoltura ha inizio invece con le dominazioni vandalica e bizantina: è allora che le piante sopravvivono soltanto nelle zone montuose della Cabilia e dell'Aurès, nella parte centro-settentrionale del paese, dove si trovano ancora oggi. Tra le varietà esistenti, la più pregiata e resistente al freddo è la chemlal, seguita dalla limli. Queste prosperano nella regione della Cabilia insieme alla aberkane e alla azeradj, a doppia attitudine. Invece la rougette, varietà rustica ben adattabile ai terreni aridi, e la blanquette sono tipiche dell'area di Constantine; mentre nella zona di Oran la sigoise è apprezzata anche come oliva da tavola. Altre varietà sono l'aguenaou, la bouchouk, la dahbia e la ferkani. Quanto alle tecniche estrattive, attualmente sono 1.868 i frantoi attivi, la maggioranza dei quali dotata di sistema tradizionale a presse. Ma è in corso negli ultimi anni un processo di modernizzazione degli impianti, dovuto anche all'apporto italiano.

At present olive growing in Algeria is developing after the serious crisis of the last decades. Only 20 years ago, in the early 90's, this sector was declining and, because of the lack of state subsidies, the olive surfaces were decreasing.

Today the olive tree is, together with the grapevine, the most common cultivation with almost 263,000 hectares and over 32,700,000 trees. Also data confirm this productive growth: 50,000 tons of oil in the last olive oil harvest, with a 15.25% decrease compared to the previous year. In spite of the environmental conditions and the mainly droughty climate, several factors contribute to increase production: first of all the recovery of the agricultural sector with the start of a national development plan and also the renewed interest in the olive tree and its fruits due to their health giving properties on the part of institutions. But still a lot has to be done to be able to be competitive on the international market and reach the production standards of other countries of North Africa. The most of Algerian production comes from the northern regions. Relevant quantities are however produced also in the regions of Guelma to the east and Relizane to the west. This distribution of the olive groves has been determined in the course of history that here has very ancient roots: the fact that the oleasters were probably present in the country before the 12th century and that the word olive (azemmour) in the Berber language does not have a Semitic root seem in fact to indicate that olive growing was practised before the arrival of the Phoenicians. But the period of maximum expansion coincided with the Roman domination: introduced into the regions of the empire to help make the population stay within the limes and to guarantee a supply of oil to Rome, olive growing reached the Sahara borders, still fertile areas at the time. Olive oil was the object of an intense home trade and it constituted an important source of income for Rome: government stores were opened along the main routes of communication together with supply stations to favour exchanges between the cities. The decline of olive growing began with the Vandal and Byzantine domination, so the olive trees remained only in the mountainous areas of Cabilia and Aurès, in the north central part of the country, maintaining the same configuration we find today. Among the existing varieties chemlal, the most popular, particularly resistant to the cold, and limli flourish in Cabilia together with aberkane and to azeradj, of double use. Rougette, a rustic variety well adaptable to the arid grounds, and blanquette are typical of the area of Constantine, while in the area of Oran sigoise is also appreciated as table olive. Other varieties are agueanou, bouchouk, dahbia and ferkani. As to the extraction techniques, currently there are 1,868 active olive oil mills, the most of which use the traditional press system. However, during the last few years there has been a process of modernization of the plantations also due to the Italian intervention.

IL BUON GUSTO

**AmiamoBeviamoVendiamo
EnogastronomiadiAltaQualità**

TRA LE TANTE AZIENDE RAPPRESENTATE:

**Acqua Filette
Amedei
Falorni**

**Conti Zecca
Masciarelli
Zenato**

Il Buongusto Rappresentanze
V.le Cherubino Malpeli, 105 • 00128 ROMA
Tel. e Fax +39 0650780236
www.ilbuongusto.net • ilbuongusto@tiscalinet.it

Tunisia
Tunisia

Aree olivetate o a vocazione olivicola • *Olive growing areas or areas suitable to olive growing*

Dati Statistici

Superficie olivetata nazionale	**1.685.000 (ha)**
Frantoi	**1.734**
Produzione nazionale 09-10	**140.000,0 (t)**
Produzione nazionale 08-09	**150.000,0 (t)**
Variazione	**- 6,67%**

Statistic Data

National Olive Surface	**1,685,000 (ha)**
Olive Oil Mills	**1,734**
National production 09-10	**140,000.0 (t)**
National production 08-09	**150,000.0 (t)**
Variation	**- 6.67%**

International Olive Oil Council - Ministry of Agriculture and Water Resource

L'olivicoltura tunisina è un'attività antica ma tuttavia orientata al futuro. Oggi per gli agricoltori è un valore sicuro su cui investire, nonostante la normale alternanza produttiva: rappresenta infatti il reddito per circa un milione di abitanti e più della metà delle aziende agricole presenti sul territorio trae la totalità o parte delle proprie entrate dall'olivicoltura. Non da ultimo i volumi di olio annui ricavati fanno della Tunisia uno dei maggiori paesi produttori dopo i colossi di Spagna, Italia e Grecia. Ma non è sempre stato così. Ci è voluto infatti un grande impegno a tutti i livelli della filiera per far rinascere questo settore che, sviluppatissimo nell'antichità, era entrato alla fine del 1800 in una fase di forte crisi, perdurata fino alla metà del XX secolo. La Tunisia è una delle culle dell'olivicoltura mediterranea: gli olivi vi crescono da migliaia di anni anche se fu il popolo dei Fenici, prima ancora della fondazione di Cartagine, a introdurne la coltura, qui come in tutta l'Africa del Nord. L'area originaria è a sud, nella regione chiamata "Zita", dal fenicio "zeit". Dopodiché l'olivo diventa un tutt'uno con le origini stesse della civiltà, tanto da assumere un valore sacro per tutte le popolazioni che si avvicenderanno in quest'angolo di terra africana. Come in tutto il Mediterraneo, furono i Romani a costruire i primi impianti di irrigazione e a inventare le tecniche di estrazione dell'olio: lo confermano gli scavi archeologici di Sufeitula, l'attuale Sbeitla, e di Thysdrus, l'odierna El Djem. Oggi l'olivicoltura tunisina conta 70 milioni di piante distribuite su 1 milione e 685mila ettari, una buona porzione dell'intera superficie agricola disponibile: un'estensione tale da far sì che il paese venga comunemente definito "Tunisia verde". Le regioni più vocate sono quelle centrali, dove si concentra il maggior numero di piante. Ma anche a nord e a sud si trovano altri impianti olivetati. Crocevia di numerose civiltà e degli scambi commerciali tra l'Oriente, l'Africa e l'Europa, la Tunisia ha tratto da questo flusso un notevole patrimonio genetico olivicolo. Per cui è molto ricco il parco varietale sviluppatosi accanto alle due cultivar principali che sono la chetoui, diffusa nel nord del paese, e la chemléli che cresce negli oliveti di Sfax e Sahel (nell'area centro-orientale) oltre che nella regione costiera, da Korba a Gabes, e nella zona di Kairouan e di Enfidaville. Le varietà chemchali, jerboui, fakhari, oueslati, zalmati, zarrazi sono solo alcuni esempi. Altre due cultivar non autoctone, ma che si sono perfettamente acclimatate, sono la francese picholine e la spagnola manzanilla. I frantoi attivi distribuiti nel paese sono 1.734. Da questi nella campagna 2009-2010 è stata ricavata una produzione di olio che ha raggiunto le 140mila tonnellate, con una diminuzione del 6,67% rispetto all'annata precedente. L'esportazione, che si rivolge principalmente all'Italia e alla Spagna ma anche agli Stati Uniti, al Giappone, al Canada e all'Australia, è stata quest'anno di 110mila tonnellate. La Tunisia costituisce dunque una realtà importante sia per quel che riguarda la produzione che l'esportazione a livello mondiale. E possiede un patrimonio che conferisce a questa coltura un ruolo strategico incontestabile, sia sul piano socioeconomico che ambientale, in tutto il territorio nazionale.

Tunisian olive growing is a very ancient activity but at the same time it is orientated towards the future. Today it is in fact a safe investment for farmers in spite of the alternation in production: it represents the source of income for about one million inhabitants and more than half of the farms in the territory live fully or partly on olive growing. Moreover the yearly oil output makes Tunisia one of the main producers after the giants Spain, Italy and Greece. However the present situation is the result of a great effort to revitalize a sector that was very advanced in ancient times, but at the end of the 19th century entered a phase of strong crisis that lasted until the middle of the 20th century. Tunisia is one of the birthplaces of Mediterranean olive growing: the olive tree has grown for thousands of years in the country, although the Phoenicians introduced this cultivation here, as well as in the rest of North Africa, even before the city of Carthage was founded. The original area is in the south in the region known with the name of "Zita" from the Phoenician "zeit". After that, the olive tree and civilization became one and the same and it assumed a sacred value for all cultures that have flourished in this corner of Africa. As happened in the whole of the Mediterranean basin, the Romans built the first irrigation systems and invented extraction techniques: some excavations in Sufeitula, the presentl Sbeitla, and in Thysdrus, today's El Djem confirm it. Today Tunisian olive growing has almost 70 million trees spread over a territory of 1,685,000 hectares, a relevant part of the whole available agricultural surface. Such notable extension of the olive area has made it possible for the country to be commonly defined "green Tunisia". The most favourable areas are in the centre, where the most trees are concentrated. But also in the north and in the south there are olive groves. Being the crossroads of many civilizations and commercial exchanges between the East, Africa and Europe, Tunisia has a wide range of olive varieties. The main cultivars are chetoui, very common in the north of the country and chemlélii, which grows in the olive groves of Sfax and Sahel (in the central-eastern area) and also in the temperate coastal area (from Korba to Gabes) and in the area of Kairouan and Enfidaville. Other varieties are chemchali, jerboui, fakhari, oueslati, zalmati, zarrazi. Other two cultivars are not autochthonous, but have perfectly adapted: the French picholine and the Spanish manzanilla. In the country there are 1,734 active olive oil mills. In the last harvest 140,000 tons of oil were produced, with a 6.67% decrease compared to the previous year. 110,000 tons were exported mainly to Italy and Spain, but also to Japan, Canada and Australia. Therefore on a world scale Tunisia gives an important contribution both to production and to exports. Its range of varieties gives to this cultivation an undisputable strategic role both in the socio-economic field and in the environmental sector.

I pubblici esercizi in Italia

AL SERVIZIO DEL CONSUMATORE

Venti milioni di persone entrano ogni giorno nei 200mila pubblici esercizi del Paese. E per il turismo straniero il pubblico esercizio resta un punto di forza qualificante dell'offerta turistica nazionale. Una miriade di piccole, medie e grandi imprese diverse per tipologia di servizio ma accomunate da una grande attenzione al cliente.

UNA RISORSA DEL PAESE

La ricchezza prodotta ha raggiunto quella dell'intero parto agricolo ed è addirittura superiore al valore a(g)to dell'industria alimentare. Un comparto che si dis(tingue) per la costante capacità di creare nuova occupa(zione) soprattutto in favore di giovani e donne. Un arti(colato) sistema imprenditoriale attivo nei comparti della r(istora)zione, dell'intrattenimento e del wellness.

TRA INNOVAZIONE E TRADIZIONE

Le trasformazioni della società e l'evoluzione degli stili di vita dei consumatori hanno sempre nel pubblico esercizio un interlocutore attento e sensibile al cambiamento. Si sviluppano nuovi format e si sperimentano modelli di servizio innovativi con l'obiettivo di rispondere ai bisogni dei consumatori e senza trascurare i valori della tradizione.

GLI IMPEGNI DI FIPE

1. Avvicinare la politica ai bisogni della piccola impresa
2. Ridurre il peso della burocrazia
3. Rafforzare la democrazia economica
4. Favorire lo sviluppo di un corretto sistema concorrenziale
5. Sostenere l'immagine del pubblico esercizio
6. Stimolare la crescita di una nuova cultura imprenditoriale
7. Incentivare l'innovazione
8. Promuovere il modello turistico italiano
9. Qualificare il mercato del lavoro
10. Valorizzare il sistema di rappresentanza

FIPE — FEDERAZIONE ITALIANA PUBBLICI ESERCIZI

confcommercio

Libia
Libya

Aree olivetate o a vocazione olivicola · *Olive growing areas or areas suitable to olive growing*

Dati Statistici
Superficie olivetata nazionale	180.000 (ha)
Frantoi	n.p.
Produzione nazionale 09-10	15.000,0 (t)
Produzione nazionale 08-09	15.000,0 (t)
Variazione	0,00%

Statistic Data
National Olive Surface	180,000 (ha)
Olive Oil Mills	n/a
National production 09-10	15,000.0 (t)
National production 08-09	15,000.0 (t)
Variation	0.00%

International Olive Oil Council - Ministry of Agriculture, Animal & Marine Wealth

In Libia la morfologia del territorio, la composizione del terreno e il clima, soprattutto nelle zone pre-desertiche e nelle oasi del Sahara, costituiscono da sempre un ambiente favorevole per la nascita e lo sviluppo dell'olivo. Tanto che la sua coltivazione esiste fin dall'antichità, dall'epoca delle dominazioni dei Cartaginesi, dei Greci e dei Romani. In particolare furono i Romani a dare grande impulso all'olivicoltura in tutti i territori conquistati, facendone un'attività su scala organizzata. Le successive vicende storiche vedono la Libia terra di conquista di numerosi popoli: Vandali, Bizantini, Arabi; quindi Normanni e Spagnoli, fino al dominio dell'Impero Ottomano. Durante questo periodo l'olivicoltura conosce una lunga e progressiva fase di decadenza e abbandono che durerà fino quasi ai nostri giorni. Ma proprio negli ultimissimi anni sono in fase di progetto, e in parte già di realizzazione, alcune misure governative a sostegno del settore. Infatti il comparto olivicolo in Libia, come ogni attività agricola, è soggetto all'intervento statale: la Società Nazionale dei Prodotti Alimentari acquista i quantitativi di olio eccedenti presso le aziende. Inoltre, essendo la Libia un piccolo produttore, sono previste per gli operatori misure e incentivi da parte del governo che concede crediti alle aziende per l'acquisto di attrezzature più moderne o per la costruzione di nuovi frantoi. E, come ulteriore incoraggiamento, le imprese sono esenti da imposte per i primi anni di attività. In questa direzione, e nell'ambito di un rafforzamento del gemellaggio italo-libico per la scienza e la tecnologia, è anche la recente attività del CNR e del Ministero degli Affari Esteri italiani i quali hanno stipulato una convenzione per lo sviluppo della cooperazione con i paesi dell'area mediterranea proprio nei settori dell'agricoltura e dell'ambiente. Tra le principali azioni sono previste numerose iniziative proprio nel campo della formazione applicata all'olivicoltura. L'obiettivo è una strategia di gestione sostenibile delle risorse idriche per l'incremento della produzione olivicola, con particolare attenzione alle sue interazioni con l'ambiente. Attualmente in Libia gli oliveti ricoprono una superficie di circa 180mila ettari, con un numero di piante stimato intorno agli 8 milioni. Si distinguono cinque zone: quella maggiormente vocata è la regione costiera, comprendente i centri di Zuwarah, Sabratha, Surman, Az Zawiyah, Tripoli, Tajura, Bin Gashir, Al-Marqab e Misratah, dove il numero degli olivi rappresenta più della metà del totale. Segue il nord montuoso, ovvero Gharyan, Yfren, Nalut, Tarhuna e Bani-Walid, con circa un terzo del totale. A queste va aggiunta l'area a sud-ovest (Sebha, Birak, Murzuq, Ghat), quella a nord-est (Benghazi, Darnah, Bi'r al Ghabī e la zona della Montagna Verde) e al centro-nord (Sirte, Ajdabiya). Le varietà coltivate sono in parte cultivar italiane importate, frantoio e moraiolo, mentre la varietà autoctona più conosciuta e produttiva è la chemlal de kabylie. La produzione di olio, se confrontata con quella di altri paesi del Nord Africa, è piuttosto esigua: nella campagna 2009-2010 infatti sono state prodotte 15mila tonnellate di olio, senza variazioni rispetto a quella precedente. Produzione che satura comunque la richiesta di consumo interno per cui non risultano quantità importate.

In Libya the ground typology, the soil composition and the favourable climatic conditions in the pre-desert areas and in the Sahara oases constitute the ideal environment for the planting and growth of the olive tree. For this reason olive growing in Libya goes back to remote times, when it was colonized by the Carthaginians, Greeks and Romans. It is well known that the Romans gave a great stimulus to olive growing in all their conquered territories, turning it into an organized activity. The following historical events saw Libya as a land of conquest for numerous peoples, first the Vandals, Byzantines and Arabs, then the Normans and the Spaniards and finally the country was under the rule of the Ottoman empire. During this period olive growing was gradually abandoned and went through a long phase of decay, which lasted almost until the present day. Only in the last few years a number of government measures have been planned and partly carried out to support the sector in this country. Like all agricultural activities the olive sector in Libya is in fact subject to the government intervention: the National Society of Alimentary Products is entrusted with the purchase of the surplus quantities of olive oil from farms. Moreover, since Libya produces a meagre quantity of olive oil, government incentives have been planned to allow the farms to purchase more modern equipment or to build new olive oil mills; and as an extra incentive the farms will be exempt from taxation for the first years of activity. It must also be stressed that as a consequence of the scientific and technological partnership between Italy and Libya, there has been a recent combined activity of the CNR and the Italian Foreign Affair Office, that have stipulated a convention with the Mediterranean countries for the development of the co-operation in the agricultural and the environment field. Among the main measures there are numerous initiatives regarding training courses in the sector of olive growing. The aim is a strategy of sustainable management of water resources for the increase of olive production with particular attention to its relation to the environment. Currently in Libya the olive groves cover an area of about 180,000 hectares with around 8 million trees. The country is divided into 5 regions: the most favourable is along the coast and includes the centres of Zawara, Sabratha, Surman, Az Zawiyah, Tripoli, Tajura, Bin Gashir, Al-Marqab and Misratah, where the number of olive trees is more than half of the total quantity. Then there is the mountainous northern area of Gharyan, Yfren, Nalut, Tarhuna and Bani-Walid , with about a third of the total amount. Moreover the south-western area (Sebha, Birak, Murzuq, Ghat), the north- eastern one ((Benghazi, Darnah, Bi'r al Ghabī and the area of the Green Mountain) and the centre-north (Sirte, Ajdabiya). The varieties cultivated are partly imported from Italy, such as frantoio and moraiolo, while the most popular and productive autochthonous cultivar is chemlal de kabylie. The production of olive oil in Libya is meagre if compared to the other countries of North Africa: in the last harvest 15,000 tons were produced, without any variations compared to the previous year. Anyway this production meets the needs of domestic consumption, therefore there are no imports from other countries.

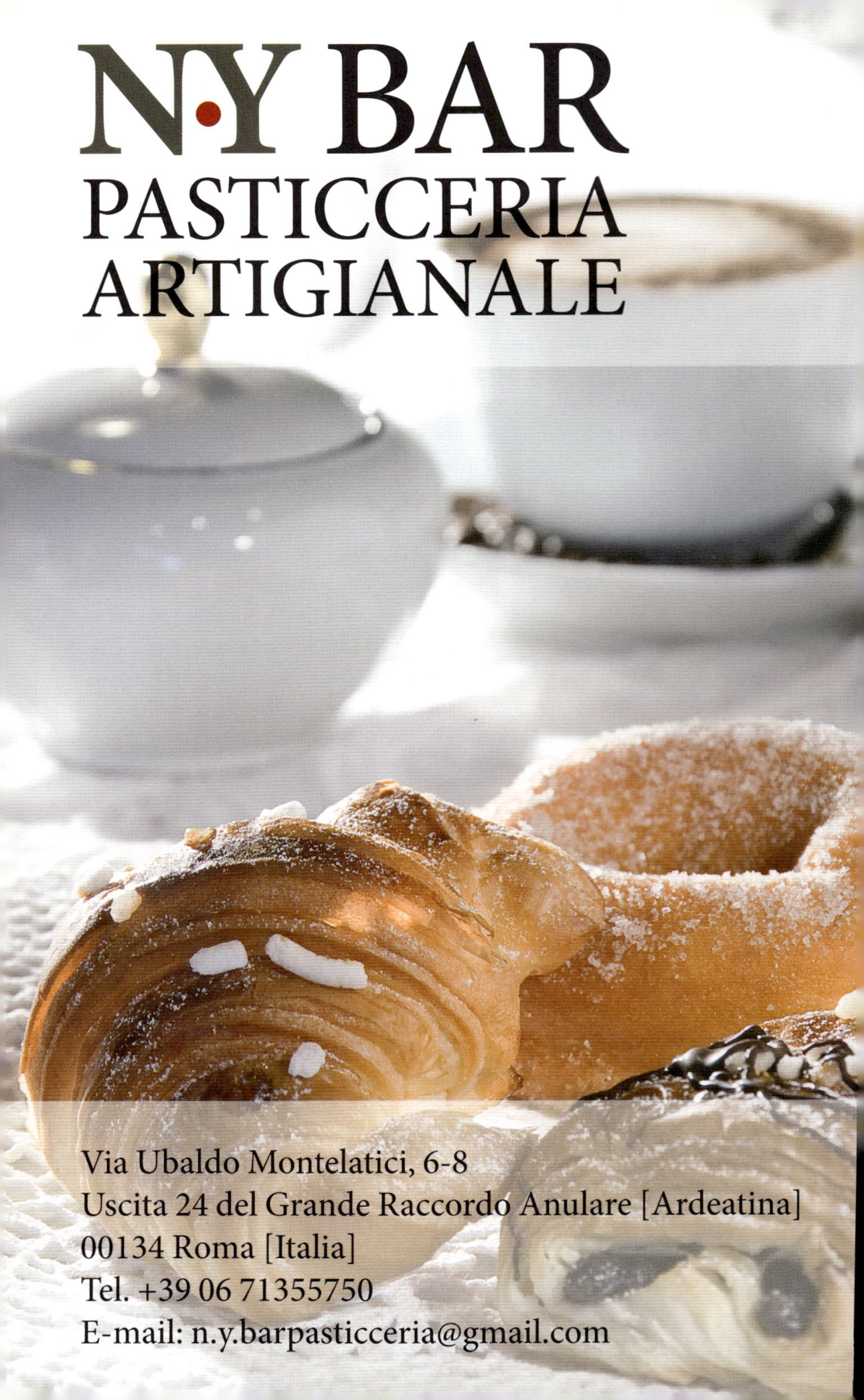

N·Y BAR
PASTICCERIA ARTIGIANALE

Via Ubaldo Montelatici, 6-8
Uscita 24 del Grande Raccordo Anulare [Ardeatina]
00134 Roma [Italia]
Tel. +39 06 71355750
E-mail: n.y.barpasticceria@gmail.com

Egitto
Egypt

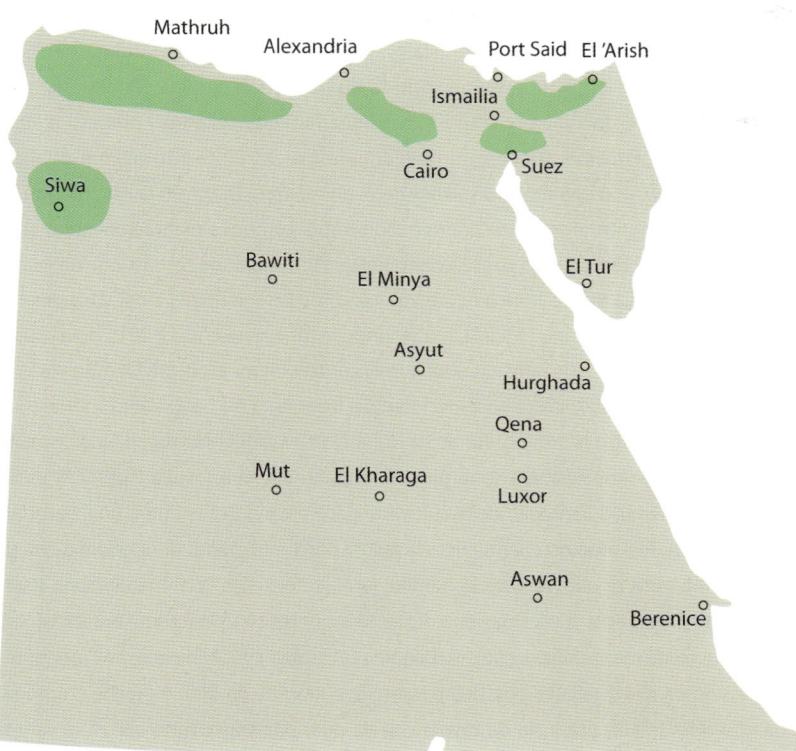

Aree olivetate o a vocazione olivicola • *Olive growing areas or areas suitable to olive growing*

Dati Statistici
Superficie olivetata nazionale	61.365 (ha)
Frantoi	47
Produzione nazionale 09-10	2.000,0 (t)
Produzione nazionale 08-09	5.000,0 (t)
Variazione	- 60,00%

Statistic Data
National Olive Surface	61,365 (ha)
Olive Oil Mills	47
National production 09-10	2,000.0 (t)
National production 08-09	5,000.0 (t)
Variation	- 60.00%

International Olive Oil Council - Ministry of Agriculture and Land Reclamation

La storia dell'olivicoltura in Egitto è lunghissima ma tormentata e una discreta ripresa del settore si registra solamente a partire dagli anni più recenti. Infatti, se da una parte i resti archeologici e le testimonianze storiche, tra cui alcune iscrizioni risalenti a 5mila anni prima di Cristo, fanno dell'Egitto una delle più importanti culle della pianta sacra, dall'altra, malgrado questa forte valenza simbolica, l'olivicoltura egiziana ha attraversato per secoli una grave crisi ed è stata fortemente trascurata e progressivamente dimenticata. Tanto che in epoche non lontane, nel 1980, un censimento delle piante esistenti contava un numero di appena 60mila esemplari produttivi. Ma per fortuna è in atto un'inversione di tendenza: nuovi progetti agricoli hanno infatti permesso al paese di raggiungere già nel 2002 i 10 milioni di alberi produttivi, che sono diventati 16 milioni negli ultimi anni. Di questi la maggioranza è già fruttifera, mentre il resto lo sarà in poco tempo. Le nuove piantagioni sono state distribuite in diverse zone del paese, con l'obiettivo di aumentare l'estensione delle aree olivetate rispetto a quelle storicamente vocate, come la regione del Sinai. Attualmente gli ettari coltivati superano i 61mila, ma secondo le previsioni entro il 2015 dovrebbero più che raddoppiarsi, con conseguente aumento dei volumi produttivi. Cinque le aree olivicole più rilevanti: la costa nord-occidentale; la regione tra Cairo e Alexandria, dove spiccano soprattutto le zone di Tur'at an Nūbārīyah e Wadi El-Natrun; il Sinai; Ismailia e dintorni; le oasi di Siwa. Ma sono previsti impianti anche a Toshka (sud), a Wadi El-Natrun e nel Sinai. Il ventaglio delle cultivar è ricco e vario. Tra le autoctone, la toffahi e la aggizi shame sono eccellenti olive da tavola perché di grandi dimensioni e con un basso contenuto in olio, mentre la hamed, la al-wateeken e la al-maraki sono usate esclusivamente per la trasformazione. Accanto a queste sono state impiantate varietà spagnole come manzanilla, picual e arbequina (a doppia attitudine eccetto l'arbequina che è solo da olio), italiane (coratina e frantoio, entrambe da olio) e greche (koroneiki da olio e kalamata, usata sia da tavola che da olio). Ma soprattutto spicca la varietà tunisina chemléli, usata per la produzione di olio data l'alta resa (15-20%) rispetto a un frutto invece molto piccolo. La tendenza dei produttori comunque è quella di coltivare le varietà che comportano un'alta resa produttiva in olive: questa oscilla tra i 10 e i 35 Kg per albero, a seconda del sistema di irrigazione impiegato, ma in alcune aree della regione di Matruh si raggiungono anche i 50-60 Kg per albero. Questo anche perché la stragrande maggioranza delle olive prodotte è destinata al consumo da tavola, mentre solo una piccola parte usata per la produzione di olio che ha comunque raggiunto, nella campagna 2009-2010 le 2mila tonnellate, con una diminuzione del 60% rispetto all'annata precedente. Le aziende sono dunque orientate per la grande maggioranza verso la produzione di olive da tavola, anche se negli ultimi dieci anni la produzione di olio di alta qualità sta entrando in una fase di sviluppo: moderni macchinari italiani con le più avanzate tecnologie, insieme ai controlli stabiliti dall'International Olive Oil Council, concorrono infatti alla qualità dell'extravergine egiziano.

The history of olive growing in Egypt is very long, but uneven and only in recent years has there been a fairly good recovery. In fact, although archaeological remains and historical documents, like some inscriptions dating back to at least 5,000 years before Christ, make Egypt one of the places where the olive tree could have had its origin, olive growing in Egypt has known a long period of decadence: for centuries olive groves have been completely neglected and progressively abandoned. For this reason in recent years, in 1980, a census of the existing plants was carried out, according to which there were only 60,000 productive olive trees. Fortunately in the last few years there has been a positive trend. In fact in 2002 new agricultural projects allowed the country to reach 10 million trees, all productive, which have become 16 million in the last few years. The most of these are already in production, while the remaining will be fertile within few years. The new plantations have been spread in different areas of the country, in order to increase the extension of olive areas, once concentrated in the favourable region of Sinai. Currently the cultivated hectares are over 61,000, but according to some forecasts, within 2015 the olive surface should be twice as much with the consequent increase in the volume of production. The most important olive areas are five : the north-western coast; the region between Cairo and Alexandria, especially Tur'at an Nūbārīyah and Wadi El-Natrun; Sinai; Ismailia and its outskirts; the oases of Siwa. New plants are being planned in Toshka (south), Wadi El-Natrun and Sinai. The range of cultivars is rich and varied. The local varieties toffahi and aggizi shame are excellent table olives, because they are big and contain little oil, while hamed, al-wateeken and al-maraki are exclusively used for transformation. Besides these we find Spanish varieties (manzanilla, picual and arbequina, used both for oil and for eating, with the exception of arbequina that is only for oil), Italian varieties (coratina and frantoio, both for oil) and Greek varieties (koroneiki for oil and kalamata, used both for oil and for eating). The best is the Tunisian variety chemléli, used above all for olive oil production, due to its high yield (15-20%) from a comparatively small fruit. Anyway producers tend to cultivate varieties with a high yield: today the olive production per tree is between 10 and 35 Kgs, according to the irrigation system employed, but in some areas of the region of Matruh 50-60 Kgs are harvested per tree. Generally the most of the olives produced are destined to eating and only a small part is used for the production of olive oil. In 2009-2010 the output was 2,000 tons, with a 60% decrease compared to the previous year. The Egyptian olive growing farms are therefore mainly directed toward the production of table olives, but in the last ten years the production of high quality olive oil has decidedly increased: modern Italian machinery with the most advanced technology, together with the controls established by IOOC, guarantee the quality of the Egyptian extra virgin olive oil.

Sudafrica
South Africa

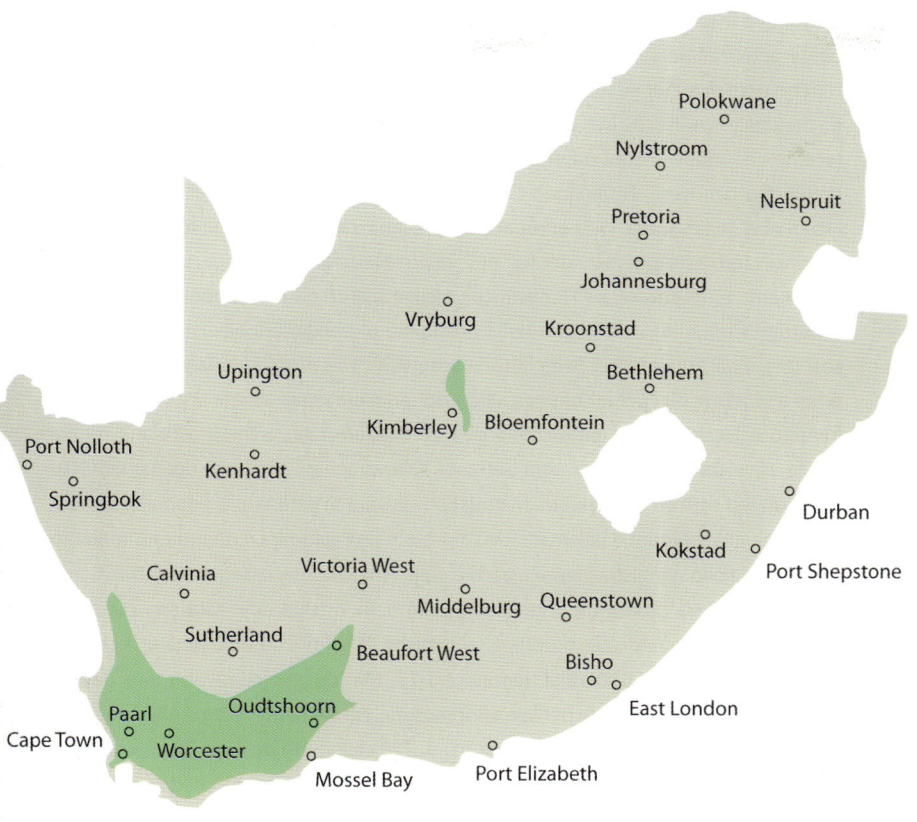

Aree olivetate o a vocazione olivicola • Olive growing areas or areas suitable to olive growing

Dati Statistici		Statistic Data	
Superficie olivetata nazionale	4.600 (ha)	National Olive Surface	4,600 (ha)
Frantoi	30	Olive Oil Mills	30
Produzione nazionale 09-10	900,0 (t)	National production 09-10	900.0 (t)
Produzione nazionale 08-09	900,0 (t)	National production 08-09	900.0 (t)
Variazione	0,00%	Variation	0.00%

International Olive Oil Council - South African Olive Growers Association

L'olivicoltura sudafricana ha registrato, nella campagna 2009-2010, dei dati produttivi che non si discostano sostanzialmente da quelli dell'annata precedente: sia come volume di olive ricavate, sia come produzione di olio che ha raggiunto anche quest'anno le 900 tonnellate. Numeri che vanno comunque inseriti nel giusto contesto: dal punto di vista olivicolo il Sudafrica è sì un paese potenzialmente in grado di produrre extravergine di qualità, grazie al clima e al terreno ricco di minerali, tuttavia allo stato attuale non dispone di una grande quantità di materiale vivaistico. Del resto l'olivicoltura in Sudafrica ha una storia piuttosto recente che muove i suoi primi passi all'inizio del secolo scorso, quando un giovane immigrato genovese, Ferdinando Costa, giunse a Cape Town, nel 1902. Osservando alcuni olivi della varietà "Olea europaea ssp africana" che, grazie al clima mediterraneo, fruttificavano selvaggi sui declivi del Table Mountain, Costa è incoraggiato a sperimentare nel suo vivaio l'innesto con alcune piante originali importate dall'Italia. Gli ottimi risultati lo convincono della possibilità di impiantare olivi su larga scala: e così farà, a partire dal 1925 nella fattoria acquistata a Paarl Valley, iniziando dieci anni dopo a produrre olio per la commercializzazione. Le principali varietà impiantate erano frantoio e leccino per la produzione di olio; mission, manzanilla e ascolana tenera per le olive da tavola. Negli anni Settanta l'allevamento si orienta decisamente su quest'ultimo settore e la californiana mission diventa la varietà più popolare, seguita da manzanilla, barouni e kalamata. Una ripresa e un rapido incremento nell'impianto di varietà da olio si registra invece a partire dagli anni Ottanta, in seguito a fattori come le associazioni tra produttori, il miglioramento della qualità della vita e la crescente consapevolezza riguardo alle proprietà salutistiche dell'olio: il frantoio rimane la cultivar più diffusa, seguita da coratina, leccino e fs17. Ma anche alcune varietà a doppia attitudine vengono utilizzate per la trasformazione. Attualmente le zone olivetate sono nella regione di Western Cape, in un raggio di 120 chilometri da Cape Town, con Paarl al centro; anche se alcuni impianti sono sorti nel comprensorio di Kimberley, in un'area arida caratterizzata da piogge estive. In tutto parliamo di 4.600 ettari, ricoperti da circa un milione e 900mila alberi, e di circa 160 aziende. La tendenza è all'aumento delle regioni vocate, mentre nella zona di Paarl sono tuttora in produzione antichi oliveti centenari. Le piante, che negli oliveti più vecchi erano allevate a vaso aperto, a partire dagli anni Ottanta sono a tronco multiplo, a vaso semi-aperto. Recentemente alcuni olivicoltori sono passati al monocono o alla sperimentazione di impianti ad altissima densità produttiva in cui gli alberi sono supportati da un cavo metallico teso lungo il filare olivetato. La raccolta è per lo più manuale, per il resto con macchine scuotitrici o, nel caso degli impianti intensivi, con macchine scavallanti importate. Si raccoglie a uno stadio di maturazione medio, il che determina oli dai toni amari e piccanti meno accentuati, vicini al gusto dei consumatori locali, anche se parte dei produttori tende a raccogliere il frutto più verde. L'estrazione ha luogo in 30 impianti, i più grandi a ciclo continuo.

The data of South African olive growing in the olive oil harvest 2009-2010 are similar to the previous year, both in the olive volume and in the oil production (900 tons). However this data has to be interpreted in the right context: the climate, together with a ground rich in minerals, makes it possible for South Africa to produce quality extra virgin olive oil, although at the moment there is not a great availability of farming material. In fact olive growing in the country has a recent history that started at the beginning of the last century thanks to a young immigrant from Genoa, Ferdinando Costa, who reached Cape Town in 1902. Observing some olives of the variety "Olea europaea ssp Africana", which freely grew on the slopes of the Table Mountain thanks to the Mediterranean climate, Costa was encouraged to experiment the graft with some original plants imported from Italy. The good results convinced him of the possibility to plant olives trees on a wide scale. He began in 1925 on the farm purchased in Paarl Valley and ten years later he produced olive oil for marketing. The most planted varieties were frantoio and leccino for the production of olive oil; mission, manzanilla and ascolana tenera for table olives. In the 70's production oriented itself to the second sector and the Californian mission became the most popular variety, followed by manzanilla, barouni and kalamata. Instead at the beginning of the 80's there was a recovery and a rapid increase in the planting of oil varieties. This took place as a consequence of some factors, the co-operation among producers, the improvement of the quality of life and the increasing awareness of the health giving properties of olive oil: frantoio remains the most common cultivar, followed by coratina, leccino and fs17. Moreover some double use varieties are also used for transformation. Currently the olive grove areas are in the region of Western Cape in a range of 120 kilometres from Cape Town, with Paarl in the centre, even if some olive groves have been planted near Kimberley, in a relatively arid area with summer rainfalls: in total 4,600 hectares covered by 1,900,000 trees that involve about 160 farms. The tendency is to enhance the favourable areas. Moreover in the area of Paarl there are still ancient olive groves older than one hundred years. In the oldest olive groves the trees were raised as open vase, while, from the 80's as semi-open vase on trees with multiple trunk. Some olive growers have passed more recently to the monocone or to experimentation with high-density olive groves, in which the trees are supported by a metallic cable strained along each olive row. Most of the harvest is manual, the rest is carried out with shaking machines or, in the case of intensive cultivation, with imported "scavallanti" machines. It is harvested at a medium maturation stage, which determines less bitter and pungent oil, as preferred by local consumers, even if some producers harvest the fruit when it is greener. Extraction takes place in 30 olive oil mills, the bigger using the continuous cycle system.

Sudafrica South Africa [ZA] Cape

El Olivar

6 Dorp Street - Breede River Valley
Post Box 262 Stellenbosch - 7599 Robertson (Western Cape)
Tel. + 27 23 3425096 - Fax + 27 23 3425096
E-mail: olyfberg@breede.co.za - Web: www.olyfberg.co.za

92

- 400/500 m.
- Specializzato / Specialized
- Vaso aperto / Open vase
- Brucatura a mano / Hand picking
- Sì - Ciclo continuo e sinolea / Yes - Continuous cycle and sinolea
- Mission (35%), manzanilla (30%), frantoio (20%), leccino (10%), coratina (5%)
- Fruttato medio / Medium fruity
- da 6,01 a 8,00 € - 500 ml. / from € 6.01 to 8.00 - 500 ml.

El Olivar è stata fondata da Danila e Frikkie Naudé nel 1972 nella vocatissima area di Breede River Valley. Nel corso degli anni i Naudé, coadiuvati dagli agronomi André e Pikkie Lourens, hanno impiantato 40 ettari di nuovi oliveti e oggi sono alla guida di una proprietà di 80 ettari, dove dimorano 35mila piante, e di un frantoio di ultima generazione. Nell'ultima campagna sono stati raccolti 5mila quintali di olive più altri mille acquistati, per una resa di mille ettolitri di olio. Segnaliamo l'Extravergine Olyfberg che si presenta alla vista di colore giallo dorato scarico, limpido. All'olfatto si esprime pulito e avvolgente, dotato di sentori vegetali di erba fresca falciata, carciofo e cardo selvatico, arricchiti da note di pomodoro acerbo, mandorla e pepe nero. Al gusto è morbido e complesso, caratterizzato da toni di cicoria, lattuga ed erbe officinali, con menta e rosmarino in evidenza. Amaro e piccante presenti ed equilibrati. Ottimo su antipasti di farro, insalate di funghi finferli, marinate di pesce persico, patate in umido, zuppe di ceci, primi piatti con molluschi, gamberi in guazzetto, rombo alla brace, coniglio al forno, pollo arrosto, formaggi freschi a pasta filata.

El Olivar was founded in 1972 by Danila and Frikkie Naudé in the favourable area of Breede River Valley. Over the years the Naudé, helped by the agronomists André and Pikkie Lourens, have planted 40 hectares of new olive groves and now they run an estate of 80 hectares with 35,000 trees and an advanced oil mill. In the last harvest 5,000 quintals of olives were produced and 1,000 purchased, equal to 1,000 hectolitres of extra virgin olive oil. Our panel recommends the Extra Virgin Olyfberg, which is a beautiful light limpid golden yellow colour. Its aroma is clean and rotund, endowed with vegetal notes of freshly mown grass, artichoke and wild thistle, enriched by notes of unripe tomato, almond and black pepper. Its taste is mellow and complex, characterized by a flavour of chicory, lettuce and officinal herbs, especially mint and rosemary. Bitterness and pungency are present and balanced. It would be ideal on farro appetizers, chanterelle mushroom salads, marinated perch, stewed potatoes, chickpea soups, pasta with mussels, stewed shrimps, barbecued turbot, baked rabbit, roast chicken, mozzarella cheese.

Sudafrica South Africa [ZA] Cape

Morgenster Estate

Vergelegen Avenue
Post Box 1616 - 7130 Somerset West (Western Cape)
Tel. + 27 21 8521738 - Fax + 27 21 8521141 - 21 8520835
E-mail: info@morgenster.co.za - Web: www.morgenster.co.za

97

- 100 m.
- Specializzato / Specialized
- Monocono / Monocone
- Brucatura a mano e meccanica / Hand picking and mechanical harvesting
- Sì - Ciclo continuo / Yes - Continuous cycle
- Coratina (20%), frantoio (20%), fs17 (20%), nocellara del Belice (20%), peranzana (20%)
- Fruttato intenso / Intense fruity
- da 12,01 a 15,00 € - 500 ml. / from € 12.01 to 15.00 - 500 ml.

Ancora una meritatissima segnalazione per la Morgenster Estate. Il proprietario Giulio Bertrand, che nel 1992 ha rilevato e riqualificato quest'azienda dove si produce vino da tre secoli, ha deciso di puntare sull'olivicoltura di qualità, conquistando premi in tutto il mondo. Oggi nella tenuta di Somerset West si contano 50 ettari di oliveto specializzato con un ampio parco varietale di 25mila piante, dalle quali sono stati raccolti 2mila quintali di olive che hanno reso 400 ettolitri di olio. Segnaliamo l'ottima etichetta Extravergine Morgenster che appare alla vista di colore giallo dorato intenso con sottili riflessi verdi, limpido. Al naso è potente ed elegante, dotato di ricchi sentori vegetali di erba fresca falciata, carciofo e cicoria, a cui si associano note di menta, rosmarino e salvia. Al gusto è fine e di carattere, con toni di cardo di campo, lattuga e spiccata chiusura di mandorla. Amaro e piccante decisi e ben armonizzati. Perfetto su antipasti di funghi porcini, carpaccio di carne cruda con funghi ovoli, radicchio ai ferri, zuppe di lenticchie, primi piatti con tonno, pesce spada alla griglia, carni rosse o cacciagione alla piastra, formaggi stagionati a pasta dura.

Morgenster Estate has given another excellent performance. Its owner Giulio Bertrand took over this farm, where wine has been produced for three centuries, in 1992 and decided to aim at quality olive growing, winning prizes all over the world. Today in the estate of Somerset West there are 50 hectares of specialized olive grove containing 25,000 trees of a wide range of varieties, which produced 2,000 quintals of olives in the last harvest, equal to 400 hectolitres of extra virgin olive oil. We recommend the excellent selection Morgenster, which is an intense limpid golden yellow colour with slight green hues. Its aroma is powerful and elegant, endowed with rich vegetal hints of freshly mown grass, artichoke and chicory, together with notes of mint, rosemary and sage. Its taste is fine and strong, with a flavour of wild thistle, lettuce and a distinct almond finish. Bitterness and pungency are definite and harmonic. It would be ideal on porcini mushroom appetizers, beef carpaccio with ovoli mushrooms, grilled radicchio, lentil soups, pasta with tuna, grilled swordfish, pan-seared red meat or game, hard mature cheese.

Sudafrica South Africa [ZA] Cape

Tokara - The Olive Shed

Helshoogte Pass - Boland
Post Box 662 - 7599 Stellenbosch (Western Cape)
Tel. + 27 21 8085900 - Fax + 27 21 8085911
E-mail: robert@tokara.com - Web: www.tokara.com

86 ↑

300/550 m.

Specializzato
Specialized

Forma libera, palma libera, vaso aperto
Free form, free fan, open vase

Brucatura a mano
Hand picking

Sì - Ciclo continuo
Yes - Continuous cycle

Coratina (50%), leccino (35%), frantoio (15%)

Fruttato medio
Medium fruity

da 8,01 a 10,00 € - 500 ml.
from € 8.01 to 10.00 - 500 ml.

Ottima segnalazione per la Tokara - The Olive Shed che produce vini e oli di alta qualità, da godersi nell'accogliente ristorante contiguo alla proprietà, tra i vigneti di Stellenbosch. Nata nel 2001 per volontà di Gerrit Thomas Ferreira che la guida tuttora, essa dispone di una superficie di 20 ettari di impianto specializzato con più di 8mila piante. Da queste, nell'ultima campagna, sono stati raccolti 700 quintali di olive che, uniti ai 1.500 acquistati, hanno reso 400 ettolitri di olio extravergine. Pubblichiamo l'ottima etichetta, l'Extravergine Tokara - Premium che si presenta alla vista di un bel colore giallo dorato intenso, limpido; all'olfatto si apre ampio ed elegante, dotato di sentori vegetali di carciofo, cicoria di campo e lattuga. In bocca è deciso e complesso, con ricchi toni balsamici di menta, rosmarino e salvia, accompagnati da note di frutta secca con mandorla e pinolo in evidenza. Amaro potente e piccante spiccato. Buon accompagnamento per bruschette con pomodoro, funghi porcini ai ferri, marinate di pesce azzurro, passati di lenticchie, tonno alla piastra, cacciagione di piuma o pelo al forno, formaggi stagionati a pasta filata.

An excellent performance for Tokara - The Olive Shed, which produces high quality wine and oil that can be tasted in the comfortable restaurant near the estate in the middle of the vineyards of Stellenbosch. Founded in 2001 by Gerrit Thomas Ferreira, who still runs it, it has a 20-hectare specialized olive grove with over 8,000 trees. In the last harvest 700 quintals of olives were produced and 1,500 purchased, with a yield of 400 hectolitres of extra virgin olive oil. We recommend the excellent Extra Virgin selection Tokara - Premium, which is a beautiful intense limpid golden yellow colour. Its aroma is ample and elegant, endowed with vegetal hints of artichoke, wild chicory and lettuce. Its taste is definite and complex, with a rich fragrant flavour of mint, rosemary and sage, together with notes of dried fruit. especially almond and pine nut. Bitterness is powerful and pungency is distinct. It would be ideal on bruschette with tomatoes, grilled porcini mushrooms, marinated bluefish, lentil purée, pan-seared tuna, baked game birds or animals, aged cheese.

Sudafrica South Africa [ZA] Cape

Vesuvio Estates

Sorrento Farm, Route 312 - Agter-Paarl
Post Box 3295 Paarl - 7620 Paarl (Western Cape)
Tel. + 27 21 8698571 - Fax + 27 21 8698571
E-mail: extravirgin@vesuvio.co.za - Web: www.vesuvioestates.co.za

94

- 130 m.
- Specializzato / Specialized
- Vaso libero / Free vase
- Brucatura a mano / Hand picking
- Sì - Ciclo continuo / Yes - Continuous cycle
- Frantoio (67%), coratina (33%)
- Fruttato medio / Medium fruity
- da 6,01 a 8,00 € - 500 ml. / from € 6.01 to 8.00 - 500 ml.

Vesuvio Estates ha una storia italiana fin dalle sue origini, quando negli anni Cinquanta la proprietà fu acquistata nella regione di Paarl da un immigrato italiano. Dal 1996 appartiene ad Arturo Dotoli, napoletano di nascita, che l'ha riportata a nuova vita impiantando 15mila nuovi alberi e razionalizzando tutta la filiera produttiva. Oggi nelle due tenute, Sorrento e Positano, si contano ben 400 ettari di oliveto e 150mila piante che quest'anno hanno reso 6.200 quintali di olive, pari a 1.140 ettolitri di olio. Segnaliamo due etichette Extravergine Vesuvio, il "base" e soprattutto il Limited Edition. Di colore giallo dorato intenso con riflessi verdolini, limpido; al naso si apre ampio e fine, con note vegetali di carciofo, cicoria di campo e sentori speziati di pepe nero e mandorla. In bocca è avvolgente e morbido, con toni di cardo, lattuga ed erbe officinali, con menta e rosmarino in evidenza. Amaro e piccante presenti e armonici. Ottimo su antipasti di molluschi, insalate di legumi, marinate di orata, verdure gratinate, zuppe di orzo, primi piatti con asparagi, gamberi in guazzetto, pesce azzurro marinato, formaggi freschi a pasta filata.

Vesuvio Estates, in the region of Paarl, has an Italian story, as it was purchased by an Italian immigrant in the 50'. Since 1996 it has been owned by Arturo Dotoli, born in Naples, who brought it to new life planting 15,000 new trees and rationalizing the whole productive sector. Today in the two farms called Sorrento and Positano there are 400 hectares of olive groves and 150,000 trees. In the last harvest 6,200 quintals of olives were produced, equal to 1,140 hectolitres of oil. We recommend two Extra Virgin selections Vesuvio, the "basic" and especially Limited Edition. It is an intense limpid golden yellow colour with light green hues. Its aroma is ample and fine, endowed with vegetal notes of artichoke, wild chicory and spicy hints of black pepper and almond. Its taste is rotund and mellow, with a flavour of thistle, lettuce and officinal herbs, especially mint and rosemary. Bitterness and pungency are present and harmonic. It would be ideal on mussel appetizers, legume salads, marinated gilthead, vegetables au gratin, barley soups, pasta with asparagus, stewed shrimps, marinated blue fish, mozzarella cheese.

Sudafrica South Africa [ZA] Cape

Willow Creek Olive Estate
Nuy Valley
Post Box 5015 Heatlievale - 6851 Worcester (Western Cape)
Tel. + 27 23 3425793 - Fax + 27 23 3425792
E-mail: louise@willowcreek.co.za - Web: www.willowcreek.co.za

94

- 300 m.
- Specializzato / Specialized
- Monocono / Monocone
- Brucatura a mano / Hand picking
- Sì - Ciclo continuo / Yes - Continuous cycle
- Coratina (40%), frantoio (40%), mission (20%)
- Fruttato intenso / Intense fruity
- da 22,01 a 26,00 € - 500 ml. / from € 22.01 to 26.00 - 500 ml.

Superbo risultato pe la Willow Creek, storica realtà olivicola della pittoresca Nuy Valley. Fondata nel 1793 da Johannes Stephanus Rabie, nel 2002 il suo bisbisnipote Andries Rabie, in società con l'imprenditore Johan Pretorius, effettua il primo imbottigliamento. Oggi a Willow Creek si trovano 275 ettari di oliveti con 173mila piante, dalle quali quest'anno sono stati raccolti 12mila quintali di olive che, uniti ai 1.500 acquistati, hanno reso 3mila ettolitri di olio. Segnaliamo due etichette Extravergine Willow Creek, il "base" e l'eccellente Directors' Reserve. Di un bel colore giallo dorato intenso con tenui riflessi verdi, limpido; all'olfatto si esprime deciso ed elegante, con spiccate note vegetali di carciofo e cicoria di campo, arricchite da sentori aromatici di menta, rosmarino e pepe nero. In bocca è avvolgente e di carattere, con toni di cardo selvatico, lattuga e netta chiusura di mandorla. Amaro potente e piccante deciso. Eccellente l'abbinamento con antipasti di tonno, funghi porcini alla piastra, marinate di pesce spada, zuppe di carciofi, primi piatti con salsiccia, pesce azzurro gratinato, cacciagione di piuma o pelo alla brace, formaggi stagionati a pasta dura.

A great performance for Willow Creek, an historical oil farm in the picturesque Nuy Valley. It was founded in 1793 by Johannes Stephanus Rabie and in 2002 his great great-grandson Andries entered into a partnership with the entrepreneur Johan Pretorius and started bottling. Today there are 275 hectares of olive grove with 173,000 trees. In the last harvest 12,000 quintals of olives were produced and 1,500 purchased, with a yield of 3,000 hectolitres of oil. We recommend two Extra Virgin selections Willow Creek, the "basic" and the excellent Directors' Reserve. It is a beautiful intense limpid golden yellow colour with slight green hues. Its aroma is definite and elegant, with distinct vegetal notes of artichoke and wild chicory, enriched by aromatic hints of mint, rosemary and black pepper. Its taste is rotund and strong, with a flavour of wild thistle, lettuce and a distinct almond finish. Bitterness is powerful and pungency is definite. It would be ideal on tuna appetizers, seared porcini mushrooms, marinated swordfish, artichoke soups, pasta with sausages, blue fish au gratin, barbecued game birds or animals, hard mature cheese.

Asia
Asia

Turchia
Turkey

Aree olivetate o a vocazione olivicola • *Olive growing areas or areas suitable to olive growing*

Dati Statistici
Superficie olivetata nazionale	795.000 (ha)
Frantoi	680
Produzione nazionale 09-10	147.000,0 (t)
Produzione nazionale 08-09	130.000,0 (t)
Variazione	+ 13,08%

Statistic Data
National Olive Surface	795,000 (ha)
Olive Oil Mills	680
National production 09-10	147,000.0 (t)
National production 08-09	130,000.0 (t)
Variation	+ 13.08%

International Olive Oil Council - Ministry of Agriculture and Village Affairs

La Turchia è un paese molto vasto che comprende l'estrema parte orientale della Tracia, in Europa, e la penisola dell'Anatolia, la propaggine più occidentale del continente asiatico. Il terreno, povero e di origine calcarea, e il clima con lunghe estati calde e il benefico influsso del mare, ne fanno un habitat perfetto per l'olivo. Non per nulla infatti si pensa che la Turchia sia stata una delle culle storiche dell'olivicoltura, che in questa regione rappresenta una pratica tradizionale da qualche millennio. Per secoli l'area dell'Egeo è stata il centro non soltanto della produzione, ma anche dell'esportazione olivicola. A documentare l'importanza della coltura nel paese esiste addirittura una legge del secolo scorso (1939) promulgata dal governo turco per proteggere e incrementare l'impianto dell'olivo: esempio unico di una legge creata apposta per una pianta. Su questa scia l'olivicoltura ha avuto un rapido sviluppo fino al 1950, per poi registrare una grave battuta di arresto. Oggi è tornata alla ribalta e l'obiettivo è che continui a crescere con lo stesso ritmo del passato: è proprio di questi anni un progetto di legge per la creazione di un Consiglio Olivicolo Nazionale che sarebbe una grande conquista per il settore. L'olivicoltura è praticata su larga scala, su una superficie di quasi 800mila ettari, con circa 160 milioni di piante. La maggior parte degli oliveti è situata in zone montuose, su terreni solo in minima parte irrigui. La produzione, destinata per circa il 70% alla trasformazione e per il resto alle olive da tavola, proviene per lo più dalla regione dell'Egeo, a ovest del paese, e si concentra soprattutto nelle province di Balikesir, Izmir e Aydin. Moltissime le varietà locali qui coltivate: ayvalik, çakir, çekiste, çilli, domat, edincik su, erkence, Izmir sofralik, kiraz, memecik, memeli e uslu. Nella regione bagnata dal Mar di Marmara si trovano invece le cultivar çelebi, gemlik, karamursel e samanli; mentre nella regione mediterranea le cultivar buyuk topak ulak, sari hasebi, sari ulak e tavsan yuregi. Sulla costa mediterranea più orientale, nella provincia di Hatay, quasi al confine con la Siria, crescono le varietà saurani e halhali; mentre nell'Anatolia sud-orientale le cultivar egri burun, kalembezi, kan çelebi, kilis yaglik, nizip yaglik e yag çelebi. Al momento si contano 680 frantoi attivi, un numero crescente dei quali si è dotato di impianti a ciclo continuo, mentre diminuiscono quelli tradizionali a presse. Sempre più produttori inoltre si avvalgono di tecniche all'avanguardia al fine di incrementare la produttività degli impianti e di razionalizzare le operazioni di raccolta e conferimento ai frantoi, come pure di estrazione, puntando alla qualità del prodotto finale. Le circa 190mila aziende, che rappresentano solo una parte della totalità delle aziende agricole turche, sono per lo più strutture familiari di dimensioni ridotte, ma in molti casi riunite in cooperative che svolgono una funzione essenziale, gestendo le operazioni di acquisto, stoccaggio, esportazione e importazione. La Turchia è oggi uno dei maggiori produttori mondiali di olive, nonché uno dei primi esportatori dopo i paesi dell'UE. Al quinto posto nel mondo per produzione di olio, nella campagna 2009-2010 ha raggiunto le 147mila tonnellate, con una diminuzione del 13,08% rispetto all'annata precedente.

Turkey is a very wide country including the extreme eastern part of Thrace, in Europe, and the Anatolian peninsula, the most western end of Asia. The poor ground of calcareous and rock origin and the climate with long warm summers and the beneficial influence of the nearby sea make it an ideal habitat for the olive tree. In fact Turkey is thought to have been one of the historical birthplaces of olive growing, which in this region has been practised for millenniums. For centuries the Aegean region has been the centre of olive production and export; in this country the olive tree has always been considered important, so that in 1939 the Turkish government enacted a law to protect it and to increase planting: this is the only case of a law created specifically for a tree. Subsequently olive growing developed quickly until 1950, while in the following decades it came to a standstill. Today olive growing has recovered, therefore the same fast development of the past is being planned. In fact a few years ago a bill for the foundation of an Olive Tree National Council was proposed, which would be an important achievement for the sector. The olive tree is cultivated on a large scale and covers a surface of almost 800,000 hectares with about 160 million trees. The most of the olive groves are situated in mountainous areas, on lands that only in small part are regularly irrigated. Production, 70% of which is destined to olive oil extraction and the rest to prepare table olives, mainly comes from the Aegean region, to the west of the country, and is centred especially in the provinces of Balikesir, Izmir and Aydin. The varieties cultivated here are a lot: ayvalik, çakir, çekiste, çilli, domat, edincik su, erkence, Izmir sofralik, kiraz, memecik, memeli and uslu. In the region washed by the Sea of Marmara there are instead the cultivars çelebi, gemlik, karamursel and samanli; moreover in the Mediterranean region we find buyuk topak ulak, sari hasebi, sari ulak and tavsan yuregi. On the eastern Mediterranean coast in the province of Hatay, near the border with Syria, the varieties saurani and halhali are typical, and finally in southeastern Anatolia the cultivars egri burun, kalembezi, kan çelebi, kilis yaglik, nizip yaglik and yag çelebi are spread. Currently there are 680 active olive oil mills, a growing number of which has continuous cycle systems, while the ones using traditional presses are decreasing. It is positive that more and more producers use modern techniques in order to increase olive grove productivity and rationalize the harvesting, conveyance and extraction operations, considering the quality of the end product. There are about 190,000 farms representing only a part of the totality of the agricultural farms of Turkey. They are mainly small familiar structures, in many cases organized in co-operatives that have an essential function, since they are responsible for the operations of purchase, storage, export and import. Turkey is currently one of the main olive producers in the world and one of the first exporters after the EC countries. It is also the fifth world oil producer: 147,000 tons in the harvest 2009-2010, with a decrease of 13.08% compared to the previous year.

Turchia Turkey [TR] Marmara Denizi

Taylieli Olive & Olive Oil Establishment

Taylieli Köyü Yolu Uzeri - Edremit Bay - Taylieli
10700 Burhaniye (Balikesir)
Tel. + 90 266 4164567 - Fax + 90 266 4165522
E-mail: laleli@lalelioliveoil.com - Web: www.lalelioliveoil.com

86 ⬇

2/650 m.

Specializzato
Specialized

Ipsilon, ombrello
Y-trellis, weeping vase

Brucatura a mano e meccanica
Hand picking and mechanical harvesting

Sì - Ciclo continuo
Yes - Continuous cycle

Adremittion

Fruttato leggero
Light fruity

da 10,01 a 12,00 € - 500 ml.
from € 10.01 to 12.00 - 500 ml.

La Taylieli è condotta dal 1998, nella vocata frazione di Edremit Bay, dal professor Yahya Rauf Laleli, specializzato in biochimica e medicina nucleare. Si tratta di un'impresa di tipo familiare che trae vantaggio dall'unione dell'esperienza nel settore medico con le radici familiari, concentrate nel ramo olivicolo. La struttura dispone di 468 ettari di oliveti specializzati, con 55mila piante, e di una moderna linea di estrazione. Quest'anno sono stati raccolti 2.500 quintali di olive che, uniti ai mille acquistati, hanno reso 700 ettolitri di olio. La selezione Extravergine Laleli - Early Harvest è di colore giallo dorato intenso con nuance verdoline, limpido; all'olfatto è sottile e composto, con note fruttate di pomodoro acerbo e sentori erbacei di sedano e lattuga. Al gusto è morbido e fine, con toni vegetali di verdure di campo, cui si aggiungono note aromatiche di basilico e rosmarino. Amaro e piccante dosati e armonizzati che chiudono in mandorla dolce. Ideale per antipasti di ceci, carpaccio di gamberi, insalate di lattuga, passati di funghi ovoli, cous cous di pesce, fritture di calamari, pesci al forno, formaggi freschi a pasta molle, biscotti da forno.

Since 1998 Taylieli has been run by professor Yahya Rauf Laleli, specialized in biochemistry and nuclear medicine, in the favourable area of Edremit Bay. It is a family-run farm, profiting from the combination of an olive growing tradition and the experience in the medical field. The farm has 468 hectares of specialized olive grove with 55,000 trees and a modern extraction system. In the last harvest 2,500 quintals of olives were produced and 1,000 purchased, with a yield of 700 hectolitres of extra virgin olive oil. The Extra Virgin selection Laleli - Hearly Harvest is an intense limpid golden yellow colour with light green hues. Its aroma is fine and delicate, with fruity notes of unripe tomato and herbaceous hints of celery and lettuce. Its taste is mellow and fine, with a vegetal flavour of country vegetables, together with aromatic notes of basil and rosemary. Bitterness and pungency are complimentary and harmonic with a sweet almond finish. It would be ideal on chickpea appetizers, shrimp carpaccio, lettuce salads, ovoli mushroom purée, fish cous cous, fried squids, baked fish, soft fresh cheese, oven cookies.

Turchia Turkey [TR] Ege Denizi

Dionysos

Osmaniye Köyü
48740 Muğla (Kumlubük)
Tel. + 90 252 4767957 - 252 4767958 - Fax + 90 252 4767550
E-mail: info@dionysoshotel.net - Web: www.dionysoshotel.net

86

2/7 m.

Promiscuo e specializzato
Promiscuous and specialized

Forma libera, vaso aperto
Free form, open vase

Brucatura a mano e meccanica
Hand picking and mechanical harvesting

Sì - Ciclo continuo
Yes - Continuous cycle

Memecik (80%), yerli (20%)

Fruttato medio
Medium fruity

da 10,01 a 12,00 € - 250 ml.
from € 10.01 to 12.00 - 250 ml.

Dionysos è una struttura alberghiera collocata in cima a una montagna, con vista privilegiata sulla splendida baia di Kumlubuk, e circondata da boschi e giardini che comprendono anche vigneto, frutteto e, naturalmente, oliveto. Parliamo di 6 ettari di terreno con 1.300 piante, delle quali buona parte sono di recentissimo impianto, e di un frantoio di ultima generazione. Nell'ultima campagna sono stati raccolti 100 quintali di olive che hanno permesso una produzione di 12 ettolitri di olio. Segnaliamo l'Extravergine Amos da Agricoltura Biologica che si presenta alla vista di un bel colore giallo dorato intenso con delicati toni verdi, limpido. All'olfatto si apre ampio e avvolgente, dotato di eleganti toni fruttati di pomodoro di media maturità, mela bianca, banana, arricchiti da freschi sentori di basilico e menta. In bocca è complesso e vegetale, con note di fave, lattuga e noce matura. Amaro spiccato e piccante ben presente e dosato. Buon accompagnamento per antipasti di pomodori, insalate di orzo, marinate di orata, verdure gratinate, zuppe di ceci, cous cous di verdure, gamberi in guazzetto, rombo alla brace, pollame o carni di agnello al forno, formaggi freschi a pasta filata.

Dionysos is a hotel placed on the top of a mountain with an exceptional view on the wonderful bay of Kumlubuk and surrounded by woods and gardens, including also a vineyard, an orchard and obviously an olive grove. There are 6 hectares of land with 1,300 mainly young trees and an advanced oil mill. In the last harvest 100 quintals of olives were produced, with a yield of 12 hectolitres of oil. We recommend the Extra Virgin Amos from Organic Farming, which is a beautiful intense limpid golden yellow colour with delicate green hues. Its aroma is ample and rotund, endowed with elegant fruity notes of medium ripe tomato, white apple, banana, enriched by fresh hints of basil and mint. Its taste is complex and vegetal, with a flavour of broad beans, lettuce and ripe walnut. Bitterness is distinct and pungency is present and complimentary. It would be ideal on tomato appetizers, barley salads, marinated gilthead, vegetables au gratin, chickpea soups, vegetable cous cous, stewed shrimps, barbecued turbot, baked poultry or lamb, mozzarella cheese.

Turchia Turkey [TR] Ege Denizi

Sítare - Osman Menteşe Çiftliği
Atatürk Blv, 36
48200 Ağaçlıhöyük (Milas)
Tel. + 90 252 5134801 - Fax + 90 252 5134801
E-mail: osmen@superonline.com - Web: www.somoliveoil.com

 89

 6/8 m.

Specializzato
Specialized

Ipsilon, policono
Y-trellis, polycone

Brucatura a mano e meccanica
Hand picking and mechanical harvesting

Sì - Ciclo continuo
Yes - Continuous cycle

Memecik

Fruttato medio
Medium fruity

da 22,01 a 26,00 € - 500 ml.
from € 22.01 to 26.00 - 500 ml.

M eritatissima segnalazione in Guida per l'azienda di Sítare e Osman Menteşe che proseguono una tradizione familiare cominciata nel 1907 quando i loro genitori, Suzan e Murat Menteşe, si innamorano a Parigi, si stabiliscono a Milas e danno inizio all'attività. Oggi parliamo di un patrimonio di circa 27 ettari di oliveto specializzato con 3.350 piante e di una moderna linea di estrazione a ciclo continuo. Nella recente campagna olearia sono stati raccolti 475 quintali di olive, pari a una produzione di quasi 104 ettolitri di olio extravergine. Segnaliamo l'ottima selezione monocultivar Extravergine Som, che si presenta alla vista di colore giallo dorato scarico, limpido; all'olfatto si apre ampio e deciso, ricco di sentori fruttati di pomodoro acerbo, mela bianca ed erbe aromatiche, con netto ricordo di basilico e origano. In bocca è fine e vegetale, con toni freschi di lattuga, sedano e fave. Amaro e piccante ben espressi e armonici. È eccellente per antipasti di molluschi, insalate di farro, marinate di salmone, verdure gratinate, passati di patate, zuppe di orzo, cous cous di verdure, crostacei in guazzetto, seppie in umido, coniglio al forno, pollame arrosto, formaggi caprini.

A really good result for the farm of Sítare and Osman Menteşe, who follow a family tradition started in 1907, when their parents, Suzan and Murat Menteşe, fell in love in Paris, went to Milas and founded their activity. Today there are about 27 hectares of specialized olive grove with 3,350 trees and a modern continuous cycle extraction system. In the last oil harvest 475 quintals of olives were produced, equal to a yield of almost 104 hectolitres of extra virgin olive oil. We recommend the excellent Monocultivar Extra Virgin Som, which is a light limpid golden yellow colour. Its aroma is ample and definite, rich in fruity hints of unripe tomato, white apple and aromatic herbs, especially basil and oregano. Its taste is fine and vegetal, with a fresh flavour of lettuce, celery and broad beans. Bitterness and pungency are distinct and harmonic. It would be ideal on mussel appetizers, farro salads, marinated salmon, vegetables au gratin, potato purée, barley soups, vegetable cous cous, stewed shellfish, stewed cuttlefish, baked rabbit, roast poultry, goat cheese.

Siria
Syria

Aree olivetate o a vocazione olivicola • *Olive growing areas or areas suitable to olive growing*

Dati Statistici

Superficie olivetata nazionale	635.691 (ha)
Frantoi	1.065
Produzione nazionale 09-10	150.000,0 (t)
Produzione nazionale 08-09	130.000,0 (t)
Variazione	+ 15,38%

Statistic Data

National Olive Surface	635,691 (ha)
Olive Oil Mills	1,065
National production 09-10	150,000.0 (t)
National production 08-09	130,000.0 (t)
Variation	+ 15.38%

International Olive Oil Council - Ministry of Agriculture and Agrarian Reform

L'albero dell'olivo in Siria è diffuso su parte del territorio, grazie alla capacità di adattamento ad altitudini e condizioni climatiche anche molto diverse fra loro. Cosicché assolve a più funzioni: lotta contro l'erosione, valorizzazione dei terreni agricoli, conservazione e bellezza del paesaggio. La sua presenza è testimoniata fin dall'antichità: anzi, secondo fonti autorevoli, la Siria sarebbe il luogo natale dell'olivicoltura. Di sicuro un tempo la superficie olivetata doveva essere più estesa rispetto a oggi poiché la coltura ha attraversato, nel corso della sua storia, lunghi periodi di decadenza. Tuttavia nel presente il settore è in crescita, pur con oggettive difficoltà. I numeri lo confermano: 93 milioni di alberi fanno dell'olivo la principale specie fruttifera della Siria. Questi si estendono su una superficie che occupa oltre 635mila ettari, ovvero una parte considerevole della superficie totale coltivata e più della metà di quella destinata all'arboricoltura. E sono potenzialmente in aumento: infatti è in corso un programma governativo di bonifica e di miglioramento fondiario per incrementare l'estensione agricola con l'impianto di nuovi oliveti specializzati, per cui ogni anno sono messe a dimora nuove piante e attualmente l'aumento è da uno a due milioni di alberi l'anno. Inoltre, mentre nei vecchi impianti la densità è di 100-115 piante per ettaro, negli oliveti irrigui più recenti raggiunge anche le 200 o 300 piante. L'area nord-occidentale è la più olivetata, con la zona interna di Aleppo e Idlib e quella costiera di Lattakia e Tartous. Il resto degli impianti è invece a sud. Solamente un'esigua parte degli oliveti è irrigua, nelle oasi di Damascus e di Palmyre. Il patrimonio varietale siriano ha una grande ricchezza genetica, ma poco conosciuta: le cultivar principali sono note con nomi differenti secondo il luogo di coltivazione, così come una stessa denominazione può designare varietà diverse che hanno in comune alcuni tratti visibili. Le più tipiche sono: al zeti, al sorani, al daabili, al khoderi; ma accanto a queste c'è una moltitudine di cultivar autoctone con caratteristiche interessanti per il miglioramento della qualità e la diversificazione del prodotto finale. La trasformazione avviene in 1.065 frantoi, quasi tutti privati e per lo più ancora di tipo tradizionale. Nell'ultima campagna 2009-2010 sono state prodotte 150mila tonnellate di olio, con un aumento del 15,38% rispetto all'annata precedente, destinate per lo più al consumo interno anche se in parte esportate (30mila tonnellate). Malgrado i volumi produttivi, la quota della Siria nel mercato internazionale è sempre stata piuttosto bassa e solo di recente si sta gradualmente innalzando. Ma nell'economia nazionale il settore olivicolo ha un peso notevole e numerose famiglie vivono del ricavato dei prodotti dell'olivo, base dell'alimentazione locale. La proprietà è molto frazionata: delle circa 200mila realtà produttive, soltanto una minima parte appartiene a enti pubblici o organizzazioni di agricoltori, mentre il resto è diviso tra piccoli proprietari, il che limita di fatto l'incremento della coltura. Ciò che manca attualmente al settore olivicolo è allora il supporto tecnologico per il miglioramento delle strutture a tutti i livelli della filiera, con l'obiettivo di incrementare la produttività e la qualità dell'olio.

In Syria the olive tree is cultivated in a part of the territory, as it is able to adapt to very different altitudes and climatic conditions. Therefore it has manifold functions: it is used to limit erosion, to increase the value of agricultural grounds and to protect and ornament the natural environment. Its presence in these lands is very ancient: reliable sources even tell that olive growing was born here. Certainly, once the olive surface was bigger than today, because this cultivation went through long periods of decadence. Now, despite some problems, the situation is improving, as the following figures show: 93 million trees make the olive tree the main fruit tree in Syria, covering a surface of over 635,000 hectares: a considerable part of the total cultivated surface and more than half of all the arboreal cultivations of the country. This positive phase is certainly due to the government program of reclamation and land improvement to increase the agricultural surface with the planting of new specialized olive groves. Every year new olive trees are planted, so that currently there is an increase varying from 1 to 2 million trees a year. Moreover, while in the old plantations the density was of 100-115 trees per hectare, it can reach 200 or even 300 in the most recent olive groves, which are regularly irrigated. The majority of the cultivations are located in the north-west of the country: in the inland area of Aleppo and Idlib and in the coastal area of Lattakia and Tartous. The remaining is in the south. Only a small part of the olive groves are irrigated in the oases of Damascus and Palmyre. The national varieties have a great genetic wealth, however they are not very well-known. On the one hand the main varieties have different names according to their cultivation place , on the other the same name can indicate different varieties that have only some visible characters in common. The best known are al zeti, al sorani, al daabili, al khoderi, in addition there is a number of autochthonous cultivars with characteristics able to improve quality and to diversify the end product. Transformation takes place in 1,065 olive oil mills, almost all private and mainly traditional. In the last olive oil harvest 150,000 tons of oil were produced, with a 15.38% decrease compared to the previous year. The most is destined to domestic consumption, but about 30,000 tons are exported. Although Syria is a big producer, its quota on the international market has always been rather low and only recently it is increasing. In the national economy instead the olive sector is considerable and numerous families live of the proceeds of the olive products, which are the base of the local traditional nutrition. Property is parcelled out: only a small part of the around 200,000 olive groves belong to public bodies or to organizations of olive growers, while the rest belong to small owners and the small dimensions of the single cultivated grounds limit cultivation growth. At present technological supports to increase the structures at all levels of the olive oil sector are lacking, but they are essential to increase productivity and quality.

HOME

RISTODOC.com: la ristorazione roman
non ha più segre

Non c'é uomo che non mangi e non beva; pochi, però, sono quelli che apprezzano il buon sapore.
(Chung Ung)

Ristodoc.com: Periodico Settimanale di Informazione Enogastronomica

Vai a...

NOI

CON NOI

CON NOI, VOI

VOI E NOI

NOI: esploratori della buona cucina e del buon bere, ri catori dei sapori sopraffini e degli aromi più semplici, sc pritori di novità e tradizioni, di locali e ricette.

CON NOI: in un viaggio quotidiano per riscoprire la n stra cultura, l'arte dei colori e dei profumi della natura, tecnica e i segreti della buona cucina.

CON NOI, VOI: chef affermati, opinion leader, etichet eccezionali, ambienti intriganti, aziende di spicco e cor matori attenti.

VOI E NOI: perché la vera gastronomia parte dal cuore chi la vive.

WWW.RISTODOC.COM
LUNGOTEVERE TESTACCIO, 9
00153 ROMA
TEL 06.45491984 – 06.99705682
FAX 06.97255030
E.MAIL: INFO@RISTODOC.COM

WWW.RISTODOC.COM
PERIODICO SETTIMANALE DI INFORMAZIONE ENOGASTRONOMI

Libano
Lebanon

Aree olivetate o a vocazione olivicola • *Olive growing areas or areas suitable to olive growing*

Dati Statistici
Superficie olivetata nazionale	**58.000 (ha)**
Frantoi	**504**
Produzione nazionale 09-10	**9.000,0 (t)**
Produzione nazionale 08-09	**24.500,0 (t)**
Variazione	**- 63,27%**

Statistic Data
National Olive Surface	**58,000 (ha)**
Olive Oil Mills	**504**
National production 09-10	**9,000.0 (t)**
National production 08-09	**24,500.0 (t)**
Variation	**- 63.27%**

International Olive Oil Council - Ministry of Agriculture

Per la gente del Mediterraneo questo è il Levante, ovvero la regione dove sorge il sole, perché si trova sul versante orientale del Mediterraneo, tra la Siria e l'Israele; ma è anche il paese cosiddetto "del latte e del miele", perché collocato all'interno di quella che anticamente veniva chiamata Mezzaluna Fertile, a sud del Caucaso. Siamo in Libano, terra olivicola, o meglio una delle culle storiche dell'olivicoltura. Si ritiene infatti che l'albero dell'olivo sia presente in quest'area da sempre e che i primi indizi della sua coltura risalgano al IV millennio a.C., quando questa era la terra dei Cananei che storicamente furono i primi a far fermentare il succo dell'uva e a usare l'olio come alimento. L'attuale patrimonio olivicolo libanese è costituito da circa 14 milioni e 500mila piante distribuite su circa 58mila ettari che rappresentano una discreta porzione delle terre coltivabili sull'intero territorio nazionale: un'area che negli ultimi 25 anni ha visto quasi raddoppiare la sua estensione e che è in costante crescita annuale. Gli impianti olivicoli sono sparsi un po' ovunque: dalla costa meridionale subtropicale, all'arida Valle della Bekaa (circa 30 Km a est di Beirut), fino addirittura alle montagne del nord, che d'inverno sono coperte di neve. Ma si possono distinguere due aree: il nord fino al distretto di Akkar, nell'estremità settentrionale, e il sud fino alla regione dello Chouf, a sud-est di Beirut. Le zone più produttive riguardano i dintorni di Akkar, Zgharta, Koura e Batrun a nord; Nabatiye, Hasbaya, Marjayoun e Rachaya Al Foukhar a sud. La varietà autoctona maggiormente coltivata è la souri, seguita dalle altre cultivar locali baladi, ayrouni, chami e smoukmouki. La raccolta, prematura o tardiva secondo la preferenza dei singoli olivicoltori, si svolge prevalentemente a mano. La trasformazione avviene in 504 frantoi privati. Si contano inoltre 110mila realtà produttive sparse sul territorio. La produzione della campagna olearia 2009-2010 ha raggiunto le 9mila tonnellate di olio, con una diminuzione del 63,27% rispetto all'annata precedente. Circa 3mila tonnellate sono destinate all'esportazione. Questi numeri giustificano il ruolo primario che il comparto olivicolo rappresenta all'interno dell'economia libanese: il suo peso si fa sentire nel prodotto interno lordo, mentre non va dimenticato che nel settore sono impiegati in maniera permanente molti lavoratori, una discreta fetta dell'intera forza lavoro agricola del paese. Nonostante queste indiscutibili potenzialità, l'olivicoltura libanese stenta tuttavia a decollare. I fattori climatici che influiscono negativamente sulla coltura, l'estrema parcellizzazione della proprietà, l'alto costo della manodopera e l'assenza di politiche di supporto agli olivicoltori sotto l'aspetto sia tecnico che finanziario, sono tra le principali problematiche che affliggono attualmente il settore. A ciò si deve aggiungere che la conduzione dei frantoi è per lo più familiare e che questi sono per la stragrande maggioranza di tipo tradizionale, mentre soltanto una piccola parte comincia ad avvalersi di impianti di estrazione moderni a ciclo continuo. Primaria è dunque la necessità di innovazione. Tuttavia recentemente alcuni progetti finalizzati alla creazione di moderne strutture per la trasformazione e l'imbottigliamento stanno finalmente prendendo forma.

For Mediterranean people this is the region where the sun rises, because it is on the Eastern Mediterranean coast between Syria and Israel. It is also the "country of milk and honey", because it is situated inside what was called in ancient times Fertile Half-moon, to the south of Caucasus. This is Lebanon, an olive region or even one of the historical birthplaces of olive growing. The olive tree is thought to have always been here and the first signs of its cultivation date back to the 4th millennium B.C. when this was the land of the Cananeis, who historically were the first to ferment grape juice and to use olive oil as food. Currently there are about 14,500,000 trees distributed on 58,000 hectares of surface that represent a considerable part of the cultivable land in the whole national territory: an area that has nearly doubled in the last 25 years and increase yearly. Olive groves are present almost everywhere: from the subtropical southern region to the dry Valley of Bekaa (about 30 km to the east of Beirut) to the northern mountains, in winter covered by snow. There are two areas: the north as far as Akkar (in the extreme north), and the south as far as the region of Chouf, to the south-east of Beirut. The most suitable areas are near Akkar, Zgharta, Koura and Batrun in the north; Nabatiye, Hasbaya, Marjayoun and Rachaya Al Foukhar in the south. The most cultivated local variety is souri, followed by baladi, ayrouni, chami and smoukmouki. Harvesting, early or late according to the single olive growers, is effected mainly by hand-picking. Transformation is carried out in 504 private olive oil mills. Moreover on the territory there are 110,000 farms. In the olive oil harvest 2009-2010 the production was 9,000 tons with a 63.27% decrease compared to the previous year. About 3,000 tons are destined to export. These figures explain the primary role the olive sector plays in Lebanese economy. In fact its weight in the composition of the gross domestic product is considerable, moreover the relevant number of permanent workers in this field represent a notable part of the whole agricultural work force of the country. Despite the indisputable potential, Lebanese olive growing has difficulty in taking off due to some specific problems: unfavourable climatic conditions, the high apportionment of property, high labour costs and the absence of policies supporting olive growers in the technical and financial field. Moreover olive oil mills are predominantly run by families and the most of them are traditional, while only a few use continuous cycle extraction systems. What is therefore clear is the necessity to modernize, although some projects aiming at the creation of modern structures of transformation and bottling are in progress.

Vendita di carni selezionate e certificate
Chianina I.G.P. e suine allevate allo stato brado,
Cinta Senese, Grigio del Casentino.

Macelleria in Rassina
Piazza G. Mazzini, 24 (Ar)
Tel. e Fax +39 0575 591480 - Cell. +39 335 343186
E-mail: macelleriafracassi@alice.it

Israele
Israel

Aree olivetate o a vocazione olivicola • *Olive growing areas or areas suitable to olive growing*

Dati Statistici

Superficie olivetata nazionale	**23.000 (ha)**
Frantoi	**97**
Produzione nazionale 09-10	**3.500,0 (t)**
Produzione nazionale 08-09	**8.000,0 (t)**
Variazione	**- 56,25%**

Statistic Data

National Olive Surface	**23,000 (ha)**
Olive Oil Mills	**97**
National production 09-10	**3,500.0 (t)**
National production 08-09	**8,000.0 (t)**
Variation	**- 56.25%**

International Olive Oil Council - Ministry of Agriculture and Rural Development

È quasi scontato ricordare come l'olivo e l'olio siano parte integrante della storia, dell'economia e della cultura ebraica, così come della sua simbologia religiosa. Dai tempi della Bibbia fino a oggi, la gente di Israele è rimasta intimamente legata a questa pianta, al suo frutto e all'olio che da esso si ricava. Qui, più che in ogni altro luogo al mondo, l'albero dell'olivo è simbolo di bellezza, vigore, sapienza, fertilità e pace. Le prime tracce della sua presenza risalgono a più di 10mila anni fa, ma la sua coltivazione si comincia a sviluppare solo nel IV-III millennio a.C., nei piccoli villaggi della costa mediterranea, come sulle alture del Golan (nell'estremità nord-orientale del paese) e nella Samaria. Anche sui rilievi centrali molte foreste vengono tagliate e al loro posto sono coltivati olivi e viti, come testimoniano i resti dei macchinari e degli utensili impiegati, rinvenuti in queste zone e risalenti alla prima età del bronzo (2800 a.C.). La storia successiva dell'olivicoltura in questa terra è molto discontinua, sia per quanto riguarda la distribuzione degli impianti sul territorio, sia per la sua importanza economica. All'inizio del secolo scorso si contavano 20mila ettari di oliveti, che cinquant'anni più tardi erano diventati 60mila. Nel 1948, con la fondazione dello stato di Israele, gli impianti si riducevano drasticamente a 12mila ettari: le coltivazioni erano estensive e si trovavano per lo più a nord, sulle montagne più basse della Galilea. Oggi nel paese la superficie coltivata si estende dalle terre settentrionali della Galilea fino al deserto del Negev, a sud; e dalla zona costiera occidentale alle colline e alle valli della parte orientale. La Galilea continua a essere la regione maggiormente vocata; tuttavia sono aree importanti per la produzione di olio anche anche le valli alle pendici del Monte Carmelo (a nord-ovest, presso la città di Haifa), la sottostante pianura di Sharon, le alture del Golan, le colline della Giudea e il Negev centrale. Parliamo di 23mila ettari di impianti di cui circa la metà sono occupati da oliveti tradizionali non irrigui. La varietà locale più diffusa è la souri, cultivar a doppia attitudine che si sviluppa lentamente ma è molto resistente e adattabile alle particolari condizioni climatiche dell'area, caratterizzandosi per una produzione costante di frutti e per un'alta resa in olio. Seguono le varietà nabali, con una crescita più rapida ma una resa in olio più bassa, e muhasan. Nelle regioni montuose del Negev l'area olivetata è invece caratterizzata da una coltura intensiva irrigua che permette un'alta resa produttiva: qui domina la cultivar barnea. Altre varietà minori sono: picual, picholine, leccino e arbequina, oltre a nuove cultivar come la maalot e la askal che ben si prestano alla coltura intensiva. Un'altra superficie di circa 2mila ettari è invece destinata a olive da tavola da varietà manzanilla, di cui una parte è comunque utilizzata per l'estrazione dell'olio. La trasformazione si svolge in 97 frantoi, per lo più a ciclo continuo a tre fasi, anche se ne rimangono ancora alcuni di tipo tradizionale a presse. Questi hanno reso, nella campagna 2009-2010, una produzione di 3.500 tonnellate di olio, con una diminuzione del 56,25% rispetto all'annata precedente: un quantitativo che in ogni caso satura soltanto in parte il consumo interno.

The olive tree and olive oil are obviously an essential part of the Jewish history, economy and culture, as well as of its religious symbolism. From Biblical times until today the Israeli people have been strongly bound to this tree, its fruit and the oil extracted from it. Here more than in any other place in the world the olive tree is a symbol of beauty, strength, wisdom, fertility and peace . The first traces of its presence appeared in Israel more than 10,000 years ago, but its cultivation started to develop only in the 4th-3rd millennium B.C. in the small villages of the Mediterranean coast, as well as in the high ground of Golan (in the extreme north-eastern part of the country) and Samaria. A lot of forests in the central mountainous region were also cut down and replaced by olive trees and grapevines. This is witnessed by the remains of machinery found in this area dating back to the Bronze Age (2800 B.C.). Subsequently the history of olive growing in these lands has been uneven, both as regards the distribution of olive groves on the territory and its economic importance. At the beginning of the 20th century there were 20,000 hectares of olive groves, which fifty years later became 60,000. In 1948, when Israel was founded, within its borders there were only 12,000 olive groves: the cultivations were extensive and mainly located in the north on Galilee's lowest mountains. Today the olive surface extends from the northern lands of Galilee to the Negev desert in the south and from the western coastal area to the hills and the valleys of the eastern region. The greatest concentration of olive groves is still in Galilee; nevertheless also the valleys on the slopes of Mount Carmel (to the north-west near the town of Haifa), the lowlands of Sharon, the high ground of Golan, the hills of Judea and central Negev are suitable territories to olive oil production. There are therefore 23,000 hectares, of which about the half consist of traditional non irrigated olive groves. The prevailing cultivar is souri, a double use variety that grows slowly, but adjusts easily to the particular climatic conditions of the area and is characterized by a constant olive production with a high yield of olive oil. Then we find the varieties nabalis, with a more rapid growth and a lower yield of olive oil, and muhasan. In the mountainous regions of Negev the olive area consists instead of irrigated intensive cultivation that allows a high yield. In this area the cultivar barnea prevails. Other smaller cultivars are picual, picholine, leccino and arbequina, besides new varieties like maalot and askal that are very suitable to intensive cultivation. Other 2,000 hectares are instead destined to table olives of the variety manzanilla, of which, however, a part is used for oil extraction. Transformation is carried out in 97 olive oil mills mainly using the three phase continuous cycle system, even if some using the traditional press still remain. In the harvest 2009-2010 production reached 3,500 tons of oil, with a 56.25% decrease compared to the previous year: this quantity does not meet domestic needs completely.

Israele Israel [IL] Golan Heights

Eretz Gshur

Kibbutz Gshur
12942 (Golan)
Tel. + 972 4 6764169 - 4 6764036 - Fax + 972 4 6764197
E-mail: info@eretz-gshur.co.il - Web: www.eretz-gshur.co.il

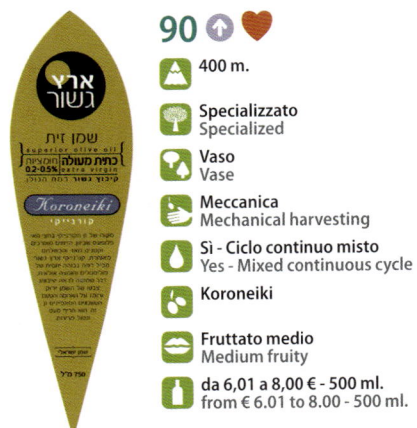

90

- 400 m.
- **Specializzato** / Specialized
- **Vaso** / Vase
- **Meccanica** / Mechanical harvesting
- **Sì - Ciclo continuo misto** / Yes - Mixed continuous cycle
- **Koroneiki**
- **Fruttato medio** / Medium fruity
- da 6,01 a 8,00 € - 500 ml. / from € 6.01 to 8.00 - 500 ml.

La Eretz Gshur è una giovane realtà fondata da Yosi Fridman e oggi condotta dal kibbutz Gshur che amministra 75 ettari di proprietà olivetata nel Golan, la regione più nord-orientale di Israele. Qui dimorano 93.750 piante dalle quali quest'anno sono stati ricavati 6mila quintali di olive che, moliti nel moderno frantoio aziendale, hanno reso quasi 1.212 ettolitri di olio. Tre le selezioni Extravergine Eretz Gshur segnalate, tutte ottime: il Blend, il Picholine e soprattutto il Koroneiki, scelto dal panel. Alla vista appare di un bel colore giallo dorato intenso con delicate nuance verdi, limpido; all'olfatto si offre elegante e deciso, dotato di ampi sentori fruttati di mela bianca e banana matura, arricchiti da note di erbe officinali, con spiccato basilico e prezzemolo. In bocca è avvolgente e vegetale, con toni di lattuga e netta chiusura di noce fresca e mandorla. Amaro e piccante presenti e ben armonizzati, con dolce in evidenza. È eccellente per fagioli al vapore, insalate di pollo, marinate di salmone, patate in umido, passati di fagioli, zuppe di ceci, primi piatti con verdure, molluschi gratinati, rombo alla brace, pollame o carni di agnello al forno, formaggi caprini.

Eretz Gshur is a recent farm founded by Yossi Fridman and today run by the kibbutz Gshur, which manages 75 hectares of olive groves in Golan, the region in the extreme north-eastern part of Israel. There are 93,750 trees, which produced 6,000 quintals of olives in the last harvest, equal to almost 1,212 hectolitres of extra virgin olive oil. There are three excellent Extra Virgin selections Eretz Gshur: Blend, Picholine and especially Koroneiki, chosen by our panel. It is a beautiful intense limpid golden yellow colour with delicate green hues. Its aroma is elegant and definite, endowed with ample fruity hints of white apple and ripe banana, enriched by notes of officinal herbs, especially basil and parsley. Its taste is rotund and vegetal, with a flavour of lettuce and a distinct finish of fresh walnut and almond. Bitterness and pungency are present and harmonic with evident sweetness. It would be ideal on steamed beans, chicken salads, marinated salmon, stewed potatoes, bean purée, chickpea soups, pasta with vegetables, mussels au gratin, barbecued turbot, baked poultry or lamb, goat cheese.

Halutza

Kibbutz Revivim - Negev Desert
85515 Ramat Negev (Be'er sheva)
Tel. + 972 9 9603700 - Fax + 972 9 9603701
E-mail: daniel@jordache.co.il - Web: www.halutza.com

82

- 330 m.
- Specializzato / Specialized
- Vaso aperto / Open vase
- Meccanica / Mechanical harvesting
- Sì - Ciclo continuo / Yes - Continuous cycle
- Coratina
- Fruttato intenso / Intense fruity
- da 6,01 a 8,00 € - 500 ml. / from € 6.01 to 8.00 - 500 ml.

Meritatissima la segnalazione per Halutza, l'azienda olearia del kibbutz Revivim. In questa tenuta di mille ettari, ricavata nel deserto del Negev, la coltivazione dell'olivo viene intrapresa nel 1995 dai fratelli Nakash che oggi producono, nel moderno impianto di proprietà, uno dei migliori extravergine di Israele. Ben 300 ettari sono destinati agli oliveti dove dimorano 150mila piante; in questa campagna olearia sono stati raccolti 30mila quintali di olive, per una resa di quasi 5.459 ettolitri di olio. Segnaliamo l'ottima selezione monovarietale Extravergine Halutza - Coratina che si presenta alla vista di un bel colore giallo dorato intenso con sottili nuance verdi, limpido. All'olfatto si esprime potente e vegetale, con ricche note di carciofo, cicoria e netti sentori balsamici di menta e rosmarino. Al gusto è avvolgente e fine, con toni di lattuga, pepe nero, e spiccata mandorla dolce in chiusura. Amaro potente e piccante deciso. Ottimo per antipasti di funghi porcini, bruschette con pomodoro, carpaccio di pesce spada, insalate di polpo, zuppe di lenticchie, primi piatti con tonno, pesce azzurro al forno, cacciagione di piuma o pelo in umido, formaggi stagionati a pasta dura.

An excellent performance for Halutza, the oil farm of the kibutz Revivim. In this 1,000- hectare estate in the Negev desert, olive cultivation was started in 1995 by the brothers Nakash, who today produce one of the best extra virgin olive oils in Israel. 300 hectares are destined to olive groves with 150,000 trees. In the last harvest 30,000 quintals of olives were produced, with a yield of almost 5,459 hectolitres of extra virgin olive oil. We recommend the excellent Monovarietal Extra Virgin selection Halutza - Coratina, which is a beautiful intense limpid golden yellow colour. Its aroma is powerful and vegetal, with rich notes of artichoke, chicory and distinct fragrant hints of mint and rosemary. Its taste is rotund and fine, with a flavour of lettuce, black pepper and a distinct sweet almond finish. Bitterness is powerful and pungency is definite. It would be ideal on porcini mushroom appetizers, bruschette with tomatoes, swordfish carpaccio, octopus salads, lentil soups, pasta with tuna, baked blue fish, stewed game birds or animals, hard mature cheese.

Università di Pisa
Facoltà di Agraria

Master Universitario in Olivicoltura e Olio di Qualità

Corsi ad elevato contenuto professionale, stage presso aziende, della filiera olivicola-olearia, partecipazione a numero chiuso, lezioni fuori sede, acquisizione di 60 crediti formativi universitari.
Iscrizioni online: **www.unipi.it/master/dett_master234.html**
Info: **masterolivo@agr.unipi.it**

In collaborazione con

Palestina
Palestine

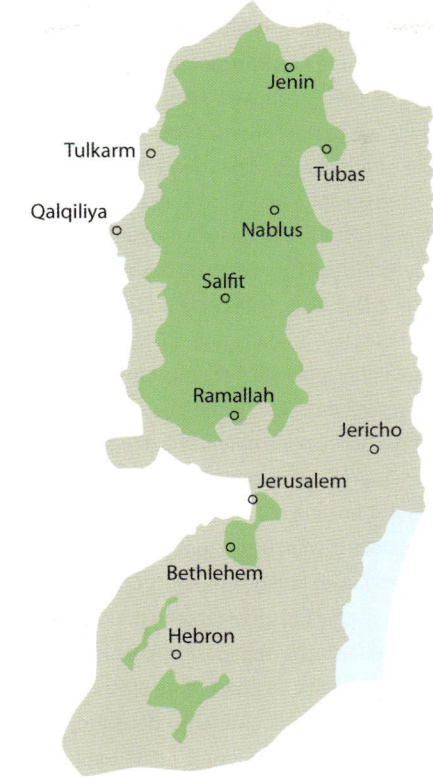

Aree olivetate o a vocazione olivicola • *Olive growing areas or areas suitable to olive growing*

Dati Statistici

Superficie olivetata nazionale	**96.686 (ha)**
Frantoi	**280**
Produzione nazionale 09-10	**5.500,0 (t)**
Produzione nazionale 08-09	**20.000,0 (t)**
Variazione	**- 72,50%**

Statistic Data

National Olive Surface	**96,686 (ha)**
Olive Oil Mills	**280**
National production 09-10	**5,500.0 (t)**
National production 08-09	**20,000.0 (t)**
Variation	**- 72.50%**

International Olive Oil Council • Palestinian Ministery of Agriculture

Non c'è paese in cui l'albero dell'olivo risulti così connaturato con il paesaggio, la storia e le tradizioni come la Palestina. La prima a venire in mente naturalmente è la storia sacra, ma in realtà gli studiosi fanno risalire la comparsa dei primi esemplari in queste terre a 4mila anni prima di Cristo. I terreni aridi e il clima mediterraneo, con inverni temperati ed estati calde, favoriscono infatti lo sviluppo della pianta che rappresenta da sempre uno dei pilastri dell'agricoltura e ricopre un'importanza fondamentale non solo per ragioni economiche ma anche per la cultura e l'identità stessa di queste popolazioni dalla storia tanto travagliata e complessa. Oggi l'olivo è presente, con circa 13 milioni di alberi, su quasi 97mila ettari, che costituiscono una parte considerevole della superficie agricola in Palestina e quasi la totalità di quella destinata all'arboricoltura. Praticamente cresce un po' dappertutto, ma le zone più produttive sono localizzate nell'area compresa tra Jenin, uno dei principali centri agricoli dell'estremo nord, e Nablus e Ramallah, più a sud; e tra Tulkarm e Qalqiliya, nella parte occidentale della Cisgiordania settentrionale; inoltre a sud, a Hebron, e a Khan Yunis e Gaza, nella Striscia di Gaza. Si tratta di un'olivicoltura orientata principalmente alla trasformazione: la quasi totalità delle olive coltivate sono infatti varietà da olio e hanno una resa del 20-25% che è una delle più alte al mondo. Le cultivar locali più comuni, nabali e souri, sono anch'esse da olio. Il settore olivicolo ha da sempre una funzione importante nella società palestinese: innanzitutto perché il prodotto finale è alla base del fabbisogno alimentare della popolazione, ma anche perché l'intero comparto rappresenta una fonte di reddito primaria per un numero considerevole di famiglie di agricoltori, il cui sostentamento dipende interamente o parzialmente dal frutto del raccolto dei loro oliveti. Inoltre l'olivicoltura offre, nel periodo della raccolta, anche numerose opportunità di lavoro stagionale, soprattutto negli anni di alta produttività. La produzione olivicola rappresenta, nelle annate abbondanti, una porzione significativa all'interno del settore ortofrutticolo. I volumi della campagna 2009-2010 hanno raggiunto le 5.500 tonnellate di olio, registrando una diminuzione del 72,50% rispetto all'annata precedente. Questa produzione è destinata in buona parte all'esportazione. Infatti, anche in seguito alla scoperta delle sue doti terapeutiche, l'olio si è consolidato come potenziale prodotto di esportazione nel crescente mercato europeo e americano di prodotti salutistici. Tuttavia, benché l'esportazione (principalmente rivolta ai vicini paesi arabi) porti con sé virtualmente un alto valore aggiunto, gli agricoltori palestinesi finora non hanno deciso di praticare un'olivicoltura orientata esclusivamente al profitto e dunque all'esportazione internazionale, rimanendo invece più fedeli al mercato nazionale e all'autoconsumo: è il motivo per cui, nonostante alcuni produttori abbiano scelto di aumentare esportazione ed efficienza, non si rende ancora necessario imporre alti livelli di investimenti o di moderna tecnologia. Più semplicemente si ritiene sufficiente effettuare dei piccoli adattamenti agronomici e tecnologici ai correnti metodi di produzione, per incrementare qualità e resa produttiva.

The olive tree has a unique connection with the landscape, history and traditions of Palestine. Even if sacred history immediately springs to mind, the historians date the appearance of the first olive trees to about 4,000 years before Christ. The dry soil and the Mediterranean climate, with mild winters and hot summers, allow in fact the tree growth, which has always represented one of the mainstays of agriculture and also plays an important role not only in the economy but also in the culture and the identity of these populations, who have had such a troubled and controversial history. Currently the olive tree covers almost 97,000 hectares with about 13 million plants and takes up a considerable part of Palestinian agricultural surface and almost the total surface of the one destined to fruit trees. In Palestine the olive tree grows practically everywhere, but the greatest productive areas are located in the area between Jenin, one of the main agricultural centres in the extreme north, and Nablus and Ramallah, more to the south, and between Tulkarm and Qalqiliya, in the western part of Cisjordania; moreover in the south (in Hebron) and in Khan Yunis and Gaza in the Gaza Strip. It is an olive growing mainly oriented to transformation: almost all the cultivated olives are in fact oil varieties and have a yield of 20-25%, one of the highest in the world. The most common local varieties, nabali and souri, are also used for oil production. The olive sector has always had an important function in Palestinian society, first of all because the end product is a basic element of the national food requirements, but also because this sector represents the primary source of income for over 100,000 families of olive growers, who depend entirely or partially on the crop harvested from their olive groves. Besides olive growing in the harvest period offers numerous opportunities of seasonal work, especially in highly productive years. Olive production represents an important portion of the fruit and vegetable sector in rich harvests. In the olive oil harvest 2009-2010 the oil output reached 5,500 tons, with a 72.50% decrease compared to the previous year. Olive oil is mostly destined for export. In fact, following the discovery of its therapeutic qualities, oil has become a potential export product in the growing European and American markets of health products. Even if export (mainly to the neighbouring Arab countries) produces a high added value, Palestinian olive growers have nevertheless withstood the temptation to grow exclusively for high profit and international export, aiming instead at the local market and domestic consumption. Therefore, even if local producers have decided to increase both export and efficiency, it is not necessary to impose high levels of investments or technology. To increase quality and productive yield it would be enough to apply a series of practical and technical adjustments to the current production methods.

dal piano di lavoro all'isola,
dall'olio saporito al gustoso arrosto

Giordania
Jordan

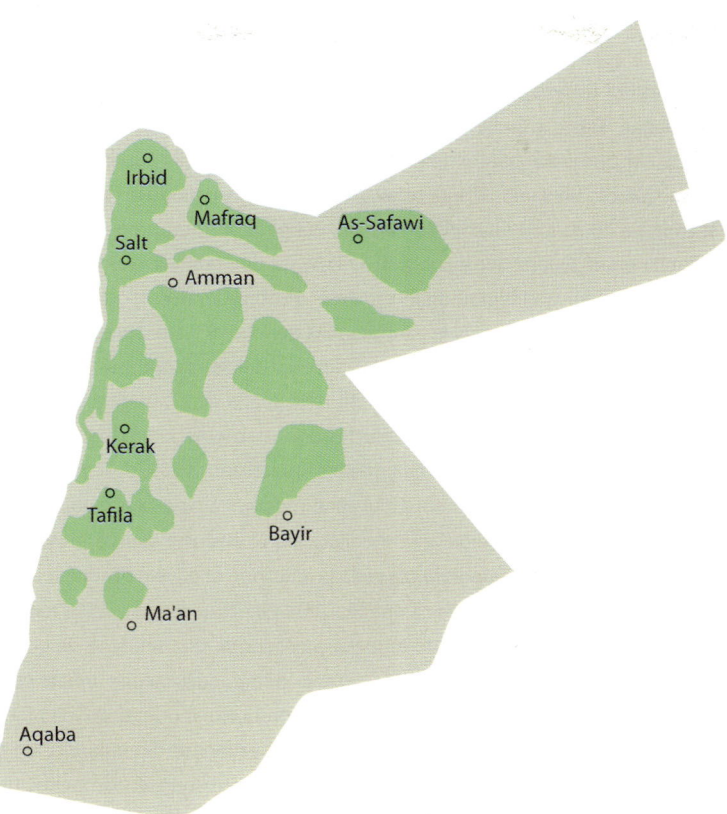

Aree olivetate o a vocazione olivicola • *Olive growing areas or areas suitable to olive growing*

Dati Statistici
Superficie olivetata nazionale	**128.000 (ha)**
Frantoi	**116**
Produzione nazionale 09-10	**27.500,0 (t)**
Produzione nazionale 08-09	**18.500,0 (t)**
Variazione	**+ 48,65%**

Statistic Data
National Olive Surface	**128,000 (ha)**
Olive Oil Mills	**116**
National production 09-10	**27,500.0 (t)**
National production 08-09	**18,500.0 (t)**
Variation	**+ 48.65%**

International Olive Oil Council - Ministry of Agriculture

L'olivicoltura in Giordania è un settore in via di sviluppo. La produzione di olio rappresenta una voce importante nell'economia nazionale: molti oliveti appartengono a piccoli e medi proprietari e sono quindi fonte di reddito per centinaia di famiglie locali, oltre a fornire lavoro stagionale agli operatori agricoli. Del resto la Giordania è una delle culle storiche dell'albero dell'olivo, la pianta sacra alla quale è sempre stata riservata una cura e un'attenzione speciali, nonostante i progetti di urbanizzazione, la riduzione delle proprietà terriere e l'abbandono delle campagne. Oggi, a 6mila anni dalla sua comparsa, l'olivo rimane il più importante albero da frutto del paese, ricoprendo circa un terzo della superficie agricola. Negli ultimi quindici anni infatti l'area coltivata è aumentata in modo massiccio e attualmente si contano 20 milioni di alberi, in larghissima parte in produzione, messi a dimora su 128mila ettari. Questi occupano principalmente due regioni: la prima è costituita dai piovosi altipiani occidentali delle province di Irbid, Jerash, Ajloun, As-Salt, Amman, Kerak e Tafila, da cui si ricava la maggioranza dell'olio di tutto il paese; il resto proviene dalle regioni desertiche nord-orientali dove gli oliveti ricoprono terreni non irrigui. Tra le principali cultivar autoctone la più diffusa è la ras'i, varietà a doppia attitudine originaria del sud della Giordania e piuttosto resistente. Seguono la souri e la nabali. La raccolta è svolta prevalentemente a mano e rappresenta il 25% dei costi di produzione; la maggior parte dei 116 frantoi attivi sono moderni a ciclo continuo, con metodo di estrazione a tre fasi. La Giordania si colloca tra i paesi che stanno investendo di più nel settore oleario. La maggioranza della produzione di olive è destinata all'estrazione dell'olio che ha raggiunto nella campagna 2009-2010 una resa di 27.500 tonnellate, con un aumento del 48,65% rispetto a quella precedente. Ora, sebbene da una decina di anni la produzione di olio soddisfi il fabbisogno nazionale, alcune annate costringono la Giordania a importare un certo volume di prodotto. Il prezzo dell'olio locale è più caro di quello internazionale, anche se sta gradualmente diminuendo: un obiettivo importante per allinearsi al mercato mondiale e accrescere la competitività dell'olio giordano di qualità. Malgrado le difficoltà, dunque, la tendenza è all'incremento e alla razionalizzazione del settore e si stanno compiendo i primi passi in questa direzione: dalla fine del 2002 la Giordania è membro dell'International Olive Oil Council e gli organismi governativi hanno elaborato una strategia nazionale da applicare a tutto il settore per i prossimi dieci anni, oltre alla riforma degli standard locali in vista di un adeguamento a quelli mondiali; e si promuovono importanti innovazioni nei frantoi come il miglioramento della conservazione del prodotto mediante l'utilizzo di contenitori in acciaio inossidabile. I successivi obiettivi sono: la creazione di panel di assaggio ufficiali, l'attuazione di programmi di ricerca come quello del Centro Nazionale per la Ricerca Agricola e il Transfer Tecnologico e la creazione di società di esportazione e di marketing. Da non sottovalutare i sottoprodotti della frangitura che potrebbero rappresentare sbocchi importanti per le aziende, incrementando la rendita dei produttori.

Olive growing in Jordan is a developing sector, in fact it represents an important voice in the national economy: many olive groves belong to small and medium sized holdings and are a source of income for hundreds of local families besides furnishing seasonal jobs to agricultural workers. Jordan is one of the historical birthplaces of the olive tree, the sacred plant that has always received a special care despite the urbanization projects, the reduction of landholding and the general neglect of the countryside. Today, 6,000 years after its appearance, the olive is still the most important fruit tree of the country, covering about one third of the agricultural surface. In the last fifteen years the cultivated area has greatly increased and currently there are 20 million trees, the most of which in production, bedded in 128,000 hectares. They are mainly spread in two regions: the main one includes the western rainy plateaus of the provinces of Irbid, Jerash, Ajloun, As-Salt, Amman, Kerak and Tafila and produce the largest quantity of olive oil of the whole country; the rest comes from the north-eastern desert regions, where olive groves cover non watered lands. Among the main autochthonous cultivars the most common is ras'i, a double use quite resistant variety coming from the south of Jordan, then there are souri and nabali. Harvesting is essentially by hand and constitutes 25% of the production costs. The greatest part of the 116 active olive oil mills use the three phase extraction method. Jordan is one of the countries that are investing more in the oil sector. The main part of the total olive production is destined to olive oil extraction, whose yield in the harvest 2009-2010 reached 27,500 tons, with a 48.65% increase compared to the previous year. Therefore, even if oil production has covered the national requirements since 2000, some harvests have forced Jordan to import some quantities of the product. The price of local olive oil is a little dearer compared to the international one, even if it is gradually decreasing, an important factor to conform to the world market and thus to make Jordan quality extra virgin olive oil more competitive. Therefore, despite the recent difficulties, the tendency is to the development and the rationalization of the sector and the first steps in this direction are being taken: first of all since the end of 2002 Jordan has become a member of the International Olive Oil Council. The government organizations have worked out a national strategy to apply to the whole sector for the next ten years, besides the reform of local standards to adjust them to the world ones; meanwhile important innovations in the local olive oil mills are being promoted such as the improvement of product preservation through the use of stainless steel containers. The next objectives are the creation of official panel tests, the realization of research programmes like the one of the Agricultural Research and Technology Transfer National Centre, and the creation of export and marketing firms. Finally it is important not to underestimate the crushing by-products as an important outlet for the farms and an additional income for producers.

Alia Specialized Industries Zaitt

Om Albasatine
Post Box 2340 - 11181 Yadoudeh (Madaba)
Tel. + 962 6 4647860 - 6 4290350 - Fax + 962 6 4653727 - 6 4290350
E-mail: t.saket@zaitt.com - Web: www.zaitt.com

84

- 600 m.
- Promiscuo / Promiscuous
- Forma libera / Free form
- Brucatura a mano / Hand picking
- Sì - Ciclo continuo / Yes - Continuous cycle
- Nabali (70%), altre/others (30%)
- Fruttato medio / Medium fruity
- da 8,01 a 10,00 € - 500 ml. / from € 8.01 to 10.00 - 500 ml.

Alia Specialized Industries Zaitt è una moderna impresa olearia, fondata nel 2002 da Awni Musa Al-Saket con l'obiettivo di produrre e promuovere l'extravergine di qualità della Giordania. La Zaitt non possiede oliveti di proprietà, ma seleziona e molisce partite di olive dal vocato territorio circostante: parliamo di circa 30 ettari, con 15mila piante. Quest'anno sono stati acquistati 4.400 quintali di olive che hanno reso circa 764 ettolitri di olio extravergine. Segnaliamo l'etichetta aziendale, l'Extravergine Holiva da Agricoltura Biologica. Si presenta alla vista di un bel colore giallo dorato intenso, limpido; all'olfatto si esprime elegante e deciso, caratterizzato da armoniche note fruttate di pomodoro acerbo, arricchite da sentori vegetali di sedano, carciofo e lattuga. In bocca è fine e avvolgente, con toni aromatici e speziati di basilico, mentuccia e pepe nero che chiudono in noce matura. Amaro ben presente e piccante contenuto. Un buon abbinamento è con antipasti di pomodori, insalate di fagioli, patate in umido, verdure gratinate, passati di legumi, zuppe di ceci, cous cous di verdure, pesci alla brace, formaggi freschi a pasta filata.

Alia Specialized Industries Zaitt is a modern oil farm founded in 2002 by Awni Musa Al-Saket with the aim of producing and promoting quality extra virgin olive oil in Jordan. The farm does not own olive groves, but it selects and crushes olive parcels from this favourable area, about 30 hectares with 15,000 trees. In the last harvest 4,400 quintals of olives were purchased, with a yield of about 764 hectolitres of extra virgin olive oil. We recommend the farm selection, the Extra Virgin Holiva from Organic Farming. It is a beautiful intense limpid golden yellow colour. Its aroma is elegant and definite, characterized by armonic fruity hints of unripe tomato, enriched by vegetal hints of celery, artichoke and lettuce. Its taste is fine and rotund, with an aromatic and spicy flavour of basil, field balm and black pepper with a ripe walnut finish. Bitterness is present and pungency is limited. It would be ideal on tomato appetizers, bean salads, stewed potatoes, vegetables au gratin, legume purée, chickpea soups, vegetable cous cous, barbecued fish, mozzarella cheese.

Arabia Saudita
Saudi Arabia

Aree olivetate o a vocazione olivicola • *Olive growing areas or areas suitable to olive growing*

Dati Statistici

Superficie olivetata nazionale	n.p.
Frantoi	n.p.
Produzione nazionale 09-10	3.000,0 (t)
Produzione nazionale 08-09	3.000,0 (t)
Variazione	0,00%

Statistic Data

National Olive Surface	n/a
Olive Oil Mills	n/a
National production 09-10	3,000.0 (t)
National production 08-09	3,000.0 (t)
Variation	0.00%

International Olive Oil Council - Ministry of Agriculture and Water

L'olio extravergine di oliva in Arabia Saudita, inteso come prodotto di alta qualità, si inserisce in un mercato di nicchia, rispondendo alle esigenze di chi lo sceglie per le sue virtù salutistiche e terapeutiche. Attualmente la sua produzione si è assestata sulle 3mila tonnellate: tale è stata la resa nella campagna 2009-2010, senza variazioni rispetto all'annata precedente. Ma, poiché la domanda è in crescita, gli obiettivi cui si mira sono l'espansione dei terreni olivetati, l'aumento della capacità produttiva dei sistemi di trasformazione e infine l'esportazione. Gli olivi trovano dimora su queste terre praticamente da sempre, anche se furono i Mori dell'Andalucía, durante il Medioevo, a portare le loro piante e le tecniche di estrazione dell'olio dalla Spagna in questa regione, che occupa la maggior parte della Penisola Arabica e che, abitata fin da tempi antichissimi da tribù nomadi semitiche, si è poi consolidata nell'VIII secolo d.C. come stato teocratico sotto Maometto. Così come da sempre l'olio è il cuore della cucina araba mediterranea e uno tra i principali ingredienti di molti piatti tradizionali. Di contro, si tratta di un paese in gran parte desertico, con un clima caldo e secco, per cui l'olivicoltura è un'attività non praticabile ovunque. La troviamo infatti diffusa in alcune zone dove la tipologia del terreno e le condizioni climatiche, oltre alla presenza dell'acqua da irrigazione, rendono possibile la vita delle piante che raggiungono un numero attualmente stimato intorno ai 12 milioni e 300mila esemplari. Il deserto occupa tutto il sud e il sud-est del paese. Per il resto, si distinguono differenti aree geografiche. La più estesa è il Najd, un altopiano centrale che si estende tra i 600 e i 1.500 metri di altitudine dove sorge la capitale Riyadh. Non è una regione prettamente olivicola, ma numerosi progetti di irrigazione hanno sottratto diversi ettari al deserto, soprattutto ad Al Kharj, a sud-est di Riyadh. La regione di Hijaz si estende invece a ovest, lungo il Mar Rosso, ed è la zona delle antiche città di Mecca e Medina. Ma la provincia più vocata è quella di 'Asir, a sud-ovest, lungo il confine con lo Yemen, perché presenta una porzione di territorio fertile sulla costa del Mar Rosso, ovvero una zona montuosa che raggiunge i 2.700 metri di altitudine, dove le estati sono fresche e gli inverni addirittura freddi. Qui crescono olivi ovunque e a breve saranno totalmente impiegati per la produzione. Quest'area confina con la zona di al-Baha, la "perla delle risorse", che presenta lo stesso clima e ospita la foresta di Hamdan, densa di olivi. Infine la regione più orientale dell'Arabia si estende lungo il Golfo Persico: qui si trovano l'oasi di al-Ahsa, la più vasta del paese, e la regione di al-Hufuf (il centro principale dell'oasi), entrambe vocate all'agricoltura ma non specificatamente all'olivicoltura. Recentemente alcune aziende produttrici di olio si sono insediate invece a nord e a nord-ovest, nei pressi della province di Al-Jouf e Tabuk, considerate tra le più adatte per disponibilità di acqua, fertilità del terreno e clima mite. Qui gli olivi sono largamente diffusi e le aziende, che praticano i metodi dell'agricoltura biologica, si dotano di impianti di estrazione sempre più moderni ed efficienti. Le cultivar più diffuse sono: sorani, picual, nipali, zorzalena e manzanilla.

In Saudi Arabia extra virgin olive oil as a high quality product is part of a niche market, meeting the demands of a particular type of consumer who chooses it for its health giving and therapeutic qualities. Currently oil production is generally around 3,000 tons: this was in fact the yield in the olive oil harvest 2009-2010 without any variations compared to the previous year. But since demand is growing, the objective is the expansion of olive groves, the increase in the productive capacity of the transformation systems and export. The olive tree has always existed in these lands, although in the Middle Ages the Moors from Andalusia imported their trees and extraction techniques from Spain into this region, which takes up the most part of the Arabic Peninsula. Inhabited since very ancient times by Semitic nomadic tribes, in the 8th century A.D. the country became a theocratic state under Mohammed. In the same way oil has always been the heart of the Mediterranean Arabic cuisine and one of the main ingredients of many typical dishes. However Saudi Arabia is mostly a desert country, with a warm and dry climate, so that olive growing cannot be practised in the whole territory. It is found in some areas, where the ground typology, the climatic conditions and the presence of water make the life of the trees possible. Nowadays there are around 12,300,000 trees. The desert occupies the whole south and the south east of the country. Besides this there are several geographical areas: the widest is the Najd, a central highland that reaches an altitude that varies from 600 to 1,500 metres and where the capital Riyadh is situated. This region is not particularly favourable to olive growing, even if numerous irrigation projects have taken hectares from the desert, especially in Al Kharj to the south west of Riyadh. The region of Hijaz instead extends to the west along the Red Sea, and it is the area of the ancient cities of Mecca and Medina. But the most favourable is the third one, 'Asir, situated in the south-west, along the border with Yemen, and consists of a fertile area on the Red Sea coast: a mountainous zone where altitude reaches 2,700 metres, summers are cool and winters can be cold. Here olive trees grow anywhere and will soon be all productive. This area borders on the province of al-Baha, famous as the "pearl of resources", which has the same climatic characteristics and contains Hamdan forest, full of olive trees. Finally there is the most eastern region of Arabia that extends along the Persian Gulf; here we find the oasis of al-Ahsa, the widest of the country and the region of al-Hufuf (the most important centre in the oasis), both suitable to agriculture but not specifically to olive growing. Recently some olive oil farms have been founded in the north and north-west of the country, near the provinces of Al-Jouf and Tabuk, considered among the best of the country for water availability, ground fertility and milder climate. Here olive trees are widely spread and the farms, which in such a climate do not have problems to adopt methods of organic farming, are supplying themselves more and more with efficient and modern extraction systems. The most common cultivars are: sorani, picual, nipali, zorzalena and manzanilla.

atelier di produzione ceramica

Oggetti esclusivi per premiazioni, eventi, ricorrenze speciali

Oggetti di design per la casa

Corsi di ceramica per mamme e bambini, adulti, educatrici scolastiche, persone con disagio psichico e fisico

Incontri di gruppo per l'introduzione all'Arte Terapia

Mogrè *fabbrica di idee* - www.mogre.it
Via A. Monteneri, 13 - 06129 Perugia - Tel +39 075 5271466 Fax +39 075 5298287

Azerbaigian
Azerbaijan

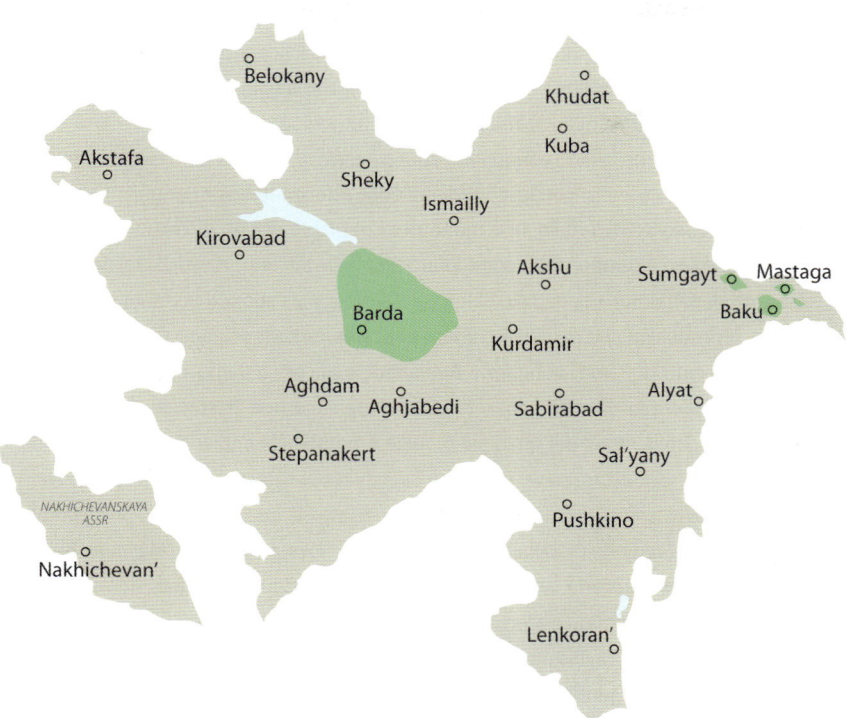

Aree olivetate o a vocazione olivicola • Olive growing areas or areas suitable to olive growing

Dati Statistici
Superficie olivetata nazionale	**3.000 (ha)**
Frantoi	3
Produzione nazionale 09-10	n.p.
Produzione nazionale 08-09	n.p.
Variazione	n.p.

Ministry of Agriculture

Statistic Data
National Olive Surface	**3,000 (ha)**
Olive Oil Mills	3
National production 09-10	n/a
National production 08-09	n/a
Variation	n/a

Dal punto di vista geografico l'Azerbaigian è situato nella regione del Caucaso, precisamente nell'Asia transcaucasica. Confina con il Mar Caspio a est, con la Russia a nord, con la Georgia a nord-ovest, con l'Armenia a ovest e con l'Iran a sud. È il paese più grande del Caucaso sia per superficie che per popolazione. Collocandosi a sud dello spartiacque montuoso che lo separa dall'Europa, è anche riparato dai venti gelidi provenienti da nord. Questo fattore climatico, insieme alla composizione del terreno, ne fa una terra dove l'olivicoltura è praticabile. È assai probabile che la storia dell'olivo sia molto antica in Azerbaigian, anche se non si riesce a stabilire esattamente a quando risalga una sua coltivazione vera e propria. Certo è che la pianta e i suoi frutti erano conosciuti in queste terre come nel vicino Iran e connotati di un valore sacrale anche perché considerati delle ottime medicine naturali per l'uomo. Anzi, il territorio dell'Azerbaigian è molto ricco di piante dotate di virtù salutistiche e tra queste l'olivo è sempre stato considerato una delle più importanti. Lo testimoniano alcuni studi dell'università di Baku, la capitale situata sulla sponda occidentale del Mar Caspio, secondo i quali la pianta era diffusa anticamente nelle regioni centrali del paese intorno ai centri di Barda, Aghdam e Aghjabedi; e ancora a Barda si possono trovare olivi che hanno più di mille anni. Attualmente la superficie destinata all'olivicoltura ricopre circa 3mila ettari, dei quali più di mille produttivi. Si impiantano e si coltivano alberi di olivo soprattutto nella penisola di Absheron, protesa sul Mar Caspio, dove il clima è arido e soleggiato e particolarmente adatto a questa coltura. Si distingue specialmente la regione di Baku, con i centri di Zig, Govsan, Buzovna, Mastaga, Bilgeh e Sumgayit. Qui si trovano varietà di olive note come armudu zeytunu, sirin zeytunu, qara zeytunu, baki zeytunu e azerbaijan zeytunu. Le più comuni, diffuse per l'80%, sono le cultivar azerbaijan zeytunu e baki zeytunu, seguite dalla varietà di origine spagnola picual, qui perfettamente acclimatata. In realtà sono presenti sul territorio anche altre cultivar importate come l'ascolana, la sevillana e la manzanilla, ma la tendenza è a coltivare quelle autoctone sia per proteggere e valorizzare il patrimonio locale sia per abbassare i costi di lavoro. Per quanto riguarda il settore della trasformazione, i primi tre impianti per la lavorazione delle olive esistenti sul territorio risalgono a circa sessant'anni fa (decennio 1940-1950): il primo in assoluto è stato fondato a Mastaga nel 1944, mentre in seguito all'aumento della produzione per iniziativa dell'allora Unione Sovietica nasce la Absheron Olive Processing Factory, che diventa nel 1982 la Baku Olive Processing Factory. Già in questi anni l'ex regime sovietico esportava parte della produzione dell'Azerbaigian in paesi come Germania, Ungheria e Cuba e l'extravergine cominciava a ricevere i primi riconoscimenti a livello non solo locale ma internazionale. Recentemente il governo nazionale sta decisamente rivalutando il comparto olivicolo con investimenti finalizzati all'aumento della superficie olivetata: negli ultimi anni sono già stati impiantati più di 100mila alberi ed è in corso un progetto per l'impianto di altre 90mila piante provenienti dall'Italia e dalla Spagna.

From a geographical point of view Azerbaijan is situated in the region of the Caucasus, in Transcaucasian Asia. It borders on the Caspian Sea to the east, on Russia to the north, on Georgia to the north-west, on Armenia to the west and on Iran to the south. It is the biggest country in the Caucasus both in surface and in population. As it is south of the mountainous divide that separates it from Europe, it is also sheltered from the chilly northern winds. This climatic factor together with the composition of the soil makes the country suitable for olive growing. The history of the olive tree probably goes back to ancient times in Azerbaijan, although it is not easy to establish exactly when its real cultivation started. Certainly the tree and its fruit were known in these lands, as well as in nearby Iran, and they were held as sacred, because they were considered a natural medicine for man. In fact the territory of Azerbaijan is full of plants with health giving properties. Among them the olive tree has always been considered one of the most important, as is testified by some studies carried out by the University of Baku, the capital, situated on the western shore of the Caspian Sea. According to these studies in ancient times the tree grew in the central areas of the country near the towns of Barda, Aghdam and Aghjabedi. In Barda in fact it is still possible to find olive trees that are more than a thousand years old. Currently the area destined to olive growing covers about 3,000 hectares, over 1,000 of which are productive at the moment. Olive trees are planted and cultivated especially in the peninsula of Absheron, on the Caspian Sea, where the climate is dry and sunny and particularly suitable to this cultivation. The region of Baku, with the towns of Zig, Govsan, Buzovna, Mastaga, Bilgeh and Sumgayit is one of the best. Here we find varieties known as armudu zeytunu, sirin zeytunu, qara zeytunu, baki zeytunu and azerbaijan zeytunu. The most common, spread over 80% of the territory, are the cultivars azerbaijan zeytunu and baki zeytunu, followed by the Spanish variety picual, which has adapted perfectly to the climate. There are other imported varieties like ascolana, sevillana and manzanilla, but generally autochthonous varietes are mainly cultivated to both protect and enhance the local range of cultivars and to lower labour costs. As to transformation, the first three oil mills in the territory date back about sixty years (1940-1950): the first was founded in Mastaga in 1944, and after the increase in production promoted by the former USSR the Absheron Olive Processing Factory was started, which in 1982 became the Baku Olive Processing Factory. At the time the Soviet Government already exported part of the production of Azerbaijan to countries like Germany, Hungary and Cuba and the extra virgin olive oil started to be appreciated not only on local, but also on international level. Recently the government of the country has been promoting the olive oil sector with investments aiming at increasing the olive surface: in the last few years over 100,000 trees have been planted and a project is in progress to plant 90,000 trees from Italy and Spain.

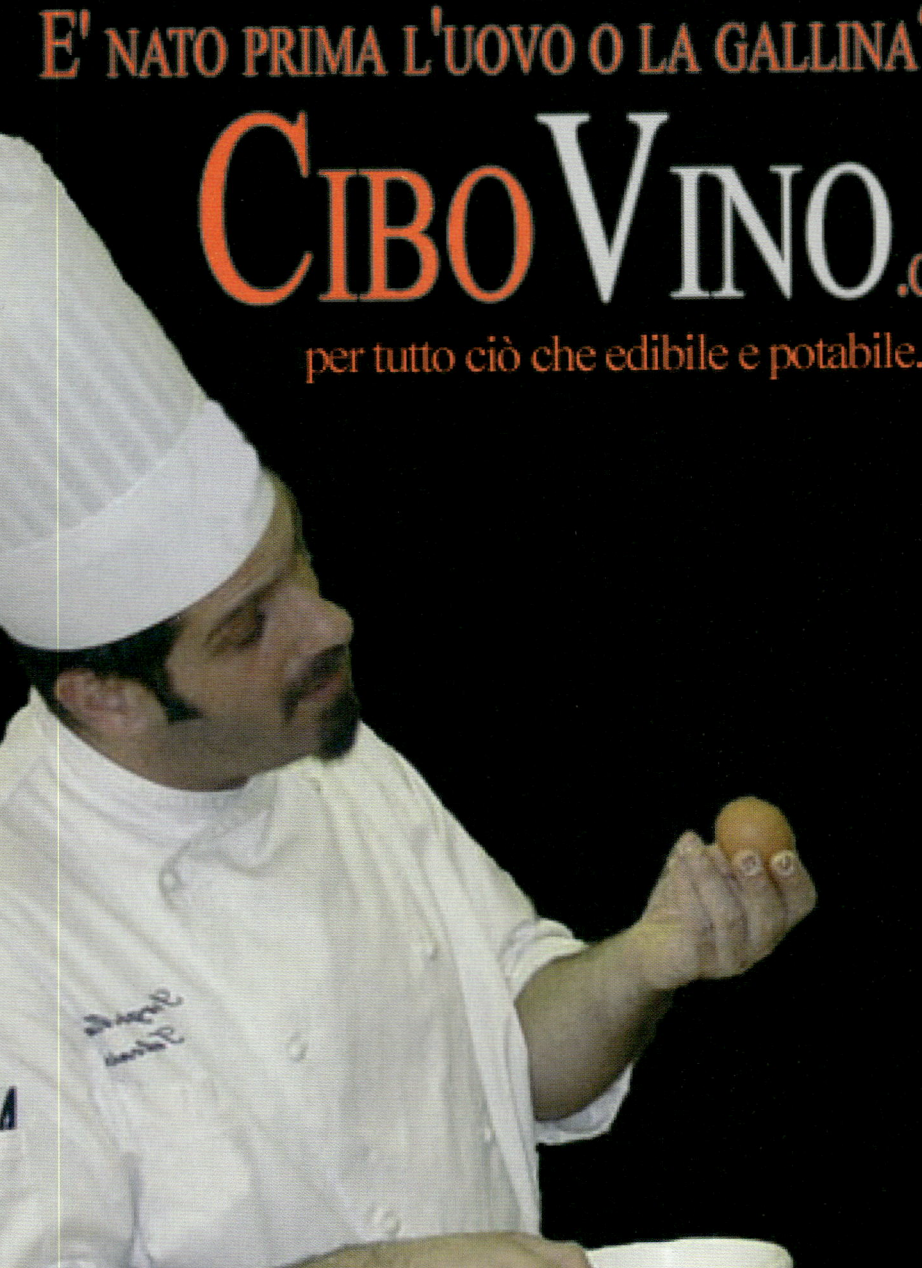

Iran
Iran

Aree olivetate o a vocazione olivicola • *Olive growing areas or areas suitable to olive growing*

Dati Statistici
Superficie olivetata nazionale 125.500 (ha)
Frantoi 30
Produzione nazionale 09-10 3.000,0 (t)
Produzione nazionale 08-09 4.500,0 (t)
Variazione - 33,33%

International Olive Oil Council - Ministry of Jihad-e-Agriculture

Statistic Data
National Olive Surface 125,500 (ha)
Olive Oil Mills 30
National production 09-10 3,000.0 (t)
National production 08-09 4,500.0 (t)
Variation - 33.33%

La storia dell'albero dell'olivo è molto antica in Iran, anche se non si riesce a stabilire esattamente a quando risalga una sua coltivazione vera e propria. Alcuni storici indicano l'epoca dei Seleucidi, la dinastia di regnanti che si afferma dopo la morte di Alessandro Magno, tra il IV e il I secolo a.C., durante la quale l'olivo pare fosse coltivato in quantità importanti. Secondo altre testimonianze invece la pianta sacra sarebbe stata portata in Iran dai profughi siriani durante il regno di Shapur I della dinastia sassanide (III secolo d.C.), l'ultima dinastia indigena a governare l'antica Persia prima della conquista islamica. In questo periodo il re sassanide Khosro avrebbe imposto delle tasse particolari su alcuni alberi, tra cui la palma da dattero e l'olivo: un evento che indica l'indubbia importanza di questa pianta nella storia economica del paese. In realtà le ricerche e gli studi effettuati finora non hanno ancora del tutto spiegato la ragione per cui questa coltura fosse così diffusa tra i contadini persiani, se cioè questi fossero interessati soprattutto alla conservazione della pianta, ovvero all'utilizzo delle olive per la produzione di olio: certo è che l'olivo e i suoi frutti erano connotati di un valore sacrale. La composizione del terreno e le condizioni climatiche fanno dell'Iran, paese mediorientale del sud-ovest asiatico, una terra dove l'olivicoltura è praticabile. Il suo territorio coincide con la parte occidentale dell'altopiano iranico che continua nelle terre afghane e pakistane. Tra i rilievi si aprono ampi bacini più o meno depressi. Altri due sistemi montuosi sono a nord la catena dell'Elburz e a sud il sistema dello Zagros. Le regioni interne hanno un clima arido con forti escursioni termiche, mentre lungo le coste le condizioni sono tropicali e subtropicali. Le regioni in cui si sarebbero scoperte le prime tracce di alberi di olivo sono la provincia di Khuzestan, sulle pendici dei Monti Zagros (a ovest, presso Ahvaz), e quella di Fars (più a sud, presso Shiraz). A cui vanno aggiunte altre piantagioni nella provincia di Gilan (Rudbar, Manjil) e nella baia di Gorgan, presso il Mar Caspio (a nord-ovest), come documenta il diario di viaggio del poeta Naserkhosro risalente al XI secolo d.C.. Sta di fatto che tuttora la maggior parte del patrimonio olivicolo è concentrato soprattutto nella valle tra Tarom e Manjil, a pochi chilometri dalla costa del Mar Caspio. Si tratta di circa 4 milioni di olivi, destinati quasi tutti alla produzione di olio, distribuiti su una superficie olivicola totale di più di 125mila ettari, suscettibili di un incremento annuo. I dati produttivi della campagna 2009-2010 sono i seguenti: 3mila tonnellate di olio, con una diminuzione del 33,33% rispetto all'annata precedente. La tendenza è tuttavia alla crescita, dovuta all'aumento degli impianti olivicoli e al miglioramento delle tecniche di trasformazione che avviene in 30 frantoi attivi sull'intero territorio. La varietà autoctona largamente più diffusa è la zardah zeh, varietà da olio particolarmente esistente al freddo. Seguono le cultivar a doppia attitudine ciah e mare. Nella regione di Gorgan si sta inoltre studiando l'adattabilità di altre note varietà straniere: le greche amygdalolia e koroneiki, la spagnola manzanilla, l'americana mission e la nabali baladi, originaria di Giordania e Palestina.

The olive tree in Iran goes back to ancient times, but it is difficult to ascertain exactly when serious cultivation began. Some historians indicate the age of the Seleucids, the dynasty that came into power after the death of Alexander the Great between the 4th and the 1st century B.C.. In this period it seems that there were considerable quantities of olive trees. Instead, according to other sources, this holy tree was brought to Iran by Syrian refugees during the reign of Shapur I of the Sassanian dynasty (3rd century A.D.), the last national dynasty that governed ancient Persia before the Islamic conquest. In this period the Sassanian king Khosro imposed taxes on some trees, which included the date palm and the olive tree. This event shows the undisputable importance of the olive tree in the economic history of the country. However the research and the studies carried out up to now have not completely explained why this cultivation was so widespread among Persian peasants, if they were interested in the conservation of the tree or in using olives to produce oil; what is certain is that the olive tree and its fruit had a religious importance. The composition of the soil and the climatic conditions make olive growing possible in Iran, a Middle-Eastern country of south-western Asia. Its area coincides with the western part of the Iranian plateau, which continues in the Afghan and Pakistani territories. Between the reliefs there are vast, more or less depressed, basins. Two other mountainous systems are, to the north, the chain of Elburz and, to the south, the system of Zagros. The inner regions have a dry climate with a wide range of temperatures, while along the coasts the conditions are tropical and subtropical. According to some sources, the regions where the first traces of olive trees were discovered are the province of Khuzestan, on the side of the Zagros Mountains (to the west near Ahvaz), and the province of Fars (more to the south, near Shiraz). Other plantations are in the province of Gilan (Rudbar, Manjil) and in the bay of Gorgan, near the Caspian Sea (to the north-west), as is witnessed by the travel journal of the poet Naserkhosro (11th century A.D.). Nowadays most of the olive groves are concentrated in the valley between Tarom and Manjil, a few kilometres from the coast of the Caspian Sea. Here there are around 4 million olive trees, almost entirely destined to olive oil production, spread over a total area of more than 125,000 hectares, this figure seems to be increasing yearly. The data of the oil harvest 2009-2010 are the following: 3,000 tons of oil with a 33.33% decrease compared to the previous year. The sector is however expanding thanks to the increase of olive groves and the improvement of transformation techniques, at present carried out in 30 olive oil mills spread over the whole territory. The most common autochthonous variety is zardah zeh, which is used for olive oil production and is resistant to cold temperatures. Moreover there are the double use cultivars ciah and mare. In the region of Gorgan studies are being carried out to ascertain the adaptability of other foreign cultivars: the Greek amygdalolia and koroneiki, the Spanish manzanilla, the American mission and the variety nabali baladi, native to Jordan and Palestine.

Federazione Nazionale Personal Chef

- Servizi di personal chef a domicilio per aziende e privati fruibile in tutta italia con copertura capillare del territorio
- Corsi di cucina amatoriale e/o professionale a domicilio e nelle nostre scuole
- Progetto "gustitalia" volto alla valorizzazione e diffusione sia del prodotto che della ristorazione di qualità made in italy certificata dalla federazione
- Consulenza tecnica
- Sviluppo e progettazione nuovi format di settore consulenza in comunicazione e marketing
- Un brand commerciale (certificazione di qualità) in licenza d'uso esclusiva per area
- Attività di formazione del personale
- Aggiornamenti formativi periodici

Via di Vallelunga 14/A Tel/Fax +39 06 90380590 info@federpersonalchef.i
00067 Morlupo (Roma) Mobile: +39 392 1050047 www.federpersonalchef.i

Afghanistan
Afghanistan

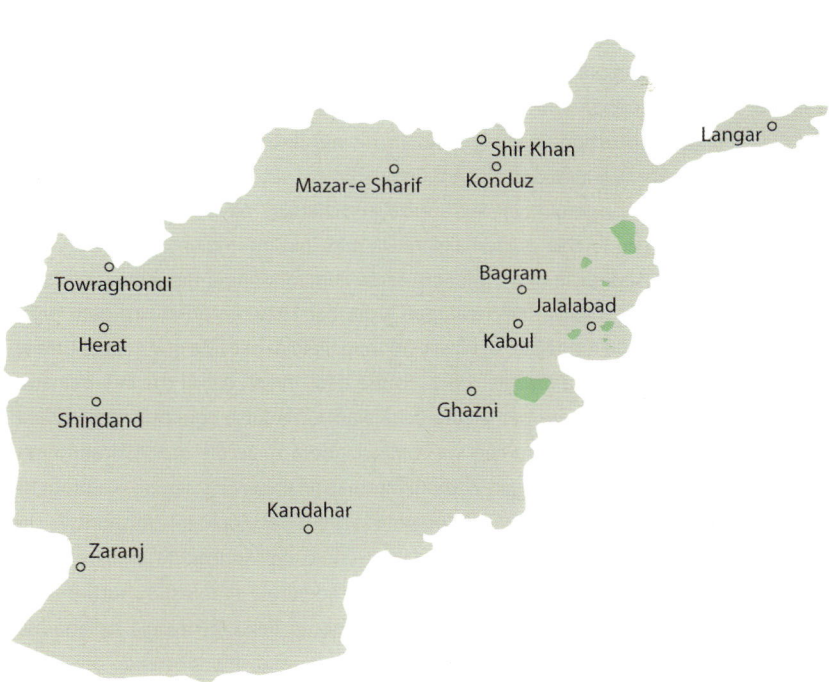

Aree olivetate o a vocazione olivicola • *Olive growing areas or areas suitable to olive growing*

Dati Statistici
Superficie olivetata nazionale	1.752 (ha)
Frantoi	1
Produzione nazionale 09-10	5,0 (t)
Produzione nazionale 08-09	25,0 (t)
Variazione	- 80,00%

Nangrahar Valley Development Authority

Statistic Data
National Olive Surface	1,752 (ha)
Olive Oil Mills	1
National production 09-10	5.0 (t)
National production 08-09	25.0 (t)
Variation	- 80.00%

L'Afghanistan è uno stato dell'Asia centrale che confina a nord con il Tagikistan, l'Uzbekistan e il Turkmenistan, a ovest con l'Iran, a sud e a est con il Pakistan e infine con la Cina in quella regione protesa verso est, nota come corridoio del Wakhan. Ha un clima continentale con inverni rigidi ed estati torride, il che determina una forte aridità e un paesaggio riarso e brullo, dominato da steppa adibita a pascolo. Ma sul versante sud-orientale, lungo il confine con il Pakistan, ridotte aree forestali beneficiano dell'influsso monsonico. Allora il clima si fa più mite, a tratti quasi mediterraneo. Qui, in particolare nella provincia di Nangarhar, è presente l'olivo. E qui fino a una ventina di anni fa si produceva l'olio, prima che gli anni bui della guerra civile portassero distruzione e abbandono anche in questo settore. Nella provincia di Nangarhar l'olivicoltura nasce negli anni Cinquanta del secolo scorso, quando alcune varietà di olivo (himdi, gemlec, evalec, azerbaijani, chemlec, egypt, chemlali) vengono importate da Egitto, Turchia e Azerbaigian. Da principio un impianto pioniere viene realizzato su una superficie di 6 ettari, poi l'area aumenta fino a raggiungere i 2.900 ettari, con 4 fattorie. L'apice dello sviluppo si ha nel 1979, un anno ricordato per i volumi prodotti: 2.200 tonnellate di olive e 50 tonnellate di olio. Ma questi quantitativi si riducono praticamente a zero nel 1992 a causa degli eventi bellici che determinano il venir meno dei servizi base per la cura della pianta. Ma forse oggi può dirsi iniziata una nuova era per il comparto che sta cominciando a rinascere grazie all'aiuto dei governi degli altri paesi, alle organizzazioni internazionali per lo sviluppo e a progetti come quello denominato NVDA (Nangarhar Valley Development Authority), un grosso programma agricolo patrocinato dal Ministero dell'Agricoltura afghano nella provincia di Nangarhar. Così l'olivicoltura sta riprendendo a dare i suoi frutti e l'olio extravergine a essere prodotto anche con il contributo della tecnologia italiana nel campo dell'estrazione. Oggi la superficie olivetata in produzione si estende per 1.752 ettari, circa il 12% dell'area potenzialmente produttiva, ed è totalmente destinata alla trasformazione dei frutti in olio. Il numero delle piante sfiora i 325mila esemplari e ogni anno sono piantati nuovi alberi. L'area coltivata si concentra per lo più nella parte centro-settentrionale della provincia di Nangarhar, ma distese di olivi selvatici ricoprono anche alcune zone montuose delle province di Konar e Khowst, rispettivamente a nord e a sud della stessa. Qui sono in programma degli investimenti per rendere queste aree produttive, ma si tratta di progetti che richiederanno anni prima dell'effettiva realizzazione. Al momento in Afghanistan esiste un'unica fabbrica per l'estrazione dell'olio che si avvale di moderni macchinari italiani. Non esistono frantoi di tipo tradizionale a presse. Nella campagna 2009-2010 si stima che siano state prodotte 5 tonnellate di olio, con una diminuzione dell'80% rispetto all'annata precedente. Le aspettative per il futuro sono che il governo del paese o le organizzazioni internazionali supportino progetti di sviluppo come quello della provincia di Nangarhar perché l'olivicoltura afghana riprenda a prosperare e possa conquistarsi finalmente un posto sul mercato locale.

Afghanistan in central Asia borders on Tagikistan, Uzbekistan and Turkmenistan to the north, on Iran to the west, on Pakistan to the south and to the east and finally on China in the eastern area known as Wakhan corridor. It is characterized by a continental climate, rigid winters and baking summers, which determines the dry character of its parched and bare landscape dominated by the steppe which is used as pasture land. However on the south-eastern side, along the border with Pakistan, a few forest areas benefit from the influence of the monsoons. Here the climate is milder, sometimes nearly Mediterranean and, especially in the province of Nangarhar, the olive tree is present. In the same area about twenty years ago olive oil was produced, before the dark years of the civil war caused the destruction and neglect of this sector. In the province of Nangarhar olive growing was introduced in the 50's, when some olive varieties (himdi, gemlec, evalec, azerbaijani, chemlec, egypt, chemlali) were imported from Egypt, Turkey and Azerbaijan. First a pioneer olive grove was realized on a surface of 6 hectares, then the area increased and reached 2,900 hectares with 4 farms. The apex of this development was 1979, a year that has been remembered for the production volume: 2,200 tons of olives and 50 tons of extra virgin olive oil. But these achievements completely disappeared in 1992 because of the war, which determined the destruction of the basic services necessary for the tree. Maybe today the sector is starting to recover thanks to the help of governments from other countries, international development organizations and projects such as NVDA (Nangarhar Valley Development Authority), an important agricultural project promoted by the Afghan Ministry of Agriculture in the province of Nangarhar. With these initiatives agriculture is flourishing again and extra virgin olive oil is being produced with the contribution of Italian technology in the field of extraction. Currently the olive surface covers 1,752 hectares, about 12% of the potential production area, and is totally destined to transformation into olive oil. The number of trees is almost 325,000 and every year new ones are planted . The cultivated area is mainly concentrated in the central-northern part of the province of Nangarhar, but wild olive trees also cover some mountainous regions of the provinces of Konar and Khowst, respectively to the north and to the south of the province of Nangarhar. Here investments are being planned to make these areas productive, but these are only projects for the future and it will take years before they are realized. At the moment in Afghanistan there is only one factory for oil extraction, that uses modern Italian machinery. There are no traditional presses. In the last harvest 5 tons of oil are thought to have been produced, with a decrease of 80% compared to the previous year. In the future the local government and the international organizations are expected to support development projects such as the one of the province of Nangarhar, so that Afghan olive growing can flourish again and finally find a place on the local market.

click on-lin
www.sol-verona.it

VX CONCORSO OLEARIO INTERNAZIONALE
VX INTERNATIONAL OLIVE OIL COMPETITION

SOL D'ORO
CONCORSO INTERNAZIONALE

VERONA 7-12/03/20

SOL
7-11/04/2011

VERONAFIER

Pakistan
Pakistan

Aree olivetate o a vocazione olivicola • Olive growing areas or areas suitable to olive growing

Dati Statistici

Superficie olivetata nazionale	**23.100 (ha)**
Frantoi	**11**
Produzione nazionale 09-10	**n.p.**
Produzione nazionale 08-09	**n.p.**
Variazione	**n.p.**

Pakistan Oilseed Development Board

Statistic Data

National Olive Surface	**23,100 (ha)**
Olive Oil Mills	**11**
National production 09-10	**n/a**
National production 08-09	**n/a**
Variation	**n/a**

Da sempre l'albero dell'olivo cresce selvaggio in Pakistan: si stima che circa 44 milioni di esemplari siano ancora oggi presenti sul suo territorio, nonostante in passato un gran numero sia stato espiantato per ricavarne materiale da costruzione e legna da ardere. E purtroppo questa è una pratica ancora esistente in alcune zone, esponendo il terreno al rischio di erosione e compromettendo il fragile ecosistema delle regioni montuose. Considerato il deciso aumento negli ultimi anni della domanda di oli alimentari, già da tempo alcuni programmi erano in corso per introdurre l'olivicoltura nel paese, ma senza studi specifici a riguardo. Per cui spesso gli impianti non erano produttivi non solo per mancanza di cure agronomiche, ma poiché erano posizionati in luoghi non idonei. Recentemente il Ministero dell'Agricoltura Pakistano, che opera attraverso il Pakistan Oilseed Development Board, si è fatto carico di convertire gli olivi selvatici in varietà produttive, tanto che oggi si registrano più di 23mila ettari olivetati con quasi 4 milioni e 600mila piante. Questo approccio, che riguarda per lo più piccole realtà in aree remote del paese, dovrebbe consentire il miglioramento dell'alimentazione della popolazione locale attraverso la produzione di un olio di elevato valore nutrizionale, nonché generare opportunità di lavoro. In particolare un progetto che il Pakistan Oilseed Development Board ha avviato insieme all'italiano Istituto Agronomico per l'Oltremare ha operato fino a un anno fa per incrementare le varietà produttive, impiantando dei ceppi madre e facendo prove sperimentali sulle cultivar, in modo da ottenere un certo numero di materiale certificato proveniente da oliveti selezionati per la riproduzione. Peraltro l'interesse per la coltivazione dell'olivo sta riscuotendo sempre maggiore consenso in Pakistan, sia da parte di piccoli produttori che di latifondisti attratti dai buoni risultati di vendita del prodotto finale, apprezzato tanto come prodotto edibile che medicinale e cosmetico. Infatti l'aumento della domanda è in continua crescita: nel biennio 2007-2008 si è attestata su circa 2.008 tonnellate nonostante il governo pakistano, per incoraggiare la produzione nazionale, abbia imposto una tassa su tutti gli oli importati. In Pakistan la superficie olivetata potenziale si aggira intorno agli 800mila ettari, ma questo dato è suscettibile di riduzione, considerando clima e morfologia del territorio oltre alla maggiore importanza di altre colture. Per cui la superficie potenziale si ridurrebbe a 264mila ettari, coltivabili in maniera più intensiva e meccanizzata laddove il terreno lo consenta e con minore densità nelle aree più difficili. Le zone più vocate si concentrano nel North West Frontier Province e nel Belucistan. Nella prima provincia si segnalano i distretti di Charsadda, Bajaur Agency, Bannu, Buner, Lower Dir, Malakand, Mardan, Swabi, Swat, Kurram Agency, Waziristan e Khyber Agency. Altre più piccole concentrazioni sono presenti anche nei distretti di Batagram, Shangla e Kohistan. Nel Belucistan spiccano i comprensori di Barkhan, Loralai, Killa Saifullah, Musakhel e Kohlu. L'inizio dell'attività produttiva è in programma nei prossimi anni, ma è necessario un massiccio supporto tecnico e un coinvolgimento di tutti i potenziali sostenitori per favorire il futuro sviluppo dell'olivicoltura pakistana.

The wild olive tree has always grown in Pakistan: about 44 million trees are reckoned to still exist on its territory, although in the past a large number were cut down for building material and firewood. Unfortunately this practice still exists in some areas with the consequent risk of soil erosion and the endangering of the fragile ecosystem of mountainous regions. Considering the strong increase in the demand of food oil in the last few years, some programs have been carried out to introduce olive growing into the country, but specific studies have not been worked out. For this reason very often olive groves are not productive because of the lack of agronomic care and because of their unsuitable location. Recently the Pakistan Ministry of Agriculture through the Pakistan Oilseed Development Board has started converting wild olive trees into productive varieties. Today there are therefore over 23,000 olive hectares with almost 4,600,000 trees. This policy, which uses small structures in the remotest areas of the country, should bring about an improvement in the life of the local people thanks to both the production of a highly nutritional olive oil and to the creation of new working opportunities. In fact at the moment a project of the Pakistan Oilseed Development Board is in progress, which, together with the Italian Istituto Agronomico per l'Oltremare is trying to increase the productive varieties in Pakistan, planting stumps and experimenting on cultivars, in order to obtain certified material from olive groves selected for reproduction. Furthermore olive cultivation is growing increasingly more popular in Pakistan both among small producers and landowners interested in the successful sales of the end product, which is appreciated as a food, a medicine and a cosmetic. In fact the increase in demand is growing fast: in 2007-2008 it was around 2,008 tons, in spite of the tax imposed by the government on imported olive oils to protect national production. In Pakistan the potential olive surface is about 800,000 hectares, but this figure might be lower considering the climate and the conformation of the territory and the greater importance of other cultivations. Therefore the potential surface may be about 264,000 hectares, which can be cultivated in an intensive and mechanized way where the soil permits and with lower density in difficult areas. The most suitable areas are concentrated in the North West Frontier Province and in Belucistan. In the first province we can mention the districts of Charsadda, Bajaur Agency, Bannu, Buner, Lower Dir, Malakand, Mardan, Swabi, Swat, Kurram Agency, Waziristan and Khyber Agency. Other small areas are also present in the districts of Batagram, Shangla and Kohistan. Finally in Belucistan there are the areas of Barkhan, Loralai, Killa Saifullah, Musakhel and Kohlu. Production should be started in the near future, but a relevant technical support and the involvement of all potential promoters are necessary to favour the future development of Pakistan olive growing.

AFFIDABILITÀ
PROFESSIONALITÀ
RAPIDITÀ

...perchè la qualità non ha bisogno di troppe parole!

AMADEUS
INDUSTRIA POLIGRAFICA

Forti di un'esperienza trentennale nel settore, siamo in grado di offrirvi:
- stampa offset editoriale e commerciale
- stampa digitale piccolo e grande formato
- grafica ed impaginazione

Assistenza costante e qualificata
Esperienza al vostro servizio
Contattateci per un preventivo gratuito

Amadeus - Industria Poligrafica Europea srl
s.s. Nettunense Km 7,347 Ariccia (Rm)
Tel. 06.93.43.687 - Fax 06.93.43.685
preventivo@amadeus-spa.com - www.amadeus-spa.com

Azienda certificata FSC - Certificato n. SA-COC-001682

FSC
www.fsc.org
FSC® C010787

Il marchio della gestione forestale responsabile

India
India

Aree olivetate o a vocazione olivicola • Olive growing areas or areas suitable to olive growing

Dati Statistici
Superficie olivetata nazionale	210 (ha)
Frantoi	n.p.
Produzione nazionale 09-10	n.p.
Produzione nazionale 08-09	n.p.
Variazione	n.p.

Statistic Data
National Olive Surface	210 (ha)
Olive Oil Mills	n/a
National production 09-10	n/a
National production 08-09	n/a
Variation	n/a

International Olive Oil Council - Rajasthan Olive Cultivation Limited

L'India sta compiendo i primissimi passi che potrebbero portarla, nel giro di qualche anno, a diventare un paese olivicolo. Con l'impiego della tecnologia adatta, infatti, c'è un importante potenziale da sviluppare. Questa consapevolezza, e gli obiettivi che ne conseguono, sono alla base dell'accordo che la regione indiana del Rajasthan e alcune società israeliane, leader nelle moderne tecniche di irrigazione, hanno stipulato fin dal 2007 per lo sviluppo di un nuovo modello di olivicoltura in questa regione che presenta un clima simile a quello dello stato di Israele. L'ambizioso progetto, frutto di un'ampia fase di ricerca, porterà, con l'introduzione di piante di olivo di diverse varietà, importanti indicazioni agronomiche sulle effettive possibilità di sviluppo dell'olivicoltura in India. Con la supervisione dei tecnici israeliani e la messa in atto di innovative modalità di irrigazione a goccia, il primo impianto pilota di 30 ettari è stato creato nel piccolo villaggio di Basbisna, a circa 160 chilometri da Japur, capoluogo della regione. A questo se ne aggiungono sei, di 30 ettari ognuno (a Baror e Anoopgarh, nel distretto di Ganganagar; a Lunkaransar in quello di Bikaner; a Tinkaradi in Alwar; a Kishanpura in Jaipur; a Sandhu in Jalore), per un totale di circa 100mila pianticelle importate da Israele, selezionate tra le varietà con una maggiore resa in olio. Sebbene esistano sul territorio olivi che crescono selvaggi negli stati di Jammu e Kashmir e Himachal, nonché nella foresta del Terai al confine con il Nepal, questo è il primo esperimento su larga scala e sulla base di ricerche tanto accurate. Infatti già quindici anni fa un tentativo di impianto era stato condotto nel distretto di Sikar, ma gli olivi non erano sopravvissuti alle alte temperature, che qui superano quelle del deserto israeliano, e ai forti venti afosi. Ma l'attuale progetto ha previsto, per i sette impianti pionieri, un sito circondato da piante tropicali sempreverdi e speciali supporti di bambù per ogni albero a difesa dai venti, nonché sensori per il monitoraggio della salute di ciascun olivo. L'irrigazione comprenderà il metodo dell'iniezione diretta, in cui le radici delle piante sono raggiunte direttamente dall'acqua e dai nutrienti. Questo consente di risparmiare il 40% dell'acqua normalmente utilizzata con i tradizionali sistemi di irrigazione a goccia, ottenendo buone risposte produttive. La produzione di olive prevista è già stata acquistata da un'azienda israeliana che si occuperà della trasformazione in olio, per poi venderlo a livello locale. Le ottime premesse per il futuro sviluppo stanno interessando gradualmente i coltivatori locali, che contano sull'aumento della domanda di olio da olive da parte del mercato interno. Infatti, sebbene la maggioranza della popolazione indiana non possa al momento permettersene il consumo, a causa degli altissimi prezzi del prodotto importato, tuttavia la popolarità dell'olio da olive sta crescendo rapidamente in relazione al riconoscimento, recentemente comunicato in India anche dall'International Olive Oil Council, dell'azione che questo svolge nella prevenzione delle malattie cardiovascolari che sono oggi qui una delle principali cause di decesso. Allora la coltivazione e la produzione locale può diventare il mezzo per portare i prezzi a un livello accessibile a strati sociali più ampi.

India might become an olive oil producer in the next few years. In fact an important potential can be developed with the use of adequate technology. For this reason the Indian region of Rajasthan and some Israeli companies, leaders in the development of irrigation techniques and technology drew up an agreement in 2007, in order to promote a new model of olive growing in this area, which has a climate similar to Israel. This ambitious project was the product of careful research and will consist in the introduction of olive trees of different varieties, to obtain important agronomic information on the real possibility of an Indian olive growing. Supervised by Israeli technicians, the first pilot plantation using advanced irrigation techniques has been started on 30 hectares in the small village of Basbisna, at about 160 kilometres from Japur, the main city. In the same region other six olive groves have been realized, each ne covering 30 hectares (in Baror and Anoopgarh, in the district of Ganganagar; in Lunkaransar, in the district of Bikaner; in Tinkaradi in Alwar; in Kishanpura in Jaipur; in Sandhu in Jalore), with a total amount of about 100,000 small plants imported from Israel, after being selected among the varieties with the best oil yield. Although wild olive trees grow in the states of Jammu and Kashmir and Himacha, as well as in the forest of Terai, on the border with Nepal, this is the first experiment on a large scale based on careful research. In fact about 15 years ago a plantation was started in the area of Sikar, but the olive trees could not survive the temperatures, which are higher than in the Israeli desert, and the strong hot winds. Therefore the present project involving the 7 pioneer plantations consists of a site surrounded by tropical evergreen trees and special bamboo fences to protect every tree from the wind, besides special sensors to monitor their health. Irrigation will be effected by direct injection, so that the tree roots will be reached directly by water and nutrients. This method can save 40% of the water normally used with traditional systems, allowing a good productive yield. The future production in olives has already been purchased by an Israeli company, which will carry out their transformation and sell the oil to the local market. These favourable prospects of a future development are gradually attracting the attention of local producers, who are relying on an increase in the demand of olive oil in the domestic market. In fact, although the most Indian people cannot at the moment afford oil consumption because of the high price of the imported product, the popularity of olive oil is increasing rapidly thanks to information campaigns about the oil protective role against heart diseases, at present one of the main causes of death in the country, carried out by organizations like the International Olive Oil Council. Local cultivation and production might therefore become a way to make prices affordable to more social classes.

Nepal
Nepal

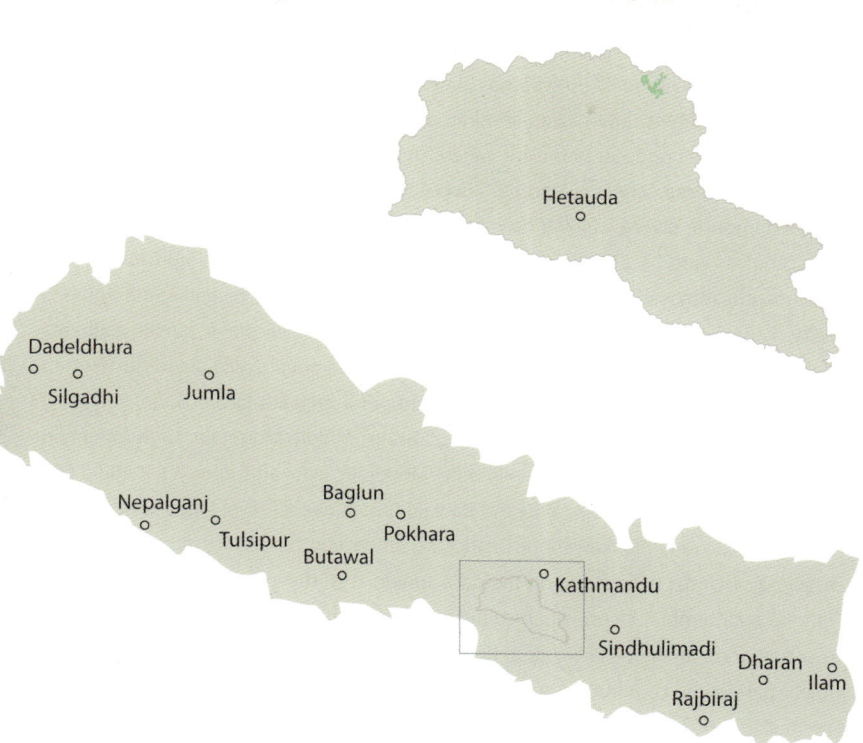

Aree olivetate o a vocazione olivicola • *Olive growing areas or areas suitable to olive growing*

Dati Statistici
Superficie olivetata nazionale	10 (ha)
Frantoi	1
Produzione nazionale 09-10	n.p.
Produzione nazionale 08-09	n.p.
Variazione	n.p.

Statistic Data
National Olive Surface	10 (ha)
Olive Oil Mills	1
National production 09-10	n/a
National production 08-09	n/a
Variation	n/a

Food and Agriculture Organization of the United Nations - Himalaya Plantations Private Limited

Rispetto alle radici antichissime che ha in altri paesi del mondo, cominciando da quelli mediterranei, l'olivicoltura ha una storia piuttosto recente in Nepal, così come in altre regioni monsoniche di India, Cina, Pakistan. Pur essendo documentata una presenza remota dell'olivo indigeno o di sottospecie locali che indicano la possibilità in queste terre di una coltura dell'olea europaea, si ritiene che l'olivo sia stato introdotto per la prima volta nel 1965 da un nepalese proveniente dall'India e che sia stato piantato nel distretto di Bajura (Far-Western Nepal), a Matyalo, su terrazzamenti lungo il fiume Karnali. Il ventennio 1978-1998 vede il Nepal al centro di numerosi progetti internazionali mirati all'introduzione nel paese dell'olivicoltura. Da Israele provengono le prime tre varietà (novo, nabali e manzanilla) che vengono piantate a Kirtipur, Jumla e Marpha. Successivamente l'Himalaya Plantations Private Limited importa diverse cultivar da Francia e Italia, per realizzare gli impianti chiamati "Toscana" e "Vinci" a Chitlan e Bisinkhel, nel Makawanpur District, non lontano da Kathmandu. Altre varietà provengono da Egitto (toffahi, hamedi, picual) e Siria (sourani, zaity, kaissy). Attualmente la più importante stazione olivicola è quella realizzata dall'Himalaya Plantations Private Limited che, con poco più di 2mila piante su 10 ettari di terreno, ha iniziato nel 2006 a produrre olio per il mercato locale. Suddividendo il Nepal in cinque regioni geografiche (Terai, Siwalik, Middle Mountain, High Mountain e High Himalaya), la fascia delle Middle Mountain, con altitudini tra 1.400-2.000 metri e un clima temperato-caldo, è stata valutata idonea all'olivo. L'area scelta per gli impianti si trova nel Makawanpur District, su un terreno terrazzato, di natura acida e argillosa, asciutto nella stagione fredda e umido d'estate o durante il monsone, da giugno a settembre. Le principali cultivar presenti sono importate da Francia e Italia e provengono anche dalla vicina India: cipressino, leccino, nocellara del Belice, tonda iblea, pendolino, coratina, frantoio, manzanilla, mission, verdale de l'Herault, cayon, bouteillan, aglandau, picholine. Inoltre erano già state introdotte da un precedente progetto spagnolo: shami, chemlali, empeltre, hojiblanca, souri, sevillenca, morona, azapa, dan, pico limón, lechín de Sevilla, picudo, arbequina, gordal. Lo studio attento dello sviluppo delle piantagioni, in relazione alle condizioni climatiche e alle tecniche agricole praticate, ha permesso una coltivazione corretta, con rese produttive soddisfacenti, facendo dell'olivo una coltura potenzialmente valida per il paese a livello commerciale. Particolarmente proficua in ambito agronomico si è rivelata i questi anni la collaborazione con un gruppo di tecnici israeliani. Mentre, per quanto riguarda la trasformazione, il primo frantoio a ciclo continuo a due fasi è stato importato dall'Italia. Ora i passi successivi riguardano la ripresa dell'attività vivaistica, lo studio della biodiversità locale per un migliore utilizzo delle specie indigene, la produzione di olive da tavola, l'elaborazione di un modello di olivicoltura comunicabile agli agricoltori locali ed ecosostenibile e infine il miglioramento qualitativo del prodotto finale, con possibile produzione di oli monovarietali da confrontare con gli stessi degli altri paesi.

Compared to the ancient roots it has in other countries in the world, such as the Mediterranean ones, olive growing is quite recent in Nepal, as in other monsoon regions in India, China and Pakistan. Although a remote presence of the autochthonous olive tree or of local subspecies is documented, showing that a cultivation of the olea europaea is possible in these lands, the olive tree is thought to have been introduced for the first time in 1965 by a Nepalese coming from India. It was planted in the district of Bajura (Far-Western Nepal), in Matyalo, on terraces along the river Karnali. From 1978 to 1998 Nepal was involved in numerous international projects aiming at introducing olive growing into the country. The first three varieties (novo, nabali and manzanilla) came from Israel and were planted in Kirtipur, Jumla and Marpha. Later the Himalaya Plantations Private Limited imported several cultivars from France and Italy to create the plantations called "Toscana" and "Vinci" in Chitlan and Bisinkhel, in the Makawanpur District, not far from Kathmandu. Other varieties come from Egypt (toffahi, hamedi, picual) and Syria (sourani, zaity, kaissy). Currently the most important olive grove has been realized by the Himalaya Plantations Private Limited. It covers 10 hectares of land with about 2,000 trees and started producing olive oil for the local market in 2006. If we divide Nepal into five geographical regions (Terai, Siwalik, Middle Mountain, High Mountain and High Himalaya), the area of the Middle Mountain with a height of 1,400-2,000 metres a.s.l. and a temperate-warm climate, can be suitable for the olive tree. The olive groves will be planted in the Makawanpur District, on a terraced land with an acid, clayey soil, dry in winter and wet in summer or during monsoons from June to September. The most common cultivars are imported from France, Italy and nearby India: cipressino, leccino, nocellara del Belice, tonda iblea, pendolino, coratina, frantoio, manzanilla, mission, verdale de l'Herault, cayon, bouteillan, aglandau, picholine. Moreover a previous Spanish project introduced shami, chemlali, empeltre, hojiblanca, souri, sevillenca, morona, azapa, dan, pico limón, lechín de Sevilla, picudo, arbequina, gordal. Careful research on the olive grove growth in connection with the climatic conditions and the agricultural techniques has allowed a correct cultivation with a satisfactory yield, making olive growing a prospective profitable cultivation for the country. In the last few years the cooperation with a group of Israeli technicians has proved particularly useful. As to transformation, the first two-phase continuous cycle oil mill has been imported from Italy. The next steps will concern the revival of nurseries, the study of local biodiversity to better use autochthonous varieties, the production of table olives, the development of suitable and ecosustainable olive growing techniques and the improvement of the quality of the end product, besides the prospective production of monovarietal extra virgin olive oils to compare with the same ones from other countries.

Cina
China

Aree olivetate o a vocazione olivicola • *Olive growing areas or areas suitable to olive growing*

Dati Statistici
Superficie olivetata nazionale	**31.000 (ha)**
Frantoi	**6**
Produzione nazionale 09-10	**500,0 (t)**
Produzione nazionale 08-09	**484,0 (t)**
Variazione	**+ 3,31%**

Ministry of Agriculture of People's Republic Cina

Statistic Data
National Olive Surface	**31,000 (ha)**
Olive Oil Mills	**6**
National production 09-10	**500.0 (t)**
National production 08-09	**484.0 (t)**
Variation	**+ 3.31%**

L'olivicoltura non ha un'antica tradizione in Cina, bensì una storia recente che risale alla metà del secolo scorso: dal 1956 al 1987 infatti circa 130 varietà di olivo vengono importate da Italia, Spagna, Francia, Albania, Grecia e dai paesi balcanici; e oggi si coltivano cultivar come arbequina, ascolana tenera, cipressino, coratina, frantoio, gordal, himares, hojiblanca, kalinjot, km berat, kpbimcka, leccio, manzanilla, pendolino, picholine, pucual, nikitskii. E non mancano le varietà locali: chenggu-22, chenggu-31, chenggu-32, ezhi-8, jufeng-6 e zhongshan-24. Infatti in Cina esiste un'area olivicola potenziale che ricopre circa 310mila ettari, distribuita su due regioni. La più vocata comprende la valle del fiume Bailong, nella provincia di Gansu, a nord-ovest, e quella del fiume Jinsha, tra le province di Yunnan e di Sichuan, nel centro-sud. L'altra è a sud, suddivisa tra il corso superiore del fiume Hanshui, le valli dei fiumi Jialing e Yangtze e la regione del Lago Dian. Attualmente gli impianti si estendono su 31mila ettari dove si contano nella totalità quasi 13 milioni di esemplari. La maggiore concentrazione è nelle province di Gansu, Yunnan, Sichuan, Shaanxi e presso la città di Chongqing. Nella zona di Gansu gli oliveti si trovano soprattutto nel distretto di Wudu e nella valle del fiume Bailong. L'area di Wudu, dove gli alberi sono produttivi dal 2005, è considerata la pioniera dell'olivicoltura cinese e rifornisce peraltro di piante giovani le altre regioni. Qui si coltivano cultivar internazionali, come frantoio, leccio, picholine, picual, pendolino; e locali, come jiufeng-6, ezhi-8, chenggu-32 e chenggu-31. Nella provincia di Yunnan gli impianti occupano le contee di Yongren e di Yongsheng, oltre ai dintorni di Kunming, nella valle dello Jinsha. Altri alberi giovani si aggiungono presso le città di Taoyuan, Chenghai e Jingyuan; e sono inoltre previsti nuovi impianti nei prossimi 5 anni. Nella provincia di Sichuan emerge la regione di Xichang; mentre anche la città di Guangyuan ha dato impulso a una zona olivicola: ma le rese sono basse per via della natura del terreno, dell'irradiazione solare e dell'altitudine. Una zona particolarmente vocata è invece quella della città di Mianyang. Nella provincia di Shaanxi si può dire che il governo stia puntando decisamente sul settore olivicolo: una delegazione di tecnici ha addirittura visitato i due colossi olivicoli europei, la Spagna e l'Italia, per apprendere le tecnologie moderne e gettare le basi del futuro sviluppo dell'industria. In crescita, infine, la regione intorno alla città di Chongqing dove sono previsti numerosi impianti. I frantoi attivi nel paese sono 6, mentre i dati produttivi relativi alla campagna 2009-2010 registrano una resa pari a 500 tonnellate, con un aumento del 3,31% rispetto all'annata precedente: una produzione ovviamente limitata, dati gli impianti giovani, senza ancora penetrazione nel mercato. Con prezzi peraltro molto più alti rispetto a quelli dell'olio importato, che già è 10 volte più caro degli altri oli vegetali. Per cui anche il consumo è esiguo, se paragonato con questi ultimi. Ma recentemente (2001-2005), soprattutto in relazione agli importanti aspetti nutrizionali e salutistici, sempre più consumatori iniziano a porre maggiore attenzione all'olio da olive, con un massiccio incremento annuo delle importazioni.

Olive growing does not have an ancient tradition in China, it has a recent history which dates back to the middle of the last century: from 1956 to 1987 about 130 olive varieties were imported from Spain, France, Albania, Greece and the Balkans. Today cultivars like arbequina, ascolana tenera, cipressino, coratina, frantoio, gordal, himares, hojiblanca, kalinjot, km berat, kpbimcka, leccio, manzanilla, pendolino, picholine, picual, nikitskii are cultivated. Moreover there are local varieties: chenggu-22, chenggu-31, chenggu-32, ezhi-8, jufeng-6 e zhongshan-24. In fact in China there is a potential olive area covering about 310,000 hectares which includes two regions. The most suitable region for olive growing embraces the valley of the river Bailong in the province of Gansu to the north-west and the valley of the river Jinsha between the provinces of Yunnan and Sichuan in the centre-south. The other region is divided into the upper reaches of the river Hanshui, the valleys of the rivers Jialing and Yangtze and the region of lake Dian. Currently olive groves stretch over 31,000 hectares with almost 13 million trees. They are mainly concentrated in the provinces of Gansu, Yunnan, Sichuan, Shaanxi and near the town of Chongqing. In the area of Gansu the olive groves are especially in the district of Wudu and in the valley of the river Bailong. The area of Wudu, where the trees have been productive since 2005, is considered the pioneer of Chinese olive growing and supplies the other regions with young trees. Here international cultivars like frantoio, leccio, picholine, picual, pendolino and local varieties like jiufeng-6, ezhi-8, chenggu-32 e chenggu-31 are cultivated. In the province of Yunnan the olive groves are situated in the county of Yongren and Yongsheng and near Kunming in the valley of Jinsha. Other young olive trees can be found near the towns of Taoyuan, Chenghai and Jingyuan and other plantations are going to be introduced in the next 5 years. In the province of Sichuan the region of Xichang is especially important. Also the town of Guangyuan has given impetus to an olive area, but yields are low because of the nature of the soil, of the sun irradiation and altitude. Instead a favourable area is that of the town of Mianyang. In the province of Shaanxi the government is definitely promoting the olive sector: a delegation of technicians have visited France and Italy to learn modern technology and lay the foundations for the future development of this industry. Also the region round the town of Chongking is developing and many new olive groves are going to be started. There are 6 active olive oil mills in the country and the data about the harvest 2009-2010 indicate a yield of 500 tons of oil, with a 3.31% increase compared to the previous year. Production is limited because the trees are still young and therefore cannot break into the market. Moreover the prices are much higher than imported olive oil, which in its turn is 10 times more expensive than the other vegetable oils. Consequently consumption is low when compared with the other vegetable oils. However in the last few years (2001-2005) more and more consumers have taken an interest in olive oil as a healthy and nutritional food source, thus determining a considerable annual increase of imports.

Giappone
Japan

Aree olivetate o a vocazione olivicola • *Olive growing areas or areas suitable to olive growing*

Dati Statistici
Superficie olivetata nazionale	**68 (ha)**
Frantoi	**8**
Produzione nazionale 09-10	**16,0 (t)**
Produzione nazionale 08-09	**126,0 (t)**
Variazione	**- 87,30%**

Statistic Data
National Olive Surface	**68 (ha)**
Olive Oil Mills	**8**
National production 09-10	**16.0 (t)**
National production 08-09	**126.0 (t)**
Variation	**- 87.30%**

International Olive Oil Council - Ministry of Agriculture, Forestry and Fisheries

Il Giappone non è un paese olivicolo, ma negli ultimissimi anni si sta aprendo alla cultura dell'extravergine puntando su un'unica realtà presente sul territorio, ma suscettibile di futura espansione. Storicamente il primo incontro tra il Giappone e l'olivo avviene nel 1600, grazie ai frati francescani portoghesi che portano nel paese il Cristianesimo e quindi l'olio. Per questo pare che a quell'epoca la gente chiamasse quest'ultimo "olio di Portogallo" o "olio di porto". Ma a partire dal 1603 il Giappone interrompe del tutto i contatti con l'estero: in quel periodo persino i medici olandesi, i soli a varcare i confini nazionali perché molto stimati nel paese, poterono utilizzare l'olio come medicinale soltanto in ridottissime quantità. Ci vorranno più di due secoli per far riaprire le frontiere al Giappone. Nel 1879, per promuovere lo sviluppo del paese, il governo fa arrivare dall'Italia e dalla Francia le prime pianticelle di olivo, subito trapiantate nell'orto botanico di Kobe: tre anni dopo fu possibile assaggiare il primo olio prodotto in Giappone. Ma fu un esperimento fallito. Più tardi, nel 1908, furono importati dagli Stati Uniti nuovi alberi di olivo, piantati in tre diverse zone: Mie, Kagawa e Kagoshima. L'unico successo si ottenne nell'isola di Shodo-shima, nella prefettura di Kagawa, la pioniera dell'olivicoltura in Giappone. Con una superficie di 153,30 Km^2 e un'altitudine di 816 metri, Shodo-shima si colloca nel mare di Setonaikai, fra Honshu e Shikoku, la più grande e la più piccola delle isole dell'arcipelago giapponese. Una posizione riparata e tranquilla che rende il clima dell'isola simile a quello mediterraneo, caldo e piovoso. Grazie a queste caratteristiche, la produzione di olio diventa presto un'industria a Shodo-shima, con impresa privata e pubblica unite nella ricerca e nella sperimentazione: l'area olivetata aumenta e nel 1964 raggiunge una superficie di 130 ettari, con un volume produttivo di 462 tonnellate. Di contro però il parallelo sviluppo dell'economia giapponese ha una ripercussione negativa sull'olivicoltura, come pure sulle altre piccole imprese nazionali: crescendo infatti il consumo dei generi primari, aumenta anche l'importazione di olio dall'Italia, con conseguente riduzione dell'autoconsumo, nonché dell'area dedicata all'olivicoltura. Nel 1996 gli impianti si riducono così a 40 ettari e la produzione si abbassa di circa 40 tonnellate. Tuttavia oggi si registra una ripresa: la superficie olivetata raggiunge i 68 ettari e la produzione di quest'anno è di 16 tonnellate, con una diminuzione del 87,30% rispetto all'annata precedente. Le varietà coltivate sono mission, manzanilla, nevadillo blanco e Lucca. Merito del nuovo trend: l'importanza della dieta mediterranea e l'aumento dei turisti giapponesi all'estero hanno contribuito al successo dell'olio. A Tokyo sono nati negozi specializzati e un architetto giapponese di fama internazionale ha persino promosso una campagna a favore dell'olivicoltura a Shodo-shima: "Mille yen per piantare un albero di olivo". E la prefettura di Kagawa ha scelto questa pianta come proprio simbolo. La cultura dell'olivo sta dunque mettendo le prime radici e già stanno nascendo alcune cooperative che lavorano per conto terzi con l'intento di incrementare la produzione di qualità. Una nuova tendenza è inoltre la produzione di olive sotto sale.

In Japan there is no tradition of olive growing, but in the last few years the country has been developing the cultivation of a quality extra virgin olive oil, concentrating its efforts on one single olive area which will be expanding in the future. The first step of the Japanese olive history occurred in the 17th century, when the Portuguese Grey Friars brought Christianity and consequently olive oil into the country. For this reason it seems that people called it "Portuguese oil" or "harbour oil". But after 1603 Japan completely broke off its contacts with foreign countries: at the time even the highly esteemed Dutch doctors, the only foreign doctors allowed into Japan, could use only very small quantities of olive oil for medicinal purposes. More than two centuries went by before Japan opened its borders again. In 1879 in order to promote the development of the country, the government imported the first small olive trees from Italy and France. They were immediately transplanted in the botanical garden of Kobe: three years later it was possible to taste the first olive oil produced in Japan. But the experiment failed. After some years, in 1908, new olive trees were imported from the United States and were planted in three different areas: Mie, Kagawa and Kagoshima. The only success was obtained on the island of Shodo-shima, in the prefecture of Kagawa, the pioneer of olive growing in Japan. Shodo-shima has a surface of 153.30 Km^2 and an altitude of 816 m a.s.l. and lies in the sea of Setonaikai between Honshu and Shikoku, the largest and the smallest islands of the Japanese archipelago . This protected and quiet position renders the climate of the island similar to the Mediterranean, warm and rainy. Thanks to these characteristics olive oil production has become a real industry in Shodo-shima and both private and public companies have taken part in research and experimentation. The olive area expanded and in 1964 reached a surface of 130 hectares with a production volume of 462 tons. However the parallel development of Japanese economy had negative consequences on olive growing and on the other small national companies: in fact the increased consumption of primary goods also increased olive oil importation from Italy, thus reducing domestic consumption and the olive area. In 1996 there were were only 40 hectares of olive groves and production went down by about 40 tons. However currently there is a recovery: the olive area has reached 68 hectares and the production of the last harvest was 16 tons, with an 87.30% decrease compared to the previous year. The cultivated varieties are: mission, manzinillo, nevadillo blanco and Lucca. The new trend is due to the growing importance of the Mediterranean diet in Japan and the greater number of Japanese tourists travelling abroad, both have contributed to the popularity and success of olive oil. In Tokyo specialized shops have been opened and a Japanese architect of international repute has even promoted a campaign for olive growing in Shodo-shima: "One thousand yen to plant an olive tree". Besides this the prefecture of Kagawa has chosen the olive tree as its symbol. Olive cultivation is therefore taking root and some co-operatives working on behalf of third parties are starting up with the aim of producing a quality end product. Moreover a new tendency is the production of pickled olives.

Flos Olei 2012

Iscriviti online al concorso e partecipa alla selezione della nuova edizione della Guida

Enter the competition online and take part in the selection of the new edition of the Guide

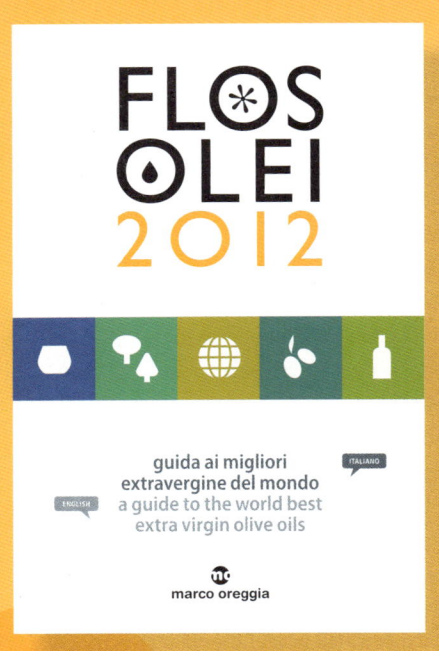

L'unica Guida internazionale in duplice lingua (italiano-inglese) **dedicata ai migliori produttori** di olio extravergine di oliva di tutto il mondo.

The only international Guide realized in double language (Italian-English) **dealing with the best producers** of extra virgin olive oil all over the world.

www.flosolei.com
shop.flosolei.com

Oceania
Oceania

Australia
Australia

Aree olivetate o a vocazione olivicola · *Olive growing areas or areas suitable to olive growing*

Dati Statistici

Superficie olivetata nazionale	**30.000 (ha)**
Frantoi	**250**
Produzione nazionale 09-10	**18.000,0 (t)**
Produzione nazionale 08-09	**16.000,0 (t)**
Variazione	**+ 12,50%**

Statistic Data

National Olive Surface	**30,000 (ha)**
Olive Oil Mills	**250**
National production 09-10	**18,000.0 (t)**
National production 08-09	**16,000.0 (t)**
Variation	**+ 12.50%**

International Olive Oil Council - Australian Government, Department of Agriculture, Fisheries and Forestry

La produzione di olio in Australia è in crescita: i dati della campagna 2009-2010 registrano 18mila tonnellate di olio contro le 16mila dell'anno precedente, con un aumento del 12,50%. E si prevede ancora un incremento nei prossimi anni, pur tenendo conto della variabile climatica specie in alcune aree del sud del continente, dove fattori come freddo e gelate mettono a rischio gli oliveti. Questa realtà è stata acutamente analizzata dallo storico Michael Burr, che ha commentato il momento presente del settore olivicolo australiano il quale sta vivendo indubbiamente una fase di rapido sviluppo che potrebbe farlo diventare in breve tempo uno dei più incisivi nel mercato mondiale: "come un neonato, l'olivicoltura australiana ha un potenziale infinito, ma nessuno può ancora prevedere cosa sarà in grado di fare". La storia dell'olivicoltura in Australia è infatti recente. Presente sul territorio fin dai primi anni dell'Ottocento, in realtà l'olivo inizia a diffondersi soltanto durante il secolo successivo, con l'arrivo in massa di immigrati greci e italiani che determinano l'aumento della domanda e lo sviluppo del mercato interno. Mentre un'industria olivicola vera e propria è il frutto di un processo di ricostituzione avvenuto soltanto negli ultimi anni. A partire dagli anni Novanta del secolo scorso infatti, sulla spinta della popolarità della dieta mediterranea e del riconoscimento delle qualità salutistiche dell'olio quale suo elemento base, si è assistito a un deciso incremento degli impianti, con la messa a dimora di circa 10 milioni di olivi su una superficie che attualmente raggiunge i 30mila ettari. Gli oliveti si trovano in tutte le regioni agricole caratterizzate da un clima temperato, con in testa lo stato di Victoria, da cui proviene una maggioranza significativa del raccolto totale. Le altre principali zone olivicole sono: le regioni di Moore River, Margaret River e Greath Southern nel Western Australia; la Fleurieu Peninsula, la Hunter Valley e la regione del fiume Murray nel South Australia; il New South Wales e il Queensland meridionale. Sono caratterizzate da un clima mediterraneo con temperature elevate durante l'estate, inverni temperati e rare gelate. Ci sono inoltre impianti in via di sviluppo in Tasmania e in altre zone dell'Australia dove le caratteristiche territoriali e climatiche sono ugualmente favorevoli a questa coltura. Il parco varietale australiano è piuttosto confuso poiché non esistono studi sistematici sull'adattabilità delle cultivar nelle diverse zone. Le varietà più comuni sono quelle importate dai paesi mediterranei - prevalentemente Spagna, Italia, Grecia - e comprendono, oltre al diffusissimo frantoio: arbequina, barnea, coratina, correggiolo, fs17, hojiblanca, kalamata, koroneiki, leccino, manzanilla, mission, nevadillo blanco, pendolino, picual e verdale. La maggioranza degli impianti ha una superficie di meno di 5 ettari; ma ai piccoli e medi produttori si stanno man mano affiancando grosse imprese orientate all'investimento in piantagioni intensive di migliaia di ettari irrigui. Queste si avvalgono di metodi moderni, nei quali l'Australia è all'avanguardia a livello mondiale, applicati nella coltivazione, nella raccolta e nella potatura, che vengono svolte per lo più con mezzi meccanici automatizzati. Anche la trasformazione avviene in impianti moderni a ciclo continuo.

Olive oil production in Australia is more and more increasing as the data of the oil harvest 2009-2010 show: 18,000 tons compared to 16,000 of the previous year, with a 12.50 increase. And a definite increase is also probable in the next years in spite of the difficult climatic conditions especially in some areas of the south, where the cold and the frosts can damage olive groves. This situation has been sharply analyzed by the historian Michael Burr, who has commented on the confused present of the Australian olive sector, which is certainly growing so fast to be able to become one of the most important in the world market. "As a baby, Australian olive growing has an infinite potential, but still nobody can tell what it will be able to do. " In fact the history of olive growing in Australia is recent. The olive tree appeared in Australia at the beginning of the 19th century, even if a real cultivation began to spread only during the following century, with the mass arrival of Greek and Italian immigrants, who made the demand increase and the domestic market develop. However a real olive growing industry is the product of a recent recovery. In fact since the 90's the popularity of the Mediterranean diet and the discovery of the health giving properties of olive oil as one of its basic elements have given rise to a strong increase in the number of olive groves with the planting of about 10 million trees on a surface that currently covers 30,000 hectares. The olive areas are all the regions with a temperate climate, especially the state of Victoria, which produces the most of the total yield. The other main olive areas are: the region of Moore River, Margaret River and Great Southern, in the state of Western Australia; the Fleurieu Peninsula, the Hunter Valley and the region of the river Murray in South Australia; New South Wales and southern Queensland. These areas have pedoclimatic characters similar to the Mediterranean basin with hot temperatures in summer, mild winters and rare frosts. Moreover there are small, but developing plantations in Tasmania and in other areas of Australia, where the territorial and climatic characteristics are equally suitable to this cultivation. The Australian range of varieties is rather confused because there are no systematic studies on the adaptability of the cultivars to the different areas. Some of the most common cultivars are those imported from Mediterranean countries, especially Spain, Italy and Greece, and include arbequina, barnea, coratina, correggiolo, fs17, hojiblanca, kalamata, koroneiki, leccino, manzanilla, mission, nevadillo blanco, pendolino, picual and verdale, besides the widespread frantoio. The olive grove surface is generally less than 5 hectares, but recently besides small and medium producers big farms interested in investing in intensive plantations have appeared on the local market. They generally use modern methods of cultivation, harvesting and pruning, where Australia is one of the most advanced countries in the world. These operations are mainly carried out with automated mechanical means. Also transformation is effected in modern continuous cycle systems.

Australia Australia [AU] Western Australia

Forest Edge Farm

874 Boyup Road - Forest Hill
Post Box 177 Mount Barker - 6324 Mount Barker
Tel. + 61 8 98511066 - Fax + 61 8 98511066
E-mail: forestedgefarm@westnet.com.au - Web: www.forestedgefarm.com.au

88

285 m.

Specializzato
Specialized

Vaso aperto
Open vase

Bacchiatura e brucatura a mano
Beating and hand picking

No - Ciclo continuo
No - Continuous cycle

Frantoio

Fruttato intenso
Intense fruity

da 8,01 a 10,00 € - 500 ml.
from € 8.01 to 10.00 - 500 ml.

Forest Edge Farm è un'azienda di proprietà di Anne e Jim Price che dal 2000 la dirigono a Forest Hill, presso il Mount Barker, operando secondo i principi dell'energia rinnovabile. Essa dispone di 7 ettari di oliveto specializzato con 1.700 piante di sola varietà frantoio. Da queste, nell'ultima campagna olearia, sono stati raccolti 150 quintali di olive, pari a una resa produttiva di 36 ettolitri di olio extravergine. Segnaliamo l'etichetta Extravergine Forest Edge Farm - Frantoio che si offre alla vista di un bel colore giallo dorato intenso con delicate sfumature verdi, limpido. All'olfatto si esprime deciso e armonico, dotato di spiccati sentori vegetali di erba fresca falciata, carciofo e cardo selvatico, accompagnati da ricche note balsamiche di menta e rosmarino. Al gusto è fine e di carattere, dotato di toni di cicoria, lattuga e spiccate note di pepe nero e mandorla in chiusura. Amaro deciso e piccante presente e ben espresso. Ideale l'abbinamento con bruschette con pomodoro, insalate di funghi porcini, marinate di pesce azzurro, passati di lenticchie, primi piatti con tonno, pesce spada alla piastra, carni rosse o cacciagione alla brace, formaggi stagionati a pasta dura.

Forest Edge Farm belongs to Jim and Anne Price, who have been running this estate in Forest Hill, near Mount Barker, since 2000. There are 7 hectares of specialized olive grove with 1,700 trees of the variety frantoio. In the last oil harvest 150 quintals of olives were produced, equal to a yield of 36 hectolitres of extra virgin olive oil. We recommend the Extra Virgin Forest Edge Farm - Frantoio, which is a beautiful intense limpid golden yellow colour with delicate green hues. Its aroma is definite and harmonic, endowed with distinct vegetal hints of freshly mown grass, artichoke and wild thistle, together with rich fragrant notes of mint and rosemary. Its taste is fine and strong, characterized by a flavour of chicory, lettuce and distinct notes of black pepper and an almond finish. Bitterness is definite and pungency is present and distinct. It would be ideal on bruschette with tomatoes, porcini mushroom salads, marinated bluefish, lentil purée, pasta with tuna, pan-seared swordfish, barbecued red meat or game, hard mature cheese.

Kailis Organic Olive Groves

3101 Donnybrook-Boyupbrook Road - Preston Valley
Post Box 256 Mount Hawthorn - 6225 Mumballup
Tel. + 61 8 92019066 - Fax + 61 8 92019811
E-mail: enquiry@kailisorganic.com - Web: www.kailisorganic.com

88

225 m.

Specializzato
Specialized

Monocono
Monocone

Brucatura a mano e meccanica
Hand picking and mechanical harvesting

Sì - Ciclo continuo
Yes - Continuous cycle

Leccino (50%), frantoio (40%), pendolino (10%)

Fruttato medio
Medium fruity

da 18,01 a 22,00 € - 500 ml.
from € 18.01 to 22.00 - 500 ml.

La Kailis Organic Olive Groves, fondata nel 2000 da Mark Peter Kailis, già produttore di vino, è una realtà di produzione olivicola biologica che si colloca nella Preston Valley. Attualmente conta su mille ettari di superficie olivetata specializzata con 300mila piante di olivo, in parte non ancora in produzione. Nella più recente campagna olearia sono stati raccolti 5mila quintali di olive, pari a una produzione di mille ettolitri di olio extravergine. Segnaliamo le due etichette Extravergine Kailis, il monocultivar Kalamata e soprattutto il Premium Blend da Agricoltura Biologica. Si offre alla vista di un bel colore giallo dorato intenso con delicate nuance verdi, limpido; all'olfatto si apre ampio e fresco, con sentori vegetali di carciofo, cardo selvatico, cicoria e note aromatiche di basilico, menta e rosmarino. Al gusto è fine e complesso, dotato di toni di lattuga, pepe nero e mandorla. Amaro e piccante equilibrati e ben espressi. È eccellente per antipasti di molluschi, insalate di farro, legumi bolliti, marinate di salmone, zuppe di orzo, risotto con funghi finferli, pesci alla griglia, seppie in umido, pollame o carni di agnello al forno, formaggi freschi a pasta filata.

Kailis Organic Olive Groves, founded in 2000 by the wine producer Mark Peter Kailis, is an organic oil farm situated in Preston Valley. Currently it has 1,000 hectares of specialized olive grove surface with 300,000 partly not productive trees. In the last harvest 5,000 quintals of olives were produced, equal to a yield of 1,000 hectolitres of extra virgin olive oil. We recommend the two selections Kailis, the Monocultivar Kalamata and especially Premium Blend from Organic Farming. It is is a beautiful intense limpid golden yellow colour with delicate green hues. Its aroma is ample and fresh, with vegetal notes of artichoke, wild thistle, chicory and aromatic notes of basil, mint and rosemary. Its taste is fine and complex, endowed with a flavour of lettuce, black pepper and almond. Bitterness and pungency are balanced and distinct. It would be ideal on mussel appetizers, farro salads, boiled legumes, marinated salmon, barley soups, risotto with chanterelle mushrooms, grilled fish, stewed cuttlefish, baked poultry or lamb, mozzarella cheese.

Talbot Grove

276 Talbot Hall Road
6302 York
Tel. + 61 8 94187583 - 8 96431021 - Fax + 61 8 94187592
E-mail: talbotgrove@dodo.com.au - Web: www.talbotgrove.com

92

- 300 m.
- Specializzato / Specialized
- Vaso libero / Free vase
- Meccanica / Mechanical harvesting
- No - Ciclo continuo / No - Continuous cycle
- Nevadillo
- Fruttato medio / Medium fruity
- da 6,01 a 8,00 € - 375 ml. / from € 6.01 to 8.00 - 375 ml.

Una prova straordinaria per la Talbot Grove di York, nel Western Australia, che non potevamo non incoronare come Il Frantoio Emergente. Nata nel 1997 come un'avventura pionieristica di Frederik von Altenstadt, che pianta 6mila olivi su 24 ettari di proprietà della sua famiglia, oggi è una realtà di spicco che produce oli monovarietali di altissima qualità. La raccolta di quest'anno ha fruttato 700 quintali di olive, pari a 160 ettolitri di olio. Segnaliamo due Extravergine, entrambi eccellenti: il Peppery Taste - Frantoio e soprattutto il Nutty Taste - Nevadillo. Appare alla vista di colore giallo dorato intenso con nuance verdoline, limpido; al naso si apre deciso e ampio, con ricchi sentori fruttati di pesca, mela bianca e banana, cui si accompagnano intense note balsamiche di basilico, eucalipto e mentuccia. In bocca è complesso e avvolgente, con toni vegetali di lattuga, sedano e pomodoro acerbo. Amaro spiccato e piccante ben espresso. Buon accompagnamento per carpaccio di carne chianina con funghi ovoli, insalate di tonno, pinzimonio, minestroni di verdure, cous cous di carne, pesce azzurro in umido, pollame o carni di agnello alla griglia, formaggi stagionati a pasta filata.

An extraordinary performance for Talbot Grove in York, in Western Australia, which has been awarded the prize of the Emerging Olive Oil Mill. It was created in 1997 by the adventurous pioneer Frederik von Altenstadt, who planted 6,000 olive trees on 24 hectares in his family's estate. Today it is an important reality producing high quality monovarietal extra virgin olive oil. In the last harvest 700 quintals of olives were produced, with a yield of 160 hectolitres of oil. We recommend two excellent Extra Virgin selections: Peppery Taste - Frantoio and especially Nutty Taste - Nevadillo. It is an intense limpid golden yellow colour with light green hues. Its aroma is definite and ample, with rich fruity hints of peach, white apple and banana, together with intense fragrant notes of basil, eucalyptus and field balm. Its taste is complex and rotund, with a vegetal flavour of lettuce, celery and unripe tomato. Bitterness is strong and pungency is distinct. It would be ideal on chianina beef carpaccio with ovoli mushrooms, tuna salads, pinzimonio, minestrone with vegetables, meat cous cous, steamed blue fish, grilled poultry or lamb, aged cheese.

Upper Murray Olives

335 River Road - Welaregang
2642 Tooma
Tel. + 61 3 94177373 - 260 779264 - Fax + 61 3 94173336
E-mail: jwcwebster@gmail.com - Web: www.uppermurrayolives.com.au

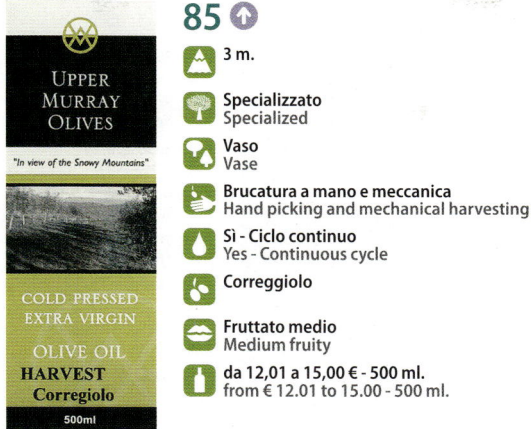

85 ⬆

- 3 m.
- **Specializzato** / Specialized
- **Vaso** / Vase
- **Brucatura a mano e meccanica** / Hand picking and mechanical harvesting
- **Sì - Ciclo continuo** / Yes - Continuous cycle
- **Correggiolo**
- **Fruttato medio** / Medium fruity
- da 12,01 a 15,00 € - 500 ml. / from € 12.01 to 15.00 - 500 ml.

Collocata nella pittoresca regione di Upper Murray, con vista su quel gruppo delle Alpi Australiane noto come Snowy Mountains, la tenuta di proprietà di Margaret e John Webster nasce nel 1999 e dal 2003 produce olio extravergine di alta qualità. Essa comprende 4 ettari di oliveto specializzato con 1.500 piante e un moderno frantoio aziendale. Nella recente campagna olearia sono stati raccolti 40 quintali di olive che hanno permesso di produrre 5 ettolitri di olio extravergine. Segnaliamo l'ottima etichetta Extravergine Upper Murray - Correggiolo che appare alla vista di colore giallo dorato intenso con sottili nuance verdi, limpido; al naso si apre ampio e avvolgente, dotato di sentori vegetali di erba fresca falciata, carciofo, cicoria e note di erbe officinali, con menta e rosmarino in evidenza. Al gusto è complesso e fine, con toni di lattuga, cardo di campo e chiusura di mandorla. Amaro spiccato e piccante presente e ben espresso. Buono l'abbinamento con antipasti di legumi, fagioli al vapore, marinate di orata, pomodori con riso, passati di patate, primi piatti con molluschi, rombo arrosto, seppie in umido, pollame o carni di agnello al forno, formaggi freschi a pasta filata.

Situated in the picturesque region of Upper Murray, facing that Part of Australian Alps known as Snowy Mountains, Margaret and John Webster's estate was started in 1999 and since 2003 it has been producing high quality extra virgin olive oil. It includes 4 hectares of specialized olive grove with 1,500 trees and a modern oil mill. In the last harvest 40 quintals of olives were produced, which allowed a yield of 5 hectolitres of extra virgin olive oil. We recommend the excellent Extra Virgin selection Upper Murray - Correggiolo, which is an intense limpid golden yellow colour with slight green hues. Its aroma is ample and rotund, endowed with vegetal hints of freshly mown grass, artichoke, chicory and notes of officinal herbs, especially mint and rosemary. Its taste is complex and fine, with a flavour of lettuce, wild thistle and an almond finish. Bitterness is strong and pungency is present and distinct. It would be ideal on legume appetizers, steamed beans, marinated gilthead, tomatoes stuffed with rice, potato purée, pasta with mussels, roast turbot, stewed cuttlefish, baked poultry or lamb, mozzarella cheese.

Australia Australia [AU] Victoria

Kyneton Olive Products

2090 Kyneton Heathcote Road
Post Box 229 Pascoe Vale South - 3444 Barfold
Tel. + 61 3 93846338 - 3 54234240 - Fax + 61 3 93846680
E-mail: info@kynetonoliveoil.com.au - Web: www.kynetonoliveoil.com.au

92

350 m.

Promiscuo
Promiscuous

Vaso aperto
Open vase

Brucatura a mano e meccanica
Hand picking and mechanical harvesting

Sì - Ciclo continuo
Yes - Continuous cycle

Frantoio (70%), correggiolo (30%)

Fruttato medio
Medium fruity

da 22,01 a 26,00 € - 500 ml.
from € 22.01 to 26.00 - 500 ml.

La Kyneton di Barfold è il sogno realizzato dell'emigrante Felice Trovatello. Arrivato in Australia nel 1954 a 18 anni, Trovatello intuì che il clima di questa zona, simile a quello della sua Calabria, era ideale per l'olivicoltura. Più di mezzo secolo dopo l'impresa è ancora gestita dalla famiglia, alla guida di 35 ettari di oliveto con 8mila piante e una moderna linea di estrazione. Quest'anno il raccolto ha raggiunto i 920 quintali di olive che, uniti ai 1.500 acquistati, hanno reso 460 ettolitri di olio, cui vanno aggiunti i 280 acquistati per un totale di 740 ettolitri. L'ottimo Extravergine Kyneton - Family Selection è di colore giallo dorato intenso con delicati riflessi verdi, limpido; al naso è elegante e deciso, dotato di note vegetali di carciofo, fave e lattuga, arricchite da sentori aromatici di pepe nero, menta e basilico. Al gusto è fine e complesso, con toni di cardo, cicoria e mandorla. Amaro spiccato e piccante dosato. Ottimo per antipasti di fagioli, insalate di funghi finferli, marinate di orata, patate alla piastra, zuppe di ceci, primi piatti con molluschi, rombo alla brace, tartare di polpo, coniglio al forno, pollame ai ferri, formaggi freschi a pasta filata.

Kyneton in Barfold is the realization of the immigrant Felice Trovatello's dream. He arrived in Australia in 1954, when he was 18, and found the local climate, similar to the one of his Calabria, ideal for olive growing. 50 years later the farm is still run by his family. There are 35 hectares of olive grove with 8,000 trees and a modern extraction system. In the last harvest 920 quintals of olives were produced and 1,500 purchased, with a yield of 460 hectolitres of oil. 1,500 hectolitres were also purchased, with a total amount of 740 hectolitres. The excellent Extra Virgin Kyneton - Family Selection is an intense limpid golden yellow colour with delicate green hues. Its aroma is elegant and definite, with vegetal notes of artichoke, broad beans and lettuce, enriched by aromatic hints of black pepper, mint and basil. Its taste is fine and complex, with a flavour of thistle, chicory and almond. Bitterness is distinct and pungency is balanced. It would be ideal on bean appetizers, chanterelle mushroom salads, marinated gilthead, seared potatoes, chickpea soups, pasta with mussels, barbecued turbot, octopus tartare, baked rabbit, grilled poultry, mozzarella cheese.

Cobram Estate

8553 Murray Valley Highway
3599 Boundary Bend
Tel. + 61 3 52729500 - 3 96466081 - Fax + 61 3 96466083
E-mail: ashley@cobramestate.com.au - Web: www.cobramestate.com.au

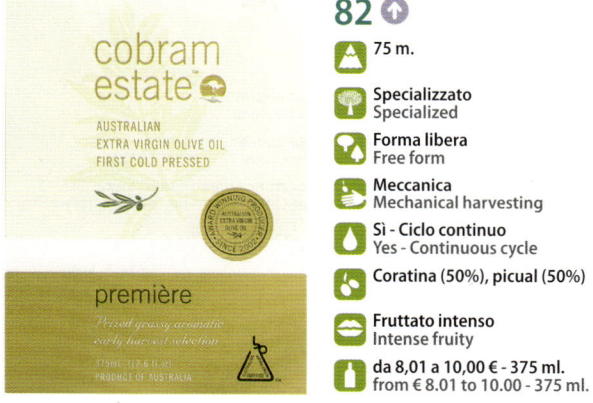

82 ⬆

75 m.

Specializzato
Specialized

Forma libera
Free form

Meccanica
Mechanical harvesting

Sì - Ciclo continuo
Yes - Continuous cycle

Coratina (50%), picual (50%)

Fruttato intenso
Intense fruity

da 8,01 a 10,00 € - 375 ml.
from € 8.01 to 10.00 - 375 ml.

Davvero un bell'esordio in Guida per la Cobram Estate, che nasce nel 2001 lungo il corso del fiume Upper Murray, in una regione dell'Australia che è sinonimo di buon vino e gastronomia raffinata. Parliamo di una grossa struttura produttiva dotata di un impianto specializzato di più di 6.500 ettari, con 2 milioni e 400mila olivi, e di un moderno frantoio aziendale. Nella campagna olearia in corso sono stati raccolti 400mila quintali di olive pari a 80mila ettolitri di olio. Ottima la selezione Extravergine Cobram Estate - Première che si presenta alla vista di un bel colore giallo dorato intenso con delicate sfumature verdi, limpido; al naso è deciso e ampio, dotato di ricchi sentori fruttati di pomodoro acerbo, cui si aggiungono note vegetali di lattuga, fave e sedano. Al gusto è complesso e di carattere, con toni di carciofo, cardo ed erbe aromatiche, con ricordo di menta, origano e pepe nero. Amaro e piccante ben espressi e armonici. Eccellente su antipasti di lenticchie, bruschette con pomodoro, insalate di carciofi, marinate di pollo, zuppe di asparagi, primi piatti con funghi porcini, pesce azzurro gratinato, carni rosse o nere alla griglia, formaggi stagionati a pasta dura.

An excellent first performance for Cobram Estate, which was founded in 2001 along the course of the river Upper Murray, in an Australian region characterized by good wine and tasteful cuisine. It is a large estate with a specialized olive grove of over 6,500 hectares with 2,400,000 trees and a modern oil mill. In the last harvest 400,000 quintals of olives were produced, equal to 80,000 hectolitres of oil. The excellent Extra Virgin selection Cobram Estate - Première is a beautiful intense limpid golden yellow colour with delicate green hues. Its aroma is definite and ample, endowed with rich fruity hints of unripe tomato, together with vegetal notes of lettuce, broad beans and celery. Its taste is complex and strong, with a flavour of artichoke, thistle and aromatic herbs, especially mint, oregano and black pepper. Bitterness and pungency are distinct and harmonic. It would be ideal on lentil appetizers, bruschette with tomatoes, artichoke salads, marinated chicken, asparagus soups, pasta with porcini mushrooms, blue fish au gratin, grilled red meat or game, hard mature cheese.

Camilo

432 Bakers Lang
Post Box 29 Teesdale - 3328 Teesdale
Tel. + 61 3 52651077 - 3 59408962 - Fax + 61 3 52651088
E-mail: info@camilo.com.au - Web: www.camilo.com.au

86 ⬆

4 m.

Specializzato
Specialized

Vaso aperto
Open vase

Brucatura a mano e meccanica
Hand picking and mechanical harvesting

Sì - Ciclo continuo
Yes - Continuous cycle

Pendolino (67%), barnea (24%), frantoio (5%), koroneiki (4%)

Fruttato leggero
Light fruity

da 10,01 a 12,00 € - 250 ml.
from € 10.01 to 12.00 - 250 ml.

Ottimo debutto in Guida per la Camilo di Teesdale, nella regione australiana del West Victoria. Si tratta di un'impresa familiare fondata nel 2002 da Joan e Peter Mc Govern. I due, che sono anche assaggiatori di olio, conducono con passione, insieme alla figlia Anne, 12 ettari di impianto specializzato con 3.300 piante. La raccolta di quest'anno ha fruttato 150 quintali di olive che, uniti ad altri 100 acquistati, hanno reso 40 ettolitri di olio, più 60 comprati per un totale di 100 ettolitri. Due le etichette Extravergine Camilo, il Ligurian e l'ottimo Fruity & Delicate. Di un bel colore giallo dorato scarico, limpido; al naso è ampio e avvolgente, dotato di delicati sentori vegetali di cicoria e lattuga, cui si aggiungono note speziate di pepe nero. Al gusto è elegante e morbido, con sottili toni balsamici di menta e rosmarino e ricordo di frutta secca, con mandorla acerba e pinolo in evidenza. Amaro e piccante presenti e armonici. Ideale accompagnamento per maionese, antipasti di ceci, aragosta al vapore, insalate di funghi ovoli, marinate di spigola, zuppe di fave, cous cous di pesce, crostacei alla griglia, fritture di pesce, formaggi freschi a pasta molle, dolci lievitati.

An excellent first appearance in this Guide for Camilo in Teesdale, in the Australian region of West Victoria. It is a family-run farm founded in 2002 by Joan and Peter Mc Govern, who are also oil tasters. Together with their daughter Anne they run a 12-hectare specialized olive grove with 3,300 trees. In the last harvest 150 quintals of olives were produced and 100 purchased, with a yield of 40 hectolitres of oil. Moreover 60 hectolitres were purchased, for a total of 100 hectolitres. There are two Extra Virgin selections Camilo, Ligurian and the excelletn Fruity & Delicate. It is a beautiful light limpid golden yellow colour. Its aroma is ample and rotund, endowed with delicate vegetal hints of chicory and lettuce, together with spicy notes of black pepper. Its taste is elegant and mellow, with fine fragrant hints of mint and rosemary and notes of dried fruit, especially unripe almond and pine nut. Bitterness and pungency are present and harmonic. It would be ideal on mayonnaise, chickpea appetizers, steamed spiny lobster, ovoli mushroom salads, marinated bass, broad bean soups, fish cous cous, grilled shellfish, fish fry, soft fresh cheese, yeast-raised cakes.

Nuova Zelanda
New Zealand

Aree olivetate o a vocazione olivicola • *Olive growing areas or areas suitable to olive growing*

Dati Statistici
Superficie olivetata nazionale	**2.800 (ha)**
Frantoi	**45**
Produzione nazionale 09-10	**230,0 (t)**
Produzione nazionale 08-09	**220,0 (t)**
Variazione	**+ 4,55%**

Statistic Data
National Olive Surface	**2,800 (ha)**
Olive Oil Mills	**45**
National production 09-10	**230.0 (t)**
National production 08-09	**220.0 (t)**
Variation	**+ 4.55%**

Olives New Zealand - Ministry of Agriculture and Forestry

Giovane e piccolo, se valutato secondo gli standard dei paesi mediterranei, il settore olivicolo neozelandese sta tuttavia lentamente ma positivamente evolvendo. Per parlare di olivicoltura in Nuova Zelanda bisogna aspettare il XIX secolo, come documenta Charles Darwin o come si legge in uno dei primi manuali dell'epoca compilati per i coloni, in cui sono segnalate alcune varietà di olivo acclimatate. Del resto queste terre erano abitate dai Polinesiani e soltanto dopo il trattato del 1840 furono popolate dai coloni britannici. Nella seconda metà dell'Ottocento la storia olivicola neozelandese si lega a quella dei colonizzatori Logan Campbell e sir George Grey che cercarono di impiantare i primi oliveti su larga scala: la donazione di Campbell alla città di Auckland, nel nord del paese, comprende ancora alberi enormi, derivanti dalle piante originarie importate dall'Australia. L'esperimento non ebbe successo e dovrà passare quasi un secolo prima che, nel 1960, vengano importate e in parte innestate su vecchi olivi piante di varietà ascolana, manzanilla, mission e verdale. Molte di queste sopravvivono ancora e in particolare si distingue la j5 che deve il suo nome all'olivicoltore Johnson che diffuse le talee dell'albero originario. Ma l'olivicoltura moderna nasce qualche anno dopo, nel 1986, quando l'imprenditore israeliano Blumenfeld porta con sé a Marlborough alcune piante di varietà barnea: bastano quattro anni e già il suo vivaio riceve ordini da tutto il paese. Oggi gli olivi in produzione raggiungono il milione, distribuiti un po' ovunque su circa 2.800 ettari di territorio: infatti il clima è abbastanza propizio in tutte le regioni, con l'unica eccezione della costa ovest dove le piogge sono troppo abbondanti. Le zone maggiormante vocate sono: Nelson, Marlborough, North Canterbury e Central Otago nella South Island; Kapiti, Wairarapa, Hawkes Bay, Bay of Plenty, South Auckland, Waiheke Island e Northland nella North Island. Sebbene non esistano varietà autoctone, sono molte le cultivar locali derivate da quelle importate in passato: la rakino deve il nome all'isola in cui fu scoperta, nel Golfo di Hauraki, dove è tuttora diffusa; la j5 prospera nel Northland ed è resistente all'umidità, garantendo produzioni alterne ma buone. La gb01 e la super provengono da piante individuate da Gidon Blumenfeld: sono olive dall'alto contenuto in olio e si trovano a sud. La barnea si sviluppa ovunque, tranne nelle regioni più calde del nord. C'è anche una gamma di cultivar mediterranee: frantoio, leccino, pendolino, moraiolo, koroneiki, manzanilla, picual, chemlali, nabali, picholine e verdale. La raccolta delle olive inizia a metà aprile nella North Island; dopo la metà di maggio al centro; nella seconda metà di giugno a Central Otago. L'industria di trasformazione olearia è in fase di crescita: attualmente si svolge in 45 frantoi dotati di impianti moderni a ciclo continuo. Alcuni produttori di nicchia si occupano personalmente dell'estrazione dell'olio, la maggior parte si rivolge a grossi impianti. Quest'anno sono state prodotte 230 tonnellate di olio, con un aumento del 4,55% rispetto alla campagna precedente. Volumi esigui, ovviamente, ma suscettibili di incremento futuro: molte piccole strutture infatti si stanno ampliando, sostenute dalle organizzazioni del settore nel miglioramento degli standard qualitativi.

Although the olive oil sector in New Zealand is young and small compared to the standards of Mediterranean countries, it is slowly and positively developing. A real olive growing in New Zealand starts only in the 19th century, as Charles Darwin documents and even one of the first manuals of the time, written for the colonists, signals some varieties of olive trees adaptable to the climate. These lands were originally inhabited by the Polynesians, and only after the 1840 treaty they began to be populated by British colonists. In the second half of the 19th century the New Zealand olive history is tied to two colonizers, Logan Campbell and Sir George Grey, who tried to plant the first olive groves on a large scale: Campbell's donation to the city of Auckland, in the north of the country, still contains enormous trees, coming from the original ones imported from Australia. The experiment was not successful and only after almost one century of abandon, in 1960, trees of the varieties ascolana, manzanilla, mission and verdale were imported and partly grafted onto old olive trees. Many of these still survive: one in particular, J5, which owes its name to the olive grower, Johnson, who spread the scions of the native tree. But modern olive growing starts some years later, in 1986, when the Israeli entrepreneur Blumenfeld brought trees of the variety barnea to Marlborough: after only four years his nursery received orders from the whole country. Today there are a million trees in production, distributed almost everywhere on about 2,800 hectares of territory. In fact the climate is suitable in all regions with the only exception of the western coast, where rainfalls are too abundant. The most favourable areas are around Nelson, Marlborough, North Canterbury and Central Otago in the South Island; Kapiti, Wairarapa, Hawkes Bay, Bay of Plenty, South Auckland, Waiheke Island and Northland in the North Island. Although autochthonous varieties do not exist, there are a lot of local cultivars, derived from those imported in the past. Among these we can mention the variety rakino, which takes its name from the island where it was discovered, in the Gulf of Hauraki, where it is still common; J5, which flourishes in the Northland and can withstand humidity with good but alternate productions; gbO1 and super derived from trees identified by Gidon Blumenfeld: these olives have a high percentage of oil and can be found in the south. The variety barnea is spread in the whole country, except for the warmer regions in the north. There is also a range of cultivars of Mediterranean origin: frantoio, leccino, pendolino, moraiolo, koroneiki, manzanilla, picual, chemlali, nabali, picholine, verdale. Harvesting starts in the middle of April in the North Island; after the middle of May in the centre; in the second half of June in Central Otago. The transformation industry is still growing: at present it is carried out in 45 olive oil mills with modern continuous cycle systems. While some niche producers devote themselves to olive processing in their own small olive oil mills, most olive growers send their produce to large crushing plants. The most recent data about production indicate a yield of 230 tons of oil with a 4.55 % increase compared to the previous year. These volumes are certainly small, but are going to increase in the future: in fact many small farms are growing bigger and local organizations are supporting them in improving quality.

Nuova Zelanda New Zealand [NZ] Northland

Te Arai Olive Estate

202 Cames Road - RD 5 - Kaipara
0975 Wellsford (Mangawhai)
Tel. + 64 9 4315580 - Fax + 64 9 4315480
E-mail: info@tearaiolives.co.nz - Web: www.tearaiolives.co.nz

88

100 m.

Specializzato
Specialized

Monocono
Monocone

Brucatura a mano e meccanica
Hand picking and mechanical harvesting

No - Ciclo continuo
No - Continuous cycle

Frantoio (70%), koroneiki (20%), leccino (10%)

Fruttato medio
Medium fruity

da 22,01 a 26,00 € - 250 ml.
from € 22.01 to 26.00 - 250 ml.

Fondata nel 1996 da Colin e Raylee Campbell, eredi di una tradizione di "farmers" che risale al 1852, la Te Arai Olive Estate è un'interessante realtà di produzione olearia del Mangawhai. L'impresa conta oggi su un patrimonio di 5 ettari di oliveto specializzato di proprietà, con 1.800 piante. Nella campagna olearia in corso la raccolta ha fruttato 120 quintali di olive che hanno permesso una produzione in olio extravergine di 20 ettolitri. La selezione aziendale che segnaliamo è l'Extravergine Motutira che si presenta alla vista di un bel colore giallo dorato intenso con delicate sfumature verdoline, limpido. All'olfatto si esprime sottile e composto, dotato di note vegetali di carciofo, cicoria di campo, lattuga e sentori di mandorla. Al gusto si offre morbido e dosato, caratterizzato da toni di verdure fresche di campo ed erbe officinali, con ricordo di basilico e mentuccia. Amaro presente e piccante contenuto, con dolce in evidenza. È un eccellente accompagnamento per maionese, antipasti di ceci, crostacei bolliti, insalate di mare, marinate di spigola, zuppe di fave, risotto con asparagi, pesci al vapore, tartare di dentice, formaggi freschi a pasta molle, biscotti da forno.

Founded in 1996 by Colin and Raylee Campbell, the heirs of a tradition of "farmers" dating back to 1852, Te Arai Olive Estate is an interesting oil farm in Mangawhai. Today the farm has 5 hectares of specialized olive grove with 1,800 trees. In the last harvest 120 quintals of olives were produced, equal to a yield of 20 hectolitres of extra virgin olive oil. The farm selection is the Extra Virgin Motutira, which is a beautiful intense limpid golden yellow colour with delicate light green hues. Its aroma is fine and delicate, endowed with vegetal notes of artichoke, wild chicory, lettuce and hints of almond. Its taste is mellow and delicate, characterized by a flavour of fresh country vegetables and officinal herbs, especially basil and field balm. Bitterness is present and pungency is limited with evident sweetness. It would be ideal on mayonnaise, chickpea appetizers, boiled shellfish, seafood salads, marinated bass, broad bean soups, risotto with asparagus, steamed fish, sea bream tartare, soft fresh cheese, oven cookies.

Nuova Zelanda New Zealand [NZ] Auckland

Matiatia Grove

Road 61 Church Bay
Post Box 137 271 Parnell Auckland - 1151 Oneroa (Waiheke Island)
Tel. + 64 9 3576646 - 9 3772239 - Fax + 64 9 3576647
E-mail: matiatiagrove@actrix.co.nz - Web: www.matiatiagrove.co.au

92

- 1/4 m.
- **Specializzato** / Specialized
- **Vaso aperto** / Open vase
- **Brucatura a mano e meccanica** / Hand picking and mechanical harvesting
- **Sì - Ciclo continuo** / Yes - Continuous cycle
- Koroneiki (50%), frantoio (30%), moraiolo (18%), j5, pendolino (2%)
- **Fruttato medio** / Medium fruity
- da 26,01 a 30,00 € - 500 ml. / from € 26.01 to 30.00 - 500 ml.

Meritatissima segnalazione in Guida per la Matiatia Grove che ha proposto al panel un prodotto eccellente. John e Margaret Edwards sono i proprietari del 1992 di questa piccola azienda di 11 ettari situata nella vocatissima Waiheke Island. Oggi dispongono di 2 ettari di oliveto specializzato con 2mila piante e di un moderno impianto di estrazione. Dalla raccolta di quest'anno sono stati ricavati 60 quintali di olive, pari a una produzione di 15 ettolitri di olio extravergine. La selezione proposta è l'Extravergine Matiatia Grove che appare alla vista di colore giallo dorato intenso con sottili nuance verdi, limpido; al naso si esprime ampio e avvolgente, dotato di sentori fruttati di pomodoro acerbo, banana e mandorla, arricchiti da note di lattuga, sedano e pepe nero. Al gusto è elegante e complesso, con toni vegetali di carciofo, cicoria ed erbe aromatiche con basilico e menta in evidenza. Amaro spiccato e piccante presente e dosato. È un ottimo accompagnamento per antipasti di legumi, bruschette con verdure, fagioli al vapore, marinate di ricciola, zuppe di farro, risotto con molluschi, gamberi in guazzetto, pesci ai ferri, coniglio arrosto, pollame al forno, formaggi caprini.

A great performance for Matiatia Grove, which has proposed an excellent product to our panel. John and Margaret Edwards have owned this this small farm since 1992. Today they have 11 hectares of land with a 2-hectare specialized olive grove with 2,000 trees and a modern extraction system. In the last harvest 60 quintals of olives were produced, equal to a yield of 15 hectolitres of extra virgin olive oil. The selection proposed is the Extra Virgin Matiatia Grove, which is an intense limpid golden yellow colour with slight green hues. Its aroma is ample and rotund, endowed with fruity hints of unripe tomato, banana and almond, enriched by notes of lettuce, celery and black pepper. Its taste is elegant and complex, with a vegetal flavour of artichoke, chicory and aromatic hebs, especially basil and mint. Bitterness is distinct and pungency is present and complimentary. It would be ideal on legume appetizers, bruschette with vegetables, steamed beans, marinated amberjack, farro soups, risotto with mussels, stewed shrimps, grilled fish, roast rabbit, baked poultry, goat cheese.

Nuova Zelanda New Zealand [NZ] Auckland

Rangihoua Estate
1 Gordons Road - Rocky Bay
1971 Auckland City (Waiheke Island)
Tel. + 64 9 3726214 - Fax + 64 9 3726214
E-mail: rangihoua@ihug.co.nz - Web: www.rangihoua.co.nz

92

- 4/7 m.
- Specializzato / Specialized
- Vaso aperto / Open vase
- Brucatura a mano e meccanica / Hand picking and mechanical harvesting
- Sì - Ciclo continuo / Yes - Continuous cycle
- Verdale (40%), ascolana tenera (30%), j5 (30%)
- Fruttato medio / Medium fruity
- da 10,01 a 12,00 € - 500 ml. / from € 10.01 to 12.00 - 500 ml.

Eccellente risultato per la Rangihoua Estate che si distingue come una delle prime aziende di olio extravergine nella regione di Waiheke Island. Di ritorno da un viaggio in Toscana, Anne Stanimiroff e Colin Sayles decidono di unire alla produzione vitivinicola quella olearia, che conta oggi su 24 ettari di terreno con 3.600 piante. Quest'anno sono stati raccolti 500 quintali di olive che, uniti ad altri 250 acquistati, hanno reso 130 ettolitri di olio. Due gli Extravergine Rangihoua Estate da Agricoltura Biologica: il monocultivar Koroneiki e soprattutto il Waiheke Blend. Di colore giallo dorato intenso con tenui riflessi verdi, limpido; al naso è deciso e ampio, dotato di ricche note balsamiche di menta e salvia, accompagnate da eleganti sentori fruttati di pomodoro acerbo, mela bianca e banana. In bocca è complesso e avvolgente, con toni vegetali di lattuga, cicoria e chiusura di mandorla. Amaro spiccato e piccante presente e dosato. Buon abbinamento con antipasti di fagioli, insalate di funghi finferli, marinate di ricciola, verdure gratinate, zuppe di farro, primi piatti con molluschi, gamberi in guazzetto, seppie in umido, coniglio arrosto, pollame ai ferri, formaggi caprini.

An excellent result for Rangihoua Estate, one of the first extra virgin olive oil farms in the region of Waiheke Island. After visiting Tuscany, Anne Stanimiroff and Colin Sayles decided to add olive cultivation to wine-growing and today they have a 24-hectare olive grove with 3,600 trees. In the last harvest 500 quintals of olives were produced and 250 purchased, with a yield of 130 hectolitres of oil. There are two Extra Virgin Rangihoua Estate from Organic Farming: the Monovarietal Koroneiki and especially Waiheke Blend. It is an intense limpid golden yellow colour with slight green hues. Its aroma is definite and ample, endowed with rich fragrant notes of mint and sage, together with elegant fruity hints of unripe tomato, white apple and banana. Its taste is complex and rotund, with a vegetal flavour of lettuce, chicory and an almond finish. Bitterness is distinct and pungency is present and complimentary. It would be ideal on bean appetizers, chanterelle mushroom salads, marinated amberjack, vegetables au gratin, farro soups, pasta with mussels, stewed shrimps, stewed cuttlefish, roast rabbit, grilled poultry, goat cheese.

America del Nord
North America

Stati Uniti
United States

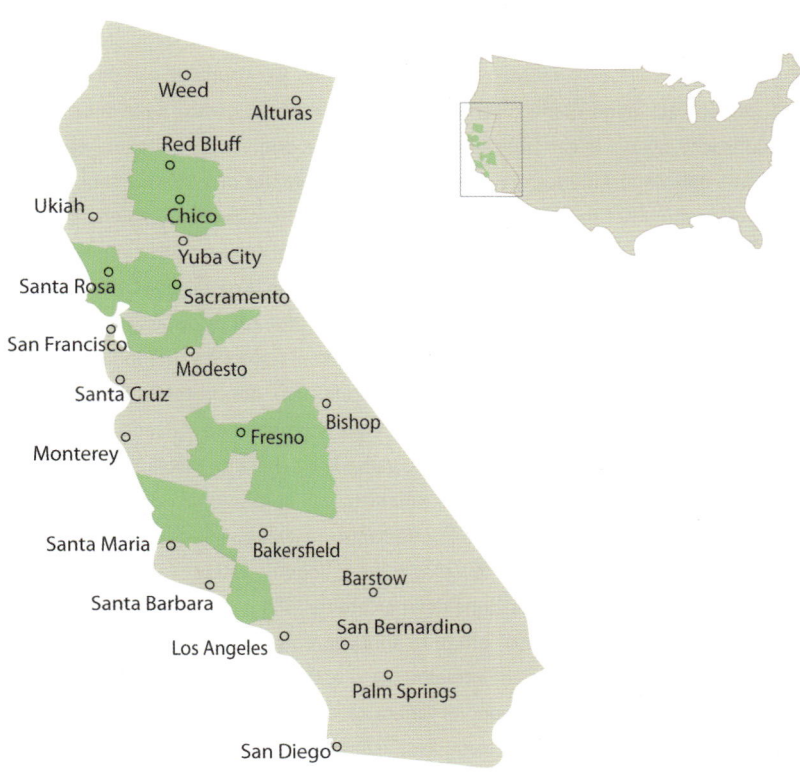

Aree olivetate o a vocazione olivicola • *Olive growing areas or areas suitable to olive growing*

Dati Statistici

Superficie olivetata nazionale	18.700 (ha)
Frantoi	40
Produzione nazionale 09-10	3.000,0 (t)
Produzione nazionale 08-09	2.500,0 (t)
Variazione	+ 20,00%

Statistic Data

National Olive Surface	18,700 (ha)
Olive Oil Mills	40
National production 09-10	3,000.0 (t)
National production 08-09	2,500.0 (t)
Variation	+ 20.00%

International Olive Oil Council - Unite States Department of Agriculture

L'attuale panorama olivicolo degli Stati Uniti riguarda quasi esclusivamente la California, a parte alcune piccole piantagioni in Arizona e in Texas. I dati statistici descrivono una realtà moderna in via di sviluppo: nell'ultima campagna olearia i 700 produttori californiani si sono assestati infatti su una produzione di 3mila tonnellate di olio, con un aumento del 20% rispetto all'annata precedente. Questa rappresenta in realtà una percentuale assai ridotta del consumo degli Stati Uniti, che ogni anno importano circa 260mila tonnellate di olio. Il consumo di olio da olive infatti è raddoppiato negli ultimi dieci anni, sia per il riconoscimento delle sue proprietà salutistiche, sia per le caratteristiche organolettiche: oggi rappresenta una parte degli oli utilizzati dagli Americani, per un consumo pro-capite di 0,86 Kg annui. La storia dell'olivicoltura nel paese è piuttosto recente. Ha inizio quando i missionari spagnoli portarono con sé attraverso il Messico pianticelle giovani, selezionate da varietà mission, e le impiantarono insieme ad altre varietà europee lungo la costa della California: siamo alla fine del XIX secolo e già si contano circa 2mila ettari di piccoli impianti di olivo. E ancora oggi molte missioni ospitano i resti di antichi frantoi e vantano la presenza di questi alberi storici. La produzione olearia locale però, non potendo competere con le importazioni dall'Europa, stava lentamente scomparendo quando, all'inizio del Novecento, fu scoperta nella Sacramento Valley l'oliva nera da tavola "California Style", una combinazione di mission e altre varietà tra cui la manzanilla de Sevilla: da quel momento una realtà di circa 14mila ettari iniziò a svilupparsi nel territorio centrale della California, tra la Sacramento Valley e la San Joaquin Valley. Ma questa prosperità significava la progressiva estinzione del mercato dell'olio per lasciare il posto alle olive da tavola. Bisogna attendere gli ultimi 15 anni per registrare un'inversione di tendenza, con una superficie olivicola che attualmente si estende per 18.700 ettari. La maggior parte delle prime piantagioni sono di varietà italiane, ovvero coratina, frantoio, leccino, maurino, moraiolo, pendolino e taggiasca, e hanno una densità di circa 600-700 alberi per ettaro. La nuova domanda di olio di qualità determina lo sviluppo di 40 frantoi nelle contee di Napa, Sonoma, Alameda, Marin e Mendocino, lungo la costa settentrionale. Piccole piantagioni iniziano a svilupparsi anche a sud, nelle contee di San Luis Obispo, Monterey, Ventura e Santa Barbara e si rinnovano oliveti abbandonati in queste aree e nelle contee più settentrionali di Calaveras, Nevada, Amador, El Dorado. Ma l'olivicoltura californiana moderna nasce nel 1999 con il primo oliveto superintensivo con raccolta meccanizzata attraverso macchine scavallanti. È il boom degli impianti nella Central Valley, nelle contee di Butte, Glenn e San Joaquin: si tratta di cloni selezionati da varietà arbequina, arbosana e koroneiki, le più adatte a una densità fino a 2mila alberi per ettaro per la conformazione conica della chioma che limita i danni delle macchine raccoglitrici. Questo sistema rivoluziona la produzione olivicola californiana, sia perché comprende zone prima destinate solo al pascolo o alla coltura del grano, sia per i costi di produzione, minori grazie alla raccolta meccanizzata.

Olive growing in the United States is almost exclusively practised in California, apart from some small plantations in Arizona and Texas. Data describe a modern developing reality: also in the last olive oil harvest the 700 Californian producers reached 3,000 tons of oil, with a 20% increase compared to the previous year. This production really represents only a very small part of the domestic consumption, as the Unites States import about 260,000 tons of oil every year. Olive oil consumption has in fact doubled in the last ten years, both for its health giving properties, and its organoleptic characteristics: today it represents a part of the oil used by the Americans with a per-capita consumption of 0.86 kg a year. The history of olive growing in the country is recent. It started when Spanish missionaries brought young olive plants selected from the variety mission from Mexico and planted them with other European varieties along the Californian coast. At the end of the 19th century there were already numerous small olive groves of around 2,000 hectares. Even today a lot of missions still own the remains of ancient olive oil mills and are proud of the presence of these historical trees. The local olive oil production could not however compete with European imports. Indeed this activity was slowly disappearing, when, at the beginning of the 20th century the black table olive "California Style" was discovered in Sacramento Valley: it was a combination of mission and other varieties among which manzanilla de Sevilla: from that moment a reality of around 14,000 hectares began to develop in the central part of California, between Sacramento Valley and San Joaquin Valley. But this prosperity meant the gradual end of the olive oil market that was leaving its place to table olives. Only in the last 15 years has there been a notable recovery with an olive surface that at present stretches over 18,700 hectares. The greatest part of the first plantations consist of Italian varieties like coratina, frantoio, leccino, maurino, moraiolo, pendolino and taggiasca and have a density of around 600-700 trees per hectare. The recent demand for quality oil has determined the development of 40 olive oil mills in the counties of Napa, Sonoma, Alameda, Marin and Mendocino on the northern coast. Moreover small plantations are developing in the south, in the counties of St. Luis Obispo, Monterey, Ventura and Santa Barbara, and in the same areas neglected olive groves are being renewed, like in Calaveras, Nevada, Amador, El Dorado. But the real important incentive to the modernization of Californian olive growing occurred in 1999 with the first super intensive olive grove with a mechanical harvest using "scavallanti" machines. It was the boom of the plantations in Central Valley and in the counties of Butte, Glenn and San Joaquin: clones were selected from the varieties arbequina, arbosana and koroneiki, the most suitable to a density up to 2,000 trees per hectare because of the conic conformation of their foliage that limits the damage of mechanical harvesting. This system revolutionized Californian olive production, because it could include areas previously destined only to pasture land or to wheat cultivation, and also for the lower costs of production thanks to mechanical harvesting.

Stati Uniti United States [US] California

Apollo Olive Oil

12585 Rices Crossing Road
Post Box 1054 - 95962 Oregon House (Yuba)
Tel. + 1 530 6922314 - Fax + 1 530 6920501
E-mail: info@apollooliveoil.com - Web: www.apollooliveoil.com

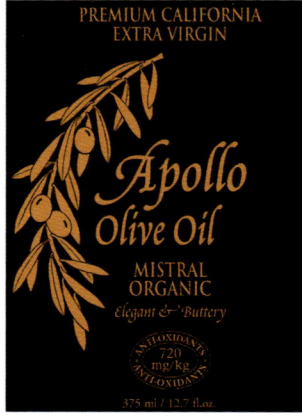

94

1/4 m.

Specializzato
Specialized

Alberello
Tree

Brucatura a mano
Hand picking

Sì - Ciclo continuo
Yes - Continuous cycle

Ascolana tenera, columella, picholine languedoc (75%), mission, pendolino (20%), leccino (5%)

Fruttato medio
Medium fruity

da 15,01 a 18,00 € - 375 ml.
from € 15.01 to 18.00 - 375 ml.

Meritatissima segnalazione per la Apollo Olive Oil, fondata nel 1999 da Steven Dambeck nei pressi di Smartville, che si aggiudica il premio come Il Frantoio di Frontiera. L'azienda conta su 40 ettari di oliveto specializzato, con 10mila piante, e su un impianto di estrazione all'avanguardia. In questa campagna il raccolto ha fruttato 800 quintali di olive che, uniti ai 300 acquistati, hanno reso 120 ettolitri di olio extravergine. Tre le etichette Extravergine segnalate, da Agricoltura Biologica: il Gold Series Barouni, il Sierra e l'eccellente Mistral. Si offre alla vista di colore giallo dorato intenso con riflessi verdolini, limpido; all'olfatto è deciso e fresco, dotato di sentori fruttati di pomodoro acerbo, pesca e albicocca, arricchiti da note balsamiche di eucalipto, menta e ricordo di foglia di fico. Al gusto è avvolgente e fine, con toni vegetali di lattuga, sedano e noce fresca in chiusura. Amaro spiccato e piccante presente. Si abbina bene a insalate di farro, marinate di salmone, patate alla griglia, verdure gratinate, passati di fagioli, zuppe di orzo, primi piatti con molluschi, gamberi in umido, rombo arrosto, coniglio al forno, pollame alla brace, formaggi caprini.

Apollo Olive Oil has not only really deserved to be mentioned in this Guide, but has been also awarded the prize of the Frontier Olive Oil Mill. Founded in 1999 by Steven Dambeck near Smartville, today the farm has 40 hectares of specialized olive grove with 10,000 trees and an advanced extraction system. In the last harvest 800 quintals of olives were produced and 300 purchased, with a yield of 120 hectolitres of extra virgin olive oil. We recommend three Extra Virgin selections from Organic Farming, Gold Series Barouni, Sierra and the excellent Mistral. It is an intense limpid golden yellow colour with light green hues. Its aroma is definite and fresh, endowed with fruity hints of unripe tomato, peach and apricot, enriched by fragrant notes of eucalyptus, mint and a note of fig leaf. Its taste is rotund and fine, with a vegetal flavour of lettuce, celery and a fresh walnut finish. Bitterness is strong and pungency is present. It would be ideal on farro salads, marinated salmon, grilled potatoes, vegetables au gratin, bean purée, barley soups, pasta with mussels, stewed shrimps, roast turbot, baked rabbit, barbecued poultry, goat cheese.

America Centrale
Central America

Messico
Mexico

Aree olivetate o a vocazione olivicola • *Olive growing areas or areas suitable to olive growing*

Dati Statistici

Superficie olivetata nazionale	8.000 (ha)
Frantoi	17
Produzione nazionale 09-10	1.000,0 (t)
Produzione nazionale 08-09	800,0 (t)
Variazione	+ 25,00%

Statistic Data

National Olive Surface	8,000 (ha)
Olive Oil Mills	17
National production 09-10	1,000.0 (t)
National production 08-09	800.0 (t)
Variation	+ 25.00%

International Olive Oil Council - Secretary of Agriculture, Rural Development, Livestock, Fisheries and Food

Il Messico non è un paese che vanta una radicata tradizione olivicola. La pianta infatti è stata importata nel XVI secolo dai missionari spagnoli della Compagnia del Gesù. Oggi il panorama è quello di un comparto ancora in crescita, per lo più legato a sistemi di lavorazione tradizionali, ma sicuramente con delle potenzialità interessanti, specie negli impianti di nuova generazione. Diamo alcuni dati: quasi 1 milione e 60mila alberi distribuiti su 8mila ettari olivetati, concentrati principalmente nell'estremità nord-occidentale, negli stati di Sonora e Baja California che rappresentano la maggior parte dell'intera superficie olivicola. Nello stato di Sonora la regione più produttiva è quella intorno alla città di Caborca, a un'altitudine media di 200 metri, con un clima desertico caratterizzato da inverni temperati, estati torride, basso livello di umidità e forte evaporazione. La temperatura annuale media è di 22 °C. I terreni sono sabbiosi, poveri e con una scarsa ritenzione dell'umidità, per cui hanno bisogno di irrigazione, attuata attraverso sistemi abbastanza moderni che permettono un discreto potenziale produttivo. Qui si ricavano soprattutto olive da tavola da varietà manzanilla, mission e, in volume minore, pendolino, sevillana, nevadillo, barouni, pajarero e ascolana. Di poca entità sono i problemi fitosanitari, data la scarsa umidità dell'ambiente. Nello Stato di Baja California l'area più vocata è quella intorno alla città di Ensenada, dove il clima è mediterraneo-temperato, con precipitazioni in inverno e una temperatura annuale media di 14-16 °C. Condizioni sicuramente più favorevoli all'olivicoltura: in questa zona infatti gli alberi sono irrigati soltanto in parte. Ma il potenziale produttivo, destinato sia alle olive che all'estrazione dell'olio, è inferiore a causa dell'età avanzata delle piante, della loro scarsa densità e in generale di una non ottimale gestione agronomica. Recentemente sono stati impiantati alberi di olivo intorno alla città di Mexicali, sempre nella Baja California, e in un'area interna dello stato di Tamaulipas, nella parte nord-orientale del paese. In entrambi i casi la maggior parte degli oliveti è destinata alla trasformazione: nella prima predominano alcune varietà di origine italiana come leccino, nocellara del Belice, nocellara messinese e grossa di Cassano; nella seconda sono maggiormente diffuse cultivar spagnole tra cui arbequina, picual e hojiblanca. La raccolta delle olive da olio ha inizio nella regione di Caborca, dove si svolge manualmente, per poi proseguire a distanza di un mese in quella di Ensenada, dove si utilizzano le macchine scuotitrici. La trasformazione avviene in 17 frantoi tradizionali all'interno di piccole imprese familiari, mentre strutture organizzate di tipo industriale sono quasi del tutto assenti: di qui i volumi ridotti della produzione. Tuttavia negli oliveti più recenti destinati alla produzione di olio si sta assistendo gradualmente a uno sforzo di incremento produttivo e di modernizzazione dal punto di vista tecnologico: le nuove varietà impiantate sono caratterizzate da una resa in olio più alta, mentre gli impianti sono a maggiore densità e gestiti con tecniche più moderne di coltivazione. E anche i macchinari utilizzati per l'estrazione sono a ciclo continuo. Le aziende impegnate nel settore raggiungono il numero di 218 unità.

Mexico is not a country with an olive growing tradition. The olive tree was imported by Spanish missionaries belonging to the Company of Jesus in the 16th century Today this sector is in expansion although it mainly uses traditional working systems but there is, however, an interesting potential especially in the new olive groves. The data are the following: 1,060,000 trees distributed on 8,000 olive hectares, concentrated mainly in the north-east, in the states of Sonora and Baja California, representing the majority of the whole olive surface. In the state of Sonora the most suitable region is around the town of Coborca at an average altitude of 200 metres, with a desert climate characterized by temperate winters, baking summers, a low level of humidity and strong evaporation. The average yearly temperature is 22 °C. The soil is sandy, poor and with scarce retention of humidity, so it needs irrigation, this is carried out using fairly modern systems resulting in quite a considerable production potential. Here most of the production is for table olives and comes from the varieties manzanilla, mission and, on a smaller scale, pendolino, sevillana, nevadillo, barouni, pajarero and ascolana. Thanks to the scarce humidity in the environment, phytosanitary problems are not important. In the state of Baja California the most productive area is near the town of Ensenada, where the climate is Mediterranean-temperate, with enough rainfall in winter and an average yearly temperature of 14-16 °C. These conditions are certainly more suitable to olive growing: in fact in this area trees are only partly irrigated. But here the production potential is lower because the trees are old, their density is scarce and there is a generally inferior system of farming. However olive trees have recently been planted around the town of Mexicali, in Baja California, and in an inner area in the state of Tamaulipas, in the north-eastern part of the country. In both places most of the olive area is destined to olive oil production: in the first area some Italian varieties such as leccino, nocellara del Belice, nocellara messinese, grossa di Cassano prevail; in the second there are Spanish cultivars like arbequina, picual and hojiblanca. The harvesting of oil olives starts in the region of Caborca, where the olives are hand-picked, and continues a month later in the area of Ensenada, where shaking machines are used. Transformation is carried out in 17 traditional olive oil mills mainly situated on small family-run farms, while organized structures of industrial size are rare. Therefore production is limited. However, in the most recent oil-producing groves, production is gradually increasing and technology is being modernized: the new implanted varieties are in fact characterized by higher olive oil yields, while olive groves are more intensive and run with more modern cultivation techniques. Moreover extraction is carried out with continuous cycle machines. There are 218 farms involved in the sector.

America del Sud
South America

Perù
Peru

Aree olivetate o a vocazione olivicola • *Olive growing areas or areas suitable to olive growing*

Dati Statistici

Superficie olivetata nazionale	**10.600 (ha)**
Frantoi	41
Produzione nazionale 09-10	437,0 (t)
Produzione nazionale 08-09	971,0 (t)
Variazione	**- 54,99%**

Statistic Data

National Olive Surface	**10,600 (ha)**
Olive Oil Mills	41
National production 09-10	437.0 (t)
National production 08-09	971.0 (t)
Variation	**- 54.99%**

International Olive Oil Council - Ministry of Agriculture

dati sull'olivicoltura in Perù descrivono un settore in via di sviluppo. La produzione nazionale di olive è infatti in costante crescita negli ultimi anni. Di questa il 10-15% è destinato alla trasformazione in olio la cui resa, nella campagna 2009-2010, è stata di 437 tonnellate, registrando una diminuzione del 54,99% rispetto all'annata precedente. Oggi sono 41 i frantoi attivi sul territorio. Il canale della distribuzione dell'olio peruviano resta principalmente il mercato nazionale anche se, a partire dagli ultimissimi anni, il paese si sta decisamente lanciando nell'esportazione. Infatti, fino a cinque anni fa, soltanto Cile, Stati Uniti e Giappone erano importatori dal Perù, mentre oggi l'esportazione avviene anche in Ecuador, Colombia, Bolivia, Canada, Francia, Messico e Spagna. Ma in realtà la storia dell'olivicoltura in Perù non è una storia recente, bensì la pianta sacra e i suoi frutti sono presenti e importanti nella gastronomia peruviana fin da epoche remote. Lo provano fonti scritte come quelle del cronista del XVI secolo José de Acosta che racconta come le olive costituissero addirittura un segno di distinzione all'interno di un banchetto: erano infatti offerte, una per invitato, all'inizio del pranzo, data la produzione limitata e l'alto prezzo. Ma potevano anche essere servite dopo il dessert, come testimonia il detto antico "arrivare alle olive" che significava giungere tardi a una festa. Le origini storiche della presenza dell'olivo in Perù risalgono al 1559, quando il conquistatore spagnolo don Antonio de Ribera vi giunse da Siviglia portando con sé, come prezioso bottino, alcune pianticelle selezionate di questa pianta. Ma soltanto tre sopravvissero al viaggio e a queste egli si dedicò con cura, piantandole in un punto speciale del suo giardino. Il loro sviluppo divenne suo orgoglio e argomento di conversazione negli incontri mondani, finché una delle piante non gli venne misteriosamente rubata. Del destino di questa pianta, mai ritrovata, si hanno tre versioni: andò a finire ad Arequipa, nella valle del fiume Yauca; oppure più a sud, a Tacna; oppure dette origine agli oliveti cileni di Valparaíso. Questo racconto, senz'altro romanzato, getta luce però sulla storia moderna dell'olivicoltura peruviana, individuando due delle regioni olivicole tuttora emergenti. Infatti in Perù le zone maggiormente vocate si trovano al centro e all'estremo sud-ovest del territorio, tra la cordigliera delle Ande e l'Oceano Pacifico, dove la morfologia del terreno e un microclima favorevole consentono lo sviluppo dell'olivicoltura da più di 400 anni. Si tratta di circa 10mila ettari concentrati nel departamento di Lima (città di Chilca e provincia di Huaral), in quello di Ica (valli di Chincha, Pisco e Ica), nel departamento di Arequipa (province di Caraveli, Mejía e Camaná) e in quello di Moquegua (provincia di Ilo). Il departamento di Tacna è infine quello da cui si ricava la maggior parte della produzione, proveniente dalle zone di Magollo, Los Palos e La Yarada. Le varietà coltivate, di origine italiana o spagnola, sono: frantoio, coratina, pendolino, leccino ed empeltre. Finalmente, grazie alla modernizzazione degli impianti, alle nuove tecnologie e alla collaborazione del governo spagnolo, i livelli di rendimento medio della produzione cominciano ad avvicinarsi a quelli dei paesi del Mediterraneo.

From the data on Peruvian olive growing it is clear that the sector is developing. National olive production has been growing steadily in the last few years. 10-15% of it is transformed into olive oil. In the harvest 2009-2010 the yield was 437 tons, with a 54.99% decrease compared to the previous year. Currently there are 41 olive oil mills active in the whole territory. Peruvian olive oil is still mainly destined for domestic consumption, although the country has recently started to export. In fact, while 5 years ago only Chile, the United States and Japan imported from Peru, today also Ecuador, Colombia, Bolivia, Canada, France, Mexico and Spain are importing countries. The history of olive growing in Peru goes back several centuries, historic records show that the sacred tree and its fruit have long been important in Peruvian cuisine. For example in José de Acosta's 16th century chronicle, where he recounts that olives were a sign of distinction at a banquet: they were offered at the beginning of the meal, only one per guest given their limited production and their high price. But they were sometimes served after the dessert, hence the ancient saying "arriving at the olives", when a guest arrives late at a party. The history of the olive tree in Peru dates back to 1559, when the Spanish conqueror don Antonio de Ribera arrived there from Sevilla, bringing some selected plants. Only three survived the voyage, so he looked after them carefully, planting them in a special place in his garden. He was so proud of them that they became the main subject of conversation at all society events, until one of the plants was mysteriously stolen. There are three different versions about the fate of this tree, which was never found again: it was taken to Arequipa, in the valley of the river Yauca, or further south to Tacna or it started the Chilean olive groves of Valparaíso. This story, even if it was certainly romanticized, explains the modern history of Peruvian olive growing, mentioning two olive growing regions that are still developing nowadays. In fact the most suitable areas in Peru are in the centre and in the extreme south-west of the country, between the cordillera of the Andes and the Pacific Ocean, where the conformation of the territory and a favourable microclimate have allowed olive growing to develop for more than 400 years. There are 10,000 hectares concentrated in the department of Lima (town of Chilca and province of Huaral), in the department of Ica (valleys of Chincha, Pisco and Ica), in the department of Arequipa (province of Caraveli, Mejía and Camaná) and that of Moquegua (province of Ilo). Finally the department of Tacna, which is the most productive, especially in the areas of Magollo, Los Palos and La Yarada. The cultivated varieties are of Italian or Spanish origin: frantoio, coratina, pendolino, leccino and empeltre. Thanks to the modernization of olive groves, new technology and the co-operation of the Spanish government, the average production levels are growing more similar to those of Mediterranean countries.

Stile Gusto Creatività

la bottega del cioccolato
andrea bianchini®
firenze   www.andreabianchini.net

Laboratorio e Showroom Via de' Macci n°50 - Firenze (FI) - Italy -tel./fax: +39 055 2001609
Shop Via Gioberti n°41r - Firenze (FI) - Italy -tel./fax: +39 055 664858

Brasile
Brazil

Aree olivetate o a vocazione olivicola • *Olive growing areas or areas suitable to olive growing*

Dati Statistici
Superficie olivetata nazionale	**1.400 (ha)**
Frantoi	**4**
Produzione nazionale 09-10	**1,7 (t)**
Produzione nazionale 08-09	**0,5 (t)**
Variazione	**+ 240,00%**

Statistic Data
National Olive Surface	**1,400 (ha)**
Olive Oil Mills	**4**
National production 09-10	**1.7 (t)**
National production 08-09	**0.5 (t)**
Variation	**+ 240.00%**

Empresa Brasileira de Pesquisa Agropecuaria - Empresa de Pesquisa Agropecuaria de Minas Gerais

Da uno dei maggiori importatori di olio a paese produttore. È la storia recente del Brasile che non vanta antiche tradizioni olivicole ma che sta muovendo oggi i primi passi verso una produzione autonoma: 1,7 tonnellate di olio quest'anno, con un aumento del 240% rispetto al precedente. L'autosufficienza è ancora una meta lontana, ma agricoltori, ricercatori ed esperti coinvolti nell'attuale esperienza pioniera di produzione hanno ben chiaro l'obiettivo: allora gli investimenti destinati allo scambio di esperienze con i professionisti del settore dei paesi tradizionalmente produttori si sono notevolmente intensificati e il Brasile ha iniziato a importare dall'estero tecnologie e macchinari moderni. Le possibili, future opportunità commerciali legate alla produzione olearia nazionale sono al centro dei dibattiti interni al comparto e i produttori finora coinvolti mirano a conquistare parte delle risorse economiche destinate all'importazione di olio straniero per favorire la produzione interna, riducendo il margine di dipendenza dai mercati esteri. Storicamente, fin dall'epoca della sua colonizzazione, il Brasile è sempre stato rifornito di olio dal Portogallo. Anche se testimonianze come quella del botanico francese Saint Hilaire (1820) raccontano la forza e la bellezza degli olivi che crescevano nello stato di Rio Grande do Sul. Ma l'importanza dell'olio nel bilancio portoghese era tale che la coltivazione della pianta era proibita nelle colonie, per evitare una concorrenza produttiva. Questa situazione si è perpetrata fino agli anni Quaranta del secolo scorso, quando le prime piante di olivo provenienti dal Portogallo divennero arredo urbano della città di Maria da Fé, nel sud dello stato di Minas Gerais, nella regione geografica del Sudeste. Da Maria da Fé le pianticelle di olivo furono importate in altre località dello stesso stato, dove trovarono adatti il clima e il suolo dei territori della Serra di Mantiqueira. Attualmente i primi due, appena nati, extravergine nazionali sono originari proprio degli stati di Minas Gerais e di Rio Grande do Sul, i due stati pionieri nell'olivicoltura, dove i produttori si stanno organizzando in associazioni e cooperative per gestire la produzione e individuare le varietà più produttive. A Rio Grande do Sul le piante sono diffuse nei territori di Cachoeira do Sul, São Sepé, Lavras do Sul, Santana da Boa Vista, Encruzilhada do Sul e Caçapava do Sul. Su un suolo arenoso e con un clima temperato, si coltivano le varietà spagnole arbequina e arbosana, ma anche manzanilla e picual. Promettente anche la cultivar greca koroneiki, oltre alle italiane coratina, frantoio e leccino. A Maria da Fé nasce nel 2008 il primo extravergine brasiliano, dall'italiana grappolo e dalla arbequina, oltre che dalla varietà denominata "Maria Fé", dal luogo di origine degli esperimenti. Questo risultato è il frutto della selezione di circa 50 cultivar di olive tra cui l'ascolana, la salomè e la negroa. L'obiettivo futuro è l'incremento degli impianti anche in altri territori: nella località di São Bento do Sapucaí, al confine tra São Paulo e Minas Gerais; sulle pendici della catena montuosa Mantiqueira; e nella zona agricola di Araucária, nello stato do Paraná. Altri programmi di sperimentazione sono inoltre attivi nello stato di Santa Catarina e nella località di Bagé nel Rio Grande do Sul.

From one of the main olive oil importers to producer: this is the recent history of Brazil, which does not have an olive growing tradition, but is now starting its own production of quality extra virgin olive oil: 1.7 tons of oil in the last harvest with a 240% increase compared to the previous year. Brazilian olive oil production does not meet domestic needs yet, but agriculturists, researchers and experts involved in this pioneer experience have a clear aim: therefore investments have been planned to enhance exchanges with professionals from countries with an olive growing tradition and Brazil has recently started importing technology and modern machinery from abroad. The future commercial prospects of a national olive oil production are being debated in the sector and producers hope to obtain part of the financial resources now used to import foreign oil to favour domestic production, thus reducing the dependence on foreign markets. Historically since its colonization Brazil has always been supplied with olive oil by Portugal, although evidence like that of the French botanist Saint Hilaire in 1820 talks of the strength and the beauty of the olive trees growing in the state of Rio Grande do Sul. However olive oil was so important in the Portuguese budget that this cultivation was forbidden in the colonies, to avoid competition. This situation lasted until the 1940's, when the first olive trees coming from Portugal were used as street furniture in the town of Maria da Fé, in the southern part of the state of Minas Gerais, in the geographical region of Sudeste. From Maria da Fé these small trees were later brought to other places in the same state: the climate and the soil of the territories of Serra da Mantiqueira, in the south of Minas Gerais, proved particularly favourable. Currently the first newly born national extra virgin olive oils come from the states of Minas Gerais and Rio Grande do Sul, the two pioneer states of olive growing, where producers are forming associations and co-operatives to organize production and select the most productive varieties. In Rio Grande do Sul the olive groves are spread in the territories of Cachoeira do Sul, São Sepé, Lavras do Sul, Santana da Boa Vista, Encruzilhada do Sul and Caçapava do Sul. The Spanish varieties arbequina and arbosana, but also manzanilla and picual, are cultivated here on sandy soil with a temperate climate. The Greek cultivar koroneiki, besides the Italian coratina, frantoio and leccino, is also promising. Moreover in Maria da Fé in 2008 the first Brazilian extra virgin olive oil was made with the Italian variety grappolo and the Spanish arbequina, as well as from the cultivar that was called "Maria Fé" from the place of origin of the research. This result is due to the selection of about 50 olive varieties, among which ascolana, salomè and negroa. The aim for the future is to increase plantations in other territories: in São Bento do Sapucaí, on the border between São Paulo and Minas Gerais, at the foot of the mountain chain of Mantiqueira and in the agricultural area of Araucária, in the state of Paraná. Other experimental programs are also active in the state of Santa Catarina and in Bagé in Rio Grande do Sul.

Brasile Brazil [BR] Rio Grande do Sul

Olivas do Sul Agroindústria

Estrada do Quartel Mestre - Alto dos Casemiros
96501 - 541 Cachoeira do Sul (RS)
Tel. + 55 51 37226314
E-mail: olivasdosul.aued@uol.com.br - Web: www.olivasdosul.com.br

80

80 m.

Specializzato
Specialized

Vaso
Vase

Brucatura a mano
Hand picking

Sì - Ciclo continuo
Yes - Continuous cycle

Arbequina

Fruttato leggero
Light fruity

da 10,01 a 12,00 € - 500 ml.
from € 10.01 to 12.00 - 500 ml.

D iamo il benvenuto in Guida a questa giovanissima realtà pioniera, creata da José Alberto Aued nel territorio collinare di Cachoeira do Sul, nella parte centrale dello stato di Rio Grande do Sul. Parliamo di una superficie di 12 ettari di oliveto specializzato, su cui trovano dimora 3.500 piante, e di un impianto di estrazione di ultima generazione. La recente campagna olearia, la prima per l'azienda, ha reso un raccolto di 60 quintali di olive, pari a 8 ettolitri di olio extravergine. Segnaliamo l'Extravergine Olivais do Sul - Arbequina che si offre alla vista di colore giallo dorato scarico, limpido; all'olfatto si esprime sottile e armonico, dotato di sentori vegetali di lattuga, cicoria e carciofo, cui si aggiungono note di erbe officinali, con ricordo di basilico, prezzemolo e mentuccia. Morbido e dosato al gusto, si caratterizza per toni di verdure fresche di campo e chiusura dolce di mandorla. Amaro presente e piccante contenuto. Eccellente accompagnamento per antipasti di ceci, aragosta al vapore, insalate di funghi ovoli, marinate di spigola, passati di verdure, cous cous di pesce, fritture di calamari, tartare di dentice, formaggi freschi a pasta molle, biscotti da forno.

P resent for the first time in this Guide, this young pioneer farm, founded by José Alberto Aued, is situated in the hilly territory of Cachoeira do Sul, in the central part of the state of Rio Grande do Sul. There is a 12-hectare specialized olive grove with 3,500 trees and a modern extraction system. In the first harvest 60 quintals of olives were produced, equal to 8 hectolitres of extra virgin olive oil. We recommend the Extra Virgin Olivais do Sul - Arbequina, which is a light limpid golden yellow colour. Its aroma is fine and harmonic, endowed with vegetal hints of lettuce, chicory and artichoke, together with notes of aromatic herbs, especially basil, parsley and field balm. Its taste is mellow and delicate, with notes of fresh country vegetables and a sweet almond finish. Bitterness is present and pungency is limited. It would be ideal on chickpea appetizers, steamed spiny lobster, ovoli mushroom salads, marinated bass, vegetable purée, fish cous cous, fried squids, sea bream tartare, soft fresh cheese, oven cookies.

Cile
Chile

Arica
Antofagasta
Chañaral
Coquimbo
Santiago
Concepción
Punta Arenas

Aree olivetate o a vocazione olivicola • *Olive growing areas or areas suitable to olive growing*

Dati Statistici
Superficie olivetata nazionale	22.000 (ha)
Frantoi	35
Produzione nazionale 09-10	8.500,0 (t)
Produzione nazionale 08-09	8.500,0 (t)
Variazione	0,00%

Statistic Data
National Olive Surface	22,000 (ha)
Olive Oil Mills	35
National production 09-10	8,500.0 (t)
National production 08-09	8,500.0 (t)
Variation	0.00%

International Olive Oil Council - ChileOliva

Il Cile è un paese giovane dal punto di vista olivicolo, in cui non c'è mai stata un'antica, radicata tradizione dell'olio. E questo rappresenta un ostacolo per l'olivicoltura cilena che pure, nel corso degli ultimissimi anni, ha fatto notevoli passi in avanti. Certamente i volumi ancora non ci sono, ma le aziende migliori lavorano per la qualità. La storia dell'olio cileno è una storia recente: gli Spagnoli che colonizzarono il paese nel XVI secolo privilegiarono infatti la vite rispetto all'olivo e fino a tutto il secolo scorso la domanda interna era molto bassa e veniva soddisfatta da una produzione locale poco interessante, supportata dall'importazione dalla Spagna. Una data decisiva è il 1946 quando José Cànepa, immigrante ligure, pianta 86 ettari di olivo in una sua proprietà a sud di Santiago. Da vero pioniere, Cànepa introduce molte delle varietà tuttora coltivate e, con la tecnologia più moderna allora disponibile, produce nel 1953 il primo olio extravergine cileno. Ma per parlare di olivicoltura su larga scala bisognerà attendere la fine degli anni Novanta. I numeri attuali del Cile olivicolo sono i seguenti: circa 22mila ettari con 17 milioni e 600mila piante destinate alla trasformazione, 70 realtà produttive e 35 frantoi attivi sul territorio. Gli oliveti si trovano soprattutto nella regione centro-settentrionale di Coquimbo, semi-desertica e dal clima asciutto e soleggiato, in quella più a sud del Maule, con inverni più freschi e piovosi e persino nella Patagonia Marittima, all'estremità meridionale del paese. Sono impianti di tipo tradizionale piuttosto che superintensivi, mentre le varietà principalmente coltivate sono di origine italiana, come coratina, frantoio e leccino; e spagnola, ovvero arbequina e picual. Ma troviamo anche, in misura minore, biancolilla, cerasuola, Liguria, nocellara del Belice, arbosana, empeltre, manzanilla, sevillana, koroneiki, grappolo, barnea, oltre all'autoctona racimo. La maggior parte delle imprese impegnate nel settore sono private, mancando una politica nazionale di incremento produttivo sostenuta a livello statale. Ma si tratta di imprese moderne che investono in macchinari tecnologici di ultima generazione e si avvalgono della consulenza di esperti stranieri, o introducono nuove varietà più produttive: per questo gli oli cileni sempre più si distinguono a livello internazionale. Dunque nel presente il fatto di essere ancora una piccola realtà produttiva si rivela un vantaggio: infatti i pochi impianti e l'abbondante manodopera fanno sì che la filiera produttiva non subisca flessioni qualitative e che l'olio sia per la quasi totalità extravergine. Inoltre l'assenza di problemi fitosanitari (come quello della mosca olearia) che apre la nicchia del biologico, una manodopera dal costo contenuto e un clima ideale rendono il futuro più che promettente. I volumi produttivi della campagna 2009-2010 hanno raggiunto le 8.500 tonnellate di olio, senza variazioni rilevanti rispetto all'annata precedente. Inoltre anche le esportazioni sono cresciute negli ultimi anni con un ritmo importante e oggi si attestano su un totale di 2mila tonnellate di olio annue. I mercati destinatari sono, oltre a quello degli Stati Uniti che accoglie il 40% del prodotto esportato, il Canada, il Messico, il Venezuela, il Brasile, la Colombia, la Spagna, la Germania, il Sudafrica e il Giappone.

Chile is a young olive country, as there has never been a strong olive oil tradition. This is an impediment to Chilean olive growing that however in few years has taken giant steps. Certainly, quantity is still limited, but the best farms aim at quality. The history of Chilean oil is recent: in fact the Spaniards, who colonized the country in the 16th century, privileged the cultivation of the grapevine at the expense of the olive tree. Up to the 20th century the scarce domestic demand was satisfied by a low production, supported by the importation of Spanish olive oil. The modern history of the Chilean olive oil began in 1946, when José Cànepa, an immigrant from Liguria, planted 86 hectares of olive trees in his estate to the south of Santiago. As a real pioneer, Cànepa introduced a lot of the varieties that are still cultivated today, and with the most modern technology available at the time, in 1953 he produced the first Chilean extra virgin olive oil. But large scale olive growing started only at the end of the 90's. Today in Chile there are almost 22,000 hectares of olive groves with 17,600,000 trees for oil production, 70 farms and 35 olive oil mills active on the whole territory. The olive groves are especially situated in the centre-northern region of Coquimbo, a semi-desert area with a dry sunny climate, in the area south of Maule, with cooler and rainy winters, and even in the Patagonia Maritima, in the extreme south of the country. They are traditional plantations rather than superintensive ones, while the most cultivated varieties are mainly of Italian origin like coratina, frantoio and leccino, and Spanish, above all arbequina and picual. But we also find, in smaller quantities, biancolilla, cerasuola, liguria, nocellara del Belice, arbosana, empeltre, manzanilla, sevillana, koroneiki, grappolo, barnea, besides the autochthonous racimo. The most farms involved in the sector are private, since there is not a national policy of state-supported productive increase. However they are modern farms that invest in machinery of the newest technology, follow the advice of foreign experts or introduce new more productive varieties. For this reason the Chilean extra virgin olive oil is increasingly gaining more recognition at an international level. At the moment the fact that Chilean production is low is an advantage: with few olive groves and abundant manpower the productive olive oil sector does not suffer from quality decrease and the olive oil is almost totally extra virgin. Moreover the absence of phytosanitary problems (like the oil fly), which opens the niche in the organic market, the low labour cost and an ideal climate make the future promising. In the olive oil harvest 2009-2010 production reached 8,500 tons of oil, without any variations compared to the previous year. Also imports have greatly increased in the last few years and are now 2,000 tons a year. The United States import 40% of the exported produce, other importing countries are Canada, Mexico, Venezuela, Brazil, Colombia, Spain, Germany, South Africa and Japan.

Cile Chile [CL] IV Región - Coquimbo

Agrícola Valle Quilimarí

Camino a Tilama - Antiguo Fundo Los Cóndores
1940000 Los Vilos (Choapa)
Tel. + 56 2 2191090 - Fax + 56 2 2199511
E-mail: pbottger@vallequilimari.cl - Web: www.vallequilimari.com

95

- 180 m.
- Specializzato / Specialized
- Alberello, monocono, vaso / Tree, monocone, vase
- Brucatura a mano / Hand picking
- Sì - Ciclo continuo / Yes - Continuous cycle
- Nocellara (75%), altre/others (25%)
- Fruttato medio / Medium fruity
- da 10,01 a 12,00 € - 500 ml. / from € 10.01 to 12.00 - 500 ml.

Continua a brillare la stella della Valle Quilimarí di Los Vilos. Parliamo di una grande azienda, condotta dal 1996 da Augusto Giangrandi, che ospita 40 ettari destinati agli oliveti specializzati, dove trovano posto 15mila piante da un ampio parco varietale. In questa campagna olearia sono stati raccolti 300 quintali di olive, che hanno permesso una produzione di circa 50 ettolitri di olio extravergine. Segnaliamo la selezione Extravergine Giangrandi - Medium Blend da Agricoltura Biologica, davvero eccellente: alla vista si offre di un bel colore giallo dorato intenso con sottili riflessi verdolini, limpido; all'olfatto si apre deciso e complesso, con note vegetali di fave fresche, lattuga e sedano a cui si associano ricchi sentori aromatici di menta e basilico. Al gusto è avvolgente e ampio, dotato di intensi toni fruttati di pomodoro di media maturità, mela bianca e banana matura. Amaro spiccato e piccante presente e ben espresso. Si abbina molto bene a antipasti di fagioli, insalate di farro, marinate di orata, verdure gratinate, zuppe di funghi ovoli, primi piatti con molluschi, crostacei in guazzetto, seppie alla griglia, coniglio arrosto, pollo al forno, formaggi caprini.

Agrícola Valle Quilimarí in Los Vilos has been run by Augusto Giangrandi since 1996 and is a large estate with 40 hectares of specialized olive grove and 15,000 trees of a wide range of varieties. In the last oil harvest 300 quintals of olives were produced, with a yield of about 50 hectolitres of extra virgin olive oil. We recommend the really excellent Extra Virgin selection Giangrandi Medium Blend from Organic Farming. It is a beautiful intense limpid golden yellow colour with slight light green hues. Its aroma is definite and complex, with vegetal notes of fresh broad beans, lettuce and celery, together with rich fragrant hints of mint and basil. Its taste is rotund and ample, endowed with intense fruity hints of medium ripe tomato, white apple and ripe banana. Bitterness is strong and pungency is present and distinct. It would be ideal on bean appetizers, farro salads, marinated gilthead, vegetables au gratin, ovoli mushroom soups, pasta with mussels, stewed shellfish, grilled cuttlefish, roast rabbit, baked chicken, goat cheese.

Cile Chile [CL] IV Región - Coquimbo

Nova Oliva

Hijuela, 5 - Fundo Santa Beatriz - Valle Pan de Azúcar
1780000 Coquimbo (Elqui)
Tel. + 56 2 3212002 - 2 3212003 - Fax + 56 2 3212005
E-mail: novaoliva@novaoliva.com - Web: www.novaoliva.com

88 ⬆

300 m.

Specializzato
Specialized

Monocono, palmetta
Monocone, fan

Brucatura a mano e meccanica
Hand picking and mechanical harvesting

Sì - Ciclo continuo
Yes - Continuous cycle

Arbequina (30%), frantoio (30%), koroneiki (30%), coratina (10%)

Fruttato medio
Medium fruity

da 10,01 a 12,00 € - 500 ml.
from € 10.01 to 12.00 - 500 ml.

Ottimo risultato per Nova Oliva, giovanissima impresa che nasce nel 2009 dall'attività congiunta di tre famiglie di origini europee: Zunino dall'Italia, Lopez e Marino dalla Spagna. Gli impianti si trovano in tre regioni molto differenti per clima e terreno: Marchigüe, Lago Rapel e Pan de Azúcar. In tutto sono 660mila piante su 520 ettari di oliveti specializzati. Nella recente campagna olearia queste hanno prodotto 30.600 quintali di olive, pari a una resa di quasi 5.022 ettolitri di olio. Segnaliamo l'Extravergine Nova Oliva - Premium che appare alla vista di colore giallo dorato intenso con delicati riflessi verdi, limpido. All'olfatto è deciso e ampio, con sentori fruttati di pomodoro di media maturità, banana matura e mela bianca, arricchiti da note balsamiche di menta e basilico. In bocca è complesso e avvolgente, con toni vegetali di cicoria, lattuga, fave fresche e rucola. Amaro spiccato e piccante ben espresso ed equilibrato. Si accompagna bene a antipasti di molluschi, insalate di verdure, marinate di ricciola, patate alla brace, passati di orzo, primi piatti con funghi finferli, gamberi in umido, pesci alla griglia, coniglio arrosto, pollame al forno, formaggi caprini.

An excellent result for Nova Oliva, a very recent enterprise created in 2009 from the association of three families of European origin: Zunino from Italy, Lopez and Marino from Spain. The olive groves are situated in three different regions for climate and soil: Marchigüe, Lago Rapel and Pan de Azúcar. There is a total amount of 660,000 trees on 520 hectares of specialized olive groves. In the last oil harvest 30,600 quintals of olives were produced, equal to a yield of almost 5,022 hectolitres of oil. We recommend the Extra Virgin selection Nova Oliva - Premium, which is an intense limpid golden yellow colour with delicate green hues. Its aroma is definite and ample, with fruity hints of medium ripe tomato, ripe banana and white apple, enriched by fragrant notes of mint and basil. Its taste is complex and rotund, with a vegetal flavour of chicory, lettuce, fresh broad beans and rocket. Bitterness is strong and pungency is distinct and balanced. It would be ideal on mussel appetizers, vegetable salads, marinated amberjack, barbecued potatoes, barley purée, pasta with chanterelle mushrooms, stewed shrimps, grilled fish, roast rabbit, baked poultry, goat cheese.

Cile Chile [CL] V Región - Valparaíso

Agroindustrial Huaquen

Los Hornos de Huaquen - Parcela 30 A 3 - Haquén
2030000 La Ligua (Petorca)
Tel. + 56 2 3989897 - Fax + 56 2 2313717
E-mail: dlivingstone@sanpietrofoods.com - Web: www.sanpietrofoods.com

91

150 m.

Specializzato
Specialized

Alberello
Tree

Brucatura a mano e meccanica
Hand picking and mechanical harvesting

Sì - Ciclo continuo
Yes - Continuous cycle

Arbequina (70%), picual (15%), frantoio (6%), coratina, leccino (9%)

Fruttato medio
Medium fruity

da 6,01 a 8,00 € - 500 ml.
from € 6.01 to 8.00 - 500 ml.

Performance impeccabile per la Agroindustrial Huaquen di La Ligua. Questa azienda coltivava avocado e agrumi per l'esportazione fino al 2002, quando il proprietario Arturo Strazza Falabella si lancia nel progetto di produrre olio extravergine e inizia a coltivare l'olivo su 100 ettari, che oggi sono diventati circa 260, con 270mila piante messe a dimora. Il raccolto della campagna in corso è stato di 8mila quintali di olive che hanno reso 1.600 ettolitri di olio. Due le etichette Extravergine San Pietro da Agricoltura Biologica: il Frutado Ligero e l'eccellente Frutado Medio. Si offre alla vista di un bel colore giallo dorato intenso con delicate sfumature verdi, limpido. Al naso è ampio e avvolgente, con sentori vegetali di carciofo, cicoria e rucola, arricchiti da note di erbe balsamiche dove spiccano la menta e il basilico. Al gusto è elegante e complesso, ricco di toni fruttati di banana e mandorla. Amaro deciso e piccante dosato. Buon accompagnamento per antipasti di mare, fagioli al vapore, insalate di pollo, marinate di pesce persico, zuppe di farro, primi piatti con molluschi, pesci di scoglio al cartoccio, formaggi freschi a pasta filata.

Agroindustrial Huaquen in La Ligua has given an excellent performance. The farm cultivated avocads and citrus fruit for export until 2002, when the owner Arturo Falabella decided to produce extra virgin olive oil and started cultivating the olive tree on 100 hectares, which today have become about 260 with 270,000 trees. In the last harvest 8,000 quintals of olives were produced, with a yield of 1,600 hectolitres of oil. There are two Extra Virgin selections San Pietro from Organic Farming: Frutado Ligero and the excellent Frutado Medio. It is a beautiful intense limpid golden yellow colour with delicate green hues. Its aroma is ample and rotund, with vegetal hints of artichoke, chicory and rocket, enriched by notes of aromatic herbs, especially mint and basil. Its taste is elegant and complex, rich in a flavour of banana and almond. Bitterness is definite and pungency is complimentary. It would be ideal on seafood appetizers, steamed beans, chicken salads, marinated perch, farro soups, pasta with mussels, rock-fish baked in parchment, mozzarella cheese.

Cile Chile [CL] V Región - Valparaíso

Agroindustrial Razeto

Parcela 13 A - Los Almendros
Apartado Postal 8 D Quillota - 2268104 La Palma (Quillota)
Tel. + 56 33 314327 - Fax + 56 33 314327
E-mail: arazeto@razeto.cl - Web: www.razeto.cl

92

150 m.

Promiscuo
Promiscuous

Monocono, policono
Monocone, polycone

Brucatura a mano e meccanica
Hand picking and mechanical harvesting

Sì - Ciclo continuo
Yes - Continuous cycle

Picual (40%), barnea (20%), frantoio (20%), arbequina (12%), leccino (5%), sevillana (3%)

Fruttato medio
Medium fruity

da 10,01 a 12,00 € - 500 ml.
from € 10.01 to 12.00 - 500 ml.

La Razeto è una delle realtà che meglio rappresentano il nuovo corso dell'olivicoltura cilena. Fondata nel 2002 da Ricardo Razeto con l'obiettivo di produrre un olio extravergine di qualità superiore, attualmente conta su 40 ettari di superficie dove dimorano 18mila piante dalle quali, in questa campagna olearia, sono stati raccolti 50 quintali di olive che, uniti ai 1.650 acquistati, hanno consentito di produrre circa 316 ettolitri di olio extravergine. Segnaliamo la selezione Extravergine Razeto - Selección Especial: alla vista appare di un bel colore giallo dorato intenso con delicate sfumature verdoline, limpido; all'olfatto si offre deciso e ampio, con eleganti sentori fruttati di pomodoro acerbo e mandorla, cui si associano ricche note vegetali di erba fresca falciata, lattuga e cicoria di campo. Al gusto è complesso e fine, ricco di toni di carciofo, basilico e menta. Amaro e piccante decisi ed equilibrati con dolce in evidenza. Buon accompagnamento per carpaccio di tonno, funghi porcini ai ferri, insalate di polpo, marinate di pesce azzurro, zuppe di lenticchie, primi piatti con carciofi, pesce azzurro gratinato, carni rosse o nere in umido, formaggi di media stagionatura.

Agroindustrial Razeto is one of the farms that best represents the new course of Chilean olive growing. Founded in 2002 by Ricardo Razeto with the aim of producing high quality extra virgin olive oil, today it has 40 hectares of olive grove surface with 18,000 trees. In the last harvest 50 quintals of olives were produced and 1,650 purchased, with a yield of about 316 hectolitres of extra virgin olive oil. We recommend the Extra Virgin selection Razeto - Selección Especial. It is a beautiful intense limpid golden yellow colour with delicate light green hues. Its aroma is definite and ample, with elegant fruity hints of unripe tomato and almond, together with rich vegetal notes of freshly mown grass, lettuce and wild chicory. Its taste is complex and fine, with a rich flavour of artichoke, basil and mint. Bitterness and pungency are definite and balanced with evident sweetness. It would be ideal on tuna carpaccio, grilled porcini mushrooms, octopus salads, marinated bluefish, lentil soups, pasta with artichokes, blue fish au gratin, stewed red meat or game, medium mature cheese.

Cile Chile [CL] V Región - Valparaíso

Olivos Ruta del Sol

Ruta 79 Km 90 - Leyda
2660000 San Antonio
Tel. + 56 43 402200
E-mail: ldonoso@olivosrutadelsol.cl - Web: www.olisol.cl

88

186 m.

Specializzato
Specialized

Monocono
Monocone

Brucatura a mano
Hand picking

Sì - Ciclo continuo
Yes - Continuous cycle

Arbequina (60%), arbosana (15%), frantoio (10%), leccino (10%), coratina (5%)

Fruttato intenso
Intense fruity

da 4,01 a 6,00 € - 500 ml.
from € 4.01 to 6.00 - 500 ml.

Anche quest'anno una prova di grande livello per la Olivos Ruta del Sol, giovanissima realtà di produzione olearia fondata circa cinque anni fa a San Antonio, nella regione cilena di Valparaíso. Alla guida ci sono Samuel de la Sotta, Joaquin Holzapfel, Pedro Hurtado e Cristián Silva che vantano un patrimonio di 350 ettari di impianto specializzato con 120mila piante. Nella recente campagna il raccolto di 900 quintali di olive ha prodotto 136 ettolitri di olio. Due gli Extravergine Olisol che segnaliamo: il Valle de Colchagua e l'ottimo Valle de Leyda che si offre alla vista di un bel colore giallo dorato intenso con riflessi verdolini, limpido; al naso si esprime deciso e avvolgente, con spiccati sentori vegetali di carciofo e cicoria selvatica, arricchiti da note speziate di pepe nero. In bocca è fine e complesso, con toni balsamici di basilico, prezzemolo, lattuga e chiusura di mandorla. Amaro e piccante ben espressi ed equilibrati. È eccellente per antipasti di pesce azzurro, carpaccio di carne cruda con funghi ovoli, insalate di tonno, zuppe di lenticchie, pesce spada in umido, pollame o carni di maiale ai ferri, formaggi di media stagionatura.

Once again a great performance for Ruta del Sol, a young oil farm founded about five years ago in San Antonio, in the region of Valparaíso. It is run by Samuel de la Sotta, Joaquin Holzapfel, Pedro Hurtado and Cristián Silva, who have 350 hectares of specialized olive grove with 120,000 trees. In the last harvest 900 quintals of olives were produced, with a yield of 136 hectolitres of oil. We recommend two Extra Virgin Olisol: Valle de Colchagua and the excellent Valle de Leyda, which is a beautiful intense limpid golden yellow colour with light green hues. Its aroma is definite and rotund, with distinct vegetal hints of artichoke and wild chicory, enriched by spicy notes of black pepper. Its taste is fine and complex, with a fragrant flavour of basil, parsley, lettuce and an almond finish. Bitterness and pungency are distinct and balanced. It would be ideal on bluefish appetizers, beef carpaccio with ovoli mushrooms, tuna salads, lentil soups, steamed swordfish, grilled poultry or pork, medium mature cheese.

Cile Chile [CL] Metropolitana de Santiago

Comercial e Industrial Soho

Camino a la Laguna Aculeo Km 13.600 - Aculeo
9540000 Paine (Maipo)
Tel. + 56 2 4724400 - Fax + 56 2 3789124
E-mail: daniela@sohocomercial.cl - Web: www.sohocomercial.cl

87

- 100 m.
- Specializzato / Specialized
- Monocono / Monocone
- Brucatura a mano e meccanica / Hand picking and mechanical harvesting
- Sì - Ciclo continuo / Yes - Continuous cycle
- Arbequina (95%), picual (5%)
- Fruttato leggero / Light fruity
- da 4,01 a 6,00 € - 500 ml. / from € 4.01 to 6.00 - 500 ml.

La Soho di Paine è stata acquisita nel 1998 da Juan Carlos Fabres Rivas, brillante imprenditore che ha impiantato ex novo 220 ettari di oliveto specializzato dove dimorano quasi 109mila piante di olivo, molte delle quali sono già in produzione. Quest'anno sono stati raccolti 8mila quintali di olive che, uniti ad altri 24mila acquistati, hanno reso 6.370 ettolitri di olio extravergine. Segnaliamo ben tre etichette Extravergine aziendali: il Fabrini - Family Original, il Selección e il Sol de Aculeo - Arbequina, scelto dal panel. Si presenta alla vista di colore giallo dorato intenso con sottili sfumature verdoline, limpido; all'olfatto si offre ampio e complesso, dotato di sentori fruttati di pomodoro acerbo, mela bianca e frutta secca, con netto ricordo di noce fresca e mandorla. In bocca è fine e avvolgente, con toni di lattuga, carciofo e note aromatiche di basilico, mentuccia e pepe nero. Amaro e piccante presenti e ben espressi. È eccellente per maionese, aragosta bollita, carpaccio di pesce persico, insalate di gamberi, marinate di dentice, zuppe di piselli, primi piatti con funghi ovoli, gamberi al forno, molluschi al vapore, formaggi freschi a pasta molle, dolci da forno.

Soho in Paine was purchased in 1998 by Juan Carlos Fabres Rivas, a successful entrepreneur, who planted 220 hectares of specialized olive grove with almost 109,000 trees, many of which are already in production. In the last harvest 8,000 quintals of olives were produced and 24,000 purchased, with a yield of 6,370 hectolitres of extra virgin olive oil. We recommend three Extra Virgin selections: Fabrini - Family Original, Selección, and Sol de Aculeo - Arbequina, chosen by our panel. It is an intense limpid golden yellow colour with slight light green hues. Its aroma is ample and complex, with fruity notes of unripe tomato, white apple and dried fruit, especially fresh walnut and almond. Its taste is fine and rotund, with a flavour of lettuce, artichoke and aromatic notes of basil, field balm and black pepper. Bitterness and pungency are present and distinct. It would be ideal on mayonnaise, boiled spiny lobster, perch carpaccio, shrimp salads, marinated sea bream, pea soups, pasta with ovoli mushrooms, baked shrimps, steamed mussels, soft fresh cheese, oven cakes.

Agricola Valle Grande

Camino a Cholqui Km 17.500 - Pallocabe - Fundo el Oliveto
9580000 Melipilla
Tel. + 56 2 4431033 - Fax + 56 2 4431273
E-mail: valle-grande@valle-grande.cl - Web: www.olave.cl

345 m.

Specializzato
Specialized

Monocono
Monocone

Brucatura a mano e meccanica
Hand picking and mechanical harvesting

Sì - Ciclo continuo
Yes - Continuous cycle

Frantoio (60%), arbequina (20%), coratina (10%), leccino (10%)

Fruttato medio
Medium fruity

da 8,01 a 10,00 € - 500 ml.
from € 8.01 to 10.00 - 500 ml.

Sempre meritatissima la segnalazione per l'Agricola Valle Grande. Elvio Olave Gutierrez è il più importante produttore ed esportatore di mosto del Cile che dal 1999 si dedica anche all'olivicoltura, con una competenza maturata attraverso la conoscenza della tecnologia italiana e spagnola. Conduce 660 ettari di oliveti specializzati con circa 357mila piante, che in questa campagna hanno reso un raccolto di 30mila quintali di olive, pari a una produzione di 4.200 ettolitri di olio. Segnaliamo l'ottimo Extravergine Olave - Orgánico da Agricoltura Biologica. Alla vista il colore si presenta giallo dorato intenso con tenui riflessi verdi, limpido. All'olfatto è deciso e complesso, con note vegetali di erba fresca falciata, carciofo e cicoria, arricchite da sentori aromatici di menta, basilico e pepe nero. Al gusto è ampio e avvolgente, dotato di eleganti toni di lattuga, fave e chiusura di mandorla. Amaro e piccante presenti ed equilibrati. Si abbina molto bene a antipasti di fagioli, insalate di ceci, marinate di ricciola, verdure alla griglia, zuppe di funghi ovoli, cous cous di verdure, pesci di scoglio in umido, pollame o carni di agnello al forno, formaggi freschi a pasta filata.

The production of this farm is always excellent. Elvio Olave Gutierrez is the most important producer and exporter of must in Chile and since 1999 has also been practising olive growing thanks to his experience on Italian and Spanish technology. He runs 660 hectares of specialized olive groves with about 357,000 trees. In the last harvest 30,000 quintals of olives were produced, equal to a yield of 4,200 hectolitres of extra virgin olive oil. We recommend the excellent Extra Virgin Olave - Orgánico from Organic Farming. It is an intense limpid golden yellow colour with slight green hues. Its aroma is definite and complex, with vegetal notes of freshly mown grass, artichoke and chicory, enriched by fragrant hints of mint, basil and black pepper. Its taste is ample and rotund, endowed with an elegant flavour of lettuce, broad beans and an almond finish. Bitterness and pungency are present and balanced. It would be ideal on bean appetizers, chickpea salads, marinated amberjack, grilled vegetables, ovoli mushroom soups, vegetable cous cous, stewed rock-fish, baked poultry or lamb, mozzarella cheese.

Cile Chile [CL] VI Región - Libertador General Bernardo O'Higgins

Olisur

San José Marchigüe
3070000 San Fernando (Colchagua)
Tel. + 56 2 2230437 - 2 3359555 - Fax + 56 2 3351459
E-mail: info@olisur.com - Web: www.olisur.com

92

190 m.

Specializzato
Specialized

Alberello
Tree

Meccanica
Mechanical harvesting

Sì - Ciclo continuo
Yes - Continuous cycle

Arbosana (49%), arbequina (36%), koroneiki (15%)

Fruttato medio
Medium fruity

da 15,01 a 18,00 € - 500 ml.
from € 15.01 to 18.00 - 500 ml.

Continua a distinguersi per l'alto livello dei suoi prodotti la Olisur di San Fernando. Non molto distante da Santiago, nella valle Colchagua, questa realtà produttiva nasce nel 2004 per iniziativa di Alfonso Swett che è tuttora alla guida di 1.250 ettari di impianto specializzato, con due milioni e 104.800 piante. Quest'anno sono stati raccolti 52.700 quintali di olive, pari a 9.930 ettolitri di olio. Tre le etichette Extravergine proposte: l'Olive & Co e i due Santiago, il Premium e l'ottimo Limited Edition, scelto dal panel. Appare alla vista di un bel colore giallo dorato intenso con tenui riflessi verdi, limpido; al naso si apre elegante e complesso, ricco di sentori fruttati di pomodoro acerbo e frutta secca, con pinolo, noce fresca e mandorla in evidenza. In bocca è fine e di carattere, con toni vegetali di lattuga, sedano e cicoria, cui si aggiungono note balsamiche di menta, rosmarino e salvia. Amaro e piccante presenti e dosati. Ottimo abbinamento con antipasti di crostacei, carpaccio di gallinella, insalate di riso, marinate di spigola, passati di fave, risotto con asparagi, fritture di verdure, tartare di pesce persico, formaggi freschi a pasta molle, biscotti da forno.

Another great performance for Olisur in San Fernando. Not far from Santiago, in the valley of Colchagua, this farm was founded in 2004 by Alfonso Swett, who still runs 1,250 hectares of specialized olive grove with 2,104,800 trees. In the last harvest 52,700 quintals of olives were produced, with a yield of 9,930 hectolitres of oil. There are three Extra Virgin selections: Olive & Co and the two Santiago, Premium and the excellent Limited Edition, chosen by our panel. It is a beautiful intense limpid golden yellow colour with slight green hues. Its aroma is elegant and complex, rich in fruity hints of unripe tomato and dried fruit, especially pine nut, fresh walnut and almond. Its taste is fine and strong, with a vegetal flavour of lettuce, celery and chicory, together with fragrant notes of mint, rosemary and sage. Bitterness and pungency are present and complimentary. It would be ideal on shellfish appetizers, piper carpaccio, rice salads, marinated bass, broad bean purée, risotto with asparagus, fried vegetables, perch tartare, soft fresh cheese, oven cookies.

Cile Chile [CL] - VI Región - Libertador General Bernardo O'Higgins

Agrícola Torremolinos
Fundo Continela
3130000 Santa Cruz (Colchagua)
Tel. + 56 2 9588100 - 2 9511818 - Fax + 56 2 9588140
E-mail: pgonzalez@torremolinos.cl - Web: www.terraenigma.cl

84 ⬆

- 170 m.
- Specializzato / Specialized
- Monocono / Monocone
- Brucatura a mano / Hand picking
- No - Ciclo continuo / No - Continuous cycle
- Arbequina
- Fruttato leggero / Light fruity
- da 2,00 a 4,00 € - 500 ml. / from € 2.00 to 4.00 - 500 ml.

Debutta in Guida la Agrícola Torremolinos, situata a Santa Cruz, la principale area vitivinicola del paese. Nata nel 2006 dal sogno di Cristian Andreu Matta e della sua sposa di produrre un olio cileno di elevate qualità organolettiche, oggi la vasta tenuta conta su un patrimonio di 65 ettari di oliveto specializzato con più di 48mila piante. Da queste, nella recente campagna, sono stati ricavati 1.300 quintali di olive, pari a una resa in olio extravergine di 195 ettolitri. L'etichetta Extravergine Terraenigma - Arbequina si presenta alla vista di un bel colore giallo dorato intenso con sottili sfumature verdoline, limpido; all'olfatto si esprime elegante e armonico, dotato di sentori fruttati di pomodoro acerbo e frutta secca, con pinolo e mandorla in rilievo. Al gusto è pulito e avvolgente, con toni vegetali di ortaggi freschi di campo, lattuga e cicoria, arricchiti da note balsamiche di basilico e mentuccia. Amaro presente e piccante contenuto. Ideale accompagnamento per maionese, antipasti di funghi ovoli, asparagi bolliti, carpaccio di ricciola, marinate di spigola, zuppe di fave, cous cous di pesce, crostacei ai ferri, pesci bolliti, formaggi freschi a pasta molle, biscotti da forno.

For the first time in this Guide Agrícola Torremolinos is situated in Santa Cruz, the main wine-growing area in the country. It was founded in 2006 by Cristian Andreu Matta and his wife, who wanted to produce a Chilean olive oil with high organoleptic qualities. Today the estate has a 65-hectare specialized olive grove with over 48,000 trees. In the last harvest 1,300 quintals of olives were produced, equal to a yield of 195 hectolitres of extra virgin olive oil. The Extra Virgin selection Terraenigma - Arbequina is a beautiful intense limpid golden yellow colour with slight light green hues. Its aroma is elegant and harmonic, endowed with fruity hints of unripe tomato and dried fruit, especially pine nut and almond. Its taste is clean and rotund, with vegetal notes of fresh country vegetables, lettuce and chicory, enriched by a fragrant flavour of basil and field balm. Bitterness is present and pungency is limited. It would be ideal on mayonnaise, ovoli mushroom appetizers, boiled asparagus, amberjack carpaccio, marinated bass, broad bean soups, fish cous cous, grilled shellfish, boiled fish, soft fresh cheese, oven cookies.

Cile Chile [CL] VII Región - Maule

Agrícola y Forestal Don Rafael

Las Mercedes - Pichingal
8320000 Molina (Curicó)
Tel. + 56 2 7150310
E-mail: mgutierrez@donrafael.cl - Web: www.donrafael.cl

85

- 228 m.
- Specializzato / Specialized
- Monocono / Monocone
- Meccanica / Mechanical harvesting
- Sì - Ciclo continuo / Yes - Continuous cycle
- Arbequina (75%), koroneiki (25%)
- Fruttato medio / Medium fruity
- da 15,01 a 18,00 € - 500 ml. / from € 15.01 to 18.00 - 500 ml.

Ottimo esordio per la Don Rafael, collocata nella Valle de Curicó. Si tratta di una realtà produttiva piuttosto giovane: il progetto parte nel 2003 e la prima campagna è del 2007. Oggi si contano 87 ettari di impianto specializzato e quasi 127mila piante dalle quali quest'anno è stato ricavato un raccolto di 5mila quintali di olive, pari a una resa in olio extravergine di 690 ettolitri. Segnaliamo le due selezioni monocultivar aziendali, gli Extravergine 8 Olivos - Arbequina e Blend, quest'ultimo scelto dal panel. Si presenta alla vista di colore giallo dorato intenso con sottili riflessi verdi, limpido; all'olfatto è deciso e ampio, con sentori fruttati di pomodoro acerbo, mela bianca e banana matura, arricchiti da note di erbe aromatiche con menta e prezzemolo in evidenza. Elegante e complesso al gusto, è dotato di toni vegetali di ortaggi freschi di campo, lattuga, cicoria e mandorla in chiusura. Amaro e piccante ben espressi e armonici. Si abbina molto bene a antipasti di mare, insalate di farro, marinate di salmone, patate alla griglia, zuppe di verdure, primi piatti con molluschi, crostacei in guazzetto, tartare di ricciola, pollame o carni di agnello al forno, formaggi caprini.

A brilliant first appearance for Don Rafael, situated in the Valle de Curicó. It is a young farm, it was started in 2003 and the first harvest took place in 2007. Today there are 87 hectares of specialized olive grove with almost 127,000 trees. In the last harvest 5,000 quintals of olives were produced, equal to a yield of 690 hectolitres of extra virgin olive oil. We recommend the two Monocultivar Extra Virgin selections 8 Olivos - Arbequina and Blend, chosen by our panel. It is an intense limpid golden yellow colour with slight green hues. Its aroma is definite and ample, with fruity hints of unripe tomato, white apple and ripe banana, enriched by notes of aromatic herbs, especially mint and parsley. Its taste is elegant and complex, with a vegetal flavour of fresh country vegetables, lettuce, chicory and an almond finish. Bitterness and pungency are distinct and harmonic. It would be ideal on seafood appetizers, farro salads, marinated salmon, grilled potatoes, vegetable soups, pasta with mussels, stewed shellfish, amberjack tartare, baked poultry or lamb, goat cheese.

Cile Chile [CL] VII Región - Maule

Agroindustrial Siracusa
Villa Prat
3340000 Curicó
Tel. + 56 2 2200000 - Fax + 56 2 2206969
E-mail: gr@auraoliveoil.com - Web: www.auraoliveoil.com

90

100 m.

Specializzato
Specialized

Monocono
Monocone

Meccanica
Mechanical harvesting

Sì - Ciclo continuo
Yes - Continuous cycle

Koroneiki (60%), picual (30%), coratina (10%)

Fruttato medio
Medium fruity

da 12,01 a 15,00 € - 500 ml.
from € 12.01 to 15.00 - 500 ml.

Continua a distinguersi la Agroindustrial Siracusa che nasce nel 2006 con un obiettivo ambizioso: distinguersi nel mercato cileno di extravergine come un produttore leader nei volumi e nella qualità. La struttura dispone di 1.500 ettari di superficie di proprietà a Villa Prat, con circa un milione e 400mila piante, e di un impianto di estrazione all'avanguardia. Quest'anno sono stati raccolti 41.259 quintali di olive, pari a quasi 6.354 ettolitri di olio. Due le selezioni Extravergine Aura: il Premium Blend e l'eccellente Edición Limitada, che segnaliamo. Appare alla vista di colore giallo dorato intenso con riflessi verdolini, limpido; all'olfatto è ampio e avvolgente, ricco di sentori fruttati di mela bianca, banana matura e noce fresca, cui si accompagnano note aromatiche di basilico, menta e pepe verde. In bocca è fine e di personalità, con toni vegetali di lattuga, sedano e fave fresche. Amaro spiccato e piccante presente e armonico. È perfetto per antipasti di molluschi, bruschette con verdure, insalate di lenticchie, marinate di ricciola, zuppe di funghi ovoli, risotto con carciofi, gamberi in umido, pesci alla griglia, pollame o carni di agnello al forno, formaggi caprini.

Agroindustrial Siracusa was founded in 2006 with an ambitious aim: becoming a leader producer of extra virgin olive oil in Chile, both in volume and in quality. The farm has 1,500 hectares of surface in Villa Prat, with over 1,400,000 trees and an advanced extraction system. In the last harvest 41,259 quintals of olives were produced, equal to almost 6,354 hectolitres of oil. There are two Extra Virgin selections Aura: Premium Blend and the excellent Edición Limitada, which we recommend. It is an intense limpid golden yellow colour with light green hues. Its aroma is ample and rotund, rich in fruity hints of white apple, ripe banana and fresh walnut, together with aromatic notes of basil, mint and green pepper. Its taste is fine and strong, with a vegetal flavour of lettuce, celery and fresh broad beans. Bitterness is distinct and pungency is present and harmonic. It would be ideal on mussel appetizers, bruschette with vegetables, lentil salads, marinated amberjack, ovoli mushroom soups, risotto with artichokes, stewed shrimps, grilled fish, baked poultry or lamb, goat cheese.

Cile Chile [CL] VII Regiòn - Maule

TerraMater

Camino a la Costa - Olivares de Peteroa
3390000 Sagrada Familia (Curicó)
Tel. + 56 75 520674 - Fax + 56 75 520674
E-mail: terramater@terramater.cl - Web: www.terramater.cl

97

- 500 m.
- **Promiscuo e specializzato**
  Promiscuous and specialized
- **Alberello**
  Tree
- **Brucatura a mano e meccanica**
  Hand picking and mechanical harvesting
- **Sì - Ciclo continuo**
  Yes - Continuous cycle
- **Racimo**
- **Fruttato medio**
  Medium fruity
- da 4,01 a 6,00 € - 500 ml.
  from € 4.01 to 6.00 - 500 ml.

TerraMater è una tra le più importanti realtà olivicole e vitivinicole del Cile. Fondata nel 1953 quando Giuseppe Cànepa Vacarezza, originario di Chiavari, inizia a coltivare la vite e l'olivo nella fertile Valle de Curicó, oggi è una grande proprietà gestita con passione e professionalità da Antonieta, Eda e Gilda Cànepa. Parliamo di un patrimonio di 190 ettari con quasi 59mila piante e di un moderno frantoio di proprietà. Quest'anno sono stati raccolti 10mila quintali di olive, per una resa in olio di 1.200 ettolitri. Ottimo l'Extravergine Petralia che si presenta alla vista di un bel colore giallo dorato intenso con decisi riflessi verdi, limpido; all'olfatto si esprime avvolgente e di personalità, ricco di note vegetali di erba fresca falciata, carciofo e cardo selvatico, con netto ricordo di menta e rosmarino. Al gusto è complesso ed elegante, con toni di cicoria, pepe nero e mandorla. Amaro spiccato e piccante presente e dosato. Ottimo abbinamento con antipasti di funghi porcini, bruschette con pomodoro, insalate di spinaci, marinate di tonno, zuppe di fagioli, primi piatti con pesce spada, polpo bollito, agnello arrosto, maiale alla brace, formaggi stagionati a pasta dura.

TerraMater is one of the most important olive and wine-growing farms in Chile. It was founded in 1953, when Giuseppe Cànepa Vaccarezza, a native of Chiavari, started cultivating the grapevine and the olive tree in the fertile Valle de Curicó. Today this large estate is run by the passionate and competent Antonieta, Eda and Gilda Cànepa. There are 190 hectares of olive grove with almost 59,000 trees and a modern oil mill. In the last harvest 10,000 quintals of olives were produced, with a yield of 1,200 hectolitres of oil. The Extra Virgin Petralia is extraordinary. It is a beautiful intense limpid golden yellow colour with definite green hues. Its aroma is rotund and strong, rich in vegetal notes of freshly mown grass, artichoke and wild thistle and hints of mint and rosemary. Its taste is complex and elegant, with a flavour of chicory, black pepper and almond. Bitterness is distinct and pungency is present and complimentary. It would be ideal on porcini mushroom appetizers, bruschette with tomatoes, spinach salads, marinated tuna, bean soups, pasta with swordfish, boiled octopus, roast lamb, barbecued pork, hard mature cheese.

Cile Chile [CL] VII Región - Maule

Las Doscientas

Fundo Las Doscientas - Quepu
3550000 Pencahue (Talca)
Tel. + 56 2 3701310 - 2 5940200 - Fax + 56 2 3701135
E-mail: ffache@las200.cl - Web: www.las200.cl

90

260 m.

Specializzato
Specialized

Monocono
Monocone

Brucatura a mano
Hand picking

Sì - Ciclo continuo
Yes - Continuous cycle

Picual

Fruttato intenso
Intense fruity

da 12,01 a 15,00 € - 500 ml.
from € 12.01 to 15.00 - 500 ml.

Sempre meritata la segnalazione per Las Doscientas, l'azienda di Pencahue fondata nel 2001 da Juan Fernando Waidele Cortés che ci propone pregevoli oli. Gli oliveti specializzati si estendono per quasi 700 ettari, con oltre 654mila piante messe a dimora, ma solo in parte in produzione. Nella recente campagna il raccolto è stato di circa 16.500 quintali di olive, pari a poco più di 2.890 ettolitri di olio. Due le selezioni Extravergine Las Doscientas proposte, i monocultivar Arbequina e Picual, quest'ultimo davvero ottimo. Alla vista appare di un bel colore giallo dorato intenso con tenui riflessi verdi, limpido; all'olfatto si esprime avvolgente e deciso, caratterizzato da ricchi sentori vegetali di lattuga, fave fresche e note aromatiche di basilico, menta e pepe nero. Al gusto è complesso e di carattere, dotato di eleganti toni fruttati di pomodoro acerbo, mandorla e spiccate banana matura e mela bianca. Amaro potente e piccante deciso. È eccellente per antipasti di tonno, bruschette con pomodoro, insalate di spinaci, pomodori gratinati, minestroni di verdure, primi piatti con funghi porcini, pesce azzurro al forno, carni rosse o nere alla brace, formaggi stagionati a pasta dura.

Las Doscientas is a farm in Penncahue founded in 2001 by Juan Fernando Waidele Cortés, who has proposed a range of excellent oil. The specialized olive groves stretch over almost 700 hectares, with over 654,000 trees, only partly productive. In the last oil harvest 16,500 quintals of olives were produced, equal to about 2,890 hectolitres of extra virgin olive oil. There are two Extra Virgin selections Las Doscientas: the Monocultivar Arbequina and the excellent Picual. It is a beautiful intense limpid golden yellow colour with slight green hues. Its aroma is rotund and definite, characterized by rich vegetal hints of lettuce, fresh broad beans and fragrant notes of basil, mint and black pepper. Its taste is complex and strong, endowed with an elegant fruity flavour of unripe tomato, almond and distinct ripe banana and white apple. Bitterness is powerful and pungency is definite. It would be ideal on tuna appetizers, bruschette with tomatoes, spinach salads, tomatoes au gratin, minestrone with vegetables, pasta with porcini mushrooms, baked blue fish, barbecued red meat or game, hard mature cheese.

Uruguay
Uruguay

Aree olivetate o a vocazione olivicola • *Olive growing areas or areas suitable to olive growing*

Dati Statistici

Superficie olivetata nazionale	8.000 (ha)
Frantoi	10
Produzione nazionale 09-10	80,0 (t)
Produzione nazionale 08-09	40,0 (t)
Variazione	+ 100,00%

Statistic Data

National Olive Surface	8,000 (ha)
Olive Oil Mills	10
National production 09-10	80.0 (t)
National production 08-09	40.0 (t)
Variation	+ 100.00%

International Olive Oil Council - Uruguayan Olive and Olive Oil Producers Association

La coltura e la cultura dell'olivo non hanno radici profonde nelle tradizioni degli Uruguaiani. Basti pensare che i primi alberi nel paese furono piantati alla fine del XVIII secolo dagli immigrati argentini, gli stessi che introdussero anche la coltura della vite. Così troviamo documentato dallo scrittore e agronomo Pérez Castellano il quale afferma che queste piante, da varietà sevillana, provenivano dalla città di Buenos Aires dove a loro volta erano arrivate dal Cile o forse dal Perù; e aggiunge che ricoprivano terreni alti e poco profondi, poveri, su cui difficilmente potevano adattarsi altre specie di alberi. Ma, per parlare di un'olivicoltura su scala organizzata, si deve aspettare la prima metà del Novecento, quando questa viene promossa e incentivata dal governo uruguaiano. Oggi, benché l'esperienza sul territorio resti comunque limitata, questa coltura può dirsi in fase di crescita, puntando peraltro su una produzione di alta qualità. I dati confermano queste stime: negli ultimi anni il numero delle piantagioni è aumentato costantemente fino a raggiungere gli attuali 8mila ettari, con un numero di piante che ha raggiunto un totale di 2 milioni e 500mila esemplari. Gli oliveti sono maggiormente concentrati sulla costa sud-orientale, in particolare nel dipartimento di Maldonado dove si trova un nuovo grande impianto olivicolo vicino alla cittadina di Garzón e una serie di piantagioni di media e piccola dimensione nella zone collinari di Sierra Carapé e Sierra de los Caracoles. Attualmente si continua a piantare anche nei vicini dipartimenti di Rocha e nella diocesi di Minas oltre che nei dipartimenti di Canelones (centro-sud), Colonia e Soriano (sud-ovest). Altre zone vocate sono al nord, nei dipartimenti di Salto (ovest) e Rivera (est). Infine le realtà già esistenti di Río Negro e Paysandú sono in corso di ampliamento e innovazione. Le varietà più diffuse sono di origine spagnola e italiana (arbequina, leccino, frantoio e coratina) oltre che israeliana (barnea). Lasciando da parte i vecchi oliveti che necessitano di una complessa manutenzione perché possano diventare più produttivi, la strategia risultata vincente è quella di puntare sugli impianti più moderni, dove è possibile effettuare la raccolta manuale delle olive abbinata a un corretto processo di estrazione. Un grosso ostacolo rimane però l'eccessiva piovosità in alcuni periodi dell'anno, per cui si tende a collocare i nuovi impianti su terreni ben drenati. Attualmente i frantoi attivi sul territorio sono 10 dai quali, nella campagna olearia 2009-2010, sono state ricavate 80 tonnellate di olio, con un aumento del 100% rispetto all'annata precedente. Il consumo interno dell'olio è ancora decisamente limitato, soprattutto per via degli alti costi, per cui si preferisce importarlo. Ma l'obiettivo per il futuro, oltre all'aumento dei volumi, resta la qualità, sia per potersi affacciare sul mercato estero che per competere, in quello interno, con le produzioni europee. Diversi produttori allora hanno dato vita alle prime associazioni per perseguire questa finalità, mentre sono in atto delle ricerche scientifiche sulle varietà e sulla gestione degli oliveti coordinate dall'Istituto Nazionale di Ricerca Agricola e del Bestiame, organismo che collabora peraltro con il CNR della Toscana che studia la diffusione in Uruguay delle cultivar italiane.

Olive tree culture and cultivation are not deeply rooted in Uruguay. In fact the first olive trees were planted at the end of the 18th century by Argentinian immigrants, who also introduced the grapevine. The historical information is reported by the writer - and agronomist - Pérez Castellano, who maintains that olive trees of the variety sevillana came from Buenos Aires, where they had arrived from Chile and probably from Peru; and he adds that they mainly covered high, shallow and poor lands, on which other tree varieties could hardly adapt. But serious organized Uruguayan olive growing started only in the first half of the 20th century, when it was promoted by the government. Today, although experience on the territory is limited, this cultivation is growing and aiming at a high quality product. Data confirm this trend: in fact in the last few years the number of olive groves has steadily increased reaching at present 8,000 hectares with a total number of trees of 2,500,000 units. Olive groves are mainly concentrated in the south-eastern coast, in particular in the department of Maldonado, with a new big olive grove near Pueblo Garzòn, and there are also olive groves of average and medium dimensions in the hilly areas of Sierra Carapé and Sierra de los Caracoles. Currently planting is also taking place in the neighbouring departments of Rocha and in the diocese of Minas, besides the departments of Canelones (centre-south), Colonia and Soriano (south-west). Other suitable areas are in the north, in the departments of Salto (west) and Rivera (east). Finally the already existing olive groves of Río Negro and Paysandú are going through renewal and widening processes. The most common varieties are of Spanish and Italian origin (arbequina, leccino, frantoio and coratina), besides Israeli (barnea). Leaving aside the ancient olive groves that need complex maintenance for a reasonable production, producers must concentrate on more modern systems where hand picking can be carried out, combined with a correct extraction process. A big problem is the frequent rainfall in some periods of the year, therefore new olive groves are generally placed on well drained land. Currently there are 10 active olive oil mills, which produced 80 tons of oil in the olive oil harvest 2009-2010, with a 100% increase compared to the previous year. Domestic consumption is still decidedly limited, above all because of the high price of the product, which is still mostly imported. In order to enter foreign markets, but also to be competitive with European productions on the domestic market, the primary aim for the future should be quality. Several producers have begun to associate themselves with this objective, while there are a series of researches on the varieties and on the management of olive groves, co-ordinated by the National Agricultural and Livestock Research Institute, an organization that also collaborates with the CNR in Tuscany to study the spreading of the Italian cultivars in Uruguay.

Olivos del Campanero

Paso de Las Piedras - Paraje Campanero
30000 Minas
Tel. + 598 2 7092115 - Fax + 598 2 4022041
E-mail: daniel@aceitedeoliva.com.uy - Web: www.aceitedeoliva.com.uy

86

140 m.

Specializzato
Specialized

Alberello
Tree

Brucatura a mano
Hand picking

Sì - Ciclo continuo
Yes - Continuous cycle

Barnea (45%), leccino (25%), frantoio (15%), arbosana, manzanilla, picholine languedoc (15%)

Fruttato medio
Medium fruity

da 4,01 a 6,00 € - 500 ml.
from € 4.01 to 6.00 - 500 ml.

Una buona riconferma in Guida per la Olivos del Campanero, giovanissima realtà di produzione olearia fondata nel 2007. Daniel Davidovics, Darwin Marigliani e Oscar Costa sono alla guida di una struttura che dispone di 210 ettari di oliveti specializzati, con 80mila piante messe a dimora, e di un impianto moderno di estrazione. Quest'anno sono stati raccolti 800 quintali di olive, che uniti ai 50 acquistati hanno reso 119 ettolitri di olio. Tre le etichette Extravergine De La Sierra: i due monocultivar - Arbequina-Coratina e Picual - e l'ottimo Selección, scelto dal panel. Appare alla vista di un bel colore giallo dorato intenso con tenui riflessi verdi, limpido. Al naso è ampio e morbido, ricco di note vegetali di lattuga, sedano e sentori balsamici di basilico e prezzemolo. In bocca è elegante e avvolgente, con toni fruttati di pomodoro acerbo e frutta secca, con pinolo e mandorla in evidenza. Amaro e piccante presenti ed equilibrati. Si accompagna molto bene a maionese, antipasti di ceci, carpaccio di dentice, insalate di funghi ovoli, marinate di spigola, passati di piselli, cous cous di pesce, pesci al vapore, polpo in umido, formaggi freschi a pasta molle, biscotti da forno.

An excellent performance for Olivos del Campanero, a young oil farm founded in 2007. Daniel Davidovics, Darwin Marigliani and Oscar Costa run 210 hectares of specialized olive groves with 80,000 trees and a modern extraction system. In the last harvest 800 quintals of olives were produced and 50 purchased, equal to a yield of 119 hectolitres of oil. There are three Extra Virgin selections De La Sierra, the two Monocultivar - Arbequina-Coratina and Picual - and the excellent Selección, chosen by our panel. It is is a beautiful intense limpid golden yellow colour with slight green hues. Its aroma is ample and mellow, rich in vegetal notes of lettuce, celery and fragrant hints of basil and parsley. Its taste is elegant and rotund, with a fruity flavour of unripe tomato and dried fruit, especially pine nut and almond. Bitterness and pungency are present and balanced. It would be ideal on mayonnaise, chickpea appetizers, sea bream carpaccio, ovoli mushroom salads, marinated bass, pea purée, fish cous cous, steamed fish, stewed octopus, soft fresh cheese, oven cookies.

Uruguay Uruguay [UY] Colonia

Olivar del Virrey

Camino de las Margaritas
70002 Tarariras
Tel. + 598 52 04032 - Fax + 598 98 873244
E-mail: pedidos@olivardelvirrey.com - Web: www.olivardelvirrey.com

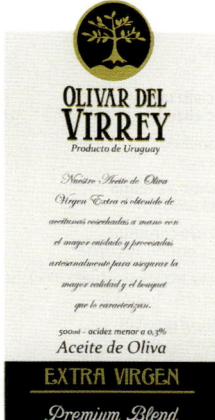

82 ↑

- 40 m.
- Specializzato / Specialized
- Monocono, vaso / Monocone, vase
- Brucatura a mano / Hand picking
- Sì - Ciclo continuo / Yes - Continuous cycle
- Arbequina (55%), manzanilla (35%), coratina (10%)
- Fruttato medio / Medium fruity
- da 6,01 a 8,00 € - 500 ml. / from € 6.01 to 8.00 - 500 ml.

Esordio promettente per la Olivar del Virrey, giovane impresa familiare che nasce con l'obiettivo ambizioso di produrre extravergine di alta qualità. Situata nel dipartimento di Colonia, in una zona conosciuta per la produzione vitivinicola, è un'ampia tenuta con 40 ettari dedicati all'oliveto specializzato, con varietà italiane e spagnole, e un impianto per la trasformazione di ultima generazione. Quest'anno la raccolta ha fruttato 100 quintali di olive che, uniti ai 110 acquistati, hanno reso circa 24 ettolitri di olio. Ottimo l'Extravergine Olivar del Virrey - Premium Blend che alla vista è di colore giallo dorato intenso con tenui riflessi verdi, limpido; all'olfatto è ampio e deciso, con sentori fruttati di pomodoro di media maturità, mela bianca e mandorla, arricchiti da note balsamiche di menta e rosmarino. In bocca è complesso e fine, con toni vegetali di lattuga, sedano, fave e pepe nero. Amaro e piccante presenti e armonici. Perfetto accompagnamento per antipasti di fagioli, insalate di orzo, marinate di orata, verdure al vapore, zuppe di ceci, risotto con carciofi, gamberi in umido, seppie alla brace, coniglio al forno, pollame ai ferri, formaggi freschi a pasta filata.

A promising start for Olivar del Virrey, a young family-run farm, which was founded with the ambitious aim of producing high quality extra virgin olive oil. Situated in the department of Colonia, in an area popular for its wine-growing production, it is a large estate with a 40-hectare specialized olive grove with Italian and Spanish varieties and an advanced extraction system. In the last harvest 100 quintals of olives were produced and 110 purchased, with a yield of about 24 hectolitres of extra virgin olive oil. The excellent Extra Virgin selection Olivar del Virrey - Premium Blend is an intense limpid golden yellow colour with slight green hues. Its aroma is ample and definite, with fruity hints of medium ripe tomato, white apple and almond, enriched by fragrant notes of mint and rosemary. Its taste is complex and fine, with a vegetal flavour of lettuce, celery, broad beans and black pepper. Bitterness and pungency are present and harmonic. It would be ideal on bean appetizers, barley salads, marinated gilthead, steamed vegetables, chickpea soups, risotto with artichokes, stewed shrimps, barbecued cuttlefish, baked rabbit, grilled poultry, mozzarella cheese.

Uruguay Uruguay [UY] Maldonado

Agroland

Ruta 9 Km 175
20401 Garzón
Tel. + 598 42 241759 - 2 9002013 - Fax + 598 42 241759 - 2 9002013
E-mail: info@agrolandsa.com - Web: www.agroland.com

90

50 m.

Specializzato
Specialized

Monocono
Monocone

Brucatura a mano
Hand picking

Sì - Ciclo continuo
Yes - Continuous cycle

Coratina (60%), picual (20%), barnea (20%)

Fruttato intenso
Intense fruity

da 6,01 a 8,00 € - 500 ml.
from € 6.01 to 8.00 - 500 ml.

Ottima segnalazione per la Agroland, azienda di 3.500 ettari destinati a prodotti alimentari di alta qualità. La storia di questa bella realtà comincia poco più di 10 anni fa, con la scoperta di un vocato angolo nella regione di Punta del Este, chiamato la "piccola Toscana in Uruguay". Alejandro e Bettina Bulgheroni conducono 450 ettari di oliveto, con 117mila piante da un ampissimo parco varietale, e un moderno frantoio. Il raccolto di quest'anno è stato di 2mila quintali di olive, pari a circa 218 ettolitri di olio. Due le selezioni Extravergine Colinas de Garzón: l'Arbequina-Coratina e soprattutto il Coratina-Barnea-Picual. Di un bel colore giallo dorato intenso, limpido; al naso è deciso e fresco, con note fruttate di pomodoro di media maturità, arricchite da sentori aromatici di menta, basilico e pepe nero. In bocca è complesso e vegetale, con toni di lattuga, fave fresche e chiusura di mandorla. Amaro potente e piccante spiccato. È eccellente su antipasti di tonno, funghi porcini alla brace, marinate di pesce azzurro, radicchio alla piastra, minestroni di verdure, primi piatti con salsiccia, polpo bollito, carni rosse o cacciagione in umido, formaggi stagionati a pasta dura.

An excellent performance for Agroland, a large estate of 3,500 hectares, which produces quality food. The story of this beautiful farm started about ten years ago with the discovery of a suitable area in the region of Punta del Este, called "Little Tuscany of Uruguay". Alejandro and Bettina Bulgheroni run 450 hectares of olive grove with 117,000 trees of a wide range of varieties and a modern oil mill. In the last harvest 2,000 quintals of olives were produced, equal to about 218 hectolitres of oil. There are two Extra Virgin selections Colinas de Garzón: Arbequina-Coratina and the excellent Coratina-Barnea-Picual. It is a beautiful intense limpid golden yellow colour. Its aroma is definite and fresh, with fruity notes of medium ripe tomato, enriched by aromatic hints of mint, basil and black pepper. Its taste is complex and vegetal, with a flavour of lettuce, fresh broad beans and an almond finish. Bitterness is powerful and pungency is distinct. It would be ideal on tuna appetizers, barbecued porcini mushrooms, marinated bluefish, pan-seared radicchio, minestrone with vegetables, pasta with sausages, boiled octopus, stewed red meat or game, hard mature cheese.

Argentina
Argentina

Aree olivetate o a vocazione olivicola · *Olive growing areas or areas suitable to olive growing*

Dati Statistici		**Statistic Data**	
Superficie olivetata nazionale	95.000 (ha)	National Olive Surface	95,000 (ha)
Frantoi	110	Olive Oil Mills	110
Produzione nazionale 09-10	16.000,0 (t)	National production 09-10	16,000.0 (t)
Produzione nazionale 08-09	23.000,0 (t)	National production 08-09	23,000.0 (t)
Variazione	- 30,43%	Variation	- 30.43%

International Olive Oil Council - Segretary of Agriculture, Livestock, Fisheries and Food

L'Argentina, con 21 milioni di piante distribuite su circa 95mila ettari, è attualmente il principale paese olivicolo del continente americano. L'incremento della superficie e il conseguente aumento del volume produttivo comincia oggi a dare i primi risultati: nella campagna olearia 2009-2010 sono state prodotte 16mila tonnellate di olio, pur con una diminuzione del 30,43% rispetto all'annata precedente. La storia dell'olivicoltura in Argentina ha inizio alla fine del XVI secolo quando gli ordini religiosi spagnoli impiantano i primi alberi di olivo a nord del paese, dove il clima è più favorevole. Ma all'inizio del secolo seguente la Corona Spagnola ordina l'espianto degli olivi argentini per evitare la concorrenza con l'olio prodotto nella madre patria. Ciò nonostante ad Arauco, nella provincia di La Rioja, alcune piantagioni sopravvivono, originando la varietà autoctona detta appunto criolla o arauco. E qui sopravvive ancora la testimonianza più antica dell'olivicoltura locale, ovvero i resti della piantagione realizzata da don Francisco de Aguirre nel 1562. Sebbene la coltura esista da più di 400 anni, una vera e propria industria olivicola inizia a prendere vigore soltanto alla metà dell'Ottocento, con l'aumento del consumo interno dei prodotti dell'olivo. E occorre attendere il 1930 perché il governo nazionale e quello di Mendoza promuovano seriamente l'olivicoltura: nel 1948 gli olivi sono 5 milioni, che diventano 7 milioni nel 1953. L'anno dopo, durante la Conferenza Nazionale di Olivicoltura, nasce lo slogan: "Haga Patria, plante un olivo". L'intensa propaganda, sia governativa che privata, fa sì che si sviluppino nuove piantagioni. Ma nel 1960 si assiste a un'inversione di tendenza poiché molti oliveti vengono sostituiti dai vigneti, considerati decisamente più redditizi. E al principio degli anni Settanta una campagna di discredito dell'olio da olive e l'aumento della produzione di olio di semi, principalmente di girasole, fanno precipitare la situazione. Il risultato è il drastico espianto di 20mila ettari olivetati e la diminuzione rapida delle aziende produttrici: nel 1980 il numero delle piante scende al suo minimo storico, 3 milioni e 500mila esemplari. Fortunatamente dagli anni Novanta l'olivicoltura argentina è in netta ripresa grazie a una concomitanza di fattori, tra cui l'aumento del prezzo dell'olio nei mercati internazionali, una minore produzione nel Mediterraneo e una legge governativa sul differimento delle imposte per investimenti in zone agricole marginali. Così la mappa olivicola argentina cambia completamente e ai circa 26mila ettari esistenti nelle province di Mendoza, Cordoba e Buenos Aires se ne aggiungono circa 64mila destinati per lo più alla produzione di olio tra le aride valli delle province di Catamarca, La Rioja e San Juan. Altre piantagioni si concentrano nelle province di Buenos Aires e Río Negro. Sono impianti nuovi e moderni che si differenziano da quelli tradizionali perché in gran parte monovarietali, ad alta densità (250-330 piante per ettaro), irrigati e con potatura e raccolta meccanizzate. Le varietà maggiormente coltivate e destinate principalmente all'estrazione dell'olio sono di origine europea: arbequina, coratina, barnea, frantoio, manzanilla, picual e, in quantità minori, l'autoctona arauco insieme a changlot real, empeltre, farga, catalana e sevillana.

With 21 million trees distributed on about 95,000 hectares Argentina is at present the main olive country of the American continent. Today the surface increase and the consequent increase in the volume of production is starting to give its first results: in fact 16,000 tons of oil were produced in the olive oil harvest 2009-2010 , with a 30.43% decrease compared to the previous year. Olive growing spread in Argentina at the end of the 16th century thanks to the Spanish religious orders that planted the first olive trees in the north of the country, where climatic conditions were more favourable to their development. Unfortunately, at the beginning of the following century, the Spanish Crown ordered the destruction of the Argentinian olive trees to avoid competition with the mother country. Nevertheless in Arauco, in the province of La Rioja, some plantations survived originating the autochthonous variety criolla or arauco: in this territory we also find the most ancient evidence of local olive growing, the remains of the plantation realized by Francisco de Aguirre in 1562. Although this cultivation has existed for more than four hundred years, a real olive industry started only in the middle of the 19th century, when domestic consumption of the olive products increased. Only in 1930 did the National Government under Mendoza really promote olive growing: in 1948 there were 5 million olive trees, which became 7 million in 1953. The following year, during the National Olive Growing Conference, the slogan: "Haga Patria, plante un olivo" was born. The intense propaganda, both governmental and private, made it possible for new areas of cultivation to develop. In 1960 there was the first turnaround, when many olive groves were replaced by vineyards, considered to be more profitable. At the beginning of the 70's the situation was really critical because of a campaign to discredit olive oil and the increase in the production of vegetable oil, mainly from sunflower seeds. The result was the uprooting of 20,000 hectares of olive plantations and the drop in the number of farms: in 1980 the number of trees went down to its minimum in history, 3,500,000 units. Fortunately since the 90's Argentinian olive growing has been clearly recovering, thanks to a number of factors, among which the increase of the cost of oil on the international markets, the smaller production in the Mediterranean area and a governmental law allowing tax deferment for investments in the agricultural sector in marginal areas. As a result there has been a considerable conversion of cultivation and about 64,000 hectares mainly for oil production have been added in the dry provinces of Catamarca, La Rioja and San Juan to the already existing 26,000 hectares in the provinces of Mendoza, Cordoba and Buenos Aires . Other olive groves are concentrated in the provinces of Buenos Aires and Río Negro. They are new and modern plantations, which differ from the traditional ones because they are mostly monovarietal, with high density (250-330 trees per hectare), irrigated and use mechanical pruning and harvesting. The most cultivated varieties, mainly for oil extraction, are of European origin: arbequina, coratina, barnea, frantoio, manzanilla, picual and, in smaller quantities, the autochthonous arauco together with changlot real, empeltre, farga, catalana and sevillana.

Argentina Argentina [AR] Noroeste

Compañía Olivicola Industrial de Pomán

Ruta Provincial 46 Km 45
4700 Pomán (Catamarca)
Tel. + 54 387 4312260 - Fax + 54 387 4312260
E-mail: pbritos@rcbconsultores.com.ar

86

- 980 m.
- **Specializzato** / Specialized
- **Forma libera** / Free form
- **Brucatura a mano e meccanica** / Hand picking and mechanical harvesting
- **Sì - Ciclo continuo** / Yes - Continuous cycle
- Coratina
- **Fruttato intenso** / Intense fruity
- da 4,01 a 6,00 € - 500 ml. / from € 4.01 to 6.00 - 500 ml.

Meritatissima segnalazione per la Compañía Olivicola Industrial de Pomán, nella provincia di Catamarca. Parliamo di una giovane struttura produttiva formata dall'unione di un gruppo di aziende diverse, ma unite dall'obiettivo di ottenere un extravergine di qualità superiore. Il patrimonio è costituito da 720 ettari di impianto specializzato con 221.500 piante. Da queste sono stati ricavati, nella recente campagna, circa 13mila quintali di olive e quasi 2.152 ettolitri di olio. Tre le etichette Extravergine Tríada Agua Cielo y Tierra: il "base", il Nocellara e l'eccellente Coratina. Appare alla vista di un bel colore giallo dorato intenso con sottili nuance verdi, limpido; al naso è ampio e deciso, ricco di sentori vegetali di carciofo e cicoria, cui si associano intense note aromatiche di menta e salvia. In bocca è avvolgente e complesso, con toni di ortaggi freschi di campo, pepe nero e mandorla. Amaro potente e piccante spiccato. È ottimo per antipasti di tonno, carpaccio di carne cruda con funghi porcini, insalate di pesce spada, minestroni di verdure, primi piatti con salsiccia, pesce azzurro gratinato, carni rosse o cacciagione alla brace, formaggi stagionati a pasta dura.

This farm really deserves to be mentioned in this Guide: Compañía Olivicola Industrial de Pomán, in the province of Catamarca, is a new company formed by the union of a group of different farms with the common aim of obtaining a high quality extra virgin olive oil. There are 720 hectares of specialized surface with 221,500 trees. In the last oil harvest about 13,000 quintals of olives were produced, which allowed a yield of almost 2,152 hectolitres of extra virgin olive oil. There are three Extra Virgin selections Tríada Agua Cielo y Tierra: the "basic", Nocellara and the excellent Coratina. It is a beautiful intense limpid golden yellow colour with slight green hues. Its aroma is ample and definite, rich in vegetal hints of artichoke and chicory, together with aromatic notes of mint and sage. Its taste is rotund and complex, with a flavour of fresh country vegetables, black pepper and almond. Bitterness is powerful and pungency is distinct. It would be ideal on tuna appetizers, beef carpaccio with porcini mushrooms, swordfish salads, minestrone with vegetables, pasta with sausages, blue fish au gratin, barbecued red meat or game, hard mature cheese.

Argentina Argentina [AR] Cuyo

Alma Oliva

Calle Montecaseros, 150 - Coquimbito
5513 Maipú (Mendoza)
Tel. + 54 9261 4184503 - Fax + 54 261 4214160
E-mail: info@almaoliva.com.ar - Web: www.almaoliva.com.ar

87 ⬆

🏔 750 m.

🌳 Specializzato
Specialized

🌳 Alberello
Tree

✋ Brucatura a mano
Hand picking

🫒 Sì - Ciclo continuo
Yes - Continuous cycle

🫒 Coratina

🫒 Fruttato medio
Medium fruity

🍾 da 4,01 a 6,00 € - 500 ml.
from € 4.01 to 6.00 - 500 ml.

Alma Oliva è il punto di arrivo di un progetto iniziato nel 2006. Un'impresa di tipo familiare, voluta e realizzata da Sergio Luis Castello e Viviana Eda Bertero, a Coquimbito, nel dipartimento di Maipú. Oggi il patrimonio è costituito da 10 ettari di superficie olivetata dove trovano posto 3.200 piante. Da queste, nella recente campagna, sono stati raccolti 1.200 quintali di olive che, moliti nel moderno frantoio di proprietà, hanno reso quasi 223 ettolitri di olio. L'Extravergine Frutos del Olivar da Agricoltura Biologica si offre alla vista di un bel colore giallo dorato intenso con caldi toni verdi, limpido; all'olfatto è elegante e vegetale, dotato di sentori di cardo di campo, carciofo e cicoria, cui si accompagnano note balsamiche di menta e rosmarino. In bocca è avvolgente e morbido, dotato di toni speziati di pepe nero e chiusura di frutta secca, con netto ricordo di noce matura e mandorla. Amaro e piccante decisi e presenti. Ottimo su antipasti di carciofi, fagioli al vapore, insalate di pomodori, patate al cartoccio, zuppe di funghi finferli, primi piatti con asparagi, pesci in umido, tartare di tonno, formaggi freschi a pasta filata.

Alma Oliva is the result of a project started in 2006. A family-run farm founded by Sergio Luis Castello and Viviana Eda Bertero, in Coquimbito, in the department of Maipú. Today there are 10 hectares of olive surface with 3,200 trees. In the last harvest 1,200 quintals of olives were produced, which, once crushed in the modern oil mill, yielded almost 223 hectolitres of oil. The Extra Virgin Frutos del Olivar from Organic Farming is a beautiful intense limpid golden yellow colour with warm green hues. Its aroma is elegant and vegetal, endowed with hints of wild thistle, artichoke and chicory, together with fragrant notes of mint and rosemary. Its taste is rotund and mellow, with spicy notes of black pepper and a dried fruit finish, especially ripe walnut and almond. Bitterness and pungency are definite and present. It would be ideal on artichoke appetizers, steamed beans, tomato salads, baked potatoes, chanterelle mushroom soups, pasta with asparagus, stewed fish, tuna tartare, mozzarella cheese.

Argentina Argentina [AR] Cuyo

Nordik Star

Cerro Leon Negro, 560
5502 Mendoza
Tel. + 54 261 4442731 - 261 4446833 - Fax + 54 261 4442731
E-mail: nordikstar@gmx.net - Web: www.oliocasiraghi.com.ar

89

650 m.

Specializzato
Specialized

Alberello
Tree

Brucatura a mano
Hand picking

No - Ciclo continuo
No - Continuous cycle

Arauco

Fruttato intenso
Intense fruity

da 10,01 a 12,00 € - 500 ml.
from € 10.01 to 12.00 - 500 ml.

Eccellente risultato per la Nordik Star, una piccola struttura situata a pochi passi dalla città di Mendoza. Fondata nel 1990 da Jorge Piuzzi, l'azienda dispone attualmente di 14 ettari di oliveto specializzato dove trovano dimora 1.340 piante. Nella recente campagna olearia sono stati raccolti 680 quintali di olive che hanno permesso una produzione di quasi 109 ettolitri di olio extravergine. Segnaliamo l'etichetta proposta al panel, l'Extravergine Olio Lagomaggiore - Frutado Intenso, davvero impeccabile. Si presenta alla vista di un bel colore giallo dorato intenso con delicate nuance verdoline, limpido; al naso si esprime deciso e avvolgente, dotato di eleganti note fruttate di pomodoro maturo, banana e mela bianca, accompagnate da spiccati sentori balsamici di basilico, menta e salvia. Al gusto si offre complesso e di carattere, con ricchi toni vegetali di fave fresche, lattuga e sedano. Amaro potente e piccante spiccato e armonico. Ottimo su antipasti di polpo, bruschette con pomodoro, carpaccio di carne cruda con funghi porcini, marinate di tonno, zuppe di fagioli, cous cous di carne, pesce azzurro gratinato, carni rosse o cacciagione in umido, formaggi di media stagionatura.

An excellent result for Nordik Star, a small farm situated near the town of Mendoza. Founded in 1990 by Jorge Piuzzi, today the estate has 14 hectares of specialized olive grove with 1,340 trees. In the last harvest 680 quintals of olives were produced, which allowed a yield of almost 109 hectolitres of extra virgin olive oil. We recommend the selection proposed to our panel, the excellent Extra Virgin Olio Lagomaggiore - Frutado Intenso. It is a beautiful intense limpid golden yellow colour with delicate light green hues. Its aroma is definite and rotund, endowed with elegant fruity notes of ripe tomato, banana and white apple, together with distinct fragrant hints of basil, mint and sage. Its taste is complex and strong, with rich vegetal hints of fresh broad beans, lettuce and celery. Bitterness is powerful and pungency is distinct and harmonic. It would be ideal on octopus appetizers, bruschette with tomatoes, beef carpaccio with porcini mushrooms, marinated tuna, bean soups, meat cous cous, blue fish au gratin, stewed red meat or game, medium mature cheese.

Argentina Argentina [AR] Cuyo

Primolea
Ruta 60 - Russell
5513 Maipú (Mendoza)
Tel. + 54 261 4933947 - 261 5241187 - Fax + 54 261 4933947
E-mail: info@primolea.com.ar - Web: www.primolea.com.ar

 88

- 800 m.
- **Specializzato** / Specialized
- **Alberello** / Tree
- **Brucatura a mano** / Hand picking
- **Sì - Ciclo continuo** / Yes - Continuous cycle
- Arauco
- **Fruttato medio** / Medium fruity
- da 8,01 a 10,00 € - 500 ml. / from € 8.01 to 10.00 - 500 ml.

Ottima performance per la Primolea situata a Russel, nella provincia di Mendoza. Nata nel 2000 per iniziativa di Mario Palchetti, il quale la gestisce tuttora insieme a Jorge Recalde, Alberto Nerpiti e Javier Carmona, essa conta su un patrimonio di 14 ettari di oliveto specializzato su cui dimorano 3.800 piante e di un impianto di estrazione di ultima generazione. La raccolta dell'ultima campagna olearia ha reso 780 quintali di olive, cui ne vanno aggiunti 300 acquistati, per una produzione di circa 197mila ettolitri di olio. L'Extravergine Primolea - Arauco è di colore giallo dorato intenso con delicati riflessi verdi, limpido; si apre al naso deciso e avvolgente, con eleganti note fruttate di pomodoro maturo, banana e mela bianca, arricchite da sentori di basilico, menta e prezzemolo. Al gusto è complesso e ampio, dotato di toni vegetali di cicoria, lattuga, pepe nero e spiccata noce fresca in chiusura. Amaro deciso e piccante dosato. Eccellente per antipasti di mare, carpaccio di salmone, marinate di ricciola, pomodori con riso, zuppe di farro, risotto con funghi ovoli, pesci di scoglio alla brace, seppie alla griglia, coniglio arrosto, pollame alla piastra, formaggi caprini.

An excellent performance for Primolea, founded in 2000 in Russel, in the province of Mendoza, by Mario Palchetti, who still runs it with Jorge Recalde, Alberto Nerpiti and Javier Carmona. There are 14 hectares of specialized olive grove with 3,800 trees and an advanced extraction system. In the last oil harvest 780 quintals of olives were produced and 300 purchased, with a yield of about 197,000 hectolitres of extra virgin olive oil. The Extra Virgin Primolea - Arauco is an intense limpid golden yellow colour with delicate green hues. Its aroma is definite and rotund, with elegant fruity notes of ripe tomato, banana and white apple, enriched by hints of basil, mint and parsley. Its taste is complex and ample, endowed with a vegetal flavour of chicory, lettuce, black pepper and a distinct fresh walnut finish. Bitterness is definite and pungency is complimentary. It would be ideal on seafood appetizers, salmon carpaccio, marinated amberjack, tomatoes stuffed with rice, farro soups, risotto with ovoli mushrooms, barbecued rock-fish, grilled cuttlefish, roast rabbit, pan-seared poultry, goat cheese.

Argentina Argentina [AR] Sierras

Olium

Ruta 14 - Traslasierra - El Valle
5885 Villa de las Rosas (Córdoba)
Tel. + 54 3544 494658 - Fax + 54 3544 494658
E-mail: info@olium.com.ar - Web: www.olium.com.ar

94

- 677 m.
- Specializzato / Specialized
- Alberello / Tree
- Brucatura a mano / Hand picking
- Sì - Ciclo continuo / Yes - Continuous cycle
- Manzanilla (60%), arbequina (30%), arauco (10%)
- Fruttato medio / Medium fruity
- da 4,01 a 6,00 € - 500 ml. / from € 4.01 to 6.00 - 500 ml.

Sempre meritatissima segnalazione per la Olium di Villa de Las Rosas, nella provincia di Córdoba: e pensare che Mario Geier fino a pochi anni fa non aveva alcuna esperienza in materia. Nel 2000 Geier va a "studiare" in Italia, l'anno successivo effettua il primo imbottigliamento e oggi conta su 21 ettari di oliveto specializzato con 2mila piante e su un moderno impianto di estrazione. Nella campagna olearia in corso, alla raccolta di 400 quintali di olive ne sono stati uniti altri 3mila acquistati, per una resa di quasi 483 ettolitri di olio. L'Extravergine Olium da Agricoltura Biologica è di colore giallo dorato scarico, limpido. Al naso è deciso e avvolgente, con eleganti sentori vegetali di lattuga, carciofo e ricordo di erbe aromatiche, con basilico e salvia in evidenza. Al gusto è complesso e di carattere, ricco di toni speziati di pepe nero e spiccata chiusura di frutta secca, con noce fresca e mandorla. Amaro deciso e piccante dosato. Si accompagna bene a antipasti di molluschi, carpaccio di salmone, insalate di pollo, marinate di verdure, passati di patate, primi piatti al pomodoro, pesci alla brace, seppie alla griglia, coniglio arrosto, pollame alla piastra, formaggi caprini.

Olium in Villa de Las Rosas, in the province of Córdoba, has given another excellent performance, although only a few years ago Mario Geier had no experience of olive growing. In fact in 2000 he went to "study" in Italy, the following year he started bottling and today he has 21 hectares of specialized olive grove with 2,000 trees and a modern extraction system. In the last harvest 400 quintals of olives were produced and 3,000 purchased, with a yield of almost 483 hectolitres of oil. The Extra Virgin Olium from Organic Farming is a a beautiful light limpid golden yellow colour. Its aroma is definite and rotund, with elegant vegetal notes of lettuce, artichoke and a note of aromatic herbs, especially basil and sage. Its taste is complex and strong, rich in a spicy flavour of black pepper and a distinct dried fruit finish, especially fresh walnut and almond. Bitterness is definite and pungency is complimentary. It would be ideal on mussel appetizers, salmon carpaccio, chicken salads, marinated vegetables, potato purée, pasta with tomato sauce, barbecued fish, grilled cuttlefish, roast rabbit, pan-seared poultry, goat cheese.

Argentina Argentina [AR] Pampas

Biolive

Ruta Nacional 3 - Km 550.500
8158 Aparicio (Buenos Aires)
Tel. + 54 11 52541133 - Fax + 54 11 52541140
E-mail: biolive@biolive.com.ar - Web: www.biolive.com.ar

88 ⬆

- 60 m.
- **Specializzato** / Specialized
- **Policono** / Polycone
- **Brucatura a mano e meccanica** / Hand picking and mechanical harvesting
- **Sì - Ciclo continuo** / Yes - Continuous cycle
- **Farga**
- **Fruttato medio** / Medium fruity
- da 8,01 a 10,00 € - 250 ml. / from € 8.01 to 10.00 - 250 ml.

La Biolive è un'azienda biologica fondata nel 1992 e oggi guidata da Guillermo Jacob insieme al figlio Andres. Parliamo di 1.200 ettari di superficie olivetata specializzata, suddivisa tra le tenute di El Pial e La Mariana, dove trovano dimora 100mila piante dalle quali, in questa campagna, sono stati raccolti 20mila quintali di olive, pari a una produzione di quasi 3.603 ettolitri di olio extravergine. La selezione proposta è l'ottimo Extravergine monovarietale da Agricoltura Biologica con l'etichetta Biolive - Farga. Si presenta alla vista di un bel colore giallo dorato intenso con sottili sfumature verdoline, limpido; all'olfatto si offre ampio e deciso, ricco di sentori fruttati di pomodoro maturo, mela bianca e banana, cui si aggiungono spiccate note aromatiche di basilico, menta e origano. Al gusto è avvolgente e complesso, con toni vegetali di lattuga, fave fresche e sedano. Amaro e piccante ben espressi ed equilibrati. Ideale l'abbinamento con carpaccio di salmone, insalate di farro, patate alla griglia, verdure al forno, zuppe di orzo, primi piatti con molluschi, crostacei in guazzetto, rombo alla piastra, formaggi freschi a pasta filata.

Biolive is an organic farm founded in 1992 and today run by Guillermo Jacob with his son Andres. There are 1,200 hectares of specialized olive surface in the estates of El Pial and La Mariana with 100,000 trees. In the last oil harvest 20,000 quintals of olives were produced, equal to a yield of almost 3,603 hectolitres of extra virgin olive oil. The selection proposed by the farm is the excellent Monovarietal Extra Virgin selection from Organic Farming Biolive - Farga. It is a beautiful intense limpid golden yellow colour with slight light green hues. Its aroma is ample and definite, rich in fruity hints of ripe tomato, white apple and banana, together with distinct aromatic notes of basil, mint and oregano. Its taste is rotund and complex, with a vegetal flavour of lettuce, fresh broad beans and celery.. Bitterness and pungency are distinct and balanced. It would be ideal on salmon carpaccio, farro salads, grilled potatoes, baked vegetables, barley soups, pasta with mussels, stewed shellfish, pan-seared turbot, mozzarella cheese.

Argentina Argentina [AR] Pampas

Scanu Olivicultori

Ruta 3 km 592
8150 Coronel Dorrego (Buenos Aires)
Tel. + 54 911 54242466
E-mail: marco@scanu.com.ar - Web: www.scanu.com.ar

86 ⬆

- 108 m.
- Specializzato / Specialized
- Monocono, palma libera, vaso cespugliato / Monocone, free fan, vase bush
- Brucatura a mano / Hand picking
- Sì - Ciclo continuo / Yes - Continuous cycle
- Arbequina (90%), frantoio (10%)
- Fruttato leggero / Light fruity
- da 6,01 a 8,00 € - 500 ml. / from € 6.01 to 8.00 - 500 ml.

Un esordio davvero promettente per la Scanu Olivicultori di Coronel Dorrego, fondata nel 2004 da Marco Scanu, di origine italiana, che ha intrapreso l'avventura dell'olivicoltore in Argentina. Parliamo di 76 ettari di impianto specializzato sul quale trovano posto circa 22mila piante, non ancora tutte fruttifere. Quest'anno, il primo produttivo, sono stati raccolti quasi 647 quintali di olive che hanno permesso una resa in olio extravergine di circa 91 ettolitri. Ottima l'etichetta Extravergine D'Isola che si presenta alla vista di un bel colore giallo dorato intenso, limpido; al naso si esprime avvolgente e ampio, dotato di eleganti note vegetali di carciofo e cicoria, cui si aggiungono sentori balsamici di menta e rosmarino. Complesso e fine al gusto, è caratterizzato da toni di ortaggi freschi di campo con ricordo di lattuga, note speziate di pepe nero e mandorla verde in chiusura. Amaro deciso e piccante ben espresso e armonico. Eccellente l'abbinamento con maionese, antipasti di ceci, aragosta bollita, carpaccio di dentice, marinate di gamberi, passati di funghi ovoli, cous cous di pesce, fritture di pesce, tartare di spigola, formaggi freschi a pasta molle, biscotti da forno.

A promising start for Scanu Olivicultori in Coronel Dorrego, founded in 2004 by Marco Scanu, an olive grower of Italian origin. There are 76 hectares of specialized olive grove with about 22,000 not entirely productive trees. In the first harvest almost 647 quintals of olives were produced, which allowed a yield of about 91 hectolitres of extra virgin olive oil. The Extra Virgin selection D'Isola is a beautiful intense limpid golden yellow colour. Its aroma is rotund and ample, endowed with elegant vegetal notes of artichoke and chicory, together with fragrant hints of mint and rosemary. Its taste is complex and fine, characterized by a flavour of fresh country vegetables, especially lettuce, spicy notes of black pepper and a green almond finish. Bitterness is definite and pungency is distinct and harmonic. It would be ideal on mayonnaise, chickpea appetizers, boiled spiny lobster, sea bream carpaccio, marinated shrimps, ovoli mushroom purée, fish cous cous, fish fry, bass tartare, soft fresh cheese, oven cookies.

Indici dei Produttori
Producer Indexes

Indice dei produttori — Producer index

Azienda / Farm	Valutazioni / Assessment	Premi / Awards	Paese / Country	Pag. / Page
A				
Abrami	86 ⬆		SI	501
Accademia Olearia	92 ⬆	♥	IT	488
Adamič - Ronkaldo, Miran	90 ⬌		SI	496
Agostini, Frantoio Alfredo	80 ⬌		IT	304
AGRO.VI.M.	85 ⬌		EL	568
Agrolaguna	88 ⬆		HR	522
Agroland	90 ⬌		UY	740
Agrolio	85 ⬌		IT	404
Agropan	88 ⬆		IT	472
Agroprodukt	86 ⬆		HR	526
Aguilera, Rafael Alonso	94 ⬌	♥	ES	112
Al Torcio, Uljara	90 ⬌	♥	HR	518
Alicos, Società Agricola	86 ⬌		IT	473
Alma Oliva	87 ⬆		AR	745
Almeida, Fundação Eugénio de	86 ⬌		PT	43
Altomena, Fattoria	87 ⬆		IT	233
Ama, Castello di	94 ⬆	■♥	IT	275
Anfosso, Olio	84 ⬆		IT	166
Anmar	87 ⬆		HR	519
Antico Colle Fiorito	88 ⬆		IT	271
Antolović, O.P.G. Viviano	86 ⬆		HR	515
Antonac, Obitelj	86 ⬆		HR	516
Antonelli - San Marco, Azienda Agricola	91 ⬆	♥	IT	312
Apollo Olive Oil	94 ⬆	■♥	US	702
Aroden	96 ⬌	■★♥	ES	113
Artajo, Aceite	88 ⬆		ES	70
B				
Bacci, Azienda Agraria Noemio	90 ⬇		IT	313
Bacio, Fattoria	86 ⬆		IT	234
Badevisco, Azienda Agricola	92 ⬌	♥	IT	393
Badia a Coltibuono	92 ⬌		IT	276
Baglio Seggio Fiorito	87 ⬌		IT	474
Baldios San Carlos, Pago	87 ⬌		ES	90
Balija, O.P.G.	92 ⬌	♥	HR	544
Bárbera, Azienda Agricola Nicola	82 ⬆		IT	405
Basiaco, O.P.G. Franco	92 ⬌	♥	HR	509
Batta, Frantoio Giovanni	94 ⬌	♥	IT	314
Battaglini, Azienda Agricola e Frantoio	85 ⬆		IT	349
Belchí Salas, Productos Mediterráneo	85 ⬆		ES	132
Belfiore, Azienda Agricola	86 ⬌		IT	174
Bellaguarda, Cooperativa Camp de	86 ⬆		ES	81
Benvegnu, Remiggio	85 ⬆		HR	510
Benza Frantoiano	86 ⬆		IT	167
Biancheri, Francesco Saverio	89 ⬆		IT	334
Bicheron, Alain	92 ⬌	♥	FR	147
Biolive	88 ⬆		AR	749
Bläuel, Friedrich	84 ⬌		EL	569
Boggioli, Azienda Agricola	91 ⬆	♥	IT	220
Bolettieri, Masseria	80 ⬆		IT	426
Bonamini, Frantoio	92 ⬌	■♥	IT	198
Borgo del Melograno	90 ⬌	♥	IT	214
Borgo Scopeto	85 ⬌		IT	277
Bournissac, Domaine de	90 ⬌		FR	148
Bova, Azienda Agricola Paolo	81 ⬌		IT	436
Brachia	92 ⬌	♥	HR	550
Brancati, Antica Masseria	87 ⬆		IT	412
Brist Olive, O.P.G.	88 ⬆	♥	HR	527
Buonamici, Azienda Agricola	88 ⬆		IT	235
Buršić, O.P.G.	86 ⬆		HR	507

Indice dei produttori Producer index

Azienda / Farm	Valutazioni / Assessment	Premi / Awards	Paese / Country	Pag. / Page

C

Azienda / Farm	Valutazioni	Premi	Paese	Pag.
Ca' de Bruson, Azienda Agricola	88 ↑		IT	175
Ca' Rainene, Azienda Agricola	93 ↔	♥	IT	199
Ca' Rina, Azienda Agricola	83 ↑		IT	176
Cacchiano, Castello di	85 ↔		IT	278
Caldera, Olearia	86 ↑		IT	182
Camilo	86 ↑		AU	690
Campoliva, Aceites	94 ↑	♥	ES	121
Canaiella, Azienda Olivicola	88 ↔		IT	177
Canena, Castillo de	96 ↑	★ ♥	ES	122
Cannensi	83 ↑		IT	406
Canterrane, Les Oliviers de la	86 ↑		FR	144
Capua Winery	83 ↑		IT	248
Carbonetti, Azienda Agricola Marina	85 ↑		IT	294
Carmine, Azienda Agricola del	95 ↔	★ ♥	IT	295
Carraia, Azienda Agricola	92 ↔	♥	IT	279
Caruso & Minini	86 ↔	♥	IT	475
Casa Alarcon	84 ↑		ES	98
Casa del Bosco, Azienda Agricola	90 ↔	♥	IT	236
Casali, Azienda Agricola	82 ↔		IT	263
Casamora, Fattoria	86 ↑		IT	221
Casavyc	90 ↑	♥	IT	249
Cassini, Azienda Agricola Paolo	88 ↔		IT	168
CastelaS	95 ↔	★ ♥	FR	149
Castro Doutel de Andrade, Maria Constança de	90 ↔	♥	PT	28
Cavalli, Azienda Agricola Silvia	85 ↔		IT	427
Cavazza, Azienda Agricola Novello	88 ↔		IT	183
Čeko	82 ↔		HR	538
Centonze, Azienda Agricola Antonino	84 ↑		IT	476
Ceraudo, Azienda Agricola Roberto	88 ↔		IT	444
Cerbini, Azienda Agricola Luciana	86 ↔		IT	315
Cetona, Società Agricola Olivicoltori delle Colline del	85 ↑		IT	280
Cetrone, Azienda Agricola Alfredo	96 ↔	★ ♥	IT	335
Champsoleil	87 ↔		FR	146
Chesa Grischuna	88 ↔		ES	99
Chiarieri, Azienda Agricola	88 ↔		IT	366
Chiavalon, O.P.G. Sandi	94 ↔	♥	HR	545
Činić, O.P.G. Nino	86 ↑		HR	511
Cioccolini, Frantoio	86 ↔		IT	350
Cisano, Oleificio	84 ↑		IT	200
Cobram Estate	82 ↑		AU	689
Col d'Orcia, Tenuta	88 ↔		IT	281
Colle del Sole	86 ↔		IT	346
Colle Rotondo, Azienda Agricola	92 ↑	♥	IT	336
ColleMassari, Castello	84 ↑		IT	250
Colli Etruschi, Società Agricola	95 ↔	★ ♥	IT	351
Colognole, Azienda Agricola	87 ↔		IT	237
Colonna, Marina	96 ↔	★ ♥	IT	376
Comincioli, Azienda Agricola	97 ↑	● ★ ♥	IT	184
Consiglio, Azienda Agricola Angela	90 ↔		IT	477
Conte, Azienda Agricola Giorgio Pantaleo	94 ↔	♥	IT	418
Coop Poreč	84 ↑		HR	523
Cossetto, O.P.G.	88 ↔		HR	512
Crasto, Quinta do	84 ↑		PT	34
Crisci, Azienda Agricola Silvia	82 ↑		IT	388
Cusmai, Azienda Agricola Salvatore	85 ↑		IT	407
Cutrera, Frantoi	97 ↔	★ ♥	IT	462
Cvetic, Marina	85 ↑		IT	362

D

Azienda / Farm	Valutazioni	Premi	Paese	Pag.
De Carlo, Azienda Agricola	94 ↔	♥	IT	400
De Gregoris, Centro Produzione Olio Fratelli	87 ↔		IT	337
De Luca - Olea Romea, Azienda Agricola Laura	86 ↔		IT	352
De Parri, Azienda Agricola Laura	92 ↑	♥	IT	353

753

Indice dei produttori — Producer index

Azienda / Farm	Valutazioni / Assessment	Premi / Awards	Paese / Country	Pag. / Page
Decimi, Azienda Agricola	94 ↑	■ ♥	IT	316
Deortegas, Almazaras	88 ↑		ES	133
Di Salvo, Azienda Agricola Rosellina	86 ↑		IT	459
Di Vito, Oleificio	86 ↑		IT	377
Dionysos	86 ↓		TR	619
Disisa, Società Agricola	96 ↑	■ ★ ♥	IT	460
Dobravac	85 ↑		HR	532
Domenici, Azienda Agricola Antonella	84 ↑		IT	347
Don Rafael, Agrícola y Forestal	85 ↑		CL	731
Dujc, Vanja	94 ↓	♥	SI	497

E

Azienda / Farm	Valutazioni	Premi	Paese	Pag.
Ecolive Rioja	87 ↑		ES	62
Eirini Plomariou	84 ↑		EL	570
El Alberque, Almazara	86 ↑		ES	63
El Olivar	92 ↓		ZA	608
Eretz Gshur	90 ↑	♥	IL	632
España Wine Estate & Hotels, Haciendas de	84 ↑		ES	52
Esporão Azeites	86 ↑		PT	40

F

Azienda / Farm	Valutazioni	Premi	Paese	Pag.
Farma Jola	82 ↑		HR	535
Federici, Azienda Agraria	85 ↓		IT	317
Felsina, Fattoria	86 ↓		IT	282
Ferrara, Aziende Agricole	88 ↓		IT	408
Ferrari, Azienda Agricola Francesca	91 ↓	♥	IT	262
Figoli, Frantoio	90 ↑	■ ♥	IT	438
Fio Dourado	82 ↓		PT	37
Fiorano, Azienda Agrituristica	87 ↓		IT	301
Fiore, O.P.G.	86 ↓		HR	546
Fontanara, Tenuta	85 ↓		IT	201
Fontanasalsa, Azienda Agricola	89 ↓		IT	478
Fonte Veneziana, Fattoria	86 ↓		IT	222
Fonterutoli, Castello di	92 ↑	♥	IT	283
Fontodi, Azienda Agricola	90 ↓		IT	238
Forcella, Azienda Agricola	92 ↓	♥	IT	367
Forest Edge Farm	88 ↓		AU	684
Forrà Pruno, Azienda Agricola	84 ↓		IT	272
Fortore, Società Cooperativa Agricola	85 ↓		IT	414
Franci, Frantoio	97 ↓	■ ★ ♥	IT	251
Frantolio Acri	83 ↓		IT	439
Fraternali Grilli, Azienda Agricola Primo	87 ↑		IT	215
Fraternita, Tenute di	82 ↑		IT	223
Fratianni, Azienda Agricola Michele	85 ↓		IT	378
Fubbiano, Fattoria di	92 ↓	♥	IT	258
Fuencubierta, Hacienda Aceites	82 ↑		ES	114

G

Azienda / Farm	Valutazioni	Premi	Paese	Pag.
Gabbas, Azienda Agricola Giuseppe	87 ↓		IT	487
Gabrielloni, Frantoio Oleario	95 ↓	■ ★ ♥	IT	305
Gafà, Azienda Agricola Sergio	92 ↓	♥	IT	463
Galantino, Frantoio	87 ↓		IT	401
Galgón 99	94 ↓	♥	ES	123
Galioto, Azienda Agricola Sebastiano	86 ↓		IT	468
Gaudenzi, Frantoio	94 ↓	♥	IT	318
Gentili, Frantoio	81 ↑		IT	354
Geržinić, O.P.G.	86 ↓		HR	543
Giachi Oleari	88 ↑	♥	IT	239
Giacomini, Azienda Agricola Biologica Valerio	86 ↑		IT	185
Giuliani, Azienda Agricola Marcella	93 ↑	♥	IT	332
Gocce d'Olio, Azienda Olivicola	80 ↑		IT	169
GR.A.CO. - Gruppo Alimentare Cereali e Olio	90 ↓		IT	415
Grattamacco, Podere	82 ↑		IT	254

Indice dei produttori Producer index

Azienda / Farm	Valutazioni / Assessment	Premi / Awards	Paese / Country	Pag. / Page
Grgorinić, O.P.G.	86 ⬆		HR	528
Guedes, Victor	84 ⬇		PT	38
Gulino, Azienda Agricola Sebastiana	89 ⬆		IT	464

H

Halutza	82 ⬆		IL	633
Huaquen, Agroindustrial	91 ⬆		CL	724

I

I Capitani	84 ⬇		IT	384
I Cascetti, Azienda Agricola Agrituristica	82 ⬆		IT	284
Iannotta, Azienda Agricola Lucia	88 ⬆		IT	338
Iber, Hacienda	96 ⬇	★ ♥	ES	76
Il Borro, Azienda Agricola	85 ⬇		IT	224
Il Brolo, Azienda Agricola	86 ⬆		IT	186
Il Casellino, Azienda Agricola	84 ⬇		IT	240
Il Cervo Rampante, Azienda Agricola	82 ⬆		IT	341
Il Cipresso, Fattoria	81 ⬆		IT	225
Il Conventino, Azienda Agricola	88 ⬆		IT	307
Il Fattore, Molino	96 ⬇	★ ♥	IT	319
Il Fornacino, Podere	89 ⬆		IT	285
Il Frantoio	84 ⬇		IT	326
Il Frantoio di Vicopisano, Società Agricola	84 ⬇		IT	264
Il Mulino della Signora	86 ⬆		IT	385
Il Poggione, Tenuta	88 ⬆		IT	286
Il Ronco, Azienda Agricola	83 ⬆		IT	273
Intini, Frantoio	83 ⬆		IT	402
Ipša, O.P.G. Marija	86 ⬇		HR	520
Ipša, Obitelj	94 ⬆	● ♥	HR	521

J

Jenko	88 ⬆		SI	498

K

Kailis Organic Olive Groves	88 ⬇		AU	685
Kraljević - Leoni, Obitelj	86 ⬇		HR	539
Kyneton Olive Products	92 ⬆	♥	AU	688

L

L'Oleastre	90 ⬆		MA	588
L'Oro del Colonnello	82 ⬆		IT	265
La Canaleja	89 ⬇		ES	88
La Casa del Vento	88 ⬆	♥	IT	379
La Cascina Romana	80 ⬆		IT	348
La Collina, Azienda Agricola	89 ⬆		IT	308
La Fabresse	92 ⬇	♥	FR	150
La Ghianda, Azienda Agraria	82 ⬆		IT	226
La Goccia d'Oro	90 ⬇		IT	450
La Magnanerie, Domaine	90 ⬆	♥	FR	145
La Maja, Agrícola	88 ⬇		ES	71
La Majatica	90 ⬇	♥	IT	428
La Marca, Azienda Agricola	85 ⬆		IT	296
La Mola, Società Agricola	92 ⬇	♥	IT	342
LA Organic	90 ⬆	●	ES	127
La Pievuccia, Azienda Agricola Agrituristica	88 ⬆		IT	227
La Poderina Toscana	84 ⬇		IT	252
La Rioja, Almazara Ecológica de	86 ⬆		ES	64
La Romita, Azienda Agricola	88 ⬇		IT	287
La Selvotta, Azienda Agricola	86 ⬇		IT	363
La Torre, Azienda Agricola	80 ⬆		IT	228
Lacertosa, Frantoio Oleario	84 ⬇		IT	429
Lakudia	87 ⬇		EL	567
Las Doscientas	90 ⬇		CL	734

Indice dei produttori — Producer index

Azienda / Farm	Valutazioni / Assessment	Premi / Awards	Paese / Country	Pag. / Page
Le Conche	86 ↑		IT	440
Le Magnolie, Azienda Agricola	88 ↔		IT	368
Le Martinozze	85 ↑		IT	306
Le Selve, Azienda Agricola	86 ↑		IT	266
Lenzini, Tenuta	85 ↔		IT	259
Les Délices du Saiss	92 ↑	■ ♥	MA	586
Librandi, Antonio e Nicodemo	92 ↔		IT	445
Librandi, Azienda Agricola Pasquale	97 ↔	■ ✦ ♥	IT	441
Locci, Oleificio Francesco	94 ↔	♥	IT	486
Lombardo, Azienda Agricola	92 ↔	♥	IT	479
Lupić, O.P.G. Vedran	85 ↔		HR	541

M

Azienda / Farm	Valutazioni / Assessment	Premi / Awards	Paese / Country	Pag. / Page
Madonna dell'Olivo	96 ↑	✦ ♥	IT	395
Maggiarra, Azienda Agricola Biologica Impero	89 ↔		IT	339
Malagón, Aceites	84 ↑		ES	100
Manca, Domenico	85 ↔		IT	489
Mancinelli, Azienda Agricola Stefano	86 ↔		IT	297
Mandranova, Azienda Agricola	94 ↔	♥	IT	451
Mannucci Droandi, Azienda Agraria	88 ↔	♥	IT	229
Mansi Bernardini, Fattoria	84 ↑		IT	260
Marfuga, Azienda Agraria	88 ↔		IT	320
Marqués de Griñon, Pagos de Familia	96 ↔	✦ ♥	ES	101
Marvulli, Azienda Agricola Vincenzo	87 ↑	♥	IT	430
Masseriola, Azienda Agricola	92 ↔	♥	IT	416
Matarazzo, L'Oliveto	90 ↑	♥	IT	355
Matarromera, Bodega	83 ↑		ES	53
Matiatia Grove	92 ↔	♥	NZ	695
Mazzola, Azienda Agricola Angela	80 ↑		IT	298
Meloto	92 ↑	■ ♥	HR	547
Meneghetti, Stancija	94 ↔	♥	HR	506
Menéres, Clemente	92 ↔	♥	PT	29
Menteşe Çiftliği, Sítare - Osman	89 ↑		TR	620
Miciolo - I Greppi di Silli, Azienda Agricola	93 ↔	♥	IT	241
Mih	84 ↑		HR	524
Minervini, Azienda Agricola Gregorio	94 ↔	♥	IT	403
Minieri, Azienda Agricola Michele Arcangelo	94 ↔	♥	IT	386
Molí d'Oli	86 ↔		ES	82
Molí dels Torms	86 ↔		ES	83
Monserrato, Fattoria	82 ↑		IT	389
Montecappone, Azienda Agrivinicola	84 ↑		IT	299
Montecchia, Frantoio	90 ↑		IT	370
Montecorona, Tenuta di	86 ↑		IT	321
Montecroce, Azienda Agricola	84 ↑		IT	187
Monterisi, Azienda Agricola Nicola	88 ↔	♥	IT	409
Monterisi, Frantoio Oleario	81 ↑		IT	410
Montes Marín, Manuel	97 ↔	✦ ♥	ES	115
Monti, Fattoria di	90 ↑	♥	IT	267
Monton Alto	85 ↑		ES	102
Moratalla, Aceites de	82 ↔		ES	134
Morgan	88 ↑		SI	499
Morgenster Estate	97 ↔	✦ ♥	ZA	609
Mosse, Cooperativa Oleificio	82 ↑		IT	356
Mottillo, Oleificio Bruno	86 ↔		IT	380
Moulin des Ombres	94 ↑	♥	FR	142
Muelaolives	82 ↑		ES	116
Murgo	83 ↑		IT	455

N

Azienda / Farm	Valutazioni / Assessment	Premi / Awards	Paese / Country	Pag. / Page
Negri, O.P.G. William	84 ↑		HR	531
Nicodemi, Fattoria Bruno	85 ↔		IT	371
Noan	85 ↑		EL	566
Nordik Star	89 ↑		AR	746

Indice dei produttori Producer index

Azienda / Farm	Valutazioni / Assessment	Premi / Awards	Paese / Country	Pag. / Page
Notaio, Cantine del	86 ↗		IT	432
Nova Oliva	88 ↑		CL	723
Nuestra Señora de la Esperanza	90 ↗		ES	124

O

Azienda / Farm	Valutazioni / Assessment	Premi / Awards	Paese / Country	Pag. / Page
O-Med	86 ↑		ES	120
Olea B. B.	94 ↗	♥	HR	530
Oleoestepa, Sociedad Cooperativa Andaluza	89 ↑		ES	128
Olio Toniolli, Azienda Agricola	89 ↑	♥	IT	192
Olisur	92 ↗		CL	729
Olium	94 ↗	♥	AR	748
Olivais do Sul	84 ↑		PT	44
Olivas do Sul Agroindústria	80 ↑		BR	718
Oliveto, Azienda Agrituristica	87 ↗		IT	327
Olivetti	89 ↗		HR	542
Olivinvest	97 ↗	★ ♥	MA	587
Olivos del Campanero	86 ↗		UY	738
Olivos Ruta del Sol	88 ↗		CL	726

P

Azienda / Farm	Valutazioni / Assessment	Premi / Awards	Paese / Country	Pag. / Page
Pantalica Ranch	85 ↑		IT	469
Paoli, Azienda Agricola Niccolò	88 ↑	♥	IT	255
Paulišić, O.P.G.	85 ↑		HR	517
Pennita, Tenuta	95 ↗	★ ♥	IT	212
Persiani, Azienda Agricola	92 ↗	♥	IT	372
Petra, Società Agricola	86 ↗		IT	256
Piantatella, Tenuta	88 ↗		IT	421
Pieve Santo Stefano	85 ↑		IT	261
Pinheiro Paulo, João Batista	84 ↑		PT	35
Pinna, Azienda Agricola Fratelli	94 ↑	♥	IT	490
Piras, Azienda Agricola Francesco	86 ↗		IT	491
Pisa, Consorzio Produttori Olio Colline di	83 ↑		IT	268
Piscoianni, Azienda Agricola Tenuta	93 ↑		IT	340
Planeta, Aziende Agricole	95 ↑	★ ♥	IT	452
Poggi del Chianti	83 ↑		IT	230
Poggiopiano, Fattoria di	86 ↗		IT	242
Pomán, Compañía Olivícola Industrial de	86 ↑		AR	744
Primolea	88 ↑		AR	747
Promotora Fioremar	85 ↑		ES	103
Pruneti, Azienda Agricola	97 ↑	★ ♥	IT	243
Pruneti, Frantoio	90 ↗		IT	244
Puglia Alimentare	84 ↗		IT	422

Q

Azienda / Farm	Valutazioni / Assessment	Premi / Awards	Paese / Country	Pag. / Page
Quattrociocchi, Azienda Agricola Biologica Americo	96 ↑	● ★ ♥	IT	333
Queiles, Hacienda	94 ↑	♥	ES	72
Quercialta, Azienda Agricola	84 ↑		IT	253

R

Azienda / Farm	Valutazioni / Assessment	Premi / Awards	Paese / Country	Pag. / Page
Ramerino, Fattoria	88 ↑		IT	245
Ranchino, Azienda Agricola Eugenio	90 ↗	♥	IT	328
Rangihoua Estate	92 ↑	♥	NZ	696
Ranieri, Frantoio Oleario	90 ↗		IT	369
Ranise, Agroalimentare	86 ↗		IT	170
Rasciatano, Tenuta	88 ↗		IT	411
Ravidà, Azienda Agricola	94 ↑	●	IT	453
Razeto, Agroindustrial	92 ↗		CL	725
Rebaudo, Azienda Agricola Roberto	86 ↗		IT	171
Règne Irís, Château de	86 ↑		FR	151
Rio Grifone, Antico Frantoio Toscano del	82 ↑		IT	269
Riojana, Almazara	85 ↑		ES	65
Risca Grande	90 ↑	● ♥	PT	41

Indice dei produttori — Producer index

Azienda / Farm	Valutazioni / Assessment	Premi / Awards	Paese / Country	Pag. / Page
Riva del Garda, Agraria	92 ↑	❤	IT	193
Rocca delle Macìe	85 ↑		IT	288
Rodau	93 ↓		ES	80
Rollo, Azienda Giorgio	93 ↓	❤	IT	465
Romanelli, Agricola	87 ↑		IT	322
Romano, Azienda Agricola Vincenzo	85 ↑		IT	456
Romano, Frantoio	88 ↑		IT	390
Rosati, Azienda Agricola Ermanno e Francesco	82 ↓		IT	343
Rosini, Oleificio Benito	85 ↑		IT	300
Ruffino, Azienda Agricola Domenico	93 ↑	❤	IT	178
Russo, Azienda Agricola	90 ↓		IT	394

S

Azienda / Farm	Valutazioni / Assessment	Premi / Awards	Paese / Country	Pag. / Page
Saint Laurent, Moulin des Terroirs de	91 ↑	❤	FR	153
Saladini Pilastri, Azienda Agricola	87 ↑		IT	302
San Amador, Sociedad Cooperativa Agraria Andaluza	85 ↑		ES	125
San Antonio, Aceites	88 ↑		ES	126
San Cassiano, Azienda Agricola	96 ↑	★ ❤	IT	202
San Comaio	90 ↓		IT	387
San Felice, Agricola	92 ↓		IT	289
San Frediano, Agricola	85 ↓		IT	257
San Gallo, Tenuta	86 ↑		IT	246
San Giorgio, Olearia	92 ↓	❤	IT	446
San Isidro de Segorbe, Cooperativa Agricola	84 ↑		ES	108
San Jacopo in Castiglioni, Tenuta	88 ↑		IT	231
San Martino, Tenuta	84 ↑		IT	247
Sanacore, Azienda Agricola	88 ↑		IT	480
Sant'Andrea, Oliviera	82 ↓		IT	290
Santa Barbara, Azienda Agricola	80 ↑		IT	364
Santi Dimitri, Azienda Agricola	84 ↑		IT	419
Sarda, Antica Compagnia Olearia	86 ↓		IT	492
Sarullo, Frantoio Oleario Gaspare	94 ↓	❤	IT	454
Scalia, Frantoio	88 ↑		IT	457
Scanu Olivicultori	86 ↑		AR	750
Serra di Mezzo, Azienda Agricola Fattoria	87 ↓		IT	458
Serrilli, Azienda Agricola Pia Gloria	88 ↑		IT	417
Šibiba	90 ↑		HR	537
Silvestri, Oleificio Rosina	85 ↓		IT	303
Siracusa, Agroindustrial	90 ↑	❤	CL	732
Škabe	84 ↑		HR	529
Školarice	86 ↑		SI	500
Soho, Comercial e Industrial	87 ↓		CL	727
Spitz, Renato	84 ↑		HR	508
Stancati, Azienda Agricola Maria Vittoria	86 ↓		IT	442
Star Olive	84 ↓		MA	585
Stasi, Aziende Agricole	90 ↓		IT	413
Stojnić, O.P.G. Anton i Nivio	84 ↑		HR	525
Subbética, Almazaras de la	97 ↓	● ★ ❤	ES	117
Suerte Alta, Cortijo de	87 ↑		ES	118

T

Azienda / Farm	Valutazioni / Assessment	Premi / Awards	Paese / Country	Pag. / Page
Taggiasca, Casa Olearia	82 ↓		IT	172
Taifas	86 ↑		PT	42
Talbot Grove	92 ↑	● ❤	AU	686
Tamborino Frisari, Azienda Agricola Franco	82 ↑		IT	420
Tanteri, Azienda Agricola Maria Teresa	85 ↓		IT	344
Tasca d'Almerita	84 ↑		IT	461
Taylieli Olive & Olive Oil Establishment	86 ↓		TR	618
Te Arai Olive Estate	88 ↓		NZ	694
Terra di Brisighella	95 ↓	★ ❤	IT	213
Terraliva, Azienda Agricola	92 ↓	❤	IT	470
TerraMater	97 ↓	★ ❤	CL	733
Terre Stregate, Azienda Agricola	90 ↓		IT	391

Indice dei produttori — Producer index

Azienda / Farm	Valutazioni / Assessment	Premi / Awards	Paese / Country	Pag. / Page
Terriccio, Castello del	85 ↑		IT	270
Tetribérica - Agricultura Biológica	85 ⇄		PT	30
Thomassot, Moulin a Huile	86 ↑		FR	143
Tiberi, Azienda Agricola Giuliano	88 ⇄		IT	274
Titone, Azienda Agricola Biologica	96 ⇄	✱ ♥	IT	481
Toffetti, O.P.G.	86 ↑	♥	HR	548
Tokara - The Olive Shed	86 ↑		ZA	610
Tonin	92 ⇄	♥	HR	549
Torač, Novi	85 ↑		HR	533
Torchia, Oleificio	83 ↑		IT	437
Torkop	86 ⇄		HR	514
Torre di Mezzo, Frantoio	87 ↑		IT	482
Torremolinos, Agrícola	84 ↑		CL	730
Torres	90 ⇄		ES	84
Torretta	96 ⇄	✱ ♥	IT	396
Trabucchi, Azienda Agricola	90 ↑	♥	IT	203
Trimani, Azienda Agricola Marco	84 ⇄		IT	345
Trisaia, Oleificio	82 ↑		IT	431

U

Azienda / Farm	Valutazioni / Assessment	Premi / Awards	Paese / Country	Pag. / Page
Upper Murray Olives	85 ↑		AU	687

V

Azienda / Farm	Valutazioni / Assessment	Premi / Awards	Paese / Country	Pag. / Page
Vale de Lobos, Quinta	84 ⇄		PT	39
Vale do Conde, Quinta	86 ⇄		PT	31
Valle Grande, Agricola	97 ⇄	✱ ♥	CL	728
Valle Quilimarí, Agrícola	95 ⇄	✱ ♥	CL	722
Valpaços, Cooperativa de Olivicultores de	88 ⇄		PT	36
Vanini, Oleificio Osvaldo	82 ⇄		IT	188
Veglio, Azienda Agricola Piero	85 ⇄		IT	162
Venditti, Antica Masseria	84 ↑		IT	392
Veneziano, Azienda Agricola Alessandro	82 ↑		IT	443
Venturino, Frantoio Bartolomeo	81 ↑		IT	173
Verdelho, Hernani	82 ↑		PT	33
Vernèra, Società Agricola	90 ⇄		IT	471
Vesuvio Estates	94 ⇄		ZA	611
Vetralla, Cooperativa Olivicoltori di	85 ↑		IT	357
Vianoleo	82 ↑		ES	89
Viaz, Producão e Commercializão de Vinhos e Azeites	87 ⇄		PT	32
Villa Caviciana, Società Agricola	90 ↑	♥	IT	358
Villa Umbra	84 ↑		IT	323
Villa Zottopera, Azienda	93 ↑	♥	IT	466
Vins et Produits du Terroir	84 ↑		IT	324
Viola, Azienda Agraria	97 ↑	✱ ♥	IT	325
Viragí	86 ⇄		IT	467
Virant, Château	92 ⇄		FR	152
Virrey, Olivar del	82 ↑		UY	739
Vitereta, Tenuta	86 ⇄		IT	232
Vizcántar, Aceites	84 ↑		ES	119
Vošten, O.P.G.	85 ↑		HR	536

W

Azienda / Farm	Valutazioni / Assessment	Premi / Awards	Paese / Country	Pag. / Page
Willow Creek Olive Estate	94 ↑		ZA	612

Z

Azienda / Farm	Valutazioni / Assessment	Premi / Awards	Paese / Country	Pag. / Page
Zaitt, Alia Specialized Industries	84 ↑		JO	642
Zanini, O.P.G. Guido	87 ⇄		HR	534
Zigante, O.P.G.	93 ↑	♥	HR	513
Zimarino Masseria Don Vincenzo, Azienda Olivicola Tenuta	80 ↑		IT	365
Zitoun Al Atlas	86 ↑		MA	584
Zorzettig, Azienda Agricola Giuseppe	85 ↑		IT	208
Zubin, O.P.G. Enio	88 ↑		HR	540

Indice dei produttori per punteggio — Producer index per ranking

Azienda / Farm	Tendenza / Trend	Premi / Awards	Paese / Country	Pag. / Page

97

Azienda / Farm	Tendenza	Premi	Paese	Pag.
Comincioli, Azienda Agricola	⇧	■ ✶ ♥	IT	184
Cutrera, Frantoi	⇧	✶ ♥	IT	462
Franci, Frantoio	⇧	■ ✶ ♥	IT	251
Librandi, Azienda Agricola Pasquale	⇧	■ ✶ ♥	IT	441
Montes Marín, Manuel	⇧	✶ ♥	ES	115
Morgenster Estate	⇧	✶ ♥	ZA	609
Olivinvest	⇧	✶ ♥	MA	587
Pruneti, Azienda Agricola	⇧	✶ ♥	IT	243
Subbética, Almazaras de la	⇧	■ ✶ ♥	ES	117
TerraMater	⇧	✶ ♥	CL	733
Valle Grande, Agricola	⇧	✶ ♥	CL	728
Viola, Azienda Agraria	⇧	✶ ♥	IT	325

96

Azienda / Farm	Tendenza	Premi	Paese	Pag.
Aroden	⇧	■ ✶ ♥	ES	113
Canena, Castillo de	⇧	✶ ♥	ES	122
Cetrone, Azienda Agricola Alfredo	⇧	✶ ♥	IT	335
Colonna, Marina	⇧	✶ ♥	IT	376
Disisa, Società Agricola	⇧	✶ ♥	IT	460
Iber, Hacienda	⇧	✶ ♥	ES	76
Il Fattore, Molino	⇧	✶ ♥	IT	319
Madonna dell'Olivo	⇧	✶ ♥	IT	395
Marqués de Griñon, Pagos de Familia	⇧	✶ ♥	ES	101
Quattrociocchi, Azienda Agricola Biologica Americo	⇧	■ ✶ ♥	IT	333
San Cassiano, Azienda Agricola	⇧	✶ ♥	IT	202
Titone, Azienda Agricola Biologica	⇧	✶ ♥	IT	481
Torretta	⇧	✶ ♥	IT	396

95

Azienda / Farm	Tendenza	Premi	Paese	Pag.
Carmine, Azienda Agricola del	⇧	✶ ♥	IT	295
CastelaS	⇧	✶ ♥	FR	149
Colli Etruschi, Società Agricola	⇧	✶ ♥	IT	351
Gabrielloni, Frantoio Oleario	⇧	■ ✶ ♥	IT	305
Pennita, Tenuta	⇧	✶ ♥	IT	212
Planeta, Aziende Agricole	⇧	✶ ♥	IT	452
Terra di Brisighella	⇧	✶ ♥	IT	213
Valle Quilimarí, Agrícola	⇧	✶ ♥	CL	722

94

Azienda / Farm	Tendenza	Premi	Paese	Pag.
Aguilera, Rafael Alonso	⇧	♥	ES	112
Ama, Castello di	⇧	♥	IT	275
Apollo Olive Oil	⇧	■ ♥	US	702
Batta, Frantoio Giovanni	⇧	♥	IT	314
Campoliva, Aceites	⇧	♥	ES	121
Chiavalon, O.P.G. Sandi	⇧	♥	HR	545
Conte, Azienda Agricola Giorgio Pantaleo	⇧	♥	IT	418
De Carlo, Azienda Agricola	⇧	♥	IT	400
Decimi, Azienda Agricola	⇧	■ ♥	IT	316
Dujc, Vanja	⇧	♥	SI	497
Galgón 99	⇧	♥	ES	123
Gaudenzi, Frantoio	⇧	♥	IT	318
Ipša, Obitelj	⇧	■ ♥	HR	521
Locci, Oleificio Francesco	⇧	♥	IT	486
Mandranova, Azienda Agricola	⇧	♥	IT	451
Meneghetti, Stancija	⇧	♥	HR	506
Minervini, Azienda Agricola Gregorio	⇧	♥	IT	403
Minieri, Azienda Agricola Michele Arcangelo	⇧	♥	IT	386
Moulin des Ombres	⇧	♥	FR	142
Olea B. B.	⇧	♥	HR	530
Olium	⇧	♥	AR	748
Pinna, Azienda Agricola Fratelli	⇧	♥	IT	490

Indice dei produttori per punteggio — Producer index per ranking

Azienda / Farm	Tendenza / Trend	Premi / Awards	Paese / Country	Pag. / Page
Queiles, Hacienda	↑	♥	ES	72
Ravidà, Azienda Agricola	↑	♥	IT	453
Sarullo, Frantoio Oleario Gaspare	=	♥	IT	454
Vesuvio Estates	=		ZA	611
Willow Creek Olive Estate	↑		ZA	612

93

Azienda / Farm	Tendenza / Trend	Premi / Awards	Paese / Country	Pag. / Page
Ca' Rainene, Azienda Agricola	=	♥	IT	199
Giuliani, Azienda Agricola Marcella	↑	♥	IT	332
Miciolo - I Greppi di Silli, Azienda Agricola	↑	♥	IT	241
Piscoianni, Azienda Agricola Tenuta	↑		IT	340
Rodau	=		ES	80
Rollo, Azienda Giorgio	=	♥	IT	465
Ruffino, Azienda Agricola Domenico	↑	♥	IT	178
Villa Zottopera, Azienda	↑	♥	IT	466
Zigante, O.P.G.	↑	♥	HR	513

92

Azienda / Farm	Tendenza / Trend	Premi / Awards	Paese / Country	Pag. / Page
Accademia Olearia	↑	♥	IT	488
Badevisco, Azienda Agricola	=	♥	IT	393
Badia a Coltibuono	=		IT	276
Balija, O.P.G.	↑	♥	HR	544
Basiaco, O.P.G. Franco	=	♥	HR	509
Bicheron, Alain	=	♥	FR	147
Bonamini, Frantoio	=	■ ♥	IT	198
Brachia	=	♥	HR	550
Carraia, Azienda Agricola	↑	♥	IT	279
Colle Rotondo, Azienda Agricola	↑	♥	IT	336
De Parri, Azienda Agricola Laura	↑	♥	IT	353
El Olivar	=		ZA	608
Fonterutoli, Castello di	↑	♥	IT	283
Forcella, Azienda Agricola	=	♥	IT	367
Fubbiano, Fattoria di	=	♥	IT	258
Gafà, Azienda Agricola Sergio	=	♥	IT	463
Kyneton Olive Products	↑	♥	AU	688
La Fabresse	=	♥	FR	150
La Mola, Società Agricola	=	♥	IT	342
Les Délices du Saiss	↑	■ ♥	MA	586
Librandi, Antonio e Nicodemo	=	♥	IT	445
Lombardo, Azienda Agricola	=	♥	IT	479
Masseriola, Azienda Agricola	=	♥	IT	416
Matiatia Grove	=		NZ	695
Meloto	↑	■ ♥	HR	547
Menéres, Clemente	=	♥	PT	29
Olisur	=		CL	729
Persiani, Azienda Agricola	=	♥	IT	372
Rangihoua Estate	↑	♥	NZ	696
Razeto, Agroindustrial	=		CL	725
Riva del Garda, Agraria	↑	♥	IT	193
San Felice, Agricola	=		IT	289
San Giorgio, Olearia	=	♥	IT	446
Talbot Grove	↑	■ ♥	AU	686
Terraliva, Azienda Agricola	=		IT	470
Tonin	=	♥	HR	549
Virant, Château	=		FR	152

91

Azienda / Farm	Tendenza / Trend	Premi / Awards	Paese / Country	Pag. / Page
Antonelli - San Marco, Azienda Agricola	↑	♥	IT	312
Boggioli, Azienda Agricola	↑	♥	IT	220
Ferrari, Azienda Agricola Francesca	↑	♥	IT	262
Huaquen, Agroindustrial	↑		CL	724
Saint Laurent, Moulin des Terroirs de	↑	♥	FR	153

Indice dei produttori per punteggio / Producer index per ranking

Azienda / Farm	Tendenza / Trend	Premi / Awards	Paese / Country	Pag. / Page
90				
Adamič - **Ronkaldo**, Miran	↻		SI	496
Agroland	↻		UY	740
Al Torcio, Uljara	↻	♥	HR	518
Bacci, Azienda Agraria Noemio	↓		IT	313
Borgo del Melograno	↻	♥	IT	214
Bournissac, Domaine de	↑		FR	148
Casa del Bosco, Azienda Agricola	↻	♥	IT	236
Casavyc	↑	♥	IT	249
Castro Doutel de Andrade, Maria Constança de	↑	♥	PT	28
Consiglio, Azienda Agricola Angela	↻		IT	477
Eretz Gshur	↻	♥	IL	632
Figoli, Frantoio	↑	🫒 ♥	IT	438
Fontodi, Azienda Agricola	↻		IT	238
GR.A.C.O. - Gruppo Alimentare Cereali e Olio	↻		IT	415
L'Oleastre	↑		MA	588
La Goccia d'Oro	↻		IT	450
La Magnanerie, Domaine	↻	♥	FR	145
La Majatica	↑	♥	IT	428
LA Organic	↑	🫒	ES	127
Las Doscientas	↻		CL	734
Matarazzo, L'Oliveto	↑	♥	IT	355
Montecchia, Frantoio	↑		IT	370
Monti, Fattoria di	↑	♥	IT	267
Nuestra Señora de la Esperanza	↻		ES	124
Pruneti, Frantoio	↻		IT	244
Ranchino, Azienda Agricola Eugenio	↻	♥	IT	328
Ranieri, Frantoio Oleario	↑		IT	369
Risca Grande	↑	🫒 ♥	PT	41
Russo, Azienda Agricola	↻		IT	394
San Comaio	↻		IT	387
Šibiba	↑		HR	537
Siracusa, Agroindustrial	↑	♥	CL	732
Stasi, Aziende Agricole	↻		IT	413
Terre Stregate, Azienda Agricola	↻		IT	391
Torres	↑		ES	84
Trabucchi, Azienda Agricola	↑	♥	IT	203
Vernèra, Società Agricola	↻		IT	471
Villa Caviciana, Società Agricola	↑	♥	IT	358
89				
Biancheri, Francesco Saverio	↑		IT	334
Fontanasalsa, Azienda Agricola	↻		IT	478
Gulino, Azienda Agricola Sebastiana	↑		IT	464
Il Fornacino, Podere	↑		IT	285
La Canaleja	↻		ES	88
La Collina, Azienda Agricola	↑		IT	308
Maggiarra, Azienda Agricola Biologica Impero	↻		IT	339
Menteşe Çiftliği, Sítare - Osman	↑		TR	620
Nordik Star	↑		AR	746
Oleoestepa, Sociedad Cooperativa Andaluza	↑		ES	128
Olio Toniolli, Azienda Agricola	↑	♥	IT	192
Olivetti	↻		HR	542
88				
Agrolaguna	↑		HR	522
Agropan	↑		IT	472
Antico Colle Fiorito	↑		IT	271
Artajo, Aceite	↑		ES	70
Biolive	↑		AR	749
Brist Olive, O.P.G.	↑	♥	HR	527
Buonamici, Azienda Agricola	↑		IT	235

Indice dei produttori per punteggio — Producer index per ranking

Azienda / Farm	Tendenza / Trend	Premi / Awards	Paese / Country	Pag. / Page
Ca' de Bruson, Azienda Agricola	↑		IT	175
Canaiella, Azienda Olivicola	↑		IT	177
Cassini, Azienda Agricola Paolo	↑		IT	168
Cavazza, Azienda Agricola Novello	=		IT	183
Ceraudo, Azienda Agricola Roberto	=		IT	444
Chesa Grischuna	↑		ES	99
Chiarieri, Azienda Agricola	=		IT	366
Col d'Orcia, Tenuta	=		IT	281
Cossetto, O.P.G.	=		HR	512
Deortegas, Almazaras	↑		ES	133
Ferrara, Aziende Agricole	=		IT	408
Forest Edge Farm	=		AU	684
Giachi Oleari	↑	♥	IT	239
Iannotta, Azienda Agricola Lucia	↑		IT	338
Il Conventino, Azienda Agricola	↑		IT	307
Il Poggione, Tenuta	↑		IT	286
Jenko	↑		SI	498
Kailis Organic Olive Groves	=		AU	685
La Casa del Vento	↑	♥	IT	379
La Maja, Agrícola	↑		ES	71
La Pievuccia, Azienda Agricola Agrituristica	↑		IT	227
La Romita, Azienda Agricola	=		IT	287
Le Magnolie, Azienda Agricola	=		IT	368
Mannucci Droandi, Azienda Agraria	=	♥	IT	229
Marfuga, Azienda Agraria	=		IT	320
Monterisi, Azienda Agricola Nicola	↑	♥	IT	409
Morgan	↑		SI	499
Nova Oliva	↑		CL	723
Olivos Ruta del Sol	=		CL	726
Paoli, Azienda Agricola Niccolò	↑	♥	IT	255
Piantatella, Tenuta	=		IT	421
Primolea	↑		AR	747
Ramerino, Fattoria	↑		IT	245
Rasciatano, Tenuta	=		IT	411
Romano, Frantoio	↑		IT	390
San Antonio, Aceites	↑		ES	126
San Jacopo in Castiglioni, Tenuta	↑		IT	231
Sanacore, Azienda Agricola	↑		IT	480
Scalia, Frantoio	↑		IT	457
Serrilli, Azienda Agricola Pia Gloria	↑		IT	417
Te Arai Olive Estate	=		NZ	694
Tiberi, Azienda Agricola Giuliano	=		IT	274
Valpaços, Cooperativa de Olivicultores de	=		PT	36
Zubin, O.P.G. Enio	↑		HR	540

87

Azienda / Farm	Tendenza / Trend	Premi / Awards	Paese / Country	Pag. / Page
Alma Oliva	↑		AR	745
Altomena, Fattoria	↑		IT	233
Anmar	↑		HR	519
Baglio Seggio Fiorito	=		IT	474
Baldios San Carlos, Pago	=		ES	90
Brancati, Antica Masseria	↑		IT	412
Champsoleil	=		FR	146
Colognole, Azienda Agricola	=		IT	237
De Gregoris, Centro Produzione Olio Fratelli	↑		IT	337
Ecolive Rioja	↑		ES	62
Fiorano, Azienda Agrituristica	=		IT	301
Fraternali Grilli, Azienda Agricola Primo	↑		IT	215
Gabbas, Azienda Agricola Giuseppe	=		IT	487
Galantino, Frantoio	=		IT	401
Lakudia	=		EL	567
Marvulli, Azienda Agricola Vincenzo	↑	♥	IT	430
Oliveto, Azienda Agrituristica	=		IT	327

Indice dei produttori per punteggio — Producer index per ranking

Azienda / Farm	Tendenza / Trend	Premi / Awards	Paese / Country	Pag. / Page
Romanelli, Agricola	⬆		IT	322
Saladini Pilastri, Azienda Agricola	⬆		IT	302
Serra di Mezzo, Azienda Agricola Fattoria	⬆		IT	458
Soho, Comercial e Industrial	⬌		CL	727
Suerte Alta, Cortijo de	⬆		ES	118
Torre di Mezzo, Frantoio	⬆		IT	482
Viaz, Produção e Commercializão de Vinhos e Azeites	⬌		PT	32
Zanini, O.P.G. Guido	⬌		HR	534

86

Azienda / Farm	Tendenza / Trend	Premi / Awards	Paese / Country	Pag. / Page
Abrami	⬆		SI	501
Agroprodukt	⬆		HR	526
Alicos, Società Agricola	⬌		IT	473
Almeida, Fundação Eugénio de	⬌		PT	43
Antolović, O.P.G. Viviano	⬆		HR	515
Antonac, Obitelj	⬆		HR	516
Bacio, Fattoria	⬆		IT	234
Belfiore, Azienda Agricola	⬌		IT	174
Bellaguarda, Cooperativa Camp de	⬆		ES	81
Benza Frantoiano	⬆		IT	167
Buršić, O.P.G.	⬆		HR	507
Caldera, Olearia	⬆		IT	182
Camilo	⬆		AU	690
Canterrane, Les Oliviers de la	⬆		FR	144
Caruso & Minini	⬌	♥	IT	475
Casamora, Fattoria	⬆		IT	221
Cerbini, Azienda Agricola Luciana	⬆		IT	315
Činić, O.P.G. Nino	⬆		HR	511
Cioccolini, Frantoio	⬌		IT	350
Colle del Sole	⬌		IT	346
De Luca - Olea Romea, Azienda Agricola Laura	⬌		IT	352
Di Salvo, Azienda Agricola Rosellina	⬆		IT	459
Di Vito, Oleificio	⬌		IT	377
Dionysos	⬌		TR	619
El Alberque, Almazara	⬆		ES	63
Esporão Azeites	⬆		PT	40
Felsina, Fattoria	⬌		IT	282
Fiore, O.P.G.	⬌		HR	546
Fonte Veneziana, Fattoria	⬆		IT	222
Galioto, Azienda Agricola Sebastiano	⬌		IT	468
Geržinić, O.P.G.	⬆		HR	543
Giacomini, Azienda Agricola Biologica Valerio	⬆		IT	185
Grgorinić, O.P.G.	⬆		HR	528
Il Brolo, Azienda Agricola	⬆		IT	186
Il Mulino della Signora	⬆		IT	385
Ipša, O.P.G. Marija	⬌		HR	520
Kraljević - Leoni, Obitelj	⬌		HR	539
La Rioja, Almazara Ecológica de	⬆		ES	64
La Selvotta, Azienda Agricola	⬌		IT	363
Le Conche	⬆		IT	440
Le Selve, Azienda Agricola	⬆		IT	266
Mancinelli, Azienda Agricola Stefano	⬌		IT	297
Molí d'Oli	⬌		ES	82
Molí dels Torms	⬌		ES	83
Montecorona, Tenuta di	⬆		IT	321
Mottillo, Oleificio Bruno	⬆		IT	380
Notaio, Cantine del	⬌		IT	432
O-Med	⬆		ES	120
Olivos del Campanero	⬌		UY	738
Petra, Società Agricola	⬌		IT	256
Piras, Azienda Agricola Francesco	⬌		IT	491
Poggiopiano, Fattoria di	⬌		IT	242
Pomán, Compañía Olivicola Industrial de	⬆		AR	744

Indice dei produttori per punteggio — Producer index per ranking

Azienda / Farm	Tendenza / Trend	Premi / Awards	Paese / Country	Pag. / Page
Ranise, Agroalimentare	$		IT	170
Rebaudo, Azienda Agricola Roberto	$		IT	171
Règne Iris, Château de	↑		FR	151
San Gallo, Tenuta	↑		IT	246
Sarda, Antica Compagnia Olearia	$		IT	492
Scanu Olivicultori	↑		AR	750
Školarice	↑		SI	500
Stancati, Azienda Agricola Maria Vittoria	$		IT	442
Taifas	↑		PT	42
Taylieli Olive & Olive Oil Establishment	↑		TR	618
Thomassot, Moulin a Huile	↑		FR	143
Toffetti, O.P.G.	↑	♥	HR	548
Tokara - The Olive Shed	↑		ZA	610
Torkop	$		HR	514
Vale do Conde, Quinta	↑		PT	31
Viragí	$		IT	467
Vitereta, Tenuta	$		IT	232
Zitoun Al Atlas	↑		MA	584

85

Azienda / Farm	Tendenza / Trend	Premi / Awards	Paese / Country	Pag. / Page
AGRO.VI.M.	↑		EL	568
Agrolio	$		IT	404
Battaglini, Azienda Agricola e Frantoio	↑		IT	349
Belchí Salas, Productos Mediterráneo	↑		ES	132
Benvegnu, Remiggio	↑		HR	510
Borgo Scopeto	$		IT	277
Cacchiano, Castello di	↑		IT	278
Carbonetti, Azienda Agricola Marina	↑		IT	294
Cavalli, Azienda Agricola Silvia	$		IT	427
Cetona, Società Agricola Olivicoltori delle Colline del	↑		IT	280
Cusmai, Azienda Agricola Salvatore	$		IT	407
Cvetic, Marina	↑		IT	362
Dobravac	↑		HR	532
Don Rafael, Agrícola y Forestal	↑		CL	731
Federici, Azienda Agraria	$		IT	317
Fontanara, Tenuta	↑		IT	201
Fortore, Società Cooperativa Agricola	$		IT	414
Fratianni, Azienda Agricola Michele	$		IT	378
Il Borro, Azienda Agricola	$		IT	224
La Marca, Azienda Agricola	↑		IT	296
Le Martinozze	↑		IT	306
Lenzini, Tenuta	↑		IT	259
Lupić, O.P.G. Vedran	$		HR	541
Manca, Domenico	$		IT	489
Monton Alto	↑		ES	102
Nicodemi, Fattoria Bruno	$		IT	371
Noan	↑		EL	566
Pantalica Ranch	↑		IT	469
Paulišić, O.P.G.	↑		HR	517
Pieve Santo Stefano	↑		IT	261
Promotora Fioremar	↑		ES	103
Riojana, Almazara	↑		ES	65
Rocca delle Macìe	↑		IT	288
Romano, Azienda Agricola Vincenzo	↑		IT	456
Rosini, Oleificio Benito	↑		IT	300
San Amador, Sociedad Cooperativa Agraria Andaluza	↑		ES	125
San Frediano, Agricola	$		IT	257
Silvestri, Oleificio Rosina	$		IT	303
Tanteri, Azienda Agricola Maria Teresa	$		IT	344
Terriccio, Castello del	↑		IT	270
Tetribérica - Agricultura Biológica	$		PT	30
Torač, Novi	↑		HR	533
Upper Murray Olives	↑		AU	687

Indice dei produttori per punteggio — Producer index per ranking

Azienda / Farm	Tendenza / Trend	Premi / Awards	Paese / Country	Pag. / Page
Veglio, Azienda Agricola Piero	$		IT	162
Vetralla, Cooperativa Olivicoltori di	↑		IT	357
Vošten, O.P.G.	↑		HR	536
Zorzettig, Azienda Agricola Giuseppe	↑		IT	208

84

Azienda / Farm	Tendenza / Trend	Premi / Awards	Paese / Country	Pag. / Page
Anfosso, Olio	$		IT	166
Bläuel, Friedrich	$		EL	569
Casa Alarcon	↑		ES	98
Centonze, Azienda Agricola Antonino	↑		IT	476
Cisano, Oleificio	↑		IT	200
ColleMassari, Castello	↑		IT	250
Coop Poreč	↑		HR	523
Crasto, Quinta do	↑		PT	34
Domenici, Azienda Agricola Antonella	$		IT	347
Eirini Plomariou	↑		EL	570
España Wine Estate & Hotels, Haciendas de	↑		ES	52
Forrà Pruno, Azienda Agricola	$		IT	272
Guedes, Victor	$		PT	38
I Capitani	$		IT	384
Il Casellino, Azienda Agricola	$		IT	240
Il Frantoio	$		IT	326
Il Frantoio di Vicopisano, Società Agricola	$		IT	264
La Poderina Toscana	$		IT	252
Lacertosa, Frantoio Oleario	$		IT	429
Malagón, Aceites	↑		ES	100
Mansi Bernardini, Fattoria	↑		IT	260
Mih	↑		HR	524
Montecappone, Azienda Agrivinicola	↑		IT	299
Montecroce, Azienda Agricola	↑		IT	187
Negri, O.P.G. William	↑		HR	531
Olivais do Sul	↑		PT	44
Pinheiro Paulo, João Batista	↑		PT	35
Puglia Alimentare	$		IT	422
Quercialta, Azienda Agricola	↑		IT	253
San Isidro de Segorbe, Cooperativa Agricola	↑		ES	108
San Martino, Tenuta	↑		IT	247
Santi Dimitri, Azienda Agricola	↑		IT	419
Škabe	↑		HR	529
Spitz, Renato	↑		HR	508
Star Olive	$		MA	585
Stojnić, O.P.G. Anton i Nivio	↑		HR	525
Tasca d'Almerita	↑		IT	461
Torremolinos, Agrícola	↑		CL	730
Trimani, Azienda Agricola Marco	$		IT	345
Vale de Lobos, Quinta	$		PT	39
Venditti, Antica Masseria	↑		IT	392
Villa Umbra	$		IT	323
Vins et Produits du Terroir	↑		IT	324
Vizcántar, Aceites	$		ES	119
Zaitt, Alia Specialized Industries	↑		JO	642

83

Azienda / Farm	Tendenza / Trend	Premi / Awards	Paese / Country	Pag. / Page
Ca' Rina, Azienda Agricola	↑		IT	176
Cannensi	↑		IT	406
Capua Winery	↑		IT	248
Frantolio Acri	↑		IT	439
Il Ronco, Azienda Agricola	↑		IT	273
Intini, Frantoio	↑		IT	402
Matarromera, Bodega	↑		ES	53
Murgo	↑		IT	455
Pisa, Consorzio Produttori Olio Colline di	↑		IT	268